Estudos no SERMÃO do MONTE

D. Martyn Lloyd-Jones

no
SERMÃO
do
MONTE

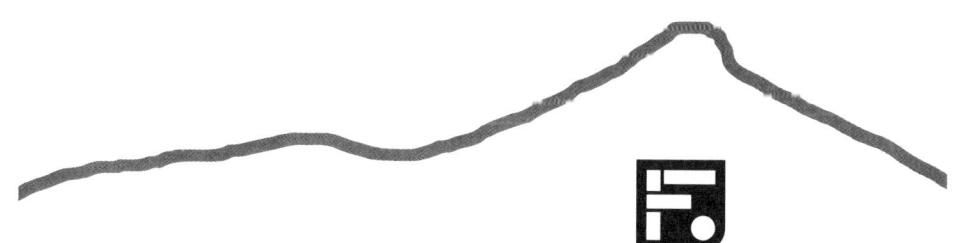

```
L793e    Lloyd-Jones, David Martyn, 1899-1981
            Estudos no sermão do monte / D. Martyn Lloyd-Jones ;
         [tradução: João Bentes]. – 2. ed. – São José dos Campos, SP:
         Fiel, 2017.

            875 p.
            Tradução de: Studies in the sermon on the mount.
            ISBN 9788581324036

            1. Igreja da Inglaterra - Sermões . 2. Sermão da
         montanha - Sermões. I. Título.

                                                    CDD: 226.906
```

Catalogação na publicação: Mariana C. de Melo Pedrosa – CRB07/6477

ESTUDOS NO SERMÃO DO MONTE

Traduzido do original em inglês
Studies in the Sermon on the Mount,
por D. Martyn Lloyd-Jones

Copyright © Intervasity (England)

■

Copyright © Editora FIEL 1982.
Primeira Edição em Português: 1984
Segunda Edição em Português: 2017

Todos os direitos em língua portuguesa
reservados por Editora Fiel da Missão
Evangélica Literária

Proibida a reprodução deste livro por
quaisquer meios, sem a permissão escrita
dos editores, salvo em breves citações, com
indicação da fonte.

■

Diretor: James Richard Denham III
Editor: Tiago J. Santos Filho
Coordenação Editorial: Gisele Lemes
Tradução: João Bentes
Revisão: Zípora Vieira
Diagramação: Rubner Durais
Capa: Rubner Durais

ISBN impresso: 978-85-8132-403-6
ISBN e-book: 978-85-8132-326-8

Caixa Postal 1601
CEP: 12230-971
São José dos Campos, SP
PABX: (12) 3919-9999
www.editorafiel.com.br

ÍNDICE

Prefácio	7
I- Introdução Geral	11
II- Perspectiva e Análise Gerais	26
III- Introdução às Bem-Aventuranças	39
IV- Bem-Aventurados os Humildes de Espírito (5:3)	52
V- Bem-Aventurados os que Choram (5:4)	67
VI- Bem-Aventurados os Mansos (5:5)	81
VII- Justiça e Bem-Aventurança (5:6)	95
VIII- Provas de Apetite Espiritual (5:6)	110
IX- Bem-Aventurados os Misericordiosos (5:7)	124
X- Bem-Aventurados os Limpos de Coração (5:8)	140
XI- Bem-Aventurados os Pacificadores (5:9)	156
XII- O Crente e a Perseguição (5:10)	171
XIII- Regozijo na Tribulação (5:11-12)	185
XIV- O Sal da Terra (5:13)	199
XV- A Luz do Mundo (5:14)	213
XVI- Assim Também Brilhe a Vossa Luz (5:13-16)	228
XVII- Cristo e o Antigo Testamento (5:17-18)	242
XVIII- Cristo Cumprindo a Lei e os Profetas (5:17-19)	254
XIX- Justiça Maior que a dos Escribas e Fariseus (5:20)	267
XX- A Letra e o Espírito (5:21-22)	281
XXI- Não Matarás (5:21-26)	296
XXII- A Grande Pecaminosidade do Pecado (5:27-30)	311
XXIII- A Mortificação do Pecado (5:29-30)	324
XXIV- O Ensino de Cristo Sobre o Divórcio (5:31-32)	338
XXV- O Crente e os Juramentos (5:33-37)	352
XXVI- Olho por Olho, Dente por Dente (5:38-42)	364
XXVII- A Capa e a Segunda Milha (5:38-42)	376
XXVIII- Negando-Se e Seguindo a Cristo (5:38-42)	390

XXIX-	Amai os Vossos Inimigos (5:43-48)	402
XXX-	Que Fazeis a mais do que os Outros? (5:43-48)	417
XXXI-	Vivendo a Vida Reta (6:1-4)	431
XXXII-	Como Orar (6:5-8)	447
XXXIII-	O Jejum (6:16-18)	463
XXXIV-	Quando Orares (6:9)	479
XXXV-	Oração: Adoração (6:9-10)	495
XXXVI-	Oração: Petição (6:11-15)	508
XXXVII-	Tesouros no Céu e na Terra (6:19-20)	523
XXXVIII-	Deus ou as Riquezas (6:19-24)	534
XXXIX-	A Imunda Servidão ao Pecado (6:19-24)	549
XL-	Não Andeis Ansiosos (6:25-30)	563
XLI-	Aves e Flores (6:25-30)	576
XLII-	A Pequena Fé! (6:30)	587
XLIII-	Ampliando a Fé (6:31-33)	601
XLIV-	A Preocupação: sua Causa e sua Cura (6:34)	617
XLV-	Não Julgueis (7:1-2)	633
XLVI-	O Argueiro e a Trave (7:1-5)	650
XLVII-	Juízo Espiritual e Discriminação (7:6)	666
XLVIII-	Buscando e Encontrando (7:7-11)	682
XLIX-	A Regra Áurea (7:12)	696
L-	A Porta Estreita (7:13-14)	711
LI-	O Caminho Apertado (7:13-14)	727
LII-	Os Falsos Profetas (7:15-16A)	743
LIII-	A Árvore e seus Frutos (7:15-20)	758
LIV-	A Falsa Paz (7:21-23)	771
LV-	Hipocrisia Inconsciente (7:21-23)	786
LVI-	Os Sinais da Autoilusão (7:21-23)	801
LVII-	Os Dois Homens e as Duas Casas (7:24-27)	816
LVIII-	Rocha ou Areia? (7:24-27)	830
LIX-	A Prova e os Testes da Fé (7:24-27)	845
LX-	Conclusão (7:28-29)	860

PREFÁCIO

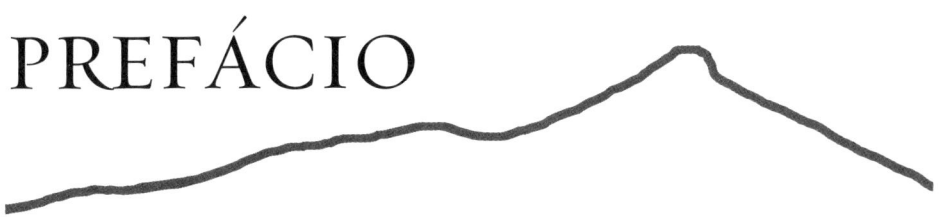

Este volume constitui-se de sessenta sermões que foram pregados, em sua maioria, em sucessivos domingos, pela manhã, no decurso de meu ministério regular na Capela de Westminster. Está sendo publicado por uma única razão, a saber, que não posso mais tolerar a pressão que me é feita, por um grande número de pessoas, algumas das quais ouviram meus sermões, quando os preguei, e outras que os têm lido na revista de nossa igreja. Tais leitores não precisarão de qualquer explicação no que toca à forma em que esses sermões foram publicados, embora isso bem possa ser necessário no caso de outros leitores.

Estes capítulos são registros de sermões anotados taquigraficamente (não dispúnhamos, na ocasião, de gravadores de fita). Houve um mínimo de correção e alteração, e nenhuma tentativa foi feita para ocultar, e muito menos para obliterar, a sua forma homilética. Isso foi observado de maneira deliberada, por diversos motivos.

Estou plenamente convencido de que a maior necessidade da Igreja moderna é a volta à pregação sob moldes expositivos. Gostaria de salientar ambos esses vocábulos, "pregação" e "expositiva", sobretudo o primeiro. Um sermão não é um ensaio literário, e não tem por escopo primário a publicação; antes, o seu propósito é ser ouvido, a fim de produzir um impacto imediato sobre os ouvintes. Isso necessariamente implica em que o sermão deve revestir-se de certas características que não se encontram e nem são desejáveis em estudos escritos. Privar um sermão dessas características, caso deva ser subsequentemente publicado, parece-me ser algo totalmente errado, porque, nesse caso, um sermão deixaria de ser um sermão, tornando-se em algo que não pode ser descrito. Suspeito que a escassez da verdadeira pregação em nossos dias é o fato que a maioria dos sermonários impressos tem sido claramente preparada para que seja lida, e não para que seja ouvida pelo público. Seu formato e seus gostos são mais literários do que homiléticos.

Uma outra qualidade da pregação expositiva é que não se trata de mera exposição de um versículo ou trecho, e nem de algum comentário superficial; o que lhe empresta caráter homilético é que se trata de uma mensagem, dotada de forma e padrão distintivos.

Acresça-se a isso que um sermão sempre deve ser aplicado, sendo também necessário demonstrar a sua relevância a alguma situação contemporânea.

Constantemente solicitam-me a conferenciar acerca da pregação expositiva. Raramente cedo diante de tais pedidos, pois creio que a melhor maneira de fazê-lo é exemplificar esse tipo de pregação na prática. Minha expectativa é que o presente volume, apesar de suas muitas falhas, de alguma maneira preste ajuda quanto a esse particular; mas tal resultado não poderia ser obtido se tivéssemos feito extirpações drásticas no mesmo ou tivéssemos tentado emprestar-lhe um aspecto literário.

Aqui, pois, estão os sermões, "com defeitos e tudo". Tanto aqueles que não se interessam pela exposição bíblica como aqueles que não apreciam a pregação como uma atividade, provavelmente ficarão irritados diante dos defeitos de estilo, como, por exemplo, "a arte da repetição" por amor à ênfase, ou como os "maneirismos de púlpito" (como se isso fosse pior do que qualquer outra variedade de maneirismo!). Tudo quanto eu peço é que esses sermões sejam lidos e considerados por causa daquilo que eles são, daquilo que pretendem realizar.

Minha maior esperança e desejo é que, embora em pequena escala, esses sermões estimulem um interesse novo pela pregação expositiva. Alguns pregadores talvez se sintam encorajados ao tomarem conhecimento que esse tipo de sermão, que dura a média de quarenta minutos, pode ser pregado, em uma manhã de domingo, em qualquer igreja comum de cidade, nestes nossos tão agitados dias.

As duas pessoas que são as maiores responsáveis pela publicação deste volume em forma impressa são a Sra. F. Hutchings, que, quase como um milagre, foi capaz de anotar taquigraficamente os sermões, e minha filha, Elizabeth Catherwood. À semelhança de muitos de meus colegas pregadores, reconheço que o mais severo e melhor crítico que tenho é minha esposa.

D. M. Lloyd-Jones
Westminster Chapel
Buckingham Gate
Londres, S. W. 1.
Março de 1959.

Capítulo I
INTRODUÇÃO GERAL

Quando se examina qualquer ensinamento, é regra sábia proceder do geral para o particular. Essa é a única maneira de "não se perder de vista o bosque por causa da árvore". Essa regra reveste-se ainda de maior importância em conexão com o Sermão do Monte. Cumpre-nos observar, pois, que desde o começo precisam ser formuladas certas perguntas a respeito do famoso Sermão do Monte e seu papel na vida, maneira de pensar e atitudes dos crentes.

A indagação óbvia pela qual devemos começar é a seguinte: Por que deveríamos ao menos tecer considerações a respeito do Sermão do Monte? Por que deveríamos chamar a sua atenção para esse sermão e seus ensinos? Bem, não digo que é o papel de um pregador explicar os processos de seu próprio coração e de sua própria mente; mas é evidente que nenhum homem deveria pregar a menos que sinta que Deus lhe deu uma mensagem. É obrigatório, para qualquer indivíduo que queira pregar e expor as Escrituras, que espere pela liderança e orientação divinas. Portanto, meu pressuposto fundamental é que a principal razão para que eu pregue sobre o Sermão do Monte é que tenho sentido essa persuasão, essa compulsão, essa orientação do Espírito. Afirmo-o de maneira deliberada, porquanto, se me fosse dado o direito de escolher, eu não teria preferido pregar uma série de sermões sobre o Sermão do Monte. Conforme entendo esse senso de compulsão, sinto que a razão particular para esta série é a condição peculiar da vida da Igreja Cristã em geral, nestes nossos dias.

Dizer que a característica mais óbvia da moderna Igreja Cristã é, infelizmente, a superficialidade, segundo penso não é formular um juízo exageradamente severo. Esse juízo não se alicerça somente sobre observações contemporâneas; fundamenta-se muito mais sobre observações contemporâneas à luz das épocas e eras anteriores da vida da Igreja. Nada existe de mais salutar para a vida cristã do que a leitura da História da Igreja, lendo-se novamente os grandes movimentos do Espírito de Deus e tomando-se conhecimento do que tem sucedido no seio da Igreja em diversas épocas de sua existência. Ora, penso que qualquer pessoa que contemple o estado atual da Igreja, à luz desse pano de fundo, será levada, ainda que com relutância, à conclusão que a mais notável característica da vida da Igreja atual, conforme já declarei, é a sua superficialidade. Quando assim assevero, não estou pensando somente na vida e atividade da Igreja, no sentido evangelístico. Quanto a esse particular, penso que todos concordarão que a superficialidade é a mais óbvia característica da Igreja moderna. Todavia, não estou pensando somente nas modernas atividades evangelísticas da Igreja comparadas e contrastadas com os grandes esforços evangelísticos no passado – a atual tendência para a turbulência, por exemplo, bem como para o uso de meios que teriam chocado e horrorizado os nossos antepassados; tenho igualmente em vista a vida da Igreja em geral, onde a mesma coisa se verifica, até em questões como o conceito de santidade expresso pela Igreja e toda a sua abordagem da doutrina da santificação.

Para nós, o que mais importa é descobrir as causas dessas condições. No que me diz respeito, gostaria de sugerir que uma das causas fundamentais é a nossa atitude para com as Escrituras, o fato que não as tomamos a sério, o fato que não as aceitamos como elas são, e o fato que não permitimos que elas falem conosco. Paralelamente a isso, talvez devamos aludir àquela invariável tendência que temos de passar de um extremo para outro. Contudo, a causa primária, segundo penso, é a nossa atitude para com a Bíblia. Permita-me explicar-lhe, um tanto mais detalhadamente, o que eu quero dizer com isso.

Na vida cristã, coisa alguma é tão importante quanto a maneira como nos aproximamos da Bíblia, quanto a maneira como a lemos. Ela é o nosso único manual de instruções, a nossa única fonte informativa, a nossa única autoridade. Não fora a Bíblia, nada poderíamos saber acerca de Deus e da vida cristã, em qualquer sentido verdadeiro. Podemos extrair diversas deduções com base na natureza (e talvez com base em diversas experiências místicas), mediante as quais cheguemos a uma certa crença na existência de um supremo Criador. Entretanto, penso que a maioria dos evangélicos concorda – segundo se tem aceito ao longo da já prolongada e tradicional História da Igreja – que não possuímos qualquer outra autoridade fora desse Livro. Não podemos depender exclusivamente das experiências subjetivas, porquanto existem maus espíritos tanto quanto existem espíritos bons; e também há experiências espúrias. Na Bíblia, portanto, é onde encontramos a nossa única autoridade.

Pois bem, é obviamente importante que nos aproximemos da Bíblia de uma maneira correta. É mister que comecemos a concordar que a mera leitura das Escrituras não basta por si mesma. É possível lermos as Escrituras de uma maneira tão mecânica que disso não derivemos qualquer benefício. Eis a razão pela qual penso que precisamos agir com cautela diante de toda espécie de regra e regulamentação na questão da disciplina, na vida espiritual. É coisa recomendável lermos diariamente a Bíblia, mas tal exercício pode ser bastante sem proveito se meramente o fizermos com a finalidade de dizermos que costumamos ler a Bíblia todos os dias. Advogo ardorosamente os esquemas de leitura bíblica, mas temos de cuidar para que, no uso desses esquemas, não nos contentemos em apenas ler a porção diária e então nos afastemos das Escrituras sem pensar e sem meditar. Isso pode ser algo inteiramente inútil. Nossa abordagem da Bíblia é uma atividade que se reveste de vital importância.

Ora, a própria Bíblia nos ensina quanto a isso. Você por certo está lembrado da famosa observação do apóstolo Pedro, no que tange aos escritos do apóstolo Paulo. Diz Pedro que nesses escritos há coisas "... difíceis de entender, que os ignorantes e instáveis deturpam ... para a própria destruição deles" (II Pedro 3:16). O que Pedro quis dizer é o seguinte: esses tais realmente leem as epístolas de Paulo; não obstante, torcem-nas, deturpando-as para sua própria condenação. Facilmente uma pessoa pode ler essas epístolas sem ter-se tornado mais sábio do que era antes de lê-las, em face das significações enxertadas pelo leitor nas palavras de Paulo, tendo-as assim distorcido para sua própria perdição. Ora, isso é algo que jamais deveríamos esquecer, no que concerne à Bíblia inteira. Posso estar sentado com a Bíblia aberta à minha frente; posso estar lendo suas palavras, avançando capítulo após capítulo, e, no entanto, posso estar tirando conclusões totalmente falsas das páginas diante de meus olhos.

Não há que duvidar que a causa mais comum de tudo isso é nossa tendência de tão frequentemente nos aproximarmos da Bíblia armados de alguma teoria. Aproximamo-nos dela com essa teoria e, assim, tudo quanto lemos, é controlado por tal ideia. Estamos perfeitamente familiarizados com essa atitude. Há um sentido verdadeiro em que se pode afirmar que qualquer coisa pode ser provada através da Bíblia. Dessa maneira é que têm surgido as heresias. Os hereges não foram homens desonestos; foram homens equivocados. Não deveríamos pensar que eles foram homens que deliberadamente quiseram errar e ensinar erros; pois eles têm sido alguns dos mais sinceros elementos que a Igreja tem conhecido. Qual a dificuldade deles? A dificuldade deles tem sido a seguinte: desenvolveram alguma teoria, a qual lhes pareceu especialmente atrativa, e então saíram a campo com essa teoria relativa à Bíblia, parecendo-lhes poder encontrar comprovações para ela por toda a parte. Se alguém ler meio versículo e enfatizar exageradamente algum outro meio versículo mais adiante, em breve parecerá estar comprovada uma teoria qualquer. Ora, como é evidente, precisamos estar sempre vigilantes a esse respeito. Nada há de tão perigoso como nos avizinharmos das Escrituras armados de alguma teoria, de ideias preconcebidas, de algum conceito favorito e todo nosso, porque, no momento em que assim fizermos, seremos tentados a acentuar em demasia algum aspecto da verdade e a atenuar em demasia algum outro aspecto da mesma verdade.

Pois bem, esse perigo particular tende por manifestar-se na questão do relacionamento entre a lei e a graça. Esse pendor sempre ocorreu na Igreja, desde os seus primórdios, e continua sendo uma realidade até hoje. Algumas pessoas enfatizam de tal modo a lei que reduzem à nulidade o Evangelho de Jesus Cristo, juntamente com sua gloriosa liberdade, transformando-o em mera coletânea de máximas morais. Para essas pessoas, tudo é lei, não restando nenhuma graça. Falam tanto sobre o viver cristão, como algo que temos de fazer para que nos tornemos cristãos, que tudo se transmuta em legalismo puro, com o virtual desaparecimento da graça na vida cristã. Recordemo-nos, no entanto, que também é possível exagerarmos de tal maneira a importância da graça divina, às expensas da lei, que, novamente, o resultado seja algo que nem mais é o Evangelho do Novo Testamento.

Permita-me oferecer-lhe uma ilustração clássica a respeito disso. O apóstolo Paulo, entre todos os homens, era aquele que tinha de enfrentar constantemente tal dificuldade. Nunca houve homem cuja pregação, com sua poderosa ênfase sobre a graça divina, tenha sido tantas vezes mal-entendida. Você deve estar lembrado das deduções que alguns indivíduos, em Roma e em outras localidades, estavam extraindo das palavras dele. Estavam dizendo os tais: "Ora, em face dos ensinamentos desse homem, devemos praticar males para que a graça seja abundante, pois é claro que esse ensino nos leva a essa conclusão, e não outra. Paulo tem declarado: 'Onde abundou o pecado, superabundou a graça'. Pois bem, continuaremos no pecado para que abunde mais ainda a graça". Paulo, entretanto, replicava: "De modo nenhum!" E constantemente via-se obrigado a corrigir aquela opinião. Dizer-se que por estarmos debaixo da graça nada mais temos a ver com a lei, e que precisamos esquecê-la, não corresponde às doutrinas bíblicas. Sem dúvida, não estamos mais sob a lei, e, sim, sob a graça. Todavia, isso não significa que não mais necessitemos observar os princípios da lei. Não mais estamos debaixo da lei, no sentido que ela nos condena; ela não mais profere juízo condenatório contra nós. Não! Mas compete-nos viver os princípios fundamentais da lei, e até mesmo ultrapassá-los. O argumento do apóstolo Paulo é que eu devo viver não como um homem que está sujeito à lei, mas como um liberto de Cristo. Jesus Cristo guardou a lei, viveu de conformidade com a lei. E, conforme é frisado no próprio Sermão do Monte, a nossa justiça precisa exceder a dos escribas e fariseus. De fato, o Senhor Jesus não veio ao mundo a fim de abolir a lei; cada i e til da mesma precisa ser cumprido e aperfeiçoado. Ora, isso é algo que mui frequentemente percebemos haver sido olvidado nessa tentativa de se estabelecer a antítese entre a lei e a graça; e o resultado é que homens e mulheres com frequência ignoram, completa e inteiramente, a lei.

Permita-me, entretanto, que eu coloque como segue a situação. Não estamos expressando a verdade quando dizemos que muitos dentre nós, na prática real de nosso ponto de vista da doutrina da graça, dificilmente levam a sério o claro ensino de nosso Senhor Jesus Cristo? Temos ressaltado de tal modo o ensino que tudo está alicerçado sobre a graça divina e que não deveríamos tentar imitar o exemplo de Cristo para que nos tornemos crentes que, virtualmente, chegamos à posição de ignorar totalmente os Seus ensinamentos, dizendo que os mesmos não nos são obrigatórios, por estarmos debaixo da graça. Ora, pergunto a mim mesmo o quão seriamente consideramos o Evangelho de nosso Senhor e Salvador, Jesus Cristo. Penso que a melhor maneira de concentrarmos a atenção sobre essa questão consiste em examinar o Sermão do Monte. Indago, qual é o nosso ponto de vista a respeito desse sermão? Suponhamos que, a esta altura, eu sugerisse que todos nós anotássemos no papel as nossas respostas para as perguntas seguintes: Que significa para nós o Sermão do Monte? Onde o mesmo participa da nossa vida diária, e qual é seu papel em nosso modo de pensar e em nossas atitudes? Qual é a nossa relação para com esse extraordinário sermão, o qual ocupa tão proeminente posição nesses três capítulos do Evangelho segundo Mateus? Penso que descobriríamos que o resultado seria deveras interessante, e até mesmo surpreendente. Oh, sim, sabemos tudo a respeito das doutrinas da graça e do perdão, e estamos olhando diretamente para Cristo. Mas aqui, nesses documentos, que consideramos autoritativos, encontra-se o Sermão do Monte. Em nosso esquema, onde cabe esse sermão?

É isso que compreendo por pano de fundo e introdução. Entretanto, vamos dar um passo avante, enfrentando juntos uma outra questão vital. A quem se destina esse Sermão do Monte? A quem ele é aplicável? Realmente, qual é o seu propósito? E qual é a sua relevância? Quanto a isso, tem havido certo número de opiniões conflitantes. Já houve o chamado ponto de vista do "evangelho social" no que diz respeito ao Sermão do Monte. Tudo se resume no seguinte, conforme a opinião de alguns: esse sermão é tudo quanto realmente tem importância em todo o Novo Testamento; e aí reside a base do assim chamado evangelho social. Dizem-nos que ali foram estabelecidos os princípios de acordo com os quais os homens deveriam viver, pois tudo quanto teríamos de fazer seria aplicar o Sermão do Monte. Destarte, poderíamos inaugurar na terra o reino de Deus, seriam descontinuados os conflitos armados, e todas as nossas tribulações tornar-se-iam desnecessárias. Assim garante, mui tipicamente, o evangelho social. Mas não precisamos desperdiçar tempo com considerações sobre o mesmo. Já se tornou obsoleto; só pode ser encontrado entre certas pessoas a quem eu poderia descrever como remanescentes e relíquias da mentalidade de trinta anos passados. As duas grandes guerras mundiais abalaram essa posição até aos próprios alicerces. Por mais críticos que nos declaremos contra o movimento de Barth, no campo teológico, devido a certos aspectos, ainda assim temos de reconhecer o seguinte: ele fez o evangelho social parecer totalmente ridículo, de uma vez para sempre. Naturalmente, porém, a resposta real, que derruba por terra essa perspectiva do Sermão do Monte é aquela que salienta que tal posição sempre ignorou as bem-aventuranças, ou seja, aquelas afirmações com as quais o Sermão do Monte tem início: "Bem-aventurados os humildes de espírito"; "Bem-aventurados os que choram". Conforme espero poder mostrar a você, essas afirmações indicam que ninguém pode viver por si mesmo o Sermão do Monte, sem ajuda do alto. Os defensores do evangelho social, tendo ignorado convenientemente as bem-aventuranças, em seguida passaram apressadamente a considerar as injunções pormenorizadas que ali existem, e então disseram: "Isto é o evangelho".

Um outro ponto de vista, talvez um tanto mais sério para nós, é aquele que reputa o Sermão do Monte apenas uma elaboração ou exposição da lei mosaica. Nosso Senhor, afirmam os que assim pensam, percebeu que os fariseus, escribas e outros mestres do povo judeu estavam interpretando erroneamente a lei, dada por Deus por intermédio de Moisés; e, assim sendo, o que Cristo fez no Sermão do Monte foi elaborar e desdobrar a lei mosaica, conferindo-lhe um conteúdo espiritual mais elevado. Como é óbvio, esse ponto de vista é um tanto mais sério que o anterior; contudo, sinto ser totalmente inadequado, nem que seja pela razão que também não empresta o devido valor às bem-aventuranças. Porque as bem-aventuranças logo de saída nos levam a um terreno que transcende totalmente à lei de Moisés. O Sermão do Monte expõe e explica a lei, quanto a certos pontos – mas ultrapassa à mesma.

O ponto de vista seguinte que desejo mencionar é aquele que poderíamos intitular de "ponto de vista dispensacional" do Sermão do Monte. Provavelmente muitos de vocês conhecem bem essa ideia. É posição que tem sido popularizada em certas "Bíblias". (Nunca apreciei esses adjetivos, pois só existe uma Bíblia; infelizmente, porém, nossa tendência é falar sobre "a Bíblia deste ou daquele".) Determinados ensinos se têm popularizado por esse intermédio, ensinando um ponto de vista dispensacional do Sermão do Monte e dizendo que ele não tem a mínima ligação com os crentes modernos. Dizem os tais que nosso Senhor começou a pregar sobre o reino de Deus, e que a pregação do Sermão do Monte tinha vinculações com a inauguração desse reino. Infelizmente, prosseguem eles, os judeus não creram na doutrina ensinada por Jesus. Isso posto, nosso Senhor viu-se incapacitado de estabelecer o reino, e, assim, quase como uma espécie de reflexão tardia, resolveu morrer na cruz; e mais tarde, ainda como outra reflexão tardia, idealizou a Igreja e toda a era da Igreja, um período que haveria de continuar até certo ponto na história. Mas então o Senhor retornará, a fim de inaugurar o reino, e será reintroduzido o Sermão do Monte. Esse é o ensino deles; assevera, virtualmente, que o Sermão do Monte nada tem a ver conosco. Destinar-se-ia à "era do reino". Destinar-se-ia ao povo para quem Cristo estava pregando; e entrará novamente em vigor durante o milênio. Destarte, o Sermão do Monte seria a lei daquela época e do reino dos céus, nada tendo a ver, em absoluto, com os cristãos que viverem nesse intervalo.

Como é evidente, para nós essa opinião obriga-nos a pensar com seriedade, porquanto ou está com a razão ou não o está. De acordo com ela, eu não preciso ler o Sermão do Monte; não preciso preocupar-me com os seus preceitos; não preciso sentir-me condenado por não estar pondo em prática certas instruções; pois nada disso teria qualquer relevância para mim. Parece-me que a réplica a toda essa posição poderia ser expressa como segue. O Sermão do Monte foi pregado, primária e especificamente, para os discípulos. "Vendo Jesus as multidões, subiu ao monte, e como se assentasse, aproximaram-se os seus discípulos; e ele passou a ensiná-los, dizendo ..." (Mateus 5:1, 2). Vemos, pois, que o pressuposto é que esse Sermão foi dirigido aos discípulos. Consideremos, por exemplo, as palavras que Ele lhes dirigiu, quando disse: "Vós sois o sal da terra...", "Vós sois a luz do mundo ..." Portanto, se esse sermão nada tem a ver com os crentes de hoje, também nunca deveríamos dizer que somos o sal da terra ou a luz do mundo, já que isso também não se aplicaria a nós. Antes, teve aplicação aos discípulos originais; e, no futuro, aplicar-se-á a outras pessoas. Nesse ínterim, porém, nada teria a ver conosco. Por semelhante modo, deveríamos ignorar as graciosas promessas existentes nesse sermão. Não é certo dizermos que devemos deixar nossa luz brilhar diante dos homens, a fim de que vejam as nossas boas obras e glorifiquem a nosso Pai celeste. Se o Sermão do Monte, em sua inteireza, não se aplica aos crentes modernos, então tudo quanto nele se encerra é irrelevante. Entretanto, é óbvio que nosso Senhor estava pregando àqueles homens, e que lhes dizia o que lhes convinha fazer neste mundo, não somente enquanto Ele se achava no mundo, mas também depois que Ele se fosse embora. Esse sermão foi pregado a pessoas que deveriam pôr em prática as suas instruções, tanto naquele tempo como sempre.

 E não somente isso. Para mim, uma outra importante consideração é que não existe ensino encontradiço no Sermão do Monte que também não possa ser encontrado nas diversas epístolas do Novo Testamento. Prepare uma lista dos ensinamentos constantes do Sermão do Monte, e em seguida leia as epístolas dos apóstolos. Você descobrirá que os ensinamentos do Sermão do Monte também figuram ali. Ora, todas essas epístolas destinam-se aos crentes de hoje; e, por conseguinte, se os ensinamentos nelas existentes são os mesmos que aqueles do Sermão do Monte, é claro que as instruções deste último visam igualmente aos crentes da atualidade. Esse é um argumento importante, que não pode ser dispensado. Mas talvez seja possível exprimirmos ainda melhor esse pensamento. O Sermão do Monte não é outra coisa senão uma notável, grandiosa e perfeita elaboração daquilo que nosso Senhor denominou de Seu "novo mandamento". O Seu novo mandamento era que nos amássemos uns aos outros, da mesma maneira que Ele mesmo nos amou. O Sermão do Monte, pois, nada mais é do que uma grandiosa elaboração desse mandamento. Se pertencemos a Cristo, e se nosso Senhor dirigiu essas instruções a nós, isto é, devemos amar-nos mutuamente, tal e qual Ele nos tem amado, então nesse sermão nos é demonstrado como se pode realizar o feito.

O ponto de vista dispensacional alicerça-se sobre um conceito equivocado do reino de Deus. É aí que surge a confusão. Naturalmente, concordo que o reino de Deus, em certo sentido, ainda não foi instaurado na terra. Esse é um reino ainda futuro. Mas também é um reino que já veio. "... porque o reino de Deus está dentro em vós..." (Lucas 17:21). Sim, o reino de Deus está em todo verdadeiro crente, está no seio da Igreja. Equivale ao "reinado de Deus", ao "reinado de Cristo". E Cristo está reinando hoje em dia, no coração de todo verdadeiro crente. Ele reina no seio da Igreja, sempre que ela realmente O reconhece como seu Senhor. Assim, o reino já veio, o reino está vindo, o reino ainda virá. Jamais nos deveríamos olvidar desse fato. Onde quer que Cristo se encontre entronizado na posição de Rei, até aí já chegou o reino de Deus; destarte, apesar de não podermos dizer que Ele já esteja governando a terra inteira no tempo presente, certamente Ele já está reinando nos corações e nas vidas de todo o Seu povo.

Por conseguinte, pouca coisa é tão enganadora como dizer-se que o Sermão do Monte não tem qualquer vinculação com os crentes modernos. De fato, expressarei essa questão como segue: O Sermão do Monte destina-se ao povo cristão inteiro. Trata-se de uma perfeita representação da vida no reino de Deus. Ora, não embalo quaisquer dúvidas, em minha mente, de que esse foi o motivo por que Mateus pôs o Sermão do Monte no princípio do Evangelho que tem o seu nome. Todos concordam que Mateus estava escrevendo o seu Evangelho para os judeus, de uma maneira muito especial. Esse era o seu desejo fixo. Daí se deriva toda a sua ênfase sobre o reino dos céus. Porém, o que Mateus estava resolvido a salientar? Por certo era isto. Os judeus faziam falsa e materialista ideia do reino. Pensavam que o Messias haveria de vir para conferir-lhes a emancipação política. Estavam aguardando alguém que os libertasse da servidão e do jugo impostos pelo Império Romano. Os judeus sempre conceberam o reino como algo externo, mecânico, militarista e materialista. Foi por esse motivo que Mateus apresentou o verdadeiro ensino a respeito do reino logo nas primeiras páginas do seu Evangelho, porque o grande propósito desse sermão é o de oferecer uma exposição do reino como uma realidade essencialmente espiritual. O reino é, antes de tudo, algo que está "dentro em vós". Trata-se daquilo que governa e controla o coração, a mente e as atitudes do indivíduo. Longe de ser algo que conduz a grande poderio militar, destina-se aos "humildes de espírito". Em outras palavras, no Sermão do Monte não nos é recomendado: "Vivei deste modo e vos tornareis cristãos". Pelo contrário, somos ali ensinados: "Visto que sois cristãos, vivei deste modo". É desse modo que os cristãos deveriam viver; assim é que se espera que eles vivam.

Entretanto, a fim de completarmos essa porção do nosso argumento, cumpre-nos enfrentar uma outra dificuldade. Algumas pessoas dizem: "Certamente o Sermão do Monte ensina que nossos pecados só nos serão perdoados se perdoarmos ao próximo, não é mesmo? Nosso Senhor porventura não disse: 'Se, porém, não perdoardes aos homens, tão pouco vosso Pai vos perdoará as vossas ofensas'? Por acaso isso não é lei? Onde se vê aí a graça divina? Ser alguém instruído que só será perdoado se perdoar não é graça". Dessa forma, parece que os tais se tornam capazes de provar que o Sermão do Monte não se aplica a nós. Todavia, sustentar essa posição obriga a pessoa a eliminar quase todo o cristianismo constante do Evangelho. Recordemo-nos que nosso Senhor ensinou precisamente a mesma coisa na parábola registrada no fim de Mateus 18, acerca do credor incompassivo. Esse homem dirigiu-se ao seu senhor, rogando-lhe que lhe perdoasse determinada dívida; e o seu senhor lhe perdoou. Não obstante, ele se recusou a perdoar um conservo seu, que também lhe devia uma ninharia; e o resultado foi que o senhor reverteu o perdão que já lhe havia dado, e o puniu. Ora, nosso Senhor comentou a respeito disso, como segue: "Assim também meu Pai celeste vos fará, se do íntimo não perdoardes cada um a seu irmão"

(Mateus 18:35). Trata-se exatamente do mesmo ensinamento. Porém, significa isso que só fui perdoado porque também perdoei? Não, pelo contrário, o ensino aqui constante é que se eu não perdoar, também não terei sido perdoado, e convém que tomemos isso bem a sério. Costumo oferecer a seguinte explicação sobre isso: O indivíduo que já viu a si mesmo como um pecador vil e culpado diante de Deus, sabe que a única esperança do céu que lhe resta é que o Senhor o perdoe gratuitamente. Ora, o indivíduo que verdadeiramente percebe e sabe disso, e assim acredita, é alguém que não sabe recusar o perdão a outrem. Destarte, o homem que não perdoa ao próximo, é aquele que também desconhece o que significa ter sido perdoado. Se meu coração foi quebrantado diante de Deus, então não posso recusar-me a perdoar os meus ofensores. Assim sendo, costumo dizer para qualquer pessoa que tolamente esteja imaginando que seus pecados haverão de ser perdoados por Cristo, embora ela mesma não se disponha a perdoar a outrem: Amigo, cuidado para que você não acorde na eternidade somente para ouvir Cristo dizer-lhe: "Apartai-vos de mim; nunca vos conheci". Essas pessoas estão interpretando erroneamente a doutrina, a gloriosa doutrina da graça de Deus. Quem foi verdadeiramente perdoado, e disso tem conhecimento, é o indivíduo que se dispõe a perdoar o próximo. Esse é o significado do Sermão do Monte, neste ponto.

Mais adiante, haveremos de abordar esse ponto com mais pormenores. Por enquanto, seja-me permitido tão somente formular uma última indagação. Tendo considerado as pessoas a quem se aplica o Sermão do Monte, façamos a nós mesmos esta pergunta: Por que deveríamos estudá-lo? Por que deveríamos tentar viver de conformidade com o mesmo? Desejo apresentar-lhe uma série de respostas. O Senhor Jesus Cristo morreu a fim de capacitar-nos a viver o Sermão do Monte. Ele morreu. Mas, com qual finalidade? "... A fim de remir-nos de toda iniquidade, e purificar para si mesmo um povo exclusivamente seu, zeloso de boas obras", diz o apóstolo Paulo, em Tito 2:14. O que Paulo quis dizer com essas palavras? Quis dizer que Cristo morreu com o intuito de que agora pudéssemos pôr em prática os princípios exarados no Sermão do Monte. Ele nos possibilitou tal coisa.

A segunda razão para estudarmos o Sermão do Monte é que nenhuma outra coisa nos ensina tão insistentemente a absoluta necessidade do novo nascimento, bem como a necessidade do Espírito Santo e de Sua atuação em nosso íntimo. Essas bem-aventuranças avassalam-me com seus requisitos. Elas mostram-me o meu total desamparo. Não fora o novo nascimento, eu estaria perdido. Portanto, leia-o e estude-o, contemple a si mesmo à luz do Sermão do Monte. Ele haverá de levá-lo a perceber sua necessidade do novo nascimento e das graciosas operações do Espírito Santo. Nada existe de tão potente para levar-nos ao Evangelho e sua graça como o Sermão do Monte.

E ainda uma outra razão para esse estudo, é o que se segue. Quanto mais vivemos e procuramos pôr em prática o Sermão do Monte, tanto mais haveremos de experimentar a bênção. Examinemos as bênçãos prometidas àqueles que realmente o põem em prática. A dificuldade com grande parte do ensino a respeito da santidade é que deixa de lado o Sermão do Monte, e ainda assim pede-nos para experimentar a santificação. Não é esse o método bíblico. Se você quiser possuir poder espiritual em sua vida e ser abençoado, dirija-se diretamente ao Sermão do Monte. Viva-o, ponha-o em prática e dedique-se a ele, e, ao assim fazer, você receberá as bênçãos ali prometidas. "Bem-aventurados os que têm fome e sede de justiça, porque serão fartos" (Mateus 5:6). Se você quiser desfrutar de fartura, não busque alguma bênção mística; não se apresse a frequentar reuniões, na esperança de obter tal fartura. Antes, volva-se para o Sermão do Monte, em suas aplicações e requisitos, perceba a sua absoluta necessidade, e então você receberá essa fartura. Essa é a estrada que leva diretamente à bênção.

Existe algo, entretanto, que quero deixar bem gravado nas suas mentes. Sugiro-lhes que o melhor método de evangelismo é esse. Por certo todos deveríamos estar eminentemente preocupados com esse aspecto, nos dias em que vivemos. O mundo atual está aguardando o aparecimento de crentes autênticos, e deles precisa desesperadamente. Nunca me canso de dizer que aquilo de que a Igreja mais necessita não é organizar campanhas de evangelização, a fim de atrair as pessoas que ainda estão do lado de fora, mas começar, ela mesma, a viver a vida cristã. Se a Igreja assim agisse, homens e mulheres haveriam de encher nossos templos. As pessoas diriam: "Qual é o segredo disso?" Quase todos os dias ouve-se dizer que o verdadeiro segredo do comunismo, nesta nossa época, é que os comunistas parecem estar fazendo alguma coisa e dando alguma coisa ao povo. Reiteradamente ouço, enquanto falo com jovens e leio livros, que o comunismo está conquistando terreno, conforme se verifica no mundo moderno, porque as pessoas sentem que os seus aderentes estão realizando coisas e se estão sacrificando por aquilo em que acreditam. É assim que o comunismo tem conquistado novos adeptos. Ora, só há um modo de contrabalançar isso, ou seja, mostrar que possuímos algo infinitamente melhor e superior. Ainda recentemente, tive o privilégio de encontrar-me com mais de um indivíduo convertido a Jesus Cristo vindo do comunismo. E, em cada caso, isso resultou não de algum sermão ou argumento intelectual, e, sim, do fato que aquele ex-comunista viu, em algum crente simples, a prática da autonegação que vai até às últimas consequências e a prática daquele cuidado pelo próximo como ele ou ela jamais imaginara ser possível.

Desejo reforçar o ponto citando algo que li algum tempo atrás. Um ex-ministro da Justiça do governo indiano foi um homem notável, de nome Dr. Ambedkar, ele mesmo um pária e líder da casta dos párias da Índia. Na época sobre a qual estou falando, ele andava profundamente interessado pelos ensinamentos do budismo, e fizera-se presente a uma grande conferência, à qual haviam atendido representantes de vinte e sete países, que se tinham reunido para inaugurar uma associação mundial de budistas, com sede no Ceilão. A principal razão por ele oferecida para fazer-se presente à conferência é que desejava descobrir até que ponto a religião de Buda era algo vivo. Declarou ele, durante a conferência: "Estou aqui a fim de descobrir a extensão do dinamismo da religião budista, no que concerne aos habitantes deste país". Ali estava o líder da casta dos párias, voltando-se para o budismo a fim de examiná-lo. E declarou: "Quero descobrir se o budismo é algo vivo. Tem algo para dar às massas de meus correligionários párias? O budismo é dinâmico? É capaz de nobilitar as pessoas?" A real tragédia que envolvia aquele homem tão hábil e erudito é que ele já estivera muito tempo nos Estados Unidos da América e na Grã-Bretanha estudando o cristianismo. E, por haver descoberto que o cristianismo não parece uma realidade viva, devido à ausência de dinamismo na mesma, agora voltava-se para o budismo. Embora ele mesmo não se tivesse tornado budista, contudo procurava descobrir se ali estava o poder que tanto almejava. Esse é o desafio que está sendo feito a você e a mim. Sabemos que o budismo não é a resposta. Afirmamos crer que o Filho de Deus veio a este mundo, que Ele enviou o Seu próprio Espírito Santo para viver em nós, que Ele nos tem conferido de Seu próprio poder absoluto para que em nós habite e para que nos transforme, a fim de que possamos adquirir para nossa vida qualidades similares às de Cristo. E afirmo que Ele veio, viveu, morreu e ressuscitou, e em seguida enviou o Seu Santo Espírito para que você e eu pudéssemos pôr em prática o Sermão do Monte.

Não diga que o Sermão do Monte nada tem a ver conosco. Bem pelo contrário, há laços seguros que nos ligam a ele! Se ao menos todos estivéssemos vivendo conforme o Sermão do Monte, então os homens saberiam que o Evangelho cristão é deveras dinâmico; reconheceriam que o cristianismo é uma realidade viva; e não ficariam mais a procurar por alguma outra coisa. Diriam: "Achei!" Além disso, se você lesse a História da Igreja verificaria que sempre foi nos períodos em que os crentes – homens e mulheres – tomaram a sério o Sermão do Monte, deixando-se amoldar por ele, que surgiu verdadeiro reavivamento. E quando o mundo vê um indivíduo que é crente autêntico, não somente se sente condenado, mas também impelido e atraído. Por conseguinte, estudemos cuidadosamente esse sermão, o qual afirma mostrar-nos o que nos convém fazer. Pois não somente expõe as exigências; também aponta para o suprimento, para o manancial do poder. Que Deus nos conceda graça para levar a sério o Sermão do Monte, de forma honesta e sob oração, até nos tornarmos exemplos vivos do mesmo, modelares quanto a esse glorioso ensinamento.

Capítulo II
PERSPECTIVA E ANÁLISE GERAIS

No capítulo anterior pudemos considerar o pano de fundo e a introdução ao Sermão do Monte. Embora eu deseje passar adiante, precisamos considerar uma vez mais a questão como um todo, antes de entrarmos nos pormenores e suas afirmações específicas. Fazer isso parece-me ser algo realmente proveitoso e extremamente vital. Não estou querendo dizer com isso que estou prestes a iniciar um estudo daquilo que poderíamos chamar de detalhes técnicos. Os eruditos apreciam muito discutir, por exemplo, se o Sermão do Monte, conforme acha-se registrado nos capítulos cinco, seis e sete de Mateus, é idêntico ao registro do sexto capítulo de Lucas. Muitos dentre os meus leitores provavelmente conhecem bem todos os argumentos em torno da questão. Quanto a mim, francamente isso não me preocupa e, de fato, nem hesito em dizer que não estou muito interessado nessas minúcias. Mas nem por isso estou desprezando o valor de uma discussão e estudo cuidadosos das Escrituras, conforme esses moldes; mas sinto constantemente a necessidade de advertir, a mim mesmo e a todos, contra a prática de nos tornarmos tão imersos nos mecanismos técnicos das Escrituras que acabemos perdendo de vista a sua mensagem. Apesar de que nos deveríamos interessar em questões como a harmonia dos Evangelhos e problemas afins, repito que Deus nos proíbe de considerar os quatro Evangelhos como uma espécie de quebra-cabeças intelectual. Os Evangelhos não nos foram entregues a fim de tentarmos traçar esquemas e classificações perfeitos dos mesmos; antes, foram-nos entregues a fim de que os lêssemos e os puséssemos em prática em nossas vidas diárias.

Não tenciono, portanto, gastar tempo na consideração desses problemas técnicos. Tem havido diversas classificações e subdivisões desse sermão, registradas nestes três capítulos. Tem havido intensa disputa e argumentação por causa de indagações como esta: Quantas bem-aventuranças existem ali, sete, oito ou nove? Que outros desperdicem o seu tempo procurando a solução para tais problemas, se assim quiserem fazê-lo; mas a mim parece que o que realmente importa não são os dados numéricos, e, sim, que enfrentemos as bem-aventuranças propriamente ditas. Assim dizendo, espero não haver desapontado a alguém que esteja interessado por aquele tipo de estudo.

Nessa conexão, jamais posso esquecer-me de certo homem que, todas as vezes em que nos encontrávamos, impressionava-me o fato de ser ele um tão intenso estudioso da Bíblia. Suponho que, em certo sentido, assim realmente era; mas a vida dele, infelizmente, andava muito distante daquilo que está escrito nas páginas do Novo Testamento. Não obstante, o seu passatempo era estudar as Escrituras; e é precisamente isso que eu temo. É possível alguém ser um estudioso da Bíblia nesse sentido mecânico. Assim como há quem passe muito tempo analisando os escritos de Shakespeare, algumas pessoas passam seu tempo analisando as Escrituras. Analisar as Escrituras é uma atividade correta, contanto que isso seja mantido em posição bem subordinada, contanto que se tenha a cautela de não ficar preso a tal ponto que fiquemos interessados somente no sentido objetivo e intelectual. A Bíblia é uma Palavra sem igual, e não podemos abordá-la da mesma maneira como abordaríamos um outro livro qualquer. Cada vez entendo melhor aqueles pais e santos da Igreja de séculos passados que costumavam dizer que jamais deveríamos ler a Bíblia exceto de joelhos. Precisamos ser lembrados disso constantemente, ao nos avizinharmos da Palavra de Deus, pois, na verdade, ela é a Palavra de Deus falando diretamente a nós.

O motivo pelo qual acredito que importa considerarmos o Sermão do Monte como um todo, antes de entrarmos nos detalhes, é aquele perigo constante de "perdermos de vista o bosque por causa da árvore". Todos nós tendemos por fixar-nos em certas assertivas particulares, concentrando nelas a nossa atenção, às expensas de outras. A maneira de corrigirmos tal tendência, creio eu, consiste em entendermos que nenhuma porção do Sermão do Monte pode ser realmente compreendida exceto à luz de sua totalidade. Alguns bons amigos meus já me disseram algo parecido com isto: "Ficarei mais profundamente interessado quando você chegar ao ponto de esclarecer exatamente o que se deve entender por 'Dá a quem te pede', etc." Isso deixa perceber uma falsa atitude para com o Sermão do Monte. Eles vão direto para as declarações particulares desse sermão. Ora, isso envolve um grande perigo. O Sermão do Monte, se me for dado usar essa comparação, assemelha-se a uma grandiosa composição musical, a uma sinfonia, digamos assim. O efeito inteiro do conjunto é maior que a coleção de suas partes constituintes, e jamais deveríamos perder de vista essa inteireza. Não hesito em afirmar que, a menos que tenhamos entendido e apreendido bem o Sermão do Monte como um todo, não podemos compreender apropriadamente qualquer de suas injunções particulares. Afirmo que é vão, desnecessário e fútil confrontar quem quer que seja com qualquer injunção particular do Sermão do Monte, a menos que esse alguém já tenha crido e aceitado, e, de fato, já se tenha moldado e esteja vivendo as bem-aventuranças.

É nesse ponto que a ideia da chamada "aplicação social do Sermão do Monte às necessidades modernas" é completa falácia e exagerada heresia. Com frequência, as pessoas têm feito aplicações dessa ordem. Por exemplo, elas selecionam o aspecto que fala em se voltar a outra face a quem nos tiver ferido no rosto. Extraem esse aspecto e isolam-no do resto do sermão; e, com base nisso, denunciam todas as formas de guerra como atividades não-cristãs. Não quero discutir aqui o problema do pacifismo. Tudo quanto me interessa é mostrar o seguinte: Ninguém pode tomar uma injunção particular do Sermão do Monte e procurar impô-la a um indivíduo, a uma nação ou ao mundo, a menos que esse indivíduo, essa nação ou o mundo já esteja vivendo e pondo em prática as bem-aventuranças, conformando-se às mesmas. Todas as injunções particulares que haveremos de considerar seguem-se às bem-aventuranças, com as quais esse sermão tem início. É isso que quero dizer, quando afirmo que precisamos começar por uma espécie de visão geral, sinóptica, do Sermão do Monte inteiro, antes de ao menos começarmos a considerar suas porções particulares. Em outras palavras, nesse sermão tudo deve ser considerado em seu devido contexto, se quisermos estudá-lo adequadamente e se quisermos extrair benefícios dessas considerações; e, conforme tenho acabado de frisar, a ordem em que aparecem as assertivas de Jesus, dentro desse sermão, é um fator que se reveste de capital importância. As bem-aventuranças não aparecem no fim do mesmo, mas no começo. Não hesito em dizer que a menos que tenhamos perfeita consciência das bem-aventuranças, não deveríamos prosseguir no estudo do sermão. Não temos mesmo o direito de continuar.

No Sermão do Monte há uma espécie de sequência lógica. Não somente isso, mas também há, sem dúvida, certa ordem e sequência espirituais. Nosso Senhor não ensinou essas etapas por acidente; a apresentação inteira foi efetuada de modo deliberado. Certos postulados foram firmados, e, com base nesses postulados, seguiram-se outras coisas. Destarte, jamais discuto sobre qualquer injunção particular do Sermão do Monte com alguma pessoa, enquanto não estou perfeitamente cônscio e convencido de que essa pessoa é crente. É um erro pedir de quem ainda não é crente que tente viver ou pôr em prática os preceitos do Sermão do Monte. Esperar conduta cristã da parte de alguém que ainda não nasceu do alto é heresia. Os apelos do Evangelho, em termos de conduta, princípios éticos e moralidade, sempre estão alicerçados sobre o pressuposto que as pessoas a quem esses mandamentos foram dirigidos devem ser pessoas regeneradas.

Ora, isso fica obviado em qualquer das epístolas, sendo igualmente patente no Sermão do Monte. Tome qualquer epístola que você queira. Você descobrirá que a matéria escrita sempre está dividida da mesma forma. Em primeiro lugar, vem a doutrina, e em seguida há deduções com base nessas instruções. Primeiramente são exarados os grandes princípios, e então há alguma descrição dos crentes para quem esta ou aquela epístola foi endereçada. E, finalmente, em vista disso, ou porque nisso acreditam, os crentes são, "por conseguinte", exortados a porem em prática certos preceitos. Sempre tendemos por esquecer que cada uma das epístolas do Novo Testamento foi escrita para crentes, e não para incrédulos; e os apelos éticos, existentes em cada epístola, sempre são dirigidos exclusivamente àqueles que já são crentes, àqueles que já são homens e mulheres espiritualmente renovados em Jesus Cristo. Este Sermão do Monte reveste-se precisamente dessa qualidade.

Pois bem, procuremos apresentar uma espécie de divisão geral do conteúdo do Sermão do Monte. Uma vez mais descobre-se que é quase uma verdade a afirmação que cada indivíduo prefere sua própria classificação e subdivisão. Em certo sentido, por que não deveria ser assim? Nada existe de mais fútil do que a indagação: "Qual é a correta subdivisão e classificação do Sermão do Monte?" Há diversas maneiras de subdividir esse sermão. Aquela que mais me parece atrativa é a que dou a seguir. Eu dividiria o Sermão do Monte em aspecto geral e aspectos particulares. A porção geral do sermão ocupa o trecho de Mateus 5:3-16. Ali encontram-se determinadas declarações gerais no que concerne ao crente. O restante do sermão ocupa-se com os aspectos particulares da vida e da conduta do crente. Primeiramente, pois, vem o tema geral; em seguida, há alguma ilustração particular do tema.

Entretanto, por motivo de conveniência, poderíamos subdividir um pouco mais esse sermão. Em Mateus 5:3-10 temos a descrição do caráter do crente. Em outras palavras, as bem-aventuranças, as quais são, mais ou menos, uma descrição do caráter geral dos crentes. Em seguida, conforme penso, os versículos onze e doze mostram-nos o caráter do crente segundo é comprovado pela reação do mundo diante dele. Ali nos é dito o seguinte: "Bem-aventurados sois quando, por minha causa, vos injuriarem e vos perseguirem e, mentindo, disserem todo mal contra vós. Regozijai-vos e exultai, porque é grande o vosso galardão nos céus; pois assim perseguiram aos profetas que viveram antes de vós". Em outras palavras, o caráter do crente é descrito em termos positivos e em termos negativos. Em primeiro lugar, vemos o tipo de homem que ele é, e então nos é informado que, devido àquilo que o crente é, certas coisas haverão de suceder em sua vida. Contudo, continuamos tendo nisso apenas uma descrição geral. Posteriormente, nos versículos treze a dezesseis, achamos uma explicação das relações entre o crente e o mundo; ou, se você assim o preferir, temos ali uma descrição da função do crente na sociedade e no mundo; e essas descrições do crente são enfatizadas e elaboradas, depois do que, por assim dizer, essas descrições são sumariadas na forma de uma exortação: "Assim brilhe também a vossa luz diante dos homens, para que vejam as vossas boas obras e glorifiquem a vosso Pai que está nos céus".

Até ali temos uma descrição geral do crente. Sugiro que daquele ponto em diante temos chegado ao que poderíamos chamar de exemplos e ilustrações particulares de como vive o crente em um mundo como o nosso. Essa porção pode ser subdividida como segue. Em Mateus 5: 17-48, vemos o crente diante da lei de Deus e seus requisitos. Sem dúvida, você está lembrado das diversas subdivisões. Há uma descrição geral da retidão do crente. Em seguida, somos informados acerca do relacionamento entre o crente e questões como o homicídio, o adultério e o divórcio; em seguida, aprende-se como o crente deveria falar, e depois disso lê-se sobre sua posição relativa à questão inteira da retaliação e da autodefesa, bem como qual deva ser a atitude do crente para com o próximo. O princípio envolvido em tudo isso é que o crente é alguém preocupado primordialmente com o espírito, e não com a letra. Isso não significa que ele ignora a letra, mas que ele se interessa muito mais pelo espírito da questão. O grande erro dos fariseus e seus escribas é que eles estavam interessados tão somente no mecanismo envolvido na questão. O ponto de vista cristão da lei ocupa-se com os aspectos espirituais, interessando-se pelos detalhes somente naquilo em que eles são uma expressão do espírito. Isso é desdobrado na forma de determinado número de exemplos e ilustrações particulares.

Sugiro que o capítulo sexto inteiro relaciona-se à vida do crente diante de Deus, em ativa submissão a Ele, em total dependência dEle. Quando você puder ler esse sexto capítulo com vagar, chegará também a essa conclusão, conforme penso. Esse capítulo nunca se desvia da ideia das relações entre o crente e o Pai celeste. Tomemos, por exemplo, o primeiro versículo: "Guardai-vos de exercer a vossa justiça diante dos homens, com o fim de serdes vistos por eles; doutra sorte não tereis galardão junto de vosso Pai celeste". Esse é o clima do sexto capítulo, do princípio ao fim; e no final do mesmo é dito praticamente o que já ouvíramos no começo: "Portanto, não vos inquieteis, dizendo: Que comeremos? Que beberemos? Ou: Com que nos vestiremos? Porque os gentios é que procuram todas estas coisas; pois vosso Pai celeste sabe que necessitais de todas elas; buscai, pois, em primeiro lugar, o seu reino e a sua justiça, e todas estas coisas vos serão acrescentadas". Reitero que encontramos aqui uma descrição do crente como indivíduo que sabe que se encontra na presença de Deus, em razão do que está interessado: não na impressão que possa causar a seus semelhantes, e, sim, no seu relacionamento com Deus. Por isso, quando o crente ora, não está interessado naquilo que as pessoas porventura estejam pensando, se elas estão elogiando ou criticando a sua oração; porquanto sabe que se encontra na presença do Pai, que está orando a Deus. Outrossim, quando o crente dá alguma esmola, é Deus quem o crente tem em mente o tempo todo. Junte-se a tudo isso que, na medida em que o crente enfrenta os problemas desta vida, como sua necessidade de alimento e vestuário, suas reações aos acontecimentos externos, etc., tudo é encarado à luz desse relacionamento que ele mantém com o Pai. Esse é um importantíssimo princípio no que tange à vida cristã.

O sétimo capítulo de Mateus pode ser aceito como uma descrição do crente como quem vive perenemente sob o escrutínio de Deus, e, portanto, no temor ao Senhor. "Não julgueis, para que não sejais julgados." "Entrai pela porta estreita ..." "Acautelai-vos dos falsos profetas..." "Nem todo o que me diz: Senhor, Senhor! entrará no reino dos céus, mas aquele que faz a vontade de meu Pai que está nos céus." Outrossim, o crente é comparado ao homem que está edificando uma casa, e sabe que ela será submetida a um teste de resistência.

Penso que temos acima não somente uma análise geral do Sermão do Monte, mas igualmente um bem completo retrato e representação do crente. Certas coisas caracterizam o crente, e, sem dúvida, há três importantíssimos princípios envolvidos, a saber: O crente é uma pessoa que deve ter a preocupação de observar a lei de Deus. No primeiro capítulo deste volume mencionei a tendência fatal de se situar a lei e a graça como extremos opostos em um sentido errôneo. Se não estamos "debaixo da lei", nem por isso somos dispensados da observância de seus princípios. O apóstolo Paulo, em sua epístola aos Romanos, assevera que "a justiça da lei" deve ser "cumprida" por nós. Jesus Cristo, tendo vindo, "em semelhança de carne pecaminosa... condenou... na carne, o pecado..." (Romanos 8:3). Mas, por quê? "A fim de que o preceito da lei se cumprisse em nós, que não andamos segundo a carne, mas segundo o Espírito" (Romanos 8:4). Isso posto, o crente é sempre alguém cuja preocupação é viver e guardar a lei de Deus. E, no Sermão do Monte, ele é relembrado como pode fazer isso.

Outra das características essenciais e óbvias do seguidor de Cristo é que ele é uma pessoa que vive consciente de que está na presença de Deus. O mundo não vive na presença de Deus, e essa é uma das mais notáveis diferenças entre quem é crente e quem não o é. O crente é um indivíduo cujas ações são realizadas à luz dessa íntima relação com Deus. O crente, por assim dizer, não é um livre agente. Antes, é um filho de Deus, e, em função disso, tudo quanto ele faz, fá-lo com esse intuito de ser agradável aos olhos do Senhor. Eis a razão por que o crente, devido a uma questão de necessidade, deve encarar tudo quanto lhe acontece neste mundo de um ângulo totalmente diverso de todas as demais pessoas. O Novo Testamento ressalta esse ponto da primeira à última página. O crente não vive preocupado com coisas como alimentação, bebida, moradia e vestuário. Não é que ele pense que essas coisas não têm valor; mas é que elas não ocupam o lugar central em sua vida, e nem são as coisas para as quais ele vive. O crente sente-se um tanto desligado das coisas deste mundo e suas atividades. Por qual motivo? Porque ele pertence a um outro reino, a uma outra maneira de viver. Ele não precisa sair deste mundo; nisso consiste o erro dos católicos romanos, em seu misticismo. O Sermão do Monte não nos recomenda sair deste mundo para vivermos a vida cristã. Mas ensina-nos que nossa atitude é radicalmente diferente da atitude de quem não é crente, por motivo de nossa relação com Deus e por causa de nossa total dependência dEle. Em consequência disso, o crente, face ao seu relacionamento com o Senhor, jamais deveria preocupar-se diante de suas circunstâncias neste mundo. E isso, uma vez mais, é uma das qualidades fundamentais do crente.

A terceira qualidade do crente é igualmente verdadeira e fundamental. O crente é um indivíduo que vive sempre no temor a Deus – mas não num pavor acovardado, porquanto "... o perfeito amor lança fora o medo..." (I João 4:18). Não somente o crente achega-se a Deus nos termos da epístola aos Hebreus, ou seja, "com reverência e santo temor" (Hebreus 12:28), como também vive diariamente com essa atitude. O crente é o único indivíduo no mundo que, a todo instante, vive com e sob esse senso de juízo iminente. Cumpre-lhe viver assim porque isso é o que o Senhor lhe diz para fazer. O Senhor diz-lhe que aquilo que o crente edificar será submetido a julgamento, que sua vida inteira será aquilatada. O Senhor instrui-o a não dizer somente "Senhor, Senhor!", a não depender das suas atividades na igreja como suficientes por si mesmas, porque virá o juízo, um juízo da parte de Alguém que nos perscruta o coração. Deus não olha para as vestes de ovelha do lado de fora, e, sim, para o íntimo. Ora, o crente é alguém que nunca se esquece desse detalhe. Eu já dissera que a acusação final que será feita contra nós, os cristãos modernos, é a de que somos superficiais e volúveis. Esses defeitos manifestam-se acima de quaisquer outros, e essa é uma boa razão para lermos a respeito de cristãos de épocas passadas. Aquela gente do Novo Testamento vivia no temor a Deus. Todos aceitavam os ensinamentos de Paulo, o qual disse: "Porque importa que todos nós compareçamos perante o tribunal de Cristo, para que cada um receba segundo o bem ou o mal que tiver feito por meio do corpo" (II Coríntios 5:10). Essas palavras foram dirigidas a crentes. No entanto, há muitos crentes em nossos dias que não apreciam a ideia. Dizem muitos que isso não lhes sucederá. Porém, isso é tanto um ensino do Sermão do Monte quanto uma doutrina do apóstolo Paulo. "E assim, conhecendo o temor do Senhor..." (II Coríntios 5:11). O julgamento será uma realidade, e haverá de começar "pela casa de Deus" (I Pedro 4:17), onde realmente, deveria ter início, por causa do que proclamamos. Ora, tudo isso é salientado diante de nós, nesta seção final do Sermão do Monte. Deveríamos andar e viver perenemente desconfiando da carne, desconfiando de nós mesmos, sabendo que teremos de comparecer diante de Deus para sermos julgados por Ele. O caminho que conduz à vida que é vida verdadeira é um "caminho estreito", é uma "porta apertada".

Quão mais importante, pois, é considerarmos o Sermão do Monte de conformidade com pinceladas gerais, antes de começarmos a argumentar uns com os outros sobre o que significaria virar a outra face, e coisas desse teor. As pessoas sempre se dirigem para essas particularidades antes de qualquer coisa, sendo essa uma abordagem totalmente falsa do Sermão do Monte.

Seja-me agora permitido expor um certo número de princípios normativos que deveriam governar a interpretação do Sermão do Monte. O que se reveste de suprema importância é que sempre nos deveríamos lembrar que o Sermão do Monte é uma descrição do caráter do crente, e não um código de ética ou de moral. Esse sermão não deve ser reputado uma lei – uma espécie de segunda edição dos "Dez Mandamentos", uma série de regras e regulamentos que devam ser observados – pelo contrário, o Sermão do Monte é uma descrição do caráter do crente, ilustrada quanto a certos pormenores. É como se nosso Senhor houvesse dito: "Por causa daquilo que vocês são, eis como vocês deveriam encarar a lei e como deveriam viver". Segue-se daí que cada uma dessas injunções não deve ser considerada e aplicada mecanicamente, como se fora um índice, porquanto necessariamente tal coisa reduziria o Sermão do Monte ao ridículo. Ao ouvir o Sermão alguns têm comentado mais ou menos como segue: "Tomemos aquele mandamento: 'ao que quer demandar contigo e tirar-te a túnica, deixa-lhe também a capa'. Se assim agíssemos, não demoraria muito para nada mais restar-nos no guarda-roupa". Este é o tipo de abordagem que nunca deveria ser feita. Não devemos considerar aquela injunção isoladamente, e então dizer: "Isto precisa ser aplicado". Não é assim que a questão deve ser encarada. O que nos é aqui inculcado é que eu deveria manter-me em uma atitude tal que, sob determinadas circunstâncias e condições, eu fizesse precisamente isso – deixar também a capa e caminhar uma milha mais. No Sermão do Monte não temos algumas regras mecânicas que devam ser aplicadas ao pé da letra; mas cumpre-me ser uma pessoa de qualidades tais que, se for para a glória de Deus, eu esteja pronto para assim agir. Tudo quanto tenho e sou é dEle, e já não pertenço a mim mesmo. Por conseguinte, neste ponto temos uma ilustração particular de um princípio ou atitude em geral.

Já descobri que é dificílimo explicar por meio de palavras essa relação entre o geral e o particular. De fato, suponho que uma das coisas mais difíceis que há, em qualquer terreno ou departamento do pensamento humano, é definir no que consiste essa relação. O mais próximo até onde posso ir, para minha satisfação, é algo conforme passo a dizer. A relação entre qualquer injunção particular e a vida inteira da alma, penso eu, é a relação entre um artista e as regras e leis particulares que governam aquilo que ele está executando. Tomemos, por exemplo, a questão da música. Um pianista pode estar executando alguma grandiosa peça musical, com toda a exatidão, sem cometer quaisquer erros. Não obstante, é possível que nem por isso esteja realmente tocando a Sonata ao Luar, de Beethoven. Sim, ele está tocando corretamente as notas, mas o resultado não é a Sonata ao Luar. O que ele está fazendo, portanto? Está tocando as notas mecanicamente, ao mesmo tempo que perde a alma e a verdadeira interpretação da peça. Não está executando aquilo que Beethoven tinha em mente, quando compôs a peça. Penso ser essa a relação entre a totalidade e as suas porções constituintes. O artista, o verdadeiro artista, sempre faz tudo corretamente. Nem os maiores mestres podem dar-se ao luxo de negligenciar regras e princípios. Porém, não é isso que os tem transformado em grandes artistas. Ser grande artista deve-se a algo extra, à maestria de expressão; é o espírito, é a vida, é "o todo" que ele é capaz de transmitir. Parece-me que aí reside a relação entre o que é geral e o que é particular no Sermão do Monte. Não podemos divorciar esses dois aspectos, não podemos separá-los. O crente, a despeito de enfatizar o espírito, igualmente preocupa-se com a letra. Todavia, não vive exclusivamente preocupado com a letra, e nem jamais deveria considerar a letra como algo que foi superado pelo espírito.

Portanto, que me seja permitido sumariar essa questão como segue. Eis alguns testes negativos que precisam ser aplicados. Se você perceber que está argumentando com o Sermão do Monte em algum ponto, isso significa que ou há algo errado com você, ou então que labora em erro a sua interpretação desse sermão. Tenho averiguado ser muito valiosa essa regra. Às vezes, quando leio o Sermão do Monte, eis que algo me atinge e quero debater com o mesmo. Pois bem, repito que isso quer dizer ou que toda a minha atitude é distorcida, e destarte não estou vivendo e nem servindo como exemplo das bem-aventuranças, ou então que estou interpretando aquela injunção particular de forma errada e falsa. O Sermão do Monte é verdadeiramente terrível. Assim sendo, tenha cuidado ao lê-lo, e, sobretudo quando estiver falando a respeito dele. Se você chegar a criticar esse sermão em qualquer ponto, você estará realmente revelando muita coisa sobre si mesmo. Por conseguinte, usando as palavras de Tiago, sejamos conforme ele recomendou: "Todo homem, pois, seja pronto para ouvir, tardio para falar, tardio para se irar" (Tiago 1:19).

Novamente, se a sua interpretação fizer com que alguma das injunções do Sermão do Monte pareça ridícula, então você pode ter certeza que a sua interpretação está errada. Você conhece esse tipo de argumento; já o mencionei na ilustração sobre a túnica e a capa. Essa modalidade de interpretação, repito, necessariamente labora em erro, pois nosso Senhor jamais ensinou qualquer coisa ridícula.

Finalmente, se você considerar impossível qualquer injunção particular desse sermão, uma vez mais sua interpretação e a sua compreensão a respeito devem estar equivocadas. Permita-me colocar a questão nos seguintes termos. Nosso Senhor ensinou-nos essas verdades e agora Ele espera que as ponhamos em prática. A Sua ordem final, conforme você deve estar lembrado, àqueles homens que Ele enviou para que pregassem, foi: "Ide, portanto, fazei discípulos de todas as nações, batizando-os em nome do Pai, e do Filho, e do Espírito Santo; ensinando-os a guardar todas as coisas que vos tenho ordenado" (Mateus 28:19, 20). Ora, no Sermão do Monte encontramos exatamente essas "coisas". Cristo queria que elas fossem ensinadas, queria que elas fossem postas em prática. Nosso Senhor mesmo vivia harmonicamente com os princípios do Sermão do Monte. Os apóstolos, por igual modo, viviam o Sermão do Monte. E, se você der-se ao trabalho de ler as vidas dos santos de todos os séculos, e dos homens que mais poderosamente têm sido usados nas mãos de Deus, descobrirá que, em cada caso, foram indivíduos que não somente tomaram a sério o Sermão do Monte, mas até mesmo aceitaram-no literalmente. Se você lesse a vida de um homem como Hudson Taylor, descobriria que ele vivia literalmente esses princípios; e que ele não foi o único a assim fazer. Todas essas coisas foram ensinadas pelo Senhor, e tinham em mira a cada um de nós, Seu povo. É assim que se espera que o crente viva diariamente.

Houve época em que a designação dada aos crentes era que eles eram homens "tementes a Deus". Penso que ninguém pode melhorar tal designativo – homens "tementes a Deus". Não está em pauta algum temor acovardado, e nem o temor que "produz tormento" (I João 4:18); mas acha-se aqui admirável descrição do crente autêntico. Conforme estamos vigorosamente lembrados, em Mateus 7, o crente é o homem que vive no temor a Deus. Podemos dizer acerca da vida de nosso Senhor Jesus Cristo, que Ele viveu como alguém que temia a Deus. Destarte, você percebe quão importante é esse ponto de vista a respeito do crente. Tão frequentemente, conforme venho salientando, os crentes modernos, que às vezes são capazes de apresentar testemunho realmente brilhante e aparentemente emocionante de alguma experiência que tiveram, não parecem ser pessoas tementes a Deus, mas dão a nítida impressão que são homens mundanos, tanto na maneira de vestir quanto em toda a sua aparência, sem mencionarmos o fato que são turbulentos e dotados de uma falsa confiança própria.

Isso posto, não somente devemos levar a sério as injunções do Sermão do Monte, mas também precisamos confrontar nossas interpretações particulares à luz dos princípios acima expostos. Cuidemos da tendência de ficar discutindo contra esses princípios; cuidemos para não os fazermos parecer ridículos; e acautelemo-nos para não interpretá-los de tal maneira que julguemos ser impossível a aplicação de qualquer um deles. Pois essa é a vida para a qual fomos chamados. Repito que se ao menos cada crente da Igreja atual estivesse vivendo o Sermão do Monte, então o grande reavivamento pelo qual temos estado orando e anelando já teria começado. Estariam acontecendo coisas notáveis e assombrosas; o mundo ficaria atônito, e homens e mulheres seriam impelidos e atraídos para nosso Senhor e Salvador Jesus Cristo.

Que Deus nos confira graça para considerarmos atentamente esse Sermão do Monte e para nos lembrarmos que o nosso papel não consiste em nos sentarmos para julgá-lo; pois nós é que estamos sendo julgados. E o edifício espiritual que estamos erigindo neste mundo e nesta vida haverá de ser submetido a uma prova final diante do olho perscrutador do Cordeiro de Deus, que foi morto.

Capítulo III
INTRODUÇÃO ÀS BEM-AVENTURANÇAS

Neste capítulo terminaremos a nossa análise geral do Sermão do Monte, e assim poderemos começar a considerar essa sua primeira seção, as bem-aventuranças. Essa seção delineia o crente em suas características ou qualidades essenciais. Conforme eu já disse, não me interessa debater se as bem-aventuranças são sete, oito ou nove. O que importa não é o número delas, e, sim, que tenhamos plena consciência do que elas ensinam a respeito do crente. Em primeiro lugar, quero examinar a questão de um modo geral, porquanto uma vez mais sinto que existem certos aspectos dessa verdade que só podem ser apreendidos se a considerarmos em sua inteireza. No campo do estudo bíblico, deve ser uma regra invariável que é mister começarmos pelo todo, antes de passarmos a dar atenção às porções de que se constitui o todo. Nada tende tanto a conduzir-nos à heresia e ao erro como iniciar pelas porções constituintes, e não pelo todo. O indivíduo perfeitamente capaz de obedecer a todas as determinações do Sermão do Monte é aquele com a mente esclarecida quanto ao caráter essencial de um crente. Nosso Senhor ensinou que essa é a pessoa que realmente é "abençoada", isto é, "feliz". Alguém já sugeriu que poderíamos exprimir essa questão como segue: Esse é o tipo de homem que deveria ser congratulado, esse é o tipo de homem a ser imitado, pois somente ele é o homem verdadeiramente feliz.

O grande alvo que a humanidade busca é a felicidade. O mundo inteiro anela obter a felicidade, e quão trágico é observar como as pessoas a estão procurando. A vasta maioria, infelizmente, busca-a de tal modo que essa busca só produz o infortúnio. Qualquer coisa que, mediante a evasão das dificuldades, meramente torne as pessoas felizes por curto prazo, em última análise só tende por intensificar a miséria e os problemas que elas enfrentam. É aí que entra o caráter totalmente enganador do pecado – sempre oferecendo felicidade, mas sempre conduzindo à infelicidade e ao infortúnio e à condenação finais. O Sermão do Monte, entretanto, diz que se alguém quer ser feliz, aí está o caminho certo. Realmente, somente os bem-aventurados é que são felizes. Essas são as pessoas que deveriam ser congratuladas. Portanto, vamos examiná-las de uma maneira geral, à luz de uma perspectiva sinóptica das bem-aventuranças, antes de passarmos ao exame destas bem-aventuranças uma por uma. Pode-se notar que estou adotando um modo de proceder um tanto ou quanto ocioso, ao examinar o Sermão do Monte; mas faço-o deliberadamente. Já aludi às pessoas que querem saber ansiosamente o que será dito a respeito da "outra milha", por exemplo. Mas não; pois precisamos passar bastante tempo considerando os "humildes de espírito", os "mansos", e outras expressões como essas, antes de passarmos adiante e examinarmos aquelas interessantes questões, tão emocionantes e excitantes. Haveremos de interessar-nos primeiramente pelo caráter dos crentes, antes de examinarmos a sua conduta.

Faço aqui a sugestão que certas lições gerais podem ser extraídas das bem-aventuranças. Em primeiro lugar, *todos os crentes devem ser assim*. Leia as bem-aventuranças e descobrirá a descrição de como todo o crente deveria ser. Ali não temos tão somente a descrição de algum crente excepcionalmente virtuoso. Nosso Senhor não disse que estava prestes a descrever certos personagens notáveis que poderiam existir neste mundo. Antes, descreveria todo e qualquer dos Seus seguidores.

Neste ponto faço uma breve pausa, a fim de enfatizar que deveríamos concordar que a tendência fatal, introduzida pela Igreja Católica Romana, e, de fato, por todo o ramo da cristandade que aprecia usar o termo "católico", é aquela fatal tendência de dividir os cristãos em duas classes – a classe sacerdotal e os leigos; os cristãos excepcionais e os cristãos comuns; aqueles que se dizem vocacionados à vida religiosa e aqueles que se ocupam das tarefas seculares. Essa tendência não somente é total e completamente antibíblica; mas também, em última análise, destrói a piedade autêntica, negando o Evangelho de nosso Senhor Jesus Cristo de muitas maneiras. Na Bíblia não há distinções como essas. Há, sim, distinções quanto aos ministérios – apóstolos, profetas, evangelistas, pastores, mestres, e assim por diante. Porém, as bem-aventuranças não encerram qualquer descrição desses ministérios; pelo contrário, descrevem as qualidades de caráter do homem crente. Ora, do ponto de vista do caráter e do ponto de vista daquilo que os crentes deveriam ser, não há nenhuma diferença entre um crente e outro.

Seja-me permitido colocar a questão como segue. Não é o Novo Testamento, mas a Igreja Católica Romana, que canoniza certas pessoas. Leiam-se as introduções de quaisquer epístolas do Novo Testamento, e ali ver-se-á que todos os crentes são intitulados, conforme se lê na epístola à igreja de Corinto, "chamados para ser santos". Ali, todos os crentes são "canonizados", se assim quisermos dizê-lo, e não somente alguns dentre eles. O conceito que essa excelência na piedade cristã destina-se somente a alguns, ao passo que os demais cristãos deveriam contentar-se em viver em plano inferior, é uma completa negação do Sermão do Monte, particularmente das bem-aventuranças. Espera-se que todos nós exemplifiquemos aquilo que está contido nas bem-aventuranças. Por conseguinte, livremo-nos, de uma vez para sempre, dessa falsa noção. Não temos aqui apenas uma descrição dos Hudson Taylors, dos George Müllers, dos Whitefields ou dos Wesleys deste mundo, e, sim, a descrição de todo e qualquer crente. Espera-se que cada um de nós siga de perto esse modelo, que alcance esse elevadíssimo padrão.

O segundo princípio poderia ser expresso como segue: *espera-se de todos os crentes que manifestem todas essas qualidades*. Não somente essas qualidades são esperadas da parte de todos os crentes, mas, por isso mesmo, é mister que todos os crentes as manifestem integralmente. Em outras palavras, não é que determinados crentes devam manifestar uma característica, e outros devam manifestar outra. Não é correta a opinião de quem afirma que alguns são "humildes de espírito" e que outros são "mansos", que outros são "os que choram", e ainda que outros são os "pacificadores", e assim por diante. Não, espera-se de cada crente que ele cumpra cada um desses requisitos, manifestando-os ao mesmo tempo em sua vida. Contudo, opino ser veraz e correto dizer-se que, em alguns crentes, essas qualidades se manifestam mais intensamente do que em outros; mas não porque assim se espera que as coisas sejam. Tais diferenças devem-se às imperfeições que ainda restam em nós. Mas, quando os crentes forem finalmente aperfeiçoados, então todos eles haverão de manifestar essas características plenamente; todavia, aqui, neste mundo, e dentro do tempo, podemos detectar certa variedade quanto a isso. Não que eu esteja justificando a situação; simplesmente eu a estou reconhecendo. O ponto que estou frisando é que cada um de nós deveria manifestar conjuntamente todas essas qualidades, ao mesmo tempo. De fato, penso que poderíamos ir ainda adiante e afirmar que o caráter desta pormenorizada descrição é tal que se torna perfeitamente óbvio, desde o momento em que analisamos cada uma das bem-aventuranças, que cada uma delas forçosamente subentende a outra. Por exemplo, ninguém pode ser "humilde de espírito" sem também "chorar", nesse sentido; ninguém pode chorar sem ter "fome e sede" da justiça; e ninguém pode ter essa atitude se também não for "manso" e "pacificador". Cada uma dessas características, em certo sentido, requer a presença das demais qualidades. Na verdade, é impossível alguém manifestar qualquer dessas graças, conformando-se à bem-aventurança pronunciada a respeito dela, sem que, ao mesmo tempo, inevitavelmente exiba as outras graças também. As bem-aventuranças formam um complexo integrado, e não podemos separá-las umas das outras. Assim sendo, se uma delas talvez possa manifestar-se mais acentuadamente em uma pessoa do que em outra, todas elas deveriam ser atuantes. As proporções relativas podem variar, mas todas elas estão presentes no crente, e seu propósito é estarem todas presentes ao mesmo tempo.

Esse é um princípio vitalmente importante. Todavia, talvez o mais importante desses princípios seja o terceiro, a saber: *Nenhuma dessas descrições refere-se àquilo que poderíamos chamar de tendências naturais*. Cada uma das bem-aventuranças, em sua inteireza, é uma disposição que somente a graça e a operação do Espírito Santo em nós foram capazes de produzir. É impossível enfatizarmos esse ponto demasiadamente. Por natureza, nenhum ser humano conforma-se às descrições oferecidas nas bem-aventuranças, e precisamos ter o cuidado de distinguir claramente entre as qualidades espirituais descritas neste sermão e as qualidades naturais que se possam assemelhar a elas. Que me seja permitido colocar a questão como segue. Algumas pessoas mui naturalmente parecem ser "humildes de espírito"; mas não é isso que o Senhor procurava descrever neste ponto. Há pessoas que mui naturalmente parecem "mansas", mas, quando tivermos de ventilar essa expressão, espero poder demonstrar que a mansidão da qual Cristo estava falando não é aquilo que parece ser a mansidão natural de certas pessoas comuns, não regeneradas. Nas bem-aventuranças não encontramos menção a qualidades naturais; pessoa alguma, por nascimento e natureza, apresenta tais características espirituais.

Trata-se uma questão um tanto sutil, e é frequente as pessoas sentirem dificuldades a esse respeito. Dizem elas: "Conheço uma pessoa que não se considera cristã, nunca vai à igreja, jamais leu a Bíblia, não sabe o que é orar, e, francamente, diz não estar interessada nessas coisas. No entanto, sinto que ela é mais crente do que muitas pessoas que costumam frequentar a igreja e orar. É um homem sempre gentil e polido, que nunca diz uma palavra violenta e nem exprime juízo severo demais, vivendo sempre para fazer o bem ao próximo". Essas pessoas olham para certas características das pessoas que estão considerando, e observam: "Certamente ali se encontram as bem-aventuranças. Essa pessoa à minha frente tem de ser crente, embora ela negue inteiramente a fé". Esse é o tipo de confusão que surge quando não se entende claramente alguma ideia dentro do Sermão do Monte. Em outras palavras, é nossa tarefa mostrar que aquilo que encontramos nesse sermão, em cada caso, não é a descrição de alguma qualidade natural de temperamento, mas antes, uma disposição produzida pela graça divina.

Consideremos aquele homem que, por natureza, parece ser tão excelente crente. Se, realmente, encontrássemos nele alguma condição ou estado correspondente às bem-aventuranças, sugiro que isso seria algo bastante injusto, porquanto seria apenas uma questão de temperamento natural. Ora, um indivíduo não determina o seu temperamento natural, embora possa controlá-lo até certo ponto. Algumas pessoas nascem agressivas, ao passo que outras são tranquilas; umas são alertas e espertas, ao passo que outras são lerdas. Cada um de nós é aquilo que é, e aquelas pessoas dotadas de determinadas qualidades – tão frequentemente apresentadas como um argumento contra a fé evangélica – em sentido nenhum são responsáveis pelo que são. A explicação da condição delas é biológica, nada tendo a ver com a espiritualidade e com a relação entre elas e Deus. Pelo contrário, trata-se de algo puramente animal e físico. Da mesma maneira que as pessoas diferem quanto à sua aparência física, assim também diferem no tocante ao temperamento; portanto, se esse fosse o fator determinante, que torna uma pessoa crente ou não, então eu teria de dizer que é um fator extremamente injusto.

Graças a Deus, porém, não é assim que a Bíblia nos ensina. Qualquer um de nós, e mesmo todos nós, sem importar o que sejamos por motivo de nascimento, precisamos exibir essas características quando nos tomamos crentes. E não somente precisamos exibi-las; também podemos exibi-las. Essa é a glória mais central do Evangelho. O Evangelho pode tomar o indivíduo mais orgulhoso do mundo e transformá-lo em alguém que é humilde de espírito. Tem havido alguns notáveis e gloriosos exemplos dessa transformação. Poderíamos sugerir aqui que jamais houve homem que, naturalmente, fosse mais cheio de empáfia do que John Wesley; não obstante, ele se tornou em alguém que era humilde de espírito. Não, não devemos pensar aqui em disposições naturais, nem naquilo que é puramente físico e animal, nem naquilo que parece simular o caráter cristão. Espero poder demonstrar isso quando chegarmos a analisar essas qualidades, e penso que você perceberá prontamente a diferença entre elas. Nas bem-aventuranças temos características e disposições resultantes da graça divina, produtos do Espírito Santo, e, por isso mesmo, ao alcance de todos. Essas qualidades desconsideram totalmente todos os estados naturais e todas as disposições naturais. Penso que você concordará que esse é um princípio vital, essencial; e assim, quando chegarmos a considerar essas descrições isoladamente, não somente não haveremos de confundi-las com as diferenças naturais de temperamento, mas também exerceremos toda a cautela para não defini-las de acordo com tais termos. Teremos de estabelecer, o tempo todo, distinções em consonância com moldes espirituais, fundamentadas sobre os ensinos do Novo Testamento.

Meditemos agora sobre o princípio seguinte. Essas descrições, conforme estou sugerindo, indicam claramente (talvez com maior clareza do que qualquer outra coisa em toda a Bíblia) *a diferença essencial e total entre o crente e o incrédulo*. E isso é o que deveria, realmente ocupar-nos a atenção; e esse é o motivo pelo qual afirmo que é importantíssimo considerarmos o que diz o Sermão do Monte. Não se trata da mera descrição do que algum homem faz; o essencial é essa diferença entre o crente e o incrédulo. O Novo Testamento encara essa distinção como algo absolutamente básico, fundamental; e, conforme eu vejo as coisas no presente, a primeira necessidade da Igreja é vir a compreender claramente essa diferença essencial. Tais distinções têm sido nubladas; o mundo tem entrado na Igreja e a Igreja se tem mundanizado. A linha divisória não é mais tão distinta como costumava ser. Tem havido períodos em que essa distinção se tem mostrado inequívoca, e esses períodos sempre foram as grandes épocas da História da Igreja. Entretanto, sabemos quais argumentos têm sido usados contra a citada distinção. Dizem-nos que precisamos tornar a Igreja mais atrativa para quem está do lado de fora, e a ideia é que devemos nos tornar o mais parecido possível com quem está do lado de fora. Por ocasião da Primeira Guerra Mundial, houve certos "padres" populares, que se misturavam com as pessoas, fumavam na companhia delas e faziam isto ou aquilo, a fim de encorajá-las. Certos líderes religiosos imaginavam que, desse modo, terminada a guerra, os ex-combatentes haveriam de começar a frequentar as igrejas em grandes números. Sem embargo, não foi o que sucedeu, pois as coisas jamais ocorreram dessa maneira. A glória do Evangelho, bem pelo contrário, consiste em que quando a Igreja é absolutamente diferente do mundo, inevitavelmente ela atrai as pessoas. É somente então que este mundo começa a dar ouvidos à mensagem cristã, embora possa odiá-la a princípio. É assim que os reavivamentos têm início. Ora, isso também precisa ocorrer conosco como indivíduos. Não deveríamos ambicionar ser o mais parecidos possível com todo mundo, embora continuássemos sendo crentes; pelo contrário, deveríamos ambicionar ser o mais diferentes possível daqueles que não são crentes. Nossa ambição deveria ser assemelharmo-nos a Cristo, e quanto mais melhor. Ora, quanto mais nos parecermos com Cristo, tanto mais seremos diferentes de todos os que não são crentes.

Permita-me mostrar-lhe isso com detalhes. O crente e o incrédulo são totalmente diferentes quanto àquilo que admiram O crente admira quem é "humilde de espírito", ao passo que os filósofos gregos desprezavam a humildade; e todos quantos seguem a filosofia grega, intelectualmente ou na prática, continuam exibindo aquela mesma atitude. O mundo diz do verdadeiro crente que ele é um fraco, um simulacro de homem, ou que ele não é viril. Essas são expressões típicas do mundo, pois os homens mundanos acreditam na autoconfiança, na autoexpressão e no ser dono do próprio nariz; mas o crente acredita em ser "humilde de espírito". Abramos um jornal e vejamos ali o tipo de pessoas que este mundo admira. Não se pode achar algo mais remoto das bem-aventuranças do que aquilo que atrai o homem natural, o homem mundano. O que atrai a admiração do indivíduo mundano é a antítese mesma daquilo que achamos nas bem-aventuranças. O homem natural aprecia certa dose de jactância, a despeito de ser precisamente essa a atitude condenada nas bem-aventuranças.

Além disso, como é óbvio, deve haver diferenças no tocante àquilo que o crente e o incrédulo buscam. "Bem-aventurados os que têm fome e sede..." Do quê? De riquezas, de dinheiro, de posição social, de fama? De modo nenhum. Mas "... de justiça". Ora, a justiça consiste em nos encontrarmos em boas relações com Deus. Consideremos um indivíduo qualquer, que não se afirme crente e nem esteja interessado pelo cristianismo. Procure-se descobrir o que ele realmente quer e busca, e verificar-se-á que suas atitudes sempre diferem das descrições dadas aqui.

Acrescente-se a isso que, como é lógico, os mundanos são indivíduos absolutamente diferentes naquilo que fazem. Isso é apenas uma conclusão lógica. Se eles buscam e admiram coisas diferentes, certamente também praticam coisas diferentes. O resultado disso é que a vida de um crente deve ser essencialmente diversa da vida de quem não é crente. O incrédulo sempre mostra-se coerente com a sua própria atitude. Ele sempre vive para este mundo. Costuma pensar: "Este é o único mundo que existe, e quero aproveitar este mundo ao máximo". Por sua vez, o crente começa dizendo que não vive para este mundo; e isso porque considera este mundo apenas uma porta de entrada para algo que é muito mais vasto, para algo que é eterno e glorioso. Toda a sua perspectiva e ambição difere da do incrédulo. Por conseguinte, o crente sente que precisa viver de maneira diferente da dos homens do mundo. E assim como o indivíduo mundano é coerente consigo mesmo, assim também o crente deve ser coerente com a sua posição de crente. E, se o for, será totalmente diferente daquele outro homem, e nem mesmo pode evitar sê-lo. Pedro expressa muito bem esse pensamento, no segundo capítulo de sua primeira epístola, ao asseverar que se verdadeiramente cremos que somos um povo chamado "das trevas para a sua maravilhosa luz", então cumpre-nos crer que sucedeu assim conosco a fim de exibirmos os louvores do Senhor. E Pedro prossegue, dizendo: "Amados, exorto-vos, como peregrinos e forasteiros que sois, a vos absterdes das paixões carnais, que fazem guerra contra a alma, mantendo exemplar o vosso procedimento no meio dos gentios, para que, naquilo que falam contra vós outros como de malfeitores, observando-vos em vossas boas obras, glorifiquem a Deus no dia da visitação" (I Pedro 2:11,12). Essa exortação nada significa senão um apelo ao bom senso lógico dos crentes.

Uma outra diferença essencial entre os homens é a crença deles a respeito do que lhes é *permitido* fazer. O homem mundano confia demasiadamente em sua própria capacidade, como se ele estivesse preparado para fazer qualquer coisa. O crente, por sua parte, é uma pessoa, e a única espécie de pessoa no mundo, que verdadeiramente vive na consciência de suas limitações.

Nos capítulos que se seguem, espero abordar detalhadamente esses aspectos, pois aqui aludi apenas a algumas diferenças essenciais, óbvias, que não podem ser ocultadas, e que diferenciam o crente do incrédulo. Não há que duvidar que nada nos exorta tão insistentemente quanto o Sermão do Monte, instando conosco para sermos aquilo que nos cumpre ser, para que vivamos como nos cumpre viver, isto é, sermos semelhantes a Cristo, mediante o total contraste que estabelecemos com aqueles que não pertencem a Cristo. Portanto, confio que qualquer um dentre nós que se tenha tornado culpado de tentar ser parecido com o homem mundano, em qualquer sentido, não prossiga nessa atitude e perceba quão grande contradição isso faz com a nossa fé.

Talvez eu consiga sumariar tudo quanto disse no conceito que em seguida expresso. A verdade é que *o crente e o incrédulo pertencem a dois reinos inteiramente diversos*. Pode-se observar que a primeira e a última das bem-aventuranças prometem a mesma recompensa: "... porque deles é o reino dos céus". Que significa isso? Nosso Senhor começou e encerrou as bem-aventuranças com esse informe, porquanto queria dizer que a primeira coisa que nos convém perceber, a respeito de nós mesmos, é que pertencemos a outro reino, que não o deste mundo. Os crentes não são diferentes dos incrédulos somente quanto à essência; mas também são pessoas que vivem, ao mesmo tempo, em dois mundos diferentes. O crente está no mundo, mas não pertence a este mundo. É fato que o crente vive entre as pessoas deste mundo; mas também é fato que ele é cidadão de um outro reino. Essa é a questão vital estabelecida nesta passagem, da primeira à última linha.

Que se deve entender por reino dos céus? Você vai encontrar com pessoas que dizem haver certa distinção entre "reino dos céus" e "reino de Deus"; mas a minha dificuldade é descobrir essa distinção. Por qual razão Mateus fala em reino dos céus, ao invés de aludir ao reino de Deus? Sem dúvida, a resposta é que ele escrevia primariamente para os judeus, e o seu objetivo talvez tenha sido o de corrigir as ideias judaicas sobre o reino de Deus, ou reino dos céus. Eles tinham adotado um ponto de vista materialista do reino; concebiam-no como algo político e militar, ao passo que o objetivo inteiro de nosso Senhor era o de demonstrar que o Seu reino é algo primariamente espiritual. Em outras palavras, é como se Ele tivesse dito: "Vocês não deveriam conceber esse reino primariamente como uma realidade terrena. Antes, trata-se de um reino celestial, o qual haverá de afetar a terra de muitas maneiras, embora seja algo de natureza essencialmente espiritual. Pois pertence à esfera celestial, e não à esfera terrena e humana". Por conseguinte, no que consiste esse reino? Em sua essência, significa o governo, a esfera ou o reinado de Cristo. Podemos compreendê-lo segundo três ângulos diversos, como segue. Por muitas vezes, enquanto Ele esteve entre nós, nos dias de Sua carne, nosso Senhor declarou que o reino dos céus já estava presente. Onde quer que Ele se encontrasse, exercendo a Sua autoridade, aí já se encontrava o reino dos céus. Você deve estar lembrado como, de certa feita, quando acusaram Jesus de expelir os demônios através do poder de Belzebu, Ele mostrou quão insensata era tal opinião; e então prosseguiu, dizendo: "Se, porém, eu expulso os demônios pelo Espírito de Deus, certamente é chegado o reino de Deus sobre vós" (Mateus 12:28). Ora, nisso consiste o reino de Deus. Ali estava a autoridade de Deus, e Deus estava verdadeiramente governando. Além disso, convém-nos considerar o que Ele disse aos fariseus: "... o reino de Deus está dentro em vós" (Lucas 17:21). Isso equivalia a dizer: "O reino de Deus está entre vós". Ou ainda: "O reino de Deus está se manifestando entre vós. Não fiqueis dizendo: 'Está aqui'; ou: 'Está acolá'. Desvencilhai-vos dessa perspectiva materialista. Eu estou aqui, entre vós. Estou realizando coisas. O reino já está aqui". Sim, onde quer que o domínio de Cristo se esteja manifestando, ali está também o reino de Deus. E quando Jesus enviou os Seus discípulos para que pregassem, recomendou que dissessem às cidades que não lhes dessem acolhida favorável: "Não obstante, sabei que está próximo o reino de Deus" (Lucas 10:11).

Essa é a ideia em pauta; todavia, convém entendermos também que o reino de Deus está presente, neste momento, em todos aqueles que são verdadeiros seguidores de Cristo. A Igreja Católica Romana identifica esse reino com a igreja; mas essa identificação não é correta, porquanto na igreja há uma multidão mista. O reino de Deus, entretanto, no que concerne à igreja, só se acha nos corações dos crentes autênticos, nos corações daqueles que se submeteram a Cristo, em quem e entre os quais Ele está reinando. Você deve estar lembrado de como o apóstolo Paulo usou uma linguagem que relembra a de Pedro. Escrevendo aos crentes de Colossos, ele agradece ao Pai, o qual "... nos libertou do império das trevas e nos transportou para o reino do Filho do seu amor" (Colossenses 1:13). Ora, o "reino do Filho do seu amor" é o mesmo "reino de Deus", é idêntico ao "reino dos céus", é esse novo reino do qual todos nós temos chegado a participar. Ou então, em sua epístola aos Filipenses, diz

Paulo: "Pois a nossa pátria está nos céus..." (Filipenses 3:20), o que equivale a dizer: "Nossa cidadania está no céu". Estamos neste mundo, mas obedecemos ao poder vindouro, e sob as suas determinações é que vivemos. Sim, mas "... a nossa pátria está nos céus, de onde também aguardamos o Salvador, o Senhor Jesus Cristo" (Filipenses 3:20). Nós que reconhecemos a Cristo como nosso Senhor, e em cujas vidas Ele está reinando e governando neste momento, estamos no reino dos céus, e o reino dos céus está em nós. Fomos transportados para "o reino do Filho do seu amor"; temo-nos tornado em um "reino de sacerdotes".

Aproxima-se o dia em que os reinos deste mundo haverão de torna-se "... de nosso Senhor e do seu Cristo..." (Apocalipse 11:15), quando então

> Jesus reinará por onde quer que o sol
> Percorra, do Ocidente ao arrebol;
> De praia à praia o Seu reino será,
> Pela eternidade se prolongará.

Somente então é que terá vindo o reino celeste, em sentido total e pleno, quando tudo estiver sujeito ao Seu domínio e controle. Satanás e todo mal serão inteiramente removidos da cena; haverá então "...novos céus e nova terra, nos quais habita justiça" (II Pedro 3:13). Somente então o reino dos céus terá assumido seu aspecto físico. O aspecto espiritual e o aspecto material mesclar-se-ão em certo sentido, e tudo ficará debaixo das ordens do Senhor, "... para que ao nome de Jesus se dobre todo joelho, nos céus, na terra e debaixo da terra, e toda língua confesse que Jesus Cristo é Senhor, para glória de Deus Pai" (Filipenses 2:10, 11).

Portanto, na passagem que contém as bem-aventuranças, essa é a descrição do crente. Você percebe quão essencialmente diferente é o crente do incrédulo? Isso posto, as indagações vitais que nos convém fazer a nós mesmos são as seguintes: Já fazemos parte desse reino? Estamos sendo governados por Cristo? Ele já é nosso Rei e Senhor? Estamos manifestando as qualidades recomendadas pelo Sermão do Monte, em nossas vidas diárias?

É nossa grande ambição agir assim? Percebemos que isso é o que se espera de nós? Estamos sendo verdadeiramente abençoados? Somos felizes? Já fomos fartos? Obtivemos a paz? Após havermos examinado juntos essa descrição geral, como é que vemos a nós mesmos? O único homem realmente feliz é aquele que manifesta essas características, por ser deveras abençoado. Trata-se de uma questão simples. Minhas reações imediatas a essas bem-aventuranças anunciam exatamente aquilo que eu sou. Se porventura sinto que elas são difíceis e demasiadamente severas, se sinto que elas me são adversas, retratando um tipo de vida e um caráter que não aprecio, então devo temer que isso simplesmente significa que não sou um crente. Se eu não quero manifestar essas qualidades, então é que devo estar "morto em delitos e pecados". É impossível que eu tenha recebido a vida eterna, se assim é a minha atitude. Por outra parte, se eu me sinto indigno, mas ainda assim quero ser conforme dizem essas descrições bíblicas, muito bem... então, por mais indigno que eu seja, se esse é meu desejo e ambição, é que a nova vida deve estar pulsando em mim, é que devo ser um filho de Deus, é que devo ser um cidadão do reino dos céus e do querido Filho de Deus.

Que cada qual examine a si mesmo.

Capítulo IV

BEM-AVENTURADOS OS HUMILDES DE ESPÍRITO

Passamos agora a considerar a primeira das bem-aventuranças, a saber: "Bem-aventurados os humildes de espírito, porque deles é o reino dos céus" (Mateus 5:3). Conforme já indiquei, no capítulo anterior, não é para surpreender que essa seja a primeira das bem-aventuranças, porquanto, conforme veremos, é evidente que ela serve de chave para a compreensão de tudo quanto vem em seguida. Não há que duvidar que essas bem-aventuranças foram arrumadas em uma sequência bem definida. Nosso Senhor não as colocou em suas respectivas posições por mero acaso, acidentalmente; antes, há nelas aquilo a que poderíamos denominar de sequência lógica e espiritual. Necessariamente, essa é a primeira das bem-aventuranças devido à excelente razão que ninguém pode entrar no reino de Deus, também chamado reino dos céus, a menos que seja possuidor da qualidade nela expressa. No reino de Deus não existe sequer um participante que não seja *"humilde de espírito"*. Essa é a característica fundamental do crente, do cidadão do reino dos céus; e todas as demais características são, em certo sentido, resultantes dessa primeira qualidade. Na medida em que formos avançando na exposição dessa bem-aventurança, verificaremos que ela indica, realmente, um esvaziamento, ao passo que as demais apontam para uma plenitude. Não poderemos ser cheios enquanto não formos primeiramente esvaziados. Não se pode encher de vinho novo um odre cujo conteúdo ainda não tenha sido despejado. Essa, pois, é uma das afirmativas que nos fazem recordar que existe uma espécie de esvaziamento antes que possa haver um enchimento. O Evangelho sempre exibe essas duas facetas; há o derribamento e há também a edificação. Você deve estar lembrado das palavras ditas pelo idoso Simeão, quando nosso Senhor e Salvador, que então era apenas um infante, estava aninhado em seus braços. Declarou Simeão: "Eis que este é posto para queda e elevação de muitos" (Lucas 2:34). O aniquilamento vem antes da elevação. Portanto, faz parte essencial do Evangelho o fato que a convicção de pecado sempre deve anteceder a conversão; o Evangelho de Cristo condena ao pecador antes de libertá-lo. Ora, é lógico que isso é um fator fundamental. Se você preferisse que eu exprimisse essa ideia de forma mais teórica e doutrinária, então eu diria que não existe mais perfeita declaração da doutrina da justificação exclusivamente pela fé do que essa primeira bem-aventurança, que assevera: "Bem-aventurados os humildes de espírito, porque deles é o reino dos céus". Por conseguinte, ela é fundamental no que concerne a tudo quanto aparece em seguida.

Não somente isso, entretanto. Pois essa bem-aventurança serve de teste assaz perscrutador da alma de cada um de nós, não somente quando aquilatamos a nós mesmos, mas sobretudo ao considerarmos a mensagem inteira do Sermão do Monte. Logo de saída, ela condena toda a ideia acerca do Sermão do Monte que conceitua o mesmo em termos de algo que você e eu possamos fazer sozinhos, que você e eu possamos realizar por nós mesmos. Essa bem-aventurança nega tal possibilidade logo de saída. Vemos aí como essa bem-aventurança condena tão obviamente todos aqueles pontos de vista anteriormente considerados, os quais encaram o Sermão do Monte como se fora uma nova legislação, ou como se ensinasse que a sua observância há verá de forçar o aparecimento do reino celeste entre os homens. Já não se ouve falar muito em conceitos dessa natureza, atualmente, embora, vez por outra, ainda sejam ouvidos; no entanto, essas eram ideias bem populares no começo do nosso século. Os homens falavam então em "inaugurar o reino", e, como seu texto, sempre lançavam mão do Sermão do Monte. Pensava-se no Sermão do Monte como se fosse sugestões que os homens poderiam aplicar sem qualquer ajuda. Bastaria que se pregasse o Sermão do Monte para que os homens, ato contínuo, pusessem em prática os seus preceitos. Tal ponto de vista, entretanto, não somente é perigoso como também nega inteiramente o pressuposto basilar do Sermão do Monte, isto é, essa necessidade de sermos "humildes de espírito". Em outras palavras, o Sermão do Monte virtualmente nos diz: "Eis o monte que você precisa escalar, o elevado nível até onde você deve subir; e a primeira coisa que você precisa entender, ao contemplar esse monte que lhe compete subir, é que você não pode fazer tal coisa sozinho, é que você, por si mesmo, é totalmente incapaz da façanha, e que qualquer tentativa nessa direção tão somente serve de prova inequívoca de que você ainda não compreendeu o espírito desse sermão". Essa bem-aventurança condena, logo no início do Sermão do Monte, a perspectiva que o considera um programa para o homem natural pôr imediatamente em ação, sem que tenha havido qualquer transformação em sua pessoa.

Antes de prosseguirmos a fim de abordarmos o Sermão do Monte de conformidade com um ponto de vista mais espiritual, há uma questão que precisa ser levada em conta, no que concerne à tradução do versículo que ora consideramos. Existem aqueles que dizem que este versículo deveria ter sido traduzido como segue: "Bem-aventurados em espírito são os pobres". E parece que eles contam com determinada dose de apoio, nessa sua opinião, quando apelam para a passagem paralela, isto é, Lucas 6:20, onde se lê: "Bem-aventurados vós, os pobres...", e onde não se faz qualquer alusão aos "humildes de espírito" ou aos "pobres de espírito" (conforme dizem outras versões). Destarte, consideram as palavras desta bem-aventurança um elogio à pobreza. Não há que duvidar, porém, que os tais estão enganados. Porquanto em parte alguma as Escrituras ensinam ser a pobreza algo tão bom assim. Um homem pobre não está mais próximo do reino dos céus do que um homem rico, se é que estamos falando deles como homens naturais. Não há mérito nem vantagem na pobreza. A pobreza não serve de garantia da espiritualidade. Assim sendo, é patente que essa passagem não pode estar ensinando tal conceito. Além disso, se considerarmos aquele parágrafo inteiro de Lucas 6; penso que se tomará perfeitamente claro que nosso Senhor estava se referindo ali aos "humildes", ou seja, àqueles que "não exibem o jactancioso espírito do mundo", por assim dizer, pobres somente no sentido que eles não dependem das riquezas materiais. Essa é a atitude que é ali condenada, essa dependência às riquezas materiais propriamente ditas. Como é óbvio, entretanto, há muitas pessoas pobres que dependem das riquezas exatamente como o fazem muitas pessoas ricas. Dizem essas pessoas: "Se ao menos eu possuísse tal ou qual quantia"; e então invejam os ricos. Ora, se alguém é dotado dessa atitude, não pode ser espiritualmente abençoado. Dessa maneira, não se faz aqui qualquer menção à pobreza propriamente dita.

Fui forçado a ressaltar esse particular porque a maioria dos comentadores da Igreja Católica Romana, bem como os seus imitadores anglicanos, inclinam-se muito por interpretar esse trecho como se tivesse esse significado. Eles consideram essa passagem bíblica como a sua grande autoridade e base para seu voto de pobreza voluntária. O santo patrono deles é São Francisco de Assis, e a opinião deles é que somente um indivíduo assim, e outros de sua categoria, é que se conformam aos requisitos dessa primeira bem-aventurança. Asseguram que ela se refere àqueles que, deliberadamente, fizeram-se pobres, tendo voltado as costas para a opulência. O falecido bispo Gore, em seu livro acerca do Sermão do Monte, ensinava precisamente essa ideia. Essa é a interpretação característica dos "católicos" no tocante a essa bem-aventurança. Mas, como é evidente, diante das razões acima aduzidas, tal opinião somente violenta as Escrituras.

Nosso Senhor visava aqui ao espírito, a uma certa humildade *do espírito*. Em outras palavras, pesados os prós e os contras, está aqui em foco a atitude de uma pessoa para consigo mesma. Isso é o que realmente importa, e não se essa pessoa é rica ou pobre. Ora, nesse fato encontramos uma perfeita ilustração daqueles princípios gerais que já havíamos postulado, de uma forma mais clara que qualquer outra coisa nas Escrituras, a total e essencial diferença entre o homem natural e o crente. Vimos que há uma bem definida distinção entre esses dois reinos: o reino de Deus e o reino deste mundo, entre o homem que é crente e o homem natural – uma completa separação, uma distinção absoluta. Ora, talvez não exista outra asserção bíblica que tanto saliente e enfatize tal diferença como essa, de que são "bem-aventurados os humildes de espírito". Deixe-me mostrar-lhe o contraste. Temos nesse ensino alguma coisa que o mundo não somente não admira, mas também despreza. Em parte alguma você poderá encontrar maior antítese do espírito e da atitude mundanos do que nesse versículo. Que grande ênfase o mundo empresta a essa crença na autodependência, na autoconfiança e na autoexpressão! Basta-nos examinar a literatura profana. Ali se lê que se alguém quiser vencer neste mundo, então que acredite em si mesmo. Essa é a ideia que governa, de modo absoluto, as vidas dos homens da atualidade. Efetivamente, eu diria que essa é a ideia que está controlando todas as facetas da vida dos que estão fora do cristianismo. De acordo com as ideias modernas, qual é, por exemplo, a qualidade essencial de um bom vendedor? É dar a impressão de confiança própria e de segurança pessoal. Se alguém quiser impressionar devidamente a um possível comprador, é dessa maneira que deve agir. Tal conceito é posto em prática em todos os ramos de atividade. Se você quiser obter sucesso em alguma profissão, recomenda-se que dê a impressão de ser um sucesso; assim dando a entender que, realmente, está obtendo maior êxito do que realmente lhe sucede, e as pessoas então comentam: "Esse é o homem a quem devemos consultar". Eis o princípio segundo o qual opera toda a vida moderna – procure expressar-se, acredite em si mesmo, tome consciência das suas capacidades inatas, e deixe que o mundo inteiro as veja e reconheça. Autoconfiança, segurança própria e autodependência. É fundamentados nessa crença que os homens estão imaginando que poderão fazer o reino de Deus tornar-se uma realidade no mundo. Essa é a mesma base daquele fatal pressuposto que assevera que uma sociedade perfeita poderia ser instalada na terra através de atos do congresso. Por toda parte manifesta-se essa trágica confiança no poder do conhecimento e da esmerada educação como tais, como se fossem meios de salvação do ser humano, meios capazes de transformá-lo e tomá-lo um indivíduo decente.

Ora, no presente versículo nos é apresentado um total e absoluto contraste com aquela ideia; e é uma real tragédia como as pessoas se deparam com uma afirmação como essa. Permita-me citar a crítica feita por certo homem anos atrás, acerca do famoso hino de Charles Wesley, intitulado "Jesus, Amante de Minha Alma". Você deve estar lembrado desse hino, que diz:

Justo e santo é o Teu nome,
Mas eu sou todo injustiça;
Vil e pecaminoso eu sou,
Mas tu és veraz e gracioso.

Essas palavras foram ridicularizadas pelo tal crítico, o qual perguntou: "Qual é o homem que, desejando uma colocação ou emprego, sonharia jamais em dirigir-se ao patrão a fim de dizer-lhe: 'Vil e pecaminoso eu sou'? Ridículo!" E, desafortunadamente, tal crítico declarou isso em nome daquilo que ele considerava representar o cristianismo. Vemos, pois, como sua crítica revela total distorção quanto à compreensão sobre essa primeira dentre as bem-aventuranças. Conforme haverei de mostrar-lhe, não estamos aqui considerando um homem face a face com outro, mas estamos considerando homens frente a frente com Deus. E se alguém, na presença de Deus, sentir alguma outra coisa qualquer, além da mais total penúria de espírito, isso apenas significará, em última análise, que tal pessoa nunca esteve na presença do Senhor. Esse é o significado da primeira bem-aventurança.

Sem embargo, essa bem-aventurança nem ao menos é popular na Igreja de nossos dias. Era isso que eu tinha em mente instantes atrás, quando lamentei o grande e evidente contraste entre boa parte daquilo que ocorre hodiernamente na Igreja e aquilo que sucedia na Igreja de séculos passados, mormente na época dos puritanos. Nada existe de tão "anticristão", na moderna Igreja cristã, como essa conversa insensata a respeito da "personalidade". Você já observou tal coisa? Já notou essa tendência de se falar sobre a "personalidade" dos pregadores, quando então são usadas frases como esta: "Aquele homem possui uma maravilhosa personalidade"? Incidentalmente, é trágico observar-se como aqueles que assim se manifestam parecem definir o que entendem por personalidade. Geralmente trata-se de algo puramente carnal, porquanto está em foco mera questão de aparência física.

O que ainda é mais grave é que essa atitude geralmente alicerça-se sobre a confusão que tantos fazem, por um lado, entre a autoconfiança, a autossegurança e a autoexpressão, e, por outro lado, a verdadeira personalidade de um indivíduo. De fato, vez por outra tenho percebido a tendência de nem ao menos ser levada em conta aquela virtude que a Bíblia reputa como a maior de todas as virtudes, a humildade. Já ouvi pessoas discutindo em alguma comissão, a respeito de algum candidato, e dizendo algo assim: "Sim, ele é muito bom; mas é um tanto ou quanto destituído de personalidade". Não obstante, a minha opinião sobre aquele candidato em particular era que se tratava de um homem modesto. Atualmente, nota-se com maior clareza a tendência de ser exaltada uma certa agressividade, uma determinada confiança própria, justificando-se o uso que um indivíduo esteja fazendo de si mesmo e de sua personalidade, procurando colocar-se em posição de evidência, ou, conforme diz aquela expressão horrível, "procurando impor-se". A propaganda, que de maneira crescente está sendo utilizada em conexão com o trabalho cristão, proclama essa tendência em altos brados. Quando se leem os relatórios das atividades dos maiores obreiros cristãos do passado, dos maiores evangelistas e de outros, pode-se observar quão modestos eles se mostravam. Hoje em dia, entretanto, estamos passando por aquilo que é a quase total reversão dessa antiga atitude. A promoção própria, ou o emprego de muitas fotografias[1], estão ambos sendo postos em primeiro plano.

Qual é a significação dessas coisas? Paulo declarou: "Porque não nos pregamos a nós mesmos, mas a Cristo Jesus como Senhor..." (II Coríntios 4:5). Conforme esclareceu o apóstolo, quando ele esteve em Corinto, fê-lo em "... fraqueza, temor e grande tremor..." (I Coríntios 2:3). Paulo não subia na plataforma com uma atitude confiante, seguro e desembaraçado, dando a impressão de ser alguém dotado de forte personalidade. Pelo contrário, as pessoas comentavam a seu respeito: "... a presença pessoal dele é fraca, e a palavra, desprezível" (II Coríntios 10:10). Inclinamo-nos demais por nos afastarmos da verdade e do padrão das Escrituras. Infelizmente, a Igreja anda cedendo muito espaço para que o mundo e os seus métodos influenciem e controlem as suas atitudes e a sua vida diá-

---

[1] Depois de haver feito essa afirmação, soube que o bispo Franc Houghton elogiou a falecida Srta. Amy Carmichael, no livro *The Christian*. Ali ele frisa como uma pessoa que tanto empregou gravuras e fotografias em todos os seus livros, nunca inseriu neles uma única fotografia de si mesma.

ria. A "humildade de espírito" não é popular nem mesmo dentro da Igreja, conforme acontecia antigamente e sempre deveria ser o caso. Os crentes precisam repensar acerca dessas questões. Evitemos aceitar as coisas pela mera aparência; acima de tudo, evitemos ser cativados pela psicologia mundana; e tomemos consciência, desde o início, de que estamos dentro de um reino diferente de tudo quanto pertence a este "presente mundo mau".

Entretanto, passemos agora a abordar esse tema de forma ainda mais objetiva. Que significa ser alguém "humilde de espírito"? Novamente, permita-me apresentar algumas ideias negativas. Ser "humilde de espírito" não quer dizer que deveríamos ser tímidos e fracalhões, e nem significa que deveríamos ser retraídos, fracos ou acovardados. É verdade que existem pessoas que, reagindo contra essa atitude de autoafirmação, à qual o mundo e a Igreja tolamente descrevem como "personalidade", pensam que é realmente assim que deveríamos agir. Todos conhecemos sobejamente aquelas pessoas naturalmente modestas, as quais, longe de se imporem aos outros, sempre se conservam em segundo plano. Assim elas nasceram, e talvez sejam mesmo naturalmente fracas, retraídas e carentes de certo senso de ousadia. Não obstante, já tivemos a oportunidade de salientar que nenhuma das qualidades mencionadas nas bem-aventuranças são características naturais. Os "humildes de espírito", por conseguinte, não são aqueles indivíduos que já nasceram assim. Desvencilhemo-nos dessa ideia de uma vez por todas.

Por semelhante modo, não é aqui salientado que precisamos ser praticantes de uma falsa humildade. Muitas pessoas têm confundido dessa maneira essa qualidade da humildade de espírito. Lembro-me de certa ocasião em que eu fora pregar em uma cidadezinha. Quando cheguei, no sábado à noite, um homem já estava à minha espera, na estação. Imediatamente ele pediu-me para que eu lhe entregasse a minha bagagem; na verdade, quase a arrancou à força de minha mão. Em seguida, falou mais ou menos nestes termos: "Sou diácono da igreja onde o senhor irá pregar amanhã". E ajuntou: "Eu sou um mero João-Ninguém, uma pessoa sem a mínima importância. Eu não sirvo para nada. Não sou nenhum grande vulto da Igreja; sou apenas um daqueles que transportam a bagagem do pastor". Ele ansiava para que eu soubesse quão humilde ele era, quão "humilde de espírito" ele era. Todavia, por meio da ansiedade que demonstrava para que eu reconhecesse isso, ele negava exatamente o que procurava estabelecer. O homem que, por assim dizer, gloria-se dessa forma em sua humildade de espírito, mediante tal atitude apenas prova que não é humilde. Tudo não passa de uma atitude afetada, algo que, como é óbvio, aquela pessoa não está sentindo. Esse é um perigo que ameaça a muitas pessoas, embora não tanto quanto acontecia em tempos idos. Já houve época em que essa atitude fingida era uma maldição para a Igreja, afetando tanto a aparência quanto as próprias maneiras dos indivíduos! Grande era o dano imposto à causa de Cristo; mas os evangélicos modernos têm reagido drasticamente contra essa atitude, e, em determinados casos, têm cambado claramente para o extremo oposto.

Estou longe de ser daqueles que defendem o uso das vestes clericais; todavia, se eu tivesse de escolher entre elas e as roupas da pessoa que deliberadamente evita dar a impressão de que é ministro do Evangelho, sem a menor dúvida eu preferiria as vestes clericais. Um dia desses, ouvi um homem descrever um ministro do Evangelho; e parecia-lhe que o tal pregador causara nele uma profunda impressão, visto que nem parecia ser um pastor. "Ele não se parece com um pregador", comentava o tal homem. "Parece-se mais com um próspero homem de negócios". Não, não estou interessado pela aparência externa dos homens; mas estou sugerindo aqui que o homem de Deus não deveria assemelhar-se a algum "próspero homem de negócios", e, muito menos ainda, deveria esforçar-se por causar essa impressão. Isso tão somente demonstra que ele se preocupa demasiadamente com a sua própria aparência e com a impressão que está dando aos outros. Antes, o homem de Deus deveria estar interessado pelas realidades do espírito. O homem que deveras é "humilde de espírito" não precisa preocupar-se tanto com sua aparência pessoal e com a impressão que esteja causando em outros; pelo contrário, sempre dará a impressão certa.

Uma vez mais, ser alguém "humilde de espírito" não exige a supressão da sua personalidade. Isso também é importantíssimo. Existem aqueles que concordariam com tudo quanto venho asseverando, até este ponto, mas que interpretariam dessa maneira errônea a "humildade de espírito", encorajando os homens a reprimirem a sua verdadeira personalidade, como se isso fosse uma medida necessária. Ora, esse é um tema profundo, que poderíamos ilustrar melhor por intermédio de um exemplo. O tipo de atitude que estamos considerando pode ser visto na história de Lourenço da Arábia. Você, por certo, está lembrado que, em sua tentativa para apagar-se a si mesmo e suprimir a própria personalidade, ele chegou ao extremo de trocar seu nome para "Aeronáutico Shaw" – um elemento qualquer da Real Força Aérea da Inglaterra. E você também deve estar lembrado de como ele encontrou tragicamente a morte, em um acidente de bicicleta, e como passou então a ser tido como um admirável exemplo de humildade e abnegação. Ora, ser humilde de espírito não significa que você tenha de fazer coisas dessa natureza. Não quer dizer que você tenha de trocar de nome, crucificando-se fingidamente, ou assumindo outro caráter, personalidade ou modo de vida. Isso é algo inteiramente antibíblico, totalmente anticristão. Esse tipo de comportamento muito impressiona ao mundo, e também chega a impressionar aos crentes, porquanto eles consideram essa atitude como extrema demonstração de humildade. Pode-se descobrir que sempre teremos a sutil tentação de pensar que o único indivíduo que verdadeiramente é "humilde de espírito" é aquele que faz algum notável sacrifício pessoal, ou aquele que, seguindo o exemplo dos monges, retira-se desta vida secular, com suas dificuldades e responsabilidades. Entretanto, não é esse o método bíblico. Ninguém precisa retirar-se da vida ativa a fim de poder tornar-se "humilde de espírito"; e nem é mister alguém mudar de nome. Não; pois trata-se de uma transformação que se verifica no âmbito do espírito.

Poderíamos dar um passo adiante e dizer que os "humildes de espírito" nem ao menos são os indivíduos humildes, no sentido em que falamos sobre a humildade dos grandes sábios deste mundo. Geralmente falando, aqueles que são realmente grandes pensadores também são homens humildes. "O perigo reside na pouca erudição." Entretanto, a qualidade que ora consideramos não aponta nessa direção, porque a humildade dos sábios é despertada pela vastidão dos seus conhecimentos, e não é, necessariamente, a verdadeira humildade de espírito no sentido escriturístico.

Sendo esses os aspectos negativos da questão, quais seriam os aspectos positivos dessa qualidade da "humildade de espírito"? Penso que a melhor maneira de respondermos a essa indagação é fazê-lo através de termos bíblicos. É o que disse Isaías (57:15): "Porque assim diz o Alto, o Sublime, que habita a eternidade, o qual tem o nome de Santo: Habito no alto e santo lugar, mas habito também com o contrito e abatido de espírito, para vivificar o espírito dos abatidos e vivificar o coração dos contritos". É aqui destacada a qualidade certa de espírito, havendo inúmeras ilustrações dessa realidade nas páginas do Antigo Testamento. Essa foi a atitude de um homem como Gideão, por exemplo, o qual, quando o Senhor lhe enviou um anjo para anunciar-lhe o grande feito que ele estava prestes a realizar, objetou: "Não, não; isso é impossível. Pertenço à menor tribo de Israel e à menor família dessa tribo". O homem jactancioso, sem embargo, não age assim. Gideão, porém, realmente acreditava no que dizia, encolhendo-se diante da própria ideia de grandeza pessoal e das honrarias que haveria de receber, julgando que isso era algo simplesmente incrível. Foi essa, igualmente, a atitude de Moisés, o qual se sentia inteiramente indigno da tarefa que lhe foi dada, porquanto tinha consciência de sua inadequação e insuficiência. Também se vê idêntica atitude em Davi, quando disse: "Senhor, quem sou eu, para que venhas a mim?" Para ele, a visita divina era simplesmente inacreditável, e deixava-o atônito. Nota-se exatamente a mesma atitude no profeta Isaías. Tendo recebido a sua grandiosa visão, exclamou: "...sou homem de lábios impuros..." (Isaías 6:5). É isso que significa ser "humilde de espírito", e essa atitude pode ser detectada por todas as páginas do Antigo Testamento.

Todavia, examinemos agora a questão no Novo Testamento. A humildade de espírito pode ser claramente vista, por exemplo, em um homem como o apóstolo Pedro, que era, por natureza, um homem agressivo, que se impunha aos seus semelhantes e era dotado de forte confiança própria – um típico indivíduo do mundo de nossa época, extravasando confiança própria e crendo em suas próprias forças. Contudo, contemplemos Pedro quando ele realmente viu ao Senhor. Foi então que Lhe rogou: "Senhor, retira-te de mim, porque sou pecador" (Lucas 5:8). E consideremo-lo ainda quando, muito tempo depois, tributou elogios ao apóstolo Paulo, em II Pedro 3:15, 16. Contudo, cumpre-nos observar que ele jamais deixou de ser um homem de grande ousadia; nunca se mostrou um fracalhote, um tímido. Quanto a isso, ele jamais mudou. Sua personalidade essencial não se alterou; ao mesmo tempo, porém, ele se tornou um homem "humilde de espírito".

Também podemos perceber essa atitude no apóstolo Paulo. Ele era homem igualmente dotado de tremendas potencialidades, e, como homem natural, tinha plena consciência delas. Entretanto, quando lemos as suas epístolas, damo-nos conta de que a sua grande luta, até ao fim de seus dias, foi a luta contra o orgulho pessoal. Por essa razão, ele continuava usando o vocábulo "jactar-se". Qualquer pessoa dotada de grandes potencialidades geralmente toma consciência das mesmas; à semelhança de Paulo, tal pessoa sabe que pode realizar grandes feitos. Paulo diz-nos isso no grande terceiro capítulo de sua epístola aos filipenses, onde ele se reporta à sua anterior confiança na carne. Se fosse uma questão de mera competição, conforme ele parece segredar-nos, então não temia a quem quer que fosse; e, em seguida, Paulo oferece-nos uma lista dos particulares sobre os quais era capaz de vangloriar-se com razão. Todavia, depois que viu ao Senhor ressurreto, na estrada para Damasco, tudo o mais se transformou em pura "perda". No entanto, esse homem de tão tremendas capacidades, apareceu em Corinto, conforme lembramos antes, em "fraqueza, temor e grande tremor". Essa foi a sua posição desde o princípio; e, ao dar andamento à tarefa da evangelização, perguntou ele: "Quem, porém, é suficiente para estas coisas?" (II Coríntios 2:16). Se houve algum homem que tinha o direito de sentir-se "suficiente", esse homem foi Paulo. Não obstante, ele se sentia "insuficiente", porquanto era homem "humilde de espírito".

Mas, naturalmente, podemos perceber essa atitude, acima de todos, na vida mesma de nosso Senhor. Ele se tornou Homem. Tomou sobre Si mesmo a "... semelhança de carne pecaminosa..." (Romanos 8:3). E, embora continuasse sendo igual a Deus, não se aferrou às prerrogativas da Sua deidade. Jesus resolveu que enquanto estivesse nesse mundo, viveria como um mero homem, ainda que jamais tivesse deixado de ser Deus. E esse foi o resultado; declarou Ele: "Nada faço por mim mesmo" (João 8:28). Eis o Deus-Homem falando: "Nada faço por mim mesmo". E também esclareceu: "As palavras que eu vos digo não as digo por mim mesmo; mas o Pai, que permanece em mim, faz as suas obras" (João 14:10). "Nada posso fazer por mim mesmo, porquanto dependo inteiramente do Pai." Eis aí! Consideremos ainda a vida de oração do Senhor Jesus. É quando O observamos nessa prática, e nos conscientizamos das muitas e muitas horas que Ele passava em oração, que vemos a Sua humildade de espírito e o quanto Ele dependia de Deus Pai.

Isso, pois, é o que se deve entender por "humildade de espírito". Essa qualidade aponta para a completa ausência de orgulho pessoal, para a completa ausência de segurança própria e autodependência. Ela indica a consciência de que nada representamos na presença de Deus. Portanto, não é algo que possamos produzir por nós mesmos; não é algo que possamos fazer de modo próprio. Pelo contrário, é aquela tremenda tomada de consciência de nossa própria nulidade, quando chegamos a enfrentar Deus face a face. Isso é ser "humilde de espírito". Quero exprimir essa ideia da maneira mais vigorosa possível, e assim faço com base nos ensinamentos da Bíblia. Ser humilde de espírito significa que, se alguém é crente autêntico, então não está dependendo dos seus dotes naturais, que lhe vêm do berço. Os humildes de espírito não dependem do fato que pertencem a determinadas famílias; não se vangloriam de pertencer a certas raças ou nacionalidades. Essas pessoas também não edificam as suas vidas sobre o alicerce do seu temperamento natural. Nem acreditam que haja alguma vantagem em sua posição natural na vida, e nem dependem disso ou de quaisquer potencialidades que lhes hajam sido conferidas. A pessoa que é humilde de espírito não depende do dinheiro ou de quaisquer riquezas de que porventura seja possuidora. Se somos humildes de espírito, então não dependemos da educação recebida, nem da escola ou faculdade particular que tivermos frequentado. Não, porquanto todas essas coisas constituíam aquilo que Paulo apodava de "perda". Não, pois essas coisas serviam a Paulo apenas de empecilhos para maiores realizações, visto que elas tendiam por dominá-lo e controlá-lo. Por semelhante modo, não dependeremos de quaisquer dotes naturais de "personalidade", de inteligência ou de habilidades gerais ou particulares. Não dependeremos, por igual modo, de nossa própria moralidade, conduta ou bom comportamento. Não apelaremos, em nenhum sentido, para a vida que temos vivido ou que estamos tentando viver. Não, mas consideraremos todas as coisas da mesma maneira como Paulo as considerava. É nisso que consiste a "humildade de espírito". Precisamos gozar de completa libertação de todas essas coisas, e todas elas precisam estar ausentes de nossas vidas.

Repito, ser humilde de espírito é sentir que nada somos, que nada temos, e também que olhamos para Deus em total submissão a Ele, dependendo inteiramente de Sua misericórdia, de Sua graça. Digo que ser humilde de espírito é experimentar, embora parcialmente, aquilo que Isaías experimentou quando, havendo recebido a sua grandiosa visão, exclamou: "Ai de mim!... porque sou homem de lábios impuros... – isso é "humildade de espírito". Quando nos vemos em competição com outras pessoas deste mundo, dizemos: "Sou capaz de competir com elas". Pois bem, no que tange a este mundo, essa atitude talvez seja muito boa, se é que a apreciamos. Porém, quando uma pessoa já teve suas ideias aclaradas a respeito de Deus, necessariamente sente-se como quem está "morto", conforme sucedeu a João, na ilha de Patmos. Precisamos sentir-nos assim, quando estamos na presença do Senhor. Qualquer atitude natural que porventura reste em nós, terá de desaparecer, porquanto tal atitude não somente é desmascarada quanto à sua insignificância e debilidade, mas, ao mesmo tempo, tornam-se evidentes a sua pecaminosidade e imundícia.

Portanto, façamos a nós mesmos as seguintes perguntas: Pareço-me com essa descrição? Sou mesmo humilde de espírito? Como é que me sinto a meu respeito, quando penso em termos de Deus e na presença de Deus? Em minha vida diária, quais são as coisas que costumo dizer, sobre o que costumo orar e o que costumo pensar sobre mim mesmo? Assim sendo, que coisa miserável é essa, essa jactância naquilo que é meramente acidental em minha vida, pelo que também não sou responsável; essa jactância naquilo que é artificial, e que nem ao menos será levado em conta no grande dia em que tivermos todos de comparecer diante de Deus. Este meu pobre eu! Aquele hino de Lavater expressa admiravelmente bem essa questão: "Faze que diminua mais e mais este pobre eu". E também: "Oh, Jesus Cristo, cresce mais em mim".

Isso posto, como é que alguém se torna "humilde de espírito"? A resposta a essa indagação é que não olhemos para nós mesmos, e nem comecemos a tentar fazer as coisas por nossas próprias forças. Esse foi o erro colossal do monasticismo. Em seu desejo de realizar tal feito, aquela pobre gente pensava: "Preciso evitar o convívio da sociedade, preciso sacrificar a minha própria carne e fazê-la sofrer privações, preciso mutilar o meu corpo". Não e não; pois quanto mais assim fizermos, tanto mais tomaremos consciência de nós mesmos, e menos seremos "humildes de espírito". A única maneira de alguém tornar-se "humilde de espírito" é voltando os olhos para Deus. Leia o grande Livro que versa sobre Deus, examine a Sua lei, verifique o que Ele espera de nós, imagine-se de pé diante dEle. Ser humilde de espírito, por semelhante modo, é contemplar ao Senhor Jesus Cristo, vendo-O conforme Ele é descrito nos Evangelhos. Quanto mais assim fizermos, tanto mais compreenderemos a reação dos apóstolos, que ao contemplar a Jesus Cristo e qualquer coisa que Ele acabara de realizar, exclamavam: "Aumenta-nos a fé" (Lucas 17:5). Perceberam que a sua fé era insignificante. Sentiram que a fé era fraca e pobre. "Senhor, aumenta-nos a fé. Pensávamos que tínhamos alguma fé, porquanto expulsávamos demônios e pregávamos a Tua Palavra; mas agora percebemos que nada temos; aumenta-nos a fé." Sim, olhe para Jesus Cristo; e quanto mais você fixar nEle os olhos, tanto mais você se sentirá nulo em si mesmo, e tanto mais "humilde de espírito" você se tornará. Olhe para Ele, continue olhando para Ele. Volva-se para a experiência dos santos, considere os homens que mais plenamente foram cheios do Espírito Santo e usados nas mãos de Deus. Porém, acima de tudo, olhe novamente para Cristo; e então você nada terá de fazer por si mesmo. Pois tudo já terá sido feito. Realmente, você não pode volver os olhos na direção de Cristo sem sentir sua absoluta pobreza e nulidade. E então você poderá dizer para o Senhor:

> Nada trago em minha mão,
> Só na Tua cruz me agarro.
> Vazio, desamparado, nu e vil. Entretanto, *Ele* é o Todo-suficiente
> Sim, tudo quanto me falta em Ti encontro,
> Oh, Cordeiro de Deus, venho a Ti.

Capítulo V
BEM-AVENTURADOS OS QUE CHORAM

Chegamos agora a uma consideração da segunda das bem-aventuranças: "Bem-aventurados (felizes) os que choram, porque serão consolados" (Mateus 5:4). Essa, tal como a primeira das bem-aventuranças, destaca-se de imediato, caracterizando o crente como alguém inteiramente diferente daquele que não é crente, daquele que pertence a este mundo. De fato, o mundo consideraria tal declaração – e assim efetivamente o faz – como inteiramente ridícula: felizes são aqueles que choram! Aquilo que o mundo mais procura evitar é a necessidade de chorar; toda a sua organização estriba-se sobre a suposição que chorar é algo que deve ser evitado. A filosofia do mundo estipula o seguinte: Esqueça-se das suas dificuldades, volte as costas para elas e faça tudo quanto estiver ao seu alcance para não ter de enfrentá-las. O mundo opina: As coisas já são bastante ruins para que a gente ainda fique procurando tribulações; assim sendo, seja tão feliz quanto lhe for possível. A organização da vida, em todos os seus aspectos, a mania pelos prazeres, a busca pelo dinheiro, a energia e o entusiasmo despendidos na tentativa de entreter as pessoas são apenas outras tantas expressões do grande alvo do mundo, isto é, evitar essa ideia da necessidade de chorar, essa atitude de quem se lamenta. Não obstante, diz o Evangelho: "Felizes os que choram". Verdadeiramente, esses são os únicos que são felizes! Se examinarmos o trecho paralelo a este, no sexto capítulo de Lucas, veremos que essa bem-aventurança foi vertida em palavras ainda mais incisivas, porquanto ali é empregada a forma negativa: "Ai de vós, os que agora rides! Porque haveis de lamentar e chorar". Essa afirmativa condena aquelas risotas, aquela jovialidade e felicidade aparentes que os homens deste mundo exibem, proferindo um "ai" contra os mesmos. Por outra parte, promete bênção, felicidade, alegria e paz àqueles que choram. Essas declarações preliminares, portanto, por se referirem aos crentes, obviamente revestem-se de capital importância.

Uma vez mais torna-se evidente que encontramos aqui algo inteiramente espiritual em seu significado. Nosso Senhor não disse que aqueles que choram por motivo de alguma tristeza é que são felizes, como se esse "chorar" fosse um sentimento de pesar devido à perda de algum ente querido. Não; mas está em pauta a tristeza espiritualmente provocada. Da mesma maneira que a humildade de espírito não tem qualquer ligação com questões financeiras, visto tratar-se de uma atitude inteiramente espiritual, novamente temos aqui uma qualidade espiritual, a qual nada tem a ver com a nossa vida natural neste mundo. Todas essas bem-aventuranças referem-se a uma condição espiritual, a uma atitude espiritual. Na presente bem-aventurança são elogiados aqueles que choram em seu espírito; e esses, esclarece o Senhor, são felizes.

Conforme já vimos, tal atitude jamais é encontrada neste mundo perdido, assim estabelecendo um forte contraste com aquilo que se vê neste passo bíblico. Uma vez mais, entretanto, sou constrangido a dizer que isso é algo que não está em evidência na Igreja moderna como sucedia no passado, ou como pode ser observado nas páginas do Novo Testamento. Em certo sentido, conforme eu já havia dito, essa é, realmente, a nossa principal razão para considerarmos com seriedade este Sermão do Monte. Preocupa-nos o estado e a vida da Igreja nos dias atuais. Não hesito ao afirmar novamente que a Igreja não está exercendo um maior impacto sobre as vidas dos homens e das mulheres deste nosso mundo devido ao fato que a sua própria vida não se acha em ordem. Para mim, nada existe de mais trágico ou míope, ou carente de discernimento do que a suposição, por tantos embalada, de que a própria Igreja vai bem, e que tudo quanto lhe compete fazer é evangelizar o mundo fora da Igreja. Cada reavivamento novo prova claramente que aqueles que estão fora da Igreja sempre são atraídos pelo cristianismo quando a Igreja realmente começa a funcionar como a Igreja de Cristo, e quando os próprios crentes, como indivíduos, aproximam-se da descrição que aqui encontramos, isto é, nas bem-aventuranças. Destarte, devemos começar por nós mesmos, a fim de notarmos por qual razão, desafortunadamente, essa descrição do crente como alguém que "chora" faz-nos sentir que, de uma maneira ou de outra, essa atitude não se evidencia tanto na Igreja atual, conforme já se verificou em épocas passadas.

A explicação desse fato é bastante óbvia. Em parte, trata-se da reação contra um falso puritanismo (note que eu não disse puritanismo, mas *falso puritanismo*), o que, para sermos francos, andava em grande voga perto do final do século passado e no começo do século presente. Com frequência, essa atitude manifestava-se sob a forma de uma piedade fingida. Não era uma piedade natural; não procedia do íntimo; pelo contrário, as pessoas afetavam e assumiam uma aparência de piedade. Quase chegava-se a dar impressão de que ser religioso era ser mísero; voltava-se as costas para muitas coisas que são perfeitamente naturais e legítimas. E, dessa forma, oferecia-se um quadro em nada atrativo do crente. Conforme penso, tem havido uma violenta reação contra essa afetação, uma reação tão violenta, de fato, que tem levado os crentes a se inclinarem na direção oposta.

Entretanto, penso que uma outra explicação para esse fenômeno é uma certa ideia que vem ganhando terreno, ou seja, a ideia de que se quisermos, como crentes, atrair aqueles que ainda não são crentes, então devemos ostentar deliberadamente uma aparência de vivacidade e jovialidade. Isso posto, há muitos que procuram assumir um ar de alegria e felicidade que não procede da alma, mas que é apenas uma simulação. É provável que essa seja a principal explicação para a ausência dessa virtude do "choro espiritual" na vida da Igreja moderna. Antes, o que se vê entre tantos crentes é certa superficialidade, jovialidade ou volubilidade quase irracional. É essa tentativa de aparentar outra coisa, de tentar criar certa figura, ao invés de se ter uma atitude que venha do próprio coração, que controla e determina toda a nossa aparência, todo o nosso comportamento.

Algumas vezes, todavia, penso que a explicação definitiva para tudo isso é algo ainda mais profundo e sério. Não posso evitar a sensação de que a explicação final para o estado da Igreja moderna é um defeituoso senso de pecado, bem como uma distorcida doutrina do pecado. Paralelamente a isso, é claro, há o fracasso de não se compreender corretamente a natureza da alegria cristã. Por conseguinte, encontramos aí um duplo equívoco. Não há mais aquela real e profunda convicção de pecado, conforme se via antigamente; e, por outra parte, manifesta-se aquele conceito superficial de júbilo e felicidade que é completamente diverso daquilo que lemos no Novo Testamento. Assim sendo, essa doutrina defeituosa do pecado e essa ideia superficial da alegria, operando juntamente, produziram entre nós um tipo de crente superficial, uma forma de vida cristã extremamente inadequada.

Ora, como é óbvio, tudo isso é deveras importante, sobretudo no que concerne à questão de evangelização. Não é de surpreender que a Igreja esteja falhando em sua missão, uma vez que é assim defeituoso e inadequado o seu duplo conceito de pecado e de alegria. Segue-se daí que grande parte do evangelismo efetuado hodiernamente, sem importar se organizado em grande ou em pequena escala (a despeito de tudo quanto está sendo dito em seu favor, em termos de estatísticas e resultados numéricos), obviamente não está afetando profundamente a vida da Igreja. Realmente, os próprios dados estatísticos mostram-nos que está ocorrendo grave derrota nesses campos de atividade. Por esse motivo, esse é um assunto fundamental para considerarmos. Essa é a razão pela qual é tão importante que nos aproximemos da questão em consonância com os termos do Sermão do Monte, o qual começa dissertando sobre pontos negativos. Precisamos ser humildes de espírito, antes de começarmos a ser cheios do Espírito Santo. O negativo precede o positivo. E temos aqui, novamente, um outro exemplo precisamente do mesmo fenômeno – é necessário que a convicção de pecado anteceda a conversão, pois o real senso do pecado precisa manifestar-se antes que haja real alegria na salvação. Ora, isso faz parte da essência mesma do Evangelho.

Inúmeras são as pessoas que passam a vida inteira procurando encontrar a alegria cristã. Afirmam elas que dariam o mundo inteiro se ao menos pudessem achá-la, ou se pudessem ser como outras pessoas que já possuem essa alegria. Pois bem, sugiro que em noventa e nove por cento dos casos, essa é a explicação para o fracasso. As pessoas não têm compreendido que precisam ser convencidas do pecado antes que possam experimentar alegria. Elas não apreciam a doutrina bíblica do pecado. Repelem-na intensamente e levantam objeções contra a pregação da mesma. Querem alegria independentemente da convicção de pecado. Mas isso é algo simplesmente impossível; tal coisa jamais poderá tornar-se realidade. Aqueles que tiverem de converter-se, tornando-se verdadeiramente felizes e bem-aventurados, são aqueles que, antes de tudo, se lamentam, chorando. A convicção é uma medida preliminar e essencial, a fim de que haja verdadeira conversão da alma.

Reveste-se da maior importância, pois, que saibamos exatamente o que nosso Senhor quis dizer quando asseverou: "Bem-aventurados os que choram..." Descobriremos a resposta exata quando examinarmos o ensino geral do Novo Testamento no que respeita ao tema. Comecemos, por exemplo, pelo próprio Senhor Jesus. As Escrituras ensinam que, na qualidade de crentes, estamos sendo moldados segundo a imagem e o padrão do próprio Senhor Jesus. Crente é aquele que se assemelha ao Senhor Jesus Cristo. Ele é o "... primogênito entre muitos irmãos" (Romanos 8:29). Esse é o padrão final que você e eu temos de seguir. Pois bem, examinemos a pessoa de Cristo. O que encontramos nEle?

Uma das coisas que nEle observamos é que não há qualquer registro de que Ele alguma vez se tenha rido. Lemos que Ele ficou irado; lemos que Ele padeceu fome e sede; mas não há registro algum de alguma gargalhada que Jesus tenha soltado. Sei que o argumento baseado no silêncio pode ser perigoso, mas, apesar disso, devemos dar a devida atenção ao fato. Recordemo-nos daquela profecia acerca de Cristo, no livro do profeta Isaías, onde somos informados de que Ele seria "... homem de dores e que sabe o que é padecer..." (Isaías 53:3). Ali também podemos ler que a Sua aparência ficaria de tal modo desfigurada que Ele não pareceria atrativo a ninguém. Isso foi profetizado a respeito de Jesus, e, ao compararmos o que dizem sobre Ele os registros do Novo Testamento, vemos que essas predições foram literalmente cumpridas. No trecho de João 8:57 há uma certa indicação de que nosso Senhor parecia ser muito mais idoso do que realmente era. Estamos recordados de que Ele disse: "Abraão alegrou-se por ver o meu dia". E então os judeus incrédulos retrucaram: "Ainda não tens cinquenta anos e viste a Abraão?" Essas palavras foram dirigidas a quem pouco havia ultrapassado a casa dos trinta anos, e inclino-me por concordar com os intérpretes da Bíblia que argumentam, alicerçados nessa afirmação escriturística, que nosso Senhor parecia ter muito mais idade do que realmente tinha. Assim, pois, não há registro de que Ele alguma vez se tenha rido. Todavia, lemos que Ele chorou à entrada do sepulcro de Lázaro (ver João 11:35). Jesus não chorou porque o Seu amigo tinha falecido, porquanto Ele estava ao ponto de ressuscitá-lo dos mortos. Jesus bem sabia que, no instante seguinte, Lázaro haveria de retornar à vida. Não, o motivo que levou Jesus a chorar foi muito diferente disso, conforme haveremos de examinar juntos. Também ficamos sabendo que Ele chorou defronte de Jerusalém, ao contemplar a cidade, pouco antes de Sua morte (ver Lucas 19:41-44). Esse é o quadro que os Evangelhos nos fornecem sobre Jesus; e espera-se que sejamos semelhantes a Ele. Isso pode ser confrontado não somente com o mundo, mas igualmente com aquela jovialidade e vivacidade fáceis que tantos crentes parecem pensar que deveria retratar o crente. Penso que você perceberá de pronto esse notável e espantoso contraste. O Senhor não se parece em nada com essa atitude que tantos crentes assumem.

Examinemos também o ensino do apóstolo Paulo, conforme é possível deduzir-se, por exemplo, de Romanos 7. Se tivermos de ser crentes autênticos, cumpre-nos ser como esse apóstolo, como os demais apóstolos e como os santos de todos os séculos. Recordemo-nos, portanto, que o crente é um indivíduo que sabe o que significa clamar: "Desventurado homem que sou! Quem me livrará do corpo desta morte?" Isso mostra-nos um pouco o que se deve entender por chorar espiritualmente. Ali estava um homem tão triste consigo mesmo que chorou de agonia. Espera-se que todos os crentes também sejam assim. O crente sabe o que significa sentir-se totalmente desesperançado consigo mesmo, o que é dizer, a exemplo de Paulo: "... em mim, isto é, na minha carne, não habita bem nenhum". O crente também sabe o que é dizer: "não faço o bem que prefiro, mas o mal que não quero, esse faço". Por semelhante modo, o crente tem plena consciência do conflito entre a lei de sua mente e a lei que atua em seus membros, juntamente com todo aquele miserável conflito e esforço. Contudo, ouçamos novamente o que Paulo nos diz, em Romanos 8. Você deve estar informado que há pessoas que pensam que aquilo que foi descrito em Romanos 7 reflete apenas uma fase da experiência de Paulo, e que mais tarde ele deixou para trás essa fase, como que virou uma página da sua vida e passou a viver conforme se lê no oitavo capítulo de Romanos, onde então não soube mais o que é chorar. Não obstante, eis o que leio no versículo vinte e três do oitavo capítulo dessa epístola: "E não somente ela (a criação), mas também nós, que temos as primícias do Espírito, igualmente gememos em nosso íntimo, aguardando a adoção de filhos, a redenção do nosso corpo..." Paulo descreve a si mesmo e aos crentes autênticos mediante as seguintes palavras: "... neste tabernáculo gememos, aspirando por ser revestidos da nossa habitação celestial" (II Coríntios 5:2). E Paulo exprime tudo isso ainda mais abertamente nas suas epístolas pastorais, ao escrever a Timóteo e a Tito, dizendo-lhes que deviam ensinar outras pessoas. Diz Paulo que os "homens idosos" devem ser "temperantes, respeitáveis, sensatos". De fato, os próprios "moços" devem ser "criteriosos". Não vemos aqui coisa alguma que se assemelhe à vivacidade e jovialidade modernas. Os jovens crentes não deveriam afetar essa aparência de uma tão maravilhosa alegria que sempre lhes estampa no rosto um sorriso jovial, mediante o que querem mostrar que são felizes.

Selecionei ao acaso essas poucas passagens. Elas poderiam ser suplementadas com trechos extraídos de outros escritores do Novo Testamento. Mas, qual o significado de tudo isso? Penso que a melhor maneira de expressá-lo é como segue. Esse "choro" espiritual é algo que, necessariamente, resulta do fato de ser alguém "humilde de espírito". Esse é o resultado inevitável. Quando contemplo Deus e a Sua santidade, e em seguida contemplo a vida que se espera que eu viva, então é que realmente vejo a mim mesmo, o meu total desamparo e desesperança. Ora, isso desvenda para mim a minha qualidade de espírito; e imediatamente isso me entristece. Cumpre-me lamentar o fato que sou assim. Como é claro, porém, as coisas não terminam nesse ponto. O homem que realmente viu a si mesmo, tendo-se examinado em sua pessoa e vida, é alguém que se viu forçado a chorar em vista dos seus pecados, em vista das coisas malignas que pratica. Ora, os mais profundos conhecedores da vida do espírito sempre recomendaram o autoexame. Todos eles o recomendam e praticam pessoalmente. Afirmam que é conveniente ao indivíduo fazer uma pausa no fim de seu dia e começar a meditar sobre si mesmo, repassando rapidamente os acontecimentos do dia e indagando: "O que fiz? O que disse? O que pensei? Como foi que me conduzi no tocante a meus semelhantes?" Ora, se você fizer tal coisa, qualquer noite dessas, descobrirá que fez muitas coisas que jamais deveria ter feito, tomará consciência de haver nutrido pensamentos, ideias e sentimentos bastante indignos. E, ao perceber tais coisas, qualquer crente sente-se profundamente afetado pelo senso de tristeza e pesar, por haver sido capaz de tais ações ou pensamentos; e isso leva-o a lamentar-se.

Todavia, o crente não estaca meramente nas coisas que praticou; pelo contrário, medita e contempla as suas próprias ações, o seu estado e a sua condição de pecaminosidade; e então, ao examinar assim a si próprio, forçoso lhe é que atravesse a experiência aludida no sétimo capítulo de Romanos. É preciso que o crente se conscientize desses princípios malignos que nele existem. O crente, pois, vê-se obrigado a perguntar de si mesmo: "O que há em mim que me leva a agir dessa maneira? Por que me deixo irritar tão facilmente? Por que tenho tão mau temperamento? Por que não sou capaz de controlar-me? Por que aninho esses pensamentos maldosos, invejosos e ciumentos? O que está havendo comigo?" Destarte, o crente descobre o conflito em seus próprios membros, e termina por abominar a sua condição, chorando por causa dela. É algo inevitável. Ora, isso não é nenhum esforço da imaginação; mas, é uma experiência real, que corresponde à realidade. É um teste deveras radical. Se eu objetar a esse ensino, tal objeção significará somente que eu não me lamento, e disso seguir-se-á que eu não posso ser contado entre aqueles que nosso Senhor chamou de bem-aventurados. Se eu considero isso apenas um sentimento mórbido, algo que não convém ao ser humano, então simplesmente estou proclamando que eu não sou espiritual, que sou diferente do apóstolo Paulo e de todos os santos, além de estar contradizendo a doutrina de nosso Senhor Jesus Cristo. Não obstante, se eu lamento em face desses defeitos, então estou realmente chorando, no sentido espiritual.

Contudo, o crente não para nem mesmo aí. Aquele que é crente verdadeiro também chora por causa dos pecados alheios. O crente não cessa ao fazer considerações sobre si mesmo; mas enxerga as mesmas misérias em outras pessoas. O crente preocupa-se por causa do estado da sociedade e do mundo, e, quando lê os jornais, não estaca diante daquilo de que tomou conhecimento, e nem meramente exprime o seu desgosto diante do estado das coisas. Antes, o crente lamenta-se por causa de todas essas coisas, considerando no íntimo como os homens são capazes de desperdiçar suas vidas dessa maneira, neste mundo. Sim, o crente chora devido aos pecados de seus semelhantes. De fato, ele vai muito além disso, porquanto chora em face da situação do mundo inteiro, ao contemplar a desordem, a infelicidade e os sofrimentos da humanidade, ao ler a respeito das guerras e rumores de guerras. Ele percebe que o mundo inteiro está em uma condição enfermiça e infeliz. Sabe que toda essa desgraça se deve ao pecado; e, frente a frente com todo esse quadro, o crente chora.

Eis a razão por que nosso Senhor mesmo chorava, eis a razão por que Ele foi um "... homem de dores e que sabe o que é padecer..."; esse foi o motivo que O levou a chorar diante do túmulo de Lázaro. Jesus contemplou aquela coisa horrenda, feia e imunda denominada pecado, a qual invadiu nossas vidas e introduziu na vida a própria morte, perturbando e infelicitando a vida. Jesus chorou diante disso e gemeu em Seu espírito. Ao contemplar a cidade de Jerusalém, que O havia repelido, tornando-se assim passível de condenação, Jesus chorou. Ele chorou; e outro tanto faz todo aquele que é Seu verdadeiro seguidor, todo aquele que recebeu a natureza de Cristo. Em outras palavras, o crente vê-se forçado a chorar diante da natureza mesma do pecado, porque o pecado invadiu este mundo, arrastando-o a tão temíveis consequências. De fato, o crente chora assim por haver recebido certo entendimento acerca do que o pecado significa para Deus, acerca do quanto Deus aborrece e repele o pecado, esse mal terrível que, por assim dizer, se pudesse fazê-lo, feriria ao Senhor Deus no próprio coração, essa rebeldia e essa arrogância do ser humano, resultantes de haver ele dado ouvidos a Satanás. Isso entristece ao crente; e, exatamente por esse motivo, ele chora.

Esse, por conseguinte, é o ensino do Novo Testamento no que concerne à questão. É isso que significa chorar, no sentido espiritual do Novo Testamento. Talvez pudéssemos expressar melhor essa questão conforme dizemos a seguir. Essa atitude espiritual é a própria antítese da atitude, da mentalidade e da perspectiva do mundo, o qual, conforme declarou nosso Senhor, agora "ri". Contemplemos aquilo que sucede no mundo, lá fora, mesmo em períodos de guerra. Os homens do mundo prosseguem na sua velha atitude, não querendo enfrentar a verdadeira situação e ignorando tudo quanto acontece ao seu derredor, enquanto tentam sentir-se felizes. O lema deles é o seguinte: "Descansa, come, bebe e regala-te" (Lucas 12:19). O mundo ri, e então diz: "Não nos devemos preocupar demasiadamente com essas coisas". Ora, o choro espiritual é a atitude diametralmente oposta a isso. A atitude do crente é essencialmente diferente da atitude do homem mundano.

Sem embargo, não queremos parar neste ponto, porque, de outra forma, seria incompleta a nossa descrição do crente. Nessas bem-aventuranças, nosso Senhor faz uma declaração completa, que precisa ser aceita como tal. Disse Ele: "Bem-aventurados os que choram, porque serão consolados". O homem que chora é verdadeiramente feliz, ensinou Cristo. Ora, isso constitui um paradoxo. Em qual sentido o crente é feliz? Bem, o crente é feliz em sentido pessoal. O homem que realmente chora por causa de seu estado e condição pecaminosos é o homem que haverá de arrepender-se; e, na verdade, ele já começou a arrepender-se. E o homem que verdadeiramente se arrepende, em resultado da obra do Espírito Santo, é o homem que certamente será conduzido aos pés do Senhor Jesus Cristo. Tendo-se conscientizado de sua extrema pecaminosidade e desamparo, passa a buscar um Salvador, e encontra esse Salvador em Jesus Cristo. Ninguém pode, realmente, conhecer a Cristo como seu Salvador e Redentor pessoal a menos que primeiramente saiba o que significa chorar espiritualmente. Somente aquele que clama: "Desventurado homem que sou! Quem me livrará...?" pode prosseguir para então dizer: "Graças a Deus por Jesus Cristo nosso Senhor". Ora, isso é algo que resulta daquele lamento, da mesma maneira que o dia segue-se à noite. Quando realmente choramos, então também nos regozijamos, tornando-nos felizes e sendo consolados. Pois é quando um homem vê a si mesmo nesse desamparo indizível, que o Espírito Santo lhe revela o Senhor Jesus Cristo como a sua perfeita satisfação. Através do Espírito, tal indivíduo percebe que Cristo morreu pelos seus pecados, postando-se então como seu advogado na presença de Deus. Tal homem vê em Cristo a perfeita provisão preparada por Deus; e imediatamente ele se sente consolado. Isso é um admirável aspecto da vida cristã. A nossa mais profunda tristeza leva-nos ao regozijo, porquanto sem tristeza não pode haver regozijo.

Todavia, isso não ocorre somente por ocasião da conversão; antes, é algo que continua durante toda a vida do crente. O crente enxerga a si mesmo como alguém culpado de pecado, e a princípio isso o rebaixa e impele-o a lamentar-se. Por sua vez, isso fá-lo voltar-se novamente para Cristo; e, no momento em que ele se volta para Cristo, sua paz e sua felicidade retornam, e ele é consolado. Essa é uma condição que se cumpre sem tardança. O indivíduo que verdadeiramente chora é consolado e sente-se feliz; e a vida cristã é passada dessa maneira, entre o choro e a alegria, entre a tristeza e a felicidade; uma dessas atitudes deveria prontamente nos conduzir à outra.

Contudo, ao crente não é oferecido somente esse consolo imediato. Há também um outro consolo, ao qual poderíamos chamar de "bendita esperança", conforme ela foi elaborada por Paulo, em Romanos 8, ao qual já fizemos referência. Ensina ele que, no presente, até mesmo nós, os crentes, que contamos com "as primícias do Espírito", gememos em nosso íntimo, "aguardando a adoção de filhos, a redenção do nosso corpo". E o apóstolo prossegue: "Porque na esperança fomos salvos", confiando que "os sofrimentos do tempo presente não são para comparar com a glória por vir a ser revelada em nós". Em outras palavras, quando o crente contempla o mundo, ou mesmo a sua própria pessoa, sente-se infeliz. Ele geme em espírito; pois sabe o que é a carga do pecado, segundo ela é vista no mundo e conforme foi sentida pelos apóstolos, ou mesmo pelo Senhor Jesus. Mas, logo em seguida, o crente sente-se consolado. Ele sabe que há uma glória vindoura; ele sabe que raiará um dia em que Cristo retornará, e no qual o pecado será banido da face da terra. Então haverá "novos céus e nova terra, nos quais habita justiça" (II Pedro 3:13). Oh, bendita esperança! "Bem-aventurados os que choram, porque serão consolados."

Por outro lado, que esperança pode ter o indivíduo que não acredita nessas realidades? Que esperança pode embalar o homem que não é crente? Olhe para o mundo ao seu redor e considere; leia os jornais. O que você pode aproveitar dali? Cinquenta anos atrás, certas pessoas costumavam salientar o fato que o ser humano estava melhorando e se aprimorando rapidamente. Mas agora, ninguém pode mais alegar estar havendo tal progresso. Ninguém pode depender da educação; ninguém pode depender das Nações Unidas, da mesma maneira que, anteriormente, não se podia depender da Liga das Nações. Todas essas coisas já foram experimentadas e fracassaram. Que esperança resta ao mundo? Nenhuma! Para o mundo não há agora qualquer consolo. Porém, para o crente que se lamenta em face do pecado e do estado do mundo, há o seguinte consolo – o consolo da bendita esperança, o consolo da glória vindoura. Por essa razão, mesmo neste mundo, embora gemendo, o crente também é feliz, por causa da esperança que rebrilha no seu horizonte. Ele tem esperança final na eternidade. Naquele estado eterno seremos total e inteiramente bem-aventurados, nada havendo para nos desfigurar a vida, nada havendo para detratar a nossa vida, nada havendo para estragá-la. Tristeza e suspiros não mais existirão; todas as lágrimas terão sido enxutas; e haveremos de aquecer-nos para sempre sob a luz do sol eterno, experimentando um regozijo e uma ventura e glória sem mistura e sem jaça. "Bem-aventurados os que choram porque serão consolados." Quanta verdade há nessa declaração! A menos que saibamos disso, nem crentes somos. Porém, se somos crentes, então temos a certeza dessas realidades, temos a alegria de saber que nossos pecados foram perdoados; temos a satisfação de ter recebido a reconciliação com Deus; temos o júbilo de saber que Deus nos conduzirá até Ele, mesmo que porventura dEle nos desviemos; temos a alegria e a expectação da glória que nos foi proposta; e temos o regozijo que se deriva da antecipação do estado eterno.

Procuremos, assim sendo, definir o homem que chora. Que tipo de homem é ele? Ele é um homem triste, mas não melancólico. É um homem triste, mas não se sente um miserável. É um homem sério, mas não taciturno. É um homem sóbrio, mas não sombrio. É um homem grave, mas que nunca se mostra frio ou distante. Juntamente com a sua gravidade, há também calor e força de atração. Em outras palavras, esse homem mostra-se constantemente sério; todavia, ele não precisa fingir seriedade. O crente nunca é um indivíduo que finge ser ou triste ou jovial. Não, mas é uma pessoa que leva a vida a sério; ele contempla a vida espiritualmente, e vê na vida o pecado e os seus efeitos perniciosos. O crente é um homem sério e sóbrio. Sua aparência sempre é a de um homem compenetrado e bem equilibrado. Ele sempre encara as coisas com seriedade; mas, devido à sua visão, à sua compreensão da realidade, o crente também goza de uma "alegria indizível e cheia de glória" (I Pedro 1:8). Portanto, ele se assemelha ao apóstolo Paulo, o qual "gemia no íntimo", mas, no entanto, sentia-se feliz por haver experimentado Cristo e por haver saboreado a glória futura. O crente não é uma pessoa superficial sob hipótese alguma; pelo contrário, é alguém fundamentalmente sério, e fundamentalmente feliz. Como você deve estar percebendo, a alegria do crente consiste em um júbilo santo, e a felicidade do crente consiste em uma bem-aventurança séria. Nada existe no crente que se pareça com alguma aparência superficial de felicidade ou alegria! Não e não; antes, o crente usufrui de uma alegria solene, de uma alegria santa, de uma felicidade séria. Isso posto, embora grave, sóbrio e sério, o crente jamais mostra ser uma pessoa indiferente para com os seus semelhantes. Bem ao contrário, ele é como o próprio Senhor Jesus, o qual gemia e chorava, mas, não obstante, suportou a cruz e desprezou a ignomínia "em troca da alegria que lhe estava proposta" (Hebreus 12:2).

Esse é o homem que chora; esse é o crente. Esse é o tipo de crente que a Igreja via nos séculos passados, quando a doutrina do pecado era pregada e ressaltada, quando os homens não eram meramente exortados a tomar alguma decisão repentina. Uma doutrina profunda do pecado, uma elevada doutrina da alegria cristã, e então a combinação dessas duas doutrinas produzem esse homem abençoado e feliz, o qual chora, é verdade, mas que, paralelamente a isso, é consolado. A maneira certa de se experimentar isso, como é lógico, consiste em se ler as Escrituras, em se estudar e meditar a respeito delas, em se orar a Deus para que o Seu Espírito revele-nos o pecado que há em nós, e então para que Ele nos revele o Senhor Jesus Cristo em toda a Sua plenitude. "Bem-aventurados os que choram, porque serão consolados."

Capítulo VI
BEM-AVENTURADOS OS MANSOS

Ao considerarmos as bem-aventuranças como um todo, pudemos descobrir que existem certas características gerais aplicáveis a cada uma delas. Então, quando começamos a estudar as bem-aventuranças separadamente, averiguamos que até os detalhes se aplicam a cada bem-aventurança. Neste ponto, pois, uma vez mais precisamos salientar que a presente bem-aventurança, esta descrição particular do crente, leva-nos a novas surpresas, porque ela é tão completa e inteiramente contrária a tudo quanto o homem natural pensa. "Bem-aventurados os mansos, porque herdarão a terra." A conquista mundial – o predomínio sobre o universo inteiro – entregue aos mansos, dentre todas as pessoas deste mundo! A humanidade pensa em termos de força, de poderio, de habilidades, de autossegurança e de agressividade. Essa é a ideia que este mundo faz de conquista e predomínio. Quanto mais uma pessoa se impõe e se expressa, quanto mais se organiza e manifesta o seu poderio e as suas habilidades, tanto mais perto se acha do sucesso e do progresso. Não obstante, derrubando tal conceito, eis que soa essa notável declaração: "Bem-aventurados os mansos, porque herdarão a terra" – e exclusivamente eles. Uma vez mais, portanto, somos lembrados, logo no começo deste capítulo, que o crente é alguém inteiramente diferente das pessoas deste mundo. Trata-se de uma diferença quanto à qualidade, de uma diferença essencial. O crente é um novo homem, é uma nova criação; pertence a um reino totalmente distinto deste mundo. O mundo não somente é diferente do crente; o mundo nem ao menos é capaz de entendê-lo. Para o mundo, o crente é um enigma. E se você e eu, nesse sentido primário, não constituímos problemas e enigmas para os incrédulos que se movem ao nosso redor, então isso pode revelar-nos muita coisa sobre a autenticidade de nossa profissão de fé cristã.

A enunciação dessa bem-aventurança deve ter sido recebida como um grande choque para os judeus dos dias de nosso Senhor; e, conforme concordamos ainda no começo deste volume, não podemos duvidar que Mateus tivesse escrito primordialmente para os judeus. Mateus coloca as bem-aventuranças quase no início do seu Evangelho precisamente por esse motivo. Os judeus entretinham determinadas ideias sobre o reino de Deus, as quais, conforme você deve estar lembrado, não somente eram ideias materialistas, mas também militaristas. Para eles, o Messias seria uma notável figura militar que apareceria a fim de outorgar-lhes o triunfo final na guerra contra os seus adversários. Por isso é que eles pensavam em termos de conquista e de luta por bênçãos materiais; mas nosso Senhor negou prontamente todas essas ideias. É como se Ele houvesse dito: "Não, o caminho não é esse. Eu não sou nada disso, e nem o meu reino se reveste dessa natureza". "Bem-aventurados os mansos, porque eles herdarão a terra." Essas palavras formam violento contraste com a maneira de pensar daqueles judeus.

Outrossim, essa bem-aventurança também contrasta com uma apreciável parcela do pensamento da Igreja cristã de nossos dias. Porventura não se manifesta na Igreja uma patética tendência de se pensar em termos de luta contra o mundo, contra o pecado e contra aquilo que faz oposição a Cristo, por intermédio de grandes organizações? Estaria eu equivocado ao sugerir que o pensamento prevalente e controlador, no seio da Igreja cristã, ao redor do mundo, parece ser exatamente o contrário daquilo que nos é indicado no presente texto? Dizem os evangélicos modernos: "Ali está o poderoso inimigo, em pé de guerra contra nós, e aqui está a dividida Igreja cristã. Precisamos unir-nos todos, precisamos todos de alguma gigantesca organização a fim de enfrentarmos esse inimigo organizado. Somente então conseguiremos causar impacto, somente então venceremos". Não obstante, "bem-aventurados os mansos", e não aqueles que confiam em suas organizações, que confiam em suas forças, capacidades e instituições. Antes, cumpre-nos pensar segundo um exato reverso dessas ideias. Ora, esse é o ensino que encontramos não somente nesta bem-aventurança, mas também em todo o resto das Escrituras. Pode-se ver claramente esse princípio na história de Gideão, quando Deus continuou reduzindo o número dos combatentes, ao invés de aumentá-lo. Esse é o método espiritual, e isso também é enfatizado nesta admirável declaração do Sermão do Monte.

Ao abordarmos essa declaração, antes de tudo devemos procurar examiná-la em sua relação para com as demais bem-aventuranças. É claro que essa afirmativa de Jesus dá prosseguimento àquilo que fora dito anteriormente. Há uma óbvia conexão lógica entre essas diferentes bem-aventuranças. Cada uma delas sugere a próxima e a ela conduz. As bem-aventuranças não foram proferidas ao acaso. Em primeiro lugar, há aquele postulado fundamental sobre a necessidade de sermos "humildes de espírito". Essa é a atitude de espírito, primária e fundamental, a qual, por sua vez, conduz à condição de espírito lamentoso, quando tomamos consciência de nossa pecaminosidade; e isso, por sua vez, leva ao espírito de mansidão. Entretanto – e quero enfatizar isso – não somente detectamos essa conexão lógica entre as bem-aventuranças. É mister enfatizar, igualmente, que as bem-aventuranças, na medida em que vão sendo enunciadas, se vão tornando progressivamente mais difíceis. Em outras palavras, aquilo que passamos a considerar agora é mais perscrutador, mais difícil, mais rebaixador e humilhante do que tudo quanto antes havia sido considerado neste Sermão do Monte. Podemos considerar a presente bem-aventurança de acordo com o seguinte ponto de vista: a primeira bem-aventurança recomenda-nos tomar consciência de nossa própria debilidade e falta de aptidão. Ela confronta-nos com o fato que temos de enfrentar Deus, não somente nos Dez Mandamentos e na lei moral, mas igualmente no Sermão do Monte e na vida do próprio Senhor Jesus Cristo. Qualquer indivíduo que sinta que, através de suas próprias forças, é capaz de concretizar tudo isso, nem ao menos começou a ser crente.

Não, esta bem-aventurança leva-nos a sentir como um nada; e tornamo-nos "humildes de espírito" e sentimo-nos verdadeiramente desamparados.

Qualquer indivíduo que imagine ser capaz de viver a vida cristã somente com as próprias forças, exatamente por isso está proclamando que não é crente. Quando realmente percebemos aquilo que deveríamos ser, que deveríamos fazer, inevitavelmente nos tornamos "humildes de espírito". Por sua vez, isso conduz a pessoa ao segundo estágio, no qual, tendo percebido a sua própria natureza pecaminosa, tendo notado a sua incapacidade, devido ao pecado que nela habita, e tendo visto o pecado até nas suas melhores ações, pensamentos e desejos, tal pessoa lamenta-se chorando, e clama, à semelhança do grande apóstolo: "Desventurado homem que sou! Quem me livrará do corpo desta morte?" Entretanto, reitero que encontramos aqui algo ainda mais perscrutador, isto é, "Bem-aventurados os mansos".

Ora, por qual motivo as coisas são assim? Porque estamos chegando a um ponto em que começamos a ficar preocupados com as outras pessoas. Deixe-me colocar a questão como segue. Posso ver a minha própria nulidade e desamparo face a face com as exigências do Evangelho e com a lei de Deus. Ao mostrar-me honesto comigo mesmo, tomo consciência do pecado e da maldade que em mim existem, e isso me puxa para baixo. Dessa maneira, preparo-me para enfrentar ambas essas coisas. Não obstante, muito mais difícil ainda é permitir que outras pessoas digam coisas dessa natureza a meu respeito! Instintivamente, sinto-me ressentido. Todos nós preferimos condenar-nos a nós mesmos, e não que outras pessoas nos condenem. Talvez eu assevere sobre mim mesmo que sou um pecador, mas é devido a um puro instinto que não gosto que alguém me chame de pecador. Ora, esse é justamente o princípio espiritual introduzido por esta bem-aventurança. Até agora, eu vinha examinando a mim mesmo. Doravante, porém, outras pessoas passaram a olhar para mim, e eu passei a ver-me em certo relacionamento para com elas, e elas começaram a tomar atitudes a meu respeito. Como é que eu reajo diante dessas coisas? Essa é precisamente a questão ventilada por esta bem-aventurança. Penso que você concordará que isso é mais humilhante e aviltante do que qualquer coisa que fora antes ressaltada. Consiste em permitir que outros indivíduos dirijam os seus holofotes na minha direção, ao invés de eu mesmo fazê-lo.

Quiçá a melhor maneira de abordarmos essa questão seja examinando-a em termos de determinados exemplos. Quem é o indivíduo manso? Com quem ele se assemelha? Ora, muitas ilustrações podem ser oferecidas quanto a isso. Meramente selecionei algumas ilustrações que considero como as mais importantes e evidentes. Tomemos certos personagens do Antigo Testamento, para exemplificar. Consideremos o retrato falado daquele notável cavalheiro – de muitas maneiras, penso eu, o maior cavalheiro do Antigo Testamento – Abraão. Quando o contemplamos, vemos um grande e admirável retrato de mansidão. Essa foi a mais destacada característica de sua vida. Devemos lembrar a sua atitude em relação a Ló, e como Abraão permitiu ao homem mais jovem fazer a escolha, sem reclamar com qualquer murmuração ou queixa – isso é mansidão. Vemos essa qualidade, novamente, em Moisés, que foi realmente descrito como o homem mais manso da terra. Se examinarmos o seu caráter, descobriremos essa belíssima virtude. Ele se tinha em pouca monta, não impunha a própria vontade aos outros, mas antes, rebaixava-se e humilhava-se – mansidão. Havia diante de Moisés maravilhosas oportunidades, todas as possibilidades da corte egípcia como filho da filha de Faraó. Entretanto, quão realisticamente ele avaliou toda a sua situação, vendo as coisas como elas realmente eram, e então se humilhou totalmente sob a mão de Deus e Sua vontade.

Outro tanto se pode verificar no caso de Davi, especialmente em seu relacionamento com Saul. Davi sabia que seria o próximo monarca. Disso já havia sido informado, e até havia sido ungido; não obstante, quanta coisa suportou de Saul, que o tratava áspera e injustamente! Leia novamente a história de Davi, e você verá outra vez a mansidão exemplificada da maneira mais extraordinária. Ou então consideremos Jeremias e a impopular mensagem que lhe foi dada para que a pregasse. Foi requerido dele que anunciasse a verdade ao povo – algo que ele hesitava em fazer – ao passo que outros profetas andavam dizendo coisas suaves e favoráveis. Jeremias ficou isolado. Passou a ser considerado um individualista – alguém que se negava a cooperar, conforme dir-se-ia atualmente – porquanto não repetia o que todo mundo andava dizendo. Jeremias sentiu tudo isso amargamente. Todavia, tomemos conhecimento de sua história. Vejamos o quanto ele sofreu, permitindo que coisas ofensivas fossem ditas acerca de sua pessoa, às suas costas, mas como mesmo assim ele continuou anunciando a sua mensagem. Esse foi um grandioso exemplo de mansidão.

Ao chegarmos ao Novo Testamento, continuamos encontrando a virtude da mansidão. Verifiquemos o caso de Estêvão, e veremos nele uma grande ilustração do nosso texto. Examinemos a vida de Paulo, aquele poderoso homem de Deus. Consideremos o que ele sofreu às mãos de diversas das igrejas que fundou, bem como da parte de seus próprios compatriotas e outros indivíduos. Quando lemos as epístolas de Paulo, divisamos essa qualidade de mansidão em plano destacado, mormente ao escrever ele aos membros da igreja de Corinto, que vinham dizendo coisas ofensivas e impensadas a respeito dele. Esse, pois, é outro grande exemplo de mansidão. Mas, naturalmente, chegamos ao exemplo supremo ao olharmos para nosso Senhor mesmo. Disse Ele: "Vinde a mim, todos os que estais cansados ... e eu vos aliviarei... porque sou manso e humilde de coração..." (Mateus 11:28,29). Vemos essa virtude na vida inteira de Jesus. Vemo-la em Sua reação para com outras pessoas, especialmente na maneira como Ele sofreu perseguições e escárnios, sarcasmo e menosprezo. Com razão fora dito a respeito dEle: "Não esmagará a cana quebrada, nem apagará a torcida que fumega" (Isaías 42:3). A atitude de Cristo para com os Seus inimigos, mas talvez ainda mais a Sua completa submissão ao Pai, demonstram a Sua mansidão. Jesus declarou: "As palavras que eu vos digo não as digo por mim mesmo; mas o Pai, que permanece em mim, faz as suas obras" (João 14:10). Voltemos, pois, os olhos para Cristo, no jardim do Getsêmani. Consideremos o Seu retrato falado, em Filipenses 2, onde Paulo nos diz que Jesus não considerou Sua igualdade com o Pai como uma prerrogativa à qual deveria aferrar-se a todo custo. Não, mas Ele resolveu viver como homem, e assim o fez. Humilhou-se a Si mesmo e Se tornou servo, tendo-se sujeitado à própria morte, e morte por crucificação. Ora, isso é mansidão; isso é humildade, a verdadeira humildade; essa é a qualidade que o próprio Cristo nos ensinava, a esta altura do Sermão do Monte.

Pois bem, que é a mansidão? Temos examinado alguns exemplos representativos. Que vimos neles? Em primeiro lugar, notemos novamente que não se trata de alguma qualidade natural. Não é uma questão de disposição de berço, porquanto espera-se que todos os crentes sejam assim, e não somente alguns. Todo crente, sem importar o seu temperamento natural ou a sua psicologia, deve ser possuidor dessas virtudes. Ora, isso pode ser provado com grande facilidade. Meditemos a respeito desses diversos personagens, acima mencionados, à parte do próprio Senhor Jesus. Penso que se constatará, em cada caso, a existência de um homem que não possuía essas qualidades como dote natural. Pensemos na natureza poderosa e extraordinária de um homem como Davi; e, contudo, era notória a sua mansidão. Jeremias, similarmente, permite-nos penetrar nesse segredo. Ele revela-nos que se sentia quase como um caldeirão fervente, e, no entanto, era um homem manso. Pensemos em um homem como o apóstolo Paulo, uma mente notabilíssima, uma personalidade extraordinária, um caráter fortíssimo; mas, paralelamente a isso, observamos sua grande humildade e mansidão. Não, não é alguma disposição natural; pelo contrário, é algo produzido pelo Espírito de Deus.

Seja-me permitido enfatizar a questão como segue. A mansidão não equivale à indolência. Há pessoas que parecem mansas, em sentido natural; mas não são mansas de forma nenhuma, e, sim, indolentes. Não é de uma característica dessa ordem que as Escrituras estão falando. Também não está em foco a tibieza – embora eu use esse vocábulo com cautela. Há indivíduos que são complacentes, e as demais pessoas tendem por observar quão mansas eles parecem ser. Todavia, isso não é mansidão; é tibieza. Por igual modo, não está em pauta a gentileza. Há pessoas que parecem ter nascido naturalmente gentis. Não é isso que o Senhor quis dizer, ao afirmar: "Bem-aventurados os mansos". Nesses casos, ocorre algo de natureza puramente biológica; o mesmo tipo de fenômeno que pode ocorrer nos animais. Um cão pode ser mais pacífico do que outro; um gato pode ser mais quieto do que outro. Mas isso não corresponde à mansidão de que nos fala a Bíblia. E também não está em vista ser alguém naturalmente gentil ou fácil no trato com seus semelhantes. Por igual modo, não devemos pensar em fraqueza de caráter ou de personalidade.

Muito menos ainda dever-se-ia pensar em uma atitude de compromisso, de "paz a qualquer preço". Quão frequentemente todas essas qualidades ou defeitos são confundidos entre si. Quantas vezes é considerado manso o indivíduo que diz: "Prefiro qualquer coisa a entrar em disputa. Concordemos; procuremos eliminar as distinções e divisões; abrandemo-nos em relação a essas pequeninas coisas que nos separam; sejamos todos gentis, alegres e felizes".

Não, não é nada disso. A mansidão é compatível com grande força de caráter. A mansidão é compatível com grande autoridade e poder. Aquelas personagens bíblicas que mencionamos acima foram grandes defensoras da verdade. O homem manso é alguém que acredita em defender com tal empenho a verdade que se dispõe até a morrer por ela, se for necessário. Os mártires foram pessoas mansas, mas jamais foram débeis. Foram homens fortes, e, contudo, mansos. Que Deus nos livre de alguma vez confundirmos essa nobre qualidade, uma das mais nobres dentre todas as virtudes, com algo meramente animal, físico ou natural.

Meu último ponto negativo é que a mansidão não consiste meramente em uma questão externa; pelo contrário, consiste em uma atitude interior. Um bem conhecido hino evangélico, que inculca o espírito de mansidão, apela para que "retenhamos o golpe iracundo", e, naturalmente, esse hino está com a razão. Entretanto, se quisermos ser verdadeiramente mansos, não somente devemos "reter o golpe iracundo", mas também devemos entrar naquele estado e condição em que, de maneira alguma, tenhamos a vontade de aplicá-lo. É necessário controlarmos os lábios e a boca, não dizendo as coisas que tivermos a vontade de dizer. Ninguém pode ficar meditando em um versículo como este, por algum tempo, sem sentir-se bastante humilhado. Isso espelha o verdadeiro cristianismo. Para tanto é que fomos chamados, e isso é o que se espera de nossa parte.

Portanto, no que consiste a mansidão? Penso que poderíamos sumariar a questão da seguinte maneira. A mansidão é, essencialmente, um autêntico ponto de vista que o indivíduo forma de si mesmo, o que é então expresso como uma atitude e uma conduta em relação ao próximo. Por conseguinte, consiste em duas coisas. Trata-se da minha atitude para comigo mesmo;

mas também é uma expressão desse fato, em meu relacionamento com outras pessoas. Percebe-se, pois, quão inevitavelmente a mansidão deriva-se das qualidades de "humildade de espírito" e de "lamentação". Ninguém é capaz de ser manso, a menos que também seja humilde de espírito. E ninguém pode ser manso exceto se já se viu como um vil pecador. Essas outras características necessariamente surgem primeiro. Entretanto, se eu já percebi o que realmente sou, em termos de humildade de espírito e de atitude lamentosa, em vista de minha pecaminosidade, então sou levado a ver que é necessário que em mim não se manifeste o orgulho. O indivíduo manso não se orgulha de si mesmo; não se vangloria a seu próprio respeito sob hipótese alguma. Pois sente que em si mesmo coisa alguma existe de que ele possa gabar-se. E também deve-se entender que ele não faz valer seu direito. Como você deve estar percebendo, isso é uma negação daquela psicologia popular de nossos dias que nos recomenda "impor-nos aos outros" e "expressarmos a nossa personalidade". Aquele que é manso não quer fazer essas coisas; antes, envergonha-se delas. Por semelhante modo, o indivíduo que é manso não exige coisa alguma para si mesmo. Não considera todos os seus legítimos direitos como algo a ser exigido. Não faz exigências quanto à sua posição, aos seus privilégios, às suas possessões e à sua situação na vida. Não, mas assemelha-se ao homem retratado pelo apóstolo Paulo em Filipenses 2. "Tende em vós o mesmo sentimento que houve também em Cristo Jesus" (Filipenses 2:5). Cristo não asseverou o Seu direito de igualdade com Deus; deliberadamente Ele não o fez. E você e eu temos que chegar a este ponto.

Permita-me ir um pouco mais adiante. O homem manso nem ao menos se sensibiliza consigo mesmo. Não vive cuidando de si próprio ou dos seus interesses pessoais. Não permanece em atitude defensiva. Todos nós sabemos como essas coisas são, não é verdade? Não é essa uma das piores maldições resultantes da queda no pecado – essa sensibilidade excessiva acerca de nós mesmos? Passamos a vida inteira cuidando de nós mesmos. Entretanto, quando a pessoa adquire a mansidão, cessa tal atitude; e, daí por diante, não mais se preocupa consigo mesma e nem com o que os outros digam a seu respeito. Ser verdadeiramente manso significa que não mais ficamos a proteger-nos, porquanto já teremos compreendido que nada existe a ser defendido. Por essa razão, não vivemos na defensiva; tudo isso ficou relegado ao passado. O homem que é realmente manso não tem pena de si mesmo, e nunca se lamenta por si mesmo. Jamais fala consigo mesmo, dizendo: "Você está enfrentando tempos difíceis; e como aquelas pessoas mostram-se ásperas, ao não lhe compreenderem!" E também jamais pensa: "Quão maravilhoso eu seria, se ao menos as outras pessoas me dessem alguma oportunidade!" Autocomiseração! Quantas horas e quantos anos desperdiçamos lamentando-nos! Todavia, o homem que se tornou manso pôs um ponto final em tudo isso. Em outras palavras, ser manso significa que o indivíduo se anulou completamente, como se não tivesse direitos e nem merecimentos seja no que for. Tal indivíduo já percebeu que ninguém poderá causar-lhe qualquer dano. John Bunyan expressou admiravelmente bem a situação, quando escreveu: "Aquele que já está caído, não precisa temer a queda". Quando alguém vê verdadeiramente a si mesmo, sabe que ninguém pode dizer algo a seu respeito que seja exageradamente mau. Não precisa preocupar-se com o que outros homens digam ou façam; porque sabe que merece tudo isso, e mais ainda. Uma vez mais, por conseguinte, desejo definir a mansidão nos seguintes termos. O indivíduo que é verdadeiramente manso é aquele que se admira de que Deus e os homens possam pensar dele tão bem quanto pensam, tratando-o tão bem quanto o tratam. Isso, ao que me parece, é a qualidade essencial do indivíduo que é manso.

A mansidão, pois, necessariamente expressa-se através de toda a nossa postura e conduta em relação ao próximo. E isso acontece mais ou menos como segue. A pessoa que pertence ao tipo que venho descrevendo deve ser uma pessoa de atitudes suaves, meigas. Meditemos novamente nos exemplos de que falamos; pensemos de novo no Senhor Jesus Cristo. Suave, gentil, humilde – esses são os termos exatos. Quieto, dotado de um espírito quieto – já tive ocasião de mencionar os vocábulos "manso" e "humilde". Em determinado sentido, a pessoa mais acessível que o mundo já conheceu foi o Senhor Jesus Cristo. Além disso, também está em pauta que haverá uma total ausência do espírito de retaliação, pois não haveremos de querer revidar, a fim de que a outra pessoa pague pelo que nos fez. Também está em foco, por conseguinte, que seremos pacientes e longânimos, especialmente quando sofremos injustamente. Você deve estar lembrado de como Pedro exprimiu essa ideia em I Pedro 2, dizendo que nos cumpre seguir os passos de Cristo, "... o qual não cometeu pecado, nem dolo algum se achou em sua boca; pois ele, quando ultrajado, não revidava com ultraje; quando maltratado, não fazia ameaças, mas entregava-se àquele que julga retamente" (I Pedro 2:22,23). Ser manso é usar de paciência e longanimidade, mesmo quando sofremos injustamente. Naquele capítulo, Pedro argumentou que não há vantagem alguma quando somos castigados por causa das nossas falhas, e então recebemos o castigo com paciência; entretanto, se praticamos o bem, e mesmo assim sofremos por causa disso, com toda a paciência, então isso é digno de encômios aos olhos de Deus. Ora, isso é mansidão. Mas, além disso, ser manso significa que estamos dispostos a ouvir e a aprender; que fazemos tão pequena ideia de nós mesmos e de nossas capacidades que estamos prontos a dar ouvidos aos nossos semelhantes. E, acima de tudo, devemos estar prontos a deixar-nos ensinar pelo Espírito, a deixar-nos guiar pelo próprio Senhor Jesus Cristo. A mansidão sempre implica em um espírito que se deixa ensinar. É novamente o caso que pode ser visto na experiência do próprio Senhor Jesus. Embora Ele fosse a Segunda Pessoa da bendita Trindade Santa, Ele tornou-Se homem, humilhando-Se deliberadamente até ao ponto de ter de depender inteiramente do que Deus Lhe conferisse, do que Deus Lhe ensinasse e do que Deus Lhe dissesse para fazer. Cristo humilhou-Se a fim de chegar a esse ponto, e é isso que se deve entender por mansidão. Precisamos estar preparados para aprender a escutar, e, sobretudo, devemos render-nos à orientação do Espírito Santo.

Finalmente, eu gostaria de expressar a questão nos termos seguintes. É mister que deixemos tudo – nós mesmos, os nossos direitos, a nossa causa, o nosso futuro todo – nas mãos de Deus, e, especialmente, quando sentirmos que estamos sofrendo injustamente. É necessário aprendermos, juntamente com o apóstolo Paulo, que a nossa norma precisa ser esta: "A mim me pertence a vingança; eu retribuirei, diz o Senhor" (Romanos 12:19). Não precisamos tirar vingança; basta-nos entregar as nossas causas aos cuidados de Deus. O Senhor é quem tomará vingança; Ele retribuirá. A nós mesmos nada compete fazer. Deixemos com Deus a nós mesmos e nossas causas, nossos direitos e tudo mais ao Seu encargo, em atitude de paz na mente e no coração. Ora, tudo isso, conforme veremos mais adiante, é algo abundantemente ilustrado nos vários ensinamentos detalhados deste Sermão do Monte.

Notemos agora o que sucede ao homem que tem essa qualidade. "Bem-aventurados os mansos, *porque herdarão a terra*." Que significam essas palavras? Poderíamos fazer um sumário bem compacto. Nesse sentido, os mansos já são herdeiros da terra, na vida presente. O homem que é realmente manso é o homem que sempre vive satisfeito, é o homem que se sente contente. Goldsmith expressou bem o ponto, quando declarou: "Nada tendo; porém, tendo tudo". E o apóstolo Paulo ainda foi mais feliz ao exprimi-lo: "... nada tendo, mas possuindo tudo" (II Coríntios 6:10b). E novamente, escrevendo aos crentes de Filipos, declara ele (simplificando nós as suas palavras): "Agradecido pela dádiva que me enviastes. Apreciei-o não porque eu quisesse alguma coisa, mas aprecio a atitude que vos fez enviá-la a mim. Contudo, quanto a mim tenho todas as coisas em abundância". Ora, Paulo já havia dito àqueles crentes: "Tanto sei estar humilhado como também ser honrado". E ainda: "... tudo posso naquele que me fortalece" (Filipenses 4:12,13). Observemos, por semelhante modo, a maneira destacada através da qual ele exprime o mesmo pensamento, em I Coríntios 3. Após haver dito aos seus leitores que eles não precisavam ser ciumentos ou preocupados com essas coisas, ele ajunta: "... tudo é vosso: seja Paulo, seja Apolo, seja Cefas, seja o mundo, seja a vida, seja a morte, sejam as coisas presentes, sejam as futuras, tudo é vosso, e vós, de Cristo, e Cristo, de Deus" (I Coríntios 3:21-23). Sim, todas as coisas nos pertencem, se é que somos mansos, se somos crentes autênticos; e, nesse caso, já somos herdeiros da terra.

Não obstante, como é evidente, também há uma referência ao futuro. Afirma novamente o apóstolo aos crentes de Corinto, em I Coríntios 6:2: "Ou não sabeis que os santos hão de julgar o mundo?" Os crentes estão destinados a julgar o mundo, e haverão de julgar os anjos. Portanto, eles terão herdado a terra. Em Romanos 8:17, Paulo coloca a questão nestes termos. Somos filhos de Deus, e, por esse motivo, "... somos também herdeiros, herdeiros de Deus e coerdeiros com Cristo". Em outras palavras, haveremos de herdar a terra. E o apóstolo explana a Timóteo esse envolvimento: "... se perseveramos, também com ele reinaremos..." (II Timóteo 2:12). Ou, em outras palavras: "Timóteo, não fique demasiadamente preocupado com seus sofrimentos. Antes, mostre-se manso e capaz de sofrer, e então você reinará juntamente com Cristo. Você haverá de herdar a terra na companhia dele". Sem embargo, penso que tudo foi mui aptamente expresso por aquelas palavras de nosso Senhor, em Lucas 14:11: "Pois todo o que se exalta será humilhado; e o que se humilha será exaltado".

Por conseguinte, isso é o que significa alguém ser manso. Preciso salientar de novo que é óbvio que se trata de algo inteiramente impossível para o homem natural? Jamais faremos de nós mesmos indivíduos dotados de mansidão. Aquela pobre gente que se retira do mundo para a vida monástica está procurando adquirir a mansidão por meio de seus próprios esforços. Jamais o ser humano conseguirá realizar tal façanha. Isso não pode ser feito. Ninguém, exceto o Espírito Santo, é capaz de tornar-nos humildes; coisa alguma, exceto o Espírito Santo, é capaz de humilhar-nos no espírito e levar-nos a lamentar chorando, devido à nossa pecaminosidade, produzindo em nós aquela perspectiva veraz e correta de nós mesmos e conferindo-nos a própria mente de Jesus Cristo. Essa, pois, é uma questão seríssima. Aqueles dentre nós que se afirmam crentes necessariamente reivindicam já haver recebido o Espírito Santo. Por conseguinte, não nos resta qualquer desculpa se não somos mansos. Todavia, o homem que se acha fora do pálio do Evangelho dispõe de uma boa desculpa, porquanto essa qualidade é impossível para ele. Entretanto, se verdadeiramente reivindicamos haver recebido o Espírito Santo – sendo essa uma reivindicação autêntica de todo crente – então não teremos qualquer desculpa se não somos mansos. Não se trata de alguma coisa que você e eu possamos fazer. Antes, trata-se de uma qualidade de caráter, em nós produzida pelo Espírito de Deus. Esse é um fruto direto do Espírito. É algo que nos é oferecido, tornando-se assim possível para nós todos. O que nos compete fazer? Precisamos encarar de frente o Sermão do Monte; cumpre-nos meditar a respeito do mesmo, no que concerne à declaração dessa necessidade de sermos mansos; precisamos considerar os exemplos que nos foram deixados; e, acima de tudo, convém que volvamos os olhos para o próprio Senhor Jesus. Finalmente, devemos humilhar-nos e confessar a nossa vergonha, incluindo não somente a pequenez da nossa estatura espiritual, mas também a nossa completa imperfeição. Em último lugar, temos a obrigação de pôr um ponto final em nosso próprio "eu" exigente, o que é a causa de todas as nossas dificuldades, a fim de que Aquele que nos adquiriu a um preço tão elevado possa vir e possuir-nos por inteiro.

Capítulo VII
JUSTIÇA E BEM-AVENTURANÇA

A obrigação do crente consiste em encarar a vida neste mundo à luz do Evangelho: e, conforme este Evangelho, a grande dificuldade da humanidade não é alguma manifestação particular do pecado, e, sim, é o pecado propriamente dito. Se você sente-se aflito e ansioso a respeito do estado do mundo e da ameaça de possíveis guerras, então eu lhe asseguro que a maneira mais certa de evitarmos tais calamidades consiste em darmos atenção a palavras tais como aquelas que passamos a considerar neste capítulo: "Bem-aventurados os que têm fome e sede de justiça, porque serão fartos" (Mateus 5:6). Se cada homem e mulher neste mundo soubesse o que significa "ter fome e sede de justiça", então não haveria perigo de explodirem conflitos armados. Esse é o único caminho para a verdadeira paz. Todas as demais considerações eventualmente não exploram a fundo o problema e todas as denúncias que estão sendo feitas constantemente contra diversos países, povos e indivíduos não exercerão o mais leve efeito sobre a situação internacional. Destarte, com frequência desperdiçamos o nosso tempo, bem como o tempo de Deus, exprimindo nossos pensamentos e sentimentos humanos, ao invés de tomarmos a sério a Palavra do Senhor. Mas, se cada ser humano soubesse o que quer dizer "ter fome e sede de justiça", então esse problema seria prontamente solucionado. A maior necessidade do mundo atual é um maior número de crentes, de crentes individuais. Se todas as nações fossem formadas por crentes individuais, então ninguém precisaria temer o uso do poder atômico, e nem qualquer outro tipo de armamento. Dessa maneira, o Evangelho, que parece ser tão remoto e indireto em sua abordagem, na realidade é a medida mais direta de se resolver esse problema. Uma das maiores tragédias na vida da Igreja moderna é a forma como tantos sentem-se contentes diante daquelas declarações vagas, gerais e inúteis que se fazem sobre a guerra e a paz, ao invés de ser pregado o Evangelho em toda a sua simplicidade e pureza. O que efetivamente exalta uma nação é a retidão, e a coisa mais importante que nos compete fazer é descobrir o significado do termo "justiça", utilizado nesta bem-aventurança.

Nesta declaração particular do Sermão do Monte, deparamo-nos com uma outra das características do crente, com uma nova descrição do indivíduo que segue ao Senhor. Ora, conforme já pudemos notar, é importantíssimo que aceitemos essa declaração em sua devida posição lógica, dentro da série de declarações que foram feitas por nosso Senhor. Essa bem-aventurança, uma vez mais, segue-se logicamente às afirmações anteriores; ela é uma declaração na direção da qual conduzem todas as declarações anteriores. É uma conclusão lógica a que elas chegam, e pela qual deveríamos sentir-nos profundamente agradecidos e penhorados a Deus. Desconheço teste melhor do que um versículo como este, que uma pessoa possa aplicar a si mesma e aos seus semelhantes, quanto à questão inteira da profissão cristã. Se, para você, este versículo encerra uma das mais benditas afirmativas de toda a Bíblia, então pode ter a certeza de que é, realmente, um crente; em caso contrário, então seria aconselhável que você examinasse novamente no que está alicerçado.

Encontramos aqui uma ótima resposta para aqueles problemas que temos considerado. Já fomos ensinados que devemos ser "humildes de espírito", que precisamos "chorar", e também que devemos ser "mansos". Nesta passagem bíblica, encontramos a resposta para tudo isso. Embora essa bem-aventurança pertença logicamente a todas aquelas que a precederam, não é menos verdade que ela introduz uma pequena modificação em toda a abordagem da questão. Essa bem-aventurança é um tanto menos negativa em seu sentido, e um tanto mais positiva. Há nela um certo fator negativo, conforme verificaremos, mas o elemento positivo é nela mais pronunciado. As anteriores asseverações, por assim dizer, vinham impelindo-nos a olhar para nós mesmos, a examinarmos a nós mesmos; neste versículo, entretanto, começamos a procurar alguma solução, e por isso sucede uma leve alteração na ênfase. Tínhamos estado a considerar nosso total desamparo e impotência, nossa completa penúria de espírito, nossa bancarrota quanto a todas as questões espirituais. Ora, tendo perscrutado a nós mesmos, vimos o pecado em nosso interior, o qual macula a perfeita criação do homem efetuada por Deus. Em seguida, vimos o delineamento da mansidão e de tudo quanto por ela é representado. O tempo todo estivemos preocupados com aquele terrível problema do ego – aquele interesse próprio; aquela autodependência que produz todas as nossas misérias, e que é a causa última das guerras, quer entre indivíduos quer entre nações; aquele egoísmo e egocentrismo que giram em torno do próprio "eu" e que o divinizam, aquele defeito horrendo que é a causa final de toda a infelicidade. E também pudemos aprender que o crente é o indivíduo que lamenta e lamuria, odiando a sua condição natural. Neste ponto, por conseguinte, voltamos a atenção para a busca pela solução desses problemas, a fim de sermos libertados do "eu", o que é um de nossos anelos.

Neste versículo encontramos uma das mais extraordinárias declarações do Evangelho cristão e de tudo quanto o mesmo pode proporcionar-nos. Poderíamos descrever essa declaração como a magna carta de toda a alma anelante, aquela notável afirmação do Evangelho cristão a todos quantos se sentem infelizes no tocante a si mesmos e no tocante ao seu estado espiritual, os quais também anseiam por uma nova ordem e por uma nova qualidade de vida de que até agora não puderam usufruir. Também poderíamos descrever essa declaração como uma das mais típicas afirmações do Evangelho. Ela é eminentemente doutrinária; frisa uma das mais fundamentais doutrinas do Evangelho, a saber, que a nossa salvação nos é propiciada inteiramente de graça, ou através da graça divina, por ser um dom inteiramente gratuito da parte de Deus. Essa é a grande ênfase desta declaração.

Talvez a maneira mais simples de abordarmos este texto seja mediante a consideração dos seus vocábulos. Trata-se de um daqueles textos que se divide mui naturalmente diante de nós, e tudo quanto temos a fazer é examinar o sentido dos vários termos que foram utilizados. É óbvio, por conseguinte, que devemos começar pelo vocábulo "justiça". "Bem-aventurados – ou felizes – os que têm fome e sede de justiça." Essas são as únicas pessoas verdadeiramente felizes. Ora, o mundo inteiro anda à procura da felicidade, não há que duvidar. Todos querem ser felizes. Esse é o motivo maior por detrás de cada ação e ambição, por detrás de todo trabalho, esforço e empreendimento. Tudo quanto os homens fazem tem por alvo a felicidade. Entretanto, a grande tragédia do mundo é que, embora a humanidade se concentre tanto na busca pela felicidade, ao que parece jamais consegue encontrá-la. A atual condição deste mundo faz-nos lembrar vigorosamente esse fato. O que está sucedendo no mundo? Penso que a resposta é que jamais compreendemos esse texto conforme deveríamos tê-lo compreendido. "Bem-aventurados aqueles que têm fome e sede de justiça." Mas, o que significam essas palavras? Seja-me permitido expressá-lo negativamente, em primeiro lugar. Não convém que tenhamos fome e sede de alguma bênção; e nem nos compete ter fome e sede de felicidade. Ora, o que todo o mundo anda fazendo é precisamente isso. Destacamos a felicidade e a bênção como as principais coisas que almejamos, e, por esse motivo, sempre acabamos por perdê-las; elas sempre escapam de nós. De conformidade com as Escrituras, a felicidade nunca é algo que deveríamos buscar diretamente; antes, sempre é algo que resulta da busca de algum outro alvo.

Ora, isso acontece a muitos que estão fora da igreja, e também a muitos que fazem parte da igreja. Essa é obviamente a tragédia que se evidencia na vida daqueles que não fazem parte da igreja. O mundo anda à cata da felicidade. Essa é a explicação para a sua mania em busca do prazer, esse é o sentido de tudo quanto fazem homens e mulheres, não somente no seu trabalho diário, mas sobretudo em seu afã atrás de diversões. Todos estão procurando achar a felicidade, porquanto esse é o seu alvo primordial, o seu objetivo fixo. No entanto, não encontram a felicidade, pois sempre que alguém põe a felicidade acima da justiça, quanto à ordem de prioridade, tal esforço está condenado ao fracasso mais miserável. Essa é a grande mensagem da Bíblia, da primeira à última página. Só são felizes as pessoas que buscam primariamente a justiça. Ponha-se a felicidade no lugar que pertence à justiça, e a felicidade nunca será obtida.

Este mundo, é claro, caiu nesse erro primário e fundamental, erro esse que poderia ser ilustrado de muitas maneiras diferentes. Ponderemos acerca do indivíduo que esteja sofrendo em face de alguma enfermidade dolorosa. De modo geral, o grande desejo de tal paciente é ver-se livre de seu sofrimento, o que é um desejo que facilmente pode ser compreendido. Ninguém gosta de sofrer alguma dor. A ideia fixa desse paciente, por conseguinte, é fazer qualquer coisa que o livre dos seus sofrimentos. Sim; mas se o médico que estiver tratando o doente estiver interessado somente em aliviar-lhe as dores, é um péssimo médico. O dever primário do médico é descobrir a causa da dor e tratar dessa causa. A dor é um admirável sintoma que a natureza nos proveu a fim de advertir-nos a respeito de alguma enfermidade, e a cura radical da dor consiste precisamente no tratamento daquela enfermidade, e não no alívio da dor propriamente dita. Isso posto, se um médico qualquer puser-se a tratar somente da dor, sem descobrir-lhe a causa, não somente estará agindo de uma maneira contrária à natureza, mas também estará fazendo algo que é extremamente perigoso para a vida do paciente. O enfermo, mediante tratamento assim, talvez fique livre de suas dores e pareça estar bem de saúde; mas a causa de sua dificuldade continuará presente. Ora, essa é a insensatez da qual o mundo se tem tornado culpado. Dizem os homens: "Quero ficar livre da minha dor, e por isso apelarei para o cinema, para o álcool ou para qualquer outra coisa que me faça esquecer da minha dor". Todavia, a indagação que se faz mister é a seguinte: Qual é a causa da dor, da infelicidade e do senso de miséria dos homens? Aqueles que andam à procura somente da felicidade e da bênção nem por isso se sentem felizes. Não, mas "bem-aventurados os que têm fome e sede de justiça, porque serão fartos".

Entretanto, esse fracasso também se dá no caso de muitas pessoas que são membros da igreja. Há um grande número de pessoas, na igreja de Cristo, que parece passar a totalidade de suas vidas procurando por algo indefinível, que jamais podem encontrar ao buscarem alguma espécie de felicidade e bênção. Essas pessoas vão de reunião em reunião, de convenção em convenção, na perene esperança de que obterão aquela coisa maravilhosa que procuram, aquela experiência que haverá de invadi-las de júbilo, que haverá de arrebatá-las de êxtase. Essas pessoas sabem que outros já receberam essas realidades espirituais, mas elas mesmas parecem incapazes de obtê-las. E assim cobiçam e procuram, sempre com fome e com sede, mas sem jamais acharem aquilo que tanto buscam.

Ora, isso não é para surpreender. Não nos compete ter fome e sede de experiências; e nem se espera de nós que tenhamos fome e sede de bênçãos. Se quisermos ser verdadeiramente felizes e abençoados, então precisamos ter fome e sede de justiça. Não convém que ponhamos a felicidade e a bênção acima da justiça, quanto à ordem de prioridade. Não, pois a felicidade e a bênção são coisas que Deus acrescenta àqueles que buscam a Sua justiça. Oh, a tragédia representada pelo fato que não seguimos o ensino e a instrução simples da Palavra de Deus, mas antes, vivemos cobiçando e buscando essas experiências as quais esperamos poder receber algum dia. As experiências abençoadas são dádivas de Deus; aquilo que eu e você devemos procurar e cobiçar, com fome e com sede, é a *justiça*. Muito bem, esse é um aspecto negativo importantíssimo. Porém, existem ainda outros pontos negativos.

O que está envolvido nessa justiça? Naturalmente, não se deve pensar aqui naquilo de que tanto se fala em nossos dias, isto é, uma espécie de retidão geral ou de moralidade entre as nações. Muito se debate atualmente sobre o caráter sagrado dos acordos internacionais, sobre a fidelidade aos contratos, sobre a necessidade de se manter a palavra, sobre negócios realizados de maneira equitativa, sobre a lealdade nos tratos e sobre tudo o mais que pertence a essa categoria de coisas. Até onde vão, elas estão certas; esse é o tipo de moralidade ensinada pelos antigos filósofos gregos do paganismo, e até certo ponto é boa. Entretanto, o Evangelho cristão não para nesse ponto; a justiça cristã não consiste somente nisso, sob hipótese alguma. Há pessoas que falam com eloquência a respeito dessa forma de justiça, mas que, em minha opinião, pouquíssimo conhecem o que seja justiça pessoal. Os homens podem mostrar-se eloquentes acerca de como certas nações ameaçam a paz mundial, violando os seus acordos, embora eles mesmos mostrem-se desleais para com suas esposas, mostrem-se desleais para com os seus próprios votos matrimoniais e outros votos solenes que porventura tenham feito. O Evangelho cristão, porém, não se interessa nem um pouco por esse tipo de debate; seu conceito de retidão é muito mais profundo do que isso. Por igual modo, a justiça evangélica não aponta meramente para a respeitabilidade geral ou para a moralidade geral. Não posso elaborar nesses diversos particulares; meramente mencionei-os de passagem.

Muito mais importante e muito mais grave, de um ponto de vista autenticamente evangélico, conforme penso, é o fato que não é correto definir a justiça nessa conexão, como sinônimo de justificação. Há pessoas que se põem a examinar a sua concordância, a fim de entenderem o sentido da palavra "justiça" (e, naturalmente, ela pode ser encontrada em muitos trechos da Bíblia), e então dizem que ela significa a mesma coisa que "justificação". O apóstolo Paulo realmente empregou o vocábulo nesse sentido, na sua epístola aos Romanos, onde escreveu a respeito de a "... justiça de Deus mediante a fé..." (Romanos 3:22). Ora, ali Paulo estava falando sobre a justificação, e, nesses casos, o contexto geralmente esclarece perfeitamente a questão para nós. Com frequência, esse vocábulo significa mesmo justificação; no caso presente, entretanto, sugiro que significa muito mais do que isso. O próprio contexto onde o encontramos (especialmente em relação às três bem-aventuranças prévias) insiste, ao que me parece, que neste particular a justiça inclui não somente a ideia de justificação, mas também o conceito de santificação. Em outras palavras, o anelo pela justiça, a atitude de quem tem fome e sede de justiça, em última análise aponta para o desejo de receber libertação do pecado, em todas as suas formas e em sua própria manifestação.

Seja-me permitido analisar a questão por partes. Ter fome e sede de justiça significa anelar por ser livre do pecado, porque o pecado nos separa de Deus. Por conseguinte, de certo ângulo positivo, está em pauta o desejo de se estar bem com Deus; e isso, afinal de contas, é a questão fundamental. Todas as dificuldades que assediam o mundo atual devem-se ao fato que o homem não está bem com Deus, pois é em face do ser humano não estar bem com Deus que ele tem errado em tudo o mais. Esse é o ensinamento da Bíblia em todas as suas páginas. Assim sendo, o desejo de obter a justiça é o desejo de se estar bem com Deus, é o desejo de se desvencilhar do pecado, pois o pecado é justamente aquilo que se interpõe entre nós e o nosso Deus, turvando o nosso conhecimento de Deus e impedindo tudo quanto nos é possível, no que diz respeito aos benefícios que Deus nos quer dar. Portanto, é necessário que eu confira primazia a esse anelo. O indivíduo que tem fome e sede de justiça vê que o pecado e a rebelião o separaram da face de Deus, e ele anseia por retornar àquele antigo relacionamento, àquele relacionamento original de justiça, na presença de Deus. Nossos primeiros pais foram criados justos aos olhos do Senhor. Eles viviam e andavam em companhia dEle. Esse é o tipo de relacionamento com Deus que o homem justo tanto almeja.

Entretanto, esse desejo também envolve, necessariamente, o anseio de se estar livre do domínio do pecado. Tendo tomado consciência do que quer dizer ser humilde de espírito e de lamentar-se devido à presença do pecado no íntimo, mui naturalmente chegamos àquele estágio em que anelamos por estar libertos do poder do pecado. O homem pelo qual temos estado a rebuscar, nos termos das bem-aventuranças, é o homem que já viu que o mundo no qual vive é controlado pelo pecado e por Satanás; esse homem já percebeu que estava vivendo debaixo do controle de uma influência maligna, que até então o dominava, já que ele vivia "... segundo o príncipe da potestade do ar, do espírito que agora atua nos filhos da desobediência..." (Efésios 2:2). Esse homem já notou que "o deus deste mundo" o havia cegado no que concerne a diversas realidades, e agora anela por libertar-se dessas algemas. Deseja ver-se livre desse poder que o puxa para baixo a despeito de si mesmo, aquela "lei" que opera nos seus membros, e da qual Paulo fala em Romanos 7. Tal homem aspira ser libertado do poder, da tirania e da servidão ao pecado. Observe, por conseguinte, quão mais profunda e vasta é essa ideia do que aquela opinião, bastante comum entre os homens, que só define o relacionamento entre os povos, e coisas nesse sentido.

Porém, o conceito em foco ainda é mais amplo do que isso que dissemos acima. Esse conceito indica o anelo do homem por ver-se livre do próprio desejo de pecar, porquanto tal homem, já o vimos, ao examinar-se realisticamente à luz das Escrituras, não somente tomou consciência que está vendido ao pecado, mas, pior ainda, continua afeiçoado ao pecado, continua desejando pecar. Mesmo depois de ver que está errado, ainda o quer. Por outra parte, o homem que tem fome e sede de justiça é o homem que deseja ver-se redimido de todo o desejo de pecar, não apenas em atos externos, mas também desde seu próprio íntimo. Em outras palavras, tal indivíduo anela por aquela libertação do que poderíamos chamar de poluição do pecado. O pecado é algo que polui a própria essência de nosso ser e de nossa natureza. Crente é aquele que deseja ver-se liberto de todas essas coisas.

Talvez pudéssemos apresentar um sumário da questão. Ter fome e sede de justiça é desejar ver-se livre do próprio "eu", em todas as suas horrendas manifestações, em todas as suas facetas. Ao considerarmos o homem manso, vimos que tudo quanto essa qualidade da mansidão envolvia é que ele era isento de egoísmo, em todas as suas formas e variedades – o autointeresse, o orgulho, a jactância, a autoproteção, a sensibilidade exagerada, a ideia de que todas as outras pessoas são contrárias a ele, e o desejo de proteger e glorificar ao próprio "eu". Essa é a atitude que provoca conflitos entre as pessoas, e também os conflitos entre as nações: a imposição do próprio "eu" aos nossos semelhantes. Ora, o homem que tem fome e sede de justiça é o homem que anela por estar isento de tudo isso; ele quer ser emancipado do autointeresse em todas as suas variações e formas.

Até agora tenho falado sobre o problema de uma perspectiva um tanto negativa; porém, permita-me colocar o ponto em um sentido positivo, conforme passo a dizer. Ter fome e sede de justiça não é outra coisa senão o desejo do homem de ser positivamente santo. Não posso imaginar melhor maneira de definir a questão. O homem que tem fome e sede de justiça é o homem que deseja ser um exemplo das bem-aventuranças em seu viver diário. É o homem que quer exibir o fruto do Espírito em cada uma de suas ações, bem como na totalidade de sua vida e de suas atividades. Ter fome e sede de justiça é anelar ser como o homem descrito no Novo Testamento, o novo homem em Cristo Jesus. É isso que é aqui frisado, isto é, que todo o meu ser e que toda a minha vida adquiram essa natureza. E posso ainda ir um pouco mais adiante. Significa que o supremo desejo, na vida de uma pessoa, é conhecer a Deus e desfrutar de companheirismo com Ele, andando com Deus Pai, com Deus Filho e com Deus Espírito Santo, em plena luz. Esclareceu João: "Ora, a nossa comunhão é com o Pai e com seu Filho, Jesus Cristo" (I João 1:3). E disse igualmente aquele apóstolo: "...Deus é luz, e não há nele treva nenhuma" (I João 1:5). Estar em comunhão com Deus significa andar na luz, em companhia de Deus Pai, de Deus Filho e de Deus Espírito Santo, em bendita pureza e santidade. Sim, o indivíduo que tem fome e sede de justiça é o indivíduo que anela por essa comunhão acima de qualquer outra coisa. E, depois de pesadas todas as coisas, isso nada é senão o desejo de parecer-se com o próprio Senhor Jesus Cristo. Olhemos para Ele; consideremos o Seu retrato falado nos quatro Evangelhos; olhemos para Ele, enquanto esteve neste mundo, sob forma humana; olhemos para Ele em Sua obediência positiva à santa lei de Deus; olhemos para Ele em Suas reações diante dos outros homens, em Sua gentileza, em Sua compaixão, em Sua natureza sensível; olhemos para Ele em Suas reações para com os Seus adversários e para com tudo quanto Lhe fizeram. Esse é o retrato de Cristo, e você e eu, de acordo com a doutrina neotestamentária, temos nascido de novo e fomos amoldados de novo segundo aquele padrão, aquela imagem. Por conseguinte, o homem que tem fome e sede de justiça é o homem que quer ser parecido com esse retrato. O seu supremo desejo é assemelhar-se a Cristo.

Pois bem, se a justiça consiste nisso, consideremos agora aqueles outros vocábulos: "Bem-aventurados os que têm *fome e sede* de justiça". Ora, esses vocábulos são importantíssimos porque nos levam até ao aspecto prático da questão. Que significa ter "fome e sede"? Como é óbvio, isso não significa que sentimos que podemos atingir a justiça em virtude de nossos próprios esforços. O ponto de vista profano encara a justiça sob esse prisma, concentrando toda a atenção no próprio homem; mas isso somente produz o orgulho pessoal do fariseu, ou a empáfia de alguma nação contra as outras nações, como se ela fosse melhor e superior às demais. Tudo isso conduz àquelas coisas que o apóstolo Paulo alistou em Filipenses 3, mas que ele ali desconsidera, taxando-as de "refugo", tais como a autoconfiança e a crença nas próprias possibilidades. Ora, "ter fome e sede de justiça", é evidente, não pode apontar para o esforço próprio, porquanto logo na primeira bem-aventurança somos informados que devemos ser "humildes de espírito", a própria negação de toda espécie de autodependência.

Pois bem, o que significa ter fome e sede de justiça, afinal? É lógico que estão em pauta coisas simples como aquelas que passamos a enumerar. Significa que temos consciência das nossas próprias necessidades, de nossa mais profunda necessidade. Vou ainda adiante e afirmo que significa a tomada de consciência de nossa desesperadora necessidade; fica destacada uma profunda consciência de nossa tão tremenda necessidade, ao ponto de nos causar dor. Ressalta uma necessidade que tem prosseguimento enquanto não for inteiramente satisfeita. Não devemos pensar apenas em algum sentimento passageiro, algum desejo efêmero. Você deve estar lembrado de como Oséias declarou que a nação de Israel, por assim dizer, vivia sempre buscando o arrependimento, somente para cair novamente em pecado. Isso posto, a justiça de Israel, asseverou o profeta, é como "a nuvem da manhã" – aparece por um instante, somente para desaparecer dentro de pouco tempo. O reto caminho, conforme ele indicou, é descrito pelas suas palavras: "Conheçamos, e prossigamos em conhecer ao Senhor..." (Oséias 6:3). "Fome" e "sede" não são sensações passageiras. A fome é profunda e forte, que continua enquanto não for satisfeita. A fome fere e é dolorosa. Essa fome espiritual assemelha-se à fome e à sede reais. É algo que continua se intensificando e que deixa o indivíduo simplesmente desesperado. É algo que provoca sofrimento e agonia.

Sugiro uma outra comparação. Ter fome e sede de justiça assemelha-se ao indivíduo que almeja atingir certa posição. Tal homem não descansa, nem pode ficar quieto, mas está sempre trabalhando e labutando. Ele pensa a respeito de seu alvo e sonha com o mesmo. A sua ambição é a paixão controladora de sua vida. Ora, "ter fome e sede", neste texto, assemelha-se a isso – assemelha-se ao indivíduo que tem "fome e sede" da posição vantajosa que almeja. Também poderíamos comparar esse anelar às saudades que alguém sente por outrem. No amor sempre há grande fome e sede. O desejo mais forte daquele que ama é estar na companhia do ser amado. Se houver separação entre os dois, aquele que ama não terá descanso enquanto não se verificar novamente a união. "Ter fome e sede." Nem preciso lançar mão dessas ilustrações. O salmista sintetizou perfeitamente tudo isso em uma sentença que se tornou clássica: "Como suspira a corça pelas correntes das águas, assim, por ti, ó Deus, suspira a minha alma. A minha alma tem sede de Deus, do Deus vivo..." (Salmos 42:1-2). A pessoa tem fome e sede de Deus – esse é o ponto. Quero citar algumas palavras do notável John N. Darby, as quais, conforme penso, expressam admiravelmente bem a questão. Declarou ele: "Ter fome não é o bastante; é mister que eu esteja, realmente, morrendo de inanição, para que possa saber o que está no coração de Deus a meu respeito". E em seguida vem a declaração que exprime de forma perfeita a questão inteira. Disse ele: "Quando o filho pródigo teve fome, queria alimentar-se com as bolotas jogadas aos porcos; mas, quando estava morrendo de inanição, voltou para seu pai". Sim, essa é a questão inteira. Ter fome e sede, na verdade, significa estar desesperado, estar morrendo de inanição, sentir que a vida se esvai; significa perceber minha urgente necessidade de ajuda. "Ter fome e sede de justiça" – "Como suspira a corça pelas correntes das águas, assim suspira a minha alma – pelo Deus vivo".

Em último lugar, consideremos de passagem o que foi prometido às pessoas dotadas dessa virtude. Vemos aí uma das declarações mais gloriosas, graciosas e profundas que se podem achar na Bíblia inteira. "Felizes, felizes, bem-aventurados, dignos de encômios são aqueles que assim têm fome e sede de justiça." Mas, por quê? Bem, é que eles "serão fartos", eles receberão aquilo que tanto desejam. O Evangelho todo está encenado nessa ideia. Até esse ponto chega o Evangelho da graça divina. Tudo é uma dádiva da parte de Deus. Ninguém jamais ficará farto da justiça, ninguém sentir-se-á jamais abençoado, à parte de Deus. Para que essa bênção seja obtida, "toda a preparação que Ele requer é que você perceba o quanto necessita dEle", e nada mais. Quando você e eu reconhecermos a nossa mais profunda necessidade, essa fome e esse padecer inanição, essa morte que nos ameaça por dentro, então Deus haverá de satisfazê-la. Deus haverá de conceder-nos essa dádiva bendita. "O que vem a mim, de modo nenhum o lançarei fora" (João 6:37). Ora, essa é uma promessa absoluta; e assim, se você realmente tem fome e sede de justiça, então será satisfeito. Não há o que duvidar no tocante a isso. Certifique-se de que não está tendo apenas fome e sede de alguma bênção. Antes, tenha fome e sede da própria justiça, anele por ser semelhante a Cristo, e então você receberá isso, e igualmente a bênção.

Como é que tudo isso acontece? Acontece – e essa é exatamente a glória do Evangelho – acontece imediatamente, graças a Deus, "... serão fartos", sem tardança. Tudo ocorre desse modo: assim que verdadeiramente desejamos a justiça, somos justificados em Cristo, devido à Sua retidão; e é removida a barreira do pecado e da culpa que se erguia entre nós e Deus. Confio que nenhum dos meus leitores se sinta incerto ou infeliz a esse respeito. Se você realmente confia no Senhor Jesus, se você crê que Ele morreu naquela cruz por sua causa e em resgate por seus pecados, então você foi perdoado; você não tem mais necessidade de pedir-Lhe o perdão, pois já foi perdoado. Cumpre-lhe agora agradecer a Deus por isso, por haver sido plenamente satisfeito com a Sua justiça, com a justiça de Cristo, que lhe foi imputada. Doravante Deus está olhando para você através da retidão de Cristo, e não mais enxerga o seu pecado. Deus o está contemplando como um pecador a quem Ele já perdoou. Você não está mais sujeito à lei, mas está debaixo da graça. Você está pleno da justiça de Deus, em toda essa questão de sua situação diante de Deus, em toda essa questão da sua justificação – uma gloriosa e admirabilíssima verdade. O crente, portanto, sempre é o homem que sabe que os seus pecados lhe foram perdoados. Não pode ser alguém que ainda busca o perdão, porquanto reconheceu que já foi perdoado, que já foi gratuitamente justificado em Cristo, devido à graça de Deus. Agora ele é considerado justo, neste preciso momento, na presença de Deus Pai. Destarte, pode dizer, juntamente com Augustus Toplady:

> Do meu Deus e da lei está visto,
> seu terror não me pode arguir,
> pois o sangue e obediência de Cristo.
> Meus delitos fizeram sumir.

Graças a Deus, tudo acontece prontamente!

Todavia, também devemos pensar que se trata de um processo contínuo. Com isso quero dizer que, conforme já ficou demonstrado, o Espírito Santo começa a livrar-nos do poder e da poluição do pecado, operando desde o nosso homem interior. Precisamos ter fome e sede dessa libertação, a fim de sermos soltos desse poder e livres dessa poluição. Ora, se você tiver fome e sede desse livramento, sem dúvida haverá de obtê-lo. Virá o Espírito Santo e operará em você "tanto o querer como o realizar, segundo a sua boa vontade" (Filipenses

2:13). Cristo virá a você, passando a viver a Sua vida em você; e, na medida em que Ele estiver vivendo em você, você será crescentemente libertado do poder do pecado e de sua poluição. Você será capacitado a tornar-se mais que vencedor, sobre tudo quanto porventura vier a assaltá-lo, e isso de maneira tal que você não somente obterá essa resposta e essa bênção de forma imediata, mas também essa operação prosseguirá sem cessar, enquanto você estiver andando com Deus Pai e com Cristo, contando com a vida do Espírito Santo no seu íntimo. Você receberá forças para resistir a Satanás, e ele fugirá de você. Você será capaz de oferecer resistência ao diabo, podendo defender-se de todos os dardos inflamados do adversário, e, durante todo o tempo, terá prosseguimento a obra divina, operante em seu interior, livrando-o da poluição.

Mas, como é lógico, finalmente essa promessa terá um cumprimento cabal e absoluto, na eternidade. Aproxima-se o dia em que todos quantos estão em Cristo e a Ele pertencem postar-se-ão na presença de Deus como indivíduos sem culpa, sem defeito, sem mancha e sem ruga. Todas as falhas terão desaparecido. Ficará um homem novo e perfeito, dotado de um corpo perfeito. Até mesmo este meu corpo de humilhação será transformado, glorificado, a fim de tornar-se semelhante ao corpo glorificado de Jesus Cristo. Haveremos de estar de pé na presença de Deus, absolutamente perfeitos de corpo, alma e espírito, o homem inteiro revestido de uma justiça perfeita, completa e plena, a qual haveremos de receber da parte do Senhor Jesus Cristo. Em outras palavras, topamos neste ponto, uma vez mais, com um paradoxo. Você já observou a aparente contradição que há em Filipenses 3? Paulo afirma: "Não que eu o tenha já recebido ou tenha já obtido a perfeição..." (Filipenses 3:12). E então, poucos versículos adiante, afirma ele: "Todos, pois, que somos perfeitos..." (Filipenses 3:15). Haveria nisso alguma contradição com o que ele acabara de dizer? De maneira nenhuma; pois, segundo a Bíblia nos ensina, o crente é um ser perfeito, e, no entanto, continua sendo cada vez mais aperfeiçoado. Diz Paulo aos crentes de Corinto: "Mas vós sois dele, em Cristo Jesus, o qual se nos tornou, da parte de Deus, sabedoria, e justiça, e santificação, e redenção" (I Coríntios 1:30). Neste exato momento já me encontro perfeito em Jesus Cristo; não obstante, continuo sendo aperfeiçoado. "Não que eu o tenha já recebido ou tenha já obtido a perfeição; mas prossigo para conquistar aquilo para o que também fui conquistado por Cristo Jesus." Sim, Paulo dirigia-se àqueles que são crentes, àqueles que já são perfeitos quanto a essa questão da compreensão sobre o caminho da retidão e da justificação. Não obstante, para nós, que somos crentes, essa exortação deve ser entendida, em determinado sentido, como se estivesse escrito: "Portanto, prossigamos para a perfeição".

Não sei como é que você se sente diante de tais verdades; mas, para mim elas são fascinantes. Percebe-se nelas que o crente é alguém que, ao mesmo tempo em que tem fome e sede, também está sendo satisfeito. Entretanto, quanto mais se satisfaz tanto mais tem fome e sede. Essa é a bem-aventurança da vida cristã. Ela continua. Chegamos a um determinado estágio da santificação, mas não descansamos nesse ponto pelo resto de nossos dias. Antes, vamos sendo transformados de glória em glória "até assumirmos nosso lugar no céu". "... todos nós temos recebido de sua plenitude e graça sobre graça" (João 1:16). Sim, temos recebido graça acrescentada à graça. Essa bênção tem prosseguimento; perfeitos, mas ainda não completamente perfeitos; tendo fome e sede, e, no entanto, recebendo satisfação. No entanto, sempre anelando por algo mais, nunca tendo o bastante, porquanto tudo é tão glorioso e admirável; plenamente satisfeitos em Cristo, mas, sem embargo, impelidos pelo supremo desejo de "... o conhecer, e o poder da sua ressurreição, e a comunhão dos seus sofrimentos, conformando-me com ele na sua morte; para, de algum modo, alcançar a ressurreição dentre os mortos" (Filipenses 3:10-11).

Você já se sente satisfeito? Você está sendo abençoado nesse sentido? Você sente fome e sede? Essas são as perguntas que realmente importam. E esta é a promessa graciosa e gloriosa para todos os tais: "Bem-aventurados os que têm fome e sede de justiça, porque serão fartos".

Capítulo VIII
PROVAS DE APETITE ESPIRITUAL

No capítulo anterior pudemos ventilar de maneira geral o texto de Mateus 5:6. Proponho-me a continuar esse estudo, porquanto sinto que não foi suficiente o que consideramos até aqui. Jamais poderíamos exaurir aquela notabilíssima declaração, e, sem dúvida alguma, se tivermos de derivar algo que se avizinhe de um completo benefício, com base na meditação sobre a mesma, também teremos de sondá-la numa maneira ligeiramente mais prática do que aquilo que fizemos até agora. Assim sucede porque, de muitas maneiras, essa é uma das bem-aventuranças centrais, uma das mais vitais dentre todas as bem-aventuranças.

Tivemos oportunidade de notar que, nessa bem-aventurança, começamos a deixar para trás o exame de nosso próprio "eu", a fim de nos voltarmos para Deus. Naturalmente, essa é uma questão vital, porquanto é esse problema de como nos devemos volver para Deus que leva tantos a tropeçarem. Por conseguinte, temos o direito de dizer que esse é o caminho exclusivo para a bênção. A menos que tenhamos "fome e sede de justiça", jamais haveremos de obtê-la, nunca haveremos de experimentar aquela plenitude que nos foi prometida. Portanto, sendo essa uma questão de tão crucial importância, precisamos reexaminá-la. No capítulo anterior sugeri que a própria essência da salvação cristã nos é descrita nesse versículo. Trata-se de perfeita declaração da doutrina da salvação exclusivamente mediante a graça divina.

Outrossim, essa bem-aventurança reveste-se de um excepcional valor, visto que nos prové uma perfeita prova que podemos aplicar a nós mesmos, um teste que perscruta não somente as nossas condições espirituais em um dado momento, mas também toda a nossa posição espiritual. Isso funciona de duas maneiras básicas. Essa bem-aventurança encerra um maravilhoso teste de nossa doutrina, e igualmente um teste bem completo e prático acerca de onde nos encontramos.

Primeiramente, consideremos a questão como um teste de averiguação de nossa doutrina. Essa bem-aventurança aborda aquilo que eu descreveria como as duas mais populares objeções contra a doutrina evangélica da salvação. É assaz interessante observarmos como as pessoas, quando o Evangelho lhes é pregado, geralmente têm engatilhadas duas objeções principais; e ainda mais curioso é que essas duas objeções geralmente são utilizadas pela mesma pessoa. Os homens tendem por tentar trocar de posição de um extremo para outro. Antes de tudo, ao ouvirem o anúncio bíblico que diz: "Bem-aventurados os que têm fome e sede de justiça, porque serão fartos", ao lhes ser ensinado que a salvação da alma depende totalmente da graça divina, porquanto é uma bênção doada por Deus, a qual ninguém pode merecer por suas boas obras, e acerca da qual nada se pode fazer, exceto recebê-la, imediatamente objetam e dizem: "Mas isso é facilitar demais as coisas. Você acaba de dizer que devemos receber a salvação como uma dádiva, que nos cumpre receber o perdão e a vida eterna, ao mesmo tempo que nós mesmos nada precisamos fazer". E arrematam: "Sem dúvida a salvação não pode ser adquirida com tanta facilidade". Essa é a primeira objeção dessas pessoas.

Em seguida, quando lhes mostramos que as coisas precisam ser dessa maneira em virtude do caráter da justiça acerca da qual nosso texto está falando, elas levantam a outra objeção, dizendo que isso torna excessivamente difícil o problema, de fato, tão difícil, que a salvação se torna virtualmente impossível. Quando lhes afiançamos que o pecador precisa receber a salvação como um dom gratuito, porquanto o que nos é exigido é que estejamos aptos para viver na presença de Deus, o qual é luz, em Quem não há treva nenhuma, e quando ouvem que devemos ser semelhantes ao próprio Senhor Jesus Cristo, amoldando-nos a essas bem-aventuranças, então essas pessoas dizem: "Ora, isso torna a salvação uma empreitada impossível para nós". Como você deve estar percebendo, as pessoas que objetam assim desviam-se de toda essa questão da justiça. Para elas, ser justo significa apenas ser decente e moral até um determinado nível. Sem embargo, vimos no capítulo anterior que isso representa uma definição totalmente equivocada do problema. Em última análise, ser justo significa ser parecido com o Senhor Jesus Cristo. Ele é o nosso modelo. Se quisermos estar diante de Deus e passar a eternidade em Sua santa presença, então teremos de ser semelhantes a Jesus Cristo. Ora, ninguém pode postar-se na presença de Deus enquanto restar algum vestígio de pecado; pois de nós é requerida uma justiça absolutamente perfeita. Precisamos chegar a esse ponto. E naturalmente, no momento em que nos damos conta desse fato, então percebemos que se trata de algo que não podemos fazer por nós mesmos, e compreendemos que só nos resta receber a salvação na qualidade de paupérrimos desamparados, como quem nada possui nas mãos, como quem recebe a salvação como um presente inteiramente gratuito.

Ora, este versículo aborda ambos esses aspectos da questão. Ele aborda o caso daquelas pessoas que objetam diante do fato que a apresentação evangélica das Boas-novas torna a salvação excessivamente fácil. Há mesmo indivíduos que se inclinam por observar, conforme ouvi alguém dizendo, após ter ouvido um sermão que salientava a atividade humana dentro da salvação: "Graças a Deus, afinal há mesmo alguma coisa que nos compete fazer!" Isso apenas demonstra que uma pessoa assim admite que jamais compreendeu deveras o significado da justiça que nos é requerida, que ela nunca viu a real natureza do pecado no íntimo, que jamais percebeu o padrão que Deus exibe diante de nossos olhos. Mas aqueles que realmente compreendem o que está envolvido nessa justiça nunca levantam objeções, e nem dizem que o Evangelho "facilita demais as coisas". Eles percebem que, não fora essa realidade, estaríamos sem qualquer esperança e irremediavelmente perdidos. "Nada em minha mão eu trago; somente em Tua cruz me agarro" – é a assertiva de todos aqueles que realmente perceberam essa verdade. Portanto, fazer objeção ao Evangelho alegando que "ele torna as coisas fáceis demais", ou objetar a ele porque toma as coisas "difíceis demais", equivale a confessar que nem ao menos somos crentes. Crente é aquele que admite que as declarações e exigências do Evangelho são impossíveis para o ser humano, mas dá graças a Deus que o Evangelho faz o que é impossível aos nossos esforços, outorgando a salvação gratuitamente, como uma dádiva. Por conseguinte, "bem-aventurados os que têm fome e sede de justiça, porque serão fartos". As pessoas nada podem fazer, mas quando têm fome e sede de justiça, então recebem plena satisfação. Esse, pois, é o grande teste de nossa posição doutrinária. Ora, trata-se de um teste bastante perscrutador. Lembremo-nos, porém, que os dois aspectos distintos desse teste precisam ser sempre aplicados conjuntamente.

Consideremos agora o teste prático. Esta é uma daquelas declarações que nos revelam exatamente onde nos encontramos situados, dentro da vida cristã. A asserção é categórica – aqueles que têm fome e sede de justiça "serão fartos", e, em consequência, são felizes, são pessoas que podem ser congratuladas, são as pessoas verdadeiramente felizes. Conforme verificamos no capítulo anterior, isso significa que, em certo sentido, somos prontamente satisfeitos, ou, em outras palavras, não mais precisamos buscar o perdão dos nossos pecados. Antes, sabemos que já recebemos o perdão. Crente é o indivíduo que sabe que já foi perdoado; sabe que está sob a proteção da retidão de Jesus Cristo, e afirma: "Justificados, pois, mediante a fé, temos paz com Deus por meio de nosso Senhor Jesus Cristo" (Romanos 5:1). Não é que ainda estejamos *esperando* essa paz. Pelo contrário, já desfrutamos dela. O crente recebeu satisfação imediata; ficou completamente satisfeito no tocante a essa questão de sua posição na presença de Deus; sabe que a justiça de Cristo foi assim imputada a ele, e que os seus pecados lhe foram perdoados. Também sabe que Cristo, por intermédio do Espírito Santo, veio nele habitar. O seu problema essencial de santificação ficou assim solucionado. O crente sabe que Cristo tornou-se para ele "sabedoria, justificação, santificação e redenção". Sabe que já está completo em Cristo, de tal maneira que não se sente mais desamparado, mesmo quando se trata de sua santificação. Há um imediato senso de satisfação acerca disso também. E também sabe que o Espírito Santo está com ele e que Ele continuará operando em seu homem interior "tanto o querer quanto o realizar, segundo a sua boa vontade". Por conseguinte, o crente olha para o futuro – conforme já averiguamos – olha para aquele estado final e definitivo de perfeição, quando então não mais haverá mancha, ruga ou defeito, ou qualquer coisa semelhante, quando então haveremos de vê-Lo tal e qual Ele é, e seremos semelhantes a Ele. Então seremos verdadeiramente perfeitos, porquanto nosso próprio corpo, que é o "corpo de nossa humilhação", terá sido glorificado, e nos encontraremos no estado de perfeição absoluta.

Pois muito bem; se esse é o significado da satisfação do crente, então é necessário que façamos a nós mesmos perguntas tais como estas: Já estamos fartos? Já obtivemos essa satisfação? Estamos cônscios de que Deus tem tratado conosco? O fruto do Espírito está sendo manifestado em nossas vidas? Estamos preocupados com essa questão? Estamos experimentando o amor a Deus e ao próximo, como também alegria e paz? Estamos exibindo as qualidades da longanimidade, da bondade, da gentileza, da mansidão, da fé e do controle próprio? Ora, aqueles que têm fome e sede de justiça certamente serão fartos. Já estão fartos, e continuarão sendo fartos. Portanto, indago: Estamos gozando dessas coisas? Sabemos que já recebemos a vida divina? Estamos usufruindo da vida de Deus em nossas almas? Temos consciência de que o Espírito Santo está atuando em nós com o Seu grande poder, moldando Cristo em nós mais e mais? Se porventura nos consideramos crentes, então devemos ser capazes de responder afirmativamente a todas essas indagações. Aqueles que verdadeiramente são crentes já foram fartos nesse sentido. Portanto, já fomos fartos dessa maneira? Estamos gozando da vida cristã, e da experiência cristã? Sabemos que os nossos pecados nos foram perdoados? Estamos nos regozijando diante dessa realidade, ou ainda estamos tentando tornar-nos crentes, procurando tornar-nos justos de alguma maneira? Tudo não passa de um esforço vão? Estamos desfrutando de paz com Deus? Sempre nos rejubilamos no Senhor?

Esses são os testes que convém que apliquemos a nós mesmos. Porém, se não estamos usufruindo dessas bênçãos segue-se daí que a única explicação plausível é que não temos fome e sede autênticas, fome e sede de justiça. Porquanto, se temos fome e sede, então certamente seremos fartos. Não há aqui qualquer qualificativo modificador, pois trata-se de uma declaração absoluta, de uma promessa incondicional: "Bem-aventurados os que têm fome e sede de justiça, porque serão fartos".

A questão que nos resta considerar é obviamente a seguinte: Como podemos saber se realmente *temos* fome e sede de justiça? Ora, essa é a questão essencial, essa deve ser toda a nossa preocupação. A sugestão que faço é que a maneira de encontrarmos a resposta para essa pergunta é estudando as Escrituras, como, por exemplo, Hebreus 11, porquanto ali encontramos alguns grandes e gloriosos exemplos de pessoas que sabiam o que era ter fome e sede de justiça, e foram satisfeitas. Faça-se um exame na Bíblia inteira e descobrir-se-á o sentido de tudo isso, mormente no próprio Novo Testamento. Então poderemos suplementar a biografia bíblica lendo a respeito de alguns dos grandes santos que têm adornado a Igreja de Cristo. A literatura sobre esse particular é bastante vasta. Leia a respeito das vidas de Lutero, Calvino e João Knox, ou as Confissões de Agostinho. Leia acerca das vidas de alguns dos mais destacados puritanos, ou acerca da vida do grande Pascal. Leia sobre as vidas daqueles poderosos homens de Deus, duzentos anos no passado, durante o grande despertamento evangelizador; por exemplo, o primeiro volume do diário de João Wesley ou a espantosa biografia de George Whitefield. Leia a vida de John Fletcher, de Madeley. Falta-me tempo para mencionar todos eles: tem havido homens que usufruíram dessa plenitude, cujas vidas santas foram uma comprovação da mesma. Ora, a indagação que aqui se impõe é: Como eles chegaram a esse nível? Se quisermos saber o que significa ter fome e sede, precisamos estudar as Escrituras, e então avançar, a fim de percebermos crescentemente essa realidade no próprio nível onde já estamos, lendo a respeito das vidas de pessoas santificadas. E, se assim fizermos, chegaremos à conclusão que existem determinados testes que podemos aplicar às nossas vidas, a fim de descobrirmos se, de fato, temos fome e sede de justiça, ou não.

O primeiro teste a ser aplicado é o seguinte: Estamos percebendo o quanto é falsa a nossa própria justiça? Isso seria uma indicação inicial de que realmente temos fome e sede de justiça. Enquanto uma pessoa não houver notado que a sua própria justiça nada significa, e que, conforme ensinam as Escrituras, ela consiste apenas em "trapos de imundícia", ou então, empregando uma expressão mais vigorosa – um vocábulo particular empregado pelo apóstolo Paulo, e que alguns julgam que não se deve usar em um púlpito, isto é, a palavra utilizada em Filipenses 3, onde Paulo alude a todas as admiráveis realidades de sua vida pregressa, mas que, ao converter-se, ele chegou a considerá-las todas como "refugo" ou "esterco" – um refugo putrefato. Esse é o primeiro grande teste. Não estaremos sentindo fome e sede de justiça enquanto tivermos qualquer senso de autossatisfação concernente a qualquer coisa que em nós exista, quanto a qualquer coisa que porventura tenhamos praticado. O homem que tem fome e sede de justiça é o homem que sabe o que significa dizer, juntamente com Paulo: "Porque eu sei que em mim, isto é, na minha carne, não habita bem nenhum" (Romanos 7:18). Se continuarmos sendo condescendentes conosco mesmos, sentindo uma certa apreciação por aquilo que tivermos feito, tal atitude indicará claramente que ainda estamos confiando em nossa própria justiça, que ainda estamos apegados a ela. Se, em qualquer sentido, inclinamo-nos por defender-nos, bem, isso significará apenas que ainda estamos agarrados a alguma justiça própria. Ora, enquanto tolerarmos essa atitude em nós mesmos, não poderemos ser abençoados. Podemos ver que ter fome e sede, nesse sentido, conforme afirmou John Darby, é estar morrendo de inanição, porquanto nada possuímos. Esse é o primeiro passo, visto que toda justiça falsa, que pertença a nós mesmos, não passa de "trapos de imundícia", não passa de "refugo".

Ter essa fome e sede de justiça, entretanto, também significa que temos profunda consciência de que precisamos ser libertados, de que precisamos do Salvador, de que percebemos a nossa desesperadora situação e de que temos consciência de que, a menos que nos sejam providos um Salvador e a salvação, na verdade estaremos inteiramente destituídos de esperança. É mister que reconheçamos nosso total fracasso, conscientizando-nos do fato que se alguém não nos vier amparar, fazendo alguma coisa em nosso favor, estaremos totalmente perdidos. Ou então, que me seja dada a oportunidade de expressar a questão ainda em outros termos. Ter fome e sede de justiça quer dizer que devemos ter em nós mesmos o desejo de nos assemelharmos àqueles santos sobre os quais já teci alguns comentários. Essa é uma excelente maneira de nos submetermos à prova. Porventura ansiamos por ser como Moisés, ou Abraão, ou Daniel, ou algum daqueles homens que viveram na história subsequente da Igreja, aos quais aludi acima? Entretanto, cumpre-me adicionar uma advertência, porquanto é possível que alguém queira parecer-se com aqueles santos, mas de uma maneira errada. Podemos desejar usufruir as bênçãos que aqueles santos desfrutaram, mas sem desejar ser realmente parecidos com eles. Ora, na história de Balaão, o falso profeta, encontramos uma ilustração clássica desse tipo de gente. Você deve estar lembrado de que ele disse: "Que eu morra a morte dos justos, e o meu fim seja como o deles" (Números 23:10). Balaão queria morrer como um justo; porém, conforme disse de certa feita um antigo e sábio crente puritano, Balaão não queria viver como um justo. Efetivamente, isso sucede a muitas pessoas. Elas querem as bênçãos que cabem aos justos, querem também morrer à semelhança deles. Naturalmente, ninguém quer ser infeliz em seu leito de morte. Queremos gozar das bênçãos atinentes a essa gloriosa salvação. Sim; mas se quisermos morrer como os justos morrem, também devemos querer viver como eles vivem. Essas duas realidades correm paralelas uma à outra. "Que eu morra a morte dos justos." Se ao menos eu pudesse ver os céus se abrirem, e, no entanto, se eu pudesse continuar vivendo tal e qual vivo, isso me deixaria feliz! As coisas, no entanto, não funcionam desse jeito. É mister que eu anele por viver como os justos, se eu quiser morrer como um deles.

Aí, pois, estão alguns dos testes preliminares. Porém, se eu deixasse as coisas nesse ponto, facilmente alguém poderia chegar à conclusão que nada temos a fazer senão ser inteiramente passivos, pondo-nos a esperar com paciência que aconteça alguma coisa. Entretanto, ao que me parece, isso é praticar grande violência contra as palavras "fome e sede". Nelas há um certo elemento ativo. As pessoas que realmente querem alguma coisa sempre mostram alguma evidência do fato. As pessoas que deveras desejam algo, com toda a força do seu ser, não ficam calmamente sentadas, esperando passivamente que se concretize o seu desejo. Ora, essa verdade aplica-se a todos nós, quanto a essa realidade espiritual. Portanto, passarei a aplicar mais alguns testes pormenorizados a fim de vermos se, realmente, estamos tendo fome e sede de justiça. Eis um desses testes. O indivíduo que realmente tem fome e sede de justiça, como é bem patente, procura evitar tudo quanto seja contrário a ela. Não posso obter essa justiça por meus próprios esforços, mas posso refrear-me de fazer coisas que sejam obviamente contraditórias a ela. Jamais poderei tornar-me semelhante a Jesus Cristo por minhas próprias forças, mas posso evitar ficar andando pelas sarjetas da vida. Isso também faz parte da fome e da sede de justiça.

Vamos subdividir o assunto. Há certas coisas na vida que são indiscutivelmente contrárias a Deus e à Sua justiça. Não há que duvidar quanto a isso. Sabemos que essas coisas são más; sabemos que elas são prejudiciais; sabemos que elas são pecaminosas. Afirmo aqui que ter fome e sede de justiça inclui a necessidade de evitarmos essas coisas, tal como fugiríamos de alguma praga. Se soubermos que em certa residência há alguma infecção, passaremos a evitar aquela casa. Costumamos separar os pacientes afetados por alguma febre, por tratar-se de enfermidade infecciosa, e, obviamente, evitaremos entrar em contato com os próprios enfermos. Ora, outro tanto sucede no campo espiritual.

Todavia, as coisas não param nesse ponto. Sugiro que se verdadeiramente temos fome e sede de justiça, não somente evitaremos as coisas que sabemos serem más e prejudiciais, como também evitaremos até aquelas coisas que contribuam para embotar nosso apetite espiritual. Existem inúmeras coisas dessa ordem, coisas que são perfeitamente inocentes em si mesmas, coisas perfeitamente legítimas. Não obstante, quando descobrimos que estamos desperdiçando tempo com tais coisas, e que estamos desejando menos intensamente as realidades divinas, então chegou a hora de evitá-las. Essa questão dos gostos é extremamente delicada. Todos sabemos como, no sentido físico, facilmente podemos prejudicar o nosso apetite, embotando-o, por assim dizer, se ficarmos petiscando entre as refeições principais. Ora, assim igualmente acontece no mundo espiritual. Existem muitas coisas que não são condenáveis por si mesmas. Porém, se eu chegar a descobrir que estou gastando tempo demais com elas, e que, de alguma forma, estou prestando menos atenção a Deus e às realidades celestes, e isso se vem acentuando cada vez mais, então, se realmente tenho fome e sede de justiça, chegou o momento de evitar tais coisas. Penso que esse é um argumento alicerçado no bom senso.

Permita-me apresentar-lhe um outro teste positivo. Ter fome e sede de justiça significa que haveremos de lembrar-nos ativamente dessa retidão. Haveremos de disciplinar de tal maneira as nossas vidas que essa realidade espiritual se conserve constantemente em nossa consciência. A questão da disciplina reveste-se de importância capital. Estou sugerindo aqui que a menos que dia a dia, voluntariamente, de forma deliberada, lembremo-nos ativamente dessa retidão da qual tanto necessitamos, dificilmente haveremos de ter fome e sede dela. O indivíduo que realmente tem fome e sede de justiça põe-se a buscá-la diariamente. Contudo, você talvez objete a isso, dizendo: "Mas, eu sou um homem tão atarefado. Veja a minha agenda. Onde poderei arranjar tempo para essas coisas?" Repito que se você tem fome e sede de justiça, então encontrará tempo para ela. Você reorganizará a sua vida, dizendo: "As coisas principais devem ter a primazia; nessas coisas deve haver certa prioridade de interesses, e, assim sendo, embora eu tenha de fazer isto e mais aquilo, não posso dar-me ao luxo de negligenciar a justiça, porquanto a minha alma está escravizada". "Quando há boa vontade, dá-se um jeito." É espantoso como descobrimos tempo para fazer as coisas que realmente queremos. Se você e eu temos fome e sede de justiça, então uma boa parcela do tempo diário será utilizada na ponderação a respeito desse tema.

Não obstante, vamos ainda um pouco adiante. O próximo teste a ser aplicado é este. O homem que tem fome e sede de justiça sempre se coloca em uma posição de onde lhe seja possível alcançá-la. Ninguém pode criar pessoalmente essa justiça; ninguém pode produzi-la. Seja como for, entretanto, sabe-se de certas pessoas que, de algum modo, conforme lemos acerca delas, a atingiram. E, assim sendo, basta-nos imitar o seu exemplo. Você deve estar lembrado do cego Bartimeu. Ele não era capaz de curar a si mesmo. Era cego; e, sem importar o que ele mesmo ou outras pessoas pudessem fazer, era-lhe impossível recuperar a visão. Contudo, ele se postou no caminho certo da obtenção do que almejava. Ao ouvir que Jesus de Nazaré ia passar por determinada estrada, postou-se à beira da mesma. Aproximou-se dEle o máximo que lhe foi possível. Não podia recuperar a vista mediante os seus próprios esforços, mas colocou-se no caminho certo para obtê-la. Por igual modo, o indivíduo que tem fome e sede de justiça é aquele que nunca perde uma oportunidade de achar-se naqueles lugares certos onde outras pessoas evidentemente encontraram a justiça divina. Tomemos, para exemplificar, a casa de Deus, onde nos reunimos com o intuito de considerarmos essas realidades. Ali posso encontrar-me com pessoas as mais diversas a fim de falar com elas sobre os seus problemas espirituais. Elas também têm enfrentado problemas idênticos aos meus; e asseveram que gostariam imensamente de se tornarem crentes. Porém, seja como for, falta-lhes alguma coisa. Com bastante frequência, tenho descoberto que elas não são frequentadoras assíduas da casa de Deus, ou então, que o fazem mui esporadicamente. É que tais pessoas não sabem o que significa ter fome e sede de justiça. Sem embargo, o homem que realmente quer encontrar a justiça, pensa: "Não posso dar-me ao luxo de perder qualquer oportunidade; onde quer que se fale sobre esse assunto, quero estar presente". Isso é apenas demonstração de bom senso. E então, como é natural, tal homem busca a companhia daqueles que já receberam essa justiça. E aquele homem ainda comenta: "Quanto mais frequentemente eu estiver entre pessoas piedosas e santas, tanto melhor será para mim. Vejo que aquela pessoa já encontrou a justiça; pois bem, quero conversar com ela, quero passar alguns momentos em companhia dela. Não quero mais gastar tanto tempo com pessoas que não me trazem qualquer benefício. Porém, quanto a essas pessoas que já receberam a justiça, dessas não me quero afastar".

Além disso, você deve dedicar-se à leitura da Bíblia. Esse é o grande livro de texto a respeito da questão. Novamente, estou formulando uma pergunta simples. Às vezes indago a mim mesmo se dedicamos tanto tempo a esse Livro como desperdiçamos horas lendo os jornais, assistindo novelas, vendo filmes ou participando de outros entretenimentos – a televisão, o rádio e todas essas coisas. Não é que eu esteja condenando tais coisas, por si mesmas. Quero deixar perfeitamente entendido que não é esse o meu argumento. O meu argumento é que o indivíduo que tem fome e sede de justiça, e que tem tempo para gastar com essas coisas, deveria dedicar maior parcela do seu tempo na busca da justiça – isso é tudo quanto estou afirmando. Portanto, leia e estude esse Livro. Procure compreendê-lo; leia livros a respeito dos temas bíblicos.

Acrescente-se a isso a oração. Deus é o único que nos pode proporcionar a dádiva da justiça. Temos solicitado dEle a justiça de que necessitamos? Quanto tempo costumamos passar na presença do Senhor? Já aludi às biografias daqueles homens de Deus. Se você chegar a lê-las, e se você se parece comigo, então também se sentirá envergonhado. Pois você descobrirá que aqueles santos homens passavam quatro a cinco horas, diariamente, em oração, longe de meramente balbuciarem suas orações antes de deitarem, quando já estamos quase cansados demais para tanto. Aqueles homens dedicavam o melhor do seu tempo para Deus; e aqueles que realmente têm fome e sede de justiça sabem o que é passar muito tempo em oração e meditação, relembrando-se daquilo que são nesta vida e neste mundo, e o que está à espera deles.

E então, conforme eu já dissera, há a necessidade de lermos as biografias dos santos, bem como toda a literatura acessível que verse sobre essas realidades. É assim que age o indivíduo que realmente deseja encontrar a justiça, conforme já demonstrei por intermédio dos exemplos aludidos. Ter fome e sede de justiça é fazer tudo isso, e, tendo feito tudo, perceber que ainda não se fez o bastante, porquanto tudo quanto fizermos jamais produzirá a justiça divina. As pessoas que têm fome e sede de justiça agem desesperadamente. Elas fazem todas essas coisas, porquanto buscam a justiça por toda a parte; e, no entanto, reconhecem que seus esforços jamais conseguirão atingir seu objetivo. Assemelham-se ao cego Bartimeu ou à viúva importuna, acerca de que nosso Senhor falou. Essas pessoas retornam ao mesmo indivíduo, até obterem aquilo que desejam. São iguais a Jacó, em sua luta com o anjo. Parecem-se com Lutero, jejuando, suando e orando, sem haverem ainda encontrado, mas prosseguindo com seu senso de desamparo e necessidade, até que Deus lhes dê o que procuram. É isso que tem acontecido a todos os santos de todas as eras e de todos os países. Não importa sobre quem estejamos considerando. As coisas parecem funcionar dessa maneira: somente aqueles que buscam essa justiça com todas as energias de seu ser é que realmente podem encontrá-la. Mas você mesmo jamais poderá descobri-la com seus esforços. Contudo, aqueles que meramente se sentam e nada fazem, nunca parecem encontrar a justiça. O método divino é aquele; e Deus, por assim dizer, impele-nos nessa direção. Já fizemos tudo quanto estava ao nosso alcance; mas, tendo feito tudo, continuamos sendo miseráveis pecadores; e então, na qualidade de criancinhas, percebemos que é mister recebermos a justiça como uma dádiva gratuita da parte de Deus.

Pois bem, essas são as maneiras através das quais provamos se realmente temos ou não temos fome e sede de justiça. É esse o mais intenso anelo de nossas vidas? É esse o mais profundo desejo de nosso ser? Posso asseverar, com toda a honestidade e veracidade, que desejo, acima de qualquer outra coisa no mundo, conhecer deveras a Deus e ser semelhante a Jesus Cristo, desfazendo-me do próprio "eu", em todas as suas manifestações e formas, e passando a viver tendo em mira única e exclusivamente a glória de Deus e a Sua honra?

Gostaria de concluir este capítulo com apenas mais uma breve palavra sobre questões práticas. Por qual razão deveria ser esse o maior de todos os nossos desejos? Eu respondo essa pergunta dessa maneira. A todos quantos lhes falta essa justiça de Deus pesa a condenação de estarem sob a ira divina, de estarem a caminho da perdição. Qualquer indivíduo que morra sem ter sido revestido da justiça de Jesus Cristo prossegue para a mais total desesperança e miséria. Esse é o ensinamento das Escrituras, isso é o que a Bíblia afirma: "... sobre ele permanece a ira de Deus" (João 3:36). Somente essa justiça pode tornar-nos aptos para estarmos de bem com Deus e para irmos para o céu, para ficarmos com o Senhor e passarmos a eternidade em Sua santa presença. Sem essa justiça, estamos perdidos e condenados. Quão espantoso é que não seja esse o supremo desejo de todos os seres humanos! Esse é o único caminho da bênção nesta vida, o único caminho da bem-aventurança eterna. Permita-me apresentar-lhe o argumento do caráter totalmente hediondo do pecado, essa transgressão tão odiosa aos olhos de Deus, a qual é uma desonra em si mesma, e que desonra o próprio pecador. Se ao menos percebêssemos as coisas das quais somos culpados tão continuamente diante de Deus, bem como à vista de Sua perfeita santidade, então haveríamos de odiá-las como Deus as odeia. Esse é um grande motivo para termos fome e sede de justiça – o caráter hediondo do pecado.

Em último lugar, porém, quero expressar a questão de um ângulo mais positivo. Se ao menos soubéssemos algo da glória e da maravilha dessa nova vida de retidão, nada mais haveríamos de desejar. Por conseguinte, voltemos a vista para o Senhor Jesus Cristo. É assim que a vida deveria ser vivida, assim é que as coisas deveriam ser. Se ao menos percebêssemos isso! Consideremos as vidas dos Seus primeiros seguidores. Você não gostaria de viver realmente como aqueles homens? E não gostaria de morrer como um deles? Haverá qualquer outra forma de vida que lhe possa ser comparável? Eles levavam vidas santas, puras, limpas, dotadas da manifestação do fruto do Espírito, a saber, "amor, alegria, paz, longanimidade, benignidade, bondade, fé, mansidão, controle próprio". Que vidas extraordinárias! Que caracteres bem formados! Aqueles eram homens dignos do nome de homens – viviam como o ser humano deve viver. Ora, se percebêssemos essas coisas sob a sua verdadeira luz, então nada mais haveríamos de desejar; tornar-nos-íamos semelhantes ao apóstolo Paulo, e diríamos como ele também disse: "... para o conhecer, e o poder da sua ressurreição, e a comunhão dos seus sofrimentos, conformando-me com ele na sua morte; para, de algum modo, alcançar a ressurreição dentre os mortos" (Filipenses 3:10-11). É esse o seu grande anelo? Pois muito bem, "Pedi, e dar-se-vos-á; buscai, e achareis; batei, e abrir-se-vos-á" (Mateus 7:7). "Bem-aventurados os que têm fome e sede de justiça, porque serão fartos" – com "toda a plenitude de Deus" (Mateus 5:6 e Efésios 3:19).

Capítulo IX

BEM-AVENTURADOS OS MISERICORDIOSOS

Esta declaração particular: "Bem-aventurados os misericordiosos, porque alcançarão misericórdia" (Mateus 5:7), representa um novo estágio na descrição do homem crente contida nas bem-aventuranças. Digo deliberadamente que ela é um novo estágio descritivo porque, uma vez mais, verifica-se uma modificação no tipo e variedade de descrição. Em certo sentido, até este ponto estivemos considerando o indivíduo crente do ponto de vista de sua necessidade, do ponto de vista da consciência que ele tem de sua necessidade. Entretanto, encontramos aqui uma espécie de alteração de foco. Passamos agora a interessar-nos mais pelas disposições do crente, olhando mais para os resultados de tudo quanto antes fora dito. Naturalmente, isso também se dá no caso das bem-aventuranças subsequentes. Já vimos alguns dos resultados que se verificam quando um homem realmente já se viu a si mesmo, sobretudo quando ele já se viu em seu relacionamento para com Deus. Aqui, pois, estão algumas outras consequências que inevitavelmente terão de manifestar-se quando uma pessoa se torna verdadeiro crente. E assim, podemos enfatizar novamente o fato evidente que nosso Senhor escolheu criteriosamente essas bem-aventuranças. Ele não falou meramente ao acaso. Há um progresso bem definido no Seu pensamento; há uma sequência lógica. Esta bem-aventurança particular deriva-se de todas as que a antecedem, e é especialmente notório que ela tem uma conexão lógica, bem aguda e definida, com a bem-aventurança imediatamente anterior, que diz: "Bem-aventurados os que têm fome e sede de justiça, porque serão fartos". Quero salientar novamente que é inútil tomar-se a esmo qualquer das bem-aventuranças constantes no Sermão do Monte e procurar compreendê-la, sem levar em conta o contexto inteiro, mormente no caso das descrições que aqui figuram, acerca do caráter e da disposição do homem crente.

"Bem-aventurados os misericordiosos." Que tremendo teste para cada um de nós, quanto a toda a nossa posição e profissão de fé cristã! Que declaração perscrutadora é essa! Cristo esclareceu que essas são as pessoas felizes, são as pessoas que merecem ser congratuladas. É assim que o homem deveria ser – misericordioso. Talvez esse seja um ponto onde se deve enfatizar, uma vez mais, o caráter perscrutador dessa série inteira de afirmações a que chamamos de bem-aventuranças. Nosso Senhor estava retratando e delineando o crente e o caráter do crente. Como é óbvio, Ele nos estava sondando e testando, e é ótimo que possamos perceber o fato, pois, se tomarmos as bem-aventuranças como um todo, veremos que elas envolvem uma espécie de teste geral, ao qual estamos sendo submetidos. Como é que reagimos a essas provas perscrutadoras, penetrantes? Realmente, elas revelam tudo quanto à nossa profissão de fé cristã. E, se porventura eu sentir aversão a essa espécie de coisa, se me sentir impaciente diante dessas sondagens, e se eu preferir ficar dissertando sobre o comunismo, ou se eu me desgostar diante dessa análise, dessa sondagem e exame pessoal, isso simplesmente significará que a minha posição é inteiramente contrária ao homem descrito nas páginas do Novo Testamento. Por outro lado, se eu sentir que embora essas declarações me sondem e firam ainda assim elas são essenciais e boas para mim, se eu sentir que me convém ser humilhado, e que me convém ficar frente a frente com esse espelho, o qual não somente me mostra aquilo que sou, mas também o que sou à luz do padrão divino para o crente, então terei o direito de sentir-me esperançoso quanto ao meu estado e condição. O homem que é crente autêntico, conforme já averiguamos, nunca objeta ao fato de ser humilhado. A primeira coisa que é dita aqui sobre esse homem é que ele deve ser "humilde de espírito", e, exatamente por essa razão, se ele objeta à demonstração de que nele nada existe de bom, então é que ele não é humilde. Por conseguinte, essas bem-aventuranças, quando consideradas em seu conjunto, provêm para nós um teste extremamente perscrutador.

Conforme penso, as bem-aventuranças também são sondadoras em um outro sentido, fato esse que se destaca de modo patente na bem-aventurança que ora examinamos. Elas fazem-nos lembrar de determinadas verdades, as quais são centrais e primárias no tocante à posição cristã inteira. A primeira dessas verdades é a seguinte: O Evangelho cristão põe toda a sua ênfase sobre a questão do ser, e não sobre a questão do fazer. O Evangelho dá muito maior importância às nossas atitudes do que às nossas ações. Logo de início, o Evangelho frisa primordialmente aquilo que você e eu somos na essência, e não aquilo que possamos realizar. Por todo este sermão, pois, nosso Senhor preocupava-se com as nossas disposições. Mais adiante Ele haveria de falar sobre as nossas ações; todavia, antes de fazê-lo, preferiu descrever o caráter e a disposição corretos. E, naturalmente, conforme procurarei demonstrar, esse é o ensino neotestamentário essencial. O crente é alguma coisa, antes de fazer qualquer coisa; e assim, precisamos *ser* crentes, antes de podermos agir como crentes. Ora, essa é uma verdade fundamental. Ser é mais importante do que fazer, e as atitudes são mais importantes do que os atos. Primariamente, o que importa é o nosso caráter essencial. Ou então, poderíamos expressar a questão como segue. Não fomos convocados como crentes para sermos ou tentarmos ser crentes em certos aspectos. Assevero que ser crente é possuir determinado caráter, e, portanto, é ser um certo tipo de pessoa. Contudo, essa verdade é erroneamente interpretada com tanta frequência que a maioria das pessoas pensa que o Novo Testamento nos ensina a tentar ser crentes quanto a este ou àquele aspecto, procurando viver como um crente vive, neste ou naquele particular. De maneira nenhuma! Mas *somos* crentes, e as nossas ações são resultantes desse fato.

Subindo mais um degrau em nossas considerações, poderíamos dizer o seguinte. Não se espera de nós que controlemos o nosso cristianismo; pelo contrário, nosso cristianismo é que nos deve controlar. Do ponto de vista das bem-aventuranças, como também do ponto de vista do Novo Testamento inteiro, é falácia completa pensar-se de qualquer outro modo, dizendo-se, por exemplo: "Para eu ser um verdadeiro crente, preciso tomar o ensinamento cristão e aplicá-lo". Não foi assim que nosso Senhor ensinou. Antes, a ideia é que o meu cristianismo precisa controlar-me: é mister que eu seja governado pela verdade, visto que a operação do Espírito Santo em meu íntimo tornou-me crente. Novamente, cito aquela notável declaração do apóstolo Paulo, que por certo exprime tão aptamente a questão: "... logo, já não sou eu quem vive, mas Cristo vive em mim" (Gálatas 2:20). É como se Paulo tivesse dito: "É Cristo quem me controla, e não eu mesmo. Portanto, não devo conceber a minha pessoa como um homem natural que esteja procurando controlar as suas atitudes e tentando ser um crente de diversas maneiras. Não, mas o Seu Espírito controla-me desde o próprio centro de minha vida, dirigindo a própria fonte do meu ser, o manancial de onde brotam todas as minhas atividades". Ninguém pode ler essas bem-aventuranças sem chegar a essa conclusão. A fé cristã não é algo que se manifeste à superfície da vida de um homem, não é meramente uma espécie de camada de verniz. Não, mas é algo que está sucedendo no âmago mesmo de sua personalidade. Eis a razão por que o Novo Testamento fala em novo nascimento e em renovação espiritual, em uma nova criação e no recebimento de uma nova natureza. A fé cristã é algo que acontece num homem no próprio cerne da sua existência; e esse algo passa então a controlar todos os pensamentos, toda a perspectiva do seu ser, toda a sua imaginação, e, em resultado disso, até mesmo todos os seus atos. Todas as nossas atividades, portanto, resultam dessa nova natureza, dessa nova disposição que recebemos da parte de Deus, através do Espírito Santo.

Essa é a razão pela qual essas bem-aventuranças são tão perscrutadoras. Por assim dizer, elas nos afirmam que, ao vivermos a nossa vida diária, o tempo todo estaremos proclamando exatamente aquilo que somos. É isso que empresta tão grande seriedade à questão. Segundo a nossa maneira de reagir é que demonstramos qual seja a nossa atitude espiritual; e é o espírito que proclama o que o indivíduo é, em termos de cristianismo. Naturalmente, há pessoas que, em virtude de forte poder da vontade, são capazes de controlar regularmente bem a maior parte dos seus atos. No entanto, em todos esses outros particulares, elas não cessam de proclamar o que realmente são. Todos nós vivemos proclamando se somos mesmo ou não "humildes de espírito"; se nos "lamentamos chorando", ou não; se somos "mansos", ou não; se "temos fome e sede de justiça", ou não. Nossa vida inteira serve de expressão e proclamação daquilo que realmente somos. E ao nos defrontarmos com uma lista como esta, ou então quando consideramos esse fabuloso retrato falado do crente, traçado por nosso Senhor, somos forçados a olhar para nós mesmos, examinando-nos e fazendo essas indagações a nosso respeito.

A pergunta específica que cabe aqui, é: Somos misericordiosos? O crente, de conformidade com nosso Senhor, não é somente aquilo que já vimos nele, nos capítulos anteriores, mas também é misericordioso. Esse é o indivíduo abençoado, esse é o homem que merece congratulações, pois é pessoa misericordiosa. Que quis nosso Senhor dizer com isso? Primeiramente, permita-me mencionar apenas um ponto negativo, que se impõe devido à sua importância. Não está em pauta que devamos ser "complacentes" com as coisas, conforme costumamos dizer. Pois há muita gente, nestes nossos dias, que pensa que ser misericordioso significa ser "complacente", alguém que não presta atenção às coisas, ou que, mesmo que as veja, finja não estar percebendo coisa nenhuma. Isso, naturalmente, tem sido um perigo particular em todas as épocas, mas sobretudo neste tempo em que quase ninguém mais acredita em ordem e disciplina, em que, em certo sentido, quase ninguém crê em justiça ou retidão. A opinião de nossa época é que o ser humano deve ter a mente mais absolutamente aberta, como se tivesse o direito de fazer qualquer coisa que queira. O indivíduo misericordioso, conforme muitos pensam, seria aquele que sorri diante da transgressão e da desobediência às leis; seria aquele que diz: "Que importa? Vamos adiante!" Tal pessoa seria um moleirão, um desligado da realidade, que todos são capazes de vergar facilmente, e para quem não importa se as leis estão sendo desobedecidas ou não, porquanto nem se incomoda por observá-las.

Ora, como é óbvio, não era isso que nosso Senhor queria dizer com a sua descrição do crente, neste versículo, e isso por excelentes razões. Você deve estar lembrado que quando consideramos essas bem-aventuranças como um todo, salientamos fortemente o fato que nenhuma delas deveria ser interpretada em termos de disposições naturais de cada indivíduo; porquanto se alguém começasse a meditar nas bem-aventuranças segundo tais condições, perceberia que isso as tornaria grosseiramente injustas. Algumas pessoas já nascem com essa disposição, mas outras não; e assim, o indivíduo que nascesse com um temperamento complacente teria aqui uma grande vantagem sobre aqueles que não nasceram assim. Ora, isso seria uma negação do ensino bíblico inteiro. O Evangelho de Cristo não se limita a certos temperamentos; de acordo com o Evangelho, ninguém tem qualquer vantagem sobre outrem, quando se trata de enfrentar Deus face a face. "... pois todos pecaram e carecem da glória de Deus..." (Romanos 3:23); e: "... para que se cale toda a boca..." (Romanos 3:19) na presença de Deus. Esse é o ensino do Novo Testamento, o que quer dizer que as disposições naturais jamais podem servir de base interpretativa para qualquer das bem-aventuranças.

Todavia, existe uma razão ainda mais forte para a nossa contenção, ao dizermos que o que se deve entender por "misericordioso" não é que a pessoa seja complacente. Pois quando interpretamos esse vocábulo, necessário é que nos lembremos que esse é um adjetivo aplicado especial e especificamente ao próprio Deus. Por conseguinte, sem importar o que eu decida quanto ao significado da palavra "misericordioso", isso também é uma das qualidades ou atributos de Deus; mas, no momento em que eu considerasse esse vocábulo como se tivesse o sentido de ser complacente, isso lançaria a ideia no ridículo, se ela fosse aplicada a Deus. Deus é misericordioso; mas Deus também é reto, Deus também é santo, Deus também é justo; e, sem importar qual seja exatamente a nossa interpretação da palavra "misericordioso", forçoso é que se inclua todas essas ideias. "A misericórdia e a verdade se encontraram..." (Salmos 85:10); mas, se eu só posso pensar na misericórdia às custas da verdade e da lei, então isso não será a verdadeira misericórdia, e, sim, uma falsa compreensão do termo.

Que é a misericórdia? Penso que talvez a melhor maneira de abordarmos esse ponto seja comparando a misericórdia com a graça. Você pode notar, na introdução das chamadas Epístolas Pastorais, que o apóstolo se utilizou de um novo vocábulo. A maioria das demais epístolas de Paulo começa dizendo: "Graça e paz da parte de Deus Pai e do Senhor Jesus Cristo"; mas, em suas epístolas pastorais, ele prefere dizer: "Graça, misericórdia e paz", o que indica que ele fez uma interessante distinção entre a graça e a misericórdia. A melhor definição dessas duas virtudes que jamais encontrei, é a seguinte: "A graça é especialmente vinculada aos homens, em seus pecados; mas a misericórdia é especialmente associada aos homens, em sua miséria". Em outras palavras, enquanto a graça condescende diante da questão do pecado como um todo, a misericórdia contempla especialmente as miseráveis consequências do pecado. Isso posto, a misericórdia realmente aponta para um senso de compaixão, de parceria com o desejo de aliviar os sofrimentos. Esse é o sentido especial da qualidade da misericórdia: dó de parceria com a ação. Assim sendo, o crente é alguém dotado do senso da piedade. A sua preocupação com a miséria sofrida por homens e mulheres produz nele o intenso desejo de aliviá-la. Há muitas maneiras através das quais poderíamos ilustrar essa verdade. Por exemplo, possuir um espírito misericordioso equivale à atitude exibida quando você, subitamente, se vê em posição de domínio sobre outrem, que havia transgredido contra sua pessoa. Ora, a maneira de você saber se é uma pessoa misericordiosa ou não consiste em considerar como você se está sentindo a respeito daquele indivíduo que o ofendeu. Haverá você de dizer: "Bem agora exercerei os meus direitos quanto a isso. Quero cumprir a lei à risca. Essa pessoa transgrediu contra mim. Pois bem, sei que é chegada a minha oportunidade de vingar-me"? Essa atitude formaria a própria antítese da atitude misericordiosa. Tal transgressor está à sua mercê. Em você manifesta-se, porventura, um espírito vingativo, ou antes há em você a atitude de piedade e tristeza, ou, se você assim preferir, um espírito de gentileza para com o seu adversário, agora aflito? E também poderíamos descrever a misericórdia como uma simpatia interna acompanhada de atos externos em relação às tristezas e sofrimentos do próximo. Talvez um exemplo seja a melhor maneira de ilustrarmos a questão. A grande ilustração oferecida pelo Novo Testamento a respeito da misericórdia é a parábola do Bom Samaritano. De viagem, ele viu o pobre homem que havia caído vítima dos assaltantes; então estacou, atravessou a estrada e foi acudir a vítima deitada no solo. Ora, outros indivíduos já haviam passado por ali, mas haviam passado ao largo da vítima. Talvez esses outros tivessem sentido compaixão e dó, mas nada tinham feito para socorrer a vítima. Porém, eis que chegou aquele samaritano misericordioso; e não somente ele se encheu de pena pela vítima, mas também deixou o seu próprio sossego, cuidou dos ferimentos e levou o ferido para lugar seguro, providenciando ainda o seu passadio no albergue. É isso que significa ser misericordioso. Não está envolvido o mero sentimento de compaixão; mas também há um profundo desejo, e até mesmo ação, para que a situação aflitiva seja aliviada.

Porém, partamos daí para o maior exemplo de todos. O perfeito e cardeal exemplo de misericórdia e da pessoa misericordiosa foi o envio do Filho unigênito ao mundo, por parte do Pai, bem como a própria vinda do Filho de Deus. Por quê? Porque isso envolveu a mais terna misericórdia. Deus viu o nosso deplorável estado, viu o nosso sofrimento, e, a despeito de sermos apenas transgressores da lei, foi precisamente a Sua misericórdia que O impeliu a agir em nosso favor. Assim sendo, o Filho de Deus veio e cuidou de nossa mísera situação. Ora, isso tornou necessária a doutrina inteira da expiação. Não há qualquer contradição entre a justiça e a misericórdia, ou entre a misericórdia e a verdade. Elas se encontraram uma com a outra. Realmente, o pai de João Batista exprimiu com grande clareza esse ponto quando, ao compreender o que estava sucedendo no nascimento de seu filho, agradeceu a Deus que, finalmente, chegara a manifestar-se a misericórdia divina, prometida que fora aos seus antepassados; e então ele começou a louvar a Deus porque o Messias chegara entre nós "... graças à entranhável misericórdia de nosso Deus" (Lucas 1:78). Essa é a ideia; e Zacarias percebeu isso logo de início. Tudo é uma questão de misericórdia divina. Reitero aqui que está em foco a pessoa de Deus, olhando com condescendência para o homem, o qual está caído em sua miséria devido ao pecado, e enchendo-se de terna compaixão por ele. A graça divina, que ali se manifesta de modo geral no tocante ao pecado, particulariza-se na forma de misericórdia quando Deus olha para as lamentáveis consequências do pecado. E, naturalmente, isso era uma atitude que podia ser constantemente observada na vida e no comportamento de nosso bendito Senhor, Jesus Cristo.

Isso, pois, fornece-nos uma definição razoavelmente boa do que significa ser misericordioso. O real problema envolvido nesta bem-aventurança, entretanto, é levantado em face da promessa que diz: "... porque alcançarão misericórdia". Talvez não exista outra, dentre as bem-aventuranças, que tenha sido tão mal compreendida quanto esta. Pois há pessoas que a querem interpretar como segue. Dizem elas: "Se eu mostrar-me misericordioso para com outras pessoas, então Deus terá misericórdia de mim; se eu perdoar a outros, também serei perdoado. A condição para que eu seja perdoado é que eu saiba perdoar". Ora, a melhor maneira de abordarmos esse problema é considerando-o juntamente com duas afirmativas que lhe são paralelas. Primeiramente, devemos considerar aquela bem conhecida asserção, dentro da oração do Pai Nosso, que faz um exato paralelo com o que aqui foi escrito: "... perdoa-nos as nossas dívidas, assim como nós temos perdoado aos nossos devedores..." (Mateus 6:12); ou então, conforme Lucas deixou registrado: "... perdoa-nos os nossos pecados, pois também nós perdoamos a todo o que nos deve" (Lucas 11:4). Existem pessoas que interpretam esse ensino como se ele estivesse dizendo que, se perdoarmos a outros, então também seremos perdoados; em caso contrário, não seremos perdoados. Por essa mesma razão é que certas pessoas se recusam a recitar a oração do Pai Nosso.

Também há uma declaração similar, na parábola dos dois devedores, citada em Mateus 18. Encontramos ali um servo cruel, cujo senhor exigiu que ele saldasse certa imensa dívida. Tal servo não tinha como pagar a seu senhor, e, por isso mesmo, implorou-lhe o cancelamento da dívida. O senhor demonstrou misericórdia para com ele, e lhe perdoou a dívida inteira. Porém, conforme você deve estar lembrado, quando aquele servo saiu dali, encontrou-se com um seu conservo que lhe devia irrisória quantia, e exigiu que este último pagasse a dívida. Esse conservo, por sua vez, rogou que a pequena quantia lhe fosse dispensada, dizendo: "Sê paciente comigo, e te pagarei". Entretanto, aquele servo credor não quis dar-lhe ouvidos, mas antes, lançou-o na prisão, até que este lhe pagasse o último centavo. Contudo, havia outros servos que, ao testemunharem o ocorrido, foram relatar o que acontecera ao senhor de todos eles. Ao ouvir a notícia, o senhor chamou novamente o servo incompassivo e injusto, e como que lhe disse: "Em face do que acabas de fazer, estou desfazendo o perdão com que te havia perdoado". E o senhor ordenou que aquele servo fosse encarcerado, decretando a prisão do mesmo até que pagasse o último centavo de sua dívida. E nosso Senhor termina aquela parábola com as seguintes palavras: "Assim também meu Pai celeste vos fará, se do íntimo não perdoardes cada um a seu irmão" (Mateus 18:35).

É por essa altura que aquelas pessoas começam novamente a dizer: "Pois é! Isso não nos ensina claramente que só poderemos ser perdoados por Deus se perdoarmos a outros, e de conformidade com a extensão de nosso perdão?" Para mim é espantoso que as pessoas possam chegar a uma interpretação dessa ordem; e fico admirado diante disso por dois motivos principais. Em primeiro lugar, se você e eu tivéssemos de ser julgados rigidamente de acordo com essas condições, é fora de questão que nenhum de nós seria perdoado, e assim jamais poderíamos chegar ao céu. Se essa passagem tivesse de ser interpretada segundo esses termos estritamente legais, o perdão seria algo impossível para nós. É estranho que as pessoas possam pensar como pensam, sem perceberem que, assim fazendo, estão se condenando a si mesmas.

O segundo motivo ainda é mais impressionante. Se essa realmente fosse a interpretação dessa bem-aventurança e de suas passagens paralelas, então seríamos obrigados a cancelar toda a doutrina da graça, eliminando-a das páginas do Novo Testamento. Nunca deveríamos repetir a declaração que somos salvos pela graça divina, mediante a fé, e isso não vem de nós mesmos; jamais deveríamos ler aquelas gloriosas palavras que nos afiançam que "... Deus prova o seu próprio amor para conosco pelo fato de ter Cristo morrido por nós, sendo nós ainda pecadores" (Romanos 5:8); ou: "... quando inimigos, fomos reconciliados com Deus..." (Romanos 5:10); ou ainda: "... Deus estava em Cristo reconciliando consigo o mundo..." (II Coríntios 5:19). Todos esses maravilhosos trechos bíblicos precisariam ser riscados do volume sagrado; pois todos eles diriam inverdades; todos eles expressariam um disparate. Todavia, conforme se sabe muito bem, as Escrituras devem ser interpretadas à luz das Escrituras, de modo que nunca haja contradições. É mister que saibamos manejar "bem a palavra da verdade" (II Timóteo 2:15), cuidando para que haja harmonia entre doutrina e doutrina. Ora, quando aplicamos isso à declaração que temos à nossa frente, a explicação sobre a mesma é perfeitamente simples. O que nosso Senhor realmente ensinava era que só serei verdadeiramente perdoado quando eu estiver verdadeiramente arrependido. Ora, estar realmente arrependido significa perceber que nada mereço senão a punição, e que, se eu chegar a ser perdoado, esse perdão dever-se-á única e exclusivamente ao amor, à graça e à misericórdia de Deus, e a nada mais. Porém, quero ir um pouco adiante, asseverando que está aqui em pauta a seguinte ideia. Se eu estiver realmente arrependido, e se perceber a minha real situação diante de Deus, compreendendo que só poderei ser perdoado em consonância com aquela condição, então será imprescindível que eu perdoe àqueles que transgredirem contra mim.

Permita-me expressar a questão como segue. Dei-me ao trabalho de salientar como, em cada caso, essas bem-aventuranças são uma derivação daquilo que já fora dito. Ora, esse princípio básico nunca foi mais importante do que neste versículo. Essa bem-aventurança deriva-se de todas as que a precedem; e, portanto, expresso a questão da seguinte maneira. Sou humilde de espírito; percebo que não há qualquer retidão em minha própria pessoa; entendo que se posto face a face com Deus e com a Sua justiça eu estaria irremediavelmente perdido; nada posso fazer. E não somente isso; mas também lamento-me chorando por causa do pecado que está em mim. Além disso, em resultado das operações do Espírito Santo, cheguei a tomar consciência da negridão de meu próprio coração. Sei o que significa clamar: "Desventurado homem que sou! Quem me livrará do corpo desta morte?", desejando ver-me liberto da vileza que se manifesta em meu interior. Mais do que isso, mostro-me manso, o que significa que agora já recebi uma visão autêntica de mim mesmo, entendendo que ninguém pode prejudicar-me deveras, que ninguém pode realmente ofender-me, que ninguém jamais pode dizer algo demasiadamente pesado a meu respeito. Já vi a mim mesmo, e o meu maior inimigo desconhece o que há de pior dentro de mim. Vi a mim mesmo como alguém verdadeiramente odioso, e é justamente por essa razão que tenho sentido fome e sede de justiça. Tenho anelado pela justiça. Também já entendi que não posso criar e nem produzir a justiça em mim, e que nenhum outro ser humano pode ajudar-me quanto a esse particular. Já vi minha desesperadora situação diante de Deus, e tenho tido fome e sede daquela retidão que me reconciliará com Deus, que endireitará a minha situação diante dEle, que me proporcionará uma nova natureza e uma nova vida. E então vi que, em Cristo, eu tenho tudo o de que necessito. Assim, fiquei inteiramente satisfeito; e recebi tudo isso como uma dádiva gratuita.

Porventura não se segue daí, inevitavelmente, que, se eu já vi e experimentei tudo isso, a minha atitude para com meus semelhantes deve ser total e completamente mudada? Se tudo isso já aconteceu comigo, então não mais estarei enxergando os outros homens conforme eu costumava vê-los. Agora vejo-os através de olhos cristãos. Vejo-os como vítimas e escravos do pecado, de Satanás, e do caminho do mundo. E assim considero-os não como homens que me causam aversão, e, sim, como homens de quem me devo compadecer. Vejo-os como indivíduos controlados pelo deus deste mundo, como quem continua no lugar onde também já estive, e onde eu mesmo teria continuado não fora a graça divina. Por conseguinte, lamento a situação deles. Não me ponho meramente a contemplar os homens e o que eles praticam. Mas vejo-os como escravos do inferno e de Satanás, e toda a minha atitude para com eles se modifica em consonância com isso. Por causa disso, como é lógico, posso e devo mostrar-me misericordioso para com os meus semelhantes. Sou capaz de estabelecer a diferença entre o pecador e o seu pecado. Todos aqueles que estão sujeitos ao pecado passo então a considerar como quem é digno de compaixão.

Contudo, quero reconduzir você ao exemplo supremo. Contemple-O ali, cravado na cruz. Aquele que jamais pecou, que nunca prejudicou a alguém, que veio para anunciar a verdade, que veio buscar e salvar o que estava perdido. Ali encontra-se Ele, pregado na cruz e sofrendo agonias. Não obstante, o que foi que Ele disse, ao contemplar aqueles que eram os responsáveis pelo Seu sofrimento? "Pai, perdoa-lhes". Mas, por quê? "Porque não sabem o que fazem". Não eram eles os culpados, mas era Satanás; eles mesmos eram apenas vítimas, pois eram governados e dominados pelo pecado. "Pai, perdoa-lhes, porque não sabem o que fazem" (Lucas 23:34). Ora, você e eu devemos tornar-nos tais e quais Jesus Cristo. Consideremos ainda Estêvão, o mártir que também atingiu esse nível espiritual. Quando o apedrejavam, que foi que ele disse? Orou ao Pai celeste, e clamou: "Senhor, não lhes imputes esse pecado" (Atos 7:60). É como se Estêvão houvesse dito: "Senhor, eles não sabem o que fazem. Estão loucos. Loucos por causa do pecado. Não compreendem que eu sou Teu servo. Também não compreenderam ao meu Senhor e Mestre. Ficaram cegos pelo deus deste mundo. Não sabem o que estão fazendo. Não lhes imputes este pecado. Não são responsáveis pelo que fazem". Sim, Estêvão teve compaixão daquela gente, mostrou-se misericordioso para com eles. E essa, repito, deve ser a condição de todo aquele que é crente autêntico. Cumpre-nos sentir profunda tristeza por todos aqueles impotentes escravos do pecado. Essa deve ser a nossa atitude para com as pessoas.

Indago, curioso, se porventura já reconhecemos ser essa a posição do crente, mesmo quando as pessoas abusam de nós, desprezando-nos e prejudicando-nos. Conforme veremos mais adiante, neste Sermão do Monte, mesmo quando estiverem errando assim, devemos mostrar-nos misericordiosos para com eles. Você já passou por algo parecido em sua experiência pessoal? Você já demonstrou compaixão pelas pessoas que, através da expressão de seus rostos, demonstravam toda a amargura e a ira que sentiam? Essas pessoas só são dignas de compaixão. Considere as coisas a respeito das quais elas se iram, o que demonstra que toda a atitude dessas pessoas está errada desde o próprio âmago. Elas são tão diferentes de Cristo, e tão diferentes de Deus, o qual lhes perdoou de todas as suas transgressões. Deveríamos sentir profunda tristeza por essas pessoas, deveríamos orar a Deus em favor delas, pedindo-Lhe que use de misericórdia para com elas. E afirmo que tudo isso acontece em sequência, necessariamente, se é que verdadeiramente já sabemos o que significa ter sido perdoado. Se sei que sou devedor somente à misericórdia divina, se entendo que sou crente somente por causa daquela gratuita graça de Deus, então eu não deveria permitir qualquer sentimento de orgulho pessoal, não deveria haver em mim qualquer espírito vingativo, e, sem dúvida, eu não deveria ficar insistindo sobre os meus direitos. Pelo contrário, quando eu contemplasse outras pessoas, mesmo que nelas houvesse coisas indignas, ou seja, alguma manifestação do pecado, eu deveria sentir esse profundo pesar em meu coração, por causa delas.

Todas essas coisas, pois, seguem-se inevitável e automaticamente. É isso que nosso Senhor estava ensinando nesta passagem bíblica. Se alguém é misericordioso, assim deve ser a sua misericórdia. Você já experimentou tal sentimento, e haverá de senti-lo novamente a cada vez que cometer algum pecado; porquanto, quando você perceber que praticou algo de errado, haverá de voltar-se para Deus e dizer-Lhe: "Tem misericórdia de mim, ó Deus". Todavia, lembre-se disto. Se, quando você pecar, tomar consciência do fato e arrepender-se, dirigindo-se imediatamente a Deus, para rogar-Lhe perdão, de joelhos, mas então lembrar-se que ainda não perdoou a alguém, então você não terá confiança na eficácia de sua oração, e haverá de desprezar a si mesmo. É conforme Davi declarou: "Se eu no coração contemplara a vaidade, o Senhor não me teria ouvido" (Salmos 66:18). Se você ainda não perdoou a seu irmão, talvez você peça perdão a Deus, mas não terá confiança que a sua própria oração será ouvida, e a sua oração não será respondida. É isso que ensina a presente bem-aventurança. É isso que ensinou nosso Senhor na Sua parábola dos dois devedores. Se aquele servo cruel e injusto não perdoou ao conservo que lhe devia algo, então é que ele mesmo era um homem que nunca compreendera o perdão, e nem o seu relacionamento para com o seu senhor. E, por esse motivo, não foi finalmente perdoado. A única condição para alguém ser perdoado é que tenha havido arrependimento no seu íntimo. O arrependimento envolve, entre outras coisas, que eu perceba que nada posso reivindicar como meu direito da parte de Deus, e que é somente através da Sua graça e misericórdia que poderei ser perdoado. Por conseguinte, segue-se, tal como o dia segue-se à noite, que o homem que se apercebe verdadeiramente de sua posição diante de Deus, de seu relacionamento com Deus, é o homem que necessariamente sente compaixão por seus semelhantes.

É solene, sério, e, em certo sentido, terrível, dizer-se que você não pode ser verdadeiramente perdoado se não possuir espírito perdoador. Pois a operação da graça divina é tal que, quando ela se manifesta, perdoadora, em nossos corações, também nos torna misericordiosos. Assim sendo, pela maneira como perdoamos ou não, proclamamos se já recebemos ou não o perdão do alto. Se já fui perdoado, então também perdoo. Nenhum de nós possui, por natureza, espírito perdoador. E, se porventura você é dotado dessa atitude, então assim acontece devido a uma única razão: é que você já viu o que Deus fez em seu favor, a despeito do que você mereça em contrário. E então você dirá: "Sei que já fui perdoado, realmente; portanto, também perdoo a meus ofensores verdadeiramente". "Bem-aventurados os misericordiosos, porque alcançarão misericórdia." Visto já terem obtido a misericórdia, por isso mesmo são misericordiosos. Enquanto estivermos neste mundo haveremos de cair em transgressão. Mas, no momento em que pecarmos, teremos de precisar dessa misericórdia, e haveremos de alcançá-la. Lembremo-nos, igualmente, do nosso fim. Em II Timóteo 1:16-18, Paulo insere uma observação a respeito de Onesíforo, a quem ele lembrava como uma das pessoas que se tinha compadecido dele, que o tinham visitado enquanto ele era prisioneiro em Roma. E então o apóstolo acrescenta: "O Senhor lhe conceda, naquele dia, achar misericórdia da parte do Senhor". Oh, sim, naquele dia haveremos de precisar de misericórdia; no fim, precisaremos de misericórdia, no dia do julgamento, quando cada um de nós tiver de postar-se de pé diante do tribunal de Cristo, prestando-Lhe contas por aquilo que tivermos feito por intermédio do corpo. Certamente transparecerão ali coisas erradas e pecaminosas, e, naquele dia, precisaremos da misericórdia do Senhor. Mas, graças a Deus, se a graça de Cristo está em nós, se o Espírito do Senhor está em nós, e se somos misericordiosos, haveremos de receber misericórdia naquele dia. O que me torna misericordioso é a graça de Deus. A graça divina torna-me, *de fato*, misericordioso. Por conseguinte, tudo gira em torno desse conceito. Se ali eu não for considerado misericordioso, então é que jamais pude entender a graça e a misericórdia de Deus, é que estou fora de Cristo, é que ainda estou em meus pecados, é que ainda não fui perdoado.

"Examine-se, pois, o homem a si mesmo..." (I Coríntios 11:28). Não estou perguntando de você que qualidade de vida está vivendo. Não estou indagando se você faz isto ou aquilo. Não estou interessado em saber se você tem algum interesse geral pelo Reino de Deus e pela Sua casa. Estou perguntando, simplesmente, o seguinte: Você é misericordioso? Você se entristece pelo pecador, embora esse pecador o tenha ofendido? Você sente compaixão de todos aqueles que são vítimas e estão sendo iludidos pelo mundo, pela carne e pelo diabo? Esse é o grande teste. "Bem-aventurados – felizes – são os misericordiosos, porque alcançarão misericórdia."

Capítulo X
BEM-AVENTURADOS OS LIMPOS DE CORAÇÃO

Temos chegado a uma declaração que, indubitavelmente, é uma das maiores declarações que podem ser encontradas em todas as páginas das Santas Escrituras. Qualquer indivíduo que ao menos perceba parte do significado dessas palavras: "Bem-aventurados os limpos de coração, porque verão a Deus" (Mateus 5:8), só poderá aproximar-se delas com profundo sentimento de admiração e de completa inadequação pessoal. Essa afirmação, naturalmente, tem atraído a atenção do povo de Deus desde quando foi proferida pela primeira vez, e muitos grossos volumes têm sido escritos, na tentativa de fazer-lhe a exposição. É óbvio, portanto, que ninguém pode esperar fazer um estudo dessa declaração, em sentido exaustivo, em um único capítulo. De fato, ninguém poderá jamais exaurir o significado desse versículo. A despeito de tudo quanto tem sido escrito e pregado, algo continua nos iludindo. Nosso melhor plano, talvez, seja simplesmente tentar apreender alguma coisa de seu significado e ênfase centrais.

Sinto uma vez mais que é importante que consideremos o texto desta bem-aventurança, estudando-a em relação às demais. Conforme já vimos, nosso Senhor não selecionou ao acaso essas declarações. É evidente que há uma definida sequência de pensamento, e a nossa tarefa consiste em tentar descobrir essa sequência. É claro que sempre devemos exercer a máxima cautela, quando assim fazemos. E é interessante tentar descobrir a ordem e a sequência existentes em todas as Escrituras; porém, é por demais fácil alguém impor ao texto sagrado as suas próprias ideias quanto à ordem e a sequência.

Uma análise dos livros da Bíblia pode constituir um estudo verdadeiramente útil. Todavia, sempre haverá o perigo de que, ao impormos a nossa própria análise ao que a Bíblia diz, acabemos por distorcer a sua mensagem. Assim, ao procurarmos descobrir a ordem lógica das Escrituras, não nos devemos olvidar dessa advertência necessária.

Sugiro que aquilo que digo em seguida é uma das maneiras possíveis de se entender essa sequência. A primeira pergunta que precisa ser respondida é esta: Por que esta declaração foi posta neste lugar? Poderíamos pensar que ela bem poderia ter sido colocada no princípio da sequência, porquanto o povo de Deus sempre considerou que receber a visão de Deus é o *sumo bem*. Esse é o alvo final de todo empreendimento. "Ver a Deus" é o propósito mesmo da religião. Não obstante, aqui encontra-se essa ideia, não no começo, e nem no fim, nem mesmo precisamente no meio da sequência. Por si só, isso deveria despertar em nossas mentes a pergunta: Por que essa bem-aventurança aparece justamente aqui? Uma possível análise, que me parece atrativa, é a que passo a fazer. Considero o sexto versículo como aquele que provê a explicação para esse fato. O sexto versículo ocupa exatamente a posição intermediária: as três primeiras bem-aventuranças conduzem a ela, e então seguem-se as demais bem-aventuranças. Se considerássemos o sexto versículo como uma espécie de linha divisória, penso que isso nos ajudaria a compreender por qual motivo esta declaração particular foi colocada precisamente onde se encontra.

Ora, as três primeiras bem-aventuranças versavam sobre a nossa necessidade espiritual, sobre a nossa consciência dessa necessidade – humildade de espírito, choro lamentoso em face de nossa pecaminosidade, mansidão em resultado de uma real compreensão da natureza do próprio "eu" e seu grande egocentrismo, aquele horrendo defeito que nos tem arruinado a vida toda. Essas três primeiras bem-aventuranças enfatizam a vital importância da profunda consciência de nossa necessidade. Mas, em seguida, aparece a grande declaração sobre a satisfação dessa necessidade, a provisão divina para a mesma: "Bem-aventurados os que têm fome e sede da justiça, porque serão fartos". Tendo percebido a grande necessidade, então sentimos fome e sede, e, após isso, Deus aproxima-se com a Sua admirável resposta, mediante a qual ficamos satisfeitos, plenamente satisfeitos. Desse ponto em diante passamos a considerar os resultados dessa satisfação, o resultado de termos ficado satisfeitos. Tornamo-nos então misericordiosos, limpos de coração e pacificadores. E, finalmente, aparece o resultado final de tudo isso, ou seja, "perseguidos por causa da justiça". Segundo a minha sugestão, é assim que deveríamos abordar essa questão toda. Em primeiro lugar somos conduzidos à declaração central, acerca de termos fome e sede, e então vemos a descrição dos resultados desse anelo. Nas três primeiras bem-aventuranças, por assim dizer, estávamos escalando um dos lados de uma montanha. Chegamos ao cume na quarta bem-aventurança, e depois, nas demais bem-aventuranças, começamos a descer pelo outro lado da montanha.

Entretanto, ainda há uma correspondência mais exata do que essa. Parece-me que as três bem-aventuranças que vêm após a declaração central do sexto versículo correspondem às primeiras três que levam àquela declaração central. Os misericordiosos são aqueles que já tomaram conhecimento de sua penúria de espírito; já perceberam que nada possuem em si mesmos. Conforme já averiguamos, esse é o passo mais essencial, para que alguém venha a tornar-se misericordioso. É somente quando uma pessoa já chegou a ver-se sob esse prisma que poderá ver corretamente a seus semelhantes. E assim descobrimos que quando um homem já entendeu sua penúria espiritual, por ser alguém que precisa depender inteiramente de Deus, somente então poderá mostrar-se misericordioso para com o próximo. Segue-se disso que essa segunda afirmativa, a qual ora consideramos, ou seja, "Bem-aventurados os limpos de coração", também corresponde à segunda declaração do primeiro grupo, que é: "Bem-aventurados os que choram". Todavia, por que tais pessoas choram? Vimos que elas choram em face do estado de seus corações; choram devido à sua pecaminosidade; lamentam-se não somente pelas coisas que praticaram de errado, mas principalmente por que continuam desejando fazer o mal. É que já perceberam a perversão central de seu caráter e de sua personalidade; isso é o que leva tais pessoas a chorarem. Pois muito bem, aqui encontra-se algo que corresponde a isso: "Bem-aventurados os limpos de coração". Ora, quem são esses que são limpos de coração? Conforme passo a demonstrar-lhe, esses são, essencialmente, aqueles que se haviam lamentado devido à impureza dos seus corações. Porquanto a única maneira de alguém vir a tornar-se possuidor de um coração limpo consiste em perceber quão impuro é o seu coração, e então lamentar-se por causa disso tão intensamente que vem a fazer aquilo que é a única coisa capaz de conduzi-lo à limpeza e purificação da sua alma. Exatamente da mesma maneira, quando chegarmos a estudar sobre os "pacificadores", veremos que pacificadores são aqueles que têm a qualidade da mansidão. Se um indivíduo não é manso, dificilmente poderá vir a tornar-se um pacificador.

Não quero demorar-me por mais tempo nessa questão de sequência. Mas penso que temos aqui uma maneira possível de descobrir o que está por baixo do arranjo exato que nosso Senhor adotou. Primeiramente damos os três passos segundo a ordem da nossa necessidade; então chegamos à satisfação; ato contínuo, passamos a considerar os resultados disso, ocasião em que descobrimos que esses resultados correspondem precisamente aos três passos iniciais que nos tinham conduzido à satisfação. Ora, isso quer dizer que nessa gloriosa e admirável afirmativa: "Bem-aventurados os limpos de coração, porque verão a Deus", que aparece nesta altura do discurso de Jesus, a ênfase recai sobre a pureza de coração, e não sobre a promessa que lhe corresponde. Se olharmos para as coisas de acordo com essa perspectiva, penso que isso nos capacitará a ver por qual razão nosso Senhor adotou essa precisa sequência.

Aqui, pois, defrontamo-nos com uma das declarações mais magníficas, e, contudo, uma das declarações mais perscrutadoras e solenizadoras que podem ser encontradas em qualquer porção das Escrituras. Naturalmente, isso faz parte da essência mesma da posição cristã e do ensino cristão. "Bem-aventurados os limpos de coração." É nisso que consiste o cristianismo, e essa é justamente a sua grande mensagem. Talvez a melhor maneira de considerarmos este versículo seja, uma vez mais, tomando os seus vários vocábulos para examiná-los um por um.

Como é lógico, começaremos pela palavra "coração". Repito que temos aqui algo que faz parte bem característica do Evangelho. O Evangelho de Jesus Cristo interessa-se pelo estado do coração: toda a sua ênfase recai sobre o coração. Basta ler as narrativas dos Evangelhos, sobre a doutrina de nosso bendito Senhor, para que se descubra, do princípio ao fim que Ele falava a respeito do coração. Outro tanto sucede no Antigo Testamento. Sem dúvida alguma, nosso Senhor acentuou essa verdade por causa dos fariseus. A grande acusação de Cristo contra eles é que eles estavam interessados no exterior de copos e de vasos, mas ignoravam o interior. Quando vistos externamente, os fariseus pareciam sem defeito. Mas o interior deles estava repleto de cobiça e de iniquidade. A preocupação primária deles eram as injunções religiosas externas; contudo, olvidavam-se das questões mais graves da lei, a saber, o amor a Deus e o amor ao próximo. Isso posto, essa é, uma vez mais, a ênfase de nosso Senhor. O coração ocupa o lugar central do Seu ensino.

Ponderemos por alguns momentos essa ênfase, em termos de algumas poucas considerações negativas. Jesus frisou a importância do coração, e não da cabeça. "Bem-aventurados os limpos de coração." Ele não elogiou aqueles que são intelectuais; o interesse de Cristo concentrava-se sobre o coração. Em outras palavras, precisamos lembrar-nos de novo que a fé cristã, em última análise, não é somente uma questão de doutrinas, de entendimento, de intelecto, mas antes, é uma condição do coração. E quero acrescentar de imediato que doutrina é algo absolutamente essencial; e a compreensão é outra questão vital. Porém, não é somente isso que está aqui envolvido. Sempre precisamos ter o cuidado de não dar mero assentimento intelectual a um certo número de proposições doutrinárias. Precisamos fazer isso, é certo, mas o mais grave perigo é que estaquemos nesse ponto. Quando as pessoas demonstram mero interesse intelectual pelas aduzidas questões, na maioria das vezes isso se tem transformado em uma maldição para a igreja. Ora, tal fenômeno é aplicável não somente à doutrina e à teologia. É possível que alguém desenvolva um interesse puramente mecânico pela Palavra de Deus, de forma a tornar-se um mero estudioso das Escrituras; mas isso não significa que tudo vá bem com essa pessoa. Aqueles que se interessam meramente pelo aspecto mecânico da exposição bíblica, não se encontram em melhor posição do que os teólogos puramente acadêmicos. Nosso Senhor deixou claro que não está em foco alguma questão essencialmente mental. Isso também está envolvido, mas há muito mais do que simplesmente isso.

Uma vez mais, entretanto, por que Cristo pôs ênfase sobre o coração, e não sobre aquilo que é apenas comportamento e externalidades? Os fariseus, conforme você deve estar lembrado, sempre mostravam-se dispostos a reduzir a maneira de viver e a retidão a uma simples questão de conduta, de ética, de comportamento. O Evangelho desvenda, deveras, tudo quanto se oculta em nós! Aqueles dentre vocês que não apreciam a ênfase intelectual, provavelmente disseram "Amém" quando ressaltei o primeiro ponto. Talvez você tenha dito ou pensado: "Sim, isso é verdade. O que importa não é o intelecto, mas a vida diária". Cuidado! Pois o cristianismo também não envolve, primariamente, uma questão de conduta e comportamento externo. O cristianismo começa pela indagação: Qual é o estado do coração?

Que se deve entender por esse vocábulo "coração"? Consoante ao uso bíblico geral do termo, o coração é tido como o centro da personalidade. Não indica meramente a sede dos afetos e das emoções. Esta bem-aventurança não é uma declaração que vise dizer que a fé cristã é algo primariamente emocional, e não intelectual ou pertencente ao terreno da vontade. De maneira nenhuma! Nas Escrituras, a palavra "coração" envolve todos esses três conceitos. O coração é o centro do ser e da personalidade do indivíduo; é igualmente a fonte de onde brota tudo quanto daí se segue. Inclui a mente. Inclui a vontade. Inclui as emoções. Essa palavra considera o homem em sua totalidade. E foi precisamente essa totalidade que nosso Senhor quis destacar. "Bem-aventurados os limpos de *coração*"; bem-aventurados são os puros, não meramente na superfície, mas no próprio âmago de seus seres, na fonte de onde manam todas as suas atividades. Essa verdade é tão profunda quanto isso. Ora, essa é a questão primordial; o Evangelho sempre enfatiza esse aspecto total. O Evangelho começa pelo coração.

Então, em segundo lugar, é salientado que o coração sempre é o manancial de todas as nossas dificuldades. Você deve estar lembrado daquilo que o Senhor Jesus esclareceu: "Porque do coração procedem maus desígnios, homicídios, adultérios, prostituição, furtos, falsos testemunhos, blasfêmias"

(Mateus 15:19). A terrível e trágica falácia que tem sido propalada durante estes últimos cem anos é a ideia que todas as dificuldades dos homens se devem ao seu meio ambiente, e que para mudar o homem tudo quanto se tem que fazer é modificar o seu meio ambiente. Isso constitui uma trágica mentira. Pois tal ideia negligencia o fato que foi no paraíso que o homem caiu no pecado. O primeiro erro foi cometido em um meio ambiente perfeito, e, por essa razão recolocar o homem em um ambiente perfeito não soluciona os seus problemas. Não e não; mas é de dentro do "coração" que procedem todas essas iniquidades. Consideremos qualquer problema na vida, qualquer coisa que produza a miséria; descubramos a sua causa, e sempre verificaremos que tudo provém do coração do homem, de uma maneira ou de outra, de algum desejo indigno de alguém, em algum indivíduo, em algum grupo ou em alguma nação. Todas as nossas dificuldades originam-se no coração humano, o qual, segundo somos informados por Jeremias, é "Enganoso... mais do que todas as coisas, e desesperadamente corrupto; quem o conhecerá?" (Jeremias 17:9). Em outras palavras, o Evangelho não somente revela-nos que todos esses problemas partem do coração, mas também que assim acontece porque o coração do ser humano, em resultado da queda, em resultado do pecado, conforme afiançam as Escrituras, é desesperadamente corrupto, enganoso e maligno. Vale dizer, as dificuldades de um homem encontram-se no próprio âmago do seu ser, em face do quê o mero desenvolvimento dos seus poderes intelectuais não pode solucionar os seus problemas. Sempre nos deveríamos conscientizar que a mera educação não leva um homem a tornar-se bom; um indivíduo pode ser altamente educado, e, no entanto, ser uma pessoa desesperadamente iníqua. O problema está no âmago do ser, pelo que os meros esquemas de aprimoramento intelectual não nos podem endireitar. Esses esforços sozinhos nem são capazes de melhorar o nosso meio ambiente. A nossa trágica cegueira, que não compreende isso, é responsável pelo lamentável estado do mundo atual. A dificuldade acha-se no coração, e o coração é desesperadamente corrupto e enganador. Esse é o grande problema.

Cumpre-nos agora examinar o segundo vocábulo. Disse nosso Senhor: "Bem-aventurados os *limpos* de coração". Uma vez mais percebemos como as Bem-aventuranças estão repletas de doutrina. Acabamos de analisar rapidamente o coração humano. Estaria alguém preparado para dizer que, à luz disso, um homem pode fazer de si mesmo um crente? Só podemos ver Deus se tivermos corações limpos; no entanto, acabamos de examinar o que somos por nossa própria natureza. O homem é a completa antítese dessa bem-aventurança. Nada poderia estar mais distanciado de Deus do que o homem natural. O que o Evangelho se propõe a fazer é tirar-nos do terrível abismo em que nos achamos, elevando-nos até ao céu. O Evangelho é algo sobrenatural. Portanto, consideremos essa questão em termos de definição. Que quis dizer nosso Senhor com "*limpo*" de coração? Geralmente concorda-se que esse vocábulo, seja como for, tem dois sentidos principais. Um desses sentidos é que isso significa destituído de hipocrisia; ou, se alguém assim o preferir, significa "singelo". Você deve estar lembrado que nosso Senhor, um pouco adiante, falou a respeito do olho mau, neste mesmo Sermão do Monte. Disse Ele: "Se os teus olhos forem bons, todo o teu corpo será luminoso; se, porém, os teus olhos forem maus, todo o teu corpo estará em trevas" (Mateus 6:22-23). Essa pureza, então, corresponde à "singeleza" de coração. Isso significa, conforme podemos dizer, que tudo está visível, nada está escondido. Poderíamos esclarecer que o olho bom, singelo, é o olho sem venda, diante do qual tudo é franco, nada é escondido. Também poderíamos descrever isso pela palavra sinceridade; trata-se de uma devoção não dividida, singela. Uma das melhores definições sobre o coração limpo é aquela que aparece em Salmos 86:11, onde se lê: "... dispõe-me o coração para só temer o teu nome". A nossa grande dificuldade é o nosso coração dúplice. Porventura não é esse todo o meu problema diante de Deus? Uma parte do meu ser quer conhecer, adorar e agradar a Deus; mas uma outra porção de mim quer algo diferente. Você deve estar lembrado sobre como foi que Paulo exprimiu esse problema, em Romanos 7: "Porque, no tocante ao homem interior, tenho prazer na lei de Deus; mas vejo, nos meus membros, outra lei que, guerreando contra a lei da minha mente, me faz prisioneiro da lei do pecado que está nos meus membros" (Romanos 7:22-23). Ora, o coração limpo é o coração que não está dividido, tendo sido essa a razão pela qual o salmista, tendo compreendido a sua dificuldade, orou ao Senhor para que lhe dispusesse o coração "para só temer o teu nome". É como se ele houvesse dito: "Faze meu coração tornar-se singelo; tira dele as duplicidades, as pregas e as dobras que lhe ofuscam a visão, e deixa-o puro, sincero, inteiramente isento de qualquer hipocrisia".

Entretanto, esse não é o único significado do adjetivo "limpo". Não há que duvidar que essa palavra também se reveste da ideia de "estar purificado", "destituído de contaminação". Em Apocalipse 21:27, João refere-se às pessoas que serão admitidas à Jerusalém celestial, a qual haverá de descer do céu, dizendo que "Nela nunca jamais penetrará coisa alguma contaminada, nem o que pratica abominação e mentira, mas somente os inscritos no Livro da Vida do Cordeiro".

Também lemos em Apocalipse 22:14-15: "Bem-aventurados aqueles que lavam as suas vestiduras [no sangue do Cordeiro], para que lhes assista o direito à árvore da vida, e entrem na cidade pelas portas. Fora ficam os cães, os feiticeiros, os impuros, os assassinos, os idólatras e todo aquele que ama e pratica mentira". Coisa alguma que seja impura ou imunda, que tenha qualquer sinal de contaminação, jamais poderá entrar na Jerusalém celestial.

Quiçá possamos expressar mais perfeitamente o ponto afirmando que ser limpo de coração significa ser semelhante ao próprio Senhor Jesus Cristo. Ele "... não cometeu pecado, nem dolo algum se achou em sua boca" (I Pedro 2:22) – perfeito, sem mácula, puro e íntegro. Analisando um pouco mais a questão, podemos dizer que ser limpo de coração aponta para o fato que somos donos de um amor não dividido, considerando Deus o nosso maior bem, um amor que só se preocupa em valorizar ao Senhor. Em outras palavras, ter um "coração limpo" significa que observamos o primeiro e maior dos mandamentos: "Amarás, pois, o Senhor, teu Deus, de todo o teu coração, de toda a tua alma e de toda a tua força" (Deuteronômio 6:5).

Reduzindo a questão a termos ainda mais simples, ter o coração limpo quer dizer que vivemos para a glória de Deus em todos os aspectos da vida, e que esse deve ser o supremo alvo de nossa existência. Significa que desejamos Deus, que desejamos conhecê-Lo, que desejamos amá-Lo e servi-Lo. E nosso Senhor assevera aqui que somente aqueles que têm essa característica verão a

Deus. Essa é a razão pela qual eu já havia dito que encontramos aqui uma das mais solenizadoras declarações das Santas Escrituras. Há um certo paralelo dessa ideia na epístola aos Hebreus, onde se lê acerca da "... santificação, sem a qual ninguém verá o Senhor" (Hebreus 12:14). Não posso entender as pessoas que fazem objeção à pregação da santidade (não me refiro, contudo, às teorias a respeito da santidade; mas aludo à pregação da própria santificação, no sentido neotestamentário), porquanto encontramos essa clara e insofismável declaração na Bíblia: sem a santificação, "ninguém verá o Senhor". Ora, temos estado a estudar o que essa santificação realmente significa. Pergunto uma vez mais, por conseguinte, se existe pior insensatez do que imaginar que alguém possa fazer de si mesmo um crente. O objetivo inteiro do cristianismo é proporcionar-nos a visão de Deus, é levar-nos a ver Deus.

Por conseguinte, o que se faz necessário, antes que possamos ver Deus? Eis a resposta. A santificação, um coração limpo, uma condição singela nas disposições. Não obstante, homens e mulheres costumam reduzir tudo isso à ínfima questão de decência, de moralidade ou de curiosidade intelectual pelas doutrinas da fé cristã. Na verdade, porém, está envolvida nisso a pessoa inteira, e nada menos que isso. "... Deus é luz, e não há nele treva nenhuma" (I João 1:5). Na dimensão espiritual, ninguém pode misturar a luz com as trevas, ninguém pode misturar o branco com o preto, ninguém pode misturar Cristo com Belial. Não há qualquer conexão entre esses pares de conceitos. É óbvio, pois, que somente aqueles que se parecem com Cristo poderão ver a Deus e estar em Sua presença. Eis a razão pela qual precisamos ser limpos de coração, antes que possamos ver a Deus.

O que se deve entender por receber a visão de Deus? O que se deve compreender acerca de "veremos" a Deus? Novamente, temos aqui um tema a respeito do qual muitíssimo se tem escrito ao longo da História da Igreja Cristã. Alguns dos grandes pais da igreja e um bom número dos primeiros mestres cristãos sentiram-se tremendamente atraídos pelo assunto, dedicando intensa atenção ao problema. Significaria isso que, no estado glorificado, veremos Deus a olhos nus, ou não? Esse era o grande problema por eles enfrentado. Seria essa uma visão objetiva, ou seria uma visão puramente espiritual? Ora, ao que me parece, essa é uma indagação que não pode ser finalmente respondida. Tão somente posso expor-lhe evidências. Há assertivas nas Escrituras que parecem indicar ora uma coisa, ora outra. Mas, seja como for, podemos dizer este tanto. Você deve estar lembrado daquilo que Moisés experimentou. De certa feita, Deus levou-o a sós, colocou-o na fenda de uma rocha e lhe disse que lhe outorgaria uma visão de Si mesmo; não obstante, o Senhor ajuntou que Moisés só poderia vê-Lo pelas costas, certamente sugerindo que ver frontalmente a Deus é algo impossível. As teofanias do Antigo Testamento, a saber, aquelas ocasiões em que o Anjo da Aliança apareceu sob a forma humana, certamente sugerem que a visão literal, física, é algo simplesmente impossível.

Além disso, recordemo-nos da declaração feita por nosso Senhor mesmo. Certa vez, Ele voltou-se para o povo, e disse: "Jamais tendes ouvido a sua voz [de Deus], nem visto a sua forma" (João 5:37), palavras essas que certamente sugerem a existência de certa "forma". Noutra oportunidade, Jesus afirmou: "Não que alguém tenha visto o Pai, salvo aquele que vem de Deus; este o tem visto" (João 6:46). É como se nosso Senhor tivesse dito ao povo: "Vocês jamais viram ao Pai, mas eu, que procedo de Deus, tenho visto o Pai". E ainda: "Ninguém jamais viu a Deus; o Deus unigênito, que está no seio do Pai, é quem o revelou" (João 1:18). Essas são algumas das declarações bíblicas que precisamos levar em conta. Outrossim, você deve estar lembrado de que Jesus disse, noutra ocasião: "Quem me vê a mim, vê o Pai" (João 14:9), afirmação essa que é uma das mais misteriosas declarações da Bíblia. Isso é o que a Bíblia tem a dizer sobre a questão, e parece-me que, de modo geral, é inútil tentarmos descobrir todas as facetas dessa grandiosa realidade. Simplesmente não sabemos. O próprio Ser divino é tão transcendental e eterno que todos os nossos esforços por chegarmos a um apreciável entendimento a Seu respeito estão fadados ao fracasso, desde o seu princípio. As próprias Escrituras, ao que me parece – e digo isso com toda a reverência – não tentam fornecer-nos um conceito adequado do ser de Deus. Por quê? Por causa da glória divina. Nossos vocábulos são tão inadequados, nossas mentes são tão pequenas e finitas que há perigo em qualquer tentativa humana para descrever a Deus e a

Sua glória. Tudo quanto sabemos é que contamos com essa gloriosa promessa de que, de uma maneira ou de outra, os limpos de coração verão a Deus.

Sugiro, pois, que está em pauta algo parecido com o que passo a explicar. Tal como sucede a todas as demais bem-aventuranças, essa promessa é parcialmente cumprida ainda nesta existência terrena. Em certo sentido, há uma visão de Deus enquanto ainda estamos neste mundo. Os crentes podem ver Deus em um sentido que ninguém mais pode fazê-lo. O crente vê Deus na natureza, enquanto o descrente não pode vê-Lo. O crente vê Deus nos acontecimentos da história. Há uma visão que é possível aos olhos da fé, que é desconhecida aos outros. Porém, existe também um outro modo de ver, de sentir que Deus está próximo, de conhecê-Lo e regozijar-se com a Sua presença. Você deve estar lembrado do que se lê a respeito de Moisés, naquele grande capítulo onze da epístola aos Hebreus. Moisés ficou firme, "... como quem vê aquele que é invisível..." (Hebreus 11:27). Isso também faz parte do quadro, sendo algo possível mesmo na vida presente. "Bem-aventurados os limpos de coração." Posto sermos imperfeitos, desde agora podemos asseverar que vemos Deus nesse sentido; estamos vendo "aquele que é invisível". E ainda uma outra maneira de se ver Deus é através da nossa experiência, em Suas graciosas atividades conosco. Não é verdade que dizemos que podemos ver a mão do Senhor nisto ou naquilo? Isso também faz parte da visão de Deus.

Naturalmente, porém, isso quase nada significa em comparação com aquilo que haveremos de experimentar no porvir. "Porque agora vemos como um espelho, obscuramente..." (I Coríntios 13:12). Por enquanto vemos de uma maneira como nunca víramos antes, mas tudo ainda é para nós um profundo enigma. Todavia, chegará o tempo em que veremos essas realidades "face a face". E João acrescenta: "Amados, agora, somos filhos de Deus, e ainda não se manifestou o que haveremos de ser. Sabemos que, quando ele se manifestar, seremos semelhantes a ele, porque haveremos de vê-lo como ele é" (I João 3:2). Não há que duvidar que essa é a mais maravilhosa declaração que já foi feita aos homens, isto é, que você e eu, premidos como vivemos por todos os problemas e tribulações deste mundo moderno, haveremos de ver a Deus face a face. Se ao menos pudéssemos apreender essa verdade, isso revolucionaria as nossas vidas. Você e eu estamos destinados a ter audiência na sala do trono do próprio Deus; você e eu estamos sendo preparados para chegar à presença mesma do Rei dos reis. Você acredita nisso? Sabe que isso está acontecendo em sua vida? Você já tomou consciência de que se aproxima o dia em que você verá o Deus bendito face a face? Não por meio de algum espelho, obscuramente; mas face a face. Por certo, no momento em que nos conscientizarmos disso, tudo o mais empalidecerá quanto à sua importância, ficando reduzido à insignificância. Você e eu desfrutaremos da presença de Deus, e passaremos a eternidade diante de Sua glória imorredoura. Basta-nos ler o livro de Apocalipse e dar ouvidos aos remidos do Senhor, enquanto eles O louvam e Lhe tributam glória. Essa bênção é inconcebivelmente elevada, ultrapassando todo o alcance da nossa imaginação. Ora, esse é o nosso destino. "Os limpos de coração verão a Deus" – nada menos do que isso. Quão tolos somos quando furtamos de nós mesmos essas glórias, as quais são descortinadas diante de nosso olhar admirado! Você já viu a Deus, mesmo nesse sentido parcial? Você percebe que está sendo preparado para a visão de Deus? E já fixou nisso os seus pensamentos? "Pensai nas coisas lá do alto, não nas que são aqui da terra" (Colossenses 3:2). Você vive à espera dessas coisas que são invisíveis e eternas? Você passa tempo meditando a respeito da glória que por você espera? Nesse caso, a sua maior preocupação nesta vida deveria ser possuir um coração limpo.

Ora, como é que nossos corações podem tornar-se limpos? Temos aqui, novamente, um profundo tema que vem ocupando a argúcia dos santos através dos séculos. Há duas opiniões principais a respeito. A primeira é a daqueles que dizem que só nos resta fazer uma coisa: tornar-nos monges, segregando-nos do mundo. Alegam os tais: "Esse é um empreendimento de tempo integral. Se eu tiver de possuir um coração limpo, não me restará tempo para qualquer outra coisa". Aí reside a ideia inteira do monasticismo. Não quero estacar nesse ponto, mas desejo meramente frisar que tal opinião é inteiramente antibíblica. Esse conceito inexiste nas páginas do Novo Testamento, porque é algo que nem eu, nem você e nem ninguém jamais poderá concretizar. Todos os esforços desse tipo, que procuram atingir a autopurificação, estão condenados ao fracasso. O método bíblico, totalmente contrário a esse, é o seguinte. Tudo quanto você e eu podemos fazer é tomar consciência da negridão de nossos próprios corações, conforme eles são por natureza; ao assim fazermos, outrossim, que nos unamos a Davi, em sua oração: "Cria em mim, ó Deus, um coração puro, e renova dentro em mim um espírito inabalável" (Salmos 51:10). E também nos aliaremos a Joseph Hart em seu poema:

> Dás à alma e ao coração
> Vida nova e integridade.
> Vem de Ti a recriação,
> Em limpeza e santidade.

Você pode começar a tentar purificar o seu coração desde este momento, mas no fim de seus dias o seu coração continuará tão negro quanto é agora, e talvez mais negro ainda. Não! Somente Deus pode fazer essa limpeza no homem interior; mas, graças Lhe sejam dadas, Ele prometeu que o faria! A única maneira de termos um coração limpo é que o Espírito Santo venha residir em nós, a fim de purificar-nos. Somente a Sua presença e a Sua operação no íntimo podem limpar-nos o coração. Ele faz isso operando em nós "tanto o querer como o realizar, segundo a sua boa vontade" (Filipenses 2:13). A confiança de Paulo era que "... aquele que começou boa obra em vós há de completá-la até ao dia de Cristo Jesus" (Filipenses 1:6). Essa é, por semelhante modo, a minha única esperança. Estou nas mãos do Senhor, e o processo de meu aperfeiçoamento está em andamento. Deus está tratando comigo, e meu coração está sendo purificado. Deus resolveu realizar esse feito, e por isso mesmo tenho a certeza de que chegará o dia em que serei uma pessoa sem falha nenhuma, inculpável, sem mancha e sem ruga, sem qualquer tipo de contaminação. Terei permissão de entrar na Cidade Santa pelas suas portas, ao passo que tudo quanto é imundo ficará do lado de fora, e isso exclusivamente pelo fato que Deus é quem está realizando tal coisa.

Isso não quer dizer, entretanto, que nesse ínterim eu deva permanecer na passividade quanto a toda essa questão. Acredito que a obra é de Deus;

mas também creio naquilo que Tiago ensinou: "Chegai-vos a Deus, e ele se chegará a vós outros" (Tiago 4:8). Quero que Deus se achegue a mim, pois, do contrário, o meu coração permanecerá negro de pecado. Mas, como é que Deus pode aproximar-se de mim? Tiago insiste: "Chegai-vos a Deus, e ele se chegará a vós outros". E logo em seguida: "Purificai as mãos, pecadores; e vós que sois de ânimo dobre, limpai o coração". O fato que eu sei que, em última análise, não posso limpar meu próprio coração, em nenhum sentido, não significa que eu tenha o direito de arrastar-me pelas sarjetas da vida, esperando que Deus me purifique. Antes, cumpre-me fazer tudo quanto estiver ao meu alcance, e ainda assim entender que isso não basta, pois só o Senhor pode realizar tal feito, em última análise. Ou escutemos novamente àquilo que Paulo disse: "... porque Deus é quem efetua em vós tanto o querer como o realizar, segundo a sua boa vontade". Não obstante isso, adiciona o apóstolo: "Fazei, pois, morrer a vossa natureza terrena" (Colossenses 3:5). Sufoque, portanto, as suas más tendências, liberte-se delas, desvencilhe-se de tudo quanto possa interpor-se entre você e o alvo que você está mirando. É preciso "fazer morrer" cada uma dessas inclinações. E diz Paulo novamente, na epístola aos Romanos: "... se pelo Espírito mortificardes os feitos do corpo, certamente vivereis" (Romanos 8:13).

Tudo quanto tenho procurado transmitir neste capítulo pode ser sumariado como segue. Você haverá de ver a Deus! Você não concorda que essa é a coisa mais fenomenal, mais momentosa e mais tremenda que jamais lhe poderia ser dita? O seu supremo objetivo, o seu desejo e a sua grande ambição é ver a Deus? Se assim lhe acontece, e se você crê no Evangelho, então você também deve concordar com João, o qual disse: "E a si mesmo se purifica todo o que nele tem esta esperança, assim como ele é puro" (I João 3:3). O tempo urge; você e eu não dispomos de muito tempo para nos prepararmos devidamente. Já se aproxima a data da Grande Recepção; em certo sentido, o cerimonial já foi todo detalhado; você e eu estamos tão somente esperando pela audiência com o Grande Rei. Você está na expectativa dessas maravilhas? Está se preparando para elas? Você não se sente acanhado, neste momento, pelo fato que tem desperdiçado tanto do seu tempo em coisas que não somente de nada lhe servirão naquela gloriosa ocasião, mas acerca das quais você se sentirá profundamente envergonhado? Você e eu, criaturas sujeitas ao desgaste do tempo, haveremos de ver Deus, e então nos aqueceremos sob o pálio de Sua eterna glória, para todo o sempre. A nossa única e grande confiança é que Ele está operando em nós, é que Ele nos está preparando para todas essas maravilhas. Contudo, compete-nos trabalhar e purificar-nos, "assim como ele é puro".

Capítulo XI

BEM-AVENTURADOS OS PACIFICADORES

Ao começarmos a considerar esta nova característica do indivíduo crente, uma vez mais sinto-me constrangido a sugerir que nada existe, em toda a dimensão das Escrituras, que nos teste, perscrute e humilhe de tal maneira como essas bem-aventuranças. Nesta afirmativa: "Bem-aventurados os pacificadores", encontramos uma nova consequência do fato de havermos recebido a plenitude do próprio Deus. De acordo com o esquema que esboçamos no capítulo anterior, podemos ver como esta bem-aventurança corresponde àquela outra, que afirma, "bem-aventurados os mansos". Ali sugeri que existe claro paralelismo entre as bem-aventuranças que antecedem e as que se seguem à declaração do sexto versículo – humildade de espírito e atitude misericordiosa podem ser concebidas como um par de virtudes; lamentação pelo pecado e coração limpo, por semelhante modo, podem ser vinculados entre si; e, exatamente da mesma maneira, a mansidão e a atitude de pacificação correspondem uma à outra. E o elo de ligação entre essas virtudes sempre é a espera em Deus, tendo em vista o recebimento daquela plenitude que só Ele nos pode proporcionar.

Portanto, neste trecho, uma vez mais nos é trazido à mente o fato que a concretização da vida cristã, no crente, é algo total e inteiramente diverso de tudo quanto pode ser conhecido pelo indivíduo que é incrédulo. Essa é a mensagem reiterada em cada uma dessas bem-aventuranças, a qual nosso Senhor, como é evidente, procurou enfatizar. Cristo estava estabelecendo um reino inteiramente novo e diferente. Conforme já averiguamos em todos os nossos estudos prévios, nada existe de mais fatal para o homem natural do que pensar que ele pode tomar as bem-aventuranças e tentar torná-las realidades em sua vida. Esta bem-aventurança, uma vez mais, lembra-nos que isso é absolutamente impossível. Somente o indivíduo espiritualmente renovado pode viver essa nova vida.

Entendemos que essa declaração deve ter sido causa de imenso choque entre os judeus incrédulos. Eles tinham a ideia de que o vindouro reino do Messias seria um reino militarista, nacionalista e materialista. As pessoas sempre tendem por materializar as grandes promessas das Escrituras (e até hoje essa prática prossegue), e os judeus não escaparam desse erro fatal. Uma vez mais nosso Senhor lembrou aos Seus ouvintes, no início de Seu discurso, que essa opinião era uma completa falácia. Os judeus pensavam que quando o Messias chegasse haveria de firmar-se como um grande Monarca, o qual haveria de libertá-los de toda a sua escravidão, e que elevaria os judeus acima de todos os demais povos, através do que se tornariam eles a raça conquistadora e predominante. Você já deve ter percebido que o próprio João Batista parece ter-se apoiado nesse conceito quando enviou dois de seus discípulos, para fazerem a Jesus aquela famosa indagação: "És tu aquele que estava para vir, ou havemos de esperar outro?" (Mateus 11:3). É como se ele tivesse mandado dizer: "Eu sei tudo sobre esses milagres que Tu fazes, mas quando terá lugar aquele grande acontecimento?" E você deve estar lembrado de como o povo ficou tão impressionado, diante do milagre de nosso Senhor, ao multiplicar os pães para os cinco mil, que todos começaram a dizer: "Sem dúvida alguma, esse é o Messias" e então se retiraram, conforme somos informados, e tentaram "vir com o intuito de arrebatá-lo para o proclamarem rei..." (João 6:15). As coisas sempre foram assim. Entretanto, com essa declaração, Jesus como que diz para aquela gente: "Não, não; vocês não entendem. Bem-aventurados os pacificadores. O meu reino não é deste mundo. Se fosse, então os Meus súditos estariam combatendo em favor de um reino terrestre. Porém, o meu reino não é deste mundo. Vocês estão completamente equivocados em toda a concepção que fazem sobre o reino". E foi então que Jesus enunciou essa bem-aventurança, a qual salienta, uma vez mais, esse princípio espiritual.

Sem dúvida, isso também deveria impressionar-nos hoje em dia. Talvez nunca houve palavra mais apropriada para o mundo atual do que essa bem-aventurança, que passaremos a estudar juntos. Quiçá não exista pronunciamento mais claro do que esse, nas Escrituras, e, sobretudo, no Evangelho do Novo Testamento, a respeito deste mundo e da vida neste mundo. E, naturalmente, conforme tenho procurado salientar, ao examinar cada uma dessas bem-aventuranças, temos aqui um enunciado altamente teológico. Ora, digo isso outra vez de modo bem deliberado, porquanto nenhum outro trecho do Novo Testamento tem sido tão mal compreendido e tão distorcido quanto o Sermão do Monte. Muitas pessoas ainda se lembram de como se tornou costumeiro (especialmente nos primeiros anos deste século, embora a mania se prolongue até hoje) certas pessoas dizerem que não tinham qualquer interesse por assuntos teológicos, que sentiam aversão pelo apóstolo Paulo, e sugeriam ter sido calamitosa a entrada dele nas fileiras cristãs. Costumava-se dizer então: "Paulo foi aquele judeu, sobrecarregado de noções legalistas, que apareceu em cena para impingir seu legalismo ao glorioso, agradável e simples Evangelho de Jesus de Nazaré". Aquela gente não demonstrava ter o menor interesse pelas epístolas do Novo Testamento, mas, conforme alegavam, estavam tremendamente interessados pelo Sermão do Monte. Essa seria a grande necessidade do mundo. Tudo quanto se fazia mister seria tomar a sério esse belíssimo ideal, apresentado pelo Mestre da Galileia. Tudo quanto teria de ser feito seria estudar o Sermão do Monte e procurar persuadir aos outros a pô-lo em prática. E ajuntavam: "Nada de teologia. Essa tem sido a maldição da igreja. O de que precisamos é desse belo ensinamento ético, desse enlevo maravilhoso e moralista que se acha no Sermão do Monte". Sim, o Sermão do Monte, para eles, era a porção favorita da Bíblia, visto que diziam ser esse sermão tão avesso à teologia, tão despido de dogmas e doutrinas, bem como de tudo quanto não tem o menor interesse para os homens.

Aqui nos é lembrada a completa insensatez e futilidade dessa opinião sobre tão extraordinária porção das Escrituras. Permita-me expressar o ponto como segue. Por que os pacificadores são bem-aventurados? A resposta é que eles são abençoados por serem absolutamente diferentes de todas as outras pessoas. Os pacificadores são bem-aventurados por serem aqueles que se destacam como diferentes de todos os habitantes do mundo, e são tais justamente por serem filhos de Deus. Em outras palavras, essa bem-aventurança acaba de fazer-nos mergulhar novamente no oceano da teologia e da doutrina neotestamentária.

Quero modificar um pouco a minha pergunta. Por que há tantas guerras no mundo? Por que se mantém essa constante tensão internacional? O que há com este mundo? Por que já tivemos duas guerras mundiais só no século XX? E por que essa ameaça perene de novas guerras, além de toda essa infelicidade, turbulência e discórdia entre os homens? De conformidade com essa bem-aventurança, só existe uma resposta para essa indagação – o pecado. Nada mais, é somente o pecado. Isso posto, nem bem começamos e já retornamos à doutrina do homem e do pecado – partes integrantes da teologia, na realidade. Os pacificadores, como é evidente, tornaram-se pessoas diferentes daquilo que haviam sido; há novamente, verdades teológicas essenciais. A explicação para todas as nossas dificuldades é a concupiscência, a cobiça, o egoísmo e o egocentrismo dos homens; essa é a verdadeira causa de todas as dificuldades e discórdias, sem importar se isso envolve indivíduos, grupos dentro de uma nação ou nações entre si. Por conseguinte, ninguém pode começar a entender o problema do mundo moderno a menos que aceite a doutrina neotestamentária do homem e do pecado, a qual nos é sugerida no enunciado desta bem-aventurança.

Ou então, examinemos a questão pelo seguinte ângulo. Por que é tão difícil manter a paz neste mundo? Pensemos em todas as intermináveis conferências de nível internacional que têm sido levadas a efeito neste século, na tentativa de estabelecer a paz. Mas, por qual razão todas essas tentativas têm falhado, e por que estamos rapidamente chegando ao extremo em que poucos indivíduos têm qualquer confiança em conferências que os homens possam realizar? Qual é a explicação para todas essas coisas? Por que fracassou a Liga das Nações? Por que a Organização das Nações Unidas parece também haver malogrado? O que está acontecendo? Ora, quero sugerir que só existe uma resposta adequada para essa pergunta, mas não uma resposta de ordem política, e nem econômica, e nem social. A resposta, novamente, é uma razão essencial e primariamente teológica, doutrinária. É precisamente porque o mundo não reconhece isso, devido à sua cegueira e loucura, que tanto tempo e esforço têm sido desperdiçados. De acordo com as Escrituras, a dificuldade reside no coração do homem, e enquanto esse coração não for transformado, o problema jamais será solucionado, sem importar todas as manipulações externas. Se a origem da dificuldade está na fonte, no manancial de onde sai o ribeiro de águas, não é óbvio que não passa de um desperdício de tempo, dinheiro e energia ficar derramando produtos químicos nesse ribeiro, na tentativa de corrigir a situação? É preciso chegar à própria fonte originária. Ali se encontra a razão do problema; nenhuma outra medida tem chance de êxito, enquanto o coração humano permanecer no estado em que se encontra. A trágica loucura do nosso século consiste na incapacidade de se perceber isso.

Desafortunadamente, esse é um mal que não se acha somente no mundo, mas também na igreja cristã propriamente dita. Quão frequentemente a igreja se põe a pregar tão somente tais esforços e empreendimentos humanos, exaltando a Liga das Nações e a Organização das Nações Unidas! Ora, isso forma flagrante contradição com a doutrina bíblica. Não me entenda mal. Não estou dizendo que ninguém deva envidar esses esforços atinentes às relações internacionais; mas estou asseverando que o homem que deposita fé nessas coisas é o homem que não está encarando a sua própria vida e o mundo do mesmo ponto de vista da Bíblia. Conforme as Escrituras ensinam, a dificuldade encontra-se no coração do homem; e coisa alguma, exceto um coração novo, exceto um homem renovado, pode dar solução ao problema. "Do coração procedem" os maus pensamentos, os homicídios, os adultérios, a fornicação, a inveja, o ciúme, a malícia e todos os demais pecados. Enquanto os homens estiverem produzindo esses males, não haverá paz. Aquilo que existe no interior do homem, inevitavelmente há de aflorar à superfície. Por conseguinte, uma vez mais digo que nada existe, de tudo quanto conheço nas Escrituras, que condene tão peremptoriamente o humanismo e o idealismo como esse Sermão do Monte, o qual, ao que parece, sempre foi uma das passagens prediletas dos humanistas, dentre todos os trechos bíblicos. É patente que os humanistas jamais entenderam esse sermão. Esvaziaram-no do elemento doutrinário, reduzindo-o a algo totalmente diverso.

Esse ensino, pois, reveste-se de importância primária na conjuntura atual, porquanto é somente quando enxergamos este mundo moderno, mediante a perspectiva correta de olhos neotestamentários, que começamos a entendê-lo melhor. Você se surpreende que tenha havido guerras e rumores de guerras? Porém, se você é crente, isso não deixá-lo-á surpreso; na verdade, você deveria considerar tudo isso como uma notável e extraordinária confirmação do ensino bíblico. Lembro-me que, cerca de vinte anos atrás, deixei chocados certos evangélicos conceituados porque eu não podia acolher com entusiasmo aquilo que era então chamado de Pacto de Kellogg. Aconteceu-me estar presente a uma reunião evangélica quando chegaram notícias a respeito do tal Pacto de Kellogg. Lembro-me que, naquela reunião, um diácono respeitado levantou-se a fim de propor que a reunião não fosse dirigida segundo a forma costumeira – compartilharmos e considerarmos problemas da vida espiritual – mas que a reunião inteira fosse dedicada a tratar exclusivamente sobre esse Pacto de Kellogg. Para ele, o tal pacto era uma medida maravilhosa, que haveria de proscrever para sempre a guerra. E por isso ele estava admirado ante minha falta de entusiasmo. Penso que não preciso dizer mais nada. A nossa abordagem precisa ser doutrinária e teológica. A dificuldade reside no coração humano, e enquanto o problema continuar ali, essas manipulações superficiais não podem resolver o problema do mundo em qualquer sentido definitivo e final.

Conservando em mente todos esses fatos, examinemos agora essa declaração bíblica de um ângulo positivo. A grande necessidade do mundo moderno é de um bom número de pacificadores. Se ao menos fôssemos todos pacificadores, não haveria problemas, não surgiriam dificuldades entre os homens. Que é, pois, um pacificador? Como é patente, uma vez mais não se trata de uma questão de disposição natural. Não se deve pensar aqui no indivíduo complacente e desligado da realidade, e nem no homem que quer "paz a qualquer preço". Não está em foco o homem que diz: "Dou qualquer coisa para evitar conflitos". É impossível que o adjetivo pacificador signifique isso. Não havemos concordado o tempo todo que nenhuma dessas bem-aventuranças descreve disposições naturais? Contudo, não é somente isso. Essas pessoas complacentes e moleironas com frequência são destituídas de todo senso de justiça e retidão; elas não tomam posição quanto àquilo que deveriam defender; antes, são indolentes. Parecem ser gentis; não obstante, se o mundo tivesse de viver de conformidade com tais princípios e com tais indivíduos, ainda estaria em pior situação. Portanto, quero acrescentar que se alguém é um pacificador, nem por isso é um "apaziguador", conforme tantos dizem atualmente. É possível uma guerra ser adiada mediante o apaziguamento; mas geralmente isso envolve a necessidade de se fazer algo que é injusto e errado somente para evitar o choque. Ora, não se estabelece a paz meramente evitando o conflito armado, pois não dá solução real ao problema. A nossa geração deveria saber disso com absoluta certeza. Não, não está aqui em vista a atitude do apaziguador. Assim sendo, que é um pacificador? É uma pessoa a respeito de quem podem ser atribuídas duas coisas básicas. Passivamente falando, podemos dizer que o pacificador é um indivíduo pacífico, pois quem é pugnaz não pode ser um pacificador. Ativamente falando, esse indivíduo sem dúvida é pacífico, é alguém que procura estabelecer ativamente a concórdia. Tal pessoa não se contenta apenas em "deixar em paz os buliçosos", e nem o seu interesse é apenas manter o *status quo*. Mas é um homem que deseja a paz e está disposto a fazer tudo quanto for mister para que essa paz seja instaurada e mantida. Esse homem busca agir ativamente para que haja paz entre homem e homem, entre grupo e grupo, entre nação e nação. É óbvio, por conseguinte, que podemos argumentar que o pacificador é um homem que se preocupa, em última análise, com o fato que todos os homens estejam em paz com Deus. Aí está o retrato essencial do pacificador, considerado passiva e ativamente, pacífico em sentido passivo e em sentido ativo, alguém que não somente não provoca conflitos, mas que tudo faz a fim de estabelecer a paz.

O que é que isso envolve e subentende? É claro que, em face do que venho dizendo, isso implica na necessidade de uma perspectiva inteiramente nova. Envolve a presença de uma nova natureza no ser humano. Sumariando tudo em uma sentença, está em pauta um novo coração, um coração limpo. Aqui está, conforme vemos, a ordem lógica nestas questões. Somente o homem dotado de coração limpo pode ser um pacificador. E isso porque, conforme você deve estar lembrado, já vimos que o indivíduo que não é dotado de coração puro, mas antes, tem um coração cheio de inveja, ciúme e todos aqueles péssimos predicados, jamais poderá ser um pacificador. O coração do homem precisa ser expurgado de todas essas misérias, antes que o homem saiba o que significa ter paz. Mas nem mesmo aí nos convém estacar. Para que alguém seja um pacificador, é mister que encare a si mesmo de um modo inteiramente novo, e é justamente nesse ponto que vemos como isso está vinculado à nossa definição da mansidão. Antes que alguém possa ser um pacificador, terá de ser inteiramente liberto do próprio "eu", dos interesses próprios e da preocupação consigo mesmo. Antes que você possa ser um pacificador, terá de esquecer-se inteiramente de si próprio, porquanto por todo o tempo em que você estiver pensando só em si próprio, em atitude defensiva, não poderá agir devidamente como um pacificador. Para que você seja um pacificador terá de tornar-se, por assim dizer, totalmente neutro, a fim de poder reaproximar os dois lados que se estão desentendendo. Você não poderá ser pessoa dotada de excessiva sensibilidade própria, não poderá deixar-se atingir pela ofensa, não poderá pôr-se em atitude defensiva. Se você permitir esses empecilhos, não poderá ser um pacificador de qualidade.

Talvez eu possa explicar melhor a situação como segue. O pacificador é o indivíduo que não fica sempre encarando tudo em termos dos efeitos que as coisas possam exercer sobre ele. Ora, não consiste nisso toda a dificuldade firmemente implantada em nossa natureza? Consideremos todas as coisas conforme elas nos afetam. "Que reação isso poderá causar em mim? O que tudo isso significa para mim?" No instante mesmo em que começamos a pensar assim, surgiu a necessidade de se entrar em guerra, porquanto todas as demais pessoas estarão fazendo a mesma coisa. Essa é a explicação para todas as querelas e discórdias. Cada indivíduo envolvido olha para a questão do ponto de vista egocêntrico. "Estou sendo tratado equitativamente? Meus direitos estão sendo observados?" Os que assim argumentam não estão preocupados com as causas que lhes cumpre defender, e nem com alguma grande realidade que unifique a todos, seja a Igreja, a sociedade em geral ou alguma organização. Antes, cada qual diz: "Como é que isso me está atingindo? O que isso está fazendo contra mim?" Ora, essa é a atitude que sempre conduz ao desentendimento, às disputas e aos conflitos, sendo diametralmente oposta à atitude de um pacificador.

Portanto, a primeira coisa que devemos dizer acerca de um pacificador é que ele tem uma visão inteiramente nova sobre si mesmo, um novo ponto de vista que virtualmente equivale ao que passamos a dizer. Ele já viu a si mesmo, tendo tomado consciência que, em um certo sentido, o seu "eu", tão miserável e desgraçado, nem merece atenção. Esse "eu" é tão desgraçado; não tem direitos e nem privilégios; e nada merece. Se você já se viu como alguém que precisa ser humilde de espírito, se você já se lamentou chorando em face da negridão do seu coração, se você já se enxergou como realmente é e sentiu fome e sede de justiça, então você não continuará exigindo que os seus direitos e privilégios sejam atendidos; e nem ficará perguntando: "Qual é a minha parte nisto ou naquilo?" Antes, você ter-se-á esquecido inteiramente de si mesmo. De fato, não podemos deixar de concordar que um dos melhores testes para sabermos se somos crentes verdadeiros ou não é justamente este: Odeio o meu "eu" natural? Nosso Senhor declarou: "Quem acha a sua vida [neste mundo] perdê-la-á" (Mateus 10:39). Com essas palavras, Jesus referia-se ao fato de uma pessoa amar a si mesma, ao homem natural, à sua vida natural. Esse, sim, é um dos melhores testes para se saber se alguém é crente mesmo, ou não. Você já chegou a odiar a si mesmo? Ao seu "eu" natural? Pode você dizer, juntamente com Paulo: "Desventurado homem que sou!"? Em caso negativo, isto é, se você não pode emitir essa opinião sobre si mesmo, então você também não pode ser um pacificador.

Crente é aquele em quem vivem dois homens – o velho homem e o novo homem. O crente abomina ao seu velho homem, e diz-lhe: "Cala-te! Deixa-me em paz! Nada mais tenho a ver contigo!" O crente tem uma nova vida; e, como é evidente, isso significa que ele também tem uma nova visão de seus semelhantes. Preocupa-se com eles, chegou a vê-los objetivamente, procurando vê-los à luz dos ensinamentos bíblicos. Um pacificador é um homem que não fala mal a respeito de outras pessoas quando elas se mostram ofensivas e de trato problemático. Não comenta: "Por que elas agem dessa maneira?" Pelo contrário, pensa: "Essas pessoas são assim porque continuam sob o domínio do deus deste mundo, aquele espírito que agora atua nos filhos da desobediência. Essas pobres criaturas são vítimas do seu próprio "eu" e de Satanás, e estão a caminho do inferno. Compete-me ter piedade e misericórdia delas". No momento mesmo em que o crente começa a ver as pessoas por esse prisma, está em posição de ajudá-las, e o mais provável é que estabeleça a paz com elas. Por conseguinte, é necessário que você tenha um ponto de vista inteiramente diferente das outras pessoas.

Também está em pauta uma visão inteiramente nova do mundo. O pacificador só tem um único grande objetivo, que é a glória de Deus entre os homens. Essa era a única preocupação do Senhor Jesus Cristo. Seu mais saliente interesse na vida não era Ele mesmo, mas a glória do Pai. E o pacificador é o homem cuja preocupação central é a glória de Deus, porquanto desgasta toda a sua vida procurando contribuir para essa glória. Ele sabe que Deus criou o homem como um ser perfeito, e que este mundo foi criado para ser o Paraíso; e assim, quando vê disputas e querelas individuais ou internacionais, nisso o crente percebe algo que detrata da glória divina. É isso que o preocupa, e nada mais. Pois bem, com esses três novos pontos de vista, esse é o resultado. O pacificador é o homem que se dispõe a deixar-se humilhar, e que está pronto para fazer tudo e qualquer coisa a fim de que a glória de Deus seja promovida. Ele deseja isso com tal intensidade que se dispõe a sofrer, se isso puder concretizar o seu alvo. Está até mesmo disposto a sofrer ofensas e injustiças, a fim de que a paz seja estabelecida entre os homens e a glória de Deus seja magnificada. O crente chegou ao fim de si mesmo, de seu autointeresse e autocontrole. Diz ele: "O que realmente importa é a glória de Deus e a manifestação dessa glória entre os homens". Assim sendo, se o crente estiver atravessando algum período de sofrimento que conduza a esse resultado, dispõe-se a suportar tudo.

Ora, isso é teoria. Mas, que dizer sobre a prática? Isso é importantíssimo, porquanto ser um pacificador não significa que o indivíduo fique sentado, ocupado em estudos teóricos sobre esse princípio. É na prática que a pessoa prova se é pacificadora ou não. Portanto, não peço desculpas por expressar a questão em termos bem francos, e, de fato, quase elementares. Como é que tudo isso funciona na prática? Em primeiro lugar e acima de tudo, isso significa que a pessoa aprende a não falar o que não deve. Se ao menos todos pudéssemos controlar a língua haveria muito menos discórdia no mundo. Tiago, que era dotado de mente eminentemente prática, expressou a questão de maneira perfeita: "Todo homem, pois, seja pronto para ouvir, tardio para falar, tardio para se irar" (Tiago 1:19). Asseguro que essa é uma das melhores maneiras de uma pessoa ser pacificadora – quando ela aprende simplesmente a não abrir indevidamente a boca. Por exemplo, quando lhe disserem algo que o tente a replicar, não o faça. E não somente isso, mas também não repita informações, quando souber que elas podem prejudicar a outrem. Você não estará sendo um verdadeiro amigo se disser a um amigo seu alguma coisa de descortês que fora dito acerca dele por alguma outra pessoa. Isso em nada ajuda; mas exibe uma falsa amizade. Outrossim, à parte de qualquer outra coisa, as ideias grosseiras e indignas não merecem ser repetidas. Precisamos aprender a controlar nossas línguas e nossos lábios. O pacificador é um indivíduo que não fica dizendo coisas. Por muitas vezes, talvez, incline-se por dizer algo, mas, tendo em vista a concórdia, não as diz. O homem natural mostra-se tão intensamente vivo dentro de nós! Com frequência ouve-se algum crente dizer: "Tenho de expressar o que penso!" Porém, que dizer se todos expressassem o que pensam? Não, o crente não deve desculpar-se e falar conforme o seu velho homem. Por ser crente, espera-se que você seja um homem novo, criado segundo a imagem e a semelhança do Senhor Jesus Cristo, ou seja, "pronto para ouvir, tardio para falar, tardio para se irar". Se eu tivesse de pregar sobre a tensa situação internacional, o meu único comentário nestes nossos dias seria esse. Creio que se tem falado demais no campo das relações internacionais; não vejo qualquer bem em nos mantermos precavidos o tempo todo contra alguma nação. Jamais será seguro dizerem-se coisas grosseiras e desagradáveis. Que os homens se organizem para lutar; e que também se organizem para a paz.

Mas que parem de falar tanto. Uma das primeiras coisas a fazer, quando se quer estabelecer a paz, é saber quando calar.

A próxima coisa que eu diria é que sempre devemos encarar toda e qualquer situação à luz do Evangelho. Quando você estiver enfrentando alguma situação que tenda a provocar conflito, você não deve ficar falando, você deve pensar. É necessário que você considere a situação dentro do contexto do Evangelho, indagando: "Quais são as implicações deste caso? Não é somente que eu esteja envolvido. Mas, que dizer sobre a causa do Senhor? Que dizer sobre a Igreja? Que dizer sobre a organização eclesiástica? Que dizer sobre as pessoas envolvidas? Que dizer sobre todas as pessoas que estão fora do Evangelho?" No momento em que alguém começa a pensar assim, já está começando a estabelecer a paz. Entretanto, enquanto o indivíduo estiver pensando nas situações que se apresentam em termos pessoais, haverá a possibilidade de conflito.

O próximo princípio que eu lhe solicitaria para que o aplicasse, é o seguinte. E nisso o crente tem que mostrar-se positivo, pondo de lado o comodismo, a fim de buscar meios e métodos para o estabelecimento da paz. Você sem dúvida se recorda daquela incrível recomendação apostólica, que estipula: "Pelo contrário, se o teu inimigo tiver fome, dá-lhe de comer..." (Romanos 12:20). Ali encontra-se o seu inimigo, que tem dito coisas horríveis a seu respeito. Você nada tem retrucado, e tem controlado a própria língua. Não somente isso, mas você também pensou: "Posso perceber que é o diabo que está agindo por meio dele, e, por isso mesmo, não lhe devo dar resposta. Antes, devo compadecer-me e pedir que Deus o liberte e mostre que ele é apenas um boneco nas mãos de Satanás". Muito bem, esse é o segundo passo. Contudo, convém que você vá ainda além disso. Agora o seu inimigo está faminto, pois as coisas não lhe têm corrido bem. Chegou, pois, a hora de começar a procurar meios para aliviar a aflição dele. A partir desse ponto, você se tornou positivo e ativo. Isso pode significar que, conforme costuma-se dizer tão tolamente, às vezes você terá de humilhar-se e abordar a outra pessoa. É mister que você tome a iniciativa, procurando o colóquio com ela, talvez pedindo-lhe desculpas, tentando mostrar-se amigável, fazendo tudo quanto lhe for possível para produzir a paz.

E a última providência a ser tomada no terreno prático é que, na qualidade de pacificadores, deveríamos esforçar-nos por difundir a paz onde quer que nos encontremos. Fazemos isso quando não nos mostramos egoístas, e, sim, amigáveis, acessíveis, não defendendo a nossa dignidade. Se não pensarmos em nós mesmos sob hipótese alguma, as pessoas sentirão isso, e dirão: "Posso abordar aquele homem, porque sei que dele receberei simpatia e compreensão. Sei que dele obterei um parecer alicerçado no Novo Testamento". Sejamos aquele tipo de pessoas que atraem todos a si, e que mesmo aqueles que trazem oculto no peito um espírito de amargor se aproximem de nós e se sintam condenados quando nos defrontarem, e talvez se sintam impelidos a falar sobre si mesmos e sobre os problemas que os afligem. O crente deve ser uma pessoa que age assim.

Seja-me permitido sumariar tudo isso como segue. A bênção prometida a esses indivíduos é que eles serão "chamados filhos de Deus". Ora, "chamados" significa "pertencer". "Bem-aventurados os pacificadores, porque serão chamados filhos de [pertencentes à] Deus". A quem pertencem eles? Eles pertencem a Deus como Seus filhos. Tudo isso significa que o pacificador é filho de Deus, e que se assemelha a seu Pai celeste. Uma das mais gloriosas definições acerca do ser e do caráter de Deus, que se pode encontrar na Bíblia, está contida nestas palavras: "... o Deus da paz, que tornou a trazer dentre os mortos a Jesus, nosso Senhor..." (Hebreus 13:20). E Paulo, em sua epístola aos Romanos, fala duas vezes acerca do "Deus da paz", e roga ao Senhor para que seus leitores recebam, eles mesmos, aquela paz que procede de Deus Pai. Qual foi o significado do advento de Jesus? Por que o Filho de Deus veio a este mundo? Porque Deus, embora santo, justo e reto, da maneira mais absoluta, como sucede com todos os Seus atributos, ainda assim é o Deus da paz. Eis a razão pela qual Ele enviou Seu Filho.

De onde procedem as guerras? Do homem, do pecado e de Satanás. A discórdia foi introduzida no mundo dessa maneira. Porém, esse bendito Deus da paz – digo-o com reverência – não se pôs a "defender a própria dignidade"; antes, veio realizar entre nós a Sua obra benfazeja. Deus estabeleceu a paz. Em Seu Filho, Deus Se humilhou, a fim de estabelecer a paz. Eis por que os pacificadores são considerados "filhos de Deus". O que eles fazem é repetir o que Deus já fizera. Se Deus tivesse insistido sobre Seus direitos e sobre Sua dignidade, então cada um de nós, bem como o resto da humanidade, estaria consignado ao inferno e à perdição absoluta. Mas, foi porque Deus é o "Deus da paz" que Ele enviou Seu Filho, e assim providenciou para nós o caminho da salvação. Ser um pacificador é ser como Deus, é ser como o Filho de Deus. Conforme você deve estar lembrado, Jesus foi intitulado de "o Príncipe da Paz", e você sabe o que Ele realizou como Príncipe da Paz. Embora Ele não tivesse julgado por usurpação o ser igual a Deus, ainda assim humilhou-se a Si mesmo. Ele não estava obrigado a vir a este mundo. Mas veio deliberadamente, porquanto Ele é o Príncipe da Paz.

Outrossim, como foi que Jesus estabeleceu a paz? Escrevendo aos crentes de Colossos, Paulo afirmou: "... havendo feito a paz pelo sangue da sua cruz..." (Colossenses 1:20). Ele se entregou a Si mesmo a fim de que você e eu pudéssemos ter paz com Deus, a fim de que pudéssemos usufruir de paz no íntimo, a fim de que pudéssemos ter paz uns com os outros. Consideremos aquela gloriosa afirmação de Efésios 2: "Porque ele é a nossa paz, o qual de ambos fez um; e, tendo derrubado a parede da separação que estava no meio, a inimizade, aboliu na sua carne a lei dos mandamentos na forma de ordenanças, para que dos dois criasse em si mesmo um novo homem, fazendo a paz" (Efésios 2:14-15). Está tudo aí, e esse é exatamente o motivo por que reservei esse trecho bíblico para o fim do capítulo, com o intuito de que nos lembremos do fato que ser um pacificador é ser semelhante a esse modelo, sem importar o que mais possamos olvidar. Jesus não se agarrou aos Seus direitos, e nem Se apegou às prerrogativas da deidade e da eternidade. Antes, humilhou-Se a Si mesmo. Veio a este mundo como homem, e humilhou-Se até à morte por crucificação. Por quê? Porque não estava pensando em Si mesmo, sob hipótese nenhuma. "Tende em vós o mesmo sentimento que houve também em Cristo Jesus" (Filipenses 2:5). "Não tenha cada um em vista o que é propriamente seu, senão também cada qual o que é dos outros" (Filipenses 2:4). Esse é o ensino do Novo Testamento. Você termina com o seu próprio "eu" e começa a seguir ao Senhor Jesus. Você toma consciência do que Cristo fez por nós, a fim de que pudéssemos gozar daquela bendita paz de Deus e começa a desejar que todas as pessoas igualmente desfrutem dessa paz. Destarte, esquecendo-se de si mesmo e humilhando-se, você segue os passos dAquele que "... não cometeu pecado, nem dolo algum se achou em sua boca; pois ele, quando ultrajado, não revidava com ultraje; quando maltratado, não fazia ameaças, mas entregava-se àquele que julga retamente" (I Pedro 2:22-23). Eis aí! Que Deus nos conceda a graça de perceber essa bendita e gloriosa verdade, tornando-nos reflexos ou reproduções do Príncipe da Paz, e, por conseguinte, autênticos filhos do "Deus da paz".

Capítulo XII
O CRENTE E A PERSEGUIÇÃO

Em Mateus 5:10, chegamos à última das bem-aventuranças: "Bem-aventurados os perseguidos por causa da justiça, porque deles é o reino dos céus". De modo geral, os estudiosos concordam que os versículos onze e doze desse capítulo são uma espécie de elaboração dessa bem-aventurança, ou talvez uma aplicação de sua verdade e mensagem aos discípulos, de modo particular. Em outras palavras, nosso Senhor teria concluído o retrato geral das características do crente no final do décimo versículo, e, em seguida, aplicou essa última declaração particularmente aos discípulos.

À primeira vista, esta bem-aventurança parece ser diferente de todas as demais, porquanto não se trata tanto de uma descrição positiva do crente, mas de um relato do que mui provavelmente será o resultado daquelas virtudes anteriormente mencionadas, bem como por causa daquilo que o crente é, conforme temos averiguado. Não obstante, em última análise esta bem-aventurança não é diferente das outras, pois continua sendo um relato e descrição do crente. O crente é perseguido por ser um determinado tipo de pessoa, e porque se comporta de certa maneira. A melhor maneira de se expressar a questão, assim sendo, seria dizer que todas as outras têm sido uma descrição direta, enquanto esta é indireta. É como se Jesus tivesse dito: "Isso é o que acontecerá com você, somente porque você é crente".

Ora, é interessante observarmos que esta bem-aventurança segue-se imediatamente à alusão aos pacificadores. Em certo sentido, é em vista do crente ser um pacificador que ele é perseguido. Quanta riqueza de discernimento e compreensão isso nos fornece a respeito da natureza e do caráter da vida cristã! Opino que em porção alguma da Bíblia se pode encontrar mais perfeita ou precisa expressão das doutrinas bíblicas do pecado e do mundo, do que aquilo que se vê nessas duas últimas bem-aventuranças: "Bem-aventurados os pacificadores"; e: "Bem-aventurados os perseguidos por causa da justiça". Quando o crente mostra ser um pacificador, esse é o resultado que ele colhe.

Um outro ponto preliminar que nos interessa é que a promessa vinculada a essa bem-aventurança é a mesma promessa ligada à primeira das bem-aventuranças, "porque deles é o reino dos céus". Então isso serve de prova adicional do fato que esta é a derradeira bem-aventurança. Começamos pelo reino dos céus e também terminamos pelo reino dos céus. Naturalmente, não é que as várias bênçãos vinculadas às outras bem-aventuranças também não pertençam àqueles que são herdeiros do reino dos céus, ou que os tais não receberão essas várias bênçãos. Todos os herdeiros da pátria celeste serão abençoados; mas nosso Senhor começou e terminou a Sua descrição com essa promessa particular, com o intuito de impressionar os Seus ouvintes de que o fator mais importante é o indivíduo ser membro do reino dos céus. Conforme já vimos, os judeus incrédulos cultivavam uma noção falsa a respeito do reino. Mas, é como se o nosso Senhor tivesse dito: "Não estou falando sobre esse tipo de reino. O importante é que você reconheça o que o Meu reino é, e também que você deve aprender como poderá tornar-se membro do mesmo". Foi por isso que Jesus começou e terminou citando essa mesma promessa. Acima de todas as bênçãos particulares que temos para receber agora, e que haveremos de receber ainda em maior grau e plenitude, o ponto capital é que somos cidadãos do reino dos céus, e, por essa razão, fazemos parte daquela dimensão espiritual.

Novamente, penso que por esta altura temos o direito de dizer que nos defrontamos nesta bem-aventurança com uma das mais perscrutadoras provas que já encontramos. Que ninguém imagine que essa bem-aventurança seja uma espécie de apêndice, adicionada às demais. À sua própria maneira, trata-se de uma descrição positiva, tanto quanto as bem-aventuranças anteriores, embora fale mais indiretamente; e também é uma das mais penetrantes de todas. "Bem-aventurados os perseguidos por causa da justiça." Que admirável, espantosa e inesperada declaração! Contudo, é mister lembrar que isso faz parte da descrição geral do crente, tanto quanto ser limpo de coração, tanto quanto ser um pacificador, tanto quanto ser misericordioso. Essa é uma das características do crente, conforme passo a demonstrar, sendo essa uma das razões por que trata de um dos testes mais perscrutadores que já encontramos. Todas as bem-aventuranças são sondadoras, mas, quanto a determinados aspectos, esta ainda é mais perscrutadora do que as anteriores. Porém, apresso-me a acrescentar que talvez não exista outra bem-aventurança acerca da qual tenhamos de mostrar tanta cautela, talvez não exista outra bem-aventurança tão passível de má interpretação e de má compreensão. Por certo não há outra bem-aventurança que tenha sido mais frequentemente distorcida e mal aplicada. Isso posto, é necessário que a abordemos com grande circunspecção e cuidado. Ela encerra uma declaração vital, ela é uma porção integral e essencial do ensino neotestamentário inteiro. Essa ideia pode ser achada por muitas vezes nos Evangelhos e nas Epístolas. De fato, podemos chegar ao ponto de dizer que essa é uma das grandes mensagens características das Escrituras, em sua inteireza, arrastando atrás de si uma inevitável implicação. Sugiro, portanto, que o elemento que mais nos importa enfatizar é a expressão "por causa da justiça". Não lemos apenas: "Bem-aventurados os perseguidos", e, sim: "Bem-aventurados os perseguidos por causa da justiça".

Ora, estou certo de que não precisamos desperdiçar tempo salientando quão relevante é essa declaração, em nossa época, para o povo evangélico em cada país. Os crentes estão sofrendo maior perseguição, pode-se dizer, do que tem havido desde os primeiros séculos da era cristã; e penso que essa assertiva pode ser facilmente comprovada. Têm havido intensos períodos de perseguição em diversas épocas, ao longo da já prolongada História da Igreja; porém elas se têm manifestado de forma mais ou menos localizada. Atualmente, entretanto, essa perseguição se tem espraiado pelo mundo inteiro. Muitos crentes estão sendo ativa e amargamente perseguidos, neste exato instante, em muitos países; por isso é possível imaginar que este será, nos nossos dias, o mais importante versículo para a sua e a minha vida. Há muitíssimas indicações de que a Igreja, de fato, pode estar enfrentando aquele mesmo teste de fogo sobre o qual o apóstolo Pedro falou e escreveu. Como é claro, ele pensava primariamente na perseguição que fora deflagrada em seus próprios dias. Porém, é possível que nós, que vivemos em aparente segurança e comodidade, cheguemos a experimentar algo do teste de fogo, da fornalha de aflição e perseguição. Tenhamos o cuidado, pois, para realmente compreendermos este versículo, entendendo exatamente o que ele nos ensina.

Com essa finalidade, portanto, comecemos por alguns pontos negativos. Não lemos aqui: "Bem-aventurados os perseguidos por causa de atitudes dignas de objeção". Também não lemos: "Bem-aventurados os que estão encontrando dificuldades na vida cristã, por serem indivíduos difíceis". E nem, igualmente: "Bem-aventurados os que estão sendo perseguidos como crentes, por faltar-lhes sabedoria, por serem insensatos ou tolos na sua maneira de testemunhar". Não é nada disso. Não há necessidade alguma de ser elaborada essa ideia; no entanto, com frequência se ouve dizer de crentes que estão sofrendo perseguição inteiramente por causa de sua própria insensatez, por causa de algo em suas vidas ou em suas ações. Todavia, a promessa feita por Jesus não se aplica a essas pessoas. A Sua promessa alude somente aos perseguidos *por causa da justiça*. Sejamos bem claros a respeito disso. Podemos atrair contra nós mesmos sofrimentos infindáveis, podemos criar dificuldades inteiramente desnecessárias para nós mesmos, causadas por alguma tola noção a respeito da maneira de viver e testemunhar, ou então porque nossa atitude de justiça própria realmente atrai tal perseguição contra nossas cabeças. É frequente mostrarmo-nos ridiculamente tolos quanto a essas questões! Percebemos mui lentamente a diferença entre princípio e preconceito; e somos lerdos em entender a distinção entre ser ofensivo em sentido natural, em virtude de nosso temperamento e formação particulares, e ser ofensivo por sermos justos.

Portanto, deixe-me apresentar um outro ponto negativo. Não lemos aqui: "Bem-aventurados os perseguidos porque são fanáticos". Nem lemos: "Bem-aventurados os perseguidos por serem excessivamente zelosos". Nosso fanatismo poderia levar-nos a ser perseguidos; mas o fanatismo jamais é recomendado pelo Novo Testamento. Existem muitas tentações que tendem por assediar-nos na vida espiritual e cristã. Algumas pessoas, mesmo quando estão em adoração, parecem pensar que precisam pronunciar o seu "Amém" de maneira toda própria, ou repetir esse vocábulo com frequência. Pensando ser isso um sinal de espiritualidade, às vezes, elas tornam-se incômodas e caem em dificuldades por esse motivo. Ora, tais atos não são recomendáveis, de acordo com as Escrituras, pois tratam-se de uma falsa noção a respeito da adoração. O espírito de fanatismo também leva muitas pessoas a caírem em frequentes e graves dissabores. Lembro-me de um pobre homem que não somente atraiu o sofrimento contra si mesmo, mas até contra a sua esposa, em razão de seu zelo exagerado. Ele mostrava-se excessivamente zeloso, não levando em conta certas injunções baixadas pelo próprio Senhor Jesus, mas era por demais precipitado no seu testemunho. Ora, devemos ter o cuidado para não atrairmos contra nós mesmos um sofrimento desnecessário. Convém-nos ser "...prudentes como as serpentes e símplices como as pombas" (Mateus 10:16). Que Deus nos guarde de sofrer, qualquer um dentre nós, por havermos esquecido desse conselho. Em outras palavras, não lemos aqui: "Bem-aventurados os perseguidos por estarem fazendo algo de errado", ou porque eles mesmos estejam alimentando alguma atitude errônea. Lembre-se de como Pedro exprimiu sabiamente esse ponto: "Não sofra, porém, nenhum de vós como assassino, ou ladrão, ou malfeitor..." Mas podemos notar, por igual modo, que Pedro situou outros indivíduos na mesma classe dos assassinos, dos ladrões e dos malfeitores, e assim continuou dizendo: "... *ou como quem se intromete em negócio de outrem*" (ver I Pedro 4:15).

Quero agora acrescentar outra negativa, mas de categoria diferente das anteriores. O nosso texto nem ao menos quer dizer: "Bem-aventurados os perseguidos por defenderem alguma causa". Tal conceito é um tanto sutil, e devemos cuidar para não adotá-lo. Assevero que há diferença entre ser perseguido por causa da justiça e ser perseguido devido à defesa de alguma causa. Sei que esses dois aspectos por muitas vezes se tornam um só, e que muitos mártires e confessores sofreram, ao mesmo tempo, por causa da justiça e porque defendiam alguma causa. Não se segue, entretanto, que as duas coisas sejam idênticas. Ora, penso que essa é uma das distinções vitais que devemos considerar exatamente no presente momento. Segundo penso, nestes últimos vinte anos têm surgido alguns homens, alguns deles sobejamente conhecidos, que têm sofrido por motivos religiosos, tendo sido lançados na prisão ou mesmo em campos de concentração. Contudo, não sofreram por causa da justiça. Precisamos ter o cuidado de saber fazer a distinção exata. Sempre haverá o perigo de desenvolvermos uma atitude de mártir. Algumas pessoas parecem ansiosas por sofrer o martírio; quase chegam a cortejá-lo. Ora, não era disso que o Senhor falava.

Por semelhante modo, precisamos entender que essas palavras não apontam para o sofrimento provocado por motivos político-religiosos. A simples verdade é que, na Alemanha nazista, houve crentes que não somente estavam preparados a viver e a pôr em prática a sua fé cristã, mas que também pregavam ao ar livre, sem serem molestados por isso. Por outro lado, também sabemos que houve crentes que foram deixados nas prisões ou em campos de concentração, e deveríamos averiguar por qual motivo isso lhes aconteceu. Ora, penso que quando observamos essa distinção, geralmente descobrimos algum fator político por detrás do que sofreram. Nem preciso explicar que não estou aqui tentando defender o nazismo; mas busco relembrar os crentes a fazerem essa distinção vital. Se você ou eu começarmos a misturar assuntos políticos com os nossos assuntos religiosos, então não nos deveríamos surpreender se começássemos a ser perseguidos. Porém, afirmo que isso não é a mesma coisa, necessariamente, que ser perseguido por causa da justiça. Antes, tal perseguição reveste-se de natureza inteiramente diversa, sendo esse um dos maiores perigos com que nos defrontamos, quando não sabemos discriminar entre as duas coisas. Na China ou no continente europeu há crentes que, nestes nossos dias, estão enfrentando esse problema de forma extremamente aguda. Mas, estão eles defendendo alguma causa, ou motivados pela justiça? Afinal, eles têm os seus pontos de vista políticos, e também as suas ideias. São cidadãos daquele país. Contudo, não estou querendo insinuar aqui que uma pessoa não deva ter qualquer ideal político; estou simplesmente lembrando que a promessa ligada à presente bem-aventurança não se aplica a esses casos. Se alguém resolveu sofrer por motivos políticos, então que prossiga e sofra. Mas que não fique ressentido com Deus se vier a descobrir que esta bem-aventurança, que esta promessa, não se torna realidade em sua vida. Esta bem-aventurança e promessa refere-se, especificamente, àqueles que padecem por causa da justiça. Que Deus nos outorgue graça, compreensão e sabedoria para discriminarmos entre os nossos preconceitos políticos e os nossos princípios religiosos.

Nestes nossos dias há muita confusão sobre essa questão. Muito comentário que denuncia certas coisas que estão acontecendo no mundo, mesmo que pareça cristão e que como tal seja declarado, na verdade não passa da expressão de preconceitos políticos. O meu desejo é que sejamos livres de tão séria e triste má interpretação das Escrituras, pois isso pode conduzir os crentes a profundos e desnecessários sofrimentos. Um outro grande perigo contemporâneo, é a possibilidade da pura fé cristã ser considerada por aqueles que não são crentes como parte integrante de certas opiniões políticas e sociais. A fé cristã e tais opiniões ocupam campos eternamente distintos, nada tendo a ver uma coisa com a outra. Seja-me permitido ilustrar o ponto. A fé cristã não consiste em anticomunismo, e confio que nenhum de nós mostrar-se-á tão tolo e ignorante ao ponto de permitir que uma igreja, ou qualquer outro interesse, nos iluda e nos desvie de nossa verdadeira mensagem. Crentes que somos, deveríamos estar interessados pelas almas daqueles que abraçaram o comunismo, deveríamos estar interessados pela salvação deles exatamente da mesma maneira como nos interessamos a respeito de outras pessoas quaisquer. Mas, se ao menos por uma vez dermos a impressão de que o cristianismo é anticomunismo, então estaremos fechando portas e impondo barreiras, virtualmente impedindo que os comunistas ouçam nossa mensagem de salvação evangélica. Tenhamos extremo cuidado, nós que somos crentes, aceitando as palavras da Bíblia tal e qual elas são.

Vamos agora examinar um ponto negativo final. Esta bem-aventurança nem ao menos diz: "Bem-aventurados os perseguidos por serem pessoas boas, ou nobres, ou abnegadas". Uma vez mais temos aqui uma sutil distinção, embora dotada de importância vital. Esta bem-aventurança não diz que somos abençoados por sofrermos devido à nossa bondade ou nobreza de caráter, e isso pela excelente razão que o mais provável é que ninguém será perseguido por haver sido bondoso. E também embalo grandes dúvidas de que alguém venha a ser perseguido por haver-se mostrado nobre. Para dizer a verdade, o mundo geralmente admira, louva e ama aqueles que são bondosos e nobres; mas persegue os justos. Algumas pessoas fazem imensos sacrifícios, desistindo de suas carreiras, de seu futuro e de sua fortuna, e, até mesmo, sacrificando suas próprias vidas; e o mundo tem aplaudido tais indivíduos como grandes heróis. Por conseguinte, isso nos deveria despertar imediatamente a suspeita que não estava em pauta a verdadeira justiça. Em nossos dias há certos homens a quem o mundo aclama como grandes cristãos, exatamente por terem feito sacrifícios pessoais dessa ordem. Isso, conforme sugiro, prontamente deveria levar-nos a inquirir se tais indivíduos estão, realmente, pondo em prática o cristianismo, ou se simplesmente se trata de alguma outra coisa – talvez a mera nobreza de caráter em geral.

O que está envolvido nesta bem-aventurança, por conseguinte? Quero exprimir o ponto como segue. Ser justo, praticar a justiça, na realidade significa assemelhar-se ao Senhor Jesus Cristo. Portanto, bem-aventurados são os perseguidos por se parecerem com Ele. Mais ainda, aqueles que se assemelham a Jesus Cristo sempre serão perseguidos. Quero demonstrar o fato, antes de tudo, por meio do ensinamento bíblico. Ouça como o próprio Senhor colocou a questão: "Se o mundo vos odeia, sabei que, primeiro do que a vós outros, me odiou a mim. Se vós fôsseis do mundo, o mundo amaria o que era seu; como, todavia, não sois do mundo, pelo contrário, dele vos escolhi, por isso, o mundo vos odeia. Lembrai-vos da palavra que eu vos disse: Não é o servo maior do que seu senhor. Se me perseguiram a mim, também perseguirão a vós outros" (João 15:18-20). Não há aqui qualquer qualificativo modificador, e, sim, uma declaração categórica. Ouçamos Paulo, o servo do Senhor, o qual escreveu a Timóteo, que estava sofrendo perseguições e se sentia infeliz diante disso, por não haver ainda entendido esse ensinamento escriturístico: "Ora, todos quantos querem viver piedosamente em Cristo Jesus serão perseguidos" (II Timóteo 3:12). Novamente, encontramos aqui uma afirmação categórica. Eis por que eu dissera, no começo deste capítulo, que algumas vezes penso ser esta a mais perscrutadora de todas as bem-aventuranças. Está você sofrendo perseguições?

Esse é o ensino da Bíblia. Contudo, examinemos agora o seu desdobramento através das páginas das Escrituras. Abel, por exemplo, foi perseguido por seu irmão Caim. Moisés também foi severamente perseguido. Consideremos como Davi foi horrivelmente perseguido por Saul, bem como as amargas perseguições que Elias, e Jeremias tiveram de padecer. Está você lembrado da narrativa sobre Daniel, onde se lê como ele foi perseguido? Esses são alguns dos mais notáveis homens justos do Antigo Testamento, e cada um deles experimentou a realidade desse ensino bíblico. Foram perseguidos, não por serem pessoas difíceis de tratar, nem por serem extremamente zelosas, mas simplesmente por serem justas. Nas páginas do Novo Testamento encontramos precisamente a mesma coisa. Pensemos a respeito dos apóstolos, bem como a respeito das perseguições que eles tiveram de enfrentar. Indago se jamais houve homem que sofresse mais do que o apóstolo Paulo, a despeito da sua gentileza, bondade e retidão. Basta-nos ler as descrições ocasionais sobre os sofrimentos que ele teve de suportar. Não é para surpreender, pois, que ele tenha escrito que "todos quantos querem viver piedosamente em Cristo Jesus serão perseguidos" (II Timóteo 3:12). Ele sabia o que é ser perseguido, por experiência própria. Mas, naturalmente, o exemplo supremo, nesse particular, é o próprio Jesus Cristo. Consideremo-Lo em toda a Sua completa e absoluta perfeição, em Sua gentileza e mansidão, acerca de Quem pôde ser dito que "Não esmagará a cana quebrada, nem apagará a torcida que fumega..." (Isaías 42:3). Nunca apareceu homem mais gentil e bondoso. Porém, veja-se o que aconteceu a Ele, e como o mundo O recebeu. Ou então leiamos a longa História da Igreja Cristã, e descobriremos que essa afirmativa de

Jesus se tem cumprido ao longo dos séculos. Examinemos ainda as vidas dos mártires, como João Huss, ou os "convenanters", ou mesmo os pais do protestantismo. Mais recentemente, quão intensamente foram perseguidos os líderes do Despertamento Evangélico, no século XVIII. Não são muitos os homens que têm tido de sofrer como Hudson Taylor, que viveu no nosso século XX. Ele passou por aquelas experiências de quem está sob o fogo de uma intensa perseguição, em mais de uma ocasião. Tudo isso é apenas o cumprimento dessa bem-aventurança.

Mas, por quem os justos são perseguidos? Ao examinarmos as Escrituras, ou ao estudarmos a História Eclesiástica, descobrimos que as perseguições não são movidas contra os seguidores de Cristo somente pelo mundo incrédulo. Algumas das piores perseguições têm sido experimentadas pelos justos às mãos da própria igreja, às mãos de pessoas que se dizem evangélicas e religiosas. Frequentemente, essas perseguições partem de crentes apenas nominais. Consideremos o caso de nosso Senhor mesmo. Quais foram os Seus principais perseguidores? Foram os fariseus, os escribas e os mestres da lei! Os primitivos cristãos, igualmente, foram perseguidos mais amargamente por seus compatriotas judeus. E então, quando folheamos a História da Igreja, podemos observar as perseguições efetuadas pela Igreja Católica Romana contra alguns homens da Idade Média que divisaram a verdade pura e tentaram vivê-la tranquilamente. Quão acerbamente foram perseguidos por indivíduos nominalmente religiosos! A isso corresponde, igualmente, a história dos pais puritanos. Assim nos ensina a Bíblia, e isso tem sido consubstanciado através da História da Igreja, isto é, que a perseguição pode vir não de fora, mas de dentro das próprias fileiras cristãs. Na cristandade existem ideias que estão longe de serem ensinadas pelo Novo Testamento, e essas ideias levam muitos de seus defensores a perseguir aos que estão tentando seguir com sinceridade e verdade ao Senhor Jesus Cristo, por Seu caminho longo e estreito. Isso bem poderá vir a acontecer na sua própria experiência pessoal. Por muitas vezes tenho sido informado, por novos convertidos, que eles sofrem maior oposição da parte dos que se chamam cristãos do que da parte daqueles que se consideram inteiramente estranhos ao cristianismo, pois estes últimos com frequência se regozijam com as mudanças favoráveis, desejando saber algo mais a respeito da experiência cristã. O cristianismo formal geralmente é o pior adversário da pura fé cristã.

Não obstante, quero fazer outra pergunta. Por qual motivo os justos são assim perseguidos? E, especialmente, por que os justos, e não os bondosos e nobres, são perseguidos? Penso que a resposta é bastante simples. As pessoas bondosas e nobres de caráter são tão raramente perseguidas por que todos nós sentimos que elas são aquilo que nós gostaríamos de ser, em nosso lado mais recomendável. Nós pensamos: "Também sou capaz de tais atitudes, se ao menos eu concentrar-me em concretizá-las"; e admiramos aquelas pessoas porque assim nos proporcionam um meio de cumprimentarmos a nós mesmos. Sem embargo, os crentes são perseguidos porque são diferentes das outras pessoas. Essa foi a razão pela qual os fariseus e os escribas odiavam ao Senhor Jesus. Não foi porque Ele fosse um homem bom; mas o motivo é que Ele era tão diferente. Havia nEle alguma coisa que fazia aquela gente sentir-se condenada. Sentiam que a sua própria retidão, em comparação com a de Cristo, parecia tão mesquinha. Nisso residia a aversão deles. O justo talvez nem esteja dizendo coisa alguma; e nem nos está condenando com as suas palavras. Porém, pelo simples fato que o crente é o que é, na verdade nos está condenando indiretamente, tornando-nos infelizes e reduzindo-nos à insignificância. Por isso é que odiamos ao justo e procuramos encontrar nele alguma falta. As pessoas costumam comentar: "Bem, eu acredito que devamos ser cristãos; mas isso também é um exagero, isso é ir longe demais". Essa é a única explicação para as perseguições sofridas por Daniel. Sofreu tudo somente por ser um homem reto. Daniel não era espetacular em sua retidão; agia com toda a discrição. Mas aquela gente pensava: "Esse homem nos condena por meio daquilo que faz; contudo, haveremos de apanhá-lo em alguma falta". Essa será sempre a dificuldade, e essa foi a explicação das perseguições sofridas pelo próprio Senhor Jesus. Os fariseus e outros odiavam-No simplesmente por causa de Sua total e absoluta santidade, justiça e veracidade. E essa é a razão pela qual podemos encontrar homens gentis, amorosos e amoráveis, como Hudson Taylor, aos quais já fiz alusão, e que sofreram terríveis e muito amargas perseguições, algumas vezes da parte de crentes ostensivos.

É óbvio, portanto, que podemos extrair de tudo isso certas conclusões. Antes de tudo, essa verdade muitíssimo nos revela acerca das nossas ideias atinentes à Pessoa do Senhor Jesus Cristo. Se o conceito que dEle formamos é tal que Ele poderia ser admirado e aplaudido pelos incrédulos, então o nosso ponto de vista sobre Ele deve estar muito distorcido. O efeito exercido por Jesus Cristo sobre os Seus contemporâneos foi tal que muitos tentaram apedrejá-Lo. Eles O odiavam; e, finalmente, mostraram a sua preferência por um homicida, em lugar de Cristo, e a Ele tiraram a vida. A influência de Jesus Cristo sobre os homens deste mundo sempre será dessa espécie. Todavia, também existem ideias diferentes a respeito dEle. Há indivíduos mundanos que asseveram admirar a Cristo; porém, isso se deve ao fato que jamais O viram. Se ao menos O vissem, haveriam de odiá-Lo, à semelhança do que fizeram os contemporâneos dEle. Jesus não muda; o homem também não muda. Por conseguinte, tenhamos cuidado para que as nossas ideias a respeito de Cristo não sejam tais que o homem natural facilmente possa admirar e aplaudir.

Ora, isso nos conduz à nossa segunda conclusão. A presente bem-aventurança sonda os nossos pensamentos a respeito do que seja uma pessoa crente. Um crente é alguém parecido com o Senhor Jesus, sendo essa a razão mesma pela qual Ele disse para determinados indivíduos: "Ai de vós, quando todos vos louvarem! Porque assim procederam seus pais com os falsos profetas" (Lucas 6:26). Não obstante, nossa ideia não é que o crente perfeito quase sempre é o colega gentil e popular, que jamais ofende a quem quer que seja, com quem é tão fácil tratar? Contudo, se esta bem-aventurança exprime uma verdade, não temos naquela ideia o retrato do crente autêntico, porquanto o verdadeiro crente é um homem que nem todos louvam. Nunca louvaram a nosso Senhor, e de modo algum louvarão a quem se assemelhe a Ele. "Ai de vós, quando todos vos louvarem!" Não obstante, louvavam aos falsos profetas; mas nunca elogiavam ao próprio Cristo.

Portanto, quero apresentar a minha dedução seguinte, extraída desses fatos. Essa dedução diz respeito ao homem natural, não-regenerado. A mentalidade do homem natural, ensina-nos Paulo, é "inimizade contra Deus" (Romanos 8:7). Embora fale acerca de Deus, na realidade o homem natural odeia a Deus. E quando o filho de Deus veio a este mundo, o homem natural exigiu a Sua crucificação. Ora, essa continua sendo a atitude do mundo contra o Senhor Jesus, até aos nossos dias.

Isso nos conduz à nossa última dedução, a qual é que o novo nascimento é uma necessidade absoluta, antes que qualquer pessoa possa tornar-se um crente autêntico. Ser crente, em última análise, é ser como Jesus Cristo; e ninguém pode ser semelhante a Cristo sem haver sido inteiramente transformado. É mister que sejamos desvencilhados da nossa antiga natureza, a qual abomina a Cristo e abomina a justiça. Precisamos receber uma nova natureza, uma natureza que ame o bem, que ame a Cristo e que, por isso mesmo, se vá tornando semelhante a Ele. Se você tão somente tentar imitar a Cristo, então o mundo haverá de elogiá-lo; por outro lado, se você procurar tornar-se como Cristo, então o mundo o odiará.

Finalmente, façamos a nós mesmos a seguinte indagação: Já sabemos o que significa, em nossa própria experiência, ser perseguido por causa da justiça? Para que nos tornemos iguais a Cristo, temos que tornar-nos luzes; mas a luz sempre desmascara as trevas, e é precisamente por esse motivo que as trevas sempre haverão de odiar a luz. Não convém que sejamos ofensivos com o próximo; não convém que sejamos insensatos; não convém que sejamos tolos; e nem ao menos convém que fiquemos exibindo nossa fé cristã. Não convém fazermos qualquer coisa provocativa para que outros nos persigam. Sem embargo, basta-nos ser como Cristo para que as perseguições se tornem inevitáveis. Porém, é aí que reside a glória de toda a nossa situação. Regozijemo-nos nesse fato, ensinam Pedro e Tiago. E nosso Senhor mesmo asseverou: "Bem-aventurados sois, felizes sois, se fordes assim". E assim é porque se porventura estivermos sendo perseguidos por causa de Cristo e da justiça, temos nesse fato a prova final de que somos crentes autênticos, de que somos mesmos cidadãos do reino dos céus. E Paulo ajunta: "Porque vos foi concedida a graça de padecerdes por Cristo, e não somente de crerdes nele" (Filipenses 1:29). E então leio a respeito daqueles antigos crentes que foram perseguidos pelas autoridades, e como eles agradeciam a Deus por isso, pois, finalmente, haviam sido considerados dignos de sofrer afrontas pelo Nome.

Que Deus, mediante o Seu Santo Espírito, nos dê profunda sabedoria, capacidade de discriminação e entendimento acerca dessas realidades, a fim de que, se porventura formos convocados a padecer, tenhamos a mais plena certeza de que estamos sofrendo por causa da justiça, e assim possamos receber pleno consolo e fortalecimento advindos desta gloriosa bem-aventurança.

Capítulo XIII
REGOZIJO NA TRIBULAÇÃO

Conforme sugerimos no capítulo anterior, os versículos 11 e 12 são uma extensão da declaração constante no versículo 10. Esses versículos ampliam e aplicam aquela bem-aventurança às condições particulares dos discípulos, aos quais o Senhor Jesus se dirigia naquela ocasião; e, através deles, como é evidente, a todos os demais crentes das épocas subsequentes da Igreja. Todavia, em um certo sentido, podemos dizer que essa amplificação da última bem-aventurança acrescenta algo ao seu significado, e, dessa forma, ressalta determinadas outras verdades atinentes ao crente.

Conforme já averiguamos, todas as bem-aventuranças, consideradas no seu conjunto total, devem ser entendidas como um delineamento do homem que é crente. Elas apresentam uma fotografia constituída de diversas facetas, de tal maneira que cada uma delas expõe alguma parte do caráter cristão. O crente é uma pessoa difícil de descrever, e assim, não há que duvidar, a melhor maneira de retratá-lo consiste em traçar as diversas qualidades por ele manifestadas.

Nessa amplificação da última das bem-aventuranças, nosso Senhor uma vez mais lançou luz sobre o caráter do crente. Conforme já observamos por várias vezes, há duas maneiras fundamentais pelas quais alguém pode reconhecer o crente. Pode-se reconhecer o crente em si mesmo, tal como ele é; mas também pode-se reconhecê-lo através das suas reações a diversas coisas que lhe sucedem nesta vida e neste mundo. Certas asserções positivas sempre podem ser feitas a respeito dele. Mas pode-se perceber ainda mais quando o observamos em seu contato com as outras pessoas e em seu comportamento relativo a elas. Os dois versículos que ora consideramos pertencem à segunda dessas classes, pois neles vemos as reações do crente diante dessa questão das perseguições. Três são os princípios, concernentes ao crente, que emergem mui claramente daquilo que nosso Senhor nos segreda aqui. São princípios bastante óbvios; mas, apesar disso, penso que com frequência temos de confessar-nos culpados do fato que nos esquecemos deles.

O primeiro desses princípios, uma vez mais, é que *o crente é diferente de todos quantos não são crentes*. Já repetimos esse pensamento por diversas vezes, porque, sem dúvida, esse era o princípio que nosso Senhor desejava frisar, acima de qualquer outra coisa. Como você deve recordar-se, Ele mesmo declarou: "Não penseis que vim trazer paz à terra; não vim trazer paz, mas espada" (Mateus 10:34). Em outras palavras: "O efeito do Meu ministério será a divisão, a separação entre um pai e seu filho, entre uma mãe e sua filha; e os inimigos do crente, mui provavelmente, serão os próprios membros de sua família". O Evangelho de Jesus Cristo estabelece uma bem definida divisão e distinção entre quem é crente e quem é incrédulo. O próprio incrédulo comprova o fato quando se põe a perseguir o crente. E não importa a forma exata como o persegue; de uma maneira ou de outra acaba agindo assim. O incrédulo é alguém impulsionado por forte antagonismo pelo crente. Eis a razão pela qual, conforme verificamos no capítulo anterior, a última bem-aventurança serve de teste tão profundo e sutil para a averiguação de quem é crente verdadeiro ou não. Segundo vimos, existe algo no caráter do crente, devido ao fato de ser ele tão parecido com o Senhor Jesus, que inevitavelmente atrai essa perseguição contra a sua pessoa. E ninguém foi tão perseguido assim, neste mundo, quanto o próprio Filho de Deus; outrossim, "o servo não é maior do que o seu senhor". Por isso ele experimenta a mesma sorte. Isso, pois, pode ser visto como um princípio cristalinamente claro e impressionante. O incrédulo inclina-se por ultrajar, por perseguir e por difamar ao crente com toda espécie de falsidade. Por quê? Porque o crente é fundamentalmente diferente dele, e o incrédulo reconhece essa verdade. O crente não é alguém parecido com todo mundo, apenas com leves modificações. Mas é alguém essencialmente diferente; possui uma natureza diferente, e é uma pessoa diferente.

O segundo princípio é que *a vida do crente é controlada e dominada por Jesus Cristo*, pela lealdade a Cristo e pela preocupação em fazer tudo por causa de Cristo. "Bem-aventurados sois quando, por minha causa, vos injuriarem, e vos perseguirem, e, mentindo, disserem todo mal contra vós" (Mateus 5:11). Por que os crentes são perseguidos? Por estarem vivendo para a causa de Cristo. Daí posso deduzir que o objetivo inteiro do crente deveria ser viver para Cristo, e não para si mesmo. Há pessoas que mostram ser desagradáveis umas com as outras, e, às vezes, perseguem-se mutuamente, mesmo quando não são crentes; mas nada disso acontece por amor a Cristo. O aspecto peculiar que envolve as perseguições sofridas pelos crentes é que elas são experimentadas "por causa de Cristo". A vida cristã sempre deveria ser controlada e dominada pelo Senhor Jesus Cristo, e mediante considerações do que é agradável aos Seus olhos. Esse é um ensino encontrado em cada página do Novo Testamento. O crente, por ser um novo homem, tendo recebido a nova vida da parte de Cristo, e percebendo que deve tudo a Cristo e à Sua obra perfeita, particularmente a Sua morte na cruz, diz consigo mesmo: "Não pertenço mais a mim mesmo; fui comprado por um preço". Portanto, seu desejo é viver toda a sua vida para a glória dAquele que assim morreu em seu favor, que o redimiu e que retornou à vida. Por isso é que o seu grande anelo é apresentar-se de "corpo, alma e espírito", total e inteiramente, a Cristo. Você concordará que isso é algo que não somente foi ensinado por nosso Senhor, mas que também é enfatizado por toda a parte nas epístolas do Novo Testamento. O motivo, o grande motivo controlador da vida do crente é: "por causa de Cristo". Temos aí uma particularidade que nos distingue de todas as demais pessoas, provendo um perfeito teste da nossa profissão de fé cristã. Se somos crentes legítimos, então nosso desejo deve ser, por mais que malogremos na prática diária, viver para Cristo, glorificando o Seu nome e a Sua pessoa.

A terceira característica geral do crente é que *a sua vida deveria ser controlada por pensamentos celestiais e sobre o mundo vindouro*. "Regozijai-vos e exultai, porque é grande o vosso galardão nos céus; pois assim perseguiram aos profetas que viveram antes de vós" (Mateus 5:12). Uma vez mais, tudo isso faz parte da urdidura e da trama do ensino neotestamentário. É um ensino vital que, na realidade, pode ser encontrado na Bíblia por toda a parte. Consideremos aquele admirável comentário sobre o Antigo Testamento, em Hebreus 11. Consideremos aqueles homens, diz o autor dessa epístola, aqueles heróis da fé. Qual era o segredo deles? Era precisamente aquilo que diziam: "Não temos aqui cidade permanente, mas buscamos a futura cidade". Eram, todos eles, homens que aguardavam "... a cidade que tem fundamentos, da qual Deus é o arquiteto e edificador" (Hebreus 11:10). O segredo deles era esse. Por conseguinte, essa atitude deve fazer parte integrante da diferença do crente, conforme aqui nos recordamos. Uma vez mais, vê-se a óbvia diferença entre o crente e o incrédulo. O incrédulo faz tudo quanto pode a fim de não pensar sobre o mundo vindouro. Essa é a explicação de toda essa moderna mania em busca dos prazeres. Trata-se apenas de uma imensa conspiração e esforço para barrar o pensamento, e sobretudo, para evitar pensar sobre a morte e o mundo vindouro. Tal fuga é típica do incrédulo; nada existe que ele tanto odeie como ouvir falar sobre a morte e a eternidade. Mas o crente, por sua vez, é um homem que muito medita acerca dessas realidades, e nelas fixa os seus pensamentos; são grandes princípios e fatores controladores, em toda a sua vida e perspectiva da existência.

Vejamos em seguida como todos esses três princípios são ilustrados em termos do modo como o crente enfrenta as perseguições. É assim que nosso Senhor expõe a questão. Ao mostrar como o crente é perseguido, Ele faz três declarações específicas. Quando as consideramos em seu conjunto, devemos lembrar-nos novamente que esses versículos só são aplicáveis àqueles que estão sendo realmente perseguidos, com dolo, por causa de Cristo, com exclusão de qualquer outro motivo. Nosso Senhor preocupava-se tanto com esse problema que repetiu a Sua declaração. As bênçãos da vida cristã foram prometidas exclusivamente àqueles que obedecem às condições impostas, e sempre há alguma condição vinculada a cada uma das promessas. A condição ligada à presente promessa é que, sob hipótese nenhuma, essa perseguição deve ser motivada por causa daquilo que somos, como homens naturais; pelo contrário, que o motivo seja aquilo que somos como novos homens em Cristo Jesus.

Em primeiro lugar, ponderemos a respeito de como o crente deve enfrentar a perseguição. Novamente, não precisamos desperdiçar tempo considerando a forma que essa perseguição pode assumir. Todos estamos familiarizados com isso. Pode haver um aspecto de violência; pode significar que somos detidos e lançados em uma prisão ou em algum campo de concentração. Isso está acontecendo a milhares de nossos irmãos na fé, nos mais diversos países, nestes nossos dias. Também pode a perseguição assumir a forma de fuzilamento literal, ou de assassínio por meio de algum outro método qualquer. Pode assumir a forma da perda de um emprego. Pode manifestar-se meramente como gracejos e insultos, ao entrar o crente em algum recinto. Pode assumir a forma de campanha de cochichos. Não há fim quanto à variedade dos sofrimentos de um crente. Porém, a forma é o que menos importa. O que realmente conta é a maneira como o crente enfrenta tais coisas. E nosso Senhor informa-nos aqui sobre como devemos reagir.

Antes de mais nada, podemos considerar essa questão negativamente. O crente não deve retaliar. É dificílimo não desejarmos revidar, e conter os próprios impulsos é mais difícil para alguns dentre nós do que para outros. Mas nosso Senhor não revidou, e nós, que somos Seus seguidores, devemos ser semelhantes a Ele. Isso posto, devemos "conter a palavra iracunda"; não podemos replicar. Retaliar é mostrar-se igual ao homem natural, o qual sempre retruca na mesma moeda; instintivamente, o homem natural procura autopreservar-se, e busca vindicar seus direitos. O crente, entretanto, é diferente, diferente em sua natureza; por essa razão, cumpre-lhe também agir de outra maneira.

Outrossim, não somente o crente não deve retaliar, como também não deve ficar ressentido. Isso é ainda mais difícil. A primeira coisa que nos compete fazer é controlar as nossas ações, controlar a nossa própria reação. Mas nosso Senhor nem com isso se contenta, pois ao crente verdadeiro não convém meramente viver em estado de repressão. É mister que vá muito além; é necessário que ele alcance aquele ponto de nem ao menos ressentir-se diante da perseguição. Penso que todos sabemos, por experiência própria, qual a diferença entre essas duas coisas. Talvez faça muito tempo que já tenhamos descoberto que nos costumamos irar diante de certas coisas, ou que costumamos manifestar nosso aborrecimento; mas isso só serve para desonrar ao Senhor. Todavia, talvez continuemos sentindo tais reações, e, de forma mui intensa, continuemos ressentindo-nos amargamente e sentindo-nos ofendidos. Ora, o cristianismo ensina-nos que devemos ultrapassar a tudo isso. Em Filipenses 1, vemos como o apóstolo Paulo conseguiu realizar o feito. Paulo era homem extremamente sensível – suas epístolas desvendam isso claramente – e ele podia ser dolorosamente ferido e atingido. Ora, os sentimentos de Paulo haviam sido feridos, conforme ele mostra sem rebuços, por parte dos crentes de Corinto, da Galácia e de outros lugares. Não obstante, já atingira aquela condição espiritual em que não era mais afetado por essas coisas. E assevera que nem ao menos julgava a si mesmo; antes entregava todo o juízo nas mãos de Deus.

Por conseguinte, nem ao menos devemos ressentir-nos daquilo que os homens fizerem contra nós. Não obstante, cumpre-nos ir ainda mais adiante, porque todas essas questões são extremamente sutis. Se realmente conhecemos a psicologia de nossas próprias almas, bem como a psicologia de vida cristã – estamos usando aqui o vocábulo "psicologia" na sua verdadeira acepção, e não conforme o seu sentido moderno e pervertido – então temos de reconhecer que precisamos avançar um passo além do ressentimento. A terceira negativa, pois, é que jamais nos deveríamos sentir deprimidos em face da perseguição. Após ter o crente feito aquelas duas outras coisas, talvez ainda perceba que a perseguição, sob qualquer forma, deixa-o deprimido e infeliz. Talvez não por causa da própria ocorrência, mas, de algum modo, um certo senso de opressão e depressão venha a empanar a sua alma e espírito. Não é que o crente fique ressentido a respeito de alguma pessoa em particular; no entanto, diz consigo mesmo: "Por que isso teve de acontecer justamente comigo? Por que estou sendo tratado desse jeito?" E assim, parece baixar sobre a vida espiritual do crente um certo senso de depressão, e ele tende por largar as rédeas controladoras de sua vida cristã. Uma vez mais, pois, nosso Senhor denuncia essa atitude. Ele coloca a questão em termos positivos e explícitos: "Regozijai-vos e exultai". Em nossas considerações sobre estas bem-aventuranças, reiteradamente temos averiguado que elas, mais abertamente do que talvez qualquer outra porção do Novo Testamento, exibem a total falácia e inutilidade de imaginar-se que os homens sejam capazes de tornar-se cristãos mediante os seus próprios esforços. É isso que significa alguém ser crente. Quando você estiver sendo perseguido, e os homens estiverem dizendo toda espécie de falsidade contra você, então "regozije-se" e "exulte". Ora, para o homem natural, isso é simplesmente impossível. Ele nem ao menos pode dominar o seu espírito de retaliação. Mais remotamente ainda o homem natural pode desfazer-se dos seus ressentimentos. Regozijar-se e exultar, sob tais circunstâncias, é algo acima de sua capacidade. No entanto, é justamente para isso que o crente foi chamado. Nosso Senhor afirmou que devemos tornar-nos semelhantes a Ele, quanto a esse particular. O autor da epístola aos Hebreus expressa o ponto em um único versículo: "... o qual, em troca da alegria que lhe estava proposta, suportou a cruz, não fazendo caso da ignomínia..." (Hebreus 12:2).

Essa, pois, é a nossa primeira proposição. Já examinamos de que maneira o crente, na vida diária, enfrenta as perseguições. Façamos agora uma segunda indagação. Por qual motivo o crente deve regozijar-se assim, e como é possível ele alegrar-se debaixo da aflição? Temos chegado ao âmago da questão. Como é óbvio, ao crente não cabe regozijar-se diante do mero fato de estar sendo perseguido. Tal acontecimento sempre será lamentável. No entanto, você descobrirá, ao ler as biografias de certos vultos cristãos, que eles claramente enfrentaram esta tentação. Regozijaram-se erroneamente na sua perseguição por causa dela mesma. Ora, não há que duvidar que essa foi também a atitude dos fariseus, uma atitude que jamais deveríamos imitar. Se nos alegrarmos na perseguição propriamente dita, e se pensarmos: "Ah, muito bem; regozijo-me e exulto porque sou muito melhor que essas outras pessoas, e por essa razão é que elas me estão perseguindo", imediatamente tornar-nos-emos fariseus. A perseguição é algo que sempre o crente deveria lamentar; para ele deveria ser um motivo de profunda tristeza o fato que homens e mulheres, por causa do pecado e por estarem sendo controlados por Satanás, se comportem de maneira tão desumana e diabólica. Em certo sentido, o crente é uma pessoa que sente seu coração partir-se face ao efeito do pecado naqueles que são impelidos a agir dessa forma. Portanto, jamais nos devemos regozijar no fato da perseguição propriamente dita.

Nesse caso, por que o crente se regozija nas perseguições que sofre? Por que ele deveria exultar? Aqui estão as respostas fornecidas pelo Senhor. A primeira resposta é que a perseguição que o crente sofre por amor à causa de Cristo é prova de quem e do que ele é. "Regozijai-vos e exultai, porque é grande o vosso galardão nos céus; pois assim perseguiram aos profetas que viveram antes de vós." Por conseguinte, se você descobrir que está sendo perseguido e injustamente acusado, devido à causa de Cristo, então saberá que se assemelha aos profetas, que foram servos seletos de Deus e que agora se encontram em Sua companhia, rejubilando-se na glória celestial. Ora, isso é algo que nos deveria causar alegria. Essa é uma das maneiras pelas quais nosso Senhor faz redundar tudo em vitória. Em certo sentido, o Senhor faz o próprio Satanás ser motivo de bênçãos. O diabo, através dos seus agentes, persegue ao crente a fim de deixá-lo infeliz. Entretanto, se encararmos ao diabo com uma atitude certa, encontraremos até nele uma razão para nos regozijarmos, porque haveremos de voltar-nos para ele, dizendo: "Obrigado; apenas me forneces uma prova de que sou filho de Deus; doutra sorte eu jamais seria perseguido desta maneira, por causa de Cristo". Tiago, na sua epístola, argumenta da mesma maneira, dizendo que a perseguição é uma prova de nossa chamada e filiação; é algo que nos faz saber, com certeza, que somos filhos de Deus.

Tomemos ainda o segundo argumento como comprovação desse fato. Naturalmente, esse argumento mostra que estamos identificados com Cristo. Se formos caluniados e perseguidos por causa de Cristo, isso necessariamente significará que as nossas vidas tornaram-se semelhantes à dEle. Estaremos sendo tratados como nosso Senhor também foi tratado, e, por conseguinte, teremos nisso uma prova positiva de que, na verdade, pertencemos a Ele. Conforme já vimos, Ele mesmo profetizou, antes de ir-se deste mundo, que tal coisa haveria de suceder; e esse ensino pode ser encontrado por toda a parte no Novo Testamento. O apóstolo Paulo, por exemplo, diz: "Porque vos foi concedida a graça de padecerdes por Cristo e não somente de crerdes nele"

(Filipenses 1:29). Assim sendo, quando o crente é perseguido desse modo, ele encontra a segunda prova do fato que, realmente, é filho de Deus. Isso confirma quem e o que ele é, e é precisamente nisso que o crente se regozija.

A segunda causa de regozijo e júbilo, como é natural, é que essa perseguição também é prova de seu destino certo. "Regozijai-vos e exultai..." Mas, por quê? "... porque é grande o vosso galardão nos céus." Eis aí um daqueles princípios centrais que se podem achar na Bíblia de capa a capa. Está em foco o fim da nossa carreira, o nosso destino final. É como se Cristo nos estivesse dizendo: "Se isso lhe acontecer, isso servirá de selo do fato que você está destinado ao céu. Significa que você já foi rotulado; significa que o seu destino final já foi fixado". Assim sendo, ao persegui-lo, o mundo lhe está dizendo que você não mais pertence a este mundo, que você é uma pessoa distinta. Você já pertence a um outro reino, assim, provando o fato que você está se dirigindo para o céu. E isso, de conformidade com Cristo, é algo que sempre nos levará a nos regozijarmos e exultarmos. Portanto, disso emerge um outro grande teste comprobatório da nossa vida e testemunho cristãos. Conforme já frisei, a pergunta que devemos fazer a nós mesmos é se isso nos infunde alegria, se essa comprovação, dada pelo mundo, de que estamos indo para os céus e para Deus, é algo que realmente nos enche de um jubiloso senso de antecipação. Quero exprimir a questão como segue. Você acredita que a causa de nossa alegria e regozijo deveria ser a consciência que temos do galardão que nos espera? "Regozijai-vos e exultai, porque é grande o vosso galardão nos céus."

Examinemos essa particularidade pelo seguinte ângulo. Em harmonia com esse argumento, toda a minha perspectiva a respeito daquilo que comigo acontece deveria ser governada por estas três considerações: a percepção de quem sou; a consciência do lugar para onde estou indo; e o meu conhecimento daquilo que me espera, quando eu ali chegar. Você poderá detectar esse argumento em muitos trechos das Escrituras. O apóstolo Paulo, de certa feita, colocou a questão nos seguintes termos: "Porque a nossa leve e momentânea tribulação produz para nós eterno peso de glória, acima de toda comparação, não atentando nós nas coisas que se veem, mas nas que se não veem; porque as que se veem são temporais, e as que se não veem são eternas" (II Coríntios 4:17-18). O crente sempre deveria viver na expectação dessas realidades.

Todavia, seja-me permitido considerar, nesta altura da exposição, certas objeções. Alguém poderia perguntar: "É justo que um crente entretenha tal ideia sobre os galardões? Deveria um crente deixar-se orientar, em seus motivos e em sua maneira de pensar, por uma ideia acerca da recompensa que ele aguarda receber nos céus?" Você talvez saiba que no início do nosso século houve a tendência (que atualmente já não é tantas vezes apresentada) de muitas pessoas dizerem: "Não gosto dessa ideia de ficar à espera de uma recompensa ou de um temível castigo. Creio que a vida cristã deve ser vivida por seus próprios méritos". Essas pessoas geralmente afirmavam-se desinteressadas pelo céu e pelo inferno; o que as interessava era aquela maravilhosa vida diária do cristianismo. Você deve estar lembrado que se costumava contar a história da mulher que foi vista a caminhar pelas ruas, em certo país do Oriente, levando em uma das mãos um balde cheio de água, e, na outra mão, um balde com brasas acesas. Alguém perguntou-lhe, então, o que ela queria indicar com aquilo. E ela replicou que estava disposta a apagar o inferno com uma das mãos e consumir o céu com a outra. Essa ideia, de que não nos devemos interessar nem pelo galardão e nem pelo temor à punição, mas antes, que devemos viver uma vida condigna, sem motivos ulteriores, tão somente usufruindo das suaves e puras alegrias da vida cristã, parece atrativa para muitas pessoas.

Ora, todas essas pessoas consideram-se crentes excepcionais. Não obstante, a resposta que temos engatilhada para os tais é que essa atitude é inteiramente estranha à Bíblia, e que qualquer ensinamento, por mais admirável que pareça ser, sempre será errôneo se ultrapassar as Escrituras. Todas as ideias precisam harmonizar-se com o ensino bíblico. E na Bíblia existe aquele versículo que estipula: "Regozijai-vos e exultai, porque é grande o vosso galardão nos céus". Porventura não nos diz o autor da epístola aos Hebreus, segundo já mencionei, que Cristo suportou a cruz e desprezou a ignomínia "em troca da alegria que lhe estava proposta"? Foi ampliando a Sua visão para além do que estava prestes a sofrer que Cristo suportou tudo.

Por toda a Bíblia encontramos essa doutrina. Diz o apóstolo Paulo, em I Coríntios 3, que o que realmente controlava a sua vida, e, especialmente, o seu ministério, era o fato que, naquele dia vindouro, a obra de cada indivíduo será testada pelo "próprio fogo". É como se ele houvesse escrito: "Exerço grande cautela quanto àquilo que edifico sobre esse fundamento único". "Contudo, se o que alguém edifica sobre o fundamento é ouro, prata, pedras preciosas, madeira, feno, palha, manifesta se tornará a obra de cada um; pois o Dia a demonstrará, porque está sendo revelada pelo fogo; e qual seja a obra de cada um o próprio fogo o provará" (ver I Coríntios 3:10-15). O galardão celeste, na vida desse apóstolo, era levado na mais alta conta. Novamente, escreve ele em II Coríntios 5: "Porque importa que todos nós compareçamos perante o tribunal de Cristo, para que cada um receba segundo o bem ou o mal que tiver feito por meio do corpo. E assim, conhecendo o temor do Senhor, persuadimos aos homens..." (II Coríntios 5:10-11). Além disso, na sua segunda epístola a Timóteo, quando Paulo passa em retrospecto a sua vida, ele medita acerca da coroa que por ele esperava, aquela maravilhosa coroa que o próprio bendito Senhor haveria de colocar sobre a sua cabeça. Esse é o ensino das Escrituras. Graças a Deus pelo mesmo. Essas coisas foram escritas com o intuito de encorajar-nos. O Evangelho não é alguma mensagem impessoal e desumana. O Evangelho envolve toda essa ideia dos galardões, e convém que meditemos no fato. Tenhamos o cuidado de não arquitetar uma filosofia idealista no lugar das Escrituras e seu cristalino ensino.

Não obstante, alguém poderia formular uma segunda pergunta: "Como é possível um galardão desse tipo? Eu pensava que tudo nos é dado mediante a graça, que o ser humano é salvo exclusivamente pela graça. Como é que agora você fala em galardões?" A resposta que consta na Bíblia parece ser que os próprios galardões são obtidos mediante a graça divina. Mas isso não significa que mereçamos ou sejamos dignos da salvação. Todavia, parece que Deus simplesmente nos trata como Pai. Um pai qualquer diz ao seu filho que quer que ele faça isto ou aquilo, e o dever do menino passa a ser cumprir a ordem de seu progenitor. E o pai acrescenta que se ele agir bem, ganhará uma recompensa. Não é que a criança mereça tal recompensa. Tudo lhe é dado gratuitamente, porquanto tudo é expressão do amor de seu pai. Por semelhante modo, Deus, em Sua graça infinita, por assim dizer, "incluiu tudo no pacote", encorajando-nos e enchendo-nos do senso de amor e gratidão. Não é que alguma pessoa venha algum dia a merecer o céu; mas assevero que o ensino sobre os galardões afirma que Deus dá recompensas gratuitas ao Seu povo. Poderíamos mesmo atrever-nos a dizer que há distinções entre os galardões, havendo muita diversidade entre eles. Consideremos aquela referência, em Lucas 12, onde lemos acerca dos servos que serão castigados com muitos ou com poucos açoites. Trata-se de um profundo mistério, mas o seu claro ensino é que os galardões serão uma realidade celestial. Ninguém sentirá qualquer perda ou ganho, mas, não obstante, haverá certa diferença. Jamais deveríamos perder de vista o "grande galardão" (Hebreus 10:35).

O crente é uma pessoa que sempre deveria viver pensando no final de sua carreira. Não lhe convém fixar os olhos nas coisas visíveis, e, sim, naquilo que é invisível. Esse foi o segredo dos heróis aludidos em Hebreus 11. Por qual razão Moisés não preferiu continuar sendo filho da filha de Faráo? Porque ele preferiu "... ser maltratado junto com o povo de Deus a usufruir prazeres transitórios do pecado" (Hebreus 11:25). Ele tinha fixado o olhar no final da sua carreira, e "contemplava o galardão". Não se quedava a pensar sobre as realidades passageiras da vida terrena; preferia contemplar a morte e a eternidade. Ele via as coisas que são permanentes, e vivia como "... quem vê aquele que é invisível" (Hebreus 11:27). Foi isso que lhe transmitiu forças para prosseguir. Outro tanto sucedeu, igualmente, com todos aqueles outros heróis, que foram avançando. Escreve Paulo aos colossenses: "Pensai nas coisas lá do alto, não nas que são aqui da terra" (Colossenses 3:2). Porventura essa recomendação não nos faz sentir condenados? Não faz parecer insensata toda a nossa constante preocupação com as ninharias deste mundo, e tudo o que nele existe? Ora, sabemos perfeitamente bem que tudo isso haverá de desvanecer e desaparecer, mas quão raramente contemplamos aquelas realidades invisíveis! Diz Cristo, porém: "Regozijai-vos e exultai, porque é grande o vosso galardão nos céus".

No que consiste esse galardão? Bem, a verdade é que a Bíblia não revela muita coisa sobre essa verdade, e isso devido a uma ótima razão. Trata-se de uma verdade tão gloriosa e admirável que a nossa linguagem humana forçosamente quase é obrigada a detratar de seu resplendor. Como você há muito deve ter percebido, a própria linguagem dos homens está poluída. Consideremos o vocábulo "amor". Os homens o aviltaram, transmitindo com o mesmo uma falsa impressão. A mesma coisa se dá com muitas outras expressões ou palavras, como "glória", "resplendor" e "regozijo". Por conseguinte, há um sentido em que a própria Bíblia é impedida de falar-nos sobre o céu, porquanto haveríamos de entendê-la erroneamente. Sem embargo, a Bíblia nos diz algo parecido com o seguinte. Havemos de ver ao Senhor como Ele é, adorando-O em Sua gloriosa presença. Os nossos próprios corpos mortais serão transformados e glorificados, e desconhecerão então qualquer mazela ou enfermidade. Desaparecerão a tristeza e os gemidos; todas as lágrimas serão enxutas. Tudo transcorrerá em glória perpétua. Não haverá mais guerras e nem rumores de guerras; não haverá mais separação, nem infortúnio, e nem coisa alguma capaz de arrastar pela lama o ser humano, tornando-o um infeliz, nem mesmo por um segundo!

Alegria pura, glória, santidade, pureza e maravilha! Isso é o que está esperando por nós. Esse é o seu destino bem como o meu, em Jesus Cristo, tão certamente quanto estamos vivos neste momento. Quão néscios somos, por não passarmos nosso tempo meditando acerca dessas realidades celestiais! Oh, quanto nos aferramos a este mundo infeliz e desafortunado e deixamos de pensar e meditar sobre aquelas realidades lá do alto! Se somos crentes, então todos estamos caminhando naquela direção, para aquela glória e pureza, felicidade e alegria sem iguais. "Regozijai-vos e exultai." E quando as pessoas porventura forem grosseiras, cruéis e zombeteiras, ou então quando formos perseguidos, isto é o que deveríamos dizer a nós mesmos: "Ah, que gente infeliz é essa! Fazem essas coisas porque não conhecem a Cristo, e porque também não me compreendem". Se me perseguem, incidentalmente estão provando somente que eu pertenço ao Senhor, que estou indo para a companhia dEle, para compartilhar desse tão profundo júbilo com Ele. Portanto, longe de ficarmos ressentidos e de querermos revidar, ou de nos sentirmos deprimidos, tudo isso só nos deveria deixar cônscios de toda a glória que nos espera. Nossa futura alegria é indizível e cheia de glória. Mas tudo isso é apenas temporário e passageiro; e coisa alguma é capaz de afetar o futuro celestial. Assim sendo, cumpre-me agradecer a Deus pelo que estou sofrendo, porquanto, conforme Paulo salientou, isto "... produz para nós eterno peso de glória, acima de toda comparação" (II Coríntios 4:17).

Quão frequentemente você costuma meditar sobre o céu, rejubilando-se nessa meditação? Isso lhe infunde algum senso de estranheza e temor, como também, por assim dizer, o desejo de evitar tais realidades? Se assim sucede, seja em que grau for, então temo que você terá de confessar-se culpado de estar vivendo em nível espiritual baixo demais. Os pensamentos a respeito do céu deveriam encher-nos de regozijo e exultação. A verdadeira vida cristã assemelha-se à experiência de Paulo, o qual declarou: "Porquanto, para mim, o viver é Cristo, e o morrer é lucro" (Filipenses 1:21). Por qual razão? Porque estar com Cristo "é incomparavelmente melhor" (Filipenses 1:23), pois então haveremos de vê-Lo e de ser como Ele é. Meditemos mais frequentemente sobre essas realidades, lembrando-nos constantemente de que, se estamos em Cristo, então essas maravilhas estão à nossa espera. Deveríamos anelar por elas acima de qualquer outra coisa. Por conseguinte, "regozijai-vos e exultai, porque é grande o vosso galardão nos céus".

Capítulo XIV
O SAL DA TERRA

Chegamos agora a uma nova seção do Sermão do Monte. Nos versículos três a doze, nosso Senhor vinha delineando o caráter do crente. Mas aqui, no versículo treze, Ele vai adiante e começa a aplicar as descrições que apresentara. Tendo considerado o que o crente é, passamos agora a considerar de que maneira o crente deveria manifestar a sua nova natureza. Ou, se você assim o preferir, tendo tomado conhecimento do que somos, agora devemos começar a considerar aquilo que devemos ser.

O crente não é uma pessoa que vive isolada. Ele está no mundo, embora não pertença ao mundo; e ele mantém certa relação para com o mundo. Nas Escrituras sempre podemos observar esses dois fatores correndo paralelos um ao outro. Ao crente é recomendado que ele precisa ter uma mente e uma perspectiva diferentes das dos homens deste mundo; todavia, isso jamais significa que ele deve retirar-se da vida ativa deste mundo. Esse tem sido o mais notável erro do monasticismo, o qual ensinava e ensina que viver a vida cristã significa, necessariamente, separar-se o indivíduo da sociedade e passar a viver contemplativamente. Ora, esse é um conceito negado por toda a parte nas Escrituras, e em lugar algum mais peremptoriamente do que no versículo que estamos estudando, onde nosso Senhor extrai as implicações daquilo que Ele já havia declarado. Pode-se notar que no segundo capítulo de sua primeira epístola, Pedro faz exatamente a mesma coisa. Diz ele: "Vós, porém, sois raça eleita, sacerdócio real, nação santa, povo de propriedade exclusiva de Deus, a fim de proclamardes as virtudes daquele que vos chamou das trevas para a sua maravilhosa luz" (I Pedro 2:9).

Neste ponto, encontramos precisamente essa ideia. Somos humildes de espírito, somos misericordiosos, mansos, temos fome e sede de justiça a fim de que, em certo sentido, possamos ser "o sal da terra". Portanto, temos passado da contemplação do caráter do crente para a consideração da função e do propósito do crente no mundo, dentro da mente e do propósito de Deus. Em outras palavras, nos versículos que seguem imediatamente somos mui claramente informados a respeito da relação entre o crente e o mundo em geral.

Quanto a certos aspectos, podemos dizer que essa questão da função do crente no mundo atual é uma das mais urgentes questões com que se defrontam a Igreja e o crente individual nesta nossa época. Como é evidente, trata-se de tema extremamente vasto, que de muitas maneiras é difícil de ser apreendido e solucionado. Não obstante, as Escrituras abordam esse tema com plena clareza. No versículo que ora consideramos, encontramos uma bem característica exposição do ensinamento bíblico no que concerne a esse problema. E afirmo que se trata de um ensino importante, em face da situação mundial vigente. Conforme pudemos averiguar em nossas considerações sobre os versículos dez e onze deste capítulo de Mateus, é perfeitamente possível que esse venha a tornar-se o mais urgente problema para nós todos. Vimos que há enormes possibilidades de termos de enfrentar perseguição, portanto, na medida em que se for agravando o pecado no mundo, mais provavelmente a Igreja poderá vir a sofrer perseguição. De fato, conforme estamos informados, muitos crentes no mundo de hoje já estão passando por tão amarga experiência. Sem importar quais sejam, exatamente, as nossas condições do momento, é conveniente que meditemos atentamente sobre a questão, a fim de podermos orar com inteligência em favor de nossos irmãos afligidos, e também a fim de ajudá-los por meio de conselhos e instruções apropriados. Inteiramente à parte da perseguição, na verdade, essa questão da função do crente no mundo é da maior urgência, porque até mesmo em nosso país, e agora mesmo, ela tem sido levantada. Qual deve ser, portanto, a relação entre o povo crente, por um lado, e a sociedade e o mundo, por outro lado? Estamos no mundo; e não podemos evitar essa realidade. Mas a questão vital é esta: Que nos compete fazer a respeito disso? Que nos convém fazer nessa conjuntura, como crentes que somos? Certamente que esse é um assunto de interesse vital, o qual merece a nossa atenta consideração. Neste versículo encontramos a resposta para essa indagação. Em primeiro lugar, pois, consideremos o que o nosso texto diz a respeito do mundo; e depois poderemos considerar o que o texto ensina no tocante ao crente e ao mundo.

"Vós sois o sal da terra." Ora, essas palavras não encerram apenas uma descrição do crente; mas também, implicitamente, elas envolvem uma descrição do mundo em que o crente está. E o mundo, nesse caso, mais do que nunca precisa ser entendido como a humanidade em geral, a humanidade que ainda não foi regenerada em Cristo. Qual, pois, é a atitude da Bíblia em relação ao mundo? Na verdade, não podemos tolerar incertezas no tocante ao ensino bíblico a esse respeito. Temos chegado aqui àquele que, sob muitos aspectos, é o problema crucial de nosso século XX, sem dúvida um dos mais interessantes períodos que o mundo jamais conheceu. Não hesito em afirmar que nunca houve século que tanto se assemelhe ao retrato que a Bíblia faz do mundo como o nosso. É um século trágico, e trágico especialmente porque a sua própria maneira de viver tem desmentido e demolido por terra a sua própria filosofia favorita.

Como você deve saber, nunca houve um período durante o qual se esperasse alguma coisa com maior expectação. É deveras patética a leitura dos prognósticos dos pensadores (assim intitulados), dos filósofos, dos poetas e dos líderes políticos que viveram perto dos fins do século passado. Quanta tristeza é a nossa ao notarmos o otimismo fácil e confiante que eles manifestaram, ao notarmos quantas excelências eles esperavam do século XX, a era áurea vindoura, segundo eles pensavam. Tudo quanto prognosticavam estava alicerçado sobre a teoria da evolução, não somente no sentido biológico, mas em sentido mais verdadeiro ainda no campo filosófico. A ideia predominante era que a vida inteira estava inexoravelmente progredindo, desenvolvendo-se e aprimorando-se. Era isso que eles nos diziam, no sentido puramente biológico; o homem teria evoluído a partir do animal, e atingira um certo estágio de desenvolvimento. Não obstante, tal avanço era mais ressaltado nos campos da mente, do pensamento e da perspectiva inteira da humanidade. As guerras seriam abolidas, as enfermidades seriam erradicadas, o sofrimento não seria apenas aliviado, mas, finalmente, haveria de desaparecer. O século XX seria um século em tudo admirável. A maioria dos problemas humanos, segundo esperavam eles, seria solucionada, pois, finalmente, o homem realmente aprendera a pensar. As massas populacionais, através de uma correta educação, não mais se entregariam ao alcoolismo, à imoralidade e aos vícios. E então, quando todas as nações estivessem educadas dessa maneira, tornando-se capazes de refletir e de sentar-se em torno da mesa de conferências, ao invés de se engalfinharem em luta armada, em pouco tempo o mundo inteiro haveria de ser transformado em um paraíso. Isso não era caricaturar a situação; e muitos acreditavam firmemente em tal possibilidade. Mediante atos parlamentares, e através de conferências internacionais, todos os grandes problemas do mundo encontrariam solução, porquanto agora, finalmente, o homem havia começado a usar a sua mentalidade.

Em nossos próprios dias, entretanto, não são muitas as pessoas que continuam crendo nessa utopia. Ocasionalmente ainda se acham vestígios desse conceito, em alguns círculos, mas é indubitável que tal opinião nem mesmo precisa ser contestada nos dias em que vivemos. Lembro-me de que quando comecei a pregar, muitos anos atrás, ao começar a asseverar o contrário dessa opinião que se popularizara, por muitas vezes fui reputado um estranho fenômeno, um pessimista, alguém que acreditava em uma teologia ultrapassada. Naquele tempo prevalecia por toda parte o otimismo liberal, apesar do abalo da Primeira Guerra Mundial. Contudo, as coisas agora mudaram. A falácia de todas aquelas ideias já foi reconhecida por todos os pensadores sérios, e livro após livro é publicado com o intuito de derrubar por terra toda aquela confiante ideia de um inevitável progresso humano.

Ora, a Bíblia sempre ensinou o que aqui expomos, conforme foi expresso tão perfeitamente por nosso Senhor, quando Ele disse: "Vós sois o sal da terra". O que isso nos leva a compreender? Essas palavras claramente subentendem a podridão deste mundo; subentendem a tendência à poluição e à imundícia mais ofensiva. Isso é o que a Bíblia tem a dizer sobre este mundo. O mundo é decaído, é pecaminoso e é mau. Inclina-se para a maldade e para o conflito armado. Assemelha-se à carne que tende por putrefazer-se e ficar poluída de germens. Parece-se com algo que só pode ser mantido puro através de preservativos ou antissépticos. Em resultado do pecado e da queda do homem, a vida, no mundo em geral, tende por piorar até ficar pútrida. De conformidade com as Escrituras, essa é a única perspectiva sã e correta pela qual se pode contemplar a humanidade. Longe do mundo e da vida humana tenderem por aprimorar-se, acontece exatamente o contrário. Este mundo, entregue a si mesmo, é algo que só tende por supurar. Existem esses micróbios da maldade, esses germens, esses agentes infecciosos e esses bacilos no próprio corpo da humanidade; e, a menos que sejam neutralizados, causarão enfermidades graves. Esse é um ponto obviamente primário e fundamental. A nossa perspectiva em relação ao futuro deve ser determinada por esse fato. E se você conservá-lo em mente, então perceberá com grande clareza o que vem acontecendo em nosso próprio século. Portanto, em determinado sentido, nenhum crente deveria ficar atônito diante de todos esses acontecimentos. Se essa colocação da Bíblia está com a razão, então o que seria surpreendente seria que o mundo viesse a tornar-se tão bom como alguns preconizam, pois dentro de sua própria vida e natureza o mundo manifesta essa tendência para a putrefação.

As Escrituras estão repletas de intermináveis ilustrações a esse respeito. Vemos que isso ocorre desde o primeiro livro da Bíblia. Embora Deus tenha criado um mundo perfeito, devido à entrada do pecado começou a manifestar-se, de imediato, esse elemento de malignidade, de poluição. Leia-se Gênesis 6, e ali se ouvirá Deus dizendo: "O meu Espírito não agirá para sempre no homem, pois este é carnal" (Gênesis 6:3). A poluição ficou tão densa que Deus teve de mandar o dilúvio. Após essa ocorrência houve um novo começo; mas esse mesmo princípio maligno continuou operando, e assim chegou à época de Sodoma e Gomorra, com sua pecaminosidade quase inconcebível. Essa é a narrativa que as Escrituras constantemente nos apresentam. Essa persistente tendência para a putrefação insiste em manifestar-se.

Ora, como é evidente, isso deveria controlar toda a nossa maneira de pensar, bem como todas as nossas propostas concernentes à vida neste mundo, e até mesmo em relação ao futuro. A pergunta que se manifesta tão teimosa, nas mentes de um imenso número de pessoas, nestes nossos dias, é a seguinte: O que o futuro reserva para nós? E, como é patente, se não começarmos a manter essa doutrina bíblica bem no centro de nossa maneira de pensar, todas as nossas predições forçosamente serão falsas. O mundo é mau, pecaminoso e maligno; e qualquer otimismo com relação ao mundo não somente é uma atitude totalmente antibíblica como também é contestada pela própria história do mundo.

Examinemos, sem embargo, o segundo aspecto dessa declaração de Jesus, aspecto esse ainda mais importante do que o primeiro. O que isso tem a dizer sobre o crente que vive no mundo, nesse mundo que estamos considerando? Cristo disse que o crente é semelhante ao sal: "Vós, e somente vós" – pois essa é a ênfase do texto – "sois o sal da terra". Que pretende dizer-nos tal afirmativa? A primeira coisa é precisamente aquilo de que temos sido relembrados, ao considerarmos as bem-aventuranças. Precisamos ser diferentes dos homens deste mundo. Não temos necessidade alguma de repisar sobre esse ponto; é algo perfeitamente óbvio para nós. O sal é essencialmente diferente do material ao qual é aplicado, e, em certo sentido, exerce todas as suas virtudes exatamente por causa dessa diferença. É conforme nosso Senhor exprimiu aqui: "... ora, se o sal vier a ser insípido, como lhe restaurar o sabor? Para nada mais presta senão para, lançado fora, ser pisado pelos homens". A própria característica fundamental do sal proclama uma grande diferença, porque, mesmo em pequenas quantidades, em relação à matéria a ser salgada, o sal exerce uma imensa diferença. A menos que compreendamos isso perfeitamente, nem teremos começado a pensar corretamente a respeito da nossa vida cristã. O crente é uma pessoa essencialmente diferente de todas as outras criaturas humanas. Ele é tão diferente delas como o sal difere do material ao qual é aplicado. É tão diferente delas como o sal é diferente do ferimento sobre o qual é passado. Essa diferença externa, apesar de óbvia, precisa ser enfatizada e ressaltada.

Todavia, ao crente cabe não somente ser diferente, cumpre-lhe gloriar-se nessa diferença. O crente deve ser tão diferente dos seus semelhantes incrédulos como nosso Senhor Jesus Cristo era claramente diferente das pessoas do mundo no qual vivia. O crente é uma espécie separada, inigualável, destacada de indivíduo. Nele deve existir alguma coisa que o distinga de todas as outras pessoas, alguma coisa que possa ser patente e inequivocamente reconhecida. Que cada um de nós, por conseguinte, examine-se a si mesmo quanto a essa questão.

Entretanto, passemos a considerar mais diretamente a função desempenhada pelo crente. É nesse particular que a questão em foco envolve certa dose de dificuldade, tornando-se motivo de controvérsias. A mim parece que a primeira coisa que nosso Senhor enfatizou foi que uma das funções primordiais do crente, em relação à sociedade em geral, é uma função puramente negativa. Ora, qual é a função específica do sal? Existem aqueles que responderiam dizendo que essa função consiste em emprestar higidez à matéria a ser salgada, ou seja, o sal teria uma função transmissora de vida, de saúde e preservação. Para mim, todavia, isso parece refletir um sério mal-entendido a respeito da utilização do sal. A função do sal não consiste meramente em transmitir higidez; pelo contrário, consiste em impedir a putrefação. A principal função do sal é a de preservar, agindo como um antisséptico. Tomemos, para exemplificar, um pedaço de carne. À sua superfície existem determinados germens, como talvez na massa mesma de sua substância, derivados do próprio animal ou adquiridos na atmosfera; e isso ameaça aquele pedaço de carne com a decomposição. Ora, a função do sal consiste em preservar aquele pedaço de carne, impedindo a atuação daqueles agentes no apodrecimento da carne. A função mais destacada do sal, por conseguinte, é uma função negativa, e não positiva. Como é patente, temos aqui um postulado eminentemente fundamental. Todavia, essa não é a única função do crente neste mundo, porquanto, conforme verificaremos mais adiante, também cumpre a nós ser luz do mundo. Não obstante, em primeira instância, esse é o nosso efeito sobre o mundo, na qualidade de crentes. Tenho indagado a mim mesmo por quantas vezes temos concebido o nosso papel no mundo, como agentes que estão aqui a fim de impedir esse processo particular de putrefação e decadência.

Uma outra função do sal, e esta subsidiária, é prover sabor, impedindo que o alimento fique insosso. Não há que duvidar que essa é também uma das funções do sal (se é função certa ou não, não me compete argumentar aqui), e é deveras interessante examinarmos a questão. De acordo com essa afirmação, portanto, a vida neste mundo tornar-se-ia insípida sem o cristianismo bíblico. Porventura o mundo atual não nos mostra exatamente isso? Consideremos a mania atrás dos prazeres. É evidente que as pessoas estão sentindo que esta vida é embotada e enfadonha, razão pela qual buscam sofregamente esta ou aquela outra forma de diversão. Sem embargo, o crente não precisa desses entretenimentos, porque ele já dispõe do sabor da vida – a sua fé cristã. Se o cristianismo fosse retirado desta vida e deste mundo, quão insípida tornar-se-ia esta existência terrena, especialmente quando os homens chegam à idade avançada ou no leito de enfermidade mortal. A vida perderia toda a graça; e é por isso que tantas pessoas têm de drogar-se das mais diversas maneiras, porque estão à cata de algum sabor na vida.

Isso posto, primariamente e acima de tudo o crente deveria funcionar nessa categoria. Porém, como é que um crente pode fazer isso? É aqui que nos deparamos com a grande resposta para essa indagação. Em primeiro lugar, eu gostaria de expressar o ponto de acordo com aquilo que considero ser o ensino positivo do Novo Testamento. Então passaremos a considerar determinadas críticas. Penso que é aqui que encontramos a distinção vital entre a igreja como tal e o crente individual. Existem aqueles que dizem que o crente deveria agir como o sal da terra por intermédio dos pronunciamentos da igreja, no que concerne à situação geral do mundo, no que concerne à política, no que concerne às questões econômicas e internacionais, além de outras coisas desse tipo. Não há que duvidar que, em muitas igrejas, se não mesmo na maioria delas, é dessa maneira que o presente texto seria interpretado. As pessoas fazem denúncias contra o comunismo e opinam sobre a guerra, sobre a situação internacional e sobre outros problemas dessa mesma natureza. Afirmam elas que o crente opera como o sal da terra dessa maneira geral, quando tece comentários a respeito das condições do mundo.

Ora, conforme entendo as coisas, esse é um seríssimo mal-entendido no que toca ao ensino escriturístico. Desafio mesmo que qualquer pessoa prove que tal ensino existe no Novo Testamento. Mas aquelas pessoas voltam à carga, dizendo: "Ah, mas é que esse ensino se depreende dos profetas do Antigo Testamento". Sim, mas a réplica a isso é que, no Antigo Testamento, a Igreja era a nação de Israel, e não havia então qualquer diferenciação entre a Igreja e o estado. Por conseguinte, os profetas tiveram de dirigir-se à nação inteira, falando nesses termos, acerca de todos os aspectos da vida diária, ao passo que a Igreja do Novo Testamento não pode ser identificada com qualquer nação ou agrupamento de nações. E o resultado disso é que jamais se vê o apóstolo Paulo, ou qualquer outro dos apóstolos, comentando sobre o governo do império romano; eles nunca são vistos a enviar resoluções à corte imperial, a fim de que isto ou aquilo fosse providenciado. Não, isso jamais pode ser detectado nas atividades da igreja, segundo os moldes neotestamentários.

Assim sendo, estou sugerindo que o crente deve atuar como o sal da terra em um sentido muito mais individual. Ele age dessa forma através de sua vida como indivíduo e através do seu caráter, simplesmente por ser o homem que ele é, em cada esfera na qual porventura se encontre. Por exemplo, um grupo de pessoas pode estar conversando de alguma maneira menos digna. Subitamente um crente aproxima-se do grupo, e imediatamente a presença dele surte um determinado efeito. O crente não profere nem uma palavra sequer, mas prontamente as pessoas modificam a sua linguagem. Destarte, ele já estará agindo como sal, já estará controlando as tendências humanas para a putrefação e para a poluição. Basta-lhe ser um crente, portanto, através de sua vida, de seu caráter e de seu comportamento em geral, já estará controlando aquele mal que se manifestava entre aquelas pessoas. Assim atua o crente, em cada esfera da existência e em cada situação da vida. Ora, o crente pode fazer isso não somente em particular, em seu próprio lar, em sua oficina ou escritório, ou onde quer que esteja no momento; mas também na qualidade de cidadão do país onde vive. É aí que essa distinção se reveste de particular importância, pois todos tendemos por passar de um erro extremo para outro em algumas destas questões. Existem aqueles que dizem: "Sim, você está com a razão. Não faz parte das atribuições da igreja, como igreja, ficar intervindo nas questões políticas, econômicas e sociais deste mundo. O que quero dizer é que o crente jamais deveria ter algo a ver com esses particulares; o crente não deveria manifestar-se quanto às suas preferências políticas, nada deveria ter a ver com o controle dos problemas da sociedade". Entretanto, para mim isso também não passa de uma falácia; pois o crente, na qualidade de indivíduo, como cidadão de algum estado, precisa interessar-se por essas coisas. Pensemos em determinados grandes homens, como o Conde de Shaftesbury, além de outros, os quais, na qualidade de crentes e de cidadãos em particular, muito trabalharam em conexão com os Factory Acts (Leis Trabalhistas), na Inglaterra. Pensemos, igualmente, em William Wilberforce, e tudo quanto ele realizou no terreno da abolição da escravatura. Na qualidade de cidadãos de um país qualquer, faz parte de nossos deveres agirmos como cidadãos, e assim atuarmos como o sal atua, posto que indiretamente, quanto a muitos aspectos desta vida. Porém, isso é algo muito diferente da própria igreja imiscuir-se nessas atividades.

Alguém poderia perguntar: "Por que você estabelece tais distinções?" Seja-me permitido dar resposta a essa indagação. A tarefa primária da igreja consiste em evangelizar e pregar o Evangelho. Consideremos a questão pelo seguinte prisma. Se a igreja cristã de nossos dias desperdiça quase todo o seu tempo denunciando o comunismo, parece-me que o principal resultado disso é que os comunistas não se inclinarão por dar ouvidos à pregação do Evangelho. Se a igreja fica sempre a denunciar algum segmento particular da sociedade, ela estará fechando as portas da evangelização àquele segmento. Todavia, se adotarmos o ponto de vista do Novo Testamento sobre essas questões, teremos de acreditar que os comunistas também têm uma alma que precisa ser salva, exatamente como a alma de quaisquer outros indivíduos. Por ser um pregador do Evangelho e representante da igreja, o meu dever é evangelizar a todas as variedades de classes de homens e mulheres. Contudo, no instante mesmo em que a igreja começa a intervir nas lides políticas, sociais e econômicas, ela já começou a atrapalhar-se, a entravar-se quanto à tarefa evangelizadora da qual foi incumbida por Deus. A partir desse momento ela não mais poderá dizer que "não conheço a alguém segundo a carne"; e, assim sendo, estará pecando. Permita-se ao crente individual desempenhar seu papel de cidadão, e que pertença a qualquer partido político que for de sua preferência. Isso é algo que só ao indivíduo cabe decidir. Todavia, como igreja que é, a igreja não pode intrometer-se e nem preocupar-se com tais questões. Nossa tarefa consiste em pregarmos o Evangelho, apresentando a mensagem de salvação a todos os homens. Graças a Deus, os comunistas são passíveis de conversão e de salvação. À igreja compete preocupar-se com o pecado, em todas as suas manifestações, e o pecado pode ser tão abominável em um capitalista quanto o é em um comunista; pode ser tão abominável em um rico quanto o é em um pobretão; e pode manifestar-se em todas as classes, em todos os tipos e em todos os agrupamentos humanos.

Uma outra maneira através da qual opera esse princípio pode ser vista no fato que, após cada grande despertamento e reforma que tem havido no seio da igreja, a sociedade inteira tem podido colher os benefícios daí advindos. Basta que se leiam as narrativas de todos os grandes reavivamentos, e isso pode ser constatado. Por exemplo, no reavivamento que teve lugar sob a liderança de Richard Baxter, em Kidderminster, não somente foram reavivados os próprios membros das igrejas, mas também inúmeras pessoas, que viviam no mundo, converteram-se e passaram a engrossar as fileiras da Igreja. Outrossim, a vida inteira daquela cidade foi afetada, e assim o mal, o pecado e os vícios puderam ser postos sob controle. Isso aconteceu não porque a igreja estivesse denunciando essas coisas, não porque a igreja tivesse persuadido os homens do governo a tomarem decisões parlamentares, mas antes, devido à pura influência exercida por crentes individuais. As coisas sempre ocorreram dessa forma. Assim sucedeu, igualmente, nos séculos XVII e XVIII, bem como no princípio deste nosso século, no reavivamento que houve nos anos de 1904 e 1905. Os crentes, pelo simples fato de serem crentes, influenciam a sociedade de maneira quase automática.

Podem-se colher provas desse fato tanto nas Escrituras quanto na História da Igreja. No Antigo Testamento, após cada reforma e reavivamento, houve esse benefício geral estendido à sociedade. Consideremos, igualmente, a Reforma Protestante, e ali descobriremos de imediato que todos os aspectos da vida diária foram por ela afetados. A mesma coisa se deu no caso da reforma liderada pelos puritanos da Inglaterra. Não me refiro a atos parlamentares que porventura os puritanos tivessem realizado, e, sim, à sua maneira geral de viver, como crentes que eram. Os mais competentes historiadores pronunciam-se uníssonos e dizem que, sem a menor sombra de dúvida, o que impediu a Inglaterra de atravessar um período de revoluções como aquele experimentado pela França, no fim do século XVIII, não foi outra coisa senão o reavivamento evangélico. E isso não resultou de qualquer coisa que tivesse sido feita diretamente, mas porque uma multidão de pessoas tornaram-se crentes, começaram a viver vidas melhores e foram dotadas dessa visão superior das coisas. E assim foi afetada toda a situação política; e os grandes atos parlamentares aprovados no século passado, foi devido, quase exclusivamente, ao fato que havia tão elevado número de crentes individuais na Inglaterra.

Finalmente, o atual estado da sociedade e do mundo não é uma perfeita comprovação desse princípio? Penso que podemos dizer, sem medo de errar, que, durante os últimos cinquenta anos, a Igreja cristã tem dedicado maior atenção direta às questões políticas e sociais do que em todos os cem anos anteriores. Tem havido toda aquela conversa a respeito das aplicações sociais do cristianismo. Têm sido feitos pronunciamentos e têm sido tomadas resoluções com sugestões aos governos de vários países, por parte de assembleias gerais de diversas denominações. Todos nós nos temos mostrado tão tremendamente interessados pela aplicação prática! Porém, qual tem sido o resultado disso tudo? Ninguém pode duvidar daquilo que aqui dizemos. O resultado disso tudo tem sido que estamos vivendo em uma sociedade muito mais imoral do que há cinquenta anos, pois atualmente os vícios, a iniquidade e a transgressão às leis são excessivos. Porventura não ficou claro, até hoje, que ninguém pode obter os resultados almejados exceto em consonância com as normas bíblicas? Embora tentemos produzir esses resultados, atuando diretamente na aplicação desses princípios, acabamos descobrindo sempre que não podemos realizar o feito. A principal dificuldade é que há um número por demais reduzido de pessoas verdadeiramente convertidas, e que aquelas que são crentes não exibem as qualidades que são simbolizadas pelo sal com intensidade suficiente. Não quero dizer com isso que deveríamos ser agressivos; mas estou pensando em crentes num sentido mais verdadeiro. Por semelhante modo, precisamos admitir que não nos tem acontecido que, ao entrarmos em um recinto, outras pessoas imediatamente passem a controlar a sua linguagem e conversação em geral, somente pelo fato de havermos chegado ali. É nesse particular que estamos falhando mais lamentavelmente. O indivíduo verdadeiramente santificado irradia certa influência pessoal; essa influência permeia e penetra em qualquer grupo de pessoas entre as quais tal pessoa porventura esteja. Mas a dificuldade é que o nosso sal tem perdido o seu sabor, em grande número de instâncias; e não mais estamos influenciando e controlando nossos semelhantes incrédulos por sermos "santos", conforme deveríamos estar fazendo. Embora a igreja continue a fazer pronunciamentos solenes a respeito da guerra e da política, bem como a respeito de outros grandes temas, o indivíduo comum não se sente afetado por tais declarações. Não obstante, quando um homem trabalha como simples operário, mas é um crente autêntico, cuja vida tenha sido salva e ele esteja sendo transformado pelo Espírito Santo, então tal homem afeta todas as pessoas ao seu redor.

É dessa maneira que podemos agir como o sal da terra, em uma época como a nossa. Não se trata de algo a ser realizado pela igreja cristã em geral; mas é algo a ser feito pelo crente individual. Deve-se pensar aqui no princípio da infiltração celular. Pequena quantidade de sal pode afetar uma volumosa massa. Por causa da sua qualidade essencial, de algum modo o sal acaba por permear tudo. Ao que me parece, essa é a grande convocação que nos está sendo lançada nestes nossos dias. Contemplemos a vida; contemplemos a sociedade deste mundo. Não está tudo obviamente estragado? Contemplemos a decadência que se vai estabelecendo entre todas as classes. Contemplemos essa horrível onda de separações e divórcios, essa falta de seriedade a respeito das questões mais santas da vida, esse incremento do alcoolismo e dos assaltos armados. Aí estão os nossos mais graves problemas, e é evidente que os homens não têm podido encontrar solução para os mesmos através de atos parlamentares. Artigos de jornal em nada parecem afetar esses problemas. De fato, coisa alguma é capaz de atingi-los, salvo a presença de um número crescente de crentes individuais, os quais possam controlar a putrefação, a poluição, a podridão, a maldade e os vícios. Cada um de nós, em seu próprio círculo de atividades, precisa controlar assim esse processo de decadência, e a massa inteira poderá ser assim preservada.

Que Deus nos proporcione graça para nos examinarmos a nós mesmos, à luz dessa simples proposição. A grande esperança da sociedade atual consiste em um número cada vez maior de crentes individuais. Que a Igreja de Deus concentre os seus esforços nesse particular, não desperdiçando tempo e energias em questões que estejam fora de sua área. Que o crente individual certifique-se de que possui essa qualidade essencial representada pelo sal, e que, por causa daquilo que o crente é, sirva ele de repressor, de controle, de antisséptico que atue sobre a sociedade, preservando-a de uma imundícia inundante, que talvez equivalha ao retorno à Idade Média, a era das trevas. Antes do reavivamento metodista, a vida, na cidade de Londres, conforme se depreende das obras escritas naquela época e desde então, era quase inconcebível, com o seu alcoolismo, os seus vícios e as suas imoralidades. Porventura não corremos o perigo de retornar àquelas péssimas condições sociais? Nossa geração inteira não está decaindo visivelmente em sua moral? Somente você, eu e outras pessoas como nós, pessoas crentes, é que podemos impedir tal estado de coisas. Que Deus nos propicie graça para cumprirmos o nosso papel. Que o Senhor desperte em nós o dom que nos deu, tornando-nos pessoas tais que, verdadeiramente, sejamos semelhantes ao próprio Filho de Deus, influenciando a todos quantos entrarem em contato conosco.

Capítulo XV
A LUZ DO MUNDO

Não há que duvidar que no versículo 14 encontramos uma das mais espantosas e extraordinárias declarações acerca do crente dentre as que já foram emitidas, incluindo as afirmações feitas pelo próprio Senhor e Salvador Jesus Cristo. Ao considerarmos o cenário onde se deu essa declaração e lembrarmos para quem nosso Senhor dirigiu essas palavras, então elas tornam-se realmente notáveis. É uma declaração repleta de significação, com profundas implicações no que tange à compreensão da natureza da vida cristã. Por assim dizer, uma das grandes características da verdade bíblica é que ela é capaz de comprimir o conteúdo inteiro de nossa posição cristã em uma única mas expressiva declaração como a deste versículo. "Vós", disse nosso Senhor, volvendo os olhos para aqueles homens simples, inteiramente destituídos de importância, segundo o mundo pensava: "Vós sois a luz do mundo" (Mateus 5:14). Essa é uma daquelas afirmativas que sempre deveria surtir sobre nós o efeito de fazer-nos levantar a cabeça, levando-nos a perceber, uma vez mais, quão notável e glorioso é sermos crentes. Por isso mesmo, como é natural, essa declaração torna-se, como de resto tornam-se todas as declarações desse tipo, um excelente e completo teste de nossa posição e experiência cristãs. Todas as assertivas assim feitas sobre o crente sempre revertem a nós sob essa forma, e sempre deveríamos ter o cuidado de verificar que elas exerçam sobre nós esse efeito exato. A palavra "vós", que lemos nessa declaração, aponta diretamente para cada um de nós, pessoas regeneradas. O perigo constante é que leiamos uma declaração como essa e fiquemos pensando em alguma outra pessoa, como os cristãos primitivos ou o povo evangélico em geral. Porém, se realmente nos consideramos crentes, é a nós que ela se refere.

Uma declaração dessa natureza, obviamente requer uma análise pormenorizada. Antes de nos lançarmos a tal tentativa, todavia, queremos considerá-la segundo os seus aspectos gerais, procurando extrair dela algumas de suas mais óbvias implicações.

Em primeiro lugar, averiguemos a declaração em seu sentido ou reivindicação negativa. Pois a força real dessa afirmação é a seguinte: "Vós, e vós somente, sois a luz do mundo". A palavra "vós" acha-se em posição enfática, envolvendo essa sugestão. Ora, de imediato percebe-se que certas coisas ficaram implícitas nessa declaração. A primeira delas é que o mundo está em trevas. Na realidade, essa será sempre uma das primeiras asserções que o Evangelho cristão tem para fazer. Talvez não haja outro ponto onde se possa perceber, de forma mais clara, esse forte contraste entre o ponto de vista cristão da vida, e todos os demais pontos de vista, do que em um versículo como este. O mundo não cessa de referir-se à sua própria iluminação, ou saber. Essa é uma das expressões favoritas do mundo, mormente desde a Renascença, nos séculos XV e XVI, época em que os homens começaram a interessar-se novamente pelo conhecimento organizado. Todos os pensadores opinam que aquele foi um momento crucial da história do mundo, uma grande linha divisória na história da civilização, e todos eles concordam que a civilização moderna, como você e eu estamos informados, realmente começou naquela oportunidade. Houve uma espécie de renascimento do conhecimento e da erudição. Os clássicos gregos foram redescobertos; e seu ensino e conhecimentos, em um sentido puramente filosófico, mas, ainda mais, em um sentido científico, realmente emergiram e começaram a controlar a vida e a perspectiva geral de grande número de pessoas.

Além disso, conforme você deve saber, houve um reavivamento similar no século XVIII, o qual recebeu essa sugestiva designação de "A Iluminação". Qualquer pessoa que se interesse pela História Eclesiástica, pela história da fé cristã, precisa levar em conta esse movimento cultural. Em certo sentido esse foi o começo do ataque contra a autoridade das Escrituras Sagradas, porquanto situava a filosofia e o pensamento humano na posição da autoritativa revelação divina, e na declaração da verdade divina ao homem. Ora, essa situação vem tendo prosseguimento até aos nossos próprios dias, e o ponto que estou procurando enfatizar aqui é que esse impulso cultural sempre se apresenta em termos de luz. E aqueles que se interessam por essa espécie de movimento sempre aludem ao mesmo pelo nome de "Iluminismo". O conhecimento, dizem eles, é aquilo que nos transmite luz, e, naturalmente, assim acontece quanto a muitos e diversos assuntos. Seria insensatez disputar essa realidade. O incremento do conhecimento a respeito dos processos da natureza e acerca das enfermidades, além de muitíssimas outras questões, tem sido simplesmente fenomenal. A obtenção de novos conhecimentos também tem projetado novas luzes sobre o funcionamento do cosmos inteiro, e isso tem conferido maior compreensão no que toca a tantos e tão diversificados aspectos da vida. Eis a razão por que é comum as pessoas se dizerem "iluminadas", em resultado do conhecimento e da cultura adquiridos. No entanto, a despeito de tudo isso, a contenção das Escrituras continua sendo: "Vós, e vós somente, sois a luz do mundo".

A Bíblia continua proclamando que o mundo, como tal, encontra-se no estado de grosseiras trevas; e a partir do momento em que alguém começa a considerar seriamente as coisas, facilmente pode comprovar que isso exprime a mais pura verdade. A grande tragédia do nosso século tem sido que os homens têm concentrado sua atenção exclusivamente sobre um dos aspectos apenas do conhecimento. Nosso conhecimento tem sido um conhecimento de coisas, de leis mecânicas, de princípios científicos, um conhecimento da vida em termos quase exclusivamente biológicos ou mecânicos. Entretanto, nosso conhecimento a respeito dos fatores reais que compõem a vida não tem aumentado sob nenhuma hipótese. Eis a razão pela qual o mundo se encontra em tão deplorável situação em nossos dias. Pois, conforme tem sido frequentemente ressaltado, a despeito de já havermos descoberto todo esse grande acúmulo de novos conhecimentos, não temos podido descobrir a questão mais importante de todas, ou seja, o que devemos fazer com nosso conhecimento. Essa é a essência do problema inteiro, no que concerne ao poder atômico de que ora dispomos. Nada há de errado com a própria descoberta da energia atômica. A tragédia consiste em que ainda não dispomos de conhecimentos suficientes que nos capacitem a saber o que nos convém fazer com esse poder, agora que já o descobrimos.

Aí reside a dificuldade. Nosso conhecimento é puramente mecânico e científico. Porém, quando retornamos aos grandes, básicos e vitais problemas da vida, os problemas do ser e da existência, não se torna evidente que aquela declaração de nosso Senhor continua exprimindo uma verdade cristalina, que o mundo se encontra em condição de trevas as mais espessas? Medite a esse respeito, no terreno da vida, da conduta e do comportamento dos homens. Existem muitos homens, dotados de profundo conhecimento, em vários departamentos do pensamento humano, que não passam de tristes fracassos em suas vidas pessoais. Consideremos o aspecto do relacionamento entre indivíduo e indivíduo. No instante mesmo em que nos jactamos do nosso vasto conhecimento, compreensão e iluminação, vemos ao nosso derredor essa trágica derrocada no campo do relacionamento humano. Esse é um dos principais problemas morais e sociais que os homens enfrentam. Observemos o quanto temos multiplicado as nossas organizações e instituições. Atualmente precisamos fornecer instruções acerca de temas sobre os quais as pessoas nunca tiveram de ser instruídas no passado. Por exemplo, atualmente é mister levar a efeito aulas de orientação matrimonial. Até ao século presente, homens e mulheres casavam-se sem qualquer necessidade desses conselhos especializados, que atualmente parecem tão essenciais. Tudo isso proclama eloquentemente que predominam as mais espessas trevas, no que concerne a grandes e momentosas questões, a saber, como o ser humano deve viver, como deve evitar o mal e o pecado, bem como tudo quanto é vil e indigno, e como viver de uma maneira limpa, reta, pura, casta e saudável. E então, quando subimos um pouco mais na escala de valores, e consideramos as relações entre grupo e grupo, uma vez mais salienta-se a mesma péssima condição, razão pela qual temos de nos defrontar com esses graves problemas industriais e econômicos. Em um nível ainda superior, consideremos as relações entre as nações. Este século, mais do que em qualquer outro, quando tanto falamos a respeito de nosso conhecimento e iluminação, está provando que o mundo se acha em um estado de inexprimíveis trevas, no que concerne a esses problemas vitais, fundamentais.

Entretanto, cumpre-nos avançar para além desses aspectos. Nosso Senhor não somente ensinou que este mundo se encontra em trevas, mas chegou ao extremo de asseverar que ninguém, exceto o crente, pode oferecer qualquer conselho útil, mediante o qual transmita conhecimento e instruções acerca dessas questões de ordem moral. Essa é a nossa reivindicação, na qual nos ufanamos como povo crente. Os maiores pensadores e filósofos sentem-se totalmente perplexos nesta nossa época; com facilidade eu poderia citar muitos autores, como prova do que aqui afirmo. Não me importa se estamos examinando o terreno da ciência pura ou o terreno da filosofia, no tocante às mais basilares questões; os escritores sentem-se inteiramente desconcertados quando tentam compreender e explicar as condições vigentes em sua própria época. Isso deve-se ao fato que a teoria predominante entre eles é que tudo o de que o homem necessita é de mais conhecimento. Eles acreditam que se o homem contasse com maior soma de conhecimentos, inevitavelmente haveria de aplicá-los, solucionando essas dificuldades. Entretanto, é evidente que o homem não está fazendo o que se espera dele. De fato, o homem possui conhecimento, mas não está aplicando o mesmo; e é precisamente aí que os "pensadores" se sentem perdidos. Não compreendem qual seja o verdadeiro problema do ser humano; não são capazes de dizer-nos o que é responsável pelo atual estado de coisas no mundo, e, menos ainda, por conseguinte, não são capazes de dizer-nos o que se deve fazer a respeito.

Lembro-me que, alguns anos atrás, li uma publicação escrita por um bem conhecido professor de filosofia da Inglaterra, na qual ele se referia a um livro cujo propósito era abordar esses diversos problemas. Mui significativamente, ele expressou assim o seu pensamento: "No que concerne à análise, este livro é excelente; porém, não vai além de uma mera análise, e, por conseguinte, em nada nos ajuda. Todos podemos analisar, mas a questão vital que queremos ver respondida, é a seguinte: Qual é a origem primária das nossas dificuldades? Que se pode fazer quanto a esta questão? Quanto a isso, este livro nada tem para dizer", declarou ele, "embora traga o impressionante título de *The Condition of Man* (A Condição do Homem)". Ora, essa citação exprime a mais pura verdade. Hoje em dia podemo-nos voltar para os maiores filósofos e pensadores que, vez após vez, verificaremos que eles nunca ultrapassam as meras análises. São habilidosos no que tange a exibir problemas e a mostrar os diversos fatores envolvidos. Entretanto, quando alguém lhes pergunta qual o fator primariamente responsável por esses problemas, e o que eles propõem que se faça, simplesmente não nos dão qualquer resposta. Como é evidente, eles nada têm a dizer. Neste mundo, como é óbvio, não há luz alguma à parte da luz provida pelo crente e pela fé cristã. Ao assim afirmar, não exagero. Mas estou sugerindo que se quisermos ser realistas, teremos de aceitar esse fato, e teremos de perceber que quando nosso Senhor se pronunciou, quase dois mil anos atrás, Ele não proferiu essa verdade simples e espantosa a respeito de Sua própria época, mas também disse a verdade no que concerne a todas as eras subsequentes. Jamais nos deveríamos olvidar que Platão, Sócrates, Aristóteles e os demais grandes pensadores da antiguidade expuseram as suas ideias vários séculos antes dessas palavras de Jesus terem sido proferidas pela primeira vez. Foi após tanta exuberância intelectual e floreado mental dos pensadores que nosso Senhor fez essa asserção. Ele contemplou aquele minúsculo grupo de pessoas comuns e insignificantes, e declarou: "Vós sois a luz do mundo". Ora, essa é uma declaração tremenda e emocionante. E quero reiterar aqui que, quanto a muitos aspectos, agradeço a Deus que eu esteja pregando as boas novas nestes dias, e não há um século. Se eu tivesse feito essa declaração há cem anos, meus ouvintes haveriam de sorrir zombeteiros, mas agora ninguém ri. A própria história está provando, em nossos dias, cada vez mais patentemente, a veracidade do Evangelho. As trevas que imperam sobre este mundo nunca foram tão evidentes como agora, e aqui nos defrontamos com essa declaração estonteante e espantosa. Essa, pois, é a implicação negativa do nosso texto.

Passemos agora a considerar as implicações positivas dessa afirmação de Jesus. Disse Ele: "Vós..." Em outras palavras, Ele assegurou que o crente comum, embora talvez nunca tenha lido qualquer ensaio filosófico, compreende e conhece melhor a vida do que o maior pensador que não é crente. Esse é um dos temas fundamentais do Novo Testamento. O apóstolo Paulo, ao escrever aos crentes de Corinto, colocou a questão em termos bem explícitos, quando disse: "Visto como, na sabedoria de Deus, o mundo não o conheceu por sua própria sabedoria", em razão do que "aprouve a Deus salvar aos que creem pela loucura da pregação" (I Coríntios 1:21). Aquilo que parece ser o cúmulo do ridículo, conforme o mundo imagina, na verdade é a pura sabedoria de Deus. Esse é o extraordinário paradoxo com o qual nos defrontamos. Suas implicações são perfeitamente óbvias; essa afirmativa mostra-nos que fomos chamados para realizar algo de positivo. Essa é a segunda declaração que nosso Senhor faz no tocante às funções do crente neste mundo. Tendo descrito o crente de acordo com pinceladas gerais, nas bem-aventuranças, a primeira coisa que Ele disse em seguida, foi: "Vós sois o sal da terra". E agora: "Vós sois a luz do mundo" e "vós" somente. Todavia, nunca nos devemos olvidar que essa é uma assertiva feita acerca do crente comum, e não a respeito de certos crentes excepcionais, tão somente. Aplica-se a todos quantos podem ser legitimamente chamados de cristãos.

Imediatamente levanta-se a pergunta: Desse modo, como é que essas palavras podem tornar-se reais em nosso caso? Novamente, somos conduzidos ao ensino a respeito da natureza do crente. A melhor maneira de se compreender essa questão, conforme penso, é a seguinte. Nosso Senhor mesmo afirmou: "Vós sois a luz do mundo". E também disse: "Eu sou a luz do mundo" (João 8:12). Essas duas declarações sempre precisam ser consideradas conjuntamente, porquanto o crente só funciona como "luz do mundo" por causa dessa relação vital de que goza com Aquele que é, Ele mesmo, "a luz do mundo". Nosso Senhor assegurou que viera ao mundo para trazer-nos a luz. E a promessa que Ele fez, foi: "... quem me segue não andará nas trevas; pelo contrário, terá a luz da vida". Aqui, entretanto, Ele também afirma: "Vós sois a luz do mundo". A questão toda pode ser sumariada, por conseguinte, no fato que Ele, e somente Ele, pode conceder-nos essa luz vital a respeito da vida. Contudo, Jesus não estaca nesse ponto; mas também nos transforma em "luz". Talvez você esteja lembrado de como o apóstolo Paulo exprimiu a questão, em Efésios 5, onde escreveu: "Pois outrora éreis trevas, porém agora sois luz no Senhor" (Efésios 5:8). Portanto, não somente temos recebido a luz, mas também nós mesmos fomos feitos luz, fomos transformados em transmissores da luz. Em outras palavras, temos aqui esse extraordinário ensino sobre a união mística entre o crente e o seu Senhor. A natureza de Cristo vem fazer parte daquilo que somos, e, em determinado sentido, somos transformados naquilo que Ele mesmo é. É essencial não nos esquecermos de ambos esses aspectos da questão. Na qualidade de quem creu no Evangelho, temos recebido luz, conhecimento e instrução. Mas, em adição a isso, essa luz tornou-se parte integrante de nosso ser. Ela se tornou a nossa própria vida, de tal modo que nos temos tornado refletores da luz de Cristo. Por conseguinte, o que há de mais notável em tudo isso, acerca do que somos aqui relembrados, é a nossa íntima relação com Cristo. O crente é um indivíduo que recebeu a natureza divina, tornando-se participante da mesma. A luz, que é o próprio Cristo, a luz que, em última análise, é Deus, é igualmente a luz que rebrilha no crente. "Deus é luz, e não há nele treva nenhuma" (I João 1:5). "Eu sou a luz do mundo." "Vós sois a luz do mundo." Pode-se compreender melhor o ponto apreendendo o ensino de nosso Senhor acerca do Espírito Santo, em João 14 a 16, cujo sumário poderia ser o seguinte: "O resultado da vinda do Espírito Santo será este: Meu Pai e Eu viremos residir em vós; e Nós estaremos em vós, e vós em Nós". Deus, que é "o Pai das luzes" (Tiago 1:17), é a luz que está em nós. Ele está em nós, e nós estamos nele, e é precisamente por esse motivo que pode ser dito a respeito dos crentes: "Vós sois a luz do mundo".

É interessante observar que, de conformidade com as palavras de nosso Senhor, esse é o segundo grande resultado de sermos aquele tipo de crente que o Senhor já havia descrito nas bem-aventuranças. Também deveríamos levar em conta a sequência em que essas declarações foram apresentadas. A primeira coisa que nosso Senhor declarou a nosso respeito foi: "Vós sois o sal da terra". E somente depois disso é que ele disse: "Vós sois a luz do mundo". Ora, por qual motivo Ele se utilizou dessa ordem de apresentação, e não ao contrário? Esse é um ponto assaz interessante e prático. O primeiro efeito exercido pelo crente, sobre este mundo, reveste-se de um aspecto geral, ou seja, é um efeito mais ou menos negativo. Eis um homem que se tornou crente; ele vive na sociedade, no seu escritório ou na sua oficina. Visto ser ele um crente, imediatamente começa a exercer certa influência, uma influência controladora, conforme já temos considerado. É somente após isso que o crente tem essa função específica e particular de atuar como luz. Em outras palavras, as Escrituras, ao abordarem a natureza do crente, sempre enfatizam, em primeiro lugar, aquilo que ele *é*, antes de começarem a falar sobre aquilo que o crente *faz*. Como crente que sou, eu sempre deveria exercer tal efeito geral sobre os homens, antes que possa exercer aquela influência mais específica. Onde quer que eu me encontre, imediatamente esse "algo diferente" que há em mim deveria produzir esse efeito; e isso, por sua vez, deveria levar homens e mulheres a olharem para mim e dizerem: "Naquele homem existe algo de extraordinário". E então, enquanto estiverem considerando a minha conduta e o meu comportamento, eles começarão a fazer-me perguntas mais diretas. É nessa altura que se destaca nosso elemento iluminador; e assim ser-me-á dada a oportunidade de falar com outras pessoas e ensiná-las.

Ora, com demasiada frequência nós, os crentes, tendemos por querer reverter essa ordem de coisas. Temos falado de uma maneira excessivamente erudita, mas nem sempre temos vivido como o sal da terra. Quer apreciemos o fato, quer não, a verdade é que nossas vidas sempre deveriam ter a primeira palavra; porém, se os nossos lábios falarem mais alto do que as nossas vidas, isso terá pouquíssimo valor. Por muitas vezes, a tragédia é que as pessoas proclamam o Evangelho por meio de suas palavras, mas toda a sua vida e conduta são uma negação do que dizem. Por isso é que o mundo não lhes presta muita atenção. Jamais nos deveríamos esquecer da ordem de apresentação empregada pelo Senhor Jesus, de maneira deliberada: o "sal da terra" foi mencionado antes da "luz do mundo". É que devemos *ser* algo, antes de começarmos a *agir* como algo. Esses dois fatores sempre deveriam caminhar paralelamente, mas a ordem e sequência dos mesmos deveriam ser conforme o Senhor firmou-os aqui.

Tendo isso em mente, passemos agora a considerar a questão de acordo com seu lado prático. Como é que o crente pode demonstrar que, efetivamente, ele é "a luz do mundo"? Tudo se resume em uma pergunta simples: Qual é o efeito da luz? O que a luz, realmente, faz? Não se pode duvidar que a primeira coisa que a luz faz é dissipar as trevas, bem como tudo quanto às trevas pertence. Imaginemos um quarto às escuras, onde seja repentinamente acionado um interruptor de luz. Ou pensemos nos faróis de um automóvel que venha avançando por uma escura estrada do interior. Conforme dizem as Escrituras: "Mas todas as coisas, quando reprovadas pelas luz, se tornam manifestas..." (Efésios 5:13). Enquanto a luz não se manifesta, de certo modo não temos consciência das trevas; e isso envolve uma questão fundamental. Referindo-se à vinda do Senhor Jesus a este mundo, citou Mateus: "O povo que jazia em trevas viu grande luz..." (Mateus 4:16). A vinda de Cristo e do Seu Evangelho foi um acontecimento tão fundamental que pôde ser expressa dessa maneira; e o primeiro efeito da vinda de Cristo ao mundo foi que Ele desmascarou as trevas que caracterizam a vida deste mundo. Ora, isso também é algo que, sempre e inevitavelmente, é feito por qualquer pessoa boa e santificada. Sempre precisamos de alguma coisa que nos mostre a diferença, pelo que a melhor maneira de se revelar uma coisa é prover-lhe um contraste. É precisamente isso que o Evangelho faz, como também todo aquele que é crente verdadeiro. Conforme exprimiu o apóstolo Paulo, a luz desmascara "as coisas ocultas das trevas", e então ele assevera: "... os que se embriagam é de noite que se embriagam" (I Tessalonicenses 5:7). O mundo inteiro está dividido entre os "filhos da luz" e os "filhos da trevas". Grande parte da existência neste mundo é vivida sob uma espécie de tenebroso véu. As piores coisas sempre acontecem acobertadas pelas trevas; mesmo o homem natural, degenerado e escravo do pecado, ficaria envergonhado se as suas ações fossem expostas à plena luz. Por quê? Porque a luz desmascara as trevas: "Mas todas as coisas, quando reprovadas pela luz, se tornam manifestas; porque tudo que se manifesta é luz" (Efésios 5:13).

Ora, o crente é "a luz do mundo" exatamente nesse sentido. Isso é inevitável, e não pode ser entravado. Simplesmente por ser um crente, a pessoa regenerada leva uma vida diferente, e isso de pronto revela o verdadeiro caráter e a natureza de toda e qualquer outra maneira de viver. No mundo, pois, o crente se assemelha a uma luz que foi acesa, e sem demora as outras pessoas começam a pensar, a admirar-se, a sentir-se envergonhadas. Naturalmente, quanto mais uma pessoa tiver sido santificada, tanto mais evidente tornar-se--á o fenômeno. O crente nem mais precisa falar; somente devido ao fato de ser o que é leva as pessoas a se sentirem envergonhadas de si mesmas, diante do que costumam praticar. É desse modo que o crente verdadeiramente atua como uma luz. Assim sendo, o crente estará provendo ao mundo um modelo a ser seguido, estará demonstrando que existe uma outra modalidade de vida, possível à humanidade. Desse modo, ele põe em destaque o erro e o fracasso da maneira de pensar e de viver dos incrédulos. Conforme vimos, ao abordar o fato que o crente é o "sal da terra", outro tanto pode ser visto no que diz respeito ao crente ser "a luz do mundo". Todo verdadeiro reavivamento sempre exerce esse efeito. Certo número de pessoas crentes, em qualquer segmento da sociedade, tende por afetar a vida inteira dessa sociedade. Sem importar se as demais pessoas concordam ou não com os seus princípios básicos, eles fazem aquelas pessoas sentirem que o caminho cristão está com a razão, afinal de contas, e que toda outra maneira de viver é indigna. O mundo já descobriu que "a honestidade é a melhor norma de vida". Conforme alguém já afirmou, esse é o tipo de tributo que a hipocrisia sempre paga à verdade; a hipocrisia é forçada a admitir, desde o mais profundo de seu âmago, que a verdade está certa. A influência que o crente exerce sobre este mundo, como uma luz, consiste em mostrar que todas as demais coisas pertencem às trevas. Todas essas outras atividades medram bem somente em meio às trevas, e, de uma maneira ou de outra, não podem resistir à luz. Isso é explicitamente ensinado em João 3, onde o apóstolo assegura: "O julgamento é este: que a luz veio ao mundo, e os homens amaram mais as trevas do que a luz; porque as suas obras eram más" (João 3:19). Nosso Senhor chegou mesmo a afirmar que tais homens não se aproximam da luz, porquanto sabem que, se o fizerem, seus feitos serão reprovados por ela, e eles não querem que isso lhes aconteça.

Essa, como é lógico, foi a causa final e real do antagonismo manifestado pelos fariseus e escribas contra nosso Senhor e Salvador, Jesus Cristo. Ali estavam aqueles homens, mestres da lei, aqueles homens que, em certo sentido, eram conhecedores profundos da lei, no que tangia à vida religiosa. Todavia, por qual razão tanto odiavam e perseguiam a Jesus? A única explicação adequada para isso é a total pureza e santidade de Jesus. Sem que o Senhor houvesse proferido uma única palavra contra eles, no começo de Sua carreira – pois Ele não os denunciou, senão no fim –, a pureza dEle levava-os a sentirem como eles realmente eram; e, por essa razão, odiavam-No. Por esse motivo é que O perseguiam, e, finalmente, O crucificaram – simplesmente porque Ele era "a luz do mundo". Essa luz manifestava e revelava as coisas ocultas das trevas, que dentro deles havia. Ora, você e eu precisamos ser assim também, neste mundo: simplesmente por vivermos a vida cristã, cumpre-nos exercer esse efeito sobre os incrédulos.

Podemos avançar mais um passo e declarar que a luz não somente revela as coisas ocultas das trevas, mas também explica a causa das trevas. É nesse ponto que a luz se torna tão importante e prática nestes nossos dias. Já lembrei a você que os melhores e maiores pensadores acadêmicos do mundo atual estão inteiramente zonzos acerca do que há de errado com o mundo. Anos atrás foram transmitidas pelo rádio duas palestras, dirigidas por dois homens que podem ser descritos como humanistas, a saber, o Dr. Julian Huxley e o Professor Gilbert Murray. Em suas preleções, ambos admitiram com cândida franqueza que não sabiam dar explicação para a vida. O Dr. Julian Huxley afirmou que não era capaz de perceber finalidade alguma ou propósito na vida. Para ele, tudo era acontecimentos fortuitos, ao acaso. O professor Gilbert Murray, por igual modo, não foi capaz de explicar a Segunda Guerra Mundial e nem o fracasso da Liga das Nações. Ele nada tinha para oferecer como medida corretiva, excetuando aquela mesma "cultura" que já está disponível entre nós faz séculos, mas que sempre falhou miseravelmente como solução para nossos problemas.

É precisamente nesse ponto que o crente mostra ser o detentor daquela luz que esclarece a situação. A causa única de todas as dificuldades do mundo, neste momento, desde o nível individual, e daí subindo até ao nível internacional, não é outra coisa senão o estado do homem que se encontra alienado de Deus. Essa é a luz da compreensão que somente o crente dispõe, e que ele pode oferecer ao mundo. O homem foi criado de tal maneira que não pode viver autenticamente enquanto não se acha em uma correta relação com Deus. Assim ele foi criado. O homem foi criado por Deus, e foi criado para Deus. E Deus injetou determinadas normas em sua natureza, no seu ser e na sua existência; e, a menos que o homem se conforme a essas normas, toda a sua tendência é errar o alvo. Essa é a causa total da dificuldade. Cada uma das dificuldades que atualmente assediam o mundo pode ser acompanhada, em seu percurso, em última análise, até ao pecado, ao egoísmo e ao interesse egoístico. Todas as desavenças, disputas e mal-entendidos, toda a inveja, ciúme e malícia, todos esses males estão vinculados a inconformidade às normas de Deus, e a nada mais. Portanto, no presente, nós somos "a luz do mundo" em um sentido perfeitamente real; somente nós dispomos de uma explicação conveniente e apropriada para a causa das más condições em que o mundo se debate. O quadro todo pode ser atribuído à queda no pecado; a dificuldade inteira origina-se daí. Desejo citar novamente o trecho de João 3:19; "O julgamento é este: que a luz veio ao mundo, e os homens amaram mais as trevas do que a luz; porque as suas obras eram más". "O julgamento é este", e não é outro. Essa é a causa de tantas perturbações. No que consiste, pois, a questão? Se a luz foi exibida para o mundo, na face de Jesus Cristo, o que há de errado com o mundo, nestes meados do século XX? O versículo que acabamos de citar fornece-nos a resposta. A despeito de todo o conhecimento que os homens têm conseguido acumular nos últimos duzentos anos, desde os primórdios da chamada "Iluminação", que ocorreu pelos meados do século XVIII, o homem, decaído em sua própria natureza, continua preferindo as trevas, e não a luz. E o resultado é que, embora ele saiba o que é certo, prefere e pratica aquilo que é errado. O homem dispõe de uma consciência, que o adverte antes mesmo que ele faça qualquer coisa que saiba estar errada. Não obstante, o homem pratica o que é mau. Talvez lamente-se disso, mas mesmo assim põe em prática o erro. Por quê? Porque ama as trevas. A dificuldade do homem não está em seu intelecto; está em sua natureza — suas paixões e concupiscências. Esse é o fator dominante em sua vida. E embora se procure educar e controlar o homem, de nada adiantará isso enquanto a sua natureza continuar pecaminosa e decaída, enquanto ele for uma criatura escravizada às paixões e à desonra.

Esse, pois, é o julgamento; e não existe ninguém, excetuando o crente, que possa advertir o mundo moderno acerca do juízo. O filósofo não somente prefere não falar; mas até ressente tal ensino. Quem é filósofo não gosta de ser informado de que ele, apesar de todo o seu vasto conhecimento, continua sendo apenas um montinho de comum barro humano, semelhante a qualquer outro, e que ele mesmo não passa de um escravo das suas paixões, concupiscências e desejos. Todavia, essa é a pura verdade a seu respeito. Tal como se deu no tempo de nosso Senhor Jesus Cristo, muitos dos filósofos e pensadores que houve no mundo antigo acabaram preferindo despedir-se desta vida através dos portões do suicídio, assim também continua ocorrendo até hoje. Perplexos, atônitos e frustrados, já tendo experimentado todos os tratamentos psicológicos ou outros, mas prosseguindo sempre de mal a pior, os homens desistem da vida, desesperados. O Evangelho ofende aos homens porque os obriga a se defrontarem consigo mesmos, e fica repetindo, no rosto deles, precisamente aquela mesma antiga verdade: "A falha, querido Brutus, não está nas estrelas, mas em nós mesmos, que não passamos de subalternos". "Os homens amaram mais as trevas do que a luz" – essa é a grande dificuldade deles; mas somente o Evangelho proclama essa realidade. O Evangelho é como um facho luminoso no firmamento, e deveria estar-se manifestando através de cada um de nós, em meio aos problemas deste negro, miserável e infeliz mundo dos homens.

Graças a Deus, porém, não precisamos estacar nessa situação. A luz não somente desmascara as trevas, mas também mostra e provê o único meio de saída para fora das trevas. É aí que todo o crente deveria lançar-se à obra imediatamente. O problema do homem é o problema de uma natureza humana decaída, pecaminosa e poluída. Porventura alguma coisa pode ser feita quanto a isso? Temos experimentado a boa educação, temos experimentado o conhecimento, temos experimentado as resoluções políticas, temos experimentado as conferências internacionais, temos experimentado de tudo; mas coisa alguma tem surtido o efeito desejado. Não há esperança? Sim, há uma esperança perene e abundante: "Importa-vos nascer de novo" (João 3:7). O homem não precisa de mais luz; mas precisa de uma nova natureza, que ame a luz e abomine as trevas – o oposto exato do seu afeto pelas trevas e do seu ódio pela luz. É necessário que o homem seja conquistado, que seja devolvido a Deus. Não basta simplesmente dizermos isso aos homens, porque, se assim o fizermos, haveremos de deixá-los em estado ainda mais agravado de desesperança. Sozinho, o homem perdido jamais encontrará seu caminho para Deus, por mais que tente.

Porém, o crente encontra-se neste mundo justamente para dizer-lhe que há um caminho para Deus, um caminho bem simples. Esse caminho consiste em se conhecer uma Pessoa, chamada Jesus Cristo de Nazaré. Ele é o próprio Filho de Deus, e veio dos céus à terra a fim de "buscar e salvar o perdido" (Lucas 19:10). Jesus veio a fim de iluminar as trevas, a fim de revelar a causa dessas trevas, e a fim de preparar um novo e vivo caminho que nos conduza para fora das trevas e de volta a Deus e ao céu. Não somente tomou Ele, sobre Si, a culpa dessa terrível pecaminosidade que nos tem envolvido em tantas dificuldades, mas também nos oferece uma nova vida e uma nova natureza. Jesus não somente oferece um novo ensino ou uma nova compreensão do problema, e nem meramente garante o perdão para nossos pecados passados. Ele também faz de cada um de nós um novo homem, dotado de novos desejos, de novas aspirações, de uma nova perspectiva e de uma nova orientação. Porém, acima de tudo, Ele nos proporciona aquela nova vida, a vida que ama a luz e odeia as trevas, ao invés de amar as trevas e odiar a luz.

Crente, você e eu estamos vivendo entre homens e mulheres que se acham no estado das mais grosseiras trevas. Jamais encontraram qualquer luz neste mundo, exceto de você e de mim, bem como do Evangelho ao qual cremos e o qual ensinamos. Os homens do mundo estão olhando para nós. Estão vendo em nós alguma coisa de diferente? Nossas vidas servem de reprimenda silenciosa contra as vidas deles? Estamos vivendo de maneira tal que impelimos os homens a aproximarem-se de nós e perguntarem: "Por que você sempre parece tão pacífico? Como é que você é tão equilibrado? Como é que você pode suportar os apertos desta forma? Por que você não se mostra dependente de ajudas artificiais e dos prazeres, conforme acontece conosco? Que é que você tem que nós não temos?" Se os homens assim nos indagarem, então poderemos falar-lhes sobre aquelas boas novas admiráveis, notáveis, mas tragicamente negligenciadas que "... Cristo Jesus veio ao mundo para salvar os pecadores..." (I Timóteo 1:15), e para proporcionar aos homens uma nova natureza e uma nova vida, tornando-os filhos de Deus. Somente os crentes são a luz do mundo, nestes nossos dias. Portanto, vivamos e funcionemos no mundo como filhos da luz.

Capítulo XVI
ASSIM TAMBÉM BRILHE A VOSSA LUZ

Nos dois capítulos anteriores pudemos considerar as duas declarações positivas que nosso Senhor fez a respeito do crente: ele é "o sal da terra" e "a luz do mundo". Todavia, Jesus não se contentou apenas em fazer declarações positivas. Para Ele, evidentemente, a questão era tão importante que Ele precisava enfatizá-la, conforme Lhe era costumeiro, por meio de certas declarações negativas. Ele ansiava que as pessoas para quem falava diretamente, e, de fato, que todos os crentes, de todos os séculos, compreendessem claramente que somos aquilo que Ele nos tem feito, a fim de desempenharmos determinado papel. Esse é o grande argumento que se vê percorrendo as Escrituras. Pode-se perceber perfeitamente esse fato naquela notável afirmação do apóstolo Pedro: "Vós, porém, sois raça eleita, sacerdócio real, nação santa, povo de propriedade exclusiva de Deus, a fim de proclamardes as virtudes daquele que vos chamou das trevas para a sua maravilhosa luz" (I Pedro 2:9). De certa forma, esse é o argumento que transparece em cada epístola do Novo Testamento, e que uma vez mais demonstra a total insensatez de se considerar o Sermão do Monte como meras instruções destinadas a alguns discípulos que ainda haverão de viver em alguma era ou dispensação futura. Pois o ensino dos apóstolos, conforme vimos na nossa introdução geral ao Sermão do Monte, é apenas uma elaboração daquilo que aqui encontramos. As epístolas que eles escreveram fornecem-nos muitos exemplos da concretização das ideias que estamos considerando no Sermão do Monte. Em Filipenses 2, Paulo descreve os crentes como "luzes" no mundo, exortando-os a preservarem "a palavra da vida", exatamente por esse motivo. Paulo lança mão de uma constante comparação entre a luz e as trevas, com o intuito de mostrar como é que o crente funciona na sociedade, justamente por ser ele um crente. Nosso Senhor, ao que parece, muito se esforçava por impressionar-nos com essa verdade. Compete-nos ser o sal da terra. Pois bem, não nos olvidemos de que "... se o sal vier a ser insípido, como lhe restaurar o sabor? Para nada mais presta senão para, lançado fora, ser pisado pelos homens". É verdade que somos "a luz do mundo"; entretanto, lembremo-nos de que "Não se pode esconder a cidade edificada sobre um monte; nem se acende uma candeia para colocá-la debaixo do alqueire, mas no velador, e alumia a todos que se encontram na casa" (Mateus 5:14-15). E, finalmente, deparamo-nos com o sumário final de tudo, uma vez mais: "Assim brilhe também a vossa luz diante dos homens, para que vejam as vossas boas obras e glorifiquem a vosso Pai que está nos céus" (Mateus 5:16).

Frente à maneira como nosso Senhor enfatizou esse ponto, é óbvio que também precisamos levá-lo em consideração. Não basta que nos lembremos de que nos cumpre atuar como o sal da terra ou como a luz do mundo. Temos, igualmente, de aprender o fato que isso deve tornar-se o elemento primordial de nossa vida inteira, pelas razões que haveremos de aduzir. Mas talvez a melhor maneira de considerarmos essas razões seja mesmo expondo-as através de uma série de declarações ou proposições.

A primeira coisa que nos convém considerar é por qual razão nós, como crentes que somos, devemos ser semelhantes ao sal e à luz, e por qual motivo deveríamos desejar agir nessas capacidades. Parece-me que nosso Senhor apresenta aqui três argumentos principais. O primeiro é que, por definição, isso é o que de nós se espera. As próprias comparações empregadas por Jesus nos transmitem esse ensinamento. A função primária do sal é ser salino, e nada mais. A grande característica do sal é a sua salinidade. Exatamente a mesma coisa ocorre com a luz. A função e o propósito inteiros da luz consistem em iluminar. Precisamos começar por aí, percebendo que essas coisas são tão autoevidentes que nem exigem ilustração. Todavia, no instante em que expressamos as coisas nesses termos, porventura isso não tende por servir de reprimenda contra todos nós? Quão facilmente nos inclinamos por esquecer essas funções essenciais do sal e da luz! Ao darmos prosseguimento a esse argumento, penso que todos concordarão em que isso é algo sobre o que precisamos ser constantemente relembrados. Uma lâmpada, conforme explicou nosso Senhor – e Ele estava apelando para o nosso bom senso natural e comum – uma lâmpada se acende a fim de que ilumine a todos quantos estiverem no interior da casa. Não há outra finalidade em vista quando alguém acende uma lâmpada, exceto essa. O objetivo inteiro é que a luz seja disseminada e difundida naquela área específica. Portanto, essa é a primeira declaração que nos cumpre considerar. Precisamos notar o que um crente é, por definição; e isso conforme a própria definição apresentada pelo Senhor Jesus. Por conseguinte, desde o início deste estudo, quando começamos a descrever um crente segundo os nossos próprios termos, a nossa definição jamais deveria envolver menos do que essa compreensão. Estas são as qualidades essenciais de um crente: "sal" e "luz".

Todavia, examinemos agora o segundo argumento, o qual, na minha opinião, parece ser que a nossa posição torna-se não somente contraditória, mas até mesmo ridícula, quando não agimos conforme aquilo que de nós se espera. Convém-nos ser como "a cidade edificada sobre um monte", e a cidade edificada sobre um monte "não se pode esconder". Em outras palavras, se somos crentes verdadeiros não nos podemos ocultar. Exprimindo essa ideia de outra forma, o contraste entre nós e os incrédulos é algo que deveria ser autoevidente, perfeitamente óbvio. Nosso Senhor, não obstante, não abandona a questão nesse ponto; Ele pressiona mais ainda o que queria salientar. Por assim dizer, Ele pede-nos que imaginemos um homem acendendo uma luz e em seguida escondendo-a debaixo de um alqueire, de uma medida de cereais, ao invés de colocar a luz sobre o velador. Ora, no passado alguns comentadores gastaram bastante tempo tentando definir o que se deve entender por um "alqueire", algumas vezes com resultados cômicos. Para mim, entretanto, o que importa é que tal objeto serve para impedir a luz de dar o seu resplendor, sem importar qual seja, exatamente, o formato desse objeto, contanto que sirva de empecilho. O que nosso Senhor procurava dizer é que esse seria um modo de proceder contraditório e ridículo. Pois o propósito inteiro de quem acende uma luz é que ela forneça iluminação. E se algum indivíduo insensato cobrisse uma luz com qualquer coisa que impedisse de se manifestar aquela qualidade, então isso seria, conforme todos concordariam prontamente, um ato inteiramente ridículo. Sim, mas não nos olvidemos que nosso Senhor falava a nosso respeito. Como é evidente, há um perigo, ou pelo menos uma tentação, no sentido que o crente venha a agir dessa forma completamente ridícula e fútil, sendo essa a razão mesma pela qual o Senhor Jesus tanto ressaltou a questão nesses termos. Parece que Ele estava dizendo: "Tenho feito com que você se torne algo parecido com uma luz, como uma cidade edificada sobre um monte, a qual não pode passar despercebida. E você haveria de ocultar deliberadamente essas qualidades? Pois bem, se você assim fizer, excluídas todas as demais considerações, isso será algo totalmente ridículo e insensato".

Porém, subamos agora ao último degrau do argumento do Senhor Jesus. Segundo Jesus nos diz, ocultarmos nossa natureza regenerada é tornar-nos completamente inúteis. Ora, isso é verdadeiramente impressionante, e não há que duvidar que Ele se utilizou dessas duas comparações a fim de enfatizar essa particularidade. Sal que tenha perdido a sua salinidade é algo totalmente inútil. Em outras palavras, conforme eu dissera no começo, só existe uma qualidade essencial no sal, isto é, ser salino. Mas, se o sal vier a perder essa qualidade, para nada mais servirá. Ora, isso não acontece automaticamente com qualquer outro elemento. Consideremos as flores, por exemplo. Quando elas estão vivas, são muito bonitas e podem emitir um agradável aroma; contudo, quando morrem, elas não se tornam necessariamente inúteis. Podem ser lançadas nas misturas dos perfumistas, tornando-se úteis nessa outra função. E outro tanto sucede no caso de muitas outras coisas; elas não se tornam inúteis quando sua função primária deixa de operar. Ainda se pode aproveitar delas de alguma forma secundária ou subsidiária. Entretanto, o que torna o sal mais extraordinário é que, no momento em que chegar a perder a sua salinidade, de fato para nada mais servirá: "Para nada mais presta senão para, lançado fora, ser pisado pelos homens".

É muito difícil saber-se o que fazer com o sal que tenha perdido o seu sabor; não se pode usá-lo para qualquer finalidade química, porque nesse campo seria apenas prejudicial. Simplesmente não tem função ou serventia para coisa alguma, e a única coisa a ser feita com um sal assim é jogá-lo fora. Perdidos sua qualidade e propósito essenciais, para os quais foi criado, coisa alguma resta do sal. É o que também acontece no caso da luz. A característica essencial da luz é prover iluminação, é dar luz, pois, na verdade, não tem qualquer outra função. Em outras palavras, no instante em que a luz vier a deixar de atuar como luz, para nada mais servirá. Sua qualidade essencial é também a sua única qualidade, e assim, uma vez que a perca, torna-se perfeitamente inútil.

Em consonância com o argumento de nosso Senhor, essa é a verdade no que concerne ao crente. Conforme entendo esse argumento – e parece-me haver aqui uma inequívoca demonstração de lógica e interpretação – nenhuma outra coisa existe, em todo o universo criado por Deus, que seja tão completamente inútil quanto um crente meramente formal. Com isso refiro-me a alguém que só tem o nome de cristão, mas que não exibe as virtudes que caracterizam o verdadeiro cristão. O apóstolo Paulo descreveu essa aberração quando falou sobre certos indivíduos que têm "... forma de piedade, negando-lhe, entretanto, o poder" (II Timóteo 3:5). Essas pessoas aparentemente são crentes, mas na realidade não o são. Desejam parecer crentes, mas não funcionam como tais. Antes, assemelham-se ao sal insípido, ou à luz que não ilumina, se é que podemos imaginar coisas assim. Podemos imaginar tais fenômenos mais facilmente ao pensarmos na ilustração da luz que foi coberta com um alqueire. Se testarmos isso através da observação e da experiência, concordaremos que isso exprime uma pura verdade. O crente formal é um indivíduo que conhece o bastante sobre o cristianismo para que seja capaz de estragar o mundo para si; mas que não sabe o bastante do cristianismo a fim de que este venha a ter algum valor positivo. Ele não acompanha o mundo porque sabe muita coisa a respeito do mundo e teme certas consequências; mas as pessoas que convivem com ele sabem que ele está apenas tentando ser diferente, embora não possa mostrar-se franco e sincero com elas. Por outro lado, tal indivíduo não goza de real comunhão com os crentes. Seu "cristianismo" é suficiente apenas para estragar tudo ao seu redor, mas não é bastante para que ele seja uma pessoa caracterizada pela felicidade, pela paz de espírito e pela vida abundante. Penso que essas pessoas são as mais dignas de lástima que há neste mundo. Nosso Senhor certamente assegura que são as pessoas mais inúteis do mundo. Não funcionam nem como indivíduos mundanos e nem como crentes. Nada são, nem sal e nem luz – nem uma coisa e nem outra. E, para dizer a verdade, são indivíduos espúrios; por assim dizer foram rejeitados pelo mundo e foram rejeitados pela Igreja. Recusam-se a considerar-se parte integrante do mundo, ao mesmo tempo que jamais entram verdadeiramente na vida da Igreja. Eles mesmos sentem-se desse jeito, e as outras pessoas também se sentem desse modo acerca deles. Sempre existe esta barreira em torno deles. Finalmente, porém, ficam do lado de fora. Em certo sentido, estão mais fora do que a pessoa que é inteiramente mundana e jamais se declara cristã, porquanto, pelo menos, esta última dispõe de uma sociedade toda sua.

Dentre todas as pessoas, pois, essas são as mais patéticas e trágicas, e a solene advertência que encontramos neste versículo é o aviso feito por nosso Senhor de que não nos devemos permitir cair em tal estado e condição. E isso é reforçado por aquelas parábolas de Mateus 25, onde outra vez nos é dito que essa gente finalmente será deixada do lado de fora, da mesma maneira como o sal é lançado fora. Para seu total espanto, eventualmente achar-se-ão do lado de fora da porta, pisadas sob os pés dos homens. E isso já tem sido abundantemente comprovado na história. Tem havido igrejas que, tendo perdido o seu sabor, ou tendo deixado de emitir a verdadeira luz, passaram a ser pisadas sob os pés dos homens. No passado houve uma poderosa igreja cristã na África do Norte, uma igreja cristã florescente que produziu muitos daqueles primeiros gigantes cristãos, incluindo o grande Agostinho. Todavia, essa igreja perdeu o seu sabor e a sua verdadeira luz, e, por causa disso, foi literalmente pisada pelos pés dos homens, e deixou de existir. Outro tanto já aconteceu em muitos países. Que Deus nos dê a graça para aceitarmos essa solene advertência para nós mesmos. Uma profissão meramente formal de fé cristã é algo que, em última análise, sempre terá esse triste fim.

Talvez pudéssemos sumariar o quadro inteiro da seguinte maneira. O verdadeiro crente não se oculta, e nem pode deixar de ser notado. O homem que verdadeiramente esteja vivendo e funcionando como crente sempre assume posição saliente. Assemelha-se ao sal; assemelha-se à cidade edificada sobre um monte, a uma candeia posta no velador. Não obstante, podemos acrescentar aqui mais uma ideia. O verdadeiro crente nem ao menos deseja esconder a sua luz. Percebe quão ridículo é alguém dizer-se crente e, no entanto, deliberadamente tentar ocultar a sua identidade. O indivíduo que deveras reconhece tudo quanto a graça divina determinou para ele e tem feito em seu benefício, e que também compreende que, em última análise, Deus fez tudo isso a fim de que ele possa influenciar a outros, é um homem que não é capaz de ocultar a sua realidade espiritual. E não somente isso; não deseja ocultá-la, porque ele pensa nestes termos: "Afinal, o objetivo e o propósito de tudo é que eu funcione dessa maneira".

Essas comparações e ilustrações, assim sendo, têm a finalidade precípua, determinada por nosso Senhor, de mostrar-nos que qualquer desejo que porventura detectemos em nós mesmos para ocultar o fato que somos crentes não somente deve ser reputado ridículo e contraditório, mas também, se prosseguirmos tolerando e persistindo nessa atitude, é algo que (embora eu não entenda bem a doutrina, quanto a esse particular) pode levar à rejeição final. Deixe-me colocar isto noutros termos. Se descobrirmos em nós mesmos a tendência de esconder a nossa luz debaixo de um alqueire, então teremos de começar a examinar-nos, a fim de certificar-nos se realmente somos "luz". Parece ser um fato curioso, que envolve tanto o sal quanto a luz, que eles tendem por manifestar a sua virtude essencial; e, por esse motivo, se houver qualquer elemento de incerteza quanto a isso, deveríamos examinar a nós mesmos e tentar descobrir a causa de tão ilógica e contraditória posição. Vamos exprimir a questão, portanto, em termos ainda mais simples. Da próxima vez em que eu perceber em mim mesmo qualquer pendor para encobrir o fato que sou crente, talvez a fim de ser melhor aceito por alguém, ou a fim de evitar ser perseguido, deverei pensar no indivíduo que acabara de acender uma candeia, somente para escondê-la debaixo de um alqueire. No momento em que eu começar a pensar acerca disso, percebendo todo o ridículo da questão, reconhecerei a coisa sutil, que me oferecera aquele alqueire, como a mão do diabo. Por conseguinte, cumpre-me rejeitar a sugestão; pelo contrário, convém que eu brilhe mais intensamente ainda.

Essa, pois, é a primeira declaração. Passemos agora a examinar a segunda declaração, a qual se reveste de sentido eminentemente prático. Como nos podemos assegurar de que realmente estamos funcionando como o sal e como a luz do mundo? De certa forma, ambas essas ilustrações salientam essa verdade, mas a segunda delas provavelmente é a mais simples. Nosso Senhor refere-se aqui à dificuldade, e mesmo à impossibilidade de um homem chegar a restaurar a qualidade de salinidade do sal que perdera o seu sabor. Uma vez mais, os comentadores mostram-se grandemente interessados por esse particular, oferecendo como ilustração o caso de um homem que, de viagem, encontrou alguma espécie de sal que perdera a sua salinidade. Quão tolos podemos tornar-nos, quando começamos a estudar as Escrituras em termos de vocábulos, e não em termos de doutrinas! Não precisamos viajar até ao Oriente a fim de encontrarmos sal insípido. Nosso Senhor tinha aqui tão somente o propósito de mostrar quão ridícula é toda essa situação.

A segunda dessas duas ilustrações é a mais bem definida. Em uma lâmpada antiga somente duas coisas eram necessárias – o azeite e o pavio – e essas duas coisas jamais podiam ser separadas uma da outra. Naturalmente, às vezes ouvimos pessoas que destacam exclusivamente o azeite, ao passo que outras salientam apenas o pavio. Entretanto, sem o azeite e o pavio, ninguém conseguiria acender uma lâmpada dessas. Essas duas coisas são absolutamente essenciais, pelo que nos compete dar atenção a ambas. A parábola das dez virgens ajuda-nos, novamente, a relembrar essa verdade. O azeite é algo absolutamente essencial, imprescindível; nada podemos iluminar sem ele, e tudo quanto as bem-aventuranças procuram frisar, em determinado sentido, é simplesmente destacar esse ponto. Precisamos receber essa vida, essa vida divina. Jamais poderemos funcionar como luzes se não tivermos esse azeite. Só seremos "a luz do mundo" na medida em que Aquele que é "a luz do mundo" estiver atuando em nós e através de nós. Portanto, a primeira coisa que precisamos perguntar de nós mesmos, é esta: Já recebi dessa vida divina? Tenho certeza que Cristo está habitando em mim? Paulo orou em favor dos crentes de Éfeso no sentido que Cristo passasse a habitar ricamente em seus corações, mediante a fé, a fim de que pudessem ser cheios de toda a plenitude de Deus. A doutrina inteira concernente à obra do Espírito Santo consiste, essencialmente, nisso. A obra do Espírito não é conferir-nos dons específicos, como o de línguas, ou como vários outros dons, a respeito dos quais muitas pessoas ficam tão excitadas. O propósito dEle é transmitir-nos vida e as graças do Espírito, o que perfaz um "caminho sobremodo excelente" (I Coríntios 12:31). Tenho a certeza de que disponho do azeite, da vida, conforme somente o Santo Espírito de Deus pode dar?

A primeira exortação, por conseguinte, deve ser entendida como um estímulo para buscarmos constantemente essa vida. Isso envolve, como é natural, a oração, a qual é um ato de nossa parte para participar dela. Com frequência somos tentados a imaginar que essa graciosa bênção de nosso Senhor nos é oferecida de uma vez para sempre. Diz Ele: "Vinde a mim", se quiserdes a água da vida. "Vinde a mim", se quiserdes o pão da vida. No entanto, tendemos por pensar que é de uma vez para sempre que chegamos a Cristo, e que daí por diante dispomos de um permanente suprimento. De maneira nenhuma! Trata-se de um suprimento que precisamos renovar; precisamos voltar ao Senhor para recebê-lo constantemente. Compete-nos, pois, viver em contato com Ele, e é somente quando constantemente recebemos essa vida da parte dEle que podemos funcionar como o sal e a luz.

Naturalmente, porém, isso envolve não somente uma atitude de constante oração, mas também aquilo que nosso Senhor mesmo descreveu como "ter fome e sede de justiça". Você deve estar lembrado de que interpretamos essa recomendação como algo que prossegue incessantemente, continuamente. Cristo nos satisfez plenamente, é verdade; mas sempre haveremos de desejar mais. Nunca podemos ficar estáticos; nunca devemos descansar sobre os louros da vitória; e nunca devemos pensar: "Recebi tudo de uma vez". Sob hipótese nenhuma! Antes, devemos continuar tendo fome e sede; devemos crescer na consciência da necessidade que dEle temos, bem como daquele suprimento de vida e de tudo quanto Ele tiver a mais para dar-nos. Assim sendo, continuamos estudando a Palavra de Deus, onde podemos aprender a respeito do Senhor e da vida que Ele nos oferece. O suprimento de azeite é essencial. Basta-nos ler as biografias de crentes que têm sido como cidades edificadas sobre um monte, que não podem ser ocultadas. Descobriremos que aqueles crentes jamais disseram: "Vim a Cristo de uma vez para sempre. Nesse passo único passei por uma grande experiência climática daquela vida que perdurará para sempre depois disso". De maneira nenhuma! Antes, todos eles dizem-nos como descobriram a absoluta necessidade de passarem muitas e muitas horas em oração, meditação e estudo da Bíblia. Jamais deixaram de extrair o azeite e de receber o suprimento espiritual que se fazia mister.

O segundo fator essencial em uma lâmpada de azeite é o pavio. Também devemos dar atenção a esse fator. Para que uma lâmpada dessas arda com luz brilhante, o azeite não basta; será preciso também aparar o pavio de vez em quando. Essa foi a ilustração utilizada por nosso Senhor. Muitos dentre nós, hoje em dia, nunca conheceram outra maneira de viver senão nessa vida moderna, na qual vivemos cercados de aparelhos elétricos. Porém, alguns de nós ainda se lembram de como era preciso dar uma atenção constante e especial ao pavio das lâmpadas de azeite. Uma vez que o pavio começasse a fumaçar, não podia produzir boa luz, e, por isso, o pavio tinha de ser aparado. E esse era um processo bastante delicado. Ora, na prática, o que isso significa para nós? Penso que significa que precisamos relembrar constantemente as bem-aventuranças. Deveríamos lê-las diariamente. Diariamente eu preciso lembrar-me que devo ser humilde de espírito, misericordioso, manso, pacificador, limpo de coração, e assim por diante. Nada existe que tanto contribua para manter o pavio em boa ordem e bem aparado do que lembrar-me daquilo que sou, pela graça de Deus, daquilo que se espera que eu seja. Isso, conforme sugiro aqui, é algo que nos convém fazer logo pela manhã, antes de darmos início às atividades do dia. Em tudo quanto eu fizer e disser compete-me, pois, ser como aquele homem retratado nas bem-aventuranças. Comecemos por aí, concentrando a nossa atenção nesse particular.

Todavia, não convém que somente nos lembremos das bem-aventuranças, pois também devemos viver de acordo com elas. Que significa isso? Significa que precisamos evitar tudo quanto se oponha ao caráter cristão, que devemos ser inteiramente diferentes do mundo. Na minha opinião constitui uma tragédia o fato que tantos crentes, visto não quererem ser diferentes e nem quererem sofrer perseguições, pareçam estar vivendo o mais próximo possível dos padrões do mundo. Novamente, entretanto, isso é uma contradição de termos. Não há meio termo entre a luz e as trevas ou temos uma coisa ou temos a outra; e também não há qualquer comunhão entre a luz e as trevas. Ou temos luz ou temos trevas. Ao crente cabe viver assim, radicalmente, neste mundo. Longe de querermos ser parecidos com este mundo, devemos envidar todo esforço para sermos diferentes dele, o máximo que pudermos.

Positivamente falando, entretanto, isso quer dizer que deveríamos demonstrar essa diferença em nossas vidas; e isso, como é natural, pode ser feito de mil e uma maneiras diferentes. Nem posso tentar fornecer aqui uma lista completa; tudo quanto sei é que isso significa, no mínimo, viver uma vida diferente, separada do mundo. Este mundo está se tornando cada vez mais grosseiro, mais rude, mais feio, mais vociferante. Penso que todos concordarão com esse parecer. Ao mesmo tempo em que a influência dos crentes está diminuindo neste país, nessa medida exata a qualidade moral da sociedade inteira se vai tornando mais grosseira; vão ficando cada vez menos evidentes as atitudes decentes, e até mesmo aqueles pequenos gestos de polidez. Ora, ao crente não convém viver desse modo. Inclinamo-nos em demasia por dizer, nestes nossos dias: "Sou crente"; ou então: "Não é maravilhoso a gente ser crente?", para então nos deixarmos arrastar ocasionalmente pelas atitudes rudes e sem consideração pelo próximo. Lembremo-nos, entretanto, que é através dessas coisas que proclamamos o que realmente somos – "as maneiras revelam quem é o indivíduo". Convém que sejamos humildes, pacíficos, pacificadores em toda a nossa conversação e conduta, sobretudo em nossas reações para com o comportamento de outras pessoas. Acredito que o crente individual está desfrutando, em nossos dias, de maiores e melhores oportunidades do que tem sucedido durante muitos dos séculos anteriores, por causa de toda a situação do mundo e da sociedade modernos. Creio que as pessoas nos estão observando atentamente, só pelo fato de nos declararmos crentes; e elas estão observando as nossas reações diante das pessoas e diante das coisas que elas fazem ou dizem contra nós. Costumamos explodir de cólera? O incrédulo age assim; todavia, isso é vedado aos crentes. O crente assemelha-se ao homem retratado nas bem-aventuranças, e, por isso mesmo, reage de maneira diferente. E, quando é confrontado pelos eventos mundiais, por guerras e rumores de guerras, por calamidades, pestilências e todos aqueles acontecimentos funestos, o crente não deve mostrar-se exageradamente preocupado, perturbado e irritado. O mundo reage assim; mas o crente não pode reagir dessa maneira. É que o crente é essencialmente diferente dos homens do mundo.

O último princípio que queremos considerar desta vez é a suprema importância de fazermos todas essas coisas da maneira correta. Já consideramos por quais razões convém que sejamos semelhantes ao sal; também já consideramos por qual motivo devemos ser como a luz. Meditamos, igualmente, sobre como podemos manifestar essas virtudes, como podemos garantir que seremos virtuosos. Porém, tudo isso precisa ser feito da maneira certa. "Assim brilhe também a vossa luz diante dos homens..." – a palavra mais saliente desta sentença é a primeira, "assim" – "... para que vejam as vossas boas obras e glorifiquem a vosso Pai que está nos céus". Conforme você deve estar percebendo, deve haver em nós total ausência de ostentação e exibicionismo. Na prática, isso é um tanto difícil – não é mesmo? – traçar a linha divisória entre verdadeiramente atuarmos como o sal e a luz do mundo e não nos tornarmos culpados de exibicionismo e ostentação! Não obstante, foi precisamente isso que nos foi recomendado. Convém que vivamos de tal maneira que os homens vejam as nossas boas obras, e, ao mesmo tempo, glorifiquem a nosso Pai celeste. Quão difícil é agirmos como verdadeiros crentes, sem que isso envolva qualquer atitude de exibicionismo! Essa é uma verdade até mesmo quando nos pomos a ouvir o Evangelho, inteiramente à parte de nossa pregação do mesmo! Enquanto produzimos e revelamos essas atitudes em nossas vidas diárias, cumpre-nos lembrar que um crente não chama a atenção dos outros para a sua própria pessoa. O "eu" ficou esquecido em meio à sua humildade de espírito, em meio à mansidão e em meio a todas aquelas outras virtudes. Isso equivale a dizer que devemos fazer tudo tendo por escopo a glória de Deus, com os olhos fixos somente em Sua causa. O "eu" precisa desaparecer; precisa ser completamente esmagado em todas as suas sutilezas, tendo em vista a causa e a glória do Senhor.

Segue-se daí que precisamos fazer essas coisas de maneira tal que levemos outros homens a glorificar a Deus, a se ufanarem nEle, a se dedicarem a Ele. "Assim brilhe também a vossa luz diante dos homens, para que vejam as vossas boas obras..." Sim, para que dessa forma queiram glorificar a nosso Pai celeste. Não somente o crente deve glorificar a seu Pai celeste; mas também deve fazê-lo de maneira tal que outras pessoas também queiram glorificá-Lo.

Isso, por sua vez, conduz-nos ao fato que, em vista de sermos crentes autênticos, devemos sentir no coração profunda tristeza por essas outras pessoas. Devemos perceber que elas estão nas trevas, em um estado de total poluição. Em outras palavras, quanto mais derivamos a nossa nova vida da parte do Senhor, tanto mais, igualmente, nos tornamos semelhantes a Ele. Ora, o Senhor sentia profunda compaixão pelas multidões. Ele os via como ovelhas que não têm pastor. Sentia-se profundamente pesaroso a respeito deles, sendo justamente esse o fator que determinava a Sua conduta e o Seu comportamento. Jesus não se preocupava consigo mesmo; antes, compadecia-Se das multidões. E é precisamente assim que você e eu precisamos viver e encarar todas essas questões. Em outras palavras, em todo o nosso trabalho, em todo o nosso viver cristão, esses três fatores sempre deveriam ocupar lugar de primazia. Sempre devemos fazer tudo visando à causa e à glória do Senhor. Cumpre-nos conduzir os homens aos Seus pés, para que O glorifiquem. E devemos alicerçar todos os nossos atos no amor e na compaixão pelos perdidos.

Assim, pois, nosso Senhor exortou-nos a demonstrar o que Ele tem feito e está fazendo de nós. Precisamos funcionar como homens e mulheres que receberam da parte dEle a vida divina. Jesus lançou no ridículo a atitude oposta. Ele pôs diante dos nossos olhos esse admirável quadro da possibilidade de nos tornarmos semelhantes a Ele, ainda neste mundo. Quando homens e mulheres contemplavam a Jesus Cristo, eram levados a pensar em Deus. Você já observou com que frequência, após os milagres de Cristo, lemos que o povo dava "glória a Deus"? Diziam: "Jamais vimos coisa assim" (Marcos 2:12), e glorificavam o Pai. Pois bem, você e eu devemos viver dessa maneira. Em outras palavras, cumpre-nos viver de tal modo que, quando homens e mulheres olharem para nós, constituamos para eles um problema. E então perguntarão entre si: "Que é isso? Por que esses crentes são tão diferentes de nós, diferentes em sua conduta e comportamento, diferentes em suas reações? Existe nesses crentes alguma coisa que não podemos compreender, que não somos capazes de explicar". E assim nossos semelhantes serão impelidos à única explicação verdadeira, a saber, que somos o povo de Deus, os filhos de Deus, os "... herdeiros de Deus e coerdeiros com Cristo..." (Romanos 8:17). Nós nos teremos feito refletores de Cristo, cópias de Cristo. Da mesma forma que Ele é "a luz do mundo", também nós ter-nos-emos tornado em "a luz do mundo".

Capítulo XVII

CRISTO E O ANTIGO TESTAMENTO

"Não penseis que vim revogar a lei ou os profetas; não vim para revogar, vim para cumprir. Porque em verdade vos digo: Até que o céu e a terra passem, nem um i ou um til jamais passará da lei, até que tudo se cumpra" (Mateus 5:17-18). Esses dois versículos, apesar de serem a continuação do que Jesus dissera antes, assinalam, não obstante, o começo de uma nova seção do Sermão do Monte. Até aqui temos visto que nosso Senhor se ocupava com a descrição do crente. Em primeiro lugar, pois, fomos relembrados quanto àquilo que somos; em seguida, fomos informados que, sendo esse o caso, não nos podemos olvidar que as nossas vidas devem ser tais que sempre manifestem essa nossa natureza essencial. Isso parece-se com o caso de um pai que recomenda a seu filho, prestes a partir de casa para uma festa: "Agora, lembre-se de quem você é. Você precisa comportar-se de tal modo que seja um reflexo da honra e do bom nome de sua família e de seus pais". Um apelo similar é feito às crianças em nome da escola, ou aos cidadãos de um país, em nome da pátria.

Era isso que nosso Senhor vinha dizendo. Somos filhos de Deus e cidadãos do reino dos céus. Por esse motivo, precisamos manifestar as características próprias de um povo celestial. Assim fazemos com a finalidade de manifestar a glória de Deus, e a fim de que outras pessoas sejam estimuladas a glorificar também ao Senhor.

A próxima questão que surge é como isso deve ser feito. Ora, esse é precisamente o assunto com o qual agora nos deparamos. A resposta, em poucas palavras, pode ser nestes termos: Cumpre-nos viver vidas retas. Esta é a palavra que sumaria toda a vida cristã, "retidão". E o tema do restante do Sermão do Monte aborda justamente isso, ou seja, o tipo de vida reta que ao crente compete levar. Até chegarmos ao trecho de Mateus 7:14, esse é o grande tema de Cristo, o qual é exposto sob vários ângulos.

No que consiste essa retidão que devemos manifestar? E qual é o seu caráter? Os versículos 17 a 20 de Mateus 5 servem como uma espécie de introdução geral ao tema. Neles nosso Senhor introduz a questão inteira da retidão e da vida reta que devem caracterizar o crente. Você deveria observar o método empregado pelo Mestre. Antes de entrar nos detalhes, Ele assenta alguns princípios básicos. Cristo apresentou uma introdução geral antes de realmente começar a esclarecer e expor o Seu tema. Algumas pessoas, segundo entendo, não gostam de introduções. Neste caso, não apreciam o método empregado por nosso Senhor! Todavia, sempre é vital começarmos pelos princípios básicos. As pessoas que erram na sua prática sempre são aquelas que não estão seguras quanto aos seus princípios básicos. Parece-me que isso se reveste de importância capital em nossos dias. Vivemos em uma época de especialistas, e um especialista quase invariavelmente é alguém de tal maneira enfronhado em pormenores que, com frequência, se esquece dos princípios básicos. A maior parte dos malogros que se veem na vida moderna deve-se ao fato que determinados princípios fundamentais têm sido esquecidos. Em outras palavras, se ao menos todos os homens vivessem retamente, não haveria mais necessidade dessa multiplicidade imensa de conferências e organizações.

O método de se começar uma exposição qualquer através de seus princípios básicos é algo que podemos observar aqui, enquanto nosso Senhor prossegue a fim de abordar essa questão da retidão. Ele faz isso estabelecendo neste parágrafo duas proposições categóricas. Na primeira, que ocupa os versículos 17 e 18, Cristo afirma que tudo quanto ensinaria dali por diante estava em absoluta harmonia com o ensino inteiro das Escrituras do Antigo Testamento. Em Seu ensinamento, coisa alguma existia que pudesse contradizer aquelas Escrituras.

A segunda proposição de Jesus, que ficou registrada nos versículos 19 e 20, é que a Sua doutrina, tão harmônica com o Antigo Testamento, está em total dissonância com os ensinamentos dos fariseus e escribas, contradizendo-os frontalmente.

Esses são dois grandes e importantíssimos pronunciamentos, porquanto jamais poderemos compreender o registro da vida de nosso Senhor, nos quatro Evangelhos, a menos que captemos o significado desses dois princípios básicos. Temos aqui a explicação de todo o antagonismo manifestado contra o Senhor Jesus, por parte dos fariseus, dos escribas, dos mestres da lei e de vários outros indivíduos. Aqui está a explanação de todas as dificuldades que Ele teve de enfrentar, os mal-entendidos a que Ele constantemente esteve sujeito.

Outra observação geral é que nosso Senhor não se satisfez com declarações positivas tão somente; também emitiu declarações negativas. Não se contentou meramente em afirmar a Sua doutrina. Também criticou a doutrina oposta. De passagem, estou enfatizando esse ponto uma vez mais porque, conforme tenho salientado repetidamente, no estudo deste Sermão do Monte, por alguma razão extraordinária parece haver tomado conta de muitíssimas pessoas, incluindo evangélicos, uma peculiar indolência – indolência intelectual e moral. Infelizmente, parece que grande número de pessoas fazem objeção a qualquer ensino em termos negativos. Dizem elas: "Queremos ensinamentos positivos". E também: "Ninguém precisa criticar outros pontos de vista". Não obstante, nosso Senhor criticou mui definidamente o ensino dos fariseus e escribas. Ele desmascarou e denunciou tal ensino com grande frequência. E, naturalmente, é essencial para nós fazermos a mesma coisa. Todos andam falando ultimamente sobre o movimento ecumênico, e o argumento por muitos apresentado é que, por causa de um certo perigo comum, não é tempo de ficarmos debatendo acerca das nossas diferenças doutrinárias; pelo contrário, todos deveríamos ser amigáveis uns com os outros, juntando forças. Mas, de conformidade com nosso Senhor, jamais! O fato que a Igreja Católica Romana e que a Igreja Ortodoxa Grega são chamadas cristãs não é motivo para não desmascararmos a corrupção e os erros perigosos de seus respectivos sistemas.

Nosso Senhor, pois, não estacou ao estabelecer positivamente o Seu argumento; e isso, por sua vez, leva-nos ainda a uma outra questão. Por que Ele agiu desse modo? Qual a finalidade dessa introdução à porção pormenorizada de Seu sermão? A resposta a isso, penso eu, é perfeitamente clara. Quando lemos os quatro Evangelhos, vemos muito bem que havia tremenda confusão no tocante à doutrina de nosso Senhor. Sem dúvida alguma, Jesus constituía um complicado problema para os Seus contemporâneos. Havia muitas coisas incomuns em Sua pessoa. Ele mesmo, por exemplo, era uma pessoa incomum. Não era fariseu e nem fora treinado como fariseu. Não frequentara as escolas costumeiras, razão pela qual olhavam para Ele e pensavam: "De onde vem esse sujeito, esse homem que ensina fazendo pronunciamentos dogmáticos? Que significa tudo isso?" Jesus não chegara à Sua posição de mestre através das usuais linhas ou canais, e isso, por si só, criava um grave problema. Os líderes e o povo em geral sentiam-se um tanto perplexos por esse motivo. Conforme já tenho lembrado a você, Cristo criticava deliberadamente aos fariseus e escribas, bem como aos ensinamentos por eles apresentados. Ora, eles eram os líderes reconhecidos e mestres religiosos e todos estavam preparados para atender a tudo quanto dissessem. Eram figuras notáveis da nação. Mas, de repente, surge em cena um Homem estranho às escolas daqueles líderes, um Homem que não apenas ensinava, mas que também denunciava o ensino autorizado deles. Além e acima de tudo isso, Jesus não passava todo o Seu tempo fazendo a exposição da lei. Mas pregava uma extraordinária doutrina que aludia à graça e ao amor de Deus, doutrina que introduzira elementos tão estranhos como a parábola do Filho Pródigo. O pior de tudo, entretanto, é que o Senhor Jesus misturava-se livremente com os publicanos e os pecadores notórios, reclinando-se e comendo com eles. Além de parecer que jamais observava todas as regras e regulamentos, Ele também parecia disposto a desobedecer deliberadamente aos mesmos. Através das Suas palavras Ele criticava os ensinamentos oficiais dos grandes mestres, e, na Sua prática diária, fazia outro tanto.

Foi por coisas assim que, quase imediatamente, começaram a surgir dúvidas e indagações, em face de Sua teoria e em face de Sua prática. "Porventura esse novo Mestre não acredita nas Sagradas Escrituras?" Os fariseus e os escribas asseveram ser os exponentes e os expositores das Sagradas Escrituras; isso posto, esse Jesus de Nazaré não acredita nelas? Quererá Ele eliminá-las?

O ensino dEle será uma novidade absoluta? Estará Ele denunciando a lei e os profetas? Estará Ele querendo ensinar algum novo caminho de acesso a Deus? Alguma nova maneira de agradar a Deus? Estará Ele voltando as costas, radicalmente, ao passado inteiro?" Essas eram as indagações que, conforme nosso Senhor sabia muito bem, seriam feitas, em virtude de Seu caráter pessoal e por causa daquilo que Ele ensinava. Por conseguinte, neste ponto, na introdução mesma de Seu ensino pormenorizado, Jesus já rebatia essas objeções, antes mesmo de serem proferidas. E, em particular, Jesus advertia aos Seus discípulos para que não se deixassem confundir e influenciar pelos murmúrios e pelas críticas que tão provavelmente haveriam de ouvir. Jesus preparou de antemão a maneira de pensar e a perspectiva dos discípulos, estabelecendo firmemente esses dois postulados fundamentais.

Nosso Senhor já dissera aos Seus seguidores, em termos gerais, o que se esperava que eles fossem e qual o tipo de retidão competia-lhes manifestar. E agora, ao chegar às questões mais detalhadas e específicas, Ele queria que eles compreendessem a situação inteira. Estou chamando atenção para isso não por causa de algum interesse meramente teórico, e nem apenas por termos aqui uma nova seção do Sermão do Monte, que precisa ser exposta. Mas estou fazendo assim por tratar-se de uma questão extremamente urgente e prática para cada um de nós que, de algum modo, nos interessamos pela vida cristã. Esse não é somente um problema antigo; também é um problema perfeitamente contemporâneo. Também não é mera questão teórica, pois até hoje há muitas pessoas que continuam perturbadas exatamente por causa dessa questão. E também há aqueles que tropeçam em Cristo e na salvação que Ele pregou, precisamente devido a essa particularidade de Seu relacionamento para com a lei. E, por todas essas razões, afirmo que é indispensável que examinemos a questão com atenção. Existem até mesmo aqueles que afirmam que este versículo só contribui para aumentar os seus problemas de compreensão, ao invés de aclarar as coisas.

Duas são as principais dificuldades suscitadas em relação a esse fato. Certa escola de pensamento acredita que tudo quanto o próprio Senhor Jesus fez foi dar continuação ao ensino da lei. Você deve conhecer essa escola, embora ela não seja tão popular hoje em dia como já o foi cerca de trinta anos passados, ou mais. Os que assim pensam afirmam ver grande diferença entre os quatro Evangelhos e as epístolas do Novo Testamento. Os Evangelhos nada seriam senão uma admirável exposição da lei antiga, e Jesus de Nazaré teria sido apenas um Mestre da lei. O real fundador do chamado cristianismo, continuam os tais, foi o homem que se tornou conhecido como apóstolo Paulo, com todas as suas doutrinas e o seu legalismo. Os quatro Evangelhos nada conteriam senão lei, ensinamento ético e instrução moral; mas neles nada existe acerca da doutrina de justificação pela fé, acerca da santificação e de ensinos dessa natureza. Tudo isso teria sido obra do apóstolo Paulo e sua teologia. E prosseguem a fim de dizer que a verdadeira tragédia foi que o simples e glorioso Evangelho de Jesus foi transformado por esse outro homem naquilo que veio a tornar-se o cristianismo, o qual seria inteiramente diferente da religião de Jesus. Aqueles que dentre nós são suficientemente idosos devem estar lembrados que, quando da volta do século e por mais algum tempo depois, surgiram vários livros escritos de acordo com essa linha de pensamento, como, por exemplo, *The Religion of Jesus and the Faith of Paul* (A Religião de Jesus e a Fé de Paulo), e títulos similares, onde seus autores tentavam mostrar um suposto grande contraste entre Jesus e Paulo. Ora, essa é uma das dificuldades.

A segunda principal dificuldade é o oposto exato dessa posição. E é interessante observarmos como as heresias, quase invariavelmente, cancelam-se mutuamente. Pois esse segundo ponto de vista diz que Cristo aboliu completamente a lei, introduzindo, no lugar da mesma, a graça divina. E então citam aquele trecho bíblico que diz: "Porque a lei foi dada por intermédio de Moisés; a graça e a verdade vieram por meio de Jesus Cristo" (João 1:17). Assim sendo, conforme pensam eles, o crente nada tem a ver com a lei. Argumentam eles que a Bíblia ensina que estamos debaixo da graça, e, por isso mesmo, nem ao menos deveríamos mencionar a lei. Você deve estar lembrado de que chegamos a ventilar esse argumento no primeiro capítulo deste livro. Ali consideramos a ideia que afiança que o Sermão do Monte não tem qualquer vinculação conosco, que pertencemos à era da graça, e que, por esse motivo, esse sermão diz respeito àqueles para quem foi diretamente pregado, como também aos judeus da futura era do reino. É interessante notar como esses antigos erros até hoje persistem.

Nosso Senhor rebate ambas essas errôneas posições, ao mesmo tempo, com esta vital declaração dos versículos 17 e 18, com a qual trata dessa questão específica de Seu relacionamento para com a lei e os profetas. Que tem o Senhor Jesus a dizer sobre o problema? Quiçá a melhor coisa que possamos fazer, nesta altura de nossa exposição, seja definir esses vocábulos principais do texto, até termos plena certeza de haver entendido o seu significado. Que se deve entender por "a lei" e por "os profetas"? A resposta é: a totalidade do Antigo Testamento. Você poderá procurar e examinar pessoalmente as passagens bíblicas que encenam essa expressão, e descobrirá que, sempre que ela é usada, inclui o cânon completo do Antigo Testamento.

Mas, que se deve entender por "a lei", neste ponto particular? Parece-me que precisamos concordar que esse vocábulo, conforme é aqui empregado, significa a lei em sua inteireza. A lei, conforme foi entregue aos filhos de Israel, consistia em três porções: a porção moral, a porção judicial e a porção cerimonial. Se você ler novamente os livros de Êxodo, Levítico e Números, descobrirá que foi assim que o Senhor transmitiu a lei. A lei moral consistia dos Dez Mandamentos e outros grandes princípios morais que foram firmados de uma vez para sempre. Além disso, havia a lei judicial que tem em vista a legislação dada para a nação de Israel, dentro das suas circunstâncias peculiares do momento, indicando como os israelitas deveriam conduzir-se em relação ao próximo, bem como o que deviam e o que não deviam fazer. Finalmente, havia a porção cerimonial da lei, que envolvia os holocaustos, os sacrifícios, os ritos e as cerimônias ligados à adoração, no templo ou em outros lugares. Mas agora cumpre-nos asseverar que "a lei" inclui todos esses aspectos; por conseguinte, nosso Senhor estava aqui se referindo a tudo quanto a lei ensina diretamente sobre a vida, a conduta e o comportamento dos homens.

Entretanto, convém-nos lembrar, igualmente, que a lei inclui tudo quanto era ensinado por intermédio dos diversos símbolos, pelas diferentes modalidades de oferendas e por todos os detalhes das mesmas que figuram nas páginas do Antigo Testamento. Muitos crentes dizem que acham extremamente maçantes os livros de Êxodo e Levítico. Indagam eles: "Para que tantos detalhes acerca da farinha, do sal e de todas essas pequeninas coisas?" Bem, todas essas coisas eram meramente figuras e, à sua maneira, serviam de profecias sobre aquilo que foi perfeitamente concretizado, de uma vez por todas, por nosso Senhor e Salvador Jesus Cristo. Portanto, afirmo que mesmo ao falarmos acerca da lei, precisamos lembrar que todos esses aspectos estão inclusos. Não estão envolvidas somente as instruções diretas e positivas desses livros, com as suas injunções acerca de como os homens deveriam conduzir-se; mas também tudo quanto eles sugeriam e prediziam no tocante ao que haveria de suceder. A lei, portanto, precisa ser considerada em totalidade. Na realidade, descobriremos que, do versículo 21 em diante, quando nosso Senhor falava sobre a lei Ele falava somente a respeito da seção moral da lei. Porém, nesta declaração geral, que ora consideramos, Ele está falando acerca da lei em sua totalidade.

E que se deve entender por "os profetas"? Essa expressão aponta, como é evidente, para tudo quanto encontramos nos livros proféticos do Antigo Testamento. Quanto a isso, novamente, nunca nos devemos esquecer que há dois aspectos principais. Na verdade, os profetas ensinavam a lei, interpretando-a e aplicando-a. Eles dirigiam-se à nação e revelavam que as dificuldades do povo deviam-se ao fato que não estavam observando a lei de Deus; assim faziam os profetas porque a sua incumbência básica era a de chamarem o povo de volta à verdadeira compreensão da lei. Com essa finalidade, pois, os profetas faziam a lei ser relida e entendida. Porém, em adição a isso, eles prediziam o aparecimento do Messias. Os profetas eram pregadores, mas, além disso, eram "prognosticadores". Ambos esses aspectos precisam ser incluídos na mensagem profética.

Resta-nos considerar um último vocábulo principal, "cumprir". Tem havido grande confusão no que tange ao seu significado. Por isso devemos salientar, logo de saída, que essa palavra não quer dizer terminar, acabar; nem significa acrescentar alguma coisa ao que já havia sido iniciado. Essa interpretação popular é um total mal-entendido acerca desse vocábulo. Alguns têm ensinado que o Antigo Testamento deu início a certo ensino, mas que o levou avante somente até certa altura. E então apareceu nosso Senhor, o qual deu prosseguimento a esse mesmo ensino, e por assim dizer terminou-o, arredondou-o. Mas não é essa a verdadeira interpretação do verbo "cumprir" nesta passagem bíblica. O verdadeiro sentido dessa palavra é cumprir no sentido de prestar plena obediência, literalmente, levando até às últimas consequências tudo quanto fora dito e declarado na lei e nos profetas.

Tendo definido nossos vocábulos principais, consideremos agora o que nosso Senhor realmente nos queria dizer. Qual é o Seu verdadeiro ensinamento neste ponto? Expressarei a questão sob a forma de dois princípios fundamentais, e, a fim de assim fazer, passarei a considerar o versículo 18 antes do versículo 17. As duas declarações aparecem juntas, vinculadas entre si pela conjunção "porque". "Não penseis que vim revogar a lei ou os profetas; não vim para revogar, vim para cumprir". E então o Senhor deu a razão para esse fato. "Porque em verdade vos digo: Até que o céu e a terra passem, nem um i ou um til jamais passará da lei, até que tudo se cumpra".

A primeira proposição é que a lei de Deus tem um caráter absoluto; jamais poderá ser alterada, e nem mesmo modificada no mais leve grau. A lei é absoluta e eterna. Os requisitos da lei são permanentes, e jamais poderão ser ab-rogados ou reduzidos, "até que o céu e a terra passem". Esta última expressão aponta para o fim da era. O céu e a terra são sinais de permanência. Enquanto céu e terra estiverem nos seus devidos lugares, diz nosso Senhor, coisa alguma da lei poderá passar, nem mesmo um "i" ou um "til". Não há nada menor do que isso. O menor ponto gráfico na menor letra do alfabeto hebraico. Assim sendo, céu e terra não passarão enquanto esses mínimos detalhes não forem absoluta e inteiramente cumpridos e obedecidos. Ora, esse foi o pronunciamento do Senhor; e, naturalmente, esse é um dos mais importantes e momentosos pronunciamentos que jamais foram feitos. Nosso Senhor enfatizou a Sua declaração com o vocábulo "porque", o qual sempre chama atenção para alguma coisa, denotando a seriedade e a importância da mesma. Todavia, Jesus incrementou ainda mais essa importância, ao dizer: "... em verdade vos digo...". Cristo ressaltou essa declaração com toda a Sua autoridade. A lei que Deus havia decretado, e que pode ser lida no Antigo Testamento, bem como tudo quanto foi anunciado pelos profetas, haverá de ter cumprimento cabal quanto a todas as suas minúcias, permanecendo de pé até que seu cumprimento total se efetue. Penso que não preciso continuar salientando a importância vital desse fato.

Em seguida, à luz dessa realidade, nosso Senhor fez a Sua segunda declaração, afirmando que, como era óbvio, Ele não viera ao mundo para destruir, e nem mesmo para modificar, seja no que for, o ensino da lei e dos profetas. Antes, conforme Ele acrescenta, viera para cumprir os preceitos da lei e os ensinamentos dos profetas até às suas últimas consequências, obedecendo de modo perfeito aos mesmos. Essa, pois, é a reivindicação central feita por nosso Senhor. Em outras palavras, Ele afirmava que a lei e os profetas, em sua totalidade, apontavam para Ele e teriam cumprimento em Sua pessoa, até nos menores detalhes. Tudo quanto faz parte da lei e dos profetas culmina em Jesus Cristo, e Ele é o cumprimento da lei e dos profetas. Essa é a mais tremenda reivindicação que Jesus fez em qualquer ocasião.

Esse é um tema que precisa ser elaborado. Em primeiro lugar, portanto, apresentamos a dedução imediata que daí se pode extrair. Nesses versículos, nosso Senhor Jesus Cristo confirma o Antigo Testamento em sua inteireza. Ele apõe o Seu selo de autoridade, o Seu *imprimatur*, por assim dizer, sobre o cânon do Antigo Testamento, sobre toda a lei e os profetas. Leiamos esses quatro Evangelhos e observemos as citações extraídas do Antigo Testamento, feitas por Jesus. Isso nos conduzirá a uma única conclusão, a saber, que Jesus acreditava na totalidade do Antigo Testamento, e não somente em certas porções do mesmo! Ele fez citações de quase todos os livros do Antigo Testamento. Para o Senhor Jesus Cristo, pois, o Antigo Testamento era a Palavra de Deus; era as Escrituras Sagradas; era algo absolutamente ímpar e separado; revestia-se de uma autoridade que nenhuma outra coisa jamais possui ou poderá vir a possuir. Aqui, pois, encontramos uma asserção vital sobre essa questão da autoridade do Antigo Testamento.

Em nossos dias existe um avantajado número de pessoas que parece pensar que alguém pode crer plenamente no Senhor Jesus Cristo, ao mesmo tempo que, para todos os efeitos práticos, pode rejeitar o Antigo Testamento. Devemos insistir, contudo, que a questão da nossa atitude para com o Antigo Testamento inevitavelmente suscita a questão da nossa atitude para com o Senhor Jesus Cristo. Se dissermos que não acreditamos no relato da criação, ou em Abraão como um personagem real; se não acreditamos que a lei foi dada por Deus através de Moisés, mas apenas pensamos que tudo não passou de uma astuta peça da legislação judaica, produzida por um homem que foi ótimo líder e que obviamente tinha certas excelentes ideias acerca da higiene e da saúde pública – se dissermos isso, então de fato estaremos contradizendo frontalmente tudo quanto nosso Senhor e Salvador, Jesus Cristo, disse a respeito dele mesmo, da lei e dos profetas. De conformidade com Cristo, tudo quanto há no Antigo Testamento é a Palavra de Deus. E não somente isso, mas também tudo quanto há na lei e nos profetas haverá de permanecer em vigor até que tudo seja plenamente cumprido. Cada "i" e cada "til" ali existentes têm a sua significação própria. E tudo será plenamente cumprido até aos detalhes mais ínfimos que se possam imaginar. Essa é a lei de Deus, o Seu decreto.

As palavras ditas pelos profetas não foram meras palavras de homens com veia poética, os quais, dotados de um discernimento poético, enxergaram um pouco mais longe e mais fundo do que as demais pessoas podiam perceber quanto à existência; e que, assim inspirados, fizeram notáveis declarações sobre esta vida e sobre como devia ser vivida. Longe de nós ideias assim! Os profetas foram homens de Deus, e da parte dEle receberam as suas mensagens. Tudo quanto disseram é a pura verdade divina, e todas as suas afirmações serão cumpridas até aos menores detalhes. Ora, tudo quanto ali foi dito teve por alvo a pessoa de Jesus Cristo. Ele é o cumprimento de todas essas revelações, e somente quando plenamente cumpridas por Ele é que elas poderão chegar ao seu extremo lógico e cabal, em qualquer sentido.

Ora, como é evidente, essa questão também se reveste de vital significação. Muitas pessoas têm perguntado por qual motivo a Igreja primitiva resolveu juntar o Antigo Testamento ao Novo Testamento. Por semelhante modo, há muitos, hoje em dia, que afirmam apreciar a leitura dos Evangelhos, mas que não estão de modo algum interessados pelo Antigo Testamento, pensando que aqueles cinco livros de Moisés, com a sua mensagem, nada têm a ver com eles. No entanto, a Igreja primitiva não adotou tal posição, e isso pela seguinte razão: qualquer desses grandes segmentos da Bíblia que queiramos considerar lança luzes sobre o outro, e cada um deles, em certo sentido, só pode ser entendido à luz do outro. Os dois Testamentos sempre precisam ser considerados conjuntamente. É conforme o grande Agostinho colocou a questão: "O Novo Testamento acha-se latente no Antigo Testamento, e o Antigo Testamento acha-se patente no Novo Testamento".

Acima de tudo, entretanto, encontramos nesta passagem bíblica essa declaração do próprio Filho de Deus, onde Ele nos assegura que não viera a fim de tornar obsoleto o Antigo Testamento, isto é, a lei e os profetas. É como se Ele houvesse dito: "Não é assim, pois a lei e os profetas vieram diretamente da parte de Deus, e Eu mesmo vim a fim de obedecer e cumprir tudo". Jesus tinha o Antigo Testamento como a Palavra de Deus, dotado de autoridade indiscutível e final. E você e eu, se porventura somos autênticos seguidores de Jesus Cristo, se nEle deveras confiamos, devemos manifestar a mesma atitude. No momento em que começarmos a pôr em dúvida a autoridade do Antigo Testamento, necessariamente estaremos pondo em dúvida a autoridade do próprio Filho de Deus, e nos estaremos deixando arrastar a intermináveis dificuldades e confusões mentais. Se ao menos começarmos a pensar que Jesus foi um produto de Sua época, limitado quanto a certas particularidades e passível de erro, então estaremos qualificando perigosamente a doutrina bíblica no que concerne à Sua plena, absoluta e inigualável divindade. Por conseguinte, é mister que nos mostremos extremamente cuidadosos quanto àquilo que pensamos a respeito da Bíblia. Sigamos de perto as citações que Cristo fez dos textos da lei e dos profetas, as citações que Ele extraiu dos Salmos. Jesus citou dessas porções do Antigo Testamento com grande abundância. Para Ele, a lei e os profetas constituíam a Sagrada Escritura, que nos foi outorgada por Deus e que, conforme Jesus ensina em João 10:35, "não pode falhar". Essa é a própria Palavra de Deus, a qual haverá de ter cumprimento cabal até aos mínimos detalhes, permanecendo de pé enquanto existirem o céu e a terra.

Capítulo XVIII

CRISTO CUMPRINDO A LEI E OS PROFETAS

Já estabelecemos nossos dois princípios fundamentais, no tocante à relação entre as Escrituras do Antigo Testamento e o Evangelho, e agora precisamos considerar novamente esse assunto, embora mais detalhadamente. Antes de tudo, vejamos como é que nosso Senhor "cumpre" e leva a efeito aquilo que foi escrito pelos profetas do Antigo Testamento – um tema importantíssimo. Você deve estar lembrado do uso que o apóstolo Pedro fez disso, em sua segunda epístola. Ele escrevia a fim de consolar certas pessoas que atravessavam tempos difíceis e padeciam sob tormentos e perseguições. Agora Pedro já era um homem idoso, e percebia que a sua vida na carne não se prolongaria por muito tempo mais. Isso posto, ele queria prestar-lhes um consolo final, antes de partir deste mundo. E disse-lhes várias coisas. Por exemplo, como ele mesmo, Tiago e João haviam recebido o privilégio de contemplar a transfiguração de nosso Senhor, e como tinham mesmo chegado a ouvir aquela voz, proveniente da glória excelsa, que lhes dissera: "Este é o meu Filho amado, em quem me comprazo; a ele ouvi" (Mateus 17:5). Não obstante, é como se Pedro tivesse continuado: "Todavia, tenho ainda algo melhor do que isso para dizer a vocês. Vocês não precisam confiar em meu próprio testemunho e experiência. Existe uma ainda 'mais confirmada palavra profética' (II Pedro 1:19). Portanto, leiam os profetas do Antigo Testamento. Vejam como as predições deles cumpriram-se na pessoa de Cristo Jesus, e vocês terão o mais forte apoio para a fé que uma pessoa já pôde conseguir". Essa questão, assim sendo, reveste-se de exponencial importância. Nosso Senhor afirma ser, Ele mesmo, o cumprimento daquilo que foi ensinado pelos profetas do Antigo Testamento. O apóstolo Paulo também faz notável e compreensiva afirmação acerca disso, em II Coríntios 1:20, onde diz: "Porque quantas são as promessas de Deus, tantas têm nele o sim..." Isso põe ponto final à questão. Todas as promessas de Deus encontram o "sim" e o "amém" nessa admirável Pessoa. Esse é exatamente o sentido do que nosso Senhor está dizendo.

Não podemos aprofundar-nos nesse assunto tão plenamente quanto desejaríamos; prefiro que você aprofunde pessoalmente esse estudo. O cumprimento das profecias é, na verdade, um dos fatos mais notáveis e espantosos que um homem pode encontrar, conforme por muitas vezes tem sido destacado. Pensemos sobre as profecias tão exatas a respeito de Seu nascimento, que incluem até mesmo o local de Seu nascimento – Belém de Judá. E todas essas predições cumpriram-se à risca. Os extraordinários detalhes que foram preditos acerca da pessoa de Cristo tornam quase inconcebível que os judeus pudessem haver tropeçado em Jesus de Nazaré, não tendo percebido a Sua verdadeira identidade. O que os cegou, entretanto, foram suas próprias ideias. Eles jamais deveriam ter concebido o Messias como um monarca terreno, como um personagem político, porque seus próprios profetas haviam traçado a respeito dEle um quadro inteiramente oposto. Os escritos dos profetas eram lidos diante deles, mas eles estavam surdos por seus preconceitos, e, ao invés de darem atenção às palavras dos profetas, mantinham-se atentos às suas próprias e sobrepostas ideias – um perigo constante. Mas, aí temos o relato profético até ao menor detalhe. Meditemos sobre aquelas descrições notavelmente precisas acerca do tipo de vida que Cristo teria – "Não esmagará a cana quebrada, nem apagará a torcida que fumega..." (Isaías 42:3). Ou então aquela maravilhosa descrição de Sua pessoa, em Isaías 53. Meditemos sobre as predições que envolvem as Suas ações, bem como os Seus milagres, os Seus prodígios sobre a natureza física, o tipo de coisas que Ele provavelmente faria, como também os Seus ensinos, envolvidos nos Seus atos. Está tudo escrito, e é por isso que sempre será uma tarefa fácil e maravilhosa pregar o Evangelho com base no Antigo Testamento. No entanto, ainda há pessoas que se admiram diante disso, mas a verdade é que se pode pregar o Evangelho tanto com base no Antigo como no Novo Testamento. O Antigo Testamento está eivado do Evangelho.

Acima de qualquer outra coisa, porém, dispomos das profecias acerca de Sua morte, que chegam mesmo a descrever-lhe o modo. Basta que leiamos o Salmo 22, por exemplo, e descobriremos ali uma descrição literal e exata, cheia do pormenores, daquilo que realmente aconteceu na cruz do Calvário. O elemento profético, conforme se depreende daí, tanto se vê nos Salmos quanto nos livros proféticos. Cristo cumpriu, literal e cabalmente, o que fora predito a Seu respeito. Por semelhante modo, a ressurreição de Cristo é claramente predita no Antigo Testamento, juntamente com abundante admirável ensino sobre o reino que nosso Senhor haveria de estabelecer. Não obstante, ainda mais admiráveis, em certo sentido, são as profecias concernentes à inclusão dos gentios. E isso é tanto mais notável quando nos lembramos que esses oráculos de Deus foram dirigidos particularmente para uma nação, a dos judeus. No entanto, vemos naqueles escritos a clara predição acerca da extensão dessas bênçãos divinas aos povos gentílicos, dessa maneira extraordinária. Por igual modo, há claras narrativas sobre o que aconteceu no grande dia de Pentecoste, em Jerusalém, quando o Espírito Santo desceu sobre a Igreja cristã, ainda infante, deixando as pessoas perplexas e boquiabertas. Mas você deve estar lembrado do que o apóstolo Pedro declarou, em face disso: "Vocês não deveriam ficar surpresos diante deste fato. Pois isso foi o que disse o profeta Joel, e agora houve tão somente o cumprimento dessas suas predições" (Veja Atos 2:16).

Poderíamos continuar nesse tom quase interminavelmente, mostrando a maneira admirável pela qual nosso Senhor, em Sua pessoa e em Suas obras, bem como naquilo que Lhe aconteceu e no que resultou desses eventos, cumpriu a lei e os profetas. Jamais deveríamos enfiar uma cunha entre o Antigo e o Novo Testamentos. Nunca devíamos sentir que o Novo faz o Velho desnecessário. Cada vez mais lamento que o Novo Testamento tenha sido impresso em um volume separado, porquanto tendemos por cair no sério erro de pensar que, em vista de sermos cristãos, não precisamos do Velho Testamento. Foi o próprio Espírito Santo quem orientou a Igreja primitiva, que se constituía principalmente de gentios, a incorporar as Escrituras do Antigo Testamento às suas próprias Novas Escrituras, considerando-as um só volume. Pois esses dois segmentos da Bíblia estão indissoluvelmente ligados entre si, havendo muitos sentidos em que podemos dizer que o Novo Testamento não pode ser perfeitamente entendido exceto à luz daquilo que nos é revelado no Antigo Testamento. Por exemplo, é quase impossível entender o que a epístola aos Hebreus ensina, a menos que conheçamos bem as Escrituras do Antigo Testamento.

De passagem, observemos também como Cristo cumpre a lei. Uma vez mais, esse é um aspecto tão importante que nos deveríamos sentir impelidos à adoração e à veneração. Primeiramente, Cristo nasceu "sob a lei". "... vindo, porém, a plenitude do tempo, Deus enviou seu Filho, nascido de mulher, nascido sob a lei" (Gálatas 4:4). Para as nossas mentes finitas, é dificílimo apreender o que isso significa, mas essa é uma das verdades essenciais a respeito da encarnação do Filho de Deus – Ele nasceu sob a lei. Embora eternamente superior à lei, por ser o próprio Filho de Deus, Jesus veio e nasceu sujeito à lei, como alguém que estivesse na obrigação de cumpri-la. Em nenhuma outra oportunidade Deus demonstrou mais patentemente o caráter absoluto e inviolável de Sua própria santa lei como quando sujeitou a ela o Seu próprio Filho. Esse é um conceito estonteante; contudo, ao examinarmos os Evangelhos, quão perfeitamente vemos que isso exprime uma verdade. Podemos notar quão criteriosamente nosso Senhor observava a lei; Ele a obedeceu até nos menores detalhes. E não somente isso, mas também ensinou outros homens a amarem a lei, explicando-a para eles, confirmando-a constantemente e asseverando a absoluta necessidade de a obedecermos. Essa foi a razão por que Ele pôde dizer, no final de Sua vida, que ninguém poderia detectar nEle qualquer pecado, que ninguém poderia provar contra Ele qualquer acusação. Jesus chegou até a desafiar Seus inimigos a fazerem isso. Ninguém podia citá-Lo diante da lei. Ele tinha vivido e obedecido à lei de maneira impecável. Não havia coisa alguma, nem um "i" ou um "til" em conexão com a lei, no que Ele pudesse ser acusado de quebrar ou falhar em cumprir, mesmo no mais ínfimo detalhe. E assim verificamos que, tanto em Seu nascimento como ao longo de Sua vida, Jesus sempre se sujeitou à lei.

Uma vez mais, entretanto, chegamos àquilo que, para nós, é o centro mesmo de toda a nossa fé – a cruz na colina do Calvário. Qual é o significado disso? Bem, sugiro novamente que se as nossas ideias não são claras sobre a lei, então jamais compreenderemos o significado da cruz. A essência do evangelismo não consiste meramente em falarmos acerca da cruz, mas em proclamar a verdadeira doutrina da cruz. Existem pessoas que muito falam sobre a cruz, mas fazem-no de uma maneira puramente sentimental. Tais pessoas parecem-se com as filhas de Jerusalém, a quem nosso Senhor mesmo repreendeu, as quais choravam enquanto pensavam naquilo que elas chamavam de a tragédia da cruz. Essa, porém, não é a maneira certa de encararmos essas realidades. Também há aqueles que reputam a cruz como algo que exerce certa influência moral sobre nós. Dizem os tais que todo o propósito da cruz é quebrantar nossos corações empedernidos. Contudo, não é esse o sentido do ensinamento bíblico. O propósito da cruz não é despertar em nós algum senso de compaixão, e nem meramente uma exibição qualquer do amor de Deus. De modo nenhum! A cruz só pode ser plenamente compreendida à luz da lei. O que estava acontecendo na cruz é que nosso Senhor e Salvador, Jesus Cristo, o Filho de Deus, estava recebendo em Seu próprio corpo a penalidade prescrita pela santa lei de Deus contra o pecado humano. A lei condena o pecado, e a condenação por ela proferida é a morte. "... o salário do pecado é a morte..." (Romanos 6:23). A lei determina que a morte deve passar para todos quantos pecarem contra Deus e quebrarem Sua santa lei. E Cristo disse: "Não penseis que vim revogar a lei ou os profetas; não vim para revogar, vim para cumprir". Uma das maneiras pelas quais a lei foi cumprida por Jesus é que o castigo por ela imposto contra o pecado foi devidamente executado. Esse castigo é a morte, e foi por essa razão que Cristo morreu. A lei tinha de ser cumprida cabalmente. Deus não podia simplesmente arredá-la para um lado, sob nenhuma hipótese; e, dessa forma, o castigo por ela imposto também era inevitável. Ao perdoar-nos – e digamos isso com a máxima clareza – Deus não o faz resolvendo que não executará a sentença por Ele decretada contra o pecado. Isso implicaria em uma contradição com a Sua própria natureza santa. O que quer que Deus diga, tem que suceder. Deus não retrocede diante daquilo que Ele mesmo determinou. Ora, Deus dissera que o pecado tem de ser punido por meio da morte, e você e eu só poderemos ser perdoados porque o castigo contra o pecado foi devidamente aplicado. No tocante à punição contra o pecado, a lei de Deus foi cumprida de maneira absoluta, porquanto Ele castigou o pecado no próprio corpo santo, inculpável e imaculado de Seu Filho, na cruz na colina do Calvário. Cristo cumpre a lei sobre a cruz, e, a menos que uma pessoa interprete a cruz e a morte de Jesus, que sobre ela teve lugar, em termos estritos do cumprimento da lei, tal pessoa não é detentora do ponto de vista bíblico da morte de Jesus na cruz.

Também vemos que, da maneira mais extraordinária e maravilhosa, ao morrer na cruz, suportando em Seu próprio corpo a punição imposta contra o pecado, Jesus Cristo cumpriu todas as figuras do Antigo Testamento. Comece a ler novamente os livros de Levítico e Números; leia atentamente o que ali está escrito sobre os holocaustos e sacrifícios; leia tudo acerca do tabernáculo, da cerimônia do templo, do altar e da bacia onde os sacerdotes lavavam pés e mãos, e assim por diante. Medite sobre esses detalhes, e então pergunte a si mesmo: "Que significam todas essas coisas? Para que servem elas? Os pães da proposição, o sumo sacerdote, os vasos e todas aquelas outras coisas? Qual a finalidade delas?" Ora, todas aquelas coisas eram apenas sombras, tipos e profecias do que seria final e plenamente realizado pelo Senhor Jesus Cristo. De fato, Ele cumpriu literalmente e levou a efeito cada um desses tipos. Talvez você se interesse deveras por esse assunto; e há certos livros nos quais você poderá estudar mais detalhadamente essas questões[1]. Mas a grande verdade é simplesmente esta: Jesus Cristo, mediante a Sua morte e tudo quanto Ele fez, é o cumprimento absoluto de todos esses tipos e sombras. Ele é o Sumo Sacerdote, Ele é a oferenda, Ele é o holocausto, e Ele apresentou Seu próprio sangue no céu, de maneira tal que todo o cerimonial da lei teve cumprimento em Sua pessoa. "Não penseis que vim revogar a lei ou os profetas. Não vim para revogar, vim para cumprir". Por meio de Sua morte e ressurreição, e mediante a Sua apresentação no céu, Cristo tem feito tudo isso.

---

1 Vide, por exemplo, The Typology of Scripture (A Tipologia das Escrituras), de P. Fairbairn.

Todavia, poderíamos subir mais um degrau e dizer que Ele também cumpriu a lei em nós e através de nós, por intermédio do Espírito Santo. Esse é o argumento do apóstolo Paulo, em Romanos 8:2-4. Paulo afirma claramente que essa é uma das explicações da morte de nosso Senhor. "Porque a lei do Espírito da vida, em Cristo Jesus, te livrou da lei do pecado e da morte. Porquanto o que fora impossível à lei, no que estava enferma pela carne, isso fez Deus enviando o seu próprio Filho em semelhança de carne pecaminosa e no tocante ao pecado; e, com efeito, condenou Deus, na carne, o pecado, a fim de que o preceito da lei se cumprisse em nós, que não andamos segundo a carne, mas segundo o Espírito." Temos aí uma verdade importantíssima e extremamente significativa, pois o apóstolo vincula aqui duas coisas: a maneira pela qual nosso Senhor cumpriu pessoalmente a lei, e a maneira pela qual Ele cumpre a lei em nós. É precisamente isso que nosso Senhor está dizendo neste ponto, em Mateus 5. Ele cumpriu a justiça da lei, e a nós cumpre fazer a mesma coisa. Esses dois aspectos da questão não podem ser separados um do outro. Quanto a nós, Cristo cumpre a lei outorgando-nos de Seu Santo Espírito; e o Espírito Santo, por sua vez, infunde em nós o amor à lei e o poder para obedecer à lei. "... o pendor da carne é inimizade contra Deus, pois não está sujeito à lei de Deus, nem mesmo pode estar", diz o apóstolo Paulo, em Romanos 8:7. Entretanto, nós, que temos recebido do Espírito Santo, não somos assim. Não estamos em inimizade contra Deus, e, assim sendo, também estamos sujeitos à lei. O homem natural odeia a Deus e não se verga diante de Sua lei; mas o homem que já tem o Espírito ama a Deus e se sujeita à Sua lei. O crente deseja fazer assim, e para tanto recebe poder do alto: "... a fim de que o preceito da lei se cumprisse em nós, que não andamos segundo a carne, mas segundo o Espírito". Encaremos a questão por esse ângulo. Por intermédio do profeta Jeremias, Deus nos fez uma grandiosa promessa. É como se o Senhor houvesse dito: "Vou estabelecer uma nova aliança, e a diferença entre essa nova aliança e a antiga será esta: escreverei Minha lei nas mentes e nos corações dos homens. Minha lei não mais estará em tábuas de pedra, externas aos homens, mas estará em tábuas de carne, nos corações". O autor da epístola aos Hebreus discorre sobre esse conceito no capítulo 8 de seu livro, onde exalta a nova aliança, o novo relacionamento, porque a lei foi posta dentro de nós, e não é mais alguma coisa fora de nós. É devido ao fato que a lei foi escrita em nossas mentes e em nossos corações que ansiamos por cumpri-la e somos capacitados a ser-lhe obedientes.

Seja-me permitido sumariar tudo quanto dissemos, através de uma pergunta. Qual, pois, é a correta posição no que concerne à lei e aos profetas? Já procurei mostrar-lhe de que forma os escritos dos profetas foram cumpridos em Cristo Jesus e através dEle. Não obstante, ainda há determinada porção da lei que precisa ser cumprida. Que dizer acerca da própria lei? No tocante ao aspecto cerimonial da lei podemos dizer que, conforme já ficou demonstrado, esse foi completa e cabalmente cumprido. Nosso Senhor observou esse aspecto durante a Sua vida terrena, e exortou aos Seus discípulos para que fizessem outro tanto. Em Sua morte, ressurreição e ascensão cumpriu-se totalmente a lei cerimonial, em sua inteireza. Como confirmação disso é que, por assim dizer, mais tarde o templo foi destruído. O véu do santuário já havia sido rasgado em dois, de alto a baixo, por ocasião da morte de Jesus, e, finalmente, o templo e tudo quanto a ele pertencia foi destruído. Portanto, a menos que eu veja que o Senhor Jesus Cristo é o altar e o holocausto, bem como a bacia de lavar, o incenso e tudo o mais, ainda estou com a mente presa à ordem levítica. A menos que eu perceba que todos esses pormenores tiveram cumprimento em Cristo, a menos que eu já O tenha aceitado como o meu holocausto, como o meu sacrifício e como o meu tudo, toda a porção cerimonial da lei continua podendo ser aplicada a mim, e serei tido por responsável, exceto se eu a cumprir. Porém, uma vez que eu veja que tudo isso já se cumpriu cabalmente em Jesus Cristo, então, através de minha fé nEle, de minha sujeição a Ele, eu mesmo terei cumprido esse aspecto da lei. Essa é a correta posição do crente, no que tange à lei cerimonial.

E que dizer sobre a lei judicial? Esse aspecto destinava-se primária e especialmente à nação de Israel, por ser a nação teocrática, em suas então especiais circunstâncias. Contudo, Israel não é mais a nação teocrática. Você deve estar lembrado que, no final de Seu ministério, nosso Senhor voltou-se para os judeus e lhes disse: "Portanto, vos digo que o reino de Deus vos será tirado e será entregue a um povo que lhe produza os respectivos frutos" (Mateus 21:43), uma das mais importantes e cruciais afirmações da Bíblia inteira, no que concerne a assuntos proféticos. E o apóstolo Pedro, em I Pedro 2:9-10, deixa abundantemente claro que a nova nação é a Igreja do Novo Testamento. Por conseguinte, não mais existe alguma nação teocrática, o que significa que a lei judicial também já foi cumprida.

Isso nos deixa a braços com a lei moral. No tocante a esse aspecto, a posição correta é levemente diferente, porquanto aqui Deus estava estabelecendo algo que é permanente e perpétuo, um relacionamento que haveria de subsistir para sempre, entre Ele mesmo e o homem. Naturalmente, tudo isso pode ser visto naquilo que nosso Senhor chamou de primeiro e maior dos mandamentos: "Amarás, pois, o Senhor, teu Deus, de todo o teu coração, de toda a tua alma, de todo o teu entendimento e de toda a tua força" (Marcos 12:30). Ora, isso é algo permanente. Não se destinava somente à nação teocrática, e, sim, à humanidade inteira. O segundo mandamento, disse-o Jesus, é o seguinte: "Amarás o teu próximo como a ti mesmo" (Marcos 12:31). Esse, novamente, não foi um mandamento somente à nação teocrática de Israel; essa não foi apenas uma antiga lei cerimonial. Antes, trata-se de uma condição e porção permanente de nosso perpétuo relacionamento com Deus. Desse modo, a lei moral, conforme é interpretada pelo Novo Testamento, está em vigor nestes nossos dias, como sempre esteve, e assim continuará sendo até o fim dos tempos, até que recebamos a perfeição. Em I João 3, o apóstolo demonstra ter o cuidado de relembrar seus leitores de que o pecado praticado por crentes constitui, igualmente, uma "transgressão da lei" (I João 3:4). É como se João estivesse dizendo: "Continuamos mantendo um certo relacionamento para com a lei, pois o pecado é a transgressão da lei". A lei continua presente, e, quando eu peco, estou quebrando a lei, embora eu seja um crente, embora eu nunca tivesse sido judeu, pois nasci gentio. Por conseguinte, a lei moral continua aplicável a nós. Essa, segundo me parece, é a presente posição.

No que concerne ao futuro, simplesmente tenho duas afirmações a fazer. A primeira é que, eventualmente, o reino haverá de cobrir a face da terra. A pedra, referida no segundo capítulo de Daniel, haverá de encher o mundo inteiro; os reinos deste mundo tornar-se-ão "... de nosso Senhor e do seu Cristo..." (Apocalipse 11:15). Esse processo está em andamento, e, finalmente, estará completo. Cada "i" ou "til" da lei e dos profetas será assim plenamente levado a efeito. Os desobedientes à lei serão finalmente punidos. Não nos deixemos enganar quanto a isso. Aqueles que morrem na impenitência final, incrédulos quanto ao Senhor Jesus Cristo, estão debaixo da condenação da lei. E, no último dia, a sentença proferida contra os tais, será esta: "Apartai-vos de mim, malditos, para o fogo eterno... (Mateus 25:41). Ora, a lei é que os condenará a essa punição. Portanto, a lei de Deus será cumprida até aos últimos extremos lógicos. Aqueles que não se valerem da salvação oferecida no Senhor Jesus Cristo ficarão sujeitos à condenação eterna, de conformidade com a lei, a qual é a expressão da justiça e da retidão de Deus.

Nossa última pergunta precisa ser a seguinte: Qual é, assim sendo, a relação entre o crente e a lei? Podemos formular a nossa resposta como segue. O crente não mais está debaixo da lei no sentido que a lei é um pacto de obras. Esse é o argumento inteiro de Gálatas 3. O crente não está sob a lei nesse sentido, e a sua salvação independe de sua observância à lei. Ele foi libertado da maldição da lei; não está mais sob a lei como uma relação de pacto entre ele mesmo e Deus. Todavia, isso não o isenta da lei como uma regra de vida. Ora, penso que a dificuldade inteira tende por levantar-se porque ficamos confusos, em nossas mentes, acerca da relação entre a lei e a graça. Deixe-me exprimir a questão desta maneira. Tendemos por ter uma perspectiva errada da lei, pensando que ela é algo que se opõe à graça divina. Mas não é assim. A lei só é contrária à graça no sentido que antes havia um pacto da lei, mas agora estamos sob o pacto da graça. Por igual modo, não devemos pensar que a lei seja idêntica à graça. Nunca teve ela esse intuito, em si mesma. Jamais a lei teve o propósito de salvar alguma pessoa, porque ela simplesmente não poderia. Algumas pessoas parecem inclinar-se por pensar que Deus teria dito à nação de Israel: "Eu estou dando uma lei para vocês; agora, vocês devem cumpri-la, para que sejam salvos através dela". Tal ideia, porém, é ridícula, pois ninguém pode salvar-se devido à sua obediência à lei. Não! Mas a lei foi "... adicionada por causa das transgressões..." (Gálatas 3:19). A lei foi dada

430 anos depois que a promessa fora feita a Abraão e à sua descendência, a fim de que ela exibisse o verdadeiro caráter das exigências de Deus, e a fim de que demonstrasse que o pecado é "sobremaneira maligno" (Romanos 7:13). Em certo sentido, a lei foi dada a fim de mostrar aos homens que eles jamais poderão justificar-se por si mesmos diante de Deus, e a fim de que fôssemos levados aos pés de Jesus Cristo. Nas palavras de Paulo, o intuito da lei é que ela nos servisse "... de aio para nos conduzir a Cristo..." (Gálatas 3:24).

Vemos, pois, que a lei envolve um farto elemento profético, bem como um copioso elemento evangélico. Ela é cheia de graça, pois nos conduz a Cristo. Já vimos que todos os sacrifícios e as cerimônias em conexão com a lei tinham esse mesmo desígnio. É nesse ponto que os críticos do Antigo Testamento, na verdade, negam o Evangelho neotestamentário da graça de Deus, manifestada em Cristo. Essa gente afirma não ter qualquer interesse por holocaustos e cerimônias, argumentando que esses são apenas alguns ritos pagãos que os judeus e outros adotaram, e que por isso tais holocaustos e cerimônias podem ser explicados em termos de religiões comparadas. Mas, na realidade, todos os ritos e cerimônias foram transmitidos por Deus a Israel, em todos os seus detalhes. Ele convocou Moisés ao alto da montanha, e lhe recomendou: "Vê, pois, que tudo faças segundo o modelo que te foi mostrado no monte" (Êxodo 25:40).

Cumpre-nos tomar consciência, portanto, de que todos esses aspectos da lei servem apenas de aio, para conduzir-nos a Cristo; e que, por isso mesmo, devemos acautelar-nos para não adotarmos algum falso ponto de vista da lei. Por igual modo, há pessoas que têm uma falsa noção da graça. Pensam que a graça é tão distinta e diferente da lei que nada tem a ver com ela. Essa é a opinião que chamamos de "antinomianismo", a atitude das pessoas que abusam da doutrina da graça a fim de levarem uma vida religiosa pecaminosa, indolente e frouxa. Tais pessoas dizem: "Não estou debaixo da lei, mas da graça. Portanto, não importa o que eu faça". Paulo escreveu em Romanos 6 justamente para tratar da questão: "E daí? Havemos de pecar porque não estamos debaixo da lei, e sim da graça? De modo nenhum!" (Romanos 6:15). Aquele é um ponto de vista radicalmente errado e falso da graça divina. O propósito inteiro da graça, em um sentido, é apenas capacitar-nos a observar a lei. Quero exprimir a questão desta maneira. A dificuldade que nos cerca é que com exagerada frequência adotamos uma perspectiva errada da santidade, quanto a esse particular. Nada existe de mais fatal do que alguém considerar a santidade e a santificação como experiências que devam ser recebidas. Não, pois ser santo significa ser reto, e ser reto significa guardar a lei. Por conseguinte, se a suposta graça que você concebe (e que afirma haver recebido) não o leva a guardar a lei, então isso significa que você não recebeu a graça. Talvez você tenha recebido alguma experiência psicológica, mas não a própria graça de Deus. No que consiste a graça? Naquele maravilhoso dom de Deus que, tendo libertado um indivíduo da maldição da lei, agora dá-lhe forças a observar a lei e a ser reto, assim como Cristo era reto, porquanto Ele guardou a lei com toda a perfeição. A graça é aquilo que me impulsiona a amar a Deus; e, se eu amo deveras a Deus, então o meu grande anelo é observar os Seus mandamentos. Cristo mesmo disse: "Aquele que tem os meus mandamentos e os guarda, esse é o que me ama..." (João 14:21).

Jamais deveríamos separar essas duas coisas uma da outra. A graça não é algo sentimental; a santidade não é uma experiência. Precisamos adquirir essa nova mentalidade e disposição, a qual nos leva a amar a lei e a desejar observá-la; e através do poder de Cristo é que somos capacitados a cumprir a lei. Eis a razão por que nosso Senhor prosseguiu e disse, em Mateus 5:19: "Aquele, pois, que violar um destes mandamentos, posto que dos menores, e assim ensinar aos homens, será considerado mínimo no reino dos céus; aquele, porém, que os observar e ensinar, esse será considerado grande no reino dos céus". Essas palavras não foram dirigidas exclusivamente aos discípulos que comungaram pessoalmente com Cristo durante três breves anos, até que Ele morreu; antes, trata-se de uma recomendação perpétua, permanente. Cristo salienta novamente esse ponto, em Mateus 7, onde Ele diz: "Nem todo o que me diz: Senhor, Senhor! entrará no reino dos céus, mas aquele que faz a vontade de meu Pai, que está nos céus" (Mateus 7:21). Qual é a vontade do Pai? Os dez mandamentos e a lei moral. Isso nunca foi ab-rogado. Explica Paulo a Tito que Jesus "a si mesmo se deu por nós, a fim de... purificar, para si mesmo, um povo exclusivamente seu, zeloso de boas obras" (Tito 2:14). Sim, declarou ainda nosso Senhor, conforme esperamos poder considerar detalhadamente mais adiante, ao falar aos que pensavam em justificar-se por suas próprias obras: "... se a vossa justiça não exceder em muito a dos escribas e fariseus, jamais entrareis no reino dos céus" (Mateus 5:20).

De várias maneiras este estudo foi difícil, mas, ao mesmo tempo, aborda uma gloriosa verdade. Ao considerar a lei e os profetas e ao vê-los cabalmente cumpridos em Cristo, porventura você não divisou um novo aspecto da graça de Cristo, fornecendo-lhe uma mais profunda perspectiva da questão? Você não viu que a lei de Deus estava sendo executada na cruz, que Deus estava punindo o seu pecado no próprio corpo de Jesus Cristo? A doutrina vicária da expiação enfatiza o fato que Ele cumpriu a lei até seus extremos lógicos. Cristo Se submeteu a ela completamente, ativa e passivamente, negativa e positivamente. Todas as figuras tiveram nEle o seu cumprimento. E aquilo que ainda resta ser cumprido, quanto aos escritos proféticos, será finalmente concretizado no tempo certo. O efeito dessa realização gloriosa e remidora não visa somente a oferecer-nos o perdão, a nós que somos miseráveis rebeldes contra Deus e que desobedecemos à Sua lei, mas também visa tornar-nos filhos de Deus – aqueles cujo deleite é a lei do Senhor, aqueles que efetivamente têm "fome e sede de justiça", que anelam por ser santos, não no sentido de passarem por algum maravilhoso sentimento ou experiência, mas que anelam por viver de modo semelhante ao de Cristo, mostrando-se parecidos com Ele em todos os aspectos.

Capítulo XIX
JUSTIÇA MAIOR QUE A DOS ESCRIBAS E FARISEUS

Voltamos agora nossa atenção, particularmente, para a declaração do versículo vinte, no qual nosso Senhor define a Sua atitude para com a lei e os profetas, talvez destacando o caso da lei como especial. Já averiguamos quão vital é este breve parágrafo, que ocupa os versículos 17 a 20, em Seu ministério, e o quanto deveria influenciar a nossa perspectiva do Evangelho cristão. Coisa alguma poderia ser mais importante do que haver Ele definido, clara e explicitamente, desde o princípio, as características do Seu ministério. Havia muitas razões para os homens nutrirem vários mal-entendidos no tocante a isso. O próprio Cristo era uma pessoa incomum: não pertencia à ordem dos escribas e fariseus, e nem era mestre da lei oficialmente formado. No entanto, ali estava Ele, defronte de todos, ocupando a posição de Mestre. Outrossim, Ele era um Mestre que não hesitava em criticar, conforme vemo-lo fazendo aqui, rebatendo o ensino dos mestres autorizados e reconhecidos pelo povo. Além disso, a Sua conduta era bastante estranha quanto a certas particularidades. Longe de evitar a companhia dos pecadores, Ele fazia o possível e o impossível para estar com eles. E assim chegou a ser conhecido como "... amigo de publicanos e pecadores..." (Mateus 11:19). No Seu ensino também havia certo elemento que destacava a doutrina chamada "doutrina da graça". Todas essas coisas pareciam distingui-Lo, naquilo que Ele dizia, de tudo quanto o povo tivera ouvido; e isso explica por que eles eram propensos a entender de forma errada a Sua mensagem e a importância geral da mesma.

Também já vimos que o Senhor definiu esse ponto por meio de dois princípios fundamentais. Em primeiro lugar, Seu ensino de forma alguma era incoerente com o ensino da lei e dos profetas; mas, em segundo lugar, era muito diferente do ensino dos escribas e fariseus.

Vimos, igualmente, que a nossa atitude para com a lei, por essa mesma razão, reveste-se de capital importância. Nosso Senhor não veio a fim de facilitar as coisas para nós, ou para aliviar as exigências sobre nós impostas. O propósito da vinda de Jesus foi o de capacitar-nos a observar a lei, e não o de revogá-la. Isso posto, Ele enfatiza aqui que precisamos saber no que consiste a lei, e também que devemos ser-lhe obedientes: "Aquele, pois, que violar um destes mandamentos, posto que dos menores, e assim ensinar aos homens, será considerado mínimo no reino dos céus; aquele, porém, que os observar e ensinar, esse será considerado grande no reino dos céus" (Mateus 5:19). Ora, não precisamos desperdiçar o nosso tempo na consideração do que se deve entender por "dos menores" ou por "dos maiores" entre os mandamentos. Como é óbvio, há uma certa distinção entre os mandamentos. Mas todos eles, igualmente, são mandamentos de Deus, e, conforme Jesus aqui enfatiza, até o menor dos mandamentos reveste-se da mais vital importância. Outrossim, segundo Tiago nos faz lembrar, qualquer pessoa que venha a falhar em um dos mandamentos da lei já falhou quanto à lei inteira.

Não obstante, há uma espécie de divisão da lei em duas categorias. A primeira diz respeito às nossas relações com o Senhor; mas a segunda dessas categorias diz respeito às nossas relações com o próximo. Por conseguinte, existe uma relativa diferença quanto à importância dos mandamentos; as nossas relações com Deus, como é evidente, revestem-se de maior importância do que as nossas relações com o próximo. Você deve estar lembrado de quando um escriba abordou nosso Senhor e Lhe perguntou acerca do maior dos mandamentos. Naquela oportunidade, nosso Senhor não se voltou para ele a fim de dizer: "Você não deveria falar em maior e em menor mandamento, ou em primeiro e segundo mandamento". Pelo contrário, disse Jesus: "Amarás o Senhor, teu Deus, de todo o teu coração, de toda a tua alma e de todo o teu entendimento. Este é o grande e primeiro mandamento. O segundo, semelhante a este, é: Amarás o teu próximo como a ti mesmo. Destes dois mandamentos dependem toda a lei e os profetas" (Mateus 22:37-40). Pois muito bem, quando lemos a lei, podemos perceber que há um certo motivo para essa distinção entre o menor e o maior dos mandamentos. O que nosso Senhor quis dizer, portanto, é que nos cumpre observar toda e cada porção da lei, pondo em prática e ensinando aos outros cada um dos seus preceitos.

É quanto a essa particularidade que Jesus faz nossos pensamentos enfocarem o ensino dos fariseus e escribas, porquanto se a lei é assim tão vital para nós, e se, em última análise, o propósito inteiro da graça de Deus, em Jesus Cristo, consiste em capacitar-nos a cumprir e guardar a justiça da lei, então, como é patente, precisamos compreender claramente o que é a lei, bem como o que ela exige de nós. Já vimos que isso corresponde à doutrina bíblica da santidade. A santidade não é alguma experiência pela qual devamos passar; mas significa guardar e cumprir a lei de Deus. As experiências podem ajudar-nos a tanto, mas não podemos receber a santidade e a santificação como meras experiências. A santidade é algo que pomos em prática na nossa vida diária. Consiste em honrarmos e guardarmos a lei, conforme fez o próprio Filho de Deus, enquanto esteve neste mundo. Ser santo equivale a ser semelhante a Ele. Isso é santidade. Vemos, pois, que a santidade está intimamente relacionada à lei, sempre devendo ser concebida em termos da observância dos seus preceitos. Ora, é nesse ponto que os escribas e fariseus entram em cena, porque pareciam ser os homens mais santificados que então havia. Entretanto, Jesus foi capaz de demonstrar, com grande clareza, que aqueles religiosos eram deficientes no campo da justiça e da santidade. E isso ocorria com eles principalmente porque compreendiam e interpretavam erroneamente a lei, mui tragicamente para eles. Nos dois versículos que estamos considerando, nosso Senhor reforça o Seu ensino por meio de uma asserção negativa, e as palavras registradas no versículo vinte devem ter soado extremamente surpreendentes e chocantes para os homens e as mulheres a quem elas foram dirigidas. É como se nosso Senhor houvesse dito: "Não imaginem que vim facilitar as coisas, tornando menos severas as exigências da lei. Bem pelo contrário, estou aqui para dizer a vocês que a menos que a retidão de vocês exceda em muito a dos escribas e fariseus, não há esperança alguma de que vocês possam entrar no reino dos céus, nem mesmo como o menor de seus cidadãos".

Ora, que significam essas palavras? Precisamos lembrar que os escribas e os fariseus, de muitas maneiras, eram os elementos mais destacados da nação judaica. Os escribas eram homens que passavam a vida ensinando e expondo a lei; eram as grandes autoridades sobre assuntos da lei de Deus. Dedicavam toda a sua vida ao estudo e à prática da lei. Mais do que qualquer outro grupo de pessoas, portanto, eles podiam reivindicar a posição de estarem bem envolvidos na lei. Também eram homens que constantemente preparavam cópias da lei, exercendo o máximo cuidado nesse trabalho. A vida deles era gasta inteiramente em torno da lei, e, por esse motivo, todos lhes davam grande atenção.

Os fariseus, por sua vez, eram os homens que se tinham notabilizado por sua pretensa piedade. O próprio vocábulo, "fariseu", significa "separatista". Eram indivíduos que se separavam dos outros, e assim faziam por terem formulado um código sobre os atos cerimoniais vinculados à lei, um código ainda mais rígido do que a própria lei de Moisés. Eles haviam criado regras e regulamentos atinentes à vida e à conduta que, quanto à sua severidade, ultrapassavam a qualquer coisa ordenada pelas Escrituras do Antigo Testamento. Por exemplo, no quadro verbal traçado por nosso Senhor sobre o fariseu e o publicano que tinham ido orar no templo, o fariseu dissera que costumava jejuar duas vezes por semana. Ora, em todas as páginas da antiga aliança não há nenhuma determinação que os homens jejuem duas vezes por semana. De fato, o Antigo Testamento recomendava apenas um jejum anual. Gradualmente, porém, aqueles religiosos haviam elaborado o seu próprio sistema, chegando ao extremo em que agora exortavam e ordenavam ao povo que jejuasse duas vezes por semana, ao invés de apenas uma vez por ano. Foi por meio de medidas dessa ordem que eles acabaram formulando seu código extremamente severo de moral e conduta; e, em resultado disso, todo o povo pensava que os escribas e os fariseus eram os grandes paradigmas da virtude. O homem comum refletia para si mesmo: "Ah, não tenho a menor esperança de algum dia chegar a ser tão bom quanto os escribas e os fariseus. Eles são simplesmente extraordinários; vivem apenas para serem santos e consagrados. Essa é a profissão deles; vivem somente para cumprir seu objetivo e alvo religioso, moral e espiritual". Porém, eis que nosso Senhor aparece e anuncia aos Seus ouvintes que a menos que a justiça deles ultrapassasse em muito a dos escribas e fariseus, sob hipótese nenhuma poderiam entrar no reino dos céus!

Por conseguinte, encontramos aqui uma das questões mais vitais que poderíamos chegar a considerar. Qual é o nosso conceito a respeito da santidade e da santificação? Que ideia fazemos do homem religioso? Que pensamos sobre como deve ser um crente? Nosso Senhor estabelece aqui a questão como um postulado, asseverando que a retidão do crente – e mesmo do menor de todos os crentes – deve exceder a dos escribas e fariseus. Por conseguinte, examinemos a nossa própria profissão de fé cristã, à luz dessa análise feita por Jesus Cristo. Você já deve ter perguntado, por muitas vezes, por qual razão, nos quatro Evangelhos, tão grande espaço é dedicado àquilo que o Senhor tinha a dizer sobre os escribas e fariseus. Para todos os efeitos práticos, Ele se referia a eles incessantemente, abordando diversas particularidades deles. Isso não acontecia somente porque costumavam criticá-Lo; a razão principal era que Ele sabia que o povo comum dependia tanto dos escribas e fariseus, bem como dos seus ensinamentos. Em certo sentido, o que nosso Senhor mais precisava fazer era demonstrar quão vazio e oco era o ensino daqueles homens, para então poder apresentar ao povo a doutrina verdadeira. Isso é o que nosso Senhor faz através dessas palavras.

Cumpre-nos, portanto, dar uma espiada na religião praticada pelos fariseus a fim de detectarmos os seus defeitos, a fim de verificarmos o que ela exigia dos homens. Uma das maneiras mais convenientes de fazermos isso consiste em examinarmos aquele quadro verbal traçado pelo próprio Senhor Jesus Cristo, acerca do fariseu e do publicano que foram ao templo a fim de orar. Conforme você deve estar lembrado, o fariseu postou-se de pé, em lugar proeminente, de onde se pôs a agradecer a Deus por não ser igual aos demais homens, especialmente por não ser igual ao publicano. Em seguida, o fariseu começou a alegar certas coisas sobre si mesmo: ele não era um extorsionário, um injusto, um adúltero, e muito menos era como aquele publicano. Ora, essas declarações concordavam com a realidade dos fatos. Nosso Senhor aceitou-as, e esse foi o motivo pelo qual Ele as reiterou. Os fariseus tinham sua característica modalidade de justiça externa. Jejuavam duas vezes a cada semana, conforme já mencionei. E, além disso, pagavam a Deus e à Sua causa o dízimo de tudo quanto possuíam. Davam o dízimo de tudo quanto tinham, incluindo suas ervas úteis, como a hortelã, o endro e o cominho. Em adição a isso, eram indivíduos altamente religiosos, extremamente meticulosos na observância de certos ritos e cerimônias religiosas. Tudo isso era real no tocante aos fariseus. Eles não somente assim diziam, mas também agiam desse modo. Não obstante, nenhum de nós pode ler qualquer dos quatro Evangelhos, mesmo corriqueiramente, sem notar que coisa alguma provocava tanto a indignação de nosso bendito Senhor como aquela espécie de religiosidade dos escribas e fariseus. Consideremos Mateus 23, com suas tremendas denúncias contra os escribas e fariseus, denúncias vazadas na forma de "ais"; e ali veremos a essência mesma das acusações revelatórias de nosso Senhor contra aquela gente, bem como a essência da crítica justa que Ele fazia acerca de toda a atitude deles para com Deus e para com a religião. Foi em face de todas essas razões que Ele disse: "... se a vossa justiça não exceder em muito a dos escribas e fariseus, jamais entrareis no reino dos céus".

É necessário tomarmos consciência de que essa é uma das mais sérias e importantes questões que podemos considerar juntos. Há uma real e terrível possibilidade que nos deixemos enganar e iludir. Os fariseus e escribas foram denunciados por nosso Senhor como indivíduos hipócritas. Sim, mas eram hipócritas inconscientes. Não notavam sua hipocrisia e imaginavam que tudo ia bem com eles. Todavia, ninguém pode ler as Escrituras sem ser constantemente relembrado desse terrível perigo. Há possibilidades de dependermos de coisas distorcidas, de descansarmos sobre coisas que apenas dizem respeito à verdadeira adoração, ao invés de assumirmos a posição de adoradores autênticos. De passagem, desejo lembrar-lhe ternamente que aqueles dentre nós que não somente se afirmam evangélicos, mas que também se ufanam de ser chamados tais, facilmente podem tornar-se culpados dessas atitudes.

Por conseguinte, sigamos de perto a análise feita por Jesus acerca da religião dos fariseus e escribas. Tenho procurado extrair certos princípios básicos, os quais expresso aqui desta forma. O primeiro e, em certo sentido, a acusação fundamental contra aqueles homens religiosos, é que a religiosidade deles era inteiramente externa e formal ao invés de ser uma religião do coração. Certo dia o Senhor volveu-se para eles, e declarou: "Vós sois os que vos justificais a vós mesmos diante dos homens, mas Deus conhece o vosso coração; pois aquilo que é elevado entre os homens é abominação diante de Deus" (Lucas 16:15). Ora, consideremos que todas as acusações feitas por nosso Senhor, a respeito dos fariseus, eram condenações judiciais. Não há contradição alguma entre o amor de Deus e a ira de Deus. O Senhor Jesus Cristo vivia tão pleno de amor que jamais se queixou de coisa alguma feita contra Ele mesmo. No entanto, denunciava judicialmente aos que concebiam erroneamente a Deus e a religião. Isso, todavia, não envolvia qualquer contradição em Seu caráter. A santidade e o amor precisam caminhar juntos; e uma das características do amor santo consiste em desmascarar o que é falso e espúrio e denunciar o que pertence à hipocrisia.

De outra feita, nosso Senhor disse algo parecido com isso aos fariseus. Alguns tinham ficado bastante surpresos diante dos atos dos discípulos de Jesus que haviam acabado de chegar do mercado e, ato contínuo, reclinaram-se à mesa e começaram a comer, sem que primeiramente tivessem lavado as mãos. E Jesus comentou mais ou menos como segue: "Ah, quão cuidadosamente vocês, fariseus, agem quanto à parte externa, mas quão negligentes são quando se trata do lado interno das coisas. Não é aquilo que entra no homem que o contamina, mas aquilo que lhe sai de dentro. O que importa é o coração, porque é do coração que procedem maus pensamentos, homicídios, adultérios, fornicações, roubos, mentiras e todas essas coisas más". E você deve estar lembrado do que diz o registro sagrado, mais adiante, em Mateus 23, onde nosso Senhor chegou a afirmar que os fariseus eram semelhantes a sepulcros caiados – pelo lado de fora tudo parecia estar bem, mas olhe do lado de dentro!

É possível que nos mostremos altamente regulares em nossa frequência à casa de Deus, mas, apesar disso, sermos invejosos e despeitados com os outros. Era isso que nosso Senhor denunciava no caso dos fariseus. E a menos que a nossa justiça exceda em muito a essas exigências religiosas meramente externas, jamais pertenceremos ao reino de Deus. O reino de Deus envolve diretamente o coração; não consiste meramente em atos externos, porque o fator que realmente importa é aquilo que eu sou por dentro. Um homem disse, de certa feita, que a melhor definição de religião é esta: "Religião é aquilo que um homem faz com a sua própria solidão". Em outras palavras, se você quiser saber o que realmente é, poderá encontrar a resposta quando estiver sozinho com os seus pensamentos, desejos e imaginações. O que conta é aquilo que pensamos de nós mesmos. Quão cuidadosos nos mostramos naquilo que dizemos aos outros! Porém, que pensamos de nós mesmos? O que um homem faz quando está sozinho, isso é o que tem real importância. As coisas que se agitam em nosso interior, que estão ocultas do mundo externo porque temos vergonha delas, essas são as coisas que, em última análise, proclamam o que somos.

A segunda acusação feita por nosso Senhor contra os escribas e fariseus é que eles obviamente preocupavam-se mais com os aspectos cerimoniais do que com as realidades morais; e isso, como é natural, sempre será um corolário daquela primeira acusação. Aquela gente mostrava-se cuidadosa quanto às coisas externas; eram extremamente minuciosos no tocante ao lavar as mãos ou às cerimônias da lei. Não obstante, não demonstravam cuidado algum no caso da porção moral da lei. Precisarei ainda lembrar-lhe de que isso continua sendo um terrível perigo, até hoje? Existe certa forma de religiosidade – e, infelizmente, parece que se vai tornando mais e mais comum – que não hesita em ensinar que contanto que se vá à casa de Deus, domingo de manhã, não importa muito o que se fizer durante o restante do dia. Todavia, não estou pensando somente sobre aqueles que dizem que tudo o de que necessitamos é de participar da Ceia do Senhor, pela manhã, e então estaremos livres para observar o domingo como bem entendermos. E tenho indagado de mim mesmo se isso, de fato, nos pode satisfazer a consciência. Ao que me parece, manifesta-se crescentemente entre nós aquela tendência que nos leva a pensar: "Naturalmente, o que interessa é o culto matutino; preciso de ensino e instrução. Porém, o culto vespertino é inteiramente dedicado à evangelização; por isso, passarei o resto do dia lendo e pondo em dia a minha correspondência". Assevero que isso equivale a nos tornarmos culpados do erro dos fariseus. O dia do Senhor é um dia que deve ser dedicado ao Senhor, tanto quanto possível. Deveríamos esforçar-nos por deixar de lado, ao máximo de nossa capacidade, todas as demais atividades, a fim de que nesse dia Deus seja honrado e glorificado, a fim de que a Sua causa floresça e prospere. Os fariseus sentiam-se perfeitamente satisfeitos por estarem cumprindo os seus deveres externos. Sim, já tinham estado presentes ao culto, e, para eles, isso lhes bastava.

Uma outra característica religiosa dos fariseus é que a devoção deles consistia em regras e normas ditadas por homens, com base em certas concessões que eles tinham feito uns aos outros, mas que, na realidade, violavam a lei que pretendiam estar observando. Alguns deles chegavam a tornar-se faltosos em seus deveres filiais. Esses, pois, diziam: "Ora, consagrei esta quantia em dinheiro ao Senhor; portanto, não posso empregá-la para cuidar de meus pais e ajudá-los em suas necessidades". Mas, em Sua reprimenda, nosso Senhor como que lhes disse: "Hipócritas, essa é a jeitosa maneira que vocês têm para tentar escapar das exigências da lei, as quais ensinam que o homem deve honrar pai e mãe". Sim, os fariseus atuavam de conformidade com as suas próprias tradições, e a maioria dessas regras tradicionais nada mais era do que mui astutas e sutis maneiras de se evadirem dos mandamentos da lei. Evitavam as citadas exigências dizendo que faziam de um modo especial o que lhes fora determinado, o que quer dizer que, na realidade, não obedeciam coisa nenhuma à lei. Penso que todos temos conhecimento de ocorrências dessa natureza. Nós, os protestantes, criticamos acerbamente aos católicos romanos, sobretudo os seus mestres da época da Idade Média, que se tornaram conhecidos como casuístas. Esses homens eram hábeis no estabelecimento de distinções sutis e injustificáveis, especialmente no tocante às questões da consciência e do comportamento. Com frequência pareciam capazes de conciliar entre si coisas que pareciam irremediavelmente contraditórias. Provavelmente, você já observou esse fenômeno nas páginas dos jornais. Um indivíduo católico romano, que diz não acreditar no divórcio, consegue divorciar-se de sua esposa. Como ele conseguiu isso? O mais certo é que tudo tenha sido feito através de uma manobra casuísta – alguma espécie de explicação, em forma escrita, que parece ser capaz de satisfazer a letra da lei. Novamente, entretanto, não estou interessado meramente em denunciar essa modalidade de religiosidade tipicamente católica romana. Deus sabe que todos somos muito habilidosos nessas manobras. Todos somos capazes de racionalizar os nossos próprios pecados, justificando-os assim por meio de alguma explicação capciosa, desculpando-nos das coisas que fazemos ou que omitimos. Essa era a atitude típica dos fariseus.

A acusação seguinte de nosso Senhor contra os fariseus, entretanto, é que eles só se interessavam por eles mesmos e por sua própria forma de justiça, conforme facilmente se percebia. E o resultado disso é que quase invariavelmente eles viviam satisfeitos com eles próprios. Em outras palavras, o objetivo final dos fariseus não era o de glorificarem a Deus, mas a si mesmos. Quando executavam as normas de sua religião, na realidade só estavam pensando em si mesmos e no cumprimento dos seus deveres religiosos, e não na glória e honra de Deus. Nosso Senhor demonstrou, em Sua história ilustrativa do fariseu e do publicano, que tinham ido orar no templo, que o fariseu fizera e dissera tudo isso sem ter realmente prestado adoração alguma a Deus. Dizia ele: "Ó Deus, graças te dou porque não sou como os demais homens..." (Lucas 18:11). Tais palavras constituíam um insulto a Deus; nelas não havia qualquer sinal de adoração a Deus. Aquele homem vivia cheio de suas próprias atividades, de sua própria vida religiosa e do que ele vivia fazendo. Como é lógico, quando alguém se põe em tal atitude e segue os seus próprios padrões, também seleciona as coisas que pensa que devem ser feitas. E ao assim amoldar-se à sua lista particular de deveres, sente-se perfeitamente satisfeito. Ora, os fariseus eram indivíduos satisfeitos com eles mesmos, concentrando-se em suas próprias realizações, nunca no seu relacionamento com Deus. Pergunto se, às vezes, não nos fazemos culpados de idêntica atitude. Não é esse um dos pecados permanentes daqueles que a si mesmos se intitulam evangélicos? Vemos outras pessoas obviamente negando a fé e vivendo na impiedade. Quão fácil é ficarmos satisfeitos conosco porque somos melhores do que outras pessoas, e então pensarmos: "Ó Deus, graças te dou porque não sou como os demais homens, principalmente como aquele modernista ali!" A nossa grande dificuldade é que nunca olhamos para nós mesmos, conforme somos vistos por Deus: jamais nos lembramos do caráter, da pessoa e da natureza de Deus. A nossa religião consiste em certo número de coisas que havíamos resolvido pôr em execução; e então, tendo feito isso, pensamos que está tudo muito bem. Por certo, entre nós manifestam-se abundantemente a presunção, a lisonja prestada a nós mesmos e a autossatisfação.

Por sua vez, isso leva-nos a considerar a lamentável e trágica atitude dos fariseus para com seus semelhantes. A condenação mais severa contra os fariseus é que, em sua vida diária, exibiam total ausência daquelas atitudes delineadas nas bem-aventuranças. Essa é a mais notável diferença entre os fariseus e os crentes no Senhor Jesus. O crente é uma pessoa na vida de quem são exemplificadas as bem-aventuranças. O crente é "humilde de espírito", é "manso", é "misericordioso". Ele não fica satisfeito consigo quando terminou de cumprir algum dever. Não, pois "tem fome e sede de justiça". Anela por ser alguém parecido com Cristo. Dentro dele agita-se uma profunda falta de satisfação consigo mesmo. Esse é o teste através do qual deveríamos provar-nos a nós mesmos. Em última análise, nosso Senhor condenou os fariseus por haverem fracassado completamente na observância da lei. Os fariseus, disse o Senhor, pagam o dízimo da hortelã, do endro e do cominho, mas esquecem-se e ignoram as questões mais graves da lei, que são o amor a Deus e o amor ao próximo. Contudo, esse amor a Deus e ao próximo é o centro da religião, o propósito mesmo da nossa adoração. Posso relembrá-lo que aquilo que Deus requer de nós é que O amemos de todo coração, de toda a alma, de todas as forças e de toda a mente, e também que amemos o próximo como a nós mesmos. O fato que alguém está pagando devidamente os dízimos da hortelã, do endro e do cominho, que está praticando essa observância até aos mínimos detalhes, não significa necessariamente que seja uma pessoa santificada. A prova da nossa santidade é o nosso relacionamento com Deus, é a nossa atitude para com Ele, é o nosso amor a Ele. Como você se sairia em um teste dessa natureza? Ser santo não envolve apenas o evitar determinadas coisas, e nem mesmo não pensar sobre certas coisas; mas envolve a atitude final do coração do homem para com aquele Deus amoroso e santo, e, em segundo lugar, a atitude do homem para com os seus semelhantes, homens ou mulheres.

A grande falha dos fariseus é que eles se interessavam pelos detalhes, e não pelos princípios básicos; estavam mais interessados nas ações do que nos motivos; estavam mais interessados em fazer do que em ser. O resto do Sermão do Monte é uma exposição desse fato. Nosso Senhor como que disse para os Seus ouvintes: "Vocês sentem-se satisfeitos com vocês mesmos por não estarem cometendo adultério; no entanto, se ao menos um homem olhar para uma mulher com concupiscência nos olhos, isso já é adultério". Sim, o que importa é o princípio básico, e não apenas alguns atos isolados; o que importa é aquilo que pensamos e desejamos, é o estado de nossos corações. Ninguém se torna crente somente porque se refreia de determinados atos ou porque realiza outros. Pois o crente é uma pessoa cujo desejo supremo é conhecer melhor a Deus, é amá-Lo mais verdadeiramente. Não se trata de uma tarefa meramente temporária, se me for permitido expressar a questão nesses termos. Não se obtém esse propósito mediante a observância religiosa de uma parcela do dia de domingo, porquanto a santificação demanda todo o nosso tempo e toda a nossa atenção. Quando lemos as vidas dos grandes homens de Deus, descobrimos que esse é um grande princípio básico que sempre vem à tona.

Desejo agora formular aquela pergunta que, mui provavelmente, ressurge com insistência na sua mente, por esta altura da exposição. No que consiste o ensino de nosso Senhor? Ele está ensinando a salvação pelas obras? Porventura diz Ele que é mister termos uma vida melhor que a dos fariseus, se quisermos participar do reino dos céus? É evidente que não, porquanto "Não há justo, nem sequer um..." (Romanos 3:10). A lei que foi dada por Deus a Moisés condena o mundo inteiro: "... para que se cale toda boca...", a fim de que "... todo mundo seja culpável perante Deus...", porquanto todos "... carecem da glória de Deus" (Romanos 3:19 e 23). Nosso Senhor não veio a este mundo a fim de ensinar-nos justificação ou salvação através de obras humanas. Mas o pensamento oposto contesta, dizendo: "Pois bem, não ensinava Cristo que a salvação nos é outorgada exclusivamente por meio da justiça dEle? E isso, por sua vez, não quer dizer que não importa o que venhamos a fazer? Cristo já fez tudo, e, por essa razão, nós nada temos para fazer". Ora, isso exprime o outro extremo, o outro erro. Todavia, conforme tenho argumentado, é impossível fazer-se a exposição deste versículo de acordo com esses moldes, por causa daquele pequeno vocábulo, "porque", que se lê logo no começo do versículo 20. Essa palavra faz a ligação com o versículo 19: "Aquele, pois, que violar um destes mandamentos, posto que dos menores, e assim ensinar aos homens, será considerado mínimo no reino dos céus; aquele, porém, que os observar e ensinar, esse será considerado grande no reino dos céus". Cristo salienta aqui a concretização da lei, na prática. Esse é o propósito inteiro do parágrafo. Tal propósito não consiste em facilitar-nos a tarefa e capacitar-nos a dizer: "Cristo já fez tudo por mim, o que significa que não interessa o que eu venha a fazer". Em nossa insensatez, sempre tendemos por considerar certas coisas como antíteses uma da outra, quando, na realidade, elas são apenas mutuamente complementares. Mas nosso Senhor ensina que a prova de que verdadeiramente já recebemos da graça divina, em Cristo Jesus, é que estamos vivendo no caminho da retidão. Naturalmente, você deve reconhecer aquele velho argumento acerca da fé e das obras. Alguns dizem que a fé é que se reveste de toda a importância, mas outros dizem que as obras é que são importantes. Porém, a Bíblia ensina que ambos esses pontos de vista estão equivocados, pois a verdadeira marca de um crente é que ele esteja demonstrando a sua fé mediante as boas obras.

Mas agora, para que você não imagine que isso corresponde à *minha* doutrina, quero citar o apóstolo Paulo, o qual, mais do que qualquer outro dos apóstolos, foi o arauto da fé e da graça. Disse ele: "Não vos enganeis" – referindo-se não ao mundo, mas aos membros da igreja de Corinto – "nem impuros, nem idólatras, nem adúlteros, nem efeminados, nem sodomitas, nem ladrões, nem avarentos, nem bêbados, nem maldizentes, nem roubadores herdarão o reino de Deus" (I Coríntios 6:9-10). Por assim dizer, o Senhor Jesus indagou: "De que adianta alguém dizer: Senhor, Senhor! mas não obedecer àquilo que Eu ordeno?" Portanto, a menos que a minha vida seja de retidão, terei de ter o cuidado para não afirmar que estou protegido pela graça divina em Cristo Jesus. Pois haver recebido a graça de Deus, em Cristo, significa não somente que os meus pecados foram perdoados, em face de Sua morte no Calvário, em meu lugar, mas também que me foi proporcionada uma nova natureza, uma nova vida. Isso quer dizer que Cristo está sendo formado em mim, que me tornei participante da natureza divina, que as coisas antigas passaram e que tudo se fez novo. Significa que Cristo está habitando em mim, e que o Espírito Santo está comigo. O homem que nasceu do alto, que dispõe da natureza divina em seu interior, é o homem justo, cuja justiça excede em muito a dos escribas e fariseus. Tal homem não está mais vivendo para si próprio, visando somente as suas próprias realizações; e nem é mais um indivíduo justo em seu próprio conceito, satisfeito consigo mesmo. Antes, tornou-se pobre de espírito, manso e misericordioso, alguém que tem fome e sede de justiça, alguém que se tornou um pacificador. O coração desse homem está sendo purificado. Ele ama a Deus, posto que mui imerecidamente, mas ama a Deus; e o seu anelo é contribuir para a honra e a glória do Senhor. O seu desejo é glorificar a Deus, bem como observar, honrar e cumprir a Sua lei. Os mandamentos de Deus, para tal homem, "não são penosos" (I João 5:3). Pelo contrário, tal homem haverá de querer obedecer aos mesmos, porque os ama. Não se encontra mais em estado de inimizade contra Deus; mas agora percebe a santidade da lei, e coisa alguma pode atraí-lo tanto quanto a prática segundo as normas dessa lei, exemplificando a santidade dela em sua vida diária. Essa é a justiça que ultrapassa em muito a justiça dos escribas e fariseus.

Algumas das mais vitais perguntas que podemos fazer, por conseguinte, são estas. Você conhece a Deus? Você ama a Deus? Você pode dizer, com honestidade, que a maior e primeira coisa em sua vida é a glória de Deus, e que você quer contribuir para ela com tão intensa disposição que não lhe importa o quanto lhe possa custar? Você sente que isso deve vir em primeiro lugar, e não que você pareça melhor do que qualquer outra pessoa, mas antes, que você, de fato, possa honrar, glorificar e amar àquele Deus que, embora você tenha pecado tão ofensivamente contra Ele, enviou o Seu Filho unigênito até à cruz do Calvário, a fim de morrer por você, tendo em vista que você fosse perdoado e que Ele o restaurasse a Si mesmo? Que cada um de nós examine a si mesmo quanto a isso.

Capítulo XX
A LETRA E O ESPÍRITO

Eis que chegamos ao começo de uma nova seção do Sermão do Monte. Para compreendermos a real significação deste sermão, é essencial que entendamos a precisa conexão entre aquilo que nosso Senhor começara a dizer anteriormente e o que Ele disse agora, neste versículo 21. Como é patente, a conexão é muito direta. O perigo que corremos, ao abordar qualquer porção bíblica como esta, é que fiquemos de tal maneira imersos na consideração dos detalhes que acabemos perdendo de vista o ensino central e os profundos princípios que estavam sendo enunciados por nosso Senhor. Convém, pois, que nos relembremos do esboço geral do Sermão do Monte, a fim de que cada uma de suas porções possa ser vista em sua relação para com o todo.

Nosso Senhor tinha por escopo descrever os cidadãos do Seu reino – o reino de Deus ou reino dos céus. Primeiramente, e acima de tudo, nas bem-aventuranças, Ele nos oferece uma descrição geral da natureza essencial do indivíduo crente. Em seguida, Ele passa a revelar nos as funções e o propósito do crente nesta vida, neste mundo. Depois disso, segundo podemos ver, Ele não perdeu tempo em destacar aquela questão inteira sobre a relação do crente para com a lei. Era imprescindível que nosso Senhor assim fizesse, porquanto as pessoas para quem Ele estava pregando eram judias, as quais haviam sido treinadas na lei, e, como é evidente, propendiam por avaliar qualquer nova doutrina em termos da lei. Por essa razão é que Ele foi obrigado a mostrar-lhes o elo existente entre Ele mesmo e o Seu ensino a respeito da lei, conforme Ele faz nos versículos 17 a 20, sumariando essas instruções naquela declaração central que acabamos de ventilar.

Ora, aqui, no versículo 21, vemos que Jesus começa a expandir aquela Sua declaração. Ele expõe a ligação entre o crente e a lei, quanto a dois aspectos. Jesus oferece-nos a Sua própria exposição positiva da lei, mas igualmente estabelece o contraste entre isso e o falso ensino dos escribas e fariseus. Efetivamente, pode-se afirmar que, de certa forma, todo o resto deste sermão, do versículo 25, até ao final do capítulo 7, nada mais encontramos do que uma elaboração daquela proposição fundamental, a saber, que a nossa justiça precisa exceder em muito a dos escribas e fariseus, se é que, verdadeiramente, queremos ser cidadãos do reino dos céus. E isso foi algo que nosso Senhor fez de maneira interessantíssima. Se considerarmos a questão em grandes pinceladas, poderemos concluir que, no restante de Mateus 5, Jesus preocupa-se em realizar essa tarefa nos termos de uma legítima exposição da lei, em contraposição à falsa exposição apresentada pelos escribas e fariseus. Em Mateus 6, a principal preocupação de Jesus foi a de mostrar a verdadeira natureza da comunhão com Deus, novamente estabelecendo o contraste com o ensino e a prática dos fariseus. E então, em Mateus 7, Ele busca mostrar a verdadeira justiça divina, conforme ela concebe a si mesma e a outros, uma vez mais fazendo o contraste com aquilo que era ensinado e praticado pelos fariseus e escribas. Essa é a análise essencial do ensino que precisamos tentar conservar na memória.

Nos versículos 21 a 48 nosso Senhor ocupa-se, primariamente, em oferecer-nos a verdadeira exposição da lei. Jesus fez isso proferindo seis declarações particulares, as quais deveríamos perscrutar atentamente. A primeira delas está no versículo 21: "Ouvistes que foi dito aos antigos: Não matarás; e: Quem matar estará sujeito a julgamento". A segunda delas aparece no versículo 27, onde Ele declara novamente: "Ouvistes que foi dito: Não adulterarás". E então, no versículo 31, Ele afirma: "Também foi dito: Aquele que repudiar sua mulher, dê-lhe carta de divórcio". Uma vez mais lemos, no versículo 33: "Também ouvistes que foi dito aos antigos: Não jurarás falso, mas cumprirás rigorosamente para com o Senhor os teus juramentos". E uma vez mais lemos, no versículo 38: "Ouvistes que foi dito: Olho por olho, dente por dente". E a última dessas declarações acha-se no versículo 43: "Ouvistes que foi dito: Amarás o teu próximo e odiarás o teu inimigo".

Antes de começarmos a tratar de cada uma dessas declarações em separado, é importantíssimo que as consideremos como um todo, porquanto, quando as examinamos de perto, imediatamente vemos que existem certos princípios comuns a todas essas seis afirmações de Jesus. De fato, não hesito em sugerir que nosso Senhor estava muito mais preocupado em salientar esses princípios comuns às seis declarações do que em frisar as particularidades de cada uma. Em outras palavras, ele estabeleceu determinados princípios, e então começou a exemplificá-los por meio de ilustrações. É óbvio, portanto, que devemos ter a certeza de haver apreendido deveras o sentido desses princípios, antes de avançarmos para outra coisa.

A primeira coisa que nos convém considerar é a fórmula usada por Jesus: "Ouvistes que foi dito aos antigos". Quanto a isso há leve variação na fórmula, aqui e acolá, mas, essencialmente, é dessa maneira que Ele introduz cada uma dessas seis declarações. Precisamos ter ideias bem claras acerca disso. Você talvez descubra que algumas versões traduzem essas palavras como: "Ouvistes que foi dito pelos antigos". Sobre bases puramente linguísticas, ninguém pode dizer se deveríamos entender aqui o termo grego correspondente como "aos" ou como "pelos", porque, como é usual em questões linguísticas, as autoridades sobre o assunto estão divididas entre si, e ninguém pode ter a certeza de que está com a razão acerca do ponto. Por conseguinte, somente uma criteriosa consideração sobre o contexto poderá ajudar-nos a determinar com exatidão o que nosso Senhor nos quis dar a entender com essas palavras. Estaria Ele aludindo simplesmente à lei de Moisés, ou referia-se ao ensino dos fariseus e escribas? Aqueles que afirmam que deveríamos ler aqui "aos antigos", como é óbvio, dizem que Ele se referia à lei de Moisés que foi dada aos pais, ao passo que aqueles que preferem pensar na tradução "pelos antigos", conforme se vê na versão inglesa do King James[1], diriam que Jesus falava sobre o que era ensinado pelos escribas e fariseus.

---

1 N. do E. – Nas versões em português a tradução é "aos antigos", porém, o autor deste livro sugere que a tradução correta é "pelos antigos".

Parece-me que certas considerações tornam quase imprescindível a adoção do segundo desses pontos de vista, o que significa que nosso Senhor estava aqui realmente mostrando o verdadeiro ensino relativo à lei, em contraposição ao falso ensino feito pelos fariseus e escribas. Você deve estar lembrado que uma das grandes características do ensino deles era a importância que davam às suas próprias tradições. Viviam citando os seus antepassados. Era precisamente isso que fazia um escriba tornar-se um escriba; ele era uma autoridade quanto às opiniões emitidas pelos pais. Essas declarações perfaziam as suas tradições. Sugiro, pois, que esses versículos deveriam ser interpretados dessa maneira. De fato, o fraseado empregado pelo Senhor Jesus mais ou menos decide a questão. Ele disse: "Ouvistes o que foi dito aos antigos". Ele não disse: "Lestes na lei de Moisés"; ou então: "Foi escrito e lestes". Isso tem grande importância. Talvez, possamos mostrar melhor o significado desta maneira de Jesus se expressar através de uma ilustração. A condição em que os judeus viviam, nos tempos de nosso Senhor, era extraordinariamente semelhante à do povo inglês, antes da Reforma Protestante. Você deve estar informado de que, antes dessa ocasião, as Sagradas Escrituras ainda não existiam numa tradução inglesa, mas tão somente eram lidas, domingo após domingo, em latim, a uma população que desconhecia o latim. E o resultado disso é que o povo ficava inteiramente dependente dos sacerdotes católicos romanos quanto ao conhecimento da Bíblia. Estes liam as Escrituras e faziam uma suposta exposição das mesmas. As pessoas comuns eram incapazes de ler as Escrituras para si e incapazes de averiguar e confirmar o que estavam ouvindo dos vários púlpitos nos domingos ou nos dias úteis da semana. O que a Reforma Protestante fez, de certo modo, foi entregar a Bíblia ao povo. Isso capacitou todos a lerem individualmente as Escrituras, e perceberam quão falso era o ensino que se fazia passar por ensino evangélico, que lhes havia sido impingido por tanto tempo.

Ora, quando nosso Senhor proferiu as palavras que aqui lemos, a situação na Palestina era extremamente similar a essa. Os filhos de Israel, durante o seu período de cativeiro na Babilônia, tinham-se esquecido do idioma hebraico. Ao voltarem à sua terra, estavam falando um outro idioma, que era o aramaico.

Não estavam mais familiarizados com o hebraico, e, assim sendo, não podiam ler a lei de Moisés, como eles a tinham nas suas próprias Escrituras hebraicas. O resultado disso é que dependiam inteiramente do ensino dos fariseus e escribas, no tocante a qualquer conhecimento que porventura tivessem da lei. Nosso Senhor, por conseguinte, com muita razão asseverou: "Ouvistes..." Em outras palavras: "É isto que vocês têm ouvido; é isto que tem sido dito a vocês; essa é a forma de pregação que tem sido exposta diante de vocês nas sinagogas, quando vocês buscam ali a instrução bíblica". E o resultado disso era que, aquilo que ouviam da lei nem ao menos era a lei, e, sim, apenas uma imitação da lei, apresentada pelos escribas e fariseus. De maneira toda particular, esse ensino distorcido consistia em várias interpretações e tradições adicionadas à lei no decorrer dos séculos. Isso posto, era indispensável que àquele povo fosse oferecida a verdadeira exposição do que a lei realmente diz e ensina. Os fariseus e escribas haviam juntado à lei as suas próprias interpretações, e, naqueles dias, era quase impossível alguém dizer o que era o texto real da lei e o que era apenas interpretação. Novamente, podemos ser ajudados a perceber a situação que então imperava se lançarmos mão da analogia com o que sucedia na Inglaterra, antes da Reforma Protestante. O ensino católico romano, antes da citada reforma, era uma exposição distorcida do Evangelho de Jesus Cristo. Tal ensino insistia ser necessário que a pessoa cresse na eficácia dos sacramentos para que pudesse ser salva, e que, à parte da Igreja Católica Romana e seu sacerdócio, não havia possibilidade de salvação. A salvação da alma, pois, vinha sendo ensinada segundo essa distorcida perspectiva. As tradições, acumuladas durante séculos, além de muitas excrescências, haviam sobrecarregado o puro Evangelho de Cristo. O objetivo de nosso Senhor, conforme penso que deveríamos perceber, ao examinarmos esses exemplos, foi o de mostrar exatamente o que vinha acontecendo à lei de Moisés, em resultado do ensino dos escribas e fariseus. Por esse motivo é que Jesus tanto se esforçou por esclarecer precisamente o que a lei tem para dizer-nos. Esse é o primeiro grande princípio que não podemos permitir que nos escape da mente.

Além disso, convém-nos considerar aquela outra extraordinária afirmação: "Eu, porém, vos digo..." (Mateus 5:22). Como é óbvio, essa é uma das mais cruciais declarações com respeito à doutrina da Pessoa do Senhor Jesus Cristo. Conforme se percebe, Ele não hesita aqui em afirmar ser a grande autoridade. É patente, igualmente, que essa afirmativa reveste-se de grande significação em relação à declaração anterior. Se assumirmos a posição que diz que as palavras, "aos antigos", indicam apenas a lei de Moisés, então seremos mais ou menos forçados a crer que nosso Senhor quis dizer: "A lei de Moisés asseverava... mas eu vos digo...", o que sugere fortemente que Ele estava corrigindo a legislação mosaica. Todavia, não são assim as coisas. Pelo contrário, é como se Ele estivesse dizendo: "Estou interpretando para vocês a lei de Moisés, e a verdadeira interpretação é a minha, e não a dos escribas e fariseus". Na verdade, essas palavras de Jesus importam ainda em mais do que isso. Há uma velada sugestão de que Ele dizia algo como isto: "Eu, que estou falando, sou Aquele que é o responsável mesmo pela lei de Moisés; fui eu quem a dei a Moisés, e somente eu, e mais ninguém, é capaz de interpretá-la". Depreende-se daí que Ele não hesitou em reivindicar para Si mesmo uma autoridade sem igual – Jesus afirmava falar como Deus. No que tange à lei de Moisés, como algo que de modo algum passará até que tudo seja cumprido, sem exclusão sequer de um "i" ou "til", Jesus não hesitou em dizer, não obstante tudo isso, que "Eu, porém, vos digo..." Destarte, Jesus se afirmou possuidor da autoridade de Deus; e isso, naturalmente, foi uma reivindicação que Ele fez quanto a Si mesmo nos quatro Evangelhos e pelo Novo Testamento inteiro. É vitalmente importante, pois, que tomemos consciência da autoridade com a qual essas palavras chegam até nós. Jesus não foi um mero mestre, não foi um simples expositor da lei, como poderia sê-lo qualquer escriba, fariseu ou profeta. Ele era infinitamente mais do que isso, porquanto era Deus Filho em forma humana apresentando a verdade divina. Bem poderíamos passar longo tempo considerando essa notável sentença de Jesus, mas penso que ela é clara para nós e que todos concordamos acerca desse ponto. Tudo quanto encontramos no Sermão do Monte precisa ser aceito como de autoria do próprio Filho de Deus. Por conseguinte, defrontamo-nos com o estupendo fato que, neste mundo, sujeito ao desgaste do tempo, o próprio Filho de Deus esteve entre nós; e, embora Ele tivesse chegado ao mundo em semelhança de carne pecaminosa, contudo, continuou falando com essa autoridade divina, e cada uma de Suas palavras reveste-se de crucial importância para nós.

Isso nos conduz à consideração daquilo que Jesus realmente disse. É mister que consideremos a Sua declaração como um todo, antes de examinarmos cada uma das suas injunções particulares detalhadamente. Desvencilhemo-nos, de uma vez por todas, da ideia de que nosso Senhor veio a este mundo a fim de estabelecer uma nova lei, ou que Ele veio anunciar algum novo código de ética. Quando chegarmos a considerar as declarações isoladas que Ele fez, veremos que muita gente tem caído nesse erro. Existem aqueles que não creem na deidade sem-par do Senhor Jesus Cristo, ou em Sua expiação eterna, e também não O adoram como o Senhor da glória, posto afirmarem que acreditam profundamente no Sermão do Monte, somente porque ali descobrem um código de ética para a vida neste mundo. E asseveram que é assim que a vida inteira deveria ser vivida. Portanto, estou enfatizando os princípios básicos a fim de que você perceba que conceber o Sermão do Monte dessa maneira é anular o seu propósito real. Sua finalidade não é servir de detalhado código de ética; ele não é uma espécie de nova lei moral, que Jesus nos tenha dado. Provavelmente foi assim que o Sermão do Monte chegou a ser reputado nos próprios dias de Cristo, e, por essa razão, Jesus teve de reiterar, vez por outra, aquilo que dissera, mais ou menos nestes termos: "Vim ao mundo a fim de fundar um novo reino. Sou o primeiro de uma nova raça de seres humanos, o primogênito entre muitos irmãos; e as pessoas das quais sou o Cabeça caracterizar-se-ão por um determinado tipo e caráter, pessoas que, visto conformarem se àquela descrição, haverão de comportar-se de uma certa maneira. Agora, entretanto, quero oferecer certas ilustrações acerca de como esses novos homens haverão de conduzir-se neste mundo".

Era isso que nosso Senhor estava dizendo, e essa foi a razão por que Ele concentrava muito mais atenção sobre os princípios básicos do que sobre as ilustrações detalhadas. Isso posto, se tomarmos esses exemplos ilustrativos e os transformarmos em leis, estaremos negando aquilo mesmo que Cristo procurava estabelecer. Ora, é uma das características da natureza humana preferirmos as coisas já devidamente mastigadas, ao invés de recebê-las na forma de princípios fundamentais. Esse é o motivo pelo qual certas formas de religião sempre serão populares entre os homens. O homem natural gosta de contar com uma lista bem definida de deveres; então sente que, enquanto conformar-se aos itens ali alistados, tudo lhe estará correndo bem. Entretanto, isso não é possível no caso do Evangelho; isso é impossível no caso do reino de Deus. Em parte, essa era a posição da antiga dispensação; mas, mesmo naquela época, era uma posição que os fariseus e escribas exageravam, quanto à sua aplicação. Porém, as coisas mudam inteiramente de figura quando chegamos à dispensação do Novo Testamento. Não obstante, há uma tendência por gostar de coisas assim. É muito mais fácil – não é mesmo? – pensar na santidade em termos da observância da Quaresma durante seis semanas, ou coisa parecida, durante o ano todo, ao invés de viver de acordo com um princípio moral que exija e insista na sua aplicação dia após dia. Sempre haveremos de apreciar um conjunto de regras e regulamentos rotineiros. É em vista disso, pois, que estou pressionando o ponto. Se tomarmos o Sermão do Monte, juntamente com essas seis declarações detalhadas, e então dissermos: "Enquanto eu não cometer adultério – e assim por diante – tudo estará indo bem comigo", então teremos perdido inteiramente de vista o que nosso Senhor quis dizer. O Sermão do Monte não é algum código de ética. Mas Ele estava delineando uma certa modalidade e qualidade de vida, como quem dissesse: "Passo a ilustrar esse tipo de vida. Vocês devem pensar em um comportamento como aquele que demonstro aqui". Portanto, precisamos apegar-nos aos princípios básicos, sem exagerar a importância de qualquer ilustração particular da lei.

Quero expressar novamente o ponto, como segue. Qualquer homem que esteja trabalhando ativamente no ministério tem de passar muito tempo respondendo perguntas de pessoas que desejam ouvir sua opinião sobre questões particulares. Existem problemas, com os quais todos nós nos defrontamos, que espicaçam certas pessoas; e elas sempre parecem exigir alguma forma de declaração pormenorizada, de tal maneira que quando se defrontam com algum problema particular, tudo o que tenham de fazer seja folhear seu caderninho de apontamentos para ali encontrarem a resposta. As modalidades católicas de religião estão preparadas para satisfazer a essas pessoas. Os casuístas da Idade Média, aos quais já nos reportamos, que eram os chamados doutores da igreja, haviam meditado e discutido entre si os diversos problemas éticos e morais com os quais o povo cristão, neste mundo, mais provavelmente se defrontaria. E eles codificaram esses problemas, determinando normas e regulamentos a serem observados. Quando alguém se via frente a alguma dificuldade, imediatamente recorria a seus apontamentos autorizados, e ali descobria a resposta conveniente. Há indivíduos sempre ansiosos por encontrar algo parecido com isso, no terreno espiritual. A resposta final, a ser dada a essas pessoas, nos termos do Sermão do Monte, pode ser expressa da seguinte maneira. O Evangelho de Jesus Cristo não nos trata assim. Ele não nos trata como crianças. Não consiste em alguma outra lei, e, sim, em algo que nos transmite vida. Estabelece determinados princípios e pede que os apliquemos. O seu ensino essencial é que podemos receber uma nova perspectiva e compreensão das coisas, que devemos então aplicar quanto a cada detalhe de nossas vidas. Eis a razão por que o crente, em certo sentido, é uma pessoa que, por assim dizer, sempre caminha sobre uma corda bamba, isto é, precisa ter bom equilíbrio. O crente não dispõe de qualquer conjunto de regras fixas; pelo contrário, ele aplica esses princípios centrais a cada situação.

Tudo isso precisou ser dito para enfatizar este ponto. Se tomarmos as seis declarações feitas por nosso Senhor, nos termos da fórmula "Ouvistes que foi dito...", ou então: "Eu, porém, vos digo...", então descobriremos que o princípio usado por Cristo é exatamente o mesmo em cada uma dessas ilustrações. Em um dos casos Ele abordou a questão da moralidade sexual, no outro, a questão do homicídio, e ainda no outro, a questão do divórcio. Porém, em cada oportunidade é sempre o mesmo o princípio básico. Nosso Senhor, como Mestre inigualável que era, sabia quão importante é exemplificar com ilustrações um princípio básico qualquer. Por essa razão foi que Ele nos ofereceu aqui seis ilustrações sobre uma única verdade. Ventilemos esse princípio básico comum às seis ilustrações, reiterado em cada uma delas, a fim de que, ao voltarmos a examinar cada uma em particular, sempre tenhamos na mente esse princípio básico central. O principal desejo de nosso Senhor era o de mostrar o verdadeiro sentido e a intenção da lei, corrigindo certas conclusões errôneas que os escribas e os fariseus tinham extraído dela, juntamente com todas as falsas noções que eles haviam acumulado acerca da mesma. A seguir, conforme sugiro, estão esses princípios básicos.

Em primeiro lugar, o que importa é o espírito da lei, antes de qualquer outra coisa, e não somente a letra da lei. Não se esperava que a lei viesse a ser algo mecânico, mas sim, vivificante. A dificuldade inteira, no caso dos fariseus e escribas, era que eles se concentravam apenas em torno da letra, e excluíam totalmente o espírito da lei. Temos aqui um assunto profundo – a relação entre forma e conteúdo. O espírito sempre terá de concretizar-se sob alguma forma, e é aí que a dificuldade aparece. Os homens sempre darão excessiva atenção à forma externa, ao invés de darem atenção ao conteúdo; dão exagerada atenção à letra, ao invés de se apoiarem sobre o espírito. Você deve estar lembrado de como o apóstolo Paulo salientou essa questão, quando afirmou: "... porque a letra mata, mas o espírito vivifica" (II Coríntios 3:6). Ora, a ênfase inteira daquela porção bíblica é que Israel estava constantemente pensando na letra, de tal modo que perdia de vista o espírito da lei. O propósito da letra é apenas o de dar corpo ao espírito; mas o espírito é o elemento que realmente importa, e jamais a mera letra. Tomemos, como exemplo, a questão do homicídio. Enquanto os escribas e os fariseus não chegassem a assassinar literalmente a uma pessoa, conforme julgavam, estariam observando a lei sem qualquer falha. No entanto, perdiam inteiramente de vista o espírito da lei, o qual não abrange meramente o assassinato literal, mas também que toda a nossa atitude para com o próximo deve ser correta e amorosa. Por semelhante modo, com todas as outras questões abordadas aqui. O mero fato que alguém não tem cometido adultério, no sentido físico, não significa que já tenha observado a lei. Qual é o espírito da questão, nessa conjuntura? Qual é o desejo do coração de um homem ao olhar para uma mulher? Coisas assim estão em foco aqui. O que realmente conta é o espírito, e não a letra somente.

É evidente, pois, que se alguém depender exclusivamente da letra, terá compreendido a lei de maneira inteiramente errada. E que me seja dada a chance de enfatizar que isso se aplica não somente à lei de Moisés, mas, em certo sentido, ainda mais apropriadamente, a este Sermão do Monte. Atualmente, há pessoas que tão grande valor dão à letra do Sermão do Monte que perdem de vista o seu espírito. Quando começamos a examinar os detalhes, vemos isso na prática. Tomemos, para exemplificar, a atitude dos "Quakers", no que tange aos juramentos. Os "Quakers" aceitaram a letra mui literalmente; mas, conforme opino, negaram o espírito desse mandamento, fazendo com que a própria declaração de nosso Senhor quase se torne ridícula. Há pessoas que fazem exatamente o mesmo, ao voltarem a outra face a quem lhes bate no rosto, ou ao darem coisas àqueles que andam pedindo, fazendo todo o ensino do Senhor cair no ridículo, por estarem constantemente querendo aplicá-lo em sentido literal, ao passo que nosso Senhor enfatizava a importância primária do espírito. Isso quer dizer, naturalmente, não que a letra não tenha a menor importância, mas significa que devemos dar ao espírito o lugar de proeminência, interpretando a letra da lei em consonância com o seu espírito.

Tomemos agora o segundo princípio, o qual, na realidade, é apenas uma outra maneira de exprimir o primeiro. A conformidade à lei não deveria ser concebida em termos de ações, tão somente. Os pensamentos, os desejos e os motivos são igualmente importantes. A lei de Deus preocupava-se tanto com aquilo que provoca as ações como com essas próprias ações. Novamente, isso não significa que os atos não tenham importância; mas significa, de maneira bem definida, que o único elemento importante não é o ato em si. Isso deveria ser um princípio autoevidente. Os escribas e fariseus ficavam preocupados somente com o *ato* do adultério, ou com o *ato* do homicídio, por exemplo. Mas nosso Senhor muito se esforçou por enfatizar, diante dos Seus ouvintes, que é o desejo de fazer essas coisas, na mente e no coração do homem, que, real e finalmente, é a questão repreensível aos olhos de Deus. Quão frequentemente Jesus afirmou, em conexão com isso, que é do coração que saem os maus desígnios e as más ações. O coração do homem é que importa. Por conseguinte, não devemos pensar sobre a lei de Deus, ou sobre a necessidade de agradarmos a Deus, somente em termos daquilo que fazemos ou deixamos de fazer; pois é a condição íntima, a atitude do coração, que Deus observa constantemente. "Mas Jesus lhes disse: Vós sois os que vos justificais a vós mesmos diante dos homens, mas Deus conhece o vosso coração; pois aquilo que é elevado entre os homens é abominação diante de Deus" (Lucas 16:15).

Poderíamos exprimir como segue o princípio básico seguinte. Deveríamos conceber a lei não apenas negativamente, mas também positivamente. O propósito final da lei não é meramente o de impedir que pratiquemos certos erros; seu objetivo real é conduzir-nos por um caminho positivo, a fim de que não somente façamos o que é direito, mas também que amemos o que é direito. Outra vez, isso é algo que transparece claramente nessas seis ilustrações de Jesus. O conceito judaico da lei era inteiramente negativo. Não devo cometer adultério, não devo cometer homicídio, e assim por diante. Mas nosso Senhor salientou, do princípio ao fim, que aquilo que realmente chama a atenção de Deus, em nós, é que sejamos amantes da retidão. Deveríamos ter fome e sede de justiça não apenas negativamente, ou seja, evitando aquilo que é mau.

Sem dúvida é desnecessário que eu me desvie da linha central da exposição a fim de mostrar a relevância prática de cada um desses pontos em relação à nossa condição atual. Desafortunadamente, ainda há pessoas que parecem pensar acerca da santidade e da santificação em termos puramente mecânicos. Elas pensam que enquanto não se tornarem culpadas de alcoolismo, do jogo ou de frequentarem teatros ou cinemas, tudo lhes irá bem. A atitude delas é puramente negativa. Não parecem ficar preocupadas quando se mostram invejosas, ciumentas ou despeitadas com os seus semelhantes. Mas o fato que alguém vive marcado pelo orgulho da vida não parece ter, para elas, a mínima importância, contanto que não pratiquem certas coisas. Essa era a grande dificuldade dos escribas e fariseus, os quais pervertiam a lei de Deus, encarando-a por esse prisma totalmente negativo.

Nosso quarto princípio básico é que o propósito da lei, conforme nosso Senhor expôs, não é o de conservar-nos em uma atitude de obediência a certas regras opressivas, mas é o de promover o livre desenvolvimento de nosso caráter espiritual. Isso reveste-se de capital importância. Não deveríamos imaginar que o caminho da vida santa, o caminho da santificação, seja algo difícil e penoso, que nos mantenha sujeitos ao estado de servidão. De maneira nenhuma! A gloriosa possibilidade, oferecida a cada um de nós através do Evangelho de Cristo, é a de nos desenvolvermos como filhos de Deus, que cresçamos até "... à medida da estatura da plenitude de Cristo..." (Efésios 4:13). Diz o apóstolo João, em sua primeira epístola: "... os seus mandamentos não são penosos" (I João 5:3). Por conseguinte, se você e eu considerarmos os ensinos éticos do Novo Testamento como algo que nos entrava e enreda, se os concebermos como estritos e restritivos, isso significará que nunca pudemos entendê-los. Pois a finalidade inteira do Evangelho é levar-nos à "... liberdade da glória dos filhos de Deus" (Romanos 8:21); e estas injunções particulares são simples ilustrações de como podemos atingir esse alvo e desfrutar do mesmo.

Isso, por sua vez, leva-nos ao quinto princípio básico, aquele que ensina que a lei de Deus, bem como todas as instruções éticas existentes nas Escrituras, jamais deveriam ser reputadas como uma finalidade em si. Nunca deveríamos pensar nelas como moldes aos quais nos devemos ajustar. O objetivo final de todo o ensino bíblico é que você e eu venhamos a conhecer a Deus. Ora, aqueles fariseus e escribas (e o apóstolo Paulo declarou que isso também ocorria em sua vida, antes de haver-se convertido ao Senhor), por assim dizer, encravavam os mandamentos numa parede, e então, tendo-os contemplado segundo esse ponto de vista negativo e restrito, pensavam: "Agora, tudo vai bem comigo; não sou culpado de nenhuma dessas diversas coisas erradas, e, por conseguinte, tudo vai bem comigo. Sou um homem justo, e tudo está bem entre eu e Deus". Como você deve estar percebendo, eles encaravam a lei como algo que deveria ser considerado como uma finalidade em si. Codificavam a lei à sua maneira, e, enquanto não transgredissem seu próprio código, pensavam que tudo lhes corria favoravelmente. De conformidade com nosso Senhor, todavia, essa é uma perspectiva inteiramente falaz da lei. O grande teste que sempre deveríamos aplicar a nós mesmos é o seguinte: "Qual é a minha relação com Deus? Eu O conheço, realmente? Eu O estou agradando?" Em outras palavras, ao nos examinarmos, antes de nos recolhermos ao leito, não deveríamos meramente indagar de nós mesmos se cometemos algum homicídio, algum adultério, ou se nos tornamos culpados disto ou daquilo, para, em seguida, em caso negativo, agradecer a Deus por isso. Não! Pelo contrário, deveríamos perguntar coisas como estas: "Deus ocupou o lugar supremo em minha vida, no decorrer deste dia? Vivi hoje para a glória e a honra de Deus? Cheguei a conhecê-Lo melhor? Tenho demonstrado zelo por Sua honra e glória? Houve em mim alguma atitude diferente das atitudes de Cristo – pensamentos, imaginações, desejos ou impulsos?" Esse é o verdadeiro autoexame. Em outras palavras, devemos examinar-nos à luz do exemplo de uma Pessoa viva, e não apenas em termos de um código mecânico, composto de regras e regulamentos. E, da mesma forma que a lei não deve ser concebida como uma finalidade em si mesma, outro tanto deve ser dito a respeito do Sermão do Monte. Pois essas coisas são meras agências, cuja finalidade é conduzir-nos a uma autêntica e viva relação com Deus. Portanto, sempre devemos exercer o máximo cuidado para não fazer do Sermão do Monte aquilo que os fariseus e escribas vinham fazendo com a antiga lei moral. Os seis exemplos, selecionados por nosso Senhor, nada mais são do que ilustrações desses princípios básicos. O que importa é o espírito não a letra; os elementos importantes são o intuito, o objetivo e o propósito da lei. Aquilo que precisamos evitar a qualquer custo, em nossas vidas cristãs, é essa fatal tendência de vivermos a vida cristã como algo independente de um relacionamento direto, verdadeiro e vivo com nosso Deus.

Finalmente, poderíamos apresentar a ilustração que se segue. A disciplina na vida cristã é algo bom e essencial. Contudo, se nosso principal objetivo e intuito é nos conformarmos à disciplina que tivermos delineado para nós mesmos, isso bem poderá vir a constituir-se a mais grave ameaça contra as nossas almas. O jejum e a oração são coisas recomendáveis; porém, se jejuarmos duas vezes por semana e orarmos em uma hora determinada todos os dias, meramente a fim de pormos em execução a norma disciplinar que estabelecemos para nós mesmos, então é que teremos perdido inteiramente de vista o objetivo inteiro do jejum e da oração. Não há qualquer valor em qualquer dessas coisas, assim praticadas, ou em observar a Quaresma, ou qualquer outra atividade religiosa, cuja finalidade seja servir de ajuda à nossa vida espiritual, a menos que subordinemos tudo a uma mais profunda relação com Deus. Eu poderia deixar de fumar, ou deixar de beber, de jogar, etc., durante seis semanas, ou mesmo durante qualquer outro período de tempo.

No entanto, se durante esse período não se tiver acentuado a minha qualidade de humildade de espírito, se o meu senso de pobreza espiritual não se tiver tornado mais intenso, se a minha fome e sede de justiça e de Deus não tiver aumentado grandemente, então terá sido dispensável qualquer coisa que porventura eu tenha feito. De fato, para mim teria sido muito melhor se eu nada tivesse feito. Tudo isso envolve o fatal perigo de fazermos dessas coisas finalidades em si mesmas. Poderíamos tornar-nos culpados do mesmo erro no que concerne à adoração pública. Se a adoração pública for transformada em uma finalidade em si mesma, se o meu único objetivo em um púlpito for pregar um sermão, e não esclarecer a meus ouvintes o bendito Evangelho de Cristo, a fim de que você, eu e todos nós venhamos a conhecê-Lo e amá-Lo melhor, então a minha pregação terá sido perfeitamente inútil. E isso bem poderá vir a ser o fator que mais condene a minha alma às penas eternas. Essas coisas têm o propósito de servir-nos de ajuda, de ilustrações da Palavra de Deus. Que Deus nos guarde de as transformarmos em uma religião, "... porque a letra mata, mas o espírito vivifica" (II Coríntios 3:6).

Capítulo XXI
NÃO MATARÁS

No parágrafo compreendido pelos versículos 21 a 26 temos o primeiro da série de seis exemplos que o Senhor Jesus apresentou acerca de Sua interpretação da lei de Deus, em contraposição à interpretação dos escribas e fariseus. Eu gostaria de relembrar-lhe que é dessa maneira que interpretaremos o restante de Mateus 5, e, de fato, quase todo o resto do Sermão do Monte. Em certo sentido, toda essa porção é uma exposição daquela notável declaração de Jesus: "Porque vos digo que, se a vossa justiça não exceder em muito a dos escribas e fariseus, jamais entrareis no reino dos céus" (Mateus 5:20). Por conseguinte, o contraste não é entre a lei que foi dada por meio de Moisés e o ensino do Senhor Jesus Cristo; pelo contrário, estabelece-se aqui o contraste entre a falsa interpretação da lei de Moisés e a apresentação autêntica da lei, que nos foi oferecida pelo próprio Senhor Jesus. Essa distinção é feita pelo apóstolo Paulo, em Romanos 7, onde ele afirma que no seu passado pensara estar observando a lei de uma maneira perfeita. Subitamente, porém, ele compreendeu que a lei dizia: "Não cobiçarás", e prontamente ele foi convencido de pecado. "... mas, sobrevindo o preceito, reviveu o pecado, e eu morri" (Romanos 7:9). Até então, Paulo não havia percebido que o que importa é o espírito da lei, e que a cobiça é tão repreensível aos olhos de Deus como o próprio ato por ela inspirado. Esse é o tipo de coisa que encontramos, na forma de princípios básicos, por toda a exposição da lei, segundo no-la apresentou o Senhor Jesus, neste sermão.

Tendo assim definido a Sua atitude para com a lei, e tendo anunciado que Ele viera para cumpri-la e tendo advertido Seus ouvintes que eles precisavam tomar consciência do que isso significava precisamente, nosso Senhor prosseguiu, conforme vemos aqui, a fim de oferecer-nos essas ilustrações práticas. Ele nos apresenta seis contrastes, cada um dos quais foi introduzido mediante a fórmula que diz: "Ouvistes que foi dito aos antigos... eu, porém, vos digo..." Passemos, pois, a considerar o primeiro desses exemplos.

Os fariseus e os escribas sempre foram culpados de reduzir o sentido e até mesmo os requisitos da lei, e, quanto a isso, temos aqui uma perfeita ilustração. Jesus disse: "Ouvistes que foi dito aos antigos: Não matarás; e: Quem matar estará sujeito a julgamento" (v. 21). É assaz importante que ventilemos esse ponto da maneira correta. "Não matarás" é um dos Dez Mandamentos, e se os fariseus chegassem a ensinar sobre esse mandamento não estariam, sem dúvida, ensinando a lei? Qual crítica concebível pode ser levantada contra os fariseus e escribas, no que tange a essa particularidade? Por conseguinte, somos tentados a falar e a indagar. A resposta àquela indagação é que eles haviam acrescentado algo ao mandamento, dizendo: "Não matarás"; e: "Quem matar estará sujeito a julgamento". Todavia, alguém poderia objetar a isso, dizendo: "Mas, não nos é dito na lei que quem matar estará sujeito a julgamento?" A resposta é que, efetivamente, a lei assim estipulava, pois podemos achar essas palavras no trecho de Números 35:30-31. Assim sendo, que há de errado com o que faziam os fariseus? É que eles juntavam essas duas passagens, de tal modo que reduziam o sentido desse mandamento, "Não matarás", como se o mesmo envolvesse apenas um caso de assassinato concreto. Adicionando imediatamente aquela segunda porção, à primeira, eles haviam debilitado toda essa injunção divina.

A segunda coisa que eles faziam de errado é que reduziam e confinavam as sanções, às quais essa proibição estava associada, a uma mera punição às mãos dos magistrados civis. "Quem matar estará sujeito a julgamento". Nesse caso, "julgamento" indicava apenas o juízo baixado por algum tribunal local. E o resultado de tudo isso é que eles meramente ensinavam: "Você não deve cometer homicídio, porque, se o fizer, correrá o risco de ser castigado por um magistrado civil". Essa era a plena e completa interpretação daquele grande mandamento, que diz: "*Não matarás*". Em outras palavras, os fariseus tinham despido esse mandamento do seu verdadeiro e grandioso conteúdo, reduzindo-o meramente a uma questão de homicídio literal. Outrossim, eles nunca mencionavam o juízo divino. Somente o julgamento em algum tribunal local parecia ter importância aos olhos deles. Tinham reduzido tudo a uma questão legal, a uma questão da mera letra da lei, como se esta apenas dissesse: "Se você matar, sofrerá determinadas consequências". E o efeito era que os fariseus e os escribas se sentiam perfeitamente tranquilos acerca da lei, no tocante a esse particular, conquanto não se tornassem culpados de homicídio real. Naturalmente, cometer homicídio era, para eles, um crime horrendo, pois se algum deles chegasse a cometer tal crime seria intimado a comparecer diante de um tribunal, o qual o sentenciaria a um castigo equivalente ao crime. Porém, enquanto um deles não cometesse um homicídio literal, tudo lhe correria bem, e podia encarar com tranquilidade e equanimidade o mandamento que determina, "Não matarás", como também podia pensar: "Tenho observado e cumprido a lei de modo perfeito".

Mas nosso Senhor como que retrucou a isso: "Não e não. É justamente nesse ponto que vocês podem perceber que o conceito inteiro da justiça e da lei, consoante com o ensino desses escribas e fariseus, se tem transformado em total paródia da lei. Eles reduziram a lei de tal maneira, confinando-a dentro das limitações que eles mesmos criaram, que, na realidade, não dispomos mais da lei de Deus nessa interpretação. Tal interpretação não corresponde à verdadeira injunção que Deus tinha em mente, ao promulgar esse mandamento. De maneira simples e mui conveniente eles o reduziram em suas proporções, abrandando seus requisitos, e ficaram contentes diante do resultado. E é desse modo que eles agora asseveram haver cumprido a lei de maneira perfeita".

Já vimos que encontramos aqui um daqueles princípios normativos que nos capacitam a compreender quão falsa é essa interpretação da lei, da qual os fariseus e os escribas se haviam tornado culpados. E procuramos salientar aqui que essa é uma tendência da qual, algumas vezes, também nos temos tornado culpados. É possível concebermos a lei de Deus conforme a encontramos nas Escrituras, mas, ao mesmo tempo, defini-la e interpretá-la de tal modo que a transformemos em algo que possamos observar com extrema facilidade, porque só a estamos obedecendo negativamente. E assim podemos chegar a persuadir-nos de que tudo está indo bem conosco. O apóstolo Paulo, conforme já tivemos ocasião de notar, em resultado desse exato processo de redução, antes de converter-se pensara que vinha cumprindo a lei perfeitamente. O jovem rico julgava que havia cumprido a lei, porquanto, de igual modo, assim fora instruído e cria nessa mesma falsa interpretação. E enquanto você e eu aceitarmos a letra da lei, mas nos esquecermos do espírito da lei, do seu conteúdo e de seu sentido, poderemos enganar-nos a nós mesmos, persuadindo-nos de que somos considerados perfeitamente justos aos olhos da lei.

Vejamos, portanto, como foi que nosso Senhor desmascarou essa falácia, demonstrando para nós que enxergar as coisas dessa maneira é entender erroneamente o sentido da santa lei de Deus. Jesus exprimiu o Seu ponto de vista e a Sua exposição, de acordo com três claras divisões, que passamos a considerar.

A primeira dessas divisões é que *o que importa não é meramente a letra da lei mas o seu espírito*. A lei diz: "Não matarás"; mas isso não significa apenas "Não cometerás homicídio". Interpretar essa injunção de maneira tão limitada é meramente definir a lei de tal modo que somos capacitados a imaginar que podemos escapar dela. No entanto, podemos ser culpados, da maneira mais grave possível, de termos desobedecido a esse mandamento. Nosso Senhor, pois, passou a esclarecer como isso pode ser. Esse mandamento, disse Jesus, inclui não somente o homicídio físico literal, mas também a ira sem motivo, guardada no coração, contra algum irmão. Assim, a verdadeira maneira de compreender esse mandamento que diz, "Não matarás", é a seguinte: "Quem quer que se encolerize contra seu irmão, sem qualquer causa justa, corre o perigo de ficar sujeito a julgamento". É como se o Senhor houvesse dito: "Não deem ouvidos aos fariseus e aos escribas, os quais dizem que uma pessoa só se torna passível de julgamento se vier a cometer homicídio literal; pois eu estou dizendo a vocês que se alguém se irar contra um irmão, sem motivo justo, será passível precisamente da mesma punição determinada por esse mandamento". É por essa altura da exposição que começamos a perceber algo do verdadeiro conteúdo espiritual da lei. Por semelhante modo, é nesse ponto que começamos a entender, mais acuradamente, o sentido das palavras de Deus, quando Ele disse que a lei precisa ser "cumprida". Na antiga lei, transmitida por meio de Moisés, havia todo esse conteúdo espiritual. A tragédia do povo israelita é que eles perderam de vista esse conteúdo espiritual. Não devemos imaginar, portanto, que, como crentes que somos, estamos inteiramente desvinculados da legislação mosaica. Não, mas a antiga lei determinava que não cultivássemos a ira sem motivo justo, em nossos corações, contra algum irmão. Para nós, que somos crentes, tolerarmos a ira em nossos corações, de acordo com nosso Senhor Jesus Cristo, é tornar-nos culpados de algo que, à vista de Deus, equivale ao homicídio. Odiar, nutrir ressentimentos, ter esse sentimento desagradável e maligno para com outra pessoa, sem qualquer motivo, é idêntico ao homicídio. De fato, quero relembrar-lhe que algumas autoridades sobre o texto original dizem que esse termo qualificador, "sem motivo", não deveria constar da tradução. Ele não aparece em certos manuscritos gregos. Todavia, é impossível decidirmos, com exatidão, com base na crítica textual, se esse termo deve ser incluído ou não. Porém, ainda que ele seja aceito como parte integrante do original, estamos diante de uma tremenda exigência; e, se deixarmos de lado aquele termo qualificador, mais severa ainda soará essa exigência. Por conseguinte, não nos devemos irar contra um nosso irmão. A ira guardada no coração, contra qualquer ser humano, mas especialmente contra aqueles que são os domésticos da fé, de conformidade com nosso Senhor, é algo extremamente repreensível aos olhos de Deus – é homicídio.

Mas isso ainda não é tudo. Não somente não deveríamos deixar-nos arrastar por essa ira sem causa; mas também jamais nos deveríamos tornar culpados de expressões que manifestem desprezo "... e qualquer que disser a seu irmão: Raca, será réu do Sinédrio" (Mateus 5:22 – Versão Corrigida). Ora, "Raça" significa "sujeito indigno". Tal vocábulo era empregado para indicar desprezo por alguém; e dessa atitude, infelizmente, todos estamos cônscios, em nosso coração e espírito. Dirigir um insulto desses contra um irmão, chamando-o de "Raca", ou "sujeito indigno", conforme explica o Senhor, é algo terrível aos olhos de Deus. E, naturalmente, assim é. Com bastante frequência, nosso Senhor frisou exatamente isso. Você já observou algumas das listas de pecados que o Senhor formulou? Consideremos aquela afirmação que diz: "Porque de dentro, do coração dos homens, é que procedem os maus desígnios, a prostituição, os furtos..." e assim por diante (Marcos 7:21). Conforme você deve estar notando, somos extremamente parecidos com os fariseus e escribas, quanto à maneira de falarmos sobre o assassínio, o furto, o alcoolismo e outros pecados da mesma categoria. Porém, nosso Senhor sempre incluiu os maus desígnios na mesma classe do homicídio e de outros erros, como a contenda, a inimizade, o ludíbrio e muitas outras coisas, as quais não pensamos serem pecados terríveis e graves. Contudo, como é óbvio, no instante em que começamos a meditar sobre essas coisas, analisando a posição assumida por Jesus a respeito delas, vemos quão perfeitamente isso ocorre em nossas vidas. O desprezo ao próximo, que é um sentimento de zombaria ou escárnio, é a atitude que acaba impelindo uma pessoa a cometer homicídio. Talvez tenhamos vários motivos para não permitirmos que tal atitude termine expressando-se na forma de homicídio literal. Infelizmente, porém, por muitas e muitas vezes nos temos assassinado uns aos outros, em nossos corações e em nossas mentes, não é verdade? Temos admitido maus pensamentos contra algumas pessoas, pensamentos equivalentes ao homicídio. No campo do espírito também surgem dificuldades entre os crentes, impelindo-nos a dizer, uns aos outros, "Raca". Oh, sim, podemos destruir a nossos semelhantes de outras maneiras que pouco ficam faltando para se caracterizarem como homicídio. Podemos destruir a reputação de um homem, podemos abalar a confiança que outros tenham em um homem sussurrando maledicências ou procurando achar nele erros, deliberadamente. Era para coisas dessa ordem que nosso Senhor aqui apontava, e o Seu propósito inteiro foi o de mostrar que todas essas coisas estão incluídas no mandamento que determina: "Não matarás". O assassínio não envolve somente a destruição da vida física de outra pessoa, mas também envolve a tentativa da destruição de sua alma e espírito, derrotando aquela outra pessoa de alguma maneira.

Nosso Senhor passou daí para o terceiro ponto: "... e quem lhe chamar: Tolo, estará sujeito ao inferno de fogo". Está em foco, nessas palavras, alguma expressão abusiva, mediante a qual nossa vítima é por nós envilecida. Isso indica a presença de amargura ou ódio no coração, o que se expressa por meio de palavras. Penso que, ao acompanharmos essa análise, poderemos ver, conforme já foi salientado no primeiro capítulo deste livro, quão terrível e perigoso para nós crentes é o erro de pensarmos que, por sermos crentes o Sermão do Monte nada tem a ver conosco, ou de pensarmos que se trata de um ensino que não se aplica aos crentes de hoje. A verdade, entretanto, é que o Sermão do Monte fala para nós hoje; e perscruta-nos até ao recesso mais íntimo de nossas almas. Nesta passagem bíblica defrontamo-nos não somente com o homicídio literal, mas também precisamos levar em conta todas essas maldades do coração, dos sentimentos, das sensibilidades, e, em última análise, do próprio espírito, maldades essas que Deus considera equivalentes ao homicídio.

Ora, é lógico que temos aqui uma importantíssima declaração: Alguém poderia indagar: "Significa isso que a ira é sempre uma emoção errada? E que a ira sempre nos é proibida?" Alguma outra pessoa poderia perguntar: "Não existem ilustrações, nas próprias páginas do Novo Testamento, onde o Senhor dirigiu-se aos fariseus usando termos fortíssimos? Por exemplo, quando Ele se referiu a eles taxando-os de 'cegos' e 'hipócritas' (Mateus 23); ou então, quando Ele se voltou para certas pessoas e comentou: 'Ó néscios e tardos de coração' (Lucas 24:25), e 'insensatos e cegos' (Mateus 23:17)? Como pôde Jesus proibir esse tipo de linguagem, para então Ele mesmo empregá-la? Como se pode conciliar esse ensino com o capítulo 23 de Mateus, onde Jesus profere 'ais' contra os fariseus?" Todavia, não há que duvidar que tal conciliação de maneira alguma é difícil. Quando nosso Senhor proferiu aqueles "ais", fê-lo judicialmente. Ele falou com a autoridade que recebera do Pai. Nosso Senhor estava enunciando Seu juízo final contra os fariseus e os escribas. Na Sua posição de Messias, Ele estava autorizado a agir assim. Jesus lhes oferecera o Evangelho, e toda oportunidade lhes fora dada. Não obstante, eles haviam rejeitado o oferecimento. E não somente isso, mas também devemos lembrar que Jesus sempre proferiu declarações dessa natureza contra a religião falsa e contra a hipocrisia. O que o Senhor realmente queria denunciar era a justiça própria, a qual rejeita a graça de Deus e mesmo assim pretende justificar-se diante do Senhor, ao mesmo tempo que O rejeita. Portanto, aquelas afirmações de Jesus tiveram um caráter judicial, e se você e eu pudermos afirmar que toda e qualquer expressão similar que usarmos revestir-se desse mesmo caráter, então estaremos isentos da acusação de sermos culpados desse pecado.

Precisamente a mesma coisa se dá no caso dos chamados Salmos imprecatórios, que deixam tantas pessoas perturbadas. O salmista, sob a inspiração do Espírito de Deus, proferiu juízo contra não apenas os seus próprios inimigos, mas igualmente contra os inimigos de Deus e contra os que abusam da Igreja e do reino de Deus representados pelo salmista e pela nação de Israel. Quero expressar esse ponto como segue: A nossa ira deve dirigir-se somente contra o pecado; jamais nos devemos encolerizar com o pecador, mas antes, sentir tristeza e compaixão por ele. Disse o salmista: "Vós que amais o Senhor, detestai o mal..." (Salmos 97:10). Deveríamos ficar indignados diante do pecado, da hipocrisia, da injustiça e de tudo quanto é mau. Naturalmente, essa é a maneira certa de se obedecer à injunção baixada pelo apóstolo Paulo, aos crentes de Éfeso: "Irai-vos e não pequeis" (Efésios 4:26). Essas duas coisas não são incompatíveis entre si, de forma nenhuma. A ira de nosso Senhor sempre foi uma justa indignação, sempre foi uma ira santa, uma expressão da ira do próprio Deus. Lembremo-nos de que "A ira de Deus se revela do céu contra toda impiedade e perversão dos homens..." (Romanos 1:18). Contra o pecado, o nosso Deus é "fogo consumidor" (Hebreus 12:29). Não há como pôr esse fato em dúvida. Deus abomina o mal. A ira divina manifesta-se contra toda a forma de maldade, e a Sua santa ira derrama-se contra a mesma. Isso faz parte essencial da doutrina bíblica.

Quanto mais santos nos tornamos, tanto mais indignação sentimos contra o pecado. Repito, entretanto, que jamais nos devemos irar contra o próprio pecador. Jamais nos devemos irar contra uma pessoa como tal; é mister fazermos a distinção entre o próprio indivíduo e as ações por ele praticadas. Nunca nos devemos tornar culpados de sentir desprezo ou repúdio, ou de usar expressões que envileçam ao próximo. Conforme penso, dessa maneira poderemos traçar a linha de distinção entre essas duas coisas. É como se Cristo tivesse afirmado: "Não imagine que você está sem culpa no tocante a esta injunção simplesmente porque não cometeu homicídio literal". Portanto, qual é o estado do seu coração? Como reage às coisas que lhe acontecem? Você explode de cólera quando alguém faz algo de errado contra você? Ou algumas vezes ira-se contra alguém que nenhum mal lhe fez? Essas são as perguntas que realmente importam. Para coisas assim é que Deus apontava, quando determinou: "Não matarás". "O homem vê o exterior, porém o Senhor, o coração" (I Samuel 16:7), e, por isso mesmo, Ele não se interessa somente pelos nossos atos externos. Deus nos livre de possuirmos um tipo qualquer de justiça própria, mediante a redução da lei de Deus e algo que pensemos já termos cumprido, ou que estejamos certos de que não nos inclinamos por transgredir. "Examine-se, pois, o homem a si mesmo..." (I Coríntios 11:28).

Passemos agora à segunda declaração. *Nossa atitude não deve ser negativa, e. sim, positiva.* Nosso Senhor coloca a questão com as palavras seguintes. Tendo enfatizado o aspecto negativo, Ele passa a considerar o lado positivo, dizendo: "Se, pois, ao trazeres ao altar a tua oferta, ali te lembrares de que teu irmão tem alguma coisa contra ti, deixa perante o altar a tua oferta, vai primeiro reconciliar-te com teu irmão; e, então, voltando, faze a tua oferta" (Mateus 5:23-24). Essa é uma declaração das mais significativas e importantes. Não somente não convém que abriguemos pensamentos homicidas e malignos em nossos corações, contra outras pessoas, mas também o mandamento que nos proíbe de matar realmente indica que deveríamos tomar passos positivos para nos reconciliarmos com nosso irmão. O grande perigo é que estaquemos naquilo que é apenas negativo, e então sintamos que, enquanto não tivermos cometido homicídio literal, tudo estará correndo bem conosco. Porém, há um segundo estágio que facilmente esquecemos. E pensamos: "Muito bem, não devo cometer homicídio literal, e não devo dizer coisas insultuosas a meu próximo. Devo guardar os meus lábios, e, embora um pensamento mau me suba à mente, não devo expressá-lo sob a forma de palavras". Nesse ponto, tendemos por parar, e então pensar: "Enquanto eu não disser algum insulto, tudo irá bem comigo". Entretanto, nosso Senhor ensinou que não podemos nem mesmo parar aí, pois nem ao menos podemos abrigar pensamentos e sentimentos adversos no coração. Todavia, é por essa altura que muitos param. No momento em que esses horríveis e indignos pensamentos tendem por subir aos seus corações, transferem seus pensamentos para algo positivo e correto. Tal atitude está certa, contanto que não estaquemos nesse ponto. Devemos não somente reprimir esses pensamentos maldosos e indignos, ensina-nos Cristo; mas cumpre-nos fazer ainda mais do que isso. Estamos na obrigação de dar os passos necessários para remover a causa da dificuldade; precisamos ter por escopo algum alvo positivo. Precisamos chegar ao estágio em que nada reste de errado, no nível do espírito, do nosso espírito e no espírito de nosso irmão.

Nosso Senhor reforçou o ponto lembrando-nos, nos versículos 23 e 24, acerca de um perigo extremamente sutil que nos ameaça a vida espiritual, o terrível perigo de tentarmos fazer expiação por nossa falha, equilibrando o mal com o bem. Penso que todos sabemos do que se trata; todos precisamos declarar-nos culpados dessa manobra astuciosa. O perigo é o de fazermos certos sacrifícios cerimoniais na tentativa de encobrir alguma falha moral. Os fariseus eram muito hábeis nessa manobra. Frequentavam o templo com regularidade; eram sempre minuciosos quanto a essas questões de detalhes e pormenores da lei. Porém, o tempo todo julgavam e condenavam ao próximo com o desprezo que lhe votavam. Evitavam qualquer despertamento da própria consciência, pensando: "Afinal de contas, estou adorando a Deus; estou oferecendo minha oferta sobre o altar". Posso afirmar que todos sabemos como funciona essa tendência de não enfrentarmos diretamente a convicção que o Espírito Santo produz em nossos corações, mas preferimos dizer a nós mesmos: "Ora, pois, estou fazendo isto ou aquilo; estou envidando grandes esforços quanto a este particular; estou sendo um elemento útil quanto a isto ou àquilo; estou atarefado nessa obra cristã". Contudo, o tempo todo não estamos cuidando da inveja que talvez estejamos nutrindo contra outro obreiro cristão, ou então estamos tolerando algum erro em nossa vida pessoal e privada. Assim, procuramos contrabalançar uma coisa com outra, pensando que o bem que estamos praticando pode anular aquele mal que fizemos. Mas o Senhor declara a respeito disso: "Não e não!" Deus não aceita tal manobra. "Mas Jesus lhes disse: Vós sois os que vos justificais a vós mesmos diante dos homens, mas Deus conhece o vosso coração; pois aquilo que é elevado entre homens é abominação diante de Deus" (Lucas 16:15). Essa questão, segreda-nos o Senhor, é tão importante que mesmo que eu já esteja defronte do altar a fim de oferecer a Deus um sacrifício, mas ali, subitamente, lembrar-me de algo que fiz ou disse, que esteja levando algum irmão a tropeçar ou escandalizar-se de alguma maneira, ou se eu notar que estou nutrindo pensamentos indignos e maldosos a respeito dele, ou, de qualquer outra maneira, eu esteja servindo de empecilho para a vida dele, então, conforme nosso Senhor declarou (e gostaria de dizê-lo com toda a reverência), deveríamos deixar Deus esperando pela nossa oferenda, ao invés de oferecê-la com toda essa culpa nas costas. É necessário que primeiramente eu procure consertar a situação com meu irmão. Somente depois poderei retornar e oferecer meu sacrifício. Aos olhos de Deus não há qualquer valor em um ato de adoração se eu estiver nutrindo algum pecado do qual eu tenha consciência.

O salmista expressa a questão como segue: "Se eu no coração contemplara a vaidade, o Senhor não me teria ouvido" (Salmos 66:18). Se eu, na presença de Deus, enquanto procuro adorar ativamente ao Senhor, reconhecer que no meu coração oculta-se um pecado do qual ainda não tratei e nem confessei, então meu ato de adoração será vão. Não haverá nele valor nenhum. Se você estiver consciente de que está em inimizade com alguém, se você não está dirigindo a palavra a algum irmão, ou se você está tolerando pensamentos indignos contra alguém, servindo-lhe de obstáculo e empecilho, então a Palavra de Deus assegura que qualquer tentativa de adoração que você fizer não terá qualquer valor. Tal tentativa de nada adiantará, pois o Senhor não o ouvirá. Ou então consideremos aquilo que se lê em I João 3:20: "... pois, se o nosso coração nos acusar, certamente, Deus é maior do que o nosso coração e conhece todas as coisas". Não há utilidade e nem propósito em orarmos ao Senhor quando sabemos que nossos próprios corações laboram em erro contra algum irmão. É impossível para Deus ter qualquer contato com o pecado e a iniquidade. Deus é de tal maneira santo que nem ao menos pode contemplar a iniquidade. De acordo com nosso Senhor, essa é questão de mais vital importância, sendo preferível que o indivíduo interrompa a sua oração, deixando Deus a esperar pela oferta, por assim dizer. Portanto, primeiramente cumpre-nos endireitar nosso caminho; não podemos estar bem com Deus enquanto estivermos cometendo injustiça contra nosso semelhante humano.

Gostaria de sumariar tudo isso lembrando aquela notável ilustração dessa situação, nas páginas do Antigo Testamento, em I Samuel 15. Deus nos entregou os Seus mandamentos, com o intuito de que os observássemos. Você deve estar lembrado de como, de certa feita, Saul recebeu de Deus a ordem para destruir inteiramente aos amalequitas. Mas Saul pensou consigo mesmo que não precisava chegar a tal extremo, e então concluiu: "Pouparei as vidas de algumas pessoas, bem como parte dos animais e do gado, para servirem de sacrifício oferecido a Deus". Ele pensava que tudo estava perfeito, e começou a adorar e a louvar a Deus. Repentinamente, porém, chegou o profeta Samuel, o qual perguntou de Saul: "Que estás fazendo?" Saul replicou: "Executei as palavras do Senhor". Mas Samuel retrucou: "Se executaste as palavras do Senhor, que balido, pois, de ovelhas, é este nos meus ouvidos, e o mugido de bois que ouço? O que você tem feito?" E Saul voltou à carga, dizendo: "Resolvi poupar alguns deles". Foi então que Samuel proferiu aquelas terríveis e momentosas palavras: "Tem, porventura, o Senhor tanto prazer em holocaustos e sacrifícios quanto em que se obedeça à sua palavra? Eis que o obedecer é melhor do que o sacrificar, e o atender, melhor do que a gordura de carneiros" (v. 22). Sempre me encho de dó do rei Saul, porque posso entendê-lo muito bem. Como você está vendo, geralmente não obedecemos àquilo que Deus nos ordena fazer; e então, quando impomos as nossas próprias limitações aos Seus mandamentos, de alguma forma sentimos que a realização de algum grande ato de adoração conseguirá encobrir a nossa falha, e que tudo nos irá bem, porquanto imaginamos que o Senhor deleita-se tanto em holocaustos e sacrifícios como em que Lhe obedeçamos à voz. Naturalmente, isso não corresponde à realidade! "Eis que o obedecer é melhor do que o sacrificar". Isso posto, deixe por aí mesmo a sua oferenda, apresse-se e endireite as coisas com seu irmão; livre-se desse obstáculo. Somente depois disso você poderá voltar ao altar das oferendas. Então, e somente então, a sua adoração terá valor. "O obedecer é melhor do que o sacrificar, e o atender, melhor do que a gordura de carneiros."

Apenas mais uma palavra relativa ao último princípio básico que aqui encontramos. Quero frisar diante de você *quão urgente é tudo isso, em face de nosso relacionamento com Deus*. "Entra em acordo sem demora com o teu adversário, enquanto estás com ele a caminho, para que o adversário não te entregue ao juiz, o juiz, ao oficial de justiça, e sejas recolhido à prisão. Em verdade te digo que não sairás dali, enquanto não pagares o último centavo" (Mateus 5:25-26). É como se Cristo tivesse dito: "Sim, a questão é tão urgente e desesperadora quanto isso. Você deve agir prontamente, sem demorar um único instante, pois essa é a sua situação". Foi essa a maneira de Cristo dizer que nunca nos deveríamos olvidar de nossa relação com Deus. Não nos convém pensar apenas em termos dos nossos irmãos, a quem talvez tenhamos ofendido, ou com quem talvez tenhamos alguma questão pendente; mas também devemos pensar em nós mesmos como quem está na presença de Deus. Deus é o Juiz; Deus é o Justificador. Ele está perenemente impondo-nos essas condições, e Ele brande o cetro de autoridade sobre o tribunal dos céus e da terra. Ele é o Juiz, e as Suas leis têm caráter absoluto, podendo cobrar de nós até o último centavo da nossa dívida moral. Portanto, que deveríamos fazer? Deveríamos entrar imediatamente em acordo com Deus. Cristo assevera aqui que estamos "a caminho". Encontramo-nos neste mundo, encontramo-nos nesta vida, por assim dizer caminhando ao longo da estrada. Mas eis que, de repente, surge o nosso adversário, o qual diz: "E quanto àquela sua dívida?" Pois bem, Cristo ensina que se deve entrar em acordo imediatamente, sob pena do processo legal ter início, quando então nos será cobrado até o último centavo. É evidente que isso não passa de uma ilustração. Você e eu estamos vivendo neste mundo, e a lei nos está impondo condições. Essa é a lei divina. Ela estipula: "Que dizer sobre a relação entre você e seu irmão, e que dizer sobre aquelas coisas más que estão arraigadas em seu coração? Você não tem dado a devida atenção a elas". Corrija prontamente essa situação, recomenda Cristo. Talvez você não esteja mais vivendo neste mundo, amanhã de manhã, e então você estará indo para a eternidade nessa situação embaraçosa. "Entra em acordo sem demora com o teu adversário, enquanto estás com ele a caminho..."

Como é que nos sentimos quanto a essa questão? Enquanto acompanhávamos a exposição da santa lei, por parte de nosso Senhor, porventura sentimos as exigências que ela requer? Temos consciência da condenação por ela determinada? Que dizer acerca das coisas que temos pensado e dito, das coisas que temos praticado? Temos consciência de tudo isso – da total condenação envolvida nessas atitudes? Deus nos está impondo exigências, através da Sua lei. Agradeço ao Senhor pela injunção através da qual Ele nos ordena agir prontamente, enquanto ainda estamos a caminho. Graças a Deus, as Suas condições são bastante fáceis. Essas condições estabelecem que eu devo enfrentar e reconhecer o meu pecado de modo total e absoluto, que eu ponha paradeiro a qualquer tentativa de autodefesa, de autojustificação, embora aquela outra pessoa talvez me tenha provocado ao revide. Tão somente precisamos confessar e admitir diante de Deus, sem qualquer reserva, os nossos erros. Se houver qualquer coisa que eu possa fazer na prática, quanto a esses erros, preciso providenciar sem tardança. Preciso humilhar-me, preciso tornar-me, por assim dizer, insensato, para fazer tudo quanto for possível com o intuito de remover a barreira e o obstáculo. Somente então Deus me dirá que está tudo passado. É como se Deus viesse a dizer-me: "Endireitarei as coisas com você, e, de fato, perdoarei todos os pecados, embora você seja culpado como notável pecador diante de Meus olhos. E quanto à conta de sua dívida para Comigo, a qual você jamais poderia saldar, enviei Meu Filho ao mundo para que Ele a pagasse em seu lugar. Cristo cancelou inteiramente a sua dívida. Ele não fez isso porque você é uma pessoa amável, gentil e boa. Ele não fez isso em seu benefício porque você fez algo por Mim. Foi enquanto você ainda era um inimigo, odioso em si mesmo, odiando a Mim e odiando ao próximo. Foi a despeito de toda essa sua imundícia e indignidade que enviei Meu Filho. E Ele veio deliberadamente e deu-se a Si mesmo até à morte. É por causa disso que eu perdoo a você de modo completo, gratuito e absoluto".

Graças podemos dar a Deus por essas condições tão favoráveis em prol de pecadores imundos e derrotados que somos. Essas são as condições impostas: arrependimento e confissão de pecado os mais absolutos, independente de tudo quanto pudermos fazer no que concerne à restituição; bem como o reconhecimento de que estamos perdoados exclusivamente em face da graça divina, manifestada claramente no autossacrifício amoroso e dedicado do Filho de Deus sobre a cruz do Calvário. Chegue o crente a um acordo imediato com o seu adversário. Não demore. Se porventura você se convencer de alguma falta neste instante, venha, deixe sobre o altar a sua oferta, corra e endireite as coisas. "Entra em acordo sem demora com o teu adversário, enquanto estás com ele a caminho..."

Capítulo XXII

A GRANDE PECAMINOSIDADE DO PECADO

Temos chegado aos versículos 27 a 30; à segunda ilustração de nosso Senhor acerca do Seu ensino em torno da lei. "Ouvistes que foi dito: Não adulterarás. Eu, porém, vos digo: Qualquer que olhar para uma mulher com intenção impura, no coração, já adulterou com ela" (Mateus 5:27-28). Os fariseus e os escribas haviam reduzido o mandamento que proíbe o adultério ao próprio ato físico do adultério; e uma vez mais imaginavam que enquanto não se tornassem culpados do próprio ato, o mandamento não poderia acusá-los de coisa alguma, e eles seriam perfeitamente inocentes no que dizia respeito a esse preceito. Tudo se repetia. Novamente, eles haviam ressaltado a letra da lei, reduzindo-a a esse aspecto, e assim a anularam. Em particular, eles se esqueceram do espírito inteiro da lei. Conforme já vimos, isso é algo fundamentalmente vital para a verdadeira compreensão do Evangelho neotestamentário – "... porque a letra mata, mas o espírito vivifica" (II Coríntios 3:6).

Há uma maneira bem simples de considerarmos a questão. A verdadeira dificuldade que embaraçava os fariseus e os escribas era que eles nunca haviam lido atentamente os Dez Mandamentos. Se os tivessem estudado e considerado apropriadamente, então teriam percebido que ninguém pode considerá-los isoladamente, um por um. Por exemplo, o décimo mandamento determina que não se deve cobiçar a mulher do próximo, e isso, como é óbvio, deveria ser tomado em conjunto com o presente mandamento, o qual proíbe o adultério. O apóstolo Paulo, naquela sua extraordinária afirmação de Romanos 7, confessa que ele mesmo já fora culpado desse erro. Declarou o apóstolo que foi ao perceber que a lei diz: "Não cobiçarás", que ele começou a entender melhor a natureza do pecado de concupiscência. Antes disso, ele vinha concebendo a lei somente em termos de atos praticados; todavia, a lei de Deus não estaca diante da mera ação, porquanto determina: "Não cobiçarás". A lei sempre salientara a importância do papel do coração nessas questões; mas aquela gente, com as suas noções mecânicas sobre a adoração a Deus, com o seu conceito puramente mecânico sobre a obediência, havia esquecido totalmente esse fator. Assim sendo, nosso Senhor ansiava por ressaltar essa importantíssima verdade, procurando impressionar os Seus seguidores a respeito dela. Aqueles que imaginam poder adorar a Deus e adquirir a salvação em termos de suas próprias ações, sempre se fazem culpados desse erro. Eis a razão pela qual nunca, realmente, entendem o caminho cristão da salvação. Nunca percebem que, em última análise, essa é uma questão do coração; pelo contrário, pensam que enquanto não chegarem a praticar determinadas coisas, e enquanto tentarem pôr em execução certas obras, continuarão aceitáveis aos olhos de Deus. No que concerne a essa ideia, nosso Senhor, conforme já averiguamos, sempre retruca: "Vós sois os que vos justificais a vós mesmos diante dos homens, mas Deus conhece o vosso coração; pois aquilo que é elevado entre homens é abominação diante de Deus" (Lucas 16:15). Com essas palavras, nosso Senhor desejava salientar aquele princípio básico, uma vez mais. Os fariseus e os escribas como que diziam: "Enquanto um homem não cometer adultério, estará observando esse mandamento". Não obstante, Jesus esclarecia: "Qualquer que olhar para uma mulher com intenção impura, no coração, já adulterou com ela".

Novamente encontramos, nesta passagem bíblica, o ensino do Senhor Jesus no que toca à natureza do pecado. O propósito inteiro da lei, conforme Paulo nos relembra, era o de mostrar a extrema pecaminosidade do pecado. Entretanto, compreendendo-a erroneamente dessa maneira, os fariseus a tinham virtualmente anulado. Quiçá em nenhum outro trecho bíblico encontremos tão terrível desmascaramento do pecado, conforme este realmente se manifesta, como nas palavras do Senhor Jesus, neste ponto particular.

Como é natural, sei que a doutrina do pecado não goza de grande popularidade em nossos dias. As pessoas repelem toda a ideia, procurando para ela outras explicações, de natureza psicológica, em termos de desenvolvimento e de temperamento individuais. Dizem que o homem evoluiu a partir do animal, e que está se desfazendo mui lentamente daquelas relíquias e remanescentes de seu passado animal, de sua natureza animalesca. Mas a doutrina inteira do pecado é, por tais indivíduos, inteiramente negada e evitada. Como é patente, se essa é a nossa perspectiva e posição, então as Escrituras devem ser inteiramente destituídas de sentido para nós, porquanto tudo quanto há no Novo Testamento, tal como se dá também com o Antigo Testamento, aponta para essa verdade como questão de vital importância. Eis por que precisamos considerar a questão, pois, no presente, nada existe de mais urgente e necessário do que apreendermos claramente a doutrina bíblica do pecado. Assevero que a maioria das nossas falhas e dificuldades, tanto no seio da igreja como no mundo lá fora, deve-se ao fato que não temos compreendido devidamente essa doutrina. Todos temos sofrido a influência daquele idealismo que vem controlando o pensamento humano durante os últimos cem anos, essa ideia de que o homem estaria evoluindo na direção da perfeição, e que a educação e a cultura haveriam de realizar tal façanha. Por conseguinte, nunca levamos a sério esse ensino tremendamente importante, que pode ser achado na Bíblia de capa a capa; e a maioria das nossas dificuldades origina-se nessa fonte.

Deixe-me ilustrar o que quero dizer. Sugiro que a menos que tenhamos ideias bem claras acerca da doutrina do pecado, jamais entenderemos, verdadeiramente, o caminho de salvação postulado pelo Novo Testamento. Tomemos, para exemplificar, a morte do Senhor Jesus Cristo na cruz. Consideremos toda a falta de compreensão que há a esse respeito. A grande pergunta que cada indivíduo precisa enfrentar é a seguinte. Por que Jesus morreu na cruz? Por que Ele volveu o rosto, decididamente, na direção de Jerusalém, recusando-se a permitir que os Seus seguidores O defendessem? Por que Ele declarou que, se o quisesse, poderia recorrer ao auxílio de doze legiões de anjos para o protegerem, mas que se assim fizesse não poderia cumprir toda a justiça? Qual é o significado da morte de Cristo na cruz? Ora, reitero que se não compreendemos a doutrina do pecado, nunca obteremos as respostas verdadeiras para tal indagação. Só existe uma maneira de entendermos a morte de Cristo na cruz, a saber:

>Não havia outro, realmente adequado,
>para pagar por nós o preço do pecado;
>Somente Ele podia a porta do céu abrir
>E assim nossa entrada ali permitir.

O problema do pecado é que explica essa situação. Efetivamente, a encarnação do Filho de Deus não teria sido necessária, não fora o problema do pecado. Esse problema é tão profundo quanto isso. Dizer à humanidade o que deve ser feito é insuficiente. Deus já havia feito isso por intermédio da lei, outorgada através de Moisés, mas ninguém a observara. "Não há justo, nem sequer um..." (Romanos 3:10). Todas as exortações no sentido que homens e mulheres vivessem uma vida melhor haviam fracassado, antes da vinda de Jesus Cristo. Os filósofos gregos haviam todos vivido e ensinado antes do advento do Senhor. Assim, conhecimento, informação e todas as coisas afins não bastam. Por quê? Por causa do pecado que se arraigou no coração humano. Destarte, a única maneira de compreendermos a doutrina neotestamentária da salvação é iniciar o exame da mesma pela doutrina do pecado. Sem importar o que mais possa estar envolvido no pecado, pelo menos sabemos que é algo que só pôde ser solucionado pela vinda do eterno Filho de Deus, o qual desceu desde os céus a este mundo, a fim de morrer literalmente na cruz. Isso tinha de acontecer; não havia alternativa. Deus – e digo isso com reverência – jamais teria permitido que Seu amado Filho unigênito sofresse como sofreu a menos que se tratasse de algo absolutamente essencial; e essa morte foi essencial em virtude do nosso pecado.

Entretanto, a mesma coisa pode ser dita com relação à doutrina neotestamentária da regeneração. Consideremos todo o ensino a respeito do novo nascimento, da nova criação, que se pode achar em todas as páginas dos Evangelhos e das Epístolas. Esse ensino também não teria qualquer significação sem que primeiro entendêssemos a doutrina neotestamentária do pecado. Todavia, quando a compreendemos, então também podemos perceber claramente que, a menos que o indivíduo nasça do alto, recebendo assim uma nova natureza e um novo coração, a salvação lhe é algo simplesmente impossível. Não obstante, a regeneração é um ensino sem sentido para as pessoas que cultivam um ponto de vista negativo sobre o pecado e, assim sendo, não percebem a gravidade do mesmo. Isso posto, é por aí que precisamos começar o nosso estudo. Portanto, se você não aprecia a doutrina neotestamentária do pecado, isso simplesmente significa que você não é crente. Porque ninguém pode ser crente se não acredita que nasceu de novo, se não estiver cônscio de que coisa alguma, salvo a morte de Jesus Cristo na cruz, pode reconciliar com Deus o pecador. Todos quantos estão confiando nos seus próprios esforços, pois, estão negando a veracidade do Evangelho, e a razão disso sempre será que eles nunca se viram como pecadores que são, nem compreenderam a doutrina neotestamentária do pecado. Essa é uma questão crucial.

Essa doutrina, por conseguinte, é absolutamente vital para a determinação de nosso conceito de um evangelismo autêntico. Não existe evangelismo verdadeiro sem a doutrina do pecado, e, por semelhante modo, sem a compreensão do que seja o pecado. Não quero ser injusto, mas assevero que um Evangelho que meramente diga: "Venha a Jesus", oferecendo-O como um Amigo, oferecendo aos homens uma maravilhosa vida nova, mas sem o antecedente da convicção de pecado, não é o Evangelho do Novo Testamento. A essência do evangelismo consiste em se começar a pregação pelas exigências da lei; e é por causa do fato que a lei não vem sendo devidamente pregada que há tanto evangelismo superficial. Examine a questão por meio do próprio ministério do Senhor Jesus, e você não poderá evitar a impressão de que, vez por outra, longe de pressionar as pessoas para que O seguissem e se decidissem por Ele, Ele colocou grandes obstáculos no caminho delas. É como se Jesus tivesse dito: "Você percebe o que está fazendo? Você já calculou o preço? Você percebe onde isso poderá levá-lo? Você sabe o que significa negar-se a si mesmo, tomar a cruz diariamente e seguir-Me?" O evangelismo autêntico, assevero eu, em virtude da doutrina do pecado, sempre deve ter início pela pregação das exigências da lei. Isso significa que devemos explicar que a humanidade está diante da santidade de Deus, que os homens são confrontados pelos Seus requisitos e também pelas horrendas consequências do pecado. É o próprio Filho de Deus quem adverte os homens da possibilidade de serem lançados no inferno. Ora, se porventura você não gosta da doutrina do inferno, então está simplesmente discordando de Jesus Cristo. Ele, que é o Filho de Deus, acreditava na existência do inferno; e é na exposição que Ele fez sobre a verdadeira natureza do pecado que descobrimos que Ele ensinou que o pecado, em última análise, leva os homens ao inferno. Assim sendo, a evangelização de uma pessoa deve começar pela santidade de Deus, pela pecaminosidade do homem, pelas exigências da lei, pela punição determinada pela lei e, finalmente, pelas eternas consequências do mal e da prática da injustiça. Somente o indivíduo que foi levado a perceber a sua própria culpa, dessa maneira, pode recorrer a Cristo, para dele receber livramento e redenção. Qualquer crença no Senhor Jesus Cristo que não esteja alicerçada sobre esses fatores, não é uma crença autêntica em Cristo. Uma pessoa pode ter um tipo de crença psicológica, até mesmo no Senhor Jesus Cristo; mas a crença legítima enxerga nele o Libertador que nos livra da maldição da lei. O verdadeiro evangelismo começa por aí, e, como é óbvio, envolve, primariamente, a chamada ao arrependimento, "... o arrependimento para com Deus e a fé em nosso Senhor Jesus Cristo" (Atos 20:21).

Exatamente pelas mesmas razões, a doutrina do pecado também é vital para que se faça verdadeira ideia sobre a santidade; e aqui, novamente, penso que podemos notar a sua urgente relevância em relação aos nossos dias. Não somente o nosso evangelismo tem sido superficial, mas também o nosso conceito de santidade não tem tido suficiente profundidade. Com extrema frequência têm surgido pessoas presumidas e volúveis, satisfeitas consigo mesmas por não serem culpadas de determinados pecados – o adultério, por exemplo – e que, por isso mesmo, pensam que tudo vai bem com elas. Mas elas jamais têm examinado seus próprios corações. Ora, a autossatisfação, a presunção e a volubilidade são a própria antítese da doutrina neotestamentária da santidade. Mas, neste trecho bíblico aprendemos que a santidade é uma questão do estado do coração, e não meramente uma questão de conduta externa. O que conta, portanto, não são apenas os feitos de uma pessoa, mas os seus desejos; não somente não devemos cometer, mas nem ao menos devemos cobiçar. Essa doutrina penetra até ao âmago de nossos seres, em razão do que a doutrina da santidade impele-nos a uma vigilância e a um autoexame constantes. Declarou o apóstolo Paulo, aos crentes de Corinto: "Examinai-vos a vós mesmos se realmente estais na fé; provai-vos a vós mesmos" (II Coríntios 13:5). Que cada um de nós sonde o seu próprio coração e descubra se ali oculta-se alguma maldade. Essa é a santidade segundo os moldes do Novo Testamento. Quão mais desconcertante é isso do que aquele conceito superficial da santidade que só pensa em termos de ações.

Acima de tudo, essa doutrina do pecado leva-nos a perceber a absoluta necessidade de um poder maior do que nós, que nos liberte. Essa é uma doutrina que leva o indivíduo a recorrer a Cristo e a depender dEle; ela faz o homem perceber que, sem Cristo, nada pode fazer o ser humano. Portanto, afirmo de novo que a maneira neotestamentária de se apresentar a santidade não consiste apenas em se dizer: "Você gostaria de viver a vida com um 'V' maiúsculo? "Você gostaria de sentir-se permanentemente feliz?" Não e não, mas consiste em se pregar essa doutrina do pecado, que revela o homem para si mesmo, de tal modo que, tendo ele visto a si próprio, venha a abominar a si mesmo e se torne pessoa humilde de espírito e mansa, que esteja pronta a lamentar, chorando, por seus pecados, que tenha fome e sede de justiça, que se abrigue em Cristo e que nEle permaneça. Não se trata de alguma experiência a ser recebida, porém, muito mais, de uma vida a ser vivida nas pisadas de Jesus Cristo.

Finalmente, não há que duvidar que somente a verdadeira compreensão da doutrina neotestamentária do pecado pode capacitar-nos a perceber as dimensões do amor de Deus por nós. Você sabe que seu amor a Deus é fraco e sem viço, e que você não O ama tanto quanto deveria amá-Lo? Permita-me lembrar-lhe novamente que esse é o teste final de nossa profissão de fé. Devemos *amar* a Deus, e não somente crer em certas verdades acerca dEle. Aqueles personagens do Novo Testamento amavam a Deus e amavam ao Senhor Jesus Cristo. Se lermos as biografias dos santos descobriremos que eles tinham um profundo amor a Deus, amor esse que cada vez mais se intensificava. Por que não amamos tanto a Deus quanto deveríamos? É porque nunca percebemos o que Ele fez em nosso favor, na pessoa de Jesus Cristo, e isso, por sua vez, sucede porque ainda não percebemos realmente a natureza e o grave problema do pecado. É somente quando vemos no que consiste realmente o pecado, aos olhos de Deus, e entendemos que, contudo, Ele não poupou Seu único Filho que começamos a entender e a aquilatar o Seu amor. Por conseguinte, se você deseja amar a Deus mais intensamente, procure compreender a doutrina bíblica do pecado, e então, ao tomar consciência do que isso significa para Ele, e o que Ele fez a esse respeito, você também verá que o Seu amor é, verdadeiramente, "tão admirável, tão divino".

Aí está a exposição das razões para concentrarmos a nossa atenção nessa doutrina bíblica do pecado. Agora, entretanto, examinemos aquilo que nosso Senhor realmente tem a dizer sobre o tema. Não pode haver verdadeira compreensão a respeito do Evangelho da salvação, não pode haver evangelismo autêntico, não pode haver verdadeira santidade, não pode haver verdadeiro conhecimento do amor de Deus, a menos que entendamos no que consiste o pecado. Pois bem, no que consiste o pecado? Primeiramente, tentemos fazer uma breve análise do que nosso Senhor disse a respeito, e então declararemos o que Ele ensinou, nestes mesmos versículos, sobre como nós podemos ser libertos do pecado. De nada adianta falarmos sobre o livramentos das algemas do pecado enquanto não soubermos o que é o próprio pecado. É necessário que se faça um diagnóstico radical, antes de começarmos a pensar em qualquer tratamento. Eis, pois, o diagnóstico.

A primeira coisa que nosso Senhor enfatizou é aquilo a que poderíamos dar o nome de *a profundeza* ou de *o poder do pecado*. "Não adulterarás." O Senhor não disse: "Enquanto você não tiver cometido o ato de adultério, tudo lhe irá bem"; pelo contrário, Ele declarou: "Qualquer que olhar para uma mulher com intenção impura, no coração, já adulterou com ela". O pecado não envolve apenas uma questão de atos e feitos; antes, é algo que está no interior do coração, que provoca aquelas más ações. Em outras palavras, o ensino que aqui se encontra é o ensino característico das Escrituras, sempre que elas se manifestavam sobre o assunto, a saber, que aquilo sobre o que nos deveríamos concentrar não é tanto sobre os atos pecaminosos como tais. Os pecados nada mais são senão os sintomas de uma enfermidade chamada pecado, e o que importa não são esses sintomas, mas a própria enfermidade, porquanto a enfermidade, e não os sintomas, é que mata. Os sintomas podem variar quase infinitamente. Posso ver uma pessoa em um leito, encostada na cabeceira da cama, respirando dolorosamente e sofrendo grandes aflições; e daí posso concluir que aquela pessoa está desesperadamente enferma, sofrendo de pneumonia ou doença similar. Porém, posso ver uma outra pessoa que jaz de costas sobre um leito, sem sinais de aflição, sem qualquer sintoma agudo, sem dores, sem nenhuma dificuldade para respirar, aparentemente deitada em conforto e tranquilidade. Não obstante, pode haver nesta última alguma terrível enfermidade, algum distúrbio na sua constituição, e isso lhe está corroendo as forças vitais, pois é uma enfermidade que haverá de arrebatar-lhe a vida tão certamente como no caso daquela primeira vítima. O que importa não é a maneira da morte, mas o fato da morte. O que conta, afinal, não são os sintomas, mas a enfermidade propriamente dita.

Essa é a verdade que nosso Senhor procurou destacar aqui para nós. O fato que você nunca cometeu o ato de adultério não indica que você não tenha qualquer culpa. Pois, que dizer sobre o seu coração? Estaria ali instalada alguma enfermidade espiritual? Ora, o ensino de Jesus diz que o que importa é essa força pervertida que se acha na natureza humana, em resultado do pecado e da queda. Nem sempre o homem foi assim, pois Deus o criou perfeito. Se você é daqueles que acreditam na teoria da evolução, então você pensa que Deus, na verdade, não criou o homem como ser perfeito, mas que agora o está conduzindo paulatinamente à perfeição. Por isso, não há verdadeiro pecado. Todavia, o ensinamento bíblico é que o homem foi criado perfeito, mas que caiu dessa perfeição, com o resultado que esse poder, que esse câncer do pecado, penetrou na natureza humana e ali se fixou, como uma força maligna que se agita dentro dele. A consequência disso é que o homem deseja e cobiça. Inteiramente à parte daquilo que puder estar acontecendo ao redor do homem, esse câncer se encontra dentro dele. Nessa conexão, cito novamente, conforme já fiz diversas vezes, que nosso Senhor ensinou que "... do coração procedem maus desígnios, homicídios, adultérios, prostituição...", etc. (Mateus 15:19). Ora, o pecado precisa ser entendido dessa maneira, como uma força terrível e dominadora. O pecado não é tanto que eu faça alguma coisa, mas é aquilo que me impulsiona a fazê-la, é aquilo que me desperta a vontade de fazê-la – é isso que importa. O pecado existe em cada um de nós – e somos forçados a enfrentar essa realidade – em toda a sua profundeza e poder.

Desejo, entretanto, dizer uma palavra acerca da *sutileza do pecado*. O pecado é aquela coisa terrível que de tal maneira nos ilude e engana que nos deixa perfeitamente felizes e contentes enquanto ainda não cometemos o ato. Talvez alguém diga: "Sim, tenho sofrido tentações: mas, graças a Deus, nunca caí". Essa observação é correta até determinado ponto, isto é, enquanto eu não estiver exageradamente satisfeito com a mesma. Porquanto se estou meramente satisfeito com o fato que ainda não cometi certo erro, então é que estou deveras atrapalhado. A verdade é que eu deveria prosseguir no autoexame e indagar: "Mas, por que eu quis fazer isto ou aquilo?" É nesse ponto que se manifesta a sutileza do pecado. O pecado afeta a constituição inteira de uma pessoa. Não consiste apenas em alguma coisa existente na porção animal de sua natureza; mas faz parte de sua mente e de suas atitudes, corrompendo-o em todas as suas manifestações. Além disso, meditemos sobre a astuciosa maneira através da qual o pecado se insinua até à mente humana, bem como sobre a terrível maneira pela qual nos tornamos culpados de pecar em nossas mentes. Há homens e mulheres altamente respeitáveis que jamais sonhariam em cometer um ato de adultério; mas, consideremos a maneira como gostam de pecar em suas mentes, em sua imaginação. Aqui estamos abordando questões práticas, estamos abordando a vida conforme ela é. É isso que quero dizer. Você nunca foi culpado de um ato de adultério? Pois, muito bem. Nesse caso, você não se importa de responder-me estas perguntas simples. Por que você lê todos aqueles detalhes dos casos de divórcio que são publicados pela imprensa? Por que você age assim? Por que é importante que você saiba distinguir o certo do errado, nesse relatório? Qual é o seu interesse por essas coisas? Não se trata de um interesse apenas legal, é? Ou de um interesse social? Do que se trata? Uma única resposta é possível: você aprecia essas coisas. Você nem sonharia em praticar tais coisas, pessoalmente, e, no entanto, você as está praticando por procuração, através de terceiros. Você está pecando em seu coração, em sua mente e em sua imaginação, e, assim sendo, você já se tornou culpado de adultério. É isso que Cristo ensina. Quão sutil é essa coisa tremenda e terrível! Quão frequentemente os homens pecam ao lerem romances e biografias! Alguém lê a propaganda sobre algum livro, descobre que tal obra contém algo sobre a conduta imoral de alguém, e compra o livro. E ainda pretendemos ter um interesse geral e filosófico pela vida; somos sociólogos que se enfronham em questões escabrosas, movidos por interesses puros. Não e não; mas fazemos essas coisas porque amamos o erro; porque gostamos dele. É isso que se deve entender por pecado no coração, por pecado na mente!

Uma outra ilustração do nosso estado de pecado encontra-se na maneira como tentamos descobrir alguma outra explicação para os nossos fracassos, quanto a essa questão, em termos de olhos e de mãos. Dizemos: "Nasci desse jeito. Considere aquele outro homem, que é muito pior do que eu". No entanto, você mesmo desconhece a vida daquele outro homem, e, seja como for, é a sutileza do pecado que o impulsiona a tentar explicar a questão em termos de sua natureza particular – suas mãos, seus pés, seus olhos, ou alguma outra coisa da mesma categoria. Não, a dificuldade encontra-se no próprio coração do homem. Tudo o mais é apenas expressão desse fato. O que importa é aquilo que nos empurra na direção do pecado.

Outrossim, há a considerar *a natureza e o efeito pervertedores do pecado*. O pecado é um fator de perversão. Por esse motivo, disse nosso Senhor: "E se a tua mão direita te faz tropeçar, corta-a e lança-a de ti..." (Mateus 5:30a). Quão admiravelmente isso expressa aquilo que o pecado faz. O pecado é algo tão pervertedor, tão devastador que transforma os próprios membros que Deus me deu, e que têm por intuito ministrar para meu bem, em meus inimigos. Nada existe de errado com os instintos da natureza humana. Todos eles nos foram proporcionados por Deus; são excelentes. Mas esses mesmos instintos, por causa do pecado, tornam-se nossos inimigos. As coisas que Deus incluiu no homem, para torná-lo em um ser humano e capacitá-lo a funcionar como tal, tornam-se a causa da sua queda. Por qual motivo? Porque o pecado distorce tudo, e desse modo, dons preciosos como o são as mãos e os olhos podem tornar-se um empecilho para mim; e isso me obriga, metaforicamente falando, a cortá-los e lançá-los longe de mim. Tenho que desvencilhar-me deles. O pecado perverteu o ser humano, transformando o bem que nele existe em mal. Leia novamente a exposição de Paulo a esse respeito. Conforme ele esclarece, foi isso que o pecado fez ao homem; o pecado fez com que algo santo, justo e bom, como é a lei de Deus, se tornasse em força impulsionadora que leva o homem ao pecado (Veja Romanos 7.) O próprio fato que a lei ordena-me não fazer certas coisas, leva-me a ficar meditando sobre essas coisas. Em seguida, a questão sobe à minha imaginação, e termino praticando aquilo que não presta. Contudo, se a lei não me tivesse vedado tais ações, o mais provável é que eu não a teria posto em prática. "Todas as coisas são puras para os puros..." (Tito 1:15). Sim, mas se você não é puro, algumas coisas que são boas em si mesmas podem tornar-se prejudiciais. Essa é a razão pela qual não acredito que se deva ministrar instruções sobre as questões sexuais às crianças de idade escolar. Isso apenas as põe em contacto com o pecado. Apenas informa as crianças a respeito de coisas que elas nunca souberam antes; e as crianças não são "puras". Por conseguinte, não se pode agir com base no pressuposto que tal ensino conduzirá ao que é bom. Essa é a grande tragédia da educação moderna; alicerça-se inteiramente sobre uma teoria psicológica que não reconhece a realidade do pecado, ao invés de basear-se sobre o ensino neotestamentário. Dentro de nós existe algo que nos impulsiona ao pecado. A lei é reta, boa e pura; mas a dificuldade reside em nós, e em nossa natureza pervertida.

Finalmente, *o pecado é algo destrutivo*. "Se o teu olho direito te faz tropeçar, arranca-o e lança-o de ti". Por qual motivo? "Pois te convém que se perca um dos teus membros, e não seja todo o teu corpo lançado no inferno" (Mateus 5:29). O pecado destrói o ser humano. O pecado introduziu a morte na vida do homem, introduziu a morte neste mundo. O pecado sempre leva à morte, e, afinal de contas, ao inferno, ao sofrimento e à punição. O pecado é odioso para Deus, é abominável aos Seus olhos. E digo com reverência que, em vista de Deus ser Deus, o pecado forçosamente conduz o pecador ao inferno. "... o salário do pecado é a morte..." (Romanos 6:23). Deus e o pecado são inteiramente incompatíveis, e, por esse motivo, o pecado necessariamente conduz o homem ao inferno. Deus é tão puro de olhos que não pode contemplar o pecado – o pecado é completamente odioso aos Seus olhos.

Essa é a doutrina bíblica e neotestamentária do pecado. "Não adulterarás." Naturalmente, não! Mas, acha-se isso em nossos corações? Não está também em nossa imaginação? Gostamos do pecado? Deus proíba que qualquer de nós contemple a santa lei de Deus e se sinta satisfeito consigo mesmo. Se não nos sentirmos impuros neste momento, que Deus tenha misericórdia de nós. Se for concebível ficarmos satisfeitos com a nossa própria vida, por jamais termos cometido algum ato de adultério, ou de homicídio, ou qualquer desses outros pecados, então assevero que não conhecemos a nós mesmos e nem a negridão e imundícia de nossos próprios corações. Pelo contrário, precisamos dar ouvidos ao ensino do bendito Filho de Deus e examinarmos a nós mesmos, perscrutando os nossos próprios pensamentos, desejos e imaginação. E, a menos que sintamos que somos vis e imundos, carentes de lavagem e purificação, a menos que nos sintamos totalmente falidos, numa terrível pobreza de espírito, e a menos que tenhamos fome e sede de justiça, então, que Deus tenha misericórdia de nós.

Agradeço a Deus porque disponho de um Evangelho que me fala de Outrem, de Alguém que é imaculado, puro e perfeitamente santo, que levou sobre Si mesmo o meu pecado e a minha culpa. Fui lavado em Seu precioso sangue, e Ele me concedeu a Sua própria natureza divina. Quando percebi que precisava de um novo coração, graças a Deus também descobri que Ele veio a fim de outorgar-me esse novo coração, e Ele, realmente, mo outorgou.

> A natureza Tua, meu Senhor,
> De cima venha logo, como deve;
> E o novo nome Teu, nome de amor,
> No meu carente coração escreve.

Que essa seja a nossa oração.

Capítulo XXIII
A MORTIFICAÇÃO DO PECADO

Já meditamos sobre os versículos 27 a 30, como um todo, a fim de podermos entender melhor o ponto de vista de nosso Senhor acerca do pecado, em contraposição ao ensino dos fariseus e escribas. Agora, porém, examinemos particularmente os versículos 29 e 30. Tendo tratado da questão da natureza inteira do pecado, nosso Senhor não abandonou nesse ponto o Seu exame, pois, ao assim descrever o pecado, em certo sentido Ele também indicou a maneira pela qual nos convém tratar o assunto. Ele queria que víssemos o caráter do pecado de tal maneira que viéssemos a abominá-lo e abandoná-lo. É esse segundo aspecto da questão que agora começamos a considerar.

Precisamos começar pelo aspecto da interpretação pura. O que se deveria entender pelas palavras que dizem: "Se o teu olho direito te faz tropeçar, arranca-o e lança-o de ti; pois te convém que se perca um dos teus membros, e não seja todo o teu corpo lançado no inferno" (Mateus 5:29)? Há muitos estudiosos que pensam que essas extraordinárias e espantosas afirmações deveriam ser interpretadas da maneira que mostramos a seguir. Conforme eles sustentam, nosso Senhor vinha enfatizando a importância de um coração limpo; e Ele dissera que não é bastante que alguém não tenha cometido algum *ato* de adultério – pois o coração é que importa. Aqueles estudiosos imaginam que, por essa altura da exposição de Jesus, houve alguma espécie de objeção, talvez expressa por adversários, ou talvez apenas pressentida pelo Senhor. Ou talvez Ele tenha antecipado uma objeção que poderia ser formulada como segue: "Somos constituídos de tal modo que nossas próprias faculdades inevitavelmente nos levam ao pecado. Temos olhos que veem, e, enquanto os tivermos, de nada adiantará alguém dizer-nos que precisamos de corações limpos. Se eu vejo algo com meu olho direito, e isso me leva a determinadas consequências, de que vale alguém dizer-me que preciso aprimorar-me e ser limpo? Isso é um pedido impossível de ser atendido. A minha dificuldade, na realidade, é o fato que possuo um olho direito e uma mão direita". Então esses estudiosos interpretam essa declaração como se ela indicasse que nosso Senhor replicou como segue a essa objeção: "Bem, se é o olho direito de vocês que os levam a pecar, então arranquem-no; e se é a mão direita de vocês que os levam a pecar, então decepem-na". Em outras palavras, esses estudiosos asseveram que Jesus enfrentou os adversários ao nível deles. E ajuntam: "Os fariseus procuravam evitar a questão dizendo que a dificuldade não era tanto o desejo que estava em seus corações, mas era o próprio fato que eles podiam enxergar. Isso, inevitavelmente, leva o indivíduo à tentação, e a tentação, por sua vez, conduz ao pecado. Porém, isso não passa de outra tentativa de se evitar enfrentar a realidade do ensino de Jesus. Por assim dizer, Cristo ter-se-ia voltado, dizendo-lhes: "Muito bem, já que vocês insistem que a dificuldade toda reside no olho direito e na mão direita, desfaçam-se desses membros".

Outrossim, aqueles estudiosos gostariam que entendêssemos que, ao assim sugerir, nosso Senhor estava lançando no ridículo a posição inteira dos Seus adversários, porquanto Ele referiu-se somente ao olho direito e à mão direita; pois se um homem arrancasse seu olho direito, ainda lhe restaria o esquerdo, e ele continuaria a ver com o olho esquerdo o que via com o direito; assim também, se ele decepasse a mão direita, isso em nada resolveria o seu problema, pois sua mão esquerda continuaria disponível. Por conseguinte, comentam eles: "Nosso Senhor ridicularizou esse conceito todo da santidade e da vida santificada, considerando-o como uma questão de aspectos físicos, mostrando que se um homem tivesse de ter uma vida pura, de conformidade com essa lógica, então é claro que teria de arrancar ambos os olhos, decepar ambas as mãos e ambos os pés, e finalmente se mutilaria até um ponto tal que deixaria de ser um ser humano".

Ora, não pretendo repelir radicalmente essa interpretação. Como é claro, nela encontramos alguma verdade. Entretanto, não tenho tanta certeza se isso era ou não o que nosso Senhor queria ensinar nessa ocasião. Parece-me que uma interpretação superior a essa, acerca desta declaração, é que o Senhor Jesus ansiava por ensinar, ao mesmo tempo, a real e horrenda natureza do pecado, o terrível perigo no qual o pecado nos envolve, e a importância de tratarmos o pecado de forma radical, desvencilhando-nos dele definitivamente. Assim, colocou deliberadamente a questão nesses termos. Jesus referiu-se a certos membros preciosos do corpo humano, como olhos e mãos, e destacou o olho direito e a mão direita. Por quê? Naqueles tempos, as pessoas eram da opinião que o olho direito e a mão direita eram mais importantes do que o olho esquerdo e a mão esquerda. E não é difícil percebermos a razão dessa crença. Todos conhecemos a importância da mão direita e a similar importância relativa do olho direito. Ora, nosso Senhor aproveitou essa crença comum e popular e, com base nela, como que disse: "Se os membros mais preciosos que vocês possuem de qualquer maneira chegarem a ser causas de pecado, livrem-se deles". O pecado requer medidas tão drásticas quanto essa, em vossas vidas; e a importância da questão pode ser expressa desse modo. Parece-me que essa é uma interpretação bem mais natural dessa declaração de Jesus, do que aquela primeira. Ele dizia que, por mais valiosa que seja uma coisa para uma pessoa, se tal coisa chegar a servir-lhe de armadilha, levando-a a tropeçar, então essa pessoa terá de desfazer-se de tal coisa. Dessa maneira, pois, Ele enfatizou a importância da santidade, como também o terrível perigo com que nos defrontamos, como consequência do pecado.

Como, pois, convém que cuidemos desse problema do pecado? Gostaria de lembrar-lhe novamente que não se trata de mera questão da prática de determinados atos; antes, está em vista a poluição que se oculta em nossos corações, essa força distorcida que em nós existe, esses poderes malignos que vieram residir em nossas naturezas, em resultado da queda no pecado. Esses são os verdadeiros problemas, e tratar deles de uma forma meramente negativa não é suficiente. Cumpre-nos preocupar-nos com o estado de nossos corações. Sim, como deveríamos enfrentar esses problemas? Nosso Senhor indicou um número de itens, que deveríamos observar e entender bem.

O primeiro, como é evidente, é que *devemos perceber a natureza do pecado, como também as suas consequências*. Já pudemos acompanhar de perto essa questão, e o próprio Cristo reinicia aqui o exame da questão. Não se deve duvidar de que um ponto de vista inadequado do pecado é a principal causa da falta de santidade e santificação, e, na verdade, da maioria dos ensinos errados acerca da santificação. Todo o antinomianismo que tem havido através dos séculos, todas as tragédias que têm acompanhado os movimentos perfeccionistas, na verdade surgiram por causa de noções falsas a respeito do pecado, porque os homens não conseguiram entender que o pecado não é somente uma força que leva o homem a tornar-se culpado, mas também que existe tal coisa como a poluição do pecado. Embora um homem não esteja praticando nenhum pecado no momento, ainda assim continua sendo um pecador. A natureza humana é pecaminosa. Precisamos aclarar as nossas ideias acerca do "pecado", em distinção aos "atos pecaminosos". Precisamos ver que o pecado é algo que existe à parte dos atos do pecado, e que estes últimos são produzidos por aquele.

Talvez a maneira mais conveniente de definirmos a questão seja nos lembrarmos do Domingo de Ramos, um dia que nos faz retroceder a todos os detalhes da vida terrena do Filho de Deus. Naquela oportunidade, Jesus subia a Jerusalém pela última vez. Qual foi a significação de todo aquele acontecimento? Por qual motivo Jesus se dirigia diretamente à cruz e à morte? Só há uma resposta possível para essas indagações. O pecado foi a causa de tudo; e o pecado é algo que só pode ser solucionado conforme foi solucionado por Cristo, não havendo alternativa. Quero dizer, com toda a reverência, que o pecado criou um problema até no próprio céu. Trata-se de problema muito profundo e devemos começar a perceber essa realidade. O pecado, em mim e em você, é algo que levou o Filho de Deus a suar gotas de sangue no jardim do Getsêmani. Obrigou-O a suportar toda a agonia e todo o sofrimento a que Ele foi sujeito. E, finalmente, foi a causa de Sua morte na cruz. Isso é o pecado. Jamais poderemos lembrar essa realidade por número exagerado de vezes. Não é um grande perigo – penso que todos deveríamos admitir esse fato – pensar no pecado meramente em termos de conceitos morais, catalogando as transgressões e dividindo-as em graves e leves, além de várias outras classificações? Sem dúvida, essas ideias, em certo sentido, revestem-se de alguma verdade; mas há um outro sentido em que tais classificações laboram todas em erro; e, realmente, são classificações perigosas. Pois o pecado é pecado, e sempre será exclusivamente pecado. Era isso que nosso Senhor salientava. Não é, por exemplo, somente o *ato* de adultério; é o pensamento e o desejo que são, também, pecaminosos.

É sobre esse aspecto que devemos enfocar nossa atenção. Precisamos entender quão terrível coisa é o pecado. Assim sendo, deixemos de lado todo esse interesse por classificações morais, deixemos até mesmo de pensar em ações humanas em termos de classificações morais. Pelo contrário, convém que concebamos tudo isso em termos do Filho de Deus e do que o pecado significa para Ele, e como isso influiu sobre a Sua vida e ministério. É sob esse prisma que deveríamos considerar o pecado. Naturalmente, enquanto estivermos concebendo o pecado somente em termos morais, talvez nos sintamos autossatisfeitos, contentes de não havermos caído em determinadas faltas. Isso, todavia, é um conceito inteiramente falso, e compete-nos perceber que, em vista daquilo que somos, o Filho de Deus teve de descer do céu e passar por todas aquelas tremendas agonias, chegando a morrer da crudelíssima morte da cruz. Você e eu possuímos uma natureza tão maligna que tudo isso se fez necessário. Tão grave assim é a poluição do pecado que em nós existe. Jamais poderemos considerar exageradamente a natureza do pecado e suas temíveis consequências. Um dos caminhos mais diretos para a santidade sempre será considerarmos a pessoa de Cristo, em Seus sofrimentos e em Sua agonia. Em nenhum outro quadro é retratada a natureza do pecado com cores tão terríveis e espantosas do que na morte do Filho de Deus.

O segundo item que precisamos notar é *a importância da alma e do seu destino*. "... pois te convém que se perca um dos teus membros, e não vá todo o teu corpo para o inferno" (Mateus 5:30b). Cumpre-nos observar que o Senhor Jesus proferiu essas palavras por duas vezes, a fim de torná-las mais enfáticas. A alma, disse Ele, é tão importante que se o olho direito de alguém estiver sendo a causa de sua queda no pecado, então deveria ser arrancado e lançado fora. Conforme passarei a demonstrar, isso não deve ser executado em sentido físico. Há muitas coisas, nesta vida e neste mundo, que, por si mesmas, são muito boas, corretas e proveitosas. Mas nosso Senhor ensina-nos aqui que se *essas* coisas chegaram a servir-nos de armadilhas, precisaremos pô-las de lado. Jesus exprimiu o ponto de maneira ainda mais incisiva, de certa feita, quando declarou: "Se alguém vem a mim e não aborrece a seu pai, e mãe, e mulher, e filhos, e irmãos, e irmãs e ainda a sua própria vida, não pode ser meu discípulo" (Lucas 14:26). Isso quer dizer que não importa quem ou o quê se tenha interposto entre nós e o Senhor, caso seja prejudicial às nossas almas, então deveria ser abominado e eliminado. Contudo, isso não significa, necessariamente, que o crente tenha de odiar aos membros de sua família. É óbvio que não, pois nosso Senhor ensinou-nos a amar até nossos próprios inimigos. Mas simplesmente está em pauta o fato que qualquer coisa que milite contra a alma e a sua salvação não passa de um adversário, devendo ser tratada como tal. O erro consiste em abusarmos dessas coisas, de colocá-las na posição errada; isso é errado e esse é o ponto que Jesus enfatiza aqui. Se as minhas faculdades, propensões e habilidades me conduzem ao pecado, então terei de abandoná-las, de livrar-me delas. Até mesmo essas coisas precisarão ser postas de lado. Se você examinar a sua experiência diária, penso que perceberá de imediato o que está envolvido nisso. Nossa dificuldade é que, por causa do pecado, tendemos por perverter todas as coisas. "Todas as coisas são puras para os puros..." (Tito 1:15). Sim, mas conforme já havíamos ressaltado, nós mesmos não somos puros. E o resultado disso é que até as coisas mais puras, vez por outra se tornam impuras. Nosso Senhor mostra-nos aqui que a importância da alma e de seu destino é tal que tudo o mais deve ser subserviente a isso. Tudo o mais deve ser secundário quanto a esta questão; devemos examinar a inteireza da nossa vida e verificar que o destino de nossa alma tenha a prioridade em nossas considerações. Essa é a mensagem de Cristo, e Ele a exprimiu dessa maneira tão enfática e impressionante. Nossa mais importante possessão – ainda que seja nosso próprio olho direito – caso nos esteja servindo de tropeço, precisa ser arrancada fora. Coisa nenhuma deve ter a permissão de interpor-se entre nós e o destino eterno de nossas almas.

Esse, portanto, é o segundo grande item destacado pelo Senhor Jesus. Mas indago se esse item chega a ocupar o primeiro plano das nossas considerações. Porventura estamos percebendo que a coisa mais importante que precisamos fazer neste mundo é nos prepararmos para a eternidade? Não se pode duvidar quanto a isso. Isso de modo algum diminui a importância da vida neste mundo. Esta vida também é muito importante. Este é o mundo que foi criado por Deus, e compete-nos viver vidas plenas aqui. Sim, mas somente como aqueles que se estão preparando para a eternidade e para a glória que os espera "... pois te convém que se perca um dos teus membros...", e que, por assim dizer, nos tornemos aleijados, enquanto estamos nesta vida terrena, a fim de ficar assegurado que, ao chegarmos do outro lado da existência, possamos estar de pé na presença do Senhor, com grande alegria e glória. Oh, quão lamentavelmente negligenciamos o cultivo da alma, quão descuidados nos mostramos acerca de nosso destino eterno! Todos vivemos tão voltados para esta vida terrena! Porém, estamos igualmente interessados por nossa alma e espírito, por nosso destino eterno? Essa era a grande indagação que o Senhor Jesus nos dirigia. É uma tragédia que sejamos tão negligentes no que concerne ao que é eterno, mas tão preocupados com aquilo que, inevitavelmente, terá fim. Mas o Senhor insiste que é melhor ficarmos aleijados pelo resto da vida do que perdermos tudo na vida futura. Ponha em primeiro plano a sua alma e seu destino eterno, antes de qualquer outra consideração. Isso pode significar que você não virá a ser promovido em seu emprego, ou que você não obterá tanto sucesso como outras pessoas obtêm. Entretanto, "... que aproveitará o homem se ganhar o mundo inteiro e perder a sua alma?..." (Mateus 16:26). Esse é o cálculo que precisa ser efetuado. "... pois te convém que se perca um dos teus membros, e não vá todo o teu corpo para o inferno" (Mateus 5:30b). "Não temais os que matam o corpo e não podem matar a alma; temei, antes, aquele que pode fazer perecer no inferno tanto a alma como o corpo" (Mateus 10:28).

O terceiro princípio é que *devemos odiar o pecado, fazendo tudo quanto estiver ao nosso alcance para que o pecado seja destruído dentro de nós mesmos.* Você deve estar lembrado de como o salmista colocou a questão: "Vós que amais o Senhor, detestai o mal..." (Salmos 97:10). Precisamos treinar a nós mesmos para que odiemos o pecado. Em outras palavras, devemos estudar e compreender como é que o pecado opera. Penso que nos temos mostrado extremamente negligentes quanto a essa particularidade; e, quanto a isso, formamos um contraste notável e patético com aqueles grandes crentes do passado, intitulados "puritanos". Eles costumavam analisar e desmascarar o pecado, e o resultado disso é que muitos zombavam deles, chamando-os de especialistas do pecado. Que o mundo ria, se assim quiser fazê-lo; mas é dessa maneira que uma pessoa pode santificar-se. Portanto, examine o pecado, leia as descrições bíblicas a respeito do pecado, analise o pecado; e, quanto mais você assim fizer, tanto mais haverá de odiar o pecado, fazendo tudo quanto lhe for possível para desvencilhar-se dele a qualquer preço, destruindo a influência dele em sua vida.

O próximo princípio que devemos compreender é que o *ideal no tocante a essa questão, é termos um coração limpo e puro*, um coração isento de concupiscências. A ideia não é simplesmente que não mais estejamos praticando certos atos, e, sim, que os nossos corações sejam puros. Assim sendo, acabamos voltando às bem-aventuranças: "Bem-aventurados os limpos de coração, porque verão a Deus" (Mateus 5:8). Nosso padrão de conduta sempre deve ser positivo. Jamais deveríamos pensar na santidade em termos de não serem praticadas certas coisas. Qualquer tipo de santidade que termine meramente aí, que nos diga para não fazermos determinadas coisas em certo período do ano, será sempre uma santidade negativa. O verdadeiro ensino bíblico a respeito, entretanto, é sempre positivo em seu caráter. Naturalmente, não devemos fazer certas coisas. Todavia, os fariseus eram muito habilidosos quanto a esse aspecto negativo, e aí estacavam. Nosso Senhor, contudo, retruca a isso com um peremptório "Não". Antes, devemos ter por escopo um coração limpo e puro:

> O coração em tudo renovado,
> Cheio com divino amor,
> Direito, puro, bom, aperfeiçoado.
> Cópia do Teu coração, Senhor!

Em outras palavras, a nossa ambição sempre deveria ser possuirmos um coração que desconhece a amargura, a inveja, o ciúme, o ódio e o despeito, mas que, pelo contrário, sempre se caracterize pelo amor. Esse é o nosso padrão; e, uma vez mais, penso que é perfeitamente óbvio que é nesse ponto que caímos com maior frequência. Nosso conceito da santidade é puramente negativo, e, por isso mesmo, sentimo-nos satisfeitos conosco. Mas, se examinássemos os nossos corações, se chegássemos a reconhecer aquilo que os puritanos sempre denominaram de "a praga dos nossos próprios corações", isso promoveria a santidade. Contudo, ninguém gosta de sondar o próprio coração. Com demasiada frequência, aqueles dentre nós que se ufanam do nome de "evangélicos" sentem-se perfeitamente felizes por serem ortodoxos na sua fé e por serem diferentes dos liberais, dos modernistas e de vários outros segmentos da cristandade, e assim assumem uma atitude que está claramente errada. Entretanto, ficamos sentados, complacentes e satisfeitos, sentindo que já atingimos o alvo, e que agora nos basta manter a posição. Entretanto, isso apenas significa que não conhecemos direito os nossos corações. Nosso Senhor, todavia, requer de nós um coração puro. Ele ensina que podemos cometer pecado no coração, sem que ninguém o saiba. Uma pessoa pode parecer perfeitamente respeitável, sem que ninguém perscrute o que se passa no âmbito de sua imaginação. Mas Deus vê tudo, e, aos olhos de Deus, o que ali ocorre é horrendo, feio, imundo e sórdido. Pecado no coração!

O último princípio que devemos considerar é *a importância da mortificação do pecado*. "E se a tua mão direita te faz tropeçar, corta-a e lança-a de ti." Ora, a mortificação é um assunto muito importante. Se você está interessado por esse assunto, então deveria procurar ler o livro de autoria daquele notável puritano, Dr. John Owen, *The Mortification of Sin* (A Mortificação do Pecado). Ora, que significa "mortificação"? Duas são as opiniões a respeito. Há um falso conceito de mortificação que diz que devemos decepar, literalmente, nosso olho e mão e jogá-los fora. Esse é o ponto de vista que reputa o pecado como algo que reside na nossa estrutura física, e que, por isso mesmo, trata o corpo físico com extrema severidade. Nos primeiros dias de cristianismo, houve muitos que deceparam, literalmente, as suas mãos, pensando assim obedecer às injunções do Sermão do Monte. Interpretavam as palavras do nosso Senhor precisamente como certas outras pessoas, acerca de quem trataremos mais adiante, as quais aceitam o ensino sobre o "voltar a outra face" de maneira literal e destituída de bom senso. Esses tais dizem: "É assim que a Palavra de Deus recomenda; aí está o mandamento, e precisamos ser-lhe obedientes". No entanto, resta-lhes ainda assim a mão esquerda e o olho esquerdo, e eles continuam pecando da mesma forma que antes. Por igual modo, dentro dessa categoria cabe a noção de que o celibato é essencial à santidade, à santificação. Porém, qualquer ensino que nos obrigue a viver uma vida desnatural, não corresponde à santidade retratada no Novo Testamento. Argumentar assim é defender o ponto de vista negativo da mortificação, é ter a respeito uma opinião equivocada.

Qual é o verdadeiro ponto de vista no tocante à mortificação? Isso pode ser visto em vários trechos do Novo Testamento. Tomemos, por exemplo, o trecho de Romanos 8:13, onde Paulo diz: "Porque, se viverdes segundo a carne, caminhais para a morte; mas, se, pelo Espírito, mortificardes os feitos do corpo, certamente, vivereis". E, em I Coríntios 9:27, ele exprime a questão nestes termos: "Mas esmurro o meu corpo e o reduzo à escravidão, para que, tendo pregado a outros, não venha eu mesmo a ser desqualificado". Que queria dizer o apóstolo? Bem, o que as autoridades nos informam é o seguinte: Paulo espanca o seu corpo, esmurra-o até ficar coberto de manchas roxas, a fim de subjugá-lo. Isso é a mortificação do corpo. E em Romanos 13:14, diz Paulo: "... nada disponhais para a carne no tocante às suas concupiscências". Ora, estas são coisas que devemos fazer. Ao invés de dizer: "Deixe as coisas correrem à vontade e dê espaço para Deus"; ou então: "Receba essa maravilhosa experiência, e então nada mais você precisará fazer", porém, somos ensinados: "Fazei, pois, morrer a vossa natureza terrena..." (Colossenses 3:5). Esse é o ensino apostólico. Mortifiquemos, por meio do Espírito Santo, os feitos do corpo. Que o corpo seja mantido em sujeição. E nosso Senhor diz: "E se a tua mão direita te faz tropeçar, corta-a e lança-a de ti..." Esse é o mesmo princípio que reaparece por toda parte.

Há certas coisas que precisamos fazer. O que significa isso? Uma vez mais, meramente haveremos de fornecer-lhe algumas indicações sobre os princípios básicos. Em primeiro lugar, *nunca devemos "nutrir a carne"*. Diz Paulo, nessa conjuntura: "... e nada disponhais para a carne, no tocante às suas concupiscências". Em cada um de nós existe uma chama; jamais deveríamos aproximar dela algum combustível, porque, se assim fizermos, irromperá um incêndio, e isso provocará graves dificuldades. Não devemos alimentar essa chama, o que, quando interpretado, significa que, entre outras coisas, nunca devemos ler qualquer coisa que saibamos ser-nos prejudicial. Aludi um pouco antes a esse ponto, e agora reitero-o, pois essas questões são eminentemente práticas. Não devemos ler aquelas notícias que sejam sugestivas e insinuantes, e que reconhecemos serem prejudiciais. Não olhemos essas coisas; pelo contrário, "arranquemos o olho direito". Aquelas coisas não têm qualquer serventia para quem quer que seja. Infelizmente, acham-se no papel ou são divulgadas para satisfazer às preferências do público. A maioria esmagadora das pessoas aprecia coisas dessa natureza, o que também acontece comigo e com você. Pois bem, não devemos ler essas coisas; antes, arranquemos nosso próprio olho direito. Outro tanto se dá no caso de livros, especialmente romances, programas de rádios, televisão, e até no caso de cinema. Precisamos descer até esses detalhes. Geralmente essas coisas são fontes de tentação, e quando a elas dedicamos tempo e atenção, estamos provendo para a satisfação da carne, estamos acrescentando combustível à chama, estamos alimentando aquelas coisas que sabemos serem erradas. Não devemos tolerar coisas assim. Algumas pessoas, entretanto, objetam: "Contudo, isso faz parte de uma educação geral. Alguns desses livros foram escritos por autores admiráveis, e se eu desconhecer essas ideias serei considerado um ignorante". A resposta de nosso Senhor a essa objeção é que, por amor ao bem-estar da alma, é preferível sermos ignorantes sobre essas coisas, se é que sabemos que elas nos são prejudiciais. Seja o que for, por mais valioso que pareça, precisa ser sacrificado dessa maneira.

Também está em foco o fato que devemos evitar aquilo que as Escrituras chamam de "palavras vãs" e de "chocarrices" (ver Efésios 5:3-4). Estórias e piadas que achamos espirituosas, mas que são insinuantes e poluentes. Geralmente esse tipo de comentários deriva-se de homens muito inteligentes, comentários dotados de grande sutileza, capacidade de observação e perspicácia. O homem natural admira muito todas essas tiradas; entretanto, deixa um gosto rançoso na boca. Portanto, rejeite esse tipo de conversa. Diga que não quer participar de tais conversas, e nem está interessado nelas. Talvez você chegue a ofender algumas pessoas, ao assim reagir. Pois bem, que elas se sintam ofendidas, se essa é a sua mentalidade e moralidade. Afirmo que convém ofendermos essas pessoas, em troca do bem-estar de nossas próprias almas. Vemos, uma vez mais, que precisamos ter cuidado acerca das pessoas a quem escolhemos por companheiras. Poderíamos colocar a questão nestes termos. Precisamos evitar tudo quanto tenda por macular e servir de obstáculo à nossa santidade. Diz a Palavra de Deus: "Abstende-vos de toda forma de mal" (I Tessalonicenses 5:22), o que significa que devemos evitar toda sorte de perversão. Não importa a forma assumida pelo mal. Qualquer coisa que eu perceba ser contraproducente, qualquer coisa que desperte, que perturbe ou que abale a minha boa compostura, sem importar do que se trate, precisa ser repelida. Preciso reduzir meu corpo à escravidão, preciso "mortificar meus membros". É isso que está em pauta, na mortificação da carne; e, quanto a isso, cumpre-nos ser estritamente honestos conosco.

Todavia, por esta altura alguém poderia indagar: "Você não estaria ensinando uma espécie de escrúpulo mórbido? Desse jeito a vida não se tornaria bastante deprimente e insuportável?" Bem, há pessoas que se tornam mórbidas. Porém, se você quiser saber qual é a diferença entre esses sentimentos mórbidos e aquilo que estou ensinando, medite no que segue. Os escrúpulos mórbidos sempre se voltam para dentro de si mesmos, para seus próprios estados e condições, para suas próprias realizações. A verdadeira santidade, por outro lado, sempre visa a agradar a Deus, glorificando-O e contribuindo para a glória de Jesus Cristo. Se você e eu sempre conservássemos esses conceitos no primeiro plano de nossas mentes, não precisaríamos ficar preocupados com a possibilidade de sermos envolvidos pela morbidez. Esta será prontamente repelida, se tudo fizermos movidos pelo amor ao Senhor, ao invés de passarmos todo o nosso tempo apalpando o pulso de nossa vida espiritual e tirando a temperatura de nosso fervor de espírito.

O próximo princípio que desejo firmar é este, que *precisamos restringir deliberadamente a carne*, reagindo radicalmente a cada sugestão e insinuação que pretenda levar-nos na direção do mal. Em outras palavras, devemos "vigiar e orar". Todos nós nos deveríamos preocupar por fazer aquilo que foi recomendado pelo apóstolo Paulo: "... reduzo o meu corpo à escravidão". Se Paulo sentia necessidade de pôr em prática esse preceito, quanto mais nós.

Essas são providências que você e eu temos de tomar por nós mesmos. Elas não serão feitas por outrem, em nosso lugar. Não importa qual experiência você tenha tido ou ainda possa vir a ter, e nem quanto você já foi cheio do Espírito Santo, pois, se você alimentar o seu espírito com matéria sugestiva, da imprensa, provavelmente você acabará tornando-se culpado de transgressão, você acabará pecando no próprio coração. Não somos máquinas; a nós é recomendado pôr essas coisas em prática, pessoalmente.

Isso, por sua vez, leva-nos ao último grande princípio que nos cumpre considerar, o qual expresso desta forma: *Precisamos perceber, uma vez mais, o preço imenso que teve de ser pago para que fôssemos libertados do pecado*. Para o crente autêntico, não pode haver maior estímulo e incentivo do que esse, na sua luta para "mortificar os feitos do corpo". Quão frequentemente somos lembrados de que o grande objetivo do Senhor Jesus, ao vir a este mundo e ao suportar toda a ignomínia e o sofrimento da morte por crucificação foi "...nos desarraigar deste mundo perverso" (Gálatas 1:4), foi "... remir-nos de toda iniquidade..." (Tito 2:14), foi "purificar, para si mesmo, um povo exclusivamente seu, zeloso de boas obras" (Tito 2:14). Tudo foi planejado para "... sermos santos e irrepreensíveis perante ele" (Efésios 1:4). Se o Seu amor e os Seus sofrimentos significam alguma coisa para nós, então isso nos impelirá, inevitavelmente, a concordar com Isaac Watts, que disse que esse amor "requer a minha alma, a minha vida, o meu tudo".

Finalmente, essas considerações devem ter-nos levado a ver a absoluta necessidade que temos do Espírito Santo. Você e eu precisamos pôr essas recomendações em execução. Verdade, mas também precisamos do poder e da ajuda que somente o Espírito Santo nos pode outorgar. Paulo exprime esse ponto mediante estas palavras: "... se, *pelo Espírito*, mortificardes os feitos do corpo, certamente vivereis". O poder do Santo Espírito de Deus lhe será dado. E, se você é crente já o recebeu. O Espírito de Deus está em você, operando em você "... tanto o querer como o realizar, segundo a sua boa vontade" (Filipenses 2:13). Se tomarmos consciência da tarefa de que fomos incumbidos, e ansiarmos por realizá-la, e estivermos interessados por esta purificação; se começarmos a agir de acordo com esse processo de mortificação, então o Espírito do Senhor nos dará poder. Essa é a promessa. Por conseguinte, nosso dever consiste em não praticarmos aquelas coisas que sabemos estarem erradas; antes, devemos agir como quem recebeu de Deus as forças para tanto. Tudo isso foi sumariado por Paulo em uma única frase: "... desenvolvei a vossa salvação com temor e tremor; porque Deus é quem efetua em vós tanto o querer como o realizar, segundo a sua boa vontade" (Filipenses 2:12-13). Esses dois lados da questão são absolutamente essenciais. Se tentarmos mortificar a carne contando apenas com nossas próprias forças, produziremos um falso tipo de santificação, que nem poderia ser denominado santificação. Por outra parte, se percebermos o poder e a verdadeira natureza do pecado, se percebermos o terrível domínio que o pecado exerce sobre o ser humano, bem como os seus efeitos poluentes, então notaremos que somos totalmente falidos de espírito, totalmente pobres, e haveremos de pleitear constantemente aquele poder que somente o Espírito de Deus nos pode propiciar. Dotados, portanto, desse poder, seremos capazes de "arrancar o olho" e de "cortar a mão", mortificando a carne e dessa forma dar solução ao problema. Entrementes, o Senhor continuará operando em nós, e avançaremos até que, finalmente, poderemos vê-Lo face a face, postos de pé diante dEle, no estado de quem é impecável, sem qualquer culpa, nem mancha e nem qualquer motivo de reprimenda.

Capítulo XXIV

O ENSINO DE CRISTO SOBRE O DIVÓRCIO

Vamos agora considerar a declaração de nosso Senhor nos versículos 31 e 32, que versa sobre o tema do divórcio. Quero começar ressaltando que, quando chegamos a um tema e a uma passagem bíblica como esta, então notamos o valor de um estudo sistemático do ensino escriturístico. Quão frequentemente se ouve um sermão calcado sobre um texto como este? Não é verdadeira a declaração que essa é uma espécie de questão que os pregadores tendem por evitar? E, naturalmente, ao assim fazerem, tornam-se culpados de um pecado. Não nos convém estudar algumas porções da Palavra de Deus e ignorar outras; não nos convém retroceder diante das dificuldades. Estes versículos, que ora consideramos, fazem parte da Palavra de Deus tanto quanto qualquer outro segmento das Escrituras. Mas, em face do fato que não costumamos expor a Bíblia de forma sistemática, devido à nossa tendência de separar os textos de seus respectivos contextos, e de escolher aquilo que nos agrada e interessa, ignorando e esquecendo-nos do resto, tornamo-nos culpados de uma vida cristã pouco equilibrada. Naturalmente, por sua vez isso leva ao fracasso na prática real. Portanto, para nós é um excelente exercício pesquisarmos dessa maneira corrente o Sermão do Monte, até atingirmos esta declaração do Senhor.

Por uma razão ou outra, muitos comentadores, embora tenham planejado escrever um comentário sobre o Sermão do Monte, passam por cima deste assunto, sem o ventilarem. Todavia, podemos compreender facilmente por qual razão as pessoas procuram evitar uma questão desta natureza, embora isso não lhes sirva de justificativa. O Evangelho de Jesus Cristo diz respeito a cada aspecto e porção de nós mesmos, e não nos assiste o direito de dizer que existe alguma faceta de nossas vidas fora de seu escopo. Tudo o de que precisamos nos é suprido no Evangelho, onde encontramos um claro ensino e instrução acerca de cada aspecto de nossas vidas, de nossos seres. Ao mesmo tempo, porém, qualquer pessoa que se tenha dado ao trabalho de ler livros sobre esse tema, e as diversas interpretações em torno do mesmo, deve ter percebido que estamos a braços com uma questão circundada de inúmeras dificuldades. A maioria dessas dificuldades, todavia, é criação humana, podendo ser atribuída, em última análise, à doutrina da Igreja Católica Romana, a qual diz que o matrimônio é um sacramento. Tendo fixado posição, agora ela manipula as declarações da Bíblia para que se adaptem à sua teoria. Entretanto, deveríamos agradecer a Deus que não estamos abandonados a nós mesmos e às nossas ideias, mas antes, na Bíblia dispomos desse claro ensino e instrução. Nossa tarefa consiste em enfrentarmos com honestidade aquilo que é determinado pelas Escrituras.

Ao abordarmos esses dois versículos, lembremo-nos uma vez mais do seu pano de fundo ou contexto. Essa afirmação é uma daquelas seis declarações feitas por nosso Senhor, mediante as quais Ele introduz Seu assunto através da fórmula: "Ouvistes que foi dito... Eu, porém, vos digo..." Estes versículos aparecem naquela seção do Sermão do Monte onde nosso Senhor demonstrava a relação entre o Seu reino e o ensino da lei de Deus, a qual fora dada por intermédio de Moisés ao povo de Israel. Jesus começou afirmando que não viera para destruir, e, sim, para cumprir cabalmente; de fato, conforme Ele disse, nenhum "i" ou "til" haveria de passar da lei, enquanto tudo não fosse plenamente cumprido. E em seguida encontramos aquelas palavras que dizem: "Aquele, pois, que violar um destes mandamentos, posto que dos menores, e assim ensinar aos homens, será considerado mínimo no reino dos céus; aquele, porém, que os observar e ensinar, esse será considerado grande no reino dos céus. Porque vos digo que, se a vossa justiça não exceder em muito a dos escribas e fariseus, jamais entrareis no reino dos céus" (Mateus 5:19-20). Em seguida, o Senhor começou a expor o Seu ensino, à luz desse pano de fundo.

Guardando essa informação na mente, lembremo-nos igualmente, de que, nesses seis contrastes apresentados por nosso Senhor, Ele não estava comparando a lei de Moisés, como tal, com a Sua própria doutrina; antes, Ele comparava essa lei com a falsa interpretação exposta pelos fariseus e escribas. Nosso Senhor, como é óbvio, não declara que viera corrigir a lei de Moisés, porquanto essa era a lei de Deus, entregue a Moisés pelo próprio Deus. Não, o propósito de nosso Senhor foi o de corrigir a perversão, a interpretação falsa, conforme os escribas e fariseus vinham ensinando ao povo. Portanto, Jesus honrava a lei de Moisés, exibindo-a em sua notável plenitude e glória. Naturalmente, isso é exatamente o que Jesus faz com relação ao problema do divórcio. O Senhor estava particularmente interessado em desmascarar o falso ensino dos fariseus e escribas no que dizia respeito a essa importante questão.

A melhor maneira de abordarmos esse assunto consiste em estudá-lo de acordo com três divisões principais. Em primeiro lugar, devemos ter ideias claras acerca do que a lei de Moisés realmente ensinava sobre essa questão. Em seguida, precisamos ter a certeza do que os fariseus e os escribas ensinavam. Em último lugar, precisamos considerar o que o próprio Senhor Jesus ensinava.

Em primeiro lugar, pois, o que realmente ensinava a lei de Moisés acerca desse problema? A resposta acha-se em Deuteronômio 24, sobretudo nos versículos 1 a 4. Em Mateus 19, nosso Senhor refere-se novamente a esse ensino, e, em certo sentido, oferece-nos um perfeito sumário do mesmo, embora ainda assim seja necessário examinarmos as declarações originais. Via de regra, há muita confusão a respeito desse ponto. A primeira coisa a observar na dispensação mosaica é que a palavra "adultério" não é mencionada dentro do ensino referente ao divórcio; e isso pela excelente razão que, sob a lei mosaica, a punição para o adultério era a morte. Sob a antiga lei, qualquer pessoa que fosse achada em adultério era apedrejada até morrer, e, por esse motivo, não havia necessidade desse pecado ser mencionado. Por causa do adultério, o matrimônio chega ao fim; todavia, não chegava ao seu término por causa de um processo de divórcio, e, sim, pela execução da sentença de morte. Esse é um princípio importantíssimo, que devemos entender com toda a clareza.

Qual, pois, era o objetivo e o propósito da legislação mosaica no tocante ao divórcio? A resposta para essa pergunta pode ser prontamente encontrada, não somente quando lemos Deuteronômio 24, mas, sobretudo, quando lemos aquilo que nosso Senhor declarou a respeito daquela legislação. O objetivo inteiro da legislação mosaica, quanto a esse particular, era meramente o de controlar o divórcio. A situação se tornara inteiramente caótica. Eis o que estava acontecendo. Naqueles dias, conforme você deve estar informado, geralmente os varões tinham as mulheres em baixíssima conta, e haviam chegado ao extremo de crer que eles tinham o direito de se divorciarem de suas esposas quase por qualquer razão indigna e frívola. Se um homem, por qualquer motivo que fosse, quisesse livrar-se de sua mulher, eis como agia. Apresentava qualquer espécie de desculpa esfarrapada, e, com base nela, divorciava-se de sua esposa. Naturalmente, a causa verdadeira da separação nada mais era do que a concupiscência e a paixão. É interessante observarmos como, neste Sermão do Monte, nosso Senhor introduziu o tema do divórcio em conexão imediata com o assunto imediatamente anterior, isto é, a questão toda da concupiscência. Há versões da Bíblia em que esses dois temas aparecem juntos, formando um único parágrafo. Talvez não seja certo fazer-se isso, mas, pelo menos, faz-nos lembrar a íntima conexão entre essas duas questões. A legislação mosaica, por conseguinte, foi introduzida a fim de regularizar e controlar uma situação que não somente se tornara confusa, mas que também era grosseiramente injusta com as mulheres, e que, em adição a isso, conduzia a sofrimentos intermináveis e indizíveis muitas mulheres e crianças.

Três grandes princípios foram aqui salientados. O primeiro é o princípio de um divórcio limitado a determinadas causas. Só era permissível quando havia algum defeito natural, moral ou físico, descoberto na mulher. Todas as diversas desculpas que os homens vinham usando e apresentando, agora estavam invalidadas. Antes que pudesse obter o divórcio, um homem tinha de provar que havia algum motivo deveras especial, descrito sob o título de "impureza" ou "imundícia". Não somente o homem tinha de provar o fato, mas também tinha de estabelecê-lo à vista de duas testemunhas. Portanto, longe de oferecer um grande número de razões para o divórcio, a legislação mosaica limitava grandemente o número desses motivos. Ela eliminava todas as razões frívolas, superficiais e injustas, restringindo-as a uma única questão.

O segundo aspecto frisado pela legislação mosaica era que qualquer homem que se divorciasse de sua mulher teria que dar-lhe carta de divórcio. Antes da legislação mosaica, um homem podia simplesmente dizer que não mais queria a sua esposa, e podia despedi-la de casa; e ela ficava, portanto, à mercê do mundo inteiro. Uma mulher repudiada podia ser acusada de infidelidade ou adultério, e, dessa maneira, era passível de apedrejamento até à morte. Por conseguinte, a fim de proteger a mulher, essa legislação determinava que fosse dada uma carta de divórcio à mulher, um documento onde fosse especificada a causa do divórcio, não por causa de infidelidade conjugal, mas por causa de qualquer dessas outras razões que porventura tivesse sido descoberta. Essa providência tinha por intuito proteger a mulher, e a carta de divórcio lhe era entregue na presença de duas testemunhas, as quais ela sempre poderia convocar, em qualquer caso de necessidade. O divórcio foi transformado em uma medida formal e séria, e a ideia por detrás disso era a de gravar na mente daquelas pessoas que o divórcio era um passo solene, e não algo que se efetivasse frivolamente, em algum momento de paixão, quando um homem subitamente sentisse aversão por sua esposa e quisesse desvencilhar-se dela. Dessa maneira, pois, foi enfatizada também a seriedade do matrimônio.

O terceiro passo dado pela legislação mosaica era extremamente significativo, a saber, o homem que se divorciasse de sua esposa, dando-lhe carta de divórcio, não tinha a permissão de contrair segundas núpcias com ela. A questão era colocada assim. Um homem se divorciava de sua mulher e lhe dava carta de divórcio. Com essa carta na mão, ela tinha o direito de casar-se com algum outro homem. Ora, seu segundo marido também poderia vir a divorciar-se dela e dar-lhe uma carta de divórcio. Sim, estipulava a lei de Moisés, mas se isso viesse a acontecer, e ela estivesse na liberdade de casar-se pela terceira vez, não mais podia contrair matrimônio com o que fora seu primeiro marido. A força inteira desse preceito é exatamente a mesma, pois tendia por fazer aquela gente ver que o casamento não é uma aventurazinha da qual podiam entrar e sair ao seu bel-prazer. Antes, determinava a um homem que, se viesse a dar à sua esposa uma carta de divórcio, teria que fazê-lo de maneira permanente.

Quando examinamos a questão sob esse prisma, notamos que a antiga legislação mosaica na verdade está muito longe de ser aquilo que antes pensávamos que fosse, especialmente aquilo que os fariseus e os escribas ensinavam a respeito. Seu objetivo era o de impor certa ordem a uma situação que se tornara inteiramente caótica. O estudioso pode observar que essa sempre é uma característica de todos os pormenores da legislação mosaica. Tomemos, por exemplo, a questão da vingança, ou seja, "olho por olho, dente por dente". Assim preceituava a lei mosaica. Sim, mas qual era o objetivo de uma determinação como essa? Não era ensinar ao povo judeu que se um homem danificasse um olho de outro homem a vítima podia retaliar de igual maneira. Não, mas o seu propósito era o de dizer: Ninguém tem o direito de matar um homem por causa de uma ofensa desse tipo; antes, será olho por olho; ou então, se alguém danificar um dente de outrem, será dente por dente, e não mais do que isso. A legislação inteira a respeito visava restaurar a ordem a um estado caótico, limitando as consequências e legislando a respeito de cada situação em particular. Ora, a lei atinente ao divórcio preceituava precisamente a mesma coisa.

Ora, convém considerarmos o ensino dos fariseus e escribas porque, conforme temos verificado, era especialmente a esse ensino que nosso Senhor fazia alusão neste ponto. Eles diziam que a lei de Moisés ordenava, e até mesmo recomendava, que um homem se divorciasse de sua mulher, sob variegadas condições. Ora, como é evidente, a legislação mosaica jamais dissera coisa semelhante. A lei de Moisés nunca ordenou ao homem divorciar-se de sua mulher; tudo quanto ela fazia era dizer a um homem: "Se você quiser divorciar-se de sua mulher, só poderá fazê-lo segundo tais condições". Entretanto, os fariseus e os escribas, conforme o Senhor Jesus deixou particularmente claro, em Mateus 19, quando falava sobre o mesmo tema, ensinavam que Moisés ordenara o divórcio. Como é lógico, o passo seguinte que eles davam consistia em exigir novamente o direito de se divorciarem de suas esposas, por causa de qualquer motivo tolo e insignificante que se possa imaginar. Eles tomavam a antiga legislação mosaica, no tocante a essa questão das impurezas, e acrescentavam a isso a sua própria interpretação sobre o que isso significaria. Chegaram assim ao extremo de ensinar que se um homem deixasse de gostar de sua esposa, ou se, por qualquer motivo, encontrasse nela algo que lhe parecesse insatisfatório, em certo sentido isso constituía uma "impureza" na mulher. Quão típico é isso quanto a doutrina dos fariseus e escribas, e seu método de interpretar a lei. Na realidade, porém, eles estavam fugindo da lei, tanto no que concerne à letra como quanto no que concerne ao seu princípio básico. E o resultado disso era que, nos dias de nosso Senhor, terríveis injustiças vinham novamente sendo cometidas contra as mulheres, que podiam receber de seus maridos cartas de divórcio pelos motivos os mais frívolos e disparatados. Para aqueles homens, só havia uma questão realmente importante, que era a outorga, de forma legal, de uma carta de divórcio. Quanto a isso, eles eram minuciosos, conforme também se mostravam a respeito de todos os demais detalhes legais. Não obstante, ninguém declarava mais o motivo do divórcio, pois esse motivo perdera a importância. O que era supremamente importante é que à mulher repudiada fosse dada uma carta de divórcio!

Nosso Senhor, pois, colocou a questão como segue: "Também foi dito" – pois isso é o que todos têm ouvido da parte dos escribas e fariseus. Qual é a coisa importante para "aquele que repudiar sua mulher"? Que ele dê a ela uma "carta de divórcio". Como é lógico, esse aspecto era importante, tanto que a lei de Moisés havia determinado esse preceito. Contudo, conforme é fácil de ver, esse não era o fator principal, como também não era aquilo que podia ser frisado e enfatizado. No entanto, no que dizia respeito aos fariseus e aos escribas, dar carta de divórcio ocupava o centro do quadro; e assim, ao enfatizarem isso, haviam perdido de vista o verdadeiro significado do matrimônio. Não tinham levado em conta a questão inteira do divórcio, e nem a razão para o mesmo, de uma maneira veraz, justa e correta. Dessa maneira o ensinamento mosaico havia sido pervertido pelos fariseus e escribas. Fugiam e evitavam enfrentar diretamente a lei, com as suas astutas interpretações e tradições, que eles haviam adicionado à lei. O resultado é que o intuito final da legislação mosaica já fora, mediante essas coisas, inteiramente escondido e anulado.

Isso nos conduz à nossa terceira e última principal divisão. Que dizia nosso Senhor quanto a isso? "Eu, porém, vos digo: Qualquer que repudiar sua mulher, exceto em caso de relações sexuais ilícitas, a expõe a tornar-se adúltera; e aquele que casar com a repudiada comete adultério" (Mateus 5:32). Ora, a declaração que se encontra em Mateus 19:3-9 é extremamente útil e importante quanto à correta interpretação desse ensino, por ser uma explicação mais completa daquilo que nosso Senhor disse aqui, em forma de sumário. Os fariseus e os escribas haviam perguntado de Jesus, visto que procuravam apanhá-lo em uma armadilha: "É lícito ao marido repudiar a sua mulher por qualquer motivo?" Eles estavam realmente jogando com tudo quanto tinham, ao fazerem essa indagação, pois eles mesmos sancionavam tal ensino. E então o Senhor lhes deu a resposta. O primeiro princípio básico por Ele salientado foi o da santidade do matrimônio. "Qualquer que repudiar sua mulher, exceto em caso de relações sexuais ilícitas..." Você deve observar que Jesus retrocedeu até a um tempo anterior ao daquele em que foi dada a legislação mosaica, isto é, até a lei dada no tempo da criação do homem. Quando Deus criou a mulher, para ser a ajudadora do homem, fez aquela grande afirmação. Dissera Deus: "... tornando-se os dois uma só carne". "Portanto, o que Deus ajuntou não o separe o homem." O matrimônio não consiste em um contrato civil, e nem em um sacramento apenas. O casamento é algo mediante o que duas pessoas, marido e mulher, tornam-se uma só carne. Em tudo isso existe algo de natureza indissolúvel, e nosso Senhor retrocedeu até àquele primeiro princípio básico sobre a questão. Quando Deus criou a mulher para o homem, essa foi a intenção dEle, isso foi o que Ele indicou e ordenou. A lei ordenada por Deus é que o varão deixe pai e mãe a fim de unir-se à sua esposa, para que os dois se tornem uma só carne. Algo novo e distinto passa então a existir, antigos laços são rompidos, e um novo laço é formado. Esse aspecto, que alude a "uma só carne", é deveras importante. Você poderá descobrir que esse é um princípio que percorre a Bíblia inteira, sempre que esse tema é tratado nas Sagradas Escrituras. É tema que pode ser visto em I Coríntios 6, onde Paulo diz que a coisa mais horrenda que circunda as relações sexuais ilícitas é que o homem se torna uma só carne com a prostituta – ensino esse dos mais solenes e graves. Nosso Senhor começa por aí. Ele retrocede até ao tempo da criação, ao ponto de vista original de Deus a respeito do matrimônio.

Contudo, alguém poderia indagar: "Se as coisas são realmente assim, como se pode explicar a legislação mosaica quanto a essa questão?" Sim, se esse é o ponto de vista divino sobre o matrimônio, por que Ele permitiu a instauração do divórcio, conforme as condições que temos estado a considerar? Nosso Senhor uma vez mais respondeu àquela pergunta dizendo que, devido à dureza dos corações humanos, Deus fizera uma concessão, por assim dizer. Deus não ab-rogou a Sua lei original referente ao casamento. Todavia, introduziu uma legislação temporária, para atender às condições então prevalentes. Deus estava controlando tudo. Exatamente a mesma coisa ocorrera no tocante ao estatuto que dizia "olho por olho, dente por dente". Aquilo constituiu uma tremenda inovação, ao ser posta em vigor; mas, na realidade, Deus estava apenas conduzindo o povo judeu de volta à Sua declaração original. Explicou, pois, o Senhor: "Por causa da dureza do vosso coração é que Moisés vos permitiu repudiar vossas mulheres". Não estava em vista a ideia que Deus advogava o divórcio, ou que Ele estivesse ordenando que um homem se divorciasse de sua mulher. Antes, Deus procurava lançar alguma ordem em uma situação que se tornara caótica, regularizando aquilo que se tornara inteiramente irregular. Precisamos manter no primeiro plano de nossas ideias essa questão do objetivo e da intenção primários de Deus, no que concerne a toda essa questão do casamento: marido e mulher feitos uma só carne, a indissolubilidade do matrimônio e a vida em comum sobre essas bases.

Esse primeiro princípio leva-nos ao segundo, o qual diz que Deus nunca, em parte alguma, ordenou que alguém se divorciasse. Os fariseus e os escribas sugeriam que assim acontecera, contudo, no caso da lei de Moisés. Sem dúvida a legislação mosaica determinava que um homem desse carta de divórcio à sua esposa, caso se divorciasse dela. Mas isso não equivale a um mandamento que ordene o divórcio. A ideia ensinada na Palavra de Deus não é somente o conceito da indissolubilidade do matrimônio, mas também é o conceito que envolve a lei do amor e do perdão. Precisamos desvencilhar-nos daquela abordagem legalista que leva um homem a dizer: "Minha esposa estragou a minha vida, e, por esse motivo, devo divorciar-me dela". Na qualidade de pecadores indignos e sem qualquer merecimento, fomos todos perdoados pela graça de Deus, e isso deve fazer parte do quadro, controlando nossa perspectiva acerca de tudo quanto nos acontece, no que toca a outras pessoas, mormente em relação ao casamento.

O princípio seguinte reveste-se da mais capital importância. Só existe uma razão legítima para o divórcio – aquilo que é aqui chamado de "relações sexuais ilícitas". Ora, nem preciso enfatizar toda a urgente relevância de todo esse ensinamento. Vivemos em uma época em que as condições se têm tornado caóticas quanto a essa questão do divórcio; e ainda há outras propostas, da parte dos legisladores, que tendem por facilitar ainda mais o divórcio, propostas essas que só servirão para agravar ainda mais o problema. Eis o ensino de nosso Senhor no tocante ao tema. Segundo Ele, só existe um motivo para o divórcio. Sim, há um motivo; mas somente um. E esse motivo é a infidelidade conjugal por parte de qualquer dos cônjuges. Esse termo "relações sexuais ilícitas", é inclusivo e realmente significa infidelidade da parte de um dos cônjuges. "Qualquer que repudiar sua mulher, exceto em caso de relações sexuais ilícitas, a expõe a tornar-se adúltera" (Mateus 5:32). Cumpre-nos perceber quão importante é esse princípio. Ele revestiu-se de particular importância nos dias da Igreja primitiva. Se você ler I Coríntios 7, descobrirá que essa questão é novamente ventilada. Naqueles tempos, foi mister enfrentar o problema dessa maneira, o que envolveu um grande número de crentes. Imaginemos um casal. Subitamente o marido se converte, mas não a mulher. Temos aí um homem que se tornou uma nova criatura em Cristo Jesus, mas cuja esposa continua no paganismo. Àqueles primeiros crentes era rigidamente ensinada a doutrina que o crente devia separar-se do mundo e do pecado. Portanto, imediatamente eles chegavam à conclusão que os forçava a dizer: "É-me impossível continuar vivendo na companhia de uma mulher que continua pagã. Por certo, se eu tiver de viver a vida cristã, terei de divorciar-me dela, porque ela não é crente". E muitas mulheres, que se tinham convertido, mas não seus maridos, diriam a mesma coisa. Não obstante, Paulo ensina àqueles crentes que um marido, sob essas condições, não deveria abandonar sua esposa, por ter-se ele convertido, mas ela não. Como você está percebendo, nem mesmo isso servia de causa suficiente para o divórcio. Meditemos sobre todo esse moderno debate acerca da incompatibilidade de gênios. Poder-se-ia imaginar pessoas mais incompatíveis do que um crente e um incrédulo? Ora, de conformidade com as noções modernas, se jamais houve motivo para o divórcio, certamente esse seria o motivo principal. No entanto, o claro ensino das Escrituras é que nem mesmo isso serve de base para o divórcio. Diz o apóstolo Paulo: "Não abandone seu cônjuge incrédulo!" A esposa que se convertera, mas cujo esposo continuava na incredulidade, santificaria o seu esposo. Não precisaria temer acerca dos seus filhos; pois, se qualquer dos cônjuges fosse crente, a família inteira ficaria sob a proteção divina, desfrutaria do privilégio da nutrição cristã, dentro da vida ativa da Igreja.

Ora, esse é um argumento deveras importante e vital. Essa foi uma das maneiras de imprimir nos crentes esse grandioso princípio, estabelecido pelo próprio Senhor Jesus. Coisa alguma serve de motivo para o divórcio, exceto a infidelidade conjugal. Sem importar quão difícil se tenha tornado a situação entre marido e mulher, sem importar quais sejam as tensões e demandas, sem importar o quanto se possa dizer acerca da incompatibilidade de gênios, coisa alguma pode dissolver esse liame indissolúvel, salvo essa única causa, que é a infidelidade conjugal. E, eu enfatizo novamente que esse é o único motivo. Nosso Senhor mesmo afirmou ser essa a causa legítima para o divórcio. Jesus ajuntou que Moisés fizera determinadas concessões, "por causa da dureza do vosso coração". No entanto, isso era agora proposto como um princípio básico, e não mais como uma concessão à desobediência humana. Jesus mesmo asseverou que a infidelidade conjugal é motivo suficiente para o divórcio, e a razão para tanto é absolutamente óbvia. Uma vez mais, está em pauta aquela ideia bíblica que marido e mulher são "uma só carne"; pois o cônjuge que se fez culpado de infidelidade rompeu esse laço ao unir-se sexualmente a uma terceira pessoa. O elo se quebrou, não existe mais "uma só carne", e, por esse motivo, o divórcio é perfeitamente legítimo. Quero enfatizar, uma vez mais, que não encontramos aqui um mandamento. Todavia, temos aqui a única causa legítima para o divórcio, e o homem que se vir na situação aqui retratada tem o direito de divorciar-se de sua mulher, e a mulher tem o direito de divorciar-se de seu marido.

O passo seguinte deixa tudo isso ainda mais claro. Nosso Senhor esclareceu que se alguém divorciar-se de sua mulher, por qualquer outro motivo que não seja a infidelidade conjugal, arrisca-se a torná-la adúltera. "Eu, porém, vos digo: Qualquer que repudiar sua mulher, exceto em caso de relações sexuais ilícitas, a expõe a tornar-se adúltera..." (Mateus 5:32). O argumento pode ser reduzido ao seguinte: Só existe uma coisa capaz de romper os laços matrimoniais. Portanto, se um homem vier a separar-se de sua esposa por qualquer outro motivo, estará separando-se dela sem haver rompido aqueles laços. Isso posto, ele a estará forçando a quebrar esses laços, se porventura ela vier a casar-se de novo; e, assim sendo, ela estaria cometendo adultério. Destarte, o homem que se divorcia de sua mulher por qualquer razão que não seja essa, ao assim fazer estará obrigando sua mulher a cometer adultério. O marido será o causador desse adultério, e o homem que vier a casar-se com a mulher repudiada também será adúltero. Isso posto, nosso Senhor reforçou esse grande princípio, da maneira positiva e clara. Só existe uma causa legítima para o divórcio, e não há outra.

Qual, pois, é o efeito dessa doutrina? Poderíamos sumariar a questão como segue. Nosso Senhor mostra-nos aqui que Ele é o grande Legislador. Todas as leis tiveram origem nEle; tudo quanto diz respeito a este mundo e a esta vida veio dEle. Houve uma legislação temporária para os filhos de Israel, devido às suas circunstâncias peculiares. A pena imposta pela legislação mosaica aos adúlteros era a morte por apedrejamento. Nosso Senhor, entretanto, ab-rogou essa legislação apenas temporária. E a próxima coisa que Ele fez foi legitimar o divórcio no caso de relações sexuais ilícitas. Jesus mesmo firmou dessa maneira a lei. E dois são os grandes resultados dessa Sua doutrina. Daquele tempo em diante homens e mulheres não mais seriam apedrejados até à morte, por motivo de adultério. Se alguém quiser tomar alguma providência, em face de um caso de adultério, que se divorcie. E daí podemos deduzir, mui legitimamente, importante e séria conclusão. Podemos afirmar não somente que um homem que se divorciou legitimamente de sua mulher – em face de adultério por ela cometido – tem o direito de fazê-lo, mas podemos ir ainda mais adiante e dizer que o divórcio pôs ponto final àquele casamento, e que agora aquele homem está livre de obrigações matrimoniais; e, na qualidade de homem livre, tem o direito de casar-se novamente. O divórcio, quando legítimo, põe fim a toda e qualquer vinculação anterior, segundo ensinou o próprio Senhor Jesus. O relacionamento daquele homem para com sua esposa tornou-se o mesmo como se ela tivesse morrido; e este homem inocente tem o direito de casar-se de novo. Mais do que isso, se ele é um homem crente, então tem o direito de ter um casamento cristão. Porém, nesse caso, somente ele teria esse direito, e não ela; ou vice-versa, caso o culpado tivesse sido o homem.

Alguém poderia indagar: "E quanto ao cônjuge culpado, nada há para ser dito?" Tudo quanto posso adiantar acerca desse cônjuge (e digo-o com extrema cautela, após muita meditação, quase com senso de temor, pois a ninguém quero transmitir a ideia de que estou encorajando o pecado, através de alguma declaração minha), que, com base no Evangelho de Cristo, e a interesse da verdade, sou compelido a asseverar o seguinte: O próprio adultério não é o pecado imperdoável. Trata-se de um pecado terrível, mas Deus nos livre de pensar que alguém que tenha cometido tal pecado fique de tal modo separado do amor de Deus e expulso do Seu reino. Não; mas se alguém arrepender-se verdadeiramente de seu pecado de adultério, percebendo a enormidade desse delito e entregando-se aos cuidados do amor, da misericórdia e da graça de Deus, que não conhecem limites, então poderá estar seguro do perdão divino. Todavia, que o tal ouça as palavras de nosso bendito Senhor: "Vai, e não peques mais" (João 8:11b).

Aí, portanto, foi exposto o ensinamento de nosso Senhor sobre tão vital assunto. Você é testemunha das condições vigentes no mundo e na sociedade ao nosso redor. Surpreende-nos ainda que este mundo seja o que é, quando homens e mulheres brincam e se divertem com as coisas mais sérias e com a Palavra de Deus, em uma questão tão importante quanto é o matrimônio? Que direito temos para esperar que as nações cumpram os seus acordos, uma vez que homens e mulheres, nem mesmo quanto às questões mais solenes e sagradas, como é o caso do matrimônio, observam os seus deveres? Devemos começar por nós mesmos; devemos começar pelo princípio; precisamos observar a legislação divina em nossas próprias vidas, como indivíduos. Então, e somente então, teremos o direito de confiar em povos e nações, esperando um tipo diferente de conduta e comportamento da parte do mundo em geral.

Capítulo XXV
O CRENTE E OS JURAMENTOS

Começaremos agora a considerar os versículos 33 a 37, que contêm o quarto dos seis exemplos ou ilustrações que demonstram o que nosso Senhor quis dizer quando definiu, nos versículos 17 a 20 deste capítulo, a relação entre Seu ensino e reino, por um lado, e a lei de Deus, por outro. Tendo estabelecido o princípio básico, agora Jesus passava a demonstrá-lo e ilustrá-lo. Naturalmente, porém, Jesus não se interessava somente por ilustrar o princípio que firmara, mas também queria oferecer-nos instruções específicas e positivas. Em outras palavras, todas essas questões pormenorizadas revestem-se de grande importância na vida cristã.

Há pessoas que perguntam: "É proveitoso para nós considerarmos essa simples questão de nosso linguajar e de como deveríamos falar uns com os outros, quando nos defrontamos com tão vastos problemas, neste mundo moderno?" A resposta, de conformidade com o Novo Testamento, é que tudo quanto o crente faz é importantíssimo, em face daquilo que ele é, por causa do efeito que ele exerce sobre seus semelhantes. Cumpre-nos acreditar que se cada pessoa deste mundo fosse crente, então a maioria dos nossos mais graves problemas simplesmente se desvaneceria, e não haveria mais qualquer necessidade de temermos a possibilidade de guerras e tais horrores. A pergunta que se impõe, assim sendo, é a seguinte: Como as pessoas podem tornar-se crentes? Uma das maneiras é que eles observem pessoas crentes. Talvez esse seja um dos mais potentes métodos de evangelização, nos dias de hoje. Todos estão vigiando atentamente aos crentes, e, por isso mesmo, tudo quanto fazemos é tremendamente importante.

Por essa razão é que, nas diversas epístolas que compõem o cânon do Novo Testamento (não apenas aquelas de autoria do apóstolo Paulo, mas também as dos demais apóstolos), os escritores sagrados invariavelmente estabeleceram a sua doutrina no tocante aos diversos detalhes da vida diária. Na monumental epístola aos Efésios, Paulo, após haver subido às mais excelsas alturas, com a qual nos brinda nos primeiros capítulos, e onde expõe aquele admirável conceito do propósito final do Senhor para com todo o universo, e depois que já nos transportara para os lugares celestiais, subitamente retorna a este mundo, volve os olhos para nós, e por assim dizer, declara: "Não mintam uns para os outros: digam sempre a verdade". Nisso, entretanto, não há qualquer contradição. Conforme comentou Wordsworth acerca da cotovia, o Evangelho é "fiel aos particulares que se assemelham no céu e na terra". O Evangelho sempre expõe doutrina, e, no entanto, preocupa-se também com os mínimos detalhes da vida e da existência. Nas palavras que passaremos a considerar, encontramos uma excelente ilustração a esse respeito.

Conforme vimos, toda esta seção do Sermão do Monte foi exposta pelo Senhor Jesus a fim de desmascarar a falsidade e a impostura das conclusões dos fariseus e dos escribas acerca da lei mosaica, contrastando isso com a Sua própria exposição positiva. É precisamente o que verificamos nesta passagem bíblica: "Também ouvistes que foi dito aos antigos: Não jurarás falso, mas cumprirás rigorosamente para com o Senhor os teus juramentos" (Mateus 5:33). Ninguém pode achar essas palavras, nessa forma exata, em qualquer porção do Antigo Testamento, o que, novamente, serve de prova de que Jesus não estava se referindo à lei mosaica como tal, e, sim, às perversões farisaicas da mesma. Não obstante, conforme geralmente se dava com o ensino dos fariseus e escribas, essa declaração dependia indiretamente de certos postulados do Antigo Testamento. Por exemplo, eles evidentemente tinham em mente o terceiro mandamento que assim se lê: "Não tomarás o nome do Senhor, teu Deus, em vão..." (Êxodo 20:7). Também deveriam estar pensando em Deuteronômio 6:13: "O Senhor, teu Deus, temerás, a ele servirás, e, pelo seu nome, jurarás". Por igual modo, a passagem de Levítico 19:12, que diz: "... nem jurareis falso pelo meu nome, pois profanaríeis o nome do vosso Deus, Eu sou o

Senhor". Os fariseus e escribas estavam familiarizados com todas essas passagens bíblicas, e delas é que haviam extraído esta declaração: "Não jurarás falso, mas cumprirás rigorosamente para com o Senhor os teus juramentos". Naquela oportunidade, pois, nosso Senhor desejava corrigir esse ensino distorcido; contudo, não apenas corrigi-lo, como também substituí-lo pelo verdadeiro ensino. Ao assim fazer, portanto, como sempre fez, Jesus salientou o real intuito e objetivo da lei como foi dada por Deus a Moisés, naquilo que ela nos impõe, isto é, obrigações concernentes à honra e à glória de Deus.

Uma vez mais, poderíamos abordar esse assunto de conformidade com três divisões principais. Em primeiro lugar, consideremos a própria legislação mosaica. Qual era a finalidade dessas diversas afirmações, como aquelas que acabamos de citar, no tocante a essa questão dos juramentos? Sem a menor dúvida, a resposta é que o principal intuito delas era pôr um freio às inclinações humanas para a mentira, resultantes da queda no pecado e do próprio pecado. Um dos piores problemas que Moisés teve de enfrentar foi a tendência do povo para mentirem uns aos outros, dizendo deliberadamente coisas que não correspondiam à verdade. A vida estava se tornando caótica, pois os homens não podiam confiar nas palavras e declarações uns dos outros. Portanto, um dos principais propósitos da lei, quanto a esse particular, era o de refrear essa tendência, controlando-a e, por assim dizer, tornando possível a vida diária. Idêntico princípio se aplicava, conforme já vimos, ao caso do divórcio, onde, em adição ao objetivo específico, havia também um objetivo mais geral, mais amplo.

Uma outra finalidade deste preceito mosaico era a de restringir os juramentos quanto a questões sérias e importantes. Aquela gente demonstrava forte inclinação por fazer juramentos acerca de qualquer questão trivial. Ao menor pretexto, juravam em nome de Deus. O objetivo desta estipulação, por conseguinte, foi o de pôr um ponto final a esse costume indiscriminado e leviano de se fazerem juramentos, e também o de mostrar que um juramento é uma questão revestida da maior solenidade, algo que deveria ser reservado somente para aquelas ocasiões e condições onde alguma questão de excepcional gravidade e de interesse incomum, para o indivíduo ou para a nação, estivesse envolvida. Em outras palavras, essa determinação bíblica tinha por fito relembrar o povo acerca da seriedade de todos os aspectos da vida diária; relembrar aos filhos de Israel, acima de tudo, o seu relacionamento com Deus; e, finalmente, salientar que tudo quanto eles fizessem estava sob os olhares de Deus, porquanto Deus estava acima de tudo, e cada aspecto e fase das vidas deles teriam de ser vividos para Deus.

Esse é um dos grandes princípios da lei ilustrados de maneira particular neste ponto. Sempre deveríamos ter em mente, ao considerarmos todos esses preceitos mosaicos, aquela afirmação que diz: "Eu sou o Senhor vosso Deus; ...e sereis santos, porque eu sou santo..." (Levítico 11:44). Aquela gente precisava lembrar do fato que tudo quanto eles faziam era importante. Eles eram o povo de Deus, e precisavam conscientizar-se de que até os seus diálogos e conversas, sobretudo quando tivessem de fazer juramentos, teriam de ter lugar sob a plena certeza de que Deus estava olhando diretamente para eles. Portanto, cumpria-lhes reconhecer a tremenda seriedade de todas essas questões que envolviam seu relacionamento com Deus.

Entretanto, o ensino dos fariseus e escribas que nosso Senhor queria desmascarar e corrigir, determinava: "Não jurarás falso, mas cumprirás rigorosamente para com o Senhor os teus juramentos". Dentro da consideração que fizemos sobre os princípios gerais vimos que, em última análise, a dificuldade dos fariseus e dos escribas era que a atitude deles era ditada inteiramente pelo legalismo. Preocupavam-se muito mais com a letra da lei do que com o espírito da lei. Durante todo o tempo em que pudessem persuadir a si mesmos de que estavam observando a letra da lei, sentir-se-iam perfeitamente satisfeitos. Por exemplo, enquanto não se tornassem culpados de adultério literal, para eles tudo parecia correr bem. E outro tanto se aplicava ao divórcio. E agora encontramos toda essa questão novamente. Eles haviam distorcido de tal maneira a significação dos juramentos, refraseando os trechos bíblicos segundo moldes legais que permitiam a si mesmos um amplo espaço para fazerem muitas coisas que eram abertamente contraditórias com o espírito da lei. Assim, sentiam estar isentos de qualquer culpa, pois, na realidade, nunca haviam quebrado a letra da lei. Em outras palavras, eles haviam confinado o propósito inteiro desse preceito à questão isolada do perjúrio. Conforme pensavam, cometer perjúrio era uma ofensa seríssima e solene; era um pecado terrível, que eles não hesitavam em denunciar. Não obstante, um judeu podia fazer toda espécie de juramentos, e tudo quanto a isso se assemelhasse, contanto que não viesse a cometer perjúrio; enquanto não chegassem a esse extremo, sentiam que não eram culpados diante da lei.

Sem dúvida, você é capaz de perceber a importância de tudo isso. O legalismo continua vivo entre nós; todas essas são questões altamente relevantes para nós. Em nada é difícil notar-se essa mesma atitude legalista no que concerne à religião e à fé cristã, por parte de grande número de pessoas nestes nossos dias. Essa atitude pode ser detectada em certas variedades de religião, e, como é patente, à superfície de quase todos os credos. A fim de ressaltar o ponto, quero relembrar que essa é a óbvia e típica atitude da Igreja Católica Romana quanto a essa questão inteira. Consideremos o seu ponto de vista acerca do divórcio. A atitude deles tem sido declarada em suas doutrinas escritas. Mas eis que, sem mais nem menos, lê-se nos jornais que alguma proeminente figura do catolicismo romano recebeu permissão de divorciar-se. Como pode ser uma coisa dessas? Tudo é apenas uma questão de interpretação, e as autoridades do romanismo asseveram que foram capazes de comprovar que de alguma maneira o casamento em pauta não fora consumado. Mediante argumentos sutis, eles parecem capazes de provar quase qualquer coisa. Pode-se perceber idêntico jogo em toda outra variedade de religião, até mesmo no meio daqueles grupos que são decisivamente evangélicos. O que os homens fazem é isolar um aspecto qualquer de uma questão, para então dizerem: "Praticar tal coisa é pecar; mas enquanto você não vier a praticá-la, tudo estará certo com você". Reiteradas vezes temos indicado ser essa a tragédia do moderno ponto de vista da santidade. A santidade e o mundanismo são ambos definidos de forma muito diferente do que se vê no uso bíblico. De acordo com algumas pessoas, ser mundano parece significar frequentar o cinema, e, para elas, nisso se resume o mundanismo. Enquanto alguém não incorrer nessa ação, não será considerado mundano. No entanto, esquecem-se da empáfia – da concupiscência da carne, da concupiscência dos olhos e da soberba da vida. Esquecem-se do orgulho que sentem de seus antepassados, e coisas de igual natureza. O costume dessas pessoas consiste em isolarem e confinarem a definição de mundanismo a uma única questão. E assim, enquanto você não transgredir essa única questão, será tido em boa conta por elas. Essa era também a dificuldade dos fariseus e escribas. Eles reduziam toda a grande questão dos juramentos ao caso isolado do perjúrio, e nada mais. Em outras palavras, pensavam que não haveria perigo se um homem fizesse juramentos, contanto que não cometesse perjúrio. Enquanto ele não caísse nessa falha, podia fazer juramentos pelo céu, por Jerusalém e por quase qualquer outra coisa. Destarte, escancaravam a porta, diante dos homens, para grande multiplicidade de juramentos, em qualquer ocasião e a respeito de qualquer assunto que bem entendessem.

A outra característica da falsa interpretação dos fariseus e escribas era que eles traçavam uma linha de distinção entre diversos tipos de juramento, afirmando que algumas modalidades de juramentos eram obrigatórias, e outras não. Se alguém fizesse um juramento pelo templo, tal juramento não seria considerado válido; mas, se jurasse pelo ouro do templo, então estava obrigado a cumpri-lo. Se alguém jurasse pelo altar, não haveria necessidade de observar tal juramento; todavia, se jurasse pela oferta posta sobre o altar, estava forçado a cumpri-lo. No trecho de Mateus 23, vê-se como o Senhor lançou todas essas noções no ridículo, zombando delas não somente salientando a perversão da lei dentro da interpretação deles, mas também salientando a desonestidade envolvida nelas. Ora, para nós é muito proveitoso observar que nosso Senhor assim agiu. Existem certas coisas, em conexão com a fé cristã, que precisam ser tratadas dessa maneira. No tocante a princípios básicos, todos temos sentido tanta incerteza, nesta nossa época efeminada e frouxa, que tememos denunciar os erros a respeito dos quais estamos lendo aqui, e quase nos dispomos a condenar nosso Senhor por haver falado como falou contra os fariseus e os escribas. Isso nos deveria deixar envergonhados! Essa desonestidade deliberada em conexão com as coisas de Deus deve ser denunciada e desmascarada, para que todos vejam o que ela é. Os fariseus eram culpados dessa desonestidade, ao fazerem distinções entre juramento e juramento, dizendo que alguns deles eram obrigatórios, mas outros não. E o resultado dessa doutrina farisaica era que os juramentos mais solenes eram usados de maneira descuidada e volúvel, nas conversas que versavam sobre quase qualquer assunto.

Consideremos agora o ensino mesmo de nosso Senhor. Vemos aqui, uma vez mais, o contraste que Ele desejava estabelecer: "Eu, porém, vos digo..." Essa é a voz do próprio grande Legislador, aquele que se apresentava como o Homem absoluto entre os homens, e que, no entanto, falava com toda a autoridade de Deus. É como se Jesus tivesse dito: "Eu, que dei a vocês a antiga lei, estou esclarecendo o seguinte: Não jurem, sob qualquer hipótese; nem pelo céu, pois é o trono de Deus; nem pela terra, pois é o escabelo de Seus pés; nem por Jerusalém, pois é a cidade do grande Rei. E vocês também não devem jurar por suas próprias cabeças, porque não são capazes de tornar um cabelo preto ou branco. Mas que tudo quanto vocês disserem seja *Sim, sim*; e *Não, não*. Porquanto tudo quanto ultrapassa dessa maneira de falar procede do maligno". Ora, que significam essas palavras de Jesus?

Talvez a primeira coisa que precisemos fazer seja abordar diretamente a situação, conforme ela se nos apresenta em casos concretos. Os membros da Sociedade de Amigos, mais comumente chamados "Quakers", sempre demonstraram ter profundo interesse por este parágrafo, e, com base nisso é que, tradicionalmente, eles sempre se recusaram a prestar qualquer juramento, mesmos nos tribunais de justiça. A interpretação deles é que, neste parágrafo, temos uma total proibição contra toda forma de juramento, sob quaisquer circunstâncias imagináveis. Eles dizem que nosso Senhor teria recomendado: "Não jurem, em circunstância alguma". E o nosso dever seria tomarmos as palavras de Cristo à risca, conforme se acham escritas. Cumpre-nos examinar essa posição, mas não porque essa questão dos juramentos nos tribunais seja o problema aqui ventilado pelo Senhor. Quase tenho a certeza de que aqueles que assim têm interpretado essa passagem, de forma bastante consciente e voluntária se têm virtualmente colocado na antiga posição legalista dos fariseus e escribas. Se reduzirmos este parágrafo inteiro de Mateus à mera questão de se fazerem juramentos em um tribunal, então é que teremos concentrado a nossa atenção em minúcias como "a hortelã, o endro e o cominho", esquecidos dos "preceitos mais importantes da lei" (Mateus 23:23). A mim é impossível a aceitação da interpretação tradicional dos "Quakers", a respeito do juramento; e isso pelas razões que passo a mencionar.

A primeira dessas razões é a injunção do Velho Testamento com a qual Deus estabeleceu preceitos que estipulam como e quando devemos fazer juramentos. Seria concebível uma tal regulamentação, se Deus quisesse que entendêssemos que a Sua vontade é que jamais façamos qualquer juramento? Além disso, há toda aquela prática registrada nas páginas do Antigo Testamento. Quando Abraão enviou seu servo, com o propósito de encontrar esposa para Isaque, antes de tudo fê-lo proferir um juramento – Abraão, o amigo de Deus.. Jacó, aquele santo homem de Deus, fez José jurar. José extraiu um juramento da parte de seus irmãos. E Jônatas pediu que Davi jurasse. Ninguém pode ler o Antigo Testamento sem perceber o fato que, em certas ocasiões especiais, esses homens santíssimos tiveram que prestar juramentos da maneira mais séria e solene. De fato, encontramos ainda maior autorização para a nossa contenção naquela passagem que descreve o próprio julgamento de Jesus Cristo. Lemos, em Mateus 26:63, que Jesus Cristo "... guardou silêncio..." Ele estava sendo interrogado pelo sumo sacerdote. "E o sumo sacerdote lhe disse: Eu te conjuro pelo Deus vivo que nos digas se tu és o Cristo, o Filho de Deus". Ora, nosso Senhor não lhe respondeu: "Não deverias ter solicitado que Eu jurasse". De modo nenhum! Jesus não condenou o uso do nome de Deus, conforme acabara de fazer o sumo sacerdote. Na oportunidade mais propícia, não denunciou o suposto erro de se exigir um juramento; pelo contrário, pareceu considerar aquela solicitação algo perfeitamente legítimo. Então, e somente então, diante daquela solene petição, Jesus deu resposta ao sumo sacerdote.

Apesar disso, poderíamos ainda considerar o costume posto em prática pelos apóstolos, os quais haviam sido instruídos sobre todas essas questões pelo Senhor Jesus. Um exame revelará que os apóstolos juravam com certa frequência. Diz o apóstolo Paulo, em Romanos 9:1: "Digo a verdade em Cristo, não minto, testemunhando comigo, no Espírito Santo, a minha própria consciência". E novamente, em II Coríntios 1:23: "Eu, porém, por minha vida, tomo a Deus por testemunha de que, para vos poupar, não tornei ainda a Corinto". Essa era a prática e o costume de Paulo. Porém, ainda dispomos de um mui interessante argumento, alicerçado sobre a questão inteira dos juramentos, em Hebreus 6:16. O autor sagrado, nessa altura do seu tratado, procurava dar aos seus leitores o senso de profunda certeza e de terno consolo, e o argumento por ele utilizado foi que o próprio Deus fizera um juramento a respeito daquilo que ele ventilava: "Pois os homens juram pelo que lhes é superior, e o juramento, servindo de garantia, para eles, é o fim de toda contenda". Deus, pois, "se interpôs com juramento", segundo lemos no versículo que se segue àquele. Em outras palavras, ao referir-se à prática do juramento, por parte dos homens, o autor sagrado mostrou como os juramentos servem aos homens de garantia, pondo fim a toda e qualquer contenda. E o autor sagrado não declarou que essa prática é errônea; antes, ele aceitava tal prática como correta, costumeira e ensinada pelo próprio Deus. Em seguida, Ele argumentou, como vimos, que o próprio Deus se interpôs com um juramento, "... para que, mediante duas coisas imutáveis, nas quais é impossível que Deus minta, forte alento tenhamos nós que já corremos para o refúgio, a fim de lançar mão da esperança proposta" (Hebreus 6:18). À luz de todos esses fatos, parece bastante insatisfatória a contenção dos que dizem que não se deve prestar juramento nos tribunais de justiça, como se isso fosse ensinado nas Escrituras. A conclusão a que podemos chegar, com base na Bíblia, é que, se a prática dos juramentos precisa ser restringida a certos casos especiais, há certas ocasiões vitais e solenes em que prestar juramento não é errado, quando então não somente um juramento é legítimo, mas também empresta um certo ar de solenidade e de autoridade, como nenhuma outra coisa poderia fazer.

Esse é o ponto de vista negativo do ensino de nosso Senhor. Sem embargo, o que Jesus ensina pelo lado positivo? Como é patente, a primeira coisa que nosso Senhor quis fazer foi proibir o uso indiscriminado do nome sagrado de Deus, na questão dos juramentos e das declarações blasfemas. Os nomes de Deus e de Jesus Cristo jamais deveriam ser abusados dessa maneira. Porém, basta-nos caminhar pelas ruas da cidade, ou viajar de trem ou de ônibus, para que sejamos testemunhas dessa prática constante, da parte de homens mundanos. Essa prática, sim, foi total e absolutamente condenada por Cristo.

A segunda coisa que nosso Senhor proíbe peremptoriamente é fazermos juramentos por qualquer criatura ou coisa criada, porquanto tudo pertence a Deus. Não podemos jurar pelo céu, pela terra ou por Jerusalém; nem devemos jurar pelas nossas próprias cabeças, ou por qualquer outra coisa, mas exclusivamente pelo próprio nome de Deus. Assim sendo, aquelas discriminações e distinções que os fariseus e os escribas estabeleciam eram inteiramente ridículas. Que é Jerusalém? É a cidade do grande Rei. Que é a terra? Nada é senão o capacho dos pés do Senhor. Ninguém pode ao menos determinar se seu cabelo será preto ou branco! Todas essas coisas estão sujeitas ao controle divino. Além disso, o templo era a sede da presença de Deus, e, por esse motivo, não se podia estabelecer distinção entre Deus e o templo, da maneira como faziam os escribas e os fariseus. A presença mesma de Deus se manifestava em Sua "Shekinah" glória. Aquelas distinções farisaicas eram completamente infundadas.

Outrossim, Jesus proibiu o uso de todo e qualquer juramento na conversação comum. Não há necessidade alguma de ficarmos jurando quando estamos discutindo com alguém, e, assim sendo, não deveríamos apelar para juramentos. De fato, posso mesmo chegar à ousadia de dizer que Jesus afirmou que nenhum juramento ou protesto exagerado jamais se fazem necessários. Todas as nossas afirmativas devem limitar-se a um *Sim, sim*; ou a um *Não, não*. Jesus requeria de Seus seguidores a verdade pura, palavras sempre verazes em toda a comunicação comum, conversação ou fala. "Seja, porém a tua palavra: Sim, sim; não. não. O que disto passar vem do maligno" (Mateus 5:37).

Tudo isso está envolvido na maior solenidade. Podemos notar a sua relevância neste nosso mundo e vida modernos. A maioria das nossas dificuldades não seria devida ao fato que homens e mulheres andam esquecidos dessas coisas? Qual é a principal causa de perturbações na esfera internacional? Não será o fato que ninguém mais pode crer no que os homens dizem? Os homens vivem mentindo! Hitler alicerçou toda a sua política sobre declarações mentirosas, e ainda declarou que só assim é possível obter-se sucesso no mundo. Se alguém quer que sua pátria pareça grandiosa, basta que minta sobre sua verdadeira situação interna. E quanto mais negras forem as mentiras, maiores chances haverá de bom êxito. Assim, uma nação não pode dar crédito a outra; os acordos internacionais, as garantias solenes não mais importam e para nada mais servem.

Todavia, isso não ocorre somente no campo das relações internacionais, mas também dentro de cada governo, e até mesmo no seio das mais sagradas associações da vida. Um dos piores escândalos da vida moderna é o estonteante aumento dos casos de divórcio e de infidelidade. A que se deve tal situação? É que os homens se têm olvidado do ensino de Jesus Cristo no tocante aos votos e aos juramentos, no tocante à veracidade comum, à verdade e à honestidade naquilo que se diz. Quão parecidos somos com aqueles fariseus e escribas! Em suas plataformas políticas, os homens mostram-se muito eloquentes quanto à natureza sagrada dos acordos internacionais.

Entretanto, no mesmo instante em que estão falando, não estão sendo leais e honestos acerca de seus próprios votos matrimoniais. Quando Hitler proferia uma mentira, todos erguíamos as mãos horrorizados. Mas pensamos que a situação é muito diferente quando proferimos aquilo que chamamos de "mentirinhas", a fim de escaparmos de alguma complicação. Opinamos que a mentira, no nível internacional, é algo terrível; mas, segundo todas as aparências, não pensamos da mesma maneira quando mentimos como marido e mulher, como pais ou filhos. Não é assim que agimos?

Trata-se daquela mesma antiga falácia. O templo – representava nada; o ouro do templo – representava tudo. O altar – representava nada; a oferta sobre o altar – representava tudo. É tremendo! Não e não, mas precisamos entender que está em pauta uma lei e um princípio universais que percorrem as Escrituras do princípio ao fim, cobrindo todos os aspectos da existência humana. E isso aplica-se a nós, os crentes, igualmente, pois essa mensagem foi endereçada diretamente a cada um de nós. Não devemos mentir. Mas todos estamos praticando a mentira, embora talvez nem sempre o façamos desavergonhadamente. Que coisa terrível é o perjúrio! Jamais sonharíamos em cometer perjúrio. No entanto, certamente dizer uma mentira é algo tão ruim quanto cometer perjúrio, pois, na qualidade de crentes, sempre deveríamos falar como quem vive na presença mesma de Deus. Somos o povo do Senhor, e uma mentira que contemos a alguém, bem pode servir de obstáculo, interposto entre a alma dessa pessoa e a sua salvação em Cristo Jesus. Tudo quanto fazemos, pois, reveste-se de capital importância. Não devemos exagerar, e nem permitir que as pessoas exagerem em nosso lugar, porquanto todo e qualquer exagero já constitui uma mentira. A mentira dá a quem a ouve uma falsa impressão. Ora, todos esses fatores estão aqui envolvidos. Uma vez mais "Examine-se, pois, o homem a si mesmo" (I Coríntios 11:28). Que Deus tenha misericórdia de nós, se chegarmos a nos mostrar parecidos com os fariseus e os escribas, os quais procuravam distinguir entre pecados grandes e pecados pequenos, entre mentiras e mentirinhas, que seriam pequenas inverdades. Só existe uma maneira de cuidarmos de todas essas falhas. Não estou lhe exortando a que se entregue à morbidez, e nem o estou encorajando a que adquira aquilo que poderíamos chamar de escrupulosidade mórbida; mas deveríamos tomar consciência do fato que nós vivemos sempre na presença de Deus. Asseveramos estar vivendo neste mundo, em comunhão com Ele e com Seu Filho, e também afirmamos que o Espírito Santo habita em nós. Pois bem, eis que o apóstolo Paulo diz: "E não entristeçais o Espírito de Deus..." (Efésios 4:30). Ele vê e ouve tudo – cada exagero, cada mentira. Ele ouve tudo e fica ofendido e triste. Por quê? Porque Ele é "o Espírito da verdade", e nEle jamais houve ou haverá qualquer sombra de inverdade. Por conseguinte, cumpre-nos dar ouvidos às ordens de nosso Rei celestial, o qual também é nosso Senhor e Salvador. Ao sofrer injustamente, Ele não ameaçava. E acerca dEle lemos que "... nem dolo algum se achou em sua boca..." (I Pedro 2:22). Sigamos os passos de Cristo e desejemos ser semelhantes a Ele em todas as coisas. Lembremo-nos de que tudo quando sucede em nossas vidas, em toda a nossa comunicação com o próximo, tudo acontece na presença do Senhor. Lembremo-nos de que essas coisas bem poderão ser aquilo que determinará o que outras pessoas pensarão a respeito dele. "De modo algum jureis... Seja, porém, a tua palavra: Sim, sim; não, não. O que disto passar, vem do maligno" (Mateus 5:34 e 37).

Capítulo XXVI

OLHO POR OLHO, DENTE POR DENTE

Nos versículos 38 a 42 encontramos a quinta ilustração apresentada por nosso Senhor acerca de como a Sua própria interpretação da lei mosaica contrastava com a pervertida interpretação dos escribas e dos fariseus. Com esse fato em mente, talvez a melhor maneira de proceder consista em adotar, uma vez mais, a tríplice divisão da matéria a considerar, conforme já fizemos nas considerações acerca de algumas das ilustrações anteriormente examinadas. A primeira coisa, por conseguinte, deve ser examinarmos, novamente, o intuito dessa legislação mosaica.

A declaração do Velho Testamento, "olho por olho, dente por dente", aparece nos trechos de Êxodo 21:24, Levítico 24:20 e Deuteronômio 19:21. Essa declaração foi feita aos filhos de Israel por intermédio de Moisés, e a coisa mais importante que precisamos fazer agora é determinar o motivo pelo qual esse preceito foi outorgado. Idêntico princípio aplica-se nos casos do adultério e do divórcio, tanto quanto no caso dos juramentos. O principal intuito desse preceito mosaico era o de controlar os excessos. Neste caso particular, tinha por fim controlar a ira, a violência e a vindita. Não há necessidade alguma de elaborarmos esse ponto, porque, infelizmente, todos estamos familiarizados com o mesmo. Todos nos temos tornado culpados desse pecado. Se qualquer malefício for feito contra nós, o revide faz parte de nosso instinto natural; e não só isso, mas também queremos acrescentar mais do que é justo, nesse revide. Era isso que homens e mulheres faziam naqueles dias, e é o que continuam fazendo até hoje. Basta uma pequena ofensa para que a pessoa ofendida procure tirar vingança, incluindo danos físicos ao ofensor, podendo até mesmo tirar-lhe a vida. Toda essa tendência para a ira e para a cólera, para a retribuição e para a retaliação encontra-se no âmago mesmo da natureza humana. Não é apenas a natureza que se caracteriza pela "lei das presas e ganas sangrentas", mas a própria humanidade assim se caracteriza. Consideremos as crianças, por exemplo. Desde a mais tenra idade as crianças manifestam esse impulso para a vingança; esse é um dos mais odiosos e repelentes resultados da queda do homem e do pecado original.

Ora, essa tendência estava se manifestando entre os filhos de Israel, e há exemplos da mesma que nos são fornecidos nas páginas do Antigo Testamento. Portanto, a finalidade desse preceito mosaico foi o de controlar e reduzir esse pendor para a mais caótica condição, devolvendo certa ordem à sociedade dos homens. Conforme vimos, esse é um grande princípio fundamental. Deus, o Autor da salvação, o Autor do caminho através do qual a humanidade pode ser libertada da escravidão e da tirania do pecado, também determinou que o pecado fosse reprimido. O Deus da graça também é o Deus da lei, e essa é uma das ilustrações da lei. Deus não somente haverá de eliminar inteiramente o mal e o pecado, com todos os seus resultados, mas também, nesse ínterim, haverá de controlá-los e impor-lhes limites. Podemos perceber isso no livro de Jó, onde o próprio Satanás não pode fazer certas coisas, a menos que receba permissão para tanto. O diabo está sujeito ao controle divino, e uma das facetas mais claras dessa realidade é que Deus impõe leis. Deus estabeleceu o presente preceito, o qual insiste que essas questões precisam ser controladas por um certo princípio de igualdade e equidade. Por conseguinte, se um homem chegasse a cegar a outrem, não deveria ser morto por esse motivo. Antes, seria "olho por olho". Ou então, se viesse a arrancar um dente de um seu semelhante, a vítima só tinha o direito de exigir que o ofensor perdesse um de seus dentes. O castigo era sempre equivalente à ofensa, sem jamais excedê-la.

Esse é o propósito deste preceito mosaico. O princípio de justiça tem de fazer parte do quadro, e a justiça nunca se mostra excessiva em suas exigências. Deve haver correspondência entre a gravidade do crime e o castigo imposto contra o mesmo, entre o erro praticado e a providência tomada a respeito do erro. O objetivo daquele estatuto da lei não era que a retaliação fosse rigidamente executada olho por olho ou dente por dente, com insistência sobre isso em cada caso; a sua finalidade era apenas evitar esses terríveis excessos, esse terrível espírito vingativo que os homens manifestam, coibindo-o e mantendo-o dentro de limites razoáveis.

Porém, quiçá a faceta mais importante da questão é que esse preceito não foi dado para os indivíduos, mas antes, foi dirigido aos juízes, que eram os responsáveis pela lei e pela ordem entre os indivíduos. O sistema de juízes foi estabelecido entre os filhos de Israel, e então, quando surgiam disputas e contendas entre o povo, tudo era deixado ao encargo dessas autoridades responsáveis, a fim de que julgassem as causas. Aos juízes competia averiguar se a justiça estava sendo efetuada olho por olho e dente por dente, e não mais. Essa porção da legislação mosaica, pois, visava aos juízes, e não aos indivíduos em particular – tal e qual se vê também na maioria dos modernos códigos legais. A lei é executada pelos magistrados ou juízes, isto é, por aqueles a quem a nação incumbiu dessa tarefa. Esse era o princípio em pauta; e isso retrata bem o preceito mosaico que estamos considerando. O seu principal objetivo era introduzir esse elemento de justiça e retidão em uma situação até então caótica, arrebatando dos homens a tendência de tomarem a lei em suas próprias mãos, agindo como melhor lhes parecesse.

No que dizia respeito ao ensino dos fariseus e escribas, a dificuldade central deles é que se inclinavam por ignorar totalmente o fato que esse ensino se destinava exclusivamente aos juízes, mas antes, dele faziam uma questão de aplicação pessoal. E não somente isso, mas também, à sua maneira tipicamente legalista, consideravam como questão de direito e de dever executar "olho por olho" e "dente por dente". Para eles, tratava-se mais de um direito sobre o qual deveriam insistir do que algo que servia para restringir os excessos. A perspectiva deles era legalista, pois só pensavam em termos de direitos – uma manifestação da atitude egoísta do ser humano. Portanto, tornavam-se culpados de dois erros, quanto a esse particular. Transformavam uma injunção negativa em um mandamento positivo, e, além disso, interpretavam-na e executavam-na eles mesmos. E ainda ensinavam outras pessoas a agirem dessa maneira, ao invés de providenciarem para que a execução desse preceito fosse uma prerrogativa dos juízes, que eram os responsáveis pela lei e pela ordem.

Foi à luz desse pano de fundo que nosso Senhor apresentou este ensino: "Eu, porém, vos digo: Não resistais ao perverso..." (Mateus 5:39), juntamente com as demais afirmações, que se seguem.

Como é claro, estamos defronte de um assunto que, com frequência, tem dado margem a debates, que por muitas vezes tem sido mal compreendido, e que sempre tem sido a causa de muitas confusões. É provável que na Bíblia não exista outra passagem que tenha produzido tanta disputa e animosidade como este preceito, o qual nos recomenda a não resistirmos ao perverso, a nos mostrarmos amorosos com o próximo e a perdoarmos os nossos ofensores. O pacifismo tem sido causa de muitos conflitos verbais, e geralmente leva a uma atitude que está tão longe quanto é possível daquilo que foi aqui ensinado e inculcado por nosso bendito Senhor. Naturalmente, esta é uma daquelas passagens bíblicas para as quais as pessoas prontamente apelam, logo que o Sermão do Monte é mencionado. Muitos, sem dúvida, têm esperado ansiosamente que chegássemos a este versículo; e agora, finalmente, aqui estamos. Não obstante, coisa alguma foi mais importante do que todo o estudo anterior que fizemos, para que pudéssemos chegar a este trecho bíblico, porque, conforme temos visto ao longo destas exposições, esse tipo de injunção só pode ser verdadeiramente compreendida se for devidamente mantida dentro de seu contexto e pano de fundo.

No começo desta série de estudos vimos que existem determinados princípios de interpretação que precisam ser levados em conta se quisermos realmente saber a verdade acerca dessas questões. Poderíamos avivar nossa memória acerca de alguns deles. Em primeiro lugar, jamais deveríamos pensar no Sermão do Monte como um código de ética, ou como um conjunto de regras que cubra detalhadamente toda a nossa maneira de nos conduzirmos. Também não deveríamos imaginar que esse sermão é uma espécie de lei que veio substituir a antiga lei mosaica; bem pelo contrário, o que se pretende aqui é enfatizar o espírito da lei. Por essa razão, não deveríamos apressar-nos a folhear o Sermão do Monte, rebuscando alguma passagem em particular, se quisermos saber o que nos convém fazer quanto a determinada questão. Ninguém consegue arrancar tal utilidade do Novo Testamento. Não é de fato uma tragédia que nós, que estamos sob o pálio da graça, sempre parecemos querer meter-nos debaixo da lei? Perguntamos uns dos outros: "Qual é o ensino bíblico exato a respeito desta ou daquela questão?" E então, quando não podemos receber um "sim" ou um "não" como resposta, a nossa tendência é dizer: "Tudo isso parece tão vago e indefinido!"

Em segundo lugar, esses ensinamentos jamais deveriam ser aplicados mecanicamente, como se tivéssemos aqui uma lista de assuntos classificados. O que conta é o espírito, e não a letra. Não que pretendamos depreciar a letra, mas o que nos cumpre enfatizar é o espírito desse ensinamento.

Em terceiro lugar, se a nossa interpretação chegar a fazer esse ensino parecer ridículo, ou se ela conduzir-nos a alguma posição ridícula, então, como é evidente, a nossa interpretação estará laborando em erro. No entanto, há muita gente que se toma culpada desse erro.

O princípio que vem a seguir é este: Se a nossa interpretação fizer com que esse ensino pareça impossível, então ela também estará em erro. Nosso Senhor jamais ensinou qualquer coisa impossível. Há pessoas que interpretam de tal maneira certos elementos do Sermão do Monte que a sua interpretação é necessariamente falsa. Mas todos os ensinos aqui constantes visam a nossa vida diária.

Em último lugar, cumpre-nos relembrar que se a nossa interpretação, sobre qualquer dos aspectos deste sermão, contradiz o claro e óbvio ensino das Escrituras, conforme se pode depreender de outros pontos da Bíblia, então, uma vez mais, é óbvio que a nossa interpretação saiu pela tangente. As Escrituras precisam ser confrontadas com as Escrituras. Não há contradição alguma dentro do ensino bíblico.

Com essas verdades em mente, consideremos o que nosso Senhor ensina aqui. Disse Ele: "Eu, porém, vos digo: Não resistais ao perverso..." Mas os escribas e fariseus insistiam: "Olho por olho, dente por dente". O que está envolvido nisso? Inevitavelmente, precisamos começar o exame pelo aspecto negativo, o que, no caso desta afirmação, não deve ser entendido literalmente. Sempre haverá pessoas que digam: "O que eu quero dizer é o seguinte: Precisamos aceitar as Escrituras exatamente como elas são, e a Bíblia diz: *não resistais ao perverso*. Isso é tudo; e nada mais precisa ser dito". Por enquanto, não podemos ventilar toda essa atitude referente à interpretação das Escrituras; porém, de modo algum seria difícil mostrar que, se isso tivesse de ser posto em execução em cada situação, haveríamos de chegar a uma interpretação que não somente é ridícula, mas também impossível. No entanto, tem havido algumas personagens famosas, na História da Igreja e do pensamento cristão, que têm insistido que precisamos interpretar dessa forma a presente declaração. Talvez nenhum outro homem tenha influenciado mais poderosamente a maneira de pensar dos homens, a respeito dessas questões, do que aquele grande escritor, Conde de Tolstoy. Ele era um daqueles que diziam que essas palavras de nosso Senhor precisam ser entendidas literalmente. Asseverava ele que dispor de exércitos, de força policial e mesmo de magistrados é algo anticristão. E ele insistia em que não devemos oferecer resistência ao perverso, pois o método de Cristo não consistiria em resistir ao mal em qualquer sentido. Tolstoy afirmava que essa declaração não tem qualificativos modificadores, que ela não expressa a verdade somente sob circunstâncias especiais. Ela estipula: "Não resistais ao perverso". Ora, os policiais resistem aos perversos; portanto, não deveríamos dispor de forças policiais. Outro tanto poder-se-ia dizer a respeito das forças armadas, dos magistrados, dos juízes e dos tribunais de justiça. Não se deveria aplicar qualquer punição aos criminosos. "Não resistais ao perverso."

Existem outros estudiosos que não chegam à posição extremada de Tolstoy. Esses outros afirmam que devemos dispor de magistrados, de tribunais, e assim por diante; mas não acreditam em exércitos, em guerras ou em punição capital. Não acreditam que se deva executar a quem quer que seja, em qualquer sentido, judicial ou não.

Você talvez esteja familiarizado com essa modalidade de ensino e de perspectiva; e faz parte da tarefa da pregação e da interpretação das Escrituras rebater essa atitude, quando ela é exposta de maneira honesta e sincera. Para mim, parece que podemos dar resposta adequada a toda essa objeção relembrando, uma vez mais, o contexto e a conexão inteira dessas afirmações. Não se pode enfatizar exageradamente esse ponto. O Sermão do Monte precisa ser aceito em consonância com a ordem ou sequência em que foi pregado e apresentado por Cristo. Esse sermão não começa por essa injunção, e, sim, pelas bem-aventuranças. Partindo daquelas definições fundamentais, avançamos a partir delas. Mais adiante veremos a relevância desse fato; porém, antes disso, é mister abordarmos este parágrafo em geral.

O primeiro princípio básico é que esse ensino não se destina nem às nações e nem ao mundo em geral. Efetivamente, poderíamos ir mais adiante e dizer que esse ensino nada tem a ver com o indivíduo que não é crente. Vemos aí a importância da correta sequência de apresentação do material desse sermão. É como se nosso Senhor tivesse dito àquela gente: "É dessa maneira que vocês devem viver". Ora, para quem Ele estava falando? Jesus se dirigia àqueles a quem já havia descrito nas bem-aventuranças. A primeira coisa que Jesus disse sobre eles é que eles são "humildes de espírito". Em outras palavras, eles são perfeitamente cônscios de sua total incapacidade espiritual. São perfeitamente cônscios do fato que são pecadores, totalmente carentes aos olhos de Deus. São também aqueles que choram por causa de seus pecados. Chegam a compreender o pecado como uma força que, dentro deles, vicia todos os aspectos de suas vidas, e em face disso se lamentam. Também são mansos; neles há um espírito que é a própria antítese da atitude deste mundo. Eles têm fome e sede de justiça, e assim por diante. Ora, as injunções particulares que estamos estudando destinavam-se exclusivamente a pessoas dessa categoria.

Não precisamos repisar esse ponto. O ensino deste preceito simplesmente não pode ser observado por quem não possua essas qualidades. Nosso Senhor jamais pediu do homem natural, que é marionete do pecado e de Satanás, que está destinado ao inferno, que ele viva uma vida dotada dessas elevadíssimas virtudes, pois tal indivíduo simplesmente não é capaz de atender a essa ordem divina. Devemos ser homens transformados, nascidos de novo, antes de podermos viver tal vida. Portanto, advogar esse preceito como se fosse uma norma a ser observada por uma nação ou país, não é nada menos do que uma heresia. Esse ensino é herético como segue: Se solicitarmos de um indivíduo que não nasceu do alto, que não recebeu o Espírito Santo, para que ele viva a vida cristã, então estaremos virtualmente dizendo que um homem pode justificar-se através de suas próprias obras, e isso é heresia. Assim fazendo, estaríamos sugerindo que se um homem concentrar a força da mente sobre essa particularidade, então poderá viver essa modalidade de vida, em virtude de seus próprios esforços. Ora, isso é contrariar frontalmente o ensino inteiro do Novo Testamento. Nosso Senhor fixou a verdade acerca disso de uma vez para sempre, em Sua entrevista com Nicodemos. Nicodemos virtualmente estava a ponto de indagar do Senhor: "Que devo fazer para que me assemelhe a Ti?" E então, por assim dizer, o Senhor lhe respondeu: "Meu amigo, não pense em termos do que você é capaz de fazer; pois você nada pode fazer; antes, importa-lhe nascer de novo". Isso posto, exigir conduta cristã da parte de quem não nasceu de novo – e, pior ainda, de uma nação ou de um grupo de nações – tanto é algo impossível quanto é algo errado.

Todavia, aquele preceito que diz, "Olho por olho, dente por dente" continua sendo aplicável ao mundo, a uma nação qualquer ou a um indivíduo incrédulo. Toda essa gente continua sujeita àquela justiça que restringe e refreia o indivíduo, preservando a lei e a ordem e controlando os excessos. Em outras palavras, é por essa razão que o crente precisa crer na lei e na ordem, como também jamais deveria mostrar-se negligente em seus deveres como cidadão de um estado qualquer. Ele sabe que "... não há autoridade que não proceda de Deus" (Romanos 13:1), que a iniquidade precisa ser controlada, e que o vício e o crime precisam ser circunscritos dentro de limites apertados – justiça e equidade são expressos por meio da fórmula "olho por olho, dente por dente". Em outras palavras, o Novo Testamento ensina que enquanto um indivíduo não se põe debaixo da proteção da graça divina, precisa ser mantido debaixo da lei. É nesse ponto que têm penetrado todo esse caos e toda essa confusão dos dias modernos. Pessoas que não são crentes falam de maneira muito vaga acerca deste ensino de Cristo concernente à nossa vida diária, interpretando-o como se indicasse que não se deveria punir uma criança desobediente, que não deveria haver lei ou ordem, e que primeiramente teríamos de amar a todos, transformando-os em indivíduos suaves e meigos. Mas agora estamos vendo o resultado de todas essas teorias! Tudo não passa de heresia. Pelo contrário, é necessário que impere o preceito que diz "olho por olho, dente por dente", até que haja intervenção do Espírito de Jesus na vida do indivíduo. E então algo bem mais elevado é esperado de nós; mas não antes disso. A lei desmascara o perverso e o mantém sob controle, e o próprio Deus foi quem assim determinou; e todas as "autoridades" que existem devem executar a vontade divina.

Este é o primeiro princípio. Isto não tem nada a ver com as nações ou o chamado pacifismo cristão, socialismo cristão e coisas semelhantes. Esses conceitos não podem ser baseados neste princípio; de fato, eles são uma negação do mesmo. Esta era a tragédia inteira de Tolstoy, e, pobre homem, ele mesmo tornou-se a tragédia quando, enfim, confrontou-se com a absoluta inutilidade de todo o seu conceito. Isto era inevitável desde o início, como ele deveria ter visto se tivesse realmente compreendido o ensino.

Em segundo lugar, esse ensino, que concerne ao crente individual, e a ninguém mais, só pode ser aplicado a ele, em suas relações pessoais, e não em suas relações como cidadão de seu país. Esse é o ponto crucial de todo esse ensino. Cada um de nós vive, ao mesmo tempo, em diversas relações. Aqui estou, como cidadão britânico, em relação ao estado, ao governo e a outras organizações similares. Sim, mas também mantenho outras relações pessoais, como sejam, com a minha família, com outras pessoas, com os meus amigos, na qualidade de membro da igreja cristã, e assim por diante. Todas essas relações são inteiramente distintas de minha relação geral com a minha pátria, à qual pertenço. Repito, entretanto, que o ensino de nosso Senhor nesta passagem diz respeito ao comportamento do crente somente no tocante às suas relações pessoais; na verdade, nesta afirmação de Jesus, as relações entre o crente e o estado nem ao menos são consideradas ou mencionadas. Nada mais podemos encontrar aqui, salvo a reação do crente, como indivíduo, às coisas que forem feitas contra a sua pessoa. No que toca à relação do crente para com o estado, e no tocante às suas relações em geral, existem instruções as mais amplas nas Escrituras. Se você estiver ansioso sobre suas relações para com o estado, ou suas atitudes como cidadão, então não se demore em considerações sobre o Sermão do Monte. Antes, busque outros capítulos da Bíblia, que aludem especificamente a esse tema, como Romanos 13 e I Pedro 2. Portanto, se eu, como jovem, estiver considerando os meus deveres para com o estado, na questão do serviço às forças armadas, não é nesta passagem que poderei encontrar instruções a esse respeito. Terei de procurar algures essas instruções. Pois aqui só existem instruções referentes às minhas relações pessoais. No entanto, com quanta frequência, ao serem estudados os deveres de uma pessoa para com o estado, cita-se esta passagem bíblica! Mas assevero que este trecho não tem absolutamente nada a ver com essa questão.

O terceiro princípio que controla a interpretação deste assunto, como é evidente, não é considerado como tal neste preceito, sem importar se estamos pensando em punição capital, em mortes provocadas pela guerra, ou em qualquer outra maneira de se tirar a vida do próximo. Nosso Senhor estava considerando aqui esta lei, que versa sobre a reação pessoal do crente diante das coisas que lhe acontecem. Naturalmente, em última análise esse preceito envolve a questão inteira do homicídio, mas esse não é o princípio posto em primeiro plano por nosso Senhor, nessa ocasião. Portanto, interpretar este parágrafo em termos de pacifismo é reduzir esse grande e admirável ensino cristão a uma mera questão legalista. E aqueles que fundamentam o seu pacifismo neste parágrafo – não me importando aqui determinar se o pacifismo é certo ou errado – tornam-se culpados dessa forma de heresia. Esses tais retornaram ao legalismo dos escribas e fariseus; e isso é uma interpretação inteiramente falsa.

Por conseguinte, o que nos está sendo ensinado aqui? Certamente só existe um princípio básico neste preceito, a saber, a atitude de uma pessoa para consigo mesma. Poderíamos discutir sobre o crente em termos do estado, da guerra e de outras coisas dessa natureza. Porém, isso é algo que fica em um nível muito inferior àquilo que o Senhor Jesus Cristo pede que enfrentemos aqui. O Senhor pede de cada um de nós que encare a si mesmo; e é muito mais fácil discutir acerca do pacifismo do que enfrentar francamente o ensino do Senhor Jesus, neste ponto. No que consiste esse ensino? Sugiro que a chave para a compreensão do mesmo se acha no versículo 42, onde se lê: "Dá a quem te pede, e não voltes as costas ao que deseja que lhe emprestes". Isso se reveste de suprema importância. Quando você lê esse parágrafo, tem a impressão de que o versículo 42 não deveria estar aí, de jeito nenhum. "Ouvistes que foi dito: Olho por olho, dente por dente. Eu, porém, vos digo: Não resistais ao perverso..." Esse é o tema, a resistência ao perverso, o que poderia dar a impressão que cabem aqui questões como a guerra, o tirar a vida do próximo e a punição capital. Entretanto, o Senhor prossegue a fim de dizer: "... mas, a qualquer que te ferir na face direita, volta-lhe também a outra; e, ao que quer demandar contigo e tirar-te a túnica, deixa-lhe também a capa. Se alguém te obrigar a andar uma milha, vai com ele duas". E então Jesus diz, inesperadamente: "Dá a quem te pede, e não voltes as costas ao que deseja que lhe emprestes". E isso nos impele imediatamente a indagar: Que tem a ver essa questão dos empréstimos com a questão da não resistência ao perverso, de não revidar, de não brigar e de não matar o próximo? Como é que aquela questão encontrou lugar entre essas outras? É neste ponto que encontramos um indício seguro para a compreensão dos princípios que nosso Senhor queria aqui inculcar. O tempo todo Ele estava interessado pela questão do "eu", pela questão da nossa atitude para conosco. Por assim dizer, Jesus dizia que se somos crentes autênticos, então precisamos morrer para o próprio "eu". Não está em foco a questão se devemos ingressar ou não nas forças armadas; pelo contrário, está em pauta o que eu penso de mim mesmo, bem como qual é a minha atitude para comigo mesmo.

Trata-se de uma instrução essencialmente espiritual, a qual pode ser vista através das maneiras que passo a destacar. Em primeiro lugar, preciso estar certo, em minhas atitudes para comigo mesmo, no tocante ao espírito de autodefesa, que aflora prontamente quando alguém me faz alguma injustiça. Também é mister que eu aborde esse desejo de vingança, esse espírito de retaliação que tanto caracteriza o homem natural. Também cumpre-nos considerar a nossa própria atitude em relação às injustiças que são feitas contra nós, bem como as exigências que nos são impostas pela comunidade ou pelo estado. E, finalmente, há aquela atitude do "eu" acerca das possessões do indivíduo. Nosso Senhor estava aqui desvendando e desmascarando aquele horrendo fator que controla o homem natural, ou seja, o próprio "eu", aquele medonho legado que herdamos da queda do homem, e que leva o ser humano a vangloriar-se em si mesmo e a exibir-se como se fora um deus. O homem natural protege esse "eu" o tempo todo, e de todas as maneiras possíveis. Todavia, ele não faz assim somente quando é atacado ou quando alguma coisa lhe é subtraída; pois também age assim no tocante às suas possessões materiais. Se alguém quiser emprestar dele alguma coisa, sua reação instintiva será: "Por que eu deveria desfazer-me de minhas possessões e empobrecer?" O próprio "eu" ocupa o primeiro plano o tempo todo.

No instante em que percebemos essa verdade, não vemos mais qualquer contradição entre o versículo 42 e os demais versículos deste parágrafo. Não há somente uma espécie de conexão, e, sim, este versículo faz parte essencial do todo. A tragédia dos escribas e fariseus era que eles interpretavam "olho por olho" e "dente por dente" de forma puramente legal, como se fosse algo inteiramente físico e material. Os homens até hoje incorrem nesse erro de interpretação. Eles reduzem esse admirável ensino à mera questão da punição capital, ou então se deveríamos ou não participar da guerra. Mas Jesus Cristo como que respondeu: "Não é assim. Antes, deve-se pensar aqui sobre as atitudes do espírito, sobre as atitudes do indivíduo, especialmente no que concerne a si mesmo. E Eu gostaria que vocês percebessem que se vocês são Meus discípulos autênticos, então terão que fazer morrer o próprio 'eu' ". Ou então, se você assim o preferir, é como se Jesus tivesse dito: "Se alguém quiser ser Meu discípulo, então negue-se a si mesmo (juntamente com todos os direitos que tem sobre a sua própria pessoa), tome a sua cruz e siga-Me".

Capítulo XXVII
A CAPA E A SEGUNDA MILHA

Já ventilamos os versículos 38 a 42 em pinceladas gerais, tendo podido estabelecer certos importantes princípios, cuja consideração era indispensável, antes de podermos ter a esperança de compreender a significação desse parágrafo tão desafiador. Quão frequentemente tendemos por esquecer que o fator mais importante, ao nos depararmos com as Escrituras, e, especialmente, com uma declaração difícil como esta, é a preparação do nosso espírito. Não basta abordarmos as Escrituras com mente esclarecida, potente e intelectual. Na compreensão e elucidação das Escrituras, o espírito é muito mais importante do que a mente. Portanto, é fatal ao bom entendimento quando nos precipitamos em um estudo bíblico como este numa atitude argumentativa e antagônica. Eis a razão por que temos dedicado algum tempo à descrição do pano de fundo, ou, se você assim preferir, à preparação dos nossos espíritos, certificando-nos de que nossa atitude inteira é apropriada e está preparada para acolher a mensagem bíblica.

Mas agora é chegado o momento de abordarmos os detalhes. Não é que nosso Senhor nos tenha dado aqui uma lista completa daquilo que nos compete fazer em cada circunstância e condição nas quais porventura nos achemos na vida. Em primeiro lugar, pois, Cristo ensina-nos que devemos morrer para o próprio "eu". Que significa isso? Este parágrafo mostra-nos como podemos fazer isso; mostra-nos algumas maneiras através das quais podemos testar a nós mesmos, verificando se estamos morrendo ou não para o nosso "eu". São três ilustrações selecionadas pelo Senhor Jesus, por assim dizer quase ao acaso, a fim de ilustrar esse princípio fundamental. Não contamos aqui com alguma lista exaustiva. O Novo Testamento não nos provê instruções detalhadas dessa espécie. Antes, declara: "Você foi chamado; lembre-se que você é um homem de Deus. Aqui estão os princípios básicos. Vá e aplique-os à vida diária". Naturalmente, é bom que possamos discutir juntos essas coisas. Sem embargo, devemos ter o cuidado de não nos colocarmos novamente em sujeição à lei. Ora, esse perigo precisa ser ressaltado porque há muitas pessoas que, embora combatam o catolicismo romano, por causa do casuísmo deste, são perfeitamente romanistas em suas ideias e doutrinas, quanto a este particular. Julgam elas que o dever da Igreja consiste em fornecer-lhes respostas detalhadas para cada pequena questão, e vivem preocupadas com esses pormenores. Precisamos deixar totalmente para trás essa atmosfera das minúcias, entrando no terreno dos grandes princípios básicos.

O princípio inicial envolve aquela questão toda que, de modo geral, denominamos de "voltar a outra face". "Eu, porém, vos digo: Não resistais ao perverso; mas a qualquer que te ferir na face direita, volta-lhe também a outra" (Mateus 5:39). Que significam essas palavras, à luz dos princípios gerais anteriormente enunciados? Significam que precisamos nos desfazer do espírito de retaliação, do desejo de nos defendermos e de tirarmos vingança a respeito de qualquer ofensa ou dano que nos tiverem feito. Nosso Senhor começa pelo nível físico, material. Ele imagina aqui um homem que venha ao nosso encontro e, sem qualquer provocação de nossa parte, dá-nos uma bofetada no rosto. Nossa imediata reação instintiva é devolver a bofetada, castigando o agressor e tirando vingança. No instante em que sou ferido, desejo retaliar. É com esse aspecto que se preocupava nosso Senhor; e Ele, simples e categoricamente, assevera que não devemos procurar tirar vingança. "A mim me pertence a vingança; eu retribuirei, diz o Senhor" (Romanos 12:19b).

Permita-me oferecer-lhe como ilustração dois casos que envolvem homens que, conforme todos teremos de concordar, puseram esse ensino bíblico em prática. O primeiro caso envolve o famoso evangelista de Cornwall, Billy Bray. Antes de sua conversão, ele fora um excelente pugilista. Mas Billy se converteu, e então, estando no interior de uma mina, um outro homem, que vivia temendo a Billy Bray com terror mortal, antes da conversão deste último, tendo sabido da conversão dele, julgou que, finalmente, chega a sua oportunidade de vingar-se. Sem qualquer provocação, atacou Billy Bray, o qual facilmente poderia ter apelado para o revide, deixando seu atacante inconsciente no chão. Entretanto, ao invés de revidar ao ataque, Billy Bray olhou para o seu agressor e disse: "Que Deus o perdoe, assim como eu também lhe perdoei", e nada mais disse. O resultado foi que aquele homem passou vários dias de verdadeira agonia mental e espiritual, o que o levou diretamente à conversão. Ele sabia o que Billy Bray poderia ter feito, e também sabia o que o homem natural de Billy Bray desejara fazer. Mas Billy Bray não reagiu; e foi dessa maneira que o Senhor pôde usá-lo.

O outro caso envolveu um homem muito diferente. Certa noite, de pé na margem de um dos rios da China, Hudson Taylor acenou para um barqueiro para que viesse transportá-lo em seu bote para o outro lado do rio. Quando o bote já se aproximava da margem, um rico chinês surgiu de repente e, sem ter reconhecido que Hudson Taylor era um estrangeiro, pois estava envergando trajes nativos, deu-lhe um encontrão, empurrando-o com tanta força para um lado, que ele caiu na lama. Todavia, Hudson Taylor nada disse, mas o barqueiro recusou-se a transportar no bote o seu compatriota, dizendo: "Não você, pois este estrangeiro chamou-me primeiro, e a vez de ser transportado é dele". O rico chinês ficou atônito e admirado, ao dar-se conta de seu equívoco. Hudson Taylor, entretanto, não se queixou; antes, convidou o homem para entrar também no bote e começou a dizer-lhe o que ele, Hudson Taylor, possuía em si, que o levara a comportar-se daquela maneira pacífica. Sendo estrangeiro, ele poderia ter-se ofendido com aquele tratamento brutal; mas não o fizera sustentado pela graça de Deus, que nele estava. Seguiu-se então um diálogo que, segundo Hudson Taylor tinha toda razão para crer, deixou profunda impressão na alma daquele chinês.

Essas são apenas duas instâncias de homens que procuraram observar esta injunção particular, e que, de fato, obtiveram bom êxito em sua observância. O que está aqui envolvido é o seguinte: Não nos deveríamos preocupar tanto com ofensas e insultos pessoais que nos vitimam, sem importar se são de natureza física ou não. Ser esbofeteado no rosto é insultuoso e humilhante. Todavia, um insulto pode ser desferido de muitas maneiras diferentes. Pode ser desferido com a língua, ou apenas com um olhar. Nosso Senhor, entretanto, deseja que se produza em nós um espírito que não se ofenda facilmente diante dessas coisas, e que não busque imediatamente maneiras de tirar vingança. Ele quer que atinjamos aquele estado de espírito em que sejamos indiferentes ao próprio "eu" e à autoestima. O apóstolo Paulo, por exemplo, estabelece esse ponto com perfeição, em I Coríntios 4:3. Ele estava se dirigindo aos crentes de Corinto, os quais haviam dito coisas muito injuriosas contra sua pessoa. Paulo fora o instrumento usado pelo Senhor para a fundação daquela igreja, mas tinham-se formado facções rivais dentro da congregação. Alguns dos membros jactavam-se em Apolo e sua pregação eloquente, ao passo que havia quem se dissesse seguidor de Cefas. Muitos haviam criticado o grande apóstolo Paulo da maneira mais insultuosa possível. Notemos o que ele disse diante disso: "Todavia, a mim mui pouco se me dá de ser julgado por vós, ou por tribunal humano; nem eu tão pouco julgo a mim mesmo". Com isso, Paulo quis dar a entender que já aprendera a mostrar-se indiferente para com as críticas, os abusos e os insultos, e para com qualquer coisa que os homens viessem a fazer contra ele.

Esse é o amplo princípio que nosso Senhor estabeleceu. Tenhamos cuidado, entretanto, para não violarmos um daqueles princípios interpretativos para os quais já havia chamado a sua atenção. Não temos aqui uma elaboração ou qualificação modificadora de algo que já tivesse sido ensinado. Nosso Senhor não nos quis ensinar aqui que não nos devemos preocupar com a defesa da lei e da boa ordem. Voltar a outra face não significa que não nos devamos incomodar, de modo algum, com o que suceda no campo das questões nacionais, quer os acontecimentos pendam para a boa ordem, quer para o caos. De jeito nenhum. Conforme já vimos, esse foi o erro de Tolstoy, o qual declarou que não deveria haver policiais, militares e magistrados. Tal ideia é uma completa imitação burlesca do ensino de Cristo. O que nosso Senhor quis dizer aqui é que não devo preocupar-me comigo mesmo, com a minha honra pessoal, e assim por diante. Porém, isso difere muito de não estarmos preocupados com a manutenção da lei e da ordem, ou com a defesa dos fracos e desprotegidos. Sim, devo e preciso estar preparado para sofrer qualquer insulto ou indignidade pessoal que o homem possa infligir-me; ao mesmo tempo, porém, devo acreditar na lei e na ordem. Assevero, estribado na Bíblia, que "... não há autoridade que não proceda de Deus..." (Romanos 13:1), que os juízes formam um poder necessário, que o mal e o pecado precisam ser refreados e restringidos, e que eu, na qualidade de cidadão, tenho de levar isso em conta. Por conseguinte, não devo compreender dessa maneira geral o ensino do Senhor, neste parágrafo; pelo contrário, encontro aqui uma palavra que me é dirigida pessoalmente. Por exemplo, essa interpretação lança no ridículo a instrução do Senhor, se dissermos que se um homem alcoolizado, ou um lunático violento der-me uma bofetada em um dos lados do rosto, imediatamente deverei voltar-lhe a outra face. Pois se um homem bêbado ou um lunático chegar a agir dessa maneira, o que acontecer na realidade não será um insulto contra mim. Tal indivíduo não estaria no pleno controle de suas faculdades ao assim comportar-se como um animal, e nem teria consciência do que estivesse fazendo. O que nosso Senhor desejava era ressaltar o meu estado de espírito, a minha atitude para com tal indivíduo. Por estar intoxicado pelo álcool, aquele pobre homem não teria consciência de seus atos; e, na realidade, não teria tido a intenção de insultar-me. Antes, seria um homem que estaria prejudicando a si mesmo, bem como a mim e a outras pessoas. Por conseguinte, seria necessário que tal homem fosse restringido em suas ações. E, de acordo com o espírito daquela injunção, cumprir-me-ia procurar restringi-lo. Ou então, se eu chegasse a ver um homem abusando de uma criança, e maltratando-a, cumprir-me-ia agir precisamente da mesma maneira. Esse ensino refere-se às minhas preocupações comigo mesmo. "Fui insultado e ferido; por conseguinte, devo defender-me bem como defender a minha honra." Essa é a atitude que nosso Senhor ansiava por banir de nossas vidas.

A segunda ilustração usada por nosso Senhor foi a questão da túnica e da capa. "... e ao que quer demandar contigo e tirar-te a túnica, deixa-lhe também a capa" (Mateus 5:40). Ora, que querem dizer essas palavras? Poderíamos colocar a questão como segue. Nosso Senhor interessava-se aqui pela nossa tendência de exigirmos os nossos direitos, os nossos direitos legais. E ofereceu como exemplo disso o caso de um homem que resolveu litigiar comigo a respeito de minha roupa interna, em um tribunal de justiça. De conformidade com as leis judaicas, um homem não podia de forma alguma ser despojado de suas roupas mais externas, embora pudesse sê-lo de sua roupa interior. A despeito disso, nosso Senhor declara: "... ao que quer demandar contigo e tirar-te a túnica, deixa-lhe também a capa".

Novamente, defrontamo-nos com dificílima questão, e a única maneira de tratarmos esse problema é dar atenção cuidadosa ao princípio em foco, que é aquela tendência dos homens sempre demandarem e insistirem sobre os seus direitos legais. Todos estamos bem familiarizados com isso, nestes nossos dias. Há pessoas que jamais se cansam de dizer-nos que o verdadeiro problema do mundo atual é que todos estão falando sobre seus direitos, ao invés de falarem acerca dos seus deveres. Com essa propensão é que nosso Senhor aqui tratava. Os homens vivem pensando em seus direitos, e dizendo: "Preciso reclamar os meus direitos". Esse é o espírito mundano, do homem natural, que precisa depender da carne e sobre isso insiste. Mas nosso Senhor empenhou-se em demonstrar que não é assim a atitude verdadeiramente cristã. Ele diz que não devemos insistir quanto a nossos direitos legais, mesmo quando, ocasionalmente, sejamos vítimas de injustiça, por causa desse desinteresse próprio.

Temos aqui uma declaração sem adornos desse princípio básico; mas, novamente, cabe-me elaborar essa declaração. Nessa conexão, existem passagens bíblicas importantíssimas. É em um caso como este que se percebe a importância de se comparar Escritura com Escritura, e de nunca interpretar algum trecho bíblico de modo a contradizer outro ensino bíblico. "... ao que quer demandar contigo e tirar-te a túnica, deixa-lhe também a capa." Não obstante, o Senhor nos instruiu como se segue: "Se teu irmão pecar contra ti, vai argui-lo entre ti e ele só. Se ele te ouvir, ganhaste a teu irmão". E então o Senhor prossegue: "Se, porém, não te ouvir, toma ainda contigo uma ou duas pessoas... E, se ele não os atender, dize-o à igreja; e, se recusar ouvir também a igreja, considera-o como gentio e publicano" (Mateus 18:15-17). Em outras palavras, Cristo não parece estar aqui recomendando que volvamos a outra face, ou que lancemos também a capa, em adição à túnica demandada de nós.

Consideremos, igualmente, o trecho de João 18:22-23, onde se lê: "Dizendo ele isto, um dos guardas que ali estavam deu uma bofetada em Jesus, dizendo: É assim que falas ao sumo sacerdote? Replicou-lhe Jesus: Se falei mal, dá testemunho do mal; mas, se falei bem, por que me feres?" Conforme você deve estar percebendo, Jesus protestou contra aquele ato violento do oficial de justiça.

Permita-me relembrar-lhe, igualmente, do que somos informados acerca do apóstolo Paulo, em Atos 16:37. Paulo e Silas haviam sido lançados na masmorra da prisão de Filipos, e seus pés tinham sido atados ao tronco. E então, na manhã seguinte, após o terremoto e todos os eventos daquela memorável noite, os magistrados entenderam que tinham incorrido em grave erro, e baixaram ordens para que Paulo e Silas fossem postos em liberdade. Vejamos, porém, a resposta dada por Paulo ao oferecimento de liberdade: "Sem ter havido processo formal contra nós, nos açoitaram publicamente e nos recolheram ao cárcere, sendo nós cidadãos romanos; querem agora, às ocultas, lançar-nos fora? Não será assim; pelo contrário, venham eles, e, pessoalmente, nos ponham em liberdade". E os magistrados tiveram de vir à prisão para libertarem pessoalmente os enviados do Senhor.

Como conciliar entre si esses ensinos que parecem tão díspares? No Sermão do Monte, nosso Senhor parece haver dito que, invariavelmente, cumpre-nos voltar a outra face, ou então, se alguém quiser demandar conosco acerca da túnica, devemos deixar-lhe também a capa. Entretanto, Ele mesmo, ao ser ferido no rosto, não voltou a outra face, mas antes, registrou um protesto. Por semelhante modo, o apóstolo Paulo insistiu que os magistrados deveriam vir pessoalmente libertar a ele mesmo e a Silas. Contudo, se aceitarmos o princípio original, não teremos qualquer dificuldade em conciliar esses dois ensinos entre si. Pode-se fazer essa conciliação da seguinte maneira. Essas instâncias não são exemplos e ilustrações de que nosso Senhor e Seus apóstolos teriam insistido sobre seus direitos pessoais. O que nosso Senhor fez foi reclamar contra a transgressão da lei, e o Seu protesto foi erguido para salientar o valor da lei. É como se Ele tivesse dito àquele guarda: "Ferindo-me dessa maneira, como você bem sabe, está transgredindo a lei". Jesus não indagou de Seus algozes: "Por que vocês me estão insultando?" Ele não perdeu as estribeiras, e nem recebeu a bofetada como uma afronta pessoal. Não ficou encolerizado e nem mostrou que estava interessado somente pela Sua própria honra. Mas preocupou-se em relembrar àquele indivíduo a dignidade e a honra da lei. E o apóstolo Paulo agiu precisamente da mesma maneira. Não fez veemente protesto por haver sido lançado na masmorra. Mas interessou-se por mostrar que os magistrados, ao agirem como agiram, lançando-os na prisão sem qualquer processo legal, estavam fazendo o que era ilegal, estavam violando as leis do império, embora tivessem sido nomeados para cumpri-la. Portanto, refrescou-lhes a memória a respeito da dignidade e da honra dessas mesmas leis.

O crente não precisa preocupar-se com insultos e ofensas pessoais. Porém, quando se trata de uma questão de honra e de justiça, de retidão e de verdade, o crente deve preocupar-se e fazer o seu protesto. Quando a lei não é honrada, quando ela é quebrada de modo flagrante, não por causa de algum interesse pessoal, e nem a fim de nos protegermos a nós mesmos, cumpre-nos agir como quem crê em Deus, como quem acredita que toda lei, em última análise, procede de Deus. Essa foi a trágica heresia de Tolstoy e de outros, embora não percebessem que estavam sendo heréticos. A lei e os seus preceitos, em última análise, procedem de Deus. Ele determinou as fronteiras de cada nação; Ele é quem nomeia reis, governantes e magistrados, bem como todos os oficiais que precisam manter a lei e a ordem. Por conseguinte, o crente precisa acreditar na observância da lei. Desse modo, apesar do crente dever preparar-se para aceitar qualquer coisa que lhe aconteça pessoalmente, também deve levantar seu protesto quando estiverem sendo cometidas injustiças.

É evidente que essas questões são tremendamente importantes e significativas nas vidas de grande número de pessoas crentes, em muitos países, nestes nossos dias. Na China e nos países por detrás da chamada "cortina de ferro", há muitos crentes que estão enfrentando essas circunstâncias. É perfeitamente possível que nós mesmos venhamos a enfrentá-las também. Assim sendo, precisamos ter esses princípios básicos claramente fixados na memória.

O princípio seguinte envolve a questão de se "andar a segunda milha". "Se alguém te obrigar a andar uma milha, vai com ele duas" (Mateus 5:41). Essas palavras podem ser explicadas da seguinte maneira. Essa obrigação de caminhar a segunda milha é uma alusão a um costume muito comum no mundo antigo, por meio do qual uma autoridade constituída tinha o direito de determinar a um homem que fizesse um carreto ou transporte. Certa quantidade de bagagem tinha de ser movida de um local para outro, e as autoridades tinham o direito de determinar a um homem qualquer que carregasse essa bagagem daquele local para o próximo. Em seguida, as autoridades valiam-se de um segundo indivíduo para fazer o carreto desse local para um terceiro, e assim por diante. Naturalmente, esse era um direito que assistia especialmente uma nação que conquistara outra, e, naqueles tempos, a Palestina havia sido dominada pelos romanos. O exército romano exercia controle sobre as vidas dos judeus, e com frequência os romanos exigiam que os judeus se ocupassem desse tipo de serviço. Um judeu poderia estar ocupado em seus próprios afazeres quando, subitamente, um grupo de soldados romanos poderia aproximar-se dele, e dizer: "Você precisa levar esta bagagem daqui para tal ou qual localidade, pelo espaço de uma milha". Era isso que nosso Senhor tinha em mente, ao dizer: "Se alguém te obrigar a andar uma milha, vai com ele duas". Que o crente faça além daquilo que lhe for solicitado, percorrendo a segunda milha.

Aqui, pois, temos uma questão importantíssima e eminentemente prática. Esse princípio é que não somente cumpre-nos fazer aquilo que de nós for exigido, mas também devemos fazer mais do que isso, de acordo com o espírito que nosso Senhor aqui nos inculca. Esta passagem diz respeito ao ressentimento natural de um homem, face às exigências que as autoridades governamentais costumam fazer. Ela alude ao nosso desgosto ou aversão à legislação que não aprovamos, como, por exemplo, as leis parlamentares, das quais não gostamos e às quais nos opomos. Tendemos por pensar: "Sim, essas leis foram decretadas pelo governo. Mas, por qual motivo eu deveria obedecê-las? Como poderei escapar dessa obrigação?" Essa era a atitude que Jesus estava condenando. Sejamos perfeitamente práticos. Consideremos a questão do pagamento de impostos. Talvez abominemos, ressentidos, toda essa instituição; mas o princípio envolvido é exatamente o mesmo que aquele outro, que versa sobre o caminhar a segunda milha. Nosso Senhor afirmou que não somente nos devemos ressentir diante dessas coisas, mas também que devemos fazê-las voluntariamente; e até devemos estar preparados para ir além daquilo que nos for exigido. Qualquer ressentimento que sintamos contra o governo legítimo e autorizado de nossa nação é precisamente o sentimento aqui condenado por nosso Senhor. O governo que estiver exercendo o poder tem o direito de fazer essas exigências, e a nossa tarefa consiste em cumprir a lei. Mais ainda, devemos fazê-lo, embora quiçá discordemos inteiramente do que tivermos de cumprir, e embora consideremos toda a questão uma injustiça. Porém, se a questão estiver alicerçada sobre a sanção e a autoridade legais, cumpre-nos ser-lhe obedientes.

Escreve Pedro, em sua primeira epístola (I Pedro 2:18): "Servos, sede submissos, com todo o temor aos vossos senhores..." e prossegue a fim de mostrar o espírito do ensino de nosso Senhor – "... não somente aos bons e cordatos, mas também aos perversos". É frequente ouvirem-se crentes tecendo o seguinte comentário: "A grande dificuldade é que os empregados estão sempre falando sobre os seus direitos, mas nunca sobre os seus deveres. Todos eles são rebeldes e não fazem as coisas com gosto. Fazem tudo com relutância, entre murmúrios. Os homens não acreditam mais no trabalho"; e assim por diante. Sim, mas esses mesmos crentes aludem ao governo e aos atos do governo exatamente com a mesma atitude que condenam nos empregados e nos servos. A atitude deles para com o imposto de renda ou para com a lei, em diversas particularidades, é exatamente a mesma atitude que atacam em outras pessoas. Todavia, isso jamais lhes passa pela cabeça. Lembremo-nos, entretanto, se é que somos patrões de alguém, que aquilo que Pedro e nosso Senhor disseram sobre os servos aplica-se a todos nós. Porquanto todos somos, em certo sentido, servos do estado. Dessa maneira, esse princípio poderia ser expresso como segue. Se é que nos aborrecemos com essas questões, perdendo o controle próprio a respeito delas, se é que estamos sempre falando a respeito e elas interferem em nossa lealdade e devoção a Cristo, se essas coisas estão monopolizando o centro de nossas vidas, então, para dizermos o mínimo, estamos vivendo a vida cristã em seu mais baixo nível. Nosso Senhor, todavia, recomenda que se você estiver fazendo algum trabalho, e então chegar um oficial de justiça ou militar, dizendo que você tem que carregar para ele uma certa bagagem, pelo espaço de uma milha, não somente faça tudo com alegria, mas também caminhe a segunda milha. O resultado disso é que, quando você terminar a sua caminhada de duas milhas, aquele oficial ou militar dirá: "Mas, quem é esta pessoa? O que existe nela que a leva a agir dessa maneira? Ela faz tudo alegremente, e até ultrapassa seu mero dever". E então será levado à seguinte conclusão: "Esse homem é diferente dos outros, e não parece estar preocupado somente com os seus próprios interesses". Na qualidade de crente, o nosso estado mental e a nossa condição espiritual deveriam ser tais que coisa alguma nos pudesse fazer sentir ofendidos.

Existem milhares de pessoas crentes que se acham subjugados, em países ocupados; e compreendemos que isso bem poderia vir a acontecer conosco. É bem possível que algum dia sejamos sujeitos a algum poder tirânico, que naturalmente odiaremos, e que nos compelirá a fazer coisas que não gostamos. Nesse caso, é dessa maneira que nos convirá comportar-nos, conforme nos ensina Cristo. O crente não deve começar a defender os seus direitos; o crente não deve exibir o amargor de espírito do homem natural. O crente tem outra atitude. Ele precisa manter-se naquele estado e naquela condição espirituais, nas quais ele seja invulnerável a esses ataques que se manifestam das mais diferentes maneiras.

E ainda há uma qualificação que precisa ser acrescentada. Essa injunção escriturística não diz que não temos o direito de exigir mudanças no governo. Mas tais mudanças precisam ser efetuadas de maneira legal. Que alteremos as leis, se assim pudermos fazê-lo, contanto que o façamos constitucionalmente, de uma maneira legítima. Por semelhante modo, não somos instruídos aqui a não demonstrar qualquer interesse pelas atividades políticas ou pela reforma de leis injustas. Sem dúvida, se parecer que a reforma é necessária, procuremos levá-la a efeito, mas tão somente dentro da estrutura da lei. Se cremos que alguma lei particular inclui injustiças, então, em nome da justiça, e não para defendermos os nossos próprios sentimentos, e nem para obtermos vantagens pessoais, procuremos modificar a tal lei. Não obstante, devemos cuidar para que nosso interesse por tais modificações jamais seja o reflexo de atitudes egoístas e pessoais, mas que tudo seja realizado a interesse do bom governo, da justiça, da verdade e da equidade.

O último ponto, que poderemos ventilar somente de maneira superficial, envolve a questão inteira do dar e do emprestar. "Dá a quem te pede, e não voltes as costas ao que deseja que lhe emprestes" (Mateus 5:42). Como é óbvio, essa recomendação também poderia ser interpretada de forma literal e mecânica, tornando ridículo todo esse ensino. Todavia, o que essa instrução realmente significa pode ser colocado como segue. Uma vez mais está em pauta a negação do próprio "eu". Temos aqui, tão somente, a maneira de nosso Senhor exprimir que está totalmente errada aquela atitude de espírito que diz: "O que eu tenho, agarro firmemente, pois o que é meu é meu; e não posso dar ouvidos às petições daquelas outras pessoas porque, em última análise, eu é que teria de sofrer". Cristo repreendia a atitude errônea daqueles que estão sempre considerando só a si mesmos, sem importar se estão sendo esbofeteados no rosto, ou se a sua túnica está sendo tomada, ou se estão sendo compelidos a carregar a bagagem, ou se estão sendo forçados a darem ou emprestarem os seus bens e riquezas materiais a alguém que esteja passando necessidade.

Voltemo-nos diretamente à consideração da qualificação, pois percebemos que aí se encontra o princípio básico. Nosso Senhor não nos encoraja aqui a ajudar escroques, alcoólatras ou pedintes profissionais. Declaro isso sem rebuços, porque todos nós temos passado por experiências desagradáveis com esse tipo de gente. Um homem se aproxima de nós, debaixo da influência do álcool, e solicita que lhe demos algum dinheiro. Embora ele assevere que está precisando daquele dinheiro para poder hospedar-se em algum lugar, sabemos muito bem que, se lhe déssemos o dinheiro, ele sairia dali para gastá-lo com bebidas alcoólicas. Jesus não proferiu as palavras deste versículo com o intuito de ajudarmos tal indivíduo. Nem ao menos ele estava considerando essa possibilidade. O que Ele aqui considerava é a tendência do ser humano, por causa do próprio "eu", por causa de seu espírito egocêntrico, a não ajudar àqueles que estejam sofrendo alguma real necessidade. Cristo preocupava-se com essa nossa inclinação para nos agarrarmos às possessões materiais. Por conseguinte, poderíamos expressar esse ponto como segue. Sempre deveríamos estar atentos para escutar e conceder algo aos nossos semelhantes mesmo em caso de dúvida. Não é algo que façamos mecanicamente ou sem pensar. Precisamos pensar, e dizer: "Se este homem está padecendo alguma necessidade real, cumpre-me o dever de ajudá-lo, se é que tenho a possibilidade de fazê-lo. Talvez eu me esteja arriscando; mas, se ele realmente está sofrendo necessidades, quero ajudá-lo". O apóstolo João oferece-nos uma exposição perfeita do caso. "Ora, aquele que possuir recursos deste mundo, e vir a seu irmão padecer necessidade, e fechar-lhe o seu coração, como pode permanecer nele o amor de Deus? Filhinhos, não amemos de palavra, nem de língua, mas de fato e de verdade" (I João 3:17-18). É segundo essa norma bíblica que nos convém agir "... aquele que possuir recursos deste mundo, e vir a seu irmão padecer necessidade..." O indivíduo que nos vier pedir dinheiro, estando sob a influência do álcool, não está padecendo alguma necessidade, e nem o indivíduo que vive na miséria por ser demais preguiçoso para trabalhar. Paulo diz a respeito destes últimos: "Se alguém não quer trabalhar, também não coma" (II Tessalonicenses 3:10). Isso posto, os mendigos profissionais não estão sofrendo real necessidade, pelo que nada precisamos dar-lhes. Todavia, se eu vir meu irmão padecendo necessidade, e se eu possuo recursos materiais, e estou capacitado a ajudá-lo, não poderei fechar diante dele as entranhas de compaixão, porquanto, se eu assim fizesse, o amor de Deus não estaria em mim. O amor de Deus é um amor que dá de si mesmo a fim de ajudar e fortalecer àqueles que estão padecendo reais necessidades.

Finalmente, pois, havendo estudado essas injunções bíblicas uma após outra, passo a passo, e tendo considerado detidamente esses ensinamentos, deveríamos ter compreendido que se faz mister um homem novo para viver essa modalidade cristã de vida. Não temos aqui alguma teoria funcional para o mundo e para aqueles que não são crentes. Ninguém pode esperar poder viver em consonância com esses princípios espirituais se é que não nasceu de novo, se já não recebeu o Espírito Santo. Somente pessoas assim são crentes autênticos, e é a elas que nosso Senhor endereçou este nobre, exaltado e divino ensinamento. Não nos sentimos muito à vontade ao considerar esse ensino, e asseguro que não é fácil alguém passar uma semana considerando um texto como este. Não obstante, assim estipula a Palavra de Deus, e é isso que Cristo quer que façamos. Este ensino envolve a nossa personalidade inteira, incluindo os pequenos detalhes práticos da vida diária. A santidade não é algo que alguém possa receber numa reunião; antes, é uma vida a ser vivida, e vivida em todos os seus pormenores. Podemos ficar deveras interessados e comovidos ao ouvirmos sermões admiráveis sobre a necessidade de nos consagrarmos a Deus, e assim por diante. Todavia, não podemos olvidar a nossa atitude para com aquela legislação do país que não apreciamos, bem como as taxas, impostos e deveres comuns da vida, que nos beliscam o bolso. Tudo isso envolve a questão de nossa atitude para conosco. Que Deus tenha compaixão de nós e nos encha de Seu Santo Espírito.

Capítulo XXVIII
NEGANDO-SE E SEGUINDO A CRISTO

Neste capítulo quero considerar novamente os versículos 38 a 42. Já examinamos esses versículos por duas vezes. Primeiro os examinamos de maneira geral, relembrando certos princípios básicos que governam a interpretação. Em seguida, consideramos as declarações particulares do texto uma por uma, nos seus detalhes, e vimos que o interesse de nosso Senhor era que fôssemos libertos de todo desejo de vingança pessoal. Nada é tão trágico como a maneira pela qual tantas pessoas, ao chegarem a este parágrafo, mergulham de tal forma em seus pormenores e se inclinam tanto por argumentar sobre se é certo ou errado fazer isto ou aquilo, que perdem completamente de vista o grande princípio aqui expresso, isto é, a atitude do crente para consigo mesmo. Essas ilustrações foram usadas por nosso Senhor simplesmente para destacar o Seu ensino concernente àquele grande princípio fundamental. É como se Ele houvesse declarado: "Vocês precisam ter um correto ponto de vista sobre vocês mesmos. As suas dificuldades resultam do fato que vocês tendem por errar nesse particular". Em outras palavras, a preocupação primária do Senhor Jesus, nesta passagem, envolvia aquilo que somos, e não aquilo que fazemos. Todavia, aquilo que fazemos é importante, porque indica aquilo que somos. E Jesus ilustra aqui esse aspecto, afirmando: "Se você é aquilo que afirma ser, é dessa maneira que você vai comportar-se". Isso posto, deveríamos concentrar a nossa atenção não tanto sobre as ações, mas antes, sobre as atitudes que levam a essas ações. Eis a razão pela qual, quero reiterar, é essencial que aceitemos esse ensino do Sermão do Monte na sequência em que o mesmo foi apresentado. Não temos o direito de considerar essas injunções particulares a menos que já tenhamos apreendido e dominado os ensinamentos contidos nas bem-aventuranças, e nos tenhamos submetido a esses ensinamentos.

No presente parágrafo, a nossa atitude para com nós próprios é apresentada dessa forma negativa; e, no parágrafo seguinte, ela é exposta positivamente. Ali, nosso Senhor passa a dizer: "Ouvistes que foi dito: Amarás o teu próximo, e aborrecerás o teu inimigo. Eu, porém, vos digo: Amai a vossos inimigos, bendizei os que vos maldizem, fazei bem aos que vos odeiam e orai pelos que vos maltratam e vos perseguem" (Mateus 5:43-44 – Versão Corrigida). Mas, aqui, nos interessamos sobre o aspecto negativo da questão, e esse ensino reveste-se de uma importância tal, dentro do Novo Testamento, que precisamos considerá-lo uma vez mais.

Por mais de uma vez já verificamos que o Sermão do Monte está repleto de pontos doutrinários. Nada é tão patético como a maneira pela qual tantas pessoas costumavam comentar, cerca de trinta ou quarenta anos atrás (havendo ainda quem assim o faça), que a única porção do Novo Testamento em que realmente acreditavam, e da qual realmente gostavam, era o Sermão do Monte; e isso pelo motivo de ali não haver qualquer teologia ou doutrina. Ele é um sermão prático, disseram, apenas um manifesto ético, sem o conteúdo de doutrina ou dogma. Mas nada há de tão triste quanto essa opinião, porquanto o Sermão do Monte está repleto de doutrina. Temos a prova disso aqui mesmo, neste parágrafo. O que importa não é tanto que me compete voltar a outra face, e, sim, que eu me encontre em um estado que me capacite a estar pronto a fazê-lo. Essa doutrina envolve toda a minha perspectiva sobre mim mesmo.

Ninguém pode pôr em prática o que nosso Senhor aqui ilustrou, a menos que já tenha rompido definitivamente consigo mesmo, no tocante aos direitos que tem sobre sua própria pessoa, no tocante aos direitos de determinar o que fará, e, sobretudo, no tocante ao dever que tem de romper com aquilo que comumente chamamos de "direitos pessoais". Em outras palavras, sob hipótese nenhuma devemos fixar a atenção sobre nós mesmos. Conforme já averiguamos, a maior dificuldade nesta vida é, em última análise, esse constante interesse quanto ao nosso próprio "eu". E o que nosso Senhor está inculcando aqui é que essa nossa tendência deve ser inteiramente eliminada em nós. Precisamos desvencilhar-nos desse pendor de estarmos sempre atentos a qualquer ataque ou insulto, ou seja, de estarmos sempre numa atitude defensiva. Era isso que nosso Senhor tinha em mente. Todas a propensões dessa ordem precisam desaparecer; e isso, como é natural, significa que temos de deixar de lado a sensibilidade quanto ao nosso próprio "eu", essa condição inteira segundo a qual o nosso próprio "eu" está à flor da pele, postado em um tão precário equilíbrio que a mais leve perturbação é capaz de desequilibrá-lo. Sim, é necessário que essa nossa atitude cesse inteiramente. A condição acerca da qual nosso Senhor falava aqui reveste-se de natureza tal que torna o crente em alguém que simplesmente não pode ser atingido. Talvez essa seja a maneira mais radical que exista para expressar essa declaração de Jesus. No capítulo anterior, relembrei-lhe aquilo que o apóstolo Paulo dissera sobre si mesmo, em I Coríntios 4:3, onde escreveu: "Todavia, a mim mui pouco se me dá de ser julgado por vós, ou por tribunal humano; nem eu tão pouco julgo a mim mesmo". Paulo entregara toda a questão do seu julgamento aos cuidados de Deus, e, dessa maneira, entrara em um estado e condição em que não podia ser atingido. Esse é o ideal que deveríamos ter por alvo – essa indiferença para com o próprio "eu" e seus interesses.

Certa declaração feita pelo famoso George Müller, a respeito de si mesmo, parece ilustrar mui claramente esse ponto. Ele escreveu: "Houve um dia em que morri, morri totalmente, morri para George Müller e suas opiniões, preferências, gostos e vontade; morri para o mundo, sua aprovação e censura; morri para a aprovação ou condenação da parte de meus próprios irmãos e amigos. E, desde então, tenho-me esforçado tão somente para ser aprovado diante de Deus". Essa é uma assertiva sobre a qual deveríamos ponderar profundamente. Não posso imaginar sumário mais perfeito e adequado do ensino do Senhor Jesus, neste parágrafo, do que essas palavras de George Müller. Müller foi capacitado a morrer para o mundo, para a sua aprovação ou censura, foi capacitado a morrer até mesmo para a aprovação ou censura de seus amigos e mais íntimos companheiros. E também deveríamos observar a ordem de prioridades que Müller usou em sua declaração. Em primeiro lugar, ele falou sobre a aprovação ou a censura do mundo; em seguida, sobre a aprovação ou censura de seus íntimos e amigos. Não obstante, ele declarou haver obtido sucesso em ambos esses aspectos, e o segredo disso, no dizer do Müller, era que ele havia morrido para si mesmo, para o próprio George Müller. Não há que duvidar que em suas palavras encontramos uma bem definida sequência de valores. O aspecto mais remoto é o mundo; e então figuram os seus amigos e colegas. Contudo, a questão mais dificultosa de todas é o homem morrer para si mesmo, para a sua própria aprovação ou censura de si mesmo. Certos grandes artistas encaram com desdém as opiniões do mundo. Por acaso o mundo não aprova a obra deles? "Pois tanto pior para o mundo", dizem os grandes artistas. "Os homens são tão ignorantes que nada entendem." Podemos tornar-nos imunes às opiniões das massas populares e das turbamultas, imunes às opiniões do mundo. Entretanto, ainda precisamos levar em conta a aprovação ou a censura daqueles que estão mais próximos de nós, os quais nos são queridos, daqueles que estão intimamente conosco. A opinião desse últimos é mais altamente valorizada por nós, pelo que também mostramo-nos mais sensíveis para com essa opinião. Sem embargo, o crente deve atingir aquele estágio segundo o qual consegue ultrapassar até mesmo essa barreira, segundo o qual percebe que não se pode deixar controlar por essas questões. Finalmente, o crente poderá chegar ao último e final estágio, o qual concerne àquilo que um homem pensa sobre si mesmo – sua própria avaliação, sua própria aprovação ou julgamento de si mesmo. Pode-se notar, em muitas biografias, que muitos homens conseguiram libertar-se dessa sensibilidade para com o mundo e para com os seus entes queridos, embora tivessem descoberto que isso envolve uma tremenda batalha, um conflito quase impossível de ser sustentado, em que o indivíduo esforça-se por preocupar-se consigo mesmo e com o juízo que ele faz de si. Mas, enquanto estivermos preocupados com este último estágio, na realidade não estaremos livres do perigo de sermos influenciados por aqueles outros dois aspectos anteriores, que são bem mais fáceis. Por conseguinte, a chave para o completo êxito, de conformidade com George Müller, é que precisamos morrer para nós mesmos. George Müller havia morrido para si mesmo, para as suas opiniões, para as suas preferências, para os seus gostos e aversões, para a sua própria vontade, enfim. A sua preocupação exclusiva, o seu grande ideal, era ser aprovado por Deus.

Ora, esse é justamente o ensino de nosso Senhor nesta passagem, onde Ele mostra que o crente deve atingir um estado e uma condição tais que também possa falar a exemplo do que fez George Müller.

O ponto que se segue, como é óbvio, é que somente quem é crente pode agir dessa maneira. É em relação a isso que encontramos o aspecto doutrinário deste parágrafo. Ninguém pode alcançar esse nível espiritual, a não ser que seja um crente. Temos aí a própria antítese, o oposto do que sucede no caso do homem natural. É difícil imaginar-se qualquer coisa mais afastada daquilo que o mundo geralmente descreve como um cavalheiro. Em consonância com o mundo, um cavalheiro é alguém que se empenha pela sua honra e pelo seu bom nome, chegando a entrar em luta pelos mesmos. Embora um cavalheiro não mais costume desafiar para um duelo àquele que o insultou, no momento em que é insultado, visto estar proibido de tal reação pela lei, isso é o que ele faria, se pudesse. Essa é a ideia do mundo sobre um cavalheiro e sobre sua honra pessoal; e, nessa atitude, sempre está em foco a autodefesa. Isso aplica-se não somente ao indivíduo propriamente dito, mas também à pátria e a tudo quanto pertence a esse indivíduo. É indubitável que não incorremos em erro ao dizer que o mundo despreza o homem que não defende esses valores, pois o mundo admira o tipo agressivo de pessoa, aquela pessoa que se impõe aos outros e que está sempre pronta para defender a si mesma e àquilo que denomina de sua honra. Portanto, afirmamos claramente, sem pedir desculpas a quem quer que seja, que ninguém pode colocar esse ensinamento de Jesus em prática se não for um crente autêntico. Um homem precisa haver nascido de novo e ser uma nova criatura, antes que possa viver como tal. Ninguém pode morrer para si mesmo, a menos que também seja capaz de asseverar: "... logo, já não sou eu quem vive, mas Cristo vive em mim..." (Gálatas 2:20). Essa é a doutrina do renascimento espiritual. Em outras palavras, é como se o Senhor houvesse afirmado: "Vocês precisam viver dessa maneira, mas não poderão fazê-lo enquanto não tiverem recebido o Espírito Santo e enquanto não houver em vocês uma nova vida. Vocês precisam tornar-se pessoas completamente diferentes;

vocês precisam ser totalmente transformados; vocês precisam tornar-se um novo ser". O mundo tem profunda aversão por esse tipo de ensino, e pretende fazer-nos acreditar que, de diversas maneiras, qualquer um pode aproximar-se desse elevado ideal sem qualquer ajuda externa. Já houve tempo em que se costumava ouvir muito acerca da "palavra de alguém que leva tudo na esportiva" ou de ser um "desportista", e assim por diante. Ultimamente, entretanto, quase não se ouve falar em coisas dessa natureza, pela razão óbvia que há muitos homens que se tornaram famosos como desportistas, e quando se trata de participar de alguma competição, demonstram grande senso de honra pessoal, dispondo-se a não figurarem em primeiro lugar e a não se considerarem grande coisa. No entanto, quando se trata dos seus casos de divórcio, exibem total ausência de honra pessoal, de decência comum, de veracidade e do senso de direito e equidade. Oh, não! Só por ser um "desportista" ninguém pode viver em harmonia com esses moldes bíblicos. Isso é inteiramente impossível para os indivíduos mundanos, incluindo os melhores e mais excelentes elementos deste mundo. Pois trata-se de uma atitude possível somente para aquele que foi regenerado, que recebeu o Espírito do Senhor Jesus Cristo.

Tendo assim descortinado a doutrina, agora precisamos fazer uma pergunta de ordem prática. Como é que eu poderei viver desse modo? Alguém poderia dizer: "Você já nos apresentou o ensino bíblico. Mas sinto que é dificílimo pô-lo em prática, pois, ao tentar obedecer-lhe, inclino-me por falhar. Como é que alguém poderia viver esse tipo de vida?"

Em primeiro lugar, aproximemo-nos da questão de conformidade com um ângulo puramente prático. Antes de tudo, convém-nos enfrentar esse problema inteiro do próprio "eu", com toda a honestidade. Precisamos deixar de alegar desculpas, precisamos deixar de desviar-nos do problema. Esse problema deve ser honesta e francamente enfrentado. Precisamos manter todo ensino diante da mente, examinando-nos à luz do mesmo. Todavia, não basta que façamos isso apenas de uma maneira geral; também precisamos examiná-lo quanto a seus particulares. Sempre que eu notar em mim mesmo alguma reação de defesa própria, ou o senso de contrariedade, ou o sentimento de que fui ferido e prejudicado, ou de que alguém me fez alguma injustiça – no instante mesmo em que eu sentir que esse mecanismo de defesa entrou em ação, simplesmente cumpre-me examinar-me tranquilamente, dirigindo a mim mesmo determinadas perguntas, tais como: "Exatamente por qual motivo essa questão me aborrece? Por que fico triste ao deparar-me com ela? Qual é a minha verdadeira preocupação diante dela? Estou realmente interessado por algum princípio geral de justiça e retidão? Fico verdadeiramente comovido e perturbado pelo fato que, em meu coração, estou procurando defender uma causa justa ou, se confessasse com honestidade, apenas estou preocupado comigo mesmo? Será tudo isso apenas aquele terrível e sujo egocentrismo e autointeresse, aquela condição mórbida que tomou conta de mim? Será tudo isso apenas um orgulho doentio e desagradável?" Esse autoexame é essencial se quisermos ser vitoriosos no que toca a essa questão. Por experiência própria, todos conhecemos bem essas coisas. Quão fácil é explicarmos tudo isso de outra maneira qualquer. Precisamos dar ouvidos àquela voz que fala dentro de nós. E então, se essa voz disser: "Você sabe perfeitamente bem que tudo isso não passa desse seu horrendo orgulho, que o leva a concentrar sua atenção em você mesmo, em sua reputação e em sua grandeza" – então teremos de admitir e confessar o fato. Naturalmente, esse reconhecimento nos será extremamente doloroso. Não obstante, se quisermos elevar-nos até ao nível do ensino de nosso Senhor, teremos de passar por esse processo. Nisso consiste a negação do próprio "eu".

  Uma outra coisa que pertence ao campo prático e que se reveste da mais elevada importância é percebermos a extensão do controle do próprio "eu" sobre as nossas vidas. Você já tentou aquilatar a intensidade desse controle? Examine a si mesmo, a sua vida, o seu trabalho diário e as coisas que você faz, bem como os contatos que você precisa estabelecer com outras pessoas. Reflita, por alguns instantes, acerca da extensão do controle do seu "eu" sobre todos esses aspectos de sua vida. É espantosa e terrível a descoberta da extensão do envolvimento desse autointeresse e dessa autopreocupação, inclusive no campo da pregação do Evangelho. Trata-se de uma descoberta verdadeiramente horrível. Estamos interessados em expor o Evangelho corretamente. Mas, por qual razão? Visando à glória de Deus, ou por causa de nossa glória pessoal? Tudo quanto fazemos e dizemos, a impressão que causamos ao conhecermos casualmente outras pessoas – sobre o quê, realmente nos preocupamos? Se você analisasse todas as facetas de sua vida, e não apenas suas ações e sua conduta, mas também o seu modo de vestir-se, a sua aparência, e tudo o mais, você ficaria admirado ao descobrir a extensão dessa atitude doentia em favor do próprio "eu".

Avancemos, entretanto, mais um passo. Pergunto às vezes se por acaso já percebemos até que ponto essa miséria, essa infelicidade, esse fracasso e essas tribulações em nossas vidas devem-se a apenas uma coisa, a saber, ao nosso próprio "eu". Examine os acontecimentos da semana anterior, considere em sua mente e relembre, em sua consciência, os momentos ou os períodos de infelicidade e tensão, a sua irritabilidade e o seu mau gênio, as coisas que você disse e fez, das quais você agora se envergonha, aquelas coisas que realmente o deixaram perturbado e desconcertado. Examine todas essas coisas uma por uma, e ficará surpreso ao descobrir que quase cada uma dessas coisas acabará retornando à questão do próprio "eu", à questão dessa sensibilidade consigo mesmo, desse cuidado com o próprio "eu". Não há que duvidar quanto a isso. O "eu" é a principal causa da infelicidade que marca as nossas vidas. Você talvez diga: "Ah, mas a falta não é realmente minha, pois outras pessoas muito me têm provocado". Pois bem, faça uma análise de você mesmo e da outra pessoa, e você acabará descobrindo que a outra pessoa mui provavelmente agiu daquela forma por causa do próprio "eu", e também que você está ressentido pela mesma razão. Se ao menos você tivesse demonstrado a atitude certa para com a outra pessoa, conforme nosso Senhor passa a ensinar no parágrafo seguinte, então você lamentaria as atitudes daquela outra pessoa e oraria por ela. Em última análise, pois, você mesmo é o culpado. Ora, é ótimo quando consideramos pelo seu lado prático essa questão, de maneira honesta e franca. A maior parte da infelicidade e das tristezas, a maior parte das nossas dificuldades na vida e na experiência diária derivam-se dessa origem e fonte que é o próprio "eu".

Entretanto, galguemos até um nível superior a esse, e reflitamos sobre a questão conforme uma perspectiva doutrinária. É muito bom considerarmos o próprio "eu" segundo um ângulo doutrinário e teológico. De acordo com o ensino das Escrituras, o "eu" foi o responsável pela queda do homem no pecado. Não fora o "eu" e o pecado jamais teria penetrado neste mundo. O diabo foi suficientemente arguto para reconhecer o poder do "eu", e por esse motivo é que a tentação foi lançada em termos egoísticos. É como se Satanás tivesse dito: "Deus não está sendo justo com vocês. Vocês têm uma queixa e um ressentimento justos". E o homem concordou com a sugestão, e essa foi a própria causa da queda. Não haveria qualquer necessidade de conferências internacionais a fim de procurarem solucionar os problemas das nações, nestes nossos dias, não fora a queda no pecado. A dificuldade inteira resume-se no próprio "eu" e na sua imposição. Nisso consiste o próprio "eu", doutrinalmente considerado. Mas essa atitude egoísta sempre significa um desafio contra Deus: sempre significa que eu me entronizei no lugar de Deus, e, por conseguinte, sempre será uma atitude que me separa dele.

Afinal de contas, todos os momentos de infelicidade na nossa vida devem-se a essa separação entre nós e Deus. A pessoa que realmente goza de comunhão com Deus e com o Senhor Jesus Cristo é uma pessoa feliz. Não importa se ela está em uma masmorra, se os seus pés estão amarrados ao tronco, ou se está sendo queimada viva em uma fogueira. Ainda assim, tal pessoa será feliz, porquanto encontra-se em comunhão com Deus. Não tem sido essa a experiência dos santos através de todos os séculos? Portanto, a causa final de qualquer miséria ou ausência de alegria é a separação de Deus, e a única causa dessa separação, entre nós e Deus, é o nosso próprio "eu". Sempre que nos sentirmos infelizes, isso significará que, de alguma forma ou de outra, estaremos olhando para nós mesmos e pensando somente em nós mesmos, ao invés de desfrutarmos de companheirismo com Deus. De conformidade com as Escrituras Sagradas, o homem estava destinado a viver inteiramente para a glória de Deus. Cumpria-lhe amar ao Senhor Deus de todo o coração, com toda a sua alma, de toda a sua mente e com todas as suas energias. Considerados em todos os seus aspectos, o homem estava destinado a viver de modo a que sua vida redundasse na glória do Senhor. Por conseguinte, constitui pecado qualquer desejo de glorificar-se a si mesmo e de salvaguardar os interesses do próprio "eu", porque, quando assim agimos, estamos olhando para nós mesmos, ao invés de olharmos para Deus e buscarmos a Sua honra e glória. Ora, é precisamente essa atitude humana que Deus condenou. Essa é a atitude que ficou sujeita à maldição divina, à ira de Deus. E, conforme compreendo o ensino escriturístico, eventualmente a santidade aponta para esse fator, para nosso livramento dessa vida egocêntrica. Em outras palavras, a santidade não deveria ser concebida primariamente em termos de ações, mas antes, em termos de nossa atitude para conosco. Essencialmente, não está em pauta o fato que eu não estou praticando determinadas coisas e estou tentando fazer outras. Existem pessoas que nunca praticaram certas coisas, mas ainda assim são reputadas pecaminosas, porquanto vivem tomadas de orgulho próprio. Assim sendo, devemos considerar essa questão em termos do próprio "eu", em termos de nosso relacionamento para com nós próprios, e, uma vez mais, devemos perceber que a essência da santidade consiste em que sejamos capazes de asseverar, como o fez George Müller, que morremos, morremos completamente para esse "eu" que tanta devastação tem causado em nossas vidas e em nossa experiência diária.

Por fim, vamos subir até ao nível mais elevado em nossas considerações, a fim de refletirmos sobre esse problema do próprio "eu" à luz da pessoa de Jesus Cristo. Por qual razão o Senhor Jesus Cristo, o Filho de Deus, veio a este mundo? Em última análise, Ele veio a fim de libertar a humanidade desse seu egoísmo. Em Cristo encontramos uma vida destituída de egoísmo, no modo mais perfeito. Consideremos como Ele desceu da glória celestial até ao estábulo de Belém. Por qual motivo Ele veio assim? Para essa indagação só há uma resposta possível. É que Cristo não considerava a Sua própria pessoa. Isso forma a própria essência da declaração de Paulo, em Filipenses 2. Ele é eternamente o Filho de Deus, sendo Ele "igual a Deus" desde a eternidade passada; no entanto, Ele não levou isso em conta, não julgou que deveria aferrar-se ao direito que tinha de manifestar a Sua glória. Pelo contrário, humilhou-se e negou-se a Si mesmo. Jamais teria havido encarnação não fora o fato que o Filho de Deus pôs de lado, por assim dizer, o próprio "eu".

Mas consideremos igualmente a Sua vida destituída de egoísmo nesta terra. Jesus sempre insistiu que as palavras que proferia não as dizia de Si mesmo, e que as ações, conforme Ele mesmo disse, "o Pai me confiou para que eu as realizasse..." (João 5:36). É dessa maneira que compreendo o ensinamento paulino acerca da auto-humilhação de Jesus na cruz. Está em foco o fato que, tendo vindo a este mundo na semelhança de homem, deliberadamente Jesus se fez dependente do Pai; e não considerou a Si mesmo de forma alguma. Disse Jesus; "Eis aqui estou... para fazer, ó Deus, a tua vontade" (Hebreus 10:7), e assim Ele deixou-se ficar inteiramente dependente do Pai, em todas as coisas, tanto no tocante às palavras que dizia como no tocante a tudo quanto fazia. O próprio Filho de Deus humilhou-Se até esse extremo. Ele não viveu para Si mesmo, e nem por Si mesmo, em qualquer sentido. E o argumento utilizado pelo apóstolo foi o seguinte: "Tende em vós o mesmo sentimento que houve também em Cristo Jesus" (Filipenses 2:5).

Naturalmente, podemos perceber essa atitude, acima de tudo, na morte de Cristo na cruz. Jesus era inocente e sem culpa, porquanto jamais pecou ou fez qualquer malefício contra quem quer que fosse, e, no entanto, "... quando ultrajado, não revidava com ultraje; quando maltratado, não fazia ameaças, mas entregava-se àquele que julga retamente" (I Pedro 2:23). Eis aí! A cruz de Cristo é a suprema ilustração e o argumento do Novo Testamento é este: se confiarmos no Senhor Jesus Cristo e crermos que Ele morreu pelos nossos pecados, isso significa que nosso mais profundo desejo deveria ser morrermos para o próprio "eu". Esse foi o propósito final de Sua morte – não meramente que fôssemos perdoados, ou que pudéssemos ser salvos do inferno. Antes, foi que pudesse ser criado um povo novo, como também uma nova humanidade, uma nova criação, que um novo reino fosse estabelecido, composto de pessoas semelhantes a Jesus Cristo. Ele é o "... primogênito entre muitos irmãos" (Romanos 8:29). Ele é nosso modelo. Conforme diz Paulo em Efésios, Deus nos formou. "Pois somos feitura dele, criados em Cristo Jesus..." (Efésios 2:10). Agora, pois, estamos sendo conformados "... à imagem de seu Filho..." (Romanos 8:29). Essa é a linguagem das Escrituras. Assim sendo, podemos afirmar que a razão da morte de Cristo na cruz era que você e eu pudéssemos ser salvos e desvinculados dessa vida do próprio "eu". "E ele morreu por todos..." diz novamente o apóstolo, em II Coríntios 5. Nós cremos que "um morreu por todos, logo todos morreram. E ele morreu por todos..." E, conforme o ensino de Paulo, qual foi a razão disso?

"... para que os que vivem não vivam mais para si mesmos, mas para aquele que por eles morreu e ressuscitou" (II Coríntios 5:14-15). Isso espelha a vida para a qual fomos chamados. Não fomos chamados para uma vida caracterizada pela autodefesa e pela autossensibilidade, e, sim, para uma vida em que, mesmo quando insultados, não retaliemos; mesmo quando recebamos uma bofetada no lado direito do rosto, estejamos prontos a voltar também a outra face; mesmo quando um homem chega a demandar conosco diante dos tribunais, querendo arrebatar-nos a túnica, estejamos dispostos a entregar-lhe também a capa; quando alguém nos compelir a caminhar uma milha, caminhemos duas; e quando alguém vier a pedir alguma coisa de nós, não retruquemos: "Isso é meu". Pelo contrário, que digamos: "Se este homem está padecendo alguma necessidade, e se eu posso ajudá-lo, assim farei". Cumpre-nos dizer: "Já rompi definitivamente comigo mesmo, morri para mim mesmo, e a minha exclusiva preocupação é a glória e a honra de Deus".

Essa é a modalidade de vida para a qual fomos chamados pelo Senhor Jesus Cristo. Ele morreu com o intuito que você e eu pudéssemos viver dessa maneira. Graças a Deus, o Evangelho prossegue a fim de dizer que Cristo ressuscitou e enviou para a Sua Igreja, isto é, para cada um daqueles que nEle confiam, o Espírito Santo, com todo o Seu poder renovador e transmissor de energias. Se estivermos tentando viver essa qualidade de vida contando apenas com nossas próprias forças, então estamos condenados ao mais completo fracasso, e isso antes mesmo de começarmos. Entretanto, munidos da bendita promessa e do oferecimento do Espírito de Deus, para que Ele venha habitar e operar em nós, então a nossa esperança torna-se firme e inabalável. Deus tornou possível para todos nós aquela modalidade de vida. Se George Müller pôde morrer para George Müller, por qual motivo cada um de nós, que é crente no Senhor, também não poderia morrer para esse nosso "eu" que é tão pecaminoso, que nos impele a tantas misérias, desgraças e infelicidades? Pois essa vida de acordo com os impulsos do próprio "eu" é uma aberta negação da bendita operação do Filho de Deus, realizada na cruz do Calvário.

Capítulo XXIX
AMAI OS VOSSOS INIMIGOS

Já chegamos aos versículos 43 a 48 onde encontramos a última das seis ilustrações que nosso Senhor empregou para explicar e aclarar o Seu ensino concernente ao significado que a santa lei de Deus tem para o homem, em contraste com a pervertida interpretação da lei feita pelos fariseus e escribas. Há apenas uma pequena questão textual que precisamos esclarecer antes de tudo. Você notará que na Versão Atualizada há uma pequena diferença no verso 44. Na Versão Corrigida lemos: "Eu, porém, vos digo: Amai a vossos inimigos, bendizei os que vos maldizem, fazei bem aos que vos odeiam e orai pelos que vos maltratam e vos perseguem". Na Versão Atualizada está simplesmente: "Eu, porém, vos digo: Amai os vossos inimigos e orai pelos que vos perseguem". A Versão Corrigida é, por conseguinte, mais ampla que a Atualizada e contém um número de cláusulas que faltam nesta última. Naturalmente, a explicação para essa diferença pode ser dada pela crítica textual. Existem muitos antigos manuscritos dos quatro Evangelhos, e nesses manuscritos aparecem variantes aqui e acolá, que felizmente não envolvem qualquer questão doutrinária vital, mas simplesmente referem-se a detalhes como aqueles que aqui encontramos. Ora, vários dos manuscritos, reconhecidos como os melhores, não encerram essas ampliações que se encontram na Versão Corrigida, e esse é o motivo pelo qual estas declarações estão ausentes na Atualizada. Todavia, desde que esse mesmo ensino certamente se encontra algures, eu acho melhor para nós aceitarmos o ensino como é dado na Versão Corrigida.

Uma vez mais, a melhor maneira de abordarmos essa declaração consiste em começarmos pelo ensino dos fariseus e dos escribas. Diziam eles: "Amarás o teu próximo, e odiarás o teu inimigo". Esse era realmente o ensino deles, sem tirar e nem pôr. Na sua mente de imediato levanta-se a pergunta: Onde eles acharam tais ideias, nas páginas do Antigo Testamento? Em algum trecho do Velho Testamento haverá declarações que se revistam de tal sentido? Como é natural, a resposta precisa ser dada na negativa: "Não!" Todavia, esse era o ensino dos fariseus e escribas, e era assim que eles interpretavam toda essa questão. Asseveravam eles que o "próximo" era apenas algum outro israelita. E ensinavam os judeus a amarem a outros judeus, mas, ao mesmo tempo, ensinavam que os judeus precisavam considerar todas as pessoas de outras raças e nações não somente como estrangeiras, mas como inimigas. Efetivamente, chegavam ao extremo de sugerir que a tarefa dos judeus, e quase mesmo seu direito e dever, era odiarem essas outras pessoas. Através da história secular tomamos conhecimento do ódio e do amargor que dividia os povos do mundo antigo. Os judeus consideravam todos os outros povos meros cães, e também muitos povos gentílicos desprezavam os judeus. Interpunha-se entre judeus e gentios aquela terrível "parede da separação que estava no meio" (Efésios 2:14), a qual dividia o mundo e provocava uma intensa animosidade. Assim sendo, havia muitos, entre os mais zelosos fariseus e escribas, que ensinavam que os judeus estariam honrando a Deus se desprezassem a todos aqueles que não fossem judeus. Julgavam que tinham o dever de odiar àqueles que consideravam seus inimigos. Entretanto, essas duas afirmações não podem ser encontradas justapostas em qualquer porção do Antigo Testamento.

Não obstante, parece que temos bastante coisa a dizer a respeito do ensino dos fariseus e escribas. Em certo sentido, não é para surpreender que eles agissem assim e ainda tentassem justificar-se quanto a isso nas Sagradas Escrituras. Precisamos afirmar isso, não porque estejamos ansiosos por mitigar, de alguma maneira, os crimes dos fariseus e escribas, e, sim, porque essa questão com frequência tem causado, conforme até hoje sucede, muita confusão nas mentes de muitos crentes. Repito, em parte alguma do Antigo Testamento podemos encontrar palavras como essas: "Amarás o teu próximo, e odiarás o teu inimigo". No entanto, podemos descobrir várias assertivas que talvez tenham encorajado os judeus a odiarem àqueles a quem consideravam seus inimigos. Meditemos acerca de algumas dessas afirmações.

Quando os judeus entraram em Canaã, a Terra Prometida, conforme você deve estar lembrado, receberam ordens de Deus para exterminar aos cananeus. Receberam mandamento literal para exterminá-los, e, embora não tivessem obedecido a isso, deveriam tê-lo feito. Além disso, foram informados que os amorreus, os moabitas e os midianitas não deveriam ser tratados com brandura. Essa foi uma ordem específica ditada por Deus. Mais adiante lemos que a memória dos amalequitas deveria ser apagada de debaixo dos céus, por causa de certas coisas que eles tinham feito. E não somente isso, mas também fazia parte da lei de Deus que se alguém matasse involuntariamente a outrem, um parente da vítima tinha permissão de vingar aquela morte e executar o homicida, se pudesse apanhá-lo antes que entrasse em algumas das várias cidades de refúgio. Tudo isso fazia parte da lei. Mas, é possível que a principal dificuldade que as pessoas encontram atualmente, ao enfrentarem esse assunto, seja o problema inteiro dos chamados Salmos imprecatórios, onde certas maldições são imprecadas contra determinadas pessoas. Talvez um dos mais famosos exemplos seja o Salmo 69, onde o salmista declara: "Obscureçam-se-lhes os olhos, para que não vejam; e faze que sempre lhes vacile o dorso. Derrama sobre eles a tua indignação, e que o ardor da tua ira os alcance. Fique deserta a sua morada, e não haja quem habite as suas tendas", e assim por diante (v. 23-25). Não se pode duvidar que o ensino veterotestamentário dessa categoria é que levava os fariseus e os escribas a justificarem a sua própria injunção, a qual recomendava aos judeus que deveriam amar o próximo e odiar aos seus inimigos.

Qual é a resposta para esse problema? Por certo só existe uma maneira de enfrentarmos a questão, isto é, reputarmos todas essas diversas injunções, incluindo os Salmos imprecatórios, como injunções inteiramente judiciais, jamais dirigidas a meros indivíduos. Ao escrever um Salmo, o salmista não estava tanto escrevendo sobre si mesmo, e, sim, sobre a Igreja; e esses Salmos, segundo você pode facilmente perceber, em cada instância isolada, em cada um dos Salmos imprecatórios, dizem respeito à glória de Deus. E ao referir-se a coisas que supostamente estariam sendo praticadas contra o salmista, na realidade estavam sendo praticadas contra o povo de Deus, contra a Igreja de Deus. A honra de Deus está ali em foco, e o zelo do salmista pela casa de Deus, pela Igreja de Deus, era o motivo impulsionador que o levara a escrever tais coisas.

Porém, talvez a situação toda possa ser melhor expressa como segue. Se alguém não aceita aquele princípio que diz que todas essas imprecações sempre têm caráter judicial, então de imediato se vê envolvido em um problema sem solução, no tocante ao próprio Senhor Jesus Cristo. Pois aqui Ele nos ensina a amar os nossos inimigos. Entretanto, examinemos Mateus 23, onde O vemos trovejando "ais" contra as cabeças dos fariseus. Como conciliar essas duas atitudes? Como conciliar a exortação para amarmos nossos inimigos com os "ais" proferidos contra os fariseus, juntamente com todas aquelas coisas que Jesus disse a respeito deles? Ou então, consideremos atentamente a questão, pelo seguinte prisma. Nesta passagem bíblica, nosso Senhor recomenda-nos amar nossos inimigos, porque, segundo Ele mesmo explicou, é exatamente isso que Deus fez: "... para que vos torneis filhos do vosso Pai celeste, porque ele faz nascer o seu sol sobre maus e bons e vir chuvas sobre justos e injustos" (Mateus 5:45). Há pessoas que têm interpretado mui tolamente essas palavras de Jesus, como se elas indicassem que o amor de Deus é absolutamente universal, não importando se um homem está preso ou não ao pecado. Assim, todos iriam para o céu, porque Deus é amor; visto que Deus é amor, jamais castiga a quem quer que seja. Entretanto, não basta isso para negar o ensinamento que a Bíblia estampa do princípio ao fim. Deus castigou Caim; e o mundo antigo, mediante o dilúvio; Deus puniu os habitantes das cidades de Sodoma e Gomorra; e também puniu os filhos de Israel quando se mostraram recalcitrantes. Além disso, o ensino inteiro do Novo Testamento, com base nas palavras que saíram dos próprios lábios de Cristo, é que haverá um juízo final, e que, finalmente, todos os impenitentes serão lançados no lago do fogo, o lugar onde "... não lhes morre o verme, nem o fogo se apaga" (Marcos 9:48). Se alguém não aceitar esse princípio judicial, então será forçado a dizer que há uma contradição que envolve não somente o ensinamento da Bíblia, mas até mesmo o ensinamento do próprio Senhor Jesus Cristo, mas isso é uma posição insustentável. Portanto, a maneira de resolver o problema é a seguinte. Precisamos reconhecer que, em última análise, esse elemento judicial é uma realidade. Enquanto estamos neste mundo e nesta vida, Deus, de fato, faz o Seu sol nascer sobre bons e maus, abençoando pessoas que até O odeiam, e enviando chuvas àqueles que O desafiam. Sim, Deus continua fazendo isso. Ao mesmo tempo, porém, Eles os adverte que, a menos que se arrependam, finalmente estarão na perdição eterna. Portanto, pesados todos os fatores, não há nenhuma contradição. Povos como os maobitas, os amorreus e os midianitas haviam rejeitado deliberadamente as realidades divinas; e Deus, na qualidade de Deus e de eterno e justo Juiz, proferiu juízo contra eles. Faz parte da prerrogativa divina agir assim. Porém, a dificuldade que cercava os fariseus e os escribas era que eles não faziam tal distinção. Tomavam esse princípio judicial e o punham em operação em suas atividades comuns, em suas vidas diárias. Consideravam que isso os justificava do ódio que votavam aos seus inimigos, odiando a qualquer pessoa por quem tivessem aversão, ou a qualquer pessoa que de alguma forma os ofendesse. Desse modo, destruíam deliberadamente o princípio básico da lei de Deus, que é esse grande princípio do amor.

Consideremos agora essa questão, por seu lado positivo, e quiçá isso lance mais luzes sobre o problema. Nosso Senhor, novamente, ao contrastar Seu próprio ensino com as distorcidas instruções dos fariseus e escribas, declarou: "Eu, porém, vos digo: Amai os vossos inimigos..." (Mateus 5:44). E até poderíamos pensar que, à guisa de ilustração, temos: "...bendizei os que vos amaldiçoam, fazei bem aos que vos odeiam e orai pelos que vos maltratam e vos perseguem". Uma vez mais, estamos tratando exatamente com o mesmo princípio básico que se vê nos versículos 38 a 42. Define-se aqui a atitude que os crentes deveriam ter para com outras pessoas. No parágrafo anterior vimos a mesma verdade expressa em forma negativa; mas aqui, em forma positiva. Ali, o ensino era que o crente se deve submeter aos insultos lançados por outras pessoas contra ele. Essas outras pessoas aplicam-lhe uma bofetada e lhe fazem alguma outra injustiça. E tudo quanto nosso Senhor dissera no parágrafo anterior é que não se deve revidar. "Ouvistes que foi dito: Olho por olho, dente por dente. Eu, porém, vos digo: Não resistais ao perverso..." (Mateus 5:38-39a). Esse é o aspecto negativo da questão. Mas, neste parágrafo, nosso Senhor deixa de lado esse aspecto e passa a ventilar o polo positivo, o que, naturalmente, reflete o próprio clímax do viver cristão. Aqui, pois, Ele nos conduz a uma das maiores e mais gloriosas verdades que podem ser encontradas entre os Seus ensinamentos. O princípio fundamental que guia e governa nossa exposição, uma vez mais, é essa atitude simples, e, no entanto, profunda, que devemos ter para conosco. Trata-se do princípio básico segundo o qual foi exposto o parágrafo anterior do Sermão do Monte. A única força que pode capacitar um homem a não revidar, a voltar a outra face, a caminhar a segunda milha, a dar tanto sua capa quanto sua túnica, quando esta última lhe estava sendo arrancada à força, e a ajudar outras pessoas que estejam padecendo necessidade; sim, a força vital necessária para tanto é que esse homem tenha morrido para si mesmo, tenha morrido para os seus próprios interesses, tenha morrido para as preocupações consigo mesmo. Mas nosso Senhor vai muito além disso. Somos aqui instruídos a amar positivamente a essas pessoas. Cumpre-nos até mesmo amar os nossos inimigos. Não é simplesmente que não devemos revidar, mas também que devemos ser positivos em nossas atitudes para com os nossos inimigos. Nosso Senhor muito se esforça para que percebamos que o vocábulo "próximo", aqui empregado, necessariamente inclui até os nossos inimigos,

A melhor maneira de enfrentarmos essa verdade é encará-la sob a forma de certo número de princípios básicos. Trata-se do mais exaltado ensinamento que alguém pode encontrar em qualquer trecho da Bíblia, porquanto termina neste tom elevadíssimo: "Portanto, sede vós perfeitos como perfeito é o vosso Pai celeste" (Mateus 5:48). Está envolvida toda essa questão do amor. Portanto, o de que somos aqui informados é que você e eu, neste mundo sujeito ao desgaste do tempo, defrontados como somos por inúmeros problemas, dificuldades, pessoas e muitas outras coisas que nos assediam, devemos comportar-nos como Deus se comportaria, devemos ser semelhantes a Ele, devemos tratar as outras pessoas como Ele mesmo as trata. Recomenda-nos

Cristo: Fazei isto "... para que vos torneis filhos de vosso Pai celeste, porque ele faz nascer o seu sol sobre maus e bons e vir chuvas sobre justos e injustos" (Mateus 5:45). Conforme Ele nos determinou, pois, devemos equiparar-nos a isso, devemos comportar-nos dessa maneira.

O que está envolvido nessa instrução? Necessariamente, antes de tudo devemos pensar sobre nossa maneira de tratar os outros, o que jamais deveria depender do que eles são, ou do que eles têm feito a nós. Nossa conduta deveria ser inteiramente controlada e governada por nosso ponto de vista sobre eles e sua condição espiritual. Como é evidente, esse é o princípio fundamental que Jesus aqui enunciou. Há pessoas más, iníquas e injustas; não obstante, Deus envia-lhes a chuva e ordena que o sol brilhe sobre elas. Suas colheitas são tão ricas quanto as colheitas das pessoas de bem; elas gozam de determinados benefícios na vida, experimentando aquilo que se convencionou chamar de "graça comum". Deus não abençoa somente os esforços dos agricultores crentes; não, ao mesmo tempo, também abençoa o trabalho dos agricultores injustos, maus e iníquos. Essa é uma experiência de fácil averiguação. Como é que Deus faz isso? A resposta tem de ser que Deus não está tratando com essa gente conforme aquilo que eles são, ou conforme aquilo que fazem a Ele. Se, reverentemente, alguém indagasse o que impulsiona Deus a ter essa atitude para com tais indivíduos, a resposta seria que Deus se deixa governar pelo Seu próprio amor, o qual é absolutamente desinteressado. Em outras palavras, esse amor não depende de qualquer coisa que em nós exista, pois manifesta-se a despeito de nós. "Porque Deus amou ao mundo de tal maneira que deu o seu Filho unigênito, para que todo o que nele crê não pereça, mas tenha a vida eterna" (João 3:16). Ora, o que levou Deus a agir desse modo? Teria sido alguma coisa amável, amorável ou digna de ser amada em nós ou no mundo? Teria sido algo que estimulou o eterno coração de amor? Nada disso, sob hipótese nenhuma. Tudo se deve exclusivamente às atitudes do próprio Deus, a despeito de nós. O que impeliu Deus foi o Seu próprio eterno coração amoroso, que não se deixa comover por qualquer motivo fora dele mesmo. Esse amor gera os seus próprios movimentos e atividades – é um amor totalmente desinteressado.

Esse é um princípio tremendamente importante, porquanto, conforme ensinou o Senhor Jesus, essa é a forma de amor que devemos ter e manifestar para com outras pessoas. O segredo inteiro de uma vida assim caracterizada é que o indivíduo se tenha desligado de todo e qualquer interesse. Deve ter-se desligado de outras pessoas, no sentido que a sua conduta não é governada por aquilo que fizeram. Ainda mais importante, todavia, é que o crente deve desligar-se de si mesmo, porque enquanto um homem não romper assim consigo mesmo, jamais poderá desligar-se daquilo que outros façam contra o seu "eu". Enquanto um homem estiver vivendo para si mesmo, mostrar-se-á excessivamente sensível, vigilante e invejoso; sente ciúmes, e, por isso mesmo, reage prontamente ao que outras pessoas estiverem fazendo. Tal homem estará por demais vinculado aos outros. A única maneira de nos desligarmos do que os outros possam fazer contra nós ou em favor de nós consiste, primeiramente, em nos desligarmos de nós mesmos. Esse é o princípio fundamental que governa não só este parágrafo, mas também o parágrafo anterior, segundo já vimos. O crente é alguém que foi tirado para fora da roda viva do presente mundo mau. Ele foi posto em um lugar à parte, e passou a viver em um nível muito superior. O crente pertence a um reino diferente. Ele é um novo homem, uma nova criatura, uma nova criação. Por esse motivo, ele vê todas as coisas de uma perspectiva diferente, e, assim sendo, reage de maneira diferente. O crente não pertence mais à vida deste mundo, mas está fora dela. Encontra-se em posição de desvinculação. E diz-nos Jesus Cristo: "Assim você poderá tornar-se semelhante a Deus, quanto a esse aspecto, pois não mais estará sendo exclusivamente dirigido pelo que outras pessoas lhe fizerem; antes, contará com algo, em seu interior, que determinará a sua conduta e o seu comportamento".

Não devemos demorar-nos muito em torno desse ponto; todavia, penso que se começarmos a examinar a nós mesmos veremos, de imediato, que uma das piores coisas a nosso respeito é que as nossas vidas são demasiadamente governadas por outras pessoas, pelo que elas fazem a nosso respeito, pelo que elas pensam sobre nós. Procuremos relembrar os acontecimentos de um único dia em nossas vidas. Ponderemos acerca dos pensamentos cruéis e grosseiros que subiram às nossas mentes e aos nossos corações. O que produziu aquelas más atitudes? Alguma outra pessoa! Quão grande parcela da nossa maneira de pensar, de agir e de nos comportarmos é inteiramente governada por outras pessoas! Essa é uma daquelas coisas que contribui para a vida ser repleta de tanta miséria. Vemos alguma pessoa, e nosso espírito se agita. Se não tivéssemos visto aquela pessoa não teríamos tido tais sentimentos. Outras pessoas nos estão controlando. Mas, Cristo diz: "Ora, você precisa desvencilhar-se desse condicionamento. O seu amor deve tornar-se tal que você não mais seja controlado e dirigido por aquilo que as pessoas dizem. A sua vida precisa ser controlada por um novo princípio, dentro de você mesmo, um novo princípio marcado pelo amor".

No momento em que tomarmos essa nova latitude, seremos capacitados a ver as pessoas sob um outro ângulo. Lá do alto, Deus contempla este mundo, e vê todo o pecado e toda a ignomínia, mas também vê que isso é algo que resultou das atividades de Satanás. Há um sentido em que o próprio Deus vê o homem injusto de uma maneira diferente. Deus preocupa-se com esse homem; com seu benefício e bem-estar, e é por isso que faz o Seu sol brilhar sobre ele, e igualmente lhe envia a chuva. Ora, precisamos aprender a assumir essa mesma atitude. Precisamos aprender a contemplar outras pessoas e então dizer: "Sim, elas estão fazendo isto, isso e mais aquilo contra mim! Mas, por quê? Por serem títeres de Satanás, porque estão sendo controlados pelo deus deste mundo, porque são suas vítimas impotentes. Não devo aborrecer-me com o que estão fazendo contra mim. Eu os vejo como pecadores que estão indo para o inferno. Eu devo fazer tudo quanto estiver ao meu alcance para salvá-las". É assim que Deus age. Deus contemplou este mundo pecaminoso, arrogante e sujo, e enviou o Seu Filho unigênito ao mundo para salvá-lo, porquanto o Senhor percebeu a condição do mundo. Como poderíamos explicar essa atitude divina? Deus fez tudo para nosso benefício e para nosso bem-estar. Precisamos aprender a agir da mesma forma em relação a outras pessoas. Precisamos ter um positivo interesse pelo bem-estar delas. No instante em que começarmos a pensar desse modo, não será difícil pormos em prática aquilo que o Senhor pede de nós. Se, em nossos corações, soubermos o que significa essa compaixão pelos homens perdidos, pecaminosos, que estão perecendo, então seremos capazes de agir conforme Ele pediu que fizéssemos.

Por qual razão deveríamos agir desse modo? Com frequência, manifesta-se grande sentimentalismo em torno dessa questão. As pessoas afirmam que devemos agir assim em prol de outras pessoas a fim de que elas se tornem nossas amigas. Geralmente isso reflete o pacifismo, e é seu próprio alicerce. Essas pessoas argumentam: "Se você mostrar-se bondoso para com as pessoas, elas se tornarão bondosas para com você". Já houve quem imaginasse aplicar essa ideia até mesmo no caso de Hitler! Pensavam que bastaria que se conversasse com ele, em uma mesa de conferências, e que lhe demonstrassem bondade, e logo ele também se mostraria gentil. Até hoje há pessoas que assim pensam. Sem embargo, convém que sejamos realistas, e não sentimentalistas, porquanto sabemos que essa ideia não exprime a realidade dos fatos e nem dá certo. Não, as nossas ações não devem ter por escopo transformar as outras pessoas em amigas.

Outros dizem: "Deus considera e trata essas pessoas não tanto como elas realmente são, mas em termos daquilo que elas são capazes de tornar-se". Esse é o moderno ponto de vista psicológico da questão. É em harmonia com esses moldes que alguns professores manuseiam as crianças. Sentem que nem devem puni-las e nem devem exercer disciplina. Não devem tratar as crianças conforme elas são, e, sim, como deveriam ser e como são capazes de tornar-se, a fim de que venham a tornar-se o que potencialmente são. Outras pessoas gostariam de ver esse mesmo princípio sendo posto em operação mais amplamente ainda, no tocante ao tratamento de prisioneiros nas prisões. Pensam elas que não deveríamos puni-los, mas tão somente sermos gentis com eles. Deveríamos ver em cada um daqueles criminosos o homem que ele pode vir a tornar-se, e deveríamos extrair dele essa sua potencialidade. Mas, que se pode dizer sobre os resultados? Não. Devemos agir assim não porque as nossas ações sejam capazes de transformar psicologicamente essas pessoas, tornando-as naquilo que queremos que sejam. Pelo contrário, cumpre-nos agir assim por uma única razão, não que possamos redimir aquelas pessoas ou fazer delas algo diferente do que são, mas, sim, porque podemos exibir para elas o amor de Deus. Não é rebuscando a suposta fagulha de divindade que existiria no coração do homem que poderíamos salvá-lo, para então abanarmos essa fagulha até transformá-la em uma chama. Não, pois os homens já nascem no pecado e são formados na iniquidade, e é por isso que não são capazes, em si mesmos, de se tornarem homens retos. Mas Deus ordenou as coisas de maneira tal que o Seu admirável Evangelho da redenção algumas vezes tem sido transmitido a homens e mulheres da maneira seguinte: Olham para uma pessoa, e inquirem: "O que tornou esta pessoa tão diferente das outras?" Então aquela pessoa declara: "Sou o que sou pela graça de Deus. Não é porque eu tenha nascido diferente das outras pessoas, mas é porque assim Deus me tornou. E aquilo que o amor do Senhor Deus fez por mim, também poderá fazer por você".

Como, pois, podemos manifestar esse amor de Deus, em nossos contatos com nossos semelhantes? Eis a maneira de fazê-lo: "Bendizei os que vos maldizem", o que, em linguagem mais simples, é: Replicai com palavras gentis às palavras amargas. Quando as pessoas nos dizem coisas duras e grosseiras, todos tendemos por replicar à altura: "Respondi na mesma moeda". "Dei-lhe aquela resposta." Desse modo, nos colocamos no mesmo nível daquelas pessoas. A nossa regra, entretanto, deve ser usarmos de palavras bondosas, ao invés de palavras amargas.

Em segundo lugar: "Fazei bem aos que vos odeiam", palavras que apontam para atos benévolos, em troca de atos maldosos. Quando alguém se tiver mostrado realmente desprezador e cruel para conosco, não devemos retribuir-lhe da mesma maneira. Antes, convém-nos reagir com atos de benevolência. Embora aquele agricultor talvez odeie a Deus e seja um homem pecaminoso e injusto, mostrando-se rebelde contra Deus, Deus faz com que o Seu sol brilhe sobre ele e com que a Sua chuva faça frutificar a sua colheita. Ações benévolas em favor até dos cruéis!

Em último lugar: "Orai pelos que vos maltratam e vos perseguem". Em outras palavras, quando estivermos sendo cruelmente perseguidos por outrem, precisaremos ajoelhar-nos e falar conosco antes de falarmos com Deus. Ao invés de nos tornarmos amargos e duros, ao invés de reagirmos em consonância com os impulsos do nosso próprio "eu", como quem quer recuperar o terreno perdido, precisamos lembrar-nos de que, quanto a todas as coisas, estamos debaixo de Deus, diante de Deus. Nesse caso, deveríamos pensar: "Pois bem, por que razão essa pessoa está agindo desse modo? Que está envolvido nisso? Porventura trata-se de alguma coisa que ele vê em mim? Por que essa pessoa está fazendo tal coisa? É que ela está agindo impulsionada por aquela natureza horrível e pecaminosa, uma natureza que a está conduzindo inexoravelmente ao inferno". E deveríamos continuar meditando até podermos vê-la de tal modo que a lamentemos, até que vejamos a horrenda condenação a que ela está sujeita, e, finalmente, até que nos tornemos tão entristecidos por causa dela que não tenhamos tempo de ficar tristes conosco; de fato, tão entristecidos que comecemos a orar por ela.

É de acordo com essa norma que deveríamos testar a nós mesmos. Você costuma orar por aquelas pessoas que o perseguem e o usam com desdém? Você pede a Deus que tenha misericórdia e compaixão delas, e que não as castigue? Você pede a Deus que salve suas almas e abra seus olhos, antes que seja tarde demais? Você se sente profundamente preocupado? Foi exatamente isso que trouxe Jesus Cristo a este mundo e O levou até à cruz. Ele estava tão preocupado conosco que não pensou em Si mesmo. E a nós cumpre tratar as outras pessoas dessa mesma forma.

A fim de termos plena certeza do que isso significa e envolve, devemos entender a diferença que existe entre amar e gostar de alguém. Cristo disse: "Amai os vossos inimigos"; e não: "Gostai dos vossos inimigos". Ora, gostar é, para nós, uma atitude mais natural do que amar. Não fomos convocados para gostar de todas as pessoas. Não podemos fazer isso. Porém, a ordem para amarmos a todos é exequível, é praticável. É ridículo ordenar a alguém que goste de outrem. Isso depende muito da constituição física, do temperamento e de milhares de outros fatores. Mas, gostar, ou não, não é o que importa. O importante é que oremos até mesmo por aqueles de quem não gostamos. Não está em foco a mera simpatia, e, sim, o amor aos nossos inimigos.

As pessoas costumam tropeçar nesse ponto. "Você pretende dizer que é direito amar, mesmo sem gostar?", indagam elas. É precisamente o que quero dizer. O que Deus nos ordena é que amemos a uma pessoa e a tratemos como se gostássemos dela. No amor está envolvido muito mais do que meros sentimentos. No Novo Testamento, o amor aparece como algo eminentemente prático – "Porque este é o amor de Deus, que guardemos os seus mandamentos..." (I João 5:3). O amor é ativo. Por conseguinte, se descobrirmos que não gostamos de certa pessoa, não precisamos ficar preocupados com isso, contanto que a estejamos tratando como se dela gostássemos. Isso é o amor, sendo esse o ensino de nosso Senhor por toda a parte das Escrituras. Dispomos de alguns gloriosos exemplos disso no Novo Testamento. Você se recorda da parábola do Bom Samaritano, que nosso Senhor narrou em resposta à pergunta: "Quem é o meu próximo?" (Lucas 10:29)? Tradicionalmente, os judeus odiavam os samaritanos e eram seus piores inimigos. Entretanto, naquela parábola, nosso Senhor contou que quando um certo judeu foi atacado por ladrões assaltantes, na estrada que ia de Jerusalém a Jericó, diversos judeus passaram pelo local, mas não o ajudaram. No entanto, um samaritano, tradicional inimigo dos judeus, atravessou a estrada e cuidou da vítima, e providenciou o que era necessário ao seu bem-estar. Isso é amor ao próximo, é amor ao próprio inimigo. Ora, quem é o meu próximo? É qualquer pessoa que esteja sofrendo necessidade, qualquer pessoa que esteja vencida pelo pecado ou por qualquer outra desdita. Precisamos ajudar tais pessoas, sem importar tratar-se de um judeu ou de um samaritano. Amai ao próximo, mesmo que isso signifique amar a um inimigo. "Fazei bem aos que vos odeiam". Ora, como é óbvio, nosso Senhor não somente ensinou-nos tal conceito, mas também o pôs em prática. Vemo-Lo ali, morrendo na cruz; e que disse Ele a respeito daqueles homens que O haviam condenado à morte, e que encravaram aqueles pregos cruéis em Sua carne? Estas são as benditas palavras que emanaram de Seus lábios: "Pai, perdoa-lhes, porque não sabem o que fazem" (Lucas 23:34).

Por todas as páginas do Novo Testamento vemos que isso também veio a ser a doutrina e a prática dos apóstolos. Quão grande é a tolice daqueles que dizem que o Sermão do Monte não se aplica aos crentes de hoje, mas refere-se ao futuro, quando vier o reino de Deus. Não, o Sermão do Monte é para nós, hoje. Paulo ensina: "Pelo contrário, se o teu inimigo tiver fome, dá-lhe de comer; se tiver sede, dá-lhe de beber..." (Romanos 12:20), o que corresponde precisamente ao ensino que encontramos nesta passagem do Sermão do Monte. Tal ensino aparece por todo o Novo Testamento. E os apóstolos não somente ensinaram assim; também viveram dessa maneira. Consideremos o exemplo deixado por aquele admirável crente, Estêvão, que foi apedrejado até à morte por inimigos insensatos e cruéis. Estas foram as suas palavras de despedida: "Senhor, não lhes imputes este pecado" (Atos 7:60). Estêvão, pois, conseguiu chegar ao mesmo nível do seu senhor; ele amava, conforme Deus ama a este mundo pecaminoso. E, graças sejam dadas a Deus, através dos séculos os crentes têm seguido esse exemplo, têm manifestado esse mesmo espírito glorioso e digno de nossa admiração.

Nós somos assim? Esse ensinamento destina-se a cada um de nós. Convém-nos amar nossos inimigos e fazer o bem àqueles que nos odeiam, orando por aqueles que desdenhosamente nos usam e nos maldizem. Sim, espera-se de nós que nos caracterizemos por essa atitude. Vou mais adiante ainda e passo a afirmar que podemos ter essa qualidade. O Espírito Santo, o Espírito de amor, alegria e paz foi-nos conferido a fim de que, se não chegarmos a ter essa mesma atitude, fiquemos sem desculpa, porquanto tão somente estaremos desonrando lamentavelmente ao nosso grande e gracioso Senhor.

Não obstante, resta-me uma palavra de consolo para você. Pois, a menos que eu esteja profundamente equivocado, cada pessoa que se defronta com essas realidades espirituais sem dúvida sente-se, agora mesmo, condenada. Deus sabe que eu também me sinto assim condenado. Mas é justamente aqui que cabe a palavra de consolo que tenho a apresentar. Eu creio em um Deus que "... faz nascer o seu sol sobre maus e bons e vir chuvas sobre justos e injustos". Todavia, esse Deus a quem conheço ainda fez muito mais do que isso. Ele enviou o Seu Filho unigênito até à cruz cruel do Calvário, para que eu pudesse ser salvo. Tenho falhado muito; todos nós falhamos. Entretanto, "... Se confessarmos os nossos pecados, ele é fiel e justo para nos perdoar os pecados e nos purificar de toda injustiça" (I João 1:9). Você não deveria sentir que não é crente, se porventura não estiver vivendo plenamente esse tipo de vida.

Mas, acima de tudo, tendo recebido esse consolo, não se orgulhe do mesmo; pelo contrário, sinta que isso despedaça ainda mais terrivelmente o seu coração, em face de você não ser parecido com Cristo, em face de não ser o tipo de crente que deveria ser. Se ao menos todos começássemos a amar dessa maneira, e se todos os crentes do mundo estivessem amando com essa pureza e intensidade! Se assim fizéssemos, o reavivamento não demoraria muito, e quem sabe o que poderia acontecer pelo mundo inteiro!

"Amai a vossos inimigos, bendizei os que vos maldizem, fazei bem aos que vos odeiam e orai pelos que vos maltratam e vos perseguem", e então sereis semelhantes ao vosso Pai celestial.

Capítulo XXX

QUE FAZEIS A MAIS DO QUE OS OUTROS?

No estudo que estamos fazendo sobre este parágrafo, que versa sobre a nossa atitude para com os nossos inimigos, cumpre-nos agora atentar particularmente para uma frase: "... que fazeis de mais...", a qual aparece no meio do versículo 47: "E, se saudardes somente os vossos irmãos, que fazeis de mais? Não fazem os gentios também o mesmo?" Tendo apresentado Sua detalhada exposição sobre como o Seu povo deveria tratar e considerar os seus adversários, nosso Senhor, por assim dizer, levou a seção inteira a um notável e grandioso clímax. O tempo todo, conforme vimos, Ele não se preocupava tanto com os detalhes do comportamento deles; pelo contrário, o Seu desejo era que eles compreendessem e apreendessem quem eles eram e como deviam viver. E neste final ele sumaria tudo, naquela extraordinária declaração que dá o último retoque: "Portanto, sede vós perfeitos como perfeito é o vosso Pai celeste" (Mateus 5:48). Esta deve ser a qualidade de vida que devemos viver.

Não existe mais ridícula interpretação do Sermão do Monte do que aquela que considera esse sermão como se fosse apenas um programa ético, uma espécie de esquema social. Já pudemos considerar esse particular, mas agora precisamos retornar ao ponto, porquanto parece-me que este parágrafo, por si só é capaz de lançar para sempre, no descrédito, qualquer falsa noção concernente a esse grandioso sermão. Este parágrafo contém aquilo que poderíamos intitular de a mais essencial característica do Evangelho do Novo Testamento, em sua inteireza, sendo esse o paradoxo que o percorre do princípio ao fim. O Evangelho de Jesus Cristo é paradoxal, ainda que eu faça bastante objeção ao uso moderno do termo "paradoxo". Pois há uma contradição apenas aparente dentro do Sermão do Monte, do começo ao fim. E descobrimos que aqui se acha a essência mesma de sua mensagem.

O caráter paradoxal do Evangelho foi inicialmente enunciado por aquele idoso homem, Simeão, quando ele estava com Jesus, ainda menino, nos seus braços. Disse Simeão: "Eis que este menino está destinado tanto para ruína como para levantamento de muitos em Israel" (Lucas 2:34). Ora, isso exprime um paradoxo. Paralelamente, e ao mesmo tempo, Jesus estava destinado à queda e ao levantamento de muitos. O Evangelho sempre surte esses dois efeitos; a menos que o nosso ponto de vista do Evangelho contenha esses dois elementos então não será um ponto de vista verdadeiro. Encontramos aqui uma perfeita ilustração dessa realidade. Porventura não temos sentido isso, durante todo o tempo em que temos avançado no nosso estudo deste sermão? Conhecemos qualquer discurso mais desencorajador para nós do que o Sermão do Monte? Tomemos esse trecho, que vai do versículo 17 até ao fim do capítulo 5 de Mateus – aquelas ilustrações pormenorizadas, apresentadas por nosso Senhor, acerca de como deveríamos viver diariamente. Haverá algo que nos seja mais desencorajador? Sentimos que os Dez Mandamentos, aqueles padrões morais comuns de decência já são suficientemente difíceis; consideremos, todavia, essas afirmações de Jesus sobre o ato de olhar com intenção impura para uma mulher, sobre o caminhar a segunda milha, sobre o deixar até a capa com quem nos pretende tirar a túnica, e assim por diante. Sim, nada existe de mais desencorajador para nós do que o Sermão do Monte; ele parece nocautear-nos logo de saída, condenando ao fracasso todo e qualquer esforço, antes mesmo de começarmos. Parece algo totalmente impossível. Mas, ao mesmo tempo, porventura conhecemos algum discurso mais encorajador do que o Sermão do Monte? Conhecemos qualquer coisa que nos preste mais elevado elogio? O próprio fato que essas coisas difíceis nos foram ordenadas traz em si a assertiva implícita de que nos é possível fazê-las. É isso que se espera que façamos; e, assim sendo, há uma sugestão de que isso é algo que podemos pôr em prática. O Sermão do Monte é desencorajador e encorajador ao mesmo tempo; está destinado à queda e ao levantamento de muitos. E coisa alguma é mais vital do que sempre estarmos firmemente seguros quanto a esses dois aspectos, em nossas mentes.

A grande dificuldade daquele tolo e assim chamado ponto de vista materialista do Sermão do Monte é que seus mentores não viam claramente qualquer desses dois aspectos do sermão. Reduziam a quase nada ambos esses aspectos. Em primeiro lugar, reduziam as suas exigências. Os defensores dessa posição, diziam: "O Sermão do Monte é um discurso prático, é algo que o homem pode pôr em ação". Bem, a resposta para esse grupo de pessoas é que aquilo que o Sermão do Monte exige de nós é que sejamos tão perfeitos quanto Deus, tão perfeitos quanto Ele no tocante a essa questão de amarmos aos nossos próprios inimigos. E no momento em que nos defrontamos com essas exigências reais, vemos que elas são inteiramente impossíveis para o homem natural. Essas pessoas, entretanto, nunca perceberam o fato. O que elas fizeram, naturalmente, foi apenas isolar determinadas declarações, para então dizerem: "Isso é tudo quanto nos compete fazer". Tais indivíduos não acreditam em guerrear sob quaisquer circunstâncias. E dizem: "Devemos amar aos nossos inimigos". Por essa causa, utilizam-se tão somente da resistência passiva. Mas, isso não compreende a totalidade do Sermão do Monte. O Sermão do Monte inclui a seguinte injunção: "... sede vós perfeitos, como perfeito é o vosso Pai celeste". Mas aquela gente jamais enfrentou francamente a severidade dessa exigência.

Ao mesmo tempo, aquelas pessoas jamais perceberam o outro lado do Sermão do Monte, o qual mostra que nós somos filhos de Deus e somos incomuns e excepcionais. Jamais viram a glória, a grandiosidade e o caráter sem par da posição cristã. Sempre pensaram que o crente é alguém que tão somente envida um esforço moral muito intenso, mais intenso do que qualquer outra pessoa faz, disciplinando a si mesmo. Em outras palavras, a maior parte das dificuldades experimentadas por essa escola de pensamento, com esse sermão, como também com a totalidade do ensino neotestamentário, é que seus defensores nunca compreenderam e apreenderam realmente o que significa uma pessoa ser crente. Essa é a dificuldade fundamental. As pessoas que esbarram com dificuldades, no tocante à sua salvação em Cristo, ficam assim embaraçadas porque jamais compreenderam o que significa alguém ser um crente verdadeiro.

Nesta declaração bíblica temos, uma vez mais, uma daquelas perfeitas definições do que constitui um crente. Esse aspecto dualista aparece uma vez mais: desencorajamento e encorajamento; queda e levantamento. Aqui está o enunciado de Cristo: "... que fazeis de mais?..." A tradução do Dr. Moffatt elucida bastante esse ponto: "E se saudardes somente os vossos irmãos, que haverá de especial nisso?" Encontramos aqui a chave para toda essa questão. Esse pensamento pode ser achado não somente aqui, mas também no versículo 20. Nosso Senhor começou dizendo: "Porque vos digo que, se a vossa justiça não exceder em muito a dos escribas e fariseus..." Os fariseus e os escribas eram dotados de um elevado e severo padrão moral, mas a justiça que está aqui em foco envolve muito mais do que aquela modalidade de justiça farisaica; nela existe algo de especial.

Consideremos esse grande princípio básico na forma de três princípios subsidiários. *O crente é, essencialmente, uma espécie ímpar e especial de pessoa.* Isso é algo que jamais poderá ser exageradamente enfatizado. Nada existe de mais trágico do que o fato que muitos crentes professos não percebem o caráter ímpar e especial do crente. O crente é um indivíduo que jamais poderá ser explicado em consonância com termos naturais. A própria essência da posição cristã é que o crente é um enigma. Há no crente algo de incomum, algo de inexplicável, algo de fugidio, quando encarado do ponto de vista do homem natural. O crente é alguém inteiramente distinto, separado de todos os outros seres humanos.

Nosso Senhor passa agora a esclarecer que essa característica especial, esse caráter ímpar, é duplo. Em primeiro lugar, trata-se de uma qualidade sem igual que o distingue de todo aquele que não é crente. "Se amardes os que vos amam, que recompensa tendes? Não fazem os publicanos também o mesmo?" Eles podem fazer isso, mas você é diferente. "E se saudardes somente os vossos irmãos, que fazeis de mais, não fazem os gentios também o mesmo?" O crente, como você pode ver, é uma pessoa diferente das outras. Sim, ele faz o que outras pessoas também fazem; mas ele faz mais do que elas. Isso é o que nosso Senhor vinha ressaltando o tempo todo. Qualquer um pode caminhar a primeira milha, mas é o crente quem caminha a segunda milha. O crente está sempre fazendo mais do que qualquer outra pessoa. Como é óbvio, isso reveste-se de tremenda importância. O crente, de imediato, e por definição primária, é um homem que se destaca na sociedade dos homens, não havendo para ele qualquer explicação segundo os termos do homem natural.

Entretanto, precisamos ir além disso. O crente, de acordo com a definição de nosso Senhor, o que também é reiterado ao longo de todo o Novo Testamento, não somente é uma pessoa que está fazendo mais do que as outras; mas também é alguém que faz o que outras pessoas não podem fazer. Isso não tem a finalidade de detratar da capacidade e das habilidades do homem natural; mas o crente é um indivíduo que pode fazer coisas que ninguém mais pode fazer. Poderíamos enfatizar isso mais ainda, declarando a questão como segue: O crente é um homem que está acima e que vai além do que o homem natural pode fazer, mesmo considerado em seu melhor e mais elevado aspecto. O Senhor Jesus mostrou isso neste trecho bíblico, em Sua atitude relativa aos padrões de comportamento e de moralidade dos fariseus e escribas. Eles eram os mestres do povo, e eram eles que exortavam a todos. Cristo, pois, disse àqueles que O ouviram: "Vocês precisam ultrapassar além desse nível farisaico". E nós devemos ir além. Existem muitas pessoas no mundo que, embora não sendo crentes, vivem uma vida de elevada moral e de sãos princípios éticos, homens cuja palavra é uma garantia, homens escrupulosos e honestos, justos e íntegros. Nunca podemos achá-los praticando algo de indigno contra alguém; não obstante, não são crentes, e ainda afirmam que não o são. Não confiam no Senhor Jesus Cristo e rejeitam desdenhosamente o ensino inteiro do Novo Testamento. Apesar de tudo, são pessoas absolutamente retas, honestas e verazes. Conforme alguém disse a respeito do falecido Lord Morley, que costumava soletrar o nome de Deus com um "d" minúsculo, ele era alguém que possuía uma "consciência de ouro". Ora, conforme a definição que aqui encontramos, o crente é um homem capaz de fazer coisas que o melhor homem natural não pode fazer. O crente vai além e faz muito mais do que isso; ele excede. Pois o crente é alguém separado de todas as demais criaturas humanas, e não somente das piores dentre elas, mas até das melhores e mais excelentes. O crente esforça-se, em sua vida diária, para demonstrar essa sua capacidade, amando aos seus inimigos, fazendo o bem aos que o odeiam e orando por aqueles que dele abusam e que o perseguem.

O segundo aspecto desse caráter ímpar do crente é que ele não somente difere de outras pessoas, mas também dele *se espera que seja positivamente semelhante a Deus e a Jesus Cristo*. "... para que vos torneis filhos do vosso Pai celeste... Portanto, sede vós perfeitos como perfeito é o vosso Pai celeste". Temos aqui uma estupenda definição; mas esta é a definição essencial do crente. Do crente espera-se que ele seja semelhante a Deus, espera-se que ele manifeste, em sua vida diária, dentro deste mundo cruel, algo das virtudes do próprio Deus. Espera-se que o crente viva conforme viveu o Senhor Jesus Cristo, seguindo aquele padrão e imitando aquele exemplo. Não somente o crente deve ser diferente das outras pessoas, mas também deve ser semelhante a Cristo. A pergunta que deveríamos fazer a nós mesmos, por conseguinte, se quisermos saber com certeza se somos verdadeiros crentes ou não, é a seguinte: Existe em mim alguma coisa que não pode ser explicada em termos naturais? Existe algo de especial e ímpar em mim ou em minha vida, que jamais pode ser detectado na vida dos incrédulos? Existem muitas pessoas que concebem o crente como um homem que crê em Deus, como um homem moralmente bom, justo, reto e tudo o mais. Mas isso não faz uma pessoa tornar-se crente, pois há pessoas que negam a Cristo, como, por exemplo, os islamitas, mas que creem em Deus e têm padrões éticos elevados, mostrando-se justos e retos nos seus negócios. Tais pessoas têm o seu próprio código moral, e o observam. Existem muitas pessoas que cabem dentro dessa categoria. Dizem-nos que acreditam em Deus, e mostram-se elevadamente éticas e morais; não obstante, não são crentes, e negam especificamente a pessoa de Jesus Cristo. Há muitos seres humanos, como o falecido Gandhi e seus seguidores, que indubitavelmente creem em Deus, e cujas vidas, quando examinadas no que concerne aos seus atos, dificilmente dão qualquer motivo sério de crítica; e, contudo, não são crentes. Eles disseram que não são crentes; e ainda dizem que não o são. Por conseguinte, deduzimos daí que a grande característica do crente é apenas essa qualidade (vou formular a afirmação na forma de uma pergunta). Ao examinar as minhas atividades, ao considerar minha vida em detalhes, posso asseverar que nela existe alguma coisa que não pode ser explicada segundo termos comuns, mas que só pode ser explicada em termos do meu relacionamento com o Senhor Jesus Cristo? Há alguma coisa de especial em minha vida? Existe nela essa característica ímpar, esse "a mais", esse acréscimo? Essa é a grande questão!

Volvamos agora a nossa atenção para o segundo princípio, que serve para elucidar o primeiro. Consideremos algumas daquelas vias através das quais o crente realmente manifesta essa qualidade ímpar e especial. Naturalmente, isso caracteriza todos os aspectos de sua vida, porque, de acordo com o Novo Testamento, o crente é uma nova criação "... as coisas antigas já passaram; eis que se fizeram novas" (II Coríntios 5:17). Isso posto, é lógico que o crente tem que ser alguém inteiramente diferente. Em primeiro lugar, o crente é diferente do homem natural, e em muito ultrapassa a este, quanto à sua maneira de pensar. Tomemos, para exemplificar, a sua atitude no que tange à lei, à moralidade e à conduta diária. O homem natural talvez observe a lei, mas jamais ultrapassa essa observância. A grande qualidade do crente é que ele se interessa ainda mais pelo espírito do que pela letra da lei. O homem moral e ético deseja viver dentro dos limites estabelecidos pela lei, mas não leva em conta o espírito, a essência mais profunda da lei. Ou, dizendo-se a mesma coisa de maneira diversa, o homem natural presta obediência de má vontade, mas o crente se deleita na lei de Deus, ... no tocante ao homem interior..." (Romanos 7:22).

Ou olhemos para essa questão em termos de moralidade. A atitude do homem natural para com a moralidade é geralmente negativa. Sua única preocupação é não praticar determinadas coisas erradas. Ele não quer ser desonesto, nem injusto e nem imoral. Mas a atitude do crente para com a moralidade é sempre uma atitude positiva; ele tem sede e fome de uma justiça positiva, tal como a justiça do próprio Deus.

Ou, uma vez mais, consideremos essa questão pelo ângulo do pecado. O homem natural sempre pensa no pecado em termos de atos realizados, coisas que são feitas ou que são omitidas. O crente está interessado no coração. Porventura nosso Senhor não enfatizou esse aspecto neste sermão, quando, por assim dizer, declarou: "Enquanto vocês não se tornam culpados de adultério literal, imaginam que tudo vai bem. Mas, pergunto, que dizer sobre o coração? Que dizer sobre os seus pensamentos? Essa é a perspectiva do crente. Não apenas os atos estão em sua mira, mas ele penetra até aos propósitos mesmos do coração.

Que dizer sobre a atitude desses dois homens, o incrédulo e o crente, quanto a si mesmos? O homem natural está preparado a admitir que talvez não seja inteiramente perfeito. Diz ele: "Bem, não sou um santo, perfeito, pois existem certos pontos débeis em meu caráter". Mas jamais se encontrou um incrédulo convicto de que está totalmente errado, que é um indivíduo vil. Ele nunca se mostra "humilde de espírito", ele nunca "chora", lamentando-se por sua pecaminosidade. Nunca vê a si mesmo como um pecador que merece a condenação do inferno. Jamais diz: "Não fora a morte de Jesus Cristo na cruz, e eu nunca teria esperança de ver a Deus". O incrédulo sob hipótese alguma dirá, a exemplo de Charles Wesley: "Vil e cheio de pecado eu sou". Ele consideraria isso um insulto à sua pessoa, porquanto afirma que sempre tentou viver com decência. Portanto, o incrédulo se ressente diante dessa ideia, e jamais chega a esse ponto, se tiver de criticar a si mesmo.

Além disso, que se pode dizer sobre as atitudes desses dois homens em relação a outras pessoas? O homem natural quiçá considere os outros com uma certa tolerância; talvez consiga sentir tristeza por causa dos outros, afirmando que não deveríamos ser duros demais com eles. Mas o crente vai muito além disso. O crente vê as pessoas como pecadores, como marionetes nas mãos de Satanás; ele as vê como vítimas impotentes do pecado. Ele não as vê meramente como pessoas diante de quem precisamos fazer concessões; mas vê as outras pessoas como quem vive dominado pelo "deus deste século", como quem vive cativado por Satanás, em todas as diversas modalidades de servidão. O crente, pois, vai muito além do que vai o incrédulo.

A mesma coisa pode ser dita com relação aos seus respectivos pontos de vista sobre Deus. O homem natural pensa em Deus primariamente como Alguém que deve ser obedecido, como Alguém de quem tem medo. Em nada corresponde a isso o ponto de vista essencial do crente. O crente ama a Deus, porquanto já chegou a conhecê-Lo como seu Pai. O crente não pensa em Deus como Alguém cuja lei é difícil e opressiva. Sabe que Deus é santo, embora amoroso, e que ele mesmo entrou em um novo relacionamento com Deus. O crente vai além de qualquer outra pessoa em sua relação com Deus, e deseja amá-Lo de todo o seu coração, mente, alma e forças, e ao próximo como a si mesmo.

Além disso, na questão da vida diária, tudo quanto o crente faz é diferente. O grande motivo da vida do crente é o amor. Paulo exprime essa questão admiravelmente bem, quando afirma: "... de sorte que o cumprimento da lei é o amor" (Romanos 13:10). A diferença entre o homem naturalmente bom e moral e o crente é que este último inclui em suas ações o elemento da graça divina; ele é um artesão, ao passo que o outro homem age mecanicamente. Qual é a diferença entre o crente e o homem natural, ao praticar o bem? Ora, o homem natural geralmente faz muitas coisas boas neste mundo; mas espero não estar sendo injusto com ele ao afirmar que geralmente o incrédulo gosta de manter um registro de suas boas ações. O incrédulo geralmente mostra-se sutil, quando se refere a isso indiretamente, mas está sempre bem cônscio de suas boas ações, mantendo em dia o registro das mesmas. Uma das suas mãos sempre sabe o que a outra está fazendo. E não somente isso, mas também sempre há um limite naquilo que ele faz. Geralmente o incrédulo dá daquilo que lhe sobeja, de sua superabundância. O crente, por sua vez, é alguém que dá sem calcular o custo, que dá sacrificialmente e de tal modo que uma de suas mãos nunca sabe o que a outra está fazendo.

Todavia, olhemos para esses dois homens e para a maneira como eles reagem ao que lhes sucede, nesta vida e neste mundo. Que dizer sobre as dificuldades e tribulações que surgem, inevitáveis, tais como as enfermidades ou a guerra? O homem natural, quando é bom e moral, com frequência enfrenta essas coisas com dignidade autêntica. Ele sempre mostra ser um cavalheiro. Sim, exercendo uma férrea força de vontade, ele se defronta com tudo isso armado de uma espécie de estoica resignação. Não pretendo diminuir as qualidades do homem natural, porém ele sempre se mostra negativo, pois simplesmente está se contendo. Não se queixa, mas se fecha em si mesmo. Será que ele sabe o que é regozijar-se na tribulação? O crente sabe! O crente regozija-se na tribulação, porquanto vê nisso uma significação oculta. O crente sabe que "... todas as coisas cooperam para o bem daqueles que amam a Deus, daqueles que são chamados segundo o seu propósito" (Romanos 8:28). E também sabe que Deus às vezes permite que certas coisas lhe aconteçam, tendo em mira o seu aperfeiçoamento. Assim sendo, o crente pode lutar contra a tempestade, pode regozijar-se em meio às suas tribulações. Mas aquele outro homem jamais se eleva a esse nível. Há algo de especial na pessoa do crente. O incrédulo meramente conserva a sua calma, a sua dignidade. Você está percebendo a diferença?

Nosso Senhor, finalmente, alude à questão das ofensas e injustiças. Como é que o homem natural se comporta, quando é vitimado por essas coisas? Uma vez mais, ele talvez enfrente tudo com sua férrea e tranquila vontade. Ele meramente consegue conter-se, a fim de não devolver o insulto e retaliar. Meramente ignora o que está sucedendo, ou cinicamente afasta-se da pessoa que o compreende mal. Mas o crente, por sua parte, toma deliberadamente a sua cruz, segura-se à injunção de Cristo que lhe recomenda "negar-se a si mesmo e tomar a cruz" (ver Mateus 16:24). É como se Cristo houvesse dito: "Aquele que quiser vir após mim sem dúvida será perseguido e ofendido. Porém, que tome a sua cruz". E neste trecho Jesus nos revela como devemos fazer essas coisas. Diz ele: "... mas a qualquer que te ferir na face direita, volta-lhe também a outra; e ao que quer demandar contigo e tirar-te a túnica, deixa-lhe também a capa. Se alguém te obrigar a andar uma milha, vai com ele duas. Dá a quem te pede e não voltes as costas ao que deseja que lhe emprestes" (Mateus 5:39-42). E o crente deve fazer tudo isso com alegria e de bom grado. Assim é o crente. Nele há alguma coisa muito especial, porque sempre está indo além do que outra pessoa qualquer.

A mesma coisa é verdadeira quanto à nossa atitude para com o próximo, mesmo que se trate de nosso inimigo. Algumas vezes o homem natural pode ser passivo. Pode resolver que não revidará e nem retaliará, mas só com extrema dificuldade. Novamente, jamais apareceu um homem natural que fosse capaz de amar seu inimigo, que fizesse o bem a quem odeia, que abençoasse a quem o amaldiçoa, que orasse por aqueles que dele abusam e que o perseguem. Não quero ser injusto naquilo que assevero. Pois já conheci indivíduos que se chamam pacifistas que não revidariam e nem assassinariam a outrem; mas ocasionalmente tenho podido detectar a amargura mais concentrada no coração deles, contra homens ocupados nas Forças Armadas e contra certos primeiros-ministros – uma amargura simplesmente terrível. Amar os nossos inimigos não significa que não devamos lutar ou tirar a vida. Mas significa que você está positivamente amando aquele inimigo, orando por ele e por sua salvação. Já conheci homens que de modo algum entrariam em combate, mas que também não amavam nem mesmo a seus irmãos. Só o crente pode elevar-se a essas alturas. A ética e a moralidade naturais podem fazer de um homem alguém que usa de resistência passiva; mas o crente é uma pessoa que ama positivamente a seus inimigos, e que ultrapassa todas as medidas normais a fim de fazer o bem àqueles que o odeiam, orando por aqueles que dele abusam e que o ofendem.

Finalmente, consideremos esses dois homens, quando morrem. O homem natural, de novo, talvez morra com dignidade. Talvez faleça em seu próprio leito, ou no campo de batalha, sem soltar um único queixume, sem jamais reclamar. O incrédulo mantém a mesma atitude geral para com a morte que mantinha para com a vida, e despede-se deste mundo com calma e resignação estoicas. Não é assim que o crente enfrenta a morte. O crente é alguém que se sente capaz de enfrentar a morte da mesma maneira que Paulo pôde enfrentá-la, o qual foi capaz de asseverar: "Porquanto, para mim, o viver é Cristo, e o morrer é lucro". E também: "... tendo o desejo de partir e estar com Cristo, o que é incomparavelmente melhor" (Filipenses 1:21 e 23). Diferentemente do incrédulo, o crente, ao morrer, está entrando em seu lar eterno, está chegando à presença mesma de Deus. Mais do que isso, o crente não somente morre gloriosa e triunfalmente, mas também sabe para onde está indo. Não somente o crente não tem receio algum; mas também há nele um certo senso de antecipação. Sempre há alguma coisa de especial no crente.

O que faz um crente tornar-se uma pessoa especial? O que explica o seu caráter sem igual? O que leva o crente a fazer mais do que aquilo que os outros fazem? É toda a sua perspectiva do pecado. O crente já viu a si mesmo como alguém totalmente condenado e destituído de esperança; já viu a si mesmo como alguém que não tem o menor direito ao amor divino. Já viu a si mesmo como inimigo de Deus, como estranho e alienado de Deus. Mas também é alguém que já viu e compreendeu alguma coisa acerca da graça gratuita de Deus, manifestada em Cristo Jesus. Já viu que Deus enviou o Seu Filho unigênito ao mundo, e, não somente isso, enviou-O para que morresse na cruz em lugar dele, que é um pecador rebelde, vil e culpado. Deus não lhe voltou as costas; bem ao contrário, fez tudo pelo ser humano. O crente sabe que todas essas coisas lhe ocorreram, e isso alterou toda a atitude dele para com Deus e para com os seus semelhantes. O crente foi perdoado, quando nem merecia o perdão. Que direito tem ele, por conseguinte, de não perdoar os seus inimigos?

E não somente isso, mas o crente também tem uma perspectiva inteiramente nova para com a vida neste mundo. Isso é assim porque ele chegou a compreender que este mundo é apenas a antecâmara da verdadeira vida, e que ele mesmo é, nesta vida, tão somente um estrangeiro e um peregrino. Tal como todos os homens de fé, retratados em Hebreus 11, ele vive em busca daquela "... cidade que tem fundamentos ..." (Hebreus 11:10). Diz o crente: "Na verdade, não temos aqui cidade permanente, mas buscamos a que há de vir" (Hebreus 13:14). Esse é todo o seu ponto de vista da vida, e isso transforma tudo ao seu redor. Além disso, o crente tem grande esperança da glória. Ele é alguém que acredita que haverá de olhar para Cristo face a face. E quando chegar aquela grandiosa manhã, quando ele puder contemplar o rosto dAquele que suportou a cruel cruz em lugar dele, a despeito de sua vileza, o crente não haverá de querer relembrar – ao contemplar os olhos do Senhor – que se recusou a perdoar alguém enquanto esteve aqui, neste mundo, ou que não amou aquela outra pessoa, mas antes, desprezou-a e odiou-a, fazendo tudo quanto estava ao seu alcance para prejudicá-la. Não, o crente não deseja ser relembrado de coisas dessa natureza. Por conseguinte, sabendo de antemão todas essas coisas, ele ama os próprios inimigos e faz o bem àqueles que o odeiam, porquanto tem consciência daquilo que foi realizado em seu benefício, do que haverá de acontecer-lhe e da glória que por ele espera. Toda a perspectiva do crente foi alterada; e isso lhe aconteceu porque ele mesmo foi transformado.

O que é um crente? O crente não é um homem capaz de ler o Sermão do Monte, para então dizer: "Doravante, vou viver dessa maneira, haverei de seguir Cristo e emular o Seu exemplo. Essa é a vida que haverei de viver, e o farei mediante a minha grande força de vontade". Nada disso! Eu vou dizer-lhe o que é um crente. Ele é alguém que se tornou filho de Deus, que está num relacionamento ímpar com Deus. É isso que faz dele uma pessoa "especial". "... que fazeis de mais...?" (Mateus 5:47). O crente deve ser uma pessoa especial. Você deveria ser especial, isso pela simples razão que você é uma pessoa especial. Todos dizem que vale muito o "pedigree" de um animal de raça. Se as coisas são assim, qual é o valor do crente? É o seguinte: Ele nasceu de novo, nasceu espiritualmente, e agora é filho de Deus. Você já notou como foi que o Senhor colocou a questão? "Eu, porém, vos digo: Amai os vossos inimigos e orai pelos que vos perseguem..." Com qual finalidade? para que fossem semelhantes a Deus? Não, mas para que, "... vos torneis filhos" – Ele não falou "de Deus" – "vos torneis filhos do vosso Pai celeste". Deus tornou-se o Pai espiritual do crente. Deus não é Pai do incrédulo. É Deus para eles e nada mais; é o Grande Legislador. Mas, para o crente, Deus é Pai. Em acréscimo a isso, nosso Senhor não nos diz: "Sede vós perfeitos como perfeito é Deus nos céus". Não, graças damos a Deus por isso; mas diz: "Sede vós perfeitos como perfeito é o vosso Pai celeste". Ora, se Deus é seu Pai, então você é alguém especial, não havendo como escapar dessa conclusão. Se a natureza divina lhe foi proporcionada, por meio da dádiva do Espírito Santo, então você não pode ser como outra pessoa qualquer; forçosamente você será uma pessoa diferente. E é acerca disso que somos informados a nosso respeito, por todas as Sagradas Escrituras, isto é, que Cristo habita ricamente em nossos corações, por meio do Espírito Santo. O Espírito Santo está no crente, enchendo-o, operando nos recessos mais profundos de sua personalidade, de acordo com Seu imenso poder, e ensinando-lhe a Sua vontade. "... porque Deus é quem efetua em vós tanto o querer como o realizar..." (Filipenses 2:13). Acima de tudo, o amor de Deus foi derramado no coração do crente, através e pelo Espírito de Deus. É impossível que o crente não seja uma pessoa especial, é necessário que ele seja ímpar, e isso não pode ser evitado.

    Como é que um homem em cujo coração jamais foi derramado o amor de Deus poderia amar seus inimigos e cumprir todos aqueles outros requisitos? Isso é uma façanha impossível. Ele não pode fazê-lo; e, além disso, ele não o faz. Jamais apareceu homem, fora de Cristo, que possa fazer tal coisa. O

Sermão do Monte não impõe exigências exorbitantes dessa espécie. Quando você lê o Sermão do Monte pela primeira vez, geralmente sente-se desencorajado e fica desanimado. Mas então, no próprio sermão, é lembrado de que é filho do seu Pai celeste, que não está entregue aos próprios e insuficientes recursos, pois Cristo veio habitar em você. Você é apenas um ramo da Vinha Verdadeira. Ali você encontra poder, vida e sustentação; a você meramente cabe produzir os frutos.

Concluo, pois, com esta incisiva indagação. Essa é a indagação mais profunda que um homem pode enfrentar nesta vida, neste mundo. Em você há alguma coisa de especial? Não estou perguntando se você está vivendo uma vida boa, moral e reta. Também não estou perguntando se você está fazendo costumeiramente as suas orações, e nem se você frequenta a igreja com regularidade. Não estou inquirindo sobre qualquer dessas coisas. Há muitas pessoas que fazem tudo isso, mas que, no entanto, não são crentes. Se isso resumisse tudo, o que você teria a mais do que os outros, e o que haveria de especial em você? Essa qualidade especial está em sua pessoa? Há em você algo da virtude do Pai celeste? É fato que, algumas vezes, os filhos não se parecem muito com seus pais. As pessoas olham para esses filhos, e comentam: "Sim, há alguns traços de seu pai, afinal de contas". Ou então: "Vejo uma certa semelhança com sua mãe; não muito, mas sempre há alguma coisa dela em você". Em você há pelo menos essa minúscula parcela de semelhança com Deus? Esse é o grande teste. Se Deus é o seu Pai, então, de uma maneira ou de outra, em alguma coisa, a semelhança da família celeste estará presente em você, os traços de sua parentela inevitavelmente virão até à superfície. Sim, o que há de especial em você? Que Deus nos conceda que, ao examinarmos a nós mesmos, possamos descobrir algo daquele caráter sem par e daquela distinção que não somente nos diferencia das demais pessoas, mas que também proclama que somos filhos de nosso Pai celeste.

Capítulo XXXI

VIVENDO A VIDA RETA

Nossa consideração sobre este Sermão do Monte começou pela análise e divisão do seu conteúdo[1]. Também pudemos perceber que aqui, em Mateus 6, chegamos a uma nova seção. A primeira seção (5:3-12) contém as bem-aventuranças – a descrição do crente conforme ele é. Na seção seguinte (5:13-16), descobrimos como é que esse crente, que fora assim descrito, reage ao mundo, e também como o mundo reage diante dele. A terceira seção (5:17-48) aborda a relação entre o crente e a lei de Deus. Essa seção oferece-nos uma exposição positiva da lei, contrastando-a com o falso ensino dos escribas e fariseus. E termina com aquela extraordinária exortação do versículo final: "Portanto, sede vós perfeitos como perfeito é o vosso Pai celeste". Chegamos agora a uma seção inteiramente nova, que envolve a totalidade do sexto capítulo de Mateus. Encontramos aqui aquilo que poderíamos chamar de quadro de um crente, o qual vive sua vida neste mundo, na presença de Deus, em ativa submissão ao Senhor e em completa dependência a Ele. Leia Mateus 6, e você descobrirá que essa referência a Deus, o Pai, continua se repetindo. Temos estado a considerar o crente, a quem tem sido dito algo de suas características, a quem tem sido dito sobre como deve comportar-se em sociedade, o qual já tem sido relembrado sobre o que Deus dele espera e dele requer. E aqui foi-nos oferecido um quadro do crente que continua a viver aquele tipo de vida. O grande fator que é constantemente enfatizado é que o crente faz tudo na presença do Senhor. Isso é algo que jamais deveríamos

1 Ver pág. 22

esquecer. Ou, expressando o ponto de outra maneira, esta seção apresenta um quadro dos filhos de Deus em sua relação para com o Pai celeste, enquanto avançam pelo caminho desta peregrinação chamada vida.

Mateus 6 passa em revista a nossa vida como um todo, considerando-a segundo dois aspectos principais. Trata-se de algo verdadeiramente admirável, pois, em última análise, a vida do crente neste mundo tem dois lados, ambos os quais são aqui ventilados. O primeiro desses aspectos é tratado nos versículos 1 a 18; e o segundo, nos versículos 19 até ao fim desse capítulo. O primeiro desses aspectos cobre aquilo que poderíamos intitular de nossa vida religiosa, a cultura e a nutrição da alma, a nossa piedade, a nossa adoração, o quadro, completo de nossa vida religiosa, bem como tudo quanto diz respeito, diretamente, ao nosso relacionamento com o Senhor. Naturalmente, porém, esse não é o único elemento da vida do crente neste mundo. O crente é relembrado que não pertence a este mundo. Não obstante, é filho de Deus e cidadão de um reino que não pode ser visto como realidade material. O crente é apenas um viajante, um forasteiro, um peregrino neste mundo. Todavia, não é um indivíduo mundano, e nem pertence ao mundo, conforme sucede às demais pessoas; mas acha-se dentro de um relacionamento com Deus que não tem igual. O crente anda com Deus. No entanto, o crente vive neste mundo, e embora ele não mais pertença ao mundo, este continua fazendo coisas que o afetam, e, em muitos sentidos, o crente está sujeito às imposições do mundo. Afinal de contas, o crente tem que viver sua vida neste mundo. Por conseguinte, o segundo quadro refere-se ao crente em sua relação para com a vida em geral, não tanto como um indivíduo puramente religioso, e, sim, como alguém que está sujeito "às pedradas e flechadas da ultrajante sorte", como uma pessoa que precisa preocupar-se com alimentação, com vestuário e abrigo, como um homem que talvez tenha esposa e filhos, dos quais precisa cuidar, e que, por essas mesmas razões, está sujeito àquilo que, nas Escrituras, é denominado de "as coisas do mundo" (I Coríntios 7:34).

Essas são as duas grandes divisões deste capítulo de Mateus 6: aquela porção estritamente religiosa, que envolve a vida cristã; e a porção mundana. Ambos esses aspectos são tomados por nosso Senhor e ventilados com pormenores bastante consideráveis. Em outras palavras, é vital que o crente seja dono de ideias absolutamente claras a respeito dessas questões, e também que receba instruções sobre ambos os aspectos. Não existe falácia maior do que imaginar que no momento em que um homem se converte, tornando-se crente, todos os seus problemas são prontamente solucionados e todas as suas dificuldades desaparecem. A vida cristã é repleta de dificuldades, de precipícios e de armadilhas. Eis a razão por que precisamos das Sagradas Escrituras. Não fora esse embaraço, e elas seriam desnecessárias. As detalhadas instruções que nos foram ministradas por nosso Senhor nas epístolas não seriam necessárias não fora o fato que a vida do crente neste mundo, conforme João Bunyan e outros têm tido o cuidado de mostrar em suas grandes obras clássicas evangélicas, é uma vida entremeada de problemas. Muitos são os precipícios vinculados à nossa vida cristã prática, associados à nossa vivência diária neste mundo em companhia de outras pessoas. Você poderá descobrir, ao analisar a sua própria experiência, e mais ainda, ao ler as biografias de grandes homens de Deus, que muitas pessoas têm caído em dificuldades, e que muitas outras têm-se engolfado em grande miséria e infelicidade, tendo perdido a experiência da alegria e da felicidade na vida cristã, por haverem negligenciado um ou outro desses dois aspectos. Há pessoas que erram em sua vida religiosa, conforme veremos; e há outras que parecem estar corretas no tocante a esse aspecto, mas que, por sofrerem tentações das mais sutis variedades, no que concerne a um lado mais prático da questão, tendem por desviar-se do rumo certo. Portanto, a nós compete enfrentar ambos esses aspectos. Nestas instruções que foram ministradas por nosso Senhor, essas coisas são abordadas incluindo suas mais pormenorizadas minúcias.

 Convém-nos perceber, logo no início que este sexto capítulo de Mateus é extremamente perscrutador. De fato, poderíamos ir mais adiante e afirmar que é uma porção extremamente dolorosa para nós. Algumas vezes tenho pensado tratar-se de um dos mais desconfortadores capítulos que podem ser lidos em toda a Bíblia. Este trecho sonda-nos e examina-nos, segurando, por assim dizer, um espelho diante de nós, não nos permitindo escapar das verdades ali referidas. E não há outro capítulo da Bíblia que mais propenda por promover a auto-humilhação e o abatimento do homem do que este sexto capítulo de Mateus. Todavia, graças a Deus por esse capítulo. O crente sempre deveria ansiar por conhecer bem a si mesmo. Nenhum outro indivíduo deseja realmente conhecer a si próprio. O homem natural pensa que já se conhece bem, e, por esse motivo, revela a sua dificuldade fundamental. Ele foge do autoexame, porquanto conhecer-se a si mesmo é, em última análise, o conhecimento mais doloroso que uma pessoa pode ter. Mas temos aqui um capítulo que nos põe face a face conosco, permitindo-nos ver exatamente como somos. Repito, porém, graças a Deus por esse capítulo, porquanto somente o homem que já viu verdadeiramente a si mesmo tem possibilidade de buscar refúgio em Cristo, de procurar encher-se do Espírito de Deus, o único que pode consumir os últimos vestígios do próprio "eu", bem como tudo quanto propenda por macular a vida e o viver cristãos.

Nesta altura, tal como vimos no capítulo anterior, em certo sentido esse ensinamento nos é ministrado, em parte, através do contraste estabelecido com as doutrinas dos fariseus. Você deve estar recordado que houve uma introdução geral quanto a esse fato, quando nosso Senhor asseverou: "Porque vos digo que, se a vossa justiça não exceder em muito a dos escribas e fariseus, jamais entrareis no reino dos céus" (Mateus 5:20). Naquela passagem estivemos examinando e contrastando a doutrina dos fariseus e dos escribas com o ensino que deveria governar a vida do crente. Neste trecho bíblico, entretanto, a ênfase não recai tanto sobre o ensino como sobre a vida prática do crente, incluindo os aspectos de sua piedade e de toda a sua postura e conduta religiosa.

Ao começarmos a examinar essa primeira seção, descobrimos que o primeiro versículo serve de introdução à mensagem contida nos versículos 2 a 18. De fato, causa-nos profunda admiração o arranjo do Sermão do Monte. Aqueles que têm inclinações para a música e se interessam pela análise das grandes sinfonias, percebem que neste sermão há algo ainda mais estupendo do que nelas. O tema foi declarado, então foi dada a análise, e após isso, vêm os temas e seções particulares – os vários e assim denominados "movimentos secundários" até que, eventualmente, tudo é enfeixado e reunido em uma declaração final. Nosso Senhor emprega aqui um método similar. No primeiro versículo, Ele anuncia o princípio geral que governa a vida religiosa do crente. Tendo feito isso, Jesus prossegue, oferecendo-nos três ilustrações desse princípio, que envolvem as questões da doação de esmolas, da oração e do jejum. Então, em último lugar, Jesus refere-se à totalidade da vida e da prática religiosas do crente. Quando analisamos a vida religiosa de uma pessoa, descobrimos que ela pode ser dividida em três segmentos, e somente nesses três: a maneira como dou esmolas; a natureza de minha vida de oração e contato com Deus; e a maneira pela qual mortifico a carne. Uma vez mais, queremos ressaltar que essas três coisas são meras ilustrações. Nosso Senhor ilustrou aqui aquilo que Ele já declarara como princípios gerais, exatamente conforme já O tínhamos visto fazer em Sua exposição sobre a lei, em Mateus 5.

O princípio fundamental é declarado no primeiro versículo. Quanto a esse particular, não há que duvidar que a Versão Atualizada neste ponto é superior à Versão Corrigida, na qual se lê: "Guardai-vos de fazer a vossa esmola diante dos homens..." Deveria ser: "Guardai-vos de exercer a vossa justiça (ou se você preferir, vossa piedade) diante dos homens, com o fim de serdes vistos por eles; doutra sorte, não tereis galardão junto de vosso Pai celeste" (Mateus 6:1). Mas essa diferença, uma vez mais, não passa de uma variante textual que figura nos manuscritos antigos. Sem dúvida, a melhor tradução é a última, pois todos os bons comentadores são unânimes no seu parecer de que este vocábulo deveria ser compreendido como "justiça", e não como "esmolas". As esmolas são apenas uma ilustração particular, ao passo que, neste primeiro versículo nosso Senhor interessava-se por firmar um princípio geral. A palavra "justiça" governa os três grandes aspectos da vida justa do crente. Primeiramente, pois, consideremos a própria "piedade", e em seguida começaremos a considerar as diversas manifestações dessa piedade. O princípio geral é este: "Guardai-vos de exercer a vossa justiça diante dos homens, com o fim de serdes vistos por eles; doutra sorte, não tereis galardão junto de vosso Pai celeste". Consideremos isso sob a forma de um determinado número de princípios subsidiários.

O primeiro desses princípios subsidiários é o seguinte: *a natureza delicada da vida cristã*. A vida cristã sempre dependerá de uma questão de bom equilíbrio e estabilidade. Contudo, trata-se de uma vida que dá a impressão de ser autocontraditória, porquanto parece abordar, ao mesmo tempo, duas ideias que se excluem mutuamente. Ao lermos o Sermão do Monte, encontramos uma declaração como esta: "Assim brilhe também a vossa luz diante dos homens, para que vejam as vossas boas obras e glorifiquem a vosso Pai que está nos céus" (Mateus 5:16). Em seguida, lemos: "Guardai-vos de exercer a vossa justiça diante dos homens, com o fim de serdes vistos por eles; doutra sorte, não tereis galardão junto de vosso Pai celeste". Ora, uma pessoa que ponha esses dois versículos em confronto, será levada comentar: "E agora, que devo fazer? Se eu tiver de fazer todas aquelas coisas em segredo, se eu tiver de orar em meu quarto, com portas cerradas, e se eu tiver de ungir o rosto e banhar-me, dando a aparência de não estar jejuando, como é que os homens poderão observar as minhas boas obras, e como poderão contemplar a luz que estará brilhando em mim?"

Mas, como é evidente, temos aqui apenas uma contradição superficial. Você deveria observar como a primeira dessas declarações coloca a questão: "Assim brilhe também a vossa luz diante dos homens, para que vejam as vossas boas obras e glorifiquem a vosso Pai que está nos céus". Em outras palavras, não há qualquer contradição entre os dois versículos. Antes, somos convocados a fazer ambas essas coisas a um só tempo. O crente deveria viver de tal maneira que os homens, ao olharem para ele, ao contemplarem a qualidade de sua vida, glorifiquem a Deus. Ao mesmo tempo, cumpre-lhe relembrar que ele jamais deve fazer essas coisas com o intuito de atrair a atenção para a sua própria pessoa. O crente não deve desejar ser um espetáculo admirado pelos homens, e nunca deveria estar cônscio de sua própria importância. Como é evidente, esse equilíbrio é muito delicado e sutil, pois, com demasiada frequência, passamos de um extremo para outro. Os crentes tendem por tornarem-se culpados de uma ostentação excessiva, ou então, por se transformarem em monges ou eremitas. Quando se examina a longa História da Igreja cristã através dos séculos, descobre-se que esse grande conflito jamais cessou. Os cristãos ou têm sido indivíduos espetaculosos, ou então têm sentido medo de se porem em evidência, de se autoglorificarem, ao ponto de se segregarem do mundo. Neste trecho somos exortados a evitar ambos os extremos. A vida cristã, portanto, é muito delicada, é uma vida muito sensível. Entretanto, se nos aproximarmos dela da maneira correta, e sob a orientação do Espírito Santo, poderemos manter aquele bom equilíbrio. Naturalmente, se pensarmos que esses princípios são meras regras que precisamos pôr em operação, então haveremos de errar, cambando para um extremo ou para outro. Todavia, se nos conscientizarmos de que o que realmente importa é aquele grande princípio básico, o espírito, seremos poupados desse erro de pendermos demasiadamente para a direita ou para a esquerda. Nunca nos deveríamos olvidar que nós, crentes, devemos atrair a atenção para nós mesmos, mas, ao mesmo tempo, não devemos atrair a atenção dos outros para as nossas próprias pessoas. Isso transparecerá cada vez mais claramente, à medida em que prosseguirmos no nosso estudo.

O segundo princípio subsidiário é que *a escolha final é sempre a escolha entre agradarmos a nós mesmos e agradar a Deus*. Isso pode soar aos nossos ouvidos como uma ideia muito elementar; e, no entanto, parece necessário que enfatizemos o ponto, pela razão que se segue. "Guardai-vos de exercer a vossa justiça diante dos homens, com o fim de serdes vistos por eles..." Essas palavras levam-nos a pensar: "Por certo temos aqui a escolha entre agradar aos homens e agradar ao Senhor". Mas estou aqui sugerindo que essa não é a escolha real que nos é imposta. Antes, a escolha final é entre agradarmos ao próprio "eu" ou a Deus, e é precisamente aí que entra a sutileza da questão. Em última análise, nossa única razão para agradarmos a nossos semelhantes, ao nosso derredor, é que agrademos a nós mesmos. Nosso real desejo não é tanto agradar aos outros; mas queremos agradá-los porque sabemos que, se assim fizermos, pensarão que somos pessoas melhores. Em outras palavras, estaremos agradando a nós mesmos e só nos preocuparemos com nossa auto- gratificação. É aí que se vê o insidioso caráter do pecado. Aquilo que parece destituído de egoísmo pode ser apenas uma sutilíssima forma de egoísmo. De conformidade com nosso Senhor, tudo se resume no seguinte: por natureza, o ser humano deseja ser louvado por seus semelhantes muito mais do que ser agraciado pelo louvor que vem somente de Deus. Ao assim anelar pelo louvor humano, aquilo que realmente interessa ao homem é a boa opinião a respeito de si mesmo. Em última análise, tudo sempre se resume no fato que ou estamos agradando a nós mesmos ou estamos agradando a Deus. Esse é um pensamento solene, mas no instante em que começamos a analisar a nós mesmos e percebemos os motivos de nossa conduta, concordaremos que tudo se resume nisso.

Isso nos leva ao princípio subsidiário seguinte, que talvez seja o mais importante. *Para nós, nesta vida e neste mundo, a questão mais importante de todas é nos conscientizarmos do nosso relacionamento com Deus.* Quase nos desculpamos por termos de fazer tal declaração, e, no entanto, sugiro ser essa a maior causa de todos os nossos fracassos, isto é, constantemente nos esquecemos de nosso relacionamento com Deus. O Senhor Jesus exprimiu a questão como segue. Deveríamos conscientizar-nos de que o supremo objetivo do crente, nesta vida, deveria ser agradar a Deus, e a Ele somente, agradando-O sempre em todas as coisas. Se esse for o nosso alvo, então será impossível errarmos. Quanto a isso, como é lógico, vemos a mais destacada característica da vida de nosso Senhor Jesus Cristo. Haveria alguma outra coisa que tanto se saliente na Sua vida? Jesus viveu inteiramente dedicado ao Pai. Chegou a declarar que as palavras que dizia não vinham de Si mesmo, e que as obras que realizava eram as obras que o Pai lhe dera para realizar. A Sua vida inteira fora consagrada à glorificação de Deus. Jesus jamais pensou em Si mesmo. Nada fazia em proveito próprio, e nunca se impunha. Porém, o que nos é dito a respeito dEle, é o seguinte: "Não esmagará a cana quebrada, nem apagará a torcida que fumega" (Isaías 42:3). Cristo nunca impôs a Sua voz. Em certo sentido, Ele passou por esta vida como quem queria ocultar-Se, como quem não desejava ser visto. Todavia, lemos a Seu respeito que Ele "não pôde ocultar-se" (Marcos 7:24), mas parecia que sempre vivia tentando fazê-lo. Em Cristo havia completa ausência de ostentação. Ele viveu inteira e exclusivamente para a glória de Deus. De várias maneiras Ele reiterava: "Não busco a Minha própria glória, mas a glória dAquele que me enviou". E também expressou negativamente esse pensamento, como segue: "Como podeis crer, vós os que aceitais glória uns dos outros, e contudo não procurais a glória que vem do Deus único?" (João 5:44). É como se Cristo houvesse dito: "Essa é a sua grande dificuldade. Vocês preocupam-se tanto com o ser humano. Se ao menos tivessem o propósito singelo de glorificar e honrar a Deus, tudo iria bem com vocês".

A segunda coisa que precisamos relembrar, nessa conexão, é que sempre estamos na presença de Deus. Sempre estamos debaixo de Sua vista. Ele contempla cada uma de nossas ações, e, de fato, lê cada um de nossos pensamentos. Em outras palavras, se você acredita na vantagem de ter pequenos quadros emoldurados com textos bíblicos, em alguma posição proeminente, diante de sua escrivaninha, ou na parede de sua saleta, então não há melhor texto do que este: "Tu és Deus que vê" (Gênesis 16:13). Deus está em toda a parte. "Guardai-vos de exercer a vossa justiça diante dos homens..." Por quê? "... doutra sorte, não tereis galardão junto de vosso Pai celeste". Deus vê tudo. Ele conhece o seu coração, ao passo que as outras pessoas não o conhecem. Você pode enganar ao próximo, persuadindo-o de que está agindo com altruísmo; mas Deus conhece o seu coração. Disse nosso Senhor aos fariseus, certa tarde: "Vós sois os que vos justificais a vós mesmos diante dos homens, mas Deus conhece os vossos corações; pois aquilo que é elevado entre homens é abominação diante de Deus" (Lucas 16:15). Ora, nesse versículo encontramos um óbvio princípio fundamental para todos os aspectos de nossa vida. Algumas vezes sinto que não há melhor maneira de se viver, de se tentar viver santamente, consagrados a Deus, do que lembrando constantemente de que Deus nos vê. Ao nos levantarmos pela manhã, imediatamente nos deveríamos recordar e relembrar de que estamos na presença de Deus. Não nos prejudica dizermos a nós mesmos, antes de passarmos a qualquer ação: "Durante todo o decurso deste dia, tudo quanto eu fizer e disser, e também tentar fazer, pensar e imaginar será feito sob os olhos de Deus. Ele estará comigo, pois vê todas as coisas. Ele sabe de tudo. Nada existe que eu possa fazer ou tente fazer que Deus não tenha plena consciência". "Tu és Deus que vê!" Se fosse aplicado, esse princípio poderia revolucionar as nossas vidas, se ao menos sempre agíssemos assim.

Em certo sentido, os muitos livros que têm sido escritos acerca da vida devocional concentram sua atenção sobre essa particularidade. Você talvez conheça o famoso livrinho do Irmão Lawrence, intitulado *The Practice of the Presence of God* (A Prática da Presença de Deus). Não estou recomendando o livreto, mas estou dando apoio ao princípio contido em suas páginas. Se quisermos viver plenamente nesta vida, teremos de aprender que precisamos disciplinar a nós mesmos, que precisamos instruir a nós mesmos. E isso envolve algo fundamental, uma das mais sérias questões da vida, a saber, o fato que todos estamos vivendo na presença de Deus. Deus vê tudo e sabe de tudo, e sob nenhuma hipótese poderemos escapar de Sua atenção. Os escritores dos Salmos sabiam disso muito bem, tendo havido instâncias onde homens clamaram, impulsionados pelo desespero: "para onde fugirei de tua face?" (Salmos 139:7). Não posso ausentar-me de Ti. "Se faço a minha cama no mais profundo abismo, lá estás também; se tomo as asas da alvorada e me detenho nos confins dos mares", ainda ali não poderei escapar de Ti. Se ao menos nos lembrássemos dessa realidade, então a hipocrisia desapareceria. A autoadulação e tudo aquilo de que somos culpados ao sentirmos que somos superiores aos nossos semelhantes, imediatamente desapareceriam. É um princípio fundamental que não podemos escapar de Deus. Nessa questão da escolha final entre nós mesmos e Deus, sempre nos deveríamos lembrar que o Senhor sabe tudo a nosso respeito. "Todas as coisas estão descobertas e patentes aos olhos daquele a quem temos de prestar contas" (Hebreus 4:13). Ele conhece os meus pensamentos e as intenções do meu coração. E Ele é capaz de separar juntas e medulas, alma e espírito. Nada existe de oculto diante de Seus olhos. Precisamos começar com esse postulado.

Se todos puséssemos esse princípio em prática, então haveria uma mudança revolucionária. Estou plenamente certo de que prontamente teria início um reavivamento religioso. Que imensa diferença isso faria na vida da Igreja, bem como na vida de cada indivíduo. Ponderemos acerca de toda a pretensão e fraude, bem como acerca de tudo quanto há de indigno em nós. Se ao menos percebêssemos que Deus está olhando para tudo, que Ele tem consciência de tudo, que Ele está registrando tudo! Esse é o ensino das Escrituras, e esse é o verdadeiro método de se pregar a santidade e não oferecendo às pessoas alguma experiência maravilhosa, capaz de solucionar todos os problemas. Não, mas precisamos entender que sempre estamos na presença de Deus. O homem que começa percebendo de fato essa realidade, não demora a ser visto abrigando-se à sombra de Cristo e Sua cruz, rogando que o Espírito Santo venha enchê-lo.

O princípio subsidiário seguinte diz respeito aos galardões. Essa questão inteira dos galardões parece perturbar muitas pessoas. Não obstante, nosso Senhor continuamente fazia declarações como aquelas dos versículos 1 e 4. Neste ponto, Ele indica que é perfeitamente justo buscarmos os galardões que Deus tem para dar-nos. Disse Jesus: "... doutra sorte, não tereis galardão junto de vosso Pai celeste". Se fizeres o que é reto, então "... teu Pai, que vê em secreto, te recompensará". Nos primórdios deste século, foi popular um certo ensino (embora atualmente quase não se ouça mais falar dele) que dizia que o crente deve viver a vida cristã por seus próprios méritos, e não à cata de qualquer galardão. Diziam os tais que seria excelente se o crente se sentisse animado não por algum motivo como o desejo de ir para o céu ou o temor de ir para o inferno. Antes, deveríamos mostrar-nos desinteressados e altruístas. Tal conceito com frequência era apresentado na forma de uma narrativa, de uma ilustração simples. Um pobre homem caminhava ao longo de uma estrada do Oriente, em certo dia. Numa das mãos levava um balde com água e na outra um recipiente com brasas acesas. E eis que alguém perguntou ao tal homem o que ele pretendia fazer com aqueles dois objetos. Então ele replicou que queria incendiar o céu com o recipiente com as brasas e afogar o inferno com o balde de água – pois não estava interessado nem no céu e nem no inferno. Entretanto, não concorda com isso o ensino neotestamentário. O Novo Testamento deseja fazer-nos compreender que é excelente coisa querermos ver a Deus. Ele é o *bem supremo*. "Bem-aventurados os limpos de coração, porque verão a Deus" (Mateus 5:8). Esse é um desejo correto e legítimo, essa é uma santa ambição. Acerca do próprio Senhor Jesus foi-nos dito: "... o qual, em troca da alegria que lhe estava proposta, suportou a cruz..." (Hebreus 12:2). E lemos a respeito de Moisés que ele fez o que fez porque fixara a sua atenção sobre o "galardão" (Hebreus 11:26). Moisés via muito além. Por que viviam como viveram aquelas pessoas a respeito de quem lemos em Hebreus 11? A resposta é a seguinte: eles viram certas realidades à distância, e buscavam "a cidade que tem fundamentos" (Hebreus 11:10), tendo fixado os olhos nesse objetivo final.

O interesse que o crente tem pelos galardões celestiais é um interesse legítimo, sendo até mesmo encorajado nas páginas do Novo Testamento. O Novo

Testamento ensina-nos que haverá um "julgamento dos galardões". Haverá crentes que serão castigados com poucos açoites, e haverá crentes que serão castigados com muitos açoites. As realizações de cada crente individual serão aquilatadas no tocante à sua qualidade, com o fito de se verificar se podem ser equiparadas à palha, à madeira, às pedras preciosas, à prata ou ao ouro. Todas as nossas obras haverão de ser julgadas. "Porque importa que todos nós compareçamos perante o tribunal de Cristo, para que cada um receba segundo o bem ou o mal que tiver feito por meio do corpo" (II Coríntios 5:10). Por conseguinte, *deveríamos* estar interessados nessa questão dos galardões. Nada há de errado com esse interesse, enquanto esse desejo envolver o galardão que será o prêmio da santidade, o galardão de estar na companhia de Deus.

A segunda coisa a considerar acerca dos galardões é a seguinte. Aqueles que buscam galardões da parte dos homens nunca poderão recebê-los da parte de Deus. Trata-se de um pensamento que nos amedronta, mas temos aí uma declaração absoluta. "Guardai-vos de exercer a vossa justiça diante dos homens, com o fim de serdes vistos por eles; doutra sorte, não tereis galardão junto de vosso Pai celeste". Se alguém já recebeu galardão da parte dos homens, sobre qualquer questão imaginável, nada mais lhe restará receber da parte de Deus. Quero exprimir o ponto com toda a franqueza. Se, enquanto prego o Evangelho, o meu interesse é saber o que as outras pessoas estão pensando sobre a minha pregação, bem, isso será tudo quanto poderei receber daí, pois nada receberei da parte de Deus. Esse é um princípio absoluto. Se alguém estiver buscando galardões da parte dos homens, haverá de obtê-los, mas isso será tudo quanto poderá conseguir. Assim sendo, examine a sua vida religiosa, pense em todo o bem que você tiver feito no passado, à luz desse pronunciamento. Quanto lhe resta para ser recebido da parte do Senhor? Esse é um pensamento amedrontador.

Esses são os princípios básicos que envolvem essa declaração geral. Consideremos agora, de passagem, o que nosso Senhor tem a dizer a respeito dessa questão particular concernente às esmolas que dermos. Temos nisso um segmento necessário, derivado dos princípios que já foram apresentados. Diz o Senhor que há uma maneira errada e há uma maneira certa de darmos esmolas. Naturalmente, dar esmolas significa ajudar as pessoas, conferindo ajuda em casos de necessidade, doando dinheiro, dedicando tempo ou fazendo qualquer outra coisa que possa prestar ajuda aos nossos semelhantes.

A maneira errada de se dar esmolas é fazendo propaganda a respeito. "Quando, pois, deres esmola, não toques trombeta diante de ti, como fazem os hipócritas". Naturalmente, os hipócritas não agiam precisamente dessa maneira; o Senhor Jesus estava pintando um quadro imaginário. Mas os que agem desse modo, na realidade alugam, por assim dizer, um arauto que vá adiante deles, proclamando: "Vejam o que este homem está fazendo". A maneira errada de se dar esmolas, portanto, consiste em trombeteá-las, chamando atenção para o doador. Poderíamos dedicar muito tempo para mostrar as maneiras sutis através das quais essas coisas podem ser feitas. Permita-me apresentar-lhe uma ilustração apenas. Lembro-me de certa dama que se sentia chamada por Deus para dar início a uma determinada obra, e isso em consonância com o que geralmente se denomina de "obra de fé". Nessa obra não haveria coletas e nem solicitações de fundos. Ela resolveu inaugurar o trabalho por meio de um culto de pregação; e eu tive o privilégio de pregar naquele culto inaugural. A reunião ia mais ou menos pela metade, tendo chegado a hora de se fazerem os anúncios, e aquela bondosa dama ficou dizendo à congregação, por dez minutos em seguida, como aquela obra haveria de ser realizada, isto é, inteiramente com base na fé, pois não seriam levantadas coletas, não se pediria dinheiro de ninguém e assim por diante. Na oportunidade, pensei ser aquele o mais eficaz apelo em busca de fundos que eu jamais ouvira! Não, não estou sugerindo que ela estivesse sendo desonesta, pois estou plenamente certo de que não houve tal atitude por parte dela. Todavia, ela estava extremamente apreensiva. Com atitude de medo, por semelhante modo, podemos agir segundo essa espécie de truque, de maneira inteiramente inconsciente. Há uma maneira de se dizer que não estamos anunciando coletas, e coisas dessa ordem, mas que indica claramente que as estamos anunciando. Oh, quão grande é a nossa sutileza! Você talvez conheça aquele tipo de homem que diz: "Naturalmente, não acredito que se deva anunciar o número de convertidos, quando me empenho em alguma missão. Mas, afinal, o Senhor deve ser glorificado, e se as pessoas não ficarem sabendo do número de convertidos, como poderão elas glorificar a Deus?" Ou então: "Não aprecio esses longos relatórios nas reuniões de meu aniversário de pastorado, mas se Deus tiver de ser glorificado, como é que as pessoas poderão glorificá-Lo, a menos que...?" Você deve estar percebendo a sutileza por detrás dessa alegação. Nem sempre há um arauto abrindo-nos o caminho. Entretanto, quando começamos a examinar realmente os nossos corações, descobrimos que há maneiras extremamente sutis mediante as quais tudo isso pode ser feito. Pois bem, tais exemplos exibem a maneira errada de se realizar as coisas. E o resultado desse erro é o seguinte: "Em verdade vos digo que eles já receberam a recompensa" (Mateus 6:2b). As pessoas louvam algum pregador, comentando: "Quão maravilhoso, quão admirável, quão impressionante ele é, não é verdade?" E assim aquele pregador já recebeu o seu galardão, já foi louvado pelos homens. Existem pregadores cujos nomes aparecem impressos em algum periódico; escrevem-se artigos a respeito deles; muito se fala sobre eles; pessoas escrevem o seu necrológio; eles já receberam tudo. Pobres homens, isso é tudo quanto conseguem obter. Mas coisa alguma poderão receber da parte do Senhor. Já receberam a sua recompensa. Se era isso que eles desejavam, então já receberam o que queriam; contudo, como são dignos de lástima. Quão intensamente deveríamos orar em favor deles, quão intensamente nos deveríamos entristecer acerca deles.

Qual é a maneira certa de agir? Segundo ensinou nosso Senhor, esta é a maneira certa de agir. "Tu, porém, ao dares o esmola, ignore a tua esquerda o que faz a tua direita; para que a tua esmola fique em secreto; e teu Pai, que vê em secreto, te recompensará" (Mateus 6:3-4). Em outras palavras, não devemos anunciar, seja de que maneira for, aquilo que estivermos fazendo. Isso é perfeitamente óbvio. Mas este outro aspecto da questão já não é tão óbvio: Não o anuncies nem para ti mesmo. Isso é difícil. Algumas pessoas sentem maior dificuldade do que outras para se conterem e não fazerem tais anúncios. Penso que qualquer pessoa dotada de um mínimo de decência despreza ao indivíduo que faz propaganda de sua própria pessoa. Quem é decente acha tudo isso muito lamentável, entristecendo-se por causa daquele que promove a si mesmo. Sim, mas é muito difícil não nos orgulharmos de nós mesmos, por sermos aquilo que somos. Podemos desprezar tal artifício, e podemos até repeli-lo. Sim, mas se isso levar-nos a pensar: "Agradeço a Deus por não ser assim", então imediatamente nos teremos tornado fariseus. Foi exatamente isso que dissera aquele fariseu, no templo: "Ó Deus, graças te dou porque não sou como os demais homens, roubadores, injustos e adúlteros, nem ainda como este publicano" (Lucas 18:11).

E cumpre-nos notar que nosso Senhor não parou em Suas instruções, depois de haver declarado que não devemos trombetear que vamos dar esmolas, anunciando o feito ao mundo; mas também nem ao menos devemos anunciar tal coisa a nós mesmos. Que a nossa mão esquerda ignore o que a direita estiver fazendo. Em outras palavras, tendo feito tudo secretamente, não devemos manter um caderninho, anotando ali: "Fiz isto ou aquilo. Naturalmente, eu não disse a ninguém que assim fiz". No entanto, alguns fazem um sinal especial, registrando alguma ação excepcionalmente meritória! É como se nosso Senhor tivesse dito: "Sob hipótese nenhuma mantenham registros dessa natureza; não conservem qualquer livro-razão de vitórias espirituais; não mantenham escrituração de lucros e perdas espirituais em suas vidas; não escrevam qualquer diário sobre essas coisas. Pelo contrário, esqueçam-se de tudo. Vão fazendo as coisas segundo forem impelidos por Deus e orientados pelo Espírito Santo, e então esqueçam-se de tudo quanto tiverem realizado". Entretanto, como é que isso pode ser efetuado? Só existe uma resposta, a saber, que nosso amor ao Senhor Jesus deveria ser tal que não tenhamos tempo nem para pensar em nós mesmos. Jamais nos livraremos do próprio "eu" concentrando a atenção sobre o próprio "eu". A única solução consiste em nos deixarmos consumir de amor, faltando-nos o tempo e a oportunidade para pensarmos em nós mesmos. Em outras palavras, se quisermos implementar tal ensinamento, teremos de volver os olhos para Jesus Cristo morrendo na colina do Calvário, teremos de meditar sobre a Sua vida e sobre tudo quanto Ele suportou e sofreu, e, nessa contemplação, percebermos o que Ele fez por nós.

Ora, qual é o resultado de tudo isso? É um resultado glorioso. Eis como nosso Senhor exprimiu o ponto: "Você não deve manter qualquer escrituração de suas realizações. Deixe Deus fazer isso em seu lugar. Ele vê tudo e registra tudo. E você sabe o que mais Ele fará? Ele o recompensará publicamente". Mostramo-nos completamente insensatos quando mantemos a nossa própria escrituração de feitos espirituais, pois não percebemos que, assim fazendo, não poderemos receber qualquer galardão da parte do Senhor. Sem embargo, se nos olvidarmos de todos os nossos feitos e fizermos tudo com a finalidade de agradarmos somente a Ele, então descobriremos que Deus tomou nota de tudo. De tudo quanto tivermos feito; coisa alguma será esquecida, e nossas menores ações serão relembradas por nosso Pai. Você está lembrado do que Jesus disse, em Mateus 25? "... tive fome e me destes de comer; tive sede e me destes de beber..." E então Lhe perguntarão os justos: "Senhor, quando foi que fizemos essas coisas para Ti? Não nos lembramos". Mas Jesus replicará: "Está tudo registrado nos livros". Sim, o Senhor mantém em dia os Seus livros de escrituração. Devemos deixar com Ele essa escrituração. É como se Ele tivesse dito: "Vocês fizeram todas essas coisas secretamente; mas eu recompensarei vocês publicamente. Não haverei de recompensar vocês abertamente, neste mundo; mas tão certamente quanto vocês estão vivos, haverei de recompensá-los publicamente, naquele Grande Dia, quando os segredos de todos os homens tiverem de ser desvendados, quando o grande Livro for aberto, quando se fizer o pronunciamento final perante todo o gênero humano e a criação inteira. Todos os detalhes de tudo quanto vocês tiverem feito com o propósito de glorificarem a Deus será anunciado e proclamado, e vocês receberão o crédito, a honra e a glória por isso. Eu haverei de galardoar vocês publicamente, quando então direi: 'Muito bem, servo bom e fiel... entra no gozo do teu Senhor'" (Mateus 25:23).

Conservemos os olhos bem abertos quanto a essa cena final, e jamais nos olvidemos de que estamos vivendo continuamente na presença de Deus e sob o Seu olhar. E, assim sendo, vivamos tão somente para agradá-lo.

Capítulo XXXII
COMO ORAR

Nos versículos 5 a 8 de Mateus 6 encontramos o segundo exemplo utilizado por nosso Senhor com o fim de ilustrar o Seu ensino acerca da piedade ou da conduta na nossa vida religiosa. Conforme já vimos, isso constituiu o tema que Ele considerou nos dezoito primeiros versículos desse capítulo. Disse Jesus, em termos gerais: "Guardai-vos de exercer a vossa justiça diante dos homens, com o fim de serdes vistos por eles; doutra sorte, não tereis galardão junto de vosso Pai celeste". Aqui está Sua segunda ilustração sobre esse particular. Após a questão da doação de esmolas, aparece a questão inteira das orações feitas a Deus, bem como de nossa comunhão e companheirismo com Ele. E, uma vez mais, descobrimos aqui que aquela mesma característica geral que nosso Senhor já havia descrito, mui infelizmente se evidencia novamente. Algumas vezes tenho pensado que esta porção das Escrituras é uma das mais perscrutadoras e humilhadoras da Bíblia inteira. Não obstante, podemos ler esses versículos de tal maneira que perdemos inteiramente de vista a sua significação e seu ensino, embora certamente não seja por isso que ficaremos sujeitos à condenação. Ao lermos essa passagem a nossa tendência é sempre considerarmos a mesma como uma censura dirigida contra os fariseus, uma denúncia contra aqueles que eram obviamente hipócritas. Quando a lemos, pensamos no tipo de indivíduo que se exibe, que chama a atenção de outros para si próprio, conforme faziam os fariseus quanto a esse particular. Por conseguinte, consideramos o trecho apenas como um desmascaramento daquela flagrante hipocrisia, mas que não tem vinculação alguma conosco. Porém, isso é perder de vista toda a significação desse ensino de Jesus, a saber, o desmascaramento devastador dos terríveis efeitos do pecado sobre a alma humana, e, especialmente, o pecado na forma de egoísmo e orgulho. Nisso consiste o ensino de Cristo Jesus.

O pecado, conforme Jesus nos mostra aqui, é algo que nos acompanha por todo o caminho que percorremos, chegando até à presença mesma de Deus. O pecado não é apenas um monstro que tenta por assediar-nos e afligir-nos quando estamos distanciados de Deus, quando estamos na "terra distante", por assim dizer. Se quisermos acreditar na exposição feita por nosso Senhor, o pecado é algo tão terrível que, conforme o Senhor o desmascarou, não somente nos seguirá até às portas do céu, mas também – se isso fosse possível – até ao próprio céu. De fato, não é esse o ensino escriturístico acerca da origem do pecado? O pecado não teve começo nesta terra. Antes mesmo do homem haver caído já houvera uma outra queda. Satanás havia sido um ser angelical perfeito e resplandecente, que habitava nos lugares celestiais; todavia, Lúcifer caiu em pecado, antes que o homem caísse. Essa é a essência do ensino de nosso Senhor, nestes versículos. Trata-se de horrenda exposição da horrível natureza do pecado. Coisa alguma é tão enganadora quanto a noção de que o pecado só existe em termos de ações, pois enquanto imaginarmos o pecado somente em termos de erros realmente praticados, haveremos de falhar na justa compreensão do mesmo. A essência do ensino bíblico a respeito do pecado é que, no âmago, trata-se de uma disposição. Assim sendo, o pecado é um estado do coração. Suponho que podemos fazer o sumário do pecado asseverando que ele, em última análise, consiste em autoadoração e em autoadulação; e nosso Senhor mostra-nos que essa nossa tendência para a autoadulação (o que para mim parece algo de alarmante e aterrorizante) é algo que nos acompanha até à própria presença de Deus. Algumas vezes produz o resultado aqui aludido, isto é, que mesmo quando procuramos persuadir-nos de que estamos adorando a Deus, na realidade estamos adorando a nós mesmos, e nada mais.

Esse é o tremendo alcance do ensino de Jesus, neste ponto. Aquele erro terrível, denominado pecado, que veio fazer parte de nossa natureza e constituição, como seres humanos que somos, é algo de tal maneira poluente de todo o nosso ser que, quando o homem está engajado em sua mais exaltada forma de atividade, ainda assim é mister que ele combata contra tal inclinação pervertida. Muitos têm concordado que o mais elevado quadro do homem que jamais se pôde retratar, conforme também penso, é vê-lo de joelhos, esperando em Deus. A oração é a mais elevada realização do ser humano, é a sua mais nobre atitude. Nunca o homem se mostra tão grande como quando entra em comunhão e contato com Deus. Ora, de acordo com nosso Senhor, o pecado é algo que nos tem afetado tão profundamente que mesmo ao atingirmos aquelas elevações espirituais ele continua conosco, atacando-nos por todos os lados. De fato, certamente cumpre-nos concordar que, com base na doutrina neotestamentária, é somente quando chegamos a compreender a realidade por esse prisma que começamos a entender, realmente, o pecado.

Tendemos por pensar no pecado conforme o vemos nos molambos e nas sarjetas da vida. Contemplamos um beberrão, um pobre sujeito, e pomo-nos a pensar: "Eis aí o pecado; nisso consiste o pecado". Não obstante, não encontramos aí a essência do pecado. Para nos defrontarmos com um quadro verdadeiro do pecado, e obtermos autêntica compreensão sobre o mesmo, é necessário que contemplemos algum grande santo, algum homem extraordinariamente devoto e piedoso. Contemplemo-lo ali, ajoelhado, na presença do Senhor. Sem embargo, até mesmo ali o pecado está fazendo papel de intruso, tentando-o a pensar sobre si mesmo, a pensar agradável e prazenteiramente sobre si mesmo, a realmente adorar-se, ao invés de adorar a Deus. Esse quadro, e não aquele primeiro, é que retrata fielmente o pecado. Naturalmente, aquele primeiro quadro também retrata o pecado, mas ali não o vemos em seu zênite, ou em sua essência. Ou, dizendo-o de outra maneira, se alguém realmente quiser compreender algo mais sobre a natureza de Satanás e de suas atividades, o que se faz necessário não é que vá rebuscá-las nos farrapos e nas valetas da vida. Sim, se você realmente quiser saber mais acerca de Satanás, vá até aquele lugar desértico onde nosso Senhor passou quarenta dias e quarenta noites. Ali encontramos um retrato verdadeiro do diabo, enquanto submetia a tentações o próprio Filho de Deus.

Tudo isso é destacado nesta declaração. O pecado é algo que nos segue até à própria presença de Deus.

Antes de começarmos a analisar isso, gostaria de fazer uma outra observação preliminar, a qual me parece perfeitamente inevitável. Se esse quadro não nos persuadir de nossa própria total pecaminosidade, de nosso desamparo espiritual, e também de nossa total falta de esperança, se esse quadro não nos leva a notar a necessidade que temos da graça de Deus na questão da salvação, e a necessidade do perdão, do novo nascimento e de uma nova natureza, então desconheço o que mais nos possa persuadir. Temos aqui poderosíssimo argumento em favor da doutrina neotestamentária sobre a absoluta necessidade de nascermos do alto, porquanto o pecado é uma questão da disposição íntima, algo que faz parte de nós, tão profunda e vitalmente, que chega a acompanhar-nos até à presença mesma de Deus. Contudo, sigamos esse argumento para além desta vida e deste mundo, para além da morte e da sepultura, e contemplemos a nós mesmos na presença de Deus, em plena eternidade, para todo o sempre. Não é o novo nascimento algo que poderíamos considerar um elemento meramente essencial? Aqui, pois, nessas instruções sobre a piedade e a conduta na vida religiosa, encontramos implícita, em quase todas as declarações, essa doutrina final e neotestamentária da regeneração e da natureza do novo homem em Cristo Jesus. De fato, podemos ir para além desse ponto e dizer que mesmo que tenhamos nascido de novo, e mesmo que já tenhamos recebido uma nova vida e uma nova natureza, ainda assim precisamos dessas instruções. Temos aqui instruções de nosso Senhor ao povo crente, e não aos incrédulos. Essa é a advertência de Cristo àqueles que já nasceram de novo; pois até mesmo esses necessitam de cuidado para não se tornarem culpados daquela hipocrisia tipicamente farisaica, em suas orações e devoções.

Primeiramente, pois, consideremos esse assunto de forma geral, antes de chegarmos a considerar aquilo que comumente se chama de "a oração do Pai Nosso". Estamos diante daquilo que meramente poderíamos denominar de introdução à oração, segundo nosso Senhor ensinou nestes versículos; e sou da opinião que a melhor maneira de abordarmos o tema, uma vez mais, consiste em dividi-lo em duas seções. Há uma maneira errada de orar e há também uma maneira certa de orar. Nosso Senhor ventila aqui ambas essas formas.

A dificuldade com a maneira errada de orar é que a sua própria abordagem é errada. Sua falha essencial é que ela se volta para dentro de si mesma. Trata-se da concentração da atenção naquele que está orando, ao invés de concentrar-se nAquele para quem a oração está sendo dirigida. Essa é a dificuldade. E nosso Senhor demonstrou isso aqui, de uma forma extremamente prática e incisiva. Disse Ele: "E, quando orardes, não sereis como os hipócritas; porque gostam de orar em pé nas sinagogas e nos cantos das praças, para serem vistos dos homens..." (Mateus 6:5). Esses se punham em pé nas sinagogas, em posição destacada e proeminente. Você deve estar lembrado da parábola que nosso Senhor contou acerca do fariseu e do publicano, que foram ao templo a fim de orar. Jesus estabeleceu aqui precisamente o mesmo ponto. Ele nos diz que o fariseu se pôs de pé no lugar mais proeminente possível, e ali pôs-se a orar. O publicano, por sua parte, ficou tão envergonhado e contrito que, "em pé, longe" (ver Lucas 18:9-14), não ousava ao menos erguer a cabeça, mas tão somente clamava: "Ó Deus, sê propício a mim, pecador". Por semelhante modo, o Senhor Jesus assevera aqui que os fariseus se punham de pé na sinagoga e nas esquinas das ruas, nas posições mais proeminentes, e se punham a orar, com o propósito de serem vistos pelos homens. Mas Jesus completou: "Em verdade vos digo que eles já receberam a recompensa".

De acordo com a asserção de nosso Senhor, a razão que levava os hipócritas a orarem nas esquinas das ruas era mais ou menos a que se segue. Um homem, a caminho do templo, onde ia orar, ansiava por dar a impressão que a sua alma era tão devota que não podia esperar até chegar ao templo. Por esse motivo, começava a orar, postando-se de pé na esquina da rua. Pela mesma razão, ao chegar ao templo, esse homem colocava-se na posição mais destacada possível. Ora, o que nos importa é extrairmos o princípio dessa declaração, por isso, apresentei primeiramente este aspecto.

O segundo elemento é expresso através das palavras que dizem: "E, orando, não useis de vãs repetições, como os gentios; porque presumem que pelo seu muito falar serão ouvidos" (Mateus 6:7). Se reunirmos esses dois aspectos, descobriremos que dois eram os erros capitais que subjaziam a todo esse conceito de oração a Deus. O primeiro erro é que o meu interesse, se é que minhas atitudes são farisaicas, está em mim mesmo como sendo a pessoa que está orando. E o segundo, é que eu sinto que a eficácia da minha oração depende de quão longa ela é e da minha maneira particular de orar.

Consideremos esses dois erros em separado. A primeira dessas dificuldades, conforme já dissemos, é esse perigo de eu interessar-me por mim mesmo, como o personagem que está orando. Isso pode vir a ser detectado de muitas maneiras diferentes. A dificuldade básica e primária de quem age dessa forma é que tal pessoa anela por ser conhecida, entre seus semelhantes, como alguém que é dedicado à oração. Esse é o começo mesmo do erro. Tal indivíduo anseia por ser reputado homem de oração; sim, anseia e ambiciona coisas dessa natureza. Por si mesma, essa atitude labora em erro. Não nos deveríamos interessar por nós mesmos, conforme nosso Senhor passou a demonstrar. Por conseguinte, se de alguma forma suspeitarmos que estamos interessados em nós mesmos, como indivíduos que costumam orar, já estaremos incorrendo em erro, e essa condição haverá de viciar tudo quanto nos propusermos a fazer.

O passo seguinte, nesse processo, consiste no fato que, nesse indivíduo, forma-se o desejo positivo e real de ser visto pelos outros, quando ele estiver orando. Isso, por sua vez, leva ao degrau seguinte, isto é, faremos coisas que garantirão que outras pessoas fatalmente nos verão orando. Trata-se de uma questão que envolve a mais extrema sutileza. Na questão das esmolas, averiguamos que nem sempre essa atitude é óbvia e natural. Há um tipo de indivíduo que se exibe e se coloca em posição proeminente, que está perenemente chamando a atenção para si mesmo. Porém, também há maneiras sutis de se fazer a mesma coisa. Permita-me oferecer uma ilustração a esse respeito.

Nos primeiros anos deste século, houve um homem que escreveu um livro bem conhecido a respeito do Sermão do Monte. Ao abordar esta seção, ele salientou esse sutil perigo e como o mesmo ameaça uma pessoa sem que ela não se dê conta disso – essa tendência para o exibicionismo, mesmo quando está orando.. E, como é evidente, aquele escritor fez um comentário acerca disso. No entanto, lembro-me que ao ler a biografia daquele comentador, encontrei esta interessante declaração. O biógrafo, que anelava por mostrar a grande santidade de seu personagem, ilustrou-a como segue. Nada havia de mais característico na pessoa biografada, diz ele, do que a maneira como, ao passar de uma sala para outra, subitamente caía de joelhos no corredor, e se punha a orar. Em seguida, levantava-se e prosseguia seu caminho. Para o biógrafo, esse hábito era prova da profunda devoção e santidade daquele homem, cuja vida estava narrando.

Não penso que ainda preciso explicar o que quero dizer. A dificuldade dos fariseus era que eles tentavam dar aos outros a impressão de que não eram capazes de conter-se até chegarem ao templo; mas sentiam-se impelidos a se porem de pé onde estivessem, pelas esquinas das ruas, a fim de orarem sem mais delongas, de uma maneira ostensiva e óbvia. Sim, mas se alguém costuma cair de joelhos em um corredor, no interior de uma casa, isso já é causa de admiração! Quero mostrar, alicerçado sobre o ensino do Senhor Jesus, que aquele homem teria sido muito mais santo se não costumasse cair de joelhos nos corredores, mas antes, se ele oferecesse suas orações enquanto caminhava pelo corredor, indo de uma sala para outra. Ele teria feito assim orações igualmente sinceras, e ninguém teria percebido que estava orando. Sim, quão sutil é esse erro! O próprio homem que nos adverte naquele livro a respeito desse erro tornou-se culpado do mesmo. "Examine-se, pois, o homem a si mesmo".

Uma outra forma muito sutil pela qual esse erro se manifesta é a que segue. Um homem pode dizer consigo mesmo: "Naturalmente, nunca cairei de joelhos nos corredores, ao passar de uma sala para outra; nem haverei de pôr-me de pé pelas esquinas das ruas; e nem me exibirei no templo ou na sinagoga. Mas sempre orarei secretamente. Nosso Senhor recomendou: 'Tu, porém, quando orares, entra no teu quarto, e, fechada a porta...' Sim, sempre orarei em secreto". Todavia, é perfeitamente possível que uma pessoa ore em secreto, mas faça isso de tal modo que todos saibam que ela está orando em secreto, porquanto dá sempre a impressão que, por gastar tanto tempo em oração, é alguém que muito preza a oração. Não estou romanceando. Oxalá o estivesse. Você não terá alguma experiência com essas coisas? Quando você está em seu quarto, de porta fechada, quais são os pensamentos que lhe ocorrem; pensamentos sobre outras pessoas que sabem que você está ali, pensamentos sobre o que você está fazendo, e assim por diante? É mister que nos desvencilhemos da noção que esse erro só opera quando oramos daquela maneira exibicionista e alardeadora, conforme faziam os antigos fariseus. O erro se repete de muitas outras maneiras, mais sutis e difíceis de detectar.

Como é lógico, não devemos ser excessivamente escrupulosos quanto a essas questões, mas o perigo que nos ameaça é tão sutil que sempre devemos tê-lo em mente. Lembro-me de como as pessoas falavam de um certo homem que frequentava certas conferências, observando, admiradas, que ele sempre escapulia, terminadas as reuniões, a fim de subir até o alto de uma elevada pedra, e então se ajoelhava e orava. Bem, sem dúvida aquele homem costumava fazer tal coisa, mas não me cabe julgá-lo. Todavia, tenho indagado se naquele imenso esforço para subir e descer a pedra não havia certa dose daquilo que o Senhor Jesus aqui denunciava. Qualquer coisa incomum serve somente para atrair a atenção alheia para si mesmo, afinal de contas. Se eu me desviar do caminho, metaforicamente falando, não tanto para pôr-me de pé pelas esquinas das ruas, mas para tornar-me famoso como o homem da pedra solitária, então estarei chamando a atenção das outras pessoas para mim mesmo. Este é o problema; o negativo torna-se positivo de maneira muito sutil, antes de percebermos o que estamos fazendo.

Entretanto, acompanhemos essa questão por um pouco mais. Uma outra variedade desse erro é o terrível pecado de se orar em público de maneira tal que sugira aos outros o desejo de se exercer influência sobre as pessoas presentes, ao invés do indivíduo aproximar-se de Deus com reverência e santo temor. Não tenho muita certeza quanto àquilo que passo a dizer, pois com certa frequência tenho debatido o ponto comigo mesmo, em razão do que falo com alguma hesitação, mas penso que essas instruções aplicam-se às chamadas "belas orações" que muitas pessoas costumam oferecer. Tenho indagado de mim mesmo se jamais deveríamos fazer belas orações. Quero dizer com isso que não me sinto feliz diante de alguém que dá muita atenção à forma externa da oração. Mas admito que se trata de uma questão altamente discutível. Recomendo que você medite a esse respeito. Há pessoas que afirmam que qualquer coisa oferecida a Deus deve ser bela, e que, por isso mesmo, deveríamos ter cuidado sobre como formamos as nossas sentenças, como pronunciamos as palavras e como cadenciamos as frases de nossas orações. Dizem elas que coisa alguma pode ser bela demais, se tiver de ser oferecida a Deus. Admito que esse argumento se reveste de bastante força. Não obstante, parece-me que esse argumento é totalmente negativo, pois cumpre-nos pensar que a oração, em última análise, consiste em falar, em conversar e em ter comunhão com o nosso Pai celeste. Ora, ninguém se dirige dessa maneira perfeita e polida àqueles a quem ama, dando demasiada atenção às sentenças, aos vocábulos e a tudo o mais. Sem dúvida alguma, há algo de essencialmente espontâneo na verdadeira comunhão e companheirismo com o Senhor.

Essa é a razão pela qual nunca acreditei nas chamadas orações impressas, que então são lidas do púlpito. Logicamente, isso depende de questões muito mais amplas e profundas, a respeito das quais não podemos agora tratar. Mas simplesmente estou levantando a questão para que você a considere. No entanto, quero sugerir que o princípio normativo é que o ser inteiro daquele que ora deve fixar sua atenção em Deus, concentrando nele todo o interesse, esquecendo-se de qualquer outra coisa. Longe de desejarmos que as pessoas nos agradeçam pelas nossas chamadas belas orações, deveríamos ficar perturbados quando isso acontecesse. A oração pública deveria ser formulada de tal modo que tanto as pessoas que estivessem seguindo a oração em silêncio como aquele que estivesse proferindo as palavras, não tivessem consciência da presença uns dos outros, mas antes, fossem elevados, nas asas de oração, até à presença mesma do Senhor. Penso que, no que tange a essa questão, se comparássemos e contrastássemos a prática usual dos séculos XVIII e XIX, perceberíamos melhor o que está envolvido. Não dispomos de muitas orações registradas dos notáveis evangelistas do século XVIII; mas existem muitíssimas das chamadas orações populares daqueles que se tornaram conhecidos como os gigantes do púlpito, no século XIX. Quase chego a ter a certeza de que foi nesse ponto que começou a haver alterações na vida da igreja cristã, e que isso abriu caminho para a atual ausência de espiritualidade e para o presente estado da igreja cristã em geral. A igreja tornou-se polida, bem educada e respeitável, e os supostos adoradores inconscientemente começaram a ocupar-se consigo, esquecidos de que estavam procurando entrar em comunhão com o Deus vivo. Deveras, esse erro é extremamente sutil.

Em conexão com essa abordagem errônea, a segunda dificuldade surge quando nos inclinamos por concentrar nossa atenção sobre a forma das nossas orações, ou sobre a duração das mesmas. Por outro lado, Jesus recomendou-nos: "E, orando, não useis de vãs repetições, como os gentios; porque presumem que pelo seu muito falar serão ouvidos". Você deve estar familiarizado com o significado desse termo "vãs repetições". Essa antiga prática até hoje pode ser vista em muitos países do Oriente, onde são usadas as chamadas "rodas de oração". Igual tendência também é notória no catolicismo romano, com os seus rosários e terços. Uma vez mais, entretanto, isso pode ocorrer até mesmo conosco de maneiras bastante sutis. Há pessoas que dão excessiva importância ao fato de suas orações serem marcadas para determinados horários. Em um certo sentido, é vantajoso que as nossas orações sejam feitas em horas marcadas; contudo, se toda a nossa preocupação for orar em determinado horário, e não o ato de orar, seria melhor não orarmos. É tão fácil o crente cair em um hábito rotineiro, que ele se olvide do verdadeiro propósito daquilo que está fazendo. Tal como os islamitas, que a determinadas horas do dia prostram-se de joelhos, assim também há pessoas que, ao marcarem um horário fixo para orar, chegado o horário marcado precipitam-se para fazer suas orações a Deus, mas perdem a calma se por acaso alguém vier estorvá-las. Essas pessoas sentem-se impelidas a cair de joelhos naquele horário. Entretanto, se meditarmos objetivamente sobre esse hábito, quão tolo ele nos parecerá! Uma vez mais, porém, que cada indivíduo examine-se a si mesmo!

Entretanto, não deveríamos pensar somente na questão de um horário prefixado; o perigo sutil se manifesta em mais uma maneira. Os grandes santos, por exemplo, sempre passaram muito tempo em oração, na presença do Senhor. Porém, tendemos por pensar que a maneira de ser um santo é passar muito tempo em oração e na presença de Deus. Mas, o ponto que precisa ser salientado, no caso dos grandes santos, não é que eles passavam longo tempo em oração. Eles não viviam de olho no relógio. Sabiam que estavam na presença de Deus, e, por assim dizer, penetravam na eternidade. A oração era a vida deles, e não sabiam viver sem orar. Não se preocupavam em calcular o tempo despendido em oração. No momento em que um crente começa a agir assim, torna-se mecânico, e terá arruinado sua vida de oração.

O que nosso Senhor tem a dizer-nos sobre essa particularidade, é o seguinte: "Em verdade vos digo que eles já receberam a recompensa" (Mateus 6:5). O que eles desejavam? Eles queriam receber louvores da parte dos homens. E já tinham recebido a sua recompensa. Por semelhante modo, hoje em dia há pessoas que são consideradas grandes homens de oração, ou são consideradas como quem oferece belas e admiráveis orações. Sim, essas pessoas recebem o louvor humano a isso correspondente. Porém, pobres almas, isso é tudo quanto elas obtêm. "Em verdade vos digo que eles já receberam a recompensa." Ao falecerem, seu necrológio haverá de atribuir-lhes admiráveis qualidades de caráter, como pessoas dedicadas à oração. Acredite-me, porém, que aquela outra pobre alma, de coração partido, que não é capaz de formular uma sentença gramaticalmente correta, mas que clama a Deus do fundo de sua agonia, chega até à presença do Senhor e será recompensada de uma forma que aquelas outras jamais conhecerão. "... eles já receberam a recompensa." Queriam o louvor humano, e foi isso que obtiveram.

Abandonemos esses erros e apelemos para o caminho certo. Há uma maneira certa de orar, e uma vez mais, o segredo que envolve essa questão está na abordagem. Esta é a essência das instruções dadas por nosso Senhor: "Tu, porém, quando orares, entra no teu quarto e, fechada a porta, orarás a teu Pai, que está em secreto; e teu Pai, que vê em secreto, te recompensará. E, orando, não useis de vãs repetições, como os gentios; porque presumem que pelo seu muito falar serão ouvidos. Não vos assemelheis, pois, a eles; porque Deus, o vosso Pai, sabe o de que tendes necessidade, antes que lho peçais" (Mateus 6:6-8). Qual o sentido destas palavras? Em termos de um princípio essencial, esta é a significação: a grande e importante questão, quando oramos em qualquer lugar ou ocasião, é que devemos entender que nos estamos aproximando de Deus. Essa é a faceta que realmente importa. Trata-se simplesmente de uma questão de lembrar constantemente desse aspecto. Se ao menos percebêssemos que quando oramos estamos buscando admissão à presença de Deus, então tudo o mais se ajustaria nos seus devidos lugares.

Todavia, precisamos de um pouco mais de instruções detalhadas; e afortunadamente, nosso Senhor nos proporcionou essas instruções. Ele dividiu a questão como segue. Em primeiro lugar, aparece o processo de exclusão. A fim de certificar-me de que estou realmente me aproximando de Deus, preciso excluir certas coisas do meu campo de interesses. Tenho de entrar naquele "quarto". "Tu, porém, quando orares, entra no teu quarto e, fechada a porta, orarás a teu Pai, que está em secreto..." Ora, o que está em pauta nessa instrução?

Existem algumas pessoas que insensatamente se persuadem que essa recomendação proíbe todas as reuniões de oração. Dizem elas: "Não frequento reuniões de oração, mas oro em meu quarto, em secreto". Contudo, não temos naquela passagem bíblica a proibição contra os cultos de oração. Não há aqui qualquer proibição contra a oração em público, porquanto Deus também ensinou e recomendou essa forma de oração. Nas próprias Escrituras há vários exemplos de cultos de orações a Deus, e essas reuniões fazem parte da essência e da vida da igreja. Não era isso que o Senhor aqui proibia. O princípio básico em foco é que existem determinadas coisas que precisamos deixar de fora, quer estejamos orando em público, quer estejamos orando secretamente. Alistemos algumas dessas coisas. Precisamos excluir e esquecer outras pessoas. Além disso, devemos excluir e esquecer a nós mesmos. É isso que Cristo quis salientar, ao dizer que devemos entrar em nosso quarto quando oramos. Por assim dizer, podemos entrar naquele quarto quando estamos andando sozinhos por uma rua apinhada de pedestres, ou quando estamos passando de uma sala da casa para outra. Entramos naquele quarto quando estamos em comunhão com Deus, e ninguém sabe o que estamos fazendo. Porém, mesmo que se trate de um ato de oração em público, podemos fazer a mesma coisa espiritualmente. Estou aqui me referindo a mim mesmo e a todos os pregadores. O que eu tento fazer, quando subo ao púlpito, é esquecer-me da congregação sentada à minha frente, em um certo sentido. Não oro para eles e nem discurso para eles; não me dirijo a eles. Antes, estou falando com Deus e estou dirigindo minhas orações a Deus; e é por esse motivo que excluo e esqueço das outras pessoas. E então, tendo feito isso, me excluo e me esqueço de mim mesmo. É isso que nosso Senhor nos recomendou fazer. Não há qualquer vantagem se eu entrar em meu quarto e trancar a porta se, a todo o tempo, estou cheio de meu próprio "eu", pensando somente em mim mesmo, orgulhando-me de minhas orações. Com igual razão eu poderia ficar orando nas esquinas das praças. Não, o que preciso fazer é excluir a mim mesmo, tanto quanto às demais pessoas. Meu coração precisa ficar aberto inteira e exclusivamente para Deus. E assim, cumpre-me dizer juntamente com o salmista: "... dispõe-me o coração para só temer o teu nome. Dar-te-ei graças, Senhor, Deus meu, de todo o coração, e glorificarei para sempre o teu nome" (Salmos 86:11-12). Essa é a própria essência quanto a esse aspecto da oração. Quando estamos orando, precisamos lembrar-nos deliberadamente de que estamos falando com Deus. Por conseguinte, as demais pessoas, tal como o nosso próprio "eu", precisam ser excluídas, ficando do lado de fora de minhas preocupações.

O passo seguinte pode ser chamado de "percepção". Após a exclusão, vem a percepção. Mas, perceber o quê? Bem, precisamos perceber que estamos na presença de Deus. O que significa isso? Significa a percepção de quem Deus é, e do que Deus é. Antes de começarmos a proferir palavras, sempre deveríamos relembrar essa realidade. Deveríamos dizer para nós mesmos: "Agora estou entrando no salão do trono de Deus, o todo-poderoso, o absoluto, o grande e eterno Deus que brande todo o poder, força e majestade, aquele Deus que é fogo consumidor, aquele Deus que é luz e em Quem não há treva nenhuma, aquele Deus total e absolutamente santo". Mas, acima de qualquer outra consideração, nosso Senhor insiste que deveríamos perceber, em adição a isso tudo, que Ele é o nosso Pai celestial: "Tu, porém, quando orares, entra no teu quarto e, fechada a porta, orarás a teu Pai, que está em secreto; e teu Pai, que vê em secreto, te recompensará". O relacionamento é aquele entre Pai e filho, "... porque Deus, o vosso Pai, sabe o de que tendes necessidade, antes que lho peçais" (Mateus 6:8). Oh, se ao menos percebêssemos essa realidade! Se ao menos percebêssemos que esse Deus todo-poderoso é nosso Pai, por intermédio do Senhor Jesus Cristo. Se ao menos percebêssemos que, verdadeiramente, somos Seus filhos, e que sempre que oramos, devemos orar como um filho que se aproxima de seu pai! Deus sabe tudo a nosso respeito; Ele tem conhecimento de cada uma de nossas necessidades, antes mesmo que abramos a boca. Assim como um pai cuida de um filho, contempla-o, se preocupa com o filho e se antecipa às suas necessidades, assim também sucede com Deus, no tocante a todos quanto estão em Cristo Jesus. Ele deseja abençoar-nos muito mais intensamente do que desejamos ser abençoados. Ele tem uma certa perspectiva a nosso respeito, Ele tem um plano e um programa que nos envolve. Ele tem uma certa ambição concernente a nós, e, digo-o reverentemente, Ele tem uma certa ambição que transcende aos nossos mais sublimes pensamentos, às nossas mais ousadas imaginações. Cumpre-nos relembrar que Ele é o nosso Pai. O grande, santo e todo-poderoso Deus é o nosso Pai. Ele cuida de nós. Ele já contou cada cabelo de nossas cabeças. Também já asseverou que coisa alguma nos pode acontecer sem a Sua permissão.

Além disso, convém-nos relembrar aquilo que Paulo expressou tão gloriosamente em Efésios 3: Deus "... é poderoso para fazer infinitamente mais do que tudo quanto pedimos, ou pensamos ..." (v. 20). Essa é a verdadeira noção da oração, diz-nos Jesus Cristo. Orar não é meramente nos aproximarmos de um aparelho e girar um botão. Também não consiste em ficarmos manuseando as contas de um rosário. Não podemos dizer: "Preciso gastar algumas horas em oração, resolvi fazer assim e o farei". Por semelhante modo, não podemos pensar que a melhor maneira de obtermos alguma bênção seja passar noites inteiras em oração, como se as pessoas que assim não fazem não possam ganhar bênçãos celestiais. Necessitamos livrar-nos da noção matemática da oração. O que precisamos fazer, antes de tudo, é perceber quem é Deus, o que é Deus, e qual é a nossa relação com Ele.

Finalmente, devemos ter confiança. Precisamos aproximar-nos do Senhor com a confiança simples de uma criança. Precisamos manifestar a fé própria de uma criança. Precisamos ter a certeza de que Deus é, verdadeiramente, nosso Pai, e, por conseguinte, precisamos excluir rigidamente qualquer ideia de que devemos continuar reiterando as nossas petições, como se essa repetição fosse capaz de produzir a bênção. Deus aprecia que demonstremos a nossa intensidade, a nossa ansiedade e o nosso profundo desejo sobre qualquer coisa que Lhe estejamos pedindo. Ele nos recomenda ter "fome e sede de justiça", buscando-a com determinação. Jesus também recomendou-nos "... orar sempre e nunca esmorecer" (Lucas 18:1). Pelo apóstolo, fomos instruídos: "Orai sem cessar" (I Tessalonicenses 5:17). Sim, mas com isso não devemos entender que devamos usar de repetições mecânicas; e também não devemos entender que precisamos crer que seremos ouvidos por causa do nosso "muito falar". Não significa isso de jeito nenhum. Significa que quando oro estou falando com um Deus que é o meu Pai, e que Ele se deleita em abençoar-me; que Ele está muito mais disposto a dar-me o que preciso do que eu estou disposto a receber, e, finalmente, que Ele sempre está interessado em meu bem-estar. É mister que eu me desvencilhe daquele pensamento que imagina que Deus está postado entre mim e os meus desejos e aquilo que é melhor para mim. Pelo contrário, devo encarar a Deus como meu Pai, o qual, em Cristo Jesus comprou-me visando ao meu bem final, pois está esperando abençoar-me com Sua própria plenitude, em Cristo Jesus.

Por conseguinte, excluímos o que não convém, percebemos quem é Deus, e então, motivados em sólida confiança tornamos conhecidas diante de Deus as nossas petições, reconhecendo que Ele sabe tudo antes mesmo de começarmos a falar. Da mesma forma como um pai se deleita em que um seu filho venha por diversas vezes pedir-lhe alguma coisa, ao invés desse filho simplesmente dizer: "Meu pai sempre fez isso por mim", – pois não há pai que não goste de ter contato pessoal com seus filhos – assim também Deus deseja que cheguemos até diante de Sua presença. Entretanto, não devemos aproximar-nos de nosso Pai celeste com um espírito duvidoso; devemos reconhecer que Deus está muito mais disposto a dar do que nós estamos dispostos a receber. E o resultado disso será que "... teu Pai, que vê em secreto, te recompensará". Oh, as bênçãos estão entesouradas ao alcance da mão direita de Deus, destinadas aos Seus filhos. Deveríamos ficar envergonhados se porventura somos paupérrimos, quando deveríamos ser príncipes; deveríamos ficar envergonhados por tolerarmos, tão frequentemente, pensamentos errados e indignos a respeito de Deus, quanto a essa questão toda. Essa nossa falha é causada pelo temor, e, por igual modo, porque nos falta aquela simplicidade, aquela fé, aquela confiança, aquele conhecimento a respeito de Deus como nosso Pai celeste. Se ao menos aceitarmos esse fato, então as bênçãos de Deus começarão a vir sobre nós, e poderão ser tão avassaladoras que, juntamente com D. L. Moody, sentiremos que essas bênçãos quase são mais ricas do que a nossa estrutura física é capaz de suportar, e então clamaremos juntamente com ele, exclamando: "Para, ó Deus!"

Deus é capaz de fazer por nós infinitamente mais do que tudo quanto pedimos ou pensamos. Creiamos nessa verdade, e então acheguemo-nos a Ele impelidos por pura confiança.

Capítulo XXXIII
O JEJUM

Voltamo-nos agora para a consideração da terceira ilustração oferecida por nosso Senhor sobre como nos deveríamos conduzir nessa questão da retidão pessoal. Nos capítulos quarto e quinto voltaremos ao nosso estudo pormenorizado do ensino de Jesus concernente à oração, especialmente como é dado na comumente intitulada "oração do Pai Nosso". Porém, antes disso, parece-me que deveríamos ter bem claras na mente essas três ilustrações particulares sobre a retidão pessoal.

Você deve estar lembrado de que nesta seção do Sermão do Monte nosso Senhor falava sobre a questão da retidão pessoal. Ele já havia descrito o crente em sua atitude geral em relação à vida – a sua vida mental, se assim alguém preferir chamá-la. Aqui, entretanto, estamos considerando mais de perto a conduta cristã. A declaração geral de nosso Senhor foi a seguinte: "Guardai-vos de exercer a vossa justiça diante dos homens, com o fim de serdes vistos por eles; doutra sorte, não tereis galardão junto de vosso Pai celeste" (Mateus 6:1).

Já tivemos oportunidade de salientar como nosso Senhor mostrou que nossa vida cristã pode ser dividida em três seções principais. Há aquele aspecto ou porção de nossas vidas em que fazemos o bem ao próximo – a doação de esmolas. Também há a questão de nossa relação pessoal e íntima com Deus – a nossa vida de oração. E o terceiro ponto é justamente aquele que vamos considerar nos versículos 16 a 18 – a questão da disciplina pessoal na vida espiritual do indivíduo, considerada especialmente em termos do jejum. Entretanto, é importante que entendamos que aquilo que o Senhor disse neste trecho, acerca do jejum, é igualmente aplicável à questão inteira da disciplina em nossa vida espiritual. Tenho os meus contatos pessoais com homens e mulheres; tenho os meus contatos com Deus; e também entro em contato comigo. Por semelhante modo, podemos pensar nessa tríplice divisão em termos daquilo que faço acerca dos meus semelhantes, acerca de Deus e acerca de mim mesmo. Esta última divisão é o tema que o Senhor Jesus tomou em Suas mãos, neste breve parágrafo bíblico.

Não podemos ventilar essa declaração a respeito do jejum sem antes fazermos algumas poucas observações gerais e preliminares. Penso que todos deveríamos ficar impressionados, logo de saída, diante do fato que há uma constante necessidade de mudança de ênfase, não somente em nossa pregação do Evangelho, mas também em toda a nossa abordagem do Evangelho e em nossa maneira de pensar a respeito. Embora a verdade permaneça imutável, não obstante, por causa de seu caráter multilateral, e porque a natureza humana é aquilo que é, em resultado do pecado, em certas épocas particulares da História da Igreja tem havido necessidade de alguma ênfase especial sobre determinados aspectos da verdade. Esse princípio pode ser detectado na própria Bíblia. Existem aqueles que gostariam que acreditássemos que houve um imenso debate, ao longo do período do Antigo Testamento, entre os sacerdotes e os profetas, ou seja, entre aqueles que frisavam as boas obras e aqueles que destacavam a fé, respectivamente. Mas a verdade, como facilmente se verifica, é que jamais houve tal conflito, jamais houve qualquer contradição dessa ordem. Houve, sim, indivíduos que emprestaram uma falsa ênfase a aspectos particulares da verdade, e isso exigiu correção. O ponto que estou salientando é que em uma época em que a ênfase sacerdotal estava em grande voga, o que se tornava especialmente necessário era a ênfase sobre o elemento profético. Mas, em outras ocasiões, quando o interesse cambava demasiadamente para o lado do elemento profético, era chegado o tempo de se reequilibrar a balança, e o povo era novamente lembrado a respeito do aspecto sacerdotal.

Vê-se a mesma coisa acontecendo nas páginas do Novo Testamento. Assim não há qualquer contradição verdadeira entre Tiago e Paulo. Somente uma visão particularmente superficial da doutrina neotestamentária é que diz que esses dois homens se contradiziam mutuamente em seus ensinamentos. Eles não o fazem. Antes, cada um deles, em face de determinadas circunstâncias, foi impelido pelo Espírito Santo a dar determinada ênfase à verdade. Como é evidente, Tiago escrevia para pessoas que se inclinavam por dizer que enquanto estivessem confiando no Senhor Jesus Cristo tudo estaria bem com eles, não havendo necessidade alguma de se preocuparem. Isso posto, a única coisa que podia ser dita a tais indivíduos era a seguinte: "... a fé sem obras é morta" (Tiago 2:26). Todavia, se tivermos de tratar com pessoas que vivem chamando atenção para aquilo que fazem, que dão excessiva importância às obras, então será mister enfatizarmos diante delas esse notável aspecto e elemento da fé.

Neste contexto, lembro-me de tudo isso porque, particularmente para os evangélicos, toda essa questão do jejum quase desapareceu de nossa prática diária, e até mesmo do campo das nossas considerações. Com que frequência e com que extensão temos pensado a respeito disso? Que lugar o jejum ocupa em toda a nossa perspectiva da vida cristã e da disciplina nela envolvida? Sugiro que a verdade provável é que apenas mui raramente temos meditado sobre isso. Porventura já jejuamos alguma vez? Porventura já nos ocorreu pensar demoradamente sobre a questão de jejum? O fato é que toda essa questão parece haver sido inteiramente excluída de nossas vidas, e até mesmo de nosso pensamento cristão, não é verdade?

Não encontramos dificuldade alguma para descobrir a causa disso. Trata-se de uma óbvia reação contra o ensino do catolicismo romano, assim chamado, em todas as suas variegadas formas. O ensino católico, quer da Igreja Anglicana, quer da Igreja Católica Romana, quer de outra variedade qualquer, sempre deu grande preeminência a essa questão do jejum. E a posição dos evangélicos não é algo que sobreviva por si só; pelo contrário, em adição a isso, será sempre uma reação contra as doutrinas do catolicismo. A tendência dessa reação sempre será ir longe demais. Nesta instância, por causa da falsa ênfase católica sobre o jejum, que com toda razão é repelida pelos evangélicos, tendemos por cair no extremo oposto, deixando inteiramente de lado o jejum, em nossas considerações e em nossa prática diária. Não seria esse o motivo por que a vasta maioria dos evangélicos nunca nem sequer considerou com seriedade essa questão do jejum? Tenho observado certas indicações que mostram que esse é um assunto que gradualmente começa a ser outra vez considerado entre os evangélicos. Numa época como a nossa, em que homens e mulheres estão começando a considerar com uma nova seriedade a época e o dia em que estamos vivendo, e quando muitos estão começando a aguardar o reavivamento e o despertamento espirituais, essa questão do jejum se tem tornado mais e mais importante. Mui provavelmente, você descobrirá que, gradativamente, a questão do jejum irá sendo colocada em maior evidência, e, por essa razão, é recomendável que estudemos juntos a questão. Inteiramente à parte desse fato, entretanto, esse tema figura no Sermão do Monte; e não nos assiste qualquer direito de escolher o que queremos e o que não queremos aceitar nas Escrituras Sagradas. É imprescindível que aceitemos o Sermão do Monte tal e qual ele é, e nesta passagem a questão do jejum se impõe diante de nós. Por conseguinte, cumpre-nos considerá-la.

Nesta altura de Seu sermão, nosso Senhor estava primariamente interessado por um único aspecto desse tema do jejum, a saber, a tendência de nos ocuparmos dessas diversas práticas religiosas com o único objetivo de sermos vistos pelos homens. Ele se preocupava com essa nossa tendência para o exibicionismo, e, por conseguinte, isso é algo que temos de levar em conta. Porém, sinto que, em face da negligência a que esse tema tem sido relegado, também nos é justo e proveitoso considerá-lo de maneira mais geral, antes de atingirmos o ponto particularmente enfatizado por nosso Senhor.

Abordaremos a questão da maneira que se segue. Na realidade, qual é o papel do jejum na vida do crente? Onde cabe essa prática, dentro do ensinamento bíblico? De modo geral, a resposta é a seguinte: trata-se de uma prática ensinada no Antigo Testamento. De acordo com a lei de Moisés, os filhos de Israel tinham recebido a ordem de jejuar uma vez por ano, o que era um estatuto obrigatório para aquela nação e para aquele povo, para sempre. Mais adiante, aprendemos que, devido a certas divergências nacionais, o próprio povo judeu acrescentou certos jejuns adicionais. Contudo, o único jejum diretamente ordenado por Deus foi aquele grande jejum anual. Ao chegarmos aos dias do Novo Testamento, descobrimos que os fariseus costumavam jejuar duas vezes por semana. Jamais Deus determinara tal prática, mas eles assim faziam, e pensavam que isso fosse uma porção vital de sua vida religiosa. A tendência de certas pessoas religiosas sempre será ir além daquilo que está escrito na Bíblia; e essa era a posição dos fariseus.

Quando examinamos o ensino do Senhor Jesus, descobrimos que embora Ele nunca tivesse ensinado diretamente que alguém jejuasse, sem dúvida Ele ensinava indiretamente essa prática. Em Mateus 9, lemos que a Jesus dirigiram uma pergunta específica acerca do jejum. Perguntaram-Lhe: "Por que jejuamos nós, e os fariseus [muitas vezes], e teus discípulos não jejuam? Respondeu-lhes Jesus: Podem, acaso, estar tristes os convidados para o casamento, enquanto o noivo está com eles? Dias virão, contudo, em que lhes será tirado o noivo, e nesses dias hão de jejuar" (v. 14 e 15). Parece-me que nesse trecho, de forma evidente, temos o ensino implícito sobre o jejum, e quase mesmo a sua defesa. Seja como for, o que não se pode duvidar é que Jesus nunca proibiu o jejum. De fato, no trecho que ora consideramos, a Sua aprovação ao jejum é claramente obviada. O que Ele disse foi: "Tu, porém, quando jejuares, unge a cabeça e lava o rosto" (Mateus 6:17). Com base nessas palavras de Jesus, portanto, concluímos que, para Ele, o jejum nada tinha de errado e era recomendável ao povo crente. E nós mesmos estamos informados de que Ele jejuou por quarenta dias e quarenta noites, quando, no ermo, foi tentado por Satanás.

Então, passando além da doutrina e da prática de nosso Senhor, e chegando à doutrina e à prática da Igreja primitiva, descobrimos que o jejum era praticado pelos apóstolos. A Igreja de Antioquia, ao enviar Paulo e Barnabé, na primeira viagem missionária deles, só o fez depois de um período de oração e jejum. De fato, em qualquer ocasião importante, quando confrontada por alguma decisão vital, a Igreja primitiva sempre parecia entregar-se à prática da oração e do jejum, e o apóstolo Paulo, ao referir-se a si mesmo e à sua vida cristã, aludiu aos "jejuns" entre as suas práticas e aflições (ver II Coríntios 6:5). É patente que, para Paulo, jejuar era um aspecto regular de sua vida. Ora, aqueles que se interessam pelas questões atinentes à crítica textual deverão estar lembrados de que, no trecho de Marcos 9:29, onde nosso Senhor diz: "Esta casta não pode sair senão por meio de oração e jejum", a verdade mais provável é que as palavras finais, "e jejum", não deveriam constar do texto, segundo os melhores documentos e manuscritos; mas isso é bastante inconsequente no que concerne à questão geral do jejum, pois dispomos de todas aquelas outras passagens neotestamentárias que nos mostram claramente que o jejum é reconhecido como prática correta e valiosa. E quando inquirimos a História subsequente da Igreja, descobrimos precisamente a mesma coisa. Os santos de Deus, em todas as épocas e em todos os lugares não somente têm crido no jejum, mas também o têm posto em prática. Isso ocorreu entre os reformadores protestantes, e, sem dúvida, foi observado também na vida dos irmãos Wesley e na vida de George Whitefield. Admito que eles tendiam por jejuar muito mais antes do que depois de se terem convertido; não obstante, continuaram jejuando após se haverem convertido. E os que estão familiarizados com a vida do grande crente chinês, pastor Hsi, da China, devem estar lembrados de como o pastor Hsi, defrontado por algum problema novo e excepcionalmente difícil, invariavelmente observava um período de jejum e oração. O povo de Deus sempre sentiu que o jejum não somente é uma prática correta, mas também que ela se reveste de imenso valor, quanto aos seus efeitos, sob determinadas circunstâncias.

Portanto, se esse é o pano de fundo histórico, aproximemo-nos um pouco mais diretamente da questão, a fim de sondá-la. No que consiste, exatamente, o jejum? Qual é o seu propósito? Não se pode duvidar que, em última análise, trata-se de algo alicerçado sobre uma compreensão da relação entre o corpo e o espírito. O homem se compõe de corpo, mente e espírito, e esses elementos estão intimamente relacionados entre si, interagindo uns sobre os outros, bem de perto. Distinguimos entre esses elementos que constituem o ser humano porque são diferentes, mas não devemos separá-los, porquanto há entre eles inter-relação e interação. Não se pode duvidar que os estados e condições corporais exercem influências sobre as atividades da mente e do espírito, pelo que também essa questão do jejum deve ser levada em conta dentro dessa peculiar relação entre o corpo, a mente e o espírito. O que o jejum realmente significa, por conseguinte, é a abstinência de alimentos com vistas a propósitos espirituais. Essa é a noção bíblica do jejum, que precisa ser distinguida daquilo que é puramente físico. A noção bíblica do jejum é que, por causa de certos objetivos e razões espirituais, homens e mulheres resolvem fazer abstinência de alimentos.

Ora, esse é um ponto importantíssimo, razão por que deveríamos também colocá-lo sob forma negativa. Recentemente, eu estava lendo um artigo que abordava esse assunto e onde o autor se referia àquela declaração do apóstolo Paulo, em I Coríntios 9:27, onde se lê: "Mas esmurro o meu corpo". O apóstolo diz que ele fazia isso a fim de que pudesse realizar a sua obra com maior eficiência. O escritor dizia ali que isso ilustra a prática do jejum. Ora, sugiro que necessariamente esse texto nada tem a ver com o jejum. Isso é o que eu chamaria de disciplina geral do ser humano. Sempre deveríamos esmurrar o próprio corpo, mas isso não quer dizer que sempre deveríamos jejuar. O jejum, pelo contrário, é algo incomum, excepcional, algo que um homem põe em prática apenas ocasionalmente, com uma finalidade especial, ao passo que a disciplina pessoal deveria ser algo perpétuo e permanente. Por conseguinte, não posso aceitar textos como "Esmurro o meu corpo" e "Fazei, pois, morrer a vossa natureza terrena" (I Coríntios 9:27 e Colossenses 3:5) como se eles fizessem parte do ensino do jejum. Em outras palavras, a moderação ao comer não equivale a jejuar. A moderação ao comer faz parte da disciplina pessoal no tocante ao corpo, sendo uma excelente maneira de esmurrá-lo; mas isso não é a mesma coisa que jejuar. Jejuar é abster-se completamente de alimentos, na busca de certos alvos especiais, como a oração, a meditação ou a busca do Senhor, devido a alguma razão peculiar, ou sob circunstâncias especiais.

Para completar a nossa definição, deveríamos acrescentar que o jejum, quando realisticamente concebido, não somente deve confinar-se à questão de alimentos sólidos e líquidos; pelo contrário, o jejum, na realidade, deveria incluir a abstinência de qualquer coisa, legítima em si mesma, tendo-se em vista algum propósito espiritual especial. Existem muitas funções corporais corretas, normais e perfeitamente legítimas, mas que, por razões peculiares e especiais, também deveriam ser submetidas a controle, em determinadas circunstâncias. Isso é jejuar. Conforme estou sugerindo, temos aqui uma espécie de definição geral do que se deveria entender por jejum.

Antes de pensarmos sobre as diferentes maneiras de se observar o jejum, ponderemos sobre como devemos considerar e abordar a questão inteira do jejum. Novamente, dividir o assunto é questão simples, pois, afinal de contas, há somente a maneira errada e a maneira certa de o observarmos. Sim, há certas maneiras erradas de jejuar. Eis uma delas. Se jejuarmos de maneira mecânica, ou meramente com a finalidade de jejuar, então sugiro que estaremos violando o ensino bíblico atinente à questão toda. Em outras palavras, se eu fizer do jejum uma finalidade em si mesma, algo acerca do que eu possa dizer: "Bem, agora que eu me tornei crente, terei de jejuar em tal dia e em tal época do ano, porque isso faz parte da religião cristã", então seria melhor se eu não jejuasse. O elemento especial do jejum desaparece quando é praticado dessa maneira.

Isso é algo que não ocorre somente no caso do jejum. Porventura não vimos exatamente a mesma coisa no tocante à oração? É boa norma, quando possível, as pessoas fixarem certas ocasiões especiais para se dedicarem à oração. Porém, se eu traçar o meu programa para um determinado dia e resolver que às horas tais eu terei de orar, e então puser-me a orar somente para cumprir o programa traçado, não estarei mais orando verdadeiramente. Dá-se precisamente o mesmo na questão do jejum. Há pessoas que abordam o problema precisamente assim. Tornaram-se crentes; mas preferem agora submeter-se a alguma espécie de lei, de norma. Preferem que se lhes diga exatamente o que devem e o que não devem fazer. Em determinado dia da semana não podem comer carne, e coisas desse tipo. Isso é algo que nunca deve ser utilizado na prática cristã, a saber, não comer tal ou qual coisa em certo dia da semana ou do ano! Ou então, abster-se de alimentos, ou comer menos, em certos períodos do ano, e assim por diante. Em tudo isso oculta-se uma sutil ameaça. Qualquer coisa que fizermos somente por fazê-la, como se fosse uma rotina, certamente viola ensinamentos bíblicos importantes. Jamais deveríamos considerar o jejum como um fim em si mesmo.

Contudo, devemos adicionar a isso algo do que já havia ficado entendido, e que poderia ser expresso como segue: Jamais deveríamos considerar o jejum como parte integrante da disciplina pessoal. Algumas pessoas afirmam que é excelente a prática de não se comer certas coisas em determinados dias da semana, ou então que, em dados períodos do ano, nos deveríamos abster de certas coisas. Dizem elas que isso é excelente do ponto de vista da disciplina pessoal. Na verdade, a disciplina é algo que deve ser permanente, é algo que deve ser perpétuo. Sempre deveríamos estar exercendo disciplina quanto a nós mesmos. Quanto a isso, não pode haver contestação. Sempre deveríamos refrear os nossos corpos, sempre deveríamos segurar com firmeza as rédeas que nos controlam a vida diária, sempre deveríamos sujeitar-nos à disciplina, em todas as facetas da vida. Portanto, é um erro grave reduzir-se o jejum meramente a uma parcela do processo da disciplina pessoal. Pelo contrário, a disciplina é algo para o que eu deveria apelar a fim de atingir aquele terreno espiritual mais elevado das orações dirigidas a Deus, ou da meditação ou da intercessão intensa. E isso situa o jejum dentro de uma categoria inteiramente diferente da disciplina pessoal.

Uma outra forma de se entender erroneamente o jejum pode ser descrita como segue. Existem algumas pessoas que jejuam porque esperam resultados diretos e imediatos do jejum. Em outras palavras, consideram o jejum como uma espécie de aparelho mecânico; por falta de melhor ilustração, elas têm um ponto de vista do jejum que tenho chamado de "moeda na fenda". Alguém mete uma moeda na fenda de um aparelho qualquer, puxa a manivela, e obtém um resultado imediato. Para muitos essa é a perspectiva do jejum. Se alguém quiser auferir certos benefícios, dizem elas, então que jejue; se alguém jejuar, receberá benefícios imediatos. Essa atitude, todavia, não se limita à questão do jejum. Já vimos que há muitos indivíduos que encaram a oração por esse prisma. Leem relatos de como certos indivíduos, em determinadas oportunidades, resolveram ter vigílias de uma noite inteira dedicada à oração, como vararam a noite em oração e como, em resultado disso, teve início um reavivamento religioso. E assim decidem que também passarão uma noite de vigília, esperando obter resultados idênticos. "Visto que já oramos, forçosamente terá de ocorrer um reavivamento", dizem os tais. E essas ideias também podem ser encontradas em conexão com os movimentos de "santidade". Há quem diga que se ao menos obedecermos a certas condições, obteremos uma bênção, com resultados imediatos e diretos. Ora, jamais encontrei qualquer coisa parecida com isso nas

Escrituras, em conexão com o jejum ou com qualquer outra prática. Jamais deveríamos jejuar em busca de resultados diretos e imediatos.

Quero expressar o problema em termos ainda mais incisivos do que isso. Há pessoas que advogam o jejum como uma das melhores maneiras ou métodos de se obter bênçãos da parte de Deus. Uma porção de recente literatura parece culpada dessa distorção. Algumas pessoas têm escrito acontecimentos notáveis sobre suas vidas, e então testificam: "A minha vida cristã sempre me pareceu vinculada a fracassos e derrotas, e nunca me senti verdadeiramente feliz. Minha vida parecia uma série de altos e baixos. Eu já era crente, mas parecia-me não ter recebido certas coisas que outras pessoas, a quem eu conhecia, possuíam. E isso se prolongou durante vários anos. Eu já havia frequentado todas as convenções, eu já lera os livros recomendados, mas jamais recebera a grande bênção. Então aconteceu-me encontrar o ensino que enfatiza a importância do jejum; e jejuei, e recebi a bênção". E então, a exortação é: "Se você quer uma bênção, então jejue". Isso me parece uma doutrina extremamente perigosa. Nunca deveríamos falar desse modo, no que tange à vida espiritual. As bênçãos celestiais jamais se tornam automáticas. No momento em que começarmos a dizer: "Porquanto faço isto, obtenho aquilo", isso significará que teremos começado a controlar a bênção divina. Isso é um insulto a Deus, violando a grande doutrina de Sua soberania final. Não, jamais deveríamos defender a prática do jejum como um meio de se receber alguma bênção.

Consideremos uma outra ilustração acerca desse ponto. Tomemos a questão dos dízimos, por exemplo. Esse é um outro assunto que também está voltando à proeminência. Ora, existem certas bases bíblicas excelentes para a prática dos dízimos. Entretanto, há muitos que tendem por ensinar essa questão dos dízimos conforme os seguintes moldes. Alguém escreve uma narrativa sobre a sua vida. Novamente, assevera que sua vida era insatisfatória. As coisas não iam bem com ele; de fato, estava enfrentando desastres financeiros em seus negócios. Mas eis que descobriu a doutrina bíblica do dízimo, e começou a dar os seus dízimos. Imediatamente, profunda alegria invadiu-lhe a alma. Não somente isso, entretanto, mas seus negócios também começaram a melhorar e a obter sucesso. Já li livros que chegam a dizer ousadamente o seguinte: "Se você realmente quer ser próspero, comece a dar os seus dízimos". Vale dizer: "Pague os seus dízimos, e o resultado benéfico será inevitável. Se você quiser receber uma bênção, então comece a ser dizimista". É precisamente a mesma coisa que se verifica no caso do jejum. Todos os ensinamentos dessa categoria são inteiramente antibíblicos. De fato, tais ensinamentos são piores ainda do que isso, pois detratam da glória e da majestade do próprio Deus. Por conseguinte, jamais deveríamos aceitar, praticar ou advogar a prática do jejum como um método ou como um meio para se obter diretamente qualquer bênção. O valor do jejum é indireto, e não direto.

A última coisa que precisamos considerar sob esse título é que, conforme é lógico, devemos usar de grande cautela para não confundir aquilo que é físico com aquilo que é espiritual. Por enquanto, não podemos ventilar plenamente essa questão; mas, tendo lido algumas narrativas sobre pessoas que têm posto em prática o jejum, penso que elas cruzaram a fronteira do físico para o espiritual. Elas descrevem como, após o mal-estar físico inicial, durante os três ou quatro primeiros dias, e especialmente após o quinto dia, houve um período de notável clareza mental. E algumas vezes essas pessoas descrevem tais sensações como se elas fossem de natureza inteiramente espiritual. Ora, não posso provar que isso não é espiritual; mas posso afirmar com segurança: pessoas que não são crentes, mas que experimentam períodos similares de abstinência de alimentos, invariavelmente testificam sobre resultados idênticos. Não se pode duvidar que o jejum, em um nível puramente físico e corporal, é algo excelente para nossa estrutura física, contanto que realizado de modo apropriado. Também não há que duvidar que um de seus resultados é uma maior perceptibilidade mental, uma maior clareza no entendimento. Não obstante, sempre devemos ter o máximo cuidado para não atribuirmos ao espiritual aquilo que pode ser explicado adequadamente por fatores físicos. Uma vez mais, temos nisso um profundo princípio geral. Isso é o que deveríamos replicar àqueles que afirmam estar envolvida alguma questão de fé ou de santidade, como também àqueles que anseiam por asseverar que se trata de algum fenômeno miraculoso, quando não há certeza absoluta a esse respeito. Prejudicamos a causa de Cristo ao atribuirmos a fatores miraculosos alguma coisa que pode ser explicada segundo um nível totalmente natural. Idêntico perigo se manifesta nessa questão do jejum – o perigo de confundirmos o espiritual com o físico.

Portanto, tendo considerado algumas maneiras erradas de se encarar a questão do jejum, examinemos agora a maneira certa. Já tive ocasião de sugeri-la. O jejum sempre deveria ser conceituado como um meio para se chegar a um fim, e não como um fim em si mesmo. O jejum só deveria ser praticado quando alguém se sentisse impelido ou fosse levado a isso por razões estritamente espirituais. O jejum não deve ser posto em prática somente porque algum segmento da igreja decretou essa prática às sextas-feiras, ou durante o período da Quaresma, ou durante qualquer outra época do ano. Não devemos jejuar mecanicamente. Antes, precisamos disciplinar nossas vidas. Deveríamos praticar esses preceitos religiosos o tempo todo, e não apenas em períodos prefixados. É mister que eu me discipline o tempo todo, mas devo jejuar somente quando sentir que estou sendo levado a isso pelo Espírito de Deus, quando eu tiver por objetivo algum elevado propósito espiritual. Jamais devo jejuar em harmonia com alguma regra ou norma, e, sim, porque sinto que há alguma necessidade peculiar de uma inteira concentração da inteireza do meu ser em Deus e na minha adoração a Ele. Então terá chegado, de fato, a oportunidade de jejuar, e essa é a maneira certa de abordar a questão.

Mas, voltemos nossa atenção para outro aspecto da questão. Tendo considerado o assunto em geral, passemos a considerá-lo na maneira como deve ser feito. A maneira errada é de chamar atenção ao fato que estamos jejuando. "Quando jejuardes, não vos mostreis contristados como os hipócritas; porque desfiguram o rosto com o fim de parecer aos homens que jejuam." Naturalmente, quando eles jejuaram dessa forma as pessoas perceberam que eles estavam observando um período de jejum. Eles não lavaram os rostos, nem ungiram as suas cabeças. Alguns deles foram além desses fatos; eles desfiguraram seus rostos e colocaram cinzas sobre as cabeças. Queriam chamar atenção ao fato que estavam jejuando, por isso mantiveram a aparência de miseráveis, infelizes, e todos os que os olharam, disseram: "Ah! Ele está observando um período de jejum. Ele é uma pessoa de uma espiritualidade fora do comum. Olhe para ele, olhe o que ele está sacrificando e sofrendo por causa da sua devoção a Deus". Nosso Senhor condena aquela atitude total e completamente. Qualquer pronunciamento do fato do que estamos fazendo, ou o chamar atenção para o mesmo, é algo que é inteiramente repreensível por Ele, como o foi no caso da oração e no ato de dar esmolas. É exatamente o mesmo princípio. Você não deve soar a trombeta proclamando as coisas que você irá fazer. Você não deve pôr-se de pé nas esquinas das ruas ou em lugares proeminentes na sinagoga quando você for orar. E, da mesma maneira, você não deve chamar atenção ao fato que está jejuando.

Entretanto, não devemos pensar somente na questão do jejum. Parece-me que esse é um princípio que cobre todos os ângulos de nossa vida cristã. Ele condena, igualmente, a questão da aparência piedosa proposital, a adoção de atitudes religiosas que deem na vista. É patético observar-se como, às vezes, algumas pessoas caem nesse erro até mesmo ao entoarem hinos – erguem um pouco o rosto, em certos trechos, ou se põem nas pontas dos pés. Todas as atitudes assim são afetadas, e é quando as nossas atitudes são assim hipócritas que se tornam tão lamentáveis.

Por esta altura da exposição, posso formular uma pergunta, para a sua consideração e seu interesse? Dentro de todo esse assunto, onde cabe toda a questão das vestes do crente? Para mim, esse é um dos problemas mais atordoantes e causadores de perplexidade em relação à nossa vida cristã, pois eu mesmo vacilo entre duas opiniões óbvias. Há muita coisa em mim que não somente compreende, mas que também aprecia a prática dos primeiros "Quakers", os quais costumavam trajar-se de maneira diferente das demais pessoas. A ideia deles era demonstrar a diferença que há entre crentes e incrédulos, entre a Igreja e o mundo – "precisamos dar uma impressão diferente", disseram eles. Ora, diante disso, em todo crente deve haver algo que, de todo o coração, aprove tal prática com um "amém". Sinto-me incapaz de entender o crente que queira parecer-se com um indivíduo típico, comum e mundano, em sua aparência externa, em suas vestes ou em qualquer outro particular – a loquacidade, a vulgaridade e a sensualidade. Crente nenhum deveria assemelhar-se a isso. Por conseguinte, existe algo de perfeitamente natural nessa reação do crente contra a aparência mundana e no seu desejo de ser diferente.

Infelizmente, porém, esse não é o único aspecto da questão. O outro aspecto é que necessariamente não expressa uma verdade o dito que "a roupa faz o monge". A maneira de trajar-se revela quem a pessoa é, mas somente até certo ponto, e não completamente. Os fariseus vestiam roupas de talho particular – "pois alargam os seus filactérios e alongam as suas franjas" (Mateus 23:5) – mas isso em nada garantia a verdadeira retidão pessoal. Na realidade, a Bíblia ensina que, em última análise, não é assim que o crente se diferencia do incrédulo. Parece-me que é aquilo que eu sou que demonstra essa diferença. Se eu mesmo sou correto, em meu homem interior, tudo o mais seguir-se-á naturalmente. Portanto, não convém que eu proclame que sou crente vestindo-me de maneira diferente, e, sim, demonstrando aquilo que sou. Contudo, ponderemos. Temos aqui uma questão assaz, fascinante e atrativa. Penso que o mais provável é que ambas essas afirmações exibem facetas da verdade. Por sermos crentes, todos deveríamos desejar ser diferentes das pessoas mundanas, mas, ao mesmo tempo, jamais deveríamos descer àquela posição que assevera que as vestes é que revelam o que realmente somos. Aí, pois, está a maneira errada de se observar essa questão do vestuário; e o galardão, para essa maneira errada, continua sendo o mesmo que já fora visto no caso de todos aqueles outros falsos métodos; "Em verdade vos digo que eles já receberam a recompensa" (Mateus 6:2). Há indivíduos que imaginam que aqueles que jejuam ostensivamente são profundamente espirituais, são excepcionalmente santos. Esses recebem seu louvor da parte dos homens, mas isso constitui toda a sua recompensa, pois Deus vê os segredos dos corações. Ele vê o coração do homem e sabe que "aquilo que é elevado entre homens é abominação diante de Deus" (Lucas 16:15).

Qual, pois, é a maneira correta do crente jejuar? Comecemos respondendo a isso negativamente. A primeira coisa é que o jejum não envolva um esforço distorcido, conforme faziam os fariseus. Por ter nosso Senhor dito: "Tu, porém, quando jejuares, unge a cabeça e lava o rosto, com o fim de não parecer aos homens que jejuas, e sim ao teu Pai, em secreto", muitos pensam que não somente não deveríamos desfigurar o rosto, mas igualmente deveríamos fazer todo o possível para ocultar que estamos jejuando, e até mesmo para darmos a impressão contrária. Tal opinião, entretanto, envolve um total mal-entendido. Nada havia de excepcional em se lavar o rosto ou em ungir os cabelos. Essa era a maneira usual e normal de se proceder. O que nosso senhor quis dizer, pois, é o seguinte: "Quando você jejuar, faça-o de maneira natural".

Poderíamos aplicar essa recomendação como segue. Há pessoas que de tal maneira temem parecer mesquinhas, ou que temem ser consideradas tolas, porquanto são crentes, que se inclinam para o extremo oposto. No entanto, asseveram que devemos dar a impressão que ser crente é ser feliz e cheio de vida. E assim, longe de nos mostrarmos sombrios e circunspectos quanto às nossas vestes, precisamos ir para o extremo oposto. Deveríamos esforçar-nos ao máximo por não parecermos andrajosos. Mas o resultado disso é que aqueles que assim agem dão tão má impressão como aqueles que são acusados de andarem vestidos fora da moda. O princípio exarado por nosso Senhor é o seguinte: "Esqueça-se inteiramente das outras pessoas". Assim, para evitarmos parecer melancólicos, não forcemos um sorriso nos lábios. Esqueçamo-nos de nosso rosto, esqueçamo-nos de nós mesmos, esqueçamo-nos totalmente das demais pessoas. O erro mais grave é essa preocupação com a opinião alheia. Não nos importemos com a impressão que estivermos dando a outros; simplesmente olvidemo-nos de nós mesmos e dediquemo-nos inteiramente à causa de Deus. Que nossa preocupação seja somente com Deus e sobre como podemos agradá-Lo em tudo. Preocupemo-nos exclusivamente com a Sua honra e glória.

Se a nossa maior preocupação for agradar a Deus e glorificar o Seu nome, então não encontraremos qualquer dificuldade quanto a essas outras coisas. Se um homem está vivendo inteiramente para a glória do Senhor, então ninguém precisa prescrever para ele quando deve jejuar, nem precisa prescrever para ele o tipo de roupas que deve usar, e nem precisa prescrever-lhe qualquer outra coisa. Se alguém esqueceu-se de si mesmo e se dedicou inteiramente a Deus, então o próprio Novo Testamento declara que esse alguém saberá como deve comer, beber e vestir-se, porquanto estará fazendo tudo para a glória de Deus. E graças damos a Deus, porque a recompensa dessa pessoa está garantida e assegurada, além de ser deveras poderosa – "... e teu Pai, que vê em secreto, te recompensará". A única coisa que importa é que a nossa relação com Deus esteja correta, e que o nosso objetivo seja agradar ao Senhor. Se essa for a nossa preocupação, então poderemos deixar todo o resto aos Seus cuidados. Talvez o Senhor retenha o nosso galardão durante anos; mas isso não importa. Receberemos a recompensa. As promessas divinas nunca falham. Embora o mundo jamais entenda quem somos, Deus o sabe, e, naquele grande Dia esse fato será proclamado diante do mundo inteiro. "E teu Pai, que vê em secreto, te recompensará".

> Que os homens não te ouçam, não te amem e nem te louvem.
> Mas, que importa isso: É o Senhor quem te aprova.

Capítulo XXXIV
QUANDO ORARES

Voltamos agora ao ensino de nosso Senhor a respeito de oração. Em Mateus 6, conforme você deve estar lembrado, encontra-se a exposição feita por nosso Senhor acerca da questão inteira da piedade cristã. Jesus dividiu o assunto em três segmentos que, realmente, cobrem a totalidade de nossa retidão ou vida religiosa. Em primeiro lugar, há a questão das esmolas – nossa caridade em favor do próximo necessitado; em seguida, vem a questão da oração e de nosso relacionamento com Deus; e, finalmente, aparece a questão da disciplina pessoal, que Jesus ventilou sob o título geral de jejum. Já pudemos considerar esses três aspectos da vida religiosa, ou piedade do crente, separadamente; e, quando considerávamos a questão da oração, asseveramos que retornaríamos a um estudo daquela oração que comumente é chamada de Pai Nosso. Pois o Senhor Jesus, como é evidente, não apenas sentiu ser necessário advertir aos Seus seguidores contra certos perigos relativos à prática da oração, mas também deu lhes instruções positivas.

Conforme você deve estar lembrado, o Senhor já os tinha advertido que não deveriam ser hipócritas, porquanto aqueles que Ele chamou de hipócritas costumavam orar de pé, nas sinagogas ou nas esquinas das ruas, a fim de serem vistos pelos homens. Também lhes disse que as repetições inúteis por si mesmas não se revestem de qualquer vantagem, e que o mero volume ou a quantidade das palavras usadas na oração não produz qualquer benefício especial. Igualmente, Jesus lhes disse que convinha que orassem em secreto, jamais devendo importar-se com os homens e com o que os homens pudessem pensar a respeito deles; pelo contrário, o que é vital e essencial, nessa questão da oração, não era somente que os discípulos excluíssem as demais pessoas de suas cogitações, e, sim, que eles ficassem a sós com Deus, concentrando nEle e em sua relação com Ele toda a sua atenção. Não obstante, conforme já declaramos, Jesus não sentiu ser suficiente fazer uma advertência geral, porque os Seus discípulos precisavam de instruções mais minuciosas. Por conseguinte, Ele prosseguiu a fim de afirmar: "Portanto, vós orareis assim..." (Mateus 6:9), e passou a oferecer-lhes essa instrução referente ao método certo da oração.

Defrontamo-nos aqui com um dos assuntos mais vitais em conexão com a nossa vida cristã. É fora de qualquer dúvida que a oração é a mais sublime atividade da alma humana. O homem atinge o ponto culminante de sua experiência quando, de joelhos, acha-se face a face com Deus. Não que desejemos dar-nos o direito de fazer vãs comparações. Dar esmolas é uma prática excelente; é uma nobre atividade. E o homem que se sente impelido a isso, e responde ao impulso de ajudar ao próximo, neste mundo, é um homem bom. Por semelhante modo, o jejum, em suas variadas formas, é uma elevada e enobrecedora atividade. O homem mundano nada conhece acerca disso, e nem a respeito da autodisciplina. Ele simplesmente cede diante de cada impulso, entregando-se à concupiscência e à paixão, e vive mais ou menos como um animal, atendendo às demandas dos instintos que nele se agitam, de maneira mecânica. Tal indivíduo desconhece inteiramente a disciplina própria. O homem que disciplina a si mesmo destaca-se entre os seus semelhantes e traz em si mesmo o sinal da grandeza pessoal. Verdadeiramente é digno de encômios o homem que disciplina a sua própria vida o tempo todo, e que, ocasionalmente, toma medidas excepcionais que visam ao seu bem-estar espiritual.

Todas essas coisas, entretanto, empalidecem até à insignificância quando contemplamos o homem ocupado em oração. Quando um homem está conversando com Deus, encontra-se no seu zênite espiritual. Essa é a mais extraordinária atividade da alma humana, e, por conseguinte, ao mesmo tempo serve de teste final da verdadeira condição espiritual de um homem. Nada existe que seja capaz de revelar tão bem a nossa realidade espiritual, como povo evangélico que somos, do que a nossa vida de oração. Qualquer outra coisa que fizermos em nossa vida cristã será mais fácil do que orar. Doar esmolas não é prática tão difícil assim – o homem natural sabe alguma coisa a esse respeito, e é possível detectar um autêntico espírito filantrópico em indivíduos que sob hipótese nenhuma são crentes. Certas pessoas já parecem haver nascido com uma disposição e um espírito generosos, e, para elas, dar esmolas não é algo particularmente difícil. Outro tanto aplica-se à questão da autodisciplina – que consiste em nos refrearmos de certas coisas e de aceitarmos certos deveres e tarefas. Deus sabe que é muito mais fácil pregar em um púlpito do que orar. Não há que duvidar que a oração é o teste final da qualidade espiritual de um homem, porquanto ele pode falar a seus semelhantes com muito mais desembaraço do que pode falar com Deus. Em última análise, portanto, um homem descobre a verdadeira condição de sua vida espiritual quando se examina privadamente, quando está sozinho com Deus. No segundo capítulo deste volume vimos que o grande perigo para o homem que dirige a congregação no ato público da oração é que ele possa estar proferindo a oração às pessoas presentes ao invés de proferi-la para Deus. Entretanto, quando estamos a sós com Deus, esse perigo desaparece, porquanto não é mais possível. Porventura todos nós já não sabemos o que significa ter menos para dizer a Deus quando estamos sozinhos com Ele do que quando estamos na companhia de outras pessoas? Não deveria acontecer tal coisa; mas com frequência é precisamente isso que nos acontece. O que ocorre é que quando deixamos o campo das atividades e dos contatos externos com outras pessoas, e ficamos sozinhos diante de Deus, então realmente percebemos onde nos encontramos, espiritualmente falando. Orar não é somente a mais sublime atividade da alma humana, mas também é o mais profundo teste a que pode ser submetida a nossa condição espiritual, quanto à sua autenticidade.

Outra maneira de se colocar a questão é a seguinte. Pode-se verificar que a mais saliente característica de todas as pessoas mais santificadas que o mundo já conheceu tem sido que não somente passavam muito tempo em oração privada, mas também se deleitavam nesse exercício da alma. Não podemos ler a narrativa da vida de qualquer santo do Senhor sem descobrir que isso também ocorria com ele. Quanto mais santificada for a pessoa, tanto mais essa pessoa passa tempo em conversação com Deus. Assim sendo, trata-se de um tema vital e que se reveste de capital importância. E certamente há necessidade de orientação quanto a isso, mais do que quanto a qualquer outro tema.

Essa tem sido a real experiência do povo de Deus através dos séculos. Lemos nos Evangelhos que João Batista havia ensinado os seus discípulos a orar. Como é evidente, haviam sentido que careciam de instrução, e pediram a João orientação e ensino a respeito. E João lhes ensinara a orar. Os discípulos de nosso Senhor sentiram precisamente a mesma necessidade. Apresentaram-se a Ele certa tarde e, por assim dizer, Lhe solicitaram: "João Batista ensinou seus discípulos a orar; Senhor, ensina-nos também a orar". Sem dúvida esse desejo cresceu dentro do coração de cada um deles porque tinham consciência desse tipo de dificuldade natural, instintiva e inicial, do qual também nós todos temos. Mas tal desejo deve ter sido tremendamente ampliado quando O observaram tão dedicado à prática da oração. Eles eram testemunhas de como Jesus, "Tendo-se levantado alta madrugada, saiu, foi para um lugar deserto e ali orava" (Marcos 1:35), e como Ele costumava passar noites inteiras em oração. Não tenho dúvida que algumas vezes os discípulos devem ter indagado entre si: "Sobre o que Ele tanto fala? O que Ele está fazendo, orando tanto assim?" E também devem ter pensado: "Depois de alguns minutos em oração, descubro que não tenho mais nada para dizer. O que capacita Jesus a passar um tempo tão longo em oração? O que Lhe dá essa facilidade para concentrar-se na oração?" Disseram eles: "Senhor, ensina-nos a orar..." (Lucas 11:1). Ao fazerem esse pedido, deram a entender que gostariam de ser capazes de orar conforme Ele orava. "Gostaríamos de conhecer a Deus como Tu também O conheces. Ensina-nos a orar." Você também já sentiu essa necessidade? Você já se sentiu insatisfeito com a sua vida de oração, já ansiou saber mais e mais o que significa, realmente, orar? Se você tem sentido tal necessidade, isso é um sinal bastante encorajador.

Não há que duvidar que essa é uma de nossas maiores necessidades. Vamos perdendo mais e mais essa maior de todas as bênçãos da vida cristã por não sabermos como se ora corretamente. Precisamos de instrução quanto a cada faceta da questão. Precisamos ser instruídos sobre como se deve orar, e também precisamos ser ensinados acerca do que devemos orar. É em razão da oração cobrir esses dois aspectos, da mais admirável e maravilhosa maneira, que nos cumpre passar algum tempo considerando aquela oração que veio a tornar-se conhecida entre nós como a oração do "Pai Nosso". Nessa oração encontramos uma perfeita sinopse das instruções de nosso Senhor sobre como se deve orar e sobre o que se deve orar.

Ora, quero deixar perfeitamente claro neste ponto que isso é tudo quanto me proponho fazer. O tema da oração é muito amplo e profundo, e, de fato, pode requerer a nossa atenção por um longo tempo. Entretanto, não devemos permitir que nossa atenção seja solicitada por tempo demasiado, porquanto nossa tarefa consiste em irmos expondo o Sermão do Monte, e, assim sendo, seria errôneo fazer uma digressão por demais longa, por causa dessa questão particular. Tudo quando tenciono fazer, pois, é explicar o ensino de nosso Senhor no que concerne a essa oração, e mesmo assim não o farei mui pormenorizadamente. Tenciono apenas sublinhar e enfatizar aquilo que me tem parecido ser os grandes princípios centrais que nosso Senhor obviamente desejava inculcar em Seus ouvintes.

Existem certas questões gerais no tocante a essa oração que indubitavelmente exigem uma palavra ou duas de comentário. A oração do Pai Nosso, conforme a denominamos, com frequência tem sido o fulcro de intensa controvérsia. Há muita gente que, por diversas razões, recusa-se a recitá-la em público. Há outros que parecem objetar a ela por motivos doutrinários, sentindo que ela pertence ao domínio da lei, e não ao domínio da graça, e que, assim sendo, essa oração nada tem a ver com o povo evangélico. Tais indivíduos tropeçam na petição que versa sobre o perdão dos pecados. Quando chegarmos àquele ponto, haveremos de ventilar a questão com mais detalhes; mas, por enquanto, meramente estou mencionando determinadas dificuldades preliminares que várias pessoas enfrentam. Elas afirmam que, na oração do "Pai Nosso", o perdão parece estar condicionado à nossa disposição de perdoar, e isso, conforme asseveram elas, reflete a lei, e não a graça, além de outras coisas. Portanto, é mister que façamos certo número de observações preliminares.

A primeira dessas observações é que, sem qualquer sombra de dúvida, essa oração é um modelo. A própria maneira como o Senhor Jesus a introduziu já indica o fato. "Portanto, vós orareis assim..." (Mateus 6:9). Por assim dizer, nosso Senhor assevera que quando se trata de dirigirmos nossas orações a Deus, é mais ou menos assim que deveríamos fazê-lo. E o que é admirável e extraordinário é que em essência essa oração realmente cobre tudo. Em certo sentido, ninguém pode acrescentar coisa alguma à oração do Pai Nosso; pois coisa alguma foi esquecida. Isso não significa, como é lógico, que ao orarmos simplesmente devamos repetir a oração do Pai Nosso e estacar depois disso. Pois, como é óbvio, nem o próprio Senhor Jesus fez tal coisa. Segundo já vimos, Ele passou noites inteiras em oração; por muitas vezes Ele se levantou, ainda de madrugada, e ficou orando durante muitas horas. Também é fácil de averiguar, na vida dos santos mais notáveis, que eles passavam muitas horas em oração. John Wesley costumava afirmar que ele tinha em pouca conta qualquer crente que não dedicasse à oração pelo menos quatro horas diárias.

Dizer-se que essa oração é toda-inclusiva, que ela é um sumário perfeito, simplesmente significa que realmente ela contém todos os princípios. Poderíamos mesmo asseverar que o que encontramos na oração do Pai Nosso é uma espécie de estrutura, de esboço. Tomemos, para exemplificar, o ato de pregar. Diante de mim há certas anotações que preparei, e não um sermão completo. Meramente disponho de títulos ou cabeçalhos – que correspondem aos princípios que devem ser enfatizados. Porém, não paro diante da mera enunciação de princípios básicos; pelo contrário, exponho-os e desenvolvo-os. É dessa forma, igualmente, que deveríamos considerar a oração do Pai Nosso. Os princípios estão todos presentes e ninguém pode adicionar qualquer outro. Pode-se tomar a mais longa oração que já foi oferecida por algum homem de Deus, e ali descobrir-se-á que ela pode ser reduzida a esses princípios centrais. Ninguém pode pensar em qualquer outro princípio básico. Consideremos aquela outra notável oração de nosso Senhor, registrada em João 17 – a chamada oração sacerdotal de nosso Senhor. Se analisarmos a mesma em termos de princípios gerais, descobriremos que ela pode ser reduzida aos princípios que constam nesta oração modelo.

A oração do Pai Nosso cobre todos os pontos básicos; e tudo quanto podemos fazer, ao orarmos, é tomarmos esses princípios, empregando-os e expandindo-os, baseando neles toda e qualquer petição. É dessa maneira que devemos abordar essa oração. E quando alguém a encara sob esse prisma, penso que tal pessoa terá de concordar com Agostinho, com Martinho Lutero e com muitos outros santos, os quais disseram que coisa nenhuma é tão maravilhosa, na Bíblia inteira, como a oração do Pai Nosso. A economia de palavras, a maneira de sumariar aquilo que realmente importa, reduzindo tudo a algumas poucas sentenças, é algo que verdadeiramente proclama o fato que quem ensinou essa oração não foi outro senão o próprio Filho de Deus.

Passemos a uma outra observação, a qual temos salientado em todas as nossas considerações sobre o Sermão do Monte. É que essa oração obviamente visa não somente aos discípulos originais, mas também a todos os crentes de todos os lugares, em todos os tempos. Quando estudamos as bem-aventuranças, reiteramos constantemente que elas são aplicáveis a todos os seguidores de Cristo. O Sermão do Monte não foi endereçado somente aos discípulos dos dias em que Jesus esteve nesta terra, e nem somente aos judeus de alguma ainda distante era do reino. Pelo contrário, destina-se ao povo evangélico de agora e de todos os séculos, e sempre foi perfeitamente aplicável a esses. Exatamente da mesma maneira que tivemos de julgar a nós mesmos, através do ensino do quinto capítulo de Mateus, com respeito ao relacionamento do crente com a lei, assim também agora chegamos diante desta oração, diante do que o Senhor Jesus disse quanto a essa questão: "Portanto, vós orareis assim..." Jesus continua falando para nós, precisamente da mesma maneira que falava às pessoas ao Seu derredor, naquela ocasião. Efectivamente, conforme já vimos, a menos que as nossas orações correspondam a esse padrão e a essa forma particulares, não estaremos oferecendo a Deus orações autênticas.

Talvez muitas pessoas tenham dúvidas relativas à prática de se recitar a oração do Pai Nosso como um ato de adoração pública. Trata-se de um ponto debatível legítimo, onde pode haver opiniões divergentes legítimas. Não obstante, parece-me que nunca nos podemos recordar com exagerada frequência dessa forma particular de oração. E, quanto a mim, sempre me tenho consolado com esse pensamento, isto é, que sempre que talvez eu me tenha olvidado de algo, em minhas orações particulares, se eu fizer a oração do Pai Nosso de alguma maneira terei coberto todos os princípios básicos. Naturalmente, a condição indispensável é que eu não fique meramente repetindo, de forma mecânica, as palavras dessa oração, mas cumpre-me realmente orar no coração, na mente, e com todo o meu ser.

A próxima observação a ser feita é que certas pessoas se sentem perturbadas diante da oração do Pai Nosso porque ela não diz "por causa de Cristo", e nem é especificamente oferecida em Seu nome. Essas pessoas asseveram que essa oração não se destinava a ser usada pelos crentes, porque os crentes sempre deveriam orar em nome de Cristo. Como é patente, a resposta a essa objeção é que nosso Senhor, conforme já pudemos verificar, estava simplesmente lançando os princípios fundamentais que deveriam governar constantemente o relacionamento entre o homem e seu Deus. Jesus não estava interessado em esclarecer, nesta passagem bíblica, tudo quanto está envolvido nesse relacionamento. Mas estava interessado em ensinar o seguinte: quem quer que chegue à presença de Deus sempre deveria conscientizar-se dessas realidades. Mais tarde, em Sua vida e doutrinamento, Jesus haveria de ensinar explicitamente que a oração deve ser oferecida em Seu nome. Porém, sem dúvida é evidente, mesmo na oração do Pai Nosso, que a oração oferecida em nome de Cristo é uma ideia implícita. Ninguém pode dizer verdadeiramente, "Pai nosso, que estás nos céus", senão aquele que conhece ao Senhor Jesus Cristo e que está em Cristo. Por conseguinte, esse conceito aparece implícito nessa oração, desde o início. Seja como for, todavia, isso não afeta os princípios que nosso Senhor ensina claramente.

No tocante à dificuldade específica que concerne ao perdão, abordaremos esse ponto com detalhes, quando chegarmos àquela petição, ao longo de nossas considerações sobre essa oração.

Por conseguinte, sumariemos as nossas observações gerais, repetindo que nada existe de mais sublime, de mais exaltado do que essa maravilhosa oração que o Senhor Jesus Cristo ensinou a todo o Seu povo. Relembremo-nos, por igual modo, que Jesus a ensinou não para que a ficássemos repetindo mecanicamente pelo resto das nossas vidas, e, sim, a fim de que os seguidores do Senhor dissessem consigo: "Quando eu tiver de orar, sempre terei de lembrar-me de determinadas coisas. Não devo precipitar-me numa oração apressada; não devo começar falando imediatamente, sem antes ponderar o que estou fazendo. Não devo ser meramente levado por algum impulso ou sentimento do momento. Existem certas verdades que sempre deverei ter em mente. Eis os cabeçalhos ou conceitos principais da minha oração; eis o esqueleto que preciso encher de carne; e estas são as linhas mestras em consonância com as quais me convém prosseguir". Portanto, confio que nenhum de nós haverá de imaginar que a marca d'água do verdadeiro evangelicalismo consiste em se falar com certa dose de desdém acerca da oração do Pai Nosso. Também confio que nenhum de nós tornar-se-á culpado daquele orgulho espiritual, para não dizermos até mesmo daquela arrogância que se recusa a recitar juntamente com outras pessoas a oração do Pai Nosso. Pelo contrário, cumpre-nos perceber que nosso Senhor estava dizendo aqui, aos Seus ouvintes, como era que Ele mesmo costumava orar, porquanto esse era o método que Ele usava, essas eram as coisas que Ele sempre tinha em mente, e que, assim sendo, nunca podemos fazer qualquer coisa mais sublime do que orar de acordo com essas normas exaradas na oração do Pai Nosso. Se estivermos realmente orando, jamais poderemos ultrapassar essa oração, motivo pelo qual nunca deveríamos rejeitá-la sob a alegação de que ela reflete o legalismo, imaginando que, por estarmos na dispensação da graça, temos ido além. Ao analisarmos essa oração, verificaremos que ela está repleta da graça. Na verdade, a graça divina caracterizava de forma notável a lei de Deus, segundo já pudemos notar. Nosso Senhor vinha expondo a lei mosaica, e demonstrara que, quando espiritualmente compreendida, a lei de Moisés é plena da graça divina, e que ninguém a pode compreender a menos que disponha da graça de Deus em seu coração.

Consideremos agora, de maneira passageira, esse tema de como devemos orar e sobre o que devemos orar. No tocante à primeira dessas questões, lembremo-nos novamente da vital importância da abordagem correta, pois essa é a chave para a compreensão da oração bem-sucedida. Com notável frequência as pessoas comentam: "Sabe como foi, eu orei e orei, mas nada aconteceu. Parecia-me impossível encontrar paz. Parecia até que eu não podia obter qualquer satisfação com base em minhas orações". A maior parte dessa dificuldade deve-se ao fato que a abordagem delas à oração é errada, e que, de algum modo, não percebem o que estão fazendo. Tendemos por ser tão egocêntricos nas nossas orações que, quando dobramos os joelhos perante Deus, pensamos somente em nós mesmos, em nossas dificuldades e em nossas perplexidades. Começamos a falar imediatamente sobre elas, e, naturalmente, nada acontece. Consoante ao ensino de nosso Senhor, que encontramos neste trecho bíblico, não deveríamos mesmo esperar que qualquer coisa sucedesse. Não é assim que alguém pode aproximar-se de Deus. Convém que façamos uma pausa, antes de começarmos a orar.

Os maiores mestres da vida espiritual, através dos séculos, sem importar se têm sido católicos romanos ou protestantes, têm concordado acerca disso, de que o passo inicial da oração sempre deveria ser aquilo que eles denominam de "relembrar-se". Em certo sentido, cada indivíduo, ao começar a orar, deveria pôr a mão sobre a boca. Essa foi também a grande dificuldade enfrentada por Jó. Em sua miséria e sofrimento ele falou muito. Jó sentia que Deus não o tratara com equidade e gentileza, e assim começou a exprimir abertamente os seus sentimentos. Mas quando, no fim do livro de Jó, Deus começou a tratar pessoalmente com ele, quando começou a revelar-se e a manifestar-se a ele, o que fez Jó? Só havia mesmo uma coisa que ele podia fazer. Jó reconheceu: "Sou indigno; que te responderia eu? Ponho a mão na minha boca" (Jó 40:4). E, por mais estranho que isso lhe pareça, a verdade é que só começamos a orar quando nada mais podemos dizer; quando relembramos o que estamos prestes a fazer, então é que estamos realmente orando.

Conheço essa dificuldade por experiência própria. Somos apenas seres humanos, e somos premidos pela urgência de nossa situação, pelas preocupações, pelas ansiedades, pelas tribulações, pela angústia mental, pela tristeza no coração e por diversas outras aflições. E ficamos tão pressionados por essas coisas que, à semelhança de crianças pequenas, começamos a falar imediatamente. Porém, se você quiser entrar em contato com Deus, e se quiser sentir os Seus braços à sua volta, então ponha a mão na boca por alguns instantes.

Relembre-se! Basta que você pare por alguns momentos para relembrar-se daquilo que está prestes a fazer. Poderíamos sumariar tudo em uma sentença. Você sabe que a essência da verdadeira oração se acha naquelas duas palavras que aparecem no versículo 9 – "Pai nosso"? O que estou sugerindo é que se você é capaz de dizer "meu Pai" com todo o coração, sem importar quais sejam suas outras condições, em certo sentido a sua oração já foi respondida. O que é lamentável é justamente a ausência do reconhecimento de nossa verdadeira relação com Deus.

Talvez pudéssemos expressar a questão de outra maneira, mais ou menos como segue. Existem pessoas que acreditam que orar é bom porque sempre nos traz algum benefício. E para tanto aduzem diversas razões psicológicas. Como é lógico, não é assim que a Bíblia entende o papel da oração. Orar significa conversar com Deus, esquecendo-nos de nós mesmos e tendo consciência da presença do Senhor. Além disso, há pessoas que, segundo penso, talvez reivindiquem para si considerável grau de espiritualidade, que pensam que a verdadeira característica da oração autêntica é a suavidade e facilidade com que flui a oração, que a oração precisa ser breve e direta, e que em cada oração deveria haver apenas uma petição particular. Isso, entretanto, não transparece no ensino bíblico referente à oração, pelo que também não corresponde à verdade envolvida. Tomemos qualquer das grandiosas orações registradas nas páginas do Antigo ou do Novo Testamentos. Nenhuma delas se assemelha ao que poderíamos chamar de "oração de negócios", que torna conhecida de Deus apenas uma petição de cada vez, e então termina, como se fosse uma correspondência comercial. Cada oração registrada na Bíblia começa por uma invocação. Não importa quão desesperadoras e urgentes tenham sido as circunstâncias, não importa quais fossem os apuros daqueles que oravam, invariavelmente eles começavam por um ato de louvor, adoração ou invocação.

Encontramos grande e maravilhoso exemplo disso em Daniel 9. Vemos ali o profeta, em terrível perplexidade, orando ao Senhor. Todavia, ele não começou imediatamente a apresentar suas petições; antes, começou louvando ao Senhor. Um perplexo profeta Jeremias seguiu a mesma norma. Confrontado pela exigência de adquirir um terreno em uma região aparentemente condenada a ficar desolada, Jeremias não era capaz de entender tal requisito, pois parecia haver em tudo aquilo um tremendo equívoco. Não obstante, não se precipitou na presença de Deus, quanto a essa questão; antes, começou a sua oração mediante um ato de adoração ao Senhor. E assim também se pode ver no tocante a todas as orações registradas nas Escrituras Sagradas. De fato, isso é verificável até mesmo na grande oração sumo sacerdotal do próprio Senhor Jesus, narrada em João 17. E você também deve estar lembrado do que disse Paulo, ao escrever aos crentes filipenses. Disse ele: "Não andeis ansiosos de coisa alguma; em tudo, porém, sejam conhecidas, diante de Deus, as vossas petições, pela oração e pela súplica, com ações de graças" (4:6). Essa é a sequência correta. Sempre devemos começar com uma invocação, antes de apresentarmos nossa primeira petição; e, no caso da oração do Pai Nosso, isso nos é ensinado de uma vez por todas, com o máximo de clareza e perfeição, pois se trata de uma oração modelo.

Seria preciso muito espaço para que eu expusesse como é significativo o sentido dessa afirmação, "Pai nosso". Entretanto, desejo expressá-lo como segue, isto é, de uma forma que pode parecer dogmática. Somente aqueles que são crentes autênticos no Senhor Jesus Cristo é que podem dizer "Pai nosso". Somente as pessoas para quem foram dirigidas as bem-aventuranças é que podem dizer com qualquer grau de confiança: "Pai nosso". Ora, estou cônscio de que essa não é uma doutrina muito popular nestes nossos dias, mas essa é a doutrina ensinada na Bíblia. O mundo atual acredita na paternidade universal de Deus, e também na fraternidade universal dos homens. Entretanto, tal ensino não é encontrado na Bíblia. Foi o próprio Senhor quem declarou para certos judeus religiosos que eles eram "do diabo, que é vosso pai" (João 8:44), e não filhos de Abraão nem filhos de Deus. Somente àqueles que "o receberam" é que Ele deu o direito (a autoridade) de tornarem-se "filhos de Deus" (ver João 1:12).

Alguém, contudo, poderia dizer: "Que quis dizer Paulo, no entanto, ao declarar: 'Porque dele também somos geração' (Atos 17:28)? Paulo por acaso não quis dizer que todos somos filhos de Deus, e que Ele é o Pai universal?" Pois bem, se você analisar essa passagem, descobrirá que Paulo referia-se, em Atos 17, a Deus como o Criador de todas as coisas e de todas as nações, e que, nesse sentido, Deus concedeu a vida e o ser a todos os que vivem neste mundo. Entretanto, essa não é a definição de Deus como Pai no sentido que Paulo a usa algures, aludindo aos crentes, e nem no sentido que nosso Senhor mesmo usou esse conceito, conforme já temos visto. A Bíblia estabelece claríssima distinção entre aqueles que pertencem a Deus e aqueles que não Lhe pertencem. Pode-se perceber isso na oração sumo sacerdotal de Jesus, em João 17, onde Ele disse: "É por eles que eu rogo; não rogo pelo mundo, mas por aqueles que me deste, porque são teus" (v. 9). Trata-se de uma distinção absoluta e total – somente aqueles que estão no Senhor Jesus Cristo são verdadeiros filhos de Deus. O crente tornou-se filho de Deus somente através da adoção. Na verdade, todos nascemos "filhos da ira" (Efésios 2:3), "filhos do diabo" (João 8:44) e "filhos do mundo" (Lucas 16:8). E precisamos ser arrebatados espiritualmente desse reino da maldade para que nos tornemos filhos de Deus. Se verdadeiramente confiarmos no Senhor Jesus Cristo, então teremos sido adotados na família de Deus, e também recebemos "... o espírito de adoção, baseados no qual clamamos: Aba, Pai" (Romanos 8:15).

O homem mundano não gosta dessa doutrina. Prefere dizer que todos somos filhos de Deus; e, no entanto, no coração ele nutre ódio a Deus, e, quando desesperado, mesmo que chegue a orar, não tem confiança de que está falando com seu Pai celeste. Pelo contrário, sente que Deus é Alguém que se declarou adversário seu. Fala sobre a paternidade de Deus, mas não recebeu o espírito de adoção. Somente aquele que é de Cristo é que conhece esse fato.

Portanto, quando nosso Senhor disse, "Pai nosso", obviamente estava pensando nos crentes, e é por esse motivo que insisto que essa oração do Pai Nosso é uma oração cristã. Um homem pode proferir com os lábios as palavras "Pai nosso". Mas, a pergunta que se impõe é esta: acredita ele nisso? E tem experiência real com esse fato? A prova final da profissão de fé de cada indivíduo é que ele possa dizer com confiança e absoluta certeza: "Meu Pai, meu Deus". Deus é seu Deus? Você realmente O conhece como seu Pai? E quando você se aproxima dEle em oração, você tem o senso de que está se acercando do seu Pai celeste? É por aí que devemos começar a orar, conforme nos instrui nosso Senhor, isto é, devemos perceber que nos temos tornado filhos de Deus por causa daquilo que Ele fez em nosso favor por intermédio do Senhor Jesus Cristo. Essa é a ideia implícita nesse ensino de Cristo. Ele sugere e antecipa tudo quanto estava prestes a realizar em nosso benefício, tudo quanto Ele estava preparado para tornar possível para os que Lhe pertencem. Quando Jesus assim falou, eles ainda não entendiam essas coisas. Não obstante, Jesus afirmou que é dessa maneira que convém orar. É assim que Eu oro, e é assim que você deve orar.

Notemos, entretanto, que logo em seguida Jesus acrescenta: "... que estás nos céus..." Temos aqui, pois, um conceito admirável: "Pai nosso, que estás nos céus..." Essas duas frases – que Deus é nosso Pai e que ele está nos céus – sempre devem ser consideradas conjuntamente, e isso pela seguinte excelente razão. Nossas ideias de paternidade se tornaram bastante aviltadas e, em consequência, exigem constante correção. Você já observou quão frequentemente o apóstolo Paulo, em suas epístolas, usou uma determinada expressão? Ele fala sobre "o Deus e Pai de nosso Senhor Jesus Cristo". Essa expressão é muito significativa. Simplesmente chama a nossa atenção para aquilo que o Senhor frisava nesta altura – "Pai nosso". Sim, mas por causa de nosso aviltado conceito de paternidade, Ele apressou-se a dizer: "Pai nosso, que estás nos céus...", que é o mesmo "Deus e Pai de nosso Senhor Jesus Cristo". Esse é o Pai que nós, os crentes, temos.

Entretanto, muitas pessoas existem no mundo para quem, infelizmente, a ideia de paternidade não envolve o conceito do amor. Imaginemos um menino pequeno cujo pai seja um alcoólatra, que costume espancar sua mulher e que não passe de uma fera cruel. Aquele menino não conhece outra coisa na vida senão constantes e desmerecidos espancamentos e pontapés. Ele vê que seu pai gasta todo o seu dinheiro consigo mesmo e com seu vício, ao passo que o próprio menino padece fome. Essa é a sua ideia de paternidade. Se alguém lhe dissesse que Deus é seu Pai, e deixasse as coisas nesses termos, isso não lhe seria de grande ajuda, não lhe pareceria coisa boa. A pobre criança necessariamente faz ideia totalmente distorcida da paternidade. Essa é a sua noção de um pai, isto é, um homem que se comporta daquela maneira selvagem. Repito, pois, que as nossas noções humanas e pecaminosas da paternidade precisam ser constantemente corrigidas.

Disse nosso Senhor: "Pai nosso, que estás nos céus..."; e Paulo disse: "... o Deus e Pai de nosso Senhor Jesus Cristo..." Qualquer pessoa que se assemelhe a Cristo, dizia Paulo, em essência, deve ter um Pai maravilhoso; e, graças ao Senhor, Deus mesmo é esse Pai, o Pai de nosso Senhor Jesus Cristo. Quando oramos a Deus, é vital que O chamemos de nosso Pai, que nos lembremos que Ele é "nosso Pai que está nos céus", que nos recordemos de Sua majestade, de Sua grandeza e de Seu infinito poder. Quando, em nossa fraqueza e total humilhação, pomo-nos de joelhos perante Deus, em nossa angústia de mente e de coração, relembremo-nos do fato que Ele sabe tudo a nosso respeito. As Escrituras garantem: "... todas as coisas estão descobertas e patentes aos olhos daquele a quem temos de prestar contas" (Hebreus 4:13). Relembre-se, igualmente, que se alguma vez você tiver de precipitar-se à presença de Deus, querendo alguma coisa para si mesmo, ou se estiver orando para pedir perdão para algum pecado que cometeu, Deus viu tudo e sabe tudo a respeito. Não é surpreendente que, quando escreveu o Salmo 51, Davi tivesse exclamado na angústia do seu coração: "Eis que te comprazes na verdade no íntimo..." (v. 6). Se você quiser ser abençoado por Deus, terá de mostrar-se absolutamente honesto, terá de tomar consciência do fato que o Senhor sabe tudo, que nada há oculto diante de Seus olhos. Lembre-se, por semelhante modo, que Deus tem todo o poder para castigar, e também todo o poder para abençoar. Ele é poderoso para salvar e é poderoso para destruir. Realmente, conforme disse o sábio que escreveu o livro de Eclesiastes, é vital que, ao orarmos a Deus, lembremo-nos do fato que "... Deus está nos céus, e tu, na terra..." (5:2).

Lembremo-nos, igualmente, da santidade de Deus, de Sua justiça e de Sua absoluta e total equidade. Conforme diz o autor da epístola aos Hebreus, lembremo-nos que sempre que nos aproximarmos de Deus, devemos fazê-lo "com reverência e santo temor; porque o nosso Deus é fogo consumidor" (Hebreus 12:28-29).

Assim devemos orar, diz Cristo, levando em conta essas duas coisas, nunca separando essas duas verdades. Lembremo-nos de que estamos nos aproximando do Deus Todo-Poderoso, eterno e perpetuamente bendito. Mas lembremo-nos, por igual modo, que, em Cristo Jesus, Deus tornou-se o nosso Pai, o qual não somente sabe tudo a nosso respeito, no sentido que Ele é onisciente, mas também sabe tudo a nosso respeito, no sentido que Ele é um Pai que conhece tudo sobre Seus filhos. Ele sabe o que é melhor para os Seus filhos. Reunamos, portanto, esses dois aspectos da verdade. Em Sua onipotência, Deus está olhando para nós com santo amor, e sabe de cada uma de nossas necessidades. Ouve cada um de nossos suspiros e nos ama com amor eterno. Coisa alguma Deus deseja tanto como a nossa felicidade, a nossa bem-aventurança, o nosso regozijo e a nossa prosperidade. Além disso, convém que nos lembremos deste outro fato, que Ele "... é poderoso para fazer infinitamente mais do que tudo quanto pedimos ou pensamos..." (Efésios 3:20). Na qualidade de "Pai que está nos céus", Ele anela muito mais por abençoar-nos do que anelamos por ser abençoados. O Seu poder infinito também desconhece qualquer limite. Ele pode e quer abençoar-nos com todas as bênçãos celestiais. Ele derramou todas essas bênçãos na pessoa de Cristo, e, em seguida, nos pôs em Cristo. Por conseguinte, a nossa vida pode ser enriquecida com toda a glória e com todas as riquezas da graça do próprio Deus.

É dessa maneira que nos convém orar. Antes de iniciarmos qualquer petição, antes de começarmos a pedir até mesmo o pão diário, antes de começarmos a solicitar qualquer coisa, primeiramente tomemos consciência de que nós, tal como somos, estamos na presença de tal Ser, nosso Pai que está nos céus, o Pai de nosso Senhor Jesus Cristo. "Meu Deus e meu Pai."

Capítulo XXXV
ORAÇÃO: ADORAÇÃO

Chegamos à divisão seguinte da oração do Pai Nosso, a saber, aquela que aborda a questão de nossas petições. "Pai nosso, que estás nos céus..."; essa é a invocação. Em seguida, aparecem as petições: "... santificado seja o teu nome; venha o teu reino; faça-se a tua vontade, assim na terra como no céu; o pão nosso de cada dia dá-nos hoje; e perdoa-nos as nossas dívidas, assim como nós temos perdoado aos nossos devedores; e não nos deixes cair em tentação; mas livra-nos do mal..." (Mateus 6:9-13). Tem havido intenso debate e disputa, entre as autoridades, se aqui encontram-se seis ou sete petições. Toda a questão gira em torno da indagação se a última afirmação, "mas livra-nos do mal", deveria ser considerada como uma petição separada ou deveria ser tida como parte integrante da petição anterior, de tal maneira que a sentença inteira deveria ser lida como segue: "e não nos deixes cair em tentação, mas livra-nos do mal". Esse é um daqueles pontos (além de outros, em conexão com a fé cristã) que simplesmente não podem ser finalmente decididos e acerca dos quais não podemos mostrar nos dogmáticos. Felizmente, para nós, não se trata de algum ponto vital; e que Deus proíba que qualquer um de nós fique de tal modo absorvido pela mera mecânica das Escrituras, gastando tanto tempo com essas questões técnicas que cheguemos a perder de vista o espírito da Palavra, que é o que realmente importa. A questão vital não é se existem seis ou sete petições na oração do Pai Nosso, e sim observar a sequência em que essas petições foram apresentadas. As três primeiras – "santificado seja o teu nome; venha o teu reino; faça-se a tua vontade, assim na terra como no céu" – dizem respeito a Deus e à Sua glória. E as demais petições referem-se a nós mesmos. Pode-se notar que essas três primeiras petições giram em torno das palavras "teu" ou "tua" e todas se referem a Deus. Somente da quarta petição em diante temos as palavras "nós" ou "nos": "o pão nosso de cada dia dá-nos hoje; e perdoa-nos as nossas dívidas, assim como nós temos perdoado aos nossos devedores; e não nos deixes cair em tentação; mas livra-nos do mal". Essa é uma distinção vital – a sequência das petições, e não o seu número. O fato é que as três primeiras dizem respeito a Deus e Sua glória, exclusivamente.

Notemos, entretanto, uma outra particularidade que também se reveste de capital importância, a saber, a proporção nas petições. Não somente os nossos desejos e petições referentes a Deus devem figurar em primeiro lugar, mas também devemos observar que metade das petições são devotadas a Deus e à Sua glória, e que só as demais abordam as nossas necessidades, os nossos problemas particulares. Naturalmente, estamos interessados pela numerologia bíblica – interesse que talvez não deve ser inteiramente desencorajado, embora possa tornar-se perigoso, quando começamos a apelar para a fantasia – e, em adição, veremos que as *três* primeiras petições dizem respeito a Deus, porquanto três é sempre o número da deidade, o número de Deus, sugerindo-nos as três benditas Pessoas da Trindade. Por semelhante modo, *quatro* é sempre o número da terra, e refere-se a tudo quanto é humano. No livro de Apocalipse há quatro criaturas viventes nos céus, e assim por diante. E o número sete, que é a combinação de três mais quatro, sempre representa aquele número perfeito onde se vê Deus em Suas relações com este mundo, ou onde se vê Deus tratando com os homens. É possível que isso também esteja em pauta nesta oração, e nosso Senhor pode ter arranjado de tal modo as petições que esse notável resultado foi produzido. Entretanto, não podemos comprovar o que dizemos. Seja como for, porém, o importante é aprendermos o seguinte: não importa quais sejam as nossas condições e circunstâncias, não importa qual é nosso trabalho; não importa, de maneira alguma, quais sejam os nossos desejos, o fato é que jamais devemos começar pensando em nós mesmos, nunca devemos começar apresentando as petições que nos dizem respeito.

Esse princípio fundamental tem aplicação mesmo quando as nossas petições atingem o seu mais elevado nível. Até mesmo o nosso interesse pela salvação das almas, até mesmo o nosso interesse pelas bênçãos de Deus sobre a pregação de Sua Palavra, até mesmo o nosso interesse por aqueles que nos são mais íntimos e queridos, quando queremos que eles se tornem crentes autênticos, jamais devem recebera primazia, jamais devem ser parte das nossas primeiras petições. Menos ainda deveríamos começar pelas nossas próprias circunstâncias e condições.

Não importa quão desesperadora seja a nossa situação, não importa quão aguda seja a tensão, não importa se está ocorrendo alguma enfermidade física, ou alguma guerra, ou calamidade, ou algum terrível problema que repentinamente nos tenha ameaçado – sem importar o que possa suceder, jamais deveríamos deixar de observar a sequência em que as petições foram aqui expostas por nosso bendito Salvador e Senhor. Antes de começarmos a pensar em nós mesmos e em nossas próprias necessidades, antes de nossa preocupação com o próximo, devemos começar nossas orações por esse grande interesse acerca do Senhor Deus, de Sua honra, de Sua glória. Não existe princípio mais básico em conexão com o qual a vida cristã exceda a isso em grau de importância. Quão frequentemente erramos no tocante a essa sequência dos princípios fundamentais! Inclinamo-nos por supor que somos bastante hígidos e lúcidos no que tange a esses princípios básicos, e que tudo o que necessitamos é receber instruções atinentes aos pormenores. A verdade, porém, é exatamente o contrário. Se ao menos iniciássemos as nossas orações com esse real senso de invocação a Deus; se ao menos nos lembrássemos de que estamos na presença mesma do Senhor, se ao menos nos lembrássemos que o Deus eterno e todo-poderoso está ali, contemplando-nos como nosso Pai, mais bem disposto a abençoar-nos do que nós estamos dispostos a ser abençoados, e também a cercar-nos com o Seu amor, então obteríamos muito mais da parte daqueles momentos de tomada de consciência ou lembrança do que todas as nossas orações juntas são capazes de obter sem essa percepção. Oxalá todos tivéssemos esse profundo interesse por Deus, por Sua honra e glória!

Afortunadamente para nós, nosso Senhor conhece as nossas fraquezas, percebe o quanto carecemos de instrução; e foi por esse motivo que Ele dividiu o assunto diante de nós. Pois não somente Ele anunciou o princípio básico, mas também dissecou-o para nós, nessas três seções que prosseguiremos considerando. Meditemos agora sobre a primeira petição, que diz: "santificado seja o teu nome".

Agora já nos conscientizamos do fato que estamos na presença de Deus, do fato que Ele é o nosso Pai celeste. Por conseguinte, conforme diz Cristo, essa deveria ser nossa primeira petição, esse deveria ser nosso primeiro desejo: "santificado seja o teu nome". Que significam essas palavras? Consideremos brevemente. O vocábulo "santificado" significa reverenciado, considerado santo. Contudo, por qual motivo Jesus disse "santificado seja o teu nome"? O que representam as palavras "O teu nome"? Estamos familiarizados com o fato que era dessa maneira que os judeus daquela época comumente aludiam ao próprio Deus. Sem importar o que possamos criticar nos judeus dos dias do Antigo Testamento, e por maiores que tenham sido as suas falhas, seja como for, houve uma coisa na qual eles merecem a mais alta recomendação e elogio. Refiro-me ao senso que eles tinham da grandeza, da majestade e da santidade de Deus. Você deve estar recordado que o senso deles quanto a isso era tão desenvolvido que se tornou costumeiro entre eles jamais proferir o nome divino "Yahweh". Porquanto sentiam que o próprio nome, e até as letras formadoras desse nome eram tão sagradas e santas, e eles mesmos tão diminutos e indignos, que não ousavam mencioná-lo. E referiam-se a Deus como "teu nome", a fim de evitarem o emprego do vocábulo "Yahweh" propriamente dito. Assim sendo, "nome", no presente caso, aponta para o próprio Deus. E também aprendemos que o propósito dessa petição é exprimir esse desejo que o próprio Deus seja reverenciado, seja santificado, que o próprio nome de Deus e tudo quanto esse nome denota e representa seja honrado entre os homens, tornando-se um nome respeitado e reverenciado diante do mundo inteiro. Mas, talvez à luz do ensino do Antigo Testamento, nos seja proveitoso ampliar esse conceito um pouco mais. Em outras palavras, "o nome" significa tudo quanto está envolvido na pessoa de Deus, tudo quanto nos foi revelado a respeito de Deus. Significa

Deus em todos os Seus atributos. Deus em tudo quanto Ele é em si mesmo, Deus em tudo quanto Ele tem realizado e continua realizando.

Você deve saber que Deus revelara-se aos filhos de Israel sob diversos nomes. Ele usara certo vocábulo para indicar a Sua pessoa [*El* ou *Elohim*), o qual aponta para o Seu "poder", para a Sua "força". Assim ao utilizar-se desse nome particular, Deus estava transmitindo aos homens um certo senso de Seu poder, de Seu domínio. Mais tarde, Deus se revelou através daquele outro grande e admirável nome, *Yahweh*, que significa "autoexistente", o "sou o que sou", o eternamente autoexistente. Houve outros nomes mediante os quais Deus descreveu a Si mesmo, a saber: *Yahweh-jireh* (o Senhor proverá); *Yahweh-rapha* (O Senhor cura); *Yahweh-nissi* (o Senhor é o nosso pendão); *Yahweh-shalom* (o Senhor é a nossa paz); *Yahweh-ra-ah* (o Senhor é o nosso pastor); *Yahweh-tsidkenu* (o Senhor é a nossa justiça), e ainda *Yahweh-shammah* (o Senhor está presente). Ao lermos o Antigo Testamento, sobretudo quando lemos o original hebraico, vemos que todos esses nomes de Deus foram usados com certa frequência. Ao atribuir a Si mesmo esses diversos nomes, Deus estava revelando facetas de Sua pessoa, como também aspectos de Sua natureza, de Seu ser, de Seu caráter e de Seus atributos, para conhecimento da humanidade. Em certo sentido, pois, as palavras "o teu nome" envolvem tudo isso. O Senhor Jesus estava ensinando aqui a orarmos para que a humanidade inteira venha a conhecer a Deus dessa maneira, que o mundo inteiro venha a honrar a Deus desse modo. Isso reflete um desejo profundo e ardente em prol da honra e da glória de Deus.

Não é possível alguém ler os quatro Evangelhos sem perceber mui claramente que essa era a paixão consumidora do próprio Senhor Jesus Cristo. Essa ideia pode ser reencontrada naquela grande oração sumo sacerdotal de Jesus, em João 17, no trecho onde Ele declara: "Eu te glorifiquei na terra..." (v. 4); e também: "Manifestei o teu nome aos homens que me deste do mundo" (v. 6). O Senhor Jesus estava sempre preocupado em atribuir glória ao Pai. Ele mesmo declarou: "Eu não procuro a minha própria glória..." (João 8:50). Ninguém pode entender, realmente, a vida terrena de Cristo, a não ser nesses termos. Ele conhecia aquela glória que pertence perenemente a Deus Pai, "... a glória que eu tive junto de ti, antes que houvesse mundo" (João 17:5). Cristo já havia contemplado e já havia participado plenamente dessa glória, na eternidade passada. Estava pleno desse senso da glória de Deus, e o Seu único anelo era que a humanidade viesse a conhecê-la e experimentá-la também.

Quão indignas e inadequadas são as ideias e noções que o mundo tem acerca de Deus! Se você comparasse as suas próprias ideias a respeito de Deus com o ensinamento bíblico, logo entenderia o que estou querendo dizer. Falta-nos até mesmo aquele senso correto da grandeza, do poder e da majestade de Deus. Basta-nos ouvir os homens discutindo sobre Deus para observarmos com que descaso eles usam a palavra "Deus". Não é que eu esteja advogando o retorno à prática dos antigos judeus; penso que eles exageraram. Mas é quase alarmante ver a maneira como todos pendemos por usar de modo negligente o nome do Senhor. É óbvio que não percebemos que estamos falando acerca do Deus bendito, eterno, absoluto e todo-poderoso. Há um sentido em que deveríamos tirar as sandálias dos pés, todas as vezes em que usamos o nome de Deus. E quão pouco sabemos apreciar a bondade, a gentileza e a providência de Deus! O salmista deleitava-se em celebrar a Deus como a nossa rocha, como a nossa paz, como o pastor que conduz o Seu povo, como a nossa justiça, como Aquele que está sempre bem presente, que nunca nos deixará e nem nos abandonará.

Essa primeira petição da oração do Pai Nosso indica justamente isso. Todos deveríamos ser conhecidos pela nossa consumidora paixão para que o mundo inteiro viesse a conhecer ao Senhor Deus dessa forma. Existe uma interessante expressão usada no Antigo Testamento, concernente a esse fato, que deve ter-nos deixado atônitos por mais de uma vez. Em Salmos 34, o salmista convida todos a se unirem a ele no "engrandecimento" do Senhor. Que estranha ideia! Diz ele: "Engrandecei o Senhor comigo, e todos, à uma, lhe exaltemos o nome" (v. 3). À primeira vista, esse convite parece bastante ridículo. Deus é o eterno, o autoexistente, absoluto e perfeito em todos os Seus atributos ou qualidades. Como é que homens fracos e imperfeitos como nós poderíamos engrandecer-Lhe? Como poderíamos fazer Deus tornar-se maior e maior (pois, este é o significado da palavra "engrandecer")? Como poderíamos exaltar o nome que já é exaltado acima de todo e qualquer outro nome? Tudo isso parece ridículo e absurdo. Não obstante, como é lógico, se ao menos percebêssemos o sentido com o qual o salmista se utilizou da ideia, veríamos exatamente o que ele quis dizer. Realmente, ele não quis dizer-nos que podemos acrescentar alguma coisa à grandeza de Deus, porquanto isso é simplesmente impossível; mas quis dizer que o seu interesse era que a grandeza de Deus transparecesse cada vez mais intensamente entre os homens. Por conseguinte, entre nós mesmos, que ainda estamos vivendo neste mundo, podemos magnificar o nome do Senhor. Podemos fazê-lo por meio de nossas palavras, mas também através de nossas vidas, servindo de espelhos da grandeza e da glória de Deus e de Seus gloriosos atributos.

Esse é o significado dessa primeira petição. Ela aponta para um ardente desejo para que o mundo inteiro se prostre diante de Deus, em adoração à Sua pessoa, em reverência, em louvor, em honra prestada e em ação de graças. Porventura é esse o nosso supremo anelo? Essa é a questão que ocupa o lugar mais proeminente em nossas mentes, sempre que oramos a Deus? Eu gostaria de frisar que assim deveria ser, sem importar as nossas circunstâncias. É quando contemplamos as coisas por esse prisma que podemos perceber quão inteiramente inútil deve ser grande parcela das nossas orações. Nosso Senhor, por assim dizer, instrui-nos a que, quando nos aproximarmos de Deus, embora estejamos debaixo de condições e circunstâncias desesperadoras, embora tenhamos alguma grave preocupação em nossa mente e coração, ainda assim, conforme Ele disse, deveríamos parar por alguns instantes para relembrarmos quem Deus é, a fim de que nosso mais profundo desejo seja que esse admirável Deus, que se tornou nosso Pai celeste, através de Jesus Cristo, venha a ser honrado, venha a ser adorado, venha a ser magnificado entre os homens. "Santificado seja o teu nome." E, conforme já tivemos ocasião de ver, sempre foi assim nas orações de todo verdadeiro santo de Deus que já viveu à face da terra.

Por conseguinte, se estamos ansiosos por conhecer a bênção de Deus e nos interessamos para que as nossas orações sejam eficazes e valiosas, então devemos acompanhar essa sequência ensinada por Cristo. Tudo isso é colocado devidamente em uma certa sentença, reiterada por várias vezes no Antigo Testamento: "O temor do Senhor é o princípio da sabedoria" (Salmos 111:10). Essa foi a conclusão a que chegou o salmista. Por semelhante modo, essa é a conclusão do sábio, em seus provérbios. Assevera ele que se alguém quiser saber no que consiste a verdadeira sabedoria, se alguém quiser ser abençoado e conhecer a prosperidade, se alguém quiser gozar paz e alegria, se alguém quiser ser capaz de viver e morrer de maneira digna, se alguém quiser ser dono de sabedoria concernente à existência humana neste mundo, então eis que se destaca "o temor do Senhor". Naturalmente, não está em pauta algum temor acovardado; pelo contrário, está em foco o temor reverente a Deus. Isso posto, se quisermos conhecer a Deus e ser abençoados por Ele, precisaremos começar as nossas orações pela adoração à Sua pessoa. Precisaremos orar, dizendo: "santificado seja o teu nome", dizendo-Lhe que, antes de mencionarmos qualquer preocupação conosco, o nosso mais profundo anelo é que Ele seja conhecido entre os homens. Aproximemo-nos de Deus "com reverência e santo temor; porque o nosso Deus é fogo consumidor" (Hebreus 12:28-29). Essa deve ser a nossa primeira petição.

A segunda petição do Pai Nosso é esta: "venha o teu reino". Você deve observar que há uma ordem lógica nessas diversas petições da oração do Pai Nosso. Seguem-se uma após a outra, em virtude de uma espécie de inevitável e divina necessidade. Começamos solicitando que o nome de Deus seja santificado entre os homens. Mas, no momento em que começamos a orar, somos relembrados do fato que o nome do Senhor não é assim reverenciado. E imediatamente levanta-se a pergunta: Por qual razão não se prostram todos os homens diante do nome sagrado de Deus? Por qual motivo nem todo indivíduo deste mundo preocupa-se em humilhar-se a si mesmo, agora, na presença de Deus, adorando-O e utilizando cada instante na veneração à Sua pessoa, e propagando a fama do Seu nome? Por que não? Naturalmente, a resposta é o pecado, é a existência de um outro reino, que é o reino de Satanás, o reino das trevas. E em seguida somos relembrados de que a própria essência dos problemas humanos e da miséria humana é o pecado. Nosso desejo, como crentes que somos, é que o nome de Deus seja exaltado. Porém, no momento em que começamos a dar vasão a esse anelo, notamos que há uma grande oposição a isso, e somos relembrados do ensino bíblico inteiro a respeito do mal. Existe um outro ser, intitulado "o deus deste século" (II Coríntios 4:4); sim, existe um reino das trevas, um reino do mal que faz oposição a Deus, à Sua glória e à Sua honra. Entretanto, Deus tem se agradado em revelar, desde o próprio alvorecer da história, que Ele ainda haverá de estabelecer o Seu próprio reino neste mundo sujeito ao tempo, e que embora Satanás tenha interferido e que, por enquanto, tenha conquistado este mundo, embora a humanidade inteira esteja debaixo do seu domínio, Deus haverá de impor-Se novamente, haverá de transformar este mundo e todos os seus reinos para que se tornem o Seu próprio glorioso reino. Em outras palavras, atravessando todas as páginas do Antigo Testamento, encontramos aquelas promessas e predições concernentes ao vindouro reino de Deus, igualmente chamado reino dos céus. E, como é natural, naquele ponto particular e crucial da história, quando o próprio Senhor Jesus esteve neste mundo, essa questão ocupava o primeiro plano nos pensamentos de muitos homens. João Batista tinha anunciado a seguinte mensagem: "Arrependei-vos, porque está próximo o reino dos céus" (Mateus 3:2). Ele convocava o povo para que se preparasse para a vinda próxima do reino de Deus. E quando nosso Senhor começou a pregar, dizia precisamente a mesma coisa: "Arrependei-vos, porque está próximo o reino dos céus" (Mateus 4:17). Nesta segunda petição, constante da oração do Pai Nosso, é óbvio que Jesus tinha essa ideia em mente ao ensinar os Seus discípulos a oferecerem essa oração. Naquele momento histórico imediato, Jesus estava ensinando os Seus discípulos para que orassem a fim de que o reino de Deus se manifestasse de modo pronto e crescente; mas essa oração continua sendo apropriada e certa para nós, o povo evangélico de todos os séculos, até que o fim chegue.

    Poderíamos sumariar o ensino atinente ao reino. O reino de Deus realmente significa o reinado de Deus; significa a lei e o governo de Deus. Quando encaramos a questão por esse ângulo, vemos que o reino pode ser considerado de três maneiras diversas. Em certo sentido, o reino já veio. Veio quando o Senhor Jesus Cristo esteve no mundo. Declarou Cristo: "Se, porém, eu expulso os demônios pelo dedo de Deus, certamente, é chegado o reino de Deus sobre vós" (Lucas 11:20). É como se Cristo houvesse dito: "O reino de Deus já está presente. Eu estou exercendo esse poder, essa soberania, essa majestade, esse domínio. Nisso consiste o reino de Deus". Isso posto, em certo sentido o reino de Deus já veio. O reino de Deus também está aqui, neste momento, nos corações e vidas de todos quantos se submetem a Cristo, de todos quantos nEle confiam. O reino de Deus está presente na Igreja, no coração de todo aquele que é um crente verdadeiro. Cristo reina em tais pessoas. Porém, ainda chegará o dia em que o Seu reinado terá sido estabelecido sobre a face da terra. Chegará ainda o dia em que

> Cristo Jesus há de reinar
> Por onde quer que o sol passar;

Esse dia chegará. A mensagem inteira da Bíblia ensina-nos a aguardar esse acontecimento. Cristo veio dos céus à terra a fim de fundar, estabelecer e trazer até nós esse reino. Cristo continua ocupado nessa tarefa, e assim continuará fazendo até ao fim, quando o Seu empreendimento estiver terminado. E então, de conformidade com Paulo, Cristo devolverá o reino a Deus Pai, a fim de que "Deus seja tudo em todos" (I Coríntios 15:24-28).

Portanto, essa nossa petição realmente equivale a isso. Deveríamos ser impulsionados por um profundo anelo e desejo de que o reino de Deus e do Seu Cristo chegasse até aos corações dos homens. Nosso desejo deveria ser que esse reino viesse a tornar-se uma realidade viva em nossos próprios corações; porquanto é na medida em que O adoramos, que rendemos a Ele as nossas vidas, que somos conduzidos por Ele que Seu reino vem aos nossos corações. Também deveríamos ansiar por ver esse reino chegar às vidas e aos corações de outros homens e mulheres. Por conseguinte, quando oramos: "venha o teu reino", estamos orando pelo sucesso do Evangelho, em sua amplitude e poder; estamos orando pela conversão de homens e mulheres; estamos orando para que o reino de Deus tome conta da Europa, das Américas, da Ásia, da África e da Oceania, ou seja, do mundo inteiro. "Venha o teu reino" é uma oração missionária toda-inclusiva.

Entretanto, a ideia aqui envolvida vai mais longe ainda do que isso. Trata-se de uma oração que indica que estamos "... esperando e apressando a vinda do dia de Deus..." (II Pedro 3:12). Isso significa que deveríamos viver na antecipação do dia em que todo o pecado, a maldade, o erro e tudo quanto faz oposição a Deus finalmente será desarraigado. Significa que deveríamos sentir no coração anelo pelos dias quando nosso Senhor tiver de retornar ao mundo, quando então todos quantos se opõem a Ele serão lançados no lago do fogo, quando os reinos deste mundo tornar-se-ão o reino de nosso Deus e do Seu Cristo.

> Que o Teu reino possa vir, ó Deus;
> Teu reinado, ó Cristo, começado;
> Quebrada com Teu cetro de ferro
> A tirania toda do pecado.

Essa é a petição. De fato, o seu significado é expresso de maneira perfeitamente clara no fim do livro de Apocalipse, onde se lê: "Amém! Vem, Senhor Jesus" (Apocalipse 22:20). "O Espírito e a noiva dizem: Vem!" (Apocalipse 22:17). Nosso Senhor estava simplesmente ressaltando aqui que, antes de começarmos a pensar a respeito de nossas necessidades pessoais e de nossos desejos, deveríamos ter esse ardente anelo dentro de nós, pela vinda do Seu reino, a fim de que o nome de Deus fosse glorificado e magnificado acima de tudo.

A terceira petição, que diz: "... faça-se a tua vontade, assim na terra como no céu..." não precisa de explicação. É uma espécie de consequência e conclusão lógicas da segunda petição, a qual, por sua vez, é uma conclusão lógica da primeira. O resultado da vinda do reino de Deus entre os homens será o cumprimento da vontade do Senhor entre os homens. No céu, sempre se cumpre de modo perfeito a vontade de Deus. Contamos somente com algumas pálidas e escassas descrições desse fato, nas Escrituras; mas, há o suficiente para sabermos que a atitude que caracteriza os habitantes do céu é que todos e tudo estão esperando em Deus, ansiosos por glorificar e engrandecer o Seu nome. Por assim dizer, os anjos vivem ansiosos por sair voando sob a ordem do Senhor. O supremo desejo de todos no céu é fazer a vontade de Deus, e, assim, louvá-Lo e adorá-Lo. E esse também deveria ser o desejo de todo crente autêntico, conforme nos ensina aqui o Senhor Jesus, isto é, que na terra todos fizessem a mesma coisa. Novamente, pois, afirmamos que estamos aguardando a vinda do reino de Deus, porque essa petição jamais será cumprida e atendida enquanto o reino de Deus não for verdadeiramente estabelecido na terra, entre os homens. Então a vontade de Deus será feita na terra e nos céus. Haverá "... novos céus e nova terra, nos quais habita justiça" (II Pedro 3:13). Os céus e a terra serão unificados, o mundo será transformado, o mal será extinto da face da terra, por meio do fogo, e a glória de Deus resplandecerá sobre tudo.

Nessas palavras, pois, somos instruídos acerca de como devemos começar a orar. Essas são as petições com as quais sempre deveríamos iniciar as nossas orações. Poderíamos sumariar novamente essas petições como segue. Nosso mais íntimo e profundo desejo deveria ser anelar pela honra e pela glória de Deus. Correndo o risco de ser mal compreendido, sugiro aqui que o nosso desejo por essa honra e glória de Deus deveria ser ainda maior que o nosso desejo pela salvação das almas. Antes mesmo de começarmos a orar pelas almas, antes mesmo de começarmos a orar pela expansão e propagação do reino de Deus, deveria haver esse desejo todo-avassalador pela manifestação da glória divina, esse desejo que todos os seres humanos se humilhassem diante de Sua presença. Poderíamos exprimir o ponto deste modo. O que é que perturba e assusta as nossas mentes? É a manifestação do pecado, que testemunhamos no mundo, ou é o fato que os homens não adoram e nem glorificam a Deus, conforme deveriam fazê-lo? Nosso Senhor sentia tão intensamente essa situação que colocou a questão nestes termos: "Pai justo, o mundo não te conheceu; eu, porém, te conheci, e também estes (referindo-se aos Seus discípulos) compreenderam que tu me enviaste" (João 17:25). É como se o Senhor Jesus houvesse declarado: "Pai justo, eis aí a tragédia, eis a questão que Me deixa atônito, que Me entristece, a saber, que o mundo não Te conhece. Os homens pensam a Teu respeito como se foras um tirano, pensam em Ti como um severo Legislador, pensam em Ti como Alguém que se opõe ao mundo e vive sempre tiranizando o mesmo.

Pai santo, o mundo não Te conheceu. Se ao menos o mundo tivesse conhecido a Ti, jamais os homens pensariam em Ti segundo esses moldes". Essa deveria ser a nossa atitude, esse deveria ser o nosso desejo e anelo ardentes. Deveríamos conhecer a Deus de tal maneira que o nosso único anelo e desejo fosse que o mundo inteiro viesse a conhecê-lo também.

Quão admirável é essa oração do Pai Nosso. Oh, a loucura daqueles que asseveram que essa oração não está destinada aos crentes de nossa época, mas que visava tão somente aos discípulos originais e aos judeus que viverão em alguma era vindoura. Não nos dá isso a sensação de que nunca, realmente, soubemos orar? Essa é a grande oração: "Pai nosso, que estás nos céus, santificado seja o teu nome". Já atingimos esse ponto? Duvido muito. Já oramos realmente formulando essa petição: "santificado seja o teu nome"? Se nossa atitude quanto a isso for correta, então tudo o mais se ajustará nos seus devidos lugares. "Venha o teu reino; faça-se a tua vontade, assim na terra como no céu." Precisamos volver-nos para Jesus Cristo e rogar-Lhe: "Senhor, ensina-nos a orar" (Lucas 11:1). Mas Ele já nos ensinou. Tão somente precisamos pôr em prática os princípios que Ele nos ensinou tão claramente nessa oração modelo.

Capítulo XXXVI
ORAÇÃO: PETIÇÃO

Qualquer pessoa que procure pregar com base na oração do Pai Nosso sem dúvida ver-se-á envolvida com grandes dificuldades. É quase presunção sob qualquer modo pregar sobre esse tema. Deveríamos tão somente repetir essas sentenças e meditar sobre elas, considerando-as no coração. A verdade é que elas nos dizem tudo, e, quanto mais eu estudo essa oração tanto mais acredito que se usássemos essas sentenças conforme o Senhor tencionou que as usássemos, nada mais precisaria ser dito. Por outra parte, todos somos frágeis e falíveis, somos criaturas pecaminosas, e o resultado é que necessitamos que essas ideias sejam analisadas e reforçadas para nós.

Assim temos procurado fazer, e temos chegado à última seção da oração do Pai Nosso (v. 11-15). Já temos considerado se aqui existem três ou quatro petições. No seu todo, e a despeito da interessante possibilidade do ponto de vista da numerologia bíblica, eu diria que são três, e que essas três últimas petições dizem respeito a nós mesmos e às nossas necessidades e desejos. Parece-me que as palavras usadas por nosso Senhor, no versículo 13, realmente determinam isso. Disse Ele: "e", – o vocábulo com o qual Ele introduziu cada nova petição – "não nos deixes cair em tentação; mas livra-nos do mal". Se as petições finais fossem quatro, provavelmente leríamos: "e não nos deixes cair em tentação, e livra-nos do mal". No entanto, Jesus utilizou-se de um "mas", o que parece indicar que devemos pensar em suas palavras como se elas indicassem uma só petição, oferecida de dois ângulos ou lados diferentes.

Antes de comentarmos sobre essas três petições em separado, há duas ou três declarações gerais que precisam ser feitas. A primeira delas diz respeito ao aspecto todo-inclusivo dessas petições. Todas as nossas grandes necessidades são ali sumariadas. "O pão nosso de cada dia dá-nos hoje." "E perdoa-nos as nossas dívidas, assim como nós temos perdoado aos nossos devedores." "E não nos deixes cair em tentação; mas livra-nos do mal." Todos os aspectos da nossa vida podem ser contemplados dentro dessas três petições, e é justamente por isso que essa oração é tão admirável. Em tão pequeno espaço, nosso Senhor cobriu a vida inteira de um crente. Nossas necessidades físicas, nossas necessidades mentais, e, naturalmente, nossas necessidades espirituais estão aqui incluídas. O corpo não foi esquecido, a alma também não foi omitida, e, por semelhante modo, o espírito. Isso envolve tudo quanto há no ser humano – corpo, alma e espírito. Meditemos em todas as atividades que estão tendo lugar neste momento no mundo, tais como, a organização, o planejamento, a legislação e todas as demais coisas. Mas, em sua maioria, essas atividades não envolvem outra coisa senão o corpo do ser humano, a sua vida e existência neste mundo sujeito ao desgaste do tempo. Essa é a tragédia da perspectiva mundana, pois a verdade é que existe uma outra dimensão, a dimensão dos relacionamentos – a alma, por intermédio da qual o homem entra em contato com os seus semelhantes, o meio de comunicação com outras pessoas, juntamente com toda a vida e atividade social. Está tudo ali. Mas, acima de tudo, precisamos considerar o aspecto espiritual, aquilo que vincula o homem a Deus, que relembra ao homem que ele é mais do que mero pó, e que, conforme asseverou Longfellow: "Pois tu és pó, e ao pó tornarás, não foi dito a respeito da alma". O ser humano foi criado dessa maneira; não pode escapar da sua realidade, e nosso Senhor tomou providências a esse respeito. Não podemos deixar de ficar admirados diante da abrangência completa dessas petições. Isso não significa, entretanto, que jamais deveríamos entrar em pormenores; devemos, e somos ensinados assim. Somos instruídos a descortinar as nossas vidas, com todos os detalhes, diante do Senhor, em nossas orações; mas aqui temos apenas os temas mais fundamentais. Nosso Senhor nos forneceu esses temas mais básicos, e a nós cumpre preencher os pormenores;

mas é importante que tenhamos a certeza de que todas as nossas petições caibam dentro de uma ou de outra dessas questões básicas.

O segundo comentário geral diz respeito à maravilhosa sequência em que essas petições foram apresentadas por Jesus. Quão frequentemente, após termos meditado e ponderado sobre essa oração, temos tido um senso de surpresa, diante do fato que a primeira petição deveria ser o que é! Vamos considerá-la de novo, dentro de sua estrutura: "Pai nosso, que estás nos céus, santificado seja o teu nome; venha o teu reino; faça-se a tua vontade, assim na terra como no céu..." – um admirável, elevadíssimo nível espiritual. Talvez esperaríamos que imediatamente após essas petições encontraríamos as necessidades espirituais do homem, seguidas, em ordem descendente, pelas necessidades de sua alma, e, bem no fim, alguma menção ao seu corpo e suas respectivas necessidades. Entretanto, não foi assim que nosso Senhor nos ensinou. Pois imediatamente depois dessas exaltadas petições sobre Deus e Sua glória, Cristo declarou: "o pão nosso de cada dia dá-nos hoje". Cristo começou pelo corpo. Na realidade, há algo de muito surpreendente nessa escolha, quando a consideramos inicialmente, mas, no momento em que paramos para meditar a respeito percebemos que essa sequência de petições está absolutamente correta.

Nosso Senhor passara a considerar as nossas necessidades, e, como é evidente, a primeira coisa que se faz mister é que sejamos capazes de continuar a nossa existência física neste mundo. Estamos vivos e precisamos continuar vivos. O próprio fato de minha existência e de meu ser está envolvido, por isso a primeira petição aborda as necessidades de nossa constituição física, e nosso Senhor começa por aí. Em seguida, Ele prossegue a fim de abordar a necessidade de purificação das contaminações e da culpa do pecado; e, em último lugar, a necessidade de sermos resguardados do pecado e de seu poder. Essa é a maneira correta de se contemplar a vida de um ser humano. Estou vivo, e preciso continuar a viver. Mas também estou cônscio de minha culpa e indignidade, e sinto a necessidade de ser purificado dessa poluição, desses fatores negativos. Além disso, cumpre-me pensar sobre o futuro, percebendo que preciso ser libertado de certos perigos que por mim esperam.

Uma outra maneira de se expressar o ponto é como mostramos a seguir. Em sentido físico ou biológico, a vida é a base sobre a qual tudo o mais se assenta e depende; e, assim sendo, preciso orar sobre a minha própria existência. Todavia, no momento mesmo em que começo a orar sobre esse aspecto da questão, tomo consciência de que a porção física é apenas uma das facetas da minha vida. Há também um outro lado. E lembro-me de que nosso Senhor afirmou: "E a vida eterna é esta: que te conheçam a ti, o único Deus verdadeiro, e a Jesus Cristo, a quem enviaste" (João 17:3). E igualmente Ele asseverou que veio "... para que tenham vida e a tenham em abundância" (João 10:10). Tendo-me interessado anteriormente apenas pela minha mera existência física, agora começo a aprender que aquilo que realmente faz esta vida ser vida é que eu esteja vivendo em comunhão, em companheirismo com o Senhor.

De acordo com a primeira Epístola de João, essa é a maneira autêntica de enfrentarmos a existência em um mundo como o nosso. Neste mundo há contradições e obstáculos; há toda espécie de coisa que me deixa perplexo e abatido. Não obstante, João afirma que escrevia aquela Epístola a fim de que, a despeito de tudo isso, "a nossa alegria seja completa" (I João 1:4). Como é que a nossa alegria pode ser completa em um mundo como este? Desfrutando de comunhão com o Pai e com Seu Filho, Jesus Cristo. Nisso consiste a verdadeira vida. Não obstante, no momento mesmo em que me conscientizo dessa realidade, fico sabendo que existem certas coisas que podem interromper essa comunhão. Sou pecador; por conseguinte, careço de perdão para os meus pecados, a fim de que possa desfrutar dessa vida de Deus. E, quando já tiver sido restaurada a minha comunhão com Deus, a única outra coisa de que precisarei é de continuar a usufruir dessa comunhão, sem nenhuma interrupção, sem qualquer empecilho que se interponha entre minha pessoa e a face de Deus, o qual se tornou meu Pai por meio do Senhor Jesus Cristo.

Assim, pois, esta é a sequência das petições: o pão diário; o perdão dos pecados; e ser resguardado de qualquer coisa que me lance novamente no pecado, e ser libertado de qualquer coisa que se oponha aos meus mais elevados interesses, atinentes à minha vida superior e verdadeira. A súmula de tudo isso é que, finalmente, nada existe, na totalidade da Bíblia, que demonstre tão claramente o quão inteiramente dependemos de Deus do que esta oração, e, sobretudo, essas três petições. A única coisa que realmente nos importa é que conheçamos a Deus como nosso Pai. Se ao menos conhecêssemos a Deus desse modo, todos os nossos problemas já teriam sido solucionados, e já teríamos percebido o quão completamente dependemos dEle, e assim nos aproximaríamos dEle como uma criança se aproxima de seu pai.

Aí, pois, estão as nossas observações gerais. Mas agora meditemos brevemente sobre as petições isoladas, na sequência em que elas aparecem nas Escrituras. Se estivéssemos interessados pela mecânica das Escrituras, então poderíamos passar bastante tempo considerando o significado da expressão "o pão nosso de cada dia". Alguns opinam que se trata de uma das mais misteriosas expressões da Bíblia inteira. Qual será o sentido exato dessa expressão? Não quero cansá-lo com todas as opiniões e teorias que existem a esse respeito. Mas ela deve envolver, pelo menos, o seguinte: "Dá-nos neste dia aquilo que nos é necessário". Alguns estudiosos dizem que deveríamos compreendê-la deste modo: "Dá-nos hoje o nosso pão para amanhã", o que tem precisamente a mesma significação. Em outras palavras, tudo quanto devemos pedir é aquilo que é o suficiente ou o necessário para cada dia. Essa é uma oração que alude às nossas necessidades. O pão é o sustento da vida; e concordo com aqueles que dizem que não deveríamos limitar essa petição às questões alimentares. Ela tem o propósito de abarcar todas as nossas necessidades materiais, tudo quanto se faz mister para a vida do ser humano neste mundo.

Tendo declarado isso, precisamos fazer um certo número de comentários extras. Em primeiro lugar, não existe algo de extraordinário e maravilhoso quanto à conexão entre esse pedido e as petições anteriores? Não é esse um dos mais admiráveis fatos da Bíblia inteira? O Deus que é o Criador e Sustentador do universo, o Deus que está formando o Seu reino eterno e que haverá de inaugurá-lo no fim dos tempos, o Deus para quem as nações são como "... um grão de pó na balança..." (Isaías 40:15) – sim, não é admirável que tal Deus esteja preparado para levar em conta as nossas mais íntimas necessidades, incluindo os menores detalhes quanto a essa questão do nosso sustento diário? Entretanto, isso combina com o ensino do Senhor por toda a Bíblia. Ele nos ensinou que nem mesmo um pardal pode cair por terra sem o conhecimento de nosso Pai, e também que valemos muito mais do que os passarinhos. Ele nos informa que, quanto a nós, "... até os cabelos todos da cabeça estão contados" (Mateus 10:30). Se ao menos pudéssemos apreender esse fato, que o todo-poderoso Senhor do universo está interessado em cada porção e em cada célula dos nossos corpos! Não existe um único fio de cabelo em minha cabeça acerca do qual Deus não tenha conhecimento, e os menores e mais triviais detalhes de minha vida Lhe são perfeitamente conhecidos, lá no Seu trono sempiterno. Essa é uma informação que encontramos somente nas Sagradas Escrituras. A gente passa diretamente das palavras: "faça-se a tua vontade, assim na terra como no céu", para "o pão nosso de cada dia dá-nos hoje". Mas é assim que Deus age, aquele que é "o Alto, o Sublime, que habita a eternidade, o qual tem o nome de Santo", mas que, não obstante isso, conforme Isaías acrescenta, habita "também com o contrito e abatido de espírito..." (Isaías 57:15). Esse é o milagre da redenção. Esse é o sentido mesmo da encarnação, a qual nos ensina que o Senhor Jesus Cristo cuida de nós aqui na terra, ligando-nos com o todo-poderoso Deus da glória. O reino de Deus e o meu pão diário!

Naturalmente, deveríamos enfatizar que só deveríamos orar por causa de necessidades absolutas. Não somos informados que deveríamos orar pedindo artigos de luxo ou a superabundância, e nem essas coisas nos foram prometidas. Entretanto, foi-nos prometido que teríamos o suficiente. Já em sua idade avançada, Davi pôde fazer um retrospecto de sua vida, e exclamar: "... jamais vi o justo desamparado, nem a sua descendência a mendigar o pão" (Salmos 37:25). As promessas de Deus nunca falham. Mas referem-se somente a necessidades verdadeiras, e a nossa ideia da necessidade nem sempre corresponde ao que Deus pensa. Todavia, aqui se fala em orar pelas nossas necessidades.

Entretanto, vamos examinar uma outra questão que talvez nos deixe ainda mais perplexos. Há pessoas que imaginam perceber aqui uma evidente contradição. Nosso Senhor pede-nos para fazermos as nossas petições; no entanto, Ele acabara de dizer que não devemos ser como os gentios, que pensam que serão ouvidos pelo seu muito falar, porquanto "... Deus, o vosso Pai, sabe o de que tendes necessidade, antes que lho peçais" (Mateus 6:8). Alguém poderia observar, por essa altura: "Pois muito bem, se Deus já sabe de tudo antes mesmo de abrirmos a boca, por que deveríamos expressar diante dEle as nossas necessidades? Para que falar-Lhe acerca de coisas sobre as quais Ele já sabe tudo?" Essa indagação, porém, leva-nos ao âmago mesmo do significado da oração. Devemos dizer essas coisas a Deus, não porque Ele não tenha consciência delas. Não e não, mas devemos pensar na oração muito mais em termos das relações entre um pai e seu filho; o valor da oração é que ela nos mantém em contato direto com Deus.

Uma ilustração, em certa ocasião usada pelo Dr. A. B. Simpson, foi de grande ajuda para mim, quando a li pela primeira vez, e continua a sê-lo, sempre que penso sobre o valor da oração. Ele disse que muitos dentre nós tendem por pensar em Deus como Pai como se Ele nos desse uma grande soma em dinheiro, dada de uma só vez, e que então passássemos a viver disso. Ele, entretanto, disse: "Todavia, as coisas não são exatamente assim. Isso seria perigoso para nós. Se Deus nos desse toda a Sua gloriosa graça em uma só grande parcela, correríamos o perigo de desfrutar da dádiva e nos esqueceríamos inteiramente de Deus". Embora não possamos entender direito por quê, o fato é que Deus nos quer, e, na qualidade de nosso Pai, gosta que conversemos com Ele. Quanto a isso, Ele se assemelha a um pai terreno. Um pai terreno muito se ressente quando um filho seu contenta-se em apreciar um presente que ele lhe dera, mas que jamais busca novamente a companhia dele, senão quando já exauriu o suprimento e precisa de algo mais. Não, mas um pai gosta do filho que vem somente para conversar com ele; e essa é também a atitude de Deus. Diz-nos o Dr. Simpson que é exatamente como se um pai depositasse avultada quantia em dinheiro na conta bancária de um filho seu, e que esse filho só pudesse receber suprimentos de cada vez que escrevesse um cheque. Cada vez que precisasse de suprimento, seria forçado a escrever um novo cheque. E é justamente assim que Deus trata conosco. Ele não nos dá as Suas bênçãos todas de uma vez só. Pelo contrário, fá-lo somente por parcelas. Deus, em Sua graça, oferece-nos a Sua garantia, e tudo quanto temos a fazer é assinar os nossos cheques e apresentá-los diante dEle. Esses cheques são as nossas orações expostas diante dEle, quando Lhe apresentamos as nossas petições e Lhe pedimos que honre a Sua palavra.

Sem dúvida é bastante admirável que Deus aprecie que nos aproximemos dEle para conversar. O Deus que é o autoexistente, o grande Yahweh, o Deus que não depende de ninguém, que é vivo de eternidade a eternidade, que existe por Si mesmo independentemente de quem quer que seja – é isso que nos admira – gosta que nos acheguemos a Ele, gosta de ouvir-nos porque somos Seus filhos. O Deus que criou os céus e a terra, que prescreveu às estrelas os seus cursos, gosta de ouvir a nossas orações sussurradas, gosta de dar ouvidos às nossas petições. Mas as coisas são assim porque Deus é amor; e esse é o motivo pelo qual, embora conheça todas as nossas necessidades, sente um grande prazer quando assim confiamos, quando nos vê achegando-nos a Ele, pedindo-Lhe o sustento diário.

Mas, devemos enfatizar em seguida um outro aspecto: todos deveríamos perceber que dependemos inteiramente de Deus, até mesmo para o nosso pão diário. Se Deus assim o quisesse, não teríamos o suprimento diário de pão. Ele poderia anular a benéfica influência solar; Ele poderia suspender as chuvas; Ele poderia tornar absolutamente áridas as nossas terras, de tal maneira que os agricultores, com todos os seus implementos e químicos modernos não pudessem colher uma safra. Deus poderia destruir as nossas colheitas, se assim resolvesse fazê-lo. Estamos inteiramente à mercê de Deus, e a suprema insensatez deste século XX é a loucura de pensar que, por havermos adquirido certa dose de conhecimento sobre as leis naturais, criadas por Deus, já não mais precisamos dele. Na verdade, entretanto, não podemos viver sem Ele um dia sequer. Coisa alguma poderia continuar existindo se não fosse sustentada e impulsionada por Deus. "O pão nosso de cada dia dá-nos hoje." É excelente medida quando, ao menos uma vez por dia, embora quanto mais frequentemente melhor, nos recordamos que o nosso tempo, a nossa saúde e a nossa própria existência estão todos nas mãos do Senhor. Nosso alimento e todas as coisas de que carecemos só podem vir até nós da parte de Deus, e dependemos de Sua graça e misericórdia para os recebermos.

Agora chegamos à segunda divisão, a qual geralmente causa grandes dificuldades entre os estudiosos. "E perdoa-nos as nossas dívidas, assim como nós temos perdoado aos nossos devedores" (Mateus 6:12). Quanto a esse conceito, existem duas dificuldades principais. Há pessoas que são da opinião que não há necessidade alguma de um crente pedir perdão; e essas pessoas estão divididas em dois grupos. Algumas delas asseveram que o crente não precisa pedir perdão porque ele é justificado pela fé; e com isso, naturalmente, querem dizer que somos justificados pela fé na presença de Deus. O que significa termos sido "justificados pela fé"? Trata-se de uma declaração de Deus, de que Ele cuidou plenamente de nossos pecados na pessoa do Senhor Jesus Cristo, incluindo os pecados que já cometemos e aqueles que ainda cometeremos, tendo-nos imputado a retidão de Jesus Cristo, considerando-nos e declarando-nos justos porquanto estamos em Cristo. Nisso consiste a justificação pela fé. Argumentam, pois, as pessoas desse grupo que, nesse caso, se todos os meus pecados foram tratados ali, que necessidade ainda teríamos de pedir perdão?

Há outras pessoas que, em face de seu ponto de vista da santificação, asseveram que não temos necessidade de pedir perdão. A posição deles é que não pecam mais; são perfeitos. Estribam-se sobre a teoria da perfeita santidade, a qual ensina que o pecado pode ser inteiramente erradicado e que eles são perfeitos, e sem pecado. Para esses, pois, seria um erro orar pedindo perdão de pecados; nem têm necessidade disso, pois nunca cometem pecado algum. No entanto, a resposta para esse erro é que nosso Senhor diz-nos que devemos orar pedindo perdão pelas nossas dívidas, pelas nossas transgressões, pelos nossos pecados (ou qualquer outro vocábulo que usemos). Jesus não estava falando a respeito da justificação; Ele não abordava aqui o caso de um pecador que tenha acabado de ser despertado para o fato que precisa que seus pecados lhe sejam perdoados, e, por isso mesmo, aproxima-se humildemente de Deus para receber o dom da salvação, percebendo que em Cristo recebe a justificação – não é isso que temos aqui. O que temos aqui, pelo contrário, é aquilo que também encontramos em João 13. Você deve estar lembrado de que, quando Ele lavou os pés dos discípulos, Pedro Lhe disse: "Senhor, não somente os meus pés, mas também as mãos e a cabeça". A isso, entretanto, Jesus retrucou: "Quem já se banhou não necessita de lavar senão os pés; quanto ao mais, está todo limpo" (João 13:2-10). Só há uma lavagem da pessoa inteira – por ocasião da justificação. Entretanto, uma vez justificados, enquanto caminhamos por este mundo ficamos sujos e maculados pelo pecado. Isso acontece com cada crente. Embora saibamos que fomos perdoados, continuamos precisando de perdão para os nossos pecados e fracassos diários. Tudo isso é declarado sucintamente em I João 1, onde lemos que o crente, embora ande na vida de fé, ainda assim pode incorrer em delito. Que nos convém fazer a esse respeito? João recomenda-nos "confessar os nossos pecados", dizendo: "Se confessarmos os nossos pecados, ele é fiel e justo para nos perdoar os pecados e nos purificar de toda injustiça" (I João 1:9). O apóstolo João não estava falando com indivíduos incrédulos; a sua epístola destinava-se a pessoas crentes. Sim, ele escrevia para crentes, e nosso Senhor também falava para crentes.

Quem é o indivíduo que pode orar: "... perdoa-nos as nossas dívidas assim como nós temos perdoado aos nossos devedores..."? É o indivíduo que já recebeu o direito de exclamar: "Pai nosso!" E o único homem que tem o direito de dizer: "Pai nosso", é aquele que se encontra em Cristo Jesus. Por assim dizer, essa é a "Oração dos Filhos". Não se trata de alguma oração que qualquer pessoa possa usar, mas destina-se exclusivamente àqueles que já foram feitos filhos de Deus, mediante o Senhor Jesus Cristo. Temos aqui o retrato da relação entre um filho de Deus e seu Pai celeste, e, no instante em que percebemos que ofendemos, ou entristecemos ou pecamos contra o nosso Pai, devemos confessar o erro e pedir-Lhe perdão; temos a certeza de que somos perdoados.

No que concerne àqueles que asseveram já estar tão santificados que não mais precisam de perdão, novamente aprendemos, em I João, que: "Se dissermos que não temos cometido pecado, fazemo-lo mentiroso, e a sua palavra não está em nós" (I João 1:10). O homem que não reconhece quão negro é o seu próprio coração, mas preocupa-se meramente com as suas próprias teorias, é um homem que jamais se examinou verdadeiramente. Quanto mais uma pessoa tiver sido santificada, tanto maior será o seu senso de pecado, a sua consciência de pecado no íntimo.

Consideremos, porém, a segunda grande dificuldade que circunda essa posição. "...perdoa-nos as nossas dívidas, assim como nós temos perdoado aos nossos devedores..." Há pessoas que dizem que essa oração jamais deveria ser usada pelo povo evangélico, pois fazê-la, conforme elas afirmam, é retornar à lei mosaica. Asseveram elas que essas palavras se aplicam somente àqueles para quem nosso Senhor se dirigia pessoalmente, e que elas terão aplicação, uma vez mais, àqueles que estiverem vivendo na futura "era do reino". Somente esses é que terão o direito de orar: "Perdoa-me, porque tenho perdoado a outros". Esses terão retornado a um nível legal. E esses intérpretes completam: "Essa oração não diz 'em nome de Cristo', e nem há ali qualquer menção à expiação. Portanto, ela não é aplicável aos crentes". Que temos para responder a essas alegações?

Nosso primeiro comentário a respeito é que o texto sagrado não diz: "Perdoa-nos as nossas dívidas porque perdoamos aos nossos devedores". E também não diz: "Perdoa-nos com base no fato que temos perdoado aos nossos devedores". Mas o texto afirma: "... perdoa-nos as nossas dívidas, assim como nós temos perdoado aos nossos devedores..." Ou então consideremos a questão por este outro ângulo. Tomemos aquele argumento que diz que em vista da oração do Pai Nosso não dizer "em nome de Cristo", e porque a expiação não é ali especificamente mencionada, ela não contém o Evangelho. Para serem coerentes, aqueles que assim ensinam jamais deveriam usar a parábola do Filho Pródigo, pois ali também não é mencionada a expiação. Ela também não contém a ideia de orarmos "em nome de Cristo". Tão somente nos oferece um admirável quadro de Deus como nosso Pai. Simplesmente diz que o filho voltou a seu pai, e que o pai o perdoou gratuitamente de tudo, prodigalizando-lhe o seu amor. Entretanto, tal atitude para com a parábola do Filho Pródigo e para com essa petição que consta no Pai Nosso é bastante ridícula e patética. Assim como aquela parábola tem por escopo salientar uma única grande verdade, assim também nosso Senhor estava aqui simplesmente interessado em relembrar-nos a necessidade do perdão e assegurar-nos quanto à certeza desse perdão. Ele não queria ressaltar o mecanismo ou o meio de recebermos o perdão, neste trecho, como também não queria ressaltar essas coisas na parábola do Filho Pródigo. É mister que tomemos as Escrituras como um todo, comparando Escritura com Escritura.

Ora, consideremos essa ideia de que já houve época em que os homens foram perdoados estritamente sobre bases legais, ou que haverá alguma ocasião futura em que os homens ficarão sujeitos a condições estritamente legais diante de Deus, e serão perdoados somente se perdoarem a seus semelhantes. Percebemos, realmente, o que está envolvido nisso? Naturalmente, isso significa que pessoa alguma, na realidade, nunca poderá ser perdoada. Paulo diz que a lei condena a todos os seres humanos. "Não há justo, nem sequer um" (Romanos 3:10). "Pois todos pecaram e carecem da glória de Deus" (Romanos 3:23). O mundo inteiro jaz culpado diante de Deus e tem sido condenado. E posso assegurar-lhe que jamais haverá alguém, em qualquer "era do reino", ou em qualquer outra época, que possa vir a ser perdoado por Deus à parte da morte do Senhor Jesus Cristo na cruz. Quão absurda é essa teoria que assevera que em alguma era futura do reino o perdão será dado estritamente sobre bases legais, ou que já teria havido tempo em que isso acontecia. A única maneira de alguém ser perdoado, antes de Cristo, depois de Cristo e em qualquer ocasião, é através de Cristo, e este crucificado. O caminho da salvação em Cristo foi determinado "antes da fundação do mundo" (João 17:24), e esse fato faz parte implícita dessa e de outras declarações similares que aparecem nas Escrituras. Precisamos aprender a comparar Escritura com Escritura, reunindo passagens correlatas, e perceber que, neste trecho, o Senhor Jesus estava simplesmente preocupado com a relação entre Ele, como Pai, e nós, como filhos. Neste ponto Ele não podia mesmo explanar a doutrina da expiação. Assim é que Ele chegou mesmo a dizer, no fim de Sua vida, que havia certas verdades que Ele precisava ensinar a Seus discípulos, mas que eles ainda não eram capazes de absorvê-las. A verdade concernente ao caminho do perdão está implícita aqui, mas a grandiosa revelação da mesma seria dada somente em dias futuros.

Não podemos permitir-nos ser desviados por essas ideias distorcidas. O que temos aqui é aquilo que encontramos tão claramente ensinado em Mateus 18 na parábola do Credor Incompassivo, que não se dispunha a perdoar um seu conservo, embora ele mesmo tivesse sido perdoado pelo seu senhor. Essas palavras de Jesus meramente ensinam que a prova que você e eu fomos perdoados é que perdoamos aos outros. Se pensarmos que os nossos pecados são perdoados por Deus, mas nos recusarmos a perdoar aos nossos semelhantes, estaremos praticando um grave erro; e isso será prova de que jamais fomos perdoados. O homem que sabe que foi perdoado em virtude do sangue vertido por Cristo, e nada mais, é o indivíduo que sente a compulsão de perdoar a outros. Não pode mesmo evitá-lo. Se realmente conhecemos a Cristo como nosso Salvador, então nossos corações serão quebrantados e não poderão mostrar-se duros, e nós não poderemos recusar o perdão a quem nos tiver ofendido. Se você se está recusando a perdoar a quem quer que seja, então quero sugerir-lhe que você nunca foi perdoado por Deus. "E perdoa-nos as nossas dívidas, assim como nós temos perdoado aos nossos devedores." Afirmo para a glória de Deus, e com a mais completa humildade, que sempre que eu me vejo perante Deus e percebo ao menos alguma coisa daquilo que meu bendito Senhor fez por mim, então me disponho a perdoar qualquer coisa que outrem tenha feito contra mim. Não posso reter o perdão, e nem ao menos quero retê-lo. Ora, isso era o que nosso Senhor nos estava dizendo aqui. Por conseguinte, temos o direito de orar dessa maneira. Ore a Deus e diga: "Perdoa-me, ó Deus, assim como tenho perdoado a outros, por causa daquilo que Tens feito por mim. Tudo quanto Te peço é que me perdoes da mesma maneira; não com o mesmo grau, porquanto tudo quanto eu faço é imperfeito. Por assim dizer, da mesma maneira que me Tens perdoado, eu tenho perdoado a outros. Perdoa-me como eu os tenho perdoado, por causa daquilo que a cruz de Jesus Cristo tem realizado em meu coração".

Essa petição está cheia da expiação, está repleta da graça de Deus. Vemos quão importante ela é por meio do fato que nosso Senhor chegou mesmo a repeti-la. Havendo terminado a oração, Ele voltou ao tema e declarou (nos v. 14-15): "Porque, se perdoardes aos homens as suas ofensas, também vosso Pai celeste vos perdoará; se, porém, não perdoardes aos homens [as suas ofensas], tão pouco vosso Pai vos perdoará as vossas ofensas". Essa questão é absoluta e inevitável. O verdadeiro perdão quebranta ao homem, e ele se sente impelido a perdoar. Quando oferecemos essa oração, pedindo perdão, podemos testar a nós mesmos dessa forma. As nossas orações não serão genuínas, e nem eficazes, mas antes, serão destituídas de qualquer valor, a menos que descubramos, em nossos corações, que fomos perdoados. Que Deus nos confira a graça de sermos honestos conosco, e que jamais repitamos de uma maneira mecânica essas petições que fazem parte da oração do Pai Nosso.

Resta-nos ainda dizer uma palavra a respeito da última petição. "E não nos deixes cair em tentação; mas livra-nos do mal" (Mateus 6:13). Essa é a petição final, e esse é o seu propósito. Ao fazermos essa petição, estamos pedindo que nunca sejamos conduzidos a uma situação em que nos tornemos passíveis de ser tentados por Satanás. Não está em foco que queiramos ditar a Deus o que Ele fará ou deixará de fazer. Deus testa efetivamente a Seus filhos, e jamais deveríamos presumir que podemos dizer a Deus o que Ele deve ou não deve fazer. Deus sabe que precisamos de extenso treinamento, em nossa preparação para a glória celestial. Porém, embora não devamos entender que temos o direito de ditar a Deus, cumpre-nos entender que podemos pedir-Lhe que, se isso estiver de acordo com Sua santa vontade, Ele não nos leve a situações onde poderíamos ser vítimas fáceis das tentações, e onde nos inclinaríamos por cair em pecado. Significa isso, igualmente, que deveríamos pedir-Lhe que nos preserve de tal possibilidade, que Ele nunca nos conduza por esse caminho de tentação. Isso era o que nosso Senhor quis dizer ao asseverar a Seus discípulos, quase no fim de Sua carreira terrena: "Vigiai e orai, para que não entreis em tentação" (Mateus 26:41). Há situações que são muito perigosas para nós. Dessa forma, vigiemos e oremos, mantendo-nos sempre em guarda, para não cairmos em tentação. E, vinculado a isso, há aquele outro aspecto dessa petição, que recomenda que deveríamos orar no sentido de sermos livres do mal. Alguns eruditos pensam que se deveria entender aqui, "mas livra-nos do Maligno". Porém, penso que isso limita o sentido da passagem, porque, neste caso, o "mal" inclui não somente a pessoa de Satanás, mas também todas as formas e variedades do mal. Certamente Satanás está incluído na palavra "mal", porquanto precisamos ser defendidos dele e de suas artimanhas. Entretanto, em nossos próprios corações também se oculta a maldade, e, assim sendo, precisamos ser livres desse mal interior, como também do mal que reside no mundo em geral. Precisamos ser livres de todos esses aspectos do mal. Trata-se, pois, de um grande pedido, de uma petição muito abrangente.

Por qual motivo deveríamos pedir a Deus para sermos resguardados do mal? Pelo grande e admirável motivo que a nossa comunhão com Deus jamais venha a sofrer interrupção. Se alguma pessoa meramente deseja ser santa, então é que algo de errado estará ocorrendo com ela. O nosso desejo supremo deveria ser o de termos sempre uma correta relação com Deus, conhecendo-O e desfrutando de companheirismo e comunhão ininterruptos com Ele. Eis a razão pela qual deveríamos fazer essa oração, para que nada venha a interpor-se entre nós e o resplendor e fulgor da glória de nosso Pai celeste. "E não nos deixes cair em tentação; mas livra-nos do mal."

Cumpre-nos, igualmente, relembrar que há um *postscript*, nesta oração: "pois teu é o reino, o poder e a glória para sempre. Amém". Esse acréscimo aparece em algumas versões antigas, mas não em outras. Não podemos ter certeza se nosso Senhor realmente proferiu ou não essas palavras; entretanto, sem importar se Ele as proferiu ou não, o fato é que elas são extremamente apropriadas. O que poderia alguém dizer, após ter-se defrontado com uma oração magnífica como essa, após ter lido tais palavras? Deve haver uma espécie de ação de graças final, deve haver alguma forma de doxologia. Quando consideramos as nossas necessidades, e também o quanto dependemos dEle e as nossas relações com Ele, não podemos parar, dizendo: "livra-nos do mal". Precisamos terminar nossa oração conforme havíamos começado, isto é, louvando ao Senhor. A temperatura de nossa espiritualidade é medida pelos nossos louvores e pelas ações de graças que fazem parte das nossas orações. "Pois teu é o reino, o poder e a glória para sempre. Amém". Nosso alimento diário nos foi assegurado, pois temos como Pai Alguém que nos pode guardar de nos precipitar-nos no inferno, de Satanás, de nós mesmos e de tudo o mais. "Teu é o reino, e o poder" – e Tua deve ser, e realmente o será, até onde nos diz respeito, a glória para todo o sempre. Amém.

Capítulo XXXVII
TESOUROS NO CÉU E NA TERRA

O tema desta seção do Sermão do Monte é, conforme você deve estar lembrado, a relação entre o crente e Deus, como seu Pai celeste. Nada existe de mais importante do que isso. O grande segredo da vida, de conformidade com nosso Senhor, consiste em sempre ver-nos e em conceber a nós mesmos como filhos de nosso Pai celeste. Se ao menos tomássemos essa atitude, seríamos prontamente libertados das duas principais tentações que nos atacam nesta vida terrena.

O Senhor coloca essas tentações da seguinte maneira. A primeira é aquela sutil tentação que assedia cada crente, no tocante à sua piedade pessoal. Na qualidade de crente, tenho a minha vida privada e pessoal de devoção. Nessa conexão, nosso Senhor diz que a única coisa que realmente importa, a única coisa com que me devo preocupar, deveria ser que o Senhor está sempre olhando para mim. Não devo dar valor excessivo àquilo que as pessoas digam a meu respeito, e nem devo estar interessado por mim mesmo. Se eu vier a dar esmolas, não deverei fazê-lo a fim de receber louvor humano. Outro tanto sucede no caso das minhas orações. Não devo querer dar a impressão de que sou "um grande homem de oração". Se eu assim agir, as minhas orações serão inúteis. Não devo interessar-me por aquilo que as pessoas pensam de mim como um homem dedicado à oração. O Senhor denunciou todas essas atitudes. Eu devo orar debaixo da vigilância de Deus e na Sua presença. Exatamente os mesmos princípios são aplicáveis à questão do jejum. E você deve estar lembrado de como desenvolvemos os detalhes sobre isso, no terceiro capítulo deste volume. Essas considerações levaram-nos até ao fim do versículo 18 de Mateus 6.

Mas agora chegamos ao versículo 19, onde nosso Senhor introduz o segundo aspecto dessa grande questão da vida cristã neste mundo, em relação a Deus como Pai; uma vida com todos os seus sentimentos e preocupações, com as suas tensões e dificuldades. De fato, está em foco o problema que as Escrituras tão frequentemente chamam de "o mundo". Por muitas vezes afirmamos que, nesta vida, o crente tem de contender contra o mundo, a carne e o diabo; e nosso Senhor reconheceu essa tríplice descrição de nosso problema e conflito. Ao manusear essa questão da piedade individual, Cristo abordou em primeiro lugar a tentação gerada pela carne e pelo diabo. Satanás se mantém particularmente atento no caso do homem piedoso, quando este está ocupado nas manifestações de sua piedade. Entretanto, havendo abordado essa questão, o Senhor Jesus passou a demonstrar que existe um outro problema, a saber, o problema do mundo propriamente dito.

Ora, o que as Escrituras tencionam dizer com a expressão "o mundo"? Não está em evidência o universo físico, e nem meramente o conjunto total dos seres humanos; antes, deve-se pensar aqui em uma atitude, em uma mentalidade, pois esse conceito aponta para uma maneira de contemplarmos as coisas, para uma maneira de encararmos a vida como um todo. Um dos mais sutis problemas com o qual o crente precisa defrontar-se é o seu relacionamento com o mundo. Nosso Senhor com frequência enfatizou que não é fácil uma pessoa ser crente. E Ele mesmo, quando esteve neste mundo, foi tentado pelo diabo. Ele também se viu contestado pelo poder e pelas sutilezas do mundo. O crente acha-se precisamente na mesma situação. Certos ataques escolhem-no como alvo, quando ele está sozinho, solitário. Há outros ataques que são desfechados contra ele quando ele sai a fim de entrar em contato com o mundo. Deve-se observar a sequência utilizada por nosso Senhor. Quão significativa é essa sequência. O crente prepara-se em secreto, em seu próprio quarto. O crente ora e faz diversas outras coisas – ele jejua, ajuda ao próximo com esmolas e pratica outras boas obras, sem se deixar notar. Não obstante, ele igualmente precisa viver a sua própria vida neste mundo. Este mundo fará tudo quanto estiver ao seu alcance para derrotar o crente, para arruinar-lhe a vida espiritual. Portanto, por inúmeras vezes o crente se sente forçado a tornar-se extremamente circunspecto. É que ele está envolvido em uma luta de fé, e necessita de toda a armadura de Deus, porquanto, se dela não estiver revestido, será derrotado, "porque a nossa luta não é contra o sangue e a carne" (Efésios 6:12). Essa é uma batalha realmente feroz, é um conflito mortífero.

Nosso Senhor ensinou-nos que esse ataque desferido pelo mundo, ou essa tentação que pende para o mundanismo, geralmente assume duas formas principais. Em primeiro lugar, ela pode assumir a forma de um afeto positivo pelo mundo. Em segundo lugar, ela pode assumir a forma de ansiedade, de uma atitude de preocupada ansiedade com respeito ao mundo. Veremos nosso Senhor ensinando que uma coisa é tão perigosa quanto a outra. Jesus ensinou sobre o amor ao mundo nos versículos 19 a 24, e tratou do problema de nos deixarmos dominar pelas ansiedades e cuidados com respeito ao mundo, com a vida mundana e todos os seus negócios, do versículo 25 até ao fim do capítulo.

Uma vez mais, entretanto, cumpre-nos relembrar que Cristo tratou de ambos esses aspectos do problema ainda em termos de nosso relacionamento com nosso Pai celeste. Por conseguinte, ao entrarmos nos pormenores de Seu ensino, jamais nos deveríamos olvidar dos princípios que governam todas as coisas. Uma vez mais precisamos exercer muito cuidado para não reduzirmos essas instruções a um mero número de normas e regulamentos. Se fizermos isso, imediatamente cairemos no mesmo erro que vitimou o monasticismo. Existem pessoas tão preocupadas com os cuidados e negócios desta vida que só lhes resta um caminho a seguir, ou seja, retirarem-se da vida ativa. Então, fecham-se em mosteiros e se tornam monges, ou passam a viver como eremitas, em suas celas de isolamento. Porém, isso representa um distorcido ponto de vista, e em parte alguma da Bíblia pode ser encontrado; pois ali, bem ao contrário, é-nos demonstrado que podemos vencer o mundo enquanto vivemos no meio dos homens.

Nosso Senhor apresentou o Seu ensino, antes de tudo, na forma de uma asserção bastante contundente, que também é uma injunção. O Senhor estabeleceu dessa maneira uma lei, um grande princípio fundamental. E, uma vez expresso esse princípio, em Sua infinita bondade e condescendência, Jesus nos supriu de diversas razões e considerações que nos ajudam a pôr em prática a Sua injunção. Ao lermos palavras como essas, sem dúvida ficamos outra vez admirados e impressionados diante da condescendência do Senhor. Ele estaria com toda a razão se determinasse alguma lei, sem qualquer esclarecimento. Entretanto, jamais nos deixou nessa situação. Ele asseverou a Sua lei, forneceu-nos o Seu princípio, e então, em Sua bondade, forneceu-nos as razões para os mesmos; Ele nos supre com os argumentos que nos ajudam e fortalecem. Não devemos depender dessas razões meramente ilustrativas, mas elas nos servem de prestimoso auxílio, e, algumas vezes, quando a nossa fé é fraca, revestem-se de inestimável valor.

Primeiro e acima de tudo, portanto, aqui está a injunção: "Não acumuleis para vós outros tesouros sobre a terra... mas ajuntai para vós outros tesouros no céu..." (Mateus 6:19-20). Essa é a Sua injunção, essa é a Sua exortação. Todo o restante dos versículos 19 e 20 contêm as razões e explicações oferecidas pelo Senhor Jesus. "Não acumuleis para vós outros tesouros sobre a terra, onde a traça e a ferrugem corroem e onde ladrões escavam e roubam; mas ajuntai para vós outros tesouros no céu, onde traça nem ferrugem corrói, e onde ladrões não escavam, nem roubam." Mas, cumpre-nos examinar primeiro a exortação propriamente dita. Trata-se de uma dupla exortação – com um aspecto negativo, e outro positivo. Nosso Senhor exprimiu a verdade de tal maneira que não nos resta qualquer desculpa. Se qualquer um de nós, crentes, recebermos uma recompensa paupérrima, quando chegarmos diante do grande tribunal dos galardões, não teremos nenhuma desculpa.

Negativamente, pois, o Senhor Jesus diz: "Não acumuleis para vós outros tesouros sobre a terra..." O que Ele quis dizer com isso? Em primeiro lugar, devemos evitar interpretar essa declaração como se ela girasse somente em torno de dinheiro. Muitas pessoas têm errado quanto a esse particular, considerando isso uma declaração endereçada exclusivamente às pessoas ricas. Isso, sugiro, é uma tolice. Esse preceito também se destina a todos. Jesus não disse: "Não acumuleis para vós outros dinheiro..."; mas "Não acumuleis para vós outros tesouros..." "Tesouros" é um vocábulo bastante amplo, que inclui muita coisa. É verdade que também inclui o dinheiro, mas não o dinheiro tão somente. Indica algo muito mais importante. Nosso Senhor interessava-se aqui não tanto pelas nossas possessões, e, sim, pela nossa atitude em relação a essas possessões. Não está em evidência, aqui, o que um homem porventura possua, mas antes, o que ele pensa sobre seus bens materiais, e qual é a sua atitude acerca deles. Nada há de errado no tocante à posse de abundantes bens materiais; mas o que pode ser completamente errado é a relação de uma pessoa para com as suas possessões. E a mesma coisa se dá no tocante a tudo quanto o dinheiro é capaz de adquirir.

De fato, devemos avançar um pouco mais. Está aqui em pauta a atitude inteira de um homem para com a existência neste mundo. Nosso Senhor tratava aqui com pessoas que derivam a sua principal ou total satisfação desta vida de coisas que dizem respeito somente a este mundo. O que nosso Senhor nos alertava, em outras palavras, é que uma pessoa corre o perigo de confinar as suas ambições, os seus interesses e as suas esperanças a esta vida. Era isso que preocupava nosso Senhor; e, vista sob esse prisma, a advertência feita por Cristo muito se amplia, ultrapassando os limites da mera posse de dinheiro. Indivíduos pobres precisam dessa exortação, que nos adverte a não acumularmos nossos tesouros sobre a terra, tanto quanto indivíduos bem abastados. Todos nós temos tesouros de uma espécie ou de outra. O nosso tesouro talvez não seja dinheiro. Pode ser marido, mulher ou filhos; pode ser um dom que, se calculado quanto ao seu valor monetário, bem pouco represente. Para certas pessoas, o seu tesouro é a sua residência. Todo esse perigo de alguém vangloriar-se de sua própria residência e viver somente para sua casa e seu lar é tratado nesta passagem bíblica. Não importa o que ou quão pequeno seja, se representa tudo para você, então, aquilo é seu tesouro, aquela é a coisa para a qual você está vivendo. Esse é o perigo a respeito do qual nosso Senhor nos advertia, nesta altura de Seu sermão.

Isto nos dá alguma ideia sobre o que Ele queria dizer com "tesouros sobre a terra"; e assim percebemos que se trata de uma ideia muito abrangente. Não está em pauta somente o amor ao dinheiro, mas também o amor à honra pessoal, o amor à posição social, o amor aos cargos obtidos, o amor ao próprio trabalho, em um sentido ilegítimo, o amor a qualquer coisa que comece e termine aqui mesmo, nesta vida e neste mundo. Essas são as coisas que nos devem deixar em estado de alerta, para que não as transformemos em nossos tesouros.

Tendo esclarecido isso, chegamos a uma questão eminentemente prática. Como é que alguém pode "acumular" tesouros na terra, no que concerne a essas coisas? Uma vez mais podemos tão somente oferecer algumas indicações gerais acerca do significado do problema. Isso pode envolver a ideia de acumular e ajuntar riquezas como tais. Muitas pessoas assim fazem, e o Senhor Jesus bem pode ter tido isso em mente, acima de qualquer outra coisa. Mas por certo há nisso uma referência mais ampla. A injunção de nosso Senhor recomenda-nos evitar qualquer coisa que tenha por centro e escopo apenas este mundo. Em consonância com o que já vimos, a Sua injunção é toda-abrangente. Aplica-se a indivíduos que, embora possam não estar interessados pelo dinheiro e pelas riquezas sob nenhuma hipótese, contudo estejam interessados em outras coisas que, em última análise, são inteiramente mundanas. Há pessoas que frequentemente se têm tornado culpadas de sérios e tristes lapsos em sua vida espiritual, exclusivamente por causa desse assunto que está sob a mira das nossas considerações. Essas pessoas não se deixam tentar pelo dinheiro, mas deixam-se tentar pelo status ou pela posição social mais elevados. Se o diabo viesse e lhes oferecesse algum suborno material, rir-se-iam da oferta. Entretanto, se Satanás apresentar-se com engodo, e, em conexão com o seu trabalho cristão, lhes oferecer alguma posição exaltada, ficam persuadidos que o seu único interesse é pela obra que realizam, e, assim sendo, aceitam e recebem o oferecimento. E imediatamente podemos observar um declínio gradual em sua autoridade e poder espirituais. A promoção tem produzido prejuízos intermináveis na Igreja de Deus, atingindo homens que são perfeitamente honestos e sinceros, mas que não se mantiveram em guarda no tocante a esse perigo. É que tais indivíduos têm amealhado seus tesouros na terra sem percebê-lo. O interesse deles alterou-se passando, quase sem perceber, daquele centro único que consiste em agradar a Deus, trabalhando para a Sua honra e glória, para eles mesmos e para sua própria ocupação na obra do Senhor.

É em harmonia com essas ideias que uma pessoa pode estar juntando tesouros na terra, sendo essa uma questão tão sutil que até pessoas boas podem tornar-se o pior inimigo de um homem. Muitos pregadores têm sido arruinados pelas suas respectivas congregações. Os elogios que lhe fazem, o encorajamento que lhe dão como um ser humano, quase que arruínam a determinado tipo de homem, deixando-o inútil como mensageiro de Deus, e, dessa maneira, ele se torna culpado de acumular tesouros sobre a terra. Quase inconscientemente tal homem tende por se deixar controlar pelo desejo de desfrutar de boa opinião e dos elogios de sua gente; mas, no momento em que isso sucede, já está juntando tesouros sobre a terra. Os exemplos possíveis são quase intermináveis. Estou meramente interessado em fornecer-lhe algumas indicações superficiais do terreno e do escopo dessa admirável injunção de Jesus. "Não acumuleis para vós outros tesouros sobre a terra..." Sem importar qual a *forma* exata assumida pela questão em foco, o que importa é o *princípio* fundamental envolvido.

Consideremos agora o lado positivo da injunção: "... mas ajuntai para vós outros tesouros no céu..." É importantíssimo que os nossos pensamentos sejam perfeitamente claros a esse respeito. Algumas pessoas têm interpretado essa declaração como se ela indicasse que nosso Senhor estava ensinando a possibilidade de um homem obter a salvação por suas próprias obras. E dizem: "Tesouros no céu significa a salvação de uma pessoa e seu destino eterno. Portanto, não está o Senhor exortando o homem a gastar sua vida inteira em assegurar o seu destino eterno?" Como é evidente, essa opinião labora em erro. Equivale a negar a grande doutrina central neotestamentária da justificação exclusivamente pela fé. Nosso Senhor não podia estar pensando acerca disso, porquanto dirigia-se a indivíduos acerca de quem já eram aplicáveis as bem-aventuranças. Abençoado é o indivíduo humilde de espírito, que nada tem de si mesmo. Esse é, igualmente, o homem que se lamenta, chorando, em vista de sua pecaminosidade, o qual compreende que, a despeito de tudo quanto possa fazer ou deixar de fazer, jamais pode atingir a sua própria salvação. Portanto, aquela interpretação está equivocada, como é evidente. Isso posto, que significam essas palavras? Elas apontam para algo que é ensinado em muitos outros trechos das Escrituras, e há duas outras passagens bíblicas que muito nos podem ajudar a compreender a doutrina aqui envolvida. A primeira está em Lucas 16, onde nosso Senhor fala do caso do administrador infiel, que fez uso imediato e astuto da posição que ocupava. Você deve estar lembrado que o Senhor sumariou o caso como segue: "Das riquezas de origem iníqua fazei amigos; para que, quando estas vos faltarem, esses amigos vos recebam nos tabernáculos eternos" (v. 9). Nosso Senhor, pois, ensinou que os filhos deste mundo são mais espertos, em sua própria geração, do que os filhos da luz. Esses filhos do mundo certificam-se de suas próprias finalidades. Ora, é como se nosso Senhor houvesse dito: "Vou tomar isso como um princípio básico para aplicá-lo no seu caso. Se você possuir dinheiro, use-o enquanto está aqui, neste mundo, a fim de que, quando você chegar na glória, as pessoas que foram beneficiadas pelo seu dinheiro o acolham".

O apóstolo Paulo expõe essa questão em I Timóteo 6:17-19, onde diz: "Exorta aos ricos do presente século que não sejam orgulhosos, nem depositem a sua esperança na instabilidade da riqueza, mas em Deus, que tudo nos proporciona ricamente para nosso aprazimento; que pratiquem o bem, sejam ricos de boas obras, generosos em dar e prontos a repartir; que acumulem para si mesmos tesouros, sólido fundamento para o futuro, a fim de se apoderarem da verdadeira vida". Em outras palavras, se você foi abençoado com riquezas materiais, utilize-se delas de tal modo, enquanto vive neste mundo, que você esteja acumulando um pecúlio para o mundo vindouro. Nosso Senhor recomenda-nos precisamente a mesma coisa, no final do capítulo 25 de Mateus, onde Ele se refere a pessoas que Lhe haviam dado o que comer quando estivera com fome, e que Lhe haviam visitado quando estivera na prisão. E então elas Lhe perguntarão: "... quando foi que te vimos com fome e te demos de comer?... ou preso e te fomos visitar?" E o Senhor haverá de replicar: "Em verdade vos afirmo que, sempre que o fizestes a um destes meus pequeninos irmãos, a mim o fizestes". Você talvez não tenha consciência disso; sem embargo, ao fazer essas boas obras em favor daquela gente, você estará amealhando o seu pecúlio celestial, para que, ao ali chegar, receba a sua recompensa, quando vier a participar do júbilo do seu Senhor.

Esse é o princípio que nosso Senhor constantemente enfatizou. Disse Ele aos Seus discípulos, após o Seu encontro com o jovem rico: "Em verdade vos digo que um rico dificilmente entrará no reino dos céus". É essa confiança nas riquezas materiais, é essa fatal autoconfiança que impossibilita o indivíduo de tornar-se humilde de espírito. Ou, como Ele o expressou para o povo, uma tarde: 'Trabalhai, não pela comida que perece, mas pela que subsiste para a vida eterna..." (João 6:27). Esse é o tipo de coisa que Jesus indicava mediante essa expressão: "... mas ajuntai para vós outros tesouros no céu..."

Na vida prática, como é que podemos cumprir esse preceito? A primeira coisa é que devemos ser possuidores de um correto ponto de vista da vida, e, mormente, um correto ponto de vista da "glória". Foi com esse princípio que iniciamos nossas considerações. O grande fato com o qual nunca podemos perder o contato é que, nesta vida, somos meros peregrinos. Estamos caminhando neste mundo debaixo dos olhos atentos do Senhor, aproximando-nos dEle e na direção de nossa esperança eterna. Esse é o princípio fundamental. Se sempre pensarmos em nós mesmos segundo essa perspectiva, como poderemos errar? Todas as coisas ajustar-se-ão nos seus devidos lugares. Esse é o grande princípio básico ensinado em Hebreus 11. Aqueles homens poderosos, aqueles heróis da fé, tinham um único objetivo. Eles andavam como "quem vê aquele que é invisível" (v. 27). Asseveravam-se "estrangeiros e peregrinos sobre a terra" (v. 13), como quem esperava "a cidade que tem fundamentos, da qual Deus é o arquiteto e edificador" (v. 10). Assim, pois, quando Deus chamou a Abraão, este respondeu afirmativamente à convocação. Deus voltou-se para um homem como Moisés, cujas perspectivas na corte egípcia eram excelentes; e então ordenou-lhe que abandonasse tudo para tornar-se um miserável pastor de ovelhas pelo espaço de quarenta anos. E Moisés obedeceu, porquanto "contemplava o galardão" (v. 26). E outro tanto ocorreu no caso de todos os demais grandes heróis da fé. O que fez Abraão dispor-se a sacrificar seu amado filho, Isaque? O que levou todos os outros heróis da fé a estarem preparados para fazer aquilo que fizeram? É que desejavam "uma pátria superior, isto é, celestial" (v. 16).

Sempre teremos de começar por esse profundo princípio. Se cultivamos um correto ponto de vista de nós mesmos, neste mundo, como peregrinos e como filhos de Deus que se avizinham cada vez mais de nosso Pai, então veremos todas essas realidades segundo sua perspectiva correta. Imediatamente teremos a perspectiva certa das nossas qualidades e das nossas possessões. Começaremos a pensar em nós mesmos como mordomos que terão de prestar contas de todas essas coisas a Deus. Não somos proprietários permanentes dessas coisas. Não importa se está em pauta o dinheiro, ou o intelecto, ou nossas próprias pessoas, ou nossa personalidade, ou qualquer dom que porventura tenhamos. O homem mundano imagina-se dono de todas essas coisas. Mas o crente começa meditando como segue: "Não sou o proprietário de nenhuma dessas coisas; meramente elas me foram entregues como um empréstimo, pois, na realidade, elas não me pertencem. Não poderei levar comigo as minhas riquezas, e nem mesmo os meus dons. Tão somente me foi confiado custodiar essas coisas". E, de pronto, levanta-se aquela importante indagação: "Como é que poderei usar essas coisas para a glória de Deus? Pois é com Deus que terei de encontrar-me um dia, é diante de Deus que terei de estar algum dia. Ele é meu eterno Juiz; é meu Pai. É a Ele que terei de prestar contas de minha mordomia, em todas as coisas com as quais Ele me tiver abençoado". Assim sendo, o crente pensa consigo mesmo: "Devo ter cuidado sobre como me utilizarei dessas coisas, bem como devo ter cuidado com a minha atitude para com elas. Devo fazer todas as coisas que Ele me ordenou de tal modo que eu Lhe seja sempre agradável".

Aí, pois, está como podemos juntar tesouros no céu. Tudo gira em torno da pergunta sobre como eu encaro a mim mesmo e sobre como enfrento a minha vida diária neste mundo. Porventura digo a mim mesmo, a cada dia, que tão somente estou deixando para trás mais um marco, para nunca mais retornar até ali, para nunca mais ali voltar? Estou armando a minha tenda, a cada dia que passa, um pouco mais perto do meu lar celestial. Esse é o grande princípio acerca do qual cumpre-me lembrar constantemente – o fato que sou um filho do Pai celeste, vivendo neste mundo para seu propósito e não para o meu. Não escolhi vir a este mundo; não fui eu mesmo quem me trouxe para cá; mas em tudo isso há um propósito profundo. Deus concedeu-me esse grande privilégio de viver neste mundo, e se por acaso Ele me proporcionou qualquer dom, tenho de conscientizar-me de que, embora em certo sentido todas essas coisas sejam minhas, em última análise, conforme nos mostra Paulo, no fim de I Coríntios 3, elas pertencem a Deus. Por conseguinte, considerando a mim mesmo como alguém que recebeu esse grande privilégio de ser um mordomo que cuida das coisas de Deus, como alguém que recebeu a incumbência de custodiar essas coisas, não posso aferrar-me a elas como se fossem exclusivamente minhas. Elas não podem ocupar o centro da minha vida e da minha experiência inteira. Não posso viver para concentrar nelas a minha atenção, ocupando nelas a minha mente; e elas não podem absorver todas as energias de minha vida. Pelo contrário, cumpre-me segurá-las frouxamente; preciso manter-me na atitude de um bendito desligamento de todas essas coisas. Não posso deixar-me governar por elas. Antes, cumpre-me gerenciá-las; e, ao assim fazer, estarei constantemente garantindo e depositando seguramente, para mim mesmo, um "tesouro no céu".

Alguém poderia observar: "Mas que perspectiva mais egoísta é essa!" A minha resposta a tal objeção é que estou tão somente obedecendo à exortação do Senhor Jesus Cristo. Ele nos ensina a ajuntar tesouros no céu; e os santos sempre agiram assim. Eles acreditavam na realidade das glórias celestiais que por eles esperavam. A sua esperança era chegarem ali, e o seu mais profundo anelo era desfrutarem daquelas sublimidades em toda a sua perfeição e plenitude. Se porventura ansiamos por acompanhar esse mesmo cortejo de grandes personagens da fé, se ansiamos por gozar dessa mesma glória, então faríamos bem em ouvir a exortação de nosso Senhor: "Não acumuleis para vós outros tesouros sobre a terra... mas ajuntai para vós outros tesouros no céu..."

Capítulo XXXVIII
DEUS OU AS RIQUEZAS

Em nossa análise sobre os versículos 19 a 24, vimos que nosso Senhor estabeleceu, em primeiro lugar, uma proposição ou mandamento, a saber: "Não acumuleis para vós outros tesouros sobre a terra..." Em outras palavras, Ele nos diz que devemos viver neste mundo de tal modo que usemos tudo quanto possuímos com a finalidade de acumularmos tesouros no céu, sem importar se estão em pauta as nossas possessões materiais, os nossos dons, os nossos talentos ou as nossas propensões.

Em seguida, tendo nos dado nesses termos a sua injunção, nosso Senhor passou a oferecer-nos razões para tanto. Eu gostaria de relembrar-lhe novamente que temos ali uma ilustração acerca da maravilhosa condescendência e compreensão de nosso bendito Senhor. Deus não tinha qualquer necessidade de fornecer-nos motivos esclarecedores. A parte que Lhe cabe é dar ordens. Todavia, o Senhor condescendeu diante de nossa fraqueza, poderoso como Ele é, e saiu em nosso socorro, fornecendo-nos razões que nos ajudam a cumprir o Seu mandamento. E Jesus o fez de maneira notabilíssima. Ele elaborou os motivos e os pôs em relevo, para que os considerássemos. Não nos ofereceu apenas uma razão, e, sim, certo número de razões. Jesus operou através de uma série de proposições lógicas, e, naturalmente, não pode haver dúvidas de que Ele assim fez não somente porque ansiava ajudar-nos, mas também, e talvez por motivos ainda mais fortes, por causa da desesperadora seriedade do tema que Ele abordava. De fato, veremos que essa é uma das questões mais sérias que poderíamos considerar juntos.

Uma vez mais, devemos lembrar-nos que essas palavras foram endereçadas ao povo evangélico. Não temos aqui conceitos que o Senhor Jesus quisesse dirigir aos incrédulos deste mundo; mas temos aqui exortações para os que são crentes. Neste ponto estamos abordando a questão da atitude mundana, do mundanismo e de todos os problemas que envolvem este mundo; mas é mister que deixemos de pensar nisto em termos das pessoas deste mundo incrédulo. Esse é o perigo peculiar que ameaça o povo cristão. Nesta altura do Seu sermão, nosso senhor falava acerca deles, e de ninguém mais. Se alguém assim preferir, poderá argumentar que tudo quanto se aplica ao crente é ainda muito mais aplicável ao incrédulo. Trata-se de uma dedução bastante justa. No entanto, nada existe de tão fatal e trágico como pensar que palavras como estas nada têm a ver conosco porque somos crentes. Na realidade, talvez essa seja a advertência mais urgentemente necessária para o povo crente de nossa época. Este mundo mostra-se tão sutil, e o mundanismo é tão penetrante que todos nós nos temos tornado culpados dessa atitude, e, com frequência, sem disso termos consciência. Tendemos por rotular o mundanismo como se apontasse somente para certas particularidades, e sempre coisas das quais não nos temos feito culpados. Em face disso, argumentamos que essas recomendações de Jesus não nos envolvem. Não obstante, o mundanismo é todo-penetrante, não estando confinado somente a certas coisas. Não significa apenas frequentar teatros ou cinemas, ou fazer algumas outras poucas coisas dessa mesma natureza. Não, mas o mundanismo é uma atitude que se relaciona com a vida inteira. É uma perspectiva geral, e se mostra tão sutil que pode penetrar nas coisas mais santas que existem, conforme vimos anteriormente.

Poderíamos fazer uma digressão momentânea e considerar esse assunto do ponto de vista do profundo interesse político que se tem manifestado em vários países, particularmente por ocasião das eleições. Em última análise, no que consiste o interesse real? Acerca do que as pessoas estão realmente interessadas, em ambos os lados da disputa eleitoral? Elas estão interessadas pelos "tesouros sobre a terra", sem importar se estão envolvidas pessoas que já possuem tesouros materiais ou se estão envolvidas pessoas que ainda gostariam de possuí-los. Todas elas estão interessadas em tesouros. E é muito instrutivo ouvir o que elas têm a dizer, observando como deixam entrever o mundanismo que as caracteriza e do qual são culpadas, e também notando de quais maneiras estão acumulando tesouros terrenos. Para sermos eminentemente práticos (e se a pregação do Evangelho não for prática não será pregação autêntica), há um teste bastante simples que podemos aplicar a nós mesmos, a fim de verificarmos se essas coisas têm ou não aplicação a nós. Quando, por ocasião das disputas eleitorais, somos convocados para escolher os candidatos, nos descobrimos crendo que algum ponto de vista político é inteiramente correto, ao passo que o outro é inteiramente errado? Se for assim então sugiro que, de uma maneira ou de outra, estamos acumulando tesouros sobre a terra. Se afirmarmos que a verdade está inteiramente de um lado ou do outro, e, em seguida, se analisarmos os nossos motivos, haveremos de descobrir que isso se deve ao fato que ansiamos ou por nos protegermos ou por virmos a possuir alguma coisa que nos é vantajosa. Uma outra excelente maneira de nos submetermos à prova consiste em indagar, de nós mesmos, de forma inteiramente simples e honesta, por qual motivo defendemos este ou aquele ponto de vista específico. Sim, qual é o nosso verdadeiro interesse? Qual é o nosso motivo? Na realidade o que está por detrás dessas opiniões políticas que advogamos, quando queremos ser totalmente honestos e verazes conosco mesmos? Se realmente quiséssemos ser honestos, essa seria uma pergunta extremamente reveladora. Sugiro que a maioria das pessoas descobrirá, ao fazer esse autoexame, que, se enfrentarmos com honestidade essa indagação, sempre haverá algum tesouro sobre a terra a respeito do qual há interesse e preocupação.

    O teste seguinte é este. Até que ponto os nossos sentimentos estão envolvidos nessa questão? Quanto sentimento amargo existe, quanta violência, quanta ira, quanto desdém e quanta paixão? Apliquemos, portanto, o teste, e uma vez mais verificaremos que esses sentimentos quase invariavelmente são despertados em torno dessa ideia de acumularmos tesouros sobre a terra. E o teste final é este outro. Estamos encarando as coisas com uma espécie de atitude independente e objetiva, ou não? Qual é a nossa atitude para com todas essas coisas? Instintivamente pensamos em nós mesmos como peregrinos, como meros estrangeiros que passam por este mundo, ao mesmo tempo que precisamos interessar-nos por essas questões do mundo enquanto estamos aqui? Tal interesse, sem dúvida, é legítimo, e também é nosso dever. Não obstante, qual é a nossa atitude final? Deixamo-nos controlar pelo interesse mundano? Ou nos tornamos imparciais e meditamos objetivamente na situação inteira como em algo efêmero que, na realidade, não pertence à essência de nossa vida e de nosso ser; como algo que pode ocupar a nossa atenção somente por algum tempo, enquanto passamos por esta vida? Deveríamos dirigir a nós mesmos essas perguntas, a fim de adquirirmos a mais plena certeza de que essa injunção do Senhor se destina a nós. Essas são algumas das maneiras por intermédio das quais poderemos descobrir, com simplicidade, se somos ou não culpados de estar amealhando tesouros sobre a terra, se estamos mesmo ou não ajuntando tesouros no céu.

Quando consideramos os argumentos usados pelo Senhor Jesus contra essa ideia de juntarmos tesouros sobre a terra, descobrimos que o primeiro bem poderia ser descrito como o argumento baseado no bom senso, fruto da observação comum. "Não acumuleis para vós outros tesouros sobre a terra..." Por qual motivo? Pela seguinte razão: "... onde a traça e a ferrugem corroem e onde ladrões escavam e roubam". Contudo, por qual razão eu deveria ajuntar tesouros no céu? Pela seguinte razão: "... onde traça nem ferrugem corrói, e onde ladrões não escavam, nem roubam". Nosso Senhor ensinava-nos aqui que os tesouros materiais não perduram; são apenas passageiros, transitórios e efêmeros. "Mudança e decadência vejo ao meu derredor." "... onde a traça e a ferrugem corroem..."

Quanta verdade há nessas palavras! Todas as coisas se caracterizam por um elemento de decadência, quer gostemos da ideia quer não. O Senhor Jesus expressou esse pensamento utilizando-se da ilustração da traça e da ferrugem, que tendem por alojar-se e destruir essas coisas. Espiritualmente falando, podemos exprimir a ideia como segue. Essas coisas jamais nos satisfazem completamente. Nelas sempre há alguma coisa de errado; e sempre lhes falta algo. Não há pessoa sobre a face da terra que se sinta plenamente satisfeita. E embora, em certo sentido, possa parecer que algumas pessoas já têm tudo quanto desejam, ainda assim carecem de alguma coisa. A felicidade não pode ser comprada.

Entretanto, espiritualmente falando, há uma outra maneira de considerarmos os efeitos da traça e da ferrugem. Não somente há um elemento de decadência nessas coisas; mas também é verdade que sempre nos inclinamos por nos cansarmos delas. Talvez as gozemos por algum tempo, mas, de uma maneira ou de outra, elas começam a parecer-nos embotadas, ou então perdemos o interesse por elas. Essa é a razão por que sempre estamos falando sobre coisas novas e procurando as mesmas. A moda se modifica; e embora nos mostremos muito entusiasmados a respeito de certas coisas, por algum tempo, elas não demoram muito a perder seu poder de atração sobre nós. Não é verdade que, à medida em que avançamos na idade essas coisas deixam de nos satisfazer? As pessoas idosas geralmente não apreciam as mesmas coisas que são tão apreciadas pelos jovens, e igualmente se verifica o contrário: os jovens não apreciam as coisas que atraem aos idosos. À medida em que vamos envelhecendo, essas coisas parecem ir-se tornando diferentes, havendo nelas um elemento da traça e da ferrugem. Poderíamos até ser mais ousados e colocar a questão sob termos mais radicais, afirmando que elas retêm sempre um fator de impureza. Mesmo quando no seu melhor estado, estão totalmente infectadas. Faça-se o que bem se entender, a sua impureza não pode ser eliminada; a traça e a ferrugem ficam presentes, e nenhum recurso químico é capaz de interromper esses processos destrutivos. Nessa conexão, Pedro assevera algo extremamente esclarecedor: "... nos têm sido doadas as suas preciosas e mui grandes promessas, para que por elas vos torneis coparticipantes da natureza divina, livrando-vos da corrupção das paixões que há no mundo" (II Pedro 1:4). A corrupção manifesta-se em todas as coisas terrenas; elas são inteiramente impuras.

Por conseguinte, o último fato a ser observado sobre elas é que, inevitavelmente, perecem. A mais linda flor começa a fenecer assim que a arrancamos da planta. Não demorará muito e terá de ser jogada fora. Isso é verdade no tocante a tudo quanto sucede nesta vida e neste mundo. Sem importar no que estejamos pensando, tudo é passageiro, tudo está murchando. Tudo quanto é dotado de vida está sujeito a esse processo, em resultado do pecado – "a traça e a ferrugem corroem". As coisas se esburacam e se tornam inúteis, e no fim terminam na pior corrupção imaginável. O físico mais perfeito eventualmente acaba sucumbindo, se depaupera e morre; as mais belas feições em certo sentido tornam-se feias, quando o processo de corrupção já vai adiantado; os mais brilhantes dotes tendem por esmaecer. O mais notável gênio intelectual pode ser visto a titubear em delírio, em resultado de alguma enfermidade. Por mais maravilhosas, belas e gloriosas que as coisas possam ser, todas elas acabam perecendo. Talvez seja esse o motivo pelo qual o pior e mais triste fracasso na vida seja o fracasso do filósofo que acredita em adorar a bondade, a beleza e a verdade; porquanto não existe tal coisa como uma bondade perfeita, pois toda a bondade está terrivelmente maculada; pois até nas mais exaltadas verdades deste mundo há um certo elemento de erro, de pecado e de mentira. "Onde a traça e a ferrugem corroem."

Nosso Senhor acrescenta: "... e onde ladrões escavam e roubam". Temos de viver em meio a essas coisas; elas são tão óbvias, e, no entanto, quão lentamente as reconhecemos. Nesta vida há muitos ladrões, e eles não cessam de nos ameaçar. Imaginamos que estamos em segurança, no interior de nossas residências; mas um belo dia descobrimos que os ladrões conseguiram arrombar a casa e pilhá-la. Também existem certos outros assaltantes que nos vivem ameaçando – as enfermidades, os negócios malsucedidos, algum colapso industrial, a guerra, e, finalmente, a própria morte. Não importa o que seja que costumamos valorizar nesta vida, o fato é que um ou outro desses ladrões está sempre ameaçando, e, eventualmente, haverá de arrebatar os nossos queridos valores. Essa ameaça não paira somente contra o nosso dinheiro. Pode ser alguma pessoa para quem estejamos realmente vivendo, pode ser afeto que sentimos por aquela pessoa em particular. Cautela, meus amigos! Há ladrões e gatunos que estão preparados para vir roubar-lhes essas possessões. Podemos imaginar as mais elevadas, como também as mais comuns possessões materiais; todas elas estão sujeitas aos assaltos, estão sujeitas a esses ataques. "Os ladrões escavam e roubam", e não podemos impedi-los. Assim sendo, nosso Senhor apela aqui para o nosso bom senso, relembrando-nos que esses tesouros do mundo jamais perduram. "Mudança e decadência vejo ao meu derredor."

Todavia, meditemos sobre o outro lado da questão, o lado positivo. "... mas ajuntai para vós outros tesouros no céu, onde traça nem ferrugem corrói, e onde ladrões não escavam, nem roubam". Isso é maravilhoso e pleno de glória. Pedro expressa tudo isso em uma única sentença. Ele fala a respeito de uma "... herança incorruptível, sem mácula, imarcescível, reservada nos céus para vós outros" (I Pedro 1:4). Assevera o apóstolo Paulo: "... porque as coisas que se veem são temporais, e as que se não veem são eternas" (II Coríntios 4:18). Essas realidades celestiais são imperecíveis, e os ladrões não podem arrombar-nos a casa a fim de roubá-las. Por quê? Porque o próprio Deus as está guardando para nós. Jamais aparecerá adversário que no-las possa roubar, ou que ao menos possa arrombar a nossa casa de tesouros celestiais. Isso é impossível, porquanto o próprio Deus é o Guardião desses tesouros. Os prazeres espirituais são invulneráveis, e encontram-se guardados em uma fortaleza inexpugnável. "Porque estou bem certo de que nem morte, nem vida, nem anjos, nem principados, nem coisas do presente, nem do porvir, nem poderes, nem altura, nem profundidade, nem qualquer outra criatura poderá separar-nos do amor de Deus, que está em Cristo Jesus, nosso Senhor" (Romanos 8:38-39). Outrossim, nesses valores celestiais nada existe de impuro; coisa alguma que corrompa poderá ali entrar, sob nenhuma hipótese. Ali não há pecado, e nem fator de decadência. Esse é o campo da vida eterna, da luz eterna. Deus é "... o único que possui imortalidade, que habita em luz inacessível, a quem homem algum jamais viu, nem é capaz de ver" (I Timóteo 6:16). O céu é a dimensão da vida, da luz e da pureza, e coisa alguma pertencente à morte, coisa alguma manchada ou poluída poderá ser ali admitida. Tudo ali é perfeito; os tesouros da alma e do espírito pertencem àquela dimensão. Nosso Senhor ensina-nos a ajuntar ali os nossos tesouros, porque ali não existe a corrosão provocada pela traça e pela ferrugem, e nem há ladrão que possa arrombar para furtá-los.

Temos aqui um apelo ao nosso bom senso. Porventura não sabemos que essas coisas são verdades? Não são elas, por necessidade, verdadeiras? Não percebemos essas realidades ao viver neste mundo? Tomemos o jornal da manhã e consideremos a lista de óbitos; consideremos todos os acontecimentos ali noticiados. Sabemos de todas essas coisas. Por que, então, não praticamos e vivemos em harmonia com essa realidade? Por que continuamos acumulando tesouros sobre a terra, sabendo de antemão o que haverá de suceder-lhes? E por que não ajuntamos tesouros no céu, onde sabemos que só há pureza, júbilo, santidade e felicidade eterna?

Isso, entretanto, representa meramente o primeiro argumento de Jesus, que é o argumento do bom senso. Nosso Senhor, porém, não parou nesse ponto. O Seu segundo argumento alicerça-se sobre o terrível perigo espiritual que está envolvido nessa prática de acumularmos tesouros sobre a terra, e não no céu. Esse é um título geral; nosso Senhor, contudo, divide o assunto em certas subseções. A primeira coisa contra a qual Ele nos adverte, nesse sentido espiritual, é o forte domínio e o poder que essas coisas terrenas exercem sobre nós. Você deve dar atenção aos termos que Jesus usou. Disse o Senhor "... porque, onde está o teu tesouro, aí estará também o teu coração" (Mateus 6:21). O coração! E então, no versículo 24, Jesus refere-se à nossa mente. "Ninguém pode servir a dois senhores..." – e devíamos notar o verbo "servir". Esses são vocábulos mui expressivos que Jesus usou com a finalidade de impressionar-nos a respeito do terrível controle que essas coisas tendem por exercer sobre nós. No momento em que paramos para pensar não nos tornamos perfeitamente cônscios delas – a tirania exercida por certos indivíduos, a tirania exercida pelo mundo? Não se trata de algo que possamos pensar estando distantes, por assim dizer. Antes, estamos completamente envolvidos por essa realidade; todos estamos sujeitos ao domínio desse horrendo poder do mundanismo, o qual, realmente, acabará por conquistar-nos, a menos que dele tenhamos consciência.

Todavia, não se trata somente de um poder muito grande; também é um poder extremamente sutil. Esse é o fator que controla as vidas da maioria dos homens. Você já percebeu a mudança, a sutil mudança que tende por ocorrer nas vidas dos homens quando obtêm sucesso e prosperam neste mundo? Isso não acontece àqueles que são verdadeiramente espirituais; mas, em caso contrário, invariavelmente assim sucede. Por qual motivo o idealismo geralmente aparece associado à juventude, e não à meia-idade ou à idade avançada? E por qual razão os homens tendem por tornar-se cínicos, na medida em que envelhecem? Por que a nobre perspectiva da vida tende por apagar-se inteiramente? Isso se deve ao fato que todos nós nos vamos tornando vítimas dos "tesouros sobre a terra"; e, se formos bons observadores, poderemos detectar isso nas vidas dos homens. Basta-nos ler as biografias. Muitos jovens começaram a vida dotados de uma visão esplendorosa; contudo, de uma maneira bastante sutil – embora não tenham caído em pecados grosseiros – vêm a ser influenciados, talvez quando estão frequentando a universidade, por algum ponto de vista que é essencialmente mundano. Embora possam tornar-se homens de elevado intelecto, não obstante perdem algo que era vital para a sua alma e para o seu espírito. Continuam sendo pessoas gentis, e, outrossim, continuam sendo homens justos e sábios; mas não são mais os homens que eram, quando deram início à sua carreira. Algo de importantíssimo se perdeu para sempre. Sim, esse é um fenômeno bastante familiar. "As sombras do cárcere começam a exercer efeito sobre o jovem em crescimento." Porventura todos nós não conhecemos algo sobre isso? Isso está aqui, neste mundo. Este mundo é um cárcere, e exerce seu terrível efeito sobre nós, a menos que tenhamos consciência desse fato e nos resguardemos dele. Esse domínio, esse poder, chega a conquistar-nos e transformar-nos em escravos seus.

Não obstante, nosso Senhor não parou ao aludir ao aspecto geral da questão. Ele ansiava tanto por mostrar-nos o terrível perigo que chegou a desdobrar a questão em suas minúcias. E declarou que essa coisa terrível, que tende por dominar-nos, é passível de afetar-nos a personalidade inteira; não somente determinadas facetas de nossa personalidade, mas também o homem todo. E a primeira coisa que Ele mencionou foi o "coração". Tendo estabelecido o mandamento, o Senhor acrescentou: "... porque, onde está o teu tesouro, aí estará também o teu coração". Essas coisas apossam-se de nossos sentimentos, de nossos afetos e de toda a nossa sensibilidade. Toda essa porção de nossa natureza íntima vê-se absolutamente conquistada por elas, e terminamos amando-as. Leiamos o trecho de João 3:19: "O julgamento é este:

Que a luz veio ao mundo, e os homens amaram mais as trevas do que a luz; porque as suas obras eram más". Sim, amamos essas coisas. Fingimos que tão somente gostamos delas, mas, na realidade, nós as amamos. Elas nos comovem profundamente.

O próximo aspecto que queremos salientar acerca dessas coisas ainda é mais sutil que os anteriores. Elas não somente nos dominam o coração, mas também prevalecem sobre a nossa mente. Nosso Senhor expressou o ponto nestes termos: "São os olhos a lâmpada do corpo. Se os teus olhos forem bons, todo o teu corpo será luminoso; se, porém, os teus olhos forem maus, todo o teu corpo estará em trevas. Portanto, caso a luz que em ti há sejam trevas, que grandes trevas serão!" (Mateus 6:22-23). Essa descrição do papel dos olhos foi uma ilustração que Jesus usou para indicar a maneira pela qual encaramos as coisas. E, em consonância com o Senhor Jesus, há somente duas maneiras para olharmos para tudo quanto existe neste mundo. Há o que Ele chama de "olhos bons", os olhos do indivíduo espiritual, que enxerga as coisas conforme elas realmente são, sem qualquer visão dupla. Esses olhos são claros e veem as coisas com normalidade. Mas também há aqueles outros olhos, que Jesus denominou "olhos maus", os quais são dotados de uma espécie de dupla visão, ou, se você assim preferir, são os olhos cujos cristalinos são embaçados. Nessa visão há pontos nebulosos e opacos, e quem é dotado desse tipo de olhos vê todas as coisas indistintamente. Esses são os olhos maus. São olhos coloridos por determinados preconceitos, desejos e concupiscências. A sua visão não é cristalina; pelo contrário, sua visão é enevoada, maculada por diversas manchas e borrões. É isso que devemos entender através dessa declaração do Senhor Jesus, a qual tão frequentemente deixa as pessoas perplexas, porquanto elas não a consideram dentro do seu respectivo contexto. Neste quadro nosso Senhor continuava Seu tratamento sobre a ideia da acumulação de tesouros. Tendo demonstrado que onde estiver o nosso tesouro, aí estará igualmente o nosso coração. Ele diz que isso envolve não apenas o coração, mas também a mente. Essas são as coisas que tendem por controlar o homem.

Vamos agora desenvolver esse princípio. Não nos causa admiração observarmos o quanto os nossos pensamentos estão fundamentados sobre esses tesouros terrenos? As distinções que se fazem no campo dos pensamentos, em relação a quase todos os assuntos, são quase inteiramente controladas pelos nossos preconceitos, e não por pensamentos puros. Quão pouca reflexão autêntica se vê nesta terra, por ocasião das campanhas políticas, se quisermos tomar isso como exemplo ilustrativo. Nenhum dos protagonistas da disputa política raciocina; tão somente eles expõem ideias preconcebidas. Quão pouca reflexão há em ambos os lados da disputa. Isso se manifesta de forma tão patente no campo político! Infelizmente, porém, tal defeito não está limitado ao terreno político. Esse anuviamento da visão, por causa do amor aos tesouros terrenos, tende por afetar-nos moralmente também. Quão astutos nos mostramos todos, ao tentarmos explicar como alguma questão específica, que defendemos, não é realmente desonesta. Naturalmente, se um homem quebra a vitrina de uma loja e furta as joias ali expostas, então ele é um ladrão; mas se eu tão somente manipulo o meu imposto de renda...! E afirmamos que certamente isso não envolve roubo, e persuadimo-nos de que tudo vai bem conosco. Em última análise, todavia, só existe uma razão que nos impulsiona a praticar essas coisas, a saber, o nosso amor pelos tesouros terrenos. Essas coisas nos controlam a mente, tanto quanto nos controlam o coração. A nossa visão e toda a nossa perspectiva ética são controladas por essas coisas.

O pior de tudo, no entanto, é que a nossa atitude religiosa também é controlada por essas coisas. Escreveu Paulo como segue: "Porque Demas... me abandonou..." Mas, por qual motivo? "tendo amado o presente século" (II Timóteo 4:10). Quão frequentemente se percebe isso no que concerne ao serviço cristão! Esses são os fatores determinantes das nossas ações, embora não queiramos reconhecê-los. Diz algures o Senhor Jesus: "Acautelai-vos por vós mesmos, para que nunca vos suceda que os vossos corações fiquem sobrecarregados com as consequências da orgia, da embriaguez e das preocupações deste mundo, e para que aquele dia não venha sobre vós repentinamente, como um laço. Pois há de sobrevir a todos os que vivem sobre a face de toda a terra. Vigiai, pois, a todo tempo, orando, para que possais escapar de todas estas coisas que têm de suceder e estar em pé na presença do Filho do Homem" (Lucas 21:34-36). Não é somente a prática do mal que nos embota a mente e nos torna incapazes de pensar com clareza. Os cuidados deste mundo, uma vez arraigados firmemente na nossa vida, o aprazimento da vida doméstica com a nossa família, ou qualquer uma dessas coisas, como uma boa situação financeira no mundo, ou os nossos confortos – todas essas coisas são igualmente perigosas, tanto quanto a gula ou o alcoolismo. Não há que duvidar que muito daquilo que os homens chamam de sabedoria deste mundo, na verdade nada representa, pois, em última análise, envolve somente os tesouros sobre a terra.

Mas, em último lugar, essas coisas não somente nos conquistam o coração e a mente, mas de igual modo nos afetam a vontade. Disse nosso Senhor: "Ninguém pode servir a dois senhores" (Mateus 6:24). E no momento que mencionamos a palavra "servir" estamos no campo da vontade, no reino da ação. Note quão perfeitamente lógico é isso. O que fazemos é o resultado do que pensamos; portanto, o que irá determinar nossas vidas e o exercício das nossas vontades é o que pensamos, e isso por sua vez é determinado por onde está nosso tesouro – nosso coração. Entretanto, podemos sumariar esta ideia como segue. Esses tesouros terrestres são tão poderosos que nos dominam a personalidade inteira. Eles dominam o coração do homem, sua mente e sua vontade; eles tendem por afetar seu espírito, sua alma e todo o seu ser. Seja qual for o aspecto da vida que estamos observando, ou analisando, encontraremos estas coisas aí. Todos estão afetados por elas; elas são um perigo terrível.

Mas o último passo é o mais solene e sério de todos. Devemos lembrar que a maneira de encararmos essas coisas em última análise determina o nosso relacionamento com Deus. "Ninguém pode servir a dois senhores; porque ou há de aborrecer-se de um e amar ao outro, ou se devotará a um e desprezará ao outro. Não podeis servir a Deus e às riquezas." De fato, essa é uma questão verdadeiramente solene, razão pela qual é tão frequentemente ventilada nas Escrituras. A verdade contida nessa proposição é óbvia. Ambos os lados impõem-nos uma exigência totalitária. As coisas deste mundo realmente nos impõem uma exigência totalitária. As coisas mundanas, conforme já vimos, tendem por dominar-nos a personalidade inteira, afetando-nos em todos os aspectos da vida! Elas requerem a nossa total devoção; requerem que vivamos para elas, de maneira absoluta. Sim, mas as exigências divinas não são menos totalitárias. "Amarás, pois, o Senhor, teu Deus, de todo o teu coração, de toda a tua alma, de todo o teu entendimento e de toda a tua força" (Marcos 12:30). Não necessariamente em sentido material, mas de alguma maneira, Deus recomenda a todos nós: "Vai, vende tudo o que tens... e segue-me (Marcos 10:21). "Quem ama seu pai ou sua mãe mais do que a mim não é digno de mim; quem ama seu filho ou sua filha mais do que a mim não é digno de mim:" (Mateus 10:37). Sim, essa é também uma exigência totalitária. Observemos novamente o ponto, no versículo 24, que diz "... porque ou há de aborrecer-se de um e amar ao outro, ou se devotará a um e desprezará ao outro". Trata-se de uma questão de "ou um ou outro", onde qualquer transigência se torna completamente impossível. "Não podeis servir a Deus e às riquezas."

Essa é uma questão envolta em sutilezas tão grandes que muitos dentre nós perdem-na totalmente de vista, nestes nossos dias. Alguns de nós se opõem violentamente àquilo que temos intitulado de "materialismo ateu". Porém, a fim de não nos sentirmos demasiadamente felizes conosco, somente porque nos opomos a tal ideia, cumpre-nos entender aquilo que a Bíblia nos ensina, isto é, que todo e qualquer materialismo é ateu. Não podemos servir a Deus e às riquezas; isso é uma impossibilidade. Por conseguinte, se alguma atitude materialista estiver verdadeiramente nos controlando, então é que somos indivíduos ímpios, sem importar o que viermos a dizer. Há muitos indivíduos ateus, mas que falam usando vocábulos da linguagem religiosa; mas nosso Senhor ensina-nos aqui que ainda pior do que o materialismo ateu é aquele materialismo que se julga piedoso – "... caso a luz que em ti há sejam trevas, que grandes trevas serão!" O homem que pensa que é piedoso somente porque fala a respeito de Deus, somente porque afirma acreditar em Deus, que frequenta algum lugar de adoração ocasionalmente, mas que, na realidade, está vivendo para determinadas coisas terrenas – quão espessas são as trevas em que esse homem está vivendo! Há uma ilustração perfeita desse fato nas páginas do Antigo Testamento. Estude cuidadosamente o trecho de II Reis 17:24-41. Eis o que ali nos é ensinado. Os assírios vieram e conquistaram determinada área de Israel; então tomaram de sua própria gente e estabeleceram-se no local. Aqueles assírios, naturalmente, não adoravam ao Senhor Deus. Em seguida, apareceram leões que destruíram suas propriedades. E os assírios refletiram: "Isso nos aconteceu porque não adoramos a divindade desta região. Buscaremos instruções sacerdotais a esse respeito". Desse modo, encontraram alguns sacerdotes judeus que se dispuseram a instruí-los de maneira geral quanto à religião de Israel. E então os assírios imaginaram que tudo lhes correria bem dali por diante. Porém, o que as Escrituras disseram acerca deles? "Assim, estas nações temiam o Senhor e serviam as suas próprias imagens de escultura..." (v. 41).

Que terrível é essa situação. Ela me deixa alarmado. Não é o que dizemos que realmente importa. No último dia, muitos haverão de dizer: "Senhor, Senhor, não fizemos isto, aquilo e mais aquilo?" Mas Jesus responderá aos tais: "Eu nunca conheci a vocês". "Nem todo o que me diz: Senhor, Senhor! entrará no reino dos céus, mas aquele que faz a vontade de meu Pai, que está nos céus" (Mateus 7:21). A quem você está servindo? Essa é a pergunta que se impõe. Pois você terá de estar servindo a Deus ou às riquezas. Em última análise, nada existe de tão insultuoso a Deus do que tomarmos o seu nome, e, não obstante, mostrarmos claramente que estamos servindo às riquezas, de uma maneira ou de outra. Essa é a mais terrível coisa que existe. Esse é o pior dos insultos contra Deus; e quão fácil e inconscientemente podemos todos tornar-nos culpados desse erro!

Lembro-me de ter ouvido, de certa feita, um pregador contar uma história que, segundo ele assegurou, exprimia a verdade simples e literal. Essa história ilustra perfeitamente o ponto que ora consideramos. Trata-se da história de um criador de gado que, um dia, foi muito feliz e alegre dar a notícia à sua esposa e a todos os seus familiares, que a sua melhor vaca dera à luz dois bezerros, um vermelho e outro branco. E acrescentou: "Vocês querem saber de uma coisa? Subitamente senti o impulso e o sentimento de que devemos dedicar ao Senhor um desses dois bezerros. Haveremos de criá-los juntos, e, quando chegar o tempo certo, venderemos um dos bezerros e ficaremos com o dinheiro; e então venderemos o outro e doaremos o dinheiro apurado para ser usado na obra do Senhor". A esposa dele perguntou-lhe qual dos dois bezerros ele queria dedicar ao Senhor. Mas ele replicou: "Não há necessidade de nos preocuparmos com isso, por enquanto; mas trataremos ambos os bezerros do mesmo jeito, e então, chegado o tempo próprio, faremos conforme eu disse". E se foi. Mas, dentro de alguns meses, aquele homem foi entrando pela cozinha de sua casa, parecendo muito infeliz e contrafeito. Quando a sua esposa indagou o que o perturbava, ele respondeu: "Tenho más notícias para dar-lhe. O bezerro do Senhor morreu". Todavia, a mulher observou: "Mas você ainda não havia decidido qual dos dois bezerros seria consagrado ao Senhor!" E ele retrucou: "Oh, sim. Eu já havia resolvido desde o princípio que o bezerro branco seria do Senhor, e foi o bezerro branco que morreu. O bezerro do Senhor está morto". Podemos rir dessa estória, mas que o Senhor nos proíba de rirmos de nós mesmos. É sempre o bezerro do Senhor que morre. Quando o dinheiro escasseia, a primeira coisa que poupamos é a nossa contribuição para a obra de Deus. E essa também é a porção que sempre é gasta. Talvez não devêssemos ter usado a palavra "sempre", na frase anterior; pois ela é injusta. Mas há inúmeras outras coisas que recebem a primazia, e as coisas de que realmente gostamos são as últimas das quais abrimos mão. "Não podeis servir a Deus e às riquezas." Essas coisas tendem por interpor-se entre nós e o Senhor, e a nossa atitude para com elas é que, afinal de contas, determina a qualidade de nosso relacionamento com Deus. O mero fato que acreditamos em Deus e que O chamamos de "Senhor, Senhor!", e que assim também fazemos com relação a Jesus Cristo, não serve de prova conclusiva de que O estamos servindo, ou de que reconhecemos a Sua exigência totalitária, entregando-nos total e alegremente a Ele. "Examine-se, pois, o homem a si mesmo..." (I Coríntios 11:28).

Capítulo XXXIX

A IMUNDA SERVIDÃO AO PECADO

Em nossas considerações sobre esta passagem específica, até agora temos tratado com aquilo que poderíamos intitular de ensino direto e explícito de nosso Senhor, no que concerne a essa questão de tesouros amealhados sobre a face da terra ou tesouros ajuntados no céu. Não obstante, não podemos deixar as coisas assim, porquanto não há que duvidar que aqui há algo mais a ser ventilado. Nesses versículos, 19 a 24, há um ensino indireto, há um ensino implícito; e é somente com perigo próprio que deixamos de dar atenção a essa modalidade de ensinamento, que consta das Escrituras. Nosso Senhor preocupava-se com o aspecto prático da questão; mas, como é evidente, há algo mais, que também está envolvido neste trecho bíblico. Ao advertir-nos a respeito dessa questão eminentemente prática, Jesus também abordou, incidentalmente, uma importantíssima doutrina, ainda que não quisesse frisá-la principalmente. Poderíamos colocar a questão como segue. Por qual motivo essas instruções se fazem necessárias? Por que a Bíblia está repleta dessa forma de aviso? Tal ensino pode ser encontrado por todas as páginas sagradas; aqui encontramos somente um exemplo. Mas há muitas outras instâncias que poderíamos considerar. O que tornou necessário, para nosso Senhor e para os apóstolos, depois dEle, advertir o povo cristão a respeito dessas coisas?

Certamente só há uma resposta possível para essa indagação. Todo esse tipo de ensino e advertência se faz necessário por causa do pecado e seus malignos efeitos. Em certo sentido, quem lê uma passagem como essa sente-se atônito. O indivíduo inclina-se por dizer: "Sou crente, e tenho um novo ponto de vista das coisas, e não careço dessas advertências". No entanto, vemos que elas nos são necessárias, que todos nós precisamos delas. De vários modos, todos nós não somente estamos sendo atacados dessa forma, mas também estamos sendo conquistados. Só existe uma coisa capaz de explicar isso, a saber, o pecado, o terrível poder e efeito do pecado sobre a humanidade. Portanto, podemos perceber aqui que, na medida em que nosso Senhor foi expondo o Seu ensino, dando os Seus mandamentos e enunciando os Seus motivos, incidentalmente Ele nos ia instruindo acerca de diversos aspectos do pecado, bem como acerca do que o pecado faz contra o homem.

A primeira coisa que nos cumpre observar é que o pecado, como é perfeitamente óbvio, é algo que exerce um efeito inteiramente perturbador e desorganizador no equilíbrio normal de um homem, bem como no funcionamento normal de suas qualidades de ser humano. Três são as porções constituintes do homem. O homem foi criado por Deus como corpo, mente e espírito; ou, se você assim o preferir, corpo, alma e espírito; e a porção mais exaltada do homem é o espírito. Em seguida, na ordem da importância, vem a alma; e somente depois é que vem o corpo. Não que haja qualquer coisa de errado com o corpo, mas é que está em pauta uma importância relativa entre esses três elementos constituintes. O efeito do pecado fez com que as funções normais do ser humano fossem inteiramente perturbadas. E não há que duvidar que, em certo sentido, o mais elevado dote natural que Deus concedeu ao homem é a sua mentalidade. Em consonância com as Escrituras, o homem foi criado à imagem de Deus; e uma parte dessa imagem divina, existente no homem, sem dúvida é a sua mente, a sua capacidade de pensar e raciocinar, especialmente no sentido mais elevado e no sentido espiritual. Por conseguinte, é patente que o homem foi criado com o intuito de funcionar da maneira que passamos a descrever. A mente humana, por ser a mais elevada faculdade e propensão do ser humano, sempre deve figurar em primeiro lugar. As coisas são percebidas através da mente, e por ela são analisadas. Em seguida aparecem os afetos, o coração, os sentimentos e as sensibilidades conferidas ao homem pelo Senhor. Em terceiro lugar, finalmente, aparece aquela outra qualidade, aquela outra faculdade, chamada vontade, o poder mediante o qual pomos em operação as coisas que compreendemos, as coisas que temos desejado, em resultado da nossa capacidade de apreensão.

Foi assim que Deus criou o homem, e é assim que se espera que o homem funcione. Ele foi criado para compreender e para ser governado e controlado pelo seu entendimento. Cumpre-lhe amar aquilo que compreende, da melhor e mais veraz maneira possível, no tocante a ele mesmo e no tocante a todos quantos estiverem envolvidos; e então cumpre-lhe pôr tudo isso em prática, em operação. Todavia, os efeitos da queda e do pecado sobre o homem têm sido o desequilíbrio dessa boa ordem e equilíbrio. Você deve notar como nosso Senhor exprimiu aqui a questão. Ele deu a Sua instrução a esse respeito: "Não acumuleis para vós outros tesouros sobre a terra, onde a traça e a ferrugem corroem e onde ladrões escavam e roubam; mas ajuntai para vós outros tesouros no céu, onde traça nem ferrugem corrói, e onde ladrões não escavam, nem roubam; porque, onde está o teu tesouro, aí estará também o teu coração" (Mateus 6:19-21). O coração aparece em primeiro lugar. Em seguida, Jesus considera a mente, e declara: "São os olhos a lâmpada do corpo. Se os teus olhos forem bons, todo o teu corpo será luminoso; se, porém, os teus olhos forem maus, todo o teu corpo estará em trevas" (Mateus 6:22-23). Sim o coração figura em primeiro lugar, a mente em segundo, e a vontade em terceiro. Porquanto "ninguém pode servir a dois senhores; porque ou há de aborrecer-se de um e amar ao outro, ou se devotará a um e desprezará ao outro. Não podeis servir a Deus e às riquezas".

Já tivemos ocasião de considerar o modo como essas possessões, como esses tesouros terrenos tendem por dominar e controlar a personalidade inteira – o seu coração, a sua mente e a sua vontade. Naquela oportunidade, não estávamos interessados na ordem de apresentação feita por nosso Senhor, porque aquilo que Ele aqui afirma corresponde à verdade mais pura acerca de todos nós, no que concerne à nossa própria natureza. O homem, em resultado da queda e do pecado, não continua sendo governado por sua mente e compreensão; agora ele está sendo controlado pelos seus desejos, pelos seus afetos, pelas suas concupiscências. É assim que as Escrituras nos instruem.

No entanto, aprendemos que o ser humano acha-se em uma horrenda situação, porque não está mais sendo governado pela sua mais elevada faculdade, e sim, por alguma outra coisa, que é apenas secundária.

Existem muitos trechos bíblicos que comprovam esse fato. Tomemos, por exemplo, aquela grande assertiva de João 3:19: "O julgamento é este:" (esta é a condenação final da humanidade), "Que a luz veio (ou tem vindo) ao mundo". Qual, pois, é o problema que tanto afeta ao ser humano? Porventura ele não acredita nisso? Ele não aceita esse fato? Não, pois "o julgamento é este: Que a luz veio ao mundo, e os homens amaram mais as trevas do que a luz; porque as suas obras eram más". Em outras palavras, ao invés de contemplar a vida através de sua mente, ele a contempla por meio de desejos e afetos. O homem prefere as trevas; ele vive controlado pelo seu coração, e não pela sua cabeça. Precisamos ter pensamentos cristalinamente claros a esse respeito. Isso não quer dizer que o homem, conforme foi originalmente criado por Deus, não deveria ter coração, não deveria reagir emocionalmente às coisas. O que importa é que nenhum homem seja governado pelas suas emoções e desejos. Mas esse é o efeito do pecado. Todavia, o homem deveria estar sendo governado pela sua mente, pelo seu entendimento.

Certamente essa é a resposta final para todas aquelas pessoas que não são crentes, e que dizem que não são crentes porque pensam e raciocinam. Mas a simples verdade a respeito delas é que elas são dirigidas não pela sua mente, e, sim, pelo seu coração e pelos seus preconceitos. Suas elaboradas tentativas para se justificarem intelectualmente não passam de tentativas para camuflar a impiedade que se aninha em seus corações. Elas estão procurando justificar o tipo de vida que estão vivendo, mediante uma posição intelectual; a real dificuldade delas é que elas são governadas por desejos e concupiscências. Elas não abordam a verdade com a mente, mas aproximam-se dela com os seus preconceitos, gerados em seus corações. O salmista expressa perfeitamente bem a situação dessa gente: "Diz o insensato no seu coração: Não há Deus" (Salmos 14:1). É isso que os incrédulos pensam constantemente, e essa é a razão pela qual eles assim se expressam. Mas, em seguida, procuram encontrar uma razão intelectual para justificarem o que seus corações desejam dizer.

Nesta passagem, o Senhor Jesus faz-nos lembrar disso claramente. É o coração do homem que cobiça essas coisas mundanas, e o coração do homem pecaminoso é tão poderoso que controla a sua mente, a sua compreensão e o seu intelecto. O homem gosta de pensar sobre si mesmo como se fora dotado de um intelecto gigantesco. Os cientistas geralmente apreciam reivindicar tal capacidade para si mesmos; mas posso assegurar que, algumas vezes, os cientistas são os homens mais cheios de preconceitos que alguém poderia conhecer. Alguns deles se dispõem até a manipular os fatos, a fim de encontrarem apoio para suas próprias teorias. Com frequência dão início a seus compêndios com a afirmação de que certa ideia não passa de teoria; mas, poucas páginas adiante, descobrimos que eles já se estão referindo a ela como um fato comprovado. Isso é o coração humano em operação, e não a mente. Essa é uma das piores tragédias resultantes do pecado e seus efeitos. Em primeira instância, isso afeta adversamente a boa ordem e o equilíbrio, e o atributo maior e supremo torna-se subserviente ao menor. "... porque, onde está o teu tesouro, aí estará também o teu coração."

O segundo resultado do pecado é que ele cega o ser humano no tocante a determinadas questões vitais. Naturalmente, isso se segue como corolário de uma inevitável lógica. Se a mente nem sempre está no controle, necessariamente haverá alguma espécie de cegueira. A maneira do apóstolo Paulo exprimir o ponto é como segue: "Mas, se o nosso evangelho ainda está encoberto, é para os que se perdem que está encoberto, nos quais o deus deste século cegou os entendimentos dos incrédulos" (II Coríntios 4:3-4). É justamente o que o pecado faz; e fá-lo por intermédio do coração do homem. Podemos ver como nosso Senhor ilustrou esse princípio, neste breve parágrafo que estamos considerando. O pecado cega a mente dos homens para coisas que são perfeitamente óbvias; e assim, embora elas sejam tão óbvias, o homem, imerso em seu pecado, não é capaz de percebê-las.

Tomemos, portanto, essa questão dos tesouros terrenos. O fato indiscutível é que nenhum desses tesouros perdura. Não há qualquer necessidade de argumentarmos a esse respeito, por tratar-se de verdade inteiramente óbvia. No capítulo anterior vimos alguns desses nossos tesouros. As pessoas se orgulham de sua aparência pessoal. É certo que a aparência irá deteriorar. Algum dia as pessoas haverão de cair desesperadamente enfermas, e morrerão, e a corrupção haverá de tomar conta de seus corpos. Isso fatalmente sucederá; e, no entanto, as pessoas se vangloriam de sua aparência física, podendo até mesmo sacrificar a sua crença em Deus, por causa desse motivo. Outro tanto se aplica à questão do dinheiro. Não poderemos levá-lo conosco, ao morrermos; e sempre corremos o perigo de perdê-lo, aqui mesmo. Todas essas coisas acabam perecendo; elas são passíveis de destruição. Se um homem se sentasse para verdadeiramente meditar sobre isso, teria de admitir que essa é a pura verdade; não obstante, todas as pessoas que não são crentes tendem por viver em harmonia com o pressuposto contrário. Mostram-se invejosas e ciumentas umas com as outras, e se dispõem a sacrificar tudo e qualquer coisa em troca desses valores terrenos – por causa dessas coisas que estão destinadas a ter fim, e que não poderão levar para sempre consigo. A situação real é tão óbvia; mas, no entanto, os homens não parecem vê-la tão obviamente assim. Se um homem simplesmente se sentasse e pensasse: "Bem aqui estou eu hoje, vivendo neste mundo. Porém, o que vai acontecer comigo? Que me reserva o futuro?", em resposta a essa pergunta inclinar-se-ia por responder a si mesmo: "Poderei continuar vivendo neste mundo por certo número de anos, mas é possível que nem isso suceda; não sei dizê-lo. Talvez eu não continue vivo amanhã; talvez não esteja vivo uma semana depois do dia de hoje. Não tenho certeza disso. Mas o que sei com certeza é que chegarei ao fim da minha existência terrena. Esta minha vida não durará para sempre. Terei de morrer algum dia. E, quando eu morrer, deixarei forçosamente para trás todas essas coisas. Deixarei a minha casa, os meus entes queridos e todas as minhas possessões materiais. Terei de deixar tudo para trás, e partir daqui sem levar nada". Ora, sabemos que isso é pura verdade. Entretanto, quão frequentemente nos dispomos a enfrentar sinceramente essa realidade? Quão frequentemente damo-nos conta desse fato? A nossa vida toda porventura é controlada pela consciência dessa realidade tão óbvia? A resposta a essas indagações é um "não". E o motivo para isso é o pecado, que cega a mente do homem para aquilo que é absolutamente óbvio. Por muitas vezes entoamos o hino que diz: "Mudança e decadência vejo sempre ao meu derredor". Porém, embora eu assim veja, não parece que sou capaz de percebê-lo.

Por semelhante modo, o pecado nos cega no que tange ao valor relativo das coisas. Consideremos, assim sendo, o tempo e a eternidade. Somos criaturas presas ao tempo, mas estamos destinadas a viver na eternidade. Não há comparação possível entre a importância relativa do tempo e da eternidade. O tempo é limitado, e a eternidade é interminável e absoluta. No entanto, vivemos cônscios desses valores relativos? Uma vez mais, não é simples fato que nos dedicamos às coisas que pertencem ao tempo, mas ignoramos totalmente as coisas que são eternas? Não é verdade que todas aquelas coisas sobre as quais tanto nos preocupamos pertencem a uma brevíssima faixa do tempo, e embora saibamos que há coisas que são eternas e intermináveis, dificilmente paramos a fim de pensar a respeito delas? Isso também é um efeito do pecado – os valores relativos não são devidamente apreciados por nós.

Ou então tomemos as trevas e a luz. Não há termos de comparação possível entre elas. Nada existe de mais admirável do que a luz. Ela é uma das coisas mais maravilhosas que existem no universo. O próprio "Deus é luz, e não há nele treva nenhuma" (I João 1:5). Reconhecemos o tipo de ação que pertence à esfera das trevas, aquelas coisas que sucedem em meio às trevas, sob a cobertura da noite. No céu, entretanto, não haverá trevas e nem noite. Ali tudo é luz e glória. Mas, quão lentos nos mostramos para apreciar o valor relativo da luz e das trevas. "Os homens amaram mais as trevas do que a luz; porque as suas obras eram más" (João 3:19).

Mas reflitamos, igualmente, sobre o valor do homem e de Deus. A totalidade da vida, à parte do cristianismo, é avaliada em termos do ser humano. Ele é o ser que é sempre considerado, quanto à sua pessoa e quanto ao seu bem-estar. Todos aqueles que não são crentes estão vivendo exclusivamente para o homem, isto é, para eles mesmos e para seus semelhantes. Entrementes, Deus está sendo esquecido e ignorado. Dizem-Lhe para esperar um pouco, até terem tempo para dedicar a Ele. Sem dúvida, isso caracteriza a vida de toda a humanidade afetada pelo pecado. Não hesitamos em voltar as costas a Deus e afirmar, por assim dizer: "Quando eu estiver enfermo, já em meu leito de morte, então voltar-me-ei para Deus; mas, por enquanto, quero viver a minha própria vida". A nossa vida mundana sempre recebe a primazia, sendo mais altamente valorizada do que Deus. Isso é cegueira. O homem está cego para os valores relativos. Meditemos sobre os homens que cobiçam as riquezas terrenas, materiais, a posição e as vantagens sociais, homens que dão maior valor a essas coisas tão efêmeras do que à possibilidade de se tornarem "herdeiros de Deus e coerdeiros com Cristo" (Romanos 8:17), antes de se tornarem herdeiros do mundo inteiro! "Bem-aventurados os mansos, porque herdarão a terra" (Mateus 5:5). Mas os homens não levam isso em consideração, não almejam essas realidades espirituais, porquanto toda a sua atenção e interesse é de natureza imediatista.

Consideremos ainda um outro aspecto em que pecado e o mal cegam a mente humana. Essas coisas deixam o homem cego para a impossibilidade de misturar opostos. Tudo está bem patente. O homem sempre tenta misturar coisas que não podem ser misturadas. Mas, pior ainda é o fato que ele procura persuadir a si mesmo de que obterá bom êxito nessa tentativa. O homem se sente quase certo de que tal compromisso é possível, apesar do fato que nosso Senhor ensinou que isso é impossível. Se você preferir que essa ideia seja expressa filosoficamente, basta que examine os escritos de Aristóteles, com o seu axioma que assevera que "não existem pontos intermediários entre dois pontos opostos". Os opostos são opostos, e jamais se conseguirá obter um meio termo entre eles. Eis aí! Não há como misturar a luz com as trevas. Se alguém tentar fazê-lo, não haverá mais luz, e nem mais haverá trevas. Por semelhante modo, ninguém pode misturar Deus e as riquezas materiais, e ninguém pode servir a dois senhores. É uma coisa ou outra, pois, "ou há de aborrecer-se de um e amar ao outro; ou se devotará a um e desprezará ao outro". Essas são realidades absolutas, e, se fôssemos capazes de pensar com clareza, haveríamos de reconhecê-las como tais. Ambas são realidades totalitárias. Ambas requerem a nossa total lealdade, e, por esse motivo, não podem ser mescladas entre si. No entanto, o homem, em seu pecado e em sua suposta esperteza, vê as duas coisas como se elas fossem uma só, e ao mesmo tempo; e ainda se vangloria em sua dupla visão. Nosso Senhor, entretanto, ensina-nos aqui que tal façanha não pode ser realizada. Não podemos amar duas coisas opostas ao mesmo tempo. O amor tem um caráter exclusivista; é exigente e sempre insiste naquilo que é absoluto. Sempre é uma coisa ou outra; tem que ser a luz ou as trevas. O olho ou é bom ou mau. É Deus ou as riquezas.

Toda a tremenda dificuldade do mundo moderno não consiste nessa incapacidade de reconhecer tal verdade? E temo que essa não é apenas a dificuldade enfrentada pelo mundo. Não é esse, igualmente, o problema da Igreja? A Igreja de Deus durante muito tempo tem procurado misturar determinados valores, os quais são incompatíveis uns com os outros. Se a Igreja é uma sociedade espiritual, então não nos podemos misturar com o mundo, de maneira nenhuma. Não importa qual seja a forma. "O mundo" não é uma expressão que aponte somente para os pecados mais grosseiros; pois também aponta para aquelas coisas que são perfeitamente legítimas em si mesmas. É esse comprometer constante, na vida da Igreja, que a vem arruinando desde os dias de Constantino. Uma vez que se perca a distinção entre o mundo e a Igreja, a Igreja deixa de ser verdadeiramente cristã. Graças a Deus, entretanto, tem havido reavivamentos, têm aparecido indivíduos que conseguem entrever essa verdade, e que se têm recusado a transigir. Essa é a única esperança da Igreja. Temos procurado sustentá-la através de meios puramente mundanos, e não é de surpreender que ela se tenha tornado naquilo que é. Ela continuará sendo assim, enquanto continuarmos tentando realizar o impossível. É somente quando chegamos a perceber que somos o povo de Deus, que somos um povo espiritual, e que vivemos na esfera do espírito, que somos abençoados e começamos a testemunhar um reavivamento. Podemos introduzir os nossos métodos mundanos, e talvez pareça que estamos obtendo sucesso; mas a Igreja em nada será aprimorada dessa maneira. Não! A Igreja tem natureza espiritual, e a sua vida espiritual precisa ser nutrida e sustentada de uma maneira puramente espiritual.

O efeito seguinte do pecado sobre o homem consiste em reduzi-lo a um escravo daquelas coisas que foram criadas justamente para servi-lo. Essa é uma das facetas mais trágicas e horripilantes do pecado. De conformidade com o que nosso Senhor aqui declarou, essas coisas terrenas e mundanas tendem por ser transformadas em nossas divindades. Nós as servimos, nós as amamos. O nosso coração é cativado por elas; e ficamos a seu serviço. Que são essas coisas? São as próprias coisas que Deus, em Sua bondade, proporcionou ao homem a fim de que lhe prestassem bom serviço, e a fim de que ele melhor usufruísse a sua vida, enquanto estivesse neste mundo. Todas essas coisas, que podem constituir tão grave ameaça para as nossas almas por causa do pecado, nos foram doadas por Deus e foi propósito dEle que nós as desfrutássemos – alimento e vestuário, família e amigos, e todas as demais coisas. Todas elas são apenas manifestações da bondade e da graça de Deus. Deus no-las concedeu para que tivéssemos uma vida agradável e prazerosa neste mundo. Todavia, em virtude do pecado, temo-nos tornado escravos dessas mesmas coisas. Somos dominados pelos nossos apetites. Foi o Senhor Deus quem nos deu os nossos apetites: a fome, a sede e o sexo foram todos criados por nosso Deus. Porém, no instante mesmo em que um ser humano é dominado pelos seus apetites, ou passa a ser controlado por eles, torna-se um escravo deles. Que tragédia! O homem inclina-se ao chão e adora diante do santuário de coisas que foram criadas para lhe prestarem serviço útil. Coisas que tinham a intenção de ministrar às suas necessidades tornaram-se os seus senhores. Que coisa horrenda e terrível é o pecado!

O último ponto, entretanto, é o mais sério e solene de todos. O efeito final do pecado sobre a humanidade é que arruína inteiramente o homem. Assim nos ensinam as Escrituras, do princípio ao fim. O pecado, que veio à vida por intermédio da serpente , no jardim do Éden, não tem por escopo outra coisa senão a nossa ruína final. Satanás odeia a Deus com todas as forças de seu ser, e tem um único objetivo, uma única ambição: arruinar e estragar tudo aquilo que Deus criou, e no que Ele se deleita. Em outras palavras, ele se concentrou especialmente na ruína do homem e do mundo.

Como é que o pecado arruína o homem? Encontramos a resposta nestes versículos. O pecado arruína o homem no sentido que, tendo gasto a sua vida inteira acumulando certas coisas neste mundo, no final da vida ele se encontra de mãos vazias. Após haver amealhado para si mesmo tesouros sobre a terra, onde a traça e a ferrugem corroem, e onde ladrões escavam e roubam, ele se encontra face a face com o mais poderoso de todos os adversários, que é a própria morte. E então esse pobre e mísero homem, que viveu exclusivamente para essas coisas, repentinamente se vê destituído de tudo – desnudado de tudo, excetuando a sua alma nua. E a sua ruína é completa. "Que aproveita ao homem ganhar o mundo inteiro e perder a sua alma?" (Marcos 8:36).

É a esse final inglório que o pecado eventualmente nos pretende levar. Há muitas passagens bíblicas que comprovam essa verdade. Examine o trecho de Lucas 16:19-31. Ali está perfeitamente; você não precisa de outras passagens bíblicas. Trata-se de uma questão de compreensão e bom senso, à qual cumpre-nos aplicar a mente. Pense em todas as coisas para as quais você se inclina por viver, pense neste momento naquilo que realmente conta, que realmente importa em sua vida. Em seguida, faça a si mesmo esta indagação: "Quantas dessas coisas eu serei capaz de levar em minha companhia quando morrer?" Esse é o grande teste. Quantas delas continuarão com você, quando você chegar às margens do rio da morte, e quando tiver ultrapassado esse rio? O pecado envolve a ruína final, a qual, deixa o homem inteiramente vazio.

Em certo sentido, ainda pior do que isso é que, no fim, o homem também descobre que vivera inteira e completamente errado a vida toda. O Senhor exprime esse conceito como segue: "São os olhos a lâmpada do corpo. Se os teus olhos forem bons, todo o teu corpo será luminoso; se, porém, os teus olhos forem maus, todo o teu corpo estará em trevas. Portanto, caso a luz que em ti há sejam trevas, que grandes trevas serão!" (Mateus 6:22-23). Esse é um quadro que se reveste do seguinte significado. Conforme já vimos, a luz do corpo, em certo sentido, é a mente, é a compreensão, essa extraordinária faculdade que Deus conferiu ao homem. Se, em resultado do pecado e do mal, e também por causa do controle exercido sobre o coração, por causa da concupiscência, das paixões e dos desejos desvairados esse instrumento supremo foi pervertido, quão espessas são essas trevas? Haverá alguma coisa pior ou mais terrível do que essa?

Poderíamos contemplar a questão pelo ângulo seguinte. O homem moderno, conforme temos dito, e conforme sabemos perfeitamente bem, não somente acredita que está sendo dirigido pela sua mente, mas também rejeita a Deus em virtude de sua mentalidade e compreensão. Ele zomba da religião cristã e despreza aqueles que denunciam o ponto de vista mundano da vida. Vive exclusivamente para o presente, como se isso fosse a única coisa que importasse. E crê que esse deve ser o ponto de vista racional a ser assumido. Ele pensa que é capaz de comprovar sua opinião para sua própria satisfação, e está convencido de que é conduzido pela sua elevada mentalidade. Não percebe que a luz que nele existe se obscureceu. Não nota que as suas faculdades foram transtornadas pelo pecado. Não vê que diversas forças estão controlando e drogando a sua mente, e que ele, por isso mesmo, não está mais agindo livre e racionalmente. No fim de sua carreira, entretanto, haverá de tomar consciência de tudo isso; no fim, haverá de cair em si, a exemplo do filho pródigo da parábola de Cristo. Repentinamente, perceberá que as coisas que mereciam a sua confiança eram trevas, e que elas o desviaram do rumo certo, e que ele perdeu tudo – a luz que nele havia eram trevas, e quão espessas eram essas trevas! Nada existe pior do que isso, ou seja, descobrir, somente no fim, que a própria coisa a que jungíamos nossa fé é aquilo que nos derrubou.

Tudo isso pode ser visto no quadro sobre Lázaro e o rico, em Lucas 16. Estou certo que o rico dia após dia se justificava a si mesmo, dizendo: "Tudo está bem comigo!" Mas, depois que morreu e se encontrou no inferno, de súbito viu corretamente a sua realidade. Percebeu que fora um insensato a vida toda. Agira de modo deliberado, mas isso tão somente o conduzira até ali. Viu quão tolo havia sido e rogou a Abraão que enviasse alguém a seus irmãos, que estavam fazendo a mesma coisa. Descobriu, portanto, que a luz que nele havia eram trevas, e que essas trevas eram profundas. Essa é uma das mais sutis façanhas de Satanás. O diabo persuade ao ser humano de que se negar a Deus estará sendo um indivíduo racional; entretanto, conforme já verificamos por diversas vezes, o que está realmente acontecendo é que o diabo faz do ser humano uma criatura dominada pela concupiscência e pelos desejos distorcidos, cuja mente ficou cega e cujo olho não é mais bom. A maior de todas as faculdades do homem fica assim corrompida.

Se você ainda não é crente, não confie em sua própria mente; essa é a coisa mais perigosa que você poderia fazer. No entanto, quando você se converter, então a sua mente será restaurada, e você se tornará um ser racional. Não existe ilusão mais patética do que a de um homem que pensa que a fé cristã é apenas um dramalhão sentimental, é o ópio do povo, algo puramente emocional e irracional. Porém, a verdadeira perspectiva acerca do cristianismo é aquela que foi apresentada perfeitamente pelo apóstolo Paulo, em Romanos 6:17, onde se lê: "... viestes a obedecer de coração à forma de doutrina a que fostes entregues". Essa doutrina lhes fora anunciada, e, quando a ouviram, gostaram dela, confiaram nela e a puseram em prática. Acolheram a verdade divina, antes de mais nada, com a própria mente. A verdade tem que ser recebida com a mente, e é o Espírito Santo quem permite que a mente do homem se torne perspicaz. Nisso consiste a conversão; e é isso que resulta da regeneração. A mente é libertada dessas distorções do mal e das trevas espirituais; e então discerne a verdade e passa a amá-la e desejá-la acima de todas as coisas. Aí está! Nada existe de mais trágico do que um homem descobrir, no fim de sua vida, que vinha agindo de maneira totalmente errada o tempo todo.

Resta-nos dizer uma palavra final. Esse mísero indivíduo que foi arruinado pelo pecado não somente chegou a descobrir que está de mãos vazias, mas também chegou a descobrir que enganou a si mesmo, que foi desviado do reto caminho por sua suposta luz, e que agora está do lado de fora da vida divina, e debaixo da ira de Deus. "Não podeis servir a Deus e às riquezas." Isso posto, se um homem ficou servindo às riquezas nesta vida, até morrer, no além-túmulo ver-se á separado eternamente de Deus. Visto não ter servido ao Senhor, só há uma coisa a ser dita a seu respeito, de conformidade com as Escrituras, ou seja, que "... sobre ele permanece a ira de Deus" (João 3:36). Tudo aquilo pelo que ele havia vivido já se foi; na eternidade, a sua alma encontra-se desnuda, e agora precisa defrontar-se com Deus, o Deus que é amor, que é gracioso e bondoso. O Pai, aquele que conta os próprios fios de cabelo da cabeça de um crente, para tal indivíduo não passa de um estranho. Ele está sem Deus, e não somente sem Deus neste mundo, mas também está sem Deus por toda a eternidade, em sua miséria e remorso, em sua desgraça e lamentações. O pecado envolve uma perda completa. Se você porventura não está vivendo para servir ao Senhor, então esse será, igualmente, o seu destino final. Você terminará sem nada ter de seu, e habitará naquelas dimensões da negatividade, naquela desesperadora negatividade por toda a eternidade. Que Deus não permita que essa seja a sorte de qualquer um daqueles que estão ao alcance destas minhas palavras. Se você quiser evitar tão amarga sorte, então avizinhe-se de Deus e Lhe confesse que você tem servido somente às coisas terrenas, que você só tem acumulado tesouros sobre esta terra. Confesse tudo isso a Ele, entregue-se definitivamente a Ele, coloque-se sem reservas em Suas misericordiosas mãos, e, acima de tudo, peça-Lhe para enchê-lo com o Seu Santo Espírito, o único que é capaz de nos iluminar a mente, de nos aclarar a compreensão e de fazer-nos o olho tornar-se bom e apto a divisar a verdade – a verdade acerca do pecado, a verdade acerca do único caminho de salvação, que é através do sangue de Cristo. O Espírito Santo é aquele que pode mostrar-nos como nos convém ser libertos das perversões e da poluição do pecado, tornando-nos homens e mulheres inteiramente renovados, criados segundo o molde e o padrão do próprio Filho de Deus, capazes de amar as realidades divinas, capazes de servir a Deus, e a Deus somente.

Capítulo XL
NÃO ANDEIS ANSIOSOS

No versículo 25 tem início uma nova seção em nossas considerações sobre o Sermão do Monte. Na realidade, trata-se de uma subdivisão do tema maior que está sendo ventilado neste sexto capítulo de Mateus, a saber, a maneira de andar e de viver do crente neste mundo, em relação ao Pai.

Há dois aspectos que precisam ser levados em conta – aquilo que o crente faz em particular, e aquilo que ele faz em público. Você deve estar percebendo quão prático é esse Sermão do Monte. Está longe de ser algo remoto e teórico. Aborda as questões práticas da vida pessoal, privada – tudo quanto eu faço, a minha vida de oração, as minhas tentativas para praticar o bem, a minha vida de jejum, as minhas devoções pessoais, a nutrição e cultura de minha própria vida espiritual.

Todavia, eu não passo a totalidade do meu tempo nessas ocupações. Se eu fizesse tal coisa, tornar-me-ia um monge, ou um eremita. Não me afasto do mundo. Mas, pelo contrário, mantenho-me atarefado no mundo, mantenho-me ocupado em negócios e outras atividades, e tenho uma multidão de problemas que fazem pressão sobre mim. Acima de tudo, conforme o Senhor Jesus nos relembra na segunda seção, que começa no versículo 19, o grande problema com o qual nos defrontamos é o mundanismo, que sempre se faz presente e constantemente nos ataca. Esse é o tema, a partir do versículo 19 até ao fim do capítulo. Porém, já vimos que esse tema está dividido em seções subsidiárias. Em primeiro lugar, há aquela seção que já consideramos, a qual cobre os versículos 19 a 24. E agora, do versículo 25 até ao fim do capítulo, chegamos à segunda seção. Continua em pauta o tema central, que é o perigo representado pelo mundanismo, o perigo representado pelo atrativo das riquezas, o perigo de sermos derrotados pela mentalidade, perspectiva e atual tipo de vida do mundo.

Talvez duas sejam as maneiras principais de considerarmos a diferença entre os versículos 19 a 24 e esta seção. Uma das maneiras de expressar essa diferença consiste em dizer que, na subdivisão anterior, nosso Senhor estava enfatizando principalmente o perigo de juntarmos tesouros sobre a terra, acumulando-os e amealhando-os, e vivendo exclusivamente para eles. Mas aqui, nosso Senhor ocupava-se não tanto com o ato de acumularmos tesouros sobre a terra, mas muito mais com a nossa preocupação com os mesmos, mostrando-nos ansiosos a respeito deles. E, naturalmente, esses dois pontos de vista são diferentes. Há muitas pessoas que talvez não sejam culpadas de acumular tesouros sobre a terra, mas que, não obstante, podem ser extremamente culpadas de mundanismo, por estarem sempre pensando sobre essas coisas, concentrando nelas toda a sua atenção. Essa é a principal diferença entre essas duas subdivisões. Porém, a questão pode ser expressa numa outra maneira. Algumas pessoas afirmam que nos versículos 19 a 24 nosso Senhor dirigia-se principalmente a pessoas ricas, agraciadas com sólida situação financeira, e que, por isso mesmo, encontram-se em posição de ajuntar riquezas materiais e amealhá-las. Mas igualmente sugerem que, do versículo 25 em diante, até ao fim do capítulo, Ele estaria pensando mais em pessoas que são realmente pobres, ou então naquelas que não poderiam ser descritas como abastadas, aquelas que meramente se mantêm, aquelas que se defrontam com o problema de ganhar a vida e manter as coisas em andamento. Para essas pessoas, o principal perigo não seria o de ajuntar tesouros sobre a terra, ou de adorar tesouros de qualquer espécie ou natureza, e, sim, o perigo de se envolverem com essas coisas, tornando-se ansiosas a respeito. Na verdade, não importa muito a interpretação que se venha a aceitar. Ambas essas ideias são verdadeiras, pois é possível que um homem verdadeiramente rico viva preocupado e sobrecarregado com essas questões mundanas. Por conseguinte, não precisamos pressionar a antítese entre os ricos e os pobres. O grande perigo consiste em alguém concentrar a sua atenção sobre essas coisas ao ponto de ficar oprimido e obcecado pelo que é visível, pelas coisas que pertencem exclusivamente ao tempo e ao mundo presente.

Aqui, uma vez mais, somos relembrados acerca da terrível sutileza de Satanás e do pecado. Para Satanás não importa muito a forma assumida pelo pecado, contanto que obtenha sucesso em seu objetivo final. Para ele não é importante se alguém está acumulando tesouros sobre a terra ou preocupando-se com esses tesouros; tudo quanto lhe importa é que as nossas mentes concentrem-se sobre essas coisas, e não sobre Deus. E o diabo nos atacará e assediará de todas as direções possíveis. Você poderia pensar que ganhou essa batalha contra Satanás somente porque o venceu quando ele apareceu na porta da frente e lhe falou a respeito dos tesouros deste mundo. Mas, antes que você tome plena consciência do fato, descobrirá que ele entrou pela porta de trás e levou você a sentir-se preocupado e ansioso acerca dessas coisas materiais. Assim, ele conseguiu fazer com que você considere essas coisas materiais, e por isso ele está satisfeito. Satanás é capaz de transformar-se em "anjo de luz" (II Coríntios 11:14). Não há fim quanto à variedade de seus métodos. A sua grande preocupação é que mantenhamos as nossas mentes presas a essas coisas, ao invés de as enfocarmos em Deus. Mas, felizmente para nós, estamos sendo guiados por Alguém que conhece a Satanás e aos seus métodos; e, se porventura podemos dizer, juntamente com o apóstolo Paulo, que "não lhe ignoramos os desígnios" (II Coríntios 2:11), isso se deve ao fato que fomos ensinados e instruídos pelo Senhor Jesus Cristo em pessoa. Quão sutil foi a tríplice tentação a que Satanás sujeitou o Senhor no deserto! "Se és Filho de Deus..." (Mateus 4:3). Estamos sujeitos a ataques similares, mas, graças a Deus, nosso Senhor nos brindou com instruções acerca disso, nesta passagem bíblica, e esse Seu ensino reveste-se de forma perfeitamente clara e explícita.

Nosso Senhor prosseguiu em Sua advertência. Ele sabe quão frágeis somos, e também conhece o poder de Satanás e toda a sua horrível sutileza, razão pela qual desceu a detalhes. Novamente verificaremos aqui, conforme já vimos na seção anterior, que Cristo não se contentou meramente em estabelecer princípios, em dar-nos uma ordem ou mandamento. Antes, nos dá argumentos e oferece-nos razões. Ele apresenta essas coisas para serem apreciadas pelo nosso bom senso. Uma vez mais somos lembrados que Ele está apresentando a verdade diante de nosso intelecto. Jesus não se preocupa somente em produzir uma determinada atmosfera emocional, mas também raciocina junto conosco. Essa é a grande questão que precisamos apreender. É por esse motivo que Ele começa, novamente, com as palavras "por isso". "Por isso, vos digo..."

Jesus está desenvolvendo o Seu principal argumento, embora agora apresentando-o de maneira levemente diferente. Naturalmente, o tema continua o mesmo, isto é, a necessidade de termos um olho bom, a necessidade de considerarmos aquilo que se reveste da importância central. Ouvimo-Lo repetindo as palavras "buscai, pois, em primeiro lugar". Isso apenas equivale a outra maneira de dizer que precisamos ter um olho bom, servindo a Deus, e não às riquezas. Precisamos fazer isso a qualquer custo. Portanto, ele frisa o ponto por três vezes, introduzindo a questão por meio de um "por isso", ou de um "portanto". "Por isso, vos digo: Não andeis ansiosos pela vossa vida, quanto ao que haveis de comer ou beber; nem pelo vosso corpo, quanto ao que haveis de vestir. Não é a vida mais do que o alimento, e o corpo, mais do que as vestes?" (v. 25). Novamente, no versículo 31: "Portanto, não vos inquieteis, dizendo: Que comeremos? Que beberemos? Ou: Com que nos vestiremos?" E, finalmente, no versículo 34, Jesus assevera: "Portanto, não vos inquieteis com o dia de amanhã, pois o amanhã trará os seus cuidados; basta ao dia o seu próprio mal". Neste mundo jamais apareceu mestre como o Senhor Jesus Cristo! A arte do ensino é a arte da repetição. O verdadeiro professor sempre reconhece que não basta dizer alguma coisa uma vez só, pois qualquer conceito precisa ser repetido. Assim sendo, Ele expressou essa ideia por três vezes, embora de cada vez o fizesse de maneira levemente diferente. O método de Cristo é particularmente interessante e fascinante, e, ao prosseguirmos nestes estudos veremos exatamente no que consiste esse método.

A primeira coisa que devemos fazer é considerar os termos que o Senhor Jesus empregou, particularmente quanto a essas expressões: "Não andeis ansiosos", "Não vos inquieteis", as quais as pessoas geralmente têm compreendido erroneamente, tropeçando nelas e escandalizando-se. Essas palavras equivalem a: "Não vos preocupeis". Efetivamente, a palavra utilizada por nosso Senhor é extremamente interessante, porquanto indica algo que divide, que separa ou que distrai a atenção, um vocábulo frequentemente usado nas páginas do Novo Testamento. Se você examinar o trecho de Lucas 12:29, que é uma passagem paralela a esta, verificará que a expressão ali usada é: "não vos entregueis a inquietações". É a mente do indivíduo que está dividida em segmentos ou compartimentos, e não funciona como um todo. Por conseguinte, não podemos expressá-lo melhor do que dizendo que não é um "olho bom". Manifesta-se nessa atitude uma espécie de visão dupla, um olhar lançado para duas direções simultaneamente, um olhar que, realmente, não pode ver coisa nenhuma como é evidente. É isso que significa andar ansioso, estar inquieto.

Uma ilustração ainda melhor acerca do significado desse vocábulo pode ser achada na história de Marta e Maria, quando nosso Senhor esteve hospedado na casa delas (ver Lucas 10:38-42). O Senhor Jesus voltou-se para Marta e a repreendeu, dizendo-lhe: "Marta! Marta! Andas inquieta e te preocupas com muitas coisas". Pobre Marta! Ela se deixara "distrair"! Ora, esse é o verdadeiro sentido dessa expressão. Marta realmente não sabia onde estava e nem o que queria. Maria, por sua parte, tinha um único propósito, um único alvo; não se deixava distrair por muitas coisas. Aquilo contra o que o Senhor Jesus nos advertia, assim sendo, é o perigo de ser distraído do principal objetivo da vida, através da ansiedade acerca das coisas terrenas, de cuidados e preocupações com coisas desta vida. Tanto olhamos para as coisas terrenas que acabamos nos esquecendo de Deus – esse perigo de vivermos uma vida dupla, um falso ponto de vista, um dualismo de propósitos. Era a respeito disso que o Senhor Jesus se preocupava tanto.

Talvez seja importante expressarmos essa particularidade sob forma negativa. O Senhor não nos ensina aqui que não devemos pensar sobre essas coisas de modo nenhum. "Não andeis ansiosos" não tem esse significado. Por muitas vezes, ao longo da História da Igreja, tem havido pessoas zelosas, embora mal orientadas, que têm tomado essas palavras literalmente, e que têm sentido que para viverem a vida da fé não devem pensar acerca do futuro em qualquer sentido, e nem fazer qualquer provisão para o futuro. Elas têm apenas "vivido pela fé", elas têm apenas "orado a Deus", mas coisa nenhuma têm feito a esse respeito. Contudo, não é esse o significado das palavras "Não andeis ansiosos". Só o contexto e o claro ensino do Novo Testamento, em outros lugares, poderia tê-las poupado desse tremendo erro. O conhecimento do significado exato das palavras no grego não é o único fator essencial para a verdadeira interpretação; pois se alguém ler as Escrituras, e se alguém observar o contexto das passagens examinadas, será salvaguardado desses erros. Não há que duvidar que nesse contexto a própria ilustração usada pelo Senhor prova que essa gente deve estar equivocada. Jesus utiliza-se do argumento das aves que voam no espaço. Não é verdade afirmar-se que as aves têm apenas de ficar empoleiradas em alguma árvore ou poste, esperando até que o alimento lhes seja trazido mecanicamente. Isso não corresponde à realidade. Elas buscam ativamente o seu alimento. Há uma intensa atividade entre as aves, pelo que o próprio argumento empregado pelo Senhor Jesus, exclui inteiramente a possibilidade de interpretarmos esse Seu ensino como se envolvesse uma espécie de espera passiva por Deus, sem que o homem fizesse coisa alguma. Nosso Senhor jamais condenou os agricultores por ararem o terreno, desterroarem a terra, semearem e colherem a colheita, e, finalmente, juntarem em celeiros a safra do ano. Jesus jamais condenou tal atividade, pois foi ordem de Deus que o homem vivesse dessa maneira, isto é, através do suor de seu rosto. Dessa maneira, esses argumentos, expressos na forma de ilustrações, incluem também o caso dos lírios do campo – como eles extraem o seu sustento da terra onde estão plantados – especialmente se os considerarmos à luz do ensino bíblico em outros trechos, o que deveria ter poupado muitos homens dessas ridículas e distorcidas interpretações. O apóstolo Paulo o exprime mui explicitamente, em sua segunda Epístola aos Tessalonicenses, onde ele assevera que: "Se alguém não quer trabalhar, também não coma" (3:10). Sempre houve pessoas, mal orientadas e até certo ponto fanatizadas, que têm dito: "O Senhor haverá de retornar a qualquer momento; portanto, não devemos trabalhar. Antes, devemos passar todo o nosso tempo esperando pela

Sua volta". E assim têm cessado de trabalhar e têm imaginado ser indivíduos excepcionalmente espirituais. "Se alguém não quer trabalhar, também não coma." Existem determinados princípios fundamentais que nos governam a vida diária, e este é um deles.

Encontramos uma exposição desse mandamento naquela grandiosa afirmação do apóstolo Paulo, em Filipenses 4:6-7, onde ele diz: "Não andeis ansiosos de coisa alguma; em tudo, porém, sejam conhecidas, diante de Deus, as vossas petições, pela oração e pela súplica, com ações de graça. E a paz de Deus, que excede todo o entendimento, guardará os vossos corações e as vossas mentes em Cristo Jesus". Como é evidente, uma vez mais não há aqui qualquer injunção tendente ao ócio, mas nessas palavras encontramos uma advertência acerca da ansiedade, acerca dessa nossa tendência para a preocupação, e que tão constantemente nos aflige a vida.

Não pode haver dúvida alguma acerca do real perigo envolvido em toda essa questão. No momento em que paramos para considerar e para nos examinarmos a nós mesmos, descobrimos que não somente estamos desprotegidos diante desse perigo, mas também que, com frequência, já sucumbimos diante do mesmo. Para a humanidade, coisa alguma parece mais natural do que o indivíduo sentir-se ansioso, sentir-se sobrecarregado e preocupado. Trata-se de uma peculiar forma de tentação que, conforme alguns opinam, ataca principalmente as mulheres, especialmente aquelas responsáveis pelo trabalho doméstico. Entretanto, sob hipótese nenhuma está limitada a elas essa espécie de preocupação. O perigo com que se defrontam os maridos, ou os pais, bem como qualquer outra pessoa responsável por seres queridos ou outros indivíduos, em um mundo como é o nosso, é o passar a vida inteira oprimido por essas coisas, sobrecarregado debaixo do peso delas. Essas coisas tendem por dominar-nos e controlar-nos, e passamos a vida inteira escravizados a elas. Era isso que o Senhor Jesus ressaltava, e tão preocupado estava ele com essa questão que chegou a repetir Sua advertência por três vezes.

Em primeiro lugar, pois, examinaremos o argumento do Senhor Jesus de maneira bem geral. Façamos uma paráfrase do que Cristo realmente disse: "Não fiquem preocupados com as suas próprias vidas acerca daquilo que comerão ou beberão; e nem fiquem preocupados com o próprio corpo, acerca do que vestirão". Novamente, Jesus começa aqui com uma declaração e injunção geral, conforme já fizera na seção anterior. Ali, Jesus começara lançando um preceito básico, e em seguida ofereceu-nos as razões que nos ajudam a observar essa lei. Ocorre precisamente a mesma coisa neste ponto. Há uma declaração geral: Não devemos viver ansiosos ou preocupados com o que comeremos ou com o que beberemos, e nem com o corpo, acerca do que vestiremos. Como é óbvio, essas palavras são muito abrangentes. Jesus ventila as nossas vidas, a nossa existência diária, o fato de estarmos neste corpo em que vivemos. Aqui estamos, personalidades distintas, dotados desse dom de vida; e cada um de nós está vivendo a sua própria vida, neste mundo, por intermédio dos corpos. Isso posto, quando nosso Senhor considera a nossa vida e os nossos corpos, por assim dizer estava considerando a nossa personalidade essencial, bem como a nossa vida diária no mundo. O Senhor descreve essa questão com grandes pinceladas; faz uma declaração abrangente e inclui a totalidade do ser humano. O Senhor insiste que jamais deveríamos ficar ansiosos acerca de nossas vidas ou a respeito de nossos corpos, no tocante ao que vestiremos. A questão é muito ampla, e é importantíssimo que percebamos esse fato, porque se trata de uma injunção bastante completa. Não se aplica somente a determinados aspectos de nossa vida; mas envolve a totalidade da vida, da saúde, das energias físicas, do sucesso e de tudo quanto nos estiver acontecendo – aquilo que faz parte de nossa vida, em qualquer forma ou sentido. No final do versículo Ele considera o corpo como um todo, aconselhando-nos a não ficarmos preocupados com as vestes, ou com qualquer daquelas outras coisas que fazem parte integrante de nossa vida neste mundo.

Tendo dado a Sua ordem, ato contínuo Jesus nos oferece uma razão geral para que a observemos; e então, conforme veremos, tendo feito isso, Ele passa a subdividir a questão, oferecendo-nos razões específicas sob dois títulos. Contudo, Ele dá início à Sua razão geral com as seguintes palavras: "Não é a vida mais do que o alimento, e o corpo, mais do que as vestes?" Isso inclui a vida e o corpo. Em seguida, Cristo subdivide a Sua razão e considera a nossa vida diária, oferecendo-nos o Seu argumento a respeito; então Ele considera o corpo e oferece-nos o Seu argumento geral, o qual é muito notável e importante. Aqueles que apreciam a lógica diriam que esse argumento se baseia na dedução do maior para o menor. É como se o Senhor dissesse: "Esperem aí um minuto. Considerem isto antes de se deixarem arrastar pela excessiva preocupação. A vida porventura não é mais do que a comida, mais do que o sustento diário? E o próprio corpo não é mais importante e valioso do que as vestes?"

O que quis dizer nosso Senhor com isso? O argumento é extremamente profundo e poderoso. Mas, quão propensos nos mostramos por nos esquecermos desse fato! É como se o Senhor houvesse dito: "Considerem essa sua vida, a respeito da qual vocês tendem por preocupar-se e ficar ansiosos. Como é que vocês obtiveram essa vida? De onde é que ela veio?" E a resposta, naturalmente, é que a vida é um dom de Deus. O homem é incapaz de criar vida; o homem não consegue dar vida nem a si mesmo. Nenhum de nós jamais resolveu vir a este mundo. E o próprio fato que estamos vivos neste instante deve-se inteiramente a Deus que assim quis e assim decidiu. A própria vida é uma dádiva, uma dádiva de Deus. Assim sendo, o argumento utilizado por nosso Senhor importa no seguinte: Se Deus lhe deu o dom da vida – o maior de todos os dons –, você imagina que agora, repentinamente, Ele haveria de negar a Si mesmo e aos Seus próprios métodos, não cuidando para que essa vida seja sustentada e capacitada a continuar? Deus tem a Sua própria maneira de fazer isso; porém, o argumento usado por Cristo é que eu jamais tenho necessidade de ficar preocupado com tal questão. Naturalmente, devo arar, semear, colher e armazenar o produto da terra em celeiros. Cumpre-me fazer as coisas que Deus determinou que o homem fizesse nesta vida e neste mundo. Devo trabalhar, devo ganhar honestamente o meu dinheiro, e assim por diante. Todavia, tudo quanto Ele diz é que eu nunca precisarei sentir-me ansioso ou preocupado com a possibilidade de, subitamente, não haver o suficiente para manter a continuidade da minha vida. Isso jamais acontecerá comigo. É algo simplesmente impossível. Se Deus me deu a dádiva da vida, então Ele cuidará para que essa vida prossiga. Mas o ponto que o Senhor Jesus frisou é este: Ele não argumentava sobre *como* isso haverá de suceder. Simplesmente diz que assim sucederá.

Recomendo-lhe que estude, como questão de magna importância e de interesse vital, a frequência com que esse argumento é utilizado nas Escrituras. Encontramos uma perfeita ilustração desse argumento no trecho de Romanos 8:32, onde se lê: "Aquele que não poupou a seu próprio Filho, antes, por todos nós o entregou, porventura, não nos dará graciosamente com ele todas as coisas?" Esse é um argumento bíblico bastante comum, o argumento do maior para o menor; e sempre deveríamos estar atentos ao mesmo, a fim de aplicá-lo. O Doador da vida cuidará para que nos sejam providenciados o sustento e tudo quanto for necessário para esta vida. Não convém que nos fixemos agora no argumento alicerçado sobre as aves do céu, mas é exatamente isso que Deus faz com as aves. As aves têm de encontrar o seu próprio alimento, mas é Deus quem providencia para elas esse alimento; Deus cuida para que esse suprimento não lhes falte.

Exatamente a mesma coisa, naturalmente, se aplica ao corpo. O nosso corpo é uma dádiva de Deus, e, por conseguinte, deveríamos sentir-nos razoavelmente felizes e certos, em nossas mentes, de que, de alguma maneira, Ele providenciará os meios através dos quais nossos corpos serão alimentados e vestidos. Neste ponto, pois, temos chegado a um dos grandes princípios do Senhor Jesus, um dos grandes princípios centrais da Bíblia. Nada existe nesta moderna geração que tanto precise ser relembrado quanto isso. A principal dificuldade com quase todos nós é que nos temos olvidado dos primeiros princípios, especialmente esse princípio vital de que as coisas de que desfrutamos nesta vida são dons de Deus. Por exemplo, com que frequência agradecemos a Deus pelo dom da própria vida? Tendemos por pensar que, munidos de todo o nosso moderno conhecimento científico, podemos compreender a origem e a essência da vida. E assim, pensamos nessas coisas em termos de causas naturais e de processos inevitáveis. Todavia, inteiramente à parte do fato que todas essas teorias não passam mesmo de teorias, que não podem ser provadas, mostrando-se deficientes justamente no seu ponto mais vital, quão trágicas elas são, no tocante à ausência de compreensão do ensino bíblico que nelas transparece. De onde veio a vida? Basta ler os escritos dos cientistas modernos, quando falam sobre a origem da vida, para que se descubra que eles não podem explicá-la. Não são capazes de transpor o abismo do inorgânico para a orgânico. Eles têm as suas teorias; mas as suas ideias não passam de teorias, e o pior é que os cientistas discordam entre si. Esse, entretanto, é o problema fundamental. De onde proveio esse princípio que denominamos vida? Qual é a sua origem? Se alguém responder que, de alguma forma, o inorgânico tornou-se orgânico, insistirei na pergunta: De onde veio o inorgânico? E assim somos forçados a retornar ao princípio da vida. Só existe uma resposta satisfatória para essa pergunta: Deus é o Doador da vida.

Contudo, não deveríamos considerar essa questão apenas em termos gerais. Nosso Senhor estava particularmente interessado pelo nosso caso e condição individuais, e aquilo que Ele realmente nos ensinava, nesta altura, é que Deus foi quem nos proporcionou o dom da vida, do ser e da existência. Trata-se de um conceito tremendamente amplo. Não somos meros indivíduos lançados ou produzidos pelo suposto processo evolutivo. Deus interessa-se por nós como indivíduos, um por um. Jamais teríamos vindo a este mundo se Deus não o quisesse. Precisamos agarrar-nos firmemente, sem jamais soltar, a esse profundíssimo princípio. Nunca deveria passar-se um dia, em nossas vidas, sem agradecermos a Deus pela dádiva da vida, do alimento e da existência, bem como pela maravilha e prodígio que é o corpo que Ele deu a cada um de nós. Essas coisas são inteira e exclusivamente dádivas divinas. E, naturalmente, se falharmos em reconhecer esse fato, haveremos de falhar em tudo o mais.

Bem faríamos se, neste ponto, parássemos para meditar sobre esse grande princípio, antes de prosseguirmos até ao argumento subsidiário de nosso Senhor. Jesus sumariou o Seu ensinamento central naquelas palavras que dizem: "... homens de pequena fé" (Mateus 6:30). Nessa passagem bíblica, segundo veremos, a fé não indica algum princípio vago; Cristo tinha em mente a nossa incapacidade de compreender, a nossa falta de entendimento do ponto de vista bíblico do homem e da vida, conforme ela deve ser vivida neste mundo. Essa é a real dificuldade com que nos defrontamos, e o propósito de nosso Senhor, ao dar-nos aquelas ilustrações que haveremos de considerar mais tarde, foi o de mostrar-nos que não pensamos consoante deveríamos pensar. Pergunta-nos o Senhor: "Como é que vocês não percebem que, inevitavelmente, isso tem de ser uma realidade?" E, dentre todas as coisas que mencionei, a respeito das quais falhamos em apreender e compreender a verdade, a coisa mais importante é esse ponto preliminar e fundamental a respeito da natureza e do ser do próprio homem. Aqui a questão foi expressa em toda a sua simplicidade. É o próprio Deus quem nos propicia a vida, bem como o corpo no qual vivemos. E, se Ele assim fez, então podemos extrair daí a dedução seguinte: O Seu propósito concernente a nós será cumprido. Deus jamais deixa por terminar qualquer obra que Ele tenha iniciado; aquilo que Ele tiver começado, que tiver proposto, sem a menor sombra de dúvida será cumprido. E, assim sendo, retrocedemos ao seguinte pensamento: na mente de Deus há um plano para cada vida humana. Jamais deveríamos reputar nossa vida neste planeta como um acontecimento acidental. Não. Cristo perguntou de Seus assustados e intimidados discípulos: "Não são doze as horas do dia?" (João 11:9). Ora, precisamos indagar isso de nós mesmos. Podemos estar certos que Deus tem um plano e um propósito para as nossas vidas, e que esse plano e propósito serão postos em execução. Assim sendo, nunca deveríamos ficar ansiosos acerca da nossa vida, de seu sustento e continuação. Não deveríamos ficar ansiosos se, porventura, nos encontrássemos em uma área atingida por uma tempestade em alto-mar, ou em um avião que estivesse funcionando mal, ou em um trem, quando repentinamente, lembramos que ainda na semana anterior houvera um acidente naquela linha. Essa espécie de temor fica abolida quando realmente somos donos do ponto de vista correto da própria vida e do corpo como dádivas de Deus. Originaram-se em Deus e nos foram dados por Deus. Ele não dá início a um processo dessa ordem somente para permitir que continue ao mero acaso. De modo nenhum; pois uma vez que o Senhor dê início ao processo da vida, providencia para que o mesmo continue. Deus, que decretou todas as coisas no princípio da criação, está dando prosseguimento às mesmas. O propósito divino para a humanidade e o propósito de Deus para o indivíduo certamente serão cumpridos.

Não poderíamos fazer melhor do que lembrarmos novamente algo daquilo que já tivemos ocasião de mencionar, ou seja, a fé que o povo de Deus tem demonstrado, através dos séculos. Essa é a fé e o ensino que podem ser detectados, por exemplo, nos hinos de Philip Doddridge. Um típico exemplo disso se acha em seu grande hino:

> O Deus de Betel! Por cuja mão
> Seu povo continua sendo suprido;
> Quem por esta árdua peregrinação
> Todos os nossos pais tem conduzido.

Esse foi o argumento de Doddridge, alicerçado, em última análise, na soberania de Deus, sobre o fato que Deus é o Governante do universo. Somos conhecidos do Senhor um por um, e estamos em estado de relação pessoal com ele. Essa foi a fé de todos os grandes heróis da fé, descritos em Hebreus 11. Foi essa fé que manteve aqueles homens em avanço perene. Com grande frequência, eles não puderam compreender tudo quanto lhes sucedia, mas exclamavam: "Deus sabe de tudo, e cuida de nós". Eles eram dotados de confiança definitiva de que Aquele que os trouxera à existência, e que tinha um propósito benigno para eles, não haveria de deixá-los, de abandoná-los. Sem a menor dúvida. Ele haveria de sustentá-los e guiá-los por toda a jornada, até que o propósito divino para eles, neste mundo, estivesse consumado, e Ele os pudesse acolher em Sua habitação celestial, onde haveriam de passar a eternidade em Sua gloriosa presença. "Não andeis ansiosos pela vossa vida, quanto ao que haveis de comer ou beber; nem pelo vosso corpo, quanto ao que haveis de vestir. Não é a vida mais do que o alimento, e o corpo, mais do que as vestes?" Acompanhe esse argumento, comece a meditar sobre os princípios fundamentais e extraia daí as inevitáveis deduções. No momento em que você assim fizer, desaparecerão os seus cuidados, as suas preocupações e as suas ansiedades, e, como um filho de seu Pai celestial, você caminhará em paz e serenidade, na direção de seu lar eterno.

Capítulo XLI
AVES E FLORES

Nestes versículos, 25 a 30, temos estado a considerar a declaração geral de nosso Senhor no que concerne ao terrível perigo que nos ameaça nesta vida, devido à nossa tendência de nos interessarmos exageradamente, e de várias maneiras, pelas coisas deste mundo. Tendemos por ficar ansiosos acerca de nossa vida, acerca do que comeremos, acerca do que beberemos, e também por ficar ansiosos acerca do corpo, quanto àquilo que vestiremos. É assustador observar-se quantas pessoas parecem viver inteiramente dentro desses estreitos limites: alimento, bebida e vestuário parecem representar a totalidade de sua vida. Passam todo o seu tempo disponível pensando sobre essas coisas, falando sobre elas, discutindo com outros a respeito delas, argumentando e lendo acerca delas em vários livros e revistas. E este nosso mundo está se esforçando ao máximo para que todos vivamos exclusivamente nesse nível. Demos uma olhada casual nas estantes das livrarias e verificaremos como essas coisas são abundantemente providas. Pois essa é a mentalidade do mundo, e nisso se resume o seu interesse. Os homens vivem para essas coisas, e ficam preocupados e apreensivos acerca delas de diversas maneiras. Sabendo disso, pois, e tendo plena consciência desses perigos, nosso Senhor primeiramente nos fornece uma razão abrangente para evitarmos essa armadilha.

Todavia, tendo-nos advertido que não devemos ficar ansiosos acerca do que comeremos, beberemos ou vestiremos, em seguida Cristo prosseguiu dando uma consideração separada para cada aspecto da questão. O primeiro desses aspectos é considerado nos versículos 26 e 27, abordando nossa existência, a continuação e o sustento de nossa vida neste mundo. Eis o argumento: "Observai as aves do céu: não semeiam, não colhem, nem ajuntam em celeiros; contudo, vosso Pai celeste as sustenta. Porventura, não valeis vós muito mais do que as aves? Qual de vós, por ansioso que esteja, pode acrescentar um côvado ao curso da sua vida?" (v. 26 e 27). Alguns estudiosos preferem pensar que o versículo 27 pertence à seção seguinte; mas parece-me perfeitamente claro que, por razões que abordaremos a seguir, esse versículo necessariamente pertence à presente seção.

No que concerne à questão inteira da alimentação, bem como da manutenção da vida, nosso Senhor nos proveu um duplo argumento, ou, se você assim o preferir, dois argumentos principais. O primeiro deles deriva-se das aves do céu. Pode-se notar que, neste ponto, o argumento do Senhor Jesus já não se alicerça sobre a ideia do maior em relação ao menor; antes, dá-se justamente o contrário. Tendo estabelecido a proposição em um nível inferior, Ele então eleva-se a um nível superior. Antes de tudo, Ele começa fazendo uma observação geral, chamando a nossa atenção para algo que é um fato da vida neste mundo. "Observai as aves do céu..." Olhai para elas. "Observar", neste caso, é verbo que não implica em intensa contemplação. Jesus meramente pedia que olhássemos para uma coisa que sucedia diante de nossos olhos. Veja o que está diante de você – esses pássaros, essas aves do céu. Qual é o argumento que podemos deduzir dessas aves? É que essas aves, como é evidente, têm sua alimentação garantida pela providência divina.

Há uma grande diferença entre os modos de como as aves e os homens são sustentados. No caso das aves, esse alimento lhes é providenciado. No caso do homem, um determinado processo está claramente envolvido. O homem lança a semente na terra, e mais tarde colhe a safra resultante da semente que fora semeada. Então, o homem recolhe o produto da terra em celeiros, a fim de guardá-lo até momento de necessidade. Esse é o método de que o homem se utiliza; e é o método certo para o ser humano. Foi assim que Deus ordenou ao homem, após sua queda no pecado: "No suor do rosto comerás o teu pão..." (Gênesis 3:19). Lá nos primórdios da história, Deus determinou o tempo da semeadura e o tempo da colheita; isso não foi determinado pelo homem, em razão do que a semeadura, a colheita e o armazenamento do produto da terra em celeiros são atividades perfeitamente legítimas para o homem. Espera-se do homem que ele faça isso, e é assim que lhe cumpre viver neste mundo. Eis a razão pela qual a injunção "não andeis ansiosos" não pode significar que devamos sentar-nos a esperar que o nosso pão chegue miraculosamente pela manhã. Isso não é bíblico, e todos quantos imaginam que isso corresponde à vida da fé compreenderam muito mal o ensinamento bíblico.

Não obstante, o ser humano jamais deveria preocupar-se com essas coisas. Não deveria passar a totalidade do seu tempo perscrutando o céu, indagando como serão as condições atmosféricas, ou se haverá alguma coisa para armazenar no seu celeiro. É precisamente esse tipo de preocupação que o Senhor Jesus condenou. O homem precisa semear; foi Deus quem lhe ordenou que assim fizesse. Contudo, ele deve depender de Deus, o único Ser capaz de lhe conferir prosperidade. Nosso Senhor chama a nossa atenção para as aves. Nada existe de tão patente quanto o fato que elas são mantidas com vida, e que o alimento é fornecido a elas pela natureza – vermes, insetos e todas aquelas coisinhas que constituem o regime alimentar dos pássaros. Na natureza, tudo isso está à espera deles. De onde provém esse sustento? A resposta é que Deus provê para as aves o seu sustento diário. Aí, pois, está um fato simples da vida, e Cristo pede de nós que consideremos essa realidade. Essas pequenas aves, que não fazem provisão, no sentido de prepararem ou produzirem o alimento por si mesmas, recebem a provisão necessária. Deus cuida delas, e delas não se olvida. Deus providencia para que haja alguma coisa para as aves se alimentarem. Deus providencia para que a vida dos pássaros seja sustentada.

Essa é a simples declaração do fato. Em seguida, nosso Senhor toma esse fato e extrai daí duas deduções vitais. Deus trata os animais e as aves dessa maneira, mediante a Sua providência geral, e nada mais. Deus, porém, não é o Pai celeste dessas aves: "Observai as aves do céu... contudo, vosso Pai celeste as sustenta". Essa é uma interessantíssima observação. Deus é o Criador e o Sustentador de tudo quanto existe no mundo; e Ele trata do mundo inteiro, não apenas do homem, através de Suas providências gerais, agindo dessa forma no tocante à natureza. Então é notória a sutil modificação na linguagem de Jesus, introduzindo o mais profundo argumento de todos: "contudo, vosso Pai celeste as sustenta".

Deus é o nosso Pai, e se o nosso Pai cuida tanto das aves do céu, com as quais está relacionado somente através da Sua providência geral, quão maior, necessariamente, deve ser o Seu cuidado por nós. Um pai terreno pode mostrar-se bondoso, por exemplo, para com os pássaros e os animais; mas seria inconcebível um homem prover sustento para meras criaturas e, ao mesmo tempo, negligenciar seus próprios filhos. Se isso é verdade no tocante a um pai terreno, quanto mais se dará no caso de nosso Pai celeste. Aqui está a nossa primeira dedução.

Podemos aprender aqui o método de raciocínio e argumentação utilizado pelo Senhor Jesus. Cada palavra por Ele empregada é importante, devendo ser observada cuidadosa e atentamente. Observemos a sutil transição de Deus cuidar providencialmente das aves do céu para "vosso Pai celeste". E então, ao acompanharmos o Seu argumento, nestes versículos, veremos como isso é algo absolutamente básico e vital. Enquanto vivemos neste mundo, notamos e observamos esses fatos, que chamamos de fatos da natureza. Porém, visto que somos crentes, convém que os perscrutemos com uma compreensão maior, dizendo a nós mesmos: "Não, as coisas meramente não acontecem ao acaso na natureza. Elas simplesmente não vêm à existência, por pura sorte, de alguma maneira, fortuitamente, conforme muitos cientistas modernos nos querem fazer acreditar. Sob hipótese nenhuma. Deus é o Criador, como também é o Sustentador de tudo quanto existe. Ele providencia o necessário até mesmo para os pássaros; e estes instintivamente reconhecem que o sustento está à espera deles, e Deus providencia para que assim, realmente, aconteça. Pois muito bem; mas, que dizer acerca de mim mesmo? Agora posso lembrar-me que sou filho de Deus, que Ele é o meu Pai celeste. Para mim, Deus não é um mero Criador. É verdade que Ele é o Criador; mas, para mim, Ele é muito mais do que isso: Ele é o meu Deus e Pai, através do Senhor Jesus Cristo". Deveríamos raciocinar conforme essa linha, com nós próprios, de conformidade com o que disse o Senhor Jesus. E, no momento em que assim o fizermos, tornar-se-ão inteiramente impossíveis a apreensão, a ansiedade e a preocupação. E no instante em que começarmos a aplicar essas verdades às nossas mentes o temor desaparecerá, necessária e prontamente.

Essa, pois, é a primeira dedução que podemos tirar dessa observação geral da natureza, e é mister que nos agarremos a ela. Deus é o nosso Pai celeste, se verdadeiramente somos crentes. E precisamos ajuntar que, porquanto tudo quanto estamos considerando aplica-se somente aos crentes, então podemos ir mais adiante e afirmar que embora Deus trate a humanidade inteira de modo providencial – conforme vimos no capítulo anterior, onde Ele diz que Deus "... faz nascer o seu sol sobre maus e bons e vir chuvas sobre justos e injustos..." (Mateus 5:45) – essas declarações específicas de nosso Senhor destinam-se exclusivamente aos filhos de Deus, destinam-se somente àqueles que são filhos do Pai celeste, e através de nosso Senhor e salvador, Jesus Cristo. É somente o indivíduo crente que conhece a Deus como seu Pai. O apóstolo Paulo, em sua epístola aos Romanos, assevera que ninguém é crente se não é capaz de afirmar, do fundo do coração, "Aba, Pai". Nenhuma pessoa, a menos que o Espírito Santo nela esteja habitando, realmente conhece a Deus como seu Pai e é capaz de depender dEle. Porém, nosso Senhor diz que se você se encontra nessa relação com Deus, então é necessário que perceba que para você constitui pecado sentir-se ansioso e preocupado, porquanto Deus é seu Pai celestial; e, se Ele cuida dos pássaros, muito maior será o Seu cuidado por você.

Nosso Senhor exprime a Sua segunda dedução por meio destas palavras: "Porventura, não valeis vós muito mais do que as aves?" Novamente, encontramos o argumento fundamentado na ideia do menor para o maior. Conforme foi dito antes, equivale a isto: "Vocês valem muito mais do que as aves". Esse é o argumento derivado da verdadeira grandeza e dignidade do homem, e, sobretudo, do homem crente. Por enquanto, tão somente podemos examinar a mecânica do argumento. Mais tarde, consideraremos essa questão em nível muito mais profundo; mas, por enquanto, cumpre-nos afirmar que nada existe de mais notável, dentro da doutrina bíblica inteira, do que a doutrina do homem, essa ênfase sobre a grandeza e dignidade do homem. Uma das objeções finais contra a vida ímpia, pecaminosa e anticristã é que isso envolve um insulto contra o homem. O mundo pensa que tal homem está sendo formado. Os homens mundanos falam sobre a grandeza do ser humano e sugerem que as Escrituras e seu ensino diminuem e humilham a natureza humana. Naturalmente, a verdade é precisamente o contrário. A verdadeira grandeza humana tem desaparecido na medida em que declina o ponto de vista bíblico do homem, pois mesmo no tocante ao que há de melhor e mais excelente, o ponto de vista naturalista do homem é indigno. Entretanto, nestas palavras de Jesus transparece verdadeira grandeza e dignidade; o homem foi criado segundo a imagem de Deus, e, por conseguinte, em certo sentido, o homem se assemelha a Deus, o Senhor e Dono da criação. Nosso Senhor apresentou-Se entre nós como alguém humilde e manso; mas é quando O contemplamos que percebemos a verdadeira grandeza do homem. Embora Ele tivesse nascido em um estábulo e tivesse sido posto em uma manjedoura, foi ali, e não nos palácios reais, que fomos capazes de perceber a verdadeira dignidade do ser humano.

O mundo faz má ideia da grandeza e da dignidade. Para encontrarmos o verdadeiro conceito do homem é mister que examinemos o Salmo 8, além de outros trechos escriturísticos. Acima de tudo, devemos contemplar o Senhor Jesus Cristo, como também devemos examinar o quadro neotestamentário sobre o homem que está "em Cristo", o qual foi criado segundo a Sua imagem. Somente então perceberemos a autêntica relevância desse argumento do menor para o maior: "Porventura, não valeis vós muito mais do que as aves?" Entretanto, Deus cuida dessas aves; elas têm um certo valor, são preciosas aos olhos do Senhor. Não declarou Ele que nenhuma delas pode cair por terra sem que nosso Pai dê para isso consentimento? (ver Mateus 10:29). Se isso é uma verdade, olhemos então para nós mesmos e tomemos consciência do quanto valemos aos olhos de Deus! Lembremo-nos que Ele nos vê como Seus filhos, no Senhor Jesus Cristo, e de uma vez para sempre deixaremos de temer, de ansiar e de ficar preocupados a respeito dessas questões materiais. Quando você puder ver-se como filho de Deus, então saberá que Deus, inevitavelmente, cuidará de você.

Entretanto, implícito nesse primeiro argumento, há um segundo, alicerçado sobre a inutilidade e futilidade desse tipo de ansiosa preocupação. Estas foram as palavras ditas por nosso Senhor: "Qual de vós, por ansioso que esteja, pode acrescentar um côvado ao curso de sua vida?" (Mateus 6:27). Esse é um argumento que precisamos seguir mui cuidadosamente. Para começar, precisamos determinar o que essa afirmação está dizendo, precisamente; e quanto a isso existem duas opiniões principais. Quando perguntamos qual é o sentido desse vocábulo, "curso", descobrimos que há duas respostas possíveis. Metade das autoridades opina que isso significa estatura. Todavia, a palavra grega aqui traduzida por "curso" também significa duração do período da vida. E tanto no grego clássico quanto no grego bíblico esse vocábulo é usado em ambos os sentidos. Portanto, de nada nos adianta indagar: "Que diz o original grego?", porquanto ali não encontramos resposta, pois esse vocábulo pode ser usado em qualquer desses dois sentidos. Em termos do grego, pois, nada podemos decidir.

Como, pois, convém que abordemos essa questão? Sem dúvida, é o contexto que tem de determinar e decidir esse ponto. Que vem a ser um "côvado"? Era uma medida com o comprimento de 45 cm aproximadamente; e, conservando essa informação em mente, essa palavra, "curso", que é empregada nesta passagem, não pode significar estatura. Trata-se de algo inteiramente impossível, porquanto, uma vez mais, nosso Senhor estava argumentando com base na ideia do menor para o maior. Poderíamos imaginar alguém ansiosamente preocupado em acrescentar 45 centímetros à sua estatura?! A própria sugestão é ridícula. Portanto, não pode haver aqui alusão à estatura de uma pessoa; antes, menciona-se aqui a duração do período da vida. Era isso que nosso Senhor estava dizendo: "Quantos de vocês, pelo fato de toda essa perturbação e preocupação, pelo fato de toda essa ansiedade e apreensão, pode prolongar a duração de sua vida terrena ao menos por um momento?" Costumamos falar sobre a duração da vida, e era sobre isso que versava o argumento aqui utilizado pelo Senhor Jesus, pois Ele continuava preocupado com a nossa vida neste mundo. A declaração original foi a seguinte: "Não andeis ansiosos pela vossa vida..." (Mateus 6:25). Jesus não estava pensando a respeito do corpo, e, sim, a respeito da existência, a respeito da continuação da vida neste mundo. Seria totalmente irrelevante, no tocante a isso, a introdução da ideia da estatura de alguém. Não; nosso Senhor referia-se, neste versículo, à duração e extensão da vida, e é justamente em razão dessa obsessão que tantas pessoas ficam preocupadas acerca de suas necessidades físicas. Desejam prolongar a sua vida.

Ora, nosso Senhor nos recomendou enfrentar essa questão com honestidade, considerar o Seu argumento frontalmente. Apesar de tudo quanto você possa fazer, apesar de todos os seus tremendos esforços, apesar de toda a sua preocupação e ansiedade, haverá alguma coisa que você possa fazer a fim de prolongar a duração de sua vida um instante sequer? A resposta a essa indagação é que você nada pode fazer quanto a isso. Essa é uma daquelas coisas tão óbvias, mas que todos nós tendemos por esquecer. Não nos lembramos desse fato conforme deveríamos; no entanto, essa é uma verdade incontestável. O fato é que não podemos prolongar a duração da vida neste mundo, por mais que assim procuremos fazer, utilizando-nos de vários meios. Os milionários podem comprar todo o alimento e a bebida que quiserem, mas não podem prolongar a sua vida. Os homens costumam dizer "Dinheiro é poder!" Talvez o seja quanto a muitas coisas; mas não no que tange à própria vida. Os milionários não gozam de qualquer vantagem sobre os indivíduos mais pobres e miseráveis do mundo.

Poderíamos avançar um pouco mais. O conhecimento e a habilidade médica não podem prolongar a vida humana. Talvez pensemos que isso é possível, mas isso é por causa da nossa falta de conhecimento. Todas essas coisas são determinadas por Deus, e é por esse motivo que os próprios médicos e cientistas com frequência se sentem frustrados e perplexos. Dois pacientes, que parecem estar nas mesmas condições físicas, recebem tratamento médico idêntico. Mas um deles se recupera, e o outro morre. Que resposta se pode dar a esse dilema? A resposta é esta: Um ser humano não pode acrescentar um único côvado ao curso da sua vida. Trata-se de um profundo mistério, mas não podemos escapar dele. Os nossos dias estão nas mãos de Deus, e, sem importar o que fizermos, a despeito de todo o alimento e bebida, de todos os avanços científicos da medicina, de toda a nossa educação, ciência e habilidades, não podemos acrescentar uma fração sequer à duração da vida do homem. Apesar de todos os avanços modernos no campo do conhecimento, os nossos dias continuam nas mãos de Deus. E assim, conforme nosso Senhor argumentou, para que toda essa agitação e preocupação? para que toda essa excitação, e para que toda essa apreensão e ansiedade? A vida é uma dádiva divina. Deus é quem lhe dá começo, e Ele é quem determina o seu ponto final. Deus sustenta-nos a vida, e nós estamos nas Suas mãos. Por conseguinte, quando tendermos por ficar preocupados e ansiosos, a solução será nos desprendermos de todas essas questões, dizendo: "Não posso começar, nem continuar e nem terminar a vida; isso depende inteiramente do Senhor. Portanto, se essa questão maior está debaixo do Seu controle, então posso deixar as coisas menores também aos Seus cuidados". Ninguém pode prolongar a sua vida neste mundo, nem mesmo pelo espaço de um côvado. Portanto, reconheçamos a total futilidade e desperdício de tempo e energia envolvidos na preocupação com essas coisas. Faça o seu trabalho; semeie, colha e armazene o produto da terra em celeiros; nunca se esqueça, porém, de que o resto está nas mãos de Deus. É possível alguém ter a melhor semente disponível no mercado; é possível alguém possuir o melhor arado e tudo quanto se torna necessário para a semeadura. Entretanto, se Deus retiver a luz solar e a chuva, esse alguém não conseguirá obter uma boa colheita. Em última análise, pois, Deus está por detrás de tudo. O homem tem o seu devido lugar e o seu trabalho, mas é Deus quem dá o crescimento. É dessa realidade que jamais nos devemos esquecer, aplicando-a sempre e em todas as nossas circunstâncias.

Cumpre-nos agora voltar a atenção para a seção que começa no versículo 28, onde se lê: "E por que andais ansiosos quanto ao vestuário?" Temos, nesta altura do Sermão do Monte, a segunda questão – o corpo e suas vestes. "Considerai como crescem os lírios do campo: eles não trabalham, nem fiam. Eu, contudo, vos afirmo que nem Salomão, em toda a sua glória, se vestiu como qualquer deles. Ora, se Deus veste assim a erva do campo, que hoje existe e amanhã é lançada no forno, quanto mais a vós outros, homens de pequena fé?" (Mateus 6:28-30). Uma vez mais, o argumento parte do menor para o maior. Novamente somos solicitados a observar um fato natural. Dessa vez, entretanto, o Senhor lançou mão de termos um pouco mais vigorosos. Antes foi: "Observai as aves do céu". Mas agora, lemos "Considerai como crescem os lírios..." Naturalmente, Jesus indica que deveríamos meditar nessas coisas, considerando-as num nível mais profundo.

Nosso Senhor apresentou o Seu argumento como antes. Em primeiro lugar, considere os fatos, considere os lírios do campo, a grama e as flores silvestres. Novamente, os estudiosos têm gasto muito papel e tinta procurando decidir exatamente o que significam as palavras "lírios do campo". O que é indubitável é que Jesus se referia a alguma flor comum, que crescia naturalmente nas campinas da Palestina, e com a qual os Seus ouvintes estavam perfeitamente familiarizados. E em seguida, Ele diz: "Olhem para essas coisas e considerem. Essas plantas não labutam e nem fiam, e, no entanto, olhem para elas. Contemplem a maravilha, contemplem a beleza, contemplem a perfeição. Ora, nem o próprio Salomão se vestiu como um mero lírio". A glória de Salomão tornara-se proverbial entre os judeus. Pode-se ler sobre a sua magnificência nas páginas do Antigo Testamento, sobre as vestes suntuosas e sobre todo o aparato de sua corte, sobre os seus palácios revestidos de cedro, sobre os seus móveis cobertos de ouro e engastados com pedras preciosas. E, no entanto, diz nosso Senhor, tudo isso empalidece até à insignificância quando comparamos tal resplendor com a beleza dos lírios do campo. Nas flores há uma qualidade essencial, em sua forma, em seu desenho, em sua textura e substância, como também em seu colorido, coisas essas que os homens, a despeito de todo o seu engenho, não foram jamais capazes de imitar.

> Para mim, a flor mais comum que floresce
> Infunde ideias maiores do que as lágrimas.

Era isso que *Jesus* via. Ele via a mão de Deus; Ele via a perfeita criação; Ele via a glória do Deus Todo-Poderoso. A minúscula flor, que talvez nunca seja contemplada por uma pessoa durante todo o decurso de sua breve existência, e que aparentemente "desperdiça a sua fragrância na atmosfera do deserto", não obstante é perfeitamente vestida por Deus. Ora, esse é um fato, não é mesmo? Nesse caso, tiremos disso a seguinte dedução. "Ora, se Deus veste assim a erva do campo... quanto mais a vós outros, homens de pequena fé?" Se Deus pode fazer isso com as flores do campo, quanto mais com você?

Entretanto, por qual motivo as coisas são assim? Eis o argumento de Jesus: "Ora, se Deus veste assim a erva do campo, que hoje existe e amanhã é lançada no forno, quanto mais a vós outros". Quão tremendamente poderoso é esse argumento. A erva do campo é coisa transitória e efêmera. Na antiguidade, costumava-se cortar a erva do campo para queimar. Era assim que, antigamente, se assava o pão. Em primeiro lugar, a erva do campo era cortada e ressecada, e então era posta no forno para queimar, gerando grande calor. Então puxava-se essa erva para fora e colocava-se no forno o pão que havia sido preparado para assar. Era uma prática muito comum nos dias do Senhor Jesus. Portanto, você deve estar vendo quão poderoso é esse argumento. Os lírios e a erva do campo são transitórios; pouco duram. Quão conscientes estamos de tal fato. Não podemos fazer com que as flores perdurem; no momento em que as cortamos já começam a fenecer. Elas estão aqui entre nós, com a sua sofisticada beleza e com toda a sua perfeição; mas amanhã desaparecerão inteiramente. Essas coisas tão belas aparecem, e depois se vão; e esse é o seu fim. Entretanto, o crente é um ser imortal; o crente não é apenas uma criatura do tempo, mas pertence à eternidade. Não é verdadeira aquela declaração que afirma que hoje estamos aqui, mas amanhã não existiremos. Deus "estabeleceu a eternidade" no coração do homem; o ser humano não estava destinado a morrer. "Tu és pó, e ao pó tornarás" não foram palavras proferidas a respeito da alma. Você prossegue existindo, existindo, existindo. Você não somente tem dignidade e grandeza naturais, mas também possui existência eterna, após a morte e o sepulcro. Quando você percebe a verdade acerca de si mesmo, pode crer que o Deus, que o criou e destinou para esse fim, irá negligenciar o seu corpo enquanto você está nesta vida e neste mundo? Naturalmente, não. "Ora, se Deus veste assim a erva do campo, que hoje existe e amanhã é lançada no forno, quanto mais a vós outros, homens de pequena fé?"

Capítulo XLII
PEQUENA FÉ!

"Vós outros, homens de pequena fé?" (Mateus 6:30). Encontramos nessas palavras o argumento final de nosso Senhor no que concerne ao problema da ansiedade. Ou talvez pudéssemos descrever essas palavras como o sumário feito por nosso Senhor acerca da advertência para "não andarmos ansiosos pela nossa vida", no tocante àquilo que comeremos, que beberemos ou que vestiremos. Essa é a conclusão do detalhado argumento que Jesus desenvolveu a respeito das aves e das flores. Na verdade, Ele parece ter querido dizer: Tudo quanto Eu disse resume-se nisto. A verdadeira causa da dificuldade de vocês é que vocês não extraem as deduções óbvias daquilo que acontece aos pássaros e às flores. Juntamente com isso manifesta-se aquela óbvia falta de fé que os caracteriza. "... homens de pequena fé". Essa é a causa final de toda a dificuldade.

A questão que naturalmente daí se origina é a seguinte: O que nosso Senhor entende por "pequena fé"? Qual é a conotação exata dessas duas palavras? Conforme você deve ter observado, Jesus não diz que não temos fé. Antes, somos acusados de possuir "pequena fé". Não era a falta de fé por parte dos discípulos que O preocupava, mas, sim a inadequação da fé que eles possuíam, o fato que não tinham fé suficiente. Por conseguinte, temos aqui uma expressão impressionante e a nossa reação imediata deveria ser agradecer a Deus por ela. Exatamente, porém, o que significa? A maneira certa de responder a essa pergunta consiste em dar cuidadosa atenção ao contexto inteiro da passagem. Quem eram as pessoas a quem o Senhor aqui descrevia, e contra quem essa crítica foi dirigida? Uma vez mais devemos lembrar-nos que Jesus se dirigia a indivíduos crentes, exclusivamente a indivíduos crentes. Nosso Senhor não estava falando sobre qualquer outra pessoa. A mensagem cristã, na realidade, não dá qualquer conforto e consolo às pessoas que não creem no Senhor Jesus. Palavras como estas não são endereçadas a todos, indistintamente; mas são dirigidas somente àqueles acerca de quem as bem-aventuranças são aplicáveis legitimamente. Portanto, essas palavras destinam-se àqueles que são humildes de espírito, àqueles que se lamentam chorando em razão de seu senso de culpa e de pecado, àqueles que já se viram como indivíduos verdadeiramente perdidos e impotentes à vista de Deus, àqueles que são mansos, e que, por isso mesmo, têm fome e sede de justiça, percebendo que esta só pode ser obtida do Senhor Jesus Cristo. Esses têm fé; os demais não têm fé nenhuma. Por conseguinte, essas palavras foram ditas exclusivamente com respeito a crentes.

Outrossim, essas coisas foram ditas acerca de pessoas sobre quem Jesus pôde usar a expressão "vosso Pai celeste". Deus só é Pai daqueles que se acham em Jesus Cristo. Ele é o Criador e o Senhor de todos os homens; nesse sentido, nós todos somos Sua descendência. Todavia, em harmonia com o que declarou o apóstolo João, somente aqueles que confiam no Senhor Jesus Cristo é que têm o direito, a autoridade de se tornarem filhos de Deus (ver João 1:12). Dirigindo a palavra aos fariseus, nosso Senhor referiu-se a "meu Pai" e a "vosso pai", dizendo: "Vós sois do diabo, que é vosso pai..." (João 8:44). Jesus não estava ensinando alguma doutrina geral e vaga acerca de uma suposta "paternidade universal de Deus", de alguma suposta "fraternidade de todos os homens". Não, porque o Evangelho divide a humanidade em dois grupos: aqueles que são crentes e aqueles que são incrédulos. Precisamos asseverar mais do que nunca em um tempo como esse, que o Evangelho de Jesus Cristo tem apenas uma coisa a dizer para o mundo incrédulo, a saber, que ele está debaixo da ira de Deus, que nada ele pode esperar deste mundo, exceto miséria e infelicidade, guerras e rumores de guerras, porquanto ele jamais conhecerá a verdadeira paz. Positivamente, entretanto, o Evangelho cristão diz ao mundo que todos precisam crer no Senhor Jesus Cristo, se é que querem ser abençoados por Deus. Não há esperança para um mundo assim; só existe esperança para aqueles que creram em Cristo. Essa é a mensagem dirigida exclusivamente àqueles a respeito de quem as bem-aventuranças se aplicam, àqueles que são os filhos de Deus em Cristo Jesus. De fato, na própria frase seguinte, que estaremos considerando em breve, o Senhor contrasta as pessoas para quem Ele falava com os gentios, dizendo: "... porque os gentios é que procuram todas estas coisas..." (Mateus 6:32). É aí que percebemos claramente a distinção: "os gentios" e aqueles que estão "em Cristo", a saber, aqueles que estão do lado de fora e aqueles que estão do lado de dentro, o povo de Deus e aqueles que não pertencem ao povo de Deus.

Isso posto, é dessa maneira que nos importa compreender essa frase. Aqueles a quem Jesus se dirigia tinham fé, mas de uma maneira inadequada, insuficiente. Sem dúvida, pois, cabe-nos o direito de colocar a questão nos seguintes termos. Nosso Senhor falava aqui de crentes que tinham apenas a fé salvadora, mas que se inclinavam por parar nesse aspecto da fé. Era a respeito desses que Jesus se preocupava, e o Seu desejo era que eles fossem conduzidos a uma fé mais ampla e mais profunda, como resultado de Lhe terem escutado. A primeira razão para isso é que as pessoas que possuem somente a fé salvadora, mas não vão além disso, furtam de si mesmas muitíssimas bênçãos próprias da vida cristã. E não somente isso. Mas também, em face de sua falta de uma fé maior, conforme é óbvio essas pessoas estão mais sujeitas às preocupações, às ansiedades e àquela apreensão mortificante que ataca a todos nós, nesta vida. Nosso Senhor, de fato, chegou ao extremo de afirmar que, em um crente, a preocupação excessiva, em última análise, sempre se deve à falta de fé, ou à "pequena fé". A preocupação e a ansiedade, o sentir-se derrotado e desanimado, o deixar-se dominar por esta vida e pelas circunstâncias que a cercam, no caso de um crente, sempre se devem à uma falta de fé.

Assim sendo, aquilo que deveríamos ter por alvo é uma fé maior. O primeiro passo na obtenção dessa fé superior consiste em perceber o que deve ser entendido por "pequena fé". Veremos que esse era o método de nosso Senhor, na próxima breve seção, que começa no versículo 31: "Portanto, não vos inquieteis, dizendo: Que comeremos? Que beberemos? Ou: Com que nos vestiremos?" Nosso Senhor oferece-nos instruções positivas sobre como a nossa fé pode ser robustecida. Antes disso, porém, Ele queria que percebêssemos exatamente o que se deve entender por "pequena fé". Devemos começar pelos aspectos negativos, e somente então volver a nossa atenção para os aspectos positivos da questão.

No que consiste, pois, a condição que o Senhor Jesus descreveu como "pequena fé"? Que espécie de fé é essa, e que há de errado com ela? Em primeiro lugar, consideremos uma definição geral. Podemos afirmar acerca dessa modalidade de fé, de uma maneira geral, que se trata de uma fé confinada a apenas certa esfera da vida. Trata-se de uma fé limitada exclusivamente à questão da salvação de nossas almas e não vai além disso. Não inclui a vida inteira do crente, e tudo o quanto está envolvido nessa vida. Essa é uma queixa comumente ouvida entre nós, o povo evangélico. No que concerne à questão da salvação de nossas almas, sentimo-nos perfeitamente à vontade. Mediante a obra realizada pelo Espírito Santo, fomos despertados para que pudéssemos ver o nosso estado de condenados. Fomos convencidos de pecado. Vimos quão inteiramente incapazes nós somos de endireitar-nos sob as vistas de Deus, e vimos que o único caminho de libertação se encontra no senhor Jesus Cristo. Vimos também que Ele veio a este mundo, que Ele morreu pelos nossos pecados, e, dessa forma, fomos reconciliados com Deus. Por igual modo, temos confiado nEle, temos essa fé salvadora no que concerne ao presente e à eternidade inteira. Essa é a fé salvadora, aquilo que nos torna crentes, e sem o que nem ao menos poderíamos ser crentes. Sim, mas o povo evangélico com frequência para nesse ponto, parecendo pensar que a fé é uma questão que se aplica somente a esse aspecto da salvação. Naturalmente, o resultado disso é que, em suas vidas diárias, com frequência os crentes vivem derrotados. Pouca diferença se pode detectar nas suas vidas diárias, em contraste com aqueles que não são crentes. Eles se tornam ansiosos e apreensivos, e amoldam-se a este mundo no tocante a muitas coisas. A sua fé é reservada exclusivamente à questão de sua salvação final, e não parecem poder exercer qualquer fé no tocante às atividades diárias da vida neste mundo. Nosso Senhor ressaltava aqui precisamente esse último aspecto. Essas pessoas, que haviam chegado a conhecer a Deus como seu Pai celeste, ainda assim viviam preocupadas com o alimento, a bebida e o vestuário. A sua fé era muito restrita. Era uma "pequena fé" quanto a esse aspecto. O escopo dessa fé era extremamente limitado e reduzido.

É necessário começarmos por aí. Você não pode ler a Bíblia sem perceber que a verdadeira fé é aquela que se estende e amplia para todos os aspectos da vida. Pode se perceber essa verdade na vida do próprio Senhor Jesus, bem como nas vidas dos grandes heróis da fé, acerca dos quais lemos em Hebreus 11. Poderíamos expor a questão como segue. A "pequena fé" é aquela que não se vale de todas as promessas de Deus. Interessa-se somente por algumas delas, e nessas promessas concentra toda a sua atenção. Consideremos o problema por esse ângulo. Examine a Bíblia, e faça uma lista das muitíssimas promessas divinas. Você descobrirá que o número dessas promessas é espantosamente grande. Pedro refere-se às "... suas preciosas e mui grandes promessas..." (II Pedro 1:4). Na realidade, elas são admiráveis e estonteantes. Não há qualquer aspecto de nossas vidas que não tenha sido coberto por essas extraordinárias promessas de Deus. Quão culpados somos todos, à luz desse fato! Costumamos selecionar algumas dentre essas promessas e nelas concentramos toda a nossa energia, e, de uma maneira ou de outra, nunca nos lembramos das outras. Jamais nos valemos das outras promessas, e o resultado disso é que, se nos mostramos vitoriosos quanto a determinados aspectos, falhamos mui miseravelmente em outros. Essa é a "pequena fé". Trata-se de uma fé confinada ao relacionamento com algumas promessas, e que não percebe que a fé deveria ser algo que nos pusesse em íntima conexão com todas as promessas do Senhor, que nos permitisse apropriar-nos de cada uma delas.

Consideremos novamente esse particular, segundo um ângulo ligeiramente diferente. Certa ocasião, ouvi um homem empregar uma frase que, na oportunidade, me afetou profundamente e que até hoje me comove. Não estou certo se não é essa uma das mais penetrantes declarações que eu já ouvi. Esse homem asseverou que a dificuldade que atinge a muitos dentre nós, os crentes, é que cremos no Senhor Jesus Cristo, mas não cremos nas Suas promessas. Com isso ele quis dizer que chegamos a ter a fé necessária para a salvação de nossas almas, mas que não cremos nEle quando Ele declara uma coisa como essa, ou seja, que Deus haverá de cuidar do nosso alimento, bebida e vestes. Jesus fez uma declaração que diz: "Vinde a mim, todos os que estais cansados e sobrecarregados, e eu vos aliviarei" (Mateus 11:28); mas, a despeito disso, guardamos para nós mesmos os nossos problemas e as nossas preocupações, sentindo-nos esmigalhados por seu excessivo peso, derrotados por essas coisas, ansiosos a respeito delas.

Ora, o Senhor Jesus recomendou que fôssemos a Ele, quando nos sentíssemos assim fustigados; e também nos garantiu que, se estivéssemos sedentos acerca de qualquer coisa, poderíamos ir até Ele; assegurou-nos que todo aquele que a Ele se dirigisse jamais teria sede, e aquele que comesse do pão que Ele tem para dar, jamais teria fome. O Senhor Jesus prometeu conferir-nos uma "... fonte a jorrar para a vida eterna" (João 4:14), para nunca mais termos sede. Não obstante, não acreditamos nEle. Consideremos todas aquelas asserções que Ele fez quando esteve neste mundo, as palavras que Ele dirigiu àqueles que estavam ao Seu redor. Todas essas palavras destinam-se a nós. E destinam-se a nós hoje tão certamente como quando Ele as proferiu. E outro tanto pode ser dito no que concerne às extraordinárias declarações que aparecem nas epístolas. Contudo, a nossa dificuldade é que não acreditamos no Senhor Jesus. Essa é a nossa pior dificuldade. A "pequena fé" realmente não aceita o que a Bíblia diz, sem tirar e nem pôr, e nem crê para viver por ela, aplicando-a à vida diária.

Até este ponto temos examinado essa "pequena fé" de forma geral. Passaremos a considerar os detalhes, mais analiticamente. Precisamos fazer isso a fim de que sejamos essencialmente práticos, porquanto, afinal de contas, esse tema reveste-se de importância vital e é extremamente prático. Não há pior falácia do que aquela que considera o Evangelho de Jesus Cristo como algo sobre o que devemos pensar somente quando se está na igreja, ou passando certo período em meditação. Não. O Evangelho deve ser aplicado a todos os aspectos da nossa vida. Por conseguinte, examinemos a questão sob o prisma seguinte. Ter "pequena fé" equivale antes de qualquer outra coisa, a estarmos sendo dominados e controlados pelas nossas circunstâncias externas, ao invés de as estarmos dirigindo. Essa é uma declaração óbvia. O quadro que nos é fornecido através de toda esta seção, é de um povo que está sendo governado pelas circunstâncias externas da vida. Ali está aquela gente, por assim dizer, impotente, todos sentados sob espessa nuvem de preocupações acerca de alimentos, bebida, vestuário e muitas outras coisas. Essas coisas os estão pressionando e eles são vítimas delas. Esse é o quadro que nosso Senhor nos oferece; e sabemos quão verdadeiro ele é. As coisas acontecem conosco, e, imediatamente, digamo-lo assim, elas nos "subjugam" e dominam. Isso é algo que segundo as Escrituras, sob hipótese nenhuma deveria acontecer a um crente. A descrição que as Escrituras fazem do crente, em todas as suas páginas, é a de alguém que sempre se conserva acima das suas circunstâncias. O crente pode até mesmo regozijar-se na tribulação (ver Romanos 5:3), e não somente resistir passivamente às dificuldades, com uma atitude de estoica indiferença. O crente pode manter-se longe de lamúrias, como alguém que não cede terreno diante do infortúnio. O crente, diferentemente de certo ditado popular, não vive somente "sorrindo e suportando tudo". Não, mas também regozija-se em meio às próprias tribulações. Somente alguém que tenha fé verdadeira pode olhar para esta vida segundo esse prisma, e somente esse alguém pode chegar a tais alturas; mas isso, de acordo com a Bíblia, só é possível ao crente.

Por qual motivo o homem dotado de "pequena fé" permite que as coisas o dominem, deixando-o derrotado? A resposta a essa indagação é que, em certo sentido, a real dificuldade da "pequena fé" é que ela não deixa o crente meditar, refletir. Em outras palavras, precisamos ter uma correta concepção da fé. Em consonância com o ensino de nosso Senhor, no presente parágrafo, a fé consiste primariamente em pensar; e, assim sendo, a dificuldade inteira com o homem de pequena fé é que ele não pensa. Antes, tal crente permite que as circunstâncias o avassalem. Essa é uma das grandes dificuldades que cercam a vida. Por assim dizer, a vida chega até nós com um cacete na mão, e então nos desfere forte pancada no alto da cabeça, e então nos tornamos incapazes de pensar, sem auxílio e derrotados. Segundo Jesus, podemos evitar isso pensando. Precisamos passar mais tempo estudando as lições que nos foram dadas pelo Senhor Jesus, observando e tirando conclusões. A Bíblia está repleta de lógica, e jamais deveríamos imaginar que a fé é algo puramente místico. Não convém que simplesmente fiquemos sentados em uma poltrona a esperar que coisas maravilhosas nos aconteçam. Isso não é fé cristã. A fé cristã, bem pelo contrário, consiste primariamente em pensar. Olhe as aves, pense sobre elas. Consideremos as flores do campo, olhemos para os lírios e levemos em conta todas essas coisas.

Não obstante, no caso da maioria das pessoas, a dificuldade é que elas não se dispõem a pensar. Ao invés de pensarem, de refletirem, elas tendem por sentar-se e ficar indagando: "Que irá acontecer comigo, agora? Que posso fazer?" Isso é a eliminação do pensamento; isso é rendição e derrota. Nosso Senhor, neste ponto, estava exortando-nos a refletir numa maneira cristã. Se você assim preferir, a fé poderá ser definida como segue: A fé consiste em um crente que continua a refletir, mesmo quando tudo parece decidido a avassalá-lo e a derrotá-lo, intelectualmente falando. A dificuldade daquele que é dotado de "pequena fé" é que, ao invés de controlar os seus próprios pensamentos, os pensamentos desse crente estão sendo controlados por alguma outra coisa. E também poderíamos asseverar que esses pensamentos entraram em um círculo vicioso. Essa é a essência da preocupação. Se você costuma jazer deitado, à noite, durante muitas horas, sem pegar no sono, então posso dizer o que você tem feito. Você tem permitido que os seus pensamentos caiam em um círculo vicioso. Você tem ficado remoendo os mesmos míseros detalhes acerca de alguma pessoa ou de alguma coisa. Isso não é pensar; isso é a ausência de pensamento, é a incapacidade de pensar. Tal atitude significa tão somente que alguma coisa está controlando e governando os seus pensamentos, e isso o está levando àquela atitude de miséria e de infelicidade que se chama preocupação. Por conseguinte, em segundo lugar cabe-nos o direito de intitular essa "pequena fé" de "incapacidade de pensar", em face do que permitimos que os infortúnios da vida nos dominem os pensamentos, ao invés de refletirmos claramente a respeito da nossa vida diária, ao invés de "encararmos a vida com firmeza, vendo-a em sua inteireza".

A "pequena fé", se assim quisermos ver as coisas, também pode ser descrita como a incapacidade de aceitar as declarações bíblicas tal e qual elas são, deixando de crer inteiramente na veracidade delas. Eis um homem que subitamente se achou em meio a tribulações, acossado pelas circunstâncias. Que deveria fazer tal homem? Deveria voltar-se para as Escrituras, e então dizer consigo mesmo: "Preciso aceitar essas declarações bíblicas exatamente como elas são". Tudo quanto por natureza existe em nós, bem como Satanás, fora de nós, farão tudo quanto estiver ao seu alcance para impedir-nos de fazer tal coisa. Eles nos dirão que essas declarações foram endereçadas somente aos apóstolos e não a nós. Certas pessoas, conforme temos verificado, pretendem até relegar o Sermão do Monte inteiro aos apóstolos, como também a um povo que haverá de viver em um reino futuro. Outros asseveram que os preceitos do Sermão do Monte destinam-se aos crentes primitivos, que tinham acabado de passar pelas experiências do Pentecoste, mas que agora o mundo está inteiramente mudado. Essas são algumas das sugestões que se têm propalado entre nós. Rejeito todas essas opiniões. Devemos ler a Bíblia e pensar com nós próprios: "Tudo quanto estou lendo aqui foi dito para mim; tudo quanto nosso Senhor declarou aos fariseus, disse também para mim; e se há em mim qualquer coisa que corresponda àquilo que Ele combateu neles, isso significa que sou um fariseu. Por semelhante modo, todas as promessas da Bíblia foram dirigidas a mim. Deus não muda; Ele continua sendo exatamente como era há dois mil anos atrás, e todas essas coisas são absolutas e eternas". Entretanto, cumpre-me ler a Bíblia lembrando-me dessas verdades. Isso equivale a dizer que eu preciso aceitar as Escrituras conforme elas são, dentro do contexto, e saber que estão falando para mim. Não posso rejeitá-las sob hipótese nenhuma. Antes, tenho de aprender a aceitar as Escrituras literalmente. "Pequena fé" significa um fracasso em aceitar as Escrituras como devemos.

Entretanto, vamos prosseguir para algo que ainda é mais prático. "Pequena fé" na realidade significa um fracasso em perceber as implicações da salvação, e a sua resultante posição. Isso faz parte óbvia do argumento e raciocínio do Senhor aqui. Metade das nossas dificuldades se devem ao fato que não percebemos as completas implicações da doutrina da salvação na qual cremos. Esse é um argumento que ressurge em cada epístola do Novo Testamento. A primeira porção consiste em uma declaração doutrinária, cujo desígnio é relembrar-nos do que e de quem somos, como crentes. Em seguida, aparece uma segunda porção, de ordem eminentemente prática, que é uma dedução da primeira. Esse é o motivo pelo qual essa segunda seção geralmente começa com a palavra "portanto". Era exatamente isso que o nosso Senhor estava fazendo aqui. Aqui estamos, preocupados com questões como alimentação, bebida e vestuário! A nossa dificuldade é que não tomamos consciência do fato que somos filhos de nosso Pai celeste. Se ao menos nos conscientizássemos disso, nunca mais teríamos preocupações de qualquer natureza. Se ao menos tivéssemos uma concepção vaga e indefinida dos propósitos divinos com referência a nós, seria impossível nos deixarmos dominar pelas nossas preocupações. Tomemos, para exemplificar, a grande oração de Paulo em favor dos crentes de Éfeso. Ele lhes escreveu dizendo que estava orando a fim de que lhes fossem "iluminados os olhos do entendimento". Todavia, com que finalidade e com que propósito? "... para que saibais qual seja a esperança da sua vocação e quais as riquezas da glória da sua herança nos santos e qual a sobre-excelente grandeza do seu poder sobre nós, os que cremos..." (Efésios 1:18-19 – Versão Corrigida). Isso, de conformidade com o apóstolo, era exatamente o que aqueles crentes precisavam saber e compreender. Leia cada uma das epístolas paulinas, e você descobrirá esse tipo de declaração em alguma parte de cada uma delas.

A nossa dificuldade, como crentes que somos, é que não percebemos o que somos como filhos de Deus, e nem vemos os graciosos propósitos de Deus relativos a nós. Já pudemos considerar isso quando, de passagem, verificamos como Ele nos contrastou, a nós que somos filhos de Deus, com a erva do campo. A erva está hoje no campo, mas amanhã é lançada no forno para assar pão. Mas os filhos de Deus são destinados para a glória. Todos os propósitos e as promessas de Deus são dirigidas a nós e feitas somente para nós; o que necessitamos fazer, em certo sentido, é tomar consciência daquilo que Deus tem falado sobre nós como filhos Seus. No momento em que realmente aprendemos essas realidades a preocupação torna-se impossível. O homem então começa a aplicar a lógica que diz: "Porque se nós, quando inimigos, fomos reconciliados com Deus mediante a morte do seu Filho, muito mais, estando já reconciliados, seremos salvos pela sua vida" (Romanos 5:10). Aí está! Não importando o que possa vir a acontecer conosco, "Aquele que não poupou a seu próprio Filho, antes, por todos nós o entregou, porventura, não nos dará graciosamente com ele todas as coisas?" (Romanos 8:32). E o mesmo argumento prossegue: "Quem intentará acusação contra os eleitos de Deus?" (v. 33). Talvez tenhamos de enfrentar problemas, aflições e tristezas, entretanto, em todas essas coisas "... somos mais que vencedores, por meio daquele que nos amou" (v. 37). O que é indispensável é que vejamos a nós mesmos como Seus filhos. É um argumento alicerçado na necessidade. Se Deus de tal maneira veste a erva, quanto mais Ele vestiria a você? O nosso Pai celestial, que contempla os pássaros, alimenta-os. Não somos nós muito mais valiosos do que eles? Precisamos tomar consciência daquilo que somos na qualidade de filhos de Deus.

Ou, expressando a mesma ideia de outra maneira, precisamos tomar consciência do que Deus é na qualidade de nosso Pai celeste. Novamente, temos aqui alguma coisa que o povo evangélico só aprende mui lentamente. Cremos em Deus; contudo, quão lerdos somos em crer e perceber que Ele é aquilo que assevera ser, isto é, nosso Pai celeste. Cristo falou em ir para "meu Pai e vosso Pai" (João 20:17). Em Cristo Jesus, Deus tornou-se o nosso Pai. O que nos convém aprender a respeito dEle? Eis alguns pensamentos que merecem a nossa consideração.

Primeiramente, pensemos nos imutáveis propósitos de Deus com referência aos Seus filhos. E quero enfatizar aqui a palavra "imutáveis". Os filhos de Deus são aqueles cujos nomes foram escritos no Livro da Vida do Cordeiro, desde antes da fundação do mundo. Nada existe de contingente quanto a isso. Fomos eleitos "antes da fundação do mundo" (Efésios 1:4). Os propósitos divinos são imutáveis e não estão sujeitos a qualquer modificação. Esses propósitos contemplam o nosso destino eterno, e nada menos do que isso. Essa verdade é constantemente expressa, de diversas maneiras, nas Escrituras, como, por exemplo: "eleitos, segundo a presciência de Deus Pai" (I Pedro 1:2), "santificados em Cristo Jesus" (I Coríntios 1:2), "pela santificação do Espírito" (II Tessalonicenses 2:13) e assim por diante. Quando as pessoas acreditam em coisas assim mostram-se capazes de enfrentar a vida neste mundo com uma outra atitude. Uma vez mais, esse foi um dos segredos dos grandes heróis da fé, em Hebreus 11. Esses heróis da fé compreenderam algo acerca dos imutáveis propósitos de Deus, e, por essa mesma razão, sem importar se estamos pensando em Abraão, em José ou em Moisés, todos eles sorriam diante das calamidades. Tão somente prosseguiam, porque assim Deus lhes dissera para fazer, e também porque sabiam que os propósitos de Deus certamente teriam cumprimento. Abraão foi colocado em supremo teste ao ser solicitado a sacrificar Isaque. Ele não podia compreender essa ordem divina, mas pensou: Assim farei porque sei que os propósitos de Deus são firmes, e embora eu tenha de sacrificar Isaque, sei que Deus é poderoso para ressuscitá-lo dos mortos. Os imutáveis propósitos de Deus! Deus jamais se contradiz consigo e convém-nos lembrar que Ele esta sempre por detrás, por baixo e ao redor de nós. "Por debaixo estão os braços eternos."

Todavia, meditemos também em Seu grande amor. A tragédia de nossa posição é que não conhecemos o amor de Deus como deveríamos. Paulo orou em favor dos crentes de Éfeso, no sentido que eles viessem a conhecer profundamente o amor de Deus. Não conhecemos a extensão do amor de Deus como deveríamos. Em certo sentido, a primeira epístola de João foi escrita para que pudéssemos tomar conhecimento dessa realidade. Se ao menos conhecêssemos a extensão do amor de Deus por nós, e nisso descansássemos (ver I João 4:16), as nossas vidas seriam inteiramente diferentes. Quão fácil é comprovar a grandeza desse amor divino, à luz do que Deus já fez na pessoa de Cristo! Já tivemos ocasião de examinar aqueles poderosos argumentos que se encontram na epístola aos Romanos. Se quando ainda éramos inimigos, Ele realizou a Sua obra notável, quanto mais, dizemo-lo com toda a reverência, Ele é compelido a fazer o que é menor! O amor que Deus tem por nós!

Após isso, compete-nos meditar sobre Sua preocupação por nós. Era esse o aspecto que nosso Senhor enfatizava nesta passagem. Se Ele se interessa pelas aves, quanto mais por nós! Jesus salientou, em um outro trecho bíblico, que "... até os cabelos todos da cabeça estão contados" (Mateus 10:30). Não obstante, ficamos preocupados com meras coisas. Se ao menos tomássemos consciência do amoroso cuidado de Deus por nós, e do fato que Ele sabe tudo a nosso respeito, preocupando-se com as mais insignificantes minúcias de nossas vidas! O indivíduo que assim crê jamais pode viver esmagado pelas preocupações.

Portanto, meditemos em Seu poder e em Sua habilidade. "... meu Deus e vosso Deus." Quem é o meu Deus, que demonstra tão grande interesse pessoal por mim? Ele é o Criador dos céus e da terra. Ele é o Sustentador de tudo quanto existe. Leiamos novamente Salmos 46:9: "Ele põe termo à guerra até aos confins do mundo, quebra o arco e despedaça a lança; queima os carros no fogo". Deus controla tudo. Ele pode esmigalhar os ímpios, bem como cada inimigo que contra nós se levante, pois o Seu poder desconhece limites. E assim, ao contemplarmos essa realidade, somos forçados a concordar com a dedução do salmista, ao dirigir-se aos ímpios: "Aquietai-vos e sabei que eu sou Deus; sou exaltado entre as nações, sou exaltado na terra" (Salmos 46:10). E não deveríamos interpretar essa exortação, "Aquietai-vos", em um sentido sentimental. Alguns pensam que se trata de uma espécie de exortação para ficarmos calados; mas o sentido dessa ordem nada tem a ver com isso. Isso significa: "Desista (ou renda-se) que eu sou Deus". Deus estava se dirigindo a povos que Lhe eram adversos, e como que lhes determinava: "Esse é o Meu poder. Por conseguinte, desistam e rendam-se, façam silêncio e tomem conhecimento de que Eu sou Deus".

Por igual modo, devemos lembrar que esse poder está operando em nosso favor. Já pudemos observar esse fato na oração de Paulo em favor dos Efésios, onde ele diz: "qual a suprema grandeza do seu poder para com os que cremos" (1:19). E também: "Ora, àquele que é poderoso para fazer infinitamente mais do que tudo quanto pedimos ou pensamos, conforme o seu poder que opera em nós" (Efésios 3:20). À luz dessas afirmações, não se torna ridícula toda e qualquer preocupação? Não é a preocupação algo inteiramente insensato? Isso quer dizer apenas que não pensamos e também que não lemos a Bíblia; ou, se o fazemos, fazemo-lo de maneira apenas mecânica e superficial, pois vivemos de tal maneira controlados pelos nossos preconceitos que não aceitamos as declarações escriturísticas tal e qual elas são. Deveríamos enfrentar essas coisas e delas extrair nossas grandiosas deduções.

Um pensamento final. Essa "pequena fé", em última análise, deve-se à falha de não aplicarmos, aquilo que reivindicamos saber e crer, às circunstâncias e detalhes da vida. Poderíamos expressar esse ponto mediante uma única sentença. Você está lembrado daquele famoso incidente, na vida de nosso Senhor, quando Ele estava dormindo na popa do barco e a água começou a entrar? O mar se tornara extremamente agitado, e os discípulos estavam preocupados e temerosos, e disseram: "Mestre, Mestre, estamos perecendo!" A resposta dada a isso pelo Senhor Jesus sumaria perfeitamente bem tudo quanto temos dito neste capítulo: "Onde está a vossa fé?" (ver Lucas 8:23-25). Sim, onde é que está a nossa fé? Nós a possuímos, é verdade; mas, onde está ela? Ou, se assim preferirmos, poderemos formular essa indagação de Jesus nestes outros termos: "Por que vocês não aplicam sua fé a esse problema?" Como você está percebendo, não basta afirmarmos que possuímos fé; pois também é necessário aplicá-la, relacionando-a àquilo que estamos vivendo. Devemos cuidar para que a nossa fé esteja onde deve estar em um determinado momento. É muito pobre aquele cristianismo que possui essa maravilhosa fé no que concerne à salvação, mas que em seguida se lamenta e chora ao defrontar-se com as provações diárias da vida. É necessário que apliquemos a nossa fé. A "pequena fé" não consegue fazer isso.

Confio que, após havermos examinado esse poderosíssimo argumento de nosso bendito Senhor, não somente ficaremos convencidos, mas também tomaremos consciência do fato que, ficar preocupado é cair em grave contradição com a nossa posição de filhos de Deus. Não existe circunstância ou condição, nesta vida, que leve um crente a ficar preocupado. O crente não tem qualquer direito de preocupar-se; se ele assim fizer, estará tão somente condenando a si mesmo como homem dotado de "pequena fé", e também estará desonrando ao seu Deus e mostrando-se desleal para com seu bendito salvador. "Não andeis ansiosos"; antes, exercei a fé; compreenda a verdade bíblica e aplique-a a todos os detalhes de sua vida.

Capítulo XLIII
AMPLIANDO A FÉ

Neste trecho, compreendido pelos versículos 31 a 33, nosso Senhor apresenta-nos a abordagem positiva no que concerne à questão da "pequena fé". Não basta que tomemos conhecimento do que isso significa; o que importa é termos uma fé maior e mais ampla. Jesus introduz Suas instruções, nesta passagem, com esta palavra: "portanto". Ela aparece imediatamente depois do que Ele acabara de dizer, por tratar-se de um dos elos de uma corrente. Disse Ele: "Portanto – à luz desses fatos –, não vos inquieteis, dizendo: Que comeremos? Que beberemos? Ou: Com que nos vestiremos?" Temos aqui a reiteração da injunção fundamental de Cristo, que já consideramos. Existem aqueles estudiosos que gostariam que acreditássemos que a adição da palavra "dizendo", neste versículo trinta e um, significa que, nessa declaração do Senhor, houve uma leve modificação. Em primeiro lugar, conforme você deve estar lembrado, Ele disse: "Por isso, vos digo: Não andeis ansiosos..." Mas aqui, dizem esses mesmos intérpretes, Jesus declara: "Portanto, não vos inquieteis, dizendo..."

Não penso que nisso possamos encontrar uma diferença material. Não existe qualquer objeção ao argumento que diz que há uma certa diferença, que na primeira instância nosso Senhor estava fazendo uma advertência geral contra a tendência para a preocupação, mas que agora Ele avançara um passo além disso, como que dizendo: "Nem ao menos vocês devem dizer coisas assim; talvez cheguem a pensar em coisas dessa natureza, mas não devem dizê-las". Entretanto, se isto é assim ou não, é algo perfeitamente imaterial, porquanto permanece de pé o mesmo ponto. Nosso Senhor mostrava-nos aqui a maneira positiva de vermos aumentada a nossa fé; e, novamente. Ele expressou a questão na forma de um argumento. Lembremo-nos de que o Seu método sempre foi muito lógico. Jesus não fazia meras declarações e pronunciamentos; pelo contrário, procurava levar-nos a raciocinar a respeito, juntamente com Ele. Maravilhosíssima é a Sua condescendência! Consideremos aquele vocábulo "porque", e, logo adiante, "pois": "... porque os gentios é que procuram todas estas coisas; pois vosso Pai celeste sabe que necessitais de todas elas...", e assim por diante, (ver Mateus 6:32). Tudo quanto precisamos fazer, por conseguinte, é acompanhar o argumento utilizado por nosso Senhor. Observamos, nessa altura da exposição, que três princípios fundamentais foram apresentados para nossa consideração; três princípios fundamentais que, se os apreendermos e compreendermos, inevitavelmente eles nos conduzirão a uma fé mais robusta. A maneira pela qual nosso Senhor manuseou o tema é bastante notável.

O argumento essencial do Senhor é que nós, como crentes que somos, devemos ser diferentes dos gentios. É por aí que Ele começa. Pode-se notar que Jesus situou essa declaração dentro de parênteses, por assim dizer: "... porque os gentios é que procuram todas estas coisas..." Entretanto, quão poderosa declaração é essa, quão importante ela é! Embora formulada negativamente, ela conduz a um resultado perfeitamente positivo. Se você deseja aumentar sua fé, então a primeira coisa que lhe convém fazer é perceber que andar preocupado e ansioso a respeito de alimento, bebida, vestuário, e a respeito da própria vida, neste mundo, em certo sentido é estar vivendo tal e qual os gentios.

O que o Senhor Jesus quis dizer com isso? Naturalmente, a palavra "gentios" realmente significa "ímpio". Os judeus eram o povo escolhido por Deus. Eles receberam os oráculos de Deus, bem como o conhecimento especial de Deus, mas os demais povos eram descritos como "ímpios". Isso posto, devemos analisar esse vocábulo e entender exatamente o que o Senhor quis dizer. A declaração indica que se eu sou culpado de ficar preocupado e ansioso a respeito dessas questões de alimento, bebida e vestuário, e acerca da minha vida neste mundo, e de certos artigos que porventura me estejam faltando –

se essas apreensões dominam a mim e à minha vida, então realmente estarei vivendo e comportando-me como um ímpio. Porém, procuremos descobrir o real significado dessa questão.

Os ímpios eram pessoas que não tinham qualquer revelação de Deus, e, por conseguinte, não tinham conhecimento dEle. Esse é o grande esclarecimento dado pelo Antigo Testamento, esse é o fator que diferenciava os filhos de Israel de todos os outros povos. Paulo diz em seu argumento concernente a essa questão, no trecho de Romanos 3:2: "... aos judeus foram confiados os oráculos de Deus". Deus fez uma revelação de Si mesmo aos judeus, não somente por ocasião do chamamento de Abraão e de outros personagens bíblicos, mas, supremamente, na entrega da lei e no grandioso ensino dos profetas. Os ímpios nada sabiam a esse respeito; eles não desfrutavam dessa revelação especial, e nem tinham conhecimento de Deus. Não dispunham das Escrituras do Antigo Testamento e, por conseguinte, não tinham meios para conhecer ao Senhor. Essa é a característica essencial dos ímpios, pois nada sabem acerca de Deus em sentido real, e, além disso, vivem "sem Deus no mundo" (Efésios 2:12).

Nessa conexão, poderíamos ser mais explícitos, como é lógico, asseverando que os ímpios nada sabem acerca da revelação de Deus em Jesus Cristo, e nada sabem sobre o caminho da salvação traçado por Deus. Pelo contrário, eles mostram-se extremamente ignorantes quanto ao ponto de vista da vida ensinado nas Escrituras. Eles não sabem que "Deus amou ao mundo de tal maneira que deu o seu Filho unigênito, para que todo o que nele crê não pereça, mas tenha a vida eterna" (João 3:16). Eles nada sabem acerca das "... suas preciosas e mui grandes promessas..." (II Pedro 1:4), ou sobre as diversas garantias que Deus deu ao Seu povo que vive neste mundo. Os ímpios nada sabem sobre isso, e nada disso receberam. Encontram-se em espessas trevas sobre a vida neste mundo, como deve ser vivida ou sobre o seu destino eterno. A sua perspectiva da vida é inteiramente limitada aos seus próprios pensamentos, carecendo daquela luz que é dada lá do alto.

Contudo, não nos deveríamos contentar com isso, porque o fato é que os ímpios encaram a vida impiamente e geralmente veem as coisas que nos acontecem de uma das duas maneiras principais. Entre os ímpios há aqueles que imaginam que tudo quanto nos acontece é puramente acidental. Esse ponto de vista algumas vezes é conhecido como "a teoria da contingência", a qual ensina que certas coisas acontecem sem motivo ou razão, e que ninguém sabe o que haverá de suceder em seguida. Essa é, por exemplo, a perspectiva da vida neste mundo que é defendida e ensinada – recebendo considerável proeminência nestes nossos dias –, por homens como o Dr. Julian Huxley, para quem tudo nesta vida é acidental e contingente. Eles dizem que não há propósito algum nesta vida. Não haveria qualquer padrão, ordem ou arranjo; tudo é fortuito. Esse é um ponto de vista muito antigo. Nada há de novo a seu respeito, e não existe gente, no mundo de hoje, mais patética do que aqueles que imaginam que advogar esse ponto de vista é exibir as marcas do progresso moderno. Metade dos ímpios assume esse ponto de vista da vida, e isso, como é óbvio, afeta, de maneira profunda, toda a sua atitude para com tudo quanto sucede.

O outro ponto de vista, comumente denominado "fatalismo", é o extremo oposto daquele primeiro. Ensina que aquilo que tem que ser, será. Sem importar o que alguém possa fazer ou dizer, o que tiver de acontecer, acontecerá. "O que será, será." Por conseguinte, daí deduzem que é total insensatez alguém esforçar-se. Cada qual simplesmente deveria prosseguir, confiando que as coisas não se tornarão excessivamente adversas, e que, de uma maneira ou de outra, o indivíduo poderá ter uma passagem regularmente fácil por este mundo. O fatalismo ensina que coisa alguma pode ser feita, no que concerne a esta vida, porquanto haveria poderes e fatores que controlariam inexoravelmente a cada pessoa, segurando-as em suas manoplas de um rígido determinismo. Assim sendo, pois, de nada adiantaria alguém pensar, e, menos ainda, alguém preocupar-se com as coisas. Todavia, o fatalismo leva os seus adeptos a uma idêntica preocupação, tal como no caso daqueles outros, porque tais pessoas sempre vivem preocupadas com o que lhes sucederá em seguida. A "contingência" e o "fatalismo", pois, são as duas principais expressões do ponto de vista ímpio desta vida.

É importante que conservemos em mente esses dois pontos de vista, porque até crentes podem estar adotando um ou outro deles inconscientemente.

O ponto de vista do cristianismo, entretanto, a perspectiva ensinada nas Escrituras, e, especialmente, nesta altura do Sermão do Monte, é aquele que poderíamos descrever como a doutrina da "certeza". Diz-nos que a vida não é controlada por alguma necessidade cega, mas que determinadas coisas são inevitáveis porque estamos nas mãos do Deus vivo. Portanto, se você é crente, deve confrontar essa doutrina da certeza com as teorias da contingência e do fatalismo. Existe uma diferença imensa entre esses pontos de vista, a saber, o ponto de vista cristão e o ímpio. E aquilo que nosso Senhor ensinava é que, se estamos vivendo uma vida repleta de ansiedades e preocupações, então estamos virtualmente mortos, assumindo o ponto de vista ímpio da vida.

Segue-se, necessariamente, que se esse é o nosso ponto de vista fundamental da vida neste mundo, isso haverá de determinar toda a nossa maneira de viver, controlando todo o nosso comportamento. "Porque como imagina (o homem) em sua alma, assim ele é..." (Provérbios 23:7). Sempre podemos dizer qual seja a filosofia de vida de um homem conforme o modo como ele vive e conforme a maneira pela qual reage às coisas que acontecem ao seu redor. Essa é a razão por que todos os períodos de crise servem para fazer os homens passarem por um crivo. Através daquilo que dizemos sempre nos traímos naquilo que acreditamos. Você deve estar lembrado de que nosso Senhor ensinou, certa ocasião, que seremos julgados por toda palavra ociosa que proferirmos (ver Mateus 12:36). Desvendamos muita coisa a nosso respeito, como crentes que somos, por meio de nossas observações comuns e por meio de nossos comentários corriqueiros a respeito da vida. Nosso ponto de vista da vida transparece em cada expressão que usamos.

Se um indivíduo adotou um ponto de vista ímpio da vida, neste mundo, também terá o mesmo ponto de vista da vida no outro mundo. O ponto de vista ímpio daquela vida é que se trata de um domínio de sombras. Pode-se perceber isso claramente na mitologia dos gregos e em outras mitologias pagãs. Para eles, tudo é extremamente incerto. Portanto, se alguma pessoa defende essa posição, este mundo representará tudo quanto se reveste de valor para ela, e ela procurará aproveitar ao máximo a sua existência terrena, por tratar-se da única vida acerca da qual ela possui qualquer conhecimento. Tal pessoa estará tentando ou antecipar a contingência, ou então estará tentando, de algum modo, escapar do fatalismo que a está escravizando. E o que tal pessoa faz é o seguinte. Ela pensa: Eis que estou aqui neste momento; procurarei obter o máximo desta vida terrena, porque não sei o que haverá de me acontecer depois dela. Por conseguinte, a filosofia de tal pessoa passa a ser aquela que diz "... comer, beber e alegrar-se..." (Eclesiastes 8:15), ou seja, vivamos para o momento presente. Disponho desta hora, e, assim sendo, quero extrair dela tudo quanto me for possível.

Essa é a cena que todos nós contemplamos ao nosso redor; é assim que parece estar vivendo, hoje em dia, a maioria das pessoas. Elas argumentam que em vista de ninguém saber o que acontecerá no próximo mês, ou no próximo ano, então a essência mesma da sabedoria consiste em se dizer: "Bem, aproveitemos tudo quanto temos; extraiamos o máximo de prazer desta vida". É por isso que tais indivíduos se mostram inteiramente negligentes quanto às consequências e nem pensam em seu destino eterno. O Senhor Jesus sumariou tudo isso declarando: "porque os gentios (ímpios, pagãos) é que procuram todas estas coisas". A palavra "procuram" é muito incisiva. Significa buscar intensa e continuamente essas coisas, e realmente viver para elas. Cumpre-nos declarar o seguinte acerca dessas pessoas. Ao assim fazerem, elas se mostram perfeitamente coerentes consigo mesmas; pois, se essa é a sua perspectiva da vida, estão agindo em harmonia com ela. Essas pessoas vivem somente para essas coisas, buscando-as intensa e incansavelmente.

Dentre tudo isso, entretanto, levanta-se uma questão vital e importantíssima. Somos nós assim? Se essas coisas ocupam o primeiro lugar em nossas vidas, diz o Senhor Jesus, e se elas monopolizam as nossas vidas bem como toda a nossa maneira de pensar, então em nada somos melhores do que os ímpios, mas antes, somos indivíduos mundanos, dotados de mentalidade mundana. Esta palavra impõe-se a nós com o seu terrível poder e significação. Há um avantajado número de pessoas que poderiam ser descritas como "crentes mundanos". Se conversarmos com elas acerca da salvação da alma, descobriremos que elas têm a ideia correta a respeito; mas, se conversarmos com elas sobre a vida em geral, veremos que elas não passam de pessoas mundanas. Quando se trata da questão da salvação da alma, então elas defendem o ponto de vista certo; mas, se prestarmos atenção à sua conversação comum sobre a vida neste mundo, descobriremos nelas uma filosofia ímpia. Elas vivem preocupadas com alimento e bebida; e estão sempre falando acerca de riquezas materiais, de vantagens financeiras e de suas diversas possessões. Essas coisas, na realidade, controlam essas pessoas. Essas são as coisas que as tornam felizes ou infelizes, e elas não cessam de pensar ou falar em tais coisas. Conforme nos disse Cristo, ter essa atitude é viver como os ímpios, pois o crente não se deveria deixar controlar por tais coisas. Qualquer que seja a posição do crente com referência a elas, ele não deve ser controlado por elas. Na verdade, ele não deveria deixar-se arrastar para a felicidade ou para a infelicidade por essas coisas, porque esta é a condição típica dos ímpios, os quais são dominados por elas no tocante a sua perspectiva da vida e do seu viver neste mundo.

Isso posto, essa é uma excelente maneira de ampliar a nossa fé e de nos ajustarmos ao conceito bíblico da vida caracterizada pela fé. O povo de Deus, os filhos de Deus neste mundo, estão aqui a fim de viverem a vida de fé; espera-se que eles vivam à luz da fé que professam. Sugiro que há determinadas indagações que sempre deveríamos dirigir a nós mesmos. Eis algumas delas. Estou enfrentando as coisas que me sucedem neste mundo conforme fazem os gentios? Quando essas coisas me acontecem, quando parece haver dificuldades sobre alimento, bebida ou vestuário, quando parecem surgir dificuldades em quaisquer relações nesta vida, como é que eu as enfrento? Como é que reajo a elas? A minha reação é similar à reação de um ímpio, que não finge ser um crente? Como é que eu reajo diante da guerra? Como é que reajo diante das enfermidades, das epidemias e das perdas? Todas essas são questões seríssimas, que precisamos responder.

Porém, avancemos um pouco mais. A minha fé cristã porventura afeta o meu ponto de vista da vida, e controla o mesmo quanto a todas as questões? Afirmo-me cristão e apego-me à fé cristã; mas a pergunta que agora quero dirigir a mim mesmo é esta: Essa minha fé cristã afeta todo o meu detalhado ponto de vista da vida? A minha fé cristã sempre determina a minha reação e as minhas atitudes em relação às coisas particulares que me sucedem? Ou então, poderíamos colocar a questão nestes termos: É claro e óbvio, para mim mesmo e para todos os demais, que toda a minha abordagem da vida, todo o meu ponto de vista essencial da vida em geral e em particular, é inteiramente diferente do ponto de vista dos incrédulos? Assim deveria ser. O Sermão do Monte começa com as bem-aventuranças. Elas descrevem indivíduos inteiramente diferentes dos demais, tão diferentes quanto a luz difere das trevas, tão diferentes quanto o sal é diferente da putrefação. Portanto, se somos essencialmente diferentes, também precisamos ser diferentes quanto ao nosso ponto de vista, quanto às nossas reações para com todas as coisas. Não conheço melhor indagação para um homem fazer a si mesmo, em cada circunstância da vida, do que essa. Quando ocorre alguma coisa capaz de abalá-lo, você porventura indaga: "A minha reação é essencialmente diferente daquela que seria se eu não fosse crente?" Relembremo-nos daquele ensino que já tivemos oportunidade de considerar, no fim de Mateus 5. Você deve recordar-se de como nosso Senhor exprimiu essa questão particular: "E, se saudardes somente os vossos irmãos, que fazeis de mais? Não fazem os gentios também o mesmo?" (Mateus 5:47). Eis aí! O crente é uma pessoa que faz "mais do que as outras". O crente é um indivíduo absolutamente diferente. E, se em cada pormenor de sua vida, não se destaca o seu cristianismo, então ele é um crente bastante deficiente, ele é um homem dotado de "pequena fé".

Ou então, apresentemos diante de nossa consideração certa pergunta final como esta: "Tudo quanto acontece em minha vida, tudo quanto me sucede, costumo pôr dentro do contexto de minha vida cristã, para em seguida considerar a questão à luz desse contexto? Os ímpios não podem fazer isso. O ímpio não recebeu a fé cristã. Ele não confia em Deus, e nada conhece a respeito dEle. Ele não possui essa revelação de Deus como seu Pai, e dele mesmo como Seu filho. Os ímpios desconhecem inteiramente os graciosos propósitos de Deus, e, assim sendo, pobres indivíduos que são, voltam-se para dentro de si mesmos e reagem automática e instintivamente àquilo que acontece ao seu redor. Entretanto, o que realmente comprova que somos crentes é que, quando essas coisas nos sucedem, quando elas acontecem, não as vemos simplesmente como elas são. Como crentes, nós as tomamos e as encaixamos dentro do contexto de toda a nossa fé, e então as contemplamos novamente.

Concluímos o capítulo anterior deste volume descrevendo a fé como algo essencialmente ativo. Nosso Senhor perguntou dos Seus discípulos: "Onde está a sua fé? Por que vocês não a estão aplicando?" Mas agora podemos fazer uma pergunta que é exatamente o oposto. Eis que algo nos acontece e que tende por nos tirar o equilíbrio, o bom senso. A atitude ímpia que caracteriza o homem natural leva-o a perder o controle próprio, ou então a sentir-se ferido e ofendido. Mas o crente para e pensa: "Espere um minuto. Vou tomar essa questão e colocá-la dentro do contexto de tudo quanto sei, de tudo quanto acredito sobre Deus e sobre o meu relacionamento com Ele". E então o crente considera novamente a questão. Ele começa a entender o que o autor da epístola aos Hebreus quis dizer, quando escreveu: "... o Senhor corrige a quem ama e açoita a todo filho a quem recebe" (Hebreus 12:6). E posto que o crente sabe disso, é capaz de alegrar-se diante da disciplina, e, em certo sentido, até mesmo quando a disciplina ainda lhe está sendo aplicada, porquanto coloca tudo dentro do contexto de sua confiança no Senhor. O crente é o único indivíduo que pode assumir tal posição; o ímpio é incapaz disso, tal atitude lhe é impossível. Formulemos certa pergunta de ordem geral: É evidente, para mim e para todos, que eu não costumo agir como um ímpio? A minha conduta e o meu comportamento na vida são tais que demonstram que eu sou crente? Minhas atitudes mostram claramente que eu pertenço a uma dimensão superior, e que posso elevar tudo ao meu redor até esse nível? Disse o Senhor Jesus: "... porque os gentios é que procuram todas essas coisas..." Mas, você não é gentio. Perceba o que você é; lembre-se de quem você é e viva em consonância com essa realidade. Eleve-se até ao nível de sua fé; mostre-se digno de seu elevado chamamento em Cristo Jesus. Povo cristão, vigie seus lábios, vigie suas línguas. Nós nos traímos nas conversas que temos com nossos semelhantes, nas coisas que dizemos, nos acontecimentos que emergem em momentos inesperados, quando não estamos exercendo vigilância. Tal comportamento é típico dos ímpios; mas os crentes exercem disciplina e controle sobre si mesmos, porquanto enxergam todas as coisas dentro do contexto de Deus e da eternidade.

O segundo argumento, na realidade, é uma repetição daquilo que nosso Senhor já havia ressaltado por diversas vezes. Jesus não se apressava quanto a esses assuntos, mas declarou: "... pois vosso Pai celeste sabe que necessitais de todas elas" (Mateus 6:32). Ele já nos havia ensinado tal verdade em Seu argumento acerca das aves e dos lírios do campo. Entretanto, Ele nos conhece, e sabe quão profunda é a nossa tendência para nos esquecermos das coisas. Por essa razão é que Ele reiterou: "... pois vosso Pai celeste sabe que necessitais de todas elas". Poderíamos expressar essa questão da seguinte maneira. O segundo princípio mediante o qual o crente pode ampliar e robustecer a sua fé é que, na qualidade de crente, ele deveria ter fé implícita e dependência em Deus como seu Pai celeste. Já tivemos oportunidade de considerar essa questão[1], e agora basta-nos sumariá-la. O seu sentido é mais ou menos o seguinte. Coisa nenhuma nos pode acontecer fora da vontade de Deus. Ele sabe tudo a nosso respeito. Se não é faltar com a verdade dizer-se que os próprios cabelos de nossas cabeças estão todos contados, então devemo-nos lembrar que jamais poderemos encontrar-nos em qualquer posição ou situação fora do conhecimento ou do cuidado de nosso Deus. Ele sabe de tudo isso muito melhor do que nós mesmos. Esse é o argumento usado pelo nosso bendito Senhor, pessoalmente: "... pois vosso Pai celeste sabe que necessitais de todas elas". Não existe outra declaração mais abençoada, na Bíblia inteira, do que essa. É impossível você encontrar-se em um lugar onde Deus não tenha conhecimento; jamais haverá qualquer coisa, no mais profundo do seu coração, no recesso mais íntimo do seu ser, que nosso Senhor desconheça. O autor da epístola aos Hebreus exprime essa mesma verdade, em uma conexão diferente, ao dizer: "... todas as coisas estão descobertas e patentes aos olhos daquele a quem temos de prestar contas" (4:13). É Deus quem discerne os pensamentos e intenções de um coração humano. Ele disse isso a fim de advertir os crentes judeus. Devemos lembrar-nos que a nós cabe não somente viver no temor do Senhor, mas também cumpre-nos viver no consolo e no conhecimento de Deus. Deus não apenas vê o que está acontecendo ao crente, quando este adoece, não apenas percebe quando o crente está sofrendo solidão e triste-

---

1 Ver pág. 412

za, mas também conhece cada tristeza e cada angústia no coração do crente. Deus sabe de tudo; e coisa alguma está fora de Sua onisciência. Ele sabe tudo a nosso respeito, e, por isso mesmo, sabe de cada uma de nossas necessidades. É dessa realidade que o Senhor Jesus extraiu a Sua dedução. Jamais o crente precisará sentir-se ansioso, jamais terá de ficar preocupado. Deus está com o crente nesta vida e o crente não está sozinho, pois Ele é o seu Pai. Até mesmo um pai terreno age dessa forma, em certa medida. Um pai demora-se na companhia de seus filhos, protegendo-os e fazendo o quanto puder em favor deles. Multiplique-se isso pelo que é infinito e poderemos contemplar o que Deus está fazendo com relação a Seus filhos, sem importar as circunstâncias.

Se ao menos pudéssemos apreender esse fato, sem a menor dúvida, isso baniria para sempre toda preocupação e toda a manifestação de ansiedade. Jamais se permita pensar, um momento sequer, que você está só. Isso simplesmente não corresponde à verdade. Você e eu precisamos aprender a dizer aquilo que o próprio Senhor Jesus afirmou, sob a sombra da cruz: "Eis que vem a hora e já é chegada, em que sereis dispersos, cada um para sua casa, e me deixareis só; contudo, não estou só, porque o Pai está comigo" (João 16:32). E eis que Ele também nos prometeu: "De maneira alguma te deixarei, nunca jamais te abandonarei" (Hebreus 13:5). Porém, acima de tudo, devemos depender desse fato, que o Senhor sabe tudo a nosso respeito; cada circunstância, cada necessidade, cada dor. Isso posto, podemos descansar tranquilamente, em plena confiança, apoiados nessa bendita e gloriosíssima certeza.

Por sua vez, isso nos conduz ao terceiro argumento, a saber, que devemos concentrar-nos na tarefa de aperfeiçoarmos a nossa relação com Deus, na qualidade de nosso Pai celeste. De modo inteiramente diferente dos ímpios, devemos depender implicitamente do conhecimento dEle como nosso Pai celeste, concentrando-nos na tarefa de aperfeiçoar esse conhecimento e a nossa relação com Ele. "... buscai, pois, em primeiro lugar, o seu reino e a sua justiça, e todas estas coisas vos serão acrescentadas" (Mateus 6:33). Chego a ter dúvidas se é lícito eu sugerir que, nessas palavras, o Senhor Jesus introduziu um certo elemento humorístico. Para dizer a verdade, a mim parece que nosso Senhor dizia mais ou menos o que segue; Jesus já declarara isso por duas vezes, e então repetira o pensamento de várias formas: "Não se preocupem com questões como alimento, bebida e vestuário; não se preocupem com a vida de vocês neste mundo; não se preocupem se Deus estiver submetendo vocês à prova, ou não". Em seguida, por assim dizer, Ele declara: "Se, ainda assim, vocês quiserem preocupar-se, então eis com o que deveriam preocupar-se: preocupem-se com seu relacionamento com o Pai celeste! É nisso que vocês deveriam concentrar as suas energias. Os gentios costumam buscar aquelas outras coisas, e esse mau exemplo está sendo seguido por muitos dentre vocês; mas, 'buscai, pois...' O relacionamento com o Pai é que vocês deveriam buscar".

Novamente, deveríamos lembrar-nos que a palavra "buscai" tem o sentido de anelar apaixonadamente, de buscar intensamente, de viver para alcançar algo. E o Senhor chegou a reforçar a ideia mediante o acréscimo de uma expressão, "em primeiro lugar". Isso aponta para ideias como "geralmente", "acima de tudo", "principalmente"; e é a isso que devemos dar a prioridade. Uma vez mais vemos nosso Senhor reiterando as Suas ideias. Ele disse: Vocês estão preocupados com essas outras coisas, dando-lhes a primazia. No entanto, não devem. O que vocês têm de pôr em primeiro lugar é o reino de Deus e a Sua justiça. O Senhor Jesus já expressara tal ideia dentro da oração modelo que Ele ensinou ao Seu povo. Você deve estar lembrado dessas instruções. Naturalmente, você aproxima-se de Deus. Você se interessa por esta vida e por este mundo, mas nunca deveria começar suas orações, dizendo: "Deus, dá-nos hoje o pão diário". Você deveria começar orando assim: "Pai nosso, que estás nos céus, santificado seja o teu nome; venha o teu reino; faça-se a tua vontade, assim na terra como no céu". E então, e somente então é que Ele disse: "o pão nosso de cada dia dá-nos hoje". E igualmente: "buscai, pois, em primeiro lugar – não o pão diário, mas – o seu reino e a sua justiça". Em outras palavras, você deve trazer esta posição na mente, no coração e na vontade. Isso deveria merecer a prioridade absoluta, acima de tudo.

Que quis dizer nosso Senhor com essas palavras: "buscai, pois, em primeiro lugar, o seu reino"? Como é óbvio, Ele não estava informando os Seus ouvintes acerca de como eles poderiam tornar-se crentes. Antes, ensinava-os como deveriam conduzir-se, em face do fato de serem crentes. Eles já se encontram dentro do reino de Deus, e, visto que dele já participam, deveriam procurar uma participação cada vez maior. É conforme Pedro disse: "... procurai, com diligência cada vez maior, confirmar a vossa vocação e eleição..." (II Pedro 1:10). Na prática, isso significa que, na posição de filhos de nosso Pai celeste, deveríamos procurar conhecê-Lo melhor. Ora, o autor da epístola aos Hebreus coloca perfeitamente bem a questão, quando diz (em 11:6): "... porquanto é necessário que aquele que se aproxima de Deus creia que ele existe e que se torna galardoador dos que o buscam". Ponha a ênfase sobre a palavra final, "buscam". Muitos crentes deixam de receber tantas das bênçãos próprias da vida cristã por não buscarem a Deus diligentemente. Não passam muito tempo buscando a face do Senhor. Quando se acham nos átrios do Senhor dobram os joelhos, a fim de orar; mas isso não equivale, necessariamente, a buscar ao Senhor. Do crente espera-se que busque a face do Senhor diária e constantemente. Ele arranja tempo e aproveita o tempo para assim fazer.

Outrossim, isso significa que precisamos pensar mais a respeito do reino e de nossa relação com Deus, e, especialmente, a respeito de nosso futuro eterno. Foi por haver agido assim que o apóstolo Paulo foi capaz de esclarecer aos crentes de Corinto: "Porque a nossa leve e momentânea tribulação produz para nós eterno peso de glória, acima de toda comparação, não atentando nós nas coisas que se veem, mas nas que se não veem; porque as que se veem são temporais, e as que se não veem são eternas" (II Coríntios 4:17-18). Observe estas palavras, "não atentando nós". O apóstolo somente se regozijava, a despeito de suas tribulações, porquanto não dava atenção ao que é temporal. Ele exprime essa atitude como uma exortação positiva, como uma injunção, ao escrever aos crentes de Colossos. "Pensai nas coisas lá do alto, não nas que são aqui da terra" (Colossenses 3:2). Esse é o sentido da ideia de se buscar o reino de Deus.

Mas Jesus disse: "... buscai, pois, em primeiro lugar, o seu reino e a sua justiça..." Por qual motivo Jesus acrescentou esse conceito de "justiça"? Novamente, trata-se de importantíssima adição. Está em pauta a santidade, a vida de retidão que o crente precisa manifestar. Não somente você deve buscar o reino de Deus, no sentido de fixar seus pensamentos nas realidades celestiais, mas também deve buscar a santidade e a retidão de uma maneira positiva. Isso tão somente reitera o seguinte: "Bem-aventurados os que têm fome e sede de justiça, porque serão fartos" (Mateus 5:6). Sim, essa é a grande questão. O crente é alguém que busca a retidão, que procura ser semelhante a Jesus Cristo, que busca a santidade positiva a fim de tornar-se mais e mais santo, crescendo na graça e no conhecimento do Senhor. É dessa forma que a nossa fé se amplia. Funciona dessa maneira. Quanto mais santos nos tornamos, mais próximos estaremos de Deus. Quanto mais santos nos tornamos, maior se torna a nossa fé. E quanto mais consagrados e santos nos tornamos, maior se torna a nossa segurança, e, por conseguinte, mais firme a nossa reivindicação e a nossa dependência ao Senhor. Isso é experiência, não é mesmo? Você porventura já não reconheceu esse fato por muitas vezes? Subitamente alguma coisa sai errada em sua vida, e você se volta para Deus em oração; e, no momento mesmo em que assim faz, você se recorda de sua negligência, nas semanas ou meses anteriores. É então que alguma coisa segreda, dentro de seu peito: "Sem dúvida você está se comportando como um grosseirão. Quantos dias, semanas e meses se têm passado, sem que você tenha buscado a face do Senhor? Você tem proferido as suas orações de maneira mecânica; mas agora você está buscando a Deus, você está dedicando tempo para buscá-Lo. Contudo, você não tem agido assim com regularidade". E então você se sente condenado, você perde a confiança na eficácia de suas orações. Há regras absolutas na vida espiritual. E é o indivíduo que busca o reino de Deus e a sua justiça que tem maior confiança no Senhor. Quanto mais próximos vivermos de Deus, menos tomaremos consciência das coisas desta vida e deste mundo, e maior será o nosso senso de segurança, no que concerne ao nosso Deus. Quanto mais santos formos, tanto mais conheceremos ao Senhor. Nós O reconheceremos como nosso Pai, e então coisa alguma poderá suceder capaz de abalar-nos a serenidade, porquanto a nossa relação com Ele será tão intensa e íntima.

Poderíamos parafrasear as palavras de nosso Senhor como segue: Se vocês querem tanto buscar alguma coisa, se vocês anseiam por alguma coisa, então vocês deveriam ansiar a respeito de sua própria condição espiritual, acerca de sua proximidade com Deus e de seu relacionamento com Ele. Se você der a isso lugar prioritário, então desaparecerão todas as preocupações; esse é o resultado. Esse profundo interesse com relação a Deus expulsará toda a preocupação menor, como aquela sobre alimentos e vestuário.

O indivíduo que reconhece ser filho de Deus, herdeiro do reino eterno de Cristo, tem um ponto de vista inteiramente diferente das realidades desta vida e deste mundo. Isso é uma verdade necessária, e, quanto mais profundos forem essa fé e esse conhecimento, menor será a importância dada pelo crente às outras coisas. Outrossim, tal crente tem uma promessa divina definida e específica. Aproveitemo-nos, portanto, dessa promessa, agarrando-nos firmemente a ela. A promessa é que se verdadeiramente buscarmos essas coisas, em primeiro lugar e acima de tudo, e mesmo quase exclusivamente, então tudo o mais nos será acrescentado como uma bênção excedente. Os incrédulos nada mais fazem do que pensar nas coisas materiais. Também existem os religiosos mundanos, que também só oram sobre essas coisas, e sobre nada mais, mas que jamais encontram satisfação. O homem de Deus ora e procura o reino de Deus e tudo o mais lhe é acrescentado. Essa é uma promessa específica de Deus.

Pode-se encontrar uma perfeita ilustração desse fato na narrativa bíblica acerca de Salomão. Salomão não orou para solicitar riquezas materiais e prolongamento da vida; porém, orou pedindo sabedoria do alto. E Deus como que lhe disse: "Visto que você não orou pedindo essas outras coisas, eu lhe concederei sabedoria, e também lhe darei riquezas e vida longa como uma bênção excedente", (ver I Reis 3). Deus sempre age assim. Não foi por acidente que os puritanos do século XVII, e, especialmente, os "Quakers", tornaram-se um povo abastado. A razão dessa abastança não é que eles ficassem amealhando riquezas, não é que adorassem às riquezas. Mas estavam vivendo para Deus e para sua justiça, e, em resultado disso, não despendiam o seu dinheiro em coisas inúteis. Em um sentido, por conseguinte, eles nada podiam fazer senão prosperar financeiramente. Apegavam-se às promessas de Deus e, incidentalmente, enriqueciam.

Coloque bem no centro de sua vida a pessoa de Deus, a glória do Senhor e a vinda do Seu reino, o seu relacionamento com Ele, a sua intimidade com Ele e a sua santidade pessoal, e você contará com a palavra empenhada pelo próprio Deus, por intermédio dos lábios de Jesus Cristo, Seu Filho, de que todas as outras coisas, conforme elas se forem tornando necessárias ao seu bem-estar, nesta vida e neste mundo, lhe serão acrescentadas. É dessa forma que a nossa fé se amplia. Seja diferente dos incrédulos; lembre-se do fato que Deus sabe tudo a seu respeito, pois é o seu Pai celeste, e também porque Ele está sempre olhando para você. Por conseguinte, busque ao Senhor, procurando ser mais parecido com Ele, procurando viver toda a sua vida mais próximo dEle.

Capítulo XLIV
A PREOCUPAÇÃO: SUA CAUSA E SUA CURA

No trecho de Mateus 6:34, nosso Senhor leva à conclusão o tema com o qual Ele estivera tratando em toda esta seção do Sermão do Monte, a saber, o problema que é criado pela nossa relação com as coisas deste mundo. Esse é um problema com que todos nós temos de nos defrontar. Mas, para cada um de nós esse problema assume um aspecto diferente, conforme já temos visto. Algumas pessoas se sentem tentadas a se deixarem governar pelas possessões materiais, no sentido que seu grande desejo é amealhá-las e acumulá-las. Outras pessoas se perturbam com essas riquezas no sentido que se preocupam com elas; nesse último caso, esse problema não envolve o excesso, e, sim, a escassez de bens materiais. Porém, de conformidade com o Senhor Jesus, o problema essencial é o mesmo, em ambos os casos, isto é, o problema de nossa relação com as coisas deste mundo, desta vida. Conforme já vimos, nosso Senhor muito se esforçou por desenvolver o Seu argumento, no que concerne a essa questão. Jesus ventila ambos os aspectos do problema e os analisa.

Neste versículo, Jesus leva a um ponto final as Suas considerações a esse respeito, expressando-as da seguinte maneira Por três vezes o Senhor usou a expressão: "Portanto, não vos inquieteis..." (v. 25, 31 e 34). É de grande importância o fato que o Senhor Jesus tivesse reiterado essa advertência por nada menos de três vezes, e, em particular, com relação à questão do alimento, da bebida e do vestuário. Ora, conforme você deve estar lembrado, Jesus desenvolveu esse argumento nesses três aspectos. Aqui, encontramos a conclusão do tema inteiro; e estou certo de que muitas pessoas, ao lerem o versículo 34 pela primeira vez, juntamente com o seu contexto, sentem certa surpresa diante do fato que nosso Senhor o tenha adicionado àquilo que já dissera. Aparentemente Ele atingira um maravilhoso ponto culminante no versículo anterior, versículo 33, onde concentrara o Seu ensinamento positivo através daquelas memoráveis palavras: "... buscai, pois, em primeiro lugar, o seu reino e a sua justiça, e todas estas coisas vos serão acrescentadas". Pareceria que essa é uma daquelas afirmações às quais coisa alguma pode ser acrescentada, e, à primeira vista, o versículo que agora estamos considerando quase parece um anticlímax. É praticamente impossível imaginar-se algo mais elevado do que este conceito: "... buscai, pois, em primeiro lugar, o seu reino e a sua justiça..." É como se o Senhor Jesus houvesse dito: "Retifiquem a sua atitude, e então vocês não terão qualquer necessidade de ficar preocupados com essas outras coisas; elas serão acrescentadas a vocês". Por conseguinte, cumpre-lhe andar direito diante de Deus, e Deus cuidará de vocês. Todavia, o Senhor Jesus prosseguiu, dizendo: "Não se preocupem com o dia de amanhã – com o futuro, pois... o amanhã trará os seus cuidados; basta ao dia o seu próprio mal".

Quando enfrentamos algum problema como este, sempre é útil formularmos uma pergunta. Podemos estar perfeitamente seguros de que não temos aqui um anticlímax; há alguma excelente razão para esse acréscimo. Nosso Senhor jamais proferiu palavras meramente com a finalidade de proferi-las. Tendo-se oferecido esse admirável ensino positivo, Ele retornou ao mesmo e lhe deu uma forma negativa. Ele terminou com um tom negativo, e isso, à primeira vista, é o que constitui o problema. Por qual motivo Jesus fez tal coisa? No momento em que enfrentamos o fato e começamos a questionar o ponto, imediatamente percebemos a razão que Ele tinha para isso. O motivo desse acréscimo é que aqui encontramos, na realidade, uma extensão do Seu ensino. Não se trata de uma mera repetição, e nem mesmo de um simples sumário; isso também está envolvido, mas há mais do que isso. Ao acrescentar essas palavras, Jesus fez o Seu ensino dar um passo à frente. Até este ponto, Jesus estivera considerando esse problema no que nos envolve quanto ao presente imediato; mas aqui Ele retoma o tema, a fim de cobrir também o futuro.

Jesus ampliou o ponto, aplicando-o, a fim de cobrir a totalidade da vida. E aqui – se é que podemos usar tal linguagem e tal expressão, no que concerne a nosso bendito Senhor – Ele mostra a profundidade de Sua compreensão a respeito da natureza humana e dos problemas com que todos nós nos defrontamos nesta vida. Todos temos sido forçados a concordar que, em parte alguma, em qualquer compêndio, alguém poderia achar uma mais completa análise da preocupação, da ansiedade e daqueles cuidados excessivos que tendem por abater e mortificar o ser humano neste mundo, como a que se vê neste parágrafo, que temos considerado detalhadamente.

Nosso Senhor demonstra a Sua compreensão final acerca dessa condição humana. Afinal de contas, a preocupação é uma entidade definida; é uma força, e um poder. E nem teremos começado a compreender essa força a menos que percebamos que tremendo poder ela é. Por frequentes vezes tendemos por pensar na preocupação como uma atitude meramente negativa, como um fracasso de nossa parte ao fazer certas coisas. Eis aí! Trata-se de uma falha por não havermos aplicado a nossa fé. Porém, o aspecto que aqui precisamos enfatizar é que a preocupação é algo positivo, que chega a lutar conosco e a assumir o controle sobre nós. Trata-se de um gigantesco poder, de uma força ativa, e, se não nos conscientizarmos disso, sem a menor dúvida seremos derrotados por esse poder. Se essa força não puder forçar-nos a nos sentirmos ansiosos, sobrecarregados e abatidos em face do estado e da condição das coisas com que nos defrontamos no presente, então ela dará esse passo seguinte, e transferirá a atenção para o futuro.

Já devemos ter descoberto essa atitude em nós mesmos, ou talvez, quando tentamos ajudar a livrar outras pessoas, que estão sofrendo por causa da preocupação. Toda essa conversa principia com aquela questão específica que provocou o sentimento de preocupação. Mas então nos foram apresentadas as respostas, as quais mostram quão desnecessária é a preocupação. Todavia, você descobrirá que, quase invariavelmente, a pessoa dominada pelos sentimentos apreensivos começa a objetar como segue: "Sim, mas..." Isso é típico da preocupação. Essa atitude sempre dá a impressão de que a pessoa, na realidade, não deseja ser aliviada da tensão. Ela deseja libertar-se dessa tensão;

mas o sentimento de preocupação não permite alívio. Temos o direito de estabelecer essa distinção. O próprio Senhor Jesus assim fez, ao falar sobre o amanhã, ao meditar sobre a preocupação propriamente dita. Por assim dizer, Ele personalizou a preocupação; e considerou-a um poder, quase uma personalidade, que se apossa de você, e que, a despeito do que possa fazer, fica argumentando com você, apresentando uma razão após outra. E isso conduz o indivíduo àquela curiosíssima situação em que ele quase deseja não ser aliviado e libertado. Com frequência, isso opera na forma em que agora estamos considerando juntos. Quando já oferecemos todas as razões e completas explicações de seus sentimentos, às pessoas vitimadas pela preocupação, eis que elas retrucam: "Sim, mas isso se refere somente ao presente. Mas, e que dizer sobre o dia de amanhã? Que dizer sobre a semana que vem? Que dizer sobre o ano que vem?" E assim a objeção se vai adentrando cada vez mais pelo futuro. Em outras palavras, se a nossa preocupação não puder apoiar suas razões sobre os fatos reais do momento presente, não hesita em imaginar fatos futuros. A verdade é que a atitude de preocupação se caracteriza por uma fértil imaginação, podendo imaginar toda a espécie de possibilidades adversas a nós. Ela pode conceber estranhas eventualidades, e, com o seu tremendo poder e atividade, pode transportar-nos para o futuro, para alguma situação que ainda espera à nossa frente. E então nos achamos preocupados, atribulados e subjugados por algo que é totalmente imaginário.

    Não precisamos continuar elaborando esse ponto, porquanto todos sabemos muito bem do que se trata. Porém, a chave para compreendermos como nos convém abordar esse assunto consiste em percebermos que estamos tratando com uma força, com um poder realmente vital. Não quero exagerar a força desse poder. Há casos em que essa condição de alma, sem dúvida alguma, resulta da atuação de espíritos malignos; pois, nesses casos, pode-se perceber claramente que há uma outra personalidade em operação. Porém, mesmo excluindo-se a possibilidade de uma direta possessão demoníaca, devemos reconhecer o fato que o nosso adversário, o diabo, de várias formas, utilizando-se de uma condição física abatida, ou tirando vantagem de alguma tendência para a demasiada ansiedade, pode exercer uma poderosíssima tirania sobre muitos. Cumpre-nos entender que estamos lutando em defesa de nossas vidas, contra algum tremendo poder. Estamos frente a um adversário muito poderoso.

Verifiquemos de que maneira nosso Senhor abordou esse problema, essa preocupação, essa ansiedade referente ao futuro. A primeira coisa que devemos relembrar é que aquilo que o Senhor Jesus agora diz pode ser encontrado no contexto de Seu ensino anterior. Novamente, é fatal para a correta interpretação extrair essa declaração para fora de seu contexto. Cumpre-nos lembrar tudo quanto Cristo já nos havia informado, porquanto todos os Seus ensinos continuam sendo aplicáveis a nós. E desse argumento prosseguimos para outro usado aqui por Jesus, onde Ele nos mostra a insensatez da preocupação. O Senhor mostra quanta tolice está envolvida nessa atitude quando, por assim dizer, pergunta: "Por qual motivo vocês ficam assim preocupados acerca do futuro? O amanhã trará os seus próprios cuidados; basta ao dia de hoje o seu próprio mal". Se o momento presente já é suficientemente mau, para que nos preocuparmos com relação ao futuro? Ir vivendo dia após dia é suficiente em si mesmo; contentemo-nos com isso. A preocupação com referência ao futuro é algo inteiramente fútil e inútil, porquanto coisa nenhuma consegue realizar. Mostramo-nos muito lentos na tentativa de tomarmos consciência dessa realidade; e, no entanto, quanto de verdade há nisso! Na verdade, poderíamos avançar um pouco mais ao asseverar que a atitude da preocupação jamais teve qualquer valor real. Isso pode ser visto com cristalina clareza quando enfrentamos o futuro. À parte de qualquer outra coisa, tal preocupação não passa de puro desperdício de energia, porque por mais que fiquemos preocupados, nada poderemos fazer a respeito. Seja como for, suas ameaçadoras catástrofes são apenas imaginárias; não são certas, e o mais provável é que elas jamais venham a tornar-se realidade.

Acima de tudo, entretanto, conforme ensinou o Senhor Jesus, você não pode perceber que, de certa maneira, você está hipotecando seu futuro quando se preocupa acerca dele no presente? De fato, o resultado da preocupação acerca do futuro é que você se atrofia no que tange ao presente; está apenas diminuindo a sua eficiência no dia de hoje, e, dessa forma, reduz toda a sua eficiência no que concerne ao futuro, que está vindo ao seu encontro. Em outras palavras, a preocupação é uma atitude errada, resultante de nosso total fracasso em compreender a natureza da vida neste mundo. Nosso Senhor parece haver pintado a vida como passamos a dizer. Em resultado da queda e do pecado, sempre há um problema qualquer na vida, porque quando o homem caiu, foi-lhe revelado por Deus que, dali por diante, teria de viver e comer o seu pão "no suor do rosto" (Gênesis 3:19). O homem não estava mais vivendo no paraíso, não lhe bastava mais estender a mão e tomar o fruto das árvores existentes no jardim, vivendo uma vida caracterizada pelo bem-estar e pelo aprazimento de tudo. Em face do pecado, a vida neste mundo transformara-se em uma tarefa. Agora o homem precisa labutar a fim de enfrentar provas e tribulações. Todos nós conhecemos bem esse fato, porque todos nós estamos sujeitos às mesmas provas e tribulações.

A indagação que se torna inevitável, diante disso, é a seguinte: Como enfrentar essas provas e tribulações? De acordo com nosso Senhor, a questão vital é não gastar cada dia de sua vida adicionando o grande total de tudo o que possa acontecer com você durante toda a sua permanência neste mundo. Se você fizer tal coisa, acabará esmagado. Não é assim. Antes, cumpre-lhe pensar nestes outros termos. Por assim dizer, há uma cota diária de problemas e dificuldades na vida. Cada dia tem as suas próprias dificuldades; e alguns desses problemas são permanentes, repetindo-se dia após dia, ao passo que outros variam. Todavia, o ponto fundamental que devemos perceber é que cada dia deve ser vivido por si mesmo, como uma unidade. Eis a cota para o dia de hoje. Pois muito bem, temos de defrontar-nos com ela. E o Senhor Jesus já nos havia instruído sobre como se deve enfrentar isso. Não convém que avancemos para o dia de amanhã, tentando resolver hoje o problema de amanhã, porque, se assim fizermos, a sobrecarga será demasiada para nós. Precisamos enfrentar esses problemas dia após dia. Você deve estar lembrado de como nosso Senhor voltou-se para os Seus discípulos, quando eles procuravam dissuadi-Lo de regressar à inóspita terra da Judéia, à casa onde Lázaro estava morto. Mostraram-Lhe as possíveis consequências, e como elas poderiam abreviar-Lhe a vida. Mas Ele lhes respondeu: "Não são doze as horas do dia?" (João 11:9).

Você precisa viver doze horas de cada vez, e não mais do que isso. Essa é a nossa cota diária. Pois bem, enfrentemos essa realidade armados desse pensamento. Não fixemos os pensamentos sobre o dia de amanhã. Amanhã terá a sua própria cota, mas então já será amanhã, e não mais hoje.

É facílimo abordar essa questão exclusivamente nesse nível, e é muito tentador agir dessa maneira. Isso é o que poderíamos chamar de psicologia. Mas não devemos pensar na chamada nova psicologia, e, sim, na psicologia antiga, que vem sendo posta em prática pela humanidade desde os primórdios da história. É uma psicologia muita profunda; é a essência do senso comum e sabedoria puramente no nível humano. Se alguém quiser passar pela vida sem ficar mutilado, sem sobrecarregar-se, e, talvez, sem perder a saúde e o controle dos nervos, então essas normas são cardeais. Não transporte consigo nem o ontem e nem o amanhã; viva para o dia de hoje e para as doze horas que existem nele. É muito interessante observar, quando se lê as biografias de muitos homens, que têm fracassado na vida por não terem posto em execução essa regra simples. A maioria das pessoas bem-sucedidas na vida se tem caracterizado por essa admirável capacidade de esquecer o passado. Eles têm cometido equívocos. Mas elas pensam: "Bem, eu cometi esses erros, mas não posso desfazê-los. Se eu ficasse meditando a respeito deles pelo resto da vida, isso não faria a mínima diferença. Não quero tornar-me um insensato, e deixarei para trás, sepultado, o passado que está morto". O resultado é que, quando tomam uma decisão, não passam a noite inteira preocupando-se com o que sucederá em seguida. Por outro lado, o homem que acha impossível deixar de retornar ao passado, fica impossibilitado de conciliar o sono, e não cessa de pensar: "Por que eu fui fazer uma coisa dessas?" E, dessa maneira, tal pessoa solapa a sua energia nervosa, e acorda pela manhã inteiramente exausto, sem capacidade para o trabalho. Em consequência disso, comete muitos erros, completando o círculo vicioso da preocupação, dizendo: "Se estou cometendo esses erros agora, o que não será na próxima semana?" Tal pessoa, na realidade, se sente abatida e derrotada.

Aqui encontramos a resposta do Senhor Jesus para tudo isso. Não seja insensato, não desperdice as suas energias, não gaste o seu tempo preocupando-se com aquilo que já passou, ou a respeito do futuro, que ainda nem chegou. Aqui está o dia de hoje; viva este dia ao máximo das suas potencialidades. Como é natural, porém, não convém que paremos por essa altura das coisas. Nosso Senhor não faz uma pausa nesse ponto. Precisamos encaixar essa declaração dentro do contexto deste ensino. E assim, tendo raciocinado numa linha natural, e tendo percebido a sabedoria essencial que caracteriza tal ensino, passamos a ver que precisamos aprender não somente a depender de Deus de maneira geral, mas também quanto a particularidades. Precisamos aprender a perceber que o nosso Deus, que nos ajudou hoje, fará outro tanto no dia de amanhã, e que seremos ajudados por Ele no futuro.

É possível que essa seja uma lição da qual muitos de nós tanto precisam, a saber, que não somente cumpre-nos dividir a nossa vida neste mundo nesses períodos de doze ou de vinte e quatro horas, mas também que devemos dividir toda a nossa relação com Deus precisamente da mesma maneira. O perigo que corremos é que, embora talvez confiemos em Deus de maneira geral, e quanto à totalidade de nossas vidas, não confiemos nele no tocante a esses segmentos particulares em nossas vidas. Por conseguinte, muitos dentre nós caem nesse grave erro. Precisamos aprender a apresentar ao Senhor os nossos problemas, na medida em que eles forem aparecendo. Algumas pessoas erram gravemente quanto a essa questão, visto estarem sempre procurando antecipar Deus; por assim dizer, sempre se conservam na atitude de quem se assenta a fim de pensar: "O que será que Deus exigirá que eu faça amanhã, ou daqui a uma semana, ou dentro de um ano? O que Deus haverá de pedir então que eu faça?" Essa atitude labora em gravíssimo erro. Nunca tente antecipar Deus. A você não cabe nem mesmo antecipar o seu próprio futuro, e, assim sendo, não antecipe o futuro que Deus tem para você. Viva dia após dia; viva uma vida de obediência ao Senhor, a cada dia. Faça aquilo que Deus lhe ordenou fazer a cada dia. Jamais permita-se a indulgência de ter pensamentos como esses: "Quando chegar o dia de amanhã, eu gostaria de saber se Deus vai querer que eu faça isto ou aquilo". Nunca faça isso, disse nosso Senhor. Você precisa aprender a confiar em Deus dia após dia, em cada ocasião particular, sem jamais tentar correr na frente dele.

Em um determinado sentido, cumpre-nos entregar nossa vida a Deus, de uma vez por todas; mas, em outro sentido, precisamos fazer isso dia após dia. Em determinado sentido, Deus já nos deu todas as coisas pela graça, de uma vez para sempre. Sim, mas Ele também nos proporciona graça em parcelas e porções, dia após dia. Precisamos começar cada dia pensando com nós próprios: "Começou um novo dia, que me trará certos problemas e dificuldades. Pois bem, precisarei da graça de Deus, para ser ajudado. Sei que Deus fará com que a Sua graça abunde em meu favor, que Ele estará ao meu lado na medida das minhas necessidades – "e a tua força será como os teus dias" (Deuteronômio 33:25 – Versão Corrigida). Esse é o ensino bíblico essencial no tocante a essa questão. Devemos aprender a deixar o nosso futuro inteiramente aos cuidados de Deus.

Tomemos, por exemplo, aquela grande declaração a esse respeito, que se vê no trecho de Hebreus 13:8. Os crentes hebreus estavam passando por tribulações e provas, e o autor daquela epístola recomenda-lhes não se preocuparem pecaminosamente, e isso pela seguinte razão: "Jesus Cristo ontem e hoje é o mesmo, e o será para sempre". De fato, o apóstolo assevera que não nos precisamos preocupar, porquanto aquilo que Cristo foi ontem, continua sendo hoje, e sê-lo-á para todo o sempre. Não é necessário que você antecipe a vida; o Cristo que o está conduzindo este dia inteiro será o mesmo Cristo no dia de amanhã. Ele é imutável, eterno, sempre o mesmo. Isso posto, você não precisa preocupar-se com o dia de amanhã. Pelo contrário, pense sobre o Cristo imutável. Ou então considere como o apóstolo Paulo coloca a questão, em I Coríntios 10:13: "Não vos sobreveio tentação que não fosse humana; mas Deus é fiel e não permitirá que sejais tentados além das vossas forças; pelo contrário, juntamente com a tentação, vos proverá livramento, de sorte que a possais suportar". Isso é indiscutivelmente certo no concernente à totalidade do seu futuro. Nenhuma tribulação poderá sobrevir-lhe para a qual Deus não possa prover um meio de escape. Jamais você será submetido a qualquer prova que ultrapasse as suas forças. Haverá sempre um remédio.

Podemos sumariar todas essas instruções asseverando que, na medida em que vamos aprendendo sabiamente a aceitar os nossos dias, um após o outro, esquecendo-nos do dia de ontem e do dia de amanhã, também devemos ir aprendendo a importância vital de andarmos com Deus dia após dia, dependendo dEle diariamente, apelando para Ele no tocante às necessidades particulares de cada dia. A tentação fatal para a qual todos nós nos inclinamos é a de tentarmos acumular a graça como garantia para o futuro. Entretanto, isso envolve a falta de fé em Deus. Deixe tudo aos cuidados dEle; deixe tudo com Ele, confiante e certo de que Ele estará sempre em sua companhia. Conforme dizem as Escrituras, Deus "me serviu de amparo" (Salmos 18:18). Deus já se encontrará na cena da dificuldade, antes mesmo de você tomar conhecimento dela. Volte-se para Deus e descobrirá que Ele está ali, que Ele sabe tudo a respeito, que Ele sabe tudo sobre você.

Essa, pois, é a essência do ensino. Contudo, se quisermos explicá-lo completa e honestamente, então sentir-nos-emos compelidos a considerar aqui determinado problema. Pessoas comuns, ao lerem este versículo, sempre se inclinam por fazer duas indagações. Elas leem: "Portanto, não vos inquieteis com o dia de amanhã, pois o amanhã trará os seus cuidados; basta ao dia o seu próprio mal". E então indagam: "Seria errôneo alguém poupar dinheiro, como prevenção para algum período de vacas magras, conforme costumamos dizer? É certo ou errado um crente ter uma apólice de seguro de vida?" A resposta é precisamente a mesma que demos quando abordávamos a primeira porção desta seção bíblica. Vimos ali que as palavras "não andeis ansiosos" não significam que jamais deveríamos pensar, sob hipótese alguma, e, sim, que não nos devemos deixar vencer pela preocupação. Essas palavras sempre deveriam ser entendidas como: "Não andeis ansiosos", "Não vos inquieteis", ou "Não vos inquieteis com o dia de amanhã". Conforme você deve estar recordado, vimos que nosso Senhor não nos diz que, em face das aves do céu serem alimentadas sem a necessidade de ararem a terra e de semearem, sem a necessidade de colherem e guardarem a ceifa em celeiros, por isso mesmo o homem também jamais deveria arar e plantar, ou jamais deveria colher e guardar o produto da terra em celeiros. Interpretar dessa maneira seria lançar no ridículo essa recomendação do Senhor, porquanto foi o próprio Deus quem determinou a época do plantio e a época da colheita. E quando o agricultor está arando a terra, na verdade ele está pensando acertadamente sobre o dia de amanhã, pois sabe que jamais conseguirá obter uma colheita de forma automática. Ele tem de arar a terra e cuidar da plantação, e, eventualmente, fará a colheita e juntará o produto da terra em seus celeiros. Em certo sentido, toda essa atividade do agricultor é uma preparação para o futuro, e, naturalmente, tal atividade não é condenada nas Escrituras. Antes, chega mesmo a ser recomendada na Bíblia. É assim que o homem precisa viver a sua vida neste mundo, em harmonia com a ordem dada pelo próprio Senhor. Consequentemente, este versículo não deve ser compreendido naquela acepção ridícula e insensata. Não podemos simplesmente ficar sentados em algum canto, esperando que o alimento e as vestes cheguem até nós automaticamente; tal atitude seria lançar no ridículo esse ensinamento de Cristo.

Penso que isso nos confere o direito de dar o passo seguinte, asseverando que o ensino de nosso Senhor, do princípio ao fim, é que nos convém fazer aquilo que é certo, aquilo que é razoável, aquilo que é legítimo. Entretanto – e é neste ponto que se articula bem o ensino contido neste versículo –, jamais deveríamos dedicar tão grande parcela de nossos pensamentos e cuidados a essas coisas, ficando tão preocupados com elas que cheguem a dominar-nos a vida, ou a limitar a nossa utilidade no presente. Esse é o ponto onde cruzamos a linha do pensamento e das cautelas razoáveis, para a ansiedade e a preocupação. Nosso Senhor não estava condenando aqui o indivíduo que ara a terra e lança a semente, e, sim, o indivíduo que, tendo feito isso, senta-se e começa a ficar preocupado com isso, jamais podendo afastar dali a sua mente, deixando-se obcecar pelo problema da vida e do viver diário, pelo temor acerca do futuro. Essa era a questão por Ele condenada aqui, pois, através de tal atitude, o indivíduo não somente está limitando a sua utilidade quanto ao presente, não somente está prejudicando o presente com temores a respeito do futuro, mas, acima de tudo, está permitindo que esses cuidados dominem sua vida. Cada pessoa nesta vida, em resultado do pecado e da queda, tem os seus problemas. Os problemas são inevitáveis; a própria existência constitui um problema. Portanto, terei de enfrentar esses problemas, mas não posso permitir-me ficar dominado e esmagado por tal pensamento. No momento em que sou dominado por algum problema, caio nessa condição errada de ansiedade e preocupação. Por conseguinte, posso ter cuidados e usar de uma cautela razoável, preparando provisões razoáveis para as necessidades futuras, para então não pensar mais a respeito. Nem mesmo as questões necessárias devem tomar conta de toda a minha vida. Não convém que eu desgaste todo o meu tempo com essas coisas, e elas não devem ocupar a totalidade dos meus pensamentos.

Devemos, ainda, avançar mais um passo. Jamais deverei tolerar que qualquer pensamento referente ao futuro venha a inibir, de qualquer maneira que seja, a minha utilidade no presente. Permita-me explicar melhor. Existem várias excelentes causas neste mundo que precisam a nossa ajuda e assistência, e elas têm que ser mantidas em movimento dia após dia. Mas há pessoas que se preocupam tanto sobre como serão capazes de viver no futuro que não lhes resta tempo para contribuírem para as boas causas que exigem sua atenção neste momento. É isso que anda errado. Se eu permitir que as minhas preocupações relativas ao futuro me mutilem no presente, então tornar-me-ei culpado desse pecado de preocupação. Entretanto, se eu fizer provisão razoável, de maneira legítima, e então viver plenamente a minha vida no presente, tudo estará bem. Outrossim, nada existe nas Escrituras que indique ser errado alguém poupar dinheiro ou fazer seguro de vida. No entanto, se eu viver constantemente pensando sobre esse seguro de vida, ou sobre a minha conta bancária, ou se tenho poupado dinheiro suficiente, e assim por diante, então sobre isso nosso Senhor se manifestou de forma condenatória. Isso poderia ser ilustrado de muitas maneiras diferentes.

O perigo que muitas pessoas enfrentam, em relação ao nosso texto, é que elas assumem uma dentre duas posições extremas. Existem aqueles que dizem que o crente deveria viver plenamente a sua vida, mas sem tomar qualquer cuidado especial a respeito do seu futuro. Por semelhante modo, existem aqueles que insistem ser errado levantar uma coleta durante o culto na igreja, porquanto coisas dessa natureza deveriam ser feitas mediante a fé. Todavia, as coisas não são assim tão simples, porque o apóstolo Paulo ensinou aos membros da igreja de Corinto não somente a fazerem coletas, mas chegou mesmo a dizer-lhes que as reservassem em particular no primeiro dia da semana. Paulo lhes forneceu instruções pormenorizadas a esse respeito; e nas páginas do Novo Testamento há muita coisa a ser dita sobre as coletas para as necessidades dos santos.

Não deveríamos permitir qualquer mal-entendido quanto a esse particular. O ensino das Escrituras é perfeitamente claro e explícito. Há duas maneiras de ser mantida a obra do Senhor na face da terra, e aquilo que se aplica à obra de Deus é aplicável às nossas vidas, como crentes que vivem neste mundo. Existem homens que, sem a menor sombra de dúvida, foram chamados para um ministério especial de fé. Leiamos, por exemplo, I Coríntios 12, e ali se descobrirá, entre os dons dispensados pelo Espírito Santo, em consonância com a Sua soberana vontade, o chamado dom da fé. Não está em pauta o dom de milagres; trata-se do dom da fé, um dom especial. No que consiste, portanto, essa fé? Não é a fé salvadora, a fé que leva o crente à salvação, porquanto todos os regenerados possuem essa fé. Portanto, do que se trata? Sem dúvida, trata-se daquela manifestação de fé que foi outorgada, por exemplo, a George Müller ou a Hudson Taylor. Àqueles homens foi outorgado um dom especial, da parte de Deus, a fim de que Ele manifestasse a Sua glória por intermédio deles, dessa maneira específica. Mas estou igualmente certo de que o Senhor chamou o Dr. Barnado para fazer esse mesmo tipo de trabalho, dizendo-lhe que recolhesse ofertas e fizesse apelos. O mesmo Deus opera de diferentes maneiras em homens santificados; mas ambos os métodos, como é óbvio, são perfeitamente legítimos. Ou então, consideremos uma outra ilustração. Seria muito difícil encontrar dois homens mais santificados e dedicados ao Senhor do que George Müller e George Whitefield. Müller foi definidamente chamado para fundar um orfanato, que haveria de ser sustentado mediante a fé e a oração, ao passo que Whitefield foi convocado para começar o seu orfanato na América do Norte, mantendo-o em funcionamento através de apelos diretos, pedindo dinheiro da parte do povo de Deus.

Como é patente, essa é a verdade concernente à conduta da vida da Igreja, conforme somos instruídos nas Sagradas Escrituras. Deveríamos aplicar exatamente esses mesmos princípios às nossas vidas individuais. Há certas pessoas que podem ter sido definidamente chamadas por Deus para viverem aquele tipo particular de vida diária que manifesta o dom da fé. Há pessoas para quem a poupança de dinheiro ou a compra de uma apólice de seguro de vida seriam providências inteiramente erradas. Entretanto, dizer que qualquer indivíduo que faça um seguro de vida ou que inicie uma caderneta de poupança não pode ser crente, é laborar em opinião equivocada. "Cada um tenha opinião bem definida em sua própria mente" (Romanos 14:5). Que cada qual examine a si mesmo quanto a esse particular. E que ninguém condene a outrem por questões dessa natureza. Tudo quanto devemos dizer é isto: as Escrituras certamente permitem esses cuidados razoáveis, a menos que o crente esteja certo de que Deus o chamou para viver na outra maneira. Portanto, é atitude inteiramente errônea e antibíblica condenar a poupança de dinheiro ou a compra de uma apólice de seguro de vida, à luz do presente texto. Por outro lado, sempre deveríamos ter o cuidado de conservar e preservar o bom equilíbrio a respeito dessas coisas.

Sumariemos esse ensino, reduzindo-o a um determinado número de princípios gerais.

O primeiro princípio geral é o seguinte: Todas as coisas que temos ventilado nos últimos quatro ou cinco capítulos são aplicáveis exclusivamente aos crentes. De certa feita, alguém me disse: "Como pode ser verdadeiro esse ensino acerca dos cuidados de Deus pelos homens? Com tantas necessidades e com tão generalizada pobreza, conforme se vê no mundo, com todo o sofrimento dos que perderam seus lares ou seus bens, incluindo-se nisso mulheres e crianças, como alguém poderia afirmar tal coisa?" A resposta é que essas promessas divinas referem-se somente àqueles que se tornaram crentes. Qual é a causa mais comum da pobreza? Por qual motivo as crianças andam maltrapilhas e famintas? Usualmente, não se deve isso aos pecados de seus pais? O dinheiro tem sido gasto em bebidas alcoólicas, ou malbaratado em vícios e outras coisas as mais malignas. Analise os casos de pobreza que conhece e verificará que os resultados colhidos em sua pesquisa serão muito esclarecedores. As promessas bíblicas foram endereçadas somente aos crentes; nas Escrituras não há promessas universais, para todos. Consideremos aquela profunda declaração de Davi: "Fui moço e já, agora, sou velho, porém jamais vi o justo desamparado, nem a sua descendência a mendigar o pão" (Salmos 37:25). Se for aplicada aos justos, penso que essa declaração do salmista é literalmente veraz. Entretanto, cumpre-nos ter a certeza de que reconhecemos o significado da palavra "justo", usada no trecho citado. O salmista não declarou: "... jamais vi o cristão professo desamparado, nem a sua descendência a mendigar o pão". Ele disse, "o justo". Sugiro que se você examinar a sua própria experiência, terá de concordar com Davi que você também nunca viu o justo abandonado, e nem os seus descendentes a mendigar para poderem comer. Ora, uma palavra muito importante, nesta conexão, é "descendência". Até que ponto essa palavra deveria ser estendida? Porventura está incluída a posteridade do indivíduo justo para todo o sempre? Não penso que assim seja. Mas opino que estão inclusos somente os descendentes imediatos, e isso porque um neto de um homem justo pode ser um homem devasso e injusto, e, em tal caso, a promessa divina já não se poderia aplicar a ele e aos seus descendentes. Deus jamais afirmou que haverá de abençoar o indivíduo que esteja vivendo impiamente. Essa promessa bíblica alude ao homem justo e à sua descendência, e podemos desafiar a qualquer indivíduo que nos forneça um único exemplo em contrário. Essas promessas destinam-se exclusivamente ao povo de Deus. Eles estão sempre alicerçados sobre uma doutrina cristã plena. Mas, se você não crê na sã doutrina do Senhor, então essas promessas não se aplicam a você.

Em segundo lugar, a preocupação excessiva sempre envolve a falha de não aprendermos o bastante sobre nossa própria fé, e como aplicá-la. A fé não opera automaticamente. Frequentemente temos visto isso ao longo de nossos estudos. Jamais pense na fé como algo que nos foi insuflado no coração para funcionar automaticamente. Antes, é mister aplicá-la. A fé, por semelhante modo, não se desenvolve automaticamente; precisamos aprender a falar com a nossa fé e com nós próprios. Podemos pensar na fé em termos de um homem que tem uma conversa consigo, a respeito de si mesmo e a respeito de sua fé. Você está lembrado de como o salmista expressou esse conceito, no trecho de Salmos 42? Contemplemo-lo a voltar-se para si mesmo e a dizer: "Por que estás abatida, ó minha alma? Por que te perturbas dentro em mim?" (v. 5). É assim que conseguimos que a nossa fé se amplie. É necessário falarmos conosco a respeito de nossa fé. É imprescindível que interroguemos a nós mesmos sobre o que está havendo com a nossa fé. Precisamos indagar de nossas almas por qual razão elas estão abatidas, para que então se despertem! O filho de Deus conversa consigo; ele raciocina consigo. Ele sacode a si mesmo e relembra-se de si mesmo e de sua fé. E, ato contínuo, a sua fé começa a ampliar-se. Não imagine que por você haver-se tornado crente, tudo quanto precisa fazer é prosseguir mecanicamente. A sua fé não cresce mecanicamente. Pelo contrário, você terá de cultivá-la. Usando a analogia empregada por nosso Senhor, você precisa cultivar a sua fé, dando-lhe criteriosa atenção. Então você descobrirá que a sua fé começará a fortalecer-se.

Finalmente, uma grande parte da fé, especialmente nessa conexão, consiste exatamente em recusar-se a aceitar pensamentos ansiosos. Para mim, talvez essa seja a questão mais importante e prática de todas. Ter fé significa recusar-se a pensar sobre coisas preocupantes, recusar-se a pensar sobre o futuro naquele sentido errado. O diabo, bem como todas as circunstâncias que me são adversas, farão o máximo ao seu alcance para fazer isso contra mim. Entretanto, se eu tiver fé, então poderei pensar: "Não, eu recuso-me a ficar preocupado. Tenho prestado um serviço razoável. Tenho realizado aquilo que acredito ser correto e legítimo. E, além disso, não vou continuar pensando". Ora, isso é fé, sendo particularmente verdadeiro no que concerne ao futuro. Quando Satanás se aproxima com as suas insinuações, procurando injetá-las em você – todas elas dardos inflamados do maligno –, então diga: "Não, não estou interessado nisso. No Deus em quem confio quanto às necessidades do dia de hoje, confiarei amanhã. Recuso-me a escutar. Não pensarei os teus pensamentos". A fé consiste em não nos deixarmos sobrecarregar, porquanto lançamos toda a nossa carga sobre o Senhor. Que Ele, em Sua infinita graça, nos proporcione sabedoria e graça para pormos em execução esses simples mas profundos princípios para que assim possamos regozijar-nos nEle dia após dia.

Capítulo XLV
NÃO JULGUEIS

Chegamos agora à última seção principal do Sermão do Monte. Grande é o desacordo, entre os estudiosos, acerca da maneira correta de se abordar essa seção. Alguns preferem considerar o capítulo sete do Evangelho de Mateus apenas uma coletânea de aforismos, com pouquíssima conexão interna entre eles. A mim, entretanto, parece ser esse um ponto de vista bastante equivocado quanto a esta seção do Sermão. Isso porque há um tema subjacente bastante claro, o qual percorre o capítulo inteiro, a saber, o tema do juízo. Esse é o tema que constantemente é reiterado, na medida em que nosso Senhor dá continuidade aos Seus ensinos, os quais Ele apresenta de diversas maneiras.

Não é difícil detectar a conexão entre esta seção e a anterior. De fato, conforme temos averiguado por repetidas vezes, é importantíssimo que sempre consideremos o Sermão do Monte como um todo, antes de nos aventurarmos a interpretar, em particular, qualquer dada seção, ou qualquer assertiva de uma seção. Por conseguinte, é extremamente conveniente que façamos uma rápida revisão do todo, antes de prosseguirmos. Em primeiro lugar, encontramos a descrição do indivíduo crente, no que concerne ao seu caráter. Em seguida, nos foi demonstrado o efeito exercido sobre o crente por parte de tudo quanto acontece no mundo em que ele vive, bem como a reação dele neste mundo. Em seguida, ele é relembrado a respeito da função do crente no mundo, como o sal da terra e luz colocada para todos verem, e assim por diante. Depois, tendo descrito como é o crente, bem como o seu meio ambiente, nosso Senhor passa a fornecer-nos instruções específicas no que toca à vida do crente neste mundo. O Senhor Jesus começou com a relação entre o crente e a lei. Isso se tornou especialmente necessário por causa de falsos ensinamentos dos fariseus e dos escribas. Esse é o tema daquela longa seção, no capítulo 5, onde Cristo, em termos de seis princípios fundamentais, enuncia o Seu ponto de vista e a Sua interpretação da lei, em contraposição ao ponto de vista e à interpretação dos fariseus e escribas. Portanto, o crente é instruído sobre como deve comportar-se, de maneira genérica, sobre como a lei se aplica a ele, bem como sobre o que é esperado da parte dele.

Tendo feito isso, já no sexto capítulo nosso Senhor examina esse crente, que fora assim descrito, a viver a sua vida neste mundo, vivendo-a especialmente em comunhão com o Pai celeste. O crente jamais deveria esquecer-se de que o Pai está perenemente olhando para ele. Ele precisa lembrar-se dessa realidade quando está sozinho e quando está decidindo que tipo de bem lhe convém fazer – as suas esmolas, as suas orações, a sua prática de jejum, tudo quanto tiver o propósito de produzir o crescimento espiritual, a nutrição e a cultura de sua vida espiritual íntima e de seu ser. Tudo isso sempre deve ser feito com a convicção de que o Pai está de olhos permanentemente fixos sobre ele. Não haverá qualquer valor ou mérito naquilo que fizermos, se não percebermos essas realidades, se estivermos dispostos a agradar a nós mesmos ou a impressionar os nossos semelhantes. Nesse caso, melhor seria se permanecêssemos inativos.

Chegamos, ato contínuo, a uma outra seção, na qual nosso Senhor mostra-nos o perigo do impacto das atividades deste mundo sobre nós, o perigo do mundanismo, o perigo de passarmos a viver para as coisas desta vida e deste mundo, sem importar se possuímos bens materiais em abundância ou com escassez, e, especialmente, a sutileza desse perigo.

Tendo abordado todos esses assuntos, o Senhor Jesus chegou a esta seção final. E aqui, ao que me parece, Ele está salientando outra vez a importância vital de nos lembrarmos que estamos caminhando sob os olhos do Pai. O assunto específico que Ele aqui manuseia volta-se, sobretudo, para o nosso relacionamento com outras pessoas; não obstante, o ponto mais importante a ser observado é que a nossa relação com Deus é a questão fundamental. É como se nosso Senhor estivesse dizendo que a questão final, a questão que realmente importa, não é aquilo que os homens pensam de nós, e sim, aquilo que Deus pensa de nós. Em outras palavras, somos advertidos a relembrar que todo o caminho que tivermos de percorrer nesta vida é tão somente uma viagem, uma peregrinação, a qual nos está conduzindo a um juízo final, a uma avaliação final, à determinação e proclamação de nosso destino final e eterno.

Todos precisamos concordar que essa é uma questão da qual constantemente nos deveríamos lembrar. Metade das nossas dificuldades deve-se ao fato que vivemos sob a suposição que esta existência terrena é a única vida que há, e que este é o único mundo que existe. Naturalmente, sabemos que isso não corresponde à realidade; porém, há uma enorme diferença entre se saber uma coisa e realmente deixar-se guiar e governar por tal conhecimento, na vida comum e perspectiva. Se nos fosse indagado e inquirido se cremos que viveremos depois da morte, que teremos de enfrentar Deus como Juiz, indubitavelmente responderíamos com um "sim". No entanto, enquanto vivemos hora após hora, estamos lembrados desse fato? Não podemos ler a Bíblia sem chegar à conclusão que a coisa que realmente distingue o povo de Deus de todos os demais é que eles sempre foram pessoas que andam conscientes de seu destino eterno. O homem natural não se importa com o seu futuro eterno; para ele, este é o único mundo. Este é o único mundo sobre o qual ele pensa; ele vive para o mundo e se deixa controlar por ele. Por outra parte, o crente é um indivíduo que deve andar, durante toda a sua vida, na consciência de que, neste mundo, ele é apenas um transeunte, um peregrino, e que aqui é apenas uma espécie de escola preparatória. O crente sempre deveria entender que está vivendo na presença de Deus, e que está a caminho para encontrar-se com o Senhor. Esse pensamento deve determinar e controlar todas as facetas de sua vida terrena. Nosso Senhor muito se esforçou por mostrar-nos aqui, tal como já fizera na seção anterior, que precisamos lembrar-nos constantemente desse fato, e isso até quanto aos pormenores da questão. Precisamos lembrar-nos dessa realidade quanto a cada parte de nossas vidas diárias; precisamos lembrar que cada segmento de nossa existência deve ser controlado por essa compreensão. Estamos sendo submetidos, o tempo todo, a um processo de julgamento, porquanto estamos sendo preparados para o julgamento final. E na qualidade de indivíduos crentes, deveríamos fazer tudo quanto está ao nosso alcance, tendo essa ideia em primeiro plano em nossas mentes, sem jamais nos olvidarmos que um dia haveremos de prestar contas da vida que tivermos vivido aqui.

Esse é o tema norteador deste capítulo. Nosso Senhor aborda esse tema de diversas maneiras, conduzindo as Suas instruções ao grandioso clímax, naquela esclarecedora ilustração das duas casas que foram construídas. Essas construções representam dois indivíduos diferentes, ambos os quais puderam ouvir essas instruções do Senhor; mas um deles as põe em prática, enquanto o outro nega-se a fazê-lo. Uma vez mais, pois, somos relembrados da grandeza desse Sermão do Monte, do seu caráter perscrutador, da profundeza dos ensinos nele constantes, e, de fato, do seu caráter verdadeiramente alarmante. Jamais houve sermão que se assemelhasse a esse. Ele acaba nos encontrando de alguma maneira, em algum lugar. Não há possibilidade de fuga; ele rebusca-nos em todos os nossos refúgios, arrancando-nos para fora, trazendo-nos à luz divina. Conforme já vimos por diversas vezes, nada existe que seja tão ininteligível e fátuo como a declaração daqueles que se comprazem em afirmar que aquilo de que realmente gostam no Novo Testamento é o Sermão do Monte. Desgosta-lhes a teologia de Paulo, bem como toda essa conversa doutrinária. E asseveram: "Dê-me o Sermão do Monte, que é algo prático, algo que um homem pode pôr em prática por si mesmo". Pois bem, aqui está! Coisa nenhuma existe que tão fortemente nos condene, envolvendo cada um de nós, como o Sermão do Monte. Nada existe de tão completamente impossível, de tão aterrorizante, de tão repleto de doutrina como esse sermão. De fato, não titubeio em dizer que se eu desconhecesse a doutrina da justificação exclusivamente pela fé, jamais eu examinaria o Sermão do Monte, porquanto se trata de um sermão diante do qual todos nós ficamos completamente nus, inteiramente destituídos de esperança. Longe de ser algo eminentemente prático, que possamos viver na prática diária, dentre todos os ensinamentos bíblicos esse é o mais impossível de ser vivido, se formos deixados entregues a nós mesmos. Esse grandioso Sermão do Monte é pleno de doutrina, conduzindo-nos a doutrina. O Sermão do Monte é uma espécie de prólogo para toda e qualquer porção doutrinária do Novo Testamento.

Nosso Senhor abriu as Suas considerações acerca dessa grande questão de nossa maneira de andar neste mundo sob um forte senso de julgamento, em termos do problema particular de nos julgarmos uns aos outros. Disse Ele: "Não julgueis..." (Mateus 7:1). Nosso Senhor continuava empregando, conforme você mesmo pode observar, aquele método que vinha utilizando por todo este sermão. Primeiramente Ele faz um enunciado, e então dá razões para apoiá-lo. Primeiramente, lança um princípio e em seguida raciocina conosco a esse respeito, ou exprime o ponto de uma maneira mais lógica e detalhada. Esse é o Seu método. Tem sido o Seu método ao tratar o mundanismo; e aqui, uma vez mais, Ele retorna a ele. Jesus Cristo fez seu deliberado pronunciamento: "Não julgueis..."

Nós somos confrontados por uma declaração que, com frequência, tem provocado intensa confusão. Deve-se admitir que está em pauta um assunto que facilmente pode ser mal compreendido quanto a dois aspectos opostos e extremos, e isso quase invariavelmente em casos verdadeiros. A pergunta que se faz necessária é a seguinte: Que quis dizer, precisamente, o Senhor Jesus, ao afirmar: "Não julgueis..."? Seria: "Não façam qualquer juízo"? A melhor maneira de se dar resposta para essa indagação não consiste em se folhear um dicionário. Meramente pesquisar sobre o significado do vocábulo "julgar" não nos pode satisfazer quanto a esse ponto. Essa é uma palavra que se reveste de muitas significações. Não se pode decidir a dúvida nesses moldes. Porém, é vitalmente importante que saibamos exatamente o que o Senhor Jesus quis dizer. Talvez nunca uma correta interpretação dessa injunção foi mais importante do que na época presente. Diferentes períodos da História da Igreja têm requerido diferentes ênfases. E se me fosse perguntado qual é a necessidade hoje, a minha resposta seria que é a consideração criteriosa desta afirmação específica. Assim sucede porque a atmosfera inteira da vida moderna, especialmente nos círculos religiosos, é de natureza tal que se tornou vital uma correta interpretação dessa asserção de Jesus. Estamos vivendo em uma época em que as definições não estão sendo levadas a sério, em uma época em que os homens têm aversão pelo raciocínio e odeiam a teologia, a doutrina e o dogma. Estamos vivendo em uma época caracterizada pela apreciação ao lazer e à transigência – "paga-se qualquer preço por uma vida sem conflitos", conforme alguns dizem. Estamos em uma época de conciliações. Esse termo não é mais tão popular como já foi, no terreno da política internacional, mas a mentalidade que nele se deleita continua viva. Vivemos em uma época que não aprecia homens decididos, porquanto, segundo se costuma dizer, eles sempre causam dificuldades. Nossa época tem aversão por indivíduos que sabem no que acreditam, e que realmente acreditam em algo. Mas tais indivíduos são repelidos como pessoas difíceis, com as quais é "impossível a convivência".

Isso pode ser facilmente ilustrado, conforme tenho sugerido, mediante a esfera das atividades políticas. O homem que atualmente vem sendo aclamado e quase idolatrado na Grã-Bretanha é o mesmo homem que, antes da Segunda Guerra Mundial, era severamente criticado como homem duro e inflexível. Foi destituído de seu ofício político porque, conforme se alegava, era um homem dotado de pontos de vista extremados, com quem era impossível alguém trabalhar. A mesma mentalidade que levou alguns a tratarem Winston Churchill dessa maneira, na década de 1930, passou a controlar o terreno das atividades cristãs, na Igreja cristã moderna. Tem havido épocas, dentro da História da Igreja, quando os homens foram elogiados por defenderem as suas ideias a todo custo. Mas isso já não acontece hoje em dia. Atualmente, homens assim são considerados difíceis, indivíduos que impõem aos outros a própria vontade, que não cooperam com seus companheiros, e assim por diante. O tipo de homem que atualmente é elogiado é aquele que poderia ser descrito como "meio termo" ou "equidistante", que jamais se coloca em qualquer extremo de uma posição. Pelo contrário, é um homem agradável a todos, que não cria dificuldades para ninguém, e nem é causador de problemas por causa de seus pontos de vista. Dizem-nos que a vida diária já é suficientemente difícil e complicada sem que precisemos assumir posição firme no tocante a qualquer doutrina em particular. Com certeza essa é a mentalidade de hoje, não constituindo exagero afirmarmos que essa é a mentalidade controladora.

Em certo sentido, essa é uma atitude perfeitamente natural, porquanto já experimentamos inúmeras dificuldades, problemas e desastres. Por semelhante modo, é atitude bastante natural que as pessoas evitem os indivíduos dotados de pontos de vista firmes, que saibam o que estão defendendo, porque todos preferem viver de maneira descontraída e pacífica. Volte-se para as décadas de 1920 e 1930, e perceberá que, no campo da política internacional, acontecia exatamente aquilo de que estou falando. O clamor em prol da tranquilidade e do lazer; a fuga para bem longe dos problemas, seguiu-se a essa atitude, natural e inevitavelmente. Eventualmente, os homens já desejavam a paz a qualquer preço, chegando ao extremo de humilharem ao próximo e de traírem suas lealdades, tornando-se essa a ideia predominante entre os homens.

Em uma época como a nossa, reveste-se da máxima importância que sejamos capazes de interpretar corretamente essa declaração acerca do ato de julgar, porquanto há muitos que asseveram que as palavras "não julgueis" precisam ser compreendidas simples e literalmente como elas estão, como se indicassem que o crente verdadeiro jamais expressa uma opinião sobre outras pessoas. Esses homens afirmam que não se deve exercer juízo algum, porquanto deveríamos ser suaves, indulgentes e tolerantes, permitindo quase qualquer coisa em troca da paz e da concórdia, e, especialmente, da unidade. Essa não é a hora certa para juízos, dizem eles; o de que precisamos agora é de unidade e companheirismo. Todos deveríamos ser um. E, com frequência, esse argumento é utilizado como uma defesa contra a ameaça comunista. Algumas pessoas vivem tão alarmadas diante do comunismo que afirmam que precisamos acolher todos quantos, de qualquer maneira, possam usar o nome de cristão. Todos deveríamos andar concordemente, para enfrentarmos o perigo comum, o inimigo comum.

Levanta-se, pois, a pergunta: É possível essa interpretação? Em primeiro lugar, sugiro que essa interpretação é impossível. Todavia, se nos alicerçarmos sobre os próprios ensinamentos bíblicos veremos que tal interpretação não tem razão de ser. Consideremos o próprio contexto dessa afirmação, e certamente veremos que essa interpretação das palavras "não julgueis" é inteiramente descabida. Leia o versículo 6: "Não deis aos cães o que é santo, nem lanceis ante os porcos as vossas pérolas, para que não as pisem com os pés, e, voltando-se, vos dilacerem". Como poderia eu pôr em prática essa recomendação do Senhor se me fosse vedado exercer juízo? Como eu poderia identificar o indivíduo merecedor do título descritivo "cão", se eu não pudesse fazer juízo nenhum a seu respeito? Em outras palavras, a injunção que se segue imediatamente após essa declaração sobre o "não julgar", de imediato me pede que exerça juízo e discriminação. Mas também poderíamos tomar um mais remoto contexto, tal como o versículo 15: "Acautelai-vos dos falsos profetas, que se vos apresentam disfarçados em ovelhas, mas por dentro são lobos roubadores". Como poderíamos entender essa injunção? Como poderei "acautelar-me dos falsos profetas" se não puder pensar, se eu tiver tanto receio de fazer juízo crítico que jamais possa fazer uma avaliação dos ensinamentos de alguém? Esses falsos profetas, além disso, se nos apresentam vestidos em "peles de ovelhas", o que equivale a dizer que são extremamente melífluos e empregam a terminologia cristã. Parecem pessoas inofensivas, honestas, e, invariavelmente, mostram-se muito "gentis". Entretanto, não nos devemos deixar enganar pelas suas atitudes estudadas, acautelemo-nos diante de gente dessa ordem. Nosso Senhor também diz: "Pelos seus frutos os conhecereis..." (Mateus 7:16). Porém, se eu não puder usar qualquer critério, e nem exercer a minha capacidade de discriminação, como poderei testar a autenticidade desses frutos e discriminar entre o que é certo e o que é errado? Por conseguinte, sem necessidade de elaborarmos mais o nosso argumento, afirmamos que a interpretação não pode ser verdadeira quando sugere que as palavras de Jesus, "não julgueis", recomendam que sejamos pessoas caracterizadas por uma atitude frouxa e indulgente, diante de qualquer indivíduo que use o nome de "cristão". Tal interpretação é inteiramente impossível.

Não obstante, essa opinião é mantida por alguns com tanta tenacidade que não podemos deixar a questão nesse ponto. Precisamos comentar um pouco mais e colocá-la nestes termos: as próprias Escrituras ensinam-nos que o juízo precisa ser exercido em conexão com os departamentos legais. A própria Bíblia é que nos ensina que juízes e magistrados são nomeados por Deus, e que um magistrado tem por incumbência proferir sentenças julgadoras, pois esse é seu dever. Isso faz parte do método divino para restringir a maldade e o pecado, em seus efeitos sobre este mundo sujeito à passagem do tempo. Por conseguinte, se um homem afirma que não crê em tribunais de justiça, está com isso entrando em contradição com as Escrituras Sagradas. Nem sempre há o envolvimento do emprego da força, mas juízo precisa ser exercido. E quando um homem não o exerce, ou está despreparado para tanto, não somente deixa de cumprir o seu dever, mas também não segue o ensinamento bíblico.

Todavia, encontramos o mesmo ensino escriturístico com relação à Igreja. As Escrituras mostram, mui claramente, que no âmbito da Igreja deve-se pôr em prática o juízo discriminador. Essa questão, por si mesma, merece um estudo inteiramente próprio, porquanto, devido às nossas ideias e noções frouxas, quase se diz uma perfeita verdade ao se afirmar que a disciplina é praticamente não-existente na Igreja Cristã moderna. Quando foi a última vez em que você ouviu falar de uma pessoa que foi excluída de alguma igreja local? Quando foi a última vez em que você ouviu falar de alguém que foi suspenso da mesa da comunhão? Folheie as páginas da História do Protestantismo, e você descobrirá que a definição protestante de uma igreja tem sido esta: "Uma igreja é um lugar onde a Palavra de Deus é pregada, as ordenanças são administradas, e a disciplina é exercida".

Para os pais protestantes, a disciplina era um sinal distintivo da Igreja, tanto quanto a pregação da Palavra e a administração das ordenanças. No entanto, conhecemos muito pouco sobre disciplina. Isso resulta dessa noção frouxa e sentimental que pensa que não se deve exercer qualquer tipo de juízo, e que pergunta: "Quem é você para expressar o seu julgamento?" No entanto, as Escrituras exortam-nos a esse exercício da disciplina.

Essa questão do juízo aplica-se, por semelhante modo, à questão da doutrina. Temos neste trecho bíblico o problema dos falsos profetas, para o qual o Senhor Jesus chamou a nossa atenção. Espera-se de nós que possamos detectá-los e evitá-los. Porém, isso é impossível sem o conhecimento da doutrina, e sem o exercício desse conhecimento em juízo. Escrevendo aos crentes da Galácia, disse Paulo: "Mas, ainda que nós ou mesmo um anjo vindo do céu vos pregue evangelho que vá além do que temos pregado, seja anátema" (Gálatas

1:8). Essa é uma assertiva perfeitamente clara. Além disso, você deve estar lembrado do que esse mesmo apóstolo disse em I Coríntios 15, no tocante àqueles que estavam negando a realidade da ressurreição. Ele diz a mesma coisa em II Timóteo 2, ao asseverar que alguns negavam a ressurreição, afirmando que a mesma já ocorrera, "... entre os quais se incluem Himeneu e Fileto..." (v. 17). E, novamente, Paulo expressa juízo no que concerne àquela questão, exortando Timóteo a fazê-lo também. E, ao escrever a Tito, disse o apóstolo: "Evita o homem faccioso, depois de admoestá-lo primeira e segunda vez" (3:10). Entretanto, como é que você poderia saber se determinado indivíduo é um faccioso, se o seu ponto de vista é que enquanto um homem chamar a si mesmo de cristão, então ele o é, sem importar no que ele acredita? Passe daí para as epístolas de João, "o apóstolo do amor". Em sua primeira epístola, ele dá instruções referentes aos falsos mestres e aos anticristos, aos quais devemos evitar e repelir. De fato, em sua segunda epístola, João exprime esse ponto peremptoriamente, com estas palavras: "Se alguém vem ter convosco e não traz esta doutrina, não o recebais em casa, nem lhe deis as boas-vindas" (v. 10). Você deve estar entendendo o que o apóstolo dizia aqui. Se formos abordados por alguém que não se estriba na sã doutrina, é mister que não o recebamos em casa, e nem mesmo devemos dar-lhe boas-vindas e prover-lhe meios que lhe permitam continuar propalando a sua doutrina falsa. Hoje em dia, entretanto, essa atitude costuma ser confundida com falta de caridade, e muitos pensam que ela exibe exagerado zelo e espírito de censura. Essa ideia moderna, no entanto, está em contradição direta com o ensinamento bíblico referente a julgamento.

Outrossim, encontra-se esse mesmo conceito nas palavras dirigidas pelo Senhor Jesus aos judeus, em algum outro trecho bíblico: "Não julgueis segundo a aparência, e sim pela reta justiça" (João 7:24). Ele olhou para os fariseus, e disse: "Vós sois os que vos justificais a vós mesmos diante dos homens, mas Deus conhece o vosso coração; pois aquilo que é elevado entre homens é abominação diante de Deus" (Lucas 16:15). Você também deve estar lembrado da injunção do Senhor sobre aquilo que nos compete fazer se algum irmão na fé transgredir contra nós. Em tal caso, cumpre-nos ir até aquele irmão e discorrer sobre a sua falha, "entre ti e ele só" (Mateus 18:15). Caso esse irmão não nos dê ouvidos, então devemos convocar testemunhas, a fim de que pela boca de duas ou três testemunhas cada questão fique esclarecida. Contudo, se nem assim quiser ouvir, seja levado o caso à igreja local. Mas, se não der ouvidos à igreja local, que seja considerado como um gentio ou publicano. Nada mais deveríamos ter com tal indivíduo. Em I Coríntios 5 e 6 Paulo nos dá idêntico ensino. Ele disse àqueles crentes que deveriam evitar a companhia do homem idólatra, retirando-se para longe dele. Para tanto, porém, é necessário formar um juízo a respeito desse homem. A questão simples, pois, é a seguinte: Como poderíamos pôr em execução todas essas injunções se não pudéssemos exercer juízo, se não pudéssemos pensar, se não contássemos com qualquer critério, se não estivéssemos preparados para fazer avaliações? Essas são algumas seleções dentre um grande número de trechos bíblicos que poderíamos citar, mas elas são suficientes para provar que aquela declaração do Senhor Jesus não pode ser interpretada como significando que sob hipótese nenhuma devemos julgar, e nem chegar a alguma conclusão e aplicá-la.

Ora, se essa não é a significação dessas palavras de Jesus, que significam elas? Sem dúvida, a ênfase de nosso Senhor é a seguinte. Ele não estava ensinando que não devemos fazer avaliações com base no juízo. Antes, preocupava-se muito com o juízo condenatório. Ao procurarem evitar essa tendência humana para condenar, muitas pessoas têm-se inclinado para o outro extremo, e assim, uma vez mais, ocupam uma posição falsa. A vida cristã não é tão fácil assim. A vida cristã sempre será uma vida caracterizada pelo equilíbrio. Muita coisa há a elogiar no tocante àquele ponto de vista que diz que andar pela fé significa caminhar por cima de uma corda. Pois é possível alguém cair para um lado ou para outro; e, para evitar tal queda, o indivíduo precisa manter-se perfeitamente equilibrado no centro da verdade, evitando erros extremados na esquerda e na direita. Portanto, enquanto afirmamos que aquela recomendação do Senhor Jesus não aponta para a recusa de se exercer qualquer discriminação, critério ou juízo, ao mesmo tempo cumpre-nos apressar-nos a dizer que essa recomendação adverte-nos a respeito do terrível perigo para a condenação, mediante a qual pronunciamos o julgamento final.

A melhor ilustração dessa tendência pode ser encontrada nos fariseus. Neste Sermão do Monte, nosso Senhor tinha em mente os fariseus, quase o tempo todo. Ele recomendava ao Seu próprio povo que usasse de todo o cuidado para não se tornar semelhante aos fariseus, em seu ponto de vista da lei e em sua maneira de viver. Os fariseus interpretavam erroneamente a lei. Mostravam-se espetaculosos e jactanciosos quando davam esmolas; procuravam colocar-se em evidência ao orarem nas esquinas das ruas e ao alargarem seus filactérios. E, anunciavam que estavam jejuando. Ao mesmo tempo eram mercenários e materialistas em sua perspectiva às coisas deste mundo. Agora nosso Senhor tinha-os em mente, por igual modo. Recorde-se do quadro apresentado por Cristo, no trecho de Lucas 18:9-14, acerca do fariseu e do publicano, quando ambos foram orar no templo. O fariseu dizia: "Ó Deus, graças te dou porque não sou como os demais homens... nem ainda como este publicano". O que estava tão errado com a atitude daquele fariseu era o seu espírito de julgamento e condenação, que se manifestava contra outras pessoas.

O Novo Testamento, contudo, deixa dolorosamente claro que essa atitude não se confinava aos fariseus. Era algo que constantemente perturbava a Igreja primitiva, como também vem perturbando a Igreja de Deus desde então. Esse é um problema que afeta a Igreja de Deus hoje em dia, e, ao nos aproximarmos desse assunto, deveríamos lembrar a declaração do Senhor, nessa conexão, quando Ele disse: "Aquele que dentre vós estiver sem pecado seja o primeiro que lhe atire pedra" (João 8:7). Suponha que coisa alguma exista, em todo o Sermão do Monte, que nos transmita tão poderoso senso de condenação como a declaração que estamos examinando. Quão culpados todos nós somos, quanto a esse aspecto! Essa questão tende por estragar-nos a vida e roubar-nos a felicidade! Quanta confusão isso tem provocado, e continua causando, na Igreja de Deus! Essa é uma recomendação que o Senhor dirigiu a cada um de nós. É um assunto doloroso, embora extremamente necessário. O Sermão do Monte dirige-se a cada um de nós, e, segundo nosso Senhor nos relembra, só podemos ignorar as recomendações desse sermão para nosso próprio dano. Esse é um tema tão importante que precisamos continuar a analisá-lo, embora tal análise nos seja muito dolorosa. A melhor maneira de se tratar de uma ferida não consiste em meramente ignorá-la, ou aplicar-lhe um tratamento apenas superficial. O correto tratamento consiste em sondá-la. É um tratamento doloroso, mas necessário. Se você quiser ser limpo, purificado de uma ferida, e tornar-se um indivíduo saudável, então terá de permitir a aplicação da sonda. Por conseguinte, sondemos essa ferida, esse tumor infecto que se acha na alma de cada um de nós, a fim de que sejamos purificados.

No que consiste o perigo a respeito do qual nosso Senhor nos advertiu aqui? Em primeiro lugar, poderíamos afirmar que se trata de uma espécie de atitude que se exterioriza de determinadas maneiras. Mas que atitude é essa que condena? É a atitude de justiça-própria. O "ego" está sempre por detrás dessa questão, e esse egoísmo é sempre uma manifestação da justiça-própria, um sentimento de superioridade, um sentimento que diz que estamos com a razão ao passo que outras pessoas não o estão. Isso, pois, leva ao espírito censurador, um espírito sempre disposto a expressar-se de forma aviltante. Paralelamente a isso, entretanto, há aquela outra tendência de desprezar o próximo, de considerá-lo com desprezo. Não estou descrevendo aqui somente os antigos fariseus; estou descrevendo todos quantos possuem a atitude farisaica.

Outrossim, parece-me que uma porção perfeitamente vital desse espírito é a tendência para a hipercrítica. Ora, há toda a diferença no mundo entre se ser crítico e se ser hipercrítico. A crítica autêntica é algo excelente. Desafortunadamente, bem pouco se vê hoje em dia desse tipo de crítica. Porém, a crítica verdadeira na literatura, na arte, na música, ou em qualquer outra atividade, é um dos mais elevados exercícios da mente humana. A crítica autêntica jamais se mostra meramente destrutiva; pelo contrário, é construtiva, e consiste em apreciação. Sim, há toda a diferença no mundo entre se ser crítico e se ser hipercrítico. O indivíduo que se torna culpado de julgar aos outros, no sentido em que nosso Senhor usa aqui o vocábulo, é o indivíduo hipercrítico. E isso significa que ele se deleita na crítica por seus próprios méritos e se alegra. Receio que até posso ser mais ousado e dizer que esse é o indivíduo que se aproxima de qualquer coisa que possa criticar, e que o faz para achar faltas, e que, na realidade, quase tem a esperança de poder descobri-las.

Talvez a melhor maneira de exprimir esse ponto consista em pedir-lhe que leia I Coríntios 13. Considere o aspecto negativo de cada ponto positivo que Paulo alista acerca do amor. O amor "tudo espera", mas esse espírito hipercrítico espera sempre o pior; e descobre uma satisfação maliciosa e maligna quando detecta falhas e defeitos. Trata-se de uma atitude que vive esperando coisas negativas, e que quase fica desapontada se não as pode encontrar; vive na expectativa dessas coisas, e deleita-se nelas. Não há que duvidar que o espírito hipercrítico jamais se sente verdadeiramente feliz enquanto não encontra essas falhas. E, como é óbvio, o resultado de tudo isso é que tende por fixar sua atenção sobre questões que em si mesmas são indiferentes, transformando-as em questões de importância vital. Nessa conexão, o melhor comentário se acha em Romanos 14, onde Paulo diz aos romanos, com detalhes abundantes, que deveriam evitar julgar uns aos outros acerca de questões como alimento e bebida, ou considerar um dia superior a outro. Aqueles crentes haviam exaltado essas questões, conferindo-lhes importância suprema, e, com base nessas coisas, julgavam e condenavam a outros crentes. Entretanto, Paulo ensina-nos que tudo isso está errado. "Porque o reino de Deus não é comida nem bebida, mas justiça, e paz, e alegria no Espírito Santo" (v. 17). Um crente talvez observe um determinado dia enquanto que outro crente observa outro dia qualquer. "Um faz diferença entre dia e dia; outro julga iguais todos os dias. Cada um tenha opinião bem definida em sua própria mente" (Romanos 14:5). Todavia, aquilo que realmente deveríamos lembrar é que todos nós estamos sendo julgados por Deus. O Senhor é o Juiz. Outrossim, você não pode decidir se alguém é crente ou não, com base nesses pontos de vista sobre questões dessa natureza, as quais são destituídas de maior importância e são indiferentes. Existem questões essenciais em conexão com a fé, sobre as quais não podemos tolerar qualquer dúvida, ao passo que outras são indiferentes. Jamais deveríamos elevar estas últimas a um nível de importância vital.

É mais ou menos assim a atitude do indivíduo que se torna culpado de julgar. Não estou aplicando todas essas conclusões na medida em que progrido na explicação. Mas confio que o Espírito Santo esteja capacitando-o a fazê-lo. Se ao menos sabemos o que significa deleitar-se quando ouvimos algo de desagradável acerca de outrem, então é que temos essa atitude errada. Se somos invejosos, ou ciumentos, e então subitamente ouvimos que aquele de quem temos ciúme ou inveja incorreu em algum delito, e nisso descobrimos um imediato senso de satisfação em nosso íntimo, é que esse erro já nos infeccionou. Essa é a condição que conduz a esse espírito de julgamento.

Cumpre-nos, entretanto, examinar essa questão em nossa vida prática. Ela se manifesta na disposição sempre pronta para exercer julgamento, quando o ponto criticado não nos diz respeito de maneira nenhuma. Quanto do nosso tempo dispendemos expressando as nossas opiniões sobre pessoas que, na realidade, não têm qualquer vinculação direta conosco? Essas pessoas nada representam para nós, e, no entanto, experimentamos um prazer malicioso ao assim fazermos. Temos nisso um dos aspectos práticos de manifestação dessa atitude.

Uma outra manifestação dessa atitude é que ela ressalta o preconceito no lugar do princípio. Compete-nos fazer juízo com base em princípios, porquanto, de outra maneira, não poderíamos exercer disciplina na Igreja. Todavia, se alguém toma os seus próprios preconceitos e os transforma em princípios normativos, então torna-se culpado desse espírito de julgamento.

Uma outra maneira pela qual essa atitude se manifesta é a sua tendência de pôr personalidades no lugar de princípios. Todos sabemos quão facilmente uma discussão desvia-se para a questão de pessoas ou personalidades, deixando de lado os princípios. É verdade afirmar-se que a maioria daqueles que fazem objeção à sã doutrina se compõe de pessoas culpadas quanto a essa particularidade. Porquanto não apreendem e nem entendem uma determinada doutrina, tais pessoas só podem falar em termos de personalidades. E assim, no momento em que alguém começa a defender princípios ou doutrinas, aquelas pessoas alegam que esse alguém é um homem difícil. A personalidade é introduzida no lugar que deveria estar ocupado por algum princípio; isso, por sua vez, leva à tendência de imputar motivos. Visto não poderem compreender por qual razão alguém defende princípios, tais pessoas imputam motivos estranhos a esse alguém. Ora, imputar motivos será sempre uma manifestação desse espírito de julgamento.

Ainda uma outra forma pela qual podemos averiguar se somos culpados dessa atitude errônea consiste em indagar se habitualmente expressamos as nossas opiniões sem que tenhamos conhecimento de todos os fatos. Não temos o direito de proferir qualquer juízo sem antes termos plena consciência dos fatos, sem termos feito previamente o esforço de nos familiarizarmos com esses fatos. Portanto, deveríamos primeiramente pesquisar todos os fatores para, então, avaliá-los. Agir de outro modo é tornar-se culpado desse espírito farisaico.

Uma outra indicação sobre a presença do espírito hipercrítico é que ele nunca se dá ao trabalho de procurar compreender as circunstâncias. E também nunca aceita justificativas. E isso porque jamais se dispõe a exercer misericórdia. O indivíduo dotado de espírito de amor possui discriminação e está pronto a exercê-la. Está disposto a ouvir e a verificar se existe alguma explicação, se há alguma justificativa; descobre quaisquer circunstâncias mitigadoras. Entretanto, o homem inclinado a juízos descaridosos, assevera: "Nada mais preciso saber". Por conseguinte, tal homem rejeita qualquer esclarecimento, e não dá ouvidos a argumentos ou razões.

Talvez possamos pôr um ponto final na descrição do espírito hipercrítico, levando-o ao seu revoltante ponto climático, expressando a questão como segue: Essa atitude realmente manifesta-se através da tendência de proferir juízo final contrário às pessoas. E isso significa que esses indivíduos visam não tanto o que outras pessoas fazem, creem ou dizem, e, sim, as pessoas propriamente ditas. Eles proferem juízo final sobre as pessoas, e o que o torna tão terrível é que estão arrogando um direito exclusivo de Deus. Você deve estar lembrado de como, quando o Senhor Jesus enviou mensageiros às vilas dos samaritanos, para providenciarem para a Sua chegada ali, os samaritanos não quiseram acolhê-los. E então Tiago e João, tendo sabido disso, indagaram: "Senhor, queres que mandemos descer fogo do céu para os consumir?" (Lucas 9:54). Eis aí! Eles queriam destruir os samaritanos. Contudo, nosso Senhor voltou-se para eles e os repreendeu. Os dois discípulos haviam-se tornado culpados de formar e de exercer um juízo final contra aqueles samaritanos, e propunham-se a destruí-los. Há toda a diferença no mundo entre fazer isso e expressar uma crítica inteligente, iluminadora, acerca dos pontos de vista ou das teorias de outrem, de suas doutrinas, de seu ensinamento ou de sua maneira de viver. Somos convocados para fazer esse tipo de crítica construtiva; mas, no momento em que condenarmos e desprezarmos a quem quer que seja, estaremos assumindo uma autoridade que pertence exclusivamente a Deus, e a ninguém mais.

É um assunto doloroso; e até agora só tivemos ocasião de examinar a injunção. Ainda não consideramos a razão que nosso Senhor acrescentou a essa injunção. Neste capítulo pudemos apenas considerar aquelas duas palavras, "não julgueis", e confio que sempre nos lembremos delas. Ao assim fazermos, agradeçamos ao Senhor que temos um Evangelho que nos segreda ter "... Cristo morrido por nós, sendo nós ainda pecadores" (Romanos 5:8), que nos ensina que nenhum de nós repousa sobre a sua própria justiça, mas antes, sobre a retidão do Senhor Jesus Cristo. Sem Ele estaríamos condenados, inteiramente perdidos. Tão somente condenamos a nós mesmos quando julgamos outras pessoas. A verdade, entretanto, é que o Senhor Deus é Juiz, e Ele proveu-nos um meio através do qual passamos "do julgamento para a vida". Essa exortação indica que deveríamos viver neste mundo como um povo que passou pelo julgamento, "em Cristo", um povo que agora vive na companhia dEle, um povo que percebe que foi salvo por Sua admirável graça e misericórdia.

Capítulo XLVI

O ARGUEIRO E A TRAVE

Já pudemos considerar a significação do mandamento de nosso Senhor, "não julgueis", e o que ele envolve na prática. Mas agora, em Mateus 7:1-5, chegamos às razões que Ele nos oferece para não exercermos juízos hipercríticos. Novamente, não podemos deixar de sentir, ao examinarmos essas razões, que o caso apresentado pelo Senhor Jesus é irretorquível, que a Sua lógica é inevitável. Ao mesmo tempo, sentimos a nossa pecaminosidade e percebemos a hediondez do pecado.

Examinemos as razões apresentadas por Jesus. A primeira delas é a seguinte: "Não julgueis, para que não sejais julgados" (Mateus 7:1). Não julgue para que você mesmo não seja julgado. Essa é uma razão eminentemente prática e pessoal; porém, o que ela significa, exatamente? Existem aqueles que querem que acreditemos que significa algo assim: Não julguemos outras pessoas, se é que não gostamos que outras pessoas nos julguem. Os que assim pensam dizem que essa recomendação significa que, conforme fizermos a outras pessoas, assim também outras pessoas farão conosco, ou então, exprimindo o ponto de outra forma, outras pessoas nos pagarão o nosso tratamento na mesma moeda. Dizem que isso equivale ao seguinte: o indivíduo que vive criticando e censurando ao próximo sempre é o indivíduo que mais merece ser criticado. Naturalmente, isso é perfeitamente natural e certo. Também é verdadeiro dizer-se que não há indivíduos tão sensíveis à crítica como aqueles que vivem criticando aos outros. Eles não gostam das críticas feitas contra eles, e queixam-se delas; mas parecem jamais poder lembrar-se disso quando criticam os outros. Devemos concordar, que aquela declaração é veraz, e que, assim sendo, se quiserem evitar essa crítica dolorosa, devem mostrar-se menos críticos e censuradores. Por outra parte, também não é faltar com a verdade dizer-se que a pessoa que é menos crítica é melhor apreciada pelos outros, não estando tão sujeita a críticas como aqueles que gostam mais de criticar.

Não há que duvidar, entretanto, que é erro completo interpretar essa declaração como se ela significasse somente isso, e nada mais. Embora devamos aceitar a ideia de uma maneira geral, parece-me que nosso Senhor foi muito além desse conceito. Assim asseveramos, não somente com base naquilo que lemos em todo capítulo 7 de Mateus, o qual, conforme já vimos, tem por finalidade colocar-nos frente ao juízo divino, mas também por causa de outras declarações bíblicas, paralelas a esta, que esclarecem, e, portanto, reforçam esta passagem. Sem dúvida nenhuma, o significado é este: "Não julgueis, para que não sejais julgados" – por Deus. Há muitos cristãos evangélicos que de pronto reagem a essa exposição, contrastando-a com o grande ensinamento escriturístico relativo à justificação exclusivamente pela fé. Esses, pois, salientam que o trecho de João 5:24 ensina que, se cremos no Senhor Jesus Cristo, então já teremos passado do juízo para a vida eterna. E adicionam que Romanos 8:1 estipula: "Agora, pois, já nenhuma condenação há para os que estão em Cristo Jesus". Sem dúvida, conforme dizem os tais, isso significa que, por sermos crentes, estamos inteiramente fora do alcance do julgamento. Não há mais qualquer juízo, argumentam eles com base nesse ensino, para o indivíduo que é crente autêntico.

Essa crítica exige tanto a nossa atenção quanto uma resposta adequada, e nós a fazemos em seguida. Novamente, devemos lembrar-nos que as palavras que estamos considerando foram endereçadas a pessoas crentes, e não a pessoas incrédulas. Essas palavras foram dirigidas a pessoas para quem as bem-aventuranças são verdadeiras, para aqueles que são filhos de Deus, regenerados pelo Espírito Santo. É perfeitamente claro, por conseguinte, que, quanto a determinados ângulos, tais pessoas continuam sujeitas ao julgamento.

Em adição a isso, entretanto, precisamos abordar a questão até mesmo em termos do ensino paralelo, constante em outros trechos bíblicos. Talvez a melhor maneira de abordarmos essa questão seja a seguinte. Nas Escrituras, somos ensinados que existem três tipos ou variedades de julgamento. O que provoca a confusão é justamente o fato de não se isolar e distinguir entre esses tipos. Deveríamos interessar-nos por esse assunto em face de muitas razões. Uma delas é que muitos de nós, que se afirmam evangélicos, não somente se tornam culpados de loquacidade quanto a essas questões, mas também, mui curiosamente, falta-lhes aquilo que se denomina "temor de Deus". Eles manifestam uma certa superficialidade, uma certa loquacidade, uma certa leviandade, demonstrando uma atitude muito distante daquele caráter autenticamente cristão, manifestado por pessoas piedosas, conforme podem ser vistas nas páginas da Bíblia e na História da Igreja através dos séculos. Em nosso afã por darmos a impressão de que somos felizes, com frequência nos falta aquela reverência, aquela atitude que as Escrituras entendem por "reverência e piedoso temor". A ideia inteira do "temor ao Senhor" e da piedade, de uma maneira ou de outra se tem desvanecido inteiramente entre nós, os evangélicos. Isso se deve, pelo menos em parte, ao fato que não percebemos a importância do ensino bíblico relativo ao juízo. Ansiamos de tal modo por ressaltar a doutrina da justificação exclusivamente pela fé que, mui frequentemente, tornamo-nos culpados de minimizar as demais doutrinas das Escrituras, as quais fazem parte, igualmente, da nossa fé, e, por conseguinte, são igualmente verdadeiras. Isso posto, é importante que compreendamos essa doutrina relativa ao juízo.

Em primeiro lugar, há um julgamento que é final e eterno. Esse é o julgamento que determina a posição ou situação de um ser humano diante de Deus. Esse julgamento determina a grande separação entre os crentes e os incrédulos, entre as ovelhas e os bodes, aqueles que permanecerão na glória eterna e aqueles que ficarão na perdição eterna. Trata-se de uma espécie de julgamento inicial, um julgamento básico que estabelecerá a grande linha divisória entre aqueles que pertencem a Deus e aqueles que não Lhe pertencem.

Isso é claramente ensinado por toda a parte, nas Escrituras, da primeira à última página. Esse é julgamento que determinará e fixará o destino eterno, a condição final do ser humano, se ele ficará no céu ou no inferno.

Todavia, esse não é o único julgamento ensinado na Bíblia Sagrada. Há um segundo julgamento, ao qual eu diria que estarão sujeitos os filhos de Deus, precisamente por serem filhos de Deus.

A fim de compreendermos bem esse fato, deveríamos ler I Coríntios 11, onde Paulo expõe a doutrina concernente à Ceia do Senhor. Assevera o apóstolo: "Por isso, aquele que comer o pão ou beber o cálice do Senhor, indignamente, será réu do corpo e do sangue do Senhor. Examine-se, pois, o homem a si mesmo, e, assim, coma do pão, e beba do cálice; pois quem come e bebe sem discernir o corpo, come e bebe juízo para si". E logo em seguida: "Eis a razão por que há entre vós muitos fracos e doentes e não poucos que dormem (isto é, não poucos que já faleceram). Porque, se nos julgássemos a nós mesmos, não seríamos julgados. Mas, quando julgados, somos disciplinados pelo Senhor, para não sermos condenados com o mundo" (v. 30-32).

Essa é uma asserção muito importante e significativa. Ela indica claramente que Deus julga dessa maneira aos Seus Filhos, porquanto, se nos tornarmos culpados de pecado, ou de uma vida caracterizada pelo erro, seremos provavelmente punidos por Ele. Essa punição, no dizer de Paulo, pode assumir a forma de uma enfermidade ou doença. Há crentes que estão enfermos ou adoentados por causa de sua vida errada. Estar um crente doente não significa, necessariamente, que Deus lhe impôs tal enfermidade; mas, mui provavelmente, significa que Deus retirou desse crente a Sua proteção e permitiu que o diabo o atacasse com alguma enfermidade. Encontramos idêntica declaração nesta mesma epístola de I Coríntios, onde Paulo se refere a entregar certo crente a Satanás, a fim de que fosse corrigido por esse intermédio (veja I Coríntios 5). Trata-se de uma doutrina de grande seriedade e importância. De fato, Paulo vai além ao afirmar que alguns dos crentes de Corinto já haviam morrido por causa de sua vida desobediente; dessa forma lhes sobreviera o julgamento. Paulo falava sobre o julgamento de Deus, e, por conseguinte, podemos interpretar essa questão como segue: Deus permite que Satanás, o qual controla o poder da morte, remova deste mundo a esses crentes, por se recusarem a julgar a si mesmos, não querendo arrepender-se e nem voltar-se novamente para o Senhor. A exortação apostólica, pois, é que nos deveríamos examinar a nós mesmos, deveríamos julgar e condenar a nós mesmos naquilo que estiver errado em nós, a fim de podermos escapar desse aspecto do juízo. Deste modo, profundo é o erro daqueles crentes que vivem negligentemente neste mundo, sob a hipótese de que eles creem no Senhor Jesus Cristo, e que, por isso mesmo, o julgamento não haverá jamais de atingi-los, mas antes, tudo está bem. De maneira nenhuma! Deveríamos andar nesta vida de vima maneira cautelosa e circunspecta, precisamos examinar a nós mesmos, perscrutar a nós mesmos, a fim de que não sejamos alcançados por essa forma de julgamento.

Tudo isso é confirmado em Hebreus 12, onde essa doutrina é colocada como segue: "... porque o Senhor corrige a quem ama e açoita a todo filho a quem recebe" (v. 6). Esse argumento teve por desígnio consolar e encorajar aqueles crentes judeus, nos dias difíceis pelos quais estavam passando. O argumento é o seguinte: Devemos ter o cuidado de olhar, pela perspectiva certa, as provas que experimentamos. Em certo sentido, um homem deveria sentir-se mais assustado se nada lhe está acontecendo neste mundo do que se for cercado de muitas provações, porquanto "o Senhor corrige a quem ama". Deus está conduzindo os Seus filhos à perfeição, e, por conseguinte, Ele os disciplina neste mundo. Ele julga os pecados e os defeitos deles, enquanto estão vivendo nesta terra, a fim de prepará-los para a glória. Aqueles que não são santos, esses são apenas "bastardos", e o Senhor permite que os tais floresçam livremente.

Pode-se ver o mesmo ensinamento no Salmo 73, onde encontramos o salmista extremamente perplexo diante desse fato. Disse ele: "Não compreendo os caminhos de Deus. Consideremos essas pessoas malignas e ímpias. Seus olhos vivem empapuçados de gordura; até na morte os homens os elogiam, e parecem estar progredindo continuamente nesta vida. Com efeito, inutilmente lavei as mãos na inocência". Entretanto, o salmista chegou a perceber que essa sua maneira de pensar laborava em grave erro, porquanto considerava a vida dos ímpios somente enquanto eles permanecem neste mundo. Nesta vida eles encontram todo o seu prazer; mas isso é tudo quanto podem obter, até que, repentinamente, o juízo divino lhes sobrevêm, e será final e eterno. Deus julga o Seu povo neste mundo a fim de poupá-los de serem julgados. Paulo disse: "Porque, se nos julgássemos a nós mesmos, não seríamos julgados. Mas, quando julgados, somos disciplinados pelo Senhor, para não sermos condenados com o mundo" (I Coríntios 11:32). Essa, portanto, é a segunda maneira de se compreender o juízo; esse é um aspecto importantíssimo. Durante todo o tempo em que vivermos neste mundo, estaremos sob os olhos vigilantes de Deus, e o Senhor estará sempre vigiando as nossas vidas e julgando a nossa pecaminosidade, e tudo para o nosso benefício.

Entretanto, cumpre-nos considerar o terceiro tipo de julgamento ensinado nas Escrituras, aquele que com frequência, é referido como "o julgamento dos galardões". Não importa se essa designação é verdadeira ou não; mas que existe um julgamento para o povo de Deus, após a morte, é algo mui claramente ensinado nas Escrituras. Pode-se encontrar esse aspecto em Romanos 14, onde Paulo assevera: "... pois todos compareceremos perante o tribunal de Deus" (v. 10). Não devemos julgar outro homem, e nem um servo de alguém quanto a essas questões como a observância de dias específicos, a ingestão de certos alimentos, e assim por diante, conforme nos recomenda o apóstolo, porque cada indivíduo será submetido a esse tipo de julgamento, por ser responsável diante de Deus – "pois todos compareceremos perante o tribunal de Deus". Percebe-se exatamente a mesma coisa nas duas epístolas aos Coríntios. Há aquela passagem de I Coríntios 3, onde ele diz: "... manifesta se tornará a obra de cada um; pois o Dia a demonstrará..." (v. 13). Aquilo que um homem houver edificado sobre o fundamento, que é Cristo – quer seja ouro, prata, pedras preciosas, madeira, feno ou palha –, tudo será testado por meio do fogo. Parte das realizações de cada um de nós será inteiramente destruída, como a madeira, o feno e a palha, embora o próprio indivíduo crente venha a ser salvo, "... todavia, como que através do fogo" (v. 15). Mas essa passagem inteira aponta para um julgamento, um julgamento das nossas realizações nesta vida, desde o tempo em que nos convertemos ao Senhor; e, particularmente neste trecho bíblico, como é lógico, está em foco a pregação do Evangelho e as realizações dos ministros, na Igreja.

Então, em II Coríntios 5, o julgamento envolve não apenas os ministros do Evangelho, e, sim, todos os crentes: "Porque importa que todos nós compareçamos perante o tribunal de Cristo, para que cada um receba segundo o bem ou o mal que tiver feito por meio do corpo" (v. 10). "E assim, conhecendo o temor do Senhor, persuadimos aos homens..." (v. 11). Essas palavras não foram dirigidas a pessoas incrédulas, mas antes, a crentes. Os crentes haverão de comparecer diante do tribunal de Cristo, e ali haverão de ser julgados conforme aquilo que tiverem praticado por intermédio do corpo, incluindo tudo quanto for bom ou mau. Mas esse julgamento não terá por finalidade *determinar* o nosso destino eterno; não se trata de um julgamento para decidir se iremos para o céu ou para o inferno. Não, essa questão já foi inteiramente resolvida. Mas, é um julgamento que haverá de *afetar* o nosso destino eterno, embora sem determinar se esse destino será o céu ou o inferno, mas decidindo o que sucederá conosco na dimensão da glória. Não nos são fornecidos nas Escrituras maiores detalhes do que esses; mas que haverá um julgamento referente aos crentes é algo claro e especificamente ensinado na Bíblia.

Esse tema pode ser novamente encontrado em Gálatas 6:5: "Porque cada um levará o seu próprio fardo". Essa é uma alusão àquele mesmo julgamento. "Levai as cargas uns dos outros, e assim cumprireis a lei de Cristo" (Gálatas 6:2). Mas também se lê aqui: "... cada um levará o seu próprio fardo". Cada um de nós é responsável pela sua própria vida, conduta e comportamento. Uma vez mais desejo enfatizar que isso nada tem a ver com a determinação de nosso destino eterno, mas trata-se de algo que estabelecerá certa diferença por tratar-se de uma aquilatação do valor de minha vida, desde o momento em que me tornei crente. Além disso, há aquela comovente declaração de II Timóteo 1:16-18, onde referindo-se a Onesíforo, Paulo agradece ao Senhor por aquele homem que se mostrara tão bondoso com ele quando se achava encarcerado. Eis a oração de Paulo por Onesíforo: "O Senhor lhe conceda, naquele dia, achar misericórdia da parte do Senhor". Naquele dia, em que o julgamento dos seguidores de Cristo tiver de ocorrer, que o Senhor tenha misericórdia dele. E, em Apocalipse 14:13, lemos aquela declaração a respeito de todos quantos morrem no Senhor: "Bem-aventurados os mortos que, desde agora, morrem no Senhor... as suas obras os acompanham". Sim, nossas obras nos seguirão.

Portanto, a principal razão pela qual os crentes não devem julgar é para que não sejam julgados pelo Senhor. Havemos de vê-Lo tal e qual Ele é; havemos de nos encontrar com Ele, e então esse julgamento acontecerá. Se, naquela oportunidade, não quisermos ficar envergonhados, conforme afirma o apóstolo João (ver I João 2:28), tenhamos o máximo cuidado agora. Se quisermos "ter a confiança", no dia desse juízo, então teremos de andar criteriosamente aqui e agora. Se julgarmos seremos julgados em termos do mesmo julgamento. Por conseguinte, temos aqui uma informação que jamais devemos perder de vista. Embora sejamos crentes, justificados pela fé, e embora tenhamos a certeza de nossa salvação e saibamos que nos estamos dirigindo para o céu, ainda assim estamos sujeitos a esse julgamento aqui nesta vida tanto quanto no após-túmulo. Esse é o claro ensino das Escrituras. E esse ensinamento é sumariado neste segmento do Sermão do Monte, por nosso Senhor Jesus Cristo: "Não julgueis, para que não sejais julgados". Não está envolvida meramente a ideia que se você não quer que outros opinem adversamente sobre você, então também não exerça julgamento crítico sobre os outros. Isso também faz parte do quadro, e exprime uma verdade. Contudo, muito mais importante do que isso é o fato que você está se expondo ao juízo, e haverá de responder pelas suas atitudes. Você não perde a sua salvação, mas é evidente que perderá algo.

Isso nos conduz à segunda razão, aduzida por nosso Senhor Jesus, em vista da qual não devemos julgar. Acha-se no segundo versículo: "Pois, com o critério com que julgardes, sereis julgados; e, com a medida com que tiverdes medido, vos medirão também". Poderíamos colocar essa questão na forma de um princípio. A segunda razão para não julgarmos o próximo é que, ao assim fazermos, tão somente estaremos atraindo juízo contra nós mesmos, e até chegamos a estabelecer o critério de nosso julgamento – "... com a medida com que tiverdes medido vos medirão também". Uma vez mais, isso não indica meramente o que outras pessoas possam fazer contra nós. Costuma-se dizer que cada indivíduo é "pago na mesma moeda que usa", e isso é uma perfeita verdade. Os homens que se mostram minuciosos ao examinarem e aquilatarem os outros, que falam sobre os pequenos defeitos que veem nos outros, com frequência se espantam quando essas mesmas pessoas os julgam. Não podem compreender o fenômeno; mas estão sendo julgados segundo o seu próprio método e por sua própria medida.

Todavia, não podemos deixar a declaração nesse ponto; é necessário que avancemos um pouco mais, porquanto as Escrituras também vão além. Na realidade, nosso Senhor estava declarando que o próprio Deus, nesse julgamento que temos estado a descrever, nos julgará em consonância com os nossos padrões pessoais. Busquemos alguma autoridade escriturística no que concerne a essa interpretação. Consideremos a afirmativa do Senhor Jesus, conforme se acha registrada em Lucas 12, onde Ele fala em alguns que serão punidos "com muitos açoites" ou "poucos açoites"; e diz: "Mas àquele a quem muito foi dado, muito lhe será exigido; e àquele a quem muito se confia, muito mais lhe pedirão" (v. 48). O Senhor Jesus ensinou-nos, portanto, que Deus atua em harmonia com esse princípio. Além disso, diz a declaração de Romanos 2:1: "Portanto, és indesculpável quando julgas, ó homem, quem quer que sejas; porque, no que julgas a outro, a ti mesmo te condenas; pois praticas as próprias coisas que condenas". É como se Paulo estivesse dizendo que estamos provando, através do nosso juízo acerca de outras pessoas, que sabemos o que é certo; e, assim sendo, se não praticarmos aquilo que é certo, estaremos condenando a nós mesmos.

Todavia, quiçá a mais clara afirmação sobre esse tema nos tenha sido dada no trecho de Tiago 3:1, um versículo que se reveste de vital importância, mas que é frequentemente ignorado porque muitos crentes não gostam da epístola de Tiago, imaginando que ela não ensina a justificação exclusivamente pela fé. Eis como Tiago coloca essa questão particular: "Meus irmãos, não vos torneis, muitos de vós, mestres, sabendo que havemos de receber maior juízo". Em outras palavras, se você considerar-se autoridade, se você fizer-se mestre, e agir como mestre e autoridade, lembre-se de que será julgado segundo a medida de sua própria autoridade; mediante a mesma reivindicação que fizer a seu respeito, assim você será julgado pelo Senhor. Você costuma apresentar-se como uma autoridade? Pois muito bem, esse será o próprio critério a ser aplicado por ocasião de seu julgamento.

Nosso Senhor deixou esse ponto perfeitamente claro, nas palavras que ora consideramos: "Pois com o critério com que julgardes, sereis julgados; e com a medida com que tiverdes medido vos medirão também". Essa é uma das mais alarmantes assertivas da Bíblia inteira. Porventura eu assevero possuir um excepcional conhecimento das Escrituras? Se assim afirmo, então serei julgado nos termos do conhecimento que afirmo possuir. Assevero que sou um servo de Deus que realmente conhece essas coisas? Então não poderei ficar surpreendido se tiver de ser punido com muitos açoites. Deveríamos usar da máxima cautela, assim sendo, sobre como nos exprimimos. Se nos pusermos a julgar a outros, não teremos qualquer direito de nos queixarmos se formos julgados mediante esse mesmo padrão. Isso é algo perfeitamente justo e equitativo, e não temos qualquer motivo de queixa. Afirmamos possuir esse conhecimento. Mas, se realmente temos esse conhecimento, então cumpre-nos viver à altura dele. Mediante as reivindicações que fizer é que serei julgado. Portanto, se eu for moderado na minha aquilatação sobre outras pessoas e suas vidas, esse mesmo padrão moderado será empregado a meu respeito, e não terei qualquer razão para queixar-me disso. E se eu chegar a queixar-me desse tipo de tratamento, a resposta que terei de ouvir será esta: "Se você se sentiu apto para exercer julgamento sobre o seu próximo por que você não o exerceu em seu próprio caso?" Esse é um pensamento muito surpreendente e assustador. Desconheço qualquer outro motivo que nos possa deter tão eficazmente da prática pecaminosa de condenar o próximo, e da horrenda e distorcida atitude que se deleita em agir dessa forma.

Por sua vez, esse aspecto nos leva à última razão suprida por nosso Senhor. Ele a exprime nos versículos 3 a 5: "Por que vês tu o argueiro no olho de teu irmão, porém não reparas na trave que está no teu próprio? Ou como dirás a teu irmão: Deixa-me tirar o argueiro do teu olho, quando tens a trave no teu? Hipócrita, tira primeiro a trave do teu olho e, então, verás claramente para tirar o argueiro do olho de teu irmão". Porventura, já houve palavras tão sarcásticas como essas? Porventura, já houve mais perfeito exemplo de ironia? Quão ricamente merecemos esse sarcasmo, essa ironia! Poderíamos sumariar esse argumento de Cristo sob a forma de um certo número de princípios. Nosso Senhor ensina-nos aqui que a terceira razão para não exercermos juízo contra outros é que somos incapazes de julgar como é devido. Não podemos mesmo fazê-lo. Por isso mesmo, visto não podermos julgar apropriadamente, nem ao menos deveríamos tentar julgar. Jesus esclareceu que nosso espírito é tal que não estamos autorizados a julgar. Não somente devemo-nos lembrar que nós mesmos seremos julgados, e que nós mesmos determinamos os padrões desse julgamento; mas Ele também acrescenta, por assim dizer: "Parem por um momento. Vocês não são capazes de julgar, porquanto ainda não estão preparados para tanto".

O Senhor Jesus prova a Sua contenção da maneira que se segue. Em primeiro lugar, Ele salienta que o nosso intuito não é a retidão e nem o reto juízo, de maneira nenhuma; pois, se essa fosse realmente a nossa intenção, haveríamos de julgar, antes de tudo, a nós mesmos. Gostamos de convencer-nos a nós mesmos de que estamos realmente interessados pela verdade e pela justiça, e de que esse é o nosso interesse exclusivo. Asseveramos que não queremos ser injustos com as pessoas, que não queremos criticá-las destrutivamente, que estamos preocupados somente com a verdade! Mas nosso Senhor por assim dizer assevera: "Se vocês estão de fato preocupados com a verdade, então deveriam julgar a si mesmos. Não obstante, vocês nunca julgam a si mesmos. E disso se conclui que vocês, na realidade, não estão interessados na verdade". Eis um argumento justo! Se um homem afirma que o seu único interesse é a justiça e a verdade, e que absolutamente não está visando personalidades, então ele será tão crítico de si mesmo quanto de seus semelhantes. O artista verdadeiramente grande é sempre o mais severo crítico de si mesmo. Não importa qual seja a sua atividade na vida, se é o canto, ou o teatro, ou a pintura, ou qualquer outra coisa, a verdade é que todo o artista autêntico critica a si próprio com tanta severidade como critica a obra alheia; e talvez ainda mais, porquanto dispõe de um padrão objetivo. Mas não estamos muito interessados pela retidão e pela verdade; pois, de outra sorte, jamais pouparíamos a nós mesmos, ao mesmo tempo em que nos pomos a criticar exclusivamente aos outros. Essa foi a primeira declaração.

Entretanto, podemos avançar mais um passo, asseverando que Jesus também mostrou que as pessoas que assim fazem não se interessam por princípios, mas tão somente em alvejar pessoas. O espírito hipercrítico, conforme já vimos, é uma atitude que se interessa por personalidades, e não por princípios. Essa é a dificuldade que envolve a muitos de nós, quanto a essa questão. Na verdade, estamos interessados em atingir a pessoa a quem estamos criticando, e não em comentar sobre algum tema ou princípio em particular. E o nosso desejo consiste em condenar alguém, ao invés de nos desvencilharmos do mal que está naquela pessoa. Naturalmente, logo de saída isso nos torna incapazes de exercer juízo verdadeiro. Se somos impulsionados por algum preconceito, se somos impelidos por algum ânimo ou sentimento pessoal, então não somos mais autênticos aquilatadores. A própria lei civil reconhece esse fato. Se puder ser provado que existe alguma conexão entre qualquer membro de um júri e a pessoa que está sendo julgada, esse membro do júri pode ser desqualificado. O que é desejável, acima de tudo, em um corpo de jurados, é a imparcialidade. Nada pode haver de preconcebido, nada pode haver que seja pessoal; antes, o julgamento precisa ser objetivo e sem preconceito. O elemento pessoal tem de ser inteiramente eliminado, antes que possa haver julgamento verdadeiro. Se aplicarmos essas normas ao nosso juízo quanto a outras pessoas, então, conforme receio, seremos forçados a concordar com nosso Senhor que somos inteiramente incapazes de julgar, porquanto estamos interessados tão profundamente pelos indivíduos ou personalidades. Com frequência, pois, há algum motivo ulterior em nosso julgamento; porque é costumeiro não distinguirmos entre um indivíduo e as suas ações.

Entretanto, acompanhemos nosso Senhor nessa Sua análise. O Seu argumento seguinte encontra-se no quarto versículo: "Ou como dirás a teu irmão: Deixa-me tirar o argueiro do teu olho, quando tens a trave no teu?" Encontramos nessas palavras o sarcasmo elevado à máxima potência. Jesus diz que a nossa própria condição é de tal natureza que somos perfeitamente incapazes de julgar ao próximo. Damos a entender que estamos muito preocupados com as outras pessoas e suas faltas, e procuramos dar a impressão de que estamos preocupados somente com o bem delas. Declaramo-nos apreensivos com aquele pequeno defeito que há em alguém, e que ansiamos por retirar aquele argueiro. Todavia, conforme explica o Senhor, não somos capazes de fazê-lo, por tratar-se de um processo extremamente delicado, porquanto aquela trave que está fincada em nosso próprio olho nos incapacita para tal operação.

Certa vez, li um comentário que vai direto ao ponto que ora ventilamos, que expressa perfeitamente bem essa questão. Dizia que há algo de muito ridículo no indivíduo cego que procura guiar outro cego; mas que existe uma situação ainda mais ridícula do que essa, a saber, um oculista cego. Um oculista cego, como é evidente, não pode retirar um cisco que se tenha alojado no olho de outro ser humano. Se um cego qualquer é incapaz de ajudar a outros, no que tange à visão, que se diria de um oculista cego? Era isso que nosso Senhor procurava enfatizar nesta altura. Se você quiser ser capaz de ver com clareza, a fim de poder remover esse minúsculo argueiro do olho sensível de outra pessoa, em quem você está fingindo estar interessado, certifique-se primeiramente que o seu próprio olho esteja bem limpo. Você não poderá ajudar a quem quer que seja enquanto estiver cego pela trave enfiada em seu próprio olho.

Finalmente, nosso Senhor nos condena como hipócritas. "Hipócrita, tira primeiro a trave do teu olho, e, então, verás claramente para tirar o argueiro do olho de teu irmão". Quanta verdade há nessas palavras! A verdade envolvida nessa questão é que, na realidade, não estamos interessados em ajudar a essa outra pessoa; pelo contrário, estamos interessados somente em condená-la. Não passa de pretensão esse nosso grande interesse; fingimos estar muito aflitos por haver descoberto aquela pequena mancha na vida de outrem. Na realidade, porém, conforme nosso Senhor já nos havia mostrado (e esse é o aspecto mais terrível da questão), chegamos a ficar alegres por descobrir tal defeito. Tudo isso é hipocrisia. Uma pessoa aborda outra, como se fosse amigável a ela, e lhe diz: "É uma vergonha esse seu defeito". Mas, oh, a malícia que há, com frequência, por detrás de tal tipo de ação, o prazer que é desfrutado frequentemente! Não! Diz nosso Senhor. Se você quer realmente ajudar outras pessoas, se você é genuíno nesse seu interesse, então há certas coisas que você terá de fazer a si mesmo. Em primeiro lugar – e tem o dever de observar bem esse ponto –, que você retire a trave de seu próprio olho, porque somente então estará apto para ver claramente e poderá retirar o argueiro do olho de seu irmão.

Isso pode ser interpretado como segue. Se você realmente deseja ajudar ao próximo, para que se liberte dessas manchas e falhas, dessas fraquezas e imperfeições, em primeiro lugar, pois, você deve entender que toda essa sua atitude, desde o mais íntimo de seu espírito, está laborando em erro. Essa atitude de julgamento, de censura, de hipercrítica que está caracterizando a sua pessoa, na realidade atua como se fora uma trave, em contraste com o pequeno argueiro que está no olho da outra pessoa. É como se nosso Senhor houvesse dito: "Conforme você deve saber, não existe pior modalidade de pecado do que esse espírito de julgamento descaridoso do qual você se tem tornado culpado. Isso é como uma trave. A outra pessoa talvez tenha caído em pecado de imoralidade, em algum pecado carnal, ou pode ter-se tornado culpada de algum pequeno erro aqui e acolá. No entanto, isso nada é senão um minúsculo cisco no olho dela, em comparação com a má atitude que o caracteriza, uma atitude que, comparativamente falando, mais se assemelha a uma trave. Comece a corrigir, portanto, a sua própria atitude". Em outras palavras, é como se Cristo tivesse ensinado: "Enfrente a si mesmo honesta e frontalmente, e admita diante de si mesmo a verdade que o caracteriza". Como deveríamos fazer tudo isso na prática? Leia diariamente o trecho de I Coríntios 13, leia esta frase de nosso Senhor todos os dias. Examine a sua atitude para com outras pessoas; e enfrente a verdade sobre si mesmo. Considere as afirmações que costuma fazer a respeito de outras pessoas; sente-se e analise essas afirmações, e pergunte de si mesmo o que essas afirmações realmente envolvem. Trata-se de um processo extremamente doloroso e causador de agonia. Porém, se examinarmos a nós mesmos e aos nossos juízos, aos nossos pronunciamentos, da maneira honesta e verdadeira, então já teremos avançado um grande passo nesse processo de retirada da trave de nossos olhos. Então, tendo feito isso, sentir-nos-emos tão humilhados que ficaremos inteiramente libertos dessa atitude censuradora e hipercrítica.

Que tremenda peça de lógica é essa! Quando alguém já viu a si mesmo como é necessário, nunca mais julga a quem quer que seja de uma maneira precipitada e errada. Todo o tempo de que dispõe será usado para condenar a si mesmo, para lavar as próprias mãos e procurar purificar-se. Só existe uma forma de nos libertarmos desse espírito censurador e hipercrítico, isto é, julgarmos e condenarmos a nós mesmos. Isso nos deixa humilhados até ao pó, e daí segue-se, necessariamente, que, tendo-nos desvencilhado da trave que havia em nossos próprios olhos, estaremos então em condições de ajudar a outras pessoas, retirando o minúsculo argueiro que está em seus olhos.

O modo de proceder para se retirar um cisco do olho de alguém envolve uma operação muito delicada. Não existe órgão mais sensível do que o olho. No momento em que um dedo o toca, as pálpebras se fecham; é extremamente sensível! O que se requer, no tratamento com os olhos, acima de tudo são qualidades como simpatia, paciência, calma e tranquilidade. É isso que se faz mister, em face da delicadeza da operação. Transfiramos tudo isso para o terreno espiritual. Estamos tratando com uma alma; você vai tocar na porção mais sensível de um ser humano. Como podemos retirar aquele pequeno argueiro? Quanto a esse particular, só há uma coisa que realmente interessa, a saber, que você seja humilde, seja cheio de compaixão, seja consciente de seu próprio pecado e indignidade, e que, quando encontrar alguma mácula no caráter de alguém, longe de condenar a esse alguém, convém que você se sinta inclinado a lamentar e chorar. Você deve ser uma pessoa cheia de simpatia e compaixão; estar disposto a ajudar ao próximo. Deve ter uma satisfação tal em ajudar e retirar aquele argueiro que queira que o irmão vitimado pelo mesmo sinta idêntico prazer, idêntica alegria. Ninguém pode ser um oculista espiritual enquanto não dispor, ele mesmo, de uma visão desimpedida e clara. No entanto, quando enfrentamos a nós mesmos e já nos libertamos dessas traves, quando já julgamos e condenamos a nós mesmos, e já estamos naquela condição que nos torna humildes, compreensivos, compassivos, generosos e caridosos, então seremos capazes, conforme afiançam as Escrituras, de seguir "a verdade em amor" (ver Efésios 4:15). E assim seremos capacitados a ajudar aos nossos semelhantes. Essa é uma das façanhas mais difíceis que há nesta vida; uma das últimas vitórias que podemos alcançar neste mundo. Que Deus tenha misericórdia de nós. Todavia, graças a Deus há pessoas que já aprenderam a falar a "verdade em amor". E então, uma vez que essas pessoas assim falem, não somente perceberemos que elas estão dizendo a verdade, mas também seremos gratos por elas. Existem pessoas que dizem a mesma verdade, mas fazem-no de maneira tal que nos obrigam a entrar prontamente na defensiva, e até mesmo a odiá-las, por causa da maneira como o fazem. Assim sucede porque essas pessoas não dizem "a verdade em amor". Por conseguinte, que cada um de nós – cito novamente a epístola de Tiago – "... seja pronto para ouvir, tardio para falar, tardio para se irar" (1:19).

"Não julguemos" por causa desses três motivos. Que Deus tenha misericórdia de nós. Quão bom é que possamos enfrentar a verdade à luz do Calvário e do sangue vertido por Jesus Cristo. Contudo, se você deseja evitar ser castigado nesta vida, bem como evitar o sofrimento da perda na vida futura – pois assim nos ensinam as Escrituras –, então não julgue a seus semelhantes, a menos que primeiramente julgue a si mesmo.

Capítulo XLVII
JUÍZO ESPIRITUAL E DISCRIMINAÇÃO

No trecho de Mateus 7:6, nosso Senhor leva a um ponto final aquilo que Ele tinha para dizer no tocante à difícil e complicada questão do castigo. A versão Revista e Atualizada no Brasil separa este versículo dos demais, como se ele formasse um parágrafo todo próprio. Mas quero sugerir que isso não é correto. Pois não se trata de uma declaração que possa manter-se de pé isoladamente, sem qualquer conexão com aquilo que a antecede. Pelo contrário, é uma conclusão daquele assunto, é uma declaração final que encerra aquilo que já havia sido dito.

Trata-se de uma extraordinária afirmativa, e que geralmente provoca nos leitores um grande e surpreendente abalo. Nosso Senhor vinha nos ensinando, da maneira mais solene possível, que não deveríamos julgar ao próximo, e que primeiramente deveríamos tirar a trave de nossos próprios olhos, antes de tentarmos tirar o argueiro do olho de algum irmão. Ele também nos advertira de que seríamos julgados com o mesmo julgamento com que julgássemos a outros. Mas então, de repente, Jesus diz: "Não deis aos cães o que é santo, nem lanceis ante os porcos as vossas pérolas, para que não as pisem com os pés, e, voltando-se, vos dilacerem" (Mateus 7:6). Parece algo impróprio; mais parece uma completa contradição de tudo quanto vinha sendo considerado. Não obstante, se a nossa exposição dos cinco primeiros versículos mostrou-se correta, então essas palavras não nos deveriam surpreender, sob hipótese nenhuma; de fato, elas se seguem ao que fora dito quase como uma consequência inevitável. Nosso Senhor instrui-nos a não julgarmos no sentido de condenar ao próximo; mas, aqui, Ele nos relembra que o que Ele já dissera não expressa a afirmativa total envolvida nesse tema. A fim de que se obtenha um bom equilíbrio, e que haja uma completa declaração sobre o assunto, esta última observação torna-se realmente essencial.

Se o Senhor Jesus tivesse encenado as Suas instruções com aqueles cinco primeiros versículos, sem dúvida seríamos levados a assumir uma falsa posição. Homens e mulheres teriam tanto cuidado para evitar o terrível perigo de julgar erroneamente a seus semelhantes que não exerceriam qualquer discriminação, e nem qualquer avaliação. Não poderia haver tal coisa como a disciplina na igreja local, e seria caótica toda a nossa vida cristã. Não poderia haver tal coisa como o desmascaramento da heresia e o pronunciamento de juízo com respeito a isso. E visto que todos teriam tanto receio de julgar ao hereges, todos fechariam os olhos diante da heresia; e o erro, dessa forma, penetraria na Igreja muito mais do que tem sucedido. Por esse motivo, nosso Senhor fez essa outra declaração, logo em seguida. E, uma vez mais, não podemos deixar de ficar impressionados diante do admirável equilíbrio do ensino bíblico, diante de sua admirável perfeição. Essa é a razão pela qual jamais me canso de ressaltar que um estudo detalhado e microscópico de qualquer segmento das Escrituras geralmente é muito mais proveitoso do que um ponto de vista telescópico da Bíblia inteira, porquanto, se alguém fizer um exame completo de qualquer dada seção bíblica, descobrirá que haverá de encontrar todas as grandes doutrinas cristãs, mais cedo ou mais tarde. Já tivemos ocasião de verificar isso em nosso estudo deste Sermão do Monte. Ficou assim demonstrada a importância de levarmos em conta os pormenores, de darmos atenção a todos os aspectos, pois, ao assim fazermos, descobriremos esse admirável equilíbrio que pode ser achado nas Sagradas Escrituras. Costumamos ir aos extremos e perdemos o equilíbrio porque nos tornamos culpados de isolar declarações bíblicas, ao invés de as considerarmos dentro de seus respectivos contextos. É porque nos esquecemos dessa adição ao ensino de nosso Senhor, a respeito do julgamento, que, por tantas vezes, nem mais temos a capacidade de discriminar, estando prontos a louvar e recomendar qualquer ideia que nos seja apresentada e que vagamente reivindique o nome de cristão. Dizem alguns que não devemos julgar. E isso é aceito com uma atitude amigável e caridosa, e, dessa maneira, homens e mulheres caem em erros graves, sem disso serem impedidos, e as suas almas imortais são lançadas no perigo. Não obstante, tudo isso poderia ser evitado se ao menos aceitássemos as Escrituras tal e qual elas são, lembrando-nos que nelas sempre haveremos de encontrar esse perfeito equilíbrio.

Consideremos essa declaração que, ao ser considerada superficialmente, parece ser uma afirmação surpreendente, em face daquilo que nosso Senhor acabara de ensinar. Como poderíamos conciliar esses dois conceitos entre si? A resposta simples é que, se por um lado o Senhor Jesus nos exortou a não sermos excessivamente críticos, por outro lado Ele jamais nos recomendou para não sermos discriminadores. Há uma distinção absoluta entre esses dois conceitos. O que precisamos evitar é aquela tendência para a censura, para a condenação do próximo, como se nós fôssemos os juízes de um tribunal superior que se pronunciam para condenar as pessoas. Naturalmente, porém, isso é muito diferente de exercer a capacidade de discriminar entre as coisas, o que as Escrituras não cessam de exortar-nos. Como poderíamos "provar" ou "testar" os espíritos? E como poderíamos atender à exortação que insta conosco, logo adiante: "Acautelai-vos dos falsos profetas..." (Mateus 7:15), se jamais pudéssemos exercer o nosso juízo e a nossa capacidade de discriminação? Em outras palavras, cumpre-nos reconhecer o erro, mas deveríamos fazê-lo de maneira tão sábia que não condenássemos ao próximo, e, sim, que o ajudássemos. E é precisamente nesse ponto que podemos descobrir o elo de ligação entre essa declaração de Jesus e os cinco versículos que a antecedem. Nosso Senhor vinha abordando a questão de ajudarmos a algum irmão a livrar-se do argueiro que caíra em seu olho. Se quisermos fazê-lo da maneira certa – e Jesus já nos havia informado quanto à maneira certa –, então, como é natural, precisamos ter um espírito de discriminação entre as coisas. Devemos ser capazes de reconhecer argueiros e traves, devemos ser capazes de distinguir entre indivíduo e indivíduo.

Neste ponto, nosso Senhor passou a instruir-nos no tocante à questão inteira de como devemos tratar com outras pessoas, manuseando-as e discriminando entre indivíduo e indivíduo. O Senhor Jesus instruiu-nos através destas palavras: "Não deis aos cães o que é santo, nem lanceis ante os porcos as vossas pérolas, para que não as pisem com os pés, e, voltando-se, vos dilacerem" (Mateus 7:6). O que o Senhor quis dizer com essas palavras? Como é óbvio, Ele se referia à verdade, a qual é santa, e que bem poderia ser simbolizada pelas pérolas. Entretanto, no que consiste essa coisa santa, essa pérola à qual Jesus se referia? Como é evidente, trata-se da mensagem cristã, a mensagem do reino, a mesma a respeito da qual Ele falava neste incomparável Sermão do Monte. Portanto, o que o Senhor Jesus quis dar a entender? Porventura não somos exortados aqui a apresentar a verdade cristã aos incrédulos? Que tipo de pessoas pode ser esse, que pode ser descrito como cães e porcos? Que extraordinária terminologia o Senhor Jesus empregou! Na Palestina, o cão não era considerado conforme estamos acostumados a fazer na nossa cultura ocidental. O cão era o carniceiro das ruas, e o seu próprio nome representava opróbrio, não fazendo relembrar o animal de estimação doméstico e, sim, um animal meio-selvagem, feroz e perigoso. Paralelamente a isso, o porco, na mente dos judeus, representava tudo quanto havia de mais imundo, e que precisava ser terminantemente repudiado.

Ora, esses foram os dois vocábulos que nosso Senhor usou ao ensinar-nos como discriminar entre indivíduo e indivíduo. Precisamos reconhecer que há certa classe de indivíduos que, no tocante à verdade, poderia ser descrita como "cães", e até mesmo como "porcos". Alguém poderia indagar: "Significaria isso que essa é a atitude que os crentes devem ter em relação a pessoas incrédulas, em relação àqueles que se acham fora do reino de Deus?" É evidente que essa ideia não pode fazer parte do quadro que o Senhor Jesus procurava traçar, e isso pela boa razão que ninguém pode conduzir os incrédulos à conversão senão através da apresentação da verdade. Nosso Senhor mesmo saiu a pregar para tais pessoas. Também enviou os Seus discípulos e apóstolos para lhes anunciar a mensagem, e enviou o Seu Santo Espírito à Igreja primitiva, a fim de que ela testificasse e pregasse a verdade para os incrédulos. Portanto, como é claro, não pode estar em foco aquela ideia, nesta declaração de Cristo.

Por conseguinte, que significam essas palavras? A melhor maneira de abordarmos o problema consiste em considerá-lo, antes de qualquer outra coisa, à luz da prática do Senhor. Como foi que Ele próprio agiu? Como foi que Ele pôs em prática esse ensinamento em particular? A resposta das Escrituras é que Ele soube distinguir precisamente entre indivíduo e indivíduo, entre tipo humano e tipo humano. Se você ler os quatro Evangelhos, verá que Jesus nunca tratou duas pessoas exatamente da mesma maneira. Fundamentalmente, o tratamento dispensado era idêntico, mas, à superfície, havia certa diferença. Consideremos a Sua maneira de tratar com Natanael, com Nicodemos e com a mulher samaritana. De imediato, certas diferenças podem ser percebidas. Prestemos atenção às diferenças em Suas maneiras e em Seu método, quando Jesus se via frente a frente com os fariseus e quando se defrontava com os publicanos e pecadores. Vejamos a diferença, em Suas atitudes, para com os fariseus, orgulhosos e justos aos próprios olhos, e para com a mulher que fora apanhada em pecado. Porém, talvez uma das melhores instruções de todas seja aquela que encontramos em Lucas 23. Quando foi interrogado por Pilatos, o Senhor Jesus lhe deu resposta; mas, quando foi interrogado por Herodes, que deveria ter maior conhecimento de causa do que o primeiro, mas que tinha apenas uma curiosidade doentia e mórbida, à cata de sinais e maravilhas, Cristo nada lhe respondeu. Simplesmente não quis falar com ele (ver Lucas 23:6-9). Desse modo, você pode notar que nosso Senhor, ao tratar com diversas pessoas, a respeito de uma mesma verdade, tratava com elas de diferentes maneiras, acomodando a Sua tática de ensino a essas pessoas. Jesus em nada modificava a verdade, mas variava o Seu método particular de apresentação; e, é isso que você pode descobrir ao ler os quatro Evangelhos.

E então, quando passamos a examinar a prática seguida pelos apóstolos, descobrimos que eles agiam precisamente como nosso Senhor, pondo em execução a injunção que Ele dera nesta passagem. Tomemos, para exemplificar, aquela declaração de Atos 13:46, quando Paulo pregava em Antioquia da Pisídia, e se viu diante da inveja e da forte oposição deflagrada pelos judeus. Lemos que Paulo e Barnabé mostraram-se ousados, e disseram: "Cumpria que a vós outros, em primeiro lugar, fosse pregada a palavra de Deus; mas, posto que a rejeitais e a vós mesmos vos julgais indignos da vida eterna, eis aí que nos volvemos para os gentios". Paulo não mais haveria de anunciar o Evangelho àqueles judeus. Mas, em adição a isso, percebe-se exatamente o mesmo tipo de conduta em Paulo, quando ele se encontrava em Corinto. Eis o que lemos no trecho de Atos 18:6: "Opondo-se eles e blasfemando, sacudiu Paulo as vestes e disse-lhes: Sobre a vossa cabeça, o vosso sangue! Eu dele estou limpo, e, desde agora, vou para os gentios". Aqui, conforme observamos, estavam determinados judeus a quem a verdade do Evangelho já fora exposta; entretanto, aqueles judeus agiram exatamente da maneira como nosso senhor havia profetizado em nosso texto. Na qualidade de cães e porcos espirituais, eles se voltaram e lhe fizeram oposição, blasfemando e pisando aos pés a verdade que lhes havia sido anunciada. A reação do apóstolo foi deixá-los de lado e afastar-se deles; e não mais lhes pregou o Evangelho. O apóstolo voltou as costas aos judeus que tinham rejeitado a verdade, mostrando a incapacidade que tinham de apreciá-la, e, em seguida, voltou-se para os gentios e se tornou o grande apóstolo dos gentios.

Conforme penso, essa é a maneira correta de abordarmos essa declaração, a qual, à primeira vista, nos deixa um tanto perplexos. Todavia, não podemos deixar as coisas nesse pé. Acompanhemos por mais algum tempo a exposição, em seus detalhes, porquanto devemos lembrar que essa declaração foi dirigida a nós. Não era uma declaração relevante somente para aqueles dias particulares, ou somente para algum reino do futuro. Já vimos que foi endereçada para os crentes, tal como a totalidade do Sermão do Monte, e, por isso, temos nela uma exortação para nós. Somos ali exortados: "Não deis aos cães o que é santo, nem lanceis ante os porcos as vossas pérolas, para que não as pisem com os pés, e, voltando-se, vos dilacerem". Como deveríamos interpretar essas palavras? Que significam elas para nós?

Em primeiro lugar, e acima de tudo, essas palavras significam que devemos reconhecer os tipos e pessoas diferentes, e que devemos aprender a discriminar entre esses tipos. Nada existe de tão patético ou de tão antibíblico como uma maneira mecânica de se testificar do Salvador para outras pessoas.

Mas existem alguns crentes que são culpados dessa falha. Eles dão testemunho e testificam, mas fazem-no de uma maneira inteiramente mecânica. Na verdade, jamais consideram a pessoa para quem estão testificando; nunca procuram aquilatar a pessoa, ou descobrir exatamente a posição em que seu ouvinte se encontra. Fracassam totalmente em implementar a exortação que temos aqui. Apresentam a verdade exatamente da mesma maneira para todos e para qualquer um. Inteiramente à parte do fato que seu testemunho geralmente é perfeitamente inútil, e que a única coisa que conseguem é um profundo sentimento de justiça própria, esse método é inteiramente antibíblico.

Nesta vida não existe privilégio maior do que alguém ser testemunha em favor de Jesus Cristo. Entendo eu que, nestes dias em que vivemos, aqueles que pretendem tornar-se bons vendedores precisam frequentar algum curso desse treinamento em psicologia de vendas. Todos sentem que é necessário e importante, se tiverem de vender bem seu produto particular, que os vendedores saibam alguma coisa sobre as pessoas. Eles precisam saber como devem abordar as pessoas. Pois cada um de nós é tão diferente dos outros que a mesma mercadoria precisa ser apresentada a diferentes indivíduos de diversas maneiras. Embora a mercadoria oferecida seja uma só, eles têm descoberto que todo vendedor deveria saber algo acerca das pessoas e da psicologia de vendas. Não nos compete proferir julgamento se esses cursos são realmente necessários ou não, mas podemos usar esse fato como uma ilustração para enfatizar a verdade que o Novo Testamento sempre ensinou a necessidade de preparação. Não que precisemos de algum curso de psicologia! De maneira nenhuma! Mas precisamos conhecer o nosso Novo Testamento. Se conhecermos o Novo Testamento, então também já pudemos compreender que as pessoas são diferentes umas das outras. E, se realmente temos interesse em ganhar almas, e não ansiamos meramente por prestar o nosso testemunho, então perceberemos a importância de discriminar e compreender. Não convém que digamos: "Bem, eu sou assim, esse é o meu temperamento, e essa é a minha maneira de fazer as coisas". Não, mas a exemplo do apóstolo Paulo, devemos fazer-nos "tudo para com todos" (I Coríntios 9:22) para de alguma maneira salvar alguns. Para os judeus, Paulo se fazia judeu; para os gentios, ele se fazia gentio; para os que estavam debaixo da lei, como se ele também o estivesse. E todas essas adaptações ele fazia com a finalidade de poder ganhar a todos para Cristo.

Esse é o primeiro ponto. E indubitavelmente devemos concordar que com frequência caímos nessa armadilha, no tocante ao testemunho que prestamos. O nosso testemunho tende por ser mecânico, e pode até ser que quase ficamos satisfeitos quando alguém se comporta conosco à maneira de um cão ou de um porco, porque então sentimos que fomos perseguidos por amor a Jesus Cristo, quando, na realidade, nada disso aconteceu, mas simplesmente demonstramos que não conhecemos direito as Escrituras, e nem temos testificado de maneira correta.

O segundo princípio fundamental é que não somente precisamos aprender a distinguir entre um tipo de indivíduo e outro; mas também precisamos tornar-nos eficientes quanto àquilo que nos convém oferecer a cada tipo de pessoa. Ninguém pode manusear um Pilatos ou um Herodes exatamente da mesma maneira; pode-se dar resposta a uma pergunta formulada por Pilatos, mas nada se deve dizer a Herodes. Devemos ver as pessoas conforme elas são, e ser sensíveis a elas. Fica entendido que já tiramos a trave de nosso próprio olho, e já nos desvencilhamos de toda a atitude de censura; e, na realidade, estamos interessados em ajudar aos nossos semelhantes. Nessa atitude procuramos descobrir precisamente a coisa certa para cada pessoa. É curioso observarmos quão prontamente nos tornarmos escravos das palavras. Já conheci homens que, quando pregam sobre aquele texto que fala em nos tornarmos "pescadores de homens", sempre têm o cuidado de dizer que deveríamos saber qual isca precisa ser usada. E, no entanto, quando chegam a um texto como este, parecem esquecer-se do fato que o mesmo princípio se aplica aqui. Precisamos descobrir o que é apropriado para cada indivíduo, em cada situação específica. Eis uma das razões pelas quais é tão difícil um novo convertido ser uma boa testemunha. Podemos compreender mais claramente, à luz desse ensino, por qual motivo Paulo diz que nenhum noviço na fé deveria receber papel proeminente na igreja local. Quanto nos temos afastado do Novo Testamento em nossa vida prática! A nossa tendência moderna é aproveitar algum novo convertido, e imediatamente guindá-lo a alguma posição importante. As Escrituras, entretanto, ensinam ser errado empurrar um homem a alguma posição proeminente assim que ele se converte. Por quê? Em parte, por essa razão, que o noviço não tem ainda conhecimento e experiência suficientes quanto às verdades que estamos considerando.

O nosso terceiro princípio é que devemos ter o máximo cuidado quanto à maneira como apresentamos a verdade. À parte da própria verdade, o método de apresentação precisa variar de pessoa para pessoa. Precisamos aprender a avaliar as pessoas. Existem pessoas para quem determinadas coisas são ofensivas, embora não sejam ofensivas para outras. Devemos ter a cautela de não expor a verdade de tal modo que venha a tornar-se um escândalo para determinadas pessoas. Por exemplo, dirigirmo-nos a cada indivíduo incrédulo, perguntando-lhe: "Você é uma pessoa salva?" não corresponde ao método ensinado na Bíblia. Há um tipo de indivíduo que, se for abordado dessa maneira, ficará ofendido, e não se deixará conduzir à verdade. O efeito de tal pergunta sobre esse tipo de pessoa é que ela reagirá da maneira como o Senhor Jesus aqui descreveu, a saber, a reação própria de um cão ou de um porco, pisando e despedaçando, blasfemando e amaldiçoando. E sempre devemos ter o cuidado para não dar motivo, a quem quer que seja, de blasfemar ou de amaldiçoar. Naturalmente, há aqueles que farão tal coisa, sem importar quão perfeito seja o método. Então, não seremos responsáveis e poderemos dizer, juntamente com Paulo: "Sobre a vossa cabeça o vosso sangue". Todavia, se o motivo de ofensa estiver em nós mesmos, que Deus se compadeça de nós. O indivíduo que estiver pregando a verdade pode tornar-se culpado de pregá-la de uma maneira indigna. Você e eu jamais nos deveríamos tornar causa de antagonismo. Pelo contrário, sempre devemos pregar a verdade em amor; e, se formos causa de ofensa, sempre deveria ser "o escândalo da cruz" (Gálatas 5:11), e não alguma coisa ofensiva, na pessoa do pregador. Nosso Senhor nos estava ensinando exatamente isso.

Ainda sob este título, precisamos considerar um último princípio. É que devemos aprender a reconhecer qual aspecto particular da verdade divina é apropriado para cada caso em particular. Isso significa que, no caso de pessoas incrédulas, jamais lhes deveríamos apresentar outra coisa exceto a doutrina da justificação exclusivamente pela fé. Diante de um incrédulo, nunca deveríamos discutir sobre qualquer outra doutrina. Com frequência, nos sentimos impelidos a discutir sobre outras doutrinas, mas não devemos permitir que isso ocorra. A narrativa que se acha em João 4, que conta a entrevista do Senhor Jesus com a mulher samaritana, serve de perfeita ilustração quanto a esse ponto. Ela queria discutir sobre diversos assuntos, tais como o Ser de Deus, como e onde se deveria adorar, e as diferenças que separavam judeus e samaritanos. Nosso Senhor, entretanto, não permitiu. Ele continuou fazendo-a pensar sobre si mesma, sobre a sua vida pecaminosa, sobre a sua necessidade de salvação. E a nós compete fazer outro tanto. Discutir acerca da eleição e da predestinação, ou acerca das profundas doutrinas da Igreja, e da presente necessidade da Igreja, com uma pessoa que continua na incredulidade, como é evidente, é uma prática muito errada. O indivíduo que ainda não foi regenerado pelo Espírito não pode entender essas outras doutrinas, e, por conseguinte, o crente não deveria considerá-las com ele. Nós devemos decidir o que discutir com ele.

Entretanto, isso se aplica não somente no caso de indivíduos incrédulos, mas até mesmo no caso de crentes. Paulo disse à igreja de Corinto que ele não podia servir alimento forte para eles, como a carne; ele a tinha, mas não podia dar-lhes porque eles ainda eram crianças espirituais. E disse que era obrigado a alimentá-los com leite, pois ainda não estavam preparados para ingerir alimento sólido. E escreveu: "Entretanto, expomos sabedoria entre os experimentados..." (I Coríntios 2:6). Oferecer essa perfeita sabedoria de Deus a um bebê quanto à compreensão espiritual é algo obviamente ridículo; e, dessa forma, somos convocados a exercer essa discriminação em todos os nossos contatos com outras pessoas. Se realmente tivermos de ser testemunhas e expositores da verdade, precisamos dar a devida atenção a esses pormenores.

Por esta altura, deveríamos deduzir algumas conclusões gerais dentre todas essas considerações. Se você levar em conta as implicações do presente versículo, descobrirá que elas se revestem de magna importância. Você é capaz de notar a primeira implicação óbvia, que se acha logo à superfície? Nas

Escrituras, não existe qualquer outra declaração isolada que nos forneça um mais terrível quadro do devastador efeito do pecado sobre o homem, como este versículo. O efeito do pecado e do mal sobre o ser humano, em resultado da queda, consiste em torná-lo um cão e um porco, no que concerne à verdade divina. Esse é o efeito do pecado sobre a natureza humana; injeta-lhe uma atitude antagônica à verdade de Deus. Declara o apóstolo Paulo: "... o pendor da came é inimizade contra Deus..." (Romanos 8:7), manifestando a natureza característica de um cão e de um porco. O pecado leva os homens a odiarem a Deus, como também a se fazerem "... odiosos (cheios de ódio) e odiando-nos uns aos outros...", conforme diz Paulo, em Tito 3:3. Sim, aqueles que odeiam ao Senhor não estão sujeitos à "lei de Deus", e nem mesmo o podem estar. Tais indivíduos são inimigos, alienados do reino de Deus, em inimizade contra Deus. Quão terrível coisa é o pecado! Pode-se ver as mesmas reações no mundo atual. Basta que se exponha a verdade bíblica a determinadas pessoas para que elas se ponham a rosnar contra ela. Fala-se sobre o sangue de Cristo e começam a zombar e fazer piadas a respeito, cuspindo sobre a verdade. É isso que o pecado faz no ser humano; é isso que o pecado faz à sua natureza; é desse modo que o pecado afeta a atitude do ser humano no tocante à verdade divina. Trata-se de uma atitude que se entranha até às porções mais vitais e profundas do ser humano, transformando-o em algo que não somente é odioso, mas também totalmente contrário a Deus, à pureza, à inocência, à santidade e à verdade divina.

Estou enfatizando esse ponto porque sinto que somos todos culpados quanto a essa particularidade. Quando estamos tratando com outras pessoas, com frequência não percebemos qual é a verdadeira condição delas. Tendemos por sentir-nos impacientes diante das pessoas, quando elas não se convertem imediatamente. Não percebemos que elas estão de tal maneira dominadas pelo pecado e por Satanás, que de tal modo elas foram transformadas em títeres nas mãos do diabo, que estão tão distorcidas, pervertidas e poluídas – essa é a palavra exata – internamente pelo pecado que, na realidade, em um sentido espiritual, elas estão na condição de cães e de porcos. Tais pessoas não apreciam aquilo que é santo; não percebem valor algum nas pérolas espirituais; e o próprio Deus é o alvo do ódio desses indivíduos. Se não começarmos a perceber essa realidade, jamais seremos capazes de ajudar tais pessoas. No entanto, quando começamos a perceber a verdade acerca delas, então também começamos a entender por qual motivo nosso Senhor sentia profunda compaixão pelo povo, como também tão profunda tristeza em Seu coração, ao contemplar, penalizado, as multidões. Na verdade, jamais conseguiremos ajudar a alguém enquanto não tivermos em nós a mesma atitude e a mesma mentalidade de Jesus Cristo; enquanto não percebermos que, em certo sentido, aquelas pessoas não podem mesmo ter outra reação diante do Evangelho. Essas pessoas precisam de uma nova natureza, elas precisam nascer do alto. Seria o Sermão do Monte apenas uma coletânea de ensinamentos legais, destinada a certos judeus que viverão no futuro? Longe, muito longe de nós, essa especulação! Essa é uma doutrina que leva os homens diretamente à graça de Deus; porquanto coisa nenhuma, exceto o renascimento pelo Espírito, poderá capacitar a quem quer que seja a apreciar e a acolher a verdade. Mortos em delitos e pecados, todos precisamos ser vivificados pelo Espírito Santo antes de podermos manifestar uma reação autêntica às instruções divinas. Você deve estar percebendo o grande número de importantes doutrinas que estão implícitas neste texto bíblico.

Cumpre-nos, no entanto, considerar ainda uma segunda questão, a saber, a natureza da verdade. Já ventilamos esse aspecto até um certo ponto, pelo que agora basta-nos mencionar essa questão de passagem A verdade é extremamente variegada, a verdade é repleta de facetas. Ela não se apresenta a nós sempre exatamente da mesma maneira; existem variedades, como o leite e a carne sólida. Nas Escrituras, há determinados aspectos da verdade que são apropriados para os principiantes, porém, conforme mostra o autor da epístola aos Hebreus, também precisamos deixar-nos "... levar para o que é perfeito..." (Hebreus 6:1). É como se o autor sagrado tivesse dito: "Não precisamos voltar a lançar um alicerce de princípios elementares; antes, cumpre-nos deixar para trás essa atividade. Se vocês ao menos se exercitarem, poderei conduzi-los a essa grande doutrina que cerca a pessoa de Melquisedeque. Todavia, não posso fazê-lo por enquanto, porque vocês ouvem e aprendem com exagerada lentidão!" Isso mostra para nós o caráter extremamente complexo da verdade. A indagação que devemos fazer a nós mesmos é a seguinte: "Estou crescendo em meu conhecimento bíblico? Tenho fome e sede dessas doutrinas mais elevadas, dessa sabedoria que Paulo tinha para os que já estavam bem avançados no caminho da perfeição? Sinto que estou avançando, por assim dizer, da epístola aos Gálatas para a epístola aos Efésios? Estou progredindo para essas verdades mais profundas?" Essas verdades destinam-se exclusivamente aos filhos de Deus.

Há certos segredos na Bíblia que só os filhos de Deus podem apreciar. Leia a introdução da epístola aos Efésios, que consiste apenas nos primeiros nove ou dez versículos; ali você encontrará um ensino que somente os filhos de Deus são capazes de compreender. De fato, esse ensino só pode ser entendido pelos filhos de Deus que se estão exercitando em seus sentidos espirituais, que estão crescendo na graça. Certos indivíduos, que se conservam na ignorância espiritual, talvez se volvam contra as doutrinas da eleição e da chamada divinas, bem como contra verdades e elas similares, sem que tenham qualquer verdadeira compreensão a respeito. Entretanto, se estamos crescendo na graça, essas doutrinas tornar-se-ão cada vez mais preciosas para nós. Esses são segredos revelados somente àqueles que já são capazes de recebê-los, conforme asseverou Jesus: "Quem tem ouvidos para ouvir, ouça" (Mateus 11:15). Se você chegar a perceber que essas grandes e profundíssimas exposições da verdade, conforme você as encontra nas epístolas do Novo Testamento, nada lhe comunicam, então convém examinar-se a si mesmo, perguntando a si mesmo por qual razão você não está crescendo espiritualmente, por qual motivo você não pode absorver essas verdades. Há uma distinção importante a ser feita entre princípios elementares e princípios mais avançados. Existem pessoas que passam toda a sua vida atarefada com as questões referentes à apologética cristã, mas que jamais penetram em verdades espirituais mais profundas. Essas pessoas permanecem na infância espiritual por toda a sua vida cristã. Entretanto, "... deixemo-nos levar para o que é perfeito...", e procuremos desenvolver nosso apetite por esses aspectos mais profundos da verdade.

Em último lugar, há uma pergunta que poderíamos formular nesta altura. Coloco deliberadamente esse ponto na forma de uma indagação, porque admito, mui francamente, que em minha própria mente não tenho muita certeza acerca da resposta certa. Tenho indagado a mim mesmo se existe inquirição, ou pergunta, ou, quem sabe, alguma advertência, neste versículo, concernente à distribuição indiscriminada das Escrituras. Estou meramente levantando uma questão para que você medite nela, e para que você a discuta na companhia de outras pessoas. Já que fui instruído que preciso saber discriminar com quem devo falar sobre essas verdades, se eu tiver de distinguir entre tipos de indivíduos, e acerca da verdade particular que me convém expor diante de cada tipo, seria medida certa colocarmos a Bíblia inteira ao alcance de pessoas que poderiam ser descritas como cães e porcos espirituais? Porventura, em determinados casos pelo menos, isso não conduziria a blasfêmias e maldições, bem como a um comportamento e a uma conduta próprios do caráter de um suíno? Tenho imaginado se seria sempre certo estampar certos trechos das Escrituras em letreiros, especialmente aqueles que aludem ao sangue de Cristo! Por muitas vezes, eu mesmo tenho ouvido essas palavras serem usadas com blasfêmia. Simplesmente estou apresentando essas perguntas. Que você medite sobre o eunuco, cuja história é relatada em Atos 8, que voltava de sua visita a Jerusalém. Ele tinha consigo uma cópia das Escrituras, e, na realidade, as estava lendo, quando Filipe se aproximou dele e lhe perguntou: "Compreendes o que vens lendo?" E o eunuco retrucou: "Como poderei entender, se alguém não me explicar?" (Atos 8:30-31). A exposição das Escrituras é algo geralmente necessário, e ninguém pode dispensar, como regra geral, os instrumentos humanos.

Todavia, protestamos: "Consideremos, porém, o admirável efeito da distribuição das Escrituras entre o povo". No entanto, se pudéssemos descobrir os efeitos exatos dessa distribuição, eu gostaria de saber quantas pessoas poderíamos encontrar que se converteram independentemente de qualquer instrumentalidade humana. Sei que há casos admiráveis, excepcionais. Já li histórias de pessoas que se converteram dessa maneira. Graças a Deus, essa espécie de ocorrência pode ser uma realidade. Porém, estou sugerindo que não se trata do método normal. O fato que temos de exercer cautela, quanto aos aspectos da verdade, ao tratarmos com pessoas diferentes não levanta uma certa dúvida em nossas mentes? Algumas vezes, como é natural, procuramos evitar o dever de falar, doando um Evangelho ou uma porção bíblica, mas não é esse o método divino normal. O método de Deus sempre foi a apresentação direta da verdade por meio de alguma pessoa, quando esta expõe as Escrituras. Se você tiver uma conversa com alguma pessoa, durante a qual seja capaz de mostrar-lhe algo da verdade do Evangelho, e tal pessoa lhe solicitar uma cópia das Escrituras, ou você sentir que deveria presenteá-la com uma Bíblia, nada haverá de errado nisso. Presenteie-lhe a Bíblia. A inquirição que faço refere-se à distribuição indiscriminada das Escrituras, onde ninguém exista para explaná-las, e onde uma pessoa, nas condições descritas por nosso Senhor neste texto, esteja se defrontando com essa grande e profunda verdade sem dispor de qualquer guia humano.

Mui provavelmente, esse pensamento constituirá uma surpresa para muitos; mas a minha sugestão é que precisamos meditar novamente, e com muito cuidado, sobre algumas dessas questões. Temo-nos tornado escravos de meros hábitos e de meras práticas, e, mui frequentemente, tornamo-nos inteiramente antibíblicos ao assim fazer. Agradeço ao Senhor pelo fato que dispomos da maravilhosa Palavra de Deus em forma escrita; mas por muitas vezes tenho sentido que não seria erro nenhum se experimentássemos, ao menos por algum tempo, a ideia de não se permitir que alguém tivesse nas mãos uma cópia das Escrituras enquanto não demonstrasse sinais de vida espiritual. Talvez eu esteja exagerando, mas algumas vezes tenho sentido que essa providência levaria determinadas pessoas a perceberem a preciosa natureza da Bíblia, o seu admirável caráter, e o grande privilégio envolvido na posse e na leitura da Bíblia Sagrada. Talvez isso revertesse no bem não somente das almas daqueles que estão fora do Evangelho; mas também concederíamos à Igreja uma concepção inteiramente nova desse inestimável tesouro que Deus deixou em nossas mãos.

Somos os guardiães e os expositores da Bíblia; e, se nada mais ganharmos, em resultado de nossos estudos bíblicos, ainda assim teremos que sentir que somos preguiçosos se não nos tivermos preparado para tão grande responsabilidade, tão grandiosa tarefa. As coisas não são assim tão simples como algumas vezes poderiam parecer-nos; e, se levarmos a sério a Palavra de Deus, veremos a vital necessidade do estudo, da preparação e da oração. Por conseguinte, devemos considerar essa questão. Acima de tudo, lembremo-nos desses outros aspectos da verdade que temos podido contemplar tão claramente, e jamais nos olvidemos da absoluta necessidade da regeneração para que alguém possa acolher e entender a verdade espiritual. A mera distribuição das Escrituras, como tais, não é a chave para a solução dos problemas atuais. Deus continua precisando de homens e mulheres como nós, que exponham, que expliquem a verdade, que atuem seguindo o exemplo de Filipe, para com aqueles que possuem as Sagradas Escrituras mas não são capazes de compreendê-las. Mantenhamos um bom equilíbrio e um devido senso de proporções quanto a essas realidades, visando ao bem das almas e a fim de podermos apresentar uma exposição bem equilibrada e completa da verdade de Deus.

Capítulo XLVIII
BUSCANDO E ENCONTRANDO

Não sou capaz de imaginar declaração melhor, mais animadora ou mais consola- dora, com a qual possamos enfrentar todas as incertezas e todos os azares da vida, neste mundo sujeito ao desgaste do tempo, do que aquela que está contida em Mateus 7:7-11. Trata-se de uma daquelas grandes, abrangentes e graciosas promessas que só podem mesmo ser encontradas na Bíblia. Nada pode haver de mais encorajador, ao enfrentarmos a vida com todas as suas incertezas e possibilidades; o nosso futuro "inteiramente desconhecido". Nessa conjuntura, essa é a essência da mensagem bíblica do princípio ao fim, essa é a promessa que chega até nós: "Pedi, e dar-se-vos-á; buscai, e achareis; batei, e abrir-se-vos-á" (Mateus 7:7). A fim de que não restasse qualquer dúvida acerca dessa promessa, o Senhor Jesus a reiterou, expressando-a sob uma forma ainda mais incisiva, ao dizer: "Pois todo o que pede recebe; o que busca encontra; e, a quem bate, abrir-se-lhe-á" (Mateus 7:8). Não resta a menor dúvida a respeito, pois essa é uma promessa absoluta. E, o que ainda se reveste de maior importância, trata-se de uma promessa feita pelo próprio Filho de Deus, que falou com toda a plenitude e autoridade do Seu Pai.

Em todas as suas páginas, a Bíblia ensina-nos que essa é uma coisa que realmente importa na vida. O ponto de vista bíblico da vida, em contradistinção ao ponto de vista mundano, é que a vida é uma jornada, uma jornada repleta de perplexidades, problemas e incertezas. Sendo esse o caso, as Escrituras enfatizam que aquilo que realmente importa na vida, não é tanto aquelas coisas que naturalmente vêm ao nosso encontro, e com as quais temos de tratar, mas antes, a nossa prontidão em nos defrontarmos com elas. A totalidade do ensino bíblico, no tocante à vida, em certo sentido é sumariado na vida daquele homem, Abraão, a respeito de quem somos informados que "... partiu sem saber aonde ia" (Hebreus 11:8). Não obstante, ele estava perfeitamente feliz, em paz e em tranquilidade. Não estava receoso. Mas, por qual razão? Um idoso puritano, que viveu há trezentos anos respondeu a essa indagação: "Abraão saiu, sem saber para onde ia; mas ele sabia com quem ia". E é justamente esse o fato que realmente interessa, isto é, que o patriarca sabia que saíra naquela jornada em companhia de um Outro. Abraão não estava sozinho, pois havia Alguém que lhe dissera que jamais haveria de deixá-lo ou abandoná-lo. E embora Abraão não estivesse seguro quanto aos eventos que haveriam de ocorrer-lhe ao longo do caminho, e nem os problemas que poderiam surgir em cena, ele se sentia perfeitamente satisfeito, porquanto sabia – se me for dada licença para assim o expressar – quem era o seu Companheiro de viagem.

Abraão era como o próprio Senhor Jesus Cristo, o qual, já à sombra da cruz, e embora consciente de que os Seus discípulos de mais confiança repentinamente haveriam de deixá-Lo só, abandonando-O, pois, por preocupação e temor procurariam salvar as suas próprias vidas, não obstante Ele foi capaz de afirmar: "Eis que vem a hora e já é chegada, em que sereis dispersos, cada um para sua casa, e me deixareis só; contudo, não estou só, porque o Pai está comigo" (João 16:32). De conformidade com a Bíblia, essa é a questão que realmente importa. Nosso Senhor não promete modificar a vida para nós; não promete remover todas as dificuldades, provações, problemas e tribulações; não assevera que haverá de aparar todos os espinhos, deixando somente as rosas com o seu admirável perfume. Não, mas enfrentou a vida neste mundo de uma maneira realista, dizendo-nos que a carne é herdeira exatamente desses males, os quais certamente virão. No entanto, Ele assegura-nos que podemos conhecê-Lo de modo tal que, sem importar o que nos possa acontecer, jamais precisaremos andar assustados, jamais precisaremos ficar alarmados. Jesus enfeixou todas essas ideias nessa grandiosa e abrangente promessa: "Pedi, e dar-se-vos-á; buscai, e achareis; batei, e abrir-se-vos-á". Essa é apenas uma das maneiras pelas quais a Bíblia reitera essa mensagem, a qual cruza todas as páginas da Bíblia como se fosse um fio de ouro, de capa a capa.

Se quisermos derivar o mais pleno benefício de palavras tão notavelmente graciosas, precisaremos examiná-las um pouco mais de perto. Não basta repetir alguma grande frase como essa. A Bíblia jamais deveria ser usada como uma espécie de tratamento psicológico. Há pessoas que assim fazem. Há pessoas que pensam que a melhor maneira de se passar por esta vida em triunfo consiste em ler e repetir versículos notáveis para si mesmo. Naturalmente, isso pode ajudá-lo até certo ponto; mas não é essa a mensagem nem o método bíblico. Esse tipo de tratamento psicológico confere alívio meramente temporário. Assemelha-se àquela doutrina errada que insiste que não existe tal coisa como a enfermidade, que uma pessoa não pode ficar doente, e que, em face da enfermidade ser inexistente, também não existe dor. Essas palavras parecem transmitir alguma ajuda, e talvez conduzam a uma melhoria temporária nas condições de saúde de uma pessoa. Todavia, a verdade é que as enfermidades existem, e as enfermidades levam à morte, e os aderentes dessas estranhas seitas eventualmente são forçados a descobrir isso pessoalmente. Não é esse o caminho bíblico, porém. A Bíblia transmite-nos a verdade, e quer que a consideremos devidamente. Por conseguinte, quando chegamos a uma declaração bíblica dessa natureza, não devemos tão somente dizer: "Tudo vai bem comigo". Precisamos compreender o que tais palavras significam, e precisamos aplicá-las em seus detalhes às nossas próprias vidas.

Quando analisamos essa notável afirmação, lembramo-nos, uma vez mais, daquele cânon de interpretação ao qual, com frequência, precisamos atender, e que nos adverte sobre o perigo de extrair um texto do seu devido contexto. Precisamos evitar o terrível perigo de deturpar as Escrituras para a nossa própria destruição, por tirá-las de seu cenário apropriado, quando deixamos de observar particularmente o que elas dizem, ou quando deixamos de observar tanto os seus qualificativos quanto as suas promessas. Isso se torna particularmente importante no caso de uma declaração como esta. Há pessoas que dizem: "As Escrituras estipulam: 'Pedi, e dar-se-vos-á; buscai, e achareis; batei, e abrir-se-vos-á'. Pois bem, isso não diz explicitamente, e não quer dizer necessariamente que tudo quanto eu quiser ou desejar, Deus o dará para mim?" E assim, por pensarem como pensam, e por imaginarem que essa ideia corresponde ao ensino bíblico, ignoram todo e qualquer outro ensino bíblico e simplesmente aproximam-se do Senhor com os seus pedidos. Esses pedidos, contudo, não são atendidos, e então aquelas pessoas caem no maior abismo de depressão e desespero. E a situação delas torna-se pior do que já era. Pois elas dizem: "Parece que Deus não está cumprindo a Sua promessa", e desse modo sentem-se miseravelmente infelizes. Precisamos evitar isso. A Bíblia não funciona automaticamente. A Bíblia presta-nos um grande elogio por considerar-nos pessoas inteligentes, quando expõe a verdade diante de nossas mentes, por intermédio do Espírito Santo. Ela pede que consideremos as suas palavras como um todo, levando em conta o conjunto de todas as suas promessas. Eis a razão pela qual, conforme você já deve ter observado, não estamos considerando somente os versículos 7 e 8. Estamos considerando os versículos 7 a 11, porquanto devemos tomar essa declaração em seu conjunto total, se é que não nos queremos desviar da rota certa ao considerarmos as suas várias partes.

Não encontramos qualquer dificuldade para demonstrar que essa declaração, longe de ser uma promessa universal, mediante a qual Deus se tenha comprometido a fazer por nós qualquer coisa que porventura Lhe peçamos, na verdade é muito mais abrangente do que isso. Agradeço a Deus – e permita-me dizê-lo francamente – sim, agradeço a Deus que Ele não está disposto a fazer qualquer coisa que eu tenha a oportunidade de solicitar-Lhe; e afirmo isso com base em minha própria experiência no passado. Em minha vida anterior, tal como sucede a todos os outros, com frequência fiz a Deus certos pedidos; tenho pedido que Deus faça determinadas coisas, as quais, na oportunidade, eu muito desejava e cria fossem as melhores para mim. Mas agora, nas atuais circunstâncias em que vivo, volvendo os olhos para o passado, assevero que estou profundamente grato ao Senhor por Ele não me haver concedido certas coisas que eu Lhe havia pedido, mas antes, Ele preferiu fechar certas portas diante de mim. Naquelas ocasiões eu não entendi mas agora entendo e estou agradecido ao Senhor pelo que Ele fez. Portanto, agradeço a Deus que essa não é uma promessa universal e absoluta, e que Deus não haverá de proporcionar-me cada desejo e solicitação que eu expuser diante dEle. Deus tem um caminho muito melhor do que isso para nós, conforme passaremos a verificar.

A maneira certa de se levar em conta essa promessa é a seguinte. Em primeiro lugar, façamos uma óbvia pergunta. Por qual razão nosso Senhor proferiu essas palavras, nesta altura do Seu discurso? Por que elas aparecem neste estágio específico do Sermão do Monte? Já tivemos ocasião de relembrar que há pessoas que dizem que este capítulo 7 de Mateus, esta porção final do Sermão do Monte, nada é senão uma coletânea de declarações desconexas, que nosso Senhor por acaso foi dizendo, uma após outra, conforme elas Lhe foram ocorrendo. Entretanto, já concordamos que isso constitui uma análise falsa, porque existe um tema através de todo o capítulo. Esse tema é a questão do juízo, pois somos relembrados que, nesta vida, sempre vivemos sujeitos ao julgamento de Deus. Sem importar se apreciamos ou não, o olho de Deus está fixo em nós, e esta vida é uma espécie de escola preparatória para aquela vida superior que nos está esperando para além da morte e do tempo. Por conseguinte, tudo quanto fazemos neste mundo reveste-se de uma tremenda significação, e não nos podemos dar ao luxo de receber qualquer coisa como correta. Esse, pois, é o tema; e nosso Senhor aplicou-o logo em seguida. Ele começa pela questão de julgar ao próximo. Devemos ter cuidado com essa questão, pois nós mesmos estamos debaixo de julgamento. Todavia, por qual razão nosso Senhor proferiu essa promessa nos versículos 7 a 11, nesta altura do Seu sermão? Por certo a resposta é esta. Nos versículos 1 a 6 Ele procurara mostrar-nos o perigo de condenar os outros como se nós fôssemos juízes, cultivando amargura e ódio em nossos corações. E também nos recomendou remover a trave de nosso próprio olho, antes de procurarmos extrair o argueiro do olho de um nosso irmão. O efeito dessas instruções sobre nós, é que elas nos revelam e mostram a nossa tremenda necessidade da graça. Dessa maneira, pois, Jesus nos fez enfrentar, face a face, aquele elevadíssimo padrão mediante o qual seremos julgados: "Pois, com o critério com que julgardes, sereis julgados; e, com a medida com que tiverdes medido, vos medirão também". Esse tinha sido o ensino salientado até ao final do versículo 6.

Assim que nos conscientizamos desse fato, começamos a nos sentir humilhados, e começamos a perguntar: "Quem é idôneo para essas coisas? Como poderei viver à altura de um tão alto padrão?" E não somente isso, mas também tomamos consciência da nossa necessidade de purificação, percebemos quão indignos e pecaminosos somos. E o resultado de tudo isso é que nos vemos como indivíduos totalmente incapazes e destituídos de esperança. E pensamos: "Como poderíamos viver o Sermão do Monte? Como é que alguém pode chegar a ter uma vida caracterizada por tal padrão? Precisamos de ajuda e graça. Mas, onde podemos obtê-las?" Eis a resposta: "Pedi, e dar-se-vos-á; buscai, e achareis; batei, e abrir-se-vos-á". Essa é a conexão correta, e deveríamos agradecer a Deus por esse fato, porque estando face a face com esse glorioso Evangelho todos nos devemos sentir perdidos e indignos. Os insensatos, que pensam no cristianismo somente em termos de uma débil moralidade que eles mesmos são capazes de produzir, na verdade nunca puderam concebê-lo devidamente. O padrão que nos é apresentado por Cristo é aquele que se acha no Sermão do Monte, e esse padrão nos esmaga até ao pó, levando-nos a perceber a nossa incapacidade, a nossa desesperadora necessidade da graça. Eis, pois, a resposta. O suprimento necessário foi posto à nossa disposição, e nosso Senhor reiterou o Seu ensino a fim de melhor ressaltá-lo diante de nós.

Ao examinarmos essa questão, verificamos que há um determinado número de perguntas que precisam ser formuladas. Por que, em face de tais promessas, todos somos o que somos? Por que é tão pobre a qualidade de nossa vida cristã? Ficamos inteiramente sem desculpas. Tudo o de que precisamos foi posto à nossa disposição. Nesse caso, por que somos o que somos? Por que não estamos exemplificando esse Sermão do Monte de maneira mais perfeita? Por qual razão não nos vamos conformando cada vez mais ao molde do próprio Senhor Jesus Cristo? Tudo o de que necessitamos nos é oferecido; tudo nos é prometido, nessa abrangente promessa. Por que não nos valemos desses recursos conforme deveríamos fazer? Uma vez mais, afortunadamente, essa pergunta também é respondida, e esse é o verdadeiro sentido deste versículo. Nosso Senhor analisa essas palavras e mostra para nós por qual motivo não temos recebido, por qual motivo não temos achado, por que a porta não nos tem sido aberta, conforme deveria estar sucedendo. Ele sabe bem o que somos, e encoraja-nos a lançar mão daquela graciosa promessa. Em outras palavras, existem certas condições que terão de ser cumpridas, antes de nos regozijarmos nesses grandiosos benefícios que nos foram oferecidos em Cristo. Mas, que condições são essas? Vamos estudá-las de uma maneira simples e breve.

Se quisermos atravessar esta vida em triunfo, com paz e alegria nos nossos corações, prontos para enfrentar qualquer coisa que nos venha ao encontro, e se quisermos ser mais do que vencedores, a despeito de tudo, então há certas coisas que precisaremos perceber. E aqui estão elas. A primeira delas é que precisamos tomar consciência de nossa necessidade. É algo estranho, mas algumas pessoas parecem imaginar que tudo quanto se faz mister é que as promessas divinas sejam expostas diante de nós. No entanto, isso não é suficiente, porquanto a dificuldade central da humanidade inteira é que nós não percebemos nossa necessidade. Existem muitas pessoas que pregam sobre Jesus Cristo sem qualquer proveito, e podemos ver por qual razão assim sucede. Essas pessoas não têm qualquer doutrina do pecado; nunca convencem e persuadem o povo dos seus pecados. Sempre exibem Jesus Cristo diante dos homens, e afirmam que isso é o bastante. Entretanto, isso não é suficiente; pois o efeito do pecado sobre os homens é tal que eles jamais fugirão para Cristo enquanto não perceberem que são paupérrimos quanto à retidão pessoal. Entretanto, temos que considerar-nos paupérrimos, embora não gostemos de sentir a nossa própria necessidade. As pessoas estão prontas para ouvir os sermões que apresentam Jesus Cristo, mas não gostam que se lhes diga que são tão incapazes que Ele teve de deixar-se crucificar, que Ele teve de dar a Sua própria vida, a fim de que elas pudessem ser salvas. Tais indivíduos pensam que essa ideia lhes é insultuosa. Mas a grande verdade é que todos nós precisamos ser levados a perceber a nossa necessidade. Os dois primeiros pontos essenciais para a salvação e para o regozijo no espírito são a consciência de nossas necessidades, e a consciência das riquezas da graça que estão em Cristo. Somente aqueles que tomam consciência dessas duas realidades é que verdadeiramente "pedem", pois somente o indivíduo capaz de dizer: "Desventurado homem que sou!" (Romanos 7:24), é que busca livramento espiritual. O outro indivíduo jamais se conscientiza de sua própria necessidade. É o homem que sabe que está "abatido e reduzido a nada" que começa a pedir. E então também começa a perceber as possibilidades que se acham em Cristo.

O que nosso Senhor enfatiza aqui, no começo deste segmento bíblico, é a suprema importância da percepção de nossa necessidade espiritual. Jesus salientou isso por intermédio do emprego de três verbos: "pedir", "buscar" e "bater". Quando consultamos os comentadores, encontramos muitos debates sobre se "buscar" é mais forte do que "pedir", e se "bater" é mais forte do que "buscar". Os comentadores passam grande parte de seu tempo discutindo a respeito dessas questões. E, como é usual, eles tendem por contradizer-se uns aos outros. Alguns afirmam que pedir aponta para um tênue desejo; buscar, um desejo um tanto mais forte; e bater, o desejo mais intenso. Mas outros afirmam que o homem que bate é aquele que está do lado de fora, e que o ato mais importante é pedir, e não bater. Asseveram os tais que os incrédulos precisam bater na porta, e, tendo entrado pela porta, começam a buscar, e, finalmente, já na presença do Senhor e Mestre, podem fazer-Lhe algum pedido.

Mas, sem dúvida nenhuma, todo esse debate é inteiramente irrelevante. Nosso Senhor tão somente esforçava-se por salientar um ponto, a saber, que devemos demonstrar persistência, perseverança e importunação. Isso é claramente salientado quando notamos a estrutura do mesmo episódio, segundo Lucas 11. Ali encontramos a parábola do homem que recebeu, inesperadamente, um hóspede, à meia-noite; mas, como não tinha pão para oferecer ao visitante, foi bater à porta de um amigo seu, que já se havia recolhido ao leito. Em face da importunação, esse amigo lhe cedeu alguns pães. Ora, a mesma ideia é retratada na parábola do juiz iníquo, em Lucas 18. É precisamente a ideia que aqui encontramos. Esses três verbos citados, por conseguinte, enfatizam esse elemento de persistência.

Há momentos em que aquilatamos a nossa vida, e paramos para pensar: "A vida continua; e eu também continuo vivendo. Que progresso estou fazendo nesta vida e neste mundo?" Podemos começar a avaliar a nós mesmos, para então pensar: "Não estou vivendo a vida cristã como é meu dever; não sou diligente na leitura da Bíblia e na oração como sei que deveria estar sendo. Mas vou modificar essa minha maneira de viver. Vejo que existe um nível espiritual superior, que preciso alcançar, e quero chegar até lá". Mostramo-nos honestos; somos bastante sinceros, e temos plena intenção de fazê-lo. E assim, durante os primeiros poucos dias de cada novo ano, lemos regularmente as Escrituras, oramos e solicitamos as bênçãos do Senhor. Mas – e certamente isso sucede com todos nós – quase imediatamente nos tornamos negligentes, e nos esquecemos de nossos bons propósitos. No instante mesmo em que pensarmos em ler a Bíblia ou orar, alguma coisa surge "praticamente do nada", conforme costumamos dizer, algo que nós nunca prevíamos, e todo o nosso esquema ou programa fica perturbado. No espaço de uma semana ou duas já descobrimos que nos esquecemos inteiramente daquelas nossas excelentes resoluções. Era sobre isso que nosso Senhor se preocupava. Se você e eu realmente tivermos de obter essas bênçãos, que Deus tem para nós, então deveremos continuar pedindo por elas. "Buscar" tem o sentido de "continuar buscando"; e o verbo "bater" envolve a mesma ideia de uma ação contínua. Devemos continuar, prosseguir; devemos assemelhar-nos à viúva importuna. Por assim dizer, devemos continuar pedindo, tal como ela fez; e então, de conformidade com o que o Senhor Jesus disse, aquele juiz pensou: "Preciso atender a essa viúva, porque, do contrário, ela acabará me desgastando inteiramente com a sua persistência".

A importância desse elemento de persistência nunca é enfatizada demais. Essa necessidade de persistência não é ressaltada somente dentro do ensino bíblico, mas também nas vidas de todos os santos. A coisa mais fatal na vida cristã é o crente contentar-se com desejos passageiros. Se realmente quisermos ser homens de Deus, se realmente quisermos conhecer ao Senhor, andar com Ele e experimentar aquelas ilimitadas bênçãos que Ele tem para nos oferecer, precisamos persistir e pedi-las a Ele dia após dia. Precisamos sentir essa fome e essa sede de justiça, e somente então é que seremos fartos. E isso não significa que seremos fartos uma vez e para sempre. Antes, devemos continuar tendo fome e sede de retidão. À semelhança do apóstolo Paulo, que deixava para trás aquilo que ele ia ultrapassando, devemos também "prosseguir para o alvo" (ver Filipenses 3:14). Diz Paulo: "... quanto a mim, não julgo havê-lo alcançado; mas uma coisa faço... avançando para as coisas que diante de mim estão..." (Filipenses 3:13). Eis aí! Essa persistência, esse firme desejo, esse pedir, buscar e bater! E, conforme todos precisamos concordar, esse é o ponto em que a maioria de nós falhamos.

Firmemo-nos, portanto, nesse primeiro princípio. Examinemos a nós mesmos à luz das Escrituras e dos quadros dados sobre o crente no Novo Testamento. Ponderemos acerca dessas gloriosas promessas, e então indaguemos de nós mesmos: "Eu já estou experimentando essas realidades?" E, caso descubramos que assim ainda não está sucedendo, conforme todos devemos forçosamente confessar, então cumpre-nos retornar a essa grandiosa declaração de Cristo. É isso que entendo por "possibilidades". Se por um lado devo começar a pedir e buscar, por outro lado devo continuar a fazê-lo, até que tenha a consciência de haver obtido um progresso, um desenvolvimento, uma elevação a um nível espiritual mais alto. Precisamos prosseguir nessa prática. Trata-se de uma "luta de fé", e é justamente nesse sentido que será salvo "... aquele... que perseverar até ao fim..." (Mateus 10:22). A persistência, a continuação na prática do bem, "... o dever de orar sempre e nunca esmorecer..." (Lucas 18:1). Não devemos orar apenas quando desejamos alguma grande bênção e depois parar; orar sempre! Persistência! Essa é a questão principal. A percepção de nossa necessidade, a conscientização do suprimento e a persistência na busca pelo mesmo.

Meditemos agora acerca do segundo princípio, a saber, a conscientização de que Deus é o nosso Pai. Nosso Senhor fala a respeito disso no versículo 9, onde afirma: "Ou qual dentre vós é o homem que, se porventura o filho lhe pedir pão, lhe dará pedra?" Naturalmente, esse é o mais importante princípio de todos – a percepção do fato que Deus é nosso Pai. Era isso que nosso Senhor se preocupava em salientar em tudo quanto Ele dizia nessa oportunidade. Ele tão somente empregava o seu familiar método de argumentar do menor para o maior. Se um pai terreno faz tanto, quanto mais não nos fará Deus? Essa é uma das nossas principais dificuldades, não é mesmo? Se você me pedisse para definir, por meio de uma única sentença, qual é o maior defeito da maioria dos crentes, eu replicaria que se trata da nossa falha em reconhecer que Deus é o nosso Pai, conforme deveríamos reconhecê-Lo. Esse é o nosso maior problema, e não dificuldades sobre bênçãos particulares. A dificuldade central continua sendo o fato que não conhecemos ainda, como deveríamos conhecer, a Deus como o nosso Pai. "Sim, é verdade", retrucamos. Sabemos e reconhecemos isso. Temos experiência a respeito disso em nossas vidas diárias? Trata-se de algo diante do que sempre nos mostramos conscientes? Se ao menos aprendêssemos essa realidade, poderíamos sorrir diante de cada possibilidade e eventualidade que porventura se atravessasse em nosso caminho.

Como, pois, convém que conheçamos essa realidade? Certamente não é algo baseado na noção da "paternidade universal de Deus", e nem sobre a alegada "fraternidade de todos os homens". Tais conceitos nada têm de bíblicos. Nosso Senhor declarou aqui algo que lança esses conceitos humanos no ridículo, e Ele até mesmo prova que essas ideias são um disparate. Ele disse: "Ora, se vós, que sois maus..." (Mateus 7:11). Está você percebendo a significação daquele ensino de Cristo? Por qual razão Ele não disse: "Se *nós*, que somos maus..."? Jesus não falou assim porque sabia que Ele era essencialmente diferente dos Seus ouvintes. Quem assim falava era o próprio Filho de Deus, e não apenas um homem chamado Jesus, porque Ele era o Senhor Jesus Cristo, o unigênito Filho de Deus. Ele não incluiu a Si mesmo nessa palavra, "vós". Não obstante, incluiu nela a humanidade inteira. "Se vós, que sois maus", são palavras que mostram que não somente praticamos coisas más, mas também que *somos* maus em nós mesmos. A nossa natureza é corrupta e maligna, e aqueles que são essencialmente corruptos e malignos não são filhos de Deus. Não existe tal coisa como a paternidade universal de Deus, no sentido geralmente aceito nessa expressão. Cristo disse de certas pessoas: "Vós sois do diabo, que é vosso pai, e quereis satisfazer-lhe aos desejos" (João 8:44). Não; por natureza todos nós somos filhos da ira, somos todos malignos, somos todos inimigos de Deus. Por natureza, não somos Seus filhos. E, assim sendo, isso não dá a qualquer homem o direito de dizer: "Pois bem, gosto muito dessa doutrina. Tenho receio de tudo quanto me espera no futuro, e sinto-me satisfeito quando alguém diz que Deus é meu Pai". Entretanto, Deus só é Pai de um ser humano quando este já satisfez determinadas condições. Deus não é nosso Pai por natureza.

Como, pois, é que Deus torna-Se meu Pai? De acordo com as Escrituras é assim: Cristo "Veio para o que era seu, e os seus não o receberam. Mas, a todos quantos o receberam, deu-lhes o poder (a autoridade) de serem feitos filhos de Deus, a saber, aos que creem no seu nome" (João 1:11-12). Você pode tornar-se filho de Deus, mas somente quando tiver nascido do alto, quando tiver recebido uma nova vida, uma nova natureza. Um filho participa da natureza de seu pai. Deus é santo, e você e eu não seremos filhos de Deus enquanto não tivermos recebido uma natureza santa; e isso significa que teremos de receber essa nova natureza. Sendo maus, e até mesmo tendo sido concebidos em pecado (ver Salmos 51:5), não temos uma natureza santa; mas o Senhor nos dará. Ora, isso é o que nos é oferecido. E não poderá haver qualquer contato ou comunhão com Deus, e nem seremos herdeiros de qualquer dessas promessas divinas, enquanto não nos tornarmos filhos de Deus. Em outras palavras, é mister que relembremos o fato que temos transgredido contra Deus, que merecemos a ira e o castigo da parte de Deus, mas também que Ele providenciou quanto ao nosso pecado e à nossa culpa enviando o Seu Filho, a fim de que morresse na cruz do Calvário como nosso substituto. E então, confiando em Cristo Jesus, recebemos uma nova vida, uma nova natureza; e nos tornamos filhos de Deus. Então saberemos que Deus é nosso Pai celeste; mas não, sob hipótese alguma, antes disso. E Deus também nos proporcionará de Seu Santo Espírito, "... o espírito de adoção, baseados no qual clamamos: Aba, Pai" (Romanos 8:15). Ora, a partir do instante em que tivermos certeza desse fato, também teremos a certeza de que Deus é o nosso Pai, e que Ele adota uma atitude específica para conosco. E isso significa que, na qualidade de meu Pai, Ele está interessado em mim, que Ele se preocupa comigo, que Ele me conserva debaixo de Seu olhar vigilante, que Ele tem um plano e um propósito que dizem respeito à minha pessoa, e que Ele sempre deseja abençoar-me e ajudar-me. Apeguemo-nos, portanto, a essas realidades; firmemo-nos nelas. Sem importar o que nos possa acontecer, Deus é o nosso Pai, e está interessado em nós, e essa é a Sua atitude para conosco.

Porém, isso não exaure o significado dessa declaração. Há uma mui interessante adição negativa. Porquanto Deus é o nosso Pai, Ele jamais nos dará algo que nos seja prejudicial. Só nos dará aquilo que for bom para nós. "Ou qual dentre vós é o homem que, se porventura o filho lhe pedir pão, lhe dará pedra? Ou, se lhe pedir um peixe, lhe dará uma cobra?" Multipliquemos isso pelo infinito, e teremos a atitude de Deus para com os Seus filhos. Em nossa insensatez, inclinamo-nos por pensar que Deus está contra nós, quando algo de desagradável nos acontece. Entretanto, Deus é o nosso Pai; e, na qualidade de nosso Pai, Ele jamais nos dará qualquer coisa que nos seja prejudicial. Nunca; isso é simplesmente impossível.

O terceiro princípio é este. Deus, sendo Deus, nunca erra. Deus conhece a diferença que há entre o bem e o mal, com uma profundidade desconhecida por qualquer outro ser. Consideremos um pai terreno qualquer; ele não dá uma pedra em lugar de pão, mas ele, às vezes, se engana. Quando muito, um pai terreno às vezes pode pensar que está agindo para o bem de um filho seu, embora, posteriormente, possa descobrir que agiu de maneira prejudicial a esse filho. Mas nosso Pai jamais incorre em tais equívocos. Ele jamais nos dará alguma coisa que possa vir a prejudicar-nos. Essa é uma das lições mais maravilhosas que jamais poderíamos vir a aprender. Somos os filhos de um Pai que não somente nos ama, mas que cuida de nós e mantém atenta vigilância sobre nós. Ele jamais nos dará alguma coisa que nos seja prejudicial. Porém, além disso, Ele jamais nos desviará do bom caminho, Ele jamais cairá em erro no tocante àquilo que Ele tiver de dar-nos. Deus sabe de tudo; o Seu conhecimento é absoluto. Se ao menos pudéssemos compreender que estamos nas mãos de um Pai dessa qualidade, então a nossa perspectiva do futuro seria inteiramente modificada.

Em último lugar, convém que nos relembremos cada vez mais das excelentes dádivas divinas. "... quanto mais vosso Pai que está nos céus dará boas coisas aos que lhe pedirem?" (Mateus 7:11). Esse é o tema de toda a Bíblia. No que consistem essas "boas coisas"? Nosso Senhor forneceu-nos a resposta naquela passagem de Lucas 11. Conforme você deve estar lembrado, ali se lê: "Ora, se vós, que sois maus, sabeis dar boas dádivas aos vossos filhos, quanto mais o Pai celestial dará o Espírito Santo àqueles que lho pedirem?" Eis aí! Pois ao dar-nos do Seu Santo Espírito, o nosso Pai celestial nos dá tudo: toda a aptidão de que precisamos, toda a graça, todo o dom espiritual. Todas essas bênçãos nos são conferidas através do Espírito Santo. Pedro, sumariando a questão, escreveu: "... pelo seu divino poder, nos têm sido doadas todas as coisas que conduzem à vida e à piedade..." (II Pedro 1:3). Agora você deve estar percebendo por qual motivo deveríamos agradecer pelo fato que os atos de pedir, buscar e bater não significam apenas que podemos pedir qualquer coisa que quisermos, e ela nos será outorgada. Naturalmente, não! O que está envolvido nessa promessa é isto: Peçamos qualquer coisa que nos seja proveitosa, qualquer coisa que contribua para aprimorar a salvação de nossas almas, para a nossa perfeição final, qualquer coisa que nos aproxime mais do Senhor, que expanda a nossa vida e que nos faça progredir espiritualmente, e Deus nos dará. Talvez pensemos que certas coisas são boas, mas Ele sabe que essas coisas são más para nós. Deus jamais se engana, e, sob hipótese nenhuma, nunca nos dará essas coisas prejudiciais. Ele nos dará coisas proveitosas. E a Sua promessa, literalmente, é a seguinte: Se Lhe pedirmos essas coisas boas, como a plenitude do Espírito Santo, ou uma vida caracterizada pelo amor, pela alegria e pela paz, pela longanimidade, etc., e todas aquelas virtudes excelentes que podiam ser vistas a brilhar esplendorosamente na vida terrena de Jesus Cristo, Ele no-las dará. Se realmente quisermos ser mais parecidos com Ele, mais semelhantes a todos os Seus santos, se realmente Lhe solicitarmos essas realidades espirituais, então haveremos de ser abençoados. Se as buscarmos, haveremos de achá-las; e, se batermos, a porta dessas bênçãos nos será aberta, e haveremos de entrar no gozo dessas possessões. A Sua promessa é que se Lhe pedirmos coisas boas, nosso Pai celeste haverá de dá-las para nós.

Essa é a maneira de enfrentar o futuro. Que você descubra, por meio do exame das Escrituras, no que consistem essas "boas coisas", e então, que as peça do Pai celeste. A questão que importa, acima de qualquer outra, a melhor coisa para todos nós, é conhecer a Deus, "... o único Deus verdadeiro, e a Jesus Cristo, a quem enviaste" (João 17:3). Se buscarmos essas realidades divinas acima de tudo o mais, se buscarmos "em primeiro lugar o reino de Deus e a Sua justiça", então temos a garantia, que nos foi dada pelo próprio Filho de Deus, que todas essas coisas nos serão acrescentadas. Deus haverá de conferi-las a nós com uma riqueza e uma abundância que nem podemos imaginar. "Pedi, e dar-se-vos-á; buscai, e achareis; batei, e abrir-se-vos-á".

Capítulo XLIX
A REGRA ÁUREA

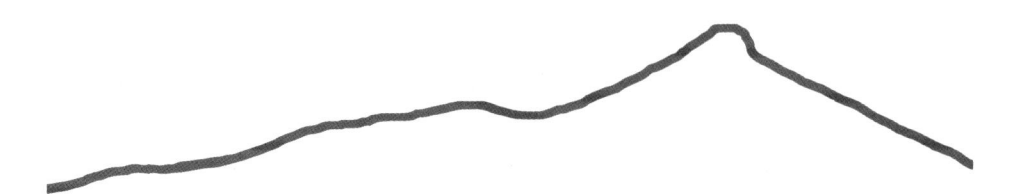

Ao chegarmos ao grande pronunciamento de Mateus 7:12, o qual, de maneira geral, tem sido descrito como "a regra áurea do viver diário", a primeira particularidade que nos chama a atenção é a relação entre essa declaração e o restante do Sermão do Monte, uma relação que poderia ser descrita como uma questão de mecânica. Aqui, no começo desse versículo 12, encontramos a palavra "pois". Mas, por que "pois"? Como é óbvio, isso não indica que esteja em foco alguma declaração isolada, pois esse vocábulo serve de clara conexão com o que fora dito anteriormente. "Tudo quanto, pois, quereis que os homens vos façam, assim fazei-o vós também a eles; porque esta é a lei e os profetas" (Mateus 7:12). Em outras palavras, nosso Senhor continua abordando o tema de julgarmos aos outros. De fato, Jesus não deixara de lado esse tema. Se considerássemos os versículos 7 a 11 como um parênteses, então teríamos de ter o cuidado de lembrar que as palavras ali constantes servem para recordar-nos da necessidade desse suprimento da graça, em face dessa questão do julgamento. Tendo-nos mostrado como podemos ser abençoados e como ter capacidade de nos ajudarmos mutuamente, vivendo a vida cristã em sua plenitude, Jesus voltou ao tema original e disse, "pois", nessa questão do julgamento, nessa problemática do relacionamento com as demais pessoas, deixe essa ser a regra norteadora de sua vida. Continuamos, portanto, a ventilar essa questão geral de nossos juízos a respeito de outras pessoas. Isso nos justifica, ao dizermos que há uma unidade interna bem definida neste capítulo; e, em adição a isso, ficamos assim justificados quanto ao ponto de vista que assumimos nas instruções referentes às nossas orações. Não é uma declaração desvinculada, mas ela faz parte do grande argumento, cujo propósito é levar-nos à correta posição no que tange a esse assunto.

Alguém, entretanto, pode dizer: "Se argumentarmos que este versículo doze é apenas a continuação do tema de nosso julgamento acerca de outras pessoas, então por que Jesus não fez essa declaração imediatamente após o sexto versículo? Por que Ele introduziu o assunto da oração, entre outras coisas? Por que essa passagem bíblica não é como passamos a citar: 'Não deis aos cães o que é santo, nem lanceis ante os porcos as vossas pérolas, para que não as pisem com os pés, e, voltando-se vos dilacerem. Tudo quanto, pois, quereis que os homens vos façam, assim fazei-o vós também a eles; porque esta é a lei, e os profetas'?"

Quando buscamos resposta para essa indagação, uma vez mais verificamos que ela não é difícil de ser determinada. A declaração que estamos considerando, e que serve de sumário de todo esse ensino referente a nossos juízos quanto ao próximo, reveste-se de muito maior vigor e coerência quando a examinamos à luz daquela breve declaração concernente à oração. Somente depois de havermos sido lembrados do que Deus tem feito em nosso benefício, a despeito de nossos pecados, depois de havermos sido lembrados sobre a atitude de Deus para conosco, bem como sobre a Sua maneira de tratar conosco, então é que aquele tremendo argumento dessa exortação de modo real nos impressiona a mente. Haveremos de continuar considerando essa particularidade um pouco mais, quando chegarmos a estudar essa exortação detalhadamente.

Aqui, por conseguinte, estamos face a face com essa assertiva final de nosso Senhor no tocante a toda essa questão dos nossos juízos sobre outras pessoas, e de nosso relacionamento com elas. Portanto, isso é admiravelmente descrito sob o título de "regra áurea". Que notável e extraordinária declaração é essa! Como é lógico, ela não passa de um resumo dos mandamentos que nosso Senhor sumariou algures, por meio destas palavras: "... amarás o teu próximo como a ti mesmo" (Mateus 19:19). Na verdade, Jesus estava dizendo que se alguém sente qualquer dificuldade em seu relacionamento com seus semelhantes, acerca de seu comportamento diante de outras pessoas, então é assim que esse alguém deveria agir. Não devemos começar pela outra pessoa; mas devemos começar a indagar sobre nós mesmos: "O que é que eu gosto? Quais são as coisas que me agradam? Quais são as coisas que me ajudam a encorajam?" Em seguida, devemos perguntar de nós mesmos: "Quais são as coisas que eu não gosto? Quais são as coisas que me perturbam, que despertam em mim os piores sentimentos? Quais são as coisas que me são odiosas e que me deixam desencorajado?" Você deveria fazer lista de seus gostos e de suas aversões, e isso quanto a pormenores – envolvendo não apenas os atos propriamente ditos, mas igualmente os pensamentos e as palavras – envolvendo todos os aspectos de sua vida e de suas atividades. "O que eu gosto que as pessoas pensem de mim? E o que é que tende por deixar-me ofendido?"

Nosso Senhor desceu até às minúcias, e, por conseguinte, é essencial que também abordemos uma questão como essa em todos os seus detalhes. Sabemos perfeitamente bem quão fácil é para nós lermos essa declaração, ou escutarmos uma exposição a seu respeito, ou lermos uma explicação sobre ela, em algum livro, ou vermos algum grande quadro que transmita a ideia da mesma, e então dizermos: "Sim, ela é maravilhosa, é admirável", mas no entanto, falharmos completamente, não pondo em prática em nossa vida diária essa admirável instrução. Portanto, nosso Senhor, o incomparável Mestre da moral e da ética, sabendo disso, ensinou-nos que a primeira coisa que devemos fazer é estabelecer uma regra para observarmos a essas questões. E é desta maneira que nos convém agir. Tendo esboçado a lista de todos os nossos gostos e aversões, quando chegamos a tratar com outras pessoas, então nada devemos ter para comentar, exceto simplesmente pensar: "Essa outra pessoa é exatamente como eu quanto a essas questões". Cumpre-nos colocar-nos constantemente nessa posição. Em nossa conduta e comportamento, no que tange aos nossos semelhantes, devemos ter o cuidado de assim fazermos, ou de assim não fazermos, em consonância com aquela lista que pudemos preparar, sobre as coisas que nos agradam ou nos desagradam. "Tudo quanto, pois, quereis que os homens vos façam, assim fazei-o vós também a eles; porque esta é a lei e os profetas". Se agirmos segundo essa norma, conforme nos ensina o Senhor Jesus, então nunca poderemos errar. Você gosta que outros digam coisas desagradáveis a seu respeito? Pois bem, não diga tais coisas sobre outras pessoas. Você não gosta de pessoas difíceis de serem abordadas, que só entram em contato com outras pessoas após estabelecerem muitas barreiras, que só criam problemas e que constantemente põem os outros em atitude defensiva? Pois bem, exatamente da mesma maneira, não permita que o seu comportamento seja tal que você venha a tornar-se semelhante a uma dessas pessoas. A coisa é tão simples quanto isso, de conformidade com o ensino do Senhor Jesus. Todos os grandes manuais sobre princípios éticos, moralidade, relações sociais, bem como sobre todos os assuntos que tratam do problema dos relacionamentos humanos neste mundo moderno, na realidade podem ser sumariados através desse princípio.

Trata-se de algo que se reveste da mais urgente importância nestes nossos dias. Todos os pensadores concordam que o mais grave problema do século XX, em última análise, é uma questão de relacionamento humano. Estultamente, algumas vezes inclinamo-nos por imaginar que os nossos problemas internacionais e outros são de natureza econômica, social e política. Na realidade, entretanto, todas essas questões podem ser reduzidas ao nosso relacionamento com os nossos semelhantes. Essa questão não se resume no dinheiro. O dinheiro participa do problema, mas o dinheiro é apenas uma espécie de frontispício. Na realidade, porém, a questão é o que eu mesmo quero e o que a outra pessoa quer. E, em última análise, os conflitos, perturbações e infelicidades na vida se devem a essa causa originária. E nosso Senhor, nesta curiosa e lacônica afirmação, esclareceu a verdade inteira concernente a esse problema: "Tudo quanto, pois, quereis que os homens vos façam, assim fazei--o vós também a eles..." Essa é a instrução final de Jesus no que tange a esse tema. Se ao menos abordássemos o problema por esse ângulo, começando por nós mesmos e somente depois aplicando-o a outras pessoas, então o problema seria inteira e rapidamente solucionado.

Desafortunadamente, porém, não podemos deixar assim a questão. Existem pessoas que parecem pensar que isso é tudo quanto se faz necessário. Até hoje existem pessoas (causando-nos admiração que elas possam ter tais ideias) que acreditam que tudo quanto se faz necessário é erguer um lema, perante os homens, que prontamente eles dirão: "Essa ideia está perfeitamente certa. Doravante haverei de agir em harmonia com ela". Mas o mundo da atualidade está provando, de forma iniludível, que as coisas simplesmente não funcionam dessa maneira; e isso quer dizer que precisamos continuar nestas nossas considerações.

O Evangelho de Jesus Cristo começa pela própria base que acabamos de anunciar, ou seja, que não basta meramente dizermos às pessoas qual é o reto caminho. O problema não é tão superficial como parece; é muito mais profundo do que isso. Sigamos a própria maneira de expressão do Senhor Jesus. Você deveria observar o comentário dele a respeito da regra áurea, quando Ele declarou: "... porque esta é a lei e os profetas" (Mateus 7:12). Em outras palavras, esse é o sumário do que dizem a lei e os profetas; esse é todo o seu objetivo e propósito. Que quis dizer o Senhor, expressando desse modo a questão? Esse é apenas um outro exemplo do modo como Ele nos chama a atenção, conforme já fizera tão frequentemente neste Seu sermão, para a trágica maneira como a lei de Deus é mal compreendida. Mui provavelmente Ele ainda continuava pensando nos fariseus e nos escribas, mestres da lei e instrutores do povo. Você deve estar lembrado de como Jesus considerou vários particulares no quinto capítulo acerca dos quais pôde dizer: "Ouvistes que foi dito aos antigos... Eu, porém, vos digo..." A grande preocupação de Jesus foi a de oferecer aos Seus discípulos a correta perspectiva da lei; e, nesta altura do Seu sermão, Ele retornava a essa questão, uma vez mais. Metade das nossas dificuldades deriva-se do fato que não compreendemos o sentido da lei de Deus em seu caráter e intuito verdadeiros. Tendemos todos por pensar que se trata apenas de uma série de regras e regulamentos, que supostamente deveríamos observar; mas geralmente nos esquecemos do espírito da lei. Pensamos a respeito da lei como se fosse algo para ser observado mecanicamente, como algo desvinculado de nós, quase impessoal; e consideramo-la mais ou menos como se fosse um conjunto de regras criado por uma máquina qualquer. Compra-se a máquina, e assim se obtêm essas regras e regulamentos, e, em seguida, tudo quanto se precisa fazer é observar essas normas automaticamente. A nossa tendência inteira é reputar a lei divina, no que tange à vida prática, como se fosse algo pertencente à ordem de coisas que acabamos de descrever. Ou, expressando-o de outra maneira, o perigo sempre consistirá em pensarmos na lei como algo que é válido por si mesmo, imaginando que tudo quanto fomos incumbidos de fazer foi observar os seus preceitos, e que, se assim fizermos, e jamais nos desviarmos deles, e nem ultrapassarmos ou ficarmos aquém dos mesmos, tudo terminará bem conosco. Ora, todas essas ideias da lei são inteiramente falsas.

Talvez pudéssemos ser ainda mais explícitos, dizendo que o perigo que nos ameaça consiste em pensarmos que a lei é algo negativo, algo proibido. Naturalmente, há certos aspectos da lei que são negativos; mas o que o Senhor Jesus estava aqui enfatizando – conforme Ele já clarificara com abundância de explicações no capítulo 5 – é que a lei divina, outorgada aos filhos de Israel por intermédio de anjos e de Moisés, é um princípio altamente positivo e espiritual. A sua intenção jamais foi ser algo mecânico; e a falácia inteira dos fariseus e escribas, bem como de todos os seus seguidores, era que eles reduziam um princípio que é essencialmente espiritual e vivo às dimensões daquilo que é apenas mecânico; algo que seria uma finalidade em si mesma. Imaginavam eles que enquanto não chegassem a cometer homicídio real estariam cumprindo o mandamento referente ao homicídio, que enquanto não cometessem adultério físico, tudo lhes iria bem no sentido moral. Eram culpados desse completo fracasso, não percebendo a intenção espiritual da lei, e, acima de tudo, não percebendo a grande finalidade, o objetivo pelo qual a lei foi dada.

Neste ponto, por conseguinte, nosso Senhor enfeixou todas essas ideias dentro desse perfeito sumário. Por qual motivo a lei nos recomenda não cobiçar os bens e as possessões do próximo, ou a esposa, ou qualquer outra coisa que lhe pertença? Por que a lei nos recomenda: "Não matarás", "Não furtarás" ou "Não adulterarás"? O que a lei pretende dizer através dos seus mandamentos? O seu desígnio seria simplesmente que você e eu considerássemos esses mandamentos como regras e regulamentos, como subdivisões de atos de parlamento, os quais nos governam, controlam e contêm dentro de estreitos limites? Não, não foi esse o objetivo dos mandamentos da lei, sob hipótese nenhuma. O propósito inteiro, o espírito real por detrás de tudo isso é que amemos ao próximo como a nós mesmos, que nos amemos uns aos outros.

 Sendo criaturas do tipo que somos, entretanto, não basta apenas determinar que nos deveríamos amar mutuamente; essa é uma questão que precisa ser melhor dissecada para nós. Em resultado da queda no pecado, somos indivíduos tendentes ao pecado. Assim sendo, não é suficiente dizer-se: "Amai-vos uns aos outros". Isso posto, nosso Senhor dissecou o problema, como que dizendo: "Assim como você mesmo valoriza a sua vida, lembre-se que a outra pessoa também tem valores de vida, e que se a sua atitude para com aquela pessoa for correta, você não haverá de querer tirar-lhe a vida, porquanto você saberá que ela valoriza à sua própria vida tanto quanto você à sua. A questão vital, afinal de contas, é que você ame àquela pessoa, que você a compreenda e deseje o seu bem-estar, tal como você deseja o seu próprio bem-estar. Nisso encontramos o resumo da lei e dos profetas. Tudo se concentra nisso". Todos os detalhados preceitos constantes na lei do Antigo Testamento – o que esses preceitos dizem para fazer, por exemplo, é que se alguém visse um boi de um vizinho seu, que tivesse fugido, como deveria trazer-lhe de volta o seu animal; ou se visse algo de errado em sua propriedade, como deveria procurar informá-lo imediatamente e fazer todo o possível para ajudá-lo – não tinham por finalidade simplesmente levar o indivíduo a pensar: "A lei diz que se eu vir fugindo o boi do meu vizinho, tenho de devolvê-lo; por conseguinte, devo fazer isso". Sob hipótese nenhuma! Pelo contrário, a finalidade desses preceitos da lei é que você venha a pensar "Esse homem é semelhante a mim, e ele sofrerá grande tristeza e perda se vier a ficar sem aquele boi. Bem, o meu vizinho é um ser humano como eu mesmo. E quão agradecido eu ficaria se chegasse a perder um boi de minha propriedade, mas alguém o devolvesse a mim. Portanto, é o que farei em favor do meu próximo". Em outras palavras, precisamos estar interessados pela pessoa do próximo, precisamos amá-lo, precisamos querer ajudá-lo, precisamos estar interessados sinceramente pela sua felicidade. O objetivo da lei era conduzir-nos a essa atitude certa, e aqueles preceitos pormenorizados nada são senão ilustrações daquele grande princípio central. No momento em que deixamos de perceber que esse é o espírito e o propósito da lei, inexoravelmente começamos a desviar-nos da rota certa.

Essa, portanto, foi a exposição feita pelo próprio Cristo a respeito da lei. Foi uma exposição extremamente necessária durante Seus dias na terra; e continua sendo muito necessária hoje. Olvidamo-nos tão facilmente do espírito da lei e do tipo de vida que Deus quer que vivamos!

A partir desse ponto, cumpre-nos aplicar tudo isso ao nosso mundo moderno e a nós mesmos. As pessoas ouvem falar sobre essa "regra áurea", e louvam-na como maravilhosa e admirável, como um perfeito sumário de um tema grandioso e complicado. A tragédia que isso envolve, entretanto, é que, tendo-a elogiado, eles não a põem em prática. Ora, a grande verdade é que a lei não foi instituída com a finalidade de ser exaltada, e, sim, de ser posta em prática. Nosso Senhor não pregou o Sermão do Monte a fim de que você e eu tecêssemos comentários a esse respeito, mas a fim de que o executássemos na vida diária. Isso será frisado diante de nós mais adiante, quando chegarmos ao ponto onde Jesus declarou que o homem que ouve essas Suas instruções e as pratica assemelha-se ao homem que edificou a sua casa sobre a rocha, ao passo que aquele que as ouve mas não as põe em obras assemelha-se ao homem que construiu sua casa sobre a areia. Este mundo moderno parece-se muito mais com esta última possibilidade; pois admira essas extraordinárias declarações de Cristo, mas não as põe em prática. Isso nos leva à questão crucial. Por qual razão os homens se esquecem da "regra áurea"? Por que não a observam? Por que não vivem de acordo com esses princípios espirituais? Por que ocorrem dificuldades e disputas não somente entre as nações, mas também entre as diferentes classes sociais que existem em cada nação? Sim, até mesmo no meio de famílias? E mesmo entre duas pessoas? Por que existe briga, desentendimento ou infelicidade? Por que chega-se a ouvir dizer sobre duas pessoas quaisquer que elas não podem dirigir a palavra uma à outra, e evitam entreolhar-se? Por que há invejas e maledicências, bem como todas aquelas outras coisas que sabemos acontecer, tão desafortunadamente, na vida?

O que está envolvido em toda essa questão? A resposta é teológica, é profundamente bíblica. Pessoas insensatas, conforme temos visto, por tão amiudadas vezes têm afirmado que sentem aversão pela teologia, mormente pela teologia do apóstolo Paulo! E elas têm afirmado que preferem o simples Evangelho, sobretudo o Sermão do Monte, por ser um trecho prático e livre de qualquer pensamento teológico. Ora, basta o versículo que estamos examinando para que fique comprovado quão inteiramente oco é esse ponto de vista, o qual assevera que tudo quanto precisamos fazer é instruir o povo, dizendo-lhes o que devem fazer, exibindo diante deles a regra áurea, prestando-lhes um treinamento inteligente, e então poderão reconhecer a verdade, levantando-se e pondo-a em execução. A resposta clara a tão inadequada ideia é que a regra áurea já está entre os homens por quase dois mil anos, e durante os últimos cem anos em particular temos feito tudo quanto está ao nosso alcance, por meio da legislação e da educação a fim de aprimorar os homens, mas, não obstante, eles continuam não prestando obediência à regra áurea.

Por que as coisas são assim? É precisamente em resposta a isso que a teologia surge em cena. A primeira declaração do Evangelho é que o ser humano é uma criatura pecaminosa e pervertida. O homem é um ser de tal modo limitado e governado pelo mal que não é capaz de cumprir a regra áurea. O Evangelho principia por aí. O primeiro princípio fundamental da teologia é a queda do homem e o seu pecado. Poderíamos expressar o ponto como segue. O homem não implementa a regra áurea, que é o sumário da lei e dos profetas, porque toda a sua atitude para com a lei labora em erro. O homem não aprecia devidamente a lei; na realidade, chega a odiá-la. "Por isso, o pendor da carne é inimizade contra Deus, pois não está sujeito à lei de Deus, nem mesmo pode estar" (Romanos 8:7). Por conseguinte, é inútil fazer a exposição da lei diante de tais pessoas. Elas aborrecem a lei, e não a desejam. Naturalmente, quando estão sentadas em suas poltronas e ouvem alguma explanação abstrata da vida e acerca de como deveria ser vivida neste mundo, essas pessoas afirmam estar em harmonia com tais ideias. Porém, se alguém quiser aplicar-lhes a lei, imediatamente reagem contra ela e passam a odiá-la. No momento mesmo em que a lei lhes é aplicada, sentem aversão e ficam ressentidas contra ela.

Entretanto, por que as pessoas agem dessa maneira? De conformidade com a Bíblia, todos somos assim por natureza, porquanto, antes de nossa aversão à lei, e antes de nossa atitude errônea em relação à lei, encontra-se a nossa atitude errada para com o próprio Deus o qual nos deu a lei; em certo sentido, pois, a lei é uma expressão da própria pessoa e do próprio caráter de Deus. A lei é uma expressão da santa vontade de Deus. Mas o homem não aprecia a lei de Deus, pois, de uma maneira que lhe é natural, ele odeia a Deus. Esse é o argumento neotestamentário a respeito: "... o pendor da carne é inimizade contra Deus..." O homem natural, isto é, o homem conforme ele se tornou em resultado de sua queda no pecado, é um inimigo alienado de Deus. O homem vive "... sem Deus no mundo..." (Efésios 2:12). O homem pecaminoso não gosta de Deus, odiando tanto a Ele quanto a tudo que dele procede. Mas, por que as coisas são assim? A resposta final é que a sua atitude para consigo mesmo também labora em erro. Essa é a razão pela qual nenhum ser humano, por instinto e por natureza, apressa-se em pôr em prática essa regra áurea.

A questão inteira pode ser sumariada mediante uma única palavra, o "ego". Nosso Senhor exprimiu o ponto ao dizer que deveríamos amar a nossos semelhantes "como a nós mesmos". Porém, é exatamente isso que não fazemos e nem queremos fazer, visto que amamos a nós mesmos tão intensamente de uma maneira errada. Não fazemos para os outros aquilo que desejamos que façam conosco, porquanto o tempo todo estamos pensando somente em nós mesmos, e jamais transferimos esse cuidado para algum semelhante nosso. Em outras palavras, essa é a condição do homem em seu pecado, como resultado da queda. O ser humano é inteiramente egocêntrico. Ele em nada e em ninguém pensa, exceto em si próprio, não lhe interessando outra coisa senão o seu próprio bem-estar. Ora, essa não é uma ideia de minha autoria; antes, ela reflete a verdade, uma verdade simples e literal, acerca de cada ser humano que vive neste mundo e que ainda não se converteu a Cristo; mas, o que é pior, com muita frequência essa continua sendo a condição até mesmo de muitos crentes. Instintivamente, todos somos egocêntricos. Ressentimo-nos daquilo que é dito e pensado a nosso respeito, mas jamais parecemos dar-nos conta de que as outras pessoas reagem da mesma forma, porque jamais pensamos nelas. O tempo todo estamos pensando exclusivamente em nós mesmos, e temos aversão por Deus porque Deus é Alguém que interfere em nosso egocentrismo e independência. O homem gosta de pensar sobre si mesmo como se ele fora um ser completamente autônomo, mas há Alguém que desafia esse conceito, e, o homem por natureza não gosta dele.

 Assim sendo, o fato que o homem não vive em harmonia e nem observa a regra áurea deve-se ao fato que ele é egocêntrico. Isso, por sua vez, leva-o a sentimentos de autossatisfação, autoproteção e autointeresse. O próprio "eu" ocupa o primeiro plano o tempo todo, porque o homem quer tudo para si. Em última análise, não é essa a verdadeira causa das dificuldades em nossas disputas trabalhistas? Na realidade, tudo se resume nisso. Um dos lados da disputa diz: "Tenho o direito de receber mais". Mas o outro lado se opõe, afirmando: "Bem, se ele tiver de receber mais, eu receberei menos". Desse modo, ambos os lados fazem objeções mútuas, surgindo um conflito de opiniões, porquanto cada lado está pensando exclusivamente em si mesmo. Não estou querendo entrar aqui nos méritos específicos de conflitos particulares. Tem havido casos em que certos homens têm tido o direito de receber muito mais do que recebem, mas a amargura envolvida nesses conflitos surge em virtude do pecado e do egoísmo. Se ao menos fôssemos honestos o bastante para analisarmos as nossas atitudes em relação a todas essas questões, sem importar se elas são de natureza política, social, econômica, nacional ou internacional, descobriríamos que tudo se concentra em torno desse fato. Pode-se ver essa atitude entre as nações. Duas nações querem a mesma coisa, e assim ambas ficam vigiando uma à outra. Todas as nações procuram ver a si mesmas como as guardiãs que custodiam a paz geral no mundo. No patriotismo sempre há uma certa dose de egoísmo. Todos falam em "meu país", em "meus direitos". E todas as nações dizem o mesmo. E então, visto sermos todos egocêntricos, estouram as guerras. Todas as disputas, conflitos e tragédias, sem importar se estamos pensando em termos de indivíduos, ou classes da sociedade, ou de nações ou grupos de nações, tudo termina exatamente nesse ponto. A solução para os problemas do mundo atual é essencialmente teológica. Todas as conferências e todas as propostas a respeito do desarmamento, e tudo o mais sobre o que se costuma debater se reduzem a nada, e isso prosseguirá enquanto o pecado estiver controlando o coração humano, nos indivíduos, nos grupos humanos e nas nações. O fracasso em observar a "regra áurea" se deve, unicamente, à queda do homem no pecado.

Passemos agora a examinar o lado positivo da questão. Como é possível alguém pôr em prática essa regra áurea? Na realidade, a questão que se impõe é a seguinte: Como poderiam a nossa atitude e a nossa conduta chegarem a amoldar-se àquilo que o Senhor declarou aqui? A resposta, dada pelo Evangelho, é que precisamos começar a encontrar a solução com Deus. Qual é o maior de todos os mandamentos? É este: "Amarás o Senhor, teu Deus, de todo o teu coração, de toda a tua alma e de todo o teu entendimento" (Mateus 22:37). E o segundo, que se lhe assemelha em importância, diz: "Amarás o teu próximo como a ti mesmo" (Mateus 22:39). Devemos anotar a sequência. Não devemos começar a pensar no próximo, e, sim, em Deus. E as relações humanas neste mundo jamais serão corretas, sem importar se estamos considerando indivíduos ou grupos de nações, a menos que demos a Deus a primazia. Ninguém pode amar ao próximo como a si mesmo enquanto primeiramente não amar a Deus. Você nunca verá a si mesmo ou ao próximo corretamente enquanto não tiver primeiramente visto, a si mesmo e ao próximo, segundo a visão de Deus. Precisamos tomar essas coisas em sua sequência correta. Precisamos começar por Deus. Fomos criados por Deus e para Deus, e só poderemos operar devidamente dentro de uma correta relação com Deus.

Assim sendo, comecemos por Deus. Deixemos de lado todas as divergências, conflitos e problemas mediante a contemplação da face do Senhor. Começamos a vê-Lo, em toda a Sua santidade, em todo o Seu poder, em toda a Sua força como o Criador, e então nos humilhamos diante dEle. Deus é digno de ser louvado, e isso com exclusividade. E, sabendo que aos olhos do Senhor todas as nações são apenas quais gafanhotos e quais "... um grão de pó na balança..." (Isaías 40:15), prontamente começamos a entender que toda a pompa e a glória dos homens transformam-se em nada, quando verdadeiramente contemplamos o resplendor do Senhor. Em adição a isso, começamos a ver a nós mesmos como míseros pecadores. Nós vemos a nós mesmos como pecadores tão vis que nos esquecemos de que em algum tempo tivemos quaisquer direitos. E certamente percebemos que não temos quaisquer direitos na presença de Deus. Somos uns miseráveis, imundos e feiosos. Isso não corresponde somente ao que as Escrituras ensinam, mas também é algo amplamente confirmado pela experiência de todos aqueles que chegaram a conhecer ao Senhor em qualquer sentido autêntico. Essa é a experiência de cada um dos santos de Deus, e, se ainda não vimos a nós mesmos como criaturas inteiramente destituídas de qualquer valor, nesse caso duvido muito que sejamos crentes autênticos. Nenhuma pessoa pode realmente chegar à presença de Deus sem exclamar: "Sou um imundo!" Todos nós somos impuros. O conhecimento de Deus nos humilha até ao pó; e, nessa situação, não pensamos mais em nossos supostos direitos e nem em nossa suposta dignidade. Não temos mais qualquer necessidade de proteger-nos a nós mesmos, porque já sabemos que somos indignos de tudo.

Por sua vez, no entanto, isso também nos ajuda a encarar as outras pessoas conforme deveríamos fazê-lo. Pois então não mais veremos as outras pessoas como indivíduos odiosos, que procuram furtar-nos os nossos direitos, que procuram derrotar-nos na corrida atrás do dinheiro, da posição ou da fama. Pelo contrário, começamos a ver nossos semelhantes, como também a nós mesmos, como vítimas do pecado e de Satanás, como títeres nas garras do "deus deste século" (II Coríntios 4:4), como cocriaturas que estão debaixo da ira de Deus, como quem está se encaminhando para o inferno. Passamos a fazer de nossos semelhantes uma ideia inteiramente nova. Vemo-los exatamente como nós mesmos somos, e percebemos que tanto nós quanto os outros encontram-se numa terrível situação. Não obstante, nada podemos fazer a esse respeito. Contudo, tanto nós mesmos quanto os nossos semelhantes precisamos refugiar-nos em Jesus Cristo, valendo-nos da Sua maravilhosa graça. E aí começamos a desfrutar juntos dessas bênçãos, e, na verdade, queremos poder desfrutar juntos dessas bênçãos. É dessa maneira que as coisas funcionam no mundo espiritual. Essa é a única maneira de fazermos pelos outros aquilo que queremos que os outros façam por nós. É quando estamos realmente amando os outros tal como a nós mesmos, por havermos sido libertados dessa servidão ao próprio "eu", que começamos a usufruir daquela "... liberdade da glória dos filhos de Deus", de que Paulo fala em Romanos 8:21.

E, como é lógico, em último lugar, essa questão funciona conforme passamos a explicar. Quando contemplamos a Deus e realmente percebemos algo da verdade que nele está, e vemos a nós mesmos em nossa relação com Ele, então a única coisa de que temos consciência é do fato que Deus jamais trata conosco de conformidade com os nossos merecimentos. Seu método não é tratar-nos segundo merecemos. Era isso que nosso Senhor estava dizendo, nos versículos anteriores: "Ou qual dentre vós é o homem que, se porventura o filho lhe pedir pão, lhe dará pedra? Ou, se lhe pedir um peixe, lhe dará uma cobra? Ora, se vós, que sois maus, sabeis dar boas dádivas aos vossos filhos, quanto mais vosso Pai, que está nos céus, dará boas coisas aos que lhe pedirem?" (Mateus 7:9-11). Esse foi o argumento empregado por Jesus Cristo. Deus não nos dá aquilo que merecemos, e, sim confere-nos as Suas boas bênçãos a despeito de sermos aquilo que somos. Ele não nos vê meramente como somos. Se tivéssemos de ser tratados em consonância com os nossos merecimentos, então todos seríamos fatalmente condenados. Se ao menos Deus nos visse como somos, cada um de nós seria inexoravelmente condenado para sempre. Entretanto, o Senhor está interessado em nós, apesar desses nossos negativos aspectos externos; pois Ele nos vê como um Pai amoroso que é. Ele nos contempla através de Sua graça e misericórdia. Por conseguinte, Ele não nos trata meramente conforme somos. Antes, Ele nos trata mediante a Sua graça.

Eis a razão pela qual nosso Senhor reservou este argumento para depois daquela Sua admirável oração. É dessa maneira que Deus trata conosco. É como se Cristo houvesse dito: "Agora, tratem os seus semelhantes em harmonia com esse princípio. Não vejam neles apenas o que é ofensivo, problemático e distorcido. Vejam a realidade espiritual por detrás disso tudo". Portanto, observemos os seres humanos em seu relacionamento com Deus, destinados como estão para viver na eternidade. Aprendamos a olhar para as outras pessoas segundo esse novo ângulo, segundo esse prisma divino. É como se Cristo tivesse ensinado: "Olhem para os outros conforme eu mesmo tenho olhado para vocês, e à luz das coisas que Me trouxeram do céu até vocês, para dar a Minha vida em favor de vocês". Sim, contemplemos os nossos semelhantes de acordo com essa nova perspectiva. E desde o instante em que assim fizermos, então não nos será difícil pôr em prática essa regra áurea, porque, por essa altura dos acontecimentos, já nos teremos desvencilhado do nosso egocentrismo e de sua tremenda tirania, e estaremos enxergando homens e mulheres dotados de uma nova visão, e por uma perspectiva diferente. Seremos, pois, capazes de dizer juntamente com Paulo: "Assim que, nós, daqui por diante, a ninguém conhecemos segundo a carne..." (II Coríntios 5:16). Dali por diante estaremos contemplando todos os seres humanos com olhos espirituais. É somente quando chegamos a ter essa nova atitude, após havermos começado com Deus, e após termos tomado medidas certas a respeito do pecado, do nosso próprio "eu" e de nossos semelhantes, que haveremos de realmente ser capazes de implementar esse admirabilíssimo sumário da lei e dos profetas: "Tudo quanto, pois, quereis que os homens vos façam, assim fazei-o vós também a eles; porque esta é a lei e os profetas". Para isso é que fomos convocados pelo Senhor Jesus Cristo. Cumpre-nos pôr em prática essa norma espiritual. E, ao assim fazermos, estaremos demonstrando ao mundo a única maneira pela qual os nossos problemas podem ser resolvidos. Ao mesmo tempo, estaremos agindo como missionários, como embaixadores de Cristo.

Capítulo L
A PORTA ESTREITA

A notável e impressionante declaração dos versículos 13 e 14 julgada de todo o ponto de vista, reveste-se de uma importância indiscutivelmente vital. Em termos da mecânica de uma análise do Sermão do Monte, essa passagem é crucial, porquanto todo aquele que se ponha a analisar esse sermão é forçado a concordar que, nesta altura desse discurso de Jesus, temos chegado a uma de suas principais divisões. Ao chegarmos a este ponto, podemos dizer, sem receio de estarmos equivocados, que nosso Senhor realmente terminou o Seu sermão propriamente dito, e que deste versículo em diante Ele tão somente o estava arredondando e aplicando, exortando os Seus ouvintes a que tomassem consciência da importância e da necessidade deles porem em prática e implementarem essas instruções em suas vidas diárias.

Já pudemos averiguar, ao longo destes nossos estudos sobre o Sermão do Monte, que o sétimo capítulo de Mateus constitui uma unidade essencial, um tema comum, a saber, o julgamento. Estritamente falando, o Sermão do Monte como tal chega ao seu término ao encerrar-se o décimo segundo versículo. Ao chegar ao fim desse versículo, nosso Senhor já havia lançado todos os princípios que Ele se interessava por inculcar em Seus ouvintes.

O objetivo de Cristo, neste sermão, conforme temos verificado, foi o de levar o povo evangélico a perceber, em primeiro lugar, a sua natureza ou caráter como um povo, e, em seguida, mostrar-lhes como devem manifestar essa natureza e esse caráter em sua vida diária. Nosso Senhor, o Filho de Deus, desceu do céu à terra a fim de fundar e estabelecer um reino novo, o reino dos céus. Ele veio viver entre os reinos deste mundo, e o Seu propósito foi o de convocar a Si mesmo um povo, chamado dentre o mundo, para formar o reino espiritual. Portanto, era essencial que Ele tornasse perfeitamente claro e inequívoco que esse reino, que Ele viera estabelecer, é totalmente diferente de qualquer coisa que o mundo já vira antes, isto é, é o reino de Deus, o reino da luz, o reino dos céus. O povo de Deus deve perceber que se trata de algo que não tem igual, que é diferente de tudo; e, dessa maneira, o Senhor forneceu ao Seu povo uma descrição do Seu reino. Já temos elaborado nosso estudo baseado nessa descrição. Já vimos o quadro geral, traçado pelo Senhor, que retrata o crente, nas bem-aventuranças. Já ouvimos o Senhor dizer à Sua gente que, por serem eles esse tipo de pessoas, o mundo haveria de reagir contra eles de maneira *sui generis*, provavelmente mostrando-lhes aversão e perseguindo-os. Não obstante, os crentes não deveriam segregar-se do mundo, transformando-se em monges e eremitas; pelo contrário, deveriam permanecer vivendo na sociedade, na qualidade de sal e de luz. Cumpre aos crentes evitar a putrefação da sociedade, evitar que ela se despedace; cumpre-lhes ser a luz que brilha na sociedade dos homens, uma luz à parte da qual o mundo permaneceria em estado de espessas trevas.

Tendo feito isso, o Senhor chegou à aplicação prática, aos efeitos práticos de tudo isso. E Jesus começou relembrando os Seus discípulos que o tipo de vida que eles deveriam viver é inteiramente diferente até mesmo dos melhores e mais religiosos elementos que se conheciam naqueles dias. Ele contrastou essa maneira de viver com o ensino dos fariseus, escribas e mestres da lei. Estes eram considerados as melhores pessoas, as pessoas mais religiosas; mas, no entanto, Jesus mostrou que a justiça dos Seus seguidores teria de ser superior à dos escribas e dos fariseus. E passou a mostrar-lhes como isso deveria tornar-se realidade, fornecendo-lhes instruções detalhadas sobre como devemos dar esmolas, como orar e como jejuar. Finalmente, Jesus abordou toda a nossa atitude para com a vida neste mundo, bem como a nossa atitude para com os nossos semelhantes, no que concerne aos juízos que deles formamos. O Senhor Jesus estivera estabelecendo todos esses princípios.

É como se Jesus houvesse declarado: "Esse é o caráter do reino que estou formando. Esse é o tipo de vida que estarei conferindo a vocês, e quero que vocês vivam assim e assim manifestem essa vida". Todavia, Jesus não somente estabeleceu princípios; pois também os elaborou em detalhes para nós. E agora, tendo feito isso, Ele fez uma pausa, digamos assim e, dirigindo-se à Sua congregação, asseverou: "Pois bem, esse é o Meu propósito. O que vocês farão com aquilo que acabo de propor? De nada adiantará a vocês terem ouvido este sermão, não há nenhum propósito em terem vocês me seguido em todo esse delineamento da vida cristã, se vocês não fizerem mais do que meramente ouvir. O que vocês farão a respeito dessas instruções?" Em outras palavras, Jesus começou a exortar, a aplicar as Suas instruções.

Nesta altura, uma vez mais, somos relembrados que o método utilizado por nosso Senhor sempre deve servir de padrão e exemplo para toda e qualquer pregação. Não é pregação autêntica aquela que deixa de aplicar a mensagem e a verdade; e nem é verdadeira exposição bíblica aquela que simplesmente se contenta em abrir uma passagem da Bíblia e parar. A verdade tem de ser necessariamente aplicada à vida diária e precisa ser vivida. Exortação e aplicação são aspectos essenciais da pregação. É exatamente isso que vemos nosso Senhor fazendo. O restante deste sétimo capítulo nada é senão uma grande e notável aplicação da mensagem do Sermão do Monte àqueles que foram os seus primeiros ouvintes, bem como a todos nós, de todas as épocas, que nos afirmamos crentes.

Neste trecho Jesus passa a testar os Seus ouvintes. É como se Ele tivesse afirmado: "Meu sermão terminou. Agora, a primeira indagação que você deve fazer a si mesmo é a seguinte: 'Que farei a respeito do que acabo de ouvir? Qual deveria ser a minha reação? Deverei contentar-me em cruzar os braços e dizer, juntamente com tantos outros, que ouvi um maravilhoso sermão, o qual encerra a mais elevada concepção da vida e do viver diário que a humanidade jamais conheceu – com tão exaltada moralidade, com tão admirável elevação dos pensamentos – que é a vida ideal, que todos os homens devem estar vivendo?'" A mesma coisa se aplica a nós. É essa a nossa reação? Simplesmente deveríamos elogiar o Sermão do Monte? Nesse caso, de conformidade com o que explicou o Senhor Jesus, isso seria como se Ele nunca tivesse pregado o Sermão do Monte. O que Jesus desejava não era ouvir os nossos elogios; mas, antes, ver a nossa prática. O Sermão do Monte não foi pregado a fim de ser comentado, mas a fim de ser posto em prática.

Mas Jesus prossegue a fim de explicar que há mais um teste a ser efetuado, o teste da produção de fruto espiritual. Muitas pessoas existem que louvam ao Sermão do Monte, mas que não o manifestam em suas vidas diárias. Cuidado com gente assim, diz nosso Senhor. O que importa não é a aparência de uma árvore; a qualidade da árvore é testada e comprovada pelos frutos que produz.

Contudo, ainda há um teste final, aquele que nos é aplicado por intermédio das circunstâncias. O que acontece conosco quando o vento começa a soprar, o tufão nos ameaça, as chuvas batem copiosas e a enchente chega e se choca contra a casa de nossa vida? A casa de nossa vida resiste? Esse é o teste. Em outras palavras, nosso interesse por essas realidades será um interesse inteiramente inútil e fútil, a menos que signifique que temos algo que nos capacita a resistir mesmo nas trevas e nas horas mais críticas de nossas vidas. Foi dessa maneira que o Senhor Jesus aplicou o Seu sermão. Ouvir essas coisas, dar-lhes atenção, louvá-las, não é bastante. De conformidade com nosso Senhor, essa atitude é extremamente perigosa. O Sermão do Monte é, acima de tudo, um sermão prático; é preciso que vivamos conforme os seus preceitos. Não estão em pauta apenas algumas ideias éticas; mas antes, preceitos que devemos aplicar e pôr em prática. Já fomos relembrados desse fato quando examinávamos os detalhes do Sermão do Monte; mas o propósito inteiro do restante deste capítulo é justamente exortar-nos a fazer aquilo da maneira mais séria e solene, e sempre à luz do julgamento. E, naturalmente, esse não é somente o ensino contido no Sermão do Monte; é o ensino da totalidade do Novo Testamento. Tomemos uma porção qualquer das Escrituras Sagradas, como a epístola aos Efésios, capítulos quatro e cinco. Ali encontramos precisamente a mesma coisa. O apóstolo ofereceu a seus leitores certas injunções práticas, dizendo-lhes para não mentirem, não furtarem, serem amorosos, gentis e temos uns com os outros. Isso é apenas reiteração do que o Sermão do Monte nos ensina. A mensagem cristã não é alguma ideia teórica, tão somente; antes, é algo que realmente deve caracterizar a nossa vida diária. Esse é o propósito do restante desse Sermão.

Cabe-nos agora examinar particularmente os versículos 13 e 14 nos quais nosso Senhor começa a aplicar a Sua própria mensagem. Consideremos esses versículos da maneira seguinte. Jesus ensina-nos que a primeira coisa que devemos fazer, após termos lido esse sermão, consiste em aquilatarmos o tipo e espécie de vida para a qual Ele nos chama, tomando consciência do que ela envolve. Por diversas vezes temos averiguado que o perigo envolvido no exame do Sermão do Monte consiste em nos perdermos em meio a meros detalhes, desviando-nos para questões particulares que porventura nos interessem. Essa é uma abordagem errada. Por conseguinte, nosso Senhor exortou-nos a esperar um momento, considerando o Sermão do Monte como um todo, e então refletindo a respeito do mesmo. Conforme diríamos, qual é a sua mais destacada característica? Qual é a questão que emerge, dotada de importância suprema? Qual é a questão, acima de todas as demais, que temos de aprender como um princípio? Jesus responde à Sua própria indagação, ao dizer que a mais notável característica da vida para a qual Ele nos tem chamado é a "estreiteza". Trata-se de uma vida apertada, de um "caminho apertado". O Senhor exprimiu dramaticamente esse pensamento diante de nós, ao asseverar: "Entrai pela porta estreita..." (Mateus 7:13). A porta é estreita, e também nos cumpre caminhar ao longo de um caminho apertado.

A ilustração utilizada por Cristo é extremamente útil e prática. Ele a colocou de uma forma dramática, e a cena pode ser facilmente contemplada em nossa visão mental. Aqui estamos nós, caminhando sozinhos, até que, repentinamente, nos defrontamos com duas portas. Há uma porta mais à esquerda, que é muito larga e ampla, e grande multidão de pessoas vai penetrando por ela. Um pouco mais para a direita há uma porta estreitíssima, que só admite a passagem de uma pessoa de cada vez. Para além da porta larga, podemos ver que ela dá início a um caminho largo e espaçoso, e que uma vasta multidão está caminhando por ali. Porém o outro caminho não apenas é estreito e apertado no começo, mas continua estreito e apertado, e poucas pessoas são vistas a caminhar por ali. Esse quadro pode ser visto com grande facilidade. E nosso

Senhor como que diz: "É disso que venho falando o tempo todo. O caminho apertado é o caminho pelo qual Eu quero que vocês caminhem. Entrem pela porta estreita. Prossigam a caminhada por esse caminho estreito, onde haverão de encontrar-Me a caminhar à frente de vocês". Imediatamente somos lembrados de algumas das mais notáveis características dessa vida cristã para a qual nosso Senhor e Salvador, Jesus Cristo, nos tem chamado.

A primeira coisa que podemos observar é que essa vida é representada por uma senda estreita e apertada desde os seus primeiros lances. Ela é estreita desde o começo. Não se trata de uma vida que a princípio seja regularmente espaçosa, mas que se vai tornando mais e mais estreita, à proporção em que o crente por ela avança. Não! A própria porta de entrada, o próprio caminho pelo qual entramos nessa vida, tudo é estreito. É muito importante salientar e destacar essa particularidade, porquanto, do ponto de vista do evangelismo essa ideia é essencial. Quando deixamos a sabedoria mundana e os motivos carnais invadirem o evangelismo, então descobrimos que a "porta estreita" desaparece. Mui frequentemente, tem-se a impressão que ser crente, afinal de contas, difere bem pouco de se ser incrédulo, que não é necessário pensar no cristianismo como uma vida apertada, mas antes, como algo muito atrativo, maravilhoso e excitante, e que uma pessoa pode chegar no cristianismo em meio a multidões. Porém, de conformidade com nosso Senhor, as coisas não são assim. O Evangelho de Jesus Cristo é por demais honesto para convidar as pessoas mediante tais artifícios. O Evangelho não procura persuadir-nos que a sua mensagem e as suas condições são fáceis, para somente mais tarde começarmos a descobrir o quanto elas são difíceis. O Evangelho de Jesus Cristo anuncia abertamente, sem qualquer transigência e abrandamento, que a vida cristã é algo que começa por uma porta estreita e apertada. Desde o próprio começo é absolutamente essencial que tomemos consciência disso. Consideremos, pois, essa questão, um pouco mais detalhadamente.

Desde o princípio nos é dito, quanto a esse caminho de vida, antes de prosseguirmos, que se quisermos caminhar por ali, há certas coisas que teremos de deixai de lado, e mesmo ultrapassá-las. Não há espaço para tais coisas, porque temos de inaugurar a nossa vida cristã passando por uma porta apertada e estreita. Gosto de pensar em uma borboleta giratória, como aquelas que há nos ônibus, e que só admitem a passagem de uma pessoa de cada vez, e não mais. E a passagem é tão exígua que há coisas que o indivíduo simplesmente não pode levar consigo. Trata-se de um caminho exclusivo, desde o começo. É importante que consideremos o Sermão do Monte a fim de percebermos algumas das coisas que temos de deixar para trás.

A primeira coisa que precisamos deixar para trás é aquilo que se denomina mundanismo. Deixamos para trás as multidões e a maneira de viver do mundo... (larga é a porta e espaçoso o caminho que conduz para a perdição, e são muitos os que entram por ela), porque estreita é a porta e apertado o caminho que conduz para a vida, e são poucos os que acertam com ela" (Mateus 7:13-14). É mister começarmos tomando conhecimento desse fato, quando nos tornamos crentes, pois isso nos transforma em indivíduos excepcionais e incomuns. O crente é alguém que inicia a sua carreira rompendo com o mundo, com as multidões, com a vasta maioria das pessoas. Isso é inevitável; e é importante que nós saibamos bem dessa verdade. O modo cristão de viver nunca foi popular, e até hoje continua não sendo. Antes, é uma maneira de viver muito incomum, estranha, excepcional e diferente. Por outro lado, acumularem-se e irromperem em bandos pela porta larga e caminhar pelo caminho espaçoso é justamente aquilo que todas as demais pessoas parecem estar fazendo. O crente, pois, deliberadamente afasta-se da multidão e começa a dirigir-se na direção da porta estreita e apertada, sozinho. Ninguém pode arrastar após si as multidões pelo caminho da vida cristã: inevitavelmente isso envolve a necessidade do crente romper com a maioria.

Talvez fôssemos capazes de melhor expressar o ponto se enfatizássemos que o caminho cristão é algo que é sempre intensamente pessoal. Afinal de contas, nada é mais difícil, na vida terrena, do que percebermos que somos indivíduos, que cada um de nós tem a sua própria e exclusiva vida. Todos nós gostamos muito de nos escravizar àquilo que "todo o mundo está fazendo". Vivemos em um mundo repleto de tradições, hábitos e costumes, aos quais tendemos por conformar-nos. Essa é a coisa mais fácil e óbvia a ser feita; e podemos afirmar, sem faltar com a verdade, que nada existe que tanto odiemos como alguém que se mostre incomum e diferente dos outros. Naturalmente, há exceções, como alguns que são excêntricos por natureza, ao passo que outros apenas aparentam sê-lo; porém, no que diz respeito à vasta maioria de todos nós, é verdade que todos gostamos de ser parecidos com a maioria. As crianças também são assim. Elas preferem que seus progenitores sejam iguais a outros pais; não querem ver neles qualquer coisa que seja incomum. É motivo de admiração quando observamos como, instintivamente, as pessoas gostam de moldar-se a padrões referentes a costumes, hábitos e maneiras de comportar-se; e, de fato, em determinadas ocasiões isso chega a ser divertido. Ouvimos algumas pessoas objetando à tendência arregimentadora da legislação moderna. Essas pessoas manifestam sua opinião em altos brados, tal como quando defendem as suas crenças no individualismo e na liberdade do indivíduo. Não obstante, algumas vezes essas mesmas pessoas mostram ser típicas representantes da seção ou grupo particular no qual foram criadas, e ao qual preferem pertencer. Assim, pode-se dizer, quase prontamente, qual a escola ou universidade que essas pessoas frequentaram; é que elas se conformam a determinados padrões.

Todos nós tendemos por inclinar-nos nessa direção, com o resultado que uma das coisas mais difíceis com que muitas pessoas se têm de defrontar, quando se tornam crentes, é que isso as transforma em indivíduos incomuns e excepcionais. No entanto, isso tem de acontecer. Em outras palavras, uma das primeiras coisas que sucedem à pessoa que desperta para a mensagem do Evangelho de Cristo é que ela tem que dizer para si mesma: "Bem, sem importar o que esteja sucedendo à maioria, eu mesmo sou uma alma viva, responsável pela minha própria vida". É como dizem as Escrituras: "Porque cada um levará o seu próprio fardo" (Gálatas 6:5). Assim sendo, quando uma pessoa se torna crente, primeiramente começa a ver a si mesma como uma unidade separada dentro deste imenso orbe. Anteriormente, tal indivíduo havia perdido a sua individualidade e identidade, dentro da grande multidão à qual pertencia; agora, entretanto, tal pessoa se sente sozinha. Ela vinha correndo loucamente, seguindo a turba; mas eis que essa pessoa subitamente para. Esse é sempre o primeiro passo, dado por aquele que se tornou crente.

E tal ser humano toma consciência, além disso, do fato que se a sua alma, se o seu destino eterno tiverem de estar em segurança, ele não somente deve parar por alguns momentos, em meio à correria desenfreada das multidões, mas também precisa separar-se dessas multidões. Tal pessoa talvez sinta dificuldade em desvencilhar-se das multidões; porém, ela não tem alternativa; e assim, enquanto a maioria está indo em uma direção, tal pessoa precisa começar a caminhar na direção diametralmente oposta. E assim tal pessoa abandona a multidão. Ninguém pode fazer uma multidão entrar ao mesmo tempo por uma borboleta giratória, pois esta só admite a passagem de uma pessoa por vez. Isso faz um homem perceber que é um ser responsável diante de Deus, o seu Juiz Eterno. A porta é estreita e apertada, e ela me leva face a face com o meu julgamento, face a face com Deus, face a face com a questão da vida e de meu ser pessoal, de minha alma e do seu eterno destino.

Entretanto, não somente me compete abandonar a companhia das multidões, do mundo e da atitude "leviana" que há lá fora. Mais difícil ainda, e mais apertada e estreita, é a percepção de que eu tenho de abandonar o *caminho* do mundo externo. Todos estamos familiarizados com isso, na prática, em nossas vidas cristãs. É uma coisa abandonar as multidões, mas coisa inteiramente diversa é abandonar o *caminho* das multidões. Naturalmente, essa é a falácia final e última do monasticismo. O monasticismo, na realidade, fundamenta-se sobre a ideia que se abandonarmos a companhia das pessoas, deixaremos de lado o espírito mundano. Mas isso não corresponde à realidade dos fatos. Pode-se deixar o mundo em sentido físico, pode-se deixar a companhia das pessoas e das multidões; todavia, na cela solitária em que o indivíduo se recolhe, o mundanismo pode continuar em seu coração. Isso é algo igualmente verdadeiro, em conexão com a vida e o viver cristãos. Há pessoas que se segregam do grupo ao qual pertencem, e, no entanto, continuam manifestando a atitude de mundanismo, quiçá de forma ainda mais evidente, em sua conduta externa. É que tais pessoas não conseguiram desfazer-se do espírito mundano, dos caminhos deste mundo. Mas, nós precisamos afastar-nos do mundo. Viver em outro meio ambiente o caminho do mundo, o tipo de vida que caracteriza este mundo, não nos transforma em crentes autênticos. Em outras palavras, precisamos deixar fora da porta de entrada as coisas que agradam ao mundo. Não podemos evitar esse fato. Basta-nos ler o Sermão do Monte para chegarmos à conclusão que as coisas que pertencem ao mundo e que agradam à nossa natureza não regenerada devem ser deixadas do lado de fora da porta estreita.

Podemos ilustrar esse ponto como segue. Você deve estar lembrado de que, neste Sermão do Monte, pudemos aprender que devemos averiguar o espírito que exige "olho por olho, dente por dente", que não devemos resistir ao mal – "... mas, a qualquer que te ferir na face direita, volta-lhe também a outra..." (Mateus 5:39). Não agimos dessa maneira por instinto; essas atitudes não chegam até nós naturalmente, e nem gostamos de agir assim. "... e ao que quer demandar contigo e tirar-te a túnica, deixa-lhe também a capa." "Se alguém te obrigar a andar uma milha, vai com ele duas" (Mateus 5:40-41). "Ouvistes que foi dito: Amarás o teu próximo e odiarás o teu inimigo" (Mateus 5:43). "Eu, porém, vos digo: Amai a vossos inimigos, bendizei os que vos maldizem, fazei bem aos que vos odeiam e orai pelos que vos maltratam e vos perseguem" (Mateus 5:44 – Versão Corrigida).

Não obedecemos instintivamente a nenhuma dessas injunções, pois, na realidade, elas exigem que tomemos atitudes das quais não gostamos. O que nos é instintivo é revidar, é defender os nossos direitos, é amar àqueles que nos amam, é odiar aos que nos odeiam. Mas nosso Senhor vinha-nos ensinando que se realmente somos o Seu povo, se vivemos no Seu reino, precisamos deixar de lado tudo quanto for depravado, tudo quanto for instintivo, tudo quanto for mundano, aquelas coisas que a nossa decaída natureza tanto aprecia. Não há lugar para essas coisas. Deveríamos conscientizar-nos, logo de início, que esse tipo de bagagem não pode ser admitido no caminho cristão. Nosso Senhor advertia-nos, nesta passagem, contra o perigo de imaginarmos uma salvação fácil, contra a nossa tendência de dizermos aos outros: "Venham a Jesus Cristo, e tudo começará a correr direito com vocês". Não, o Evangelho nos diz, desde o começo, que isso é algo muito difícil. Se quisermos seguir o caminho cristão, teremos de romper com o mundo de forma radical e definitiva; é uma maneira de viver inteiramente diferente da do mundo. Por conseguinte, cumpre-nos abandonar não somente o mundo, mas também o caminho do mundo lá fora.

Sim, mas as exigências para quem queira ser crente ainda são mais estritas e severas. Se realmente queremos palmilhar pelo caminho da vida, temos de deixar do lado de fora o nosso próprio "eu". E, como é óbvio, é ali que encontramos a maior pedra de tropeço de todas. Uma coisa é abandonar este mundo e o caminho do mundo; mas a coisa mais importante de todas, em certo sentido, consiste em deixar do lado de fora o nosso próprio "eu". Não obstante, essa exigência é clara, não é mesmo? Não podemos levar conosco, ao longo do caminho cristão, o nosso próprio "eu". Nisso não há qualquer insensatez; pelo contrário, assim se expressa a típica linguagem neotestamentária. O "eu" é o homem adâmico, é a natureza caída no pecado. E Cristo diz que esse homem adâmico precisa ficar do lado de fora. "... vos despistes do velho homem..." (Colossenses 3:9), equivale a dizer que o velho homem foi deixado de fora da porta do caminho cristão. Não há espaço suficiente para que dois homens passem ao mesmo tempo por essa porta estreita, pelo que o velho homem deve ser deixado do lado de fora. Cada ilustração falha em algum particular, e a própria ilustração empregada por nosso Senhor não é capaz de cobrir a verdade inteira. Há um sentido em que o crente ainda não se despojou do velho homem, e, por isso mesmo, precisa da exortação do apóstolo. Não obstante, desde o princípio somos informados que o "eu" não tem lugar no reino de Deus.

O Evangelho do Novo Testamento é extremamente humilhante para o próprio "eu" e para o orgulho do homem. No começo mesmo do Sermão do Monte somos confrontados por estas palavras: "Bem-aventurados os humildes de espírito..." (Mateus 5:3). Nenhum homem natural, que tenha nascido neste mundo, gosta de ser humilde de espírito. Por natureza, somos o exato oposto disso; todos nós nascemos dotados de uma natureza orgulhosa, e o mundo esforça-se ao máximo por encorajar o nosso orgulho, desde o próprio berço. A coisa mais difícil deste mundo é nos tornarmos humildes de espírito. Isso é humilhante para o nosso orgulho pessoal; no entanto, é uma medida imprescindível. À entrada da porta estreita há uma tabuleta que diz: "Deixe a você mesmo do lado de fora". Como podemos abençoar àqueles que nos amaldiçoam, e como podemos orar por aqueles que abusam de nós, a menos que já nos tenhamos tornado humildes de espírito? Como poderíamos seguir a nosso Senhor, e ser filhos de nosso Pai que está nos céus, e amar a nossos inimigos, se continuássemos autoconscientes e se vivêssemos perenemente a defender e a cuidar de nosso próprio "eu", preocupando-nos com o mesmo acima de qualquer outra coisa? Já pudemos examinar detalhadamente todas essas questões, mas precisamos considerá-las novamente de uma maneira global, nesta ocasião, em que temos chegado ao ponto no qual nosso Senhor nos convida a entrar pela porta estreita. É impossível que o próprio "eu" subsista nessa atmosfera dos ensinamentos de Cristo; pelo contrário, ao longo de todo o caminho é mister que o próprio "eu" seja crucificado. "Não julgueis, para que não sejais julgados..." (Mateus 7:1). Façamos aos outros aquilo que queremos que os outros nos façam, e assim por diante. Nosso Senhor ensinou-nos esses princípios desde o começo. Não tenha ilusões a esse respeito. Se você pensa que o caminho da fé é um caminho no qual você conquistará para si mesmo um grande nome, e que nele será louvado pelos homens, e no qual todas as coisas haverão de tornar-se maravilhosas para você, então seria conveniente que você parasse agora mesmo, retornando ao começo da caminhada, porquanto aquele que quiser entrar pela porta estreita terá de despedir-se do seu próprio "eu". Essa é uma vida de autoaviltamento, de auto-humilhação. "Se alguém quiser vir após mim" – que deveria fazer? – "a si mesmo se negue, tome a sua cruz e siga-me" (Mateus 16:24). Porém, essa autonegação não envolve a negação apenas do próprio "eu", e nem significa nos refrearmos de vários prazeres de que gostamos; porquanto está em foco o fato que devemos negar-nos a nós mesmos o direito ao nosso próprio "eu", deixando a nós mesmos do lado de fora, ao atravessarmos a porta estreita, dizendo: "... já não sou eu quem vive, mas Cristo vive em mim..." (Gálatas 2:20). Por conseguinte, essa é a primeira questão. Essa porta é estreita; o começo mesmo da vida cristã é apertado, porquanto precisamos deixar de lado determinadas coisas.

No entanto, eu gostaria de enfatizar, igualmente, que essa porta é estreita e apertada de outra maneira, a saber, porque é uma entrada difícil. A maneira de viver cristã é difícil. Não se trata de uma vida fácil. Ela é por demais gloriosa e maravilhosa para poder ser fácil. Envolve vivermos como viveu o próprio Jesus Cristo, e isso não é fácil. O padrão é muito elevado – mas graças damos a Deus pelo mesmo. É medíocre a pessoa que quer somente aquilo que é fácil, e que evita o que é difícil. Essa é a vida mais elevada que jamais foi descrita diante da humanidade, e, por causa do fato que é tão difícil, ela é estreita e apertada. "... são poucos os que acertam com ela" (Mateus 7:14). Naturalmente! Sempre haverá menos médicos especializados do que médicos clínicos em geral; nunca há tantos especialistas, em qualquer atividade humana, quanto há trabalhadores comuns. Não importa em qual campo ou departamento da vida estejamos pensando, sempre descobriremos que os verdadeiros especialistas são pouquíssimos em número. Quando atingimos o nível mais elevado, em qualquer profissão da vida, o grupo sempre se torna menor. Qualquer um pode seguir o que é comum; mas, no momento em que quisermos fazer alguma coisa de incomum, no instante em que quisermos atingir os pontos culminantes, descobriremos, que não são muitos os que procuram fazer a mesma coisa. É exatamente a mesma coisa no que diz respeito à vida cristã; trata-se de uma vida tão exaltada e admirável, mas há poucos que a descobrem e que entram por ela, simplesmente por ser tão difícil. Nem precisaríamos ressaltar essa particularidade. Consideremos aquilo de que temos sido informados, enquanto examinávamos pormenorizadamente o Sermão do Monte. Meditemos sobre o tipo de vida ali descrito por nosso Senhor e veremos que essa vida tem de ser estreita, porquanto ela é tão difícil. Como modalidade de vida, ela encontra-se no ponto culminante; ela é o clímax da perfeição.

Em adição, a vida cristã é estreita e apertada porque ela sempre envolve sofrimento, e porque, quando vivemos verdadeiramente a vida cristã, sempre somos perseguidos. "Bem-aventurados sois quando, por minha causa, vos injuriarem, e vos perseguirem, e, mentindo, disserem todo mal contra vós. Regozijai-vos e exultai, porque é grande o vosso galardão nos céus; pois assim perseguiram aos profetas que viveram antes de vós" (Mateus 5:11-12). Os incrédulos sempre agiram dessa maneira contra os crentes; o mundo sempre perseguiu o indivíduo que segue ao Senhor Deus. Vê-se isso, acima de tudo, no caso do próprio Senhor Jesus. Ele foi rejeitado pelo mundo. Foi odiado por homens e mulheres, simplesmente por haver sido o que foi. Diz o apóstolo Paulo: "Ora, todos quantos querem viver piedosamente em Cristo Jesus serão perseguidos" (II Timóteo 3:12). No entanto, quem é que gosta de ser perseguido? Não gostamos de ser criticados, e nem que nos tratem asperamente. Pelo contrário, apreciamos quando todos falam bem de nós, e nos parece muito amargoso saber que estamos sendo odiados e criticados. Mas Cristo nos tem advertido que seremos odiados e perseguidos, se chegarmos a entrar pela porta estreita. Essa porta é estreita e difícil; e, ao entrarmos por ela, devemos estar dispostos a sofrer e a ser perseguidos.

Devemos estar dispostos a ser mal compreendidos; devemos estar preparados, talvez, para ser mal-entendidos até pelos nossos mais queridos e íntimos. Cristo ensinou-nos que Ele não veio "... trazer paz, mas espada" (Mateus 10:34). Sim, uma espada capaz de dividir mãe e filha, ou pai e filho; e aqueles de nossa própria casa é que poderão tornar-se os nossos maiores inimigos. Por quê? Porque fomos separados para o Senhor. Você foi separado de sua família, e entrou por essa porta estreita; e essa porta não admite a entrada de famílias inteiras de uma vez, mas somente um de cada vez. Essa é uma entrada muito difícil, muito atribulada. Mas o Senhor Jesus Cristo mostra-se honesto conosco; e, se nada mais pudermos perceber, pelo menos Deus nos permitirá ver a honestidade e a veracidade desse Evangelho, o qual nos informa, desde o começo, que talvez nos tenhamos de apartar de esposa, de esposo, para que possamos seguir pelo caminho cristão, para que possamos seguir nas pisadas de Jesus Cristo. Não fomos convocados para separar-nos de outras pessoas de maneira literal, mas apenas espiritualmente. Porém, só podemos entrar por essa porta estreita um por um, por tratar-se de porta tão estreita e apertada.

Até este ponto, temos visto quão estreita e quão apertada é a vida cristã em seu início. Porém, ela não é estreita somente no começo; ela continua sendo apertada. Não há somente uma porta estreita, mas o próprio caminho também é apertado. A vida cristã é estreita do início até o fim. Nas dimensões espirituais não há aquilo que poderíamos chamar de férias. Podemos tirar férias em nosso trabalho; mas não existe férias na vida espiritual. Ela será sempre difícil e apertada. Assim como ela começa, assim também continua. Do princípio ao fim ela consiste em uma "luta de fé". É um caminho muito estreito, e de ambos os lados há inimigos. Há coisas que nos oprimem, pessoas que nos atacam ao longo de todo o nosso caminho. E você não desfrutará de uma vereda mais fácil, neste mundo e nesta vida. E Cristo nos adverte a esse respeito desde o começo. Se você tem a impressão que a vida cristã será difícil no começo, mas que mais adiante essa dificuldade se abrandará, então você tem uma ideia completamente falsa do ensino neotestamentário. Esse caminho continua difícil. Haverá adversários e inimigos que nos atacam até ao último instante.

Estou desanimando você? Alguém se sente impelido a dizer: "Bem, se as coisas são assim tão difíceis, prefiro desistir"? Nesse caso, quero relembrá-lo, antes que se decida a assim fazer, que também somos informados, até certo ponto, acerca do fim para onde esse caminho apertado nos está conduzindo. Contudo, à parte disso, não é realmente glorioso continuarmos a seguir ao Senhor? Mesmo assim, não devemos estar sob uma ilusão. A luta contra os principados e as potestades, contra as trevas deste mundo, contra a iniquidade espiritual nos lugares celestiais tem prosseguimento enquanto o crente continuar nesta vida e neste mundo. Haverá sutilíssimas tentações ao longo da estrada da vida; e você terá de vigiar e estar sempre em guarda, desde o princípio até ao fim da caminhada. Você nunca será capaz de relaxar. Você sempre terá de avançar com extremo cuidado; você terá de avançar de maneira circunspecta, conforme Paulo nos recomenda. E você terá de ver bem onde põe os pés, a cada passo que der. O caminho é estreito; começa apertado e assim continua, até o fim.

Essas, pois, são as coisas das quais não podemos desviar a nossa mente, quando consideramos o Sermão do Monte como um todo. É muito perigoso, além de ser totalmente antibíblico, deixarmos de perceber essas coisas desde o princípio. Divorciar o perdão dos pecados do restante da vida cristã, e considerar como se esse primeiro passo fosse a totalidade, é uma evidente heresia. O verdadeiro evangelismo, conforme o entendo, é aquele que apresenta, diante de homens e mulheres, a vida cristã como um quadro completo; e precisamos ter extrema cautela para não darmos a impressão de que as pessoas podem aglomerar-se, por assim dizer, diante de Jesus Cristo, tentando entrar em turbas pela porta estreita, sem primeiramente considerarem o caminho apertado, que começa imediatamente em seguida. Foi nosso Senhor mesmo quem proferiu aquelas parábolas sobre indivíduos insensatos que não calculam o custo – o homem que iniciou a construção de uma torre, mas sem primeiro verificar o custo, e assim teve que deixar incompleta a sua edificação. A mesma coisa se deu com o monarca que saiu para combater contra outro rei, sem primeiro haver averiguado a força do seu inimigo. Nosso Senhor mesmo foi quem nos recomendou calcularmos o custo e avaliar o que temos, antes mesmo de começarmos. Jesus nos mostra a vida inteira. Ele não veio meramente para salvar-nos da punição e do inferno; mas veio para tornar-nos santos, para "... purificar, para si mesmo, um povo exclusivamente seu, zeloso de boas obras" (Tito 2:14). Jesus Cristo veio a este mundo afim de preparar o caminho da santidade, e a Sua ambição e objetivo, a nosso respeito, é que caminhemos por esse caminho seguindo os Seus passos, nesse elevadíssimo chamamento, nessa vida gloriosa, para que vivamos tal e qual Ele mesmo viveu, resistindo até ao sangue, se assim for necessário. Assim se caracterizou a vida de Jesus Cristo, uma estrada apertada e espinhosa; mas Ele continuou palmilhando pela mesma. E o meu e o seu privilégio é o de sairmos do mundo e entrarmos nessa vida cristã, seguindo a Cristo ao longo de todo o caminho por Ele traçado.

> Crente! Não busques ainda descanso.
> Teus sonhos de repouso manda embora.
> O inimigo não cessa em seu avanço:
> Portanto, vigia e ora!

Capítulo LI
O CAMINHO APERTADO

Voltamos a fazer mais amplas considerações acerca dessa declaração constante nos versículos treze e catorze porque nosso Senhor, nessas palavras, não nos solicitou meramente contemplarmos a natureza do reino ou a vida cristã em geral. Não temos nelas um convite para virmos e contemplarmos um maravilhoso futuro, por assim dizer, sentando-nos na galeria e fixando os olhos na arena. Antes, fomos chamados para participarmos dos acontecimentos, pois trata-se de um chamamento à ação. Observemos as palavras: "Entrai pela porta estreita..." Sim, essas palavras envolvem um convite e uma exortação, ao mesmo tempo. Tendo contemplado o quadro de um modo geral, resta-nos ainda fazer algo a esse respeito.

Esse, portanto, é o primeiro princípio que devemos elaborar um pouco mais. Trata-se de uma chamada à ação. O que significa isso? Em primeiro lugar, significa que o Evangelho de Jesus Cristo, essa enunciação dos princípios do reino de Deus, é algo que requer uma decisão e um compromisso. Trata-se de algo inteiramente inevitável; trata-se da urdidura e da trama da exposição neotestamentária da verdade. Não está em foco alguma filosofia, que alguém possa contemplar, a fim de comparar e contrastar com outras filosofias. Ninguém pode manter uma atitude distante, indiferente para com esse convite; e, se o nosso interesse por essas coisas for puramente intelectual, mas que nunca afete a nossa maneira de viver, então o Novo Testamento só terá a dizer-nos que não somos crentes. Naturalmente, está envolvida uma mui admirável filosofia; mas a tentação que geralmente nos assalta é considerar a questão somente como se ela fosse uma filosofia, como se ela fora algo para ser lido, para despertar-nos a curiosidade. Entretanto, o Evangelho recusa-se a ser considerado de acordo com essa perspectiva; antes, em sua essência, ele é algo que se impõe a nós, exigindo o direito de controlar-nos a vida. O Evangelho se impõe a nós mais ou menos da mesma maneira que o próprio Senhor Jesus abordava os homens. Você deve estar lembrado de como ao caminhar. Ele cruzou com um homem de nome Levi, e lhe disse: "Segue-me" (Mateus 9:9). E Levi, também chamado Mateus, se levantou e passou a segui-Lo. O Evangelho faz conosco algo parecido com isso. Ele não nos convida nestes termos: "Considera-me; admira-me". Pelo contrário, recomenda: "Segue-me; confia em mim". É sempre uma chamada para uma decisão, para um firme compromisso.

Como é evidente, temos aqui um pensamento inequivocamente vital. Não haveria propósito algum em se descrever as glórias, as maravilhas e os encantos daquele caminho estreito, se de nós se esperasse somente ficar a contemplá-lo de longa distância. Antes, trata-se de uma estrada pela qual importa que caminhemos; a sua finalidade é ser percorrida. Coisa alguma é mais importante e notável do que a maneira como nos persuadimos, por tanto tempo, que é possível termos um mero interesse externo pelo Evangelho, mas sem tomarmos qualquer decisão e sem assumirmos qualquer compromisso sério. A realidade, porém, é outra.

Portanto, por esta altura da exposição, queremos formular uma pergunta bem simples. O teste final a que posso submeter a mim mesmo, bem como à minha profissão de fé em Cristo, poderia ser expresso nos seguintes termos: "Já me dediquei, segundo essas condições, a essa maneira cristã de viver? Porventura o Evangelho é a força que está controlando a minha vida?" Já vimos o que o Evangelho nos diz para fazer. Assim sendo, já nos temos submetido aos seus ensinamentos? Ele está controlando as nossas vidas? Ele está nos controlando e orientando em nossas decisões atuais e práticas? Isso, como é natural, envolve um ato bem definido da vontade. Isso exige de mim que eu pense: "Reconhecendo que essa é a verdade de Cristo, que esse é o chamamento do Senhor, vou entregar-me ao Evangelho custe o que custar. Não desejo considerar as consequências. Creio no Evangelho e começarei a agir de conformidade com essa crença. De hoje em diante essa será a minha maneira de viver".

Houve tempo em que alguns de nossos antepassados costumavam ensinar que é aconselhável a todo crente estabelecer um pacto com Deus. Tendo considerado a verdade por esse prisma, eles se sentavam e anotavam solenemente, no papel, o pacto que estavam firmando com Deus, e, em seguida, apunham a sua assinatura e a data, exatamente como se fosse um contrato legal qualquer. Através desse contrato, pois, eles desistiam de todos os direitos que tinham sobre si mesmos, sobre tudo quanto possuíam, e também do direito de viverem como melhor entendessem. Por esse intermédio, por conseguinte, consagravam-se inteiramente a Deus, mais ou menos da mesma maneira que um homem que se alista nas forças armadas desiste dos direitos que tem sobre a sua própria vida, do direito que tem de controlá-la pessoalmente. Os antigos crentes, pois, ao estabelecerem um contrato dessa natureza, um pacto com Deus, assinavam-no e selavam-no e davam a questão por encerrada. Há muito a ser dito em favor dessa prática. Alguns dentre nós manifestam tão intensamente a tendência de contemplar a vida cristã, sem fazer qualquer coisa a respeito, que essa seria uma excelente medida se, deliberada e definidamente, entrássemos em um compromisso dessa ordem, e assim entrássemos pela porta estreita. O Evangelho requer que tomemos uma decisão.

Por sua vez, isso nos conduz ao segundo princípio. Tendo examinado a verdade e tendo resolvido que farei algo a respeito, passo então a buscar essa porta estreita. Você poderá observar como nosso Senhor exprimiu essa questão. Declarou Ele: "... porque estreita é a porta, e apertado, o caminho que conduz para a vida, e são poucos os que acertam com ela" (Mateus 7:14). Por que motivo as coisas são assim? Porque poucos são os que procuram entrar pela porta estreita. Na verdade, trata-se de uma porta que precisa ser deliberadamente procurada. Vale dizer, a essência da sabedoria, quanto a todas essas questões, consiste em se passar do geral para o particular. Por certo faz parte da experiência de todos nós dizer que um dos maiores perigos que nos ameaçam é o perigo de ouvirmos a verdade, ou de ler a seu respeito, e então balançar a cabeça em sinal de assentimento, mas nunca tomar providência alguma a respeito. Não estamos procurando entrar pela porta estreita.

Buscar entrar pela porta estreita aponta para algo como aquilo que passamos a dizer. Tendo visto a verdade, e tendo expressado a minha concordância com ela, então eu deveria pensar comigo mesmo: "Devo fazer exatamente o quê, a fim de pôr em operação essa questão?" Ora, isso é procurar entrar pela porta estreita. Há uma maneira de realmente buscarmos entrar no reino de Deus, e é necessário que descubramos exatamente o que isso significa para nós, em todos os seus detalhes. Nisso consiste buscar a porta estreita – realmente procurar pôr em prática a verdade. O meu intuito é impressioná-lo com a necessidade de se buscar a porta estreita. Não é uma tarefa fácil; pelo contrário, é dificílima. É preciso que o indivíduo se esforce com denodo para que possa encontrar essa porta. É mister que o indivíduo analise a si mesmo e seja honesto consigo, e então, tendo-se recusado a retroceder, diga: "Haverei de continuar nessa empreitada, até que descubra exatamente o que me cabe fazer". Existem muitos que não encontram esse caminho da vida porquanto nunca procuraram a porta estreita para por ela obterem admissão. Se você lesse as biografias de alguns dos grandes santos de Deus, do passado, descobriria que eles ficaram buscando por essa porta estreita durante longo tempo. Consideremos o episódio de Martinho Lutero. Podemos imaginá-lo em sua cela solitária, jejuando, suando e orando. Leia novamente acerca de homens como George Whitefield e John Wesley. Esses homens estavam à procura da porta estreita. Não sabiam o que lhes cabia fazer, e estavam equivocados quanto às suas ideias; entretanto, após um longo prazo de tempo, buscando diligentemente pela porta estreita, finalmente encontraram-na. E então, quando a descobriram, entraram por ela. Ora, de uma maneira ou de outra todos devemos fazer o mesmo. Em outras palavras, não podemos dar a nós mesmos descanso ou tranquilidade enquanto não tivermos a certeza de que já nos achamos a caminho. Nisso consiste a entrada pela "porta estreita". Só se pode entrar nela após ela ter sido procurada e encontrada.

O terceiro passo é que, tendo decidido que queremos entrar pela porta estreita, tendo procurado por ela e tendo entrado, então prosseguimos. E, para tanto, nos temos dedicado à empreitada e temos tomado certas resoluções. Sem a menor sombra de dúvida, não faltamos com a verdade quando asseveramos que a solução, para muitos de nossos problemas, em nossa vida cristã, é que devemos falar com nós próprios. Devemos nos relembrar quem e o que somos. É isso que se deve entender não somente por entrar pela porta estreita, mas também por continuar palmilhando esse caminho. O crente deveria lembrar-se a cada manhã, ao despertar do sono, dos seguintes fatos: "Sou um filho de Deus; sou uma pessoa sem igual; não sou como as demais pessoas, mas pertenço à família de Deus. Jesus Cristo morreu por mim e me transportou do reino das trevas para o Seu próprio reino. Estou indo para o céu, pois esse é o meu destino final. Estou tão somente passando por este mundo. Sei quais são as tentações e provações deste mundo, e não desconheço as sutis insinuações de Satanás. Entretanto, não pertenço ao diabo. Pelo contrário, sou um peregrino e um forasteiro; estou seguindo a Cristo ao longo deste caminho cristão". O crente recorda-se dessas realidades espirituais, consagra-se àquilo a que se propôs fazer, e assim vai prosseguindo. E o resultado disso é que ele se vê avançando por esse caminho apertado. Esse é o primeiro princípio geral com base no qual nos convém agir. Uma vez que tenhamos percebido a verdade, então compete-nos agir em consonância com a nossa descoberta, colocando-nos em uma relação prática com ela.

O segundo princípio também se destaca claramente. Trata-se da consideração de determinadas razões que nos motivam a agir dessa maneira. Uma vez mais, conforme temos descoberto tão frequentemente em nossos estudos sobre este Sermão do Monte, o nosso bendito Senhor faz concessões à nossa fraqueza. Quase invariavelmente, descobrimos que faz parte do método de Cristo, ou de Sua técnica, se assim preferirmos dizer, estabelecer algum princípio ou dar alguma injunção; e então, tendo feito isso, declara os motivos impulsionadores para o pormos em execução. Cristo não era forçado a agir dessa forma. Mas nisso podemos entrever o Seu generoso coração de pastor, bem como a Sua simpatia para conosco, o Seu povo. Ele é um Sumo

Sacerdote que é capaz de "... compadecer-se das nossas fraquezas..." (Hebreus 4:15). Ele nos compreende. Ele sabe que somos tão tremendamente falíveis e imperfeitos, em resultado do pecado, e que, por isso mesmo, não é suficiente que apenas nos seja mostrado o caminho certo. Precisamos ser supridos com motivos que nos levem a andar por esse caminho. "Entrai pela porta estreita (larga é a porta, e espaçoso, o caminho que conduz para a perdição, e são muitos os que entram por ela), porque estreita é a porta, e apertado, o caminho que conduz para a vida, e são poucos os que acertam com ela".

Quais, pois, são essas razões? Vamos procurar sumariá-las. A primeira razão que Cristo nos apresenta, para entrarmos por essa porta estreita, é o caráter das duas modalidades de vida que estão abertas diante de nós, e que nos são possíveis. Há o caminho espaçoso, ao qual chegamos através da porta larga. E há também o outro caminho, caminho apertado, ao qual se chega por intermédio da porta estreita, um caminho que continua apertado até o fim. Se ao menos percebêssemos a verdade concernente ao caráter desses dois caminhos, não haveria hesitação da nossa parte. Naturalmente, é muito difícil para nós nos separarmos desta vida e deste mundo; e, no entanto, a essência desse problema é que saibamos separar-nos dessas coisas. Eis a razão pela qual, se é que é correto afirmar-se tal coisa, Deus, em Sua infinita sabedoria, ordenou que um dia, em cada sete dias, deveria ser dedicado à contemplação e meditação a respeito dessas realidades, e que os homens devem se reunir em adoração pública. Quando nos reunimos a fim de adorar publicamente, estamos como que saindo deste mundo no qual vivemos, a fim de o contemplarmos objetivamente. É tão difícil contemplar o mundo de maneira objetiva quando estamos envolvidos nele! Porém, uma vez que dele nos afastamos, e nos sentamos à parte, para contemplá-lo de maneira objetiva, então, começamos a ver as coisas como elas realmente são.

Consideremos, por alguns instantes, aquela vida mundana que caracteriza aquelas pessoas que vivem e se encaminham pela estrada espaçosa. Vamos considerar, por exemplo, o que dizem os jornais. Tomemos qualquer um deles. Eles representam a vida tipicamente mundana, em seu melhor e em seu pior aspectos. Consideremos esse tipo de vida que exerce tão grande fascínio sobre aquelas pessoas, a ponto delas se disporem a arriscar sua alma eterna em troca deste mundo, se é que ao menos acreditam que têm alma. Que força será essa que as escraviza? Olhemos para essa modalidade de vida e a analisemos. O que há nessa forma de vida, afinal de contas, com toda a sua pompa, com a sua glória e luxúria? Poder-se-ia imaginar alguma outra coisa mais inteiramente vazia e vã, em última análise? Qual satisfação real pode existir em uma vida assim? Você deve estar lembrado daquelas famosas perguntas que o apóstolo Paulo nos apresenta na epístola aos Romanos, e que, segundo me parece, sumariam perfeitamente esse ponto. No fim do trecho de Romanos 6:21, indaga o apóstolo: "Naquele tempo, que resultados colhestes? Somente as coisas de que, agora, vos envergonhais; porque o fim delas é morte". E agora, que vocês se tornaram crentes – prossegue o apóstolo – quando vocês se põem a rememorar suas vidas, ficam envergonhados com o que andaram praticando. Mas, que fruto colheram daquilo que praticaram naquele tempo?

Essa é uma indagação que todas as pessoas deveriam enfrentar, especialmente aquelas que passam de um prazer para outro o tempo todo, e que consideram o trabalho honesto um mero enfado, ou meramente um meio de arranjar dinheiro a fim de poderem entregar-se a maior parcela de prazeres ainda. Que há de valor nesse tipo de vida? Qual é a vantagem que ele nos proporciona? Qual é a satisfação nele inerente? Finalmente, o que essas pessoas aproveitam, no que tange a valores intelectuais? Qual é o enobrecimento ao se vestirem de determinada maneira ou permitirem que suas fotografias apareçam nas chamadas "colunas sociais", tornando-se conhecidos por causa de suas vestes talhadas segundo a última moda ou por causa de sua aparência pessoal, ou pela impressão que causam a outros, e por tudo o mais quanto acompanha esse exibicionismo? Que valor real há no louvor e na adulação dos homens? Consideremos as pessoas que vivem somente para essas coisas, analisemos as suas vidas, e, acima de tudo, o seu lamentável fim. Isso não é cinismo, é realismo. É conforme diz certo hino:

> Apagam-se todos os prazeres mundanos,
> Com sua ostentada pompa e exibicionismo.

Quão vazia é essa modalidade de vida. O apóstolo Pedro descreve essa maneira de viver como segue: "... vosso fútil procedimento que vossos pais vos legaram" (I Pedro 1:18). Nesse tipo de vida nada existe de substancial, mas tudo ali é superficial e inútil. À parte do cristianismo é muito difícil compreender-se a mentalidade das pessoas que vivem nesse nível. Essas pessoas possuem cérebros e mentes, mas não parece que lhes dão grande trabalho, nessa vida de artificialismo e de ilusão, de loucura e de auto-hipnotismo. Que vida totalmente vazia é essa, mesmo quando considerada segundo os seus próprios méritos. É uma vida de luxo e exibicionismo, de sombras e de meras aparências!

Mas então, consideremos a outra vida e vejamos quão essencialmente diferente ela é, em todos os seus aspectos. O caminho espaçoso é vazio e inútil, tanto intelectual quanto moralmente, e em tudo o mais. Deixa o indivíduo de boca amargosa, até mesmo no momento que parece mais agradável, e conduz à inveja, ao despeito, e a toda sorte de atitude indigna. Todavia, consideremos o outro caminho, e imediatamente veremos um notável contraste. Leiamos novamente o Sermão do Monte. Que vida extraordinária é ali refletida! Tomemos nas mãos o Novo Testamento. Que notável alimento para o intelecto! Eis algo em que realmente podemos ocupar as nossas mentes. Leiamos livros acerca do Novo Testamento. Poder-se-ia imaginar ocupação intelectual mais elevada, à parte de qualquer outra consideração? Temos aqui algo ao qual podemos dedicar os nossos pensamentos, algo que nos força à ginástica mental, algo que nos propicia uma satisfação real e duradoura. Quão ético, quão nobre e quão ampliador de nossa visão é o Novo Testamento!

Em última análise, a dificuldade que envolve todos aqueles que não são crentes, é que eles jamais viram a glória e a magnificência da vida cristã. Quão nobre, pura e reta ela é! Mas tais indivíduos jamais conseguiram enxergar essas glórias. Estão cegos para elas. É conforme escreve o apóstolo Paulo: "... nos quais o deus deste século cegou os entendimentos dos incrédulos, para que lhes não resplandeça a luz do evangelho da glória de Cristo..." (II Coríntios 4:4). Porém, uma vez que uma pessoa obtenha um vislumbre da glória, da majestade e do privilégio desse elevadíssimo chamamento, não posso imaginar que ela jamais venha a desejar qualquer outra coisa. Sejamos perfeitamente práticos e sem rodeios, quanto a isso. Qualquer pessoa que chame a vida cristã de "estreita" (no sentido usual do termo), e anele pela forma oposta de vida, está simplesmente proclamando que jamais tomou consciência, verdadeiramente, da vida cristã. Assemelha-se àqueles que opinam que Beethoven é bastante enfadonho, e que preferem a música de "jazz". O que tais pessoas estão realmente dizendo é que não compreendem o gênio musical de Beethoven; não o escutam e nada sabem a respeito dele. São musicalmente ignorantes. É conforme alguém já disse: Tais pessoas nada nos dizem a respeito de Beethoven, mas nos dizem muita coisa sobre elas mesmas!

Aí, pois, estão o caráter e a natureza de duas vidas. O Novo Testamento constantemente confronta-nos com esse argumento. E, nas epístolas, tal argumento é repetidamente utilizado. Os escritores sagrados descreveram a vida cristã, e então como que comentaram: "Por certo, tendo visto isso, ninguém mais quer fazer qualquer outra coisa". Esse é o argumento dos autores sagrados. Eles nos fazem lembrar essas duas modalidades de vida: "... (larga é a porta, e espaçoso, o caminho que conduz para a perdição, e são muitos os que entram por ela)..." Por outro lado, "... estreita é a porta, e apertado, o caminho que conduz para a vida, e são poucos os que acertam com ela". O indivíduo que não medita sobre o seu destino final é um insensato. O indivíduo que faz da viagem da vida terrena uma finalidade em si mesma não é lógico, mas é incoerente. Esse é o grande argumento das Escrituras do começo ao fim. Consideremos o nosso fim; consideremos o nosso destino, e a que tipo de vida esse destino nos está levando. Se ao menos pudéssemos persuadir o mundo a fazer essa pergunta, todo esse quadro seria mudado, dentro de pouco tempo. Temos visto como o apóstolo Paulo informa-nos que o caminho espaçoso certamente conduz os homens à vergonha, à miséria e à perdição. "... o salário do pecado é a morte..." – morte espiritual e separação de Deus, além de sofrimento, agonia, desespero e inútil e tardio remorso – "... mas o dom gratuito de Deus é a vida eterna em Cristo Jesus, nosso Senhor" (Romanos 6:23). Por conseguinte, se você sente que a maneira de viver cristã é enfadonha, então ao menos lembre-se do destino final ao qual ela leva. E então contemple o mundo, com sua alegria e felicidade meramente aparentes;

veja aquelas pessoas que amam e desfrutam deste mundo, e procure retratá--las quando estiverem decrépitas devido à avançada idade, quando o "último inimigo" vier encontrá-las. Subitamente, caem gravemente enfermas. E não mais podem beber, fumar, dançar, jogar e fazer outras coisas para as quais viveram. Em seus leitos de morte, o que resta a essas pessoas? Nada! Nada que possam esperar, senão temor, horror, tormento e perdição eternos. Esse é o ponto final daquela modalidade de vida. Conhecemos bem tudo isso; sempre aconteceu assim. Leiamos as biografias dos grandes homens e estadistas do mundo, além de outros, que não têm sido evangélicos, e uma vez mais notaremos o desprestígio que eles tiveram de experimentar. E lembremo-nos que os seus biógrafos nunca fornecem detalhes do fim verdadeiro daqueles personagens. Como poderiam eles ser conduzidos a qualquer outro tipo de fim? Essa modalidade de vida leva à "perdição"!

Porém, esta outra forma de vida, a vida cristã, nos leva a uma vida mais abundante. Ela começa nos conferindo uma nova vida, uma nova perspectiva, novos desejos, tudo novo; e, na medida em que aquele que por ela enveredou vai prosseguindo, percebe que ela se torna mais ampla e mais admirável. Por mais que você tenha de sofrer nesta vida e neste mundo, você está destinado à glória indestrutível. Você está avançando na direção de uma herança que, de conformidade com o apóstolo Pedro, é "... incorruptível, sem mácula, imarcescível, reservada nos céus para vós outros..." (I Pedro 1:4).

Um outro argumento que nosso Senhor usou é que não entrar pela porta estreita significa que já nos encontramos no caminho espaçoso. Necessariamente terá de ser uma coisa ou outra. "Não há meio termo entre esses dois extremos opostos". Cada indivíduo se vê diante, tão somente, de dois caminhos, e, se ele não se encontra no caminho estreito e apertado, então é que ele já se encontra no caminho largo e espaçoso. Portanto, a indecisão e o fracasso significa que não estamos no caminho estreito. A resistência passiva é resistência; e, se não estamos do lado de Cristo, então estamos contra Ele. Esse é um poderosíssimo argumento. A indecisão é fatal, porque significa uma decisão errada. Não há alternativa. Ou tomamos o caminho estreito, ou já estamos no caminho largo e espaçoso.

Entretanto, o maior estímulo para adentrarmos a porta estreita e o caminho apertado é o seguinte. Há Alguém que já se encontra nesse caminho, antes mesmo de ali chegarmos. Você deve deixar o mundo do lado de fora. Talvez você tenha de abandonar a companhia de muitos que lhe são queridos, talvez você tenha de deixar a si mesmo do lado de fora, com o seu antigo próprio "eu", e talvez você pense que se sentirá isolado e solitário, ao entrar pela porta estreita. Entretanto, as coisas não são exatamente assim. Existem outros nesse caminho, juntamente com você – "... são poucos os que acertam com ela". No caminho apertado não há tantos seguidores quantos podem ser vistos no caminho amplo. Não obstante, os que por ali se encaminham são pessoas seletas, separadas dentre as outras com extremo cuidado. Porém, acima de tudo, considere Aquele que está palmilhando pelo caminho estreito, e que segue adiante de todos, Aquele que me convidou: "Segue-me"; Aquele que afirmou: "... tome a sua cruz e siga-me". Se não houvesse outro encorajamento para entrarmos pela porta estreita, esse seria mais do que suficiente. Entrar por esse caminho significa seguir nas pisadas do Senhor Jesus Cristo. Esse é um convite para que vivamos conforme Ele viveu; é um convite para que nos tornemos cada vez mais parecidos com Ele. É ser como Ele, é viver conforme Ele viveu, sobre cuja vida podemos ler nos Evangelhos. É isso que está envolvido nesse tipo de vida. E quanto mais refletimos a esse respeito, mais forte retorna o convite para entrarmos por esse caminho. Não pense naquilo que você talvez tenha de deixar para trás; pois todas aquelas coisas nada representam, na realidade. Não pense nas perdas, não pense nos sacrifícios e nos sofrimentos. Tais termos não devem ser usados, pois você nada perderá, mas antes, ganhará tudo. Olhe para Cristo, siga-O e perceba que, em última análise, você haverá de estar na companhia dele, contemplando o Seu bendito rosto, desfrutando da Sua presença por toda a eternidade. Cristo encontra-se nesse caminho estreito, e isso nos basta.

Antes de passarmos adiante deste assunto, teremos de considerar ainda um outro princípio. Temos resolvido entrar pela porta estreita, e já vimos quais são os motivos que nos impelem a entrar por ela. Entretanto, há determinados problemas que as pessoas constantemente mencionam quando estão considerando o presente texto. Um desses problemas é que a teologia envolvida nesse ensinamento apresenta uma pedra de tropeço para certas pessoas. A primeira dificuldade é essa. Porventura nosso Senhor ensinou-nos aqui que há uma espécie de posição neutra na vida? Somos aqui retratados como quem está de pé em uma estrada que se bifurca com uma porta estreita e outra larga de cada lado. Houve já alguma ocasião, na vida de uma pessoa, em que ela não seja nem boa e nem má? Nascemos todos na inocência e na neutralidade moral? Deliberadamente entramos por esta ou por aquela porta? Parece que temos sido instruídos quanto a esse particular.

A resposta, naturalmente, é que sempre deveríamos comparar Escritura com Escritura, considerando qualquer passagem bíblica em particular à luz do todo. As Escrituras ensinam-nos claramente que todos nascemos neste mundo como filhos do pecado e da ira. Na qualidade de descendentes de Adão, todos nascemos na culpa e na vergonha, todos fomos formados em iniquidades, nascidos, na realidade, "mortos em delitos e pecados" (Ver Efésios 2:1). Na verdade, portanto, todos nascemos naquele caminho largo e espaçoso. E por qual motivo, assim sendo, o Senhor expressou a questão dessa maneira? Pela seguinte razão. Ele ensina-nos aqui a importância de entrarmos em Sua modalidade de vida, e Ele usou uma certa ilustração. Ele dramatizou e objetivou a situação, e pediu-nos que a considerássemos como se estivéssemos diante da escolha de um entre dois caminhos diferentes. Em outras palavras, Ele nos perguntou: "Você se consagrou para sempre àquela vida mundana na qual você nasceu, ou você quer abandoná-la a fim de entrar no Meu tipo de vida?" Essa é uma perfeita técnica didática, e ninguém poderia imaginar melhor ilustração do que essa. No entanto, toda e qualquer ilustração tem os seus próprios limites. Jesus interessava-se aqui pela nossa dedicação a este ou àquele caminho; e, dessa forma, exprimiu o ponto conforme o fez. Portanto, não há aqui qualquer ensino que entre em contradição com o claríssimo ensinamento bíblico, no sentido que todos nós precisamos nascer do alto, que todos nós necessitamos de uma nova natureza, que todos nós continuaremos sendo filhos deste mundo, filhos de Satanás, enquanto não nos tornarmos filhos de Deus. Nosso Senhor mesmo ensina-nos isso, não é verdade? Ele outorga poder, para todos quantos O recebem, a fim de que se "tornem" filhos de Deus. Esse é o ensino que se vê por todas as páginas dos evangelhos e epístolas. Vemos que é uma ilustração que destaca somente um grande aspecto da verdade dessas realidades.

Resta-nos, entretanto, considerar ainda uma outra questão. Porventura nosso Senhor ensinou que somos salvos mediante a nossa decisão e ação? "Entrai pela porta estreita..." – e, conforme Ele parece dizer – "... e então, se assim fizerdes, e caminhardes ao longo do caminho estreito, chegareis à vida eterna; ao passo que se entrardes pela outra porta, estareis vos encaminhando para a destruição eterna". Aquelas palavras de Jesus, pois, ensinam que um homem pode salvar-se mediante a sua decisão e a sua ação?

Novamente, aproximemo-nos do problema da mesma maneira. Sempre precisamos comparar Escritura com Escritura, tomando consciência do fato que elas jamais se contradizem entre si. E a Bíblia ensina que todos os pecadores são justificados pela fé, salvos mediante a morte do Senhor Jesus Cristo em nosso favor. Ele veio a fim de "... salvar o que estava perdido..." (Mateus 18:11). "Não há justo, nem sequer um..." (Romanos 3:10). O mundo inteiro jaz culpado, diante de Deus. Nenhuma pessoa, através de suas próprias obras, é capaz de salvar a si mesmo; a sua retidão não passa de "... trapo da imundícia..." (Isaías 64:6). Todos somos salvos pela graça do Senhor Jesus Cristo, e não por algo que façamos. Mas, alguém poderia indagar: Que dizer acerca do nosso texto? A resposta poderia ser dada sob a seguinte forma. Não salvo a mim mesmo através do ato de entrar pela porta estreita; mas, ao fazê-lo, estou anunciando o fato que fui salvo. O único indivíduo que entra pela porta estreita é aquele que já foi salvo; as únicas pessoas que estão caminhando pelo caminho apertado são aquelas que já foram salvas. Doutra sorte, não estariam ali. "Ora, o homem natural não aceita as coisas do Espírito de Deus..." (I Coríntios 2:14). "o pendor da carne é inimizade contra Deus...", e, por isso mesmo, é contrário ao caminho estreito. Esse pendor "... não está sujeito à lei de Deus, nem mesmo pode estar" (Romanos 8:7). Por conseguinte, nenhum ser humano, conforme ele é em si mesmo, haverá jamais de preferir entrar pela porta estreita, porquanto, para ele, isso parece loucura. Não, mas o que o Senhor Jesus estava dizendo aqui é o seguinte. Não é porque eu me tenha feito "humilde de espírito" que sou "bem-aventurado"; entretanto, quando me torno humilde de espírito, em resultado da operação do Espírito Santo em meu interior, então sou verdadeiramente abençoado. E assim, por sermos e fazermos essas coisas, estamos proclamando aquilo que já somos, estamos anunciando, alegre e prontamente, que pertencemos ao Senhor Jesus. Somente pessoas crentes podem ser encontradas avançando pelo caminho estreito, e ninguém faz de si mesmo um crente somente porque entrou pela porta estreita. Entra-se e anda-se por aquela trilha porque se é salvo.

Poderíamos expressar o mesmo pensamento ainda de outra maneira: O fato de alguém não estar vivendo plenamente a vida cristã prova que está no caminho espaçoso? Temos passado algum tempo considerando as características do caminho apertado e exíguo, e temos obtido um claríssimo quadro sobre a vida cristã, por toda a parte do Sermão do Monte. Porém, falhamos em tantos aspectos dessa vida; não voltamos a outra face a quem nos fere e assim por diante. Isso significaria, portanto, que continuamos palmilhando pelo caminho espaçoso? A resposta é "Não". Nenhum quadro pode ser descrito quanto a todos os seus pormenores; pois, se isso for feito, conforme temos averiguado por inúmeras vezes, a ilustração se torna ridícula. As perguntas que precisam ser formuladas, à luz do presente texto, são as seguintes: Você resolveu que seguiria essa modalidade de vida? Você se dedicou inteiramente a esse tipo de vida? Você mesmo o escolheu? É isso que você quer ser? É isso que você está se esforçando por realizar? Essa é a vida pela qual você tem fome e sede? Ora, se você puder dar respostas afirmativas a essas indagações, então posso assegurar-lhe que você se acha no caminho apertado. Nosso Senhor mesmo foi quem asseverou: "Bem-aventurados os que têm fome e sede de justiça, porque serão fartos" (Mateus 5:6). O indivíduo que tem fome e sede de justiça não é o indivíduo absolutamente impecável e perfeito. Não existe pessoa que assim se caracterize nesta vida terrena. O que nosso Senhor procurava dizer, é isto: "O meu povo se compõe de pessoas que querem seguir-Me, ou seja, daqueles que estão se esforçando por assim fazer". Esses, pois, entraram pela porta estreita e estão seguindo pelo caminho apertado.

Com frequência, essas pessoas falham e caem em tentação, mas prosseguem no caminho apertado. Tais falhas, portanto, não significam que elas voltaram ao caminho espaçoso. Também é possível alguém cair, mesmo estando no caminho apertado. Porém, quando o crente percebe que caiu, e imediatamente confessa e reconhece o seu pecado, então Cristo mostra-se "... fiel e justo..." (I João 1:9), perdoando-lhe os pecados e purificando-o de toda a injustiça. João dissera isso no primeiro capítulo de sua primeira epístola: "Se, porém, andarmos na luz, como ele está na luz, mantemos comunhão uns com os outros, e o sangue de Jesus, seu Filho, nos purifica de todo pecado" (v. 7). Em Deus não há "treva nenhuma" (I João 1:5). Porém, podemos tropeçar no pecado e interromper a nossa comunhão e companheirismo com o Senhor. Não obstante, nem por isso teremos saído do caminho apertado, mas tão somente teremos quebrado a nossa comunhão em Cristo. Nesse caso, não nos restará fazer outra coisa senão confessar os nossos erros, e, prontamente, o sangue de Jesus Cristo nos haverá de limpar de todo pecado e de qualquer outra injustiça. A comunhão com Ele é restaurada, e, assim, podemos prosseguir caminhando em companhia dele. Esse quadro sobre o caminho apertado tem por desígnio salientar e impressionar nossas mentes com esse grandioso princípio – nossos desejos, nossa ambição, nossa dedicação, nossa resolução, nossa fome e sede de estarmos em companhia dele e de sermos semelhantes a Ele.

A última questão é esta: "... (larga é a porta, e espaçoso, o caminho que conduz para a perdição, e são muitos os que entram por ela), porque estreita é a porta, e apertado, o caminho que conduz para a vida, e são poucos os que acertam com ela". Porventura essas palavras significariam, conforme alguém poderia indagar, que somente umas poucas pessoas serão finalmente salvas? E a vasta maioria da humanidade haveria de finalmente cair na condenação eterna? Para responder a essa indagação, nada mais preciso fazer senão oferecer a resposta que nosso Senhor mesmo dá. Certas pessoas, curiosas que eram quanto a problemas teológicos, e que com frequência tinham debatido entre si sobre essa questão, certo dia abordaram o Senhor Jesus (ver Lucas 13:23), e perguntaram, tal e qual seus modernos opositores tanto gostam de indagar: "Senhor, são poucos os que são salvos?" Você está lembrado da resposta dada pelo Senhor Jesus? Ele olhou diretamente nos olhos daquelas pessoas, daqueles cavalheiros e filósofos, e retrucou: "Esforçai-vos por entrar pela porta estreita, pois eu vos digo que muitos procurarão entrar e não poderão" (Lucas 13:24). Uma questão como essa deve ser deixada entregue aos cuidados de Deus. Pois Deus, e exclusivamente Ele, sabe quantos seres humanos haverão de ser finalmente salvos. Não cabe a mim e a você tentarmos descobrir quantos serão os habitantes da pátria celeste. A nossa tarefa consiste em procurarmos entrar, em certificar-nos de que já estamos no caminho certo. E então, lá na glória celeste, mas não antes, descobriremos quantos são os nossos companheiros de felicidade eterna. E é perfeitamente possível que ficaremos tremendamente surpreendidos. Porém, por enquanto, não nos cabe ter conhecimento sobre essas coisas. A nossa tarefa consiste em entrarmos, em nos esforçarmos por entrar, por tornar certo e seguro o nosso próprio destino. Entre pela porta estreita, e você ver-se-á entre os salvos, entre aqueles que serão glorificados, entre aqueles todos que haverão de contemplar a face de Jesus, "... o Autor e consumador da fé..." (Hebreus 12:2).

Capítulo LII
OS FALSOS PROFETAS

Nos versículos 15 e 16, e daí até o fim deste capítulo 7, nosso Senhor estava interessado em ressaltar apenas um grande princípio, uma grande mensagem. Ele estava enfatizando tão somente uma coisa, a importância de se entrar pela porta estreita, de se ter a certeza de estar realmente caminhando ao longo do caminho apertado. Em outras palavras, temos nesse trecho uma espécie de reforço da mensagem contida nos versículos 13 e 14. Ali, nosso Senhor expressa esse ponto sob a forma de um convite ou de uma exortação, afirmando que nos cumpre entrar pela porta estreita e então caminhar e continuar caminhando pelo caminho apertado. Mas, neste trecho, Jesus elabora a questão. E o Senhor mostra-nos alguns dos perigos, empecilhos e obstáculos com os quais se encontram todos aqueles que tentam encetar essa caminhada. O tempo todo, entretanto. Cristo continua enfatizando esse princípio vital, asseverando que o Evangelho não é apenas uma mensagem a ser ouvida, ou a ser aplaudida, porquanto a sua finalidade será, sempre, ser aplicada. Conforme Tiago coloca a questão, o perigo consiste em olharmos para um espelho, e imediatamente nos esquecermos de nossa própria aparência, ao invés de olharmos constantemente para o espelho daquela lei perfeita, lembrando-nos de pô-la em prática.

Esse é o tema que o Senhor Jesus continuou enfatizando até o fim do Sermão do Monte. Em primeiro lugar, Ele estabelece o tema sob a forma de dois perigos particulares e especiais que nos ameaçam. Ele nos mostra como podemos reconhecê-los, para então, tendo-os reconhecido, como devemos tratar com os mesmos. E então, havendo abordado esses dois perigos, Jesus conclui o Seu argumento, bem como o Sermão do Monte inteiro, utilizando-se de uma declaração clara, definida e sem requintes, nos termos do quadro de duas casas, uma das quais foi edificada sobre a rocha e a outra sobre a areia. Entretanto, trata-se do mesmo tema do começo ao fim, e o elemento comum às três divisões, em seu aspecto geral, é a terrível advertência a respeito da realidade do julgamento. Isso, conforme temos verificado, é o tema que vinha sendo explorado desde o princípio do sétimo capítulo do evangelho de Mateus, sendo importantíssimo que tomemos consciência desse fato. E por não entendermos isso, explica-se a maior parte das nossas dificuldades e problemas. E isso também explana o evangelismo superficial e leviano que se tem tornado tão extremamente comum nestes dias. Além disso, isso também explica a ausência de piedade e de uma vida santa que se verifica entre quase todos os crentes. Não é que precisemos de ensinamentos especiais a respeito dessas coisas. O que parece que todos nós nos temos esquecido é que, durante todo o tempo, Deus está de olhos fixos em nós, e também que nos estamos movendo continuamente, e sem a menor sombra de dúvida, na direção de nosso julgamento final.

Por conseguinte, nosso Senhor não se descuidou em reiterar essa realidade. Ele expressa o ponto de diferentes maneiras; mas, durante todo o tempo, Ele estava salientando o fato do julgamento, bem como o caráter do mesmo. Não temos nisso alguma questão superficial, e nem um exame de meras externalidades, mas antes, da sondagem de nossos próprios corações, de um exame da nossa natureza inteira. Acima de tudo, o Senhor Jesus destacou a certeza absoluta do julgamento, bem como as consequências que daí sobrevirão. Ele já nos dissera, nos versículos 13 e 14, por quais motivos devemos entrar pela porta estreita. A razão principal, conforme Ele esclareceu, é que a outra porta "... conduz para a perdição...", aquela destruição é o julgamento final sobre os incrédulos. Como é evidente, nosso Senhor estava tão preocupado com isso que Ele não cessou de repetir o ponto. Isso mostra-nos, novamente, a perfeição do Seu método como Mestre. Ele sabia quão importante é a repetição na didática. Ele sabia quão embotados nós somos, quão lentos nos mostramos para compreender as coisas, e quão inclinados somos para pensar que já sabemos alguma coisa, quando, na realidade, ainda não a sabemos, e, por conseguinte, o quanto precisamos ser constantemente lembrados acerca dos mesmos fatos. Todos conhecemos algo da dificuldade de nos lembrarmos desses princípios vitais. Nos séculos passados, as pessoas apelaram para toda a variedade de meios e métodos como auxílios da memória. Pode-se ver, em muitas igrejas anglicanas, que os Dez Mandamentos eram pintados nas paredes. Dessa forma, eles reconheciam a fácil tendência humana para o esquecimento, sendo esse o motivo que levou os nossos antepassados a fazerem tal coisa.

Em seguida, nosso Senhor lembra-nos novamente a respeito dessas coisas, defrontando-nos, em primeiro lugar, com duas advertências especiais. A primeira delas diz respeito aos falsos profetas: "Acautelai-vos dos falsos profetas, que se vos apresentam disfarçados em ovelhas, mas por dentro são lobos roubadores" (v. 15). O quadro que deveríamos conservar na mente parece-se um tanto com aquilo que passamos a dizer. Aqui estamos, por assim dizer, de pé, do lado de fora da porta estreita. Já ouvimos o Sermão do Monte, já ouvimos a exortação do Senhor, e agora estamos considerando o que nos convém fazer acerca disso tudo. Então, nosso Senhor como que nos diz: "Ora, a esta altura, uma das coisas que vocês precisam observar, acima de qualquer outra coisa, é o perigo de darem ouvidos aos falsos profetas. Eles sempre se fazem presentes, nunca se afastam do lado externo da porta estreita. Essa é a posição favorita deles. Porém, se vocês começarem a dar-lhes ouvidos, estarão inteiramente perdidos, porquanto eles acabarão persuadindo-os a entrarem pela porta estreita mas a não caminharem pelo caminho apertado. Eles procurarão dissuadir vocês de darem ouvidos àquilo que Eu tenho para dizer". Portanto, sempre devemos levar em conta o perigo representado pelos falsos profetas, os quais se avizinham de nós com a sua forma particular de sutil tentação.

A pergunta que imediatamente toma forma em nosso espírito é esta: Quem são esses falsos profetas? Que representam eles, e como poderão ser reconhecidos? Essas indagações não podem ser respondidas tão facilmente como se poderia pensar a princípio. A interpretação sobre o ponto reveste-se de grande interesse, sendo, realmente, fascinante. Tem havido duas escolas de pensamento principais, no tocante a essa declaração de Jesus acerca dos falsos profetas; e alguns dos grandes nomes da História da Igreja Cristã podem ser encontrados em um ou outro lado dessa questão. A primeira delas é aquela escola que diz que temos aqui tão somente uma referência ao ensino dos falsos profetas. Nosso Senhor nos disse: "Pelos seus frutos os conhecereis..." (v. 16), e isso aludiria ao ensino e doutrina de tais profetas, e somente a isso. Por conseguinte, há aqueles que preferem confinar a interpretação sobre o sentido dos falsos profetas exclusivamente a esse aspecto. Os expositores protestantes pertencentes a esse grupo geralmente têm ensinado que a Igreja Católica Romana é a suprema ilustração dos falsos profetas.

O outro grupo de intérpretes, entretanto, discorda inteiramente dessa opinião. Esse outro grupo afirma que essa referência aos falsos profetas realmente nada tem a ver com os ensinamentos deles, porquanto tratar-se-ia puramente da questão da qualidade de vida que essa gente levaria. Um bem conhecido expositor bíblico, como foi o Dr. Alexander MacLaren, para darmos um exemplo, tem o seguinte a dizer sobre esse assunto: "Não encontramos aqui um teste para detectar os hereges, mas antes, um teste para desmascarar os hipócritas, e, especialmente, os hipócritas inconscientes". O argumento dele, apoiado como é por muitos seguidores, é que essas palavras de Jesus nada têm a ver com a doutrina de um homem. A dificuldade inteira, acerca dessas pessoas, é que o ensino delas é correto, mas as suas vidas estão erradas, e nem ao menos têm consciência de que são hipócritas.

Portanto, existem essas duas escolas de pensamento, e, como é óbvio, precisamos enfrentar suas diferentes maneiras de explicar e de expor a presente afirmação. Em última análise, não importa muito em qual desses lados da questão nós acreditamos. De fato, sugiro que ambas essas opiniões estão, ao mesmo tempo, certas e erradas, e que o erro maior consiste em dizer-se que a verdadeira exposição é uma ou é outra. Isso não nos torna culpados de transigência; mas trata-se simplesmente de uma maneira de dizer que nenhuma dessas opiniões pode explicar e expor satisfatoriamente essa afirmação de Cristo, exceto se incluirmos os dois elementos ao mesmo tempo. Ninguém pode dizer que se trata tão somente de uma questão de ensino, e nem que a alusão é somente a uma questão de ensino herético, pela simples razão que, na realidade, não seria difícil detectar tal ensinamento. A maioria das pessoas que dispõe de qualquer dose normal de capacidade de discriminação pode detectar um herege. Se um homem se levantasse em um púlpito e parecesse duvidoso a respeito da pessoa de Deus, e negasse a deidade de Cristo ou a realidade dos milagres, então poderíamos dizer que tal indivíduo é um herege. Não enfrentaríamos grande dificuldade para podermos chegar a essa conclusão, e nem haveria nisso qualquer sutileza mais profunda. Não obstante, você deve observar que o quadro criado pelo Senhor Jesus, sugere que há uma dificuldade, e que existe algo de bastante sutil em torno da questão. Pode-se notar, nos próprios vocábulos utilizados pelo Senhor Jesus, esse quadro sobre o disfarce de tais indivíduos em peles de ovelhas. Jesus sugeriu que a verdadeira dificuldade a respeito desse tipo de falso profeta é que, de começo, ninguém pode imaginar que ele seria tal. A questão inteira é extremamente sutil, a tal ponto que o povo de Deus pode ser desencaminhado pelos falsos profetas. Deveríamos dar atenção à maneira como Pedro expressou essa particularidade, no segundo capítulo de sua segunda epístola. Essas pessoas, no dizer daquele apóstolo, "... introduzirão, dissimuladamente, heresias destruidoras..." (II Pedro 2:1). Esses falsos profetas assemelham-se a pessoas corretas; mas é que se disfarçam com peles de ovelhas, e ninguém pode suspeitar que eles são fraudulentos. Ora, a Bíblia, tanto no Antigo quanto no Novo Testamentos, sempre destaca essa grande característica dos falsos profetas. É a sutileza deles que realmente constitui o perigo. Qualquer verdadeira exposição desse ensino de Jesus Cristo, por conseguinte, deve levar em conta esse elemento particular da sutileza. Por essa razão, portanto, não podemos aceitar essa declaração do Senhor como uma mera advertência a respeito dos hereges e dos seus ensinamentos. Ao mesmo tempo, entretanto, a mesma ideia se aplica ao outro lado da questão. Como é óbvio, não está em foco alguma conduta ultrajante. Pois esta, uma vez mais, qualquer pessoa poderia reconhecê-la facilmente, e isso não seria algo sutil e nem envolveria grande dificuldade para nós.

O quadro que precisamos ter em nossas mentes, por conseguinte, deve ser este e não outro. O falso profeta é um indivíduo que se aproxima de nós, dando-nos a impressão inicial de ser tudo quanto seria desejável em alguém.

Ele é gentil, agradável e obsequioso. Parece ser um bom crente, e também parece dizer as coisas certas. O seu ensinamento, de modo geral, é bastante equilibrado, e ele emprega muitos vocábulos que deveriam ser usados e empregados por qualquer verdadeiro mestre cristão. Ele fala acerca de Deus, acerca de Jesus Cristo e acerca da cruz; ele enfatiza o amor de Deus, ele parece dizer tudo quanto um crente autêntico deveria dizer. É óbvio que um homem assim disfarça-se de ovelha, e a sua maneira de viver aparentemente corresponde à maneira de viver de uma ovelha. Por isso mesmo, ninguém suspeita que haja qualquer coisa de errado com tal homem; nada existe que imediatamente nos atraia a atenção para ele ou nos desperte as suspeitas, nada existe nele que seja flagrantemente errado. Portanto, que poderia haver de errado em um indivíduo assim? A minha sugestão é que, finalmente, esse indivíduo pode estar errado tanto em seu ensino como no seu tipo de vida, porquanto, conforme veremos, essas duas coisas estão sempre indissoluvelmente ligadas entre si. Nosso Senhor expressou esse ponto ao dizer: "Pelos seus frutos os conhecereis..." A doutrina e a qualidade de vida jamais poderão ser separadas uma da outra, e onde quer que haja ensino distorcido, em qualquer grau ou forma, isso sempre conduzirá a alguma forma de vida errada, seja no que for.

Como, pois, poderíamos descrever esses indivíduos? O que há de errado no ensino deles? A maneira mais conveniente de se fornecer resposta a essas perguntas consiste em dizer que no ensino ministrado por eles não há o elemento da "porta estreita", nem há o "caminho apertado". Até onde vai, esse ensino parece bom, mas não inclui nenhum desses aspectos. Trata-se, pois, de um falso ensino, cuja falsidade deve ser detectada por meio daquilo que *não* declara, muito mais do que por intermédio daquilo que *realmente* diz. E é precisamente quanto a isso que podemos perceber a sutileza da situação. Conforme já pudemos averiguar, qualquer crente pode detectar um indivíduo que costume declarar coisas ultrajantemente erradas; mas seria injusto e descaridoso dizermos que a vasta maioria dos crentes da atualidade não parece ser capaz de detectar o indivíduo que parece dizer as coisas certas, mas que deixa de fora questões vitais? De alguma maneira, temos aceitado o conceito de que o erro consiste tão somente naquilo que é ultrajantemente errado; mas não parecemos compreender que a pessoa mais perigosa de todas é justamente aquela que não enfatiza as coisas certas.

Essa é a única maneira de compreendermos corretamente esse quadro a respeito dos falsos profetas. O profeta falso é o indivíduo que não inclui as ideias da "porta estreita" e do "caminho apertado" na sua mensagem. Ele nada apresenta de realmente ofensivo para o homem natural; mas procura agradar a todos. Exibe-se "disfarçado de ovelha", e mostra-se tão atrativo, tão amável, tão agradável de ser admirado. Sua mensagem é tão suave, consoladora e confortadora! Ele agrada a todos, e todos falam bem dele. Jamais é perseguido por causa de sua pregação, e nunca é severamente criticado por causa da mesma. É elogiado igualmente pelos liberais, pelos modernistas, e também pelos evangélicos e por todos os demais. Nesse mau sentido, ele é tudo para todos; em sua mensagem não há o aspecto da "porta estreita", e nem o aspecto do "caminho apertado", e nele nada transparece do "... escândalo da cruz..." (Gálatas 5:11).

Se essa é a descrição em geral dos falsos profetas, formulemos as seguintes perguntas: Que devemos entender, exatamente, pelas expressões "porta estreita" e "caminho apertado"? Que queremos dar a entender, quando afirmamos que nada há de ofensivo na pregação dos falsos profetas? Poderíamos responder melhor a essas indagações utilizando-nos de certas expressões do Antigo Testamento, que passamos a citar. Você deve estar lembrado de como Pedro argumentou, no segundo capítulo de sua segunda epístola. Escreveu ele: "Assim como, no meio do povo, (os filhos de Israel no Velho Testamento) surgiram falsos profetas, assim também haverá entre vós falsos mestres..." (v. 1). Por conseguinte, precisamos retroceder até ao Antigo Testamento a fim de lermos o que ali foi declarado sobre os falsos profetas, porquanto o tipo básico não se modifica em nada. Eles sempre manifestaram as mesmas características, e de cada vez que um profeta verdadeiro, como Jeremias, ou algum dos outros, apareceu em cena, os falsos profetas nunca estiveram ausentes, a fim de porem em dúvida o que o profeta autêntico dizia, oferecer-lhe resistência, denunciá-lo e tentar lançá-lo no ridículo. Porém, com o que se assemelhavam os falsos profetas? Eis como eles foram descritos: "Curam superficialmente a ferida do meu povo, dizendo: Paz, paz; quando não há paz" (Jeremias 6:14).

O profeta falso sempre mostra ser um pregador que muito procura consolar os seus ouvintes. Sempre que alguém o ouve, tem a impressão de que nele não pode haver muita coisa que seja errada. Naturalmente, o profeta falso admite que alguma coisa de errado pode ser percebida em sua pessoa, porquanto não é suficientemente insensato para ocultar totalmente os seus erros. No entanto, insiste que tudo vai bem com ele, e que tudo continuará bem. Diz o falso profeta: "Paz, paz. Não deem ouvidos a um homem como Jeremias. Ele é um alarmista. Jeremias tem mente bitolada, é um caçador de hereges, e não coopera com os outros. Não lhe deem ouvidos, pois tudo está correndo bem". "Paz, paz." Curando "superficialmente a ferida do meu povo, dizendo: Paz, paz; quando não há paz". E, conforme o Antigo Testamento acrescenta, vez por outra, de modo devastador e com uma verdade tão aterrorizante sobre certos indivíduos religiosos, "... é o que deseja o meu povo" (Jeremias 5:31). Assim sucede entre o povo porque os falsos profetas jamais os deixam perturbados e nunca os deixam desconfortáveis com a sua pregação. O ouvinte desse falso profeta continua na mesma condição, e ainda pensa que tudo vai muito bem, não tendo de preocupar-se com a porta estreita ou o caminho apertado, com esta ou com aquela doutrina em particular. "Paz, paz." Ele é muito confortador e tranquilizante em seu disfarce de ovelha; sempre se mostra inofensivo e gentil, e, invariavelmente, é atraente para os incautos.

Porém, de que maneira essas atitudes se manifestam na prática real? Sugiro que essa manifestação se dá, de modo geral, por meio de uma quase total ausência de princípios doutrinários na mensagem dos falsos profetas. Eles sempre falam de um modo vago e genérico; nunca chegam a particularizar doutrinas. Não apreciam a prédica de caráter doutrinário; mas sempre se mostram extremamente vagos. Entretanto, alguém poderia indagar: "O que você pretende dizer com essa particularização acerca das doutrinas, e onde cabem, nesse quadro, a porta estreita e o caminho apertado?" A resposta é que os falsos mestres mui raramente ensinam qualquer coisa sobre assuntos como a santidade, a retidão, a justiça e a ira de Deus. Eles sempre pregam acerca do amor de Deus, embora aqueles outros aspectos da revelação divina nunca sejam por eles mencionados. Eles jamais fazem alguém tremer, ao pensar sobre esse santo e augusto Ser, com quem todos nós teremos de tratar pessoalmente. Eles não esclarecem que não acreditam nessas verdades da Bíblia. Não, não é essa a dificuldade. A dificuldade a respeito dos falsos profetas é que eles jamais aludem a esses temas. Eles simplesmente nunca os mencionam. De modo geral, os falsos profetas enfatizam uma só verdade acerca de Deus, a saber, o Seu amor. Mas não mencionam as demais verdades, igualmente proeminentes nas Escrituras. E é justamente aí que reside o perigo. Os falsos profetas não dizem coisas que sejam obviamente erradas, mas refreiam-se de mencionar verdades que são obviamente certas e verdadeiras. Essa é a razão de ser ele um falso profeta. Ocultar a verdade é tão repreensível e condenável como proclamar alguma total heresia; e é por isso que o efeito desse ensino se assemelha ao de um "lobo roubador". É tão agradável, e, não obstante, pode conduzir os homens à perdição eterna, porquanto jamais confronta os homens com a santidade e a retidão, com a justiça e a ira do Senhor.

Uma outra doutrina que os falsos profetas nunca salientam é a doutrina do julgamento final e do destino eterno dos perdidos. Nos últimos cinquenta ou sessenta anos não tem havido muita pregação a respeito do inferno e da "perdição eterna" dos ímpios. Não, os falsos profetas não apreciam ensino como aquele que encontramos na segunda epístola de Pedro. De fato, eles têm procurado negar a autenticidade dessa epístola, porque ela não se coaduna com a doutrina deles. Eles dizem que esse segundo capítulo de II Pedro não deveria fazer parte das Escrituras. Esse é um capítulo tão peremptório, tão tempestuoso. Não obstante, faz parte da Bíblia. E não se trata de algum caso isolado, apenas. Há trechos bíblicos similares. Leia a epístola de Judas, leia o chamado gentil "apóstolo do amor", que é o apóstolo João, em sua primeira epístola, e você descobrirá a mesma coisa. No entanto, esse tema também transparece aqui mesmo, no Sermão do Monte. E isso como declaração saída dos lábios do próprio Senhor Jesus. Ele é quem falou acerca dos falsos profetas, que se disfarçam de ovelhas, mas que, na realidade, são lobos roubadores. Foi Ele quem os descreveu como árvores daninhas e más. Jesus abordou a questão do julgamento final exatamente conforme o fez o apóstolo Paulo, quando pregou a Félix e a Drusila a respeito "... da justiça, do domínio próprio e do juízo vindouro..." (Atos 24:25).

Por semelhante modo, o ensino dos falsos profetas não põe em destaque a total pecaminosidade do pecado e a completa incapacidade do ser humano para fazer qualquer coisa em favor de sua própria salvação. Os falsos profetas, com frequência, não acreditam na realidade do pecado, e certamente não enfatizam a vil natureza do pecado. Não asseveram que todos os homens são perfeitos, é verdade; mas sugerem que o pecado não é tão sério assim. Na realidade, eles não gostam de falar acerca do pecado; falam tão somente sobre pecados particulares ou individuais. Porém, não aludem à natureza decaída do ser humano, não dizem que o próprio homem, em sua totalidade, é alguém decaído, perdido e depravado. Não apreciam qualquer conversa sobre a solidariedade da humanidade inteira em torno do pecado, e nem do fato que "... todos pecaram e carecem da glória de Deus..." (Romanos 3:23). O ensino deles não salienta essa doutrina da "extrema pecaminosidade do pecado", conforme ela se acha nas páginas do Novo Testamento. E nem enfatiza o fato que, em nosso estado natural, todos estamos "... mortos em nossos delitos..." (Efésios 2:5), inteiramente sem capacidade e sem esperança. A doutrina dos falsos profetas não inclui elementos dessa ordem; não percebe a necessidade de incluí-los. O que estou aqui frisando é que os falsos profetas nunca aludem a temas assim, de tal modo que um crente ingênuo, que se ponha a ouvi-los, pode supor que os falsos profetas acreditam nessas verdades. A pergunta que se levanta, no tocante a eles é a seguinte: Eles creem, realmente, nessas realidades? A resposta, como é evidente, é que eles não acreditam nelas, pois, de outra forma, sentir-se-iam compelidos a pregar e a ensinar a esse respeito.

Além disso, precisamos considerar o aspecto expiatório da redenção, bem como a morte vicária do Senhor Jesus Cristo. Os falsos profetas falam acerca de "Jesus"; e chegam a deleitar-se em comentar sobre a cruz e sobre a morte de Jesus. Porém, a questão vital é a seguinte: Qual é a posição deles sobre a morte de Cristo? Qual é o ponto de vista deles da cruz? Há certas opiniões, que estão sendo ensinadas, mas que não passam de heresias e virtuais negações da fé cristã. Um dos testes que podemos aplicar é o seguinte: Tal ou qual indivíduo crê que Cristo morreu na cruz por ser a única maneira de fazer expiação e propiciação pelo pecado? Ele realmente acredita que Cristo foi crucificado como seu substituto, e que Ele levava "... em seu corpo, sobre o madeiro, os nossos pecados..." (I Pedro 2:24), a fim de que a sua culpa pudesse ser apagada e ele não tivesse de ser punido por essa culpa e por esse pecado? Acredita ele que se Deus não tivesse punido o pecado dele, então nem Deus poderia jamais perdoá-lo? (e indago isso com profunda reverência). Acredita ele que foi somente ao dar Seu próprio Filho como propiciação pelos nossos pecados, na cruz do Calvário, que Deus pôde ser "... justo e o justificador daquele que tem fé em Jesus" (Romanos 3:25-26)? Meramente falar acerca de Cristo e Sua cruz não basta. Mas essa menção inclui a doutrina bíblica da expiação penal vicária? Essa é a maneira certa de testarmos os falsos profetas. Os falsos profetas nunca falam sobre essas verdades. Eles se referem a certas coisas ao redor da cruz. Eles falam sobre as pessoas que circundavam a cruz de Cristo, sentimentalizando a respeito de nosso Senhor. Mas desconhecem inteiramente aquilo que Paulo chamou de "escândalo da cruz" (ver Gálatas 5:11). A pregação da cruz, para os profetas falsos, não constitui "... escândalo para os judeus..." e nem "... loucura para os gentios..." (I Coríntios 1:23). Eles neutralizam o significado da cruz por meio de sua vã filosofia. Os falsos profetas transformam a mensagem da cruz em algo aceitável para o mundo, em uma admirável filosofia de amor e de profunda emotividade, e isso porque o mundo não se interessa pela verdadeira mensagem da cruz. Os falsos profetas jamais encaram o Evangelho como uma tremenda e santa transação entre o Pai e o Filho, no qual o Pai "... o fez pecado por nós..." (II Coríntios 5:21), ao deixar cair sobre Ele a iniquidade de todos nós. Não há nenhum desses aspectos na pregação e no ensino dos falsos profetas; e essa é a razão porque a doutrina deles é falsa.

Por semelhante modo, essa doutrina não enfatiza devidamente o arrependimento, em qualquer sentido legítimo. A doutrina deles fala antes de um portão bem amplo, como se este levasse à salvação, e de uma estrada bem espaçosa, indo para o céu. Ninguém precisaria sentir profundamente a sua própria pecaminosidade; ninguém precisaria atentar para a negridão do seu próprio coração. Tão somente ao indivíduo caberia "decidir-se em favor de Cristo", para então misturar-se à multidão, já de nome registrado, para poder ser um número entre as "decisões" noticiadas à imprensa. O evangelismo dos puritanos, de John Wesley, de George Whitefield e de outros era inteiramente diferente disso. Aquele evangelismo deixava os homens aterrorizados diante do julgamento de Deus, e com uma agonia de alma que, algumas vezes, se prolongava por vários dias, semanas ou mesmo meses. John Bunyan revela-nos em seu livro, intitulado *Grace Abounding* (Graça Abundante), que ele teve de experimentar as agonias do arrependimento durante dezoito meses. Não parece haver grande oportunidade para isso, em nossos próprios dias. O arrependimento indica que você percebeu que é pecaminoso, culpado e vil, na presença mesma de Deus, que merece somente a ira e a punição imposta pelo Senhor Deus, que está se encaminhando diretamente para o inferno. Significa que você começou a perceber que algo denominado "pecado" está em você, que você anela por livrar-se dele, e que você volta as costas ao pecado em todas as suas formas e variedades. Você renuncia ao mundo a qualquer custo; ao mundo em sua mentalidade e perspectivas, bem como em suas práticas; e você também nega-se a si mesmo, toma a sua cruz e põe-se a seguir a Cristo. Os entes mais queridos e íntimos poderão chamá-lo, juntamente com o mundo, de um homem insensato, ou poderão dizer que você é um maníaco religioso. Talvez você até tenha de sofrer financeiramente. Mas, não faz diferença; nenhuma diferença. Isso é arrependimento. Os falsos profetas não colocam a questão nesses termos. Eles pretendem curar "... superficialmente a ferida do meu povo..." (Jeremias 6:14), simplesmente asseverando que tudo vai bem, que as pessoas tão somente precisam "vir a Cristo", precisam "seguir a Cristo", precisam "tornar-se crentes".

Finalmente, poderíamos expressar essa questão como segue. Os profetas falsos não ressaltam a absoluta necessidade de alguém entrar pela porta estreita e de avançar pelo caminho apertado. Eles não insistem que devemos pôr em prática os preceitos do Sermão do Monte. Ora, se somente ouvirmos, sem pôr em prática aquilo que tivermos ouvido, então estaremos condenados; se somente comentarmos acerca daquilo que tivermos ouvido, sem pô-lo em ação, isso, por ocasião do julgamento final, servirá de depoimento contrário a nós, e nos condenará. A doutrina falsa não se ocupa da verdadeira santidade, da santidade bíblica. Mas apega-se a um conceito de santidade tal como o dos fariseus. Você deve estar lembrado do fato que os fariseus selecionavam certos pecados dos quais eles mesmos não se tinham tornado culpados, conforme imaginavam, e diziam que enquanto não se tornassem culpados dessas coisas, tudo correria bem com eles. Infelizmente, quão numerosos são os fariseus que existem atualmente! A santidade tornou-se apenas uma questão de não se praticarem três ou quatro coisas. Não mais se pensa na santidade em termos de "... não ameis o mundo nem as coisas que há no mundo... a concupiscência da carne, a concupiscência dos olhos e a soberba da vida..." (I João 2:15-16). A "soberba da vida" é uma das piores maldições na Igreja cristã. O falso ensino deseja uma santidade similar à dos fariseus. Seria meramente uma questão de não serem praticadas determinadas coisas, em torno das quais as pessoas concordam porquanto sucede que elas não estão caindo naqueles erros em particular. E, dessa forma, a santidade tem sido reduzida a algo muito fácil, e dessa maneira as pessoas se amontoam, formando multidões naquele caminho espaçoso, tentando praticar as suas crenças particulares.

Essas são algumas das características dos falsos profetas, os quais se apresentam diante de nós disfarçados em peles de ovelhas. Eles sempre oferecem uma salvação facilitada, e um tipo de vida fácil de ser vivido. Eles desencorajam o autoexame. De fato, quase chegam a sentir que é heresia alguém querer examinar a si mesmo. Insistem em que não devemos sondar as nossas próprias almas. Sempre deveríamos "olhar para Jesus", e jamais deveríamos olhar para o nosso próprio interior, na tentativa de ali encontrarmos algum pecado. Eles desencorajam aquilo que as Escrituras nos recomendam fazer, isto é, "examinai-vos" a vós mesmos, "provai-vos a vós mesmos" (II Coríntios 13:5), e enfrente frontalmente este último segmento do Sermão do Monte. Os profetas falsos têm aversão pelo processo de autoexame e de mortificação no tocante ao pecado, conforme era ensinado pelos puritanos e por aqueles grandes líderes evangélicos do século XVIII – não somente Whitefield, Wesley e Jonathan Edwards, mas também pelo piedoso John Fletcher, o qual se submetia a doze indagações, todas as noites, antes de recolher-se ao leito. Mas os falsos profetas não acreditam em nada disso, porquanto isso lhes traria profundo desconforto. Eles preferem uma salvação fácil e uma fácil modalidade de vida cristã.

Desconhecem inteiramente os sentimentos paulinos, quando o apóstolo dos gentios afirma que "... os que estamos neste tabernáculo gememos angustiados ..." (II Coríntios 5:4). Eles desconhecem totalmente a luta envolvida no "... bom combate da fé..." (I Timóteo 6:12). E desconhecem aquilo que Paulo quis dizer quando referiu-se à nossa luta, a qual "... não é contra o sangue e a carne, e sim contra os principados e potestades, contra os dominadores deste mundo tenebroso, contra as forças espirituais do mal, nas regiões celestes" (Efésios 6:12). Os falsos profetas não compreendem esses aspectos da doutrina cristã. Não percebem qualquer necessidade para a completa armadura de Deus, simplesmente porque nunca perceberam o problema. É tudo muito fácil.

Em nossos dias, há muitos que não apreciam esse ensino a respeito dos profetas falsos. Estamos vivendo em uma época em que muitos andam dizendo que enquanto um homem continuar afirmando ser um cristão, seja em que profundidade for, deveríamos considerá-lo um irmão, permitindo-lhe seguir conosco. Mas a resposta a essa posição consiste naquilo que nosso Senhor nos recomendou: "Acautelai-vos dos falsos profetas..." Essas terríveis e visíveis advertências encontram-se nas páginas do Novo Testamento, e, é exatamente a esse tipo de coisas que eu me tenho referido. Naturalmente, não convém que sejamos excessivamente dados à censura; mas também não devemos cair no erro de confundir santidade com afabilidade e espírito amigável. Não se trata de uma questão de diferenças de personalidade. E também não precisamos tratar com desprezo aquelas pessoas. De fato, o Dr. Alexander MacLaren mostrou estar com a razão quando declarou que tais pessoas são "hipócritas inconscientes". Não é que tais pessoas não sejam gentis e agradáveis, pois, de fato, o são. Em certo sentido, é exatamente nisso que consiste a pior ameaça representada por tais indivíduos, e é isso que os torna tão perigosos. Estou enfatizando essa questão porque, em consonância com o que disse o Senhor Jesus, sempre haveremos de encontrar em nosso caminho pessoas dessa natureza. Há um caminho que conduz para a "perdição", e os falsos profetas não acreditam na "perdição" eterna dos ímpios.

Não é verdade dizer que a explicação para o atual estado da Igreja cristã depende daquilo que temos abordado aqui? Por qual motivo a Igreja se tem tornado tão débil e ineficaz? Não hesito em responder, dizendo que isso se deve, em grande parte, ao estilo de pregação que se tornou moda, em resultado do movimento que eclodiu no século passado, chamado "alta crítica", o qual condenou decisivamente a pregação de tipo doutrinário. Os seus advogados preferiam falar em moralidade e elevação geral da personalidade humana. Eles extraíam as suas ilustrações da literatura e da poesia, e Ralph Emerson se transformou em um dos seus sumos sacerdotes. Essa é a causa das dificuldades. Eles continuavam falando em Deus; continuavam falando em Jesus; continuavam falando a respeito de Sua morte na cruz. Eles não se destacavam como hereges óbvios; mas também não faziam qualquer referência a essas outras verdades bíblicas, que também são vitais para a salvação da alma. A mensagem deles era tão vaga que a ninguém abalava. Eles mostravam-se tão agradáveis, tão "modernos" e tão atuais. Ajustavam-se ao gosto popular, e o resultado tem sido não somente templos vazios, sobre o que tanto temos ouvido nos dias que correm, mas, igualmente, conforme também verificaremos mais adiante, a qualidade tão deficiente de vida cristã, da qual a maioria dos crentes são culpados. Essas questões são desagradáveis e repelentes, e, quer você creia em mim, quer não, honestamente preciso confessar que eu jamais teria escolhido essas palavras como texto para uma pregação minha, se não me tivesse resolvido a pregar expositivamente o Sermão do Monte. Jamais eu pregara antes com base nesse texto. E também jamais ouvi um sermão alicerçado no mesmo. Pergunto de mim mesmo a respeito de quantos de vocês já teriam ouvido falar sobre essas coisas. Essa não é uma questão apreciada; pelo contrário, é um tema desagradável. Entretanto, o nosso dever e incumbência não consiste em escolher aquilo que preferimos. Foi o próprio Filho de Deus, Jesus Cristo, quem assim o declarou, e Ele coloca essas palavras dentro do contexto do julgamento e da perdição.

Portanto, mesmo arriscando-me a vir a ser conhecido como caçador de hereges, ou como um indivíduo peculiar, que se dá o direito de julgar aos seus irmãos e a todos os demais, tenho procurado explicar com honestidade as Sagradas Escrituras. E imploro a você que considere a questão novamente, sob oração e na presença do Senhor Deus, ao mesmo tempo em que avalia o valor da sua alma imortal e do seu destino eterno.

Capítulo LIII
A ÁRVORE E SEUS FRUTOS

O nosso exame anterior acerca deste difícil parágrafo, Mateus 7:15-20, enfatizava particularmente o elemento de sutileza dos falsos profetas, aqueles homens que costumam apresentar-se diante de nós disfarçados de ovelhas, mas que, no seu interior, são lobos roubadores. Para muitas pessoas, esta é uma seção difícil por causa do seu contexto, porquanto ela vem após aquelas palavras: "Não julgueis, para que não sejais julgados. Pois, com o critério com que julgardes, sereis julgados..." (Mateus 7:1-2). No entanto, essas palavras foram proferidas pelo próprio Senhor Jesus. Os falsos profetas sempre se sentem infelizes diante de determinadas declarações de nosso Senhor. Por exemplo, nunca se sentem satisfeitos em face de Mateus 23, onde nosso Senhor descreveu os fariseus como "... sepulcros caiados..." (v. 27). Nossos modernos profetas falsos procuram descobrir coisas gentis a serem ditas até sobre os fariseus. O falso profeta, disfarçado de ovelha, ensina que jamais deveríamos dizer qualquer coisa que seja crítica ou severa. No entanto, aquelas palavras foram ditas pelo próprio Senhor Jesus, e, por isso mesmo, precisamos enfrentá-las. Reiteramos, uma vez mais, que precisamos evitar exageros no espírito de censura; mas não poderíamos expor plenamente o Sermão do Monte a menos que fizéssemos frente aos profetas falsos e tratássemos honestamente com eles, percebendo, ao assim fazermos, que estamos estabelecendo um padrão mediante o qual nós mesmos seremos julgados.

Nosso Senhor, como é evidente, preocupava-se em enfatizar essa questão. Ele havia dito que os falsos profetas precisam ser reconhecidos por meio de seus frutos; e, em seguida, Ele passou a elaborar essa afirmação, traçando mais este quadro. Ele declarou: "Colhem-se, porventura, uvas dos espinheiros ou figos dos abrolhos? Assim, toda árvore boa produz bons frutos, porém a árvore má produz frutos maus. Não pode a árvore boa produzir frutos maus, nem a árvore má produzir frutos bons. Toda árvore que não produz bom fruto é cortada e lançada ao fogo. Assim, pois, pelos seus frutos os conhecereis" (Mateus 7:16b-20). Conforme você deve ter observado, Jesus começou e terminou este parágrafo, dizendo: "Pelos seus frutos os conhecereis" – repetição com a finalidade de enfatizar melhor a questão que Lhe interessava.

Em primeiro lugar, devemos ter pensamentos perfeitamente claros a respeito de um problema que é puramente técnico, a saber, o sentido do vocábulo "má", nessa citação: "Assim, toda árvore boa produz bons frutos, porém a árvore má produz maus frutos". Naturalmente, "má" é palavra que não significa, neste caso, "estragada", porquanto uma árvore decadente ou estragada não pode produzir fruto nenhum. Esse é um detalhe importantíssimo, porque, se deixarmos de notar esse pormenor, novamente estaremos perdendo de vista o elemento de sutileza, que era o principal fator dentro da ênfase feita por nosso Senhor. Ele estava nos chamando a atenção para o fato de que as árvores que se assemelham umas às outras, porquanto parecem estar perfeitamente saudáveis, não produzem necessariamente, a mesma qualidade de fruto. Uma árvore pode produzir fruto bom, ao passo que outra árvore pode produzir fruto mau. E o que se poderia chamar de "fruto mau" também não indica "inteiramente podre"; tão somente indica que a sua qualidade é deficiente, que não é fruto bom. Por conseguinte, o contraste estabelecido aqui por nosso Senhor é feito entre dois tipos de árvores que parecem quase idênticos, mas que, quando se chega ao ponto de aquilatar a qualidade de seus frutos, descobre-se que estes são inteiramente diferentes. Um pode ser utilizado, outro não. Como é óbvio, encontramos aqui um ensinamento muito profundo. Tendo considerado a questão da doutrina, agora podemos explorar a questão da vida, da conduta e do comportamento.

Todavia, antes de começarmos a perscrutar os pormenores, teremos de salientar o grande princípio fundamental que nosso Senhor estava aqui inculcando. Trata-se do fato que ser crente é algo central para a personalidade, é algo vital e fundamental. Não envolve apenas uma questão de aparência superficial, no tocante às crenças ou no que concerne à vida diária. Ao usar essa ilustração para melhor explicar essas variações de caráter, de natureza, de essência real dessas árvores e dos respectivos frutos que elas produzem, o Senhor Jesus salientava abertamente esse aspecto. E, não há que duvidar, essa é a característica para a qual sempre deveríamos estar olhando, tanto em nós mesmos como em outras pessoas. Jesus parecia estar chamando atenção para o perigo de nos deixarmos enganar pelas aparências. É precisamente a mesma coisa que se vê naquela outra ilustração dos falsos profetas disfarçados em peles de ovelha. Em outras palavras, é o perigo de alguém parecer ser um crente, sem que o seja na realidade. Já vimos que isso pode ocorrer dentro da questão do ensino e doutrina. Um homem pode parecer estar pregando o Evangelho, quando, na realidade, se ele fosse julgado através de um teste perscrutador, não está fazendo nada disso. Exatamente a mesma coisa pode acontecer no tocante à conduta na vida diária de um homem. O perigo, neste caso, consiste em alguém tentar fazer-se passar por crente, adicionando certas coisas à sua vida, ao invés de *tornar-se* uma nova criatura, ao invés de receber vida eterna no íntimo, ao invés de receber a transformação da sua própria natureza interna, mediante a renovação segundo a imagem do próprio Senhor Jesus Cristo.

A ênfase inteira, no ensino do nosso Senhor quanto a este ponto, recai sobre o próprio homem, e, na verdade, Ele estava dizendo que o que importa, em última análise, é simplesmente isso. Um homem pode falar de determinada maneira, e, aparentemente, pode estar vivendo da maneira certa; mas, no entanto, de acordo com o que disse nosso Senhor, pode ser um falso profeta o tempo todo. Ele pode estar assumindo a aparência de levar uma vida cristã, sem que seja um autêntico seguidor de Cristo. Isso tem servido de constante fonte de dificuldades e de ameaças, na já longa História da Igreja Cristã. Entretanto, nosso Senhor nos advertia, bem no começo da presente seção, a fim de que pudéssemos aprender esse princípio, de que ser crente aponta para a transformação da própria natureza e da vida inteira do indivíduo. É a doutrina do renascimento espiritual. E o serviço prestado por um indivíduo qualquer não se reveste do menor valor enquanto a sua natureza não for transformada. Chegaremos a tratar, em tempo hábil, desta declaração: "Muitos, naquele dia, hão de dizer-me: Senhor, Senhor! Porventura, não temos nós profetizado em teu nome, e em teu nome não expelimos demônios, e em teu nome não fizemos muitos milagres?" (Mateus 7:22). Nessa oportunidade, estaremos considerando o caso de um homem que fizera muitas coisas durante a sua vida, embora ele mesmo nunca tivesse sido transformado. Ele estava dizendo e fazendo as coisas certas o tempo todo, mas tudo aquilo não tinha valor.

Exatamente outro tanto pode suceder quando à vida e à conduta. O cristianismo é único no que tange a esse aspecto, que é o de interessar-se primariamente pelo estado do coração do homem. Nas Escrituras Sagradas, o coração geralmente não aparece como a sede das emoções, e, sim, como o centro da personalidade. Tomemos, para exemplificar, Mateus 12:33-37. Ali, sem qualquer dúvida, nosso Senhor declarou o ponto de um modo perfeitamente claro e específico: "Ou fazei a árvore boa e o seu fruto bom ou a árvore má e o seu fruto mau; porque pelo fruto se conhece a árvore". A ênfase, uma vez mais, recai sobre o caráter ou a natureza da árvore. E, em um outro lugar. Ele disse: "... o que sai da boca, isto, sim, contamina o homem" (Mateus 15:11). Não é meramente o que você faz superficialmente que importa; não se trata da questão de limpar o exterior de copos e pratos. Não é o que entra no homem mas o que realmente importa é o que sai dele, é o próprio homem que importa. Nosso Senhor esforçava-se grandemente por enfatizar, neste quadro, que aquilo que se acha no centro do coração forçosamente acabará se manifestando. Se manifestará em suas crenças, seu ensino e doutrina. Isso se proclamará também na sua vida. Nem sempre é fácil perceber-se tal fenômeno, mas nosso Senhor nos fala aqui que, se tivermos olhos iluminados pelo ensino do Novo Testamento, então haveremos de ser capazes de reconhecê-lo sempre. Por exemplo, já vimos, no que toca à doutrina, que se você meramente puser-se a vigiar, para ver se algum homem diz algo que seja ultrajantemente errado, provavelmente nunca poderá detectar nele um falso profeta, porque ele não diz tais coisas. Porém, se você observar que um indivíduo omite certas coisas que um crente verdadeiro deve sempre enfatizar, então você descobrirá que essa pessoa, que você imaginava ser um crente verdadeiro, não passa de um falso profeta, e que, portanto, ele representa uma grave ameaça. Dá-se justamente o mesmo no tocante à vida. Podemos demonstrar esses fatos através de vários princípios.

O primeiro desses princípios é que existe um elo indissolúvel entre a crença e a vida – a natureza de uma pessoa se manifesta externamente. Aquilo que um indivíduo é, no mais profundo do seu ser, finalmente sempre acaba se revelando e manifestando, e isso através de suas crenças e de sua conduta diária. As duas coisas estão indissoluvelmente vinculadas entre si. Tal como um homem pensa, assim ele eventualmente se torna. Tal como um homem pensa, assim ele age. Em outras palavras, inevitavelmente proclamamos aquilo que somos e aquilo em que acreditamos. Sem importar quão cautelosos sejamos para ocultá-lo, inevitavelmente tudo isso virá à superfície. A natureza forçosamente acaba se expressando. Ninguém colhe "uvas dos espinheiros" ou "figos dos abrolhos"; e, por igual maneira, "não pode a árvore boa produzir frutos maus, nem a árvore má produzir frutos bons". Quanto a isso, não nos achamos no terreno das meras aparências; mas aqui se examina a natureza íntima de cada indivíduo de uma maneira muito mais crítica e perscrutadora. Nosso Senhor estabeleceu essas verdades como princípios absolutos; e, se nos pusermos a observar a nós mesmos e a outras pessoas, bem como todos os aspectos da vida, então teremos de concordar que tudo isso exprime verdades inequívocas.

Podemos ficar enganados durante algum tempo. As aparências podem ser muito ilusórias, conforme todos bem o sabemos; mas as aparências não perduram. Os puritanos gostavam de abordar longamente a questão envolvida no caso daqueles a quem denominavam de "crentes temporários". Com isso, eles queriam referir-se àquelas pessoas que parecem ter caído sob a influência do Evangelho, e que dão a aparência de haverem sido regeneradas e convertidas verdadeira e idoneamente. Tais pessoas passam a dizer as coisas certas, e até se verifica certa transformação em suas vidas; parecem ser crentes. Mas os puritanos chamavam tais pessoas de "crentes temporários", porquanto aquelas pessoas acabam dando evidências claras e iniludíveis, após algum tempo, que nunca se tinham tornado verdadeiros crentes de forma alguma. Esse tipo de fenômeno com frequência acontece por ocasião dos reavivamentos.

Sempre que se verifica algum despertamento religioso, ou qualquer estímulo religioso, geralmente podem ser encontradas pessoas que, por assim dizer, se deixam arrastar como que por um dilúvio. Elas nem sabem direito o que lhes está acontecendo, mas terminam debaixo da influência mais genérica do Espírito Santo, e são visivelmente afetadas por algum tempo. No entanto, conforme esse ensino, talvez nunca se tornem crentes autênticos.

Há uma discussão a esse respeito em II Pedro 2, onde o apóstolo descreve tais casos de maneira clara. Ele refere-se a certas pessoas que tinham penetrado na Igreja e que passaram a ser aceitas como crentes, mas que, finalmente, se haviam afastado do caminho. E ele então as descreveu mediante as seguintes palavras: "O cão voltou ao seu próprio vômito; e: A porca lavada voltou a revolver-se no lamaçal" (v. 22). É fácil perceber o que acontece. Utilizando-nos dessa ilustração, até uma porca pode ser lavada; e então, à superfície, ela pode parecer um animal limpo; entretanto, não terá havido nela qualquer transformação da sua natureza. Isso se torna ainda mais patente quando comparamos o que esse mesmo apóstolo declara no versículo 4 do capítulo 1 dessa mesma epístola. Afirma ele que o crente foi libertado "... da corrupção das paixões que há no mundo..." Todavia, quando Pedro passa a falar dos crentes temporários, no segundo capítulo ele diz que eles foram lavados – não da "corrupção", e, sim das "... contaminações..." (v. 20). Há uma espécie de lavagem superficial, que não foi suficiente, entretanto, para alterar a natureza íntima do indivíduo. A lavagem é de real valor, mas também pode dar motivo a grandes equívocos. O indivíduo que só foi superficialmente lavado, pode dar toda a impressão de ser um verdadeiro crente. Não obstante, segundo o argumento de nosso Senhor, o que realmente decide se ele é crente ou não é a natureza íntima de cada indivíduo. E essa natureza íntima inevitavelmente acaba se manifestando externamente.

Talvez você tenha de esperar por algum tempo, antes que possa perceber qualquer verdadeira evidência. Deus vê tudo desde o começo, mas nós somos por demais lentos para observar essas coisas. Todavia, aquilo que um homem é, forçosamente acabará por se manifestar. Sem a menor dúvida, tal indivíduo acabará manifestando a sua realidade por meio de seus ensinos, mas também haverá de manifestá-la em sua vida. Isso é perfeitamente inevitável. Podemos asseverar, por conseguinte, que a verdadeira crença cristã necessariamente produzirá o tipo característico de vida de uma pessoa. Em outras palavras, esse é o significado desta pergunta: "Colhem-se, porventura, uvas dos espinheiros, ou figos dos abrolhos?" Essas realidades jamais podem ser separadas; a natureza íntima do indivíduo tende por manifestar-se externamente. As crenças finais de um indivíduo também tendem por exibir-se, mais cedo ou mais tarde, na sua vida. Portanto, devemos ter o cuidado para não confundirmos a realidade com aquilo que apenas se assemelha ao cristianismo, mas que, na verdade, não passa de simulação e de meras aparências externas. A exortação é que deveríamos ensinar e disciplinar a nós próprios, procurando sempre pelo fruto.

Daqui por diante, precisaremos considerar, em seus pormenores, a natureza ou o caráter do bom fruto. Devemos procurá-lo em nós próprios e em nossos semelhantes. Devemos, porém, usar de grande cautela, porquanto há indivíduos que se postam de pé, do lado de fora da porta estreita, e que insistem diante de nós: "Vocês não precisam fazer tanta coisa. Este é o caminho". E corremos o perigo de sermos enganados por tais indivíduos. Por conseguinte, precisamos aprender a discriminar entre o verdadeiro e o falso. E, uma vez mais, quando passarmos a examinar os respectivos frutos, precisaremos não nos olvidar desse fator de sutileza. Existem maneiras capazes de simular, com grande maestria, o verdadeiro comportamento cristão. E, como é óbvio, essas são as modalidades de comportamento mais perigosas dentre todas. Parece cada vez mais claro que os piores adversários da fé cristã não são aqueles que estão francamente dedicados ao mundo, perseguindo aberta e militantemente os crentes, ou ignorando de modo flagrante os ensinamentos cristãos. A pior ameaça é a daqueles que têm um cristianismo falso e espúrio. Esses são os indivíduos que ouvirão a condenação que nosso Senhor aqui profere contra os falsos profetas. Se você examinar a História da Igreja Cristã através dos séculos, descobrirá que sempre aconteceu assim. Um cristianismo falso e simulado sempre foi o pior obstáculo e o maior inimigo da verdadeira espiritualidade. E, por certo, a maior dificuldade do momento é o estado mundanizado da Igreja. Deveríamos ficar extremamente preocupados acerca do estado da própria Igreja, mais do que acerca do estado do mundo fora da Igreja. Parece crescentemente evidente que a explicação do presente estado da cristandade pode ser encontrada no seio da Igreja, e não fora dela. Precisamos não negligenciar essa questão da sutileza que circunda todo esse assunto, e, por conseguinte, precisamos aplicar ao caso determinados testes, os quais são um tanto delicados.

Os testes a serem aplicados podem ser de natureza geral ou específica. Aqui estamos, por assim dizer, contemplando alguém que faz profissão de fé cristã. Esse alguém não está dizendo coisa alguma que seja obviamente errada, e também parece estar vivendo uma boa vida cristã. Como poderíamos submeter tal pessoa ao teste? Pode-se encontrar indivíduos bons, éticos e morais, dotados de elevadíssimos códigos e padrões morais de vida pessoal, que se assemelham notavelmente aos crentes, mas que talvez nem sejam crentes sob hipótese nenhuma. Como se pode detectar a diferença? Eis algumas das indagações para as quais deveríamos procurar resposta. Em primeiro lugar, por que tais pessoas estão vivendo essa modalidade de vida? Tomemos o caso de um moderno homem bom, que não faz qualquer questão de passar por crente, ou então o caso de um homem que frequenta regularmente um lugar de adoração pública, mas que, se for julgado segundo os padrões neotestamentários, nem crente é. Por que tais indivíduos vivem como vivem? Há muitas razões para tanto. Pode tratar-se de uma pura questão de temperamento. Há certas pessoas que já nasceram com uma índole muito gentil. Elas possuem um temperamento e um caráter bem equilibrados; são pessoas tranquilas, e nada há de naturalmente viciado e ofensivo nelas. Não precisam envidar qualquer esforço especial para serem como são; pois já nasceram assim, e esse é o tipo de pessoa que elas são. Trata-se de algo inteiramente físico e natural.

Em segundo lugar, esses indivíduos vivem essa forma de vida porque têm determinadas crenças, ou porque seguem a certos ensinamentos morais? Em outras palavras, existem pessoas que são aquilo que poderíamos intitular de bons ímpios. Essas pessoas são admiravelmente delineadas e analisadas em um livro da autoria de Rosalind Murray, intitulado *The Failure of the*

Good Pagan (O fracasso do bom ímpio). Esses indivíduos se caracterizam por padrões elevados, e vivem em consonância com os mesmos em sua prática diária. Ora, uma pessoa pode fazer tudo isso inteiramente à parte da fé cristã. Portanto, se tivermos de julgar as pessoas meramente segundo a sua aparência geral, de acordo com o que percebemos em suas vidas, é bem possível que nos enganemos a respeito delas. Com frequência se tem asseverado que há melhores crentes fora da Igreja cristã do que no interior dela. O que essa declaração significa é que podem ser encontrados indivíduos de excelente moralidade fora da Igreja. Porém, a boa moralidade de alguém pode nada ter a ver com o cristianismo autêntico. Não há qualquer conexão essencial entre uma coisa e outra. Os filósofos gregos do paganismo propuseram os seus grandes princípios morais antes da primeira vinda de Cristo. Porém, ainda mais significativo do que isso é o fato que os filósofos gregos, algumas vezes, se tornaram os mais implacáveis oponentes do Evangelho cristão; eram eles que consideravam a pregação da cruz uma "loucura".

Por conseguinte, não devemos meramente olhar para o homem e para a sua vida em geral. Mas é necessário que você procure descobrir as razões e os motivos de suas ações. De acordo com o ponto de vista cristão, existe somente um teste vital a ser aplicado. Dá esse indivíduo a impressão de que está vivendo essa forma de vida porque ele é crente, e por causa de sua fé cristã? Se porventura ele não vive essa vida por ser crente, então não há valor algum em sua vida, aos olhos de Deus; e é precisamente isso que nosso Senhor chama de "fruto mau". O Antigo Testamento expressa esse ponto em termos muito incisivos, quando declara: "... todas as nossas justiças são como trapo de imundícia..." (Isaías 64:6). Isso é justiça aos olhos do mundo, mas, não passa de trapos imundos aos olhos de Deus. Somente aquilo que resulta do caráter verdadeiramente cristão, que se origina da nova natureza, é que se reveste de qualquer valor, afinal de contas, aos olhos de Deus.

Temos aí, portanto, o nosso teste geral. Passemos agora a examinar certos testes específicos. Quanto a isso devemos usar de cautela, a fim de que não nos exponhamos, novamente, à justa acusação de sermos censuradores; e precisamos ter plena consciência de que aquilo que dissermos terminará por redundar em juízo contra nós próprios. Os testes específicos desta vida são negativos e positivos. Por testes negativos entendemos que se um homem não é um crente autêntico, e se ele não defende a verdadeira doutrina cristã, inevitavelmente descobriremos, em algum aspecto de sua vida, uma certa frouxidão, um determinado fracasso em amoldar-se ao caráter cristão autêntico. Tal indivíduo geralmente nada faz que seja ultrajantemente errado. Não podemos acusá-lo de ser um alcoólatra, de ser um homicida, etc. Porém a menos que um homem acredite nesses princípios essenciais da fé cristã, os quais já enfatizamos antes, terminaremos por descobrir uma certa atitude negligente em sua vida. Se um homem não tem consciência da total e absoluta santidade de Deus, bem como da extrema pecaminosidade do pecado, se esse homem não está percebendo que a verdadeira mensagem da cruz do Calvário é que toda a retidão de uma pessoa é inútil, e que ele mesmo não passa de um declarado pecador, impotente e imundo, então ele acabará exibindo todas essas péssimas qualidades em sua vida. Inevitavelmente, tudo isso acabará se manifestando nele, como, de fato, se manifesta, embora ele se adapte externamente a algum código moral. Em qualquer indivíduo que rejeite essa elevadíssima doutrina da salvação, sempre haverá alguma coisa que o leva a fracassar, quando ele tenta caminhar pelo caminho apertado, sem importar o que ele possa fazer. A sua maneira de viver pode assemelhar-se extraordinariamente à vida de um crente autêntico; entretanto, se você observar a vida desse homem, quanto a seus detalhes, descobrirá que esse homem fracassa. É dificílimo expressar a situação em termos claros e explícitos. Mas há certas pessoas a respeito de quem tudo quanto se pode afirmar é que, apesar de nada podermos achar de errado com elas, em particular, não obstante, sentimos que elas estão erradas desde o âmago de seus seres. Nada se pode encontrar de específico para condenar tais pessoas, mas, ao mesmo tempo, sente-se que toda a perspectiva dessas pessoas é secular, e não espiritual; e também que, embora elas nunca façam qualquer coisa que seja ultrajantemente errado, toda a atitude delas é inequivocamente mundana. Nessas pessoas há uma certa ausência de qualidade, uma certa ausência daquela "aura" peculiar que sempre se faz presente nos indivíduos autenticamente espirituais.

Contudo, para expressar positivamente, aquilo que procuramos em todo aquele que diz ser crente, é a evidência das bem-aventuranças. O teste da produção de frutos jamais é negativo; mas antes, é sempre positivo. Certas maçãs podem parecer excelentes; mas, quando começamos a comê-las, descobrimos que são azedas. Ora, essa é uma espécie de teste positivo. O verdadeiro crente precisa ser um exemplo das bem-aventuranças, porquanto ninguém colhe uva dos espinheiros ou figos dos abrolhos. Uma árvore boa deve produzir bom fruto; é impossível que assim não seja, tem que ser assim. O indivíduo que possui, em seu interior a natureza divina, necessariamente produz bom fruto; o bom fruto descrito nas bem-aventuranças. Ele é humilde de espírito, lamenta-se em face de seus pecados, mostra-se manso, tem fome e sede de justiça, é um pacificador, é limpo de coração, e assim por diante.

Esses são alguns dos testes. E esses são testes que sempre excluem os chamados "bons ímpios". Eles também sempre eliminam os falsos profetas e os crentes temporários, porque são testes que perscrutam a natureza mais íntima de um homem e o seu ser real. No entanto, também poderíamos expressar o ponto em termos do fruto do Espírito descrito em Gálatas 5. O fruto que se forma em nós, e se manifesta, consiste em amor, alegria, paz, longanimidade, gentileza, bondade, mansidão, controle próprio e fé; isto é o fruto do Espírito, e isto é o que devemos procurar na vida de quem se declara crente. Esse fruto não pode ser achado no indivíduo que é apenas moralmente bom, pois esse é o fruto que somente uma árvore boa produz. O crente, de modo geral, pode ser reconhecido até pela sua própria aparência. A pessoa que verdadeiramente acredita na santidade de Deus, e que reconhece sua própria pecaminosidade, bem como a negridão do seu próprio coração, o homem que acredita no julgamento divino e na possibilidade do inferno e tormento, a pessoa que realmente acredita que ela mesma é tão vil e impotente que coisa nenhuma jamais poderia salvá-la e reconciliá-la com Deus, salvo a intervenção do Filho de Deus, que veio dos céus à terra, a fim de passar pela amarga experiência da vergonha, da agonia e da crueldade da cruz – tal indivíduo acaba por demonstrar tudo o que existe na sua personalidade. Esse é o indivíduo que se inclina por dar a impressão de ser manso, que se inclina por mostrar-se humilde. Nosso Senhor relembra-nos aqui que se alguém não é humilde, então cumpre-nos usar de cautela a respeito desse alguém Tal pessoa pode estar vestida de uma espécie de pele de ovelha; mas isso ainda não constitui a verdadeira humildade, isso ainda não é a verdadeira mansidão.

E, se porventura a doutrina de uma pessoa é distorcida, geralmente essa distorção manifesta-se nesses aspectos. Tal pessoa talvez seja afável e agradável, mostrando-se atraente para o homem natural, para aquilo que é meramente físico e carnal; mas não poderá dar a impressão de ser alguém que já se viu como um pecador que se encaminhava para o inferno, e que foi salvo exclusivamente pela graça de Deus. A verdade no íntimo necessariamente afeta toda a aparência de uma pessoa. O homem neotestamentário é sóbrio, grave e humilde; é um homem manso. Ele possui a alegria do Senhor em seu coração, é verdade, mas não se mostra efusivo e nem tumultuoso, não se mostra carnal em sua vida. Ele é um homem que pode dizer juntamente com Paulo: "Pois, na verdade, os que estamos neste tabernáculo gememos angustiados..." (II Coríntios 5:4). Falar e acreditar nisso é algo que inevitavelmente afeta o homem inteiro, incluindo a sua maneira de trajar-se, bem como todo o seu comportamento. Ele não se interessa pela pompa, pelo exibicionismo e pelas externalidades. Não lhe interessa provocar boas impressões a seu respeito; antes, tal homem é alguém manso e humilde, cuja única preocupação é Deus, o seu relacionamento com Ele e com a Sua verdade.

O teste mais definitivo e final de todos é a humildade. Se em nós agita-se a soberba da vida e do mundo, então, por necessidade imperiosa, não teremos grande conhecimento da verdade; e, nesse caso, deveríamos examinar a nós mesmos, a fim de nos certificarmos de que, realmente, somos detentores da nova natureza. O que está no íntimo acaba vindo à superfície. Se porventura sou um indivíduo dotado de mente mundana, embora eu possa estar pregando alguma profunda doutrina, embora eu tenha desistido de determinadas coisas, tudo isso transparecerá em minhas "palavras ociosas". Nosso Senhor esclareceu que seremos julgados por "... toda palavra frívola..." (Mateus 12:36). É quando não estamos vigilantes que realmente demonstramos aquilo que somos. Podemos esforçar-nos para que a nossa aparência corresponda à aparência de um crente; porém, é aquilo que subitamente aflora em nós que realmente revela a nossa natureza íntima. Portanto, nesse homem, tudo quanto ele fizer haverá de proclamar o que ele é. A maneira pela qual um homem prega, por muitas vezes é muito mais significativa do que aquilo que ele está dizendo, porque a maneira como ele fala exibe o que ele realmente é. Os métodos empregados por um homem algumas vezes negam a mensagem que ele está pregando. O indivíduo que prega sobre o julgamento e sobre a salvação, e, no entanto, gargalha e conta piadas, está negando a sua própria doutrina. Autoconfiança, autoafirmação, dependência da habilidade e da "personalidade" humanas, etc., proclamam claramente que um homem oculta, em si mesmo, uma natureza que está muito distante da natureza do Filho de Deus, o qual era "... manso e humilde de coração..." (Mateus 11:29). Tal indivíduo mostra ser bem diferente do apóstolo Paulo, o qual, quando pregava em Corinto, não se apresentou diante dos coríntios dotado de confiança exagerada em si mesmo, nem se impunha aos outros, mas, agiu "... em fraqueza, temor e grande tremor..." (I Coríntios 2:3). Como nos deixamos desmascarar, como proclamamos quem realmente somos através de nossos atos irrefletidos!

Em último lugar, devemo-nos lembrar que, sem importar o que possamos pensar a respeito dessas coisas, e por mais erroneamente que possamos julgar as circunstâncias, e por mais que possamos ser iludidos pelos falsos profetas, Deus é o Juiz, e Deus nunca se deixa enganar. "Toda árvore que não produz bom fruto é cortada e lançada ao fogo." Que Deus use de Sua misericórdia para conosco. Que Ele nos desperte para estes princípios capacitando-nos a exercer essa discriminação que diz respeito a nós mesmos, que diz respeito a todos aqueles que podem constituir uma ameaça ao bem-estar de nossas almas, e que têm interpretado escandalosamente mal a causa de nosso bendito Senhor, neste mundo tão pecaminoso e necessitado. Concentremos os nossos esforços em ter a certeza de que possuímos a natureza divina, de que somos participantes dela, de que a nossa árvore é boa; e de que, em vista dessa árvore ser boa, o fruto também, necessariamente, tem de ser bom.

Capítulo LIV
A FALSA PAZ

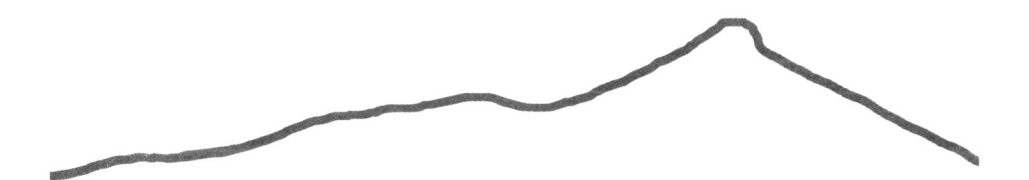

Consideremos agora Mateus 7:21-23. Ali, sem a menor dúvida, de muitas maneiras encontram-se as palavras mais solenes e solenizadoras que já foram proferidas neste mundo, não apenas por qualquer homem, mas até mesmo pelo próprio Filho de Deus. De fato, se qualquer outro homem tivesse dito essas palavras, seríamos compelidos não somente a criticá-lo, mas até a condená-lo. Porém, foram palavras proferidas pelo próprio Filho de Deus, e, assim sendo, elas requerem a nossa mais zelosa atenção. Tenho perguntado a mim mesmo quão frequentemente temos considerado essas palavras, ou as temos ouvido como parte de um sermão? Não deveríamos todos confessar-nos culpados do fato que, embora afirmemos crer na totalidade das Escrituras Sagradas, na prática com frequência renegamos grande parte delas, ignorando-as, simplesmente porque elas não adulam a nossa carne, ou porque nos perturbam? Entretanto, se realmente cremos ser essa a Palavra de Deus, precisamos levá-las em conta em sua inteireza; e, sobretudo, devemos ter o cuidado de evitar aqueles argumentos que parecem plausíveis, mediante os quais certos indivíduos esforçam-se por evitar o claro ensinamento bíblico. Essas palavras são extremamente solenes, e a única maneira de considerá-las verdadeiramente consiste em fazê-lo à luz do fato que chegará o dia em que "desaparecerá a cena terrestre inteira". São palavras dirigidas a homens e mulheres que têm consciência do fato que terão de comparecer diante de Deus, no dia do julgamento final.

É evidente que, neste parágrafo, nosso Senhor dava prosseguimento ao tema a respeito do qual vinha ensinando no parágrafo anterior, onde advertia às pessoas contra os falsos profetas. Para nosso Senhor, essa é uma questão tão desesperadoramente séria que Ele resolveu retornar ao tema. Não se satisfez apenas em deixar-nos uma advertência. Na realidade, Ele já havia encerrado o ensino do Sermão, o qual fora desdobrado em grandes detalhes. Mas agora, Cristo estava fazendo a aplicação. Começou a fazer a aplicação dentro da exortação de entrar pela porta estreita e avançar pelo caminho apertado. Mas preocupava-se tanto com o fato de que ninguém se deve deixar enganar acerca dessa questão, que ficou repetindo a advertência por mais algumas vezes.

Tendo-nos mostrado a sutileza dos falsos profetas, em Suas duas notáveis analogias, nosso Senhor agora profere essa advertência sobre a questão de forma ainda mais explícita. Dessa vez, o Senhor ainda se mostrou mais direto do que na vez anterior; e nosso Senhor, sem a menor sombra de dúvida, expressou-se dessa maneira por causa da desesperadora seriedade da questão e do terrível perigo que nos ameaça quanto a esse particular. O método de Cristo, conforme você já deve ter observado, é o mesmo que Ele vinha empregando desde o começo do Sermão do Monte. Ele sempre começava fazendo uma afirmação direta, e, em seguida, tomava essa declaração a fim de ilustrá-la, elaborando-a e ampliando-a. É exatamente o que encontramos neste parágrafo em particular. Em primeiro lugar, diz Cristo: "Nem todo o que me diz: Senhor, Senhor! entrará no reino dos céus, mas aquele que faz a vontade de meu Pai, que está nos céus" (v. 21). Essa foi a Sua proposição. Mas em seguida Ele começou a ilustrá-la e elaborá-la. "Muitos, naquele dia, hão de dizer-me: Senhor, Senhor!..."

Do ponto de vista da exposição bíblica, a questão mais importante é que deveríamos juntar essas duas porções uma à outra, não isolando o versículo 21 dos versículos 22 e 23, conforme alguns têm procurado fazer; antes, devemos conservá-los juntos, e considerá-los como a declaração da proposição, e a demonstração de suas implicações. A importância de se agir assim pode ser vista quando nos lembramos que determinadas pessoas, ao separarem o versículo 21 dos demais versículos, têm argumentado que aquilo que nosso Senhor, na realidade, estava ensinando aqui, em última análise, não é tanto aquilo em que uma pessoa acredita, e, sim aquilo que ela faz. E isso se transforma em uma citação frequentemente utilizada por indivíduos que gostam de jogar, uma contra a outra, a fé e as obras como algo opostos. Esses indivíduos costumam indagar: "Porventura Ele não declarou: 'Nem todo o que me diz: Senhor, Senhor! entrará no reino dos céus, mas aquele que *faz* a vontade de meu Pai, que está nos céus'?" E assim, os tais mantêm que a ênfase recai sobre a ideia de se fazer alguma coisa. Em seguida, eles propõem toda a sua doutrina de salvação por meio das obras. E ajuntam: "Algumas pessoas estão sempre preocupadas com doutrinas, e não cessam de falar sobre elas. Porém o que realmente importa não é a doutrina de alguém, e, sim, aquilo que esse alguém pratica". E, dessa forma, distorcem o versículo 21, pois o isolam dos versículos 22 e 23. Porém, no instante em que ajuntamos esses três versículos, percebemos que o tema dessa declaração de Cristo não pode ser o contraste entre a fé e as obras, porquanto aquilo que nosso Senhor disse acerca das obras, nos versículos 22 e 23, é precisamente aquilo que Ele já dissera sobre a fé, nos versículos 21 e 22. Por conseguinte, importa que consideremos o texto dentro de seu respectivo contexto, e não isolando-o do mesmo.

Não, a mensagem não tem por intenção enfatizar as obras às expensas da fé; mas envolve algo muito mais sério do que isso. Pelo contrário, tal mensagem tem o propósito de abrir os nossos olhos para o terrível perigo do autoengano e da autoilusão. Era com isso que nosso Senhor estava aqui preocupado. Trata-se do mesmo tema geral do parágrafo anterior. Ali, esse perigo foi considerado em termos de sermos enganados pelos falsos profetas, porquanto se disfarçam de ovelhas, em face do caráter atrativo da sua doutrina ilusória e sutil. Neste ponto, nosso Senhor passa a mostrar-nos a mesma verdade; porém, não mais nas pessoas dos falsos profetas, e, sim em nós mesmos. Trata-se do perigo, do terrível perigo do autoengano e da autoilusão. Ou então, expressando essa verdade de maneira positiva, nosso Senhor está frisando, uma vez mais, o fato de que coisa alguma tem valor diante de Deus, exceto a verdadeira retidão, a verdadeira santidade, aquela santificação "... sem a qual ninguém verá o Senhor..." (Hebreus 12:14). E se porventura a nossa ideia de justificação pela fé não incluir esse fator, então não é o ensino bíblico; é uma perigosa ilusão. As Escrituras, é necessário reiterá-lo, devem ser consideradas como um todo integrado; e nosso Senhor, nesta altura de Seu sermão, simplesmente nos estava advertindo que, sem importar qualquer coisa que possamos dizer ou fazer, não poderemos estar na presença de Deus se não formos autenticamente retos e santos. É isso que as Escrituras nos ensinam do princípio ao fim. Esse é o ensino do próprio Senhor Jesus. Não é legalismo humano. Mas Ele nos mostra, uma vez mais, o que a verdadeira fé realmente significa, e aqui Ele o faz de uma nova maneira.

Poderíamos exprimir a questão como segue. Nosso Senhor mostra-nos algumas das coisas falsas e erradas sobre as quais os homens tendem a apoiar-se. Ele nos fornece uma lista dessas coisas. Em primeiro lugar, examinaremos os itens dessa lista. E então, mais tarde, poderemos considerar as lições e os princípios gerais que podem ser deduzidos desse ensino pormenorizado. Entretanto, convém que enfrentemos honesta e frontalmente as realidades que o Senhor exibiu diante de nós, para que as considerássemos. O princípio geral por detrás desse ensino é que a autodecepção, no tocante à alma e às suas relações com Deus, geralmente se deve ao fato que dependemos de falsas evidências a respeito da salvação. Ou então, exprimindo a questão de conformidade com um outro ângulo, nosso Salvador mostra-nos aqui o que é realmente possível na experiência de um homem que, finalmente, é reprovado e condenado. Essa é a questão mais alarmante de todas. Ele mostra-nos que um homem pode chegar até certa altura, e, no entanto, estar inteiramente equivocado. Sem dúvida, essa é uma das mais espantosas declarações que podem ser encontradas em qualquer porção das Escrituras.

A primeira demonstração de evidência falsa sobre a qual algumas pessoas tendem a depender é bastante surpreendente. Não se trata de outra coisa senão de uma crença correta. "Nem todo o que me diz: Senhor, Senhor! entrará no reino dos céus, mas aquele que faz a vontade de meu Pai, que está nos céus". É como se nosso Senhor houvesse explicado: "Há certas pessoas que me dizem 'Senhor, Senhor', mas que, na realidade, nunca entrarão no reino dos céus". Precisamos manusear essa declaração com grande cuidado. Jesus não estava criticando certas pessoas pelo fato delas dizerem "Senhor, Senhor!", porquanto todos os seres humanos deveriam dizer-Lhe: "Senhor, Senhor". Antes, Ele se referia às pessoas que se mostram ortodoxas no tocante à sua doutrina concernente à natureza e à pessoa de Cristo; referia-se às pessoas que O têm reconhecido e que têm chegado a Ele, dizendo: "Senhor, Senhor". Essas pessoas dizem coisas certas a respeito dele, como também acreditam em coisas certas a Seu respeito. Nosso Senhor não as estava criticando por causa disso. O que Ele dizia é simplesmente que nem todos aqueles que assim dizem entrarão no reino dos céus.

A forma negativa da sentença é importantíssimo ponto a ser observado nesta altura da exposição. O indivíduo que não diz "Senhor, Senhor", como é lógico, jamais entrará no reino dos céus. Esse é o ponto de partida de toda essa questão da salvação da alma. Ninguém é crente enquanto não for capaz de dizer "Senhor, Senhor" para o Senhor Jesus Cristo. Paulo esclarece que ninguém pode dizer isso à parte do Espírito Santo (ver I Coríntios 12:3). Em outras palavras, a ortodoxia é algo absolutamente essencial. Portanto, o que encontramos neste passo bíblico não é uma crítica dirigida à ortodoxia, pois isso seria um absurdo. Porém, temos aqui uma declaração do fato que, se você estiver dependendo somente da sua ortodoxia, então será finalmente condenado. A ortodoxia é algo absolutamente vital e essencial. A menos que creiamos que Jesus de Nazaré é, de fato, o Filho de Deus; a menos que O reconheçamos como o Filho eterno, "substância da eterna substância", que se fez carne e veio habitar entre nós, a menos que creiamos na doutrina neotestamentária que ensina que Jesus foi enviado pelo Pai para ser o Messias, o Salvador do mundo, e que por causa disso Ele foi exaltado à posição de Senhor de todos, diante de Quem todo joelho eventualmente se dobrará, então, nem ao menos seremos crentes (ver Filipenses 2:5-11). *Precisamos* confiar nessa realidade. Ser crente consiste, primariamente, em uma questão de crer em determinadas verdades atinentes ao Senhor Jesus Cristo. Em outras palavras, consiste em se confiar nEle. Não existe cristianismo à parte dessa confiança em Cristo. Ser crente, pois, significa que colocamos na dependência do Senhor Jesus todo o nosso caso, toda a nossa salvação, todo o nosso destino eterno. Eis a razão pela qual todo o verdadeiro crente diz: "Senhor, Senhor". Esse é o conteúdo dessa declaração de Jesus. Não está em pauta tão somente proferir as palavras certas, mas essa declaração aponta para o fato de que devemos saber o que estamos dizendo, quando proferimos essas palavras.

Porém, o que é verdadeiramente alarmante e aterrorizador é que nosso Senhor afirmou que nem todo o que diz, "Senhor, Senhor", entrará no reino dos céus. Aqueles que de fato entram, o dizem. Qualquer um que assim não diga, jamais poderá entrar no reino dos céus; mas nem todos os que assim dizem entrarão ali. Sem dúvida, isso é algo que nos deveria chamar a atenção, levando-nos a parar a fim de meditar. Tiago, em sua epístola, expressa exatamente o mesmo pensamento. Ele nos adverte para termos o cuidado de não dependermos das nossas crenças quanto a determinadas coisas, e também diz isso de maneira a provocar-nos a admiração, quando assevera: "Até os demônios creem e tremem" (Tiago 2:19). Um exemplo dessa verdade encontra-se nos evangelhos, onde lemos que houve demônios que reconheceram ao Senhor Jesus e exclamaram: "Senhor, Senhor", e, não obstante, continuaram sendo demônios. Todos corremos o perigo de nos contentarmos com o mero assentimento intelectual diante da verdade. Tem havido pessoas, através dos séculos, que têm sido vitimadas por essa armadilha. Essas pessoas têm lido as Escrituras e têm aceitado mentalmente os seus ensinamentos. Têm crido nessas doutrinas bíblicas, e, algumas vezes, têm chegado a ser expositoras da verdade, argumentando contra os hereges. No entanto, todo o seu caráter e toda a sua vida tem sido uma pura negação da verdade na qual afirmavam crer.

Trata-se de um pensamento que nos enche de pavor, e, no entanto, é tão frequentemente ensinado na Bíblia que isso é uma temível possibilidade. Um homem não regenerado, que ainda não nasceu por obra do Espírito Santo, pode aceitar o ensino bíblico como se fora uma espécie de filosofia, como uma verdade abstrata. De fato, nem hesito em afirmar que sempre encontro grande dificuldade em compreender como qualquer homem inteligente não se sente compelido a fazer isso. Se qualquer indivíduo se aproxima das Escrituras com uma mente inteligente e aberta, e se defronta com as evidências bíblicas, parece quase incrível que não chegue a determinadas conclusões, as quais são lógicas e inevitáveis. No entanto, um homem pode chegar a esse ponto, e, apesar disso, não ser um crente. As evidências históricas em favor da pessoa de Jesus Cristo de Nazaré estão acima de qualquer dúvida. Não se pode explicar a persistência da Igreja cristã à parte de Jesus Cristo; as evidências são enormes. Por conseguinte, um homem pode enfrentar essas evidências, e então dizer: "Sim, aceito esse argumento". Ele pode apoiar à verdade bíblica e comentar: "Jesus de Nazaré não foi outro senão o próprio Filho de Deus". Porém, ele pode dizer tudo isso, e ainda assim não ser um crente, mas continuar sendo um homem não regenerado. Ele pode dizer, "Senhor, Senhor", e, não obstante, acabar não entrando jamais no reino dos céus. Nossos antepassados, nos dias em que perceberam a realidade desses perigos, costumavam enfatizar tremendamente esses fatos. Basta que você leia as obras dos puritanos, e você descobrirá que eles devotavam não somente capítulos, mas também volumes inteiros à questão da "falsa paz". Na verdade, esse perigo tem sido reconhecido em todos os séculos. Corremos o perigo de confiar na própria fé, ao invés de confiar em Cristo; de confiar na crença, ao invés de sermos verdadeiramente regenerados. Essa é uma terrível possibilidade. Há pessoas que foram criadas em um lar e em uma atmosfera cristãos, que sempre ouviram essas verdades, e que, em certo sentido, sempre as aceitaram mentalmente, crendo nas coisas certas e falando sobre elas; e, no entanto, não são verdadeiros crentes.

A segunda possibilidade é que essa gente não somente venha a confiar na verdade, mas também se mostre fervorosa e zelosa. É necessário notarmos a repetição da palavra "Senhor". Essas pessoas não somente dizem "Senhor", mas também "Senhor, Senhor". Tais indivíduos não são apenas crentes intelectuais; mas há neles um forte sentimento. As suas emoções estavam envolvidas. Elas parecem interessadas e ansiosas, e se mostram plenas de fervor. Contudo, nosso Senhor diz que até mesmo isso pode ser inteiramente falso, e que existem muitos que dizem as coisas certas a respeito do Filho de Deus, de uma maneira zelosa e fervorosa, que assim falam com Ele, mas que, apesar disso, não entrarão jamais no reino de Deus. Como poderíamos explicar tal fenômeno?

Tudo isso pode ser explicado da maneira que se segue. Uma das coisas mais difíceis, conforme todos os crentes devem certamente admitir, é saber distinguir entre o fervor verdadeiramente espiritual e o fervor meramente carnal, o qual desperta um zelo e um entusiasmo animalescos. É bem possível que o espírito natural e animal, bem como o temperamento humano forte, possam ser a causa do zelo e do fervor de um homem. Um indivíduo pode haver nascido dotado de uma natureza enérgica e de um espírito fervoroso e entusiasta – alguns dentre nós precisam ter mais cuidado com essa tendência do que outros. Nada existe que um pregador tanto precise certificar-se do que o fato que o zelo e o fervor de sua pregação não são produtos de seu temperamento natural nem do seu sermão, mas sim, resultantes de uma poderosa fé em Cristo. Trata-se de uma questão muito sutil. Um homem prepara uma mensagem, e, depois de havê-la preparado, pode ficar satisfeito diante do arranjo e da ordem dos pensamentos e de certas formas de expressão. Se porventura a sua natureza é enérgica e fervorosa, é perfeitamente possível que ele se sinta excitado e comovido por causa disso, sobretudo quando estiver ocupado no ato de pregar o seu sermão. No entanto, tudo isso pode derivar-se inteiramente da carne, nada tendo a ver com a realidade espiritual. Todo pregador sabe exatamente o que significa isso, e qualquer pessoa que já tenha participado de cultos de oração públicos sabe o que isso quer dizer. O indivíduo pode deixar-se arrebatar pela sua própria eloquência, e também por aquilo que ele mesmo estiver fazendo, e não propriamente pela verdade. Há algumas pessoas que parecem sentir que é dever delas mostrarem-se fervorosas e altamente emotivas. Algumas pessoas nunca oram em público sem chorar, e algumas delas tendem a pensar que sentem mais profundamente do que as demais. Porém, essa conclusão não está com a razão, nem por um momento sequer. O tipo emocional sempre se inclina mais por chorar quando ora, mas daí não se segue, como necessidade imperiosa, que ele seja mais espiritual do que as demais pessoas.

 Nosso Senhor, portanto, estava enfatizando que embora determinadas pessoas digam "Senhor, Senhor" e se mostrem fervorosas e cheias de zelo, isso pode não ser outra coisa senão mera manifestação da carne. O entusiasmo profundo a respeito dessas coisas não subentende, necessariamente, uma maior espiritualidade. A carne pode ser a explicação de tudo; pois nossa natureza carnal pode imitar praticamente qualquer coisa. Talvez pudéssemos ressaltar melhor esse ponto citando algo que foi escrito por Robert Murray

McCheyne. Esse homem de Deus, meramente por subir ao púlpito, levava pessoas a prorromperem em lágrimas e soluços. As pessoas sentiam que ele acabara de sair de uma audiência direta com Deus, e sentiam-se humilhadas diante de sua mera aparência. Eis o que ele deixou escrito em seu diário, um dia: "Hoje senti falta de alguma boa oportunidade de falar uma palavra por Jesus Cristo. O Senhor percebeu que eu teria falado tanto em defesa da minha própria honra como em defesa da honra dEle, e, por isso, fechou a minha boca. Vejo que um homem não pode ser um ministro fiel e fervoroso enquanto não estiver pregando somente por amor a Cristo, enquanto não desistir inteiramente de atrair os ouvintes a si mesmo, e buscar atraí-los exclusivamente a Cristo". E terminou seu comentário com estas palavras: "Senhor, dá-me isso". Robert Murray McCheyne, por meio dessas palavras, reconheceu esse terrível perigo de fazermos as coisas impulsionados pela carne, imaginando que as estamos fazendo por causa de Cristo.

Essa, pois, é a primeira porção da análise apresentada por nosso Senhor. Nada é mais perigoso do que depender somente de uma crença correta, de um espírito fervoroso, e então supor que, enquanto estivermos crendo nas coisas certas e formos zelosos, aguçados e ativos acerca delas, necessariamente isso significará que somos crentes.

Nos versículos que se seguem, o Senhor Jesus vai um pouco adiante, incluindo também as obras humanas – e é exatamente isso que torna tão tola e ridícula toda essa ideia que diz que o Senhor estabelecia aqui a antítese entre a fé e as obras. Quais, pois, são as obras que, em consonância com Cristo, um homem pode realizar, e, no entanto, continuar ele fora do reino dos céus? Isso põe diante de nossos olhos uma lista verdadeiramente alarmante e aterrorizante. A primeira coisa que o Senhor enumera, é a seguinte: "Muitos, naquele dia, hão de dizer-me: Senhor, Senhor! Porventura, não temos nós profetizado em teu nome...?" Profetizar significa emitir uma mensagem espiritual. Muita coisa é dita sobre a profecia, nas páginas do Novo Testamento. Paulo discute a respeito das profecias com certa amplitude, em sua primeira epístola aos Coríntios, em relação a diversos outros dons que eram exercidos pela Igreja. Aqueles foram dias anteriores à escrita do Novo Testamento, quando, a certos membros da Igreja, eram dadas mensagens e a capacidade de proferi-las por meio do Espírito Santo. É isso que se deve entender por profetizar. E aqui o Senhor Jesus explica que, no dia do julgamento, muitos haverão de abordá--Lo, dizendo que haviam profetizado em Seu nome – não no próprio nome deles, mas em Seu nome. A despeito disso, Cristo dirá aos tais: "Nunca vos conheci. Apartai-vos de mim, os que praticais a iniquidade" (v. 23). Podemos interpretar essas palavras, em relação à nossa própria época, como segue. É possível um homem pregar doutrina correta, e fazê-lo em nome de Cristo, e, no entanto, ele mesmo permanecer excluído do reino de Deus. Assim o disse Jesus, não querendo dar a entender menos do que isso. Se qualquer outro tivesse dito tal coisa, mas não o Senhor Jesus Cristo, não poderíamos crer naquilo. Outrossim, sentiríamos que tal pessoa é censuradora e de visão limitada. No entanto, foi o próprio Senhor Jesus quem assim falou.

Esse é o conceito frequentemente ensinado nas Escrituras Sagradas. Por exemplo, não foi essa a exata posição assumida por Balaão? Ele entregou a mensagem certa, e, no entanto, ele mesmo foi apenas um profeta mercenário e um réprobo. Em certo sentido, Ele apresentou a mensagem e o ensino corretos; todavia, ele mesmo estava do lado de fora. Porventura Deus não se utilizou de Saul precisamente dessa maneira? O espírito de profecia descia sobre ele vez por outra; mas, apesar disso, Saul, por semelhante modo, estava fora. Quando chegamos às páginas do Novo Testamento, vemos que essa horrenda possibilidade é expressa em termos ainda mais explícitos. Paulo, conhecedor como era dessas terríveis ameaças, escreveu: "Mas esmurro o meu corpo... para que, tendo pregado a outros, não venha eu mesmo a ser desqualificado" (I Coríntios 9:27). Quando Paulo asseverava, "esmurro o meu corpo", não estava se referindo somente a certos pecados carnais, conforme algumas pessoas costumam imaginar, mas aludia a todos os aspectos da sua vida. O pregador do Evangelho precisa esmurrar o seu próprio corpo, tanto quanto sobre o púlpito como quando caminha pelas ruas. Esmurrar o próprio corpo significa cercear e controlar tudo quanto a carne tanto anela por fazer. A carne se projeta para o primeiro plano. O apóstolo Paulo nos revela, no próprio contexto de pregação, que ele batia e esmurrava o próprio corpo e o deixava arroxeado, a fim de que, tendo pregado a outros, ele mesmo não viesse a ser desqualificado da carreira cristã.

Ou então, meditemos sobre aquela admirável exposição dessa verdade, conforme a encontramos no trecho de I Coríntios 13:1-3, que diz: "Ainda que eu fale as línguas dos homens e dos anjos, se não tiver amor, serei como o bronze que soa ou como o címbalo que retine". Ou ainda: "Ainda que tenha o dom de profetizar e conheça todos os mistérios e toda a ciência; ... se não tiver amor, nada serei". É como se o apóstolo Paulo estivesse dizendo: "É possível que eu pregue como se fora um anjo, produzindo a mais admirável e eloquente oratória; talvez eu venha a ser considerado pelas pessoas como o maior orador que o mundo já ouviu, e talvez eu fale acerca das verdades de Deus de maneira admirável. E, no entanto, é perfeitamente possível que eu esteja fora do reino. Tudo quanto eu fizer será inútil, se porventura em mim não se manifestarem aquelas qualidades que realmente fazem um homem tornar-se um crente". Por conseguinte, um homem pode profetizar e, mesmo assim, estar do lado de fora da porta estreita.

Meditemos, por igual modo, naquela declaração de Filipenses 1:15, onde Paulo afirma, acerca de certas pessoas, que elas "... proclamam a Cristo por inveja e porfia..." O motivo impulsionador daquela gente era totalmente errado, e os seus pensamentos eram distorcidos. No entanto, continuavam a proclamar a Cristo, dizendo coisas certas a respeito dEle. Paulo elogiava a correta pregação daquelas pessoas; entretanto, elas mesmas laboravam em erro, porquanto tudo faziam impulsionadas por um espírito errado, devido à inveja, porque queriam equiparar-se aos apóstolos. Precisamos tomar consciência, assim sendo, do fato que é bem possível a um homem pregar a doutrina correta, mas, a despeito disso, estar fora do reino de Deus. Nosso Senhor disse aos fariseus, de certa feita: "Vós sois os que vos justificais a vós mesmos diante dos homens, mas Deus conhece o vosso coração; pois aquilo que é elevado entre homens é abominação diante de Deus" (Lucas 16:15). Esse é um pensamento verdadeiramente aterrorizante, e entendo que ele significa isto, que no dia do julgamento final, todos teremos de enfrentar tremendas surpresas. Descobriremos homens que foram louvados e elogiados como pregadores, neste mundo, mas que estão fora do reino. É que os tais diziam as coisas certas, e as diziam admiravelmente bem; no entanto, nunca tiveram em sua alma a vida e a verdade que anunciavam. Neles, tudo era produzido pela carne.

Todavia, não somente essa gente profetiza, mas até expele demônios. Novamente, observa-se a repetição das palavras "em teu nome – "... e em teu nome não expelimos demônios..." É possível que uma pessoa faça até mesmo isso, e ainda assim esteja fora do reino. É fácil a comprovação desse ponto. Não se torna claro, através das páginas do Novo Testamento, que o próprio Judas Iscariotes possuía esse poder? Nosso Senhor enviou os Seus discípulos para que pregassem e expulsassem os demônios; e mais tarde os discípulos regressaram e Lhe disseram, em meio a grande júbilo: "Senhor, os próprios demônios se nos submetem pelo teu nome" (Lucas 10:17). É patente que isso se aplica ao próprio Judas. Nosso Senhor pode dar poder a um homem, e, no entanto, esse homem pode estar perdido. E também há aqueles outros poderes que podem capacitar-nos a realizar feitos notáveis e espantosos. Você deve estar lembrado de como, em certa ocasião, o povo acusou nosso Senhor de realizar os Seus milagres mediante o poder de Belzebu; e então Ele retorquiu, dizendo: "E, se eu expulso os demônios por Belzebu, por quem os expulsam vossos filhos?" (Mateus 12:27). Eles eram exorcistas judeus. Em Atos 19, encontram-se certas pessoas, descritas como os filhos de Ceva, que tinham esse mesmo poder. Vemos, pois, que os homens podem chegar a expulsar demônios em nome de Cristo, mas, apesar disso, estarem fora do reino.

Finalmente, nosso Senhor atingiu o ponto culminante do Seu argumento, o qual Ele exprimiu da seguinte forma. Aquelas pessoas serão capazes de dizer-Lhe que, em Seu nome, fizeram "... muitos milagres..." – obras poderosas, prodígios, coisas admiráveis e incríveis. Sim fizeram muitas maravilhas em Seu nome; e, não obstante, estão fora do reino dos céus. Como podemos provar que isso é possível? Parte da prova, indubitavelmente, acha-se no caso dos mágicos do Egito. Você deve estar lembrado de que quando Moisés foi enviado para libertar os filhos de Israel, operando os seus milagres, os mágicos egípcios também foram capazes de imitá-los e repeti-los, até um certo ponto. Aqueles mágicos faziam coisas admiráveis. Todavia, não precisamos depender somente desse episódio. Nosso Senhor declarou, no trecho de Mateus 24:24: "... porque surgirão falsos cristos e falsos profetas operando grande sinais e prodígios para enganar, se possível, os próprios eleitos..." Essas são as palavras de Cristo. Além disso, consideremos o que Paulo escreveu, em II Tessalonicenses 2:8-9: "... então, será, de fato, revelado o iníquo, a quem o Senhor Jesus matará com o sopro de sua boca e o destruirá pela manifestação de sua vinda. Ora, o aparecimento do iníquo é segundo a eficácia de Satanás, com todo poder, e sinais, e prodígios da mentira..." Essas coisas estão todas profetizadas.

Em outras palavras, um homem pode ser capaz de alegar haver obtido grandes resultados, como curas e coisas similares, e, no entanto, isso não significa nada. E não nos deveríamos surpreender diante disso. Nestes últimos dias, não estamos aprendendo cada vez mais a respeito dos poderes psíquicos inatos ao homem, mesmo no sentido natural? Existe algo como um dom natural de cura; existe uma espécie de poder natural e quase mágico, em certas pessoas. Por exemplo, a questão inteira da eletricidade no corpo humano é muito interessante. Estamos meramente começando a compreender essas forças. Existem indivíduos, como aqueles que adivinham por meio da água, que possuem dons que certamente são curiosos. Além disso, há toda a questão da telepatia, da transferência de pensamentos e da percepção extrassensorial. Essas coisas estão apenas começando a merecer a nossa atenção. Em resultado desses dotes naturais e poderes, muitas pessoas podem fazer coisas admiráveis e extraordinárias; e, no entanto, elas não são crentes. Os poderes naturais do ser humano podem imitar o poder do Espírito Santo, até certo ponto. E, naturalmente, somos lembrados, nas Escrituras, que Deus, em Sua própria vontade inescrutável, algumas vezes decide conceder poderes aos homens, que nem ao menos Lhe pertencem, a fim de que os Seus próprios propósitos tenham cumprimento. Deus levanta homens para Seus propósitos particulares, mas eles mesmos permanecem do lado de fora do reino. Foi Deus quem chamou e usou aquele monarca pagão, Ciro.

Acima de toda outra consideração, entretanto, cumpre-nos relembrar o poder do diabo. Satanás, conforme Paulo nos ensina em II Coríntios 11:14, pode transformar-se até mesmo em anjo de luz. E, na qualidade de anjo de luz, algumas vezes o diabo persuade pessoas de que elas são crentes, quando, na realidade, não o são. Se o diabo puder impedir um homem de entrar no reino de Deus, levando-o a dizer meramente "Senhor, Senhor", certamente ele levará tal homem a fazê-lo. Satanás dispõe-se a fazer qualquer coisa, contanto que possa conservar um ser humano fora do reino. Portanto, se uma crença falsa, ou mesmo uma crença verdadeira, embora distorcida de alguma maneira, puder obter esse resultado, Satanás levará o indivíduo a esse ponto, dando-lhe o poder de operar sinais e maravilhas.

Tudo isso já foi profetizado, e tudo se encontra na Bíblia. Essa é a razão pela qual nosso Senhor adverte-nos solenemente a darmos atenção às Suas advertências. De certa feita, o Senhor sumariou a questão diante dos Seus discípulos, como segue: "Não obstante, alegrai-vos, não porque os espíritos se vos submetem, e sim porque o vosso nome está arrolado nos céus" (Lucas 10:20). Os discípulos haviam sido selecionados a fim de pregarem e de expulsarem demônios, e tinham obtido um estrondoso sucesso. Então voltaram cheios de orgulho, em vista das coisas que tinham acontecido. Em face disso, nosso Senhor como que os corrigiu, dizendo-lhes: "Porventura eu não havia dito a vocês, no Sermão do Monte, que as pessoas que estão fora do reino podem pregar em Meu nome, expulsar demônios e fazer muitas outras coisas admiráveis? Não se deixem enganar por essas coisas. Pelo contrário, reassegurem-se de sua própria posição. É o seu coração que realmente importa. O seu nome está escrito nos céus? Você realmente Me pertence? Você possui aquela santidade, aquela retidão sobre as quais venho ensinando? 'Nem todo o que me diz: Senhor, Senhor! entrará no reino dos céus, mas aquele que faz a vontade de meu Pai, que está nos céus' A maneira pela qual podemos testar a nós mesmos, bem como a qualquer outra pessoa, consiste em darmos uma espiada abaixo da superfície. Não olhemos somente para os resultados aparentes, não consideremos somente as maravilhas e os prodígios. Antes, procuremos descobrir se a pessoa a quem estamos observando se coaduna com as bem-aventuranças. Porventura ela é humilde de espírito? Mansa? Humilde? Geme em seu espírito diante daquilo que contempla no mundo? É um santo homem de Deus? É pessoa séria e sóbria? Diz juntamente com Paulo:

"... os que estamos neste tabernáculo gememos angustiados...."? Esses são os testes que deveríamos aplicar, os testes das bem-aventuranças, os testes do Sermão do Monte – os quais perscrutam o caráter e a natureza de um homem. Não devemos pesar somente as aparências externas, mas também a realidade no íntimo, que é a única coisa que realmente conta diante de Deus.

Lembremo-nos, uma vez mais, que foi o Senhor quem disse essas coisas, e que Ele é quem haverá de julgar todas as coisas. As palavras, "Muitos, naquele dia, hão de dizer-me...", apontam para o dia do julgamento, quando o Senhor Jesus estiver atuando como Juiz. Por conseguinte, não nos deixemos enganar. Diz novamente o Senhor, a respeito de pessoas desse tipo: "Vós sois os que vos justificais a vós mesmos diante dos homens, mas Deus conhece o vosso coração; pois aquilo que é elevado entre homens é abominação diante de Deus" (Lucas 16:15). O crente do Novo Testamento possui um caráter bem definido, e não pode ser confundido com quem quer seja. Leia o seu Novo Testamento, anote os sinais distintivos do crente neotestamentário, aprenda bem quais são esses sinais, medite acerca deles, e então aplique-os a si mesmo e a outras pessoas. Faça isso, recomenda-nos o Senhor Jesus, e você jamais será arrastado para o erro, e nem ficará do lado de fora da porta estreita e do caminho apertado. Esses, pois, são os testes que devemos aplicar, e todos eles podem ser sintetizados em uma única sentença: "... mas aquele que faz a vontade de meu Pai que está nos céus".

Que Deus nos proporcione honestidade, ao enfrentarmos essa arrepiante verdade, essa verdade que teremos para responder, quando "toda a cena terrestre houver desaparecido" e já estivermos diante da face de Cristo. Se você porventura sentir-se condenado, confesse a questão ao Senhor Deus, manifeste fome e sede de justiça, volte-se confiadamente para o Senhor Jesus Cristo, peça-Lhe para outorgar-lhe essa fome e essa sede de retidão, custe o que custar, sem importar efeitos e resultados, e Ele haverá de dar-lhe, porquanto Ele mesmo garantiu: "Bem-aventurados os que têm fome e sede de justiça, porque serão fartos".

Capítulo LV

HIPOCRISIA INCONSCIENTE

Já temos considerado a mensagem geral transmitida por esses solenes e solenizadores versículos. Ao voltarmos novamente a nossa atenção para eles, é importante que tenhamos em mente que, neste breve parágrafo, nosso Senhor estava tratando com aqueles que se mostram ortodoxos em suas crenças. Não temos aqui uma declaração sobre aqueles que são heterodoxos, sobre aqueles que se apegam a ensinos ou a doutrinas falsos. Aqui o ensino é correto. Essas pessoas profetizavam em nome de Cristo; era em Seu nome que expeliam os demônios; e era em Seu nome que faziam muitas obras admiráveis. Não obstante, Jesus concluiu que tais indivíduos eram finalmente condenados. Para pessoas condenadas é possível a realização de muita coisa. Essa é a razão pela qual, de muitas maneiras diferentes, essas palavras são mais solenizadoras, e, de fato, mais alarmantes do que qualquer outra coisa que encontramos por toda as Sagradas Escrituras. Após aquela pesquisa preliminar, podemos agora prosseguir a fim de extrair determinadas lições e deduções dessa passagem bíblica. Por certo, coisa alguma pode ser mais importante do que conhecermos estas lições. Nosso Senhor prosseguiu, repetindo essas advertências, ao mesmo tempo que exortou a homens e mulheres a entrarem pela porta estreita e a seguirem pelo caminho apertado. E aqui, uma vez mais, Ele nos avisa a respeito das terríveis ameaças e das tremendas possibilidades com que nos temos de defrontar. A grande lição isolada, que devemos aprender com base nesse trecho bíblico, é o perigo da autodecepção, o que é enfatizado de diversas maneiras. Por exemplo, nosso

Senhor usou a palavra "muitos". "Muitos, naquele dia, hão de dizer: Senhor, Senhor! Porventura não temos..." feito isto ou aquilo? Não devemos exagerar a força e o alcance desse vocábulo "muitos"; mas na realidade trata-se de uma palavra que encerra um significado bastante bem definido. Jesus não disse; "Alguma pessoa estranha, aqui e acolá", e, sim, "muitos" – a autodecepção é um perigo para "muitos", e as advertências feitas por Cristo a esse respeito foram frequentemente reiteradas. Essa ideia é reencontrada na ilustração que aparece em seguida, e que versa sobre aqueles que edificaram suas casas sobre a areia. Trata-se da mesma advertência que se vê, uma vez mais, na parábola das dez virgens. As cinco virgens insensatas representam um caso franco de autodecepção, e nada mais. E, novamente, a ideia é repetida no quadro que aparece em Mateus 25, onde Cristo retrata o julgamento final e fala daqueles que virão confiantemente a Ele e Lhe falarão das coisas que fizeram em nome dEle. A mesma advertência reaparece em todos esses casos; trata-se de um aviso acerca do terrível perigo da autodecepção. Em outras palavras, quando lemos aquilo que Jesus aqui declarou, temos a impressão de que aqueles a quem Ele se referia ficarão espantados e atônitos no dia do julgamento – "aquele dia". Conforme temos averiguado, esse parágrafo inteiro tem em mira, como é evidente, o dia do julgamento final. De fato, o capítulo todo, segundo temos notado constantemente, tem por intuito reforçar o fato de que o crente deve viver a sua vida inteira à luz daquele dia vindouro. Leia todo o Novo Testamento, e você observará com quanta frequência se menciona "aquele dia". Diz Paulo: "... pois o dia a demonstrará..." (I Coríntios 3:13). É como se o apóstolo houvesse dito: "Está tudo bem. Continuarei ativo em meu ministério. Farei tudo com os olhos fixos naquele dia. As pessoas poderão criticar-me e dizer sobre mim isto ou aquilo, mas jamais permitirei que esses comentários me assustem. Já entreguei minha própria pessoa e todo o meu eterno futuro nas mãos do Senhor, meu Juiz, e o dia do julgamento presidido por Ele, haverá de tornar manifesto tudo isso".

Com base nas palavras desta passagem, torna-se patente que aquela gente, em conformidade com o que disse nosso Senhor, sentir-se-á perplexa no dia do juízo final. Todos eles tinham-se imaginado perfeitamente seguros, e pareciam certos da salvação de suas próprias almas. Porém, com base no quê? Pelo fato de andarem dizendo: "Senhor, Senhor". Eram ortodoxos; diziam as coisas certas; eram fervorosos e zelosos. Chegaram a profetizar em nome de Cristo; expeliram demônios e praticaram muitas obras admiráveis. Além disso, foram elogiados pelos homens. De fato, eram reputados servos extraordinários do Senhor. Portanto, sentiam-se perfeitamente satisfeitos consigo mesmos, estavam bem seguros quanto à sua própria posição, e jamais suspeitaram, por um segundo sequer, que alguém pudesse encontrar neles qualquer defeito. No dia do julgamento final, serão capazes até mesmo de voltar-se para o Senhor e dizer-Lhe: "Sem dúvida, Senhor, conheces o registro de nossas vidas. Não Te lembras de tudo quanto dissemos e fizemos em Teu nome?" Sim, não tinham qualquer dúvida no tocante a si mesmos, mas antes, sentiam-se perfeitamente felizes e seguros. Jamais atravessou-lhes à mente a ideia de ao menos imaginarem a possibilidade de que talvez não fossem verdadeiros crentes, herdeiros da glória e da bem-aventurança eterna. No entanto, o que nosso Senhor lhes diz é que são indivíduos eternamente perdidos. O Senhor haverá de fazer "profissão" diante deles – pois aqui o Senhor faz um jogo de palavras: já que fizeram "profissão de fé". Ele também fará profissão, dizendo: "Nunca conheci vocês. Nada tenho a ver com vocês. Embora vocês vivessem repetindo 'Senhor, Senhor', e embora tivessem feito muitas coisas em Meu nome, Eu nunca conheci vocês, e nunca houve qualquer contato entre Eu e vocês. Vocês tão somente têm enganado a vocês mesmos, vocês têm brincado com coisas sérias o tempo todo. Afastem-se de mim, todos quantos praticam a iniquidade".

Não pode haver dúvidas de que o dia do julgamento será um dia de inúmeras surpresas. Quão frequentemente nosso Senhor avisou àquela gente. Seus contemporâneos, e, por intermédio deles, também a nós, dizendo que Ele não julga segundo os homens costumam julgar! "Vós sois os que vos justificais a vós mesmos diante dos homens mas Deus conhece o vosso coração; pois aquilo que é elevado entre homens, é abominação diante de Deus" (Lucas 16:15). Essa forma de falsa avaliação algumas vezes pode ser detectada dentro da própria Igreja, tanto quanto no mundo. Quão frequentemente os nossos juízos são apenas juízos carnais! Ouçamos os comentários que as pessoas fazem, quando vão a lugares de adoração pública. Quão frequentemente esses comentários giram em torno dos indivíduos, de sua aparência física, ou daquilo que eles chamam de "personalidade", ao invés de julgarem a própria mensagem. Aquelas são as coisas que atraem a atenção humana. Nossos juízos são tão carnais! Dessa forma, nosso Senhor ensinou-nos a ter cuidado com essa terrível e alarmante possibilidade de estarmos nos enganando. Todos possuímos ideias bem claras acerca da hipocrisia consciente. O hipócrita consciente não constitui grande problema; ele mostra-se óbvio e autoevidente. O que é muito mais difícil de ser discernido é a hipocrisia inconsciente, a qual se manifesta quando um indivíduo não somente engana a outros, mas engana até a si próprio, quando um homem não só persuade erroneamente a outros, acerca de sua pessoa, mas quando chega a persuadir-se erroneamente a si próprio. Era exatamente sobre isso que nosso Senhor aqui falava. E cumpre-nos repetir que, se cremos que o Novo Testamento é verdadeiro, então nada é mais importante para nós do que examinarmos a nós mesmos à luz de uma declaração tal como essa.

 Se, pois, aquilo que descrevemos é a hipocrisia inconsciente, não se segue daí que nada podemos fazer a esse respeito? Por sua própria definição, a hipocrisia inconsciente não é algo com o que um homem é incapaz de tratar? Se porventura se trata de uma condição na qual o indivíduo está iludindo-se, como poderia ele precaver-se contra tal erro? A resposta a essa indagação é que, bem pelo contrário, muita coisa pode ser feita. A primeira e mais importante a considerar é aquilo que serve de causa da autoilusão. É assim que podemos descobri-la em nós mesmos. Se pudermos chegar a preparar uma lista das causas da autoilusão e da autodecepção, e então nos examinarmos à luz dessas causas, então estaremos em posição de poder tratá-las. Ora, o Novo Testamento está repleto de instruções concernentes a essa particularidade. Eis a razão pela qual o Novo Testamento não cessa de exortar-nos a testarmos e a examinarmos a nós mesmos; eis o motivo pelo qual o Novo Testamento não se cansa de exortar-nos a testar e provar os espíritos, e, de fato, a submeter tudo à prova. Trata-se, pois, de uma notável advertência. Entretanto, essa advertência não é nada popular nestes nossos dias. As pessoas dizem que fazer isso é mostrar-se negativo; mas o Novo Testamento enfatiza o aspecto negativo da verdade, tanto quanto o aspecto positivo.

Quais, pois, são as causas comuns da autodecepção, no que tange a essa questão? Em primeiro lugar, temos a considerar uma falsa doutrina de segurança. Trata-se daquela tendência de alicerçarmos a nossa segurança somente sobre determinadas declarações que nós mesmos fazemos. Existem aqueles que costumam dizer: "As Escrituras ensinam: '... quem crê no Filho tem a vida eterna...' E também: 'Crê no Senhor Jesus, e serás salvo...' E igualmente: 'Se com a tua boca confessares a Jesus como Senhor, e em teu coração creres que Deus o ressuscitou dentre os mortos, serás salvo' ". Essas pessoas interpretam tais declarações como se elas quisessem dizer que, enquanto reconhecermos e dissermos certas coisas a respeito do Senhor Jesus Cristo, estaremos automaticamente salvos. O erro delas, sem dúvida nenhuma, consiste no seguinte: O indivíduo que está verdadeiramente salvo e que tem genuína certeza de sua salvação, faz e deve fazer declarações como essas. Mas o mero proferir tais declarações não garante, necessariamente, e nem assegura a um homem a salvação de sua alma. As próprias pessoas com quem nosso Senhor estava tratando, costumavam dizer: "Senhor, Senhor", e pareciam incluir o conteúdo apropriado dessas palavras em sua declaração. No entanto, conforme vimos, Tiago lembra-nos, em sua epístola, que os demônios também creem e tremem. Se lermos os evangelhos, descobriremos que os espíritos malignos, os demônios, reconheciam ao Senhor Jesus. E chegaram a referir-se a Ele como "... o Santo de Deus!" (Marcos 1:24). Sim, os demônios sabem quem é Jesus, e também dizem as coisas certas a respeito dEle. No entanto, são demônios, e estão eternamente perdidos. Isso posto, você deve usar de muita cautela com essa tentação extremamente sutil, lembrando-se da maneira como inúmeras pessoas se persuadem erroneamente a si mesmas. Elas dizem: "Eu creio, e também tenho proferido com a minha boca que acredito que Jesus de Nazaré era o Filho de Deus, e que Ele morreu pelos meus pecados, e, dessa maneira... – entretanto, esse argumento é incompleto. O crente, o cristão diz essas coisas, mas não se contenta com isso depois de havê-las proferido. É essa atitude que, algumas vezes, é descrita como "crendice", palavra essa que significa que um homem deposita sua confiança final em sua própria fé, e não no Senhor Jesus Cristo. Tal homem está dependendo de sua própria crença, bem como de suas próprias afirmações.

O assunto inteiro, explorado por este parágrafo, certamente visa a advertir-nos acerca do terrível perigo de basearmos a nossa segurança de salvação sobre a repetição de determinadas declarações ou fórmulas. Poderíamos pensar sobre outras ilustrações concernentes a esse perigo de nos mostrarmos meros crentes formais. No que consiste, realmente, a diferença entre aquilo que acabamos de descrever e a atitude que alicerça a segurança da salvação sobre o fato de que somos membros de uma igreja, ou de que pertencemos a uma determinada raça ou país, ou de que fomos crismados na infância? Não há diferença nenhuma. É perfeitamente possível que um homem diga todas as coisas certas, e, no entanto, viva um tipo de vida que indique claramente que tal homem nem ao menos é um crente. Diz o apóstolo Paulo, escrevendo aos crentes de Corinto: "Não vos enganeis: nem impuros, nem idólatras, nem adúlteros, ... herdarão o reino de Deus" (I Coríntios 6:9-10). Portanto, é perfeitamente possível que um homem diga as coisas certas, e, no entanto, esteja vivendo uma vida caracterizada pela iniquidade. "Ninguém se engane a si mesmo..." (I Coríntios 3:18). No instante em que começamos a fundamentar a nossa fé exclusivamente sobre uma fórmula que passamos a repetir, sem estarmos certos de havermos sido regenerados e de que estamos evidenciando a vida de Deus em nosso homem interior, estaremos nos expondo a um terrível perigo, o perigo da autoilusão. Mas existem muitos que declaram e defendem a sua opinião acerca da doutrina da segurança da salvação, da maneira que se segue. Dizem esses tais: "Não dê ouvidos à sua consciência. Se você disse que crê, isso já é o bastante". Mas, isso não é o bastante, porquanto "...muitos, naquele dia, hão de dizer-me: Senhor, Senhor...". Mas Ele mesmo lhes dirá: "Nunca vos conheci. Apartai-vos de mim, os que praticais a iniquidade". Uma doutrina superficial de segurança, ou então uma falsa doutrina de segurança, por conseguinte, é uma das causas mais comuns de autoilusão.

A segunda causa dessa condição segue-se inevitavelmente em consequência da primeira. Trata-se da recusa de nos examinarmos a nós mesmos.

O autoexame não é popular hoje, especialmente entre os evangélicos, o que é muito estranho. De fato, com frequência percebe-se que os evangélicos não somente fazem objeção ao exame próprio, mas, ocasionalmente, também o consideram quase como se fora uma transgressão. O argumento deles é que um crente deveria olhar exclusivamente para o Senhor Jesus Cristo, e que o crente não deveria olhar para si mesmo, sob hipótese nenhuma. E então interpretam essa ideia como se ela ensinasse que não nos devemos examinar a nós mesmos. Esses reputam o exame próprio como se fosse a mesma coisa que alguém olhar para si mesmo. E então asseveram que se alguém olhar para si próprio, nada poderá ver senão trevas e negridão, e, por conseguinte, não deveríamos olhar para nós mesmos, e, sim, para o Senhor Jesus Cristo. Portanto, esses evangélicos olham para longe de si mesmos, e recusam-se a examinar a si próprios.

Contudo, isso não é bíblico. A Bíblia constantemente nos exorta a nos examinarmos, como também a nos provarmos a fim de verificarmos se de fato estamos "na fé", ou se somos "réprobos" (ver II Coríntios 13:5). E as Escrituras, assim sendo, nos recomendam o autoexame, por causa do terrível perigo de nos desviarmos para o erro do antinomianismo, isto é, agarrar-nos à ideia distorcida que diz que enquanto um homem continuar crendo no Senhor Jesus Cristo, não importa o que ele venha a fazer; que se um homem está salvo, não importa a vida que ele leve. O antinomianismo assevera que no momento em que começamos a nos concentrarmos em nosso comportamento, estamos nos colocando outra vez debaixo da lei. Afirmam os antinomianistas: "Creia no Senhor Jesus Cristo, e tudo irá bem com você". Mas isso, novamente, por certo é o próprio perigo acerca do qual nosso Senhor nos está advertindo no presente parágrafo. Esse é o fatal perigo de confiarmos somente naquilo que dizemos, esquecendo-nos de que a questão essencial é que o cristianismo consiste em uma vida a ser vivida, a saber, a "vida de Deus na alma de um ser humano", porquanto o crente é coparticipante "...da natureza divina..." (II Pedro 1:4), a qual, por necessidade, deve manifestar-se em sua vida diária.

Ou então, olhemos a primeira epístola de João, que foi escrita a fim de corrigir precisamente essa questão. O apóstolo tinha em mente aqueles indivíduos que estavam inclinados a dizer certas coisas, mas cujas vidas eram uma flagrante contradição com o que professavam crer. João apresenta-nos os seus famosos testes aquilatadores da vida espiritual. Escreve ele: "Aquele que diz: Eu o conheço, e não guarda os seus mandamentos, é mentiroso, e nele não está a verdade" (2:4). "Se dissermos que mantemos comunhão com ele e andarmos nas trevas, mentimos e não praticamos a verdade" (1:6). Ora, naqueles dias havia pessoas que estavam agindo precisamente dessa maneira, e que diziam: "Sou crente; estou em comunhão com Deus e confio no Senhor Jesus Cristo", mas, no entanto estavam vivendo em pecado. No dizer de João, isso constitui mentira; constitui transgressão contra a lei, constitui desobediência a Deus e ao Seu santo mandamento. Por mais que um homem possa *dizer* que acredita no Senhor Jesus Cristo, se porventura a sua vida é habitual e persistentemente pecaminosa, então tal homem simplesmente não é um crente. E, como é evidente, a maneira certa de se descobrir isso consiste em nos examinarmos a nós mesmos, à luz dos ensinamentos bíblicos e à luz do Sermão do Monte, e fazê-lo com toda a honestidade. Outrossim, quando chegamos à questão das nossas obras, sem importar se se trata de profetizar, de expelir demônios ou de realizar "muitas obras admiráveis", também devemos examinar os nossos motivos. Precisamos indagar de nós mesmos, com toda a honestidade: "Por qual razão estou fazendo isto ou aquilo? E qual é o verdadeiro impulso por detrás de tudo isso?" Ora, as coisas são assim porque o homem que não tenha consciência de que pode estar fazendo a coisa certa devido a um motivo totalmente errado, é um mero títere quanto a essas particularidades. É possível um homem pregar o Evangelho de Cristo de maneira perfeitamente ortodoxa, mencionando frequentemente o nome de Cristo, mostrando-se correto quanto às doutrinas e zeloso na pregação da Palavra, mas, a despeito disso, estar fazendo tudo, o tempo todo, impelido por motivos pessoais, visando à sua própria glória e autossatisfação. A única maneira de nos salvaguardarmos disso consiste em nos examinarmos e perscrutarmos. Trata-se de um processo doloroso e desagradável mas precisa ser feito. Essa é a única maneira de obtermos segurança. Um homem precisa enfrentar a si próprio de maneira franca e decidida, e então indagar: "Por que estou fazendo isto ou aquilo? O que há lá no mais íntimo de meu coração, e que estou defendendo?" Se o indivíduo não fizer assim, estará se expondo ao terrível perigo da autoilusão, da autodecepção.

Entretanto, consideremos agora uma outra causa dessa exata condição, isto é, o perigo de vivermos alicerçados em nossas próprias atividades. Precisamos ter pensamentos perfeitamente claros quanto a isso, porquanto não há que duvidar que uma das piores ameaças que se manifestam na vida cristã é essa de um homem viver com base em suas próprias atividades. De certa feita, recebi uma carta de uma dama que fora uma ativíssima obreira cristã por quarenta anos, mais ou menos. Foi então que ela adoeceu gravemente, e, durante seis meses, foi incapaz de afastar-se de casa. Ela foi suficientemente honesta para dizer-me que isso se estava constituindo um teste severíssimo e perscrutador para ela. Sei exatamente o que ela pretendeu dizer. Já vi o caso em diversas outras pessoas, e, desafortunadamente para mim, já passei, eu mesmo, por essa amarga experiência. Tenho visto homens incansáveis na obra do reino, que subitamente são postos de lado devido a alguma enfermidade grave, e que, por isso mesmo, quase nem sabiam o que fazer consigo. O que há com tais pessoas? É que elas estavam vivendo alicerçadas em suas próprias atividades. Podemos ficar tão atarefados, pregando e trabalhando, que nos olvidamos de nutrir a própria alma. Às vezes, negligenciamos de tal modo a nossa própria vida espiritual que descobrimos, no fim, que estávamos vivendo para nós mesmos e para as nossas próprias atividades. E assim, quando paramos, ou somos forçados a parar por causa de enfermidade ou circunstâncias, descobrimos que a vida se nos tornou vazia, e que todos os nossos recursos, por assim dizer, desapareceram.

Como é lógico, isso não se limita exclusivamente à vida cristã. Quão frequentemente temos ouvido de homens de negócios ou profissionais que têm sido altamente bem-sucedidos e perfeitamente saudáveis durante toda a sua vida. Eles então decidem aposentar-se. E todos os seus conhecidos se espantam quando, dentro de seis meses ou pouco mais, ouvem a notícia que aquele homem aposentado repentinamente faleceu. O que se dá com esses homens? Geralmente, a verdadeira explicação é que aquilo que lhes mantinha em atividade, que provia o estímulo necessário para viverem e para encontrarem algum propósito na existência, subitamente lhes foi arrebatado, e então eles entraram em colapso. Ou pensemos na maneira como tantas pessoas, em nossos dias, são mantidas em atividades exclusivamente pelos entretenimentos e pelos prazeres. E quando, de repente, essas coisas lhes são negadas, não sabem mais o que fazer com suas próprias vidas, e ficam inteiramente enfadados e derrotados. Eles viviam mantidos por suas próprias atividades e prazeres. Algo semelhante pode suceder na vida cristã. Eis a razão pela qual é uma boa medida quando todos nós, de vez em quando, cessamos por algum tempo as nossas atividades, a fim de descansarmos um pouco. E então devemos aproveitar o ensejo para examinarmos a nós mesmos, indagando: "O que está mantendo a minha vida?" Que sucederia se as reuniões que você frequenta com tanta regularidade repentinamente lhe fossem proibidas? Como é que você se sentiria? E que dizer se a sua saúde entrasse em colapso, e você não mais pudesse dedicar-se à leitura, nem mais pudesse desfrutar da companhia de outras pessoas, mas fosse deixado inteiramente só? O que você faria nesse caso? Precisamos de tempo para sondar a nós mesmos com essas indagações, porquanto um dos piores perigos que nos ameaçam a alma consiste em meramente vivermos em função de nossas atividades e com base em nossos esforços próprios. Viver ocupado demais é um dos principais caminhos para a autoilusão.

Uma outra causa bastante frutífera dessa dificuldade é a nossa tendência de tentarmos equilibrar novamente as nossas vidas jogando uma coisa contra a outra. Por exemplo, se a nossa consciência nos condena acerca do tipo de vida que estamos levando, contrabalançamos isso com alguma boa obra, à qual então nos dedicamos. Reconhecemos que poderíamos ser acusados de determinadas falhas, mas, em seguida, preparamos uma lista de coisas boas que costumamos praticar, e a nossa conta corrente bate com um pouco de crédito a nosso favor, afinal de contas. Todos nós já temos tido ocasiões de agir assim. Você está lembrado do exemplo clássico dessa atitude, no caso de Saul, o primeiro rei de Israel? Saul recebera ordens para exterminar os amalequitas; e ele o fizera, mas somente em parte. Manteve vivo o rei Agague, e também conservou com vida o melhor gado, bois e ovelhas, além de não haver destruído outras coisas de maior valor. Pode-se observar quão astuto Saul se mostrou, quando foi repreendido por Samuel. Disse Saul: "Mantive-os em vida a fim de poder oferecer um sacrifício a Deus". Esse é um perfeito exemplo da nossa tendência de contrabalançar uma coisa com outra. Todos nós temos a tendência de fazer isso. Ao invés de permitirmos que nossa consciência faça o seu papel, imediatamente apresentamos valores positivos em contrapeso às coisas negativas que estamos fazendo. O indivíduo que avalia as condições de sua vida diária dessa maneira, só pode mesmo chegar a um certo fim. O indivíduo que assim age, no campo dos negócios, logo entrará em falência, e o indivíduo que assim se comporta, no campo da vida cristã, não demorará a ver-se espiritualmente falido, e, no fim, será desqualificado pelo próprio Senhor Jesus. Sim, precisamos aplicar esta lição a nós mesmos. Precisamos permitir que as nossas consciências nos chamem à atenção. Convém que não nos ponhamos a justificar e desculpar a nós próprios; pelo contrário, devemos dar ouvidos aos ditames da consciência e obedecer-lhes.

Isso nos conduz ao princípio vital que subjaz a todas as causas de autoilusão. De muitas maneiras, a raiz da dificuldade, mesmo entre os mais excelentes elementos evangélicos, é o fato de que falhamos, não dando ouvidos ao claríssimo ensinamento das Escrituras. Aceitamos aquilo que a Bíblia ensina somente até ao ponto em que nossas doutrinas são envolvidas; mas, quando se trata de pôr esses ensinamentos em prática, então, com frequência, deixamos de aceitar a Bíblia como nosso único guia. Quando se trata do lado prático, empregamos conceitos humanos, ao invés de conceitos espirituais. Ao invés de aceitarmos de bom grado os ensinamentos bíblicos, começamos a argumentar contra eles. E dizemos: "Ah, desde que as Escrituras foram escritas, os tempos mudaram muito". Ousaria eu oferecer uma ilustração óbvia desse fato? Consideremos a moderna questão de mulheres que pregam e são ordenadas para o ministério pastoral. O apóstolo Paulo, ao escrever a Timóteo (ver I Timóteo 2:11-15), proíbe isso diretamente. Ele declara, de forma perfeitamente específica, que não permite à mulher ensinar ou pregar. Mas então, quando lemos o que nos ensina essa epístola, alegamos:

"Bem, Paulo estava pensando apenas em sua própria época e cultura; mas agora, os tempos mudaram muito, e não precisamos ficar limitados por esses preceitos. Paulo estava pensando em uma população semicivilizada, em Corinto e lugares semelhantes". Porém, as Escrituras não dizem nada disso. Pelo contrário, dizem: "E não permito que a mulher ensine, nem que exerça autoridade sobre o marido; esteja, porém, em silêncio". Todavia, retorquimos a isso: "Ah, mas isso era uma legislação apenas temporária". Paulo explica o ponto nestes termos: "Porque, primeiro, foi formado Adão, depois, Eva. E Adão não foi iludido, mas a mulher, sendo enganada, caiu em transgressão. Todavia, será preservada através de sua missão de mãe, se ela permanecer em fé, e amor, e santificação, com bom senso". Paulo não diz aqui que aquele preceito servia somente para a sua época; mas fez esse preceito retroceder até ao tempo da queda no pecado, mostrando-nos assim que se trata de um princípio permanente. Portanto, trata-se de um preceito válido e obrigatório para nós, até hoje, nesta época em que vivemos. Infelizmente, porém, é assim que costumamos argumentar contra as Escrituras. Ao invés de aceitarmos os seus claríssimos ensinamentos, alegamos que os tempos mudaram – mas somente quando isso se adapta à nossa tese e achamos que este ou aquele preceito não é mais relevante para os nossos dias.

Uma outra maneira de cairmos no mesmo erro, consiste no seguinte. As Escrituras estabelecem, de forma bem clara, não somente que devemos pregar o Evangelho, a verdadeira mensagem, mas também *como* devemos fazê-lo. As Escrituras ensinam que devemos fazê-lo com "sobriedade", com "gravidade", em temor e tremor, e também na "...demonstração do Espírito e de poder..." (I Coríntios 2:4), e não "... em linguagem persuasiva de sabedoria..." Em nossos próprios dias, entretanto, os métodos de evangelização fazem flagrante contraste com essas palavras, embora tais métodos sejam por nós justificados com base em seus resultados. Dizem os homens: "Consideremos os resultados. Este ou aquele homem talvez não se amolde ao método bíblico, mas vejam bem os resultados que eles obtêm!" E assim, por causa dos supostos "resultados", o claro preceito das Escrituras é posto de lado. Porventura isso é crer na Bíblia? É aceitar as Escrituras como nossa autoridade final? Não é essa atitude uma repetição do antigo erro de Saul, o qual alegou: "Sim eu sei que errei; mas pensei que seria bom se eu agisse dessa maneira". Saul tentou justificar a sua desobediência mediante algum resultado que essa desobediência haveria de produzir. Nós, os protestantes, naturalmente erguemos as mãos, horrorizados, diante dos católicos romanos, sobretudo dos jesuítas, quando eles nos dizem que "o fim justifica os meios". Esse é o grande argumento da Igreja Católica Romana Repudiamos tal atitude, que se manifesta na Igreja Católica Romana, mas, esse se tem tornado um argumento comum em círculos evangélicos. Os "resultados" a serem obtidos justificam tudo. Se os resultados forem bons, prossegue o mesmo argumento, então o método por detrás dele também deve ser bom – o fim justifica os meios. Se você quiser evitar uma terrível desilusão, no dia do julgamento, enfrente e aceite as Escrituras conforme elas são. Não argumentemos contra as Escrituras, não procuremos manipulá-las e distorcê-las. Pelo contrário, enfrentemo-las frontalmente, recebendo-as e submetendo-nos a elas, a qualquer custo.

Uma outra causa muito comum de autodecepção é nossa falha em reconhecer que a única coisa que realmente importa é o nosso relacionamento com Cristo. Ele é o Juiz, e o que conta é aquilo que Ele pensa a nosso respeito. É Ele quem dirá a certos indivíduos: "Nunca vos conheci". E o vocábulo grego, aqui traduzido por "conheci", é um termo forte. Não indica que o Senhor não estivesse informado da existência deles. Na verdade, Cristo sabe de tudo. Ele vê todas as coisas, e tudo está aberto e patente aos Seus olhos. Nesse caso, o verbo "conhecer" significa "demonstrar interesse especial por", ou "ter relação particular com alguém". Disse Deus aos filhos de Israel, por intermédio do profeta Amós: "De todas as famílias da terra, somente a vós outros vos escolhi..." (3:2). Isso significa que Deus estava nessa relação peculiar com o povo de Israel. O que nosso Senhor dirá, no dia do juízo final, àquela gente que viveu enganando a si mesma é que eles fizeram todas aquelas coisas mediante seu próprio poder e energia. Jesus nunca teve qualquer coisa a ver com o que fizeram. Por conseguinte, a coisa mais importante que nos cabe é não nos interessarmos primariamente por nossas próprias atividades ou pelos resultados que talvez poderíamos conseguir com os nossos métodos, e, sim, pela nossa relação com o Senhor Jesus Cristo. Porventura, nós O conhecemos, e Ele nos conhece?

Finalmente, precisamos tomar consciência de que aquilo que Deus quer, e aquilo que nosso bendito Salvador quer, acima de tudo, é a nós mesmos – aquilo que as Escrituras chamam de nosso "coração". Ele quer dispor de nosso homem interior, do coração. Ele quer a nossa submissão. Ele não deseja ver meramente a nossa profissão de fé, o nosso zelo, o nosso fervor, as nossas boas obras, ou qualquer outra coisa. Ele quer a nós. Leia novamente as palavras proferidas pelo profeta Samuel diante de Saul, rei de Israel: "Tem, porventura, o Senhor tanto prazer em holocaustos e sacrifícios quanto em que se obedeça à sua palavra? Eis que o obedecer é melhor do que o sacrificar, e o atender, melhor do que a gordura de carneiros" (I Samuel 15:22). Diante do argumento de Saul: "Conservei as melhores cabeças dos bois e das ovelhas para podermos oferecê-las em holocausto ao Senhor", essa foi a resposta: Deus não quer as nossas oferendas; Ele não quer nossos sacrifícios. Ele quer a nossa obediência; Ele quer a nós mesmos.

É bem possível que um indivíduo qualquer diga as coisas certas, mostrando-se muito atarefado e ativo, e que, dessa maneira, possa obter resultados aparentemente admiráveis, e, no entanto, não dedicar-se inteiramente ao Senhor. Talvez ele esteja fazendo tudo quanto faz por amor a si mesmo, e pode estar resistindo ao Senhor quanto à questão mais vital de todas. Finalmente, esse é o mais monstruoso insulto que podemos fazer a Deus. Que insulto poderia ser pior do que dizer-se fervorosamente, "Senhor, Senhor", mostrando-nos ocupados e ativos, mas, no entanto, negarmos a Ele lealdade e submissão autênticas, insistindo em reter o controle sobre as nossas próprias vidas, permitindo que as nossas próprias opiniões e argumentos – e não aquele que Ele nos apresenta nas Escrituras – controlem aquilo que fazemos, e também como o fazemos? O pior insulto lançado contra o senhor é uma vontade que não se rendeu completa e inteiramente; e disso resulta que tudo quanto porventura fizermos – por maiores que sejam as nossas oferendas e sacrifícios, por mais admiráveis que sejam as nossas obras realizadas em Seu nome – não terá o menor valor. Se cremos que Jesus de Nazaré é o unigênito Filho de Deus, e que Ele veio a este mundo e se deixou crucificar no Calvário, tendo morrido pelos nossos pecados, para em seguida ressuscitar, a fim de justificar-nos, de dar-nos vida nova e de preparar-nos para o céu – se realmente confiamos nessas realidades – então só nos resta chegar a uma dedução inevitável, a saber, que Ele tem direito à totalidade de nossas vidas, sem qualquer limitação. Isso quer dizer que Ele deve exercer o controle não somente sobre as grandes coisas, mas também sobre as pequenas; não somente sobre aquilo que fazemos, mas também como o fazemos. Cumpre-nos submeter--nos a Ele, seguindo pelo Seu caminho, conforme Ele se alegrou em revelar na Bíblia. E, se aquilo que estivermos fazendo não se amolda a esse padrão, então tal diferença indicará apenas que estamos querendo fazer valer a nossa própria vontade, em atitude de desobediência, o que é tão repelente quanto o pecado de feitiçaria. De fato, isso pertence àquela modalidade de conduta que levará Jesus Cristo a dizer para determinados indivíduos: "Apartai-vos de mim, os que praticais a iniquidade". Obreiros da iniquidade! Quem são eles? São certas pessoas que, enquanto viviam neste mundo, costumavam dizer, "Senhor, Senhor"; pessoas que haviam profetizado em nome de Cristo, que em Seu nome haviam expelido demônios, que em Seu nome haviam operado muitas maravilhas. Jesus chama aos tais de "obreiros da iniquidade", porquanto, em última análise, eles faziam tudo quanto faziam a fim de agradarem tão somente a si mesmos, e não a Ele. Portanto, examinemos solenemente a nós mesmos à luz dessas realidades.

Capítulo LVI
OS SINAIS DA AUTOILUSÃO

Já temos considerado por duas vezes, as momentosas e alarmantes palavras do trecho de Mateus 7:21-23. Entretanto, devido à sua vital importância, devemos fazê-lo uma vez mais. Esse problema da autoilusão é um vastíssimo assunto. Se você está interessado pelos chamados Manuais Devocionais, sem importar se são católicos romanos ou protestantes, então você descobrirá que eles sempre devotam uma grande parcela de seu volume a esse aspecto particular da questão. Todos os médicos da alma que se mostram sábios sempre concentram nesse ponto a sua atenção. A própria Bíblia nos conclama a assim fazer. As Escrituras estão eivadas não somente de apelos quanto ao problema, mas também estão repletas de ilustrações práticas sobre indivíduos que iludiram e enganaram a si mesmos. Porém, mesmo à parte de tudo isso, é que valorizamos as nossas almas, e à medida em que nos vamos conscientizando de que todos estamos passando por este mundo e seguindo na direção do juízo final, e de que todos teremos de comparecer perante o tribunal de Cristo, então essa espécie de autoexame se vai tornando mais e mais imperiosa. É conforme o apóstolo João disse: "E a si mesmo se purifica todo o que nele tem esta esperança, assim como ele é puro" (I João 3:3). O fato é que ninguém pode purificar-se a si mesmo sem primeiramente examinar-se. Algumas pessoas devotam o período da Quaresma, em particular, para esse tema do exame próprio. Outros dentre nós, porém, acreditam que isso deve ser feito durante o decorrer do ano inteiro, e que deveríamos examinar e disciplinar a nós mesmos sempre. Não precisamos abordar aqui esse aspecto do assunto. O fato muito importante é reconhecer a necessidade do autoexame. E isso é insistentemente ensinado nas Escrituras.

Já vimos que o primeiro passo a ser tomado, se é que estamos ansiosos por evitar enganarmos a nós mesmos, consiste em considerar as causas da autoilusão. E também já abordamos algumas dessas causas mais comuns. Tendo assim estabelecido os princípios fundamentais, agora passaremos a tratar de alguns poucos detalhes práticos; esses detalhes têm por finalidade advertir-nos acerca das maneiras sutis pelas quais podemos enganar-nos. Começamos relembrando-nos que não vivemos a nossa vida cristã em uma espécie de vácuo. Inteiramente à parte do fato que vivemos em uma sociedade de homens e mulheres, também precisamos contender contra o diabo, contra "... os principados e potestades, contra os dominadores deste mundo tenebroso, contra as forças espirituais do mal, nas regiões celestes..." (Efésios 6:12). De conformidade com o ensino escriturístico, coisa alguma nos pode capacitar a oferecer resistência, nesse conflito, exceto o uso da completa armadura de Deus. E uma das maneiras pela qual colocamos essa armadura consiste em nos mantermos vigilantes, diante da sutileza dos ataques. E isso, em face de sua própria natureza, precisará ser considerado segundo certos pormenores. Tenho um certo receio, ao prosseguir nesse tipo de estudo, que ao assim fazer, estarei me expondo ao risco de ser mal compreendido. Se alguém utilizar-se de ilustrações, há aquela tendência dos homens concentrarem sua atenção sobre essas ilustrações, e não sobre os próprios princípios.

O primeiro grande princípio é que há um sentido em que tudo quanto está vinculado à vida cristã envolve um certo elemento de perigo. Não estou afirmando que tudo é perigoso, mas que há possibilidades de ser. O diabo, com as suas sutilezas, disfarçado em anjo de luz, apresenta-se diante de nós e lança mão de coisas que, em si mesmas, são boas e legítimas, as quais nos foram dadas por Deus, e em seguida nos influencia de tal modo que nos leva a utilizar-nos dessas coisas como instrumentos de nossa própria autodecepção. Essas coisas, em si mesmas, são perfeitamente corretas, e, não obstante, podemos abusar delas. Esse é o tema que nos compete elaborar. Em determinado sentido, os próprios meios da graça, que Deus providenciou para nós, podem servir de fonte de dificuldade. Confio que estou me fazendo entender claramente. Como é óbvio, não estou aqui denunciando os meios da graça; meramente estou salientando o terrível perigo de virmos a modificar esses meios da graça, que nos foram outorgados pelo próprio Deus, para nos utilizarmos deles como coisas prejudiciais para as nossas almas. A minha grande preocupação é com o abuso daquilo que é bom em si mesmo, e não com o mero uso daquilo que é bom. Sempre servirá de grande consolo, para qualquer homem que prega, ficar sabendo que até mesmo um tão notável mestre como foi Paulo, podia ser mal compreendido, quando ensinava e pregava. Tomemos, por exemplo, a passagem de II Coríntios 11, com o seu soberbo sarcasmo. O apóstolo ventila ali a maneira infantil e distorcida em que grande porção dos seus ensinamentos havia sido mal compreendida em Corinto.

Aqui, pois, estão os princípios normativos. Certas coisas, boas por si mesmas, podem ser as mesmas que nos iludirão a respeito do estado de nossas almas, a menos que sejamos cautelosos. Porém, como podemos saber se nos inclinamos por nos desviarmos da simplicidade que há em Cristo, entrando nessa posição terrivelmente falsa, descrita no presente versículo? Temos aqui algumas das respostas. Uma clara indicação dessa tendência revela-se da maneira seguinte. Se, quando estivermos examinando a nós mesmos, descobrirmos qual é o nosso principal interesse, e percebermos que esse interesse consiste em frequentarmos reuniões, então estaremos nos condicionando a uma situação perigosa. Como é evidente, acredito que o crente deve reunir-se juntamente com os seus irmãos em Cristo; mas quando uma pessoa chega ao ponto em que só se interessa por participar de reuniões, e elas se tornam o seu interesse central, então tal pessoa está em perigosa posição. Existem muitas pessoas que assumiram essa atitude. São sustentadas em seu ânimo frequentando reuniões, e, quando, de repente, são impossibilitadas de frequentá-las, descobrem uma horrível esterilidade na sua própria alma e em sua experiência cristã, podemos mostrar-nos agradecidos a Deus, incluindo certos acontecimentos que nos sobrevêm como bênçãos vinculadas ao Evangelho, como, por exemplo, elevados sentimentos, orientação, cura de alguma enfermidade física, e assim por diante. Essas coisas são parte e parcela da mensagem cristã; porém, se descobrirmos que o nosso principal interesse se concentra nesses fenômenos, então já nos encontramos em uma condição que pode conduzir à autodecepção. Jamais deveríamos estar mais profundamente interessados por aquilo que poderíamos chamar de subprodutos da fé do que na fé propriamente dita. Precisamos sondar a nós mesmos no que concerne a essas coisas. Naturalmente, também deixamos entrever os nossos interesses básicos por meio daquilo que dizemos. Quando nos pomos a ouvir outras pessoas, descobrimos quais os seus principais e reais interesses. Ora, a mesma coisa se aplica a nós, os crentes. Portanto, cumpre-nos indagar de nós mesmos: "Qual é o meu principal interesse?" Ou, talvez, seria demonstração de sabedoria conseguir que alguma outra pessoa nos examinasse e observasse. Sugiro que se descobrirmos em nós mesmos ou em outras pessoas essa tendência pelo interesse de nos deixarmos absorver pelos meios da graça e pelos fenômenos espirituais, ao invés de nos deixarmos absorver pela nossa relação para com o Senhor, já nos acharemos no caminho que, em última análise, conduz a essa temível autoilusão.

Um outro sinal dessa perigosa condição consiste em um interesse exagerado por organizações, denominações, igrejas particulares ou algum outro movimento ou confraternização qualquer. Todos sabemos exatamente o que isso quer dizer. O homem é um ser social, e todos nós gostamos de contar com alguma válvula de escape para o nosso instinto social e para a porção social de nossa constituição. Trata-se da coisa mais simples do mundo descobrir uma válvula de escape para esse instinto natural, social e gregário, no terreno das realidades cristãs. O perigo é supormos que, por causa desse nosso interesse por essas questões, então, necessariamente, somos crentes. Era precisamente esse o ponto que nosso Senhor estava enfatizando. Eis um indivíduo qualquer, que diz: "Senhor, Senhor", que expele demônios e faz muitos sinais admiráveis, em nome de Cristo, no campo espiritual; e então, por causa disso, fica pensando que é um crente. Não obstante, Cristo diz que tal homem pode nem ser um crente. Quão facilmente esse engano pode prevalecer! Há indivíduos que, por natureza, preferem ter contato com pessoas morais, e não com pessoas imorais, mas que, nem por isso são crentes. Na qualidade de seres humanos naturais, eles preferem a companhia de homens morais e éticos; e, em seu desejo natural de disporem de uma válvula de escape social, ou de uma válvula de escape para a sua ativa natureza moral, sentem que isso lhes é provido por intermédio de alguma forma de organização vinculada ao cristianismo. É assim que a autoilusão torna-se uma realidade, porquanto tais pessoas supõem que, enquanto estiverem atuantes, dentro do empreendimento cristão, isso significa que elas são crentes. Entretanto, o interesse real delas está na atividade e na organização a que pertencem, e não no Salvador e em seu próprio relacionamento com o Senhor. Essa é uma terrível possibilidade. Há indivíduos cujos reais e finais interesses se concentram em sua igreja particular, e não na salvação cristã, nem no Senhor. Eles gostam de sua igreja, gostam daquele povo, foram criados dentro daquela atmosfera, e é somente isso que as segura ali – aquela igreja específica, aquela denominação particular, ou aquele agrupamento particular de pessoas. Novamente, toda essa atitude pode ser percebida através do que as pessoas dizem. Você descobrirá facilmente que eles se interessam profundamente quando alguém fala a respeito da organização, ou do povo, ou do pregador a eles vinculados, mas ficam estranhamente calados quando alguém procura iniciar com eles um diálogo a respeito de sua alma ou a respeito do Senhor Jesus. Precisamos examinar a nós mesmos por meio desse teste. No que é que estamos realmente interessados? Estamos interessados em nosso relacionamento com o Senhor e em Sua glória, ou estamos interessados somente por alguma dessas outras coisas?

Um outro perigo, o qual é bastante comum, especialmente nos dias em que vivemos, consiste em nos interessarmos pelos aspectos sociais e gerais do cristianismo, e não pelo aspecto pessoal. Esse é um perigo que se tem avolumado especialmente no século atual. Muitas pessoas, hoje em dia, confrontadas pelos problemas deste país e da sociedade, afirmam, cada vez mais insistentemente, que o que mais se faz necessário é o ensino bíblico e uma atitude cristã para com esses problemas nacionais e sociais. Observe com atenção os estadistas e os políticos – incluindo alguns dos principais dentre eles. Embora seja fácil de averiguar que eles praticamente nunca frequentam algum lugar de adoração aos domingos, cada vez mais estão se utilizando dos vocábulos "religião" e "cristão". Parece que eles pensam, de uma maneira vaga e generalizada, que o ensino cristão de alguma maneira pode ajudar a solucionar os problemas governamentais. Embora eles mesmos não sejam cristãos ativos e praticantes (e estou me referindo somente a esses políticos, e não aos crentes que porventura haja entre eles), e nem estejam obedecendo de maneira prática e pessoal ao Senhor Jesus, parecem pensar que o cristianismo pode servir-lhes de ajuda, de alguma maneira. Sempre nos encontraremos em terreno perigoso enquanto continuarmos falando em "civilização cristã" ou em "cultura ocidental ou cristã". Sem dúvida, essa maneira de falar anda muito em moda nos dias de hoje; e essa é uma das piores ameaças com que a Igreja da atualidade está se defrontando. Refiro-me particularmente à tendência de se considerar o cristianismo como se nada mais fosse senão um ensino anticomunista. Isso pode ser visto mediante a maneira pela qual, algumas vezes, as organizações cristãs fazem sua propaganda, bem como mediante os "slogans" que são empregados, como "Cristo ou o Comunismo?", etc. Não é de surpreender que a Igreja Católica Romana pense nesses termos; mas como nos entristece ver inocentes evangélicos gradualmente serem apanhados por essa armadilha. Tudo isso opera de maneira extremamente sutil. Um indivíduo acaba se persuadindo de que, por ser um anticomunista, necessariamente é um cristão. Porém, uma coisa não se segue logicamente à outra, de maneira nenhuma. Tão somente nos iludimos e nos enganamos a nós mesmos. Julgamos a nós mesmos por meio desses critérios gerais, e então supomos que somos crentes. A substituição das questões particulares e pessoais do cristianismo por essas questões sociais e gerais, sempre apontará para algum perigo iminente. A cristandade com frequência tem sido o maior inimigo da religião espiritual. Se eu descobrir que os meus interesses pessoais tendem mais e mais para aquilo que é geral, social ou político, e se isso estiver se tornando mais e mais o meu interesse principal pelo cristianismo, então é que me encontro em um estado extremamente perigoso, porquanto o mais provável é que tenho deixado de examinar a mim mesmo.

    O próximo perigo a ser considerado é o que correm aqueles cujo principal e primário interesse concentra-se naquilo que poderíamos chamar de "apologética", ou seja, a definição e a defesa da fé, ao invés de um autêntico relacionamento com Jesus Cristo. É o perigo diante do qual todo pregador deveria mostrar-se particularmente atento. Muitas pessoas, que estão convencidas que são crentes, na realidade estão interessadas somente na apologética cristã. Tais indivíduos passam o seu tempo argumentando a respeito da fé cristã defendendo-a, ou denunciando a evolução, denunciando a psicologia e diversas outras questões, as quais, segundo lhes parece, estão atacando os próprios princípios fundamentais da fé. Esse é um perigo muito sutil, porquanto tal indivíduo pode estar negligenciando completamente a sua própria alma, a sua própria santidade e santificação, e o seu relacionamento pessoal com o Senhor. No entanto, ele se sente perfeitamente feliz consigo mesmo, por estar denunciando a evolução e defendendo a fé contra este ou aquele ataque. E talvez não somente esteja lançando isso em sua própria conta, como se fosse crédito na forma de retidão, mas até mesmo pode estar se utilizando desse esquema para evitar a tarefa de examinar-se honestamente a si próprio. A apologética tem seu lugar essencial na vida cristã, e faz parte de nossa incumbência, como crentes, contender intensa e zelosamente pela fé; todavia, se descobrirmos que mais nada estamos fazendo, senão isso, então estamos numa condição perigosa.

    Conheci um homem que foi muito usado como pregador evangélico, e que talvez não ocupasse o segundo lugar em relação a qualquer outro, em sua época. Porém, começou a gastar o tempo, cada domingo, no seu púlpito, atacando a Igreja de Roma e o modernismo, e deixou de pregar um Evangelho positivo. A apologética ocupara o lugar da verdade central do Evangelho. Isso é uma tentação especial para aqueles que são capazes de raciocinar, argumentar e debater; é também um dos mais sutis ataques que já vitimaram as nossas almas. Por conseguinte, essa é uma das questões que nunca deveríamos olvidar. Porventura tenho verificado que a maior parte do meu tempo é ocupado na argumentação com outras pessoas acerca de pontos secundários da posição cristã? Tenho notado que praticamente nunca falo com outras pessoas acerca de suas almas, ou acerca de Cristo, ou acerca de suas experiências com Ele? Por assim dizer, sempre me ocupo com aspectos secundários da fé? Qual parcela do meu tempo é gasta em falar sobre o próprio âmago da questão? "Examinai-vos a vós mesmos..." (II Coríntios 13:5).

O perigo seguinte consiste em um interesse puramente acadêmico e teórico por questões teológicas. Esses perigos não se confinam meramente a um ou dois tipos de crentes; e nem são característicos do indivíduo que se mostra excessivamente interessado por atividades e reuniões. Caracterizam também aqueles cujo interesse é a teologia. A posição destes últimos é precisamente tão perigosa quanto a daquele outro. Trata-se da questão mais simples do mundo alguém mostrar-se interessado pelo conjunto das verdades cristãs, pelas doutrinas cristãs como tais, meramente porque elas envolvem uma questão intelectual; mas isso se transforma em um perigo particularmente ameaçador para alguns. Não há qualquer ponto de vista da vida e do mundo moderno, comparável com a teologia cristã; nada existe de mais excitante ou mais interessante na busca intelectual do que a leitura da teologia ou filosofia. Contudo, por mais maravilhoso e valioso que esse estudo possa ser, ele pode tornar-se um dos perigos e tentação mais ameaçadores à alma humana. Um homem pode deixar-se absorver de tal maneira pela apreensão intelectual dessas coisas que termine por esquecer-se de que está vivo, e se olvide de seus semelhantes. Ele passa o tempo todo lendo e desfrutando de suas leituras selecionadas, mas nunca entra em contato com outras pessoas, tornando-se inútil para elas. Dentro da História da Igreja, vemos novamente que isso sucedeu com bastante frequência. Em primeiro lugar, tem havido algum notável reavivamento. Seguiu-se então um estágio que geralmente é descrito como "consolidação". Com toda a razão, as pessoas sentem a necessidade de um estágio de consolidação, após os reavivamentos. Os convertidos precisam ser edificados, e, então, recebem instruções quanto à teologia e à doutrina. No entanto, com frequência descobre-se que isso conduz a um estado de religiosidade intelectual e de aridez espiritual. O exemplo clássico desse fenômeno pode ser visto nos séculos XVI e XVII, após a reforma e o grande reavivamento protestante. Terminada a reforma, na Inglaterra, chegou a época dos puritanos, com o seu grande ensino sobre as questões teológicas. Entretanto, isso foi seguido por um período de estéril intelectualismo, que continuou até irromper o despertamento evangélico, já na terceira década do século XVIII. Algo similar sucedeu dentro das igrejas reformadas e da igreja luterana.

Portanto, uma vez mais, apesar de crermos que a teologia é algo vital e essencial, devemos lembrar que o diabo pode pressionar-nos de tal maneira que o nosso interesse por essas coisas se torne desordenado e mal equilibrado, com o resultado que ficamos "inchados", ao invés de sermos "edificados" na fé. Quando me ponho a examinar os últimos trinta anos, mais ou menos, de ministério cristão, então posso relembrar muitas instâncias desse fenômeno. Tenho sido capaz de observar tais pessoas, e tenho visto nelas uma espécie de orgulho intelectual, um orgulho em seu próprio conhecimento. Tenho percebido a tendência para a transigência quanto aos aspectos ético e moral, tenho visto desaparecer a nota de urgência de suas orações. Embora o interesse original deles fosse correto e bom, gradualmente esse outro interesse foi dominando tais indivíduos. Eles perderam o equilíbrio e se tornaram intelectualistas, não mais interessados pela ideia de santidade e pela busca de um vívido e autêntico conhecimento de Deus.

Agora, passemos a examinar um outro perigo. O que temos para dizer a esse respeito tende particularmente por ser mal compreendido, em face do que precisamos ser muito cautelosos. Em resultado de intensa observação, tenho chegado à conclusão que um dos mais perigosos sinais, relacionado com esse problema da autodecepção, é o demasiado interesse pelo ensino profético. A Bíblia contém muita coisa pertencente ao ensino profético, e é nosso dever nos familiarizarmos com o mesmo. Entretanto, coisa nenhuma pode tornar-se tão perigosa como um interesse indevido pelo ensino profético, especialmente em uma época como a nossa, na qual o mundo está atravessando sua atual situação. Gradualmente, esse interesse parece absorver e dominar determinados indivíduos, e eles pensam, falam e pregam exclusivamente sobre temas proféticos. Dificilmente poderia haver outro fator mais perigoso para o bem-estar espiritual da alma do que essa excessiva atenção dada ao ensino profético.

Um homem pode passar tão facilmente todo o seu tempo pensando sobre a Rússia, sobre o Egito, sobre Israel e sobre outros países, procurando desvendar e determinar tempos e épocas em termos de passagens como

Ezequiel 37 – 38, Daniel 7 – 12, e outros trechos proféticos, que toda a sua vida se dedique exclusivamente a esse mister. Entrementes, tal indivíduo se torna duro e negligente quanto a si mesmo e quanto a seus semelhantes, no que tange a questões espirituais. Uma pessoa pode ficar de tal modo interessada por "tempos e épocas" que acaba se olvidando de sua própria alma. Naturalmente, o ensino contido nas profecias bíblicas faz parte vital das Escrituras, e deveríamos estar vitalmente interessados nesse ensino. Mas também precisamos reconhecer o terrível perigo de estarmos tão profundamente interessados pelos eventos mundiais futuros que nos esqueçamos que temos uma vida a ser vivida agora, e que agora mesmo podemos morrer, quando então nos teremos de apresentar diante de Deus para julgamento. Em todos os pontos, o principal perigo consiste em perdermos o senso de equilíbrio e de boas proporções.

Há um outro grupo de perigos vinculados à Bíblia. Todos os crentes deveriam crer na utilidade da leitura da Bíblia e do estudo bíblico diligente e regular. Não obstante, a própria Bíblia, a menos que nos mostremos muito cautelosos, pode vir a constituir-se uma ameaça e uma armadilha para as nossas vidas espirituais.

Permita-me ilustrar o que quero dizer. Se, porventura, você descobrir que costuma aproximar-se da Bíblia com uma atitude intelectual, e não com uma atitude espiritual, então é que você já estará caminhando pela trilha errada. Avizinhar-se da Bíblia com uma atitude puramente intelectual, considerando-a apenas como um livro-texto, dividindo-a em capítulos, como se estivéssemos analisando uma peça de Shakespeare, é um empreendimento verdadeiramente interessante. De fato, coisa alguma pode ser mais excitante para certo tipo de pessoa. Se você começar a abordar a Bíblia apenas intelectualmente, e não espiritualmente, isso poderá tornar-se a causa de sua eterna condenação. A Bíblia é o Livro de Deus, é o Livro da Vida. A Bíblia é um livro que nos comunica a palavra de Deus. Por conseguinte, se você achar-se desvalorizando a Bíblia, ao invés de valorizá-la, seria melhor que você examinasse a si mesmo urgentemente. Se porventura a Bíblia se tornou para você um livro que você manuseia como se fosse um mestre, então mui provavelmente sucedeu que você passou a ser controlado pelo diabo, o qual está atuando como um "anjo de luz", e ele está se valendo da própria Palavra de Deus para roubar-lhe determinadas bênçãos espirituais para a sua alma. Cuidado, pois, para você não tornar-se um estudioso da Bíblia nesse mau sentido. Pessoalmente, sempre tenho desaprovado, pelas razões mencionadas, todos os exames que pretendem medir o conhecimento bíblico de quem quer que seja. No momento em que começamos a abordar a Bíblia como se fosse um "assunto", já estamos em dificuldades. Jamais deveríamos examinar a Bíblia teoricamente. A Bíblia sempre deveria pregar para nós, e jamais deveríamos permitir-nos abordá-la de qualquer outra forma. Coisa alguma é mais perigosa do que a atitude de quem aborda a Bíblia como se fosse um especialista no assunto. E isso se torna ainda mais característico no caso do pregador, porque sua grande tentação é considerar a Bíblia apenas uma coletânea de textos sobre os quais ele prega. Assim sendo, o pregador tende por examinar sua Bíblia somente à procura de textos, e não com o propósito de alimentar a própria alma. No momento em que um homem começa a agir dessa maneira, já se encontra em perigosíssima condição.

Porém, aquilo que é uma verdade no tocante à leitura das Escrituras, é igualmente verdadeiro no que tange ao ato de ouvir pregações bíblicas. Algumas pessoas simplesmente ficam esperando pelos "pontos" de um sermão e, no fim, tecem comentários sobre este ou aquele aspecto. Sempre devemos ter cuidado para não nos reputarmos especialistas em assuntos da Bíblia. Pelo contrário, todo o nosso intuito deve ser o de ficarmos debaixo da influência da Palavra de Deus, sem importar se a estamos lendo ou se a estamos ouvindo. Quando um homem se achega a mim e comenta sobre a pregação que ouviu como se ele fosse um especialista, porquanto vem sendo impelido por essas atitudes, então tomo consciência do fato que falhei completamente, pelo menos no que concerne àquele homem. O efeito da verdadeira pregação deveria ser o de levar-nos a temer e tremer; deveria ser o de nos examinarmos a nós mesmos e pensarmos mais a respeito do Senhor Jesus Cristo. Cuidado para não ficarmos interessados pela mera letra da Palavra. Isso é algo que pode suceder com grande facilidade. Devemos ter cuidado para não nos tornarmos exageradamente interessados pelo aspecto mecânico – saltando de texto para texto, fazendo comparações e outras coisas semelhantes. Naturalmente, devemos interessar-nos por tudo quanto faz parte da Bíblia, mas não nos devemos deixar dominar pela mecânica das Escrituras. É bom nos interessarmos pelos símbolos e pela numerologia bíblica, por exemplo; mas é muito fácil gastarmos a vida inteira estudando e calculando acerca desses problemas, e, dessa maneira, nos esquecermos dos verdadeiros interesses da alma.

De forma toda particular, cuidemos para não demonstrarmos um interesse exagerado pelas diversas traduções da Bíblia. Lembro-me de certo homem, um homem inteligente, que se converteu pelo Evangelho de Jesus Cristo. Era maravilhoso ver a transformação que houve nele e observar o seu desenvolvimento. Então ele caiu sob a influência de determinado ensino; e a primeira evidência que recebi do fato que ele caíra sob tal influência foi que, quando ele escreveu para mim, colocou certas referências bíblicas como um adendo. Porém, ele não as anotou simplesmente, conforme fizera antes. Mas agora escrevia, "Mateus 7:21 (Atualizada)". Então, na próxima referência, ele aludia a algum outro tradutor ou versão, como Corrigida. (E agora, mui provavelmente, ele deve estar usando ainda algum outro nome.) Dessa maneira, aquele pobre homem se foi tornando mais e mais interessado pelas traduções ou versões e pela porção mecânica da Palavra escrita. Lembro-me também de um outro homem, dotado de idêntica atitude. Esse homem aproximou-se de mim, no fim de uma reunião altamente espiritual e comovente. Um dos oradores, salientando determinado ponto, lera certa passagem bíblica numa outra tradução, que não era nem a Atualizada nem a Corrigida. E a única observação feita por esse homem, acerca daquela reunião, foi a pergunta que ele fez: "De quem era aquela tradução?" Aquela tradução particular nada tinha a ver com a mensagem propriamente dita. Essa passagem era igualmente clara em qualquer versão. Mas aquele homem estava interessado por diferentes traduções. As traduções, por si mesmas, podem ser muito valiosas e úteis; mas uma vez que alguém fique tão absorvido e interessado por elas, provavelmente passará a preocupar-se mais com a tecnicidade das Escrituras do que com o alimento espiritual que elas nos proporcionam.

O último desses perigos consiste em fazermos a graça chocar-se contra a lei, e, dessa maneira, interessarmo-nos exclusivamente pela graça. Não existe doutrina de salvação à parte da doutrina da graça. Mas devemos ter o cuidado de não nos escondermos atrás da doutrina da graça de uma maneira errada. Quanto a isso, uma vez mais, lembro-me de certo homem que se converteu, mas que, em seguida, caiu em pecado. Eu me sentia bastante inclinado a ajudá-lo, até que descobri que ele estava mais do que inclinado a ajudar-se a si mesmo. Em outras palavras, ele veio e confessou o seu pecado, mas imediatamente começou a sorrir e a dizer: "Afinal de contas, existe a doutrina da graça". Senti que ele estava saudável demais. Ele havia começado a curar-se um pouco cedo demais. A sua reação diante do pecado deveria ter sido uma profunda penitência. Quando um homem se encontra em saudável condição espiritual, não encontra alívio tão facilmente assim. Sente-se um incapaz e vil. Por conseguinte, se você descobrir que pode curar-se muito facilmente do pecado, se você descobrir que é capaz de saltar mui facilmente para a doutrina da graça, então sugiro que você se encontra em uma perigosa condição espiritual. O homem verdadeiramente espiritual, apesar de crer na doutrina da graça, ao ficar realmente convicto de pecado pelo Espírito Santo, às vezes sente que é quase impossível que Deus possa perdoá-lo. Algumas vezes tenho expresso esse pensamento dizendo que quase não posso compreender o crente que é capaz de ficar calmamente sentado, ouvindo um sermão evangelístico, sem sentir-se convicto novamente. Por certo, nosso sentimento deveria ser: "Quase senti que deveria converter-me de novo; senti como se estivesse passando outra vez por todo o processo da conversão". Essa é uma reação autêntica. Na mensagem evangelística sempre há um aspecto de convicção; e, uma vez que percebamos que não estamos reagindo dessa forma, então é que talvez tenhamos dado um salto prematuro para a doutrina da graça, pois já nos achamos na condição que conduz a essa trágica autoilusão.

Em outras palavras, a pergunta final é essa: "Que dizer sobre a alma?" Talvez você já ouviu a famosa história que envolveu William Wilberforce e certa mulher que se aproximou dele, no auge de sua campanha contra a escravidão, e lhe perguntou: "Sr. Wilberforce, que dizer sobre a alma?" Ele se voltou para ela e disse: "Madame, eu quase já me havia esquecido de que tenho alma". Aquela pobre mulher viera a Wilberforce e lhe dirigira uma pergunta vital, e o grande homem respondeu que andava tão preocupado com a libertação dos escravos que quase se esquecera de sua própria alma. Porém, com os devidos respeitos a Wilberforce, aquela mulher estava com a razão. Naturalmente, é possível que ela não passasse de uma intrometida na vida alheia, embora não disponhamos de qualquer evidência de que o tenha sido. Provavelmente, aquela mulher vira que Wilberforce era um excelente crente, e que ele estava realizando uma obra notável. Sim, mas ela também havia notado que o grande perigo que ameaçava aquele homem era o de ficar tão absorvido pela questão da escravatura que ele poderia vir a esquecer-se de sua própria alma. Um homem pode andar tão ocupado, pregando nos púlpitos, que venha a esquecer e negligenciar sua própria alma. Depois que você tiver frequentado todas as reuniões e denunciado o comunismo, até ao ponto de quase não lhe restar fôlego para continuar falando; após você ter exibido a sua apologética cristã, bem como o seu admirável conhecimento teológico e a sua compreensão sobre os sinais dos tempos, e seu completo esquema dos próximos cinquenta anos, e após você haver lido todas as traduções da Bíblia, e ter mostrado sua eficiência quanto à parte mecânica das Escrituras, então eu lhe farei a seguinte indagação: "O que você pode dizer sobre o seu relacionamento com o Senhor Jesus Cristo?" Você sabe bem mais do que sabia há um ano atrás; mas, você conhece melhor a Jesus? Você denuncia muitas coisas erradas, mas, você ama a Cristo mais do que antes? O seu conhecimento sobre a Bíblia e suas traduções tem se tornado singularmente grande, e você se tornou um especialista em assuntos apologéticos. Mas, está você obedecendo crescentemente à lei de Deus e a Jesus Cristo? O fruto do Espírito Santo vai se tornando mais e mais manifesto e evidente em sua vida? Essas são as indagações que realmente importam. "Nem todo o que me diz: Senhor, Senhor! (e realiza muitas obras maravilhosas) entrará no reino dos céus, mas aquele que faz a vontade de meu Pai, que está nos céus".

Examinemos a nós mesmos e dediquemos tempo suficiente para um exame minucioso dessa questão. Desejamos, realmente, conhecer o Senhor

Jesus? Paulo como que disse que virtualmente se esquecia de qualquer outra coisa. Não se incomodava com qualquer outro assunto. "... para o conhecer e o poder da sua ressurreição..." (Filipenses 3:10). Paulo esquecia-se de todo o seu passado e prosseguia para a frente, a fim de "conhecer o Senhor" e tornar-se "semelhante" a Ele. Se algum outro interesse tomar o lugar desse propósito, então é que você se encontra na trilha errada. Todas as demais coisas servem apenas de meios para conduzir-nos ao conhecimento do Senhor; mas, se ficarmos somente com os meios, eles nos furtarão o companheirismo mais profundo com o Senhor. Deus nos livre do perigo de permitirmos que os meios da graça ocultem de nossos olhos o nosso bendito Salvador.

Capítulo LVII

OS DOIS HOMENS E AS DUAS CASAS

Por diversas vezes temos sugerido, enquanto estudávamos as palavras do parágrafo anterior, que elas figuram entre as mais solenizadoras dentre toda a Bíblia. Contudo, os versículos 24 a 27, que estamos agora considerando, parecem ainda mais solenes e inspiradores de reverência. São palavras com as quais todos nós estamos familiarizados. Até mesmo em dias como os nossos, quando é tão generalizada a ignorância das Escrituras, a maior parte das pessoas estão familiarizadas com esse quadro. Nosso Senhor já havia terminado o Seu Sermão do Monte, e havia dado as Suas instruções detalhadas, como também lançara todos os Seus grandes princípios fundamentais, e agora estava aplicando a verdade. Jesus confronta os Seus seguidores com duas possibilidades. Eles devem entrar por uma dentre duas portas, ou a porta estreita ou a porta larga, como também devem andar ou no caminho apertado ou no caminho largo. O propósito do Senhor Jesus foi o de ajudá-los a enfrentar corretamente essa escolha. Com essa finalidade, Ele lhes mostrara como deviam reconhecer e evitar as sutis tentações e os perigos que invariavelmente confrontam aqueles que se encontram nessa situação. Nestes versículos, nosso Senhor continuou a abordar o mesmo tema. Observemos a conexão, portanto. Não se trata de alguma novidade; antes, trata-se da continuidade e finalização de Seu argumento anterior. Trata-se da mesma advertência acerca do perigo da falta de obediência, de nos contentarmos em ouvir o Evangelho, embora sem pô-lo em prática. Em outras palavras, uma vez mais é enfocado o perigo da autoilusão. As Escrituras, conforme temos averiguado, estão repletas de advertências acerca desse perigo. E aqui encontramos retratado esse aviso, dito de maneira mais atrativa, na grandeza da queda da casa que fora construída sobre a areia. Já tínhamos visto essa advertência no caso dos hipócritas inconscientes – aqueles indivíduos que têm a certeza de que são crentes, mas que serão tristemente desiludidos no dia do julgamento final, quando o Senhor lhes disser: "Nunca vos conheci. Apartai-vos de mim, os que praticais a iniquidade" (Mateus 7:23). Este é o mesmo tema, mas com uma lição adicional. Nosso Senhor jamais traçou um quadro meramente com a finalidade de traçá-lo. Deve haver aqui algum novo aspecto em Sua apresentação, um novo aspecto que Ele ansiava por apresentar-nos; e esse quadro tão atrativo demonstra claramente no que consiste essa nova ênfase.

A melhor maneira de abordarmos esse quadro em particular consiste em considerá-lo como o terceiro de uma série. O primeiro, nos versículos 15 a 20, a respeito dos profetas falsos, teve por desígnio advertir-nos contra o perigo de nos deixarmos iludir pelas aparências. Indivíduos afáveis aproximam-se de nós disfarçados em peles de ovelhas, mas que, internamente, são lobos vorazes. Quão facilmente podemos ser enganados por tais indivíduos, por sermos tão superficiais em nossos juízos. De certa feita, nosso Senhor ensinou: "Não julgueis segundo a aparência, e, sim, pela reta justiça" (João 7:24). E Jesus também disse que Deus não julga segundo as aparências, mas antes, segundo o coração. Essa é a primeira advertência. Não devemos supor que, estando do lado de fora dessas duas portas, qualquer homem que venha falar conosco, e que se mostre afável e gentil, e que pareça ser crente, necessariamente seja um crente. Não devemos julgar as pessoas conforme as aparências; mas devemos aplicar um outro teste: "Pelos seus frutos os conhecereis..." (Mateus 7:16).

O segundo quadro revela-nos que as pessoas geralmente supõem que todo aquele que diz "Senhor, Senhor", entrará no reino dos céus. Essa é uma descrição cujo propósito é o de avisar-nos contra o perigo de nos deixarmos enganar acerca daquilo que cremos, ou em termos de nosso zelo e fervor, ou em termos das nossas próprias atividades. "Muitos, naquele dia, hão de dizer-me: Senhor, Senhor! Porventura, não temos nós profetizado em teu nome, e em teu nome não expelimos demônios, e em teu nome não fizemos muitos milagres?" (Mateus 7:22). Tais indivíduos dependerão dessas realizações; mas, estarão inteiramente equivocados. Jesus, o Senhor, jamais tivera qualquer vinculação com eles, e jamais os conhecera. Estavam tão somente enganando-se e iludindo-se a si mesmos.

Agora examinaremos o terceiro e último desses quadros. Logo de início, a fim de concentrarmos nossa atenção, sugiro que a principal preocupação do Senhor Jesus, nesse quadro, foi a de advertir-nos a respeito do perigo de buscarmos e desejarmos somente os benefícios e as bênçãos da salvação, para em seguida repousarmos na aparente possessão deles. Essas palavras de Jesus foram endereçadas àqueles que são crentes professos. Elas não foram dirigidas a indivíduos que não tenham qualquer interesse pelo reino de Deus; foram dirigidas a pessoas que estão de ouvidos atentos; que gostam de ouvir instruções referentes ao reino. Essas palavras foram obviamente endereçadas a membros de igrejas, àqueles que reivindicam o nome de cristão, que professam o discipulado cristão, e que buscam os benefícios e as bênçãos da salvação. Tudo, nesse quadro, enfatiza essa particularidade, e podemos notar, uma vez mais, que o seu propósito foi o de mostrar-nos a diferença entre a verdadeira e a falsa profissão do cristianismo; a diferença entre o crente e o crente somente na aparência; entre os indivíduos realmente nascidos do alto, que são filhos de Deus, e os indivíduos que somente pensam que o são.

A fim de salientar essa distinção, nosso Senhor apresentou-nos uma comparação. De fato, há uma espécie de dupla comparação nesse quadro. Há dois homens e duas casas. Como é óbvio, por conseguinte, se tivermos de chegar à verdade espiritual que nos é ensinada nesta passagem, teremos de examinar o quadro em seus pormenores. Existem semelhanças e diferenças que precisam ser observadas.

Vamos examinar as similaridades no caso dos dois homens. Para começar, eles tinham o mesmo desejo. Ambos desejavam construir a sua casa, uma casa onde eles pudessem viver com seus familiares, desfrutando de merecido lazer e gozando a vida. Ambos queriam a mesma coisa, pensavam e estavam interessados pelas mesmas coisas. Quanto a esse particular, não havia diferença nenhuma entre eles. Não somente isso, mas também desejavam construir suas casas na mesma localidade. Na verdade, acabaram construindo suas casas em um mesmo local, porquanto nosso Senhor deixou perfeitamente claro que as duas casas foram sujeitas precisamente ao mesmo teste e à mesma tensão. Foi dada uma fortíssima impressão de que ambas as casas foram construídas vizinhas uma da outra, e que elas foram submetidas exatamente às mesmas condições. Esse é um ponto importantíssimo.

Todavia, poderíamos avançar mais um passo e afirmar que ambos aqueles homens, é evidente, planejavam o mesmo tipo de moradia do qual gostavam. Podemos deduzir isso através do fato que o Senhor Jesus esclareceu que não havia qualquer diferença entre as duas casas construídas, exceto no alicerce. Contempladas pelo lado de fora e à superfície, não havia diferença. As portas, as janelas e as chaminés estavam exatamente nas mesmas posições; elas tinham o mesmo traçado, o mesmo padrão – aquelas duas casas eram aparentemente idênticas, salvo essa única diferença que havia abaixo da superfície. Portanto, temos o direito de deduzir que aqueles dois homens apreciavam o mesmo modelo de casa. Não somente cada um deles queria uma casa; mas também queriam o mesmo modelo de casa. As suas ideias sobre a questão eram absolutamente idênticas. Eles tinham muita coisa em comum.

Ao assim dizermos, incidentalmente trouxemos à luz as semelhanças entre as duas casas. Vimos que as duas construções pareciam absolutamente idênticas, se as examinarmos superficialmente. Tudo parecia estar precisamente na mesma posição tanto em uma como em outra. Outrossim, devemos relembrar-nos que ambas as casas foram submetidas exatamente ao mesmo tipo de prova. Até esse ponto, por conseguinte, ao considerarmos aqueles dois homens e suas respectivas residências, nada encontramos senão pontos semelhantes. No entanto, sabemos que tudo quanto esse quadro queria destacar eram as diferenças. De fato, nosso Senhor preocupava-se em demonstrar que a diferença era algo de fundamental e vital.

Ao concentrarmos a atenção sobre essas diferenças, podemos dividir a questão, uma vez mais, em uma diferença entre os proprietários e uma diferença entre suas casas. Antes de começarmos a examinar os detalhes, vejamos as diferenças, de uma maneira geral. O primeiro ponto a ser destacado não aparece de maneira óbvia. Precisamos ser relembrados constantemente acerca desse pormenor, porquanto não existe outro ponto sobre o qual o diabo, com suas sutilezas, consiga nos trapacear tão frequentemente. Nós nos apegamos à noção que a diferença entre o crente autêntico e o pseudocrente é uma diferença que dá na vista. Mas o ponto inteiro, frisado por nosso Senhor, é que se trata de uma das diferenças mais sutis que existem. Não é algo óbvio nem no caso dos homens nem das casas. Se não salientarmos esse ponto, haveremos de perder de vista o propósito inteiro do ensino de Cristo no Sermão do Monte. Nosso Senhor ressaltou esse elemento de sutileza por toda a parte de Seu sermão. Já no primeiro quadro achava-se presente esse elemento, quando Ele falou sobre os homens disfarçados em peles de ovelhas – os falsos profetas. A dificuldade que circunda os falsos profetas, como já vimos, é que, na superfície, eles se parecem tanto com o profeta verdadeiro. O falso profeta não é, por necessidade, um homem que diz que Deus não existe e que a Bíblia é somente um produto da meditação humana; não é um homem que nega os milagres ou a dimensão sobrenatural. O falso profeta pode ser detectado somente quando o examinamos mui cuidadosamente, com um senso de discriminação que somente o Espírito Santo nos pode proporcionar. A condição do profeta falso é tal que ele engana tanto a outras pessoas quanto a si mesmo. Verificamos precisamente a mesma coisa naquele segundo quadro; e o mesmo fenômeno se repete neste caso. A diferença não é óbvia, é muito sutil; no entanto, é perfeitamente óbvia para aqueles que têm olhos para ver. Se você interpretar essa descrição, dizendo que a diferença entre as duas construções e os dois homens só pode ser descoberta quando chegam as provações, quando sobrevêm as enchentes e sopram violentamente os ventos, então não somente a sua interpretação estará errada como também não terá qualquer valor. Nessa altura já será tarde demais para fazer algo a respeito. Se nosso Senhor estivesse ensinando tal conceito, na verdade estaria zombando de nós. Entretanto, não é esse o caso, pois o objetivo inteiro de Jesus foi o de capacitar-nos a detectar a diferença entre os dois, a fim de que nos pudéssemos resguardar contra as consequências da falsa posição, enquanto ainda resta algum tempo. Se os nossos olhos forem ungidos com o colírio que o Espírito Santo pode dar-nos, se dispusermos daquela "... unção que dele recebestes..." (I João 2:27), aquela unção que nos permite discriminar, então seremos capazes de perceber a diferença entre os dois homens e as duas casas.

Verifiquemos, em primeiro lugar, a diferença entre os dois homens. Quanto a esse particular, o registro que encontramos no final de Lucas 6 é extremamente útil. Somos ali informados de que o sábio cavou fundo e lançou os alicerces de sua casa, ao passo que o tolo não cavou coisa nenhuma, e nem se perturbou em lançar um alicerce. Em outras palavras, a melhor maneira de descobrirmos a diferença entre aqueles dois homens é fazendo uma análise minuciosa do homem insensato. O sábio era precisamente o oposto do insensato. E, naturalmente, a chave para a compreensão daquele indivíduo é a palavra "tolo". Ela descreve uma atitude específica, um tipo característico de pessoa.

Quais são as características do indivíduo tolo? Os tolos estão sempre com pressa; querem fazer tudo imediatamente; parecem não ser capazes de esperar. Quão frequentemente as Escrituras advertem-nos a respeito dessa precipitação! A Bíblia ensina-nos que o justo "não foge" (Isaías 28:16). O justo jamais se deixa arrebatar pela pressa, pela precipitação. Ele conhece a Deus, e sabe que os decretos, os propósitos e os planos de Deus são eternos e imutáveis. Entretanto, o tolo é impaciente. Ele nunca dedica tempo aos seus empreendimentos, mas vive sempre interessado em atalhos e em resultados imediatos. Essa é a principal característica da sua mentalidade e da sua conduta. Todos estamos familiarizados com esse tipo de pessoa na vida diária, mesmo inteiramente à parte do cristianismo. Essa é a pessoa que costuma comentar: "Preciso de uma casa imediatamente, e não há tempo para lançar os alicerces". O insensato, pois, vive sempre com pressa.

Ao mesmo tempo – porquanto o tolo é possuidor dessa mentalidade –, ele não tem tempo para ouvir instruções, e nem dá qualquer atenção às regras que governam a construção de uma casa. A construção de uma casa é uma questão séria, e o indivíduo que anela por construir uma casa nunca deveria pensar meramente em termos de ter alguma espécie de teto por sobre a sua cabeça. Pelo contrário, deveria perceber que existem certos princípios de engenharia que precisam ser observados, se ele tiver de contar com uma construção satisfatória e duradoura. Essa é a razão pela qual os proprietários consultam os arquitetos; e os arquitetos fazem planos, estabelecem especificações e fazem os seus cálculos. O sábio anela por saber qual é a maneira certa de se fazerem as coisas; e, por esse motivo, dá ouvidos às instruções e se dispõe a ser ensinado. Por sua parte, o insensato não se interessa por tais coisas. Ele quer uma casa e não deseja aborrecer-se com regras e especificações. Diz ele: "Faça-se logo essa construção!" O tolo mostra-se impaciente, despreza a instrução e o ensino, dizendo que deseja "dar prosseguimento à construção". Essa é a mentalidade típica do insensato, tanto na vida comum quanto em relação às realidades espirituais.

Não somente o indivíduo tolo vive por demais apressado para poder dar ouvidos à instrução, mas também, por ser um insensato, ele a considera desnecessária. Em sua opinião, as suas ideias são as melhores. Ele não precisa aprender coisa nenhuma de ninguém. E costuma pensar: "Tudo está indo bem". E igualmente: "Não há qualquer necessidade de cautela, e nem preciso preocupar-me com meros detalhes". O séu "slogan" é este: "Vamos edificar a casa imediatamente". Não lhe importa nem um pouco o que ele tenha feito no passado, mas simplesmente segue os próprios impulsos e ideias. Não estou traçando aqui uma caricatura desse tipo de indivíduo. Basta que você medite sobre as pessoas que você tem visto e conhecido, quando elas se atarefam, quando se casam, ou quando edificam casas, ou fazem qualquer outra coisa. E você concordará que encontramos neste trecho bíblico uma descrição real dessa mentalidade insensata, que pensa que já sabe tudo, que se satisfaz com as suas próprias opiniões, e que sempre vive às pressas, para pô-las em execução.

Finalmente, trata-se de uma mentalidade que nunca pesa as consequências detidamente, que nunca para a fim de imaginar e considerar possibilidades e eventualidades. O insensato, que edificou a sua casa sem alicerce, e sobre a areia, não parou nem uma única vez a fim de perguntar de si mesmo: "Ora, o que poderá acontecer? É possível que esse rio, tão bonito à vista durante o verão, venha a transbordar em resultado de fortes chuvas e do derretimento da neve, e assim a minha casa venha a ser inundada". Ele nunca parou para considerar tal possibilidade. Tão somente desejava possuir uma casa agradável, naquele local, e começou a construí-la sem levar em conta qualquer daquelas contingências. E, se porventura alguém se aproximasse e lhe dissesse: "Olhe aqui, meu amigo, de nada adianta você levantar uma casa sobre a areia. Será que você não está percebendo o que pode acontecer à casa edificada em local como este? Você parece não reconhecer o que o rio é capaz de fazer. Já vi esse rio transformar-se em autênticas cachoeiras. Já presenciei temporais, neste local, capazes de derrubar as casas mais bem construídas. Meu amigo, sugiro-lhe que você cave profundos alicerces. Cave até chegar à rocha", o insensato tê-lo-ia despedido enfadado, persistindo em fazer o que lhe parecesse melhor. Em um sentido espiritual, o insensato não está nem um pouco interessado em aprender as lições da História Eclesiástica; ele não está interessado no que diz a Bíblia; está interessado exclusivamente em realizar alguma coisa, e acredita que isso pode ser feito à sua maneira. E, assim sendo, ele sempre se atira às tarefas sem qualquer preparação prévia. O insensato não consulta planos ou especificações; não tenta olhar para o futuro e nem procura prever certas provas e tensões que inevitavelmente haverão de sobrevir à casa que estiver sendo construída.

O sábio, naturalmente, apresenta-nos um completo contraste com isso. O sábio é impulsionado por um desejo profundo, a saber, construir uma casa que seja durável. Portanto, ele começa comentando: "Não sei muito a respeito disso, e nem sou um especialista quanto a essas questões. Portanto, o bom senso dita que eu deveria consultar pessoas bem informadas a esse respeito. Quero dispor de bons planos e especificações, e quero receber orientação e instruções. Sei que os homens podem construir casas com grande rapidez, mas prefiro uma casa que seja duradoura. Muitas coisas poderão acontecer, que submeterão a um verdadeiro teste as minhas idcias de construção de casas". Essa, pois, é a essência da sabedoria. O sábio preocupa-se em descobrir todos os fatos que puder; ele mantém um controle sobre si mesmo não permitindo que os seus sentimentos e as suas emoções, ou que o seu entusiasmo o arrebatem. Ele deseja obter conhecimento, verdade e entendimento; e prepara-se para corresponder àquela exortação que há no livro de Provérbios, a qual insta conosco no sentido de buscarmos e cobiçarmos a sabedoria, porque o seu lucro é melhor "do que o ouro mais fino. Mais preciosa é do que pérolas" (Provérbios 3:14-15). O sábio não se dispõe a sofrer riscos, e nem se precipita e apressa, mas pensa antes de começar a agir.

Volvendo agora a nossa atenção para a diferença entre as duas casas, existem apenas duas questões que exigem comentário. A primeira delas é que o tempo para fazer consultas já ficou para trás. Uma vez que a casa tenha sido construída, tais consultas tornam-se inúteis. O momento certo para se fazerem consultas é no começo da construção. Aqueles dois homens, pois, precisam ser vigiados em seu trabalho, quando ainda estão planejando e escolhendo a localização de suas casas. O tempo certo para vigiarmos o construtor é bem no princípio da obra, para que se possa verificar o que ele faz nos alicerces. Não basta contemplar a casa quando já está terminada. De fato, uma casa mal construída pode ter melhor aparência do que uma casa bem construída. Isso, por sua vez, nos leva ao segundo ponto. Embora a diferença entre as duas casas não seja óbvia, não obstante trata-se de uma diferença essencial, porque, em última análise, a coisa mais importante acerca de uma casa são os seus alicerces. Essa verdade é frequentemente enfatizada nas Escrituras. Os alicerces, que parecem tão insignificantes e destituídos de importância, porquanto não estão à vista, a despeito disso são a parte mais vital e importante de uma edificação. Se os alicerces não tiverem sido bem construídos, tudo o mais em uma casa será mal construído. Porventura, não foi esse o grande argumento usado pelo apóstolo Paulo, quando ele comentou: "Porque ninguém pode lançar outro fundamento, além do que foi posto, o qual é Jesus Cristo" (I Coríntios 3:11)? Os alicerces, que são os primeiros passos dados em qualquer edificação, são mais importantes do que qualquer outra parte da construção. Outra razão para a vital importância dessa diferença entre as duas casas é destacada pelos testes pelos quais a construção haverá de passar mais tarde. Sem dúvida, esses testes sobrevirão, mais cedo ou mais tarde. Por enquanto, não queremos falar sobre a aplicação desses fatos às nossas vidas. Contudo, tão certamente como estamos nesta vida terrena, as provações haverão de acontecer-nos, atingindo cada um de nós, e seremos forçados a enfrentá-las. Essas provações são inexoráveis e inevitáveis. Em face dessa realidade nada é tão importante quanto bons alicerces.

Nosso Senhor traçou esse quadro dramático a respeito das diferenças entre os dois homens e as duas casas por causa de toda a vital importância que se reflete nisso, dentro do campo espiritual. Tudo quanto temos afirmado até aqui nos provê os meios que nos capacitam a analisar a diferença que há entre o crente e o pseudocrente. Não é realmente significativo que tão pouco se ouça, hoje em dia, daquilo que os puritanos chamavam de "pseudocrentes"? Se você lesse a História da Igreja da Inglaterra, descobriria que em certos períodos notáveis, como a época dos puritanos ou a do reavivamento evangélico, dava-se grande atenção a esse assunto. Isso pode ser visto na maneira como Whitefield, Wesley e outros examinavam os convertidos, antes de serem admitidos como membros de suas classes de estudos bíblicos. A mesma coisa pode ser averiguada nos extraordinários dias da Igreja da Escócia, bem como durante os primeiros cem anos da Igreja Presbiteriana do País de Gales. Na realidade, essa tem sido a característica mais proeminente entre todos quantos têm concebido a Igreja como a "congregação dos santos".

Como deveríamos exercer essa discriminação na prática? Adotemos, exatamente, a mesma técnica que já tivemos oportunidade de empregar. A primeira coisa que precisamos dizer acerca do crente e do pseudocrente é que eles têm determinadas particularidades em comum. Como havia certas semelhanças entre os dois construtores e suas duas casas, assim também há certas similaridades entre essas duas pessoas. A primeira dessas semelhanças é que podemos encontrar os dois no mesmo local. Dentro do quadro traçado por Cristo, os dois homens levantaram suas casas na mesma localidade, pois queriam viver próximos um do outro e perto do rio. Dá-se precisamente a mesma coisa no terreno religioso. O crente verdadeiro e o pseudocrente são geralmente encontrados na mesma esfera de atividades. Geralmente, ambos podem ser vistos como membros na Igreja. Eles se sentam juntos e escutam precisamente o mesmo Evangelho; e ambos parecem gostar disso. Segundo todas as aparências, eles parecem estar exatamente na mesma posição, dotados da mesma perspectiva geral, interessados pelas mesmas atividades. O crente falso não se acha fora da Igreja; ele também faz parte dela. Ele aprecia a sua vinculação com a Igreja, e o fato de ser membro ativo dela. À superfície, esses dois homens são tão parecidos um com o outro quanto são parecidos entre si aqueles dois construtores e suas casas.

Todavia, aqueles dois homens não somente podem ser encontrados em um mesmo lugar. Conforme vimos, eles parecem ser impelidos pelos mesmos desejos gerais. E, na aplicação espiritual, a essência da dificuldade jaz no fato que o crente nominal tem os mesmos desejos gerais que o crente verdadeiro. Que anelos são esses? Ele deseja ser perdoado e quer acreditar que os seus pecados foram apagados. Ele anseia pela paz. Ele foi a uma reunião evangélica porque a vida o deixara em grande desassossego. Sentia-se infeliz e não podia encontrar satisfação; e, desse modo, foi àquela reunião e se pôs a ouvir atentamente a pregação. É um grande erro pensar-se que a única pessoa que deseja desfrutar de paz no seu interior e de ter um "coração tranquilo", seja o crente autêntico. O mundo de nossos dias está faminto e sedento por essa paz, e a busca sofregamente. Muitas pessoas acabam vindo para a esfera do cristianismo justamente porque desejam as bênçãos do cristianismo, da mesma forma que outros indivíduos se voltam para os diversos cultos estranhos.

A mesma coisa se dá, igualmente, no que toca ao desejo por consolação. A vida é árdua e difícil, e todos nós tendemos por nos tornarmos preocupados e tristes; e, dessa maneira, este mundo anela por consolo. O resultado disso é que há muitas pessoas que vêm fazer parte da Igreja, por assim dizer, somente para se sentirem drogadas. Ficam sentadas durante toda a reunião, e nem ao menos escutam o que é dito. Afirmam que o templo emana uma certa atmosfera suavizadora. Tais indivíduos anseiam por serem consolados. O crente verdadeiro e o crente falso compartilham ambos desse profundo anelo.

A mesma coisa se aplica na questão da orientação e do desejo de encontrar uma maneira qualquer de se sair das dificuldades e tribulações. Não é somente o verdadeiro crente que se interessa por receber orientação. Existem incrédulos que, tendo cometido grandes erros na vida, agora se sentem infelizes. Eles dizem: "Parece que sempre fiz o que é errado. Procuro fazer direito as coisas, mas as minhas decisões sempre foram mal-escolhidas". Então, inesperadamente, ouvem alguém falando sobre orientação, alguém que assevera saber de uma infalível orientação, que assegura que se alguém fizer o que ele diz, as coisas nunca mais sairão erradas, e buscam esse ensino com grande avidez. Não deveríamos culpar tais pessoas, pois a atitude delas é perfeitamente compreensível. Todos conhecemos bem esse anseio por orientação, por uma orientação infalível, a fim de que possamos descontinuar os nossos equívocos, fazer aquilo que é certo e tomar as decisões acertadas. O "pseudocrente" deseja tal coisa tanto quanto o crente autêntico.

Exatamente da mesma maneira, o crente falso pode ter o desejo de viver uma boa vida. Não é necessário que alguém seja crente verdadeiro a fim de desejar viver uma vida melhor. Existem indivíduos de elevada moralidade e de princípios éticos bem desenvolvidos, fora do terreno cristão, cuja grande preocupação é viver uma vida melhor. Esse é o motivo pelo qual leem tratados filosóficos e estudam sistemas éticos. Esses desejam viver uma vida boa e moral. O ensinamento de Emerson continua bastante popular até hoje. Não podemos esperar poder discriminar entre esses dois tipos de homens somente utilizando-nos desses testes.

Ousaríamos ir mais adiante e asseverar que os "pseudocrentes" podem interessar-se muito e sentir grande desejo de possuir poder espiritual? Leia novamente a narrativa de Atos 8, acerca de Simão, o mágico de Samaria. Aquele homem presenciou vários milagres realizados por Filipe, e ficou profundamente impressionado. Ele também vinha fazendo prodígios, mas não com aquela facilidade e poder. E, dessa forma, juntou-se aos primitivos cristãos. Ao observar que mediante a imposição das mãos de Pedro e João os crentes recebiam o dom do Espírito Santo, Simão cobiçou idêntico poder, e lhes ofereceu dinheiro, a fim de que o mesmo lhe fosse outorgado. Ele cobiçou tal poder, e os seus descendentes espirituais até hoje, por semelhante modo, cobiçam e desejam o poder espiritual. Alguém vê um homem pregando com poder espiritual, e diz: "Eu também gostaria de ser assim". Esse homem se imagina de pé, em um púlpito, aparentemente exercendo grande poder espiritual, e isso apela para a sua natureza carnal. Muitos são os exemplos de indivíduos que, embora cegos para a verdade divina, não obstante desejam intensamente a possessão do poder espiritual. A questão é muito sutil.

Finalmente, os "pseudocrentes" também desejam chegar ao paraíso. Geralmente são pessoas que acreditam na existência do céu e do inferno, que não desejam cair na perdição. De modo bem definido, desejam ir para o paraíso. Você não conhece pessoas assim? Muitas delas podem ser encontradas inteiramente fora da Igreja. E não há que duvidar que elas querem ir para o céu, e asseveram que sempre acreditaram em Deus. Se isso é uma verdade no tocante a indivíduos que obviamente estão fora da Igreja, quanto mais será verdade no caso de crentes nominais, que já se encontram no campo e na esfera dos interesses cristãos?

Por conseguinte, podemos perceber essas estranhas similaridades entre esses dois tipos de indivíduo. Eles parecem crer nas mesmas coisas e parecem desejar as mesmas coisas. E também se assemelham entre si quanto ao fato que não somente anelam pelas mesmas coisas, mas também parecem possuir as mesmas coisas. Dentre todos os pensamentos, esse é o mais alarmante de todos; mas os dois quadros anteriores enfatizam essa verdade, tanto quanto este último. Os "pseudocrentes" acreditam que estão em segurança. Os que haviam expelido demônios e realizado muitos prodígios extraordinários em nome de Cristo, estavam perfeitamente certos de sua própria salvação. Não havia neles quaisquer vestígios de dúvida a esse respeito. Criam que tinham sido perdoados; pareciam ter paz, desfrutando os confortos da religião; pareciam ser dotados de poder espiritual e estar vivendo vidas melhores; também costumavam dizer "Senhor, Senhor", e desejavam passar a sua eternidade em companhia dEle. Não obstante, o Senhor lhes dirá abertamente: "Nunca vos conheci. Apartai-vos de mim, os que praticais a iniquidade".

Você reconhece que é possível ter um falso senso de perdão? Você percebe que é possível possuir uma falsa paz em seu coração? Você talvez diga: "Não tenho tido preocupações com os meus pecados durante anos". Eu posso acreditar nisso, se você é apenas um crente nominal. O fato que alguém não tem pensado sobre os seus pecados durante vários anos, por si só serve de indicação de que há algo de muito distorcido em seu senso de segurança e paz. O indivíduo que nunca experimenta o que significa passar por certos temores acerca de si mesmo, temores esses que nos levam a nos aproximarmos de Cristo, encontra-se em uma condição altamente perigosa. É possível ter uma falsa paz, um falso consolo e uma falsa orientação. Satanás pode dar aos homens uma notável orientação. A telepatia, bem como toda a sorte de fenômenos ocultos, além de diversas outras agências, também podem fazer isso. Existem poderes que podem imitar quase tudo quanto se manifesta na vida cristã. E, conforme já pudemos verificar no parágrafo anterior, essas pessoas podem, realmente, possuir um determinado poder espiritual. Não há que duvidar acerca disso. Os homens podem ter o poder de "expelir demônios" e de fazer "muitos milagres". Não havia qualquer diferença evidente entre Judas Iscariotes e os outros onze apóstolos, embora Judas tivesse sido "o filho da perdição" (João 17:12).

De conformidade com o ensino de nosso Senhor, por conseguinte, as similaridades entre o verdadeiro e o falso podem envolver questões como essas, inclusive prodígios miraculosos. Não obstante, o ensino de Cristo é que embora existam muitos pontos de semelhança entre aqueles dois homens e suas duas casas, conforme vemos naquela parábola, bem como no campo da profissão de fé cristã, a despeito disso há uma diferença essencial. Essa diferença não se manifesta à superfície. Não obstante, se procurarmos por ela, ela transparecerá de modo perfeitamente claro e inequívoco. Se nos dermos ao trabalho de aplicar a nossa análise, não poderemos deixar de perceber essa diferença. Já tivemos ocasião de indicar a natureza dos testes, em nossa análise sobre o indivíduo insensato. Tudo o que precisamos fazer é aplicar esses testes a nós mesmos – essa precipitação, essa mentalidade que não dá ouvidos a nenhuma advertência, que não se incomoda com planos e especificações, que pensa que sabe o que quer e o que é melhor, e que se atira impensadamente à realização da obra. Portanto, examinemos a nós mesmos à luz desses critérios, e então seremos capacitados a ver bem claramente a qual categoria nós pertencemos. Eu poderia sumariar a questão inteira mediante algumas perguntas. "Qual é o seu desejo supremo? Você é daqueles que andam à cata dos benefícios e das bênçãos da vida e da salvação cristãs, ou você tem um desejo muito mais profundo e amadurecido do que isso? Você está atrás de resultados carnais e superficiais, ou você anela por conhecer a Deus e por tornar-se mais e mais parecido com o Senhor Jesus Cristo? Você tem fome e sede de justiça?"

Capítulo LVIII
ROCHA OU AREIA?

Até este ponto, temos manipulado principalmente a mecânica do quadro de nosso Senhor, acerca dos dois homens e suas casas. Como é óbvio, em um quadro como esse, a primeira coisa a ser feita consiste em considerar-se o próprio quadro, descobrindo a sua significação. Em seguida, isso poderá ser aplicado à condição espiritual que estiver sendo considerada. Já começamos a fazer isso, mas agora devemos prosseguir, a fim de ventilar melhor certos detalhes.

Quais são as características do crente meramente nominal, ou pseudocrente? Podemos dividi-las em características gerais e particulares. De modo geral, elas são, naturalmente, as próprias coisas que podemos observar no homem insensato, o qual edificou a sua casa sobre a areia. Isso equivale a dizer que tal homem é tolo, precipitado e superficial. Ele não tem grande fé em doutrinas, e nem acredita que as Escrituras devam ser compreendidas, mas prefere desfrutar do cristianismo sem esforçar-se muito. É impossível deixá-lo preocupado com todas essas doutrinas e definições; ele vive sempre apressado e se impacienta diante da instrução, da experiência e da orientação. Na verdade, de modo geral ele se mostra impaciente diante de qualquer conhecimento autêntico. De acordo com a descrição que nosso Senhor nos apresentou dele, esse é o seu principal ponto distintivo. Até esta altura da exposição, temos considerado a sua mentalidade. Mas antes de passarmos para a nossa próxima consideração, quero salientar quão importante é essa questão. Nada existe que nos possa prover um tão verdadeiro índice daquilo que um homem realmente é como a sua mentalidade em geral. É um erro ignorarmos esse aspecto, concentrando-nos apenas nos detalhes das ações de um homem.

Porém, voltando-nos agora para as particularidades – quais são as características do "pseudocrente"? A primeira coisa sobre ele é que, tal como o homem descrito na parábola de Jesus, ele é indivíduo cujo único propósito é agradar a si mesmo. Analisemos tudo quanto ele faz e escutemos o que ele diz, e então descobriremos que ele faz todas as coisas girarem em torno de sua pessoa. Na verdade, essa é a chave para tudo quanto ele faz e diz. O "eu" acha-se no próprio centro da sua vida, pois o seu "eu" controla a sua perspectiva e todas as suas ações. Ele deseja lazer, conforto e determinados benefícios. E essa é a razão pela qual pode ser encontrado na própria Igreja. Ele anseia por obter certas bênçãos, e nisso difere do homem que se mostra francamente mundano, que não reivindica possuir quaisquer crenças. Esse indivíduo já descobriu que existem certas bênçãos, que o cristianismo oferece. Está interessado nessas bênçãos, e quer saber algo mais sobre elas, e como obtê-las. Sempre pensa em termos de quem indaga: "Que posso conseguir disso? O que isso me dará? Quais benefícios provavelmente derivarei disso se eu começar a participar?" Esses são os motivos que geralmente o animam. E, visto que essa é a sua atitude, na realidade ele não se dispõem a enfrentar o pleno ensino do Evangelho, e nem deseja conhecer todo o conselho de Deus.

Consideremos essa atitude quanto a seus pormenores. Já vimos, ao considerarmos o quadro de Jesus, que a dificuldade dos indivíduos que edificam a sua casa apressadamente, sem alicerces, mas sobre a areia, é que não acreditam que se deve consultar manuais de arquitetura ou que falem sobre a arte da construção, pois nem ao menos acreditam em que se deva consultar um arquiteto ou estudar os planos e especificações. De fato, todos esses detalhes parecem para tais indivíduos um esforço desnecessário, e não demonstram ter qualquer interesse pelos mesmos. Sucede exatamente o mesmo com o crente falso. Este último não se dá ao trabalho de estudar a Palavra do Senhor, e nem é ele um autêntico estudioso da Bíblia. Na realidade, talvez ele demonstre um certo interesse pela gramática ou pela mecânica das Escrituras, mas, na verdade, não está interessado em conhecer a mensagem do Livro Sagrado. E ele jamais se permitiu enfrentar francamente o claro e pleno ensino da Bíblia. Paulo foi capaz de retornar à companhia dos anciãos da igreja de Éfeso a fim de dizer-lhes que se sentia plenamente satisfeito quanto a certa particularidade, isto é, que ele lhes anunciara "... todo o desígnio de Deus..." (Atos 20:27). Paulo não deixou de ensinar-lhes nenhum dos pontos da revelação divina. A mensagem que lhe fora entregue pelo Senhor ressurreto, ele a transmitira àqueles anciãos. Certos aspectos dessa mensagem são capazes de ferir; talvez houvesse porções da mesma que ele preferiria não haver transmitido. No entanto, a mensagem não era de sua autoria. Antes, era todo o conselho de Deus, e ele transmitira esse desígnio a seus ouvintes, como um porta-voz de Deus. No entanto, o crente falso e superficial não está interessado em nada disso.

Em segundo lugar, ele escolhe o que mais aprecia, concentrando sua atenção naquilo que lhe parece atrativo. Por exemplo, aprecia a doutrina do amor de Deus, mas não a doutrina da justiça de Deus. Não se sente atraído pela ideia de Deus como um Deus santo e justo. O conceito da santidade de Deus parece-lhe repelente, e, assim sendo, jamais procura informar-se a esse respeito. Sabe que existem certas grandiosas passagens bíblicas que manifestam o amor de Deus, e pode recitá-las de cor, porquanto costuma lê-las com frequência. Pensa que sabe tudo acerca do trecho de João 3:16, mas nem mesmo essa passagem é lida por ele apropriadamente. Salienta uma parte dessa passagem bíblica, mas não gosta da ideia que diz "não pereça". E nunca continua meditando até ao fim desse mesmo terceiro capítulo do evangelho de João, onde se lê: "... mas sobre ele permanece a ira de Deus" (João 3:36). Ele não gosta e não crê neste conceito bíblico. Interessa-se pelo amor de Deus e pelo Seu perdão. Em outras palavras, interessa-se por tudo que lhe empreste certo sentimento de consolo, de felicidade, de alegria e de paz interior. Por conseguinte, consciente ou inconscientemente, seleciona e escolhe o que prefere ler nas Escrituras. Existem muitas pessoas que agem dessa maneira.

Na primeira porção do presente século, essa atitude andava muito na moda. Houve indivíduos que simplesmente se negavam a ler as epístolas do apóstolo Paulo, mas liam exclusivamente os evangelhos. Todavia, também não liam os evangelhos em sua inteireza, porque sentiam que ali havia certas coisas que lhes eram ofensivas, e, assim sendo, limitavam suas leituras ao Sermão do Monte. Entretanto, mesmo nesse caso, não gostavam de ler as bem-aventuranças, mas liam somente certos trechos que recomendam, por exemplo: "Amai os vossos inimigos...", etc. Tais indivíduos eram pacifistas e idealistas que não acreditavam, conforme eles mesmos diziam, em revidar, mas tão somente em voltar a outra face a algum ofensor. Isso retrata o típico crente fingido. Este extrai e escolhe aquilo que mais lhe agrada, somente para ignorar o resto. Vê-se essa atitude, de modo perfeitamente claro, no homem que edificou a sua casa sobre a areia, o que sucede também, de igual maneira, na dimensão espiritual.

Deveríamos examinar constantemente a nós mesmos, à luz da Palavra de Deus. Pois, se não a estivermos lendo de uma maneira que possamos ser sondados por ela, então é que não a estamos lendo corretamente. Precisamos enfrentar essas realidades. Aceito a mensagem completa da Bíblia? Estou acolhendo todo o desígnio de Deus? Aceito o ensino concernente à ira de Deus, tanto quanto aceito o ensino referente ao amor de Deus? Estou pronto para crer na justiça de Deus, tanto quanto na Sua misericórdia? ou na justiça e santidade de Deus, tanto quanto em Sua compaixão e longanimidade? Essa é a questão. A grande característica do falso crente é que ele não enfrenta toda a Palavra de Deus, mas seleciona aquilo que ele mesmo quer e gosta, ignorando tudo o mais. Em outras palavras, seu distintivo mais característico é que ele jamais enfrenta, completa e honestamente, a natureza do pecado e os seus efeitos, à luz da santidade divina. A dificuldade do falso crente é que ele nunca quer sentir-se infeliz, nunca quer sentir qualquer senso de insatisfação consigo mesmo, e nem o senso de desconforto. O que ele deseja evitar, a todo custo, é sentir-se infeliz ou desconfortável. E também não gosta das pessoas que o fazem sentir-se desconfortável, e nem simpatiza com os trechos bíblicos que exercem tal efeito sobre ele. E é precisamente por essa razão que ele seleciona e escolhe passagens bíblicas. Ele sempre procura lazer, conforto e felicidade, mas nunca enfrenta devidamente a doutrina bíblica do pecado, porque esta o deixa perturbado e inquieto.

Porém, ao assim fazer, tal indivíduo somente está fugindo de uma parcela essencial da grandiosa mensagem da Bíblia. A Bíblia em primeira instância, é uma terrível exposição e um forte delineamento dos efeitos do pecado. Esse é o motivo pelo qual a Bíblia nos oferece toda aquela narrativa no Antigo Testamento; e é também essa a razão pela qual, por exemplo, ela exibe diante de nós um homem como Davi, um de seus maiores heróis, o qual caiu em pecado grosseiro, chegando a cometer adultério e assassinato. Por que as Escrituras fazem tal exposição de fatos? A fim de impressionar-nos a respeito dos efeitos do pecado, a fim de ensinar-nos que em nosso interior existe algo que nos pode arrastar para baixo, e que, por natureza, todos somos falsos, imundos e vis. O pseudocrente não gosta de tal ensino. Ele o detesta tanto ao ponto de contestar sobre a distinção que a Bíblia faz entre o pecado e os pecados. Conheci um homem que costumava frequentar um determinado lugar de adoração, mas que agora não o faz mais. A principal razão desse homem não frequentar mais aquelas reuniões é que ele não gostava das constantes menções que o pregador fazia à questão do pecado. O tal homem não fez objeção enquanto somente ouviu acerca de pecados em particular, porquanto ele estava preparado para admitir que não era homem absolutamente perfeito. Mas, quando o pregador declarou que a própria natureza humana é vil e impura, aquele homem sentiu que o pregador estava indo longe demais. Ele não era tão mau assim! A Bíblia fala acerca da nossa natureza pecaminosa, e nos revela que cada um de nós deveria dizer: "Eu nasci na iniquidade, e em pecado me concebeu minha mãe" (Salmos 51:5). Pois somos "... por natureza filhos da ira..." (Efésios 2:3). Se quisermos dizer a verdade, cada um dentre nós precisa confessar que "... em mim, isto é, na minha carne, não habita bem nenhum..." (Romanos 7:18), e que coisa alguma nos será suficiente, exceto nascermos de novo e recebermos uma nova natureza. Ora, o crente nominal e formal abomina todas essas doutrinas, e assim, evita as mesmas.

Em outras palavras, a maior dificuldade do crente falso, em última análise, é que, na verdade, ele não deseja conhecer a Deus. Ele quer as bênçãos divinas, mas não quer o próprio Deus. Na verdade, não deseja servir a Deus e adorá-Lo com todas as energias do seu ser, mas simplesmente almeja receber certas coisas que, conforme ele acredita, Deus pode dar-lhe. Sumariando a questão inteira, a real dificuldade de um indivíduo assim é que ele não quer saber o significado da expressão "ter fome e sede de justiça". Nem mesmo está interessado pela justiça, e nem está interessado pela santidade. Não quer, realmente, ser semelhante a Jesus Cristo, tão somente quer sentir-se confortável. Assemelha-se àquele homem do quadro, que queria construir a sua casa às pressas, a fim de que logo pudesse sentar-se em sua poltrona e desfrutar de seu bem-estar. Ele deseja que tudo vá bem consigo mesmo, nesta vida e na existência vindoura, mas deseja isso mediante as suas próprias condições, e à sua maneira. Ele mostra-se muito impaciente, e desgosta-lhe todo e qualquer ensino e instrução que sirva para adverti-lo de que isso não é bastante, se ele realmente quiser dispor de uma construção satisfatória e durável.

Portanto, quais são as evidências que caracterizam o verdadeiro crente? Expressando positivamente essa ideia, é que ele "... faz a vontade de meu Pai, que está nos céus" (Mateus 7:21). Nosso Senhor ensinou: "Nem todo o que me diz: Senhor, Senhor! entrará no reino dos céus, mas aquele que faz a vontade de meu Pai, que está nos céus". E também disse: "Todo aquele, pois, que ouve estas minhas palavras e as pratica será comparado a um homem prudente..." (Mateus 7:24). O que significa isso?

A primeira porção dessa explicação dada por Cristo visa a deixar patenteado o que ela não significa. Isso é importantíssimo. Obviamente não significa "justificação pelas obras". Nosso Senhor não estava dizendo que o homem que é um verdadeiro crente é aquele que, tendo ouvido o Sermão do Monte, o põe em prática, e, desse modo, torna-se um crente. Por qual razão essa interpretação é impossível? Pela excelente razão que as bem-aventuranças a proíbem e impossibilitam. Desde o próprio começo destes estudos enfatizamos o fato de que o Sermão do Monte precisa ser considerado como um conjunto completo, e é assim que deve ser. Começamos pelas bem-aventuranças, cuja primeira declaração estipula: "Bem-aventurados os humildes de espírito..." (Mateus 5:3). Poderíamos tentar conseguir realizar a façanha, até estarmos mortos, mas jamais conseguiremos tornar-nos "humildes de espírito" mediante os nossos próprios esforços, e jamais poderemos amoldar-

-nos, por nós mesmos, a qualquer das demais bem-aventuranças. Isso envolve uma completa impossibilidade, e, assim sendo, essas palavras não podem estar ensinando justificação por meio das obras. Além disso, levemos em conta aquele grandioso clímax do Sermão do Monte, o qual aparece no final do quinto capítulo de Mateus: "Portanto, sede vós perfeitos como perfeito é o vosso Pai celeste" (v. 48). Isso, uma vez mais, é uma impossibilidade para o homem que só dispõe dos seus próprios esforços, comprovando assim, novamente, que essa passagem não nos está ensinando justificação pelas obras. Se assim fosse, então o Sermão do Monte estaria contradizendo a mensagem inteira do Novo Testamento, a qual nos revela que aquilo que não temos conseguido realizar, foi realizado pelo Filho, enviado ao mundo pelo Pai, para que tomasse o nosso lugar – "Isto é impossível aos homens, mas para Deus tudo é possível" (Mateus 19:26). Nenhum ser humano será jamais justificado pelas obras da lei, mas tão somente através da retidão de Jesus Cristo.

Por igual modo, não encontramos aqui um ensino sobre perfeição impecável. Muitas pessoas, ao lerem essas descrições do final do Sermão do Monte, dizem que elas significam que o único indivíduo que recebe a permissão ou a capacidade de entrar no reino dos céus é aquele que, tendo lido o Sermão do Monte, põe em prática cada um de seus minuciosos preceitos, sempre e por toda a parte. Isso, novamente, é algo obviamente impossível. Se esse fora realmente o ensino desta passagem, seguir-se-ia daí que poderíamos ter a mais absoluta certeza de que nunca houve e de que nunca haverá um único crente verdadeiro neste mundo. Pois "... todos pecaram e carecem da glória de Deus" (Romanos 3:23). Todos temos fracassado. "Se dissermos que não temos cometido pecado, fazemo-lo mentiroso, e a sua palavra não está em nós" (I João 1:10). É impossível que este trecho esteja advogando a ideia da perfeição impecável, portanto.

Isso posto, o que encontramos nesta passagem? Não se trata de outra doutrina senão daquela mesma que Tiago, em sua epístola, sumariou mediante as seguintes palavras: "... a fé sem obras é morta" (2:26). Temos aqui apenas uma perfeita definição da fé. A fé, sem o acompanhamento das obras, não é autêntica, pois está morta. A vida de fé jamais será uma vida fácil; a fé sempre será intensamente prática. A diferença entre a fé e o assentimento intelectual é que este último simplesmente diz: "Senhor, Senhor", mas não chega a cumprir a Sua vontade. Em outras palavras, embora eu possa dizer "Senhor, Senhor", para o Senhor Jesus Cristo, não haverá qualquer sentido nessa minha declaração enquanto eu não O tiver como meu Senhor, enquanto eu não me tornar Seu escravo voluntário. As minhas palavras serão palavras ociosas, e não estarei realmente dizendo o que estou dizendo, quando afirmo "Senhor, Senhor", enquanto não vier a ser-Lhe obediente. Sim, a fé sem as obras é morta.

Ou então, exprimindo essa mesma verdade por outro ângulo, a verdadeira fé sempre se manifesta na vida; ela se mostra através da pessoa, de maneira geral, e também se manifesta por meio daquilo que ela faz. Observe essa dupla ênfase – a fé manifesta-se tanto na pessoa, de modo geral, quanto naquilo que ela diz e faz. Não pode haver contradição alguma entre a aparência geral de um homem e aquilo que ele diz e faz. A primeira coisa sobre a qual somos informados no que tange ao crente, no Sermão do Monte, é que ele deve ser "humilde de espírito". Assim sendo, se ele é "humilde de espírito", segue-se que ele nunca parecerá ser alguém orgulhoso e autossatisfeito. Uma outra coisa que somos informados a respeito do crente é que ele se lamenta, chorando, em vista de seu pecado, pois o crente também é uma pessoa mansa. O homem que é manso jamais parecerá estar satisfeito consigo mesmo. Estamos falando acerca daquilo que ele parece ser, antes dele haver dito ou feito qualquer coisa. A verdadeira fé sempre se manifesta na aparência geral de um indivíduo, na impressão total que ele transmite a outros, bem como naquilo que ele diz e faz, em particular. Algumas vezes você já deve ter visto indivíduos exclamarem "Senhor, Senhor!", mas que quase chegam a dar a impressão de que favorecem a Deus ao assim falarem; eles são tão cheios de si, tão satisfeitos consigo mesmos, tão autoconfiantes! Não sabem o que Paulo quis dar a entender quando escreveu à igreja de Corinto: "E foi em fraqueza, temor e grande tremor que eu estive entre vós" (I Coríntios 2:3). Paulo pregava o Evangelho impulsionado por forte senso de respeito, o qual pesava sobre ele, porquanto era a mensagem de Deus, e ele estava cônscio de sua própria indignidade e da seriedade de toda a situação. Por conseguinte, nós jamais nos deveríamos olvidar de que a fé manifesta-se através de toda a conduta externa de um homem, bem como mediante aquilo que diz e faz.

A fé sempre transparece por meio da personalidade inteira do indivíduo. Poderíamos sumariar todo esse pensamento nas palavras que encontramos em I João 1 e 2 onde se lê: "Se dissermos que mantemos comunhão com ele e andarmos nas trevas, mentimos e não praticamos a verdade" (1:6). E também: "Aquele que diz: Eu o conheço, e não guarda os seus mandamentos, é mentiroso, e nele não está a verdade" (2:4). Pode-se perceber claramente em que altura se desviaram da senda reta aqueles que asseveram que o Sermão do Monte não pode ser aplicado a nós, mas tão somente aos discípulos originais de nosso Senhor, bem como aos judeus de algum reino futuro, que ainda haverá de ser inaugurado. Esses dizem que assim deve ser porque, de outro modo, ficaríamos debaixo da lei, e não da graça. Mas, as palavras que acabamos de citar, com base na primeira epístola de João, foram escritas "debaixo da graça"; e João deixa perfeitamente esclarecido, quando declara: Se alguém disser, "eu o conheço" – isto é, a sua fé, crendo na graça de Cristo e no perdão gratuito dos pecados – se alguém disser, "Eu o conheço, e não guarda os seus mandamentos, é mentiroso..." Isso serve de mera reiteração do que o Senhor Jesus havia dito, acerca daqueles que entrarão ou não no reino dos céus: "Nem todo o que me diz: Senhor, Senhor!... mas aquele que faz a vontade de meu Pai, que está nos céus". Essa é a própria mensagem do Novo Testamento inteiro. Escreveu Paulo a Tito, dizendo: "... o qual a si mesmo se deu por nós, a fim de ... purificar para si mesmo um povo exclusivamente seu, zeloso de boas obras..." (2:14). Fomos salvos "para a santidade". Cristo nos separou do mundo a fim de preparar-nos para Si mesmo; e, "... a si mesmo se purifica todo o que nele tem esta esperança, assim como ele é puro" (I João 3:3). Essa é a doutrina ensinada na Bíblia.

Mas, precisamos aplicar todos esses particulares de uma maneira ainda mais pormenorizada. O que fica implícito, quando se põe em prática o Sermão do Monte? Como posso saber se sou um homem "prudente", ou se sou um homem "insensato"? Novamente, seja-me permitido começar com alguns pontos negativos. Um dos melhores testes é este. Você fica ressentido diante do Sermão do Monte? Você sente aversão por ele? Você faz objeção quando o ouve sendo pregado? Se você tiver de responder positivamente, então você é um dos "insensatos". Todo indivíduo insensato sempre detesta o Sermão do Monte, quando o mesmo é apresentado fielmente, tal e qual ele é, com todas as suas porções. Você sente que o Sermão do Monte torna as coisas impossíveis para você? Você se sente perturbado diante de seus padrões? Você costuma comentar que é impossível pôr o Sermão do Monte em ação? Você critica-o, dizendo: "Ele é rígido, a sua pregação é severa, e ele torna tudo destituído de esperança"? É essa a sua reação diante do Sermão do Monte? Essa sempre será a reação de todo crente falso. O crente falso se impacienta diante do Sermão do Monte, porquanto ressente-se de ser examinado, odeia ser perscrutado, pois isso o deixa intranquilo. O verdadeiro crente é inteiramente diferente. Ele não se ressente diante do Sermão do Monte, conforme veremos. Ele não se ressente diante da condenação do Sermão do Monte, e jamais se defende dele. Poderíamos expressar essa verdade como segue. Sabemos que deixamos entrever o nosso verdadeiro coração por meio de nossas observações ociosas e impensadas, e geralmente podemos sondar a um homem através das suas reações imediatas. Todos nos mostramos extremamente sutis e astutos que, quando nos ocupamos em pensar pela segunda vez acerca de alguma coisa, tornamo-nos um tanto mais resguardados e temos mais cuidado com aquilo que afirmamos. Aquilo que demonstra o que realmente somos são as nossas respostas instintivas, as nossas reações imediatas. E se a nossa reação, diante do Sermão do Monte, chega a manifestar ressentimento, se sentimos que as suas exigências são por demais restritas, que ele impossibilita as coisas, e que ele não exprime aquele tipo suave de cristianismo que concebíamos, então é que não somos crentes autênticos.

Uma outra característica do crente falso, que aparece nesta altura, é que, tendo ouvido o Sermão do Monte, ele logo se esquece inteiramente do que ouviu. O crente falso é um ouvinte esquecidiço, que ouve a mensagem mas, logo olvida-se dela. Interessa-se pela sua mensagem apenas por alguns instantes, mas logo ela desaparece de sua mente, talvez em resultado de uma simples conversa que tenha tido à porta, quando ia saindo do templo.

Um outro traço distintivo dos crentes nominais é que, apesar de admirarem, de modo geral, o Sermão do Monte, chegando mesmo a elogiar os seus preceitos, eles jamais o põem em prática. Ou, quando muito, aprovam determinadas porções do mesmo, mas ignoram outras. Assim sendo, um grande número de pessoas parece pensar que o Sermão do Monte recomenda apenas uma coisa, como, por exemplo, "Amai os vossos inimigos..." Parece-lhes estranhamente difícil compreender todas aquelas outras verdades. No entanto, cumpre-nos recebê-lo como um todo; os capítulos cinco, seis e sete, ou seja as bem-aventuranças, os preceitos, as instruções e tudo o mais é tudo um só Sermão.

Todavia, voltemo-nos agora para o exame das características positivas do verdadeiro crente. Esse é o indivíduo que enfrenta o ensino do Sermão do Monte na inteireza do mesmo. Ele não seleciona e escolhe, mas permite que cada porção da Bíblia fale para ele. Não se mostra impaciente. Dedica tempo à leitura e estudo das Escrituras, e não se apressa para ler alguns poucos Salmos favoritos, usando-os como se fossem uma espécie de droga hipnótica, quando, à noite, não consegue conciliar o sono. Pelo contrário, permite que a Palavra de Deus, inteira, o sonde e perscrute. Longe de ressentir-se diante dessa sondagem, ele lhe dá as boas-vindas. Ele sabe que essa sondagem lhe é benéfica, e não faz objeção à dor que isso possa vir a causar-lhe. Tal indivíduo também toma consciência de que "... toda disciplina, com efeito, no momento não parece ser motivo de alegria, mas de tristeza...", como também sabe que "... ao depois, entretanto, produz fruto pacífico aos que têm sido por ela exercitados, fruto de justiça..." (Hebreus 12:11). Em outras palavras, o verdadeiro crente humilha-se diante da Palavra de Deus. Ele concorda que o que a Bíblia diz sobre ele é verdade. De fato, esse crente chega a comentar: "A Bíblia não revela toda a maldade que há em mim". Ele não fica ressentido diante de suas críticas, e nem da crítica feita por outras pessoas, mas, bem pelo contrário, diz para si mesmo: "Ainda não disseram a metade da minha triste realidade, pois não me conhecem o bastante". Sim, o crente verdadeiro humilha-se sob a Palavra do Senhor, e sob toda a sua crítica. O crente verdadeiro admite e confessa o seu total fracasso e a sua completa indignidade.

Conforme você deve estar percebendo, o homem que manifesta uma correta atitude para com o Sermão do Monte é aquele que, tendo-se humilhado, submete-se, torna-se humilde de espírito e chega a lamentar-se, chorando, em face de seus pecados. Em seguida, torna-se um homem manso. E tudo isso porque reconhece quão indigno ele mesmo é. Tal homem amolda-se prontamente às bem-aventuranças, por causa do efeito que a Palavra de Deus exerce sobre ele, e então, por esse motivo, deseja conformar-se ao tipo e ao padrão que lhes são apresentados ali. Aqui temos um excelente teste. Você <u>gostaria</u> de viver o Sermão do Monte? É esse o seu verdadeiro desejo? É essa sua ambição? Em caso de resposta afirmativa, isso serve de um sinal excelente e saudável. Qualquer pessoa que deseja viver esse tipo de vida necessariamente é um crente. Ele tem fome e sede de justiça, sendo esse o alvo mesmo de sua vida. Não se contenta com aquilo que já é. Ele pensa: "Oxalá eu fosse como os santos cujas biografias tenho lido, como Hudson Taylor, David Brainerd ou João Calvino. Se ao menos eu me assemelhasse àqueles homens que viviam nas covas e nos antros da terra, e que se sacrificavam e sofriam tantas coisas por amor ao Senhor! Se ao menos eu me parecesse com o apóstolo Paulo. Quem dera que eu me parecesse mais com meu próprio bendito Senhor!" O indivíduo que puder dizer coisas assim, com toda a honestidade, é aquele que está edificando a sua casa sobre a rocha. Ele está se conformando às bem-aventuranças. Observe a natureza desse teste. Esse teste não consiste em indagar se o indivíduo é impecável ou perfeito, mas consiste em verificar o que o indivíduo gostaria de ser, o que ele deseja vir a ser.

Além disso, naturalmente, o verdadeiro crente é um homem que aceita o ensinamento de nosso Senhor acerca da lei. Você deve estar lembrado de como, em Mateus 5, o Senhor Jesus interpretou espiritualmente a antiga lei à luz de determinados aspectos. O crente é alguém que aceita essa interpretação, alguém que acredita que essa interpretação é correta. Ele não se satisfaz simplesmente por refrear-se de adultério como um ato consumado, mas chega até a não querer *olhar* cobiçosamente para uma mulher. Ele pensa: "Essa interpretação está certa; pois o crente deve ser alguém que é limpo de coração, e não somente em suas ações. E eu quero ser limpo nesse sentido". O crente aceita plenamente os ensinamentos de nosso Senhor acerca da lei.

Por semelhante modo, o crente aceita o ensino que nos recomenda dar esmolas secretamente. O crente não fica fazendo propaganda de seus atos de bondade – e nem chama a atenção alheia para o fato que ele não propaga tais atos! Sua mão esquerda, na verdade, não sabe o que a sua mão direita está fazendo. E ele também não se olvida do ensino de Jesus sobre a oração, sobre não firmarmos os nossos afetos sobre coisas deste mundo, sobre a necessidade de termos um olho "bom". Por igual modo, o crente leva em conta o fato que nem ao menos deve preocupar-se com o pão diário, mas antes, deve deixar tudo aos cuidados de nosso Pai celeste, o qual alimenta os pardais e que, certamente, não será negligente quanto ao cuidado por Seus filhos. O crente também recorda-se da injunção que não devemos julgar ou condenar a nossos irmãos na fé; sobre o dever de tirarmos a trave de nosso próprio olho, antes de estarmos aptos a retirar o cisco do olho de um irmão. Lembra-se de que fomos ensinados a agir com o próximo conforme gostaríamos que outros agissem para conosco, aceitando assim o ensino bíblico em sua inteireza. Não somente isso, ele deplora sua incapacidade de vivê-lo. O crente quer fazer, deseja fazer, tenta fazer, mas percebe que está falhando. Não obstante, continua crendo na porção do ensino bíblico que aparece em seguida; e, pede, busca e bate à porta. Crê naquela mensagem que lhe diz que, mediante o Espírito Santo, essas coisas tornam-se possíveis, e lembra-se que Cristo prometeu neste Sermão: "Pedi, e dar-se-vos-á; buscai e achareis; batei, e abrir-se-vos-á" (Mateus 7:7). E assim o crente vai prosseguindo, até obter aquela vitória. Isso é o que se deve entender por "fazer a vontade do Pai". Significa que o supremo desejo de um homem é fazer essas coisas e tornar-se semelhante ao Senhor Jesus Cristo. Significa que ele é um homem que não somente almeja ser perdoado, não somente pretende escapar do castigo do inferno e ir para o céu. Mas, em certo sentido, e tanto quanto essas outras coisas, ele anela pela santidade positiva em sua vida, enquanto ainda está neste mundo. Ele quer ser reto, e canta, de todo o coração, aquele hino de Charles Wesley, que diz:

> Oh, um coração para louvar meu Deus
> Um coração já liberto do pecado,
> Um coração que sente o Teu sangue, ó Deus,
> Tão livremente por mim derramado.

Esse é o homem que está edificando sobre a rocha. Esse é o homem que deseja e ora, pedindo santidade, e que se esforça muito por ser santo. Ele faz o máximo para ser santo, porque o seu supremo desejo é conhecer a Cristo. Não somente ser perdoado, não somente ir para o céu, mas conhecer a Cristo agora, ter Cristo como seu Irmão, como seu Companheiro, andar com Cristo na luz hoje, desfrutando de um gozo antecipado do céu, neste mundo sujeito à passagem do tempo – esse é o homem que está edificando sua casa sobre a rocha. Esse é o homem que ama a Deus, por causa de Deus, cujo supremo desejo e interesse é que o nome de Deus e a glória do Senhor sejam magnificados e anunciados amplamente.

Aí, pois, estão os pormenores que envolvem essa questão. É isso que se deve entender por "fazer a vontade do Pai". E é isso que se deve entender por executar os preceitos do Sermão do Monte. Essa atitude concorda com o Pequeno Catecismo de Westminster, que assevera que "a principal finalidade do homem é glorificar a Deus e desfrutar dele para sempre". Você já deve ter entendido que jamais conseguirá subir até à perfeição, mas o seu desejo, o seu esforço, deve ter essa finalidade, e o tempo todo você deve estar dependendo do Espírito Santo, o qual lhe foi outorgado a fim de capacitá-lo a tanto. Essa é a doutrina, e qualquer pessoa que possa ser aprovada, quando submetida a esses testes – o negativo e o positivo – poderá dar-se por feliz, na certeza e na segurança de que a sua casa está sendo construída sobre a rocha. Porém, por outro lado, se você descobrir que não pode corresponder a esses testes de maneira satisfatória, então só nos restará chegar a uma conclusão inevitável: você está construindo a sua casa sobre a areia. E a sua casa acabará se arruinando. Certamente isso sucederá no dia do julgamento final; mas bem pode ser que essa ruína ocorra antes disso, a saber, quando estourar a próxima guerra, talvez quando alguém atirar uma bomba de hidrogênio, ou então quando você vier a perder sua segurança financeira, seus bens materiais e suas possessões. E então você verá que nada possui. Se você puder perceber isso desde agora, então admita-o e confesse-o a Deus, sem um segundo de adiamento. Confesse a sua falha e humilhe-se "... sob a poderosa mão de Deus..." (I Pedro 5:6). Reconheça esses fatos e entregue-se confiadamente aos cuidados do amor e da misericórdia de Deus, e, finalmente, diga-Lhe que você deseja ser santo e justo; peça-Lhe que lhe dê de Seu Espírito Santo, e que lhe revele a perfeita obra de Cristo em seu favor. Siga a Jesus Cristo, e Ele haverá de conduzi-lo a essa verdadeira santidade "... sem a qual ninguém verá o Senhor" (Hebreus 12:14).

Capítulo LIX

A PROVA E OS TESTES DA FÉ

Chegamos agora a algumas considerações finais acerca do quadro contido nos versículos 24 a 27, e também dos dois quadros anteriores, sobre os quais já estudamos. Devemos lembrar-nos de que esse ensino, em geral, tem por desígnio advertir-nos a respeito do terrível e sutil perigo da autodecepção. É espantoso notar-se quanto espaço é dedicado, nas páginas do Novo Testamento, a avisos dessa natureza. Quão lentos nos mostramos quando se trata de observar e atender a essas coisas. Vemos constantes advertências a respeito de uma crença superficial e leviana, a respeito da tendência de meramente se dizer "Senhor, Senhor", e nada mais fazer; advertências a respeito do perigo de confiarmos em nossas obras e em nossas próprias atividades. No segundo desses quadros de Jesus, esse aspecto nos é incisivamente relembrado. Trata-se de algo que pode ser encontrado por todas as Escrituras do Novo Testamento, podendo ser detectado com frequência nos ensinos de nosso próprio Senhor, bem como nos escritos dos apóstolos, depois dele.

Mas isso inclui, ao mesmo tempo, o perigo de se confiar nos próprios sentimentos, especialmente se eles forem falsos. Nada existe de tão surpreendente, para a mente natural, como as exposições feitas no Novo Testamento sobre o tema do amor. Por alguma razão ou outra, tendemos por pensar no amor como uma mera questão de sentimentos ou afetos; inclinamo-nos por considerá-lo uma mera emoção. E pendemos por transferir isso para a nossa maneira de pensar sobre o grande Evangelho neotestamentário do amor, bem como sobre o pronunciamento do amor divino aos pecadores ofensores. Contudo, meditemos por alguns instantes acerca do Evangelho de João e de sua primeira epístola, nos quais livros tanta coisa nos é ensinada a respeito do amor, e também em I Coríntios 13. Você poderá notar que toda a ênfase dessas porções bíblicas recai sobre o fato de que o amor é algo eminentemente prático. Quão frequentemente nosso Senhor disse, de diversas maneiras: "Aquele que tem os meus mandamentos e os guarda, esse é o que me ama..." (João 14:21).

Esse é o preciso ensinamento quanto a essa particularidade. Todas essas advertências, existentes no final do Sermão do Monte, simplesmente têm o propósito de enfatizar uma coisa, a saber, que "... nem todo o que me diz: Senhor, Senhor! entrará no reino dos céus, mas aquele que faz a vontade de meu Pai, que está nos céus" (Mateus 7:21). A reiterada ênfase sobre esse ponto tem por intuito resguardar-nos de iludirmos a nós mesmos, pensando que tudo vai bem conosco por motivo de algum sentimento vago e generalizado, de que porventura sejamos possuidores. Nosso Senhor assevera que é inútil alguém falar em amá-Lo, a menos que também guarde os Seus mandamentos. É como se Ele houvesse ensinado: "Aquele que Me ama verdadeiramente é o que cumpre o que Eu lhe digo para fazer". Coisa alguma é tão falaz como a substituição da obediência definida pelos sentimentos e sensibilidades. Isso é algo que é ressaltado mui enfaticamente nessa grande palavra final de advertência, e essa é a razão pela qual temos considerado, em suas minúcias, o que significa estar fazendo a vontade do Pai que está nos céus. O indivíduo prudente é aquele que, tendo ouvido esses ensinamentos, os cumpre.

Entretanto, resta-nos ainda considerar o motivo pelo qual o Senhor Jesus dispôs Seu ensino sob essa forma particular. Conforme você pode observar, em cada um desses quadros há uma certa nota de advertência. Temos feito alusões casuais acerca daquilo que temos considerado a respeito de cada um. Mas, como é claro, não podemos completar essa série de considerações sem primeiramente tomarmos nas mãos a questão do julgamento final, anunciado pelo Senhor Jesus em cada um dos quadros que Ele traçou, a partir do versículo 13. Você deve estar lembrado que é no mesmo versículo onde Cristo fala em se entrar pela porta estreita que Ele também começa a aplicar a mensagem do Sermão inteiro e a fazer valer a sua porção doutrinária; e é desse ponto em diante que se manifesta a nota do julgamento. Disse Jesus: "Entrai pela porta estreita (larga é a porta, e espaçoso, o caminho que conduz para a perdição)... Temos aqui a nota de advertência, logo no início. E essa nota pode ser novamente encontrada, exatamente com o mesmo sentido, em conexão com o segundo quadro, onde Cristo compara o crente verdadeiro à árvore boa, ao passo que o crente fingido é assemelhado à árvore má. Diz-nos Jesus que "... toda árvore que não produz bom fruto é cortada e lançada ao fogo..." No quadro seguinte, chegamos às seguintes palavras: "Muitos, naquele dia, hão de dizer-me: Senhor, Senhor! Porventura, não temos nós profetizado em teu nome, e em teu nome não expelimos demônios, e em teu nome não fizemos muitos milagres? Então, lhes direi explicitamente: Nunca vos conheci. Apartai-vos de mim, os que praticais a iniquidade". E essa nota reaparece, uma vez mais, no último desses quadros, o qual nos apresenta a ideia de dois proprietários e suas residências, porquanto Ele nos revela que, um dia, quando essas casas forem testadas, uma delas haverá de cair, "... sendo grande a sua ruína". Assim sendo, somos forçados a considerar essa grande questão do julgamento. De fato, temos verificado que não somente essa é uma característica proeminente nesses quadros, no final do Sermão do Monte, como também essa é a nota dominante através de todo esse sétimo capítulo de Mateus, a começar pelas palavras, "Não julgueis, para que não sejais julgados...", no seu primeiro versículo. O pensamento central, que percorre toda essa exortação final, é a tremenda nota do juízo final.

Em um certo sentido, essa mensagem pode ser expressa como segue: À parte de qualquer outra consideração, a religião falsa é inteiramente inútil. Naturalmente, ela também é errada, tanto quanto qualquer outra coisa falsa é errada. Porém, à parte do fato dela ser errada, em última análise ela não tem valor. Ela conduz a nada. Ela pode dar satisfação temporária, mas não resiste aos testes reais. Esse é o detalhe enfatizado aqui. Aquele caminho espaçoso pode parecer bastante seguro; aquela árvore má e corrupta pode parecer saudável quanto ao seu aspecto externo, e alguém até pode imaginar que o seu fruto é bom, até que chegue a examiná-lo de perto, averiguando estar equivocado quanto à sua qualidade. Por semelhante modo, a casa que o insensato edificou sobre a areia, pode parecer perfeita, boa e durável. O fato inegável, entretanto, é que nenhuma dessas coisas, afinal de contas, revestem-se de qualquer valor, pois não conseguem atingir as especificações necessárias, quando são submetidas a teste. Sem dúvida, isso é algo acerca do que ninguém pode discordar. A questão real que precisamos reconhecer, acerca de qualquer perspectiva da vida, ou acerca de qualquer situação na vida, é se ela conseguirá resistir com sucesso ao teste. Haverá de ajudar-nos e de ser de valia para nós, na hora de nossa maior necessidade? Pouca serventia há em uma casa, por mais luxuosa e confortável que ela possa ser, se, quando chegarem as tempestades e a enchente começar a bater contra ela, ela vier a ruir repentinamente. É a isso que costumamos chamar de viver "no paraíso de um insensato". Parecia ser uma residência tão maravilhosa, quando o sol brilhava, e, em certo sentido, não tínhamos necessidade de sua proteção, quando poderíamos ficar perfeitamente satisfeitos até com uma simples tenda. Todavia, necessitamos de uma casa que seja capaz de suportar as provas impostas pelas tempestades e pelos tufões. Uma casa construída sobre a areia não pode oferecer tal resistência, e, como é claro, não tem valor nenhum.

 A Bíblia enfatiza essa verdade com insistência. As Escrituras encerram alguns quadros bastante alarmantes acerca do aparente sucesso dos ímpios, os quais esparramam a sua folhagem como um "... cedro do Líbano..." (Salmos 37:35), quando tudo lhes corre favoravelmente. No entanto, essa gente sempre demonstra que, em tempos difíceis, quando desaparece toda a sua prosperidade e bonança não tem no que se apoiar. A Bíblia muito se esforça por mostrar-nos a total insensatez do indivíduo que não confia no Senhor. À parte de outra consideração qualquer, quão tolo é um homem assim, porquanto vive para meras coisas e confia em coisas que são incapazes de ajudá-lo no momento de sua maior necessidade. Pensemos a respeito da descrição feita pelo Senhor Jesus acerca do rico insensato cujos depósitos transbordavam de bens, e que estava até mesmo pensando em construir outros depósitos, mais espaçosos, quando, subitamente, Deus lhe disse: "Louco, esta noite te pedirão a tua alma; e o que tens preparado, para quem será?" (Lucas 12:20). A Bíblia está repleta dessa espécie de ensino.

Contudo, o ensino de que aquilo que é falso também é destituído de valor não se limita às Escrituras. A experiência humana, através dos séculos, confirma e estabelece esse ensino. Podemos estudar esse tema à luz deste quadro em particular. Nosso Senhor declarou que tudo quanto edificamos neste mundo, tudo aquilo em que nos respaldamos, toda a preparação que porventura fizermos, e até a nossa vida inteira, tudo haverá de ser submetido a testes. Ele retrata esses testes sob a forma de um pesado aguaceiro que cai, transformando-se em uma inundação acompanhada de ventos uivantes e destruidores. Trata-se de um fenômeno universal, algo que sucederá tanto aos prudentes quanto aos insensatos, igualmente. Em parte alguma a Bíblia ensina que assim que nos tornamos crentes terminam todas as nossas dificuldades, e que o resto da história é que "todos viveram muito felizes depois disso". Na Bíblia não existem ideias assim; antes, "... e caiu a chuva, transbordaram os rios, sopraram os ventos e deram com ímpeto contra aquela casa..." (Mateus 7:27), tal como também já havia sucedido à outra casa. A humanidade inteira é submetida a provas dessa natureza.

O ensino exato de Jesus, ao utilizar-se dos detalhes desse quadro, é pleno de interesse. Alguns têm ensinado que esses pormenores se referem exclusivamente ao dia do julgamento; mas isso reflete uma compreensão totalmente inadequada a respeito da descrição apresentada por Jesus. Certamente está incluso o dia do julgamento; mas o que nosso Senhor aqui diz aplica-se à vida neste mundo, tanto quanto ao que nos sucederá após a morte e além-túmulo.

Naturalmente, sempre será perigoso pressionar em demasia os detalhes de qualquer quadro simbólico. Não obstante, nosso Senhor não deve ter aludido, sem qualquer propósito em mira, aos diferentes elementos simbólicos, como a chuva, a inundação e os ventos fortes. Como é evidente, Ele ansiava por transmitir certas ideias definidas, e podemos descobrir algo daquilo que é representado por esses quadros. Pensemos sobre a chuva, por exemplo. Essa chuva, acerca da qual Jesus falou, sem dúvida terá de ser enfrentada por todos nós individualmente. Todos nós nos encontramos em uma dentre duas situações possíveis: Ou somos parecidos com o homem prudente, ou somos parecidos com o homem insensato. Ou então, conforme vimos antes, ou estamos nos esforçando com denodo para pôr em prática os ensinamentos do Sermão do Monte, ou nada estamos fazendo nesse sentido. Ou somos verdadeiros crentes, ou nos estamos iludindo, somente imaginando que o somos, ao mesmo tempo em que selecionamos e escolhemos trechos que nos agradam dentre a mensagem do Evangelho, enquanto dizemos: "Isso me basta. Ninguém precisa levar essas coisas muito a sério; ninguém deve tornar-se bitolado. Tudo me correrá bem, enquanto eu puder acreditar nessas verdades de uma maneira geral". Nosso Senhor, entretanto, ensinou-nos aqui que se a nossa posição quanto a essas realidades for falsa, de nada nos adiantará a nossa suposta crença, a qual não nos poderá ajudar de maneira nenhuma. De fato, ela nos deixará inteiramente desprevenidos, quando dela mais necessitarmos. O que Jesus quis dar a entender pela "chuva"? Penso que Ele apontava para coisas como as enfermidades, as perdas ou os desapontamentos, ou para algo que sai errado em nossas vidas, algo sobre o que nos estávamos apoiando mas que, de repente, entra em colapso diante de nossos olhos. Talvez isso envolva sermos abandonados por alguém, no meio do caminho, ou talvez envolva passarmos por algum amargo desapontamento, ou alguma súbita mudança das circunstâncias, do melhor para o pior, ou talvez envolva alguma tremenda tristeza e solidão. Essas são as coisas que, em uma ocasião ou outra, sucedem a todos nós. Existem determinados acontecimentos na vida que são simplesmente inevitáveis; por mais que tentemos evadir-nos deles, teremos de enfrentá-los até o fim É extremamente difícil, para aqueles que são jovens, cheios de saúde e de vigor, imaginarem-se pessoas idosas, que sentem dificuldade até para se movimentarem de um aposento para outro, ou mesmo de uma cadeira para outra Porém, esse é o tipo de coisa que realmente acaba acontecendo. A idade avançada, a saúde e o vigor físico abalado e as enfermidades surgem em cena. Essas coisas, conforme nosso Senhor demonstrou aqui, são inevitáveis. E, quando elas aparecem, então somos testados. Não é pequena a prova de quem é forçado a passar semanas ou mesmo meses em um mesmo aposento; isso testa a qualquer indivíduo até aos próprios fundamentos da vida. A "chuva", pois, cobre aquelas coisas dessa natureza, incluindo aquelas provações que nos sondam e testam até às maiores profundezas da alma.

Porém, não foram somente as chuvas que começaram a cair. Segundo nos mostrou o Senhor Jesus, a enchente subiu e bateu com força contra aquela casa. Sempre gosto de pensar que essa inundação representa o mundo, de maneira geral, utilizando-se esse vocábulo em seu sentido bíblico, isto é, como um símbolo da atitude mundana, da qualidade mundana de vida. Quer gostemos disso, quer não, e sem importar se somos crentes verdadeiros ou falsos, o mundo acaba batendo contra essa nossa casa, chocando-se com toda a força de suas águas. Todos nós temos dificuldades para enfrentar o mundo – "... a concupiscência da carne, a concupiscência dos olhos e a soberba da vida..." (I João 2:16). Tão certamente como levantamos a nossa construção neste mundo, o que, na realidade, todos estamos fazendo, o próprio mundo virá a testá-la e prová-la. O mundanismo, em sua sutileza, penetra em tudo, por toda parte. Algumas vezes, essa força inundante manifesta-se com grande ímpeto; mas, noutras ocasiões, consegue o mesmo efeito danificador inundando tudo silenciosamente, sem que nada possamos observar e sem que de nada suspeitemos. Literalmente falando, as formas que isso pode assumir não conhecem limites. Todos sabemos bem o que isso significa. Algumas vezes somos atacados mediante o fascínio de algo que nos atrai e que apela para os nossos instintos; e assim, essa inundação pinta um quadro atrativo, a fim de nos enfeitiçar. Em outras oportunidades, essa inundação manifesta-se na forma de perseguições. O mundo não se importa muito acerca do método que terá de empregar, afinal de contas, contanto que alcance o seu objetivo. Se por acaso puder fascinar-nos e afastar-nos de Jesus Cristo e da Igreja, assim o fará; todavia, se esse fascínio vier a fracassar, então o mundo haverá de rilhar os dentes e experimentará perseguir-nos. Ambas as maneiras nos testam e uma é tão sutil quanto a outra – "...transbordaram os rios... e deram com ímpeto contra aquela casa..."

Todos nós sabemos o que significa sentir a nossa casa quase estremecer, em certas ocasiões. Não é tanto que o crente pretenda abandonar a sua fé, mas é que o poder do mundo pode manifestar-se com tal intensidade que o crente se pergunta, em certas oportunidades, se o seu alicerce poderá continuar aguentando firme. O crente possui uma admirável fé em Cristo, enquanto é jovem; mas, talvez quando ele chegar à meia-idade, começará a pensar em seu futuro, em sua carreira e em toda a sua situação na vida. E então começará a hesitar e a indagar quanto ao seu futuro. O lento processo descendente da idade começa a atuar, e então tem início uma espécie de lassidão – é o mundo que se joga violentamente contra a casa, testando-a e submetendo-a a provas.

Além disso, cumpre-nos considerar o vento – "... e caiu a chuva, transbordaram os rios, sopraram os ventos..." Que queria o Senhor Jesus que entendêssemos, quando usou essas palavras, "sopraram os ventos"? Inclino-me por concordar com aqueles que interpretam esses ventos como ataques bem definidos de Satanás. O diabo dispõe de muitas maneiras diferentes para tratar conosco. De conformidade com a Palavra de Deus, Satanás pode transformar-se em anjo de luz e citar as Escrituras. Ele pode tentar-nos por intermédio do mundo. Todavia, por outras vezes ele nos ataca diretamente. Ele pode lançar dúvidas e negações contra nós. Ele nos bombardeia com pensamentos imundos, malignos e até mesmo blasfemos. Se você ler as vidas de homens piedosos do passado, descobrirá que foram sujeitos a esse tipo de ataque. O diabo lança ataques violentíssimos, procurando derrubar a nossa casa, por assim dizer. E os santos, através dos séculos, têm sofrido por causa do poder desses ataques. Talvez você tenha conhecido homens bons, vítimas desses ataques satânicos, crentes excelentes que vivem vidas excelentes. E então, em algum ponto de suas vidas, antes do fim, talvez já em seu leito de morte, eles passam por um tremendo período de trevas, quando o diabo os está atacando violentamente. Na verdade, "... a nossa luta não é contra o sangue e a carne, e sim contra os principados e potestades, contra os dominadores deste mundo tenebroso, contra as forças espirituais do mal, nas regiões celestes..." (Efésios 6:12). Em Efésios 6, Paulo ensina que a única maneira de resistirmos consiste em nos prepararmos com toda a armadura de Deus. E, no presente trecho bíblico, nosso Senhor disse a mesma coisa, afirmando que coisa nenhuma, exceto um sólido alicerce, será capaz de manter de pé a nossa casa.

Essas coisas sucedem com todos nós. Mas, finalmente, como é natural, certo e inevitável, aproxima-se de nós a própria morte. Alguns crentes têm de suportar a chuva, outros, a inundação, e ainda outros, o vento que sopra tempestuoso – mas todos somos forçados a enfrentar o fato da morte. Ela chegará até nós, de alguma forma ou maneira, e haverá de testar-nos até os próprios alicerces sobre os quais temos construído a nossa casa. Que tremendo acontecimento é a morte! Ainda não passamos pela morte, em razão do que nada sabemos a seu respeito, embora algumas vezes tenhamos observado outras pessoas morrerem, ou tenhamos ouvido outras pessoas falarem sobre a morte. Sem importar se a morte venha a chegar a nós súbita ou gradualmente, o fato é que teremos de enfrentá-la. Assevero que a morte é uma terrível experiência pela qual todos teremos de passar, naquele momento em que percebermos que estamos saindo deste mundo, deixando para trás tudo quanto nos foi dado conhecer nesta esfera, e atravessando para aquele país que está por detrás do véu. Nada existe que teste e sonde tão profundamente a um ser humano, no tocante aos seus próprios alicerces, como o poderoso fato e momento da morte.

A verdadeira questão é esta: Como é que nós resistimos a essas provas todas? De muitas maneiras, a tarefa primordial da pregação do Evangelho consiste em preparar os homens para que resistam com êxito a esses ataques. Não importa qual seja o seu ponto de vista da vida, e nem os seus sentimentos, se você não puder ser aprovado nesses testes, conforme os enumerei, você é um fracasso total. Sem importar quais sejam os dons e a chamada de alguém, e por mais nobre e bom que seja o seu caráter, se a sua perspectiva e filosofia de vida não estão sendo alimentados por essa certeza, ele nao passa de um insensato, e tudo quanto possui haverá de fracassar e desfazer-se aos seus pés, quando mais ele precisar de ajuda. Já temos experiência com algumas dessas provas. Aqui, pois, estão as indagações que devemos dirigir a nós mesmos. Sempre podemos encontrar Deus, quando mais precisamos dele? Quando esses testes nos sobrevêm e nos voltamos para o Senhor, temos a certeza que Ele está ali? Ficamos agitados e alarmados? Tememos a Sua presença, ou nos voltamos para Ele como um filho se volta para seu pai, sempre reconhecendo que Ele está ali, e que sempre haveremos de encontrá-Lo? Temos consciência da proximidade e da presença de Deus nos momentos críticos? Somos detentores de uma confiança profunda e inabalável em Cristo, na certeza de que Ele jamais nos deixará ou abandonará? Somos capazes de regozijar-nos em Cristo o tempo todo, mesmo na tribulação? Qual é o nosso ponto de vista do mundo, neste momento? qual é a nossa atitude para com este mundo? Passamos por qualquer hesitação ou dúvida sobre qual desses tipos de vida queremos realmente viver? Temos qualquer incerteza a esse respeito? Ainda não pudemos perceber a total inutilidade daquela vida mundana que não confere a Deus e a Jesus Cristo o próprio centro das nossas vidas? O que significa para nós a morte? Ficamos horrorizados diante da morte? temos tanto medo dela que sempre nos esforçamos por bani-la dos nossos pensamentos?

A Bíblia mostra-nos claramente como deveríamos ser, quanto a todos esses aspectos, se é que somos crentes autênticos. Diz o trecho de Salmos 37:37: "Nota o homem sincero e considera o que é reto, porque o futuro desse homem será de paz" (Corrigida). Nada existe de tão admirável neste mundo como a morte de um homem que é crente. Dizem as Escrituras: "Observa o homem íntegro..." O salmista já era um homem idoso quando escreveu essas palavras. Disse ele: "Fui moço, e já, agora, sou velho..." (v. 25), e essa era a sua experiência, esse foi o seu conselho para os mais jovens: "Nota o homem sincero, ... porque o futuro desse homem será de paz". Muitos indivíduos parecem passar por tempos favoráveis neste mundo, mas, no fim, a sua experiência não é assim tão pacífica Pobres criaturas! Não estão preparados para o fim, não têm consciência do que os espera e então ficam se agarrando a qualquer coisa que lhes dê um fio de esperança, e não morrem em paz. Ou então, escutemos as seguintes palavras de Salmos 112:7: "Não se atemoriza de más notícias; o seu coração é firme, confiante no Senhor". Tal homem não tem receio das enfermidades, não teme quando irrompem as guerras, não se abala diante de más notícias. E nem mesmo fica pensando: "Que farei quando amanhecer o dia?" De modo nenhum, pois "... o seu coração é firme, confiante no Senhor". Ou então, consideremos aquela magnífica declaração que se lê em Isaías 28:16: "... aquele que crer não foge". Ou, conforme dizem outras versões, "aquele que crê não será confundido", isto é, não será apanhado de surpresa. Por quê? Porque tem dado atenção ao que Deus tem para dizer, tem estado a preparar-se para o fim, de maneira que, sem importar o que lhe aconteça, ele está firmemente alicerçado. Tal homem nunca fica agoniado, e não é forçado a pôr-se em fuga. Nosso Senhor mesmo ensinou claramente essa lição, através da Sua parábola do semeador. Diz-nos Ele que o crente falso "... não tem raiz..." (Mateus 13:21). O crente falso, pois, manteve-se por algum tempo; mas, sobrevindo-lhe a perseguição, ele acabou cedendo. "O que foi semeado entre os espinhos é o que ouve a palavra, porém, os cuidados do mundo e a fascinação das riquezas sufocam a palavra, e fica infrutífera" (Mateus 13:22). O ensino das Escrituras não tem fim no que concerne a esse tema.

Essa doutrina é positivamente ensinada nas Escrituras, sendo confirmada pela experiência cristã. Leia novamente o relato sobre os primitivos cristãos, os quais, quando eram perseguidos, e até mesmo executados, agradeciam a Deus por haverem sido considerados dignos de sofrer afrontas por amor ao Seu nome. Também dispomos daquelas narrativas sobre os primeiros mártires e confessores da fé, os quais, embora lançados nas arenas para serem despedaçados pelos leões, continuavam louvando a Deus. Longe de queixar-se, Paulo, ao escrever da prisão, para os crentes de Filipos, agradeceu a Deus por seu aprisionamento, porque isso lhe dava tuna oportunidade nova de pregar o Evangelho. Ele chegou mesmo a poder suportar as traições de falsos amigos. Sentia-se perfeitamente feliz e inteiramente sereno, a despeito de tudo, e foi capaz de enfrentar a morte face a face, dizendo que a mesma era uma experiência suave e grata, pois significava "... estar com Cristo, o que é incomparavelmente melhor..." (Filipenses 1:23). Paulo também escreveu aos crentes coríntios, dizendo: "... a nossa leve e momentânea tribulação produz para nós eterno peso de glória, acima de toda comparação..." (II Coríntios 4:17). Leia II Coríntios 4, e observe a lista das aflições e tribulações do apóstolo dos gentios; mas apesar de tudo, ele pôde escrever como escreveu. E então ouçamo-lo já em sua idade avançada, quando a morte o ameaçava novamente, e ele sabia que ela se aproximava rapidamente: "Quanto a mim, estou sendo já oferecido por libação, e o tempo da minha partida é chegado. Combati o bom combate, completei a carreira, guardei a fé" (II Timóteo 4:6-7). Que extraordinária maneira de morrer! Assim tem sucedido através dos séculos, desde os dias em que Paulo registrou essas palavras. Indivíduos crentes têm estado a repetir essas experiências em suas vidas. Leia as biografias de homens santos, leia as narrativas a respeito dos mártires e dos confessores da fé, leia acerca daqueles homens que avançaram sorridentes para a fogueira do suplício, e que continuaram pregando quando as chamas já envolviam seus corpos. Esses são alguns dos episódios mais gloriosos da história inteira. Leia novamente as crônicas sobre os "Convenanters", sobre os grandes puritanos e sobre muitos outros.

Essa doutrina, portanto, resume-se no seguinte: Somente os indivíduos que têm cumprido os preceitos referidos por nosso Senhor no Sermão do Monte é que passam por essas experiências. O pseudocrente descobre que quando precisa de ajuda, aquilo que ele considerava como sua fé em nada o ajuda. Falta-lhe o apoio da mesma, quando mais precisa dela. Não há que duvidar acerca disso. O grande fator comum, nas vidas de todos aqueles que têm sido capazes de enfrentar as provações da vida de maneira triunfante e gloriosa, é que eles sempre foram homens que se dedicaram à tarefa de viver o Sermão do Monte. Esse é o segredo do homem "perfeito", do homem "justo", do homem "bom", do homem "crente". Por conseguinte, se você quiser ser capaz de enfrentar essas coisas, da maneira como Paulo as enfrentou, então você precisa procurar viver conforme Paulo também viveu. Não há outra maneira de se conseguir realizar o feito; todos os crentes autênticos se têm conformado a esse padrão.

Porém, além dessas coisas, que temos de enfrentar na vida presente, é necessário considerarmos aquele inexorável dia do julgamento final, que se aproxima de nós rapidamente. Esse também forma um tema constante no ensinamento bíblico. Dentro do Sermão do Monte, eis a menção a esse dia: "Muitos, naquele dia, hão de dizer-me..." As Escrituras têm muita coisa a dizer sobre "aquele dia". Houve indivíduos que discordaram de Paulo acerca de como o Evangelho deveria ser pregado, e também sobre como a Igreja deveria ser edificada. Mas Paulo como que retrucou a eles: "Muito bem, não quero debater com vocês, mas aquele dia declarará tudo". "... pois todos compareceremos perante o tribunal de Deus..." (Romanos 14:10). Isso é mencionado por toda parte na Bíblia. Leia Mateus 25, que fala da parábola das dez virgens, bem como dos talentos e das nações em juízo. Todas as coisas terão de comparecer diante do Senhor, no julgamento final. Mas lembre-se que o trecho de I Pedro 4:17 ensina que o julgamento precisa começar pela própria casa de Deus. No que consiste o livro de Apocalipse, senão em um grande anúncio desse julgamento vindouro, quando então os livros de registro serão abertos, e todos de todas as partes serão julgados. Todos os seres humanos haverão de ser julgados pelo Senhor. A Bíblia jamais oculta esse fato, asseverando que o dia do julgamento final é inevitável. Também somos ali informados que o julgamento final será perscrutador, porquanto haverá de sondar-nos desde o mais íntimo do ser. Todas as coisas são conhecidas pelo Senhor. Haverá indivíduos que alegarão: "Mas não fizemos isto ou aquilo?" Todavia, o Senhor lhes responderá: "Nunca vos conheci". É que o tempo todo Ele estava de olhos fixos sobre eles. Eles não Lhe pertencem, e Ele sabia do fato o tempo todo. Nada existe que o Senhor desconheça. "... pelo contrário, todas as coisas estão descobertas e patentes aos olhos daquele a quem temos de prestar contas" (Hebreus 4:13). O Senhor é apto para "... discernir os pensamentos e propósitos do coração" (Hebreus 4:12). Coisa alguma pode ser ocultada de Sua vista. Mas, acima de tudo, a Bíblia informa-nos que esse julgamento será final. Nas Escrituras não existe qualquer ensino a respeito de alguma suposta segunda oportunidade, sobre alguma outra chance. Procure encontrar na Bíblia as evidências para tal ideia, se é que você conseguirá fazê-lo! Nada existe nas Escrituras nesse sentido. Talvez você possa apontar para duas ou três declarações altamente debatíveis, sobre cuja exposição ninguém pode ter certeza alguma. Entretanto, haveria você de querer depender disso, se todo o peso das Escrituras, por todas as suas páginas, está do outro lado da questão? O julgamento será final; não haverá segunda chance.

Por conseguinte, como podemos ter certeza quanto a essas coisas? Como poderei viver a minha vida, aqui na terra, desfrutando de paz, certeza e segurança? Como poderei ter a certeza de que estou edificando a minha casa sobre a rocha? Como é que poderei, realmente, pôr em prática esses preceitos? Essa é a maior indagação que se pode fazer neste mundo. Coisa alguma é mais vital do que podermos nos lembrar dessas coisas diariamente. Correndo o risco de não ser corretamente compreendido, desejo colocar a questão nos termos seguintes. Algumas vezes chego a pensar que nada existe de mais perigoso para uma correta vida cristã do que uma vida devocional mecânica. Tenho ouvido algumas pessoas dizerem, voluvelmente, em terem a sua "H.S." pela manhã. Nem ao menos elas dizem "hora silenciosa", mas apenas "H.S.". Essa atitude, conforme entendo essas coisas, é absolutamente fatal. Ela significa que tal indivíduo foi instruído que é bom para o crente primeiramente ler um trecho da Bíblia pela manhã, e, em seguida, fazer uma oração antes de partir para o trabalho. Assim, pois, muitos observam a sua "hora silenciosa", e partem para seus empregos. Naturalmente, essa prática é excelente. No entanto, pode ser perigosíssima para a vida espiritual de qualquer crente, se porventura ela se tem tornado uma prática puramente mecânica. No entanto, sugiro que aquilo que deveríamos fazer é o que passo a dizer. Não deixe de ler as Escrituras, e nem deixe de orar; mas jamais o faça de maneira mecânica, e nem porque alguém lhe disse que essa prática é aconselhável, ou é a "coisa apropriada". Mas aja desse modo porque a Bíblia é a Palavra de Deus, e porque Ele está falando com você por intermédio dela. Entretanto, havendo lido a Bíblia e orado, faça uma pausa a fim de meditar; e, nessa meditação, lembre-se de qual é o verdadeiro ensino do Sermão do Monte. Pergunte de si mesmo se você está vivendo o Sermão do Monte, se você realmente está procurando cumpri-lo.

Não costumamos falar com nós próprios suficientemente; essa é a nossa grande dificuldade. Falamos demais com outras pessoas, mas não falamos o bastante conosco. É necessário que conversemos conosco, dizendo: "Nosso Senhor como que disse: Estou pregando este sermão para você, mas ele não terá qualquer utilidade, se você não cumprir o que estou dizendo". Teste a si mesmo por meio do Sermão do Monte. Lembre-se desses quadros que aparecem no fim do Sermão. Diga para si mesmo: "Sim, estou aqui, neste momento; ainda sou um jovem. Porém, algum dia terei de morrer. Porventura, estou preparado para enfrentar essa eventualidade?" O que aconteceria se, repentinamente, você perdesse a sua saúde, ou perdesse a sua boa aparência, ou o seu dinheiro, ou as suas possessões materiais? Que lhe aconteceria, se você ficasse desfigurado por causa de alguma enfermidade? No que você se apoia? Onde você está? Você já enfrentou a inevitabilidade do julgamento após a morte? Esse é o único caminho seguro. Realmente, não nos basta ler a Bíblia e orar. É necessário aplicar o que aprendemos. Precisamos enfrentar a nós mesmos com esses ensinamentos, tendo-os sempre diante dos nossos olhos.

Portanto, não dependa de suas próprias atividades. Não diga: "Sou tão ativo no trabalho cristão que, sem a menor dúvida, devo estar certo". Nosso Senhor ensinou que uma pessoa pode estar inteiramente errada diante dele, embora pense que está fazendo tudo por causa dele. Enfrente honestamente essas realidades, uma após a outra, e teste a sua própria vida por meio delas. E então certifique-se de que você está realmente cumprindo esse ensino, mantendo-o em primeiro plano e no próprio centro de sua vida diária. Certifique-se de que você é capaz de dizer honestamente que o seu desejo supremo é conhecer melhor ao Senhor, é observar os Seus mandamentos, é viver para a Sua glória Por mais atrativo que possa ser o mundo, diga: "Não; eu sei que eu, como alma viva que sou, terei de defrontar-me com o Senhor face a face. A qualquer preço, essas realidades devem ocupar o lugar mais cêntrico em minha vida e tudo o mais deve ocupar segundo plano". A mim parece que esse foi o propósito inteiro do Senhor Jesus ao traçar esse quadro, no fim desse poderosíssimo Sermão, a saber, que deveríamos dar-nos por avisados a respeito do sutilíssimo perigo da autoilusão, tomando consciência da mesma, e também que deveríamos evitar essa auto- ilusão examinando-nos diariamente na presença do Senhor, à luz de Seu ensinamento. Que Ele nos conceda a graça para assim fazermos.

Capítulo LX
CONCLUSÃO

Nos dois últimos versículos de Mateus 7, o escritor sagrado revela-nos o efeito produzido por esse famoso Sermão do Monte sobre os seus ouvintes. Isso posto, esses versículos proveem para nós, por semelhante modo, a oportunidade de considerarmos, em traços gerais, qual efeito esse sermão sempre deveria produzir sobre aqueles que o lessem ou sobre aqueles que nele meditassem.

Esses dois versículos sob hipótese nenhuma são uma espécie de epílogo ocioso ou inútil. Pelo contrário, revestem-se de extraordinária importância em qualquer consideração que se faça sobre o Sermão do Monte. Não tenho quaisquer dúvidas de que essa foi a razão pela qual o escritor sagrado foi impelido pelo Espírito Santo a registrar o efeito desse sermão, porquanto neles a nossa atenção é dirigida para o Pregador, e não para o próprio Sermão do Monte. Tendo considerado detidamente esse sermão, por assim dizer somos solicitados a contemplar Aquele que o apresentara e pregara. Temos passado um longo tempo a considerar pormenorizadamente os ensinamentos constantes no sermão, e, especialmente, nos últimos capítulos deste livro temos estado a considerar o urgente apelo que o Senhor Jesus dirigiu àqueles que O tinham escutado. Cristo solicitou de Seus ouvintes que pusessem em prática os preceitos de Seu sermão. Em seguida, enunciou essa terrível advertência a respeito da autoilusão, que envolve meramente admirarmos o Sermão e elogiarmos certos aspectos do mesmo, mas deixar de perceber que, a menos que realmente o estejamos pondo em prática, estaremos fora do reino de Deus, para terminarmos descobrindo que tudo aquilo de que estávamos dependendo subitamente nos será arrancado, no dia do julgamento final.

Entretanto, a indagação que muitos, talvez, se sintam tentados a formular, é a seguinte: Por que deveríamos pôr em prática esse sermão? Por que haveríamos de dar atenção às suas terríveis advertências? Por que deveríamos acreditar que, a menos que estejamos realmente amoldando as nossas vidas a esse padrão, não teremos qualquer esperança de salvação, ao enfrentarmos o Senhor Deus face a face? A verdadeira resposta para tudo isso é justamente o tema para o qual estamos sendo dirigidos por estes dois versículos finais. A razão disso encontra-se na própria Pessoa que proferiu essas afirmações, Aquele que nos ministrou esses ensinamentos. Em outras palavras, quando consideramos o Sermão do Monte como um todo integrado, depois de já havermos examinado as suas diversas porções, então precisamos conscientizar-nos de que não devemos concentrar a nossa atenção somente sobre a beleza da expressão, sobre a perfeita estrutura do sermão, sobre os impressionantes quadros ilustrativos ali empregados, sobre as notáveis ilustrações e sobre o extraordinário equilíbrio que nele achamos, tanto do ponto de vista do material como do ponto de vista da maneira como esse material foi exposto por Cristo. De fato, poderíamos dizer mais do que isso. Quando consideramos o Sermão do Monte, nem ao menos deveríamos parar no seu ensino moral, ético e espiritual; mas deveríamos ultrapassar para além de tudo isso, por mais maravilhosas que essas coisas possam ser, por mais vitais que elas sejam, a fim de chegarmos à pessoa do próprio Pregador.

Duas são as principais razões que nos impulsionam a falar nesses termos. A primeira delas é que, em última análise, a autoridade do Sermão do Monte deriva-se do próprio Pregador. Isso, naturalmente, é o elemento que torna o Novo Testamento um volume sem-par, conferindo um caráter ímpar ao ensino de nosso Senhor Jesus Cristo. No caso de todos os demais mestres que o mundo já conheceu, o elemento mais importante é o ensino. Mas, neste caso, vemos que o Mestre é ainda mais importante do que aquilo que Ele ensinou. Há um sentido em que não podemos dividir e separar um do outro, o Mestre e Seu ensino. Porém, se formos obrigados a alguma coisa, sempre devemos conferir o primeiro lugar ao Pregador. Por conseguinte, esses dois versículos, que aparecem no fim do Sermão, chamam a nossa atenção para essa realidade.

Se alguém perguntasse: "Por qual razão eu devo dar atenção a esse sermão? Por que eu deveria pô-lo em prática? Por que eu deveria acreditar que ele encena o mais vital ensino para esta vida?", a resposta seria: "Por causa da Pessoa que pregou esse sermão". Essa é a autoridade, essa é a sanção por detrás do Sermão do Monte. Em outras palavras, se estivermos embalando qualquer dúvida quanto à Pessoa que pregou esse Sermão, isso haverá de afetar mui obviamente o nosso ponto de vista acerca do mesmo. Se estivermos em dúvida quanto ao caráter sem igual de Jesus Cristo, de Sua deidade, do fato que Ele era o próprio Deus em carne que nos dirigia a palavra, então toda a nossa atitude para com o Sermão do Monte será arruinada. Por outra parte, se crermos que o Homem que proferiu essas palavras não era outro senão o próprio Filho unigénito de Deus, então elas passarão a revestir-se de tremenda solenidade e de uma autoridade ainda maior, e seremos obrigados a aceitar toda a porção doutrinária desse sermão como um todo, com toda a seriedade que deveria ser conferida a qualquer pronunciamento que nos venha da parte do próprio Senhor Deus. Nisso, pois, encontramos uma mui excelente razão para considerarmos essa questão. A sanção final por detrás de cada expressão do Sermão do Monte pode ser achada nesse fato. Quando o estivermos lendo, portanto, talvez sejamos tentados a argumentar contra ele ou a procurar explicação diferente para certas porções do mesmo, então será necessário que nos lembremos que estamos considerando as próprias palavras do Filho de Deus. A autoridade e a sanção do Sermão do Monte derivam-se do Pregador, daquela própria bendita Pessoa.

Todavia, inteiramente à parte dessa dedução geral, nosso Senhor insiste, pessoalmente, em que enfoquemos a nossa atenção em Seu sermão. Ele chama a nossa atenção, nesse sermão, para a Sua própria pessoa. Jesus reitera testes que obviamente têm por desígnio dirigir a nossa atenção para a Sua pessoa. Essa é a particularidade que faz diferença entre o verdadeiro Evangelho e tantas outras ideias que se fazem passar pelo autêntico Evangelho. Em algumas pessoas há uma tendência de criar divisão entre o ensino do Novo

Testamento e o próprio Senhor Jesus. Esse é um erro fundamental. Jesus sempre chamava a atenção dos homens para Si mesmo, e podemos perceber isso abundantemente ilustrado neste sermão em particular. Por conseguinte, a dificuldade maior daqueles indivíduos que enfatizam os ensinos do Sermão do Monte às expensas da doutrina e da teologia, é que eles jamais perceberam esse particular. De passagem, sempre nos temos referido ao caso daqueles que dizem gostar do Sermão do Monte, e que também o colocam em choque com o ensino sobre a morte expiatória de Cristo, e com todas as elevadas doutrinas das epístolas, e isso sob a alegação de que o Sermão do Monte é algo prático, algo que pode ser facilmente aplicado à vida diária das pessoas, tornando-se a base da ordem social vigente, e outras coisas desse tipo. Mas a real dificuldade dessa gente é que eles, realmente, nunca leram o Sermão do Monte, pois, se o tivessem feito, teriam descoberto que continuamente a atenção deles é solicitada a voltar-se para a pessoa de Cristo. E imediatamente isso põe em destaque aquela doutrina crucial. Em outras palavras, o Sermão do Monte, conforme temos visto por tantas vezes, na realidade é uma espécie de declaração básica, da qual tudo o mais se deriva. Esse sermão está recheado de doutrinas; e ideia de que ele é um ensino moral e ético, e nada mais, é um conceito completamente estranho ao ensino do Sermão, particularmente àquilo que é aqui salientado nestes dois últimos versículos.

Vemos, portanto, que nosso Senhor mesmo chamou a atenção dos Seus ouvintes para a Sua pessoa; e, em determinado sentido, coisa nenhuma é tão notória como a maneira como Ele fez isso. Desse modo, tendo considerado o Sermão inteiro, descobrimos que todas as instruções por Ele dadas apontam para a pessoa de Cristo. No Sermão do Monte, pois, somos levados a contemplar a pessoa de Cristo de uma maneira toda especial; e qualquer estudo acerca do Sermão nos deveria conduzir a essa contemplação. Nestes dois versículos encontramos uma maneira admirável de contemplá-Lo. Somos informados a respeito da reação do povo, que tivera aquele elevadíssimo e grandioso privilégio de contemplá-Lo e de ouvir o Seu sermão. Também somos informados que a reação desses ouvintes foi de admirado espanto. "Quando Jesus acabou de proferir estas palavras, estavam as multidões maravilhadas da sua doutrina (ou do Seu ensino); porque ele as ensinava como quem tem autoridade e não como os escribas" (Mateus 7:28-29).

Procuremos recapturar esse fato, se pudermos, pois nada existe que tanto deveríamos apreciar – e emprego esse vocábulo criteriosamente – como olhar para Ele. Não haverá qualquer valor em todo e qualquer outro ensinamento, se porventura as nossas ideias sobre Cristo não forem corretas. Essencialmente, o ponto vital de todo o ensino, da teologia, e da Bíblia inteira é levar-nos ao conhecimento de Cristo e ao relacionamento com Ele. Por conseguinte, precisamos tentar traçar essa cena na nossa imaginação, e olhar para Ele. Eis uma grande multidão. Em primeiro lugar, estavam presentes apenas nosso Senhor e os Seus discípulos, quando Ele se sentou para ensinar; mas, no fim do Sermão, é evidente que à Sua frente havia uma numerosa multidão. Ali, sentado diante de toda aquela gente, no alto de uma colina, estava aquele Homem ainda jovem, aparentemente apenas um carpinteiro de um lugarejo chamado Nazaré, na Galileia, um artesão, uma pessoa comum. Ele não recebera qualquer treinamento nas escolas, e também não era fariseu e nem escriba. Não estivera sentado aos pés de Gamaliel, e nem de qualquer outro dos grandes mestres ou autoridades. Aparentemente ele era apenas um homem comum, que até ali vivera uma vida perfeitamente simples. Mas eis que, inesperadamente, Ele surgiu nas cidades interioranas com um extraordinário e potentíssimo ministério. E agora, ali estava Ele sentado, começando a ensinar, a pregar e a dizer as coisas que temos considerado juntos. Não é para admirar que aquela gente estivesse pasmada. Toda aquela cena fora tão inesperada, tão incomum em tudo, tão diferente de tudo quanto aquela gente já testemunhara! Quão difícil é para nós, por motivo de nossa simples familiaridade com esses fatos e detalhes, percebermos que essas coisas realmente sucederam perto de dois mil anos atrás, e conscientizar-nos do efeito que isso deve ter exercido sobre os contemporâneos de nosso Senhor. Procure imaginar o total espanto e a admiração, quando aquele carpinteiro da Galileia se sentou e começou a ensinar e a fazer a exposição da lei, falando de uma maneira que só causava a mais profunda admiração. Estavam todos extasiados, espantados e atônitos.

O que nos cumpre descobrir aqui é exatamente o que teria sido a causa de tão profunda admiração. A primeira coisa, como é evidente, era a autoridade geral com a qual Ele falava – aquele Homem dirigia ao povo a palavra com grande autoridade, e não como os escribas. Esse aspecto negativo é muito interessante – o Seu ensino não pertencia à mesma categoria do ensino ministrado pelos escribas. Conforme você deve estar lembrado, o grande sinal distintivo do ensino dos escribas era que eles sempre citavam alguma autoridade, e jamais proferiam qualquer pensamento original e próprio. É que eles eram especialistas, não tanto na própria lei, e, sim, nas diversas exposições e interpretações da lei, conforme elas se vinham acumulando desde que a lei fora oficialmente transmitida através de Moisés. E os escribas, por sua vez, viviam citando os especialistas nessas interpretações. Como ilustração do que isso significa, precisamos apenas meditar naquilo que tão frequentemente sucede nos tribunais de justiça, quando alguma pendência está sendo julgada. Várias autoridades são citadas; uma dessas autoridades teria dito isto, e outra teria dito aquilo; outros livros de texto são consultados, e suas exposições são ventiladas. Essa, pois, era a técnica ou prática dos escribas, motivo por que viviam sempre argumentando. A principal característica deles era a interminável fieira de citações.

Isso é algo que acontece ainda hoje. Podem-se ler ou ouvir sermões que parecem não ser outra coisa senão uma série de citações extraídas de várias obras publicadas. Isso transmite a impressão de erudição e de uma sólida cultura. Estamos informados do fato que os escribas e os fariseus muito se orgulhavam de sua grande erudição. Eles repeliram a nosso Senhor com sarcasmo, comentando: "Como esse homem pode ser um erudito, se nunca frequentou as nossas escolas?" Isso aponta para o fato que a mais notável característica do método de Jesus Cristo era a ausência de intermináveis citações. O que mais havia de surpreendente na técnica empregada por Jesus era a Sua originalidade. Ele continuava insistindo: "Eu, porém, vos digo...", e não, "Tal ou qual pessoa disse que..." Jesus sempre dizia: "Eu, porém, vos digo..." Havia um frescor no ensino de Jesus. Todo o Seu método de ensino era diferente. A Sua própria aparência era diferente. Toda a Sua atitude para com a didática era diferente. O Seu método de ensino se caracterizava pela sua originalidade de pensamento e de método de apresentação – tanto na maneira quanto naquilo que Ele ensinava.

Mas, como é natural, o fator mais espantoso de todos era a confiança e a segurança com as quais Jesus falava. Isso transparece desde o inicio de Seu sermão, até mesmo quando Ele estava proferindo aquelas grandes bem-aventuranças. Ele começou dizendo: "Bem-aventurados os humildes de espírito... – e então –... porque deles é o reino dos céus". Não houve qualquer sinal de dúvida e questionamento quanto a isso. Jesus não falava sobre meras possibilidades ou sobre meras suposições. Aquela Sua extraordinária segurança e autoridade era algo que Ele deixou manifesto desde que abriu a boca pela primeira vez.

Entretanto, imagino que o que realmente deixou aquela gente pasmada, acima da grande autoridade que Ele manifestava, foi o que Ele dizia, e, em particular, o que Ele dizia a respeito de Si mesmo. Sem a menor sombra de dúvida, isso deve tê-los deixado espantados e atônitos. Meditemos, novamente, nas coisas que Ele disse, antes de tudo, acerca dos Seus próprios ensinamentos. Ele continuava fazendo observações que chamavam a atenção para o Seu ensino, bem como para a Sua atitude em relação a esse ensino. Tomemos, para exemplificar, a frequência com que, em Mateus 5, Ele disse algo como: "Ouvistes que foi dito pelos antigos..., Eu, porém, vos digo..." Jesus não hesitava em corrigir os ensinamentos dos fariseus e de suas autoridades. As palavras "pelos antigos", segundo você deve estar lembrado, representavam certos fariseus e a exposição que eles faziam da lei mosaica. Cristo não hesitava em pôr essas opiniões para um lado, para então corrigi-las. Aquele artesão, aquele carpinteiro, que jamais frequentara as escolas, estava dizendo: "Eu, porém, vos digo...", reivindicando uma autoridade superior para Si mesmo e para o Seu ensino.

Jesus, na verdade, nunca se mostrou hesitante ao asseverar, por meio dessa expressão, "Eu, porém, vos digo...", que Ele, e somente Ele, era capaz de oferecer a interpretação espiritual da lei mosaica. Todo o Seu argumento era que o povo judeu jamais percebera o intuito ou o conteúdo espirituais da lei de Moisés, porquanto interpretavam-na erroneamente e a reduziam a um mero nível físico. Enquanto eles não chegassem a cometer adultério físico, pensavam que estavam cumprindo a lei. Eles não percebiam que Deus leva em conta o coração, os desejos, o espírito. Por conseguinte, Jesus apresentou-se diante dos Seus ouvintes como o único verdadeiro intérprete da lei. Ele diz que somente a Sua interpretação exprime o significado da lei; de fato, não hesita em referir-se a Si mesmo e a considerar-se como o Legislador: "Eu, porém, vos digo..."

Além disso, você deve estar lembrado de como, no fim do Seu sermão, Jesus apresentou essa ideia de maneira ainda mais explícita, ao afirmar: "Todo aquele, pois, que ouve estas minhas palavras e as pratica..." É necessário observarmos o sentido que Jesus vinculava às Suas próprias declarações. Ao assim falar, portanto, Ele estava dizendo, igualmente, ao mesmo tempo, alguma coisa sobre Si mesmo. Naquela oportunidade, Jesus estava se utilizando daquele aterrorizante quadro das duas casas. Ele já falara sobre o julgamento, e colocara tudo em termos de "... estas minhas palavras..." É como se Ele estivesse asseverando: "Quero que vocês ouçam com atenção estas minhas instruções, e quero que vocês as ponham em prática – 'estas minhas palavras'. Vocês percebem Quem Eu sou, e, por conseguinte, a importância daquilo que estou dizendo?" Portanto, verificamos que naquilo que Jesus disse a respeito de Sua doutrina também estava fazendo um tremendo pronunciamento acerca de Si próprio. Jesus, pois, reivindicava para Si mesmo uma autoridade sem rival.

Entretanto, não somos deixados ao sabor de simples inferências e implicações, porquanto as alusões que Jesus fez a Si mesmo não foram apenas referências indiretas. Você já levou em conta as alusões diretas que Jesus fez a Si mesmo, nesse Sermão do Monte? Vamos considerá-las na ordem em que elas aparecem. Primeiramente, no versículo onze, quando Jesus acabara de apresentar as bem-aventuranças, Ele passou a dizer: "Bem-aventurados sois quando, por minha causa, vos injuriarem e vos perseguirem e, mentindo, disserem todo mal contra vós". Que notável e admirável declaração foi essa! O Senhor não disse: "Bem-aventurados sois quando, por causa deste ensino, vos injuriarem e vos perseguirem..." E também não disse: "Ah, bem-aventurados serão vocês quando, ao desejarem executar este elevado e alto ensino, vocês tiverem de sofrer perseguições, ou talvez até a morte". Ele não disse: "Se vocês sofrerem isso em nome do Pai que está nos céus, então serão bem-aventurados". Nada disso! Mas Ele mencionou "... por minha causa..." É incalculável a insensatez daqueles que afirmam que se interessam pelo Sermão do Monte como um ensinamento meramente ético, moral e social. Aqui, antes de Jesus voltar a atenção para a ideia de se "voltar a outra face" aos ofensores, e outras coisas que aquela gente tanto gosta, Jesus assevera que deveríamos estar prontos para sofrer por Sua causa, que poderíamos até mesmo sofrer perseguições por Sua causa, e que talvez até tenhamos de morrer por Sua causa. Essa tremenda reivindicação aparece quase no começo do Sermão do Monte.

Em seguida, o Senhor Jesus prosseguiu a fim de indicar a mesma verdade, implicitamente, logo depois: "Vós sois o sal da terra..."; e também: "Vós sois a luz do mundo..." Você está percebendo o que fica implícito nessas declarações? É como se Jesus houvesse dito: "Vocês, que são Meus discípulos e Meus seguidores, vocês, que se têm dedicado a Mim, ao ponto de terem de sofrer perseguições por Minha causa, e, se necessário for, até a morte por Minha causa, vocês, que me estão ouvindo e que haverão de repetir o Meu ensino e propagá-lo pelo mundo inteiro, vocês são o sal da terra e a luz do mundo!" Só se pode extrair uma verdadeira dedução: que os discípulos de Jesus seriam um povo especial e ímpar que, por motivo de seu relacionamento com Ele, tornar-se-ia o sal da terra e a luz do mundo. Está em pauta a doutrina inteira do renascimento. Pois Jesus não aludia aqui somente a indivíduos que tinham ouvido os Seus ensinamentos e que os repetiam, para assim exercerem o efeito do sal e da luz. Não, mas eles mesmos haveriam de transformar-se em sal e em luz. E nisso podemos discernir a doutrina da relação mística ou da união dos crentes com o Salvador, na qual Ele vem habitar neles a fim de proporcionar-lhes a Sua própria natureza divina. Portanto, os crentes tornam-se a luz do mundo, tal como o próprio Cristo é a luz do mundo. E isso, uma vez mais, importa em tremenda declaração a respeito de Jesus. Nessas palavras, pois, Ele estava asseverando a Sua deidade sem igual, o Seu ofício salvífico. Ele estava afirmando que Ele era o Messias desde há muito esperado no mundo.

Por conseguinte, quando consideramos essas duas notáveis declarações de Jesus, antes dEle chegar ao Seu ensinamento detalhado, somos impelidos a indagar, tal como aquela multidão deve ter indagado: "Quem é esse Homem, que fala com tanta autoridade?" Quem é esse Homem, esse carpinteiro de Nazaré, que de nós solicita estarmos dispostos a sofrer por Sua causa, que nos informa que seremos bem-aventurados de Deus se chegarmos a sofrer; e que garantiu: "Regozijai-vos e exultai, porque é grande o vosso galardão nos céus..." se vierdes a sofrer injustiças e perseguições "... por minha causa..."? Quem é esse? Quem é esse que garante que nos pode transformar em sal da terra e em luz do mundo? Ele nos fornece a resposta para essa indagação no versículo 17, onde diz: "Não penseis que vim revogar a lei ou os profetas; não vim para revogar, vim para cumprir". Consideremos, por alguns momentos, essa extraordinária expressão: "... vim..." Ele aludia a Si mesmo e à Sua vida neste mundo como algo diferente de tudo quanto acontece a qualquer outra pessoa neste mundo. Jesus não disse: "Nasci neste mundo, e, por isso, isto ou aquilo". Pelo contrário, afirmou: "... vim..." De onde é que Cristo veio? Ele é Alguém que chegou a este mundo. Não somente Ele nasceu, mas também veio de algum outro lugar. Jesus veio da eternidade, veio do céu, veio do seio do próprio Pai. A lei e os profetas haviam declarado que Ele viria. Por exemplo: "... nascerá o sol da justiça, trazendo salvação nas suas asas..." (Malaquias 4:2). Os profetas sempre mencionavam Alguém que, de fora, viria a este mundo. E, nesta passagem, Jesus diz sobre Si mesmo: "... vim..." Não é para surpreender, portanto, que aquela multidão que estava ouvindo o Senhor Jesus tivesse comentado: "Que quer dizer esse Homem? E quem é esse Homem, esse carpinteiro que tanto se assemelha a qualquer um de nós?"

Jesus não cessava de reiterar, "... vim..." Ele insistia que não pertencia a este mundo, mas que entrara na cena desta vida e deste mundo proveniente da glória, da eternidade. Jesus também assegurou: "Eu e o Pai somos um" (João 10:30). Ele se referia à Sua encarnação. Quão trágica é a insensatez de quem pensa que o Sermão do Monte é apenas um manifesto de cunho social, e que nada enxerga nele senão princípios éticos e morais! Ouçam todos os tais o que Jesus disse sobre Si mesmo: "... vim..." Jesus não era apenas algum mestre humano, mas era o próprio Filho de Deus.

Jesus afirmou que viera para cumprir, e não para destruir a lei e os profetas. O que Cristo quis dizer é que Ele viera a fim de cumprir e guardar a santa lei de Deus, porquanto Ele era o próprio Messias. Jesus afirmava aqui que Ele é impecável e absolutamente perfeito. Deus outorgara Sua lei por intermédio de Moisés, mas nem um único ser humano jamais a guardara – "... e todo o mundo seja culpável perante Deus..." (Romanos 3:19); e também: "Não há justo, nem sequer um..." (Romanos 3:10). Todos os santos do Antigo Testamento haviam quebrado a lei; nenhum deles teve sucesso em observá-la. Não obstante, ali estava Alguém que abria a boca a fim de garantir: "Eu vim para cumprir a lei. Não desobedecerei a nenhum i ou til, mas cumprirei plenamente a lei, observando-a e honrando-a de modo perfeito". Mas não somente isso. Pois Jesus também não hesitou em reivindicar para Si mesmo aquilo que Paulo exprimiu com as seguintes palavras: "Porque o fim da lei é Cristo, para justiça de todo aquele que crê (Romanos 10:4). Em outras palavras, Jesus cumpriu a lei, executando-a, honrando-a mediante uma absoluta perfeição na Sua própria vida. Sim; mas também tomou sobre Si mesmo a punição que os transgressores merecem. Jesus satisfez cada uma das exigências da lei de Deus, Ele cumpriu a lei, tanto por Si mesmo como em lugar de outros.

Jesus afirmou que estava cumprindo também aquilo que os profetas haviam predito. Ele reivindicou ser Aquele de quem todos os profetas do Antigo Testamento haviam falado. Os profetas tinham falado acerca do Messias. E Jesus asseverava agora: "Eu sou o Messias". Cristo é Aquele que cumpre, em Sua própria pessoa, todas as promessas. Novamente, o apóstolo Paulo sumaria essa ideia, expressando-a como segue: "Porque quantas são as promessas de Deus, tantas têm nele o sim..." (II Coríntios 1:20). As promessas de Deus têm o seu cumprimento nessa admirável pessoa, Jesus Cristo, o qual afirma aqui, sobre si mesmo, que Ele é quem viera a fim de cumprir a lei e os profetas. Nas páginas do Antigo Testamento tudo apontava para Cristo, porquanto Ele ocupa ali o próprio centro das atenções. Ele é aquele que viria, que estava sendo esperado pelo mundo. Jesus esclareceu todos esses pontos neste Sermão do Monte; esse sermão que, na opinião de alguns, seria inteiramente despido de doutrina, e que, por isso mesmo, é apreciado pelo povo, porquanto não tem fundo teológico! Poderia haver cegueira mais trágica do que aquela que leva certos homens a falarem de maneira tão insana? A doutrina inteira da encarnação de Cristo, sua pessoa e a sua morte, estão todas ali. Já vimos esse mesmo fenômeno quando avançávamos etapa por etapa desse sermão, e agora estamos percebendo, novamente, o mesmo fato.

Uma outra grande afirmativa que aponta na mesma direção é aquela que se acha no trecho de Mateus 7:21: "Nem todo o que me diz: Senhor, Senhor! entrará no reino dos céus..." Jesus não hesitou em afirmar que os homens haverão de dirigir-se a Ele chamando-O de "Senhor". Isso significa que Jesus é o próprio Deus Jeová. Jesus afirmou aqui, com toda a tranquilidade, que muitos haverão de dirigir-se a Ele chamando-O de "Senhor, Senhor!" Em certo sentido, já estavam tratando-O dessa maneira, mas, naquele grande dia, dirão: "Senhor, Senhor!" A ênfase recai sobre o fato que os homens "hão de dizer-me" – não ao Pai que está nos céus, mas "a mim", àquele que está pregando no monte. Jesus, portanto, não hesitou em atribuir a Si mesmo, e a tomar sobre Si mesmo, esse mais elevado vocábulo, dentre todos quantos figuram nas páginas sagradas, para indicar o Deus eterno, absoluto e bendito.

Jesus chegou a ir ainda mais adiante do que isso, quando anunciou, no término do Sermão do Monte, que Ele é o Juiz do universo. "Muitos, naquele dia, hão de dizer-me: Senhor, Senhor!...", etc. Atentemos à reiteração desse conceito: "Então, lhes direi explicitamente: Nunca vos conheci. Apartai-vos de mim, os que praticais a iniquidade". Sim, o direito de julgar foi entregue ao Filho de Deus. Ele assevera aqui que Ele será o Juiz de todos os homens, e que aquilo que realmente importa é o nosso relacionamento com Ele, Seu conhecimento de nós, é o Seu interesse e a Sua preocupação conosco. A questão toda é conforme alguém exprimiu muito bem. "Aquele que estava sentado no monte, ensinando o povo, é o mesmo que, no fim haverá de sentar-se no trono de sua glória, quando todas as nações tiverem de comparecer diante dEle, quando então Ele haverá de proferir juízo acerca delas". Porventura, já houve alguma declaração mais estonteante e mais espantosa neste mundo? Procure recapturar a cena. Contemple aquele Homem aparentemente comum, aquele carpinteiro, que estava ali sentado e que, por assim dizer, afirmava: "Agora estou sentado neste lugar, mas estarei sentado no trono da glória eterna, e o mundo inteiro, as nações e todos os indivíduos comparecerão diante de Mim, e então proferirei juízo". De fato, Jesus Cristo é o Juiz eterno.

Dessa maneira, portanto, temos reunido as principais declarações de Jesus Cristo a respeito de Si mesmo, nesse famoso Sermão do Monte. Ao encerrarmos esta série de estudos, por conseguinte, quero fazer-lhe esta simples mas profunda pergunta: "Qual tem sido a sua reação diante de todos esses fatos bíblicos?" Lemos que as multidões que ouviram ao Senhor Jesus ficaram "... maravilhadas da sua doutrina; porque ele as ensinava como quem tem autoridade e não como os escribas". Não lemos, entretanto, que a reação dos ouvintes de Jesus tenha ultrapassado disso; mas pelo menos ficamos sabendo que estavam todos admirados e perplexos com o Seu estilo, com a própria forma do Seu ensino, com a natureza extraordinária do próprio ensino, destacando-se, acima de tudo, algumas daquelas coisas que Ele revelou acerca de Si mesmo.

Há pessoas que nem ao menos ficam admiradas diante doa ensinos do Sermão do Monte. Deus nos guarde que isso suceda a qualquer um de nós. Todavia, não nos basta ficar meramente admirados; a nossa reação deve ir muito além de mero espanto e admiração. Por certo, a nossa reação, quando Ele fala conosco, deveria ser a de quem reconhece que Quem estava ali falando não era outro senão o próprio Filho de Deus, mediante aquelas palavras que temos considerado; o próprio Filho de Deus encarnado. A nossa reação inicial deveria ser que reconhecemos, uma vez mais, a verdade cêntrica do Evangelho, isto é, que o Filho unigênito de Deus veio a este mundo que está sujeito ao desgaste do tempo. Não nos preocupa aqui alguma mera filosofia ou perspectiva de vida, e, sim, o fato de que o pregador era o próprio Filho do Deus Todo-poderoso, que apareceu em carne.

Por qual motivo Ele veio? E por que pregou este admirável Sermão? Ele não veio simplesmente para transmitir-nos uma lei mais recente. Ele não estava meramente dizendo aos seres humanos como eles deveriam viver, porquanto o Sermão do Monte (e afirmamos isso com a máxima reverência) é infinitamente mais impossível de ser posto em prática do que a própria legislação mosaica, e conforme já tivemos ocasião de verificar, jamais houve um único ser humano que tenha sido capaz de observá-la por inteiro. Qual, pois, é a mensagem do Sermão do Monte? Ela deve ser a seguinte. Neste sermão, nosso Senhor condenou, de uma vez por todas, qualquer confiança em nossos esforços próprios, em nossas habilidades naturais, no que concerne à questão da salvação. Em outras palavras, Cristo estava nos dizendo que todos carecemos da glória de Deus, e que por maiores e mais intensos que sejam os nossos esforços e a nossa diligência, desde agora e até à hora da morte, tais esforços jamais nos tornarão justos, e nem nos deixarão aptos para nos postarmos na presença de Deus. Jesus deixou claro que os fariseus tinham reduzido a bem pouca coisa o real significado da lei, pois a própria lei reveste-se de uma índole toda espiritual. Cristo afirmava a mesma coisa que Paulo chegou a afirmar com outras palavras, um pouco mais tarde: "Outrora, sem a lei, eu vivia; mas, sobrevindo o preceito, reviveu o pecado, e eu morri" (Romanos 7:9). Em outras palavras, Jesus estava afirmando que todos somos pecadores condenados aos olhos de Deus, e que não podemos salvar a nós mesmos.

Em seguida, Jesus prosseguiu a fim de esclarecer que todos precisamos experimentar o novo nascimento, quando então recebemos uma nova natureza e uma nova vida. Jamais poderemos viver uma vida como Deus quer, enquanto continuarmos o que somos por natureza. É necessário que sejamos feitos de novo. Aquilo que Cristo estava asseverando neste Sermão é que Ele viera a fim de proporcionar-nos essa nova vida. Sim, uma vez relacionados espiritualmente com Ele, tornamo-nos o sal da terra e a luz do mundo. Jesus não veio a este mundo meramente a fim de esboçar uma doutrina. Ele veio para torná-la possível. Neste sermão, a começar pelas bem-aventuranças, Ele nos ofereceu uma descrição do Seu povo. Jesus declarou o que eles serão em geral, para, em seguida, apresentar uma descrição um tanto mais detalhada acerca de como eles agirão. O Sermão do Monte é uma descrição do povo crente, aquele povo que tem recebido o Espírito Santo. Não está ali em foco o homem natural, em seus débeis esforços por justificar-se diante de Deus, mas antes, o que esse sermão retrata é Deus, renovando o Seu povo. Cristo nos conferiu o dom do Espírito Santo, a promessa feita a Abraão, a promessa "do Pai" (Atos 2:33), e tendo recebido essa promessa, tornamo-nos um povo capaz de amoldar-se a esse padrão. As bem-aventuranças tornam-se uma realidade para todos quantos estão vivendo o Sermão do Monte, para todos os que são crentes. Isso não significa que sejamos impecáveis ou perfeitos; mas significa que se contemplamos o teor geral de nossa vida, ele corresponderá a essa realidade; ou então, é conforme escreveu o apóstolo João, em sua primeira epístola: "Sabemos que todo aquele que é nascido de Deus não vive em pecado..." (I João 5:18). Essa diferença existe. Olhemos para a vida humana em geral. Ao contemplarmos o crente, vemo-lo conformando-se ao Sermão do Monte. Quem é crente quer viver de acordo com os preceitos do mesmo, e esforça-se muito para fazê-lo. Ele reconhece o seu fracasso, mas ora para ser cheio do Espírito Santo, porquanto tem fome e sede de justiça, e dispõe daquela bendita experiência das promessas divinas, que se cumprem em sua vida diária.

Essa é a verdadeira reação diante do Sermão do Monte. Percebemos que o Pregador não era outro senão o próprio Filho de Deus, e que, neste Sermão do Monte, Ele estava esclarecendo que viera ao mundo a fim de dar início a uma nova espécie de humanidade. Cristo é "... o primogênito entre muitos irmãos" (Romanos 8:29). E, por semelhante modo, Ele é "... o último Adão..." (I Coríntios 15:45). Cristo é o novo Homem de Deus, e todos quantos a Ele pertencem haverão de assemelhar-se a Ele. Trata-se de uma doutrina espantosa, admirável e que nos causa assombro. Mas, graças a Deus, sabemos que ela expressa uma realidade. Sabemos que Cristo morreu pelos nossos pecados, e que nossos pecados estão perdoados. "Nós sabemos que já passamos da morte para a vida, porque amamos os irmãos..." (I João 3:14). Sabemos que pertencemos a Cristo, porquanto realmente temos fome e sede de justiça. Temos consciência do fato que Ele está tratando conosco, que o Seu Santo Espírito está operando em nosso íntimo, revelando-nos as nossas imperfeições e os nossos defeitos, criando em nós anelos e aspirações, efetuando em nós "... tanto o querer como o realizar, segundo a sua boa vontade..." (Filipenses 2:13). Acima de tudo, porém, em meio às convulsões próprias da vida, com todos os seus testes, problemas e provações, e, de fato, em meio às tremendas incertezas desta nossa "era atômica", e na certeza da morte e do julgamento final, podemos dizer, juntamente com o apóstolo Paulo: "... e, por isso, estou sofrendo estas coisas; todavia, não me envergonho, porque sei em quem tenho crido e estou certo de que ele é poderoso para guardar o meu depósito até aquele Dia" (II Timóteo 1:12).

> Os Cristãos, porém, que deveras creem,
> Pelas obras mostram a fé que têm;
> Sua fé firmada no Salvador,
> Na maior procela, ei-los sem temor!
>
> Nossa morada na Rocha está,
> Firme e segura ela ficará;
> Quando o temporal contra ela der
> Há de resistir todo o seu poder.

"Porque ninguém pode lançar outro fundamento, além do que foi posto, o qual é Jesus Cristo" (I Coríntios 3:11). "Entretanto, o firme fundamento de Deus permanece, tendo este selo: O Senhor conhece os que lhe pertencem. E mais: Aparte-se da injustiça todo aquele que professa o nome do Senhor" (II Timóteo 2:19).

FIEL
MINISTÉRIO

O Ministério Fiel visa apoiar a igreja de Deus, fornecendo conteúdo fiel às Escrituras através de conferências, cursos teológicos, literatura, ministério Adote um Pastor e conteúdo online gratuito.

Disponibilizamos em nosso site centenas de recursos, como vídeos de pregações e conferências, artigos, e-books, audiolivros, blog e muito mais. Lá também é possível assinar nosso informativo e se tornar parte da comunidade Fiel, recebendo acesso a esses e outros materiais, além de promoções exclusivas.

Visite nosso site
www.ministeriofiel.com.br

Impressão e Acabamento | Gráfica Viena
Todo papel desta obra possui certificação FSC® do fabricante.
Produzido conforme melhores práticas de gestão ambiental (ISO 14001)
www.graficaviena.com.br